Biebau/Faulhaber/Gerckens
Die Prüfung der Fachwirte im Gesundheits- und Sozialwesen

Zusätzliche digitale Inhalte für Sie!

Zu diesem Buch stehen Ihnen kostenlos folgende digitale Inhalte zur Verfügung:

@	Online-Buch ✓	⬇	Zusatz-Downloads
PDF	Buch als PDF	📱	App
🎓	Online-Training	📑	Digitale Lernkarten

Schalten Sie sich das Buch inklusive Mehrwert direkt frei.

Scannen Sie den QR-Code **oder** rufen Sie die Seite **www.kiehl.de** auf. Geben Sie den Freischaltcode ein und folgen Sie dem Anmeldedialog. Fertig!

Ihr Freischaltcode

BIBX-IAWY-LJJV-AUNN-GSCM-CY

www.kiehl.de

Die Prüfung der Fachwirte im Gesundheits- und Sozialwesen

Von
Dipl.-Betriebsw. Dipl.-Wirtschaftspädagoge Ralf Biebau,
Dipl.-Betriebsw. Marcus Faulhaber und
Dipl.-Betriebsw. Master of Science Norbert Gerckens

6., aktualisierte Auflage

Bildnachweis Umschlag: © Erwin Wodicka – Fotolia.com

Bearbeitervermerk

- **Diplom-Betriebswirt Diplom-Wirtschaftspädagoge Ralf Biebau:**
  Kapitel 2, 3 und 4, Probeklausuren
- **Diplom-Betriebswirt Marcus Faulhaber:**
  Kapitel 5 und 6
- **Diplom-Betriebswirt Master of Science Norbert Gerckens:**
  Kapitel 1

ISBN 978-3-470-**63716**-7 · 6., aktualisierte Auflage 2019

© NWB Verlag GmbH & Co. KG, Herne 2012
www.kiehl.de

Kiehl ist eine Marke des NWB Verlags

Alle Rechte vorbehalten.
Das Werk und seine Teile sind urheberrechtlich geschützt. Jede Nutzung in anderen als den gesetzlich zugelassenen Fällen bedarf der vorherigen schriftlichen Einwilligung des Verlages. Hinweis zu § 52a UrhG: Weder das Werk noch seine Teile dürfen ohne eine solche Einwilligung eingescannt und in ein Netzwerk eingestellt werden. Dies gilt auch für Intranets von Schulen und sonstigen Bildungseinrichtungen.

Satz: Röser MEDIA GmbH & Co. KG., Karlsruhe
Druck: Griebsch & Rochol Druck GmbH, Hamm

Vorwort

Dieses Buch richtet sich an Kursteilnehmer des Fortbildungslehrgangs Fachwirt/Fachwirtin im Gesundheits- und Sozialwesen. Es soll sie während des gesamten Lehrgangs begleiten und gezielt auf die Prüfung vor der Industrie- und Handelskammer vorbereiten.

Behandelt werden alle sechs Handlungsbereiche der Prüfung:
1. Planen, Steuern und Organisieren betrieblicher Prozesse
2. Steuern von Qualitätsmanagementprozessen
3. Gestaltung von Schnittstellen und Projekten
4. Steuern und Überwachen betriebswirtschaftlicher Prozesse
5. Führen und Entwickeln von Personal
6. Planen und Durchführen von Marketingmaßnahmen.

Grundlage für Gliederung und Stoffauswahl sind der Rahmenplan des DIHK und die Verordnung über die Prüfung zum anerkannten Fortbildungsabschluss Geprüfter Fachwirt im Gesundheits- und Sozialwesen vom 21.07.2011.

Der komplette Prüfungsstoff wird in bewährter Frage- und Antwortform verständlich aufbereitet. Zahlreiche Grafiken, Beispiele und Struktogramme veranschaulichen die Inhalte und erleichtern das Lernen. Klausurtypische Aufgaben am Ende des Buchs bieten die Möglichkeit zum Üben. Die Musterlösung ermöglicht eine schnelle Erfolgskontrolle.

Wir wünschen allen Leserinnen und Lesern eine erfolgreiche Prüfung. Anregungen und konstruktive Kritik sind uns willkommen und erreichen die Autoren über den Verlag.

Ralf Biebau
Marcus Faulhaber
Norbert Gerckens
Scharnebeck, Meddersheim und Neustadt an der Weinstraße, im April 2019

Feedbackhinweis

Kein Produkt ist so gut, dass es nicht noch verbessert werden könnte. Ihre Meinung ist uns wichtig. Was gefällt Ihnen gut? Was können wir in Ihren Augen verbessern? Bitte schreiben Sie einfach eine E-Mail an: **feedback@kiehl.de**

Qualifikationsniveau

In Artikel 6 der fünften Verordnung zur Änderung der Fortbildungsprüfungsverordnung vom 26. März 2014 ist der geprüfte Fachwirt im Gesundheits- und Sozialwesen dem DQR/EQR Niveau 6 zugeordnet worden.

Das Niveau 6 des DQR/EQR beschreibt Kompetenzen die zur Planung, Bearbeitung und Auswertung von umfassenden fachlichen Aufgaben- und Problemstellungen sowie zur eigenverantwortlichen Steuerung von Prozessen in Teilbereichen eines wissenschaftlichen Faches oder in einem beruflichen Tätigkeitsfeld benötigt werden. Die Anforderungsstruktur ist durch Komplexität und häufige Veränderungen gekennzeichnet.

Fachkompetenz

Wissen
- Über breites und integriertes Wissen einschließlich der wissenschaftlichen Grundlagen, der praktischen Anwendung eines wissenschaftlichen Faches sowie eines kritischen Verständnisses der wichtigsten Theorien und Methoden (entsprechend der Stufe 1 (Bachelor-Ebene) des Qualifikationsrahmens für Deutsche Hochschulabschlüsse) **oder** über breites und integriertes berufliches Wissen einschließlich der aktuellen fachlichen Entwicklungen verfügen.
- Kenntnisse zur Weiterentwicklung eines wissenschaftlichen Faches **oder** eines beruflichen Tätigkeitsfeldes besitzen.
- Über einschlägiges Wissen an Schnittstellen zu anderen Bereichen verfügen.

Fertigkeiten
- Über ein sehr breites Spektrum an Methoden zur Bearbeitung komplexer Probleme in einem wissenschaftlichen Fach (entsprechend der Stufe 1 (Bachelor-Ebene) des Qualifikationsrahmens für Deutsche Hochschulabschlüsse), weiteren Lernbereichen **oder** einem beruflichen Tätigkeitsfeld verfügen.
- Neue Lösungen erarbeiten und unter Berücksichtigung unterschiedlicher Maßstäbe beurteilen, auch bei sich häufig ändernden Anforderungen.

Personale Kompetenz

Sozialkompetenz
- In Expertenteams verantwortlich arbeiten oder Gruppen **oder** Organisationen (dies umfasst Unternehmen, Verwaltungseinheiten oder gemeinnützige Organisationen) verantwortlich leiten.
- Die fachliche Entwicklung anderer anleiten und vorausschauend mit Problemen im Team umgehen.
- Komplexe fachbezogene Probleme und Lösungen gegenüber Fachleuten argumentativ vertreten und mit ihnen weiterentwickeln.

Selbstständigkeit

- Ziele für Lern- und Arbeitsprozesse definieren, reflektieren und bewerten und Lern- und Arbeitsprozesse eigenständig und nachhaltig gestalten.

Benutzungshinweise
Diese Symbole erleichtern Ihnen die Arbeit mit diesem Buch:

 TIPP

Hier finden Sie nützliche Hinweise zum Thema.

 MERKE

Das X macht auf wichtige Merksätze oder Definitionen aufmerksam.

 ACHTUNG

Das Ausrufezeichen steht für Beachtenswertes, wie z. B. Fehler, die immer wieder vorkommen, typische Stolpersteine oder wichtige Ausnahmen.

 INFO

Hier erhalten Sie nützliche Zusatz- und Hintergrundinformationen zum Thema.

 RECHTSGRUNDLAGEN

Das Paragrafenzeichen verweist auf rechtliche Grundlagen, wie z. B. Gesetzestexte.

 MEDIEN

Das Maus-Symbol weist Sie auf andere Medien hin. Sie finden hier Hinweise z. B. auf Download-Möglichkeiten von Zusatzmaterialien, auf Audio-Medien oder auf die Website von Kiehl.

Aus Gründen der Praktikabilität und besseren Lesbarkeit wird darauf verzichtet, jeweils männliche und weibliche Personenbezeichnungen zu verwenden. So können z. B. Mitarbeiter, Arbeitnehmer, Vorgesetzte grundsätzlich sowohl männliche als auch weibliche Personen sein.

INHALTSVERZEICHNIS

Vorwort	5
Benutzungshinweise	9
Abkürzungsverzeichnis	19

1. Planen, Steuern und Organisieren betrieblicher Prozesse — 31

1.1 Erläutern der Prinzipien, Strukturen und Aufgaben sowie der ökonomischen Prozesse des Gesundheits- und Sozialwesens unter Einbeziehung volkswirtschaftlicher Zusammenhänge und sozialer Auswirkungen — 31
    1.1.1 Aufgaben und Verantwortung eines modernen Staatswesens beurteilen — 32
    1.1.2 Wirtschaftsordnungen im Kontext des Gesundheits- und Sozialwesens beurteilen — 40
    1.1.3 Gesundheits- und Sozialwesen in der Volkswirtschaft einordnen — 48
    1.1.4 Prozess- und ordnungspolitische Entscheidungen im Gesundheits- und Sozialwesen beurteilen — 61
    1.1.5 Steuerung des Gesundheits- und Sozialwesens analysieren — 66
    1.1.6 Auswirkungen auf die betrieblichen Prozesse ableiten — 69

1.2 Einordnen der Gesundheits- und Sozialpolitik in den nationalen und europäischen Kontext — 72
    1.2.1 Sozialstaatsprinzip erläutern — 72
    1.2.2 Zuständigkeit von Bund, Ländern, Kommunen unterscheiden — 109
    1.2.3 Gesundheits- und Sozialpolitik der EU einordnen — 111
    1.2.4 Auswirkungen des europäischen Binnenmarktes auf Gesundheits- und Sozialsysteme der EU ableiten — 117
    1.2.5 Funktionen und Bedeutung internationaler Organisationen erläutern — 119

1.3 Erläutern rechtlicher und institutioneller Rahmenbedingungen von Einrichtungen im Gesundheits- und Sozialwesen — 125
    1.3.1 Voraussetzung für die Gründung von Einrichtungen erläutern — 125
    1.3.2 Regelungen für den Betrieb von Einrichtungen und deren Leistungsbereiche erläutern — 142
    1.3.3 Regelungen bei der Abwicklung von Einrichtungen und deren Leistungsbereiche erläutern — 150

1.4 Entwickeln, Planen, Umsetzen und Evaluieren von betrieblichen Zielen — 152
    1.4.1 Betriebliche Ziele entwickeln — 153
    1.4.2 Betriebliche Ziele planen — 158
    1.4.3 Betriebliche Ziele umsetzen — 162
    1.4.4 Betriebliche Ziele optimieren — 166

INHALTSVERZEICHNIS

1.5 Beurteilen komplexer betrieblicher Zusammenhänge sowie Entwickeln und Umsetzen strategischer Handlungsmöglichkeiten	167
1.5.1 Zusammenwirken der Funktionsbereiche als Komplexitätsproblem erfassen	168
1.5.2 Führungsaufgaben im Rahmen der Komplexitätsbewältigung umsetzen	175
1.5.3 Strategische und operative Handlungsmöglichkeiten entwickeln	179
1.5.4 Entwickelte Handlungsmöglichkeiten umsetzen	185
1.5.5 Komplexitätsmanagement in der betrieblichen Praxis unterstützen	187
1.6 Gestalten und Optimieren von Prozessen	192
1.6.1 Dienstleistung als Wertschöpfungsprozess bewerten	192
1.6.2 Management-, Kern- und Unterstützungsprozesse gestalten	199
1.6.3 Optimierung betrieblicher Prozesse überwachen	202
1.7 Anwenden von Organisationstechniken	210
1.7.1 Organisation und Organisationsmodelle darstellen	210
1.7.2 Wissensmanagement und Informationsmanagement	220
1.7.2.1 Kenntnisse, Fertigkeiten und Fähigkeiten in Organisationen fördern	221
1.7.2.2 Daten, Informationen und Wissen in Organisationen steuern	222
1.8 Steuern betrieblicher Veränderungsprozesse	224
1.8.1 Organisationsentwicklung	224
1.8.1.1 Herausforderungen und veränderte Dynamik von Organisationen im Gesundheits- und Sozialwesen erfassen	224
1.8.1.2 Strategien der Organisationsentwicklung unterstützen	226
1.8.1.3 Prozesse der Organisationsentwicklung steuern	227
1.8.2 Change Management	227
1.8.2.1 Aufgaben und Funktionen definieren	228
1.8.2.2 Methoden einsetzen	235
1.8.2.3 Abläufe steuern	235
1.8.2.4 Ergebnisse bewerten	238
2. Steuern von Qualitätsmanagementprozessen	**245**
2.1 Ermitteln und Festlegen von Qualitätszielen	245
2.1.1 Qualitätsmanagement im Gesundheits- und Sozialwesen	245
2.1.1.1 Qualität als zentrale Managementaufgabe erfassen	246
2.1.1.2 Ziele und Wirkungen von Qualitätsmanagementsystemen darstellen	253
2.1.1.3 Qualitätspolitik berücksichtigen	255
2.1.1.4 Qualitätsziele definieren	256

2.1.1.5 Qualitätsberichte erstellen	260
2.1.1.6 Managementbewertung vorbereiten	261
2.1.1.7 Rechtliche Grundlagen und Forderungen beachten	262
2.1.2 Qualitätsmanagementsysteme im Gesundheits- und Sozialwesen	276
2.1.2.1 Qualitätsmanagementsysteme und Ansätze vergleichen	276
2.1.2.2 Integrierte Qualitätsmanagementsysteme umsetzen	297
2.1.2.3 Arbeits- und Gesundheitsschutzmanagement sicherstellen	301
2.1.2.4 Umweltschutzmanagement gewährleisten	306
2.1.2.5 Branchenspezifische Qualitätsmanagementsysteme durchführen	309
2.2 Anwenden von Qualitätsmanagementmethoden und -techniken	321
2.2.1 Aufbau- und Ablauforganisation erarbeiten	321
2.2.2 Projekt- und Prozessmanagement im QM	327
2.2.2.1 Projekt- und Prozessmanagement umsetzen	327
2.2.2.2 Moderations- und Kreativitätstechniken einsetzen	336
2.2.2.3 Mitarbeiter und ihre Potenziale fördern	342
2.2.3 Prozessoptimierung	347
2.2.3.1 Prozess- und Schwachstellenanalysen durchführen	350
2.2.3.2 Fehlerursachenanalyse, Fehlervermeidung und Fehlerkorrektur steuern	352
2.2.3.3 Kontinuierliche Entwicklungs- und Verbesserungsprozesse steuern	352
2.2.4 Dokumentation des Qualitätsmanagements sicherstellen	356
2.3 Erfassen und Bewerten von Prozessdaten sowie Ermitteln von Qualitätsindikatoren	358
2.3.1 Qualitätsindikatoren und -kennzahlen festlegen	358
2.3.2 Selbstbewertung durchführen	360
2.3.3 Fremdbewertung vorbereiten	361
2.3.4 Zertifizierung des Qualitätsmanagements vorbereiten	363
2.3.5 Berücksichtigung der Bewertungsergebnisse für den kontinuierlichen Verbesserungsprozess sicherstellen	364
2.4 Weiterentwicklung eines Risikomanagements	366
2.4.1 Externe und interne Risiken erkennen	366
2.4.2 Instrumente des Risikomanagements einsetzen	374
2.4.3 Eintrittswahrscheinlichkeit und Auswirkungen bewerten	377
2.4.4 Risikopräventionsmaßnahmen entwickeln	379
2.4.5 Vorkehrungen für das Verhalten im Schadensfall entwickeln	380
2.5 Anwenden von Methoden des Zeit- und Selbstmanagements	385
2.5.1 Zeitmanagement als strategische Führungsaufgabe ausüben	385
2.5.2 Aufgaben als Führungskraft wahrnehmen	389

INHALTSVERZEICHNIS

    2.5.3 Persönliche Entwicklung durch Selbstmanagement unterstützen   392
    2.5.4 Balance zwischen beruflichen Anforderungen und Privatleben
         gewährleisten   392

3. Gestalten von Schnittstellen und Projekten   399
3.1 Schnittstellen, interdisziplinäre Kooperationsbeziehungen und vernetzte Versorgungsformen, sozialökonomische und rechtliche Rahmenbedingungen   399
    3.1.1 Interne und externe Schnittstellen darstellen   399
    3.1.2 Interdisziplinäre Kooperationsbeziehungen und Versorgungsformen gestalten   404
    3.1.3 Auswirkungen vernetzter Versorgungsformen auf die Geschäftsprozesse berücksichtigen   409
3.2 Organisieren und Gestalten der Kommunikation zwischen den Berufsgruppen und von multiprofessioneller Teamarbeit   411
    3.2.1 Kommunikationsprozesse zwischen den Berufsgruppen optimieren   411
    3.2.2 Methoden der Unternehmenskommunikation einsetzen   425
    3.2.3 Teamarbeit gestalten   432
    3.2.4 Kommunikationsstörungen bearbeiten   436
3.3 Planen, Organisieren, Koordinieren, Überwachen und Evaluieren von Projekten und Projektgruppen   439
    3.3.1 Aufgaben und Ziele des Projektmanagements erfassen   439
    3.3.2 Informations- und Definitionsphase von Projekten skizzieren   450
    3.3.3 Projektgruppen führen   454
    3.3.4 Projektplanung durchführen   455
    3.3.5 Projektorganisation, -koordination und -überwachung steuern   456
    3.3.6 Projektabschluss und -evaluation sicherstellen   462

4. Steuern und Überwachen betriebswirtschaftlicher Prozesse und Ressourcen   469
4.1 Vorbereiten und Koordinieren von Jahresabschlussarbeiten   479
    4.1.1 Jahresabschluss im betrieblichen Prozess einordnen   479
    4.1.2 Prozess der Inventarisierung sicherstellen   493
    4.1.3 Vermögen und Schulden ermitteln   495
    4.1.4 Bilanzschema darstellen   509
    4.1.5 Gewinn- und Verlustrechnung darstellen   536
    4.1.6 Anhang aufbereiten   551
4.2 Erläutern von Finanzierungssystemen im Gesundheits- und Sozialwesen   563
    4.2.1 Finanzierung des Gesundheitswesens   563

INHALTSVERZEICHNIS

4.2.1.1 Finanzierung verschiedener Gesundheitssysteme in der EU unterscheiden	563
4.2.1.2 Finanzierung unter Berücksichtigung der Sektoren in Deutschland erläutern	571
4.2.1.3 Kosten und Leistungen des Gesundheitswesens unter Berücksichtigung der Sektoren in Deutschland analysieren	595
4.2.2 Finanzierung des Sozialwesens	605
4.2.2.1 Systeme des Sozialwesens vergleichen	605
4.2.2.2 Finanzierung unter Berücksichtigung der Fürsorge- und Versorgungsbereiche in Deutschland unterscheiden	606
4.3 Durchführen von Kosten- und Leistungsrechnung	609
4.3.1 Kosten aus der Gewinn- und Verlustrechnung ermitteln	609
4.3.2 Kosten den Kostenstellen zuordnen	621
4.3.3 Kalkulation von Kostenträgern durchführen	631
4.3.4 Leistungsrechnung durchführen	645
4.3.5 Preise ermitteln	652
4.4 Einsatz von Controllinginstrumenten	674
4.4.1 Controlling als ein Managementinstrument einordnen	674
4.4.2 Strategische Controllinginstrumente berücksichtigen	677
4.4.3 Operative Controllinginstrumente einsetzen	699
4.4.4 Prozesskostenrechnung durchführen	709
4.5 Ermitteln, Auswerten und Beurteilen von betrieblichen Kennzahlen	715
4.5.1 Betriebliche Kennzahlen unter Berücksichtigung der Unternehmensziele entwickeln	715
4.5.2 Betriebliche Kennzahlen auswählen	721
4.5.3 Betriebliche Kennzahlen ermitteln	726
4.5.4 Betriebliche Kennzahlen auswerten	733
4.5.5 Betriebliche Kennzahlen beurteilen	749
4.6 Vorbereiten der Finanz- und Investitionsplanung, Entwickeln und Umsetzen von Finanzierungs- und Investitionskonzepten	761
4.6.1 Investitionsplan erstellen	761
4.6.2 Finanzierungsplan erstellen	765
4.6.3 Liquiditätsplan umsetzen	773
5. Führen und Entwickeln von Personal	**781**
5.1 Planen, Beschaffen, Auswählen und Einsetzen von Personal	781
5.1.1 Ziele der Personalpolitik	781
5.1.2 Personalbedarfsplanung	787
5.1.3 Personalbeschaffung	795

INHALTSVERZEICHNIS

5.1.4 Personalauswahl und -entscheidung	809
5.1.5 Personaleinsatz	816
5.2 Durchführen von Personalmaßnahmen	824
5.2.1 Personalbeurteilung	824
5.2.2 Personalfreisetzung	832
5.2.3 Personalcontrolling	840
5.3 Planen und Durchführen der Ausbildung	845
5.3.1 Ausbildung als Personalentwicklung	845
5.3.2 Anforderungen an den Ausbildungsbetrieb	846
5.3.3 Beteiligte und Mitwirkende an der Ausbildung	847
5.3.4 Anforderungen an den Ausbilder	850
5.3.5 Anforderungen an die Eignung der Ausbilder	850
5.3.6 Außer- und überbetriebliche Ausbildung	853
5.3.7 Ausbildung und betrieblicher Ausbildungsprozess	856
5.3.8 Ergänzende individuelle Bildungsmaßnahmen für Auszubildende	872
5.3.9 Prüfungsdurchführung	875
5.3.10 Ausbildungsabschluss	877
5.4 Anleiten, Fördern und Motivieren von Mitarbeitern, Auszubildenden und Teams	879
5.4.1 Hauptamtliche und ehrenamtliche Mitarbeiter und die spezifischen Bedürfnisse	879
5.4.2 Teambildungsprozesse	887
5.4.3 Unternehmenskultur und Grundsätze	891
5.4.4 Führungsstile und die Auswirkungen auf die Zufriedenheit	898
5.4.5 Führungstechniken	906
5.4.6 Führungsinstrumente	912
5.4.7 Führung von Teams	917
5.4.8 Personalzufriedenheit	925
5.5 Beurteilen von Personalentwicklungspotenzialen sowie Festlegen und Evaluieren von Personalentwicklungszielen	927
5.5.1 Ziele der Personalentwicklung hinsichtlich der Unternehmensziele	927
5.5.2 Strategien der Personalentwicklung	930
5.5.3 Entwicklungspotenziale der Mitarbeiter	935
5.5.4 Personalentwicklungsmaßnahmen	938
5.5.4.1 Fort- und Weiterbildungsmaßnahmen	938
5.5.4.2 Laufbahnplanung	941
5.5.5 Bildungscontrolling	942
5.6 Anwenden des Konfliktmanagements	943
5.6.1 Konflikte und Ursachen	943
5.6.2 Chancen und Risiken von Konflikten	947

5.6.3 Maßnahmen des Konfliktmanagements	951
5.6.4 Präventive Konfliktarbeit	966
6. Planen und Durchführen von Marketingmaßnahmen	**975**
6.1 Durchführen von Marktanalysen	975
6.1.1 Marketing als Managementaufgaben	980
6.1.2 Märkte und Marktsegmentierung	982
6.1.2.1 Marktsegmentierung	989
6.1.2.2 Dienstleistungen	991
6.1.2.3 Non-Profit-Organisationen	992
6.1.3 Untersuchung des Marktes	992
6.1.3.1 Markterkundungen	995
6.1.3.2 Methoden der Marktforschung	995
6.1.3.3 Marktanalyse	1003
6.1.3.4 Marktbeobachtung	1016
6.1.3.5 Marktprognosen	1018
6.2 Formulierung von Marketingzielen	1020
6.2.1 Unternehmensgrundsätze und -ziele	1022
6.2.2 Marketingziele	1024
6.3 Planen und Entwickeln von Marketingkonzepten	1026
6.3.1 Situationsanalyse	1026
6.3.2 Marketingziele	1029
6.3.3 Marketingmaßnahmen	1030
6.3.3.1 Strategien	1030
6.3.3.2 Maßnahmen	1043
6.3.4 Marketingbudget	1045
6.3.5 Marketingcontrolling	1046
6.4 Einführung und Umsetzung von Marketing-, Sponsoring- und Fundraisingmaßnahmen	1048
6.4.1 Handlungsmöglichkeiten der Produkt- und Dienstleistungspolitik	1052
6.4.1.1 Produktprogramm	1053
6.4.1.2 Produktpolitische Maßnahmen	1054
6.4.1.3 Leistungspolitik bei Dienstleistern	1055
6.4.1.4 Markenpolitik	1056
6.4.2 Handlungsmöglichkeiten der Kommunikationspolitik	1058
6.4.2.1 Werbung	1062
6.4.2.2 Öffentlichkeitsarbeit	1075
6.4.2.3 Persönlicher Verkauf	1079
6.4.2.4 Verkaufsförderung	1079

6.4.2.5 Direktmarketing	1081
6.4.2.6 Fundraising	1082
6.4.3 Handlungsmöglichkeiten der Kontrahierungspolitik	1083
6.4.3.1 Preispolitik	1084
6.4.3.2 Absatzfinanzierungspolitik	1088
6.4.3.3 Konditionenpolitik	1089
6.4.3.4 Kontrahierungspolitik im Dienstleistungsbereich	1090
6.4.3.5 Preispolitik im Gesundheitswesen	1090
6.4.4 Handlungsmöglichkeiten der Distributionspolitik	1091
6.4.4.1 Franchising	1092
6.4.4.2 Distributionspolitik im Sozial- und Gesundheitswesen	1094
6.4.5 Handlungsmöglichkeiten der Servicepolitik	1095
6.4.6 Konzept eines Marketing-Mix	1099
6.5 Einsetzen von Methoden des Sozialmarketings	1101
6.5.1 Sozialmarketing	1101
6.5.2 Spezifische Methoden des Sozialmarketings	1102
6.5.2.1 Bildung und Pflege von Netzwerken und Kooperationen	1103
6.5.2.2 Lobbyarbeit	1104
6.5.2.3 Zusammenarbeit mit Kostenträgern, Institutionen und Behörden	1105
6.6 Durchführen von Maßnahmen im Gesundheitsmarketing	1106
6.6.1 Gesundheitsmarketing	1106
6.6.2 Spezifische Maßnahmen des Gesundheitsmarketings	1107
6.6.2.1 Bildung und Pflege von Netzwerken	1107
6.6.2.2 Bildung und Pflege von Kooperationen	1107
6.6.2.3 Lobbyarbeit	1111
6.6.2.4 Zusammenarbeit mit Kostenträgern	1111
6.6.2.5 Zusammenarbeit mit Beratungs- und Kontrollbehörden bzw. -institutionen	1112
6.6.3 Spezifische Erscheinungsformen	1112
Übungsteil (Aufgaben und Fälle)	**1115**
Lösungen	**1139**
Quellennachweis	**1173**
Stichwortverzeichnis	**1183**

ABKÜRZUNGSVERZEICHNIS

a. F.	alte Fassung
ABDA	Bundesvereinigung Deutscher Apothekerverbände
AbfBetrVO	Verordnung über Betriebsbeauftragte für Abfall
AbgrV	Abgrenzungsverordnung
Abs.	Absatz
AEB	Aufstellung der Budget- und Entgeltberechnung
AFG	Arbeitsförderungsgesetz
AG	Aktiengesellschaft, Arbeitgeber
AGG	Allgemeines Gleichbehandlungsgesetz
AHB	Anschlussheilbehandlung
AktG	Aktiengesetz
ALG	Arbeitslosengeld
AltPflAPrV	Altenpfleger-Ausbildungs- und Prüfungsordnung
ALV	Gesetzliche Arbeitslosenversicherung
AMG	Arzneimittelgesetz
AMWHV	Arzneimittel- und Wirkstoffherstellungsverordnung
AN	Arbeitnehmer
AO	Abgabenordnung
AOK	Allgemeine Ortskrankenkasse
ApBetrO	Apothekenbetriebsordnung
ApoG	Apothekengesetz
ArbSchG	Arbeitsschutzgesetz
ArbStättV	Arbeitsstättenverordnung
ArbZG	Arbeitszeitgesetz
ARGE	Arbeitsgemeinschaft
Art.	Artikel
Ärzte-ZV	Ärzte-Zulassungsverordnung
ASB	Arbeiter-Samariter-Bund
ASiG	Arbeitssicherheitsgesetz
ATA	Anästhesietechnischer Assistent
AVV	Abfallverzeichnis-Verordnung
BA	Bundesagentur für Arbeit
BaFin	Bundesanstalt für Finanzdienstleistungsaufsicht
BAföG	Bundesausbildungsförderungsgesetz
BAG	Bundesarbeitsgemeinschaft
BÄK	Bundesärztekammer
BBiG	Berufsbildungsgesetz
BCG	Boston Consulting Group
BDSG	Bundesdatenschutzgesetz
BEEG	Bundeselterngeld- und Elternzeitgesetz
BEM	Betriebliches Eingliederungsmanagement
BetrVG	Betriebsverfassungsgesetz
BfArM	Bundesinstitut für Arzneimittel und Medizinprodukte
BFD	Bundesfreiwilligendienst
BFDG	Bundesfreiwilligendienstgesetz
BGB	Bürgerliches Gesetzbuch
BGBl	Bundesgesetzblatt
BGF	Betriebliche Gesundheitsförderung
BGG	Behindertengleichstellungsgesetz
BGH	Bundesgerichtshof
BildscharV	Bildschirmarbeitsverordnung
BioStoffV	Verordnung über Sicherheit und Gesundheitsschutz bei Tätigkeiten mit biologischen Arbeitsstoffen
BIP	Bruttoinlandsprodukt
BKGG	Bundeskindergeldgesetz
BKK	Betriebskrankenkassen
BMAS	Bundesministerium für Arbeit und Soziales
BMG	Bundesministerium für Gesundheit
BMV-Ä	Bundesmantelverträge Ärzte
BO	Berufsordnung Ärzte
BPflV	Bundespflegesatzverordnung
BQS	Bundesgeschäftsstelle Qualitätssicherung
BS	British Standard

ABKÜRZUNGSVERZEICHNIS

BSG	Bundessozialgericht
BSHG	Bundessozialhilfegesetz
BSI	Bundesamt für Sicherheit in der Informationstechnik
BtBG	Betreuungsbehördengesetz
BtMG	Betäubungsmittelgesetz
BtMVV	Betäubungsmittel-Verschreibungsverordnung
BTs	Berechnungstage
BVA	Bundesversicherungsamt
BUrlG	Bundesurlaubsgesetz
BVBG	Bundesverband der Beschaffungsorganisationen in der Gesundheitswirtschaft Deutschland e. V.
BVG	Bundesversorgungsgesetz
BVW	Betriebliches Vorschlagswesen
BWR	Bewertungsrelationen
BZgA	Bundeszentrale für gesundheitliche Aufklärung
CBT	Computer Based Training
CCL	Clinical Complexity Level, deutsch: Klinischer Komplexitätsgrad
CE	Communauté européenne
CF	Cashflow
CI	Corporate Identity
CIR	Critical Incident Report, deutsch: Berichtssystem für kritische Zwischenfälle
CSR	Corporate Social Responsibility
CT	Computertomographie
CTG	Cardiotocography, deutsch: Kardiotokographie
DAK	Deutsche Angestellten Krankenkasse
DBR	Deutscher Behindertenrat
DCV	Deutscher Caritasverband e. V.
DEKV	Deutscher Evangelischer Krankenhausverband e. V.
DGE	Deutsche Gesellschaft für Ernährung e. V.
DGPPN	Deutsche Gesellschaft für Psychiatrie, Psychotherapie und Nervenheilkunde
DiätassAPrV	Ausbildungs- und Prüfungsverordnung für Diätassistenten
DiätassG	Diätassistentengesetz
DIMDI	Deutsches Institut für Medizinische Dokumentation und Information
DIN	Deutsches Institut für Normung
DKG	Deutsche Krankenhausgesellschaft e. V.
DKI	Deutsches Krankenhausinstitut e. V.
DKR	Deutsche Kodierrichtlinien
DKSB	Deutscher Kinderschutzbund Bundesverband e. V.
DLRG	Deutsche Lebensrettungsgesellschaft
DMP	Disease-Management-Programm
DNQP	Deutsches Netzwerk für Qualitätsentwicklung in der Pflege
DPR	Deutscher Pflegerat e. V.
DQR	Deutscher Qualifikationsrahmen
DRG	Diagnosis Related Groups, deutsch: Diagnosebezogene Fallgruppen
DRK	Deutsches Rotes Kreuz
DRV	Deutsche Rentenversicherung
DSGVO	Datenschutz-Grundverordnung
DVD	Digital Versatile Disc
DWdEKD	Diakonisches Werk der Evangelischen Kirche in Deutschland e. V.
DZI	Deutsches Zentralinstitut für soziale Fragen e. V.

ABKÜRZUNGSVERZEICHNIS

e. V.	eingetragener Verein	EWR	Europäischer Wirtschaftsraum
EBM	Einheitlicher Bewertungsmaßstab	EWS	Europäisches Währungssystem
ECOSOC	Economic and Social Council	EWIV	Europäische Wirtschaftliche Interessenvereinigung
ECU	European Currency Unit		
EDV	Elektronische Datenverarbeitung	EURATOM	Europäische Atomgemeinschaft
EQA	EFQM Excellence Award		
EEG	Elektroenzephalografie	FamFG	Gesetz über das Verfahren in Familiensachen und in den Angelegenheiten der freiwilligen Gerichtsbarkeit
EFQM	European Foundation for Quality Management		
eG	eingetragene Genossenschaft		
EG	Europäische Gemeinschaft	FAQ	Frequently Asked Questions
EKG	Elektrokardiogramm	FAZ	Frühester Anfangszeitpunkt
EMA	Europäische Arzneimittelagentur	F&E	Forschung & Entwicklung
		FEZ	Frühester Endzeitpunkt
EN	Europäische Norm	ff.	fortfolgende
EntgFG	Entgeltfortzahlungsgesetz	FMEA	Fehlermöglichkeits- und Einflussanalyse
EP	Europäisches Parlament		
EPA	Europäisches Praxis Assessment	FPV	Fallpauschalenverordnung
EPM	Enterprise Project Management	G 8	Weltwirtschaftsgipfel
		GAP	Gemeinsame Agrarpolitik
EPZ	Europäische Politische Zusammenarbeit	GASP	Gemeinsame Außen- und Sicherheitspolitik
EQG M-V	Einrichtungsqualitätsgesetz Mecklenburg-Vorpommern	GATS	General Agreement on Trade in Services
EQR	Europäischer Qualifikationsrahmen	GATT	General Agreement on Tariffs and Trade
ErbStG	Erbschaftsteuer- und Schenkungsteuergesetz	G-BA	Gemeinsamer Bundesausschuss
ErgThAPrV	Ausbildungs- und Prüfungsverordnung für Ergotherapeuten	GbR	Gesellschaft bürgerlichen Rechts
		GefStoffV	Gefahrenstoffverordnung
ErgThG	Ergotherapeutengesetz	GenG	Genossenschaftsgesetz
ERP	Enterprise Ressource Planning	GewStG	Gewerbesteuergesetz
		GG	Grundgesetz
ESF	Europäischer Sozialfonds	GGbefG	Gefahrgutbeförderungsgesetz
EStG	Einkommensteuergesetz		
et al.	et alii	gGmbH	gemeinnützige Gesellschaft mit beschränkter Haftung
etc.	et cetera		
EU	Europäische Union	GKV	gesetzliche Krankenversicherung
EuGH	Europäischer Gerichtshof		
EWG	Europäische Wirtschaftsgemeinschaft	GKV-WSG	Gesetzliche Krankenversicherung-Wettbewerbsstärkungsgesetz

ABKÜRZUNGSVERZEICHNIS

GM	German Modification
GmbH	Gesellschaft mit beschränkter Haftung
GmbHG	Gesetz betreffend die Gesellschaften mit beschränkter Haftung
GOÄ	Gebührenordnung für Ärzte
GoB	Grundsätze ordnungsgemäßer Buchführung
GOZ	Gebührenordnung für Zahnärzte
GPV	Gesetzliche Pflegeversicherung
GrStG	Grundsteuergesetz
GuV	Gewinn- und Verlustrechnung
GUV	Gesetzliche Unfallversicherung
GV	Generalversammlung
GWB	Gesetz gegen Wettbewerbsbeschränkungen
HACCP	Hazard Analysis and Critical Control Points
HBL	Hilfe in besonderen Lebenslagen
HebG	Hebammengesetz
HeimG	Heimgesetz
HeimMindBauV	Heimmindestbauverordnung
HeimPersV	Heimpersonalverordnung
HEK	Hanseatische Krankenkasse
HGB	Handelsgesetzbuch
HIV	Humanes Immundefizienz-Virus
hkk	Handelskrankenkasse
HLU	Hilfe zum Lebensunterhalt
HSchulBG	Hochschulbauförderungsgesetz
HWG	Heilmittelwerbegesetz
IAO	Internationale Arbeitsorganisation
IBLV	Innerbetriebliche Leistungsverrechnung
ICD-10-GM	International Classification of Diagnosis – 10. Revision – German Modification
IEC	International Electronical Commission
IfSG	Infektionsschutzgesetz
IGeL	Individuelle Gesundheitsleistungen
IGH	Internationaler Gerichtshof
IGOs	International Governmental Organizations
IKK	Innungskrankenkassen
IKT	Informations- und Kommunikationstechnologie in der Psychiatrie
i. L.	in Liquidation
ILO	International Labour Organization
InEK	Institut für das Entgeltsystem im Krankenhaus
INGOs	International Non-Governmental Organizations
InsO	Insolvenzordnung
IQWiG	Institut für Qualität und Wirtschaftlichkeit im Gesundheitswesen
ISMS	Information Security Management System, deutsch: Managementsystem für Informationssicherheit
ISO	International Organization for Standardization, deutsch: Internationale Organisation für Normung
IT	Informationstechnologie
ITK	Informations- und Kommunikationstechnologie
IWF	Internationaler Währungsfonds
IV	Integrierte Versorgung
JArbschG	Jugendarbeitsschutzgesetz
JIT	just in time
JVEG	Justizvergütungs- und -entschädigungsgesetz

ABKÜRZUNGSVERZEICHNIS

KBV	Kassenärztliche Bundesvereinigung	LKA	Leistungs- und Kalkulationsaufstellung
KG	Kommanditgesellschaft	LogAPrO	Ausbildungs- und Prüfungsordnung für Logopäden
KGaA	Kommanditgesellschaft auf Aktien	LogopG	Logopädengesetz
KHBV	Krankenhaus-Buchführungsverordnung	LQS	Landesgeschäftsstelle Qualitätssicherung
KHEntgG	Krankenhausentgeltgesetz	LSG	Landessozialgericht
KHG	Krankenhausfinanzierungsgesetz	M&A	Mergers & Acquisitions
KindArbSchV	Kinderarbeitsschutzverordnung	MarkenG	Markengesetz
		MbD	Management by Delegation
KIS	Krankenhausinformationssystem	MbE	Management by Exception
		MbO	Management by Objectives
KISS	Kontakt- und Informationsstelle für Selbsthilfegruppen	MBOÄ	Muster-Berufsordnung für Ärzte
		MDC	Major Diagnostic Category
KISS	Krankenhausinformations- und -steuerungssystem	MDK	Medizinischer Dienst der Krankenversicherung e. V.
KKH	Kaufmännische Krankenkasse Hannover	MDS	Medizinischer Dienst des Spitzenverbandes Bund der Krankenkassen
KKVD	Katholischer Krankenhausverband Deutschlands e. V.	MFA	Medizinische/r Fachangestellte/r
KLEE	Kosten-, Leistungs-, Erlös- und Ergebnisrechnung	MGVD	Mittlere Grenzverweildauer
KRINKO	Kommission für Krankenhaushygiene und Infektionsprävention	MIS	Management-Informationssystem
		MPBetreibV	Medizinprodukte-Betreiberverordnung
KrPflG	Krankenpflegegesetz		
KSchG	Kündigungsschutzgesetz	MPG	Medizinproduktgesetz
KStG	Körperschaftsteuergesetz	MPhG	Gesetz über die Berufe in der Physiotherapie
KTQ	Kooperation für Transparenz und Qualität im Gesundheitswesen	Mrd.	Milliarden
		MRT	Magnetresonanztomographie
KV	Kassenärztliche Vereinigung		
KVP	Kontinuierlicher Verbesserungsprozess	MS	Microsoft
		MTA	Medizinisch-technische Assistenten
KZBV	Kassenzahnärztliche Bundesvereinigung	MTA-Analyse	Meilenstein-Trend-Analyse
KZV	Kassenzahnärztliche Vereinigung	MTA-APrV	Ausbildungs- und Prüfungsordnung für technische Assistenten in der Medizin
LAG	Landesarbeitsgemeinschaft	MTAF	Medizinisch-technische Assistenten/Funktionsdiagnostik
LBFW	Landesbasisfallwert		
LHeimG	Landesheimgesetz für Baden-Württemberg	MTA-L	Medizinisch-technische Assistenten/Labor

ABKÜRZUNGSVERZEICHNIS

MTA-R	Medizinisch-technische Assistenten/Röntgendiagnostik	OTA	Operationstechnischer Assistent
MTLA	Medizinisch-technische Laboratoriumsassistenten	PartG	Partnerschaftsgesellschaft
		PartGG	Partnerschaftsgesellschaftsgesetz
MTRA	Medizinisch-technische Radiologieassistenten	PBV	Pflege-Buchführungsverordnung
MuSchG	Mutterschutzgesetz		
MVZ	Medizinisches Versorgungszentrum	PC	Personal Computer
		pCC	proCum Cert GmbH
		PCCL	Patient Clinical Complexity Level, deutsch: patientenbezogener Gesamtschweregrad
NAKOS	Nationale Kontakt- und Informationsstelle zur Anregung und Unterstützung von Selbsthilfegruppen		
		PDCA-Zyklus	Plan-Do-Check-Act-Zyklus
NASA	Nationales ambulantes Schulungsprogramm für erwachsene Asthmatiker	PEI	Paul-Ehrlich-Institut
		PEPP	Pauschalierende Entgelte Psychiatrie und Psychosomatik
NGO	Non-governmental organisation, siehe auch NRO	PersVG	Personalvertretungsgesetz
		PET	Positronenelektronentomographie
NIA	Normenausschuss Informationstechnik und Anwendungen		
		PflegeZG	Pflegezeitgesetz
NPO	Non Profit Organisation, d. h. gemeinnützige Organisation	PfleWoqG	Pflege- und Wohnqualitätsgesetz Bayern
		PhysTh-APrV	Physiotherapeuten-Ausbildungs- und Prüfungsverordnung
NRO	Nichtregierungsorganisation, siehe auch NGO		
NUB	Neue Untersuchungs- und Behandlungsmethoden	PIMS	Profit Impact of Market Strategies
		PKV	Private Krankenversicherung
OECD	Organisation für wirtschaftliche Zusammenarbeit und Entwicklung		
		PLZ	Produktlebenszyklus
		PodAPrV	Podologen-Ausbildungs- und Prüfungsverordnung
OEG	Opferentschädigungsgesetz		
OGVD	Obere Grenzverweildauer	PodG	Podologengesetz
OHG	Offene Handelsgesellschaft	PPM	Projektportfoliomanagement
OP	Operation		
ÖPP	Öffentlich-private Partnerschaft, siehe auch PPP	PPP	Public Private Partnership, siehe auch ÖPP
		PPR	Pflegepersonalregelung
OPS	Operationen- und Prozedurenschlüssel	PR	Public Relations
		prEN	Draft European Standards
OrthoptAPrV	Ausbildungs- und Prüfungsverordnung für Orthoptisten	Psych-PV	Verordnung über Maßstäbe und Grundsätze für den Personalbedarf
OrthoptG	Orthoptistengesetz		

ABKÜRZUNGSVERZEICHNIS

QEP	Qualität und Entwicklung in Praxen	SGB V	Sozialgesetzbuch V – Gesetzliche Krankenversicherung
QM	Qualitätsmanagement		
QMH	Qualitätsmanagementhandbuch	SGB VI	Sozialgesetzbuch VI – Gesetzliche Rentenversicherung
qu.no	Qualitätsmanagement Nordrhein	SGB VII	Sozialgesetzbuch VII – Gesetzliche Unfallversicherung
QZV	Qualifikationsgebundene Zusatzvolumen		
		SGB VIII	Sozialgesetzbuch VIII – Kinder- und Jugendhilfe
RADAR	„Result, Approach, Deployment, Assessment, Review"	SGB IX	Sozialgesetzbuch IX Rehabilitation und Teilhabe behinderter Menschen
RBSA-Analyse	Regionale Branchenstrukturanalyse	SGB X	Sozialgesetzbuch X – Sozialverwaltungsverfahren und Sozialdatenschutz
Reha	Rehabilitation		
RKI	Robert Koch-Institut		
RLV	Regelleistungsvolumina	SGB XI	Sozialgesetzbuch XI – Soziale Pflegeversicherung
ROI	Return on Investment		
ROS	Return on sales	SGB XII	Sozialgesetzbuch XII – Sozialhilfe
RöV	Röntgenverordnung		
RSA	Risikostrukturausgleich	SGG	Sozialgerichtsgesetz
RVO	Reichsversicherungsordnung	SQL	Structured Query Language
		SROI	Social Return on Investment
		StG	Stille Gesellschaft
SAP	Systeme, Anwendungen und Produkte in der Datenverarbeitung (heute: SAP SE)	StGB	Strafgesetzbuch
		STPO	Strafprozessordnung
		StrlSchV	Strahlenschutzverordnung
SAZ	Spätester Anfangszeitpunkt	SWOT	Stärken-Schwächen/Chancen-Risiko-Analyse
SCC	Safety Certificate Constructors		
SDCA-Zyklus	Standard-Do-Check-Act-Zyklus	TCM	Traditionelle Chinesische Medizin
		TFG	Transfusionsgesetz
SEZ	Spätester Endzeitpunkt	THW	Technisches Hilfswerk
SG	Sozialgericht	TK	Techniker Krankenkasse
SGB I	Sozialgesetzbuch I – Allgemeiner Teil	TKG	Telekommunikationsgesetz
		TMG	Telemediengesetz
SGB II	Sozialgesetzbuch II – Grundsicherung für Arbeitssuchende	TPG	Transplantationsgesetz
		TQM	Total Quality Management
		TRIPS	Agreement on Trade-Related Aspects of Intellectual Proberty Rights
SGB III	Sozialgesetzbuch III – Arbeitsförderung		
SGB IV	Sozialgesetzbuch IV – Gemeinsame Vorschriften für die Sozialversicherung	TUL-Logistik	Transportieren – Umschlagen – Lagern – Logistik
		TV	Tarifvertrag

ABKÜRZUNGSVERZEICHNIS

TV-L	Tarifvertrag der Länder	VIP	Very Important Person
TVöD	Tarifvertrag für den öffentlichen Dienst	VKD	Verband der Krankenhausdirektoren Deutschlands e. V.
TzBfG	Teilzeit- und Befristungsgesetz	VoB	Vergabe- und Vertragsordnung für Bauleistungen
		VoF	Vergabe- und Vertragsordnung für freiberufliche Leistungen
UG	Unternehmensgesellschaft (haftungsbeschränkt)		
UGVD	Untere Grenzverweildauer	VoL	Vergabe- und Vertragsordnung für Leistungen
UNDP	United Nations Development Programs	VUD	Verband der Universitätsklinika Deutschlands e. V.
UNDRO	United Nations Disaster Relief Organization	VwGO	Verwaltungsgerichtsordnung
UNFPA	United Nations Fund für Population Activities	VwVfG	Verwaltungsverfahrensgesetz
UNHCR	United Nations High Commissioner for Refugees		
UNICEF	United Nations International Children's Emergency Fund	WAN	Wide Area Network, deutsch: Weitverkehrsnetz
		WBT	Web Based Training
UNO	United Nations Organizations	WBVG	Wohn- und Betreuungsvertragsgesetz
UrhG	Urhebergesetz	WFP	World Food Programs
UStG	Umsatzsteuergesetz	WHG	Wasserhaushaltsgesetz
UVPG	Gesetz über die Umweltverträglichkeitsprüfung	WHO	Weltgesundheitsorganisation
UWG	Gesetz gegen den unlauteren Wettbewerb	WLAN	Wireless Local Area Network
		WoGG	Wohngeldgesetz
		WTG	Wohn- und Teilhabegesetz Nordrhein-Westfalen
VAV	Verletzungsartenverfahren		
VBVG	Vormünder- und Betreuervergütungsgesetz	WTO	World Trade Organization
		WWF	World Wide Fund for Nature
vdek	Verband der Ersatzkassen		
VDR	Verband Deutscher Rentenversicherungsträger	ZDG	Zivildienstgesetz
		ZPO	Zivilprozessordnung
VG-Bund	Verbandsgeschäftsführung Bund		

1. **Planen, Steuern und Organisieren betrieblicher Prozesse**
2. Steuern von Qualitätsmanagementprozessen
3. Gestalten von Schnittstellen und Projekten
4. Steuern und Überwachen betriebswirtschaftlicher Prozesse und Ressourcen
5. Führen und Entwickeln von Personal
6. Planen und Durchführen von Marketingmaßnahmen

Prüfungsanforderungen

Im Handlungsbereich „Planen, Steuern und Organisieren betrieblicher Prozesse" soll die Fähigkeit nachgewiesen werden, komplexe betriebliche Prozesse unter Berücksichtigung volkswirtschaftlicher Zusammenhänge und betrieblicher Problemstellungen sowie wirtschaftlicher und rechtlicher Rahmenbedingungen des Gesundheits- und Sozialwesens zu analysieren, zu planen, zu steuern, zu organisieren und zu überwachen.

Betriebliche Ziele und Strategien sollen unter Beachtung von ökonomischen, ökologischen, ethischen und sozialen Aspekten der Nachhaltigkeit entwickelt, umgesetzt und evaluiert werden. Dabei sind Organisationskonzepte und Managementtechniken zur effektiven Prozesssteuerung im Unternehmen einzusetzen und Strategien zur Steigerung der Markt- und Innovationsfähigkeit zu entwickeln und umzusetzen.

Es soll die Fähigkeit nachgewiesen werden, sich auf veränderte Methoden und Systeme der Arbeitsorganisation sowie der Organisationsentwicklung einzustellen sowie den Wandel im Unternehmen mit zu gestalten und zu fördern.

Zur einfacheren Lesbarkeit wird im vorliegenden Handlungsbereich die männliche Form verwendet. Sie gilt gleichermaßen auch für weibliche Personen.

Qualifikationsschwerpunkte im Überblick

Die Schwerpunkte des ersten Handlungsbereiches ergeben sich aus den folgenden acht Kapiteln:

1.1	Erläutern der Prinzipien, Strukturen und Aufgaben sowie der ökonomischen Prozesse des Gesundheits- und Sozialwesens unter Einbeziehung volkswirtschaftlicher Zusammenhänge und sozialer Auswirkungen
1.2	Einordnen der Gesundheits- und Sozialpolitik in den nationalen und europäischen Kontext
1.3	Erläutern rechtlicher und institutioneller Rahmenbedingungen von Einrichtungen im Gesundheits- und Sozialwesen
1.4	Entwickeln, Planen, Umsetzen und Evaluieren von betrieblichen Zielen
1.5	Beurteilen komplexer betrieblicher Zusammenhänge sowie Entwickeln und Umsetzen strategischer Handlungsmöglichkeiten
1.6	Gestalten und Optimieren von Prozessen
1.7	Anwenden von Organisationstechniken
1.8	Steuern betrieblicher Veränderungsprozesse

Nachfolgend sind die Zusammenhänge zwischen den Qualifikationsschwerpunkten dargestellt:

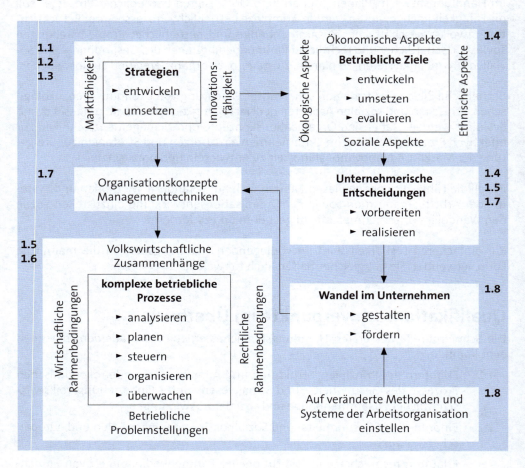

1. Planen, Steuern und Organisieren betrieblicher Prozesse

1.1 Erläutern der Prinzipien, Strukturen und Aufgaben sowie der ökonomischen Prozesse des Gesundheits- und Sozialwesens unter Einbeziehung volkswirtschaftlicher Zusammenhänge und sozialer Auswirkungen

In diesem Kapitel werden die Aufgaben und die Verantwortung eines modernen Staatswesens, Wirtschaftsordnungen im Kontext des Gesundheitswesens sowie prozess- und ordnungspolitische Entscheidungen im Gesundheits- und Sozialwesen beurteilt. Ein weiterer Themenschwerpunkt ist die Einordnung des Gesundheits- und Sozialwesens in die Volkswirtschaft und die Analyse der Steuerungsmechanismen. Abschließend werden an einem Beispiel Auswirkungen auf die betrieblichen Prozesse abgeleitet. Die Zusammenhänge zeigt die folgende Abbildung.

1.1.1 Aufgaben und Verantwortung eines modernen Staatswesens beurteilen

Neben der Erläuterung der allgemeinen Grundbegriffe Staat und Aufgaben eines Staatswesens werden – bezogen auf die Bundesrepublik Deutschland – das Grundgesetz, daraus abgeleitet die Aufgaben der Bundesrepublik Deutschland, Grundziele und Aufgaben eines modernen Rechtsstaates, Gestaltungsprinzipien und Ordnungsrahmen des sozialen Systems sowie die Systematik des Sozialgesetzbuches in seinen Büchern I bis XII und die sozialen Rechte dargestellt.

01. Was ist unter einem Staat zu verstehen?

Der Staat ist die höchstorganisierte Ordnungseinheit des menschlichen Zusammenlebens und besteht aus einem Staatsvolk, einem Staatsgebiet und einer Staatsgewalt. Er besitzt das Monopol der legitimen Gewaltanwendung und ist unter rechtlichen Gesichtspunkten eine Gebietskörperschaft, die zugleich Gebiets- und Personenherrschaft ausübt.

Das Staatsvolk ist die Bevölkerung entsprechend der Verfassung eines Staates ohne fremde Staatsangehörige und Staatenlose. Das Staatsgebiet ist der räumliche Herrschaftsbereich eines Staates und die Staatsgewalt ist die Gesamtheit aller Befugnisse und Mittel, die der Staat zur Durchsetzung und Aufrechterhaltung der Verfassung legitim ausüben darf, beispielsweise Gesetzgebung, Regierung, Verwaltung und Rechtsprechung.

In modernen Verfassungsstaaten gilt eine Gewaltenteilung in Legislative, Exekutive und Judikative. Legislative bezeichnet die gesetzgebende Gewalt der Parlamente, Exekutive die ausführende, vollziehende Gewalt der Regierung und Verwaltung und Judikative die Rechtsprechung der Gerichte (vgl. *Bertelsmann 2003*).

02. Auf welcher Grundlage ergeben sich die Aufgaben eines Staatswesens?

Die Aufgaben eines Staatswesens ergeben sich aus der Verfassung des Staates. Die Bundesrepublik Deutschland hat sich als Verfassung das Grundgesetz gegeben. Es gilt für das gesamte deutsche Volk in allen Bundesländern gleichermaßen.

03. Welche Regelungen enthält das Grundgesetz der Bundesrepublik Deutschland?

Das Grundgesetz enthält folgende Regelungen:
- Präambel
- Grundrechte (Artikel 1 - 19)
- Rechte, die Grundrechtscharakter haben (Artikel 20 Abs. 4, Artikel 33, Artikel 38, Artikel 101, Artikel 103, Artikel 104)

- Rechte der Staatsorganisation (Artikel 20 ff. mit Ausnahme der Artikel, die Grundrechtscharakter haben). Einige Grundrechte „strahlen" in das Recht der Staatsorganisation aus. Geregelt und abgegrenzt werden die Kompetenzen der Bundesorgane und das Verhältnis zwischen Bund und Ländern (Bundestag, Bundesrat, Gemeinsamer Ausschuss, Bundespräsident, Bundesregierung, Gesetzgebung des Bundes, Ausführung der Bundesgesetze, Bundesverwaltung, Gemeinschaftsaufgaben, Verwaltungszusammenarbeit, Rechtsprechung, Finanzwesen, Verteidigungsfall).

Die Änderung von Bestimmungen des Grundgesetzes bedarf einer Zweidrittelmehrheit von Bundestag und Bundesrat (vgl. *Bertelsmann 2003*). Davon ausgenommen sind Änderungen, *„[...] durch welche die Gliederung des Bundes in Länder, die grundsätzliche Mitwirkung der Länder bei der Gesetzgebung oder die in den Artikeln 1 bis 20 niedergelegten Grundsätze berührt werden [...]."* Diese Regelungen können nur durch die Ersetzung des Grundgesetzes durch eine andere Verfassung geändert werden (vgl. Artikel 79 Abs. 3 Grundgesetz). Eine solche neue Verfassung müsste vom deutschen Volke in freier Entscheidung beschlossen werden (vgl. Artikel 146 Grundgesetz).

Nach dem Grundgesetz ist der Bundestag das vom Volk demokratisch legitimierte Verfassungsorgan, ohne den keine gewichtigen politischen Entscheidungen getroffen werden können (vgl. *Linn/Sobolewski 2013*).

Das Grundgesetz ist eine Bundesverfassung. Neben dem Grundgesetz existieren die Länderverfassungen der einzelnen Bundesländer.

04. Welche Aufgaben ergeben sich für die Bundesrepublik Deutschland?

Für ein modernes Staatswesen, wie es beispielsweise die Bundesrepublik Deutschland repräsentiert, ergeben sich Aufgaben aus den nachfolgenden Themengebieten (vgl. *Linn/Sobolewski 2013*):

- Wahlprüfung, Immunität und Geschäftsordnung der Abgeordneten und Parlamente
- Auswärtige und Innere Angelegenheiten
- Angelegenheiten der Europäischen Union
- Menschenrechte und humanitäre Hilfe
- Verteidigung
- Rechtsangelegenheiten
- Finanzen und Haushalt
- Wirtschaft und Technologie (inkl. Technikfolgenabschätzung), wirtschaftliche Zusammenarbeit und Entwicklung
- Verkehr und Bau, Stadtentwicklung
- Umwelt- und Naturschutz, Reaktorsicherheit
- Ernährung, Landwirtschaft und Verbraucherschutz

- Arbeit und Soziales, Familie, Senioren, Frauen und Jugend
- Bildung und Forschung
- Gesundheit und Sport
- Tourismus, Kultur und Medien.

Die Aufgaben eines modernen Staatswesens verfolgen das Ziel, eine möglichst hohe Wohlfahrt für den eigenen Staat zu erreichen. Ein modernes Staatswesen beschäftigt sich mit der Fragestellung, was gut und notwendig für die eigene Gesellschaft ist, berücksichtigt aber durch internationale Einbindung auch die Belange von anderen Staaten. Die gesellschaftliche Wohlfahrt für das einzelne Individuum hängt davon ab, inwieweit sein Nutzen durch die von ihm konsumierten Güter und Dienstleistungen befriedigt werden kann. Der Nutzen ergibt sich aus den Präferenzen, die jedes Individuum für sich entwickelt.

Aus den generellen Abstimmungsregeln, denen Demokratieprozesse unterliegen, ergibt sich grundlegend für die Wohlfahrt, dass aus den Einzelpräferenzen der einzelnen Gesellschaftsmitglieder Gruppenpräferenzen ermittelt werden, die durch Mehrheitsentscheidungen legitimiert werden. Durch diese Mehrheitsentscheidungen können Benachteiligungen im Einzelfall entstehen (vgl. *Breyer/Clever 2003*). Der Staat greift immer dann in das gesellschaftliche Geschehen ein, wenn durch Situationen Rahmenbedingungen, Regelungen und/oder Gesetze erlassen, geändert oder durchgesetzt werden müssen. Gerichte legen bestehende Rahmenbedingungen, Regelungen und/oder Gesetze aus und führen auf dieser Basis die Rechtsprechung durch.

05. Welches sind die Grundziele und sozialen Aufgaben eines sozialen Rechtsstaates?

Ein sozialer Rechtsstaat handelt sozial verantwortungsbewusst und gewährleistet soziale Sicherheit und soziale Gerechtigkeit. Für die Bundesrepublik Deutschland ergibt sich die Bestimmung als sozialer Rechtsstaat aus Artikel 20 Abs. 1 Grundgesetz *„Die Bundesrepublik Deutschland ist ein demokratischer und sozialer Bundesstaat".*

Soziale Sicherheit entsteht durch die Abdeckung der Grundrisiken des Lebens. Neben der Unterstützung einzelner Menschen, die sich in sozialen Notlagen befinden und diese aus eigener Kraft nicht mehr bewältigen können, gibt es langfristig angelegte Maßnahmen (vgl. *BMAS 2009*). Darunter werden die Risiken Krankheit, Alter (Pflegebedürftigkeit und Altersversorgung), Arbeitslosigkeit, betriebliche Unfälle, Erwerbsminderung sowie Kinderreichtum verstanden. Soziale Sicherheit wird grundsätzlich in Form von Sozialleistungen des Staates und öffentlich-rechtlicher Körperschaften auf der Grundlage von Pflichtversicherungen erbracht. Dabei handelt es sich um Geld- und Sachleistungen (vgl. *Bertelsmann 2003*). Bei den fünf Säulen der sozialen Sicherung in der Bundesrepublik Deutschland handelt es sich um die Krankenversicherung, Unfallversicherung, Rentenversicherung, Pflegeversicherung und Arbeitslosenversicherung (vgl. *Duden 2010*).

Neben sozialer Sicherheit soll das Recht des Sozialgesetzbuches soziale Gerechtigkeit verwirklichen. *„[...] Es soll dazu beitragen, ein menschenwürdiges Dasein zu sichern, gleiche Voraussetzungen für die freie Entfaltung der Persönlichkeit, insbesondere auch für junge Menschen zu schaffen, die Familie zu schützen und zu fördern, den Erwerb des Lebensunterhalts durch eine frei gewählte Tätigkeit zu ermöglichen und besondere Belastungen des Lebens, auch durch Hilfe zur Selbsthilfe, abzuwenden oder auszugleichen. Die dafür erforderlichen Dienste und Einrichtungen sollen rechtzeitig und ausreichend zur Verfügung stehen"* (§ 1 Abs. 1 SGB I).

06. Nennen Sie die Gestaltungsprinzipien des sozialen Staatssystems.

Das soziale Staatssystem verfügt über folgende Gestaltungsprinzipien (vgl. *Weitz/Eckstein 2008*):

- Sozialstaatsprinzip
- Territorialität
- Solidaritätsprinzip
- Subsidiaritätsprinzip
- Äquivalenzprinzip
- Selbstverwaltung
- Grundprinzipien der Sozialen Sicherung (Versicherungsprinzip, Versorgungsprinzip, Fürsorgeprinzip)
- Beitragsfinanzierung der Sozialversicherungen
- Freizügigkeit.

07. Erläutern Sie die genannten Prinzipien (Frage 06.).

Sozialstaatsprinzip: Für die Bundesrepublik Deutschland und deren Länder ist das Sozialstaatsprinzip durch die Artikel 20 Abs. 1 und 28 Abs. 1 Grundgesetz verpflichtende Grundlage der Verfassung.

Territorialität: Die Geltung des Sozialgesetzbuches (SGB) endet an der Grenze der Bundesrepublik Deutschland. Die Vorschriften des SGB gelten für alle Personen, die ihren Wohnsitz oder gewöhnlichen Aufenthalt in seinem Geltungsbereich haben (vgl. *Marburger 2013a, S. 28, SGB 30 Abs. 1 SGB I*).

Solidaritätsprinzip: Grundlage der gesetzlichen Krankenversicherung (GKV) ist das Solidaritätsprinzip. Für alle Versicherten einer Krankenkasse gilt der gleiche prozentuale Beitragssatz, der auf die unterschiedlich hohen Einkommen der Versicherten bis zur Beitragsbemessungsgrenze angewendet wird und dadurch zur Umverteilung der Lasten führt. Die Leistungen, die die Versicherten einer Krankenkasse erhalten, unterscheiden sich nicht (vgl. *Duden 2010*).

Subsidiaritätsprinzip: Staatliche Institutionen sollen nur dort eingreifen, wo die Möglichkeiten des Einzelnen und/oder der Familie nicht ausreichen, die Daseinsgestaltung zu lösen. Dabei haben Selbsthilfemaßnahmen der Betroffenen Vorrang vor staatlichen Maßnahmen. Subsidiarität stellt auf Selbstbestimmung, Selbstverantwortung und die Entfaltung individueller Fähigkeiten ab (vgl. *Pfister 2004*).

Äquivalenzprinzip: In der privaten Krankenversicherung wird das Äquivalenzprinzip angewendet. Die Beiträge der Versicherten werden nach der Wahrscheinlichkeit des Versicherungsfalls berechnet. Die Beiträge sind umso höher, je größer die erwartete Leistungsinanspruchnahme der Versicherten ist (vgl. *Duden 2010*).

Selbstverwaltung: Es handelt sich um Aufgaben, die vom Staat auf Körperschaften des öffentlichen Rechts übertragen wurden und dort eigenverantwortlich erbracht werden. Es handelt sich um allgemeine oder gesetzlich geregelte Tätigkeiten, die auch die Rechtsetzung beinhalten. An der Selbstverwaltung sind die betroffenen Menschen in ihren jeweiligen Rollen (z. B. Versicherter, Arbeitnehmer oder Arbeitgeber) durch Wahlen unmittelbar beteiligt und wirken in den Selbstverwaltungsorganen mit. Körperschaften des öffentlichen Rechts mit Selbstverwaltungsbefugnis unterliegen je nach Zuständigkeit der Aufsicht des Bundes oder eines Bundeslandes (vgl. *Bertelsmann 2004*).

Grundprinzipien der Sozialen Sicherung: Versicherungsprinzip, Versorgungsprinzip und Fürsorgeprinzip sind die drei Grundprinzipien der sozialen Sicherung.

Durch das **Versicherungsprinzip** besteht die Verpflichtung, den gesetzlichen Sozialversicherungen bis zur Höhe eines bestimmten Einkommens beizutreten. Davon ausgenommen sind nur wenige Gruppen, z. B. Selbstständige oder privat Versicherte. Versichert werden gleichartige Risiken, die für den Kreis der Versicherten relevant sind. Bei den Sozialversicherungen handelt es sich um die weiter oben genannten Grundrisiken des Lebens. Dem Versicherungsprinzip liegen die Beitragszahlung und Versicherungsleistung zugrunde. Das **Versorgungsprinzip** erfordert keine Beitragszahlungen. Es ergibt sich aus gesetzlichen Regelungen für öffentlich Bedienstete (z. B. beamtete Staatsdiener, Kriegsopferversorgung, Opfer von Straftaten) oder besonderen sozialen Leistungen, die nicht der Sozialhilfe zuzurechnen sind (z. B. Mutterschutzgesetz, Wohngeld, BAföG, Schwerbehindertengesetz). Das **Fürsorgeprinzip** wird durch die Sozialhilfe realisiert. Sozialhilfe wird nach dem Bundessozialhilfegesetz (BSHG) subsidiär geleistet. Für die Gewährung von Sozialhilfe im Bedarfsfall besteht ein Rechtsanspruch. Durch die staatliche Fürsorge sollen, sofern keine anderen Möglichkeiten zur Hilfe oder Selbsthilfe bestehen, individuelle Notlagen von Gesellschaftsmitgliedern abgewendet oder gemildert werden, die dadurch entstehen, dass der eigene Lebensunterhalt nicht aufgebracht werden kann. Maßnahmen nach dem Fürsorgeprinzip werden individuell geprüft und richten sich am existenziellen Minimum, z. B. durch Regelsätze, aus (vgl. *Weitz/Eckstein 2008; Oyen/Löhe 1996*).

Beitragsfinanzierung der Sozialversicherungen: Die Finanzierung des Systems der sozialen Sicherung erfolgt überwiegend aus Versicherungsbeiträgen der Sozialversicherung, die sich Arbeitnehmer und Arbeitgeber teilen. Mit Ausnahme der Krankenversicherung, bei dem der Anteil der Arbeitnehmer größer ist, teilen sich Arbeitnehmer und Arbeitgeber die Beiträge in der Rentenversicherung, Pflegeversicherung und Arbeitslosenversicherung jeweils zur Hälfte. Die Beiträge zur Unfallversicherung trägt der Arbeitgeber vollständig. Neben den Beitragszahlungen gibt es noch Transferzahlungen wie z. B. Kindergeld, Jugendhilfe, Wohngeld, die ebenfalls der Finanzierung der sozialen Sicherung zuzuordnen sind (vgl. *Weitz/Eckstein 2008*).

Freizügigkeit: Jeder Bürger der Europäischen Union kann sich frei und unabhängig in jedem Mitgliedstaat aufhalten (vgl. *Weitz/Eckstein 2008*). Bezogen auf die Sozialversicherungen kann jeder Bürger der Europäischen Union in allen Mitgliedstaaten leben und arbeiten und genießt vergleichbare soziale Grundrechte unabhängig von seiner Herkunft (vgl. *Sozialpolitik 2013/2014*).

Die Sozialversicherung umfasst davon Versicherungspflicht, Beitragsfinanzierung, Solidarität, Äquivalenz, Selbstverwaltung und Freizügigkeit (vgl. *Sozialpolitik 2013/2014*).

08. Welcher Ordnungsrahmen gilt für das soziale System der Bundesrepublik Deutschland?

Das soziale System in der Bundesrepublik Deutschland erhält zunehmend einen marktwirtschaftlichen Ordnungsrahmen. Marktwirtschaftliche Anreize entfalten Steuerungsmöglichkeiten, durch die Fehlanreize vermieden und Qualität und Effizienz nachhaltig gesichert werden können.

Eine solche Ausgestaltung des sozialen Systems setzt einen starken Staat voraus, der Rahmenbedingungen und Spielregeln setzt und kontrolliert, um die Qualität der gesundheitlichen Versorgung, soziale Gerechtigkeit und Freiräume für Anbieter von Gesundheitsleistungen zu gewährleisten sowie soziale Härten zu vermeiden. Der Staat gibt qualitative Gesundheitsziele vor und beaufsichtigt die Akteure im Gesundheitsmarkt bei der Umsetzung. Versicherte und Patienten werden auch im Gesundheitswesen zunehmend zu mündigen Bürgerinnen und Bürgern, die im Rahmen ihrer Möglichkeiten für die eigene Gesundheit und einem gesunden Leben verantwortlich sind (vgl. *Konrad-Adenauer-Stiftung 2009*). Dennoch ist gerade das Gesundheits- und Sozialwesen ein Bereich, in dem der Staat eine weitgehende Lenkung präferiert.

Für die Sozialversicherung sind in der Bundesrepublik Deutschland selbstverwaltete Institutionen verantwortlich (Sozialversicherungsträger), die als selbstständige Körperschaften des öffentlichen Rechts mit Selbstverwaltung organisiert sind. Gewählte Arbeitnehmer und Arbeitgeber sind in den Organen der Sozialversicherungsträger tätig und so in operative Aufgaben und Leitungsaufgaben einbezogen. Weitere Institutionen des sozialen Staatssystems sind die Bundesministerien (mit den Aufgabenbereichen Arbeit, Soziales, Gesundheit, Frauen und Familie), unterschiedliche Träger der freien Wohlfahrtspflege (z. B. Caritas, Diakonisches Werk, Paritätischer Wohlfahrtsverband) und die Sozialgerichtsbarkeit. Der föderative Aufbau der Bundesrepublik Deutschland führt zu weiteren Institutionen auf der Ebene der Bundesländer. Die Bundesländer verfügen über ergänzende Gestaltungsmöglichkeiten in der Familien-,

Gesundheits-, Bildungs- und Wohnungspolitik sowie in der Umsetzung von Bundesgesetzen. Auf der kommunalen Ebene werden die konkreten Leistungen für die Bürger erbracht. Insbesondere werden soziale Dienste organisiert, geplant und koordiniert und sozialer Wohnungsbau gestaltet. Es findet eine enge Zusammenarbeit sowohl auf politischer als auch auf der Ebene der Selbstverwaltungspartner und den Verbänden der freien Wohlfahrtspflege statt. Auf die Arbeit der Institutionen wirken die Medien durch ihre Berichterstattung ein (vgl. *Schmid 2012*).

09. Welche Ebenen gibt es im Ordnungsrahmen des sozialen Systems der Bundesrepublik Deutschland?

Das soziale Staatssystem wird in der Bundesrepublik Deutschland auf drei Ebenen umgesetzt:

1. Ebene (staatliche Steuerung durch Bund, Ländern und Kommunen):
Der Deutsche Bundestag entscheidet über alle Fragen, die durch Bundesgesetze zu regeln sind. Die politische Willensbildung erfolgt überwiegend in den Parteien und deren Parlamentsfraktionen. Politische Programme werden oftmals über Forschungsprojekte und Diskussionsprozesse parteinaher Stiftungen unterstützt (vgl. *Gerlinger/Burkhardt 2012*). Bund und Länder überwachen die in ihrem Zuständigkeitsbereich liegenden Körperschaften des öffentlichen Rechts.

Die Ebenen zwei und drei werden am Beispiel der gesetzliche Krankenversicherung (GKV) dargestellt:

2. Ebene (mittelbare Staatsverwaltung):
Es handelt sich um Körperschaften und Verbände, denen im Rahmen des Korporatismus Sicherstellungsaufträge für Aufgaben der sozialen Sicherung von der Politik übertragen wurden (in einem korporatistischen Steuerungsmodell überträgt der Staat sowohl Gestaltung als auch administrative Steuerung gesellschaftlicher Aufgaben an selbstverwaltete Körperschaften und deren Verbände, behält aber die Kontrollfunktion über die Selbstverwaltung). Akteure sind Krankenkassen und ihre Verbände, Kassenärztliche und Kassenzahnärztliche Vereinigungen, die Kassenärztliche Bundesvereinigung (KBV), Landeskrankenhausgesellschaften und Deutsche Krankenhausgesellschaft (DKG), der Gemeinsame Bundesausschuss (G-BA) als oberstes Beschlussgremium der gemeinsamen Selbstverwaltung der Ärzte, Zahnärzte, Psychotherapeuten, Krankenkassen und Krankenhäuser (www.g-ba.de); (vgl. *Gerlinger/Burkhardt 2012c; www.bmg.bund.de*).

3. Ebene (Kammern, Verbände, Organisationen und Unternehmen):
Es gibt weitere Akteure, die nicht zur Selbstverwaltung gehören, aber in Verbindung mit ihnen stehen. Dabei handelt es sich um Kammern, Verbände und nachgeordnete Institutionen, beispielsweise Landesärztekammern, Bundesärztekammer, Institut für Qualität und Wirtschaftlichkeit im Gesundheitswesen (IQWiG), Medizinischer Dienst der Krankenversicherung (MDK), Bundesvereinigung Deutscher Apothekerverbände (ABDA), Verband der Privaten Krankenversicherung (PKV-Verband) und Verbände der Arzneimittelhersteller.

Eine weitere Gruppe von Akteuren sind die marktwirtschaftlich orientierten Unternehmen, beispielsweise Medizinproduktehersteller, Krankenhäuser, Apotheken, Sanitätshäuser, Pflegeheime, Heilmittelversorgung, niedergelassene Ärzte und Zahnärzte sowie Psychotherapeuten (vgl. *Gerlinger/Burkhardt 2012*).

10. Nennen Sie die Systematik des Sozialgesetzbuches der Bundesrepublik Deutschland in seinen Büchern I bis XII.

Das Sozialgesetzbuch (SGB) enthält die wichtigsten Sozialgesetze (Sozialrecht). Es soll Sozialleistungen gestalten, um so soziale Gerechtigkeit und soziale Sicherheit zu verwirklichen und gliedert sich in die zwölf Bücher SGB I-XII (vgl. *aok-bv*):

- SGB I – Allgemeiner Teil
- SGB II – Grundsicherung für Arbeitsuchende
- SGB III – Arbeitsförderung
- SGB IV – Gemeinsame Vorschriften für die Sozialversicherung
- SGB V – Gesetzliche Krankenversicherung
- SGB VI – Sozialgesetzbuch-Gesetzliche Rentenversicherung
- SGB VII – Gesetzliche Unfallversicherung
- SGB VIII – Kinder- und Jugendhilfe
- SGB IX – Rehabilitation und Teilhabe behinderter Menschen
- SGB X – Verwaltungsverfahren und Sozialdatenschutz
- SGB XI – Sozialgesetzbuch-Soziale Pflegeversicherung
- SGB XII – Sozialhilfe

(vgl. Sozialgesetzbuch).

11. Erläutern Sie die sozialen Rechte des Sozialgesetzbuches.

Das SGB I regelt die sozialen Rechte. Soziale Rechte sind der grundgesetzlich geschützte Gegenstand des Sozialgesetzbuches und gleichzeitig die Grundlage für alle Vorschriften des SGBs. Nachfolgend sind die soziale Rechte zusammenfassend dargestellt:

Soziale Rechte	Rechtsquelle SGB I	Geregelt in
Bildungs- und Arbeitsförderung	BAföG (Bundesausbildungsförderungsgesetz) § 3 Abs. 2 SGB I (Arbeitsförderung)	nach § 68 Nr. 1 SGB I ist BAföG besonderer Teil des SGB Arbeitsförderung (SGB III)
Sozialversicherung	§ 4 Abs. 1 SGB I (nach § 4 Abs. 2 SGB I i. V. m. § 68 Nr. 4 und 5 SGB I Altersversicherung der Landwirte und mitarbeitende Familienangehörige)	Krankenversicherung (SGB V), Pflegeversicherung (SGB XI), Unfallversicherung (SGB VII), Rentenversicherung (SGB VI), Altersversicherung der Landwirte

Soziale Rechte	Rechtsquelle SGB I	Geregelt in
Soziale Entschädigung bei Gesundheitsschäden	§ 5 SGB I Soziale Entschädigung bei Gesundheitsschäden ist im SGB nicht geregelt. Rechtsgrundlagen sind Bundesversorgungsgesetz (BVG) i. V. m. § 68 Nr. 8 SGB I, Infektionsschutzgesetz (IfSG), Opferentschädigungsgesetz (OEG) i. V. m. § 68 Nr. 7 SGB I	Kriegsopferversorgung 2. Weltkrieg (BVG), Entschädigungen bei Impfschäden (IfSG), Ansprüche der Opfer bei Gewalttaten (OEG)
Minderung des Familienaufwands	§ 6 SGB I i. V. m. § 68 Nr. 9 und 15a SGB I	Rechtsgrundlage ist das Bundeskindergeldgesetz (BKGG) und der erste Abschnitt des Bundeselterngeld- und Elternzeitgesetzes (BEEG)
Zuschuss für eine angemessene Wohnung	§ 7 SGB I i. V. m. § 68 Nr. 10 SGB I	Einzelheiten sind im Wohngeldgesetz (WoGG) geregelt Ansprüche bestehen auch im Rahmen der Sozialhilfe und der Grundsicherung für Arbeitssuchende (SGB XII)
Kinder- und Jugendhilfe	§ 8 SGB I	geregelt im SGB VIII
Sozialhilfe	§ 9 SGB I	geregelt in SGB XII
Teilhabe behinderter Menschen	§ 10 SGB I	geregelt in SGB IX. Dort wird auf die Regelungen bei den einzelnen Rehabilitationsträgern verwiesen in SGB III, SGB V, SGB VI (einschließlich Träger der Alterssicherung für Landwirte), SGB VII, SGB VIII, SGB XII, Träger der Kriegsopferversorgung

Soziale Rechte, in Anlehnung an *Marburger 2013*

1.1.2 Wirtschaftsordnungen im Kontext des Gesundheits- und Sozialwesens beurteilen

Arbeitsteilung ist das besondere Merkmal entwickelter Gesellschaften und führt gesellschaftlich zu unterschiedlichen Berufen. Ökonomisch bilden sich bestimmte Teilbereiche heraus, beispielsweise Urproduktion, Gewerbe, Handel und sonstige Dienstleistungen und aus technischer Sicht werden komplexe Arbeitsaufgaben in kleinste mögliche Teilaufgaben zum Zwecke der Produktionssteigerung und Erhaltung der Wettbewerbsfähigkeit zerlegt (vgl. *Bertelsmann 2002*). In einer Volkswirtschaft müssen Bedarfe an Gütern und Dienstleistungen mit den Produktionsmöglichkeiten abgestimmt werden. Die dafür erforderlichen Institutionen, Regelungen, Abläufe und Koordinationsmechanismen bezeichnet man als Wirtschaftsordnung. Eine Wirtschaftsordnung bildet den Rahmen für die Beziehungen und Entscheidungsmöglichkeiten im Zusammenwirken der einzelnen Wirtschaftssubjekte (vgl. *Duden 2010* und *Weitz/Eckstein 2008*). Nachfolgend werden die idealtypischen Wirtschaftsordnungen freie Marktwirtschaft und Zentralverwaltungswirtschaft (Planwirtschaft) sowie als Mischform die Soziale Marktwirtschaft vorgestellt.

01. Ordnen Sie die Wirtschaftsordnung in die Gesellschaftsordnung ein.

Die Wirtschaftsordnung verbindet sich mit der Frage, wie die Volkswirtschaft in einem Staat organisiert werden soll und ist Teil der Gesellschaftsordnung. Neben der Wirtschaftsordnung sind die Rechtsordnung und die Sozialordnung weitere Teile der Gesellschaftsordnung.

Ist die Gesellschaftsordnung individualistisch geprägt, dann steht der Einzelne im Mittelpunkt mit seinem Recht auf Streben nach den eigenen Vorteilen. In wirtschaftlichen Angelegenheiten besitzen die Wirtschaftssubjekte (Haushalte und Unternehmen) entsprechend ihren individuellen Zielen Entscheidungsfreiheit, während der Staat Rahmenbedingungen und Schutzmechanismen für das ökonomische Handeln festlegt. Das Wirtschaftsgeschehen wird über den Preis, der sich aus Angebot und Nachfrage ergibt, ohne staatliche Einwirkung auf den verschiedenen Märkten durch die Wirtschaftssubjekte organisiert (Marktwirtschaft).

Ist die Gesellschaftsordnung kollektivistisch geprägt, dann stehen die gesellschaftlichen Bedürfnisse als Gemeinwohl im Mittelpunkt, denen die individuellen Bedürfnisse untergeordnet sind. An der Realisierung der gesellschaftlichen Ziele müssen alle Gesellschaftsmitglieder mitarbeiten. Das Wirtschaftsgeschehen folgt einem zentral gelenkten Plan, dessen Einhaltung staatlich überwacht wird (Zentralverwaltungs- oder Planwirtschaft).

Reine Markt- oder Planwirtschaften existieren nur modellhaft. In der Realität herrschen Mischformen vor, beispielsweise die soziale Marktwirtschaft in der Bundesrepublik Deutschland (vgl. *Duden 2010*).

02. Welche grundlegenden Merkmale kennzeichnen Wirtschaftsordnungen?

Die Abgrenzung von Wirtschaftsordnungen erfolgt über die Merkmale Eigentumsordnung und Koordinationsmechanismus (Koordination des wirtschaftlichen Handelns, Ordnungsfunktion).

In einem kapitalistischen System sind die Produktionsmittel grundsätzlich Privateigentum, in einem sozialistischen System Gemeineigentum. In der Bundesrepublik Deutschland ist das Eigentum durch Artikel 14 Grundgesetz geschützt. Sozialisierung von Eigentum wurde in der Bundesrepublik Deutschland bisher nicht vorgenommen, ist aber nach den Grundsätzen der Enteignung und Entschädigung durch Anwendung des Artikels 15 Grundgesetz möglich (z. B. zur Sozialisierung von Bodenschätzen).

Durch den Koordinationsmechanismus wird bestimmt, welche Produkte und Dienstleistung wann, wie und für wen produziert werden. Bei einer zentralen Koordination trifft der Staat alle notwendigen Entscheidungen, bei einer dezentralen Koordination die Wirtschaftssubjekte (vgl. *Duden 2010*).

03. Erläutern Sie das Modell der freien Marktwirtschaft.

Eine freie Marktwirtschaft ist gekennzeichnet durch:

- Entscheidungsfreiheit der Wirtschaftssubjekte
- Vertragsfreiheit
- Privateigentum (auch an den Produktionsmitteln)
- keine staatliche Einwirkung in das Wirtschaftsgeschehen
- freier Wettbewerb und freie Preisbildung
- Möglichkeit der Gewinnerzielung
- Gewerbefreiheit
- freie Berufswahl
- freie Vereinbarungen von Arbeitsentgelten und Arbeitsbedingungen zwischen Unternehmern und Arbeitnehmern
- freie Konsumauswahl
- unbeschränkter Handel.

Im Modell der freien Marktwirtschaft werden die Gleichgewichte durch die Wirtschaftsdynamik erreicht. Dabei wird Sozialverträglichkeit nicht zwingend berücksichtigt. Die Gesellschaftsmitglieder sind weitestgehend auf sich selbst gestellt. Der Staat greift nicht ein, wenn Existenzen ökonomisch scheitern und eine Existenzsicherung ist nicht vorhanden (vgl. *Weitz/Eckstein 2008*).

Die Wirtschaftssubjekte sind frei, verantwortungsvoll und selbstbestimmt und treffen alle Entscheidungen über Produktion und Konsum selbstständig. Jedes Wirtschaftssubjekt entwickelt eigenverantwortlich seine Verbrauchs-, Einkommens- und/oder Produktionspläne. Der Markt ist die Koordinationsinstanz, auf dem der Preis das Angebot und die Nachfrage steuert. Durch das Streben aller Wirtschaftssubjekte nach dem eigenen Vorteil wird auch unbewusst das Gemeinwohl verbessert. Unternehmer, die bedarfsentsprechend produzieren, sind erfolgreich und erzielen Gewinne, während andere Unternehmen, die die Bedürfnisse der Nachfrager nicht erkennen, Verluste erzielen und aus dem Markt ausscheiden, sofern eine bedarfsorientierte Anpassung nicht gelingt. Haushalte können unter den angebotenen Möglichkeiten entsprechend ihrer Präferenzen frei wählen und bestimmen dadurch die Produktionspläne der Unternehmen. Der Staat übernimmt die Ordnungs- und Sicherungsfunktion und stellt öffentliche Güter bereit.

04. Erläutern Sie das Modell der Zentralverwaltungswirtschaft.

Eine Zentralverwaltungswirtschaft ist gekennzeichnet durch:

- zentrale Planung des gesamten Wirtschaftsgeschehens (inkl. Planung des Arbeitseinsatzes und des Außenhandels)
- Gemeineigentum (auch an den Produktionsmitteln)
- staatliche Marktregulierung durch Anweisung und Zuweisung von Gütern und Dienstleistungen
- Festsetzung von Arbeitsentgelten und Preisen
- fehlende Gewerbefreiheit
- eingeschränkte Verbrauchsfreiheit.

Die der Zentralverwaltungswirtschaft zugrundeliegende Gesellschaftsordnung ist kollektivistisch ausgerichtet, sodass sich die Wirtschaftssubjekte der Gesellschaft unterordnen müssen. Die Wirtschaft wird staatlich gelenkt, das Gesellschaftseigentum staatlich verwaltet und die Gesamtproduktion staatlich geplant. Nachteilhaft wirkt sich die Komplexität des Wirtschaftsgeschehens aus. Eine Zentralverwaltungswirtschaft kann in der Regel nur langsam und unflexibel auf Veränderungen reagieren. Vorteilhaft wirkt sich die Möglichkeit von Preisfestsetzungen für beispielsweise den Grundbedarf des täglichen Lebens aus.

Der zentrale Wirtschaftsplan ist Grundlage für den Ablauf der Wirtschaft. Er wird regional und sektoral zerlegt und gibt vor, was, wann, wie und für wen produziert wird. Darüber hinaus werden neben den Güterpreisen und Preisen für Dienstleistungen auch die Pläne der einzelnen Wirtschaftssubjekte (Produktion und Arbeitseinsatz) vorgegeben. Die mittelfristige Wirtschaftsplanung erstreckt sich in der Regel über fünf Jahre und ist Teil eines übergeordneten Gesamtplans, der einen Zeitraum von zehn Jahren oder mehr umfasst.

In der Zentralverwaltungswirtschaft ist eine bedarfsgerechte Planung nicht gewährleistet und die festgesetzten Preise deuten nicht auf Güterknappheit hin, was zu Warteschlangen und langen Lieferzeiten führen kann. Es fehlen auch Anreize zur Verbesserung der Produktqualität und des Produktionsprozesses, weil ausschließlich nach dem Erfüllungsgrad der vorgegebenen Gütermengen und Dienstleistungen mit ihren definierten Eigenschaften und dem Einsatz der zugewiesenen Produktionsfaktoren gesteuert wird (vgl. *Duden 2010*).

05. Wodurch unterscheiden sich betriebliche Tätigkeiten in der freien Marktwirtschaft und in der Zentralverwaltungswirtschaft?

In beiden Wirtschaftsordnungen gibt es Bestimmungsfaktoren, die Voraussetzung für eine nachhaltige Leistungserstellung sind (systemunabhängige Bestimmungsfaktoren):

- Einsatz von betrieblichen Produktionsfaktoren (Arbeit, Betriebsmittel, Werkstoffe)

- Einhaltung des Wirtschaftlichkeitsprinzips (Maximumprinzip, Minimumprinzip und Optimumprinzip, ›› *Kapitel 1.7.1/09*)
- Aufrechterhaltung der Zahlungsfähigkeit.

Darüber hinaus gibt es Bestimmungsfaktoren, die abhängig sind von der Wirtschaftsordnung/systemabhängige Bestimmungsfaktoren).

Systemabhängige Bestimmungsfaktoren in der Marktwirtschaft:

- Selbstbestimmung des Wirtschaftsplanes (Autonomieprinzip)
- erwerbswirtschaftliches Prinzip (Gewinnmaximierung)
- Prinzip des Privateigentums.

Systemabhängige Bestimmungsfaktoren in Zentralverwaltungswirtschaft:

- zentraler Volkswirtschaftsplan (Organprinzip)
- Prinzip der Planerfüllung
- Prinzip des Gemeineigentums.

Hauptnachteile für Betriebe unter den Bedingungen der Zentralverwaltungswirtschaft sind die Schwerfälligkeit der zentralen Planung und fehlende Anreize zum kundenorientierten Verhalten sowie effektiver und effizienter Produktion.

In Betrieben unter den Bedingungen der Marktwirtschaft dominiert Gewinnstreben. Aufgrund der Anforderungen der Nachfrager und der Vielzahl der Unternehmen, die um die Nachfrager konkurrieren, herrscht intensiver Wettbewerb, der Gewinne nur dann ermöglicht, wenn erforschte Kundenwünsche bestmöglich realisiert werden und die Wirtschaftlichkeitsprinzipien strikt angewendet werden. Der nicht garantierte Gewinn eines Unternehmens ist eine Prämie des Marktes für Vorzugsleistungen.

Das im marktwirtschaftlichen Wettbewerb angestrebte Erzielen von Gewinnen führt zur bedarfsgerechten und kostenoptimalen Befriedigung der Bedürfnisse der Nachfrager (vgl. *Wöhe 2010*).

06. Erläutern Sie das Modell der sozialen Marktwirtschaft als Wirtschaftsordnung der Bundesrepublik Deutschland.

Die Wirtschaftsordnung der Bundesrepublik Deutschland ist die soziale Marktwirtschaft. Die soziale Marktwirtschaft baut auf der freien Marktwirtschaft auf. Die Vorteile der freien Marktwirtschaft (z. B. wirtschaftliche Leistungsfähigkeit, hohe Versorgung mit Gütern und Dienstleistungen) sollen verwirklicht und die Nachteile (z. B. zerstörerischer Wettbewerb, unsoziale Auswirkungen, wirtschaftliche Machtkonzentration) vermieden werden.

Das Ziel ist ein größtmöglicher Wohlstand bei bestmöglicher sozialer Absicherung. Der Staat greift im allgemeinen Interesse regulatorisch in das Wirtschaftsgeschehen ein, indem er konjunkturpolitische, wettbewerbspolitische und sozialpolitische Maßnahmen veranlasst. Sofern Anbieter und/oder Nachfrager geschützt werden müssen, passt der Staat den Ordnungsrahmen an, beispielsweise durch Verbraucherschutz, Wettbewerbsrecht, Kündigungsschutz, Gesundheitsschutz, Mutterschutz, Umweltschutz usw.

Die wichtigste Aufgabe des Staates zur Gestaltung der sozialen Marktwirtschaft ist die Vorgabe von Rahmenbedingungen:

- Recht auf freie wirtschaftliche Betätigung
- Gewerbefreiheit
- Vertragsfreiheit
- Privateigentum an den Produktionsmitteln
- aktive Wirtschafts-, Konjunktur- und Steuerpolitik des Staates
- Gewährleistung des marktwirtschaftlichen Wettbewerbs
- Verhinderung wettbewerbsbeschränkender Vorgänge
- freie Preisbildung für Güter und Leistungen
- Gewinnstreben
- eine von staatlichen Weisungen unabhängige Zentralbank
- Tarifautonomie von Arbeitgebern und Arbeitnehmern
- Recht, Vereinigungen zur Wahrung wirtschaftlicher und sozialer Interessen zu bilden
- ein Netz von Sozialleistungen

(vgl. *Duden 2013*).

07. Ordnen Sie das Gesundheitswesen in das Modell der sozialen Marktwirtschaft ein.

Das „Sozial" in sozialer Marktwirtschaft steht für soziale Gerechtigkeit und Sicherheit, „Marktwirtschaft" für wirtschaftliche Freiheit. Auf der Basis von Markt und Wettbewerb soll das Freiheitsprinzip mit dem sozialen Ausgleich und der sozialen Gerechtigkeit verknüpft werden. Je nach Bedeutung für die Bevölkerung liegen die staatlichen Aufgaben der sozialen Marktwirtschaft entweder näher beim marktwirtschaftlichen Individualprinzip oder beim planwirtschaftlichen Kollektivprinzip (vgl. *Duden 2010*).

Für die Zuteilung der Gesundheitsgüter des Gesundheits- und Sozialwesen gelten Sicherstellungsaufträge. Die Bevölkerung hat das Recht auf eine bedarfsgerechte und wohnortnahe Gesundheitsversorgung. Die Zuteilung der Gesundheitsgüter wird weder nach Menge noch nach Preis über den Markt organisiert, sondern überwiegend staatlich gelenkt und ist deshalb eher dem Kollektivprinzip zuzuordnen (vgl. *Berger 2012*).

In diesem Falle tendiert die soziale Marktwirtschaft eher zur Planwirtschaft. Aus politischer Sicht ist das Risiko zu hoch, dass im Gesundheits- und Sozialwesen Marktversagen entstehen könnte. Das Gewinnstreben der Unternehmen könnte die Ressourcen in die ökonomisch aussichtsreichsten Gesundheitsgüter steuern. Dadurch wäre eine flächendeckende Versorgung der Bundesrepublik Deutschland mit Gesundheitsgütern gefährdet.

08. Erläutern Sie die staatliche Lenkung im Gesundheits- und Sozialwesen an einem Beispiel.

Am Beispiel der somatischen Plankrankenhäuser („DRG-Krankenhäuser") soll die staatliche Lenkung im Gesundheits- und Sozialwesen durch politische Institutionen der ersten Ebene und durch die Selbstverwaltung der zweiten Ebene verdeutlicht werden:

Die Krankenhausfinanzierung verfolgt das Ziel, *„[...] die wirtschaftliche Sicherung der Krankenhäuser sicherzustellen, um eine bedarfsgerechte Versorgung der Bevölkerung mit leistungsfähigen, eigenverantwortlich wirtschaftenden Krankenhäusern zu gewährleisten und zu sozial tragbaren Pflegesätzen beizutragen"* (Krankenhausfinanzierungsgesetz (KHG), § 1 Abs. 1).

§ 12 SGB V stellt die zentrale Vorgabe für sämtliche Leistungen der gesetzlichen Krankenversicherung dar und hat auch für die Betriebskosten der Plankrankenhäuser Bedeutung. Diesem Wirtschaftlichkeitsgebot zufolge müssen Leistungen ausreichend, zweckmäßig und wirtschaftlich sein. Sie dürfen das Maß des Notwendigen nicht überschreiten. Leistungen, die nicht notwendig oder unwirtschaftlich sind, können von den Versicherten nicht beansprucht, dürfen von den Leistungserbringern nicht bewirkt und von den Krankenkassen nicht bewilligt werden.

Während die Mittel für Investitionen der Krankenhäuser, für die das Krankenhausfinanzierungsgesetz gilt, durch die öffentliche Förderung der Bundesländer in ihren Landeskrankenhausgesetzen sichergestellt wird (Aufnahme in den Krankenhausplan und in das Investitionsprogramm des Landes nach § 8 Abs. 1, Satz 1 KHG), erfolgt die Vergütung der Betriebskosten durch die Nutzer (Krankenkassen für ihre Versicherten oder Selbstzahler) in Form von Entgelten (vgl. *Kolb 2011*).

Über die Betriebskosten wird zwischen dem Krankenhausträger und den Vertretern der Sozialleistungsträger möglichst jährlich im Voraus eine Entgeltvereinbarung mit Ausgleichsmechanismen bei Mehr- oder Mindererlösen abgeschlossen, die das Gesamtbudget und die Abrechnung mit den einzelnen Nutzern begründet (vgl. *Toth/Genz 2013*). Finanziert werden stationäre und teilstationäre Krankenhausleistungen der Nutzer entsprechend § 2 Nr. 4 KHG sowie Vergütungen für vor- und nachstationäre Behandlungen und für ambulantes Operieren. Nach § 2 Abs. 1 KHEntgG (vgl. Krankenhausentgeltgesetz) gehören zu den Krankenhausleistungen ärztliche Behandlung, Krankenpflege, Versorgung mit Arznei-, Heil- und Hilfsmitteln, sofern sie für die Versorgung im Krankenhaus notwendig sind sowie Unterkunft und Verpflegung. Krankenhausleistungen umfassen allgemeine Krankenhausleistungen und Wahlleistungen.

Wahlleistungen können zusätzlich zu den allgemeinen Krankenhausleistungen entsprechend § 17 Abs. 1 KHG berechnet werden.

Nach § 17 Abs. 1 KHG sind die Entgelte und die Vergütung für vor- und nachstationäre Behandlung nach § 115a des Fünften Buches Sozialgesetzbuch für alle Benutzer des Krankenhauses einheitlich zu berechnen. Entsprechend § 17b ist für die Vergütung der allgemeinen Krankenhausleistungen der „DRG-Krankenhäuser" ein durchgängiges, leistungsorientiertes und pauschalierendes Vergütungssystem eingeführt worden.

Nach § 108 SGB V (vgl. Sozialgesetzbuch V) dürfen Krankenkassen Krankenhausbehandlung nur durch zugelassene Krankenhäuser erbringen lassen. Für zugelassene Krankenhäuser als Leistungserbringer besteht im Rahmen ihres Versorgungsauftrages die Pflicht zur Krankenhausbehandlung.

Die einzelnen Bundesländer stellen entsprechend der in § 1 KHG genannten Ziele und unter Berücksichtigung der Auswirkungen auf die Pflegesätze Krankenhauspläne und Investitionsprogramme auf (vgl. Krankenhausfinanzierungsgesetz (KHG), § 6 Abs. 1). Das Angebot an Krankenhäusern soll gegliedert, leistungsfähig und bedarfsgerecht sein sowie eine dem Stand der medizinischen Erkenntnisse entsprechende Behandlung ermöglichen. Die Bedarfsdeckung der Krankenhausplanung orientiert sich an der Versorgung der Bevölkerung mit allgemeinen Krankenhausleistungen. Gegenstand der Krankenhausplanung ist es, dem erwarteten Bedarf an Krankenhausleistungen geeignete medizinische Strukturen und Kapazitäten durch die Festlegung gegenwärtiger und zukünftiger Aufgaben sowie Kapazitäten der einzelnen Plankrankenhäuser gegenüberzustellen. Die Plankrankenhäuser werden in den Krankenhausplänen der Bundesländer anhand unterschiedlicher Versorgungsstufen klassifiziert, wodurch Informationen über Größe, Leistungsvermögen und Einzugsgebiet vermittelt werden (vgl. *Ministerium für Arbeit, Soziales, Gesundheit, Familie und Frauen 2010, Landeskrankenhausplan 2010 Rheinland-Pfalz*).

Das Beispiel der somatischen Plankrankenhäuser zeigt den Zusammenhang zwischen der Wirtschaftsordnung soziale Marktwirtschaft und dem Gesundheits- und Sozialwesen. Es wird deutlich, dass der Staat der sozialen Gerechtigkeit und Sicherheit eine deutlich größere Priorität beimisst, als der wirtschaftlichen Freiheit. Im Vordergrund stehen für den Staat nicht die Gewinnmaximierungsziele der Unternehmen, sondern die Bedarfsdeckung zu tragbaren Entgelten. Das wird auch durch die Gestaltung der Entgelte und Ausgleichsmechanismen bei der Betriebsfinanzierung deutlich. Während Unternehmen unter dem Kriterium des Gewinnstrebens eine Leistungsausweitung bevorzugen würden, liegt der politische Schwerpunkt des Staates in der Leistungsbegrenzung. Durch die gestalteten Rahmenbedingungen des DRG-Entgeltsystems erreicht der Staat Produktivitätssteigerungen in den Krankenhäusern und durch die Ausgleichsmechanismen wird der Anreiz zu mehr Leistungen deutlich gedämpft, weil die Erlöse, die das vereinbarte Jahresbudget übersteigen, zu 65 % an die Krankenkassen zurückerstattet werden müssen (Mehrerlösausgleich). Auch in anderen Bereichen des Gesundheits- und Sozialwesens greift der Staat lenkend ein, beispielsweise in der ambulanten Versorgung, bei Arzneimitteln, bei Leistungen der Pflegeversicherung, Rehabilitationsleistungen usw. An diesem Beispiel kann man deutlich erkennen, dass der

Staat entscheidet, wie weitreichend er den Ordnungsrahmen für politische Aufgaben gestaltet, wann und in welchem Umfang er die Entscheidungsfreiheit in wirtschaftlichen Angelegenheiten auf die Wirtschaftssubjekte delegiert und wann gesellschaftliche Bedürfnisse als Gemeinwohl im Vordergrund stehen, denen sich die Wirtschaftssubjekte (wie in diesem Beispiel) unterordnen müssen.

1.1.3 Gesundheits- und Sozialwesen in der Volkswirtschaft einordnen

01. Mit welchen Fragestellungen befasst sich die Volkswirtschaftslehre?

Die Betrachtung der Wirtschaftsprozesse erfordert eine volkswirtschaftliche und eine betriebswirtschaftliche Sichtweise. Im Rahmen der Volkswirtschaftslehre werden theoretische Fragestellungen der Mikroökonomie, Makroökonomie und Außenwirtschaft sowie wirtschafts- und fiskalpolitische Fragestellungen behandelt.

Die Mikroökonomie befasst sich mit den ökonomischen Entscheidungen der einzelnen Haushalte und Unternehmen hinsichtlich der bestehenden Güterknappheit und dem Koordinationsmechanismus des Marktes (>> *Kapitel 1.1.5/03*).

Die Makroökonomie untersucht die Entscheidungen der Haushalte, Unternehmen und des Staates in seiner Gesamtheit (z. B. Auswirkungen auf die Konjunktur, Preisstabilität, Arbeitsmarkt).

Volkswirtschaften wirken nicht isoliert, sondern vernetzt mit anderen Volkswirtschaften. Im Zusammenhang mit der Außenwirtschaft werden Fragen untersucht, die sich mit der Öffnung der eigenen Volkswirtschaft für andere Volkswirtschaften beschäftigen, beispielsweise die Themen Wechselkurse, Zahlungsbilanzen, Handels- und Kapitalströme.

Die Wirtschaftspolitik untersucht Fragestellungen, die den volkswirtschaftlichen Koordinationsmechanismus verbessern (welche Güter und Dienstleistungen sollen wann, wie und für wen produziert werden). Wichtige Themen sind die Geld-, Wettbewerbs-, Sozial- und Fiskalpolitik. Im Rahmen der Finanzen wird untersucht, wie sich staatliche Tätigkeiten einerseits auf Steuern und Abgaben und andererseits auf Infrastruktur und Transfers auswirken und wie staatliche Aktivitäten optimaler gestaltet werden können (vgl. *Duden 2010*).

02. Wie kann man das Modell des Wirtschaftskreislaufs beschreiben?

Die Wirtschaftsobjekte Haushalte und Unternehmen stehen bezüglich der Arbeitsteilung, des Güteraustausches und der Zahlungsströme wechselseitig in Beziehung. Wenn noch die staatlichen Aktivitäten, die Aktivitäten der Banken und des Auslandes in die Betrachtung einbezogen werden, entsteht eine Komplexität, die ohne eine modellhafte Betrachtung schwer darzustellen ist. Um die Tauschbeziehungen in einer Volkswirtschaft darzustellen, eignet sich das Modell des Wirtschaftskreislaufes, das alle wirtschaftlichen Beziehungen der Wirtschaftssubjekte umfasst:

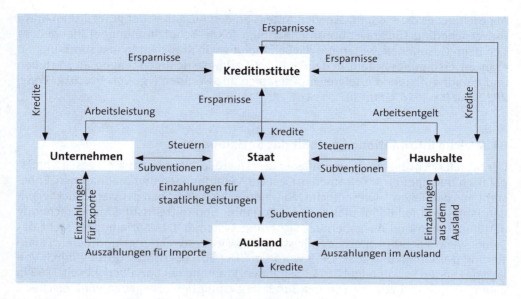

Es werden die Transaktionen zwischen den Wirtschaftssubjekten mit Gegenleistung (Tausch in Form von Gütern und Forderungen) und ohne Gegenleistung (Subvention, Transfer, Schenkung) dargestellt. Wirtschaftssubjekte sind Unternehmen, Haushalte, Staat, Kreditinstitute und Ausland.

03. Wie entwickelte sich das Gesundheits- und Sozialwesen?

Durch die Machtverschiebung vom Adel und der Kirche zur Bürgergesellschaft entwickelte sich der Anspruch an staatliche Gerechtigkeit in der Bevölkerung. Das führte zum Aufbau eines umfassenden Systems sozialer Institutionen und staatlicher Stellen, die sich ausschließlich mit dieser Thematik befassten. So entstand im Laufe der Zeit die Sozialgesetzgebung, durch die die soziale Sicherung strukturiert wurde, beispielsweise durch gesetzliche Sozialversicherungen und kommunaler Sozialhilfe. Um die gesetzeskonforme Umsetzung der sozialen Sicherung zu gewährleisten, wurde die Sozialgerichtsbarkeit eingerichtet (vgl. *von Troschke/Stößel 2012*).

In der Bundesrepublik Deutschland leitet sich das Gesundheits- und Sozialwesen mit seinen Ausprägungen soziale Sicherheit, soziale Gerechtigkeit und Gesundheit sowie die Sozialgesetzgebung aus Artikel 20 Abs. 1 GG ab. Es umfasst die sozialen Aufgaben eines sozialen Rechtsstaates und orientiert sich an seinen Grundzielen und Gestaltungsprinzipien (>> *Kapitel 1.1.1/06*). Das Gesundheits- und Sozialwesen ist staatlich durch die Träger Bund, Länder und Kommunen (z. B. Sozialministerien von Bund und Ländern, kommunale Sozialämter, Gesundheitsämter) sowie außerdem durch Einrichtungen der Selbstverwaltung (z. B. Krankenkassen, Deutsche Krankenhausgesellschaft), freie Träger (z. B. Arbeiterwohlfahrt, Kirche, Lebenshilfe) und private Träger (z. B. Krankenhäuser, Private Krankenkassen, Betriebe mit der Zielrichtung Gesundheitswesen) organisiert.

Abgesehen des ca. 3 % umfassenden Anteils an den Ausgaben der gesetzlichen Krankenversicherung für Präventionsmaßnahmen (ohne Schutzimpfungen), handelt es sich beim Gesundheitswesen um die Behandlung von Krankheiten und somit um ein Krankenversorgungssystem, in dem es darum geht, die richtigen Diagnosen zu stellen und darauf aufbauend erfolgreiche Therapien anzuwenden (vgl. *von Troschke/Stößel 2012* und *IKK 2016, Grafik II*).

04. Welche Informationen enthält das Sozialbudget?

Der Sozialbericht bietet einen umfassenden Überblick über sozial- und gesellschaftspolitisch durchgeführte Reformen in Gesetze, Verordnungen und Maßnahmen. Er besteht aus den Teilen A (wesentliche Maßnahmen und Vorhaben der vier zurückliegenden Jahre) und Teil B (Sozialbudget des Vorjahres und mittelfristige Modellrechnung der Einnahmen und Ausgaben der Sicherungssysteme). Das Sozialbudget stellt das Zahlenwerk der erbrachten Sozialleistungen (Mittelverwendung) und deren Finanzierung (Mittelherkunft) dar. 1969 wurde mit der Sozialberichterstattung durch Vorlage des ersten Sozialbudgets 1968 begonnen. Während der Sozialbericht seit 1993 in einem Vierjahresrhythmus von der Bundesregierung herausgegeben wird, erscheint der Bericht über das Sozialbudget seit 1995 jährlich, jedoch ohne Mittelfristprojektion (siehe unten).

Das Sozialbudget umfasst alle Sozialleistungen, die für die soziale Sicherung aufgebracht werden und lässt eine Aussage zu, wie umfangreich die Bundesrepublik Deutschland das verfassungsgemäße Grundziel „Soziale Sicherheit" aus Artikel 20 Abs. 1 Grundgesetz erfüllt (vgl. >> *Kapitel 1.1.1/05*).

Sozialleistungen können Einkommensleistungen oder Sachleistungen sein, deren Zuwendungen aufgrund gesetzlicher, satzungsmäßiger oder tarifvertraglicher bzw. freiwilliger Regelungen erfolgen. Neben dem vergangenheitsbezogenen Sozialbericht wird im Rahmen von Modellrechnungen, die keine Prognosen darstellen, über die mittelfristige Entwicklung der Einnahmen und Ausgaben der Sicherungssysteme berichtet (Mittelfristprojektion). Im Sozialbericht 2017 betrachtet die Modellrechnung den Zeitraum bis zum Jahr 2021.

Die erbrachten Sozialleistungen werden im Sozialbudget nach Funktionen, Institutionen und Arten dargestellt, die Finanzierungsseite nach Institutionen, Arten und Quellen (*Sozialbericht 2017*, S. 2 und S. 187).

Die **funktionale Aufteilung** der Sozialleistungen informiert über die Zweckbestimmung, durch die der Anspruch auf Sozialleistungen ausgelöst wird. Bei dieser Darstellung ist es nicht relevant, wer die Sozialleistung erbringt. Es werden zehn Funktionen unterschieden:

- Krankheit
- Invalidität
- Alter

- Hinterbliebene
- Kinder
- Ehegatten
- Mutterschaft
- Arbeitslosigkeit
- Wohnen
- Allgemeine Lebenshilfen.

Die **Aufteilung nach Institutionen** stellt die Sozialleistungen nach Einrichtungen, Geschäftsbereichen der Gebietskörperschaften oder Einheiten (z. B. Arbeitgeber) dar, die Leistungen verwalten bzw. denen Leistungen oder Leistungskataloge zugerechnet werden:

- Sozialversicherungssysteme (Renten-, Kranken-, Pflege-, Unfall- und Arbeitslosenversicherung)
- Sondersysteme (Alterssicherung der Landwirte, Versorgungswerke, private Altersvorsorge, private Krankenversicherung, private Pflegeversicherung)
- Systeme des öffentlichen Dienstes (Pensionen, Familienzuschläge, Beihilfen)
- Arbeitgebersysteme (Entgeltfortzahlung, betriebliche Altersversorgung, Zusatzversorgung des öffentlichen Dienstes, sonstige Arbeitgeberleistungen)
- Entschädigungssysteme (soziale Entschädigung, Lastenausgleich, Wiedergutmachung, sonstige Entschädigungen)
- Förder- und Fürsorgesysteme (Kindergeld und Familienleistungsausgleich, Erziehungsgeld/Elterngeld, Grundsicherung für Arbeitsuchende, sonstige Arbeitsförderung, Ausbildungs- und Aufstiegsförderung, Sozialhilfe, Kinder- und Jugendhilfe, Wohngeld).

Die **Aufteilung** der Sozialleistungen **nach ihrer Art** erfolgt nach einmaligen und periodischen Einkommensleistungen, Sachleistungen und Verwaltungsausgaben (vgl. *Sozialbericht 2017, S. 188 f.*).

05. Welchen wirtschaftlichen Beitrag leistet das Gesundheits- und Sozialwesen nach funktionalen Kriterien?

Sozialbudget nach Funktionen (2016)	Mrd. €
Krankheit	305,2
Invalidität	72,3
Alter	285,8
Hinterbliebene	57,2
Kinder	94,1
Ehegatten	2,6
Mutterschaft	2,8
Arbeitslosigkeit	31,2
Wohnen	17,4
Allgemeine Lebenshilfen	10,8
Verwaltungsausgaben	34,4
Sonstige Ausgaben	4,2
Gesamt	**918,0**

Tabelle T 21 Leistungen nach Arten und Funktionen (2016 geschätzt), *Sozialbericht 2017*.

06. Welchen wirtschaftlichen Beitrag leistet das Gesundheits- und Sozialwesen nach institutionellen Kriterien?

Sozialbudget nach Institutionen (2016)	Mrd. €
Sozialversicherungssysteme[1]	**558,1**
Rentenversicherung	291,8
Krankenversicherung	222,7
Pflegeversicherung	32,0
Unfallversicherung	14,3
Arbeitslosenversicherung	33,14
Sondersysteme (Alterssicherung der Landwirte, Versorgungswerke, private Altersvorsorge, private Krankenversicherung, private Pflegeversicherung)	**60,8**
Systeme des öffentlichen Dienstes (Pensionen, Familienzuschläge, Beihilfen)	**73,2**
Arbeitgebersysteme (Entgeltfortzahlung, betriebliche Altersversorgung, Zusatzversorgung, Sonstige Arbeitgeberleistungen)	**98,3**
Entschädigungssysteme (Soziale Entschädigung, Lastenausgleich, Wiedergutmachung, Sonstige Entschädigungen)	**2,6**

---

[1] Summenbildung ohne gegenseitige Verrechnungen der Institutionen untereinander und ohne Beiträge des Staates.

Sozialbudget nach Institutionen (2016)	Mrd. €
Förder- und Fürsorgesysteme (Kindergeld/Familienleistungsausgleich, Erziehungsgeld/Elterngeld, Grundsicherung für Arbeitsuchende, Arbeitslosenhilfe/sonstige Arbeitsförderung, Ausbildungsförderung, Sozialhilfe, Kinder- und Jugendhilfe, Wohngeld)	175,8
Gesamt	968,8

Tabelle T 19 Finanzierung nach Quellen und Institutionen (2016 geschätzt), *Sozialbericht 2017*.

07. Wie stellen sich die Sozialleistungen und ihre Finanzierung nach Arten dar?

Leistungen nach Arten (2016)	Mrd. €
Sozialschutzleistungen	879,4
davon: periodische Einkommensleistungen	537,8
davon: einmalige Einkommensleistungen	
davon: Sachleistungen	341,6
Verwaltungsausgaben	34,4
Sonstige Ausgaben	4,2
Leistungen nach Arten gesamt	918,0

Finanzierung nach Arten (2016)	Mrd. €
Sozialleistungsbeiträge	626,3
davon: Sozialbeiträge der Arbeitgeber	330,0
davon: Sozialbeiträge der Arbeitnehmer	223,1
davon: Sozialbeiträge Selbstständiger	16,9
davon: Eigenbeiträge von Empfängern sozialer Leistungen	37,0
davon: übrige Sozialbeiträge	19,3
Zuschüsse des Staates	326,2
Sonstige Einnahmen	16,3
Finanzierung nach Arten gesamt	968,8

Finanzierungssaldo (Finanzierung nach Arten, Leistungen nach Arten)	50,8

Tabelle T 12 Leistungen und Finanzierung nach Arten und Institutionen (2016 geschätzt) und Tabelle T 23 Finanzierung nach Arten und Quellen (2016 geschätzt) *Sozialbericht 2017*.

Die Sozialschutzleistungen entsprechen in der Summe den Sozialleistungen, differenziert nach Funktionen. Der Finanzierungssaldo kann Einnahme- oder Ausgabenüberschüsse ausweisen, die z. B. dadurch entstehen können, dass Leistung und Finanzierung nicht im gleichen Jahr vollzogen werden. Das Sozialbudget 2016 weist auf der Finanzierungsseite 968,8 Mrd. € aus. Dem stehen Leistungen i. H. v. 918,0 Mrd. € gegenüber, so dass sich ein Finanzierungssaldo von 50,8 Mrd. € errechnet (vgl. *Sozialbericht 2017*, S. 248).

08. Wie errechnet sich die Sozialleistungsquote?

Die Sozialleistungsquote errechnet sich aus den Sozialleistungen und den im gleichen Zeitraum erbrachten gesamtwirtschaftlichen Leistungen (Bruttoinlandsprodukt). Die Höhe der Sozialleistungsquote zeigt das volkswirtschaftliche Gewicht sozialer Leistungen. Sie beschreibt auch die Einkommensumverteilung, die für die Finanzierung des sozialen Sicherungssystems erforderlich ist, d. h. sie spiegelt die Quote der Einkommensbelastung durch Sozialabgaben, direkten und indirekten Steuern wider. Nach der Wiedervereinigung betrug die Sozialleistungsquote für Deutschland 25,9 %. Im Jahr 2003 stieg sie auf ihren Höchststand von 29,8 %. Durch Konsolidierungsanstrengungen der Bundesregierung und der Phase des Wirtschaftswachstums sank die Sozialleistungsquote von 2003 bis 2007 auf 26,8 % und damit auf den niedrigsten Stand seit 1992. 2009 führten die Auswirkungen der weltweiten Rezession zu einem Anstieg der Sozialleistungsquote auf 30,5 % (während die Sozialleistungen stiegen, sank das Bruttoinlandsprodukt). Durch die konjunkturellen Verbesserungen und niedrigen Zuwächsen bei den Sozialleistungen konnte die Sozialleistungsquote bis 2013 auf 29,1 % gesenkt werden. Bis 2017 stieg die Sozialleistungsquote auf 29,8 % an und soll Modellrechnungen zufolge diesen Wert nahezu konstant bis 2021 halten.

Berechnung der Sozialleistungsquote 2017 (geschätzt):

$$\text{Sozialleistungsquote} = \frac{\text{Sozialbudget}}{\text{BIP}} \cdot 100$$

Beispiel

$$\text{Sozialleistungsquote 2017} = \frac{962{,}0 \text{ Mrd. €}}{3.227{,}6 \text{ Mrd. €}} \cdot 100 = 29{,}8 \text{ \%}$$

In Europa liegt die Sozialleistungsquote zwischen ca. 15 % (Lettland) und ca. 35 % (Frankreich). Deutschland liegt mit 29,8 % im oberen Drittel (vgl. *Sozialbericht 2017*, S. 196 ff.).

09. Welche Bedeutung hat das Gesundheits- und Sozialwesen im Kontext der Volkswirtschaft?

Das Gesundheits- und Sozialwesen als Ausgestaltung des Sozialstaates führt zu sozialen Sicherungssystemen, die konjunkturell (insbesondere in Phasen des konjunkturellen Abschwunges) als Stabilisatoren wirken. Die Binnennachfrage wird durch die periodischen Einkommensleistungen für Arbeitslose und Rentner gestützt, weil negative Auswirkungen durch Einkommensverluste abgemildert werden und die Betroffenen auch weiterhin über Kaufkraft verfügen. Außerdem sichert das Gesundheits- und Sozialwesen in den Wachstumsmärkten Gesundheit und Pflege direkte Beschäftigung in erheblichem Ausmaß und erzielt dadurch einen positiven Effekt auf unterschiedliche Maßnahmen der Bundesregierung zur Stützung der konjunkturellen Entwicklung.

Die Möglichkeiten der Kurzarbeit in Verbindung mit Anreizen zur Weiterqualifizierung sind Grund für viele Unternehmen, die Belegschaft auch in Krisenzeiten zu erhalten und sich für die Zeit nach der Krise durch gut ausgebildete, eingearbeitete und weiterqualifizierte Beschäftigte zu rüsten. Durch umfassende Maßnahmen der sozialen Sicherung und sozialen Gerechtigkeit festigt sich einerseits die Demokratie (sozialer Frieden, >> *Kapitel 1.2.1/02*) und andererseits stabilisiert sich die Marktwirtschaft (vgl. *Sozialbericht 2009*).

Am Beispiel des Themas Gesundheit als Teilaspekt des Gesundheits- und Sozialwesens wird die Integration in die Volkswirtschaft nachfolgend dargestellt:

Gesundheit ist für alle Gesellschaftsmitglieder existenziell. Es ist wichtig gesund zu bleiben, gesund zu werden oder Einschränkungen so zu beherrschen, dass ein möglichst langes selbstbestimmtes Leben (inkl. Arbeitsleben) gelingt. Um diese Anforderungen erfüllen zu können, muss ein Gesundheitswesen leistungsfähig, hochmodern, human und sozial ausgeprägt sein. Ein weiterer Aspekt ist das Gesundheitswesen als Wachstumsmarkt, wichtiger Arbeitgeber und dynamischer Wirtschaftsfaktor in der Bundesrepublik Deutschland, zu dem demografischer Wandel, medizinisch-technischer Fortschritt und Wertewandel hin zu einem größeren Gesundheitsbewusstsein mit der Bereitschaft höherer Eigenanteile auch zukünftig beitragen werden (vgl. *Bandemer/Kleinschmidt/Stricker 2008*).

Aus der folgenden Abbildung ist die Vielfalt der Organisationen zu erkennen, die Aufgaben im Gesundheitswesen übernehmen. Das Gesundheitswesen ist auf verschiedenen Ebenen integraler Bestandteil der Volkswirtschaft der Bundesrepublik Deutschland.

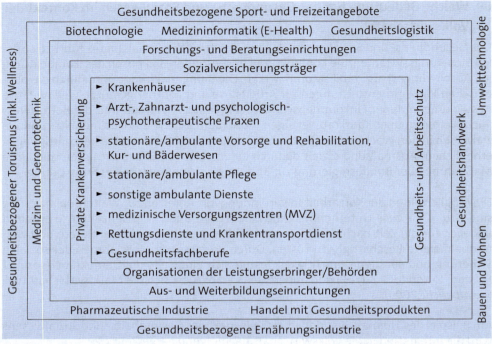

Modell der Gesundheitswirtschaft, in Anlehnung an Institut Arbeit und Technik (IAT), vgl. *Bandemer/Kleinschmidt/Stricker 2008*

Der Anteil der deutschen Gesundheitswirtschaft am Bruttoinlandprodukt beträgt 2017 11,6 % (ca. 374,2 Mrd. €). Die Anzahl der sozialversicherungspflichtigen Beschäftigten in der Gesundheitswirtschaft beträgt 5,5 Mio. Personen (12,5 % aller sozialversicherungspflichtigen Beschäftigten) (*www.bmg.de*, Gesundheitswirtschaft als Jobmotor, 18.04.2018 und *www.destatis.de*, Gesundheitsausgaben pro Tag, 15.02.2018).

10. Welche Stellung hat der Bürger im Gesundheits- und Sozialwesen?

Die Stellung des Bürgers im Gesundheits- und Sozialwesen ergibt sich im Wesentlichen aus den Rechten und Pflichten, die in den Sozialgesetzbüchern I „Allgemeiner Teil des Sozialgesetzbuches", IV „Gemeinsame Vorschriften für die Sozialversicherung" und X „Verwaltungsverfahren und Datenschutz" enthalten sind. Die Sozialgesetzgebung gilt für den Geltungsbereich der Bundesrepublik Deutschland und diejenigen Menschen, die dort ihren gewöhnlichen Aufenthalt haben. Auf der Basis der Grundziele soziale Sicherheit und soziale Gerechtigkeit hat jeder im Rahmen des Gesetzbuches ein Recht auf Zugang zur Sozialversicherung.

Wer in der Sozialversicherung versichert ist, hat Anspruch auf die sozialen Rechte (» *Kapitel 1.1.1/05* und » *1.1.1/09*) und ist beitragspflichtig. Hinterbliebene eines Versicherten haben ebenfalls einen Anspruch auf wirtschaftliche Sicherung. Fällige Ansprüche aus Geldleistungen stehen beim Tode im Rahmen einer Sonderrechtsnachfolge nacheinander dem Ehepartner, dem Lebenspartner, den Kindern, den Eltern oder dem Haushaltsführer zu.

Ansprüche auf Sozialleistungen entstehen, sobald die gesetzlichen Voraussetzungen erfüllt sind oder sobald im Ermessensfalle die Entscheidung über die Leistung bekanntgegeben wurde. Auf Ansprüche aus Sozialleistungen kann durch schriftliche Erklärung gegenüber dem Sozialleistungsträger verzichtet werden. Ansprüche auf Sozialleistungen verjähren nach vier Jahren mit Ablauf des Kalenderjahres, in dem sie entstanden sind.

Jeder Versicherte kann sich von seinem zuständigen Sozialleistungsträger über seine Rechte und Pflichten beraten lassen. Dort müssen auch die erforderlichen Anträge gestellt werden. Anträge auf soziale Leistungen können gestellt und Leistungen entgegengenommen werden, wenn das fünfzehnte Lebensjahr vollendet wurde. Jeder hat einen Anspruch darauf, dass die ihn betreffenden Sozialdaten nicht unberechtigt erhoben, verarbeitet oder genutzt werden (Sozialgeheimnis). Auch innerhalb des Sozialleistungsträgers dürfen die Sozialdaten nur Befugten zugänglich sein. Leistungsberechtigte haben Mitwirkungspflichten:

- Angabe von Tatsachen
- persönliches Erscheinen
- Teilnahme an Untersuchungen
- Teilnahme an Heilbehandlungen
- Teilnahme an Leistungen zur Teilhabe am Arbeitsleben.

Unter bestimmten Voraussetzungen bestehen keine Mitwirkungspflichten:

- Erfüllung der Pflicht steht nicht im angemessenen Verhältnis zur Leistung
- Erfüllung kann dem Betroffenen aus wichtigem Grund nicht zugemutet werden
- Sozialleistungsträger kann sich die erforderliche Kenntnis mit geringem Aufwand auch ohne Mitwirkung beschaffen (z. B. über Amtshilfe)
- Behandlungen und Untersuchungen können abgelehnt werden, wenn eine Schädigung mit hoher Wahrscheinlichkeit nicht ausgeschlossen werden kann, sie mit erheblichen Schmerzen verbunden ist und/oder sie einen erheblichen Eingriff in die körperliche Unversehrtheit bedeuten.

Kommt ein Leistungsberechtigter seinen Mitwirkungspflichten nicht nach, kann der Sozialleistungsträger die Leistungen verweigern, sofern die Bedingungen für die Leistung nicht nachgewiesen sind. Der Leistungsberechtigte muss vorab schriftlich auf die bevorstehende Leistungsverweigerung hingewiesen werden (vgl. *Marburger 2013*).

Nach Zustellung des Verwaltungsaktes des Sozialversicherungsträgers und Ablauf der Rechtsbehelfsfrist wird der Verwaltungsakt rechtswirksam sofern es sich nicht um einen nichtigen Verwaltungsakt handelt (z. B. schwerwiegender Fehler). Erfolgt der Widerspruch fristgerecht wird entweder der Verwaltungsakt aufgehoben und ein neuer erlassen oder der Widerspruch wird abgelehnt bei Aufrechterhaltung des Verwaltungsaktes. Gegen die Ablehnung des Widerspruchs ist Klageerhebung vor dem Sozialgericht möglich (vgl. *Marburger 2013*).

11. Was versteht man unter Bürgerbeteiligung?

Unter Bürgerbeteiligung versteht man alle legitimen Möglichkeiten von Bürgern und Gruppen, an politischen Entscheidungen und Willensbildungen mitbestimmend teilzunehmen (vgl. *Duden 2012*).

12. Welche Beteiligungsmöglichkeiten eröffnen sich den Bürgern im Gesundheits- und Sozialwesen durch die Selbstverwaltung?

Eines der Gestaltungsprinzipien des sozialen Staatssystems ist die Selbstverwaltung (>> *Kapitel 1.1.1/08*). Selbstverwaltung ist selbstverantwortete und selbstbestimmte Bürgerbeteiligung, bei der Bürger meist ehrenamtlich an öffentlichen Aufgaben mitwirken. Die Organisationen, die Aufgaben der gesetzlich geregelten Selbstverwaltung übernehmen, verfügen neben den ehrenamtlich Tätigen über entsprechende Fachleute. Es handelt sich um die selbstständige Wahrnehmung von Verwaltungsaufgaben durch Träger der mittelbaren Staatsverwaltung (im Gegensatz zur unmittelbaren Staatsverwaltung durch bundes- oder landeseigene Behörden).

Träger der Selbstverwaltung sind in der Regel Körperschaften des öffentlichen Rechts (Selbstverwaltungskörperschaften). Durch die Selbstverwaltung sollen Dezentralisierung der Aufgaben, Sachnähe und mehr Demokratie erreicht werden. Letzteres durch die Wahrnehmung von Aufgaben durch Personen, die zu den Aufgaben in enger Beziehung stehen. Selbstverwaltungen haben die Befugnis zur Rechtssetzung und unterliegen der Rechtsaufsicht einer unmittelbar staatlichen Behörde.

13. In welchen Bereichen findet Selbstverwaltung in der Bundesrepublik Deutschland statt?

Selbstverwaltung findet in unterschiedlichen Bereichen statt:

- kommunale Selbstverwaltung der Gemeinden und Gemeindeverbänden (Artikel 28 Abs. 2 GG)
- wirtschaftliche Selbstverwaltung der Industrie- und Handelskammern, Handwerkskammern und Innungen, der Landwirtschaftskammern, der öffentlich-rechtlichen Kredit- und Siedlungskörperschaften
- berufsständische Selbstverwaltung in den Kammern der Ärzte, Zahnärzte, Apotheker, Rechtsanwälte, Architekten usw.
- soziale Selbstverwaltung der Sozialversicherungsträger (Träger der Rentenversicherung, Krankenversicherung, Arbeitslosenversicherung, Pflegeversicherung und Unfallversicherung). Das Sozialgesetzbuch IV „Gemeinsame Vorschriften für die Sozi-

alversicherung" regelt in §§ 29 - 90a die Verfassung, Zusammensetzung, Wahl und Verfahren der Selbstverwaltungsorgane, Haushalts- und Rechnungswesen, Vermögen und Aufsicht
- kulturelle und wissenschaftliche Selbstverwaltung der meist körperschaftlich organisierten Kultur- und Wissenschaftsinstitutionen (z. B. Universitäten) (vgl. *Duden 2013*, Sozialgesetzbuch IV, §§ 29 - 90a).

14. Wie funktionieren soziale Selbstverwaltung und Bürgerbeteiligung im Gesundheits- und Sozialwesen?

Als Beispiel für eine soziale Selbstverwaltung sind die Verbände der Krankenkassen, die Kassenärztlichen Vereinigungen und die Krankenhausgesellschaften sowie die bundesweiten Spitzenorganisationen der einzelnen Akteure für die operative Steuerung und Weiterentwicklung des deutschen Gesundheitswesens verantwortlich (vgl. *Gerlinger/Burkhardt 2012*).

Als Gremium dient ihnen dabei der Gemeinsame Bundesausschuss (G-BA). Er ist das oberste Beschlussgremium der gemeinsamen Selbstverwaltung der Ärzte, Zahnärzte, Psychotherapeuten, Krankenhäuser und Krankenkassen in Deutschland und bestimmt durch Richtlinien den Leistungskatalog der gesetzlichen Krankenversicherung (GKV) sowie Maßnahmen der Qualitätssicherung für den ambulanten und stationären Bereich des Gesundheitswesens (vgl. *Gemeinsamer Bundesausschuss G-BA*). Die Sozialversicherungsträger unterliegen je nach Zuständigkeitsbereich der Aufsicht durch das Bundesgesundheitsministerium oder der entsprechenden Länderministerien.

Bei den Trägern der Sozialversicherung handelt es sich um rechtsfähige Körperschaften des öffentlichen Rechts mit Selbstverwaltung. Die Selbstverwaltung wird durch die Versicherten und die Arbeitgeber ausgeübt. Ihre Aufgaben erfüllen die Versicherungsträger im Rahmen des Gesetzes in eigener Verantwortung.

Bei jedem Versicherungsträger werden als Selbstverwaltungsorgane eine Vertreterversammlung und ein Vorstand gebildet. Ein hauptamtlicher Geschäftsführer gehört dem Vorstand mit beratender Stimme an (bei der Deutschen Rentenversicherung das Direktorium). Die Vertreterversammlung, der Vorstand und der Geschäftsführer nehmen im Rahmen ihrer Zuständigkeit die Aufgaben des Versicherungsträgers wahr. Aufgaben der Selbstverwaltung sind beispielsweise Beschluss des Haushaltes, Wahl des Vorstandes und Entscheidung im Zusammenhang mit geschäfts- und gesundheitspolitischen Fragen. Die Vertreter der Selbstverwaltung werden durch Sozialwahlen gewählt. Die freien und geheimen Wahlen finden alle sechs Jahre statt (vgl. Das Sozialgesetzbuch IV „Gemeinsame Vorschriften für die Sozialversicherung", §§ 29 ff.).

15. Welche weiteren Beteiligungsmöglichkeiten des Bürgers gibt es in der Bundesrepublik Deutschland?

Es bestehen unterschiedliche Beteiligungsmöglichkeiten auf der Bundes-, Länder- und kommunalen Ebene:

Bundesebene	Beteiligungsmöglichkeit
Personalfragen	**Wahlen:** Nach Artikel 20 Abs. 2 Grundgesetz geht alle Staatsgewalt vom deutschen Volk aus. Die Staatsgewalt wird durch Wahlen vom wahlberechtigten Volk ausgeführt, indem Kandidaten direkt oder über die gewählte Partei indirekt gewählt werden und durch besondere Organe der Gesetzgebung, der vollziehenden Gewalt und der Rechtsprechung.
Neugliederung des Bundesgebietes	**Volksentscheid:** Wenn das Bundesgebiet neu gegliedert werden soll, so ist dafür ein Bundesgesetz erforderlich, dass der Bestätigung der Bürger durch Volksentscheid bedarf. Außerdem sind die betroffenen Länder anzuhören (Artikel 29 Abs. 2, 118, 118a Grundgesetz).
Ebene der Länder, Kreise und Gemeinden	**Beteiligungsmöglichkeit**
Personalfragen	**Wahlen:** Nach Artikel 28 Abs. 1 Grundgesetz müssen in den Ländern, Kreisen und Gemeinden Volksvertretungen gewählt werden. Die Wahl auf Landesebene erfolgt durch das wahlberechtigte deutsche Volk. In Kreisen und Gemeinden ist das Wahlrecht auf die Europäische Gemeinschaft erweitert. So sind auch Personen, die die Staatsangehörigkeit eines Mitgliedstaates der Europäischen Gemeinschaft besitzen, nach Maßgabe des Rechts der Europäischen Gemeinschaft wahlberechtigt und wählbar.
Volksinitiative	Bei Erreichen einer bestimmten Anzahl von Unterschriften wahlberechtigter Bürger muss sich das Parlament mit der Vorlage der Volksinitiative befassen.
Volksbegehren	Bei Erreichen einer bestimmten Anzahl von Unterschriften wahlberechtigter Bürger (20 % in Nordrhein-Westfalen) kann ein Volksentscheid über Erlass, Änderung oder Aufhebung eines Gesetzes beantragt werden.
Volksentscheid	Entscheidung der wahlberechtigten Bürger über einen Gesetzentwurf. Der Erfolg ist von der Quote der Beteiligung abhängig. Je höher diese ausfällt, desto höher ist die Wahrscheinlichkeit der politischen Berücksichtigung.

Kommunale Ebene	Beteiligungsmöglichkeit
Bürgerbegehren	Bei Erreichen einer bestimmten Anzahl von Unterschriften wahlberechtigter Bürger muss die Gemeindevertretung eine kommunalpolitische Angelegenheit durch Bürgerbescheid entscheiden.
Bürgerentscheid	Die wahlberechtigten Bürger einer Gemeinde stimmen über eine kommunalpolitische Angelegenheit ab. Der Erfolg ist von der Quote der Beteiligung abhängig.
Direktwahl des Bürgermeisters	Möglichkeit der wahlberechtigten Bürger in vielen Bundesländern.
Einwohnerantrag	Eine bestimmte Anzahl von Einwohnern kann die Gemeindevertretung zwingen, sich mit der Angelegenheit zu befassen.
Fragestunde	Einwohner können Fragen an den Bürgermeister oder an die Gemeindevertretung stellen.
Einwohnerversammlung	Die Einwohner werden durch Bürgermeister und Gemeindevertretung über kommunalpolitische Angelegenheiten unterrichtet.
Beiräte	Diverser Bürgergremien haben Anhörungs- und Antragsrechte (z. B. Seniorenbeiräte, Ausländerbeiräte).
Sachkundige Bürger	Mitwirkung von Einwohnern mit fachspezifischem Wissen in kommunalpolitischen Gremien auf Initiative der Gemeindevertreter.
Bürgerliche Eigeninitiative	Diverse Bürgerinitiativen, Vereine, Verbände, Stiftungen, tragen zur politischen Willensbildung bei und stellen eine Art der Bürgerbeteiligung dar. Dazu gehören auch die legitimen Formen von Demonstration.

Weitere Beteiligungsmöglichkeiten der Bürgerinnen und Bürger der Bundesrepublik Deutschland, in Anlehnung an *Duden 2012*.

1.1.4 Prozess- und ordnungspolitische Entscheidungen im Gesundheits- und Sozialwesen beurteilen

Nach der Erläuterung grundsätzlicher Begriffe wie politisches System der Bundesrepublik Deutschland, Bedeutung der Parteien, Ordnungs- und Prozesspolitik wird auf die Fragestellung eingegangen, welche Möglichkeiten bestehen, prozess- und ordnungspolitische Entscheidungen im Gesundheits- und Sozialwesen zu treffen.

01. Beschreiben Sie das politische System der Bundesrepublik Deutschland.

Die Staatsform der Bundesrepublik Deutschland ist die parlamentarische Demokratie, bestehend aus dem Bundestag und dem Bundesrat (Zweikammersystem). Das Parlament besitzt als Volksvertretung die ausschlaggebenden Rechte. Der Bundestag setzt sich periodisch durch Wahlen zusammen. Es handelt sich um eine repräsentative Demokratie, weil politische Entscheidungen von den gewählten Volksvertretern in den unterschiedlichen politischen Gremien ausgeübt werden, nicht aber direkt durch das Volk.

Die parlamentarische Demokratie funktioniert nach dem Prinzip der horizontalen Gewaltenteilung (Legislative, Exekutive und Judikative, ›› *Kapitel 1.1.1/01*) und der vertikalen Gewaltenteilung (Bund, Bundesländer und Gemeinden, ›› *Kapitel 1.2.2*). Politisch-staatliche Funktionen werden von Institutionen ausgeübt, die sich gegenseitig kontrollieren. Sie ergeben sich aus der politischen Führung, der parlamentarischen Opposition und der Rechtsprechung. Verfassungsorgane der Bundesrepublik Deutschland sind Bundestag (598 Abgeordnete, davon 299 aus Wahlkreisen und 299 aus Landeslisten), Bundesregierung (Bundeskanzler und alle Minister, Kabinett), Bundesrat (69 Mitglieder der Länder), Bundespräsident und Bundesverfassungsgericht (vgl. *Duden 2012; § 1 Bundeswahlgesetz*).

Zu Beginn der Legislaturperiode 2017 wurden 709 Abgeordnete in den 19. Deutschen Bundestag (Wahl am 24.09.2017) gewählt, davon 598 nach § 1 Abs. 1 des Bundeswahlgesetzes, 49 Überhangmandate und 62 Ausgleichsmandate (2013 waren 631 Abgeordnete im Bundestag vertreten). Die CDU ist mit 200 Sitzen stärkste Partei und stellt zusammen mit ihrer Schwesterpartei CSU (46 Sitze) 246 Abgeordnete. Auf die SPD entfielen 153 Sitze, auf die AFD 94, auf die FDP 80, auf die Linke 69 und auf die Grünen 67 Sitze. Die absolute Mehrheit liegt bei 355 von insgesamt 709 Sitzen. Wahlberechtigt waren 61,7 Mio Deutsche. Die Wahlbeteiligung lag bei 76,2 %. In Baden-Württemberg war die Wahlbeteiligung mit 78,1 % am höchsten, in Sachsen-Anhalt mit 68,1 % am niedrigsten (Bundeswahlleiter 2017a und 2017b).

02. Welche Bedeutung haben Parteien im Rahmen des politischen Systems der Bundesrepublik Deutschland?

Parteien wirken bei der politischen Willensbildung des Volkes mit. Sie können frei gegründet werden und müssen eine Ordnung haben, die demokratischen Grundsätzen entspricht. Ihre Legitimation ergibt sich aus Artikel 21 Abs. 1 GG. Aus dem Parteiengesetz ergeben sich folgende Hauptaufgaben:

▶ Einflussnahme auf die öffentliche Meinung
▶ Vertiefung der politischen Bildung
▶ Förderung der Teilnahme am politischen Leben
▶ Heranbildung von Bürgern zur Übernahme politischer Verantwortung
▶ Beteiligung an der Aufstellung von Kandidaten für die Wahlen auf den Ebenen Bund, Ländern und Gemeinden
▶ Einflussnahme auf die politische Entwicklung in Parlament und Regierung
▶ Einbringen der parteipolitischen Ziele in die Prozesse staatlicher Willensbildung
▶ Mitwirkung an einer lebendigen Verbindung zwischen Volk und Staatsorganen.

In der Bundesrepublik Deutschland gilt das Mehrparteiensystem, in dem mehrere Parteien um die politische Machtausübung konkurrieren. Die inneren Strukturen der Parteien sind ausschlaggebend für das Gelingen von Demokratie. In der Bundesrepublik Deutschland haben sich folgende Regelungen und Grundsätze entwickelt:

- Chancengleichheit im Zugang zu den Parteiämtern
- Vergabe der Führungspositionen durch Wahlen
- Freiwilligkeit des Ein- und Austritts
- Kontrollrechte der Parteimitglieder
- Möglichkeit der Einflussnahme auf das Parteiprogramm durch die Parteimitglieder
- Parteiorganisation als Gebietsverbände mit eigenständiger Willensbildung (Ortsverbände, Kreisverbände, Bezirksverbände, Landesverbände, Bundesverband)
- wesentliche Entscheidungen des Parteitages (Mitglieder der Partei) über Parteiprogramm, Satzung, Beitragsordnung, Schiedsgerichtsordnung, Auflösung oder Verschmelzung der Partei, Wahl der Vertreter in den Parteiorganen.

Aufgrund der herausragenden politischen Bedeutung der Parteien, gibt es die Möglichkeit des Verbotes durch das Bundesverfassungsgericht nach Artikel 21 Abs. 2 GG. Danach sind Parteien verfassungswidrig, die die freiheitliche demokratische Grundordnung beeinträchtigen, sie beseitigen wollen oder die den Bestand der Bundesrepublik Deutschland gefährden. Die Beurteilung und ein eventuelles Verbot erfolgt durch das Bundesverfassungsgericht (vgl. *Greving 2011*).

03. Was sind ordnungspolitische Maßnahmen?

Unter ordnungspolitischen Maßnahmen sind alle staatlichen Maßnahmen zu verstehen, die innerhalb der Bundesrepublik Deutschland die innere und äußere Ordnung, die Rechtssicherheit und das Wirtschaftsleben aufrechterhalten und regeln. Bezogen auf die Wirtschaftspolitik handelt es sich um die Schaffung von Rahmenbedingungen zur Erhaltung, Anpassung und Verbesserung der Wirtschaftsordnung:

- Eigentumsordnung
- Regelungen zur Gewährleistung des Wettbewerbs (Kartellverbote, Kontrolle der Werbe- und Verkaufspraktiken)
- Vertrags- und Haftungsrecht (vgl. *Schubert/Klein 2011*, Stichwort: Ordnungspolitik).

Der Staat setzt durch die Grundsatzentscheidung für eine bestimmte Wirtschaftsordnung (>> *Kapitel 1.1.2/02*) die Rahmenregelungen fest (Wirtschaftsverfassung). Dadurch sollen bestimmte wirtschaftspolitische und gesellschaftliche Ziele erreicht werden. Im Gegensatz zur Prozesspolitik greift der Staat nicht in einzelne Wirtschaftsabläufe ein, sondern legt die Spielregeln (Rahmenregeln) fest, nach denen die Wirtschaftssubjekte (>> *Kapitel 1.1.3/01*) ihre Spielzüge gestalten (Wirtschaftsprozess) (vgl. *Gabler Wirtschaftslexikon*, Stichwort: Ordnungspolitik).

04. Was sind prozesspolitische Maßnahmen?

Bei prozesspolitischen Maßnahmen handelt es sich um eine Vielzahl von Steuerungsmaßnahmen, die sich am Rahmen der Ordnungspolitik orientieren wie beispielsweise

Subventionen, Geldpolitik oder Fiskalpolitik (vgl. *Duden 2013*, Begriff: Prozesspolitik). In der Wirtschaftspolitik handelt es sich dabei um folgende Maßnahmen zur Beeinflussung des Wirtschaftsablaufs:

- Konjunkturpolitik (Stabilisierung des Wirtschaftsablaufs, Minimierung der Konjunkturausschläge)
- Wachstumspolitik (Investitionstätigkeit, Umweltressourcen)
- Strukturpolitik (Vermeidung regionaler Ungleichgewichte, Vermeidung von Krisen einzelner Branchen oder Sektoren); (vgl. *Gabler Wirtschaftslexikon*, Stichwort: Prozesspolitik).

05. Wie erfolgen grundsätzlich prozess- und ordnungspolitische Entscheidungen im Gesundheits- und Sozialwesen?

Die Ordnungspolitik ergibt sich aus der Verfassung und wird in der Bundesrepublik Deutschland durch die Absicherung der Grundrisiken des Lebens und durch die Realisierung sozialer Gerechtigkeit (>> *Kapitel 1.1.1/05* und >> *1.1.1/09*) umgesetzt. Eine ordnungspolitische Maßnahme war zum Beispiel die Erweiterung der Absicherung der Grundrisiken des Lebens durch die Pflegeversicherung und die Herbeiführung sozialer Gerechtigkeit in diesem Punkt durch das SGB XI Pflegeversicherung.

Bei der Prozesspolitik am Beispiel der Pflege handelt es sich um diverse politische Steuerungsmaßnahmen wie Förderung bestimmter Wohnformen im Alter, Verbesserung der Infrastruktur für ältere Menschen, Maßnahmen zur Vermeidung oder Verzögerung von Pflegebedürftigkeit oder Barrierefreiheit (vgl. *Schlösser 2007*). Entscheidungen im Gesundheits- und Sozialwesen werden durch Gesetze, Rechtsverordnungen, Verwaltungsvorschriften und Verwaltungsakte getroffen.

06. Wie erfolgt eine Entscheidung durch Gesetz?

Entscheidungen in Form von Gesetzen erfolgen durch das Parlament. Gesetze können durch die Bundesregierung, den Bundesrat, mindestens 5 % der Mitglieder des Bundestages oder durch eine Fraktion in den Bundestag eingebracht werden (vgl. *Greving 2011*). Am Beispiel des Bundesgesundheitsministeriums als einen Bereich des Gesundheits- und Sozialwesens wird die Entscheidung durch Gesetz dargestellt.

In der Regel bereiten die Fachreferate des Bundesministeriums für Gesundheit zunächst einen Referentenentwurf für neue Regelungen oder Änderungen von bestehenden Regelungen vor. Inhalte von Regierungsprogrammen, Parteiprogrammen, Koalitionsvereinbarungen oder höchstrichterliche Rechtsprechung werden im Referentenentwurf ebenso berücksichtigt wie Anregungen der Bundesverwaltung und den einzelnen Ländern. Hinzu kommen Eingaben von Interessengruppen und Verbänden sowie der öffentlichen Meinungsbildung über Massenmedien. Bevor der Referentenentwurf in den Bundestag eingebracht wird, wird der Bundesrat einbezogen. Danach legt die Bundesregierung den Gesetzesentwurf mit

- Begründung,
- Stellungnahme des Bundesrates und
- Gegenäußerung der Bundesregierung zur Stellungnahme des Bundesrates

dem Bundesrat vor. In nichtöffentlichen Sitzungen erörtern die Fraktionen den Gesetzesentwurf. Anschließend wird der Gesetzesentwurf in drei Beratungen (Lesungen) behandelt. Nach der ersten Lesung wird der Gesetzesentwurf üblicherweise einem oder mehreren Ausschüssen zugewiesen, die in nichtöffentlichen Sitzungen darüber beraten. Eventuell werden in einer öffentlichen Anhörung Sachverständige und Interessenvertreter abgehört. Der/die Ausschüsse sprechen Beschlussempfehlungen mit Änderungsvorschlägen aus, die auch Erläuterungen sowie die vorgebrachten Argumente der Mehrheiten und der Opposition beinhalten. In der zweiten Lesung erfolgen eine allgemeine Aussprache und Einzelberatungen. Die dritte Lesung führt dann zur Abstimmung durch die anwesenden Abgeordneten. Grundsätzlich genügt die einfache Mehrheit zur Annahme des Gesetzes. Bei einfachen Gesetzen hat der Bundesrat anschließend das Recht, Einspruch einzulegen. In diesem Falle wird der Vermittlungsausschuss durch den Bundesrat angerufen. Der Bundestag kann den Einspruch des Bundesrates mit der gleichen Mehrheit zurückweisen, mit der der Bundesrat diesen beschlossen hat. Hat der Bundesrat beispielsweise den Einspruch mit 50 % beschlossen, dann müssen 50 % der anwesenden Abgeordneten des Bundestages diesen Einspruch zurückweisen. Gelingt die Zurückweisung, dann kann das Gesetz gegen den Willen des Bundesrates in Kraft treten. Handelt es sich nicht um einfache, sondern um Zustimmungsgesetze, dann muss der Bundesrat zustimmen. Verweigert er die Zustimmung, ist das Gesetz gescheitert. Können sich Bundestag und Bundesrat nicht darüber einigen, ob ein Gesetz zustimmungspflichtig ist, entscheidet in dieser Frage das Bundesverfassungsgericht. Ein beschlossenes Gesetz wird vom Bundesgesundheitsminister und dem Bundeskanzler unterzeichnet und dem Bundespräsidenten zur Unterschrift vorgelegt. Nach Unterzeichnung durch den Bundespräsidenten wird das Gesetz im Bundesgesetzblatt veröffentlicht und tritt grundsätzlich mit dem Datum der Veröffentlichung in Kraft (vgl. *Greving 2011*).

Neben der Erarbeitung von Gesetzesentwürfen konzentriert sich die Arbeit des Bundesministeriums für Gesundheit (BMG) auf *Rechtsverordnungen und Verwaltungsvorschriften*, durch die ebenfalls Entscheidungen getroffen werden. Weitere Entscheidungen werden durch die Selbstverwaltung im Rahmen von *Verwaltungsakten* getroffen (>> *Kapitel 1.3.2/02*) und durch die Institute des Bundesgesundheitsministeriums im Rahmen ihrer Zuständigkeiten. Die Entscheidungen der Selbstverwaltung und der BMG-Institute stehen unter der Aufsicht des Bundesministeriums für Gesundheit (vgl. Bundesministerium für Gesundheit).

1.1.5 Steuerung des Gesundheits- und Sozialwesens analysieren

01. Nennen Sie Steuerungsinstrumente des Staates im Gesundheits- und Sozialwesen.

Der Sozialstaat verfügt über verschiedene Steuerungsinstrumente:

- staatliche Eingriffe in soziale und wirtschaftliche Sachverhalte durch Gebote, Verbote, Verordnungen und Normsetzungen (Regulierungen)
- Non-Profit-Sektor, in dem Marktmechanismen, staatliche Steuerungen und Leistungen sowie gemeinschaftliche Arbeit nebeneinander wirken (z. B. Selbsthilfe- und Selbsthilfegruppen, Unternehmen ohne Gewinnerzielungsabsicht, z. B. Dritte-Welt-Läden, Beschäftigungsgesellschaften) (vgl. *Schubert/Klein 2011,* Stichworte: Regulation, Dritter Sektor)
- Regulierung: Um Qualität zu garantieren, kann der Staat z. B. medizinische Qualifikationen und Lizenzen regulieren. Ebenso können Monopole beobachtet und reguliert werden
- Subventionen und Steuern: Um das Gerechtigkeits- und Externalitätenproblem (z. B. negative Auswirkungen ökonomischer Entscheidungen auf nichtbeteiligte Wirtschaftssubjekte) zu lösen, können Steuern und Subventionen eingeführt werden
- Leistungserbringung/Versorgung: Zur Beseitigung von Über- und Unterversorgung, ineffizienter Nutzung und Ungerechtigkeit kann der Staat selber Gesundheitsleistungen erbringen oder bestimmte Organisationsstrukturen vorschreiben. Mögliche Maßnahmen sind Anreize durch Steuerpolitik, Subventionen, Formen der Aufklärung, staatliche Modellmaßnahmen.

Unterschieden nach ihrer Wirkung gibt es:

- distributive Steuerungsinstrumente (z. B. Eingliederungshilfe, andere Zuschüsse des Bundes, der Länder oder der Gemeinden)
- redistributive Steuerungsinstrumente (Umverteilung, z. B. Sozialhilfe, Hilfe zur Arbeit).

Nach Art der Leistungen können folgende Unterscheidungen vorgenommen werden:

- materielle Leistungen (z. B. BAföG als positive Transfers oder Abgaben und Steuern als negative Transfers)
- immaterielle Leistungen (z. B. soziale Dienstleistungen oder Sachdienstleistungen)
- regulative Programme (Verhaltensnormierung, z. B. Jugendschutz)
- selbst-regulative Programme (Recht auf eigenständige Regelung, z. B. Organisationen der Selbstverwaltung in der Sozialversicherung); (vgl. *Schmidt 2012*).

02. Was versteht man unter dem Governance-Ansatz?

Neben den herkömmlichen Steuerungsinstrumenten Hierarchie, Mehrheitsregel, Verhandlungen, Gebote und Verbote des Regierens gibt es eine Entwicklung hin zu Netzwerken, Koalitionen, Vertragsbeziehungen oder wechselseitige Anpassungen im Wettbewerb. Beim Governance-Ansatz wird die Vorstellung der herkömmlichen hierarchischen Steuerung in definierten staatlichen Grenzen zu Gunsten der Vorstellung von vernetzten politischen Handlungs-, Verhandlungs- und Entscheidungsprozessen mit nicht-staatlichen Systemen aufgegeben.

In dieser Betrachtungsweise wird auf die Koordination individueller und kollektiver sowie staatlicher und nicht-staatlicher Akteure mit ihren Wechselwirkungen fokussiert. Es handelt sich um die Steuerung und Koordinierung von Handlungen und Entscheidungen in komplexen, mehrstufigen und netzwerkartigen Strukturen (vgl. *Scheller 2012*).

03. Erklären Sie die Wechselwirkungen zwischen Staat und Markt.

Eine Trennung zwischen Staat und Markt besteht in der Realität nicht. Beide Systeme unterscheiden sich zwar in ihren Konzeptionen, für die Funktionsfähigkeit des Marktes und des Wettbewerbs sind aber politische, soziale und wirtschaftliche Voraussetzungen erforderlich, die nur gemeinsam erzeugt werden können, sodass ein wechselseitiges Abhängigkeitsverhältnis besteht (vgl. *Scheller 2012*).

In einer sozialen Marktwirtschaft ist der Markt das Koordinationsinstrument, über den die Wirtschaftssubjekte ihre ökonomischen Handlungen steuern. Die Wirtschaftssubjekte stehen miteinander im Wettbewerb und richten ihr Handeln nach den Marktpreisen aus, die durch ihre Angebote und Nachfragen entstehen. Der Koordinationsmechanismus, der zum Ausgleich von Angebot und Nachfrage führt, ist der Mechanismus der Marktpreisbildung. Marktpreise fassen unterschiedliche Informationen in einer einzelnen Größe zusammen. Dadurch können Wirtschaftssubjekte auf einfache Weise Preis- und Marktentwicklungen erkennen und ihre eigenen Pläne darauf abstellen. Für das Funktionieren einer modernen Wirtschaft ist es erforderlich, dass die Wechselwirkungen zwischen den Wirtschaftssubjekten ausgewogen gestaltet werden (>> *Kapitel 1.1.3/01*) und Staat und Markt die richtige Aufgabenteilung finden.

Wechselwirkungen zwischen Staat und Markt entstehen durch politische Maßnahmen des Staates. Beispielsweise wenn er von seinem ordnungspolitischen Gestaltungsrecht Gebrauch macht und durch gesetzliche Regelungen Rahmenbedingungen der Umweltpolitik zum Schutze der Umwelt verändert (z. B. Änderung der Rahmenbedingungen in der Atompolitik). Zur Allokationspolitik des Staates gehören Gebote, Verbote, Steuern und Subventionen. Durch Strukturpolitik beeinflusst der Staat einzelne Wirtschaftssektoren, indem er sie erhält oder entwickelt. Durch Allokation sollen die knappen Produktionsfaktoren einer Volkswirtschaft bestmöglich verteilt werden. Mit Ausnahme der öffentlichen Güter (es handelt sich grundsätzlich um die Güter, die der Staat bereitstellt, ohne dass der Einzelne dafür bezahlen muss) ist der Markt am besten geeignet eine effektive und effiziente Allokation zu erreichen.

Im Gesundheits- und Sozialwesen ist es gestalterische Aufgabe des Staates, für Gerechtigkeit zu sorgen. Dafür finden aus sozialpolitischen Gründen Umverteilungen der primären Einkommensverteilung des Marktes durch das Steuersystem und der Sozialleistungen statt (vgl. *Schlösser 2007*). Wechselwirkungen mit dem Markt entstehen auch, wenn der Staat als Anbieter oder Nachfrager von Gütern und Dienstleistungen am Markt auftritt.

04. Wie bilden sich Preise in einer sozialen Marktwirtschaft?

Steigt der Preis eines Gutes, dann ist es knapper geworden. Sinkt der Preis, dann werden größere Mengen dieses Gutes angeboten. Steigende Preise führen dazu, dass Nachfrager sich einschränken. Ein Teil der angebotenen Menge kann deshalb zu diesem Preis nicht abgesetzt werden (Angebotsüberhang). Folglich werden die Anbieter den Preis senken, um für ihre Ware Abnehmer zu finden. Wird der Preis zu weit gesenkt, wollen immer mehr Nachfrager das Gut erwerben. Es gibt mehr Nachfrager, die das Gut kaufen möchten, als Güter angeboten werden (Nachfrageüberhang). Folglich werden die Anbieter die Preise erhöhen, um ihren Gewinn zu steigern, denn der Markt ist günstig für sie, weil sie mehr Güter verkaufen könnten, als sie hergestellt haben.

Durch die Preiserhöhungen wird das Gut nach und nach uninteressanter für immer mehr Nachfrager, sodass im Laufe der Preiserhöhungen sich die Zahl der angebotenen Güter und die Zahl der nachgefragten Güter immer mehr annähern. Den Preis, bei dem die Nachfrage vollständig durch das Angebot gedeckt wird, ohne dass ein Angebots- oder Nachfrageüberhang besteht, nennt man Gleichgewichtspreis.

Im Gesundheits- und Sozialwesen bilden sich Preise entweder durch die beschriebenen Marktmechanismen (z. B. Medizintechnik, Medizinischer Bedarf, Wellness-Produkte in der Apotheke) oder durch staatliche Regulierungen (z. B. DRG-Entgelte, PEPP-Entgelte, Ambulanzabrechnung für GKV- und PKV-Patienten).

Die nachfolgenden Beispiele gehen von einer vergleichbaren Qualität aus, sodass ausschließlich der Preis das Entscheidungskriterium ist.

- Beim Kauf von Hautpflegemittel in einer Apotheke reagiert der Nachfrager auf den Preis, den er für das Produkt bezahlen soll. Die Apotheke reagiert mit Preisanpassungen auf eine sich verändernde Nachfrage. Der oben beschriebene Preismechanismus ist anwendbar.
- Ein potenzieller Kunde eines Pflegeheimes reagiert auf den Eigenanteil, den er für einen Pflegeplatz in einem Pflegeheim bezahlen soll. Unberücksichtigt bleiben die Heimentgeltbestandteile, die der Bewohner nicht selbst bezahlen muss. Das Pflegeheim reagiert aufgrund der Vereinbarung mit der Pflegekasse nicht auf eine sich verändernde Nachfrage. Der Preis bleibt unabhängig von der Nachfrage konstant.
- Ein Patient, der in einem somatischen Plankrankenhaus behandelt wird, reagiert nicht auf den Preis der Behandlung. In der Regel ist dieser dem Patienten auch unbekannt. Der Patient kennt nur seine Zuzahlung und die ist unabhängig von der Klinik, in der er behandelt wird, gleich. Das Krankenhaus rechnet nach dem staatlich regu-

lierten Entgeltsystem (DRG-Entgeltsystem) mit der Krankenkasse des Patienten ab. Die Berechnungsmodalitäten sind exakt vorgegeben, sodass das Krankenhaus nicht auf eine sich verändernde Nachfrage reagiert. Der Preis bleibt unabhängig von der Nachfrage konstant.

1.1.6 Auswirkungen auf die betrieblichen Prozesse ableiten

01. Leiten Sie an einem selbstgewählten Beispiel mögliche Auswirkungen auf betriebliche Prozesse ab.

Am Beispiel des staatlich regulierten Preissystems in somatischen Plankrankenhäusern (DRG-Entgelte) werden nachfolgend Auswirkungen auf die betrieblichen Prozesse dargestellt:

Für somatische Plankrankenhäuser werden die allgemeinen Krankenhausleistungen nach § 3 Krankenhausentgeltgesetz (KHEntgG) durch ein Erlösbudget, eine Erlössumme, Entgelte für neue Untersuchungs- und Behandlungsmethoden (NUB), Zusatzentgelte sowie Zu- und Abschläge vergütet. Das Erlösbudget umfasst nach § 4 Abs. 1 KHEntgG die Fallpauschalen und Zusatzentgelte für voll- und teilstationäre Behandlungen und wird für den kommenden Budgetzeitraum nach Art und Menge geplant sowie mit der maßgeblichen Entgelthöhe multipliziert. Fallpauschalen werden in diesem Zusammenhang entsprechend den Angaben im DRG-Entgeltkatalog und den Abrechnungsbestimmungen der Fallpauschalenverordnung (FPV) in das Budget eingeplant.

Ausgehend von der geplanten Anzahl der mit Bewertungsrelationen bewerteten einzelnen Entgelte, die in die Erlösplanung für das Folgejahr aufgenommen werden sollen, wird durch Multiplikation der Anzahl mit ihren Bewertungsrelationen und anschließender Addition die Summe aller Bewertungsrelationen der insgesamt geplanten Krankenhausfälle gebildet (Case Mix) und mit dem Landesbasisfallwert bewertet (§ 4 Abs. 2 KHEntgG). Der Landesbasisfallwert wird durch die Vertragspartner auf Landesebene (Landeskrankenhausgesellschaft, Landesverbände der Krankenkassen, Ersatzkassen und der Landesausschuss des Verbandes der privaten Krankenversicherung) jährlich verhandelt und vereinbart (vgl. Krankenhausentgeltgesetz, § 10 i. V. m. Krankenhausfinanzierungsgesetz, § 18 Abs. 1 Satz 2).

Das Krankenhaus und die Sozialleistungsträger (Vertragsparteien) schließen gemäß § 11 KHEntgG eine Vereinbarung über „[...] *das Erlösbudget nach § 4, die Summe der Bewertungsrelationen, die sonstigen Entgelte nach § 6, die Erlössumme nach § 6 Abs. 3, die Zu- und Abschläge und die Mehr- und Mindererlösausgleiche*" ab. Die Vereinbarung ist für einen zukünftigen Zeitraum (Vereinbarungszeitraum) zu schließen (Krankenhausentgeltgesetz, § 11 Abs. 1) und wird gemäß § 7 KHEntgG gegenüber den Patienten oder ihren Kostenträgern abgerechnet. Abweichungen zwischen der Budgetvereinbarung und der Summe der Einzelabrechnungen unterliegen dem Ausgleichsmechanismus nach § 4 Abs. 3 KHEntgG und werden mit dem Budget des Folgejahres verrechnet (vgl. *Krankenhausentgeltgesetz*, §§ 4, 7 ff.).

In der folgenden Abbildung sind die Aufstellung des Erlösbudgets und der Ausgleichsmechanismus bei Mehrerlösen für somatische Plankrankenhäuser dargestellt. Mindererlöse führen zu einem Mindererlösausgleich in Höhe von 20 %, der für das Krankenhaus budgeterhöhend im Folgebudget verrechnet wird (vgl. Krankenhausentgeltgesetz, § 4 Abs. 3). Die Behandlung eines eingewiesenen Patienten führt im somatischen Plankrankenhaus grundsätzlich zur Abrechnung einer DRG-Fallpauschale (vgl. *Heinrich 2011*). Die Ausgleichsmechanismen führen dazu, dass für Krankenhäuser hinsichtlich der Leistungspolitik anstelle einer Maximalstrategie eine Optimalstrategie effizient ist.

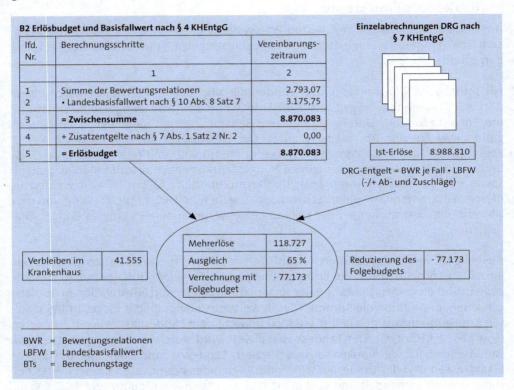

Die Reduzierung des Folgebudgets erfolgt entweder durch eine Verminderung des für das Folgejahr vereinbarten Jahresbudgets i. H. d. Mehrerlösausgleiches durch Abrechnung abgesenkter Entgelte (BPflV) oder durch einen Abschlagssatz, der bei zukünftigen Ausgangsrechnungen zur Anwendung kommt (KHEntgG).

Im Rahmen der Betriebsfinanzierung wurden zwar große Fortschritte auf dem Weg zu einer effizienteren Leistungserbringung und mehr Wettbewerb gemacht, allerdings ist der Anreiz, mehr Leistungen zu erbringen, durch die Budgetierung und deren Ausgleichsmechanismen bei Mehrerlösen beschränkt (vgl. *Heinrich 2011*).

Durch die Einführung des DRG-Entgeltsystem haben sich weitreichende komplexe Auswirkungen auf die betrieblichen Prozesse ergeben:

1. Die Einführung des DRG-Entgeltsystems führte durch die Einstellung von Kodierern und in der Regel mindestens einem Medizincontroller zu zusätzlichem Personalaufwand. Dadurch war die Anpassung der Aufbauorganisation erforderlich. Außerdem entstanden erhöhte und wiederkehrende Schulungsmaßnahmen im ärztlichen Bereich, Pflegebereich und in der Administration (z. B. Kodierung, Dokumentation, ICD/OPS-Katalog, DKR-Deutsche Kodierrichtlinien, DRG-Entgeltkatalog, FPV/KHEntgG, DRG-Abrechnung, neue Verhandlungsstrategien mit den Sozialleistungsträgern).

2. Die Ablauforganisation musste hinsichtlich neuer Dokumentationsabläufe, zusätzlicher Software (Grouper und Integration des Groupers in das Krankenhausinformationssystem), Kommunikations- und Informationswege, Berichtswesen den neuen Gegebenheiten angepasst werden.

3. Die Krankenhausstrategie musste ebenfalls angepasst werden. Das neue Entgeltsystem führte zu Verweildauerrückgängen. Ein entsprechend fortentwickeltes Steuerungssystem musste vorrangig medizinische Aspekte, aber auch zusätzliche ökonomische Aspekte berücksichtigen. In dem Zusammenhang musste im Rahmen der Kundenorientierung ein Einweiserbeziehungsmanagement zusätzlich zur Patientenorientierung eingeführt werden, um die aufgrund der Verweildauerreduzierung fehlenden Fallzahlen kompensieren zu können (Produktivitätssteigerungen) und unterstützend ein Fallmanagement, das über den normalen Krankenhausaufenthalt hinausgeht (Case Management) sowie der Aufbau von Marketingstrukturen in den Grenzen des Heilmittelwerbegesetzes (HWG) und des Wettbewerbsrechts (UWG).

4. Einem stärkeren Wettbewerb musste durch Kooperationen mit anderen Akteuren des Gesundheitsmarktes begegnet werden (Netzwerke niedergelassener Ärzte, IV-Verträge, Beteiligung an Medizinischen Versorgungszentren, Übernahme von Arztsitzen, Teilnahme an weiteren neuen Formen der ambulanten Versorgung).

1.2 Einordnen der Gesundheits- und Sozialpolitik in den nationalen und europäischen Kontext

Die Bundesrepublik Deutschland ist als Sozialstaat seit ca. 70 Jahren ein wesentlicher Garant für individuelle Freiheit, soziale Gerechtigkeit und solidarisches Miteinander und hat sich als außerordentlich belastbar und flexibel in der Lösung sozialer, wirtschaftlicher und gesellschaftlicher Veränderungen gezeigt. Der Sozialstaat sichert den sozialen Frieden und ist ökonomisch ausgewogen gestaltet (vgl. *Sozialbericht 2009*). Die Grundzüge des Sozialstaatsprinzips und die Systematik der Sozialgesetzbücher wurden bereits in den *Kapiteln* >> *1.1.1/05* und >> *1.1.1/09* aufgezeigt. In den Grenzen des Sozialstaatsprinzips wird nachfolgend auf die Sozialpolitik mit ihren Pflichtaufgaben eingegangen, die sich insbesondere in den Zweigen der Sozialversicherung zeigen. Es werden die Zuständigkeiten von Bund, Ländern und Kommunen unterschieden. Themen sind beispielsweise der Föderalismus, Subsidiarität und Sicherstellungsaufträge für die soziale Sicherung. Weil die Bundesrepublik Deutschland ein Mitglied der Europäischen Union ist, ist es bedeutsam, die Gesundheits- und Sozialpolitik der Europäischen Union (EU) einzuordnen, die Sachverhalte abzuleiten, die sich durch den europäischen Binnenmarkt auf die gemeinsame europäische Gesundheits- und Sozialpolitik auswirken. Die Funktionen und Bedeutung internationaler Organisationen wird erläutert, indem die UNO, IAO und der EuGH sowie als nichtstaatliche Organisation die Internationale Rotkreuz- und Rothalbmondbewegung skizziert werden.

1.2.1 Sozialstaatsprinzip erläutern

01. Nennen Sie die Rechtsquelle des Sozialstaatsprinzips, die Rechtsbegriffe, die das Sozialstaatsprinzip konkretisieren und die Prinzipien, durch die Sicherungssysteme gestaltet werden.

Das Sozialstaatsprinizip ist im § 20 Abs. 1 GG verankert und wird durch die Rechtsbegriffe „soziale Gerechtigkeit" und „soziale Sicherheit" konkretisiert. Durch die Prinzipien Versicherungs-, Fürsorge- und Versorgungsprinzip werden die sozialen Sicherungssysteme gestaltet (>> *Kapitel 1.1.1/05* und >> *1.1.1/06*).

02. Definieren Sie den Begriff Sozialpolitik.

Unter Sozialpolitik versteht man alle Maßnahmen, durch die soziale Sicherheit und der soziale Frieden in der Gesellschaft erreicht wird. Insbesondere die Sicherung eines ausreichenden Einkommens bei Krankheit, Erwerbslosigkeit und im Alter gehört dazu. In der Bundesrepublik Deutschland lassen sich sozialpolitische Aktivitäten des Staates unterteilen in

- gesetzliche Sozialversicherungen (Kranken-, Renten-, Arbeitslosen-, Pflege- und Unfallversicherung) und
- staatliche Maßnahmen der Umverteilung in Fällen besonderer Belastungen (Kinder-, Eltern- und Wohngeld, Sozialhilfe, BAföG und Arbeitslosengeld II), (vgl. *Duden 2013*, Stichwort: Sozialpolitik und >> *Kapitel 1.1.1/05*).

03. Skizzieren Sie das System der gesetzlichen Krankenversicherung (GKV).

Die gesetzliche Krankenkasse kann frei gewählt werden und sichert sowohl Mitglieder als auch deren Familie im Krankheitsfall finanziell ab. Geregelt ist die gesetzliche Krankenversicherung im Sozialgesetzbuch V (SGB V). Arbeitnehmer in Deutschland sind aufgrund der Versicherungspflicht automatisch gesetzlich krankenversichert, sofern ihr Bruttogehalt eine bestimmte Höchstgrenze (Versicherungspflichtgrenze) nicht übersteigt (vgl. Deutsche Sozialversicherung Europavertretung, Stichwort: Krankenversicherung). Übersteigt das Einkommen die Versicherungspflichtgrenze, kann sich das Mitglied freiwillig in der GKV weiterversichern oder zur PKV (Private Krankenversicherung) wechseln.

Ungefähr 90 % der Bevölkerung sind in der GKV versichert. Die Anzahl der Krankenkassen hat sich durch gesetzliche Maßnahmen, die den Wettbewerb fördern, von ca. 1.150 Krankenkassen im Jahr 1990 auf 118 Krankenkassen Anfang 2016 reduziert.

Die GKV ist kein einheitlicher Versicherungsträger. Es handelt sich um eine gegliederte Krankenversicherung, die aus den nachfolgenden Kassenarten besteht:

- Allgemeine Ortskrankenkassen (AOK)
- Betriebskrankenkassen (BKK)
- Innungskrankenkassen (IKK)
- Ersatzkassen (vdek: TK, Barmer-GEK, DAK, KKH, hkk, HEK)
- Sozialversicherung für Landwirtschaft, Forsten und Gartenbau
- Deutsche Rentenversicherung Knappschaft-Bahn-See.

Die Krankenkassen sind auf Bundes-, Länder- und teilweise kommunaler Ebene organisiert und gehören grundsätzlich dem Landesverband des Bundeslandes an, in dem sie ihren Sitz haben. Bei den Orts- und Innungskrankenkassen gibt es oftmals nur noch eine Kasse pro Bundesland, die gleichzeitig die Funktion eines Landesverbandes ausübt.

Die Landesverbände bildeten bis 2008 je Kassenart einen Bundesverband als Spitzenverband in der Rechtsform einer Körperschaft öffentlichen Rechts. Durch das GKV-Wettbewerbsstärkungsgesetz (GKV-WSG) wurden die Aufgaben dieser Spitzenverbände auf einen gemeinsamen GKV-Spitzenverband in der Rechtsform einer Körperschaft des öffentlichen Rechts übertragen. Dieser neue Spitzenverband wird von allen Krankenkassen gebildet (§ 217a SGB V) und sie gehören ihm auch unmittelbar an. Die alten Spitzenverbände wurden in Gesellschaften des bürgerlichen Rechts umgewandelt (§ 212 Abs. 1 SGB V) und nehmen keine Aufgaben als Spitzenverband mehr wahr. Über die Aufgaben und Abwicklung der alten Landesverbände entscheidet der jeweilige Landesverband.

Der GKV-Spitzenverband ist die Interessenvertretung der gesetzlichen Kranken- und Pflegekassen in Deutschland und vertritt als Körperschaft des öffentlichen Rechts deren Interessen auf Bundesebene sowie auf europäischer und internationaler Ebene und ist außerdem Träger des Medizinischen Dienstes des Spitzenverbandes Bund der Krankenkassen (MDS). Der GKV-Spitzenverband gestaltet die Rahmenbedingungen für Wettbewerb, Qualität und Wirtschaftlichkeit in der gesundheitlichen und pflegerischen Versorgung (>> *Kapitel 1.1.1/08* und >> *Kapitel 1.1.3/09; von Troschke/Stößel 2012, S. 85*; vgl. *Gerlinger/Burkhardt 2012c*; vgl. *www.bmg.bund.de*; vgl. *www.gkv-spitzenverband.de*).

Die zentrale Aufgabe der GKV ist es, die Gesundheit der Versicherten durch die notwendige medizinische Hilfe im Krankheitsfalle zu erhalten, wiederherzustellen oder zu verbessern. Davon ausgenommen sind Berufsunfälle, für die die gesetzliche Unfallversicherung zuständig ist. Nach Auslaufen der Verpflichtung des Arbeitgebers zur Entgeltfortzahlung zahlt die GKV Krankengeld. Die Versicherten sind für ihre Gesundheit mitverantwortlich und werden durch die GKV beraten und aufgeklärt. Erwartet wird:

- eine gesundheitsbewusste Lebensführung
- rechtzeitige Beteiligung an Vorsorgemaßnahmen
- aktive Mitwirkung an Krankenbehandlungen und Rehabilitation (vgl. *Deutsche Sozialversicherung Europavertretung*, Stichwort: Krankenversicherung).

Leistungen der GKV sind:
- Krankheitsverhütung, betriebliche Prävention, Schwangerschaft und Mutterschutz (Förderung der Selbsthilfe, betriebliche Gesundheitsförderung, Prävention arbeitsbedingter Gesundheitsgefahren, Schutzimpfungen, Verhütung von Zahnerkrankungen durch Gruppen- und Individualprophylaxe, medizinische Vorsorgeleistungen, Empfängnisverhütung, Sterilisation, Schwangerschaftsabbruch, medizinische Vorsorge für Mütter und Väter, Leistungen bei Schwangerschaft und Mutterschaft). Die Leistungen bei Schwangerschaft und Mutterschaft beinhalten ärztliche Betreuung und Hebammenhilfe, Versorgung mit Arznei-, Verband-, Heil- und Hilfsmitteln, Entbindung, Mutterschaftsgeld und je nach Voraussetzungen häusliche Pflege und Haushaltshilfe.
- Früherkennung von Krankheiten (z. B. Herz-Kreislauf- und Nierenerkrankungen sowie Zuckerkrankheiten, Krebserkrankungen, Kinderuntersuchungen).
- Behandlung von Krankheiten (ärztliche Behandlung einschließlich Psychotherapie als ärztliche und psychotherapeutische Behandlung, zahnärztliche Behandlung, Versorgung mit Zahnersatz einschließlich Zahnkronen und Suprakonstruktionen, kieferorthopädische Behandlung, Versorgung mit Arznei-, Verband-, Heil- und Hilfsmittel, häusliche Krankenpflege und Haushaltshilfe, Krankenhausbehandlung, Leistungen zur medizinischen Rehabilitation, Belastungserprobung und Arbeitstherapie sowie ergänzende Maßnahmen zur Rehabilitation, künstliche Befruchtung, Soziotherapie, ambulante Palliativversorgung, stationäre und ambulante Hospizleistungen, nichtärztliche sozialpädiatrische Leistungen, Krankengeld); (vgl. Sozialgesetzbuch V, §§ 20 bis 52).

Weitere Aufgaben sind die Qualitätssicherung sowie die Telematik- und der Datenaustausch. In den 28 EU-Staaten und weiteren Ländern haben Versicherte der Bundesrepublik Deutschland Anspruch auf ärztliche Hilfe und Krankenhausbehandlung, sofern sie im Besitz einer europäischen Krankenversicherungskarte (oder Bescheinigung) ihrer deutschen Krankenkasse sind. Versicherte können Ärzte und Zahnärzte sowie Krankenhäuser frei auswählen (vgl. GKV-Spitzenverband und Europa.eu „So funktioniert die Europäische Union").

Auf die Leistungen der GKV besteht Anspruch, sofern sie notwendig sind, um eine Krankheit zu erkennen, zu heilen, ihre Verschlimmerung zu verhüten oder Krankheitsbeschwerden zu lindern. Die Versorgung muss bedarfsgerecht, gleichmäßig und nach den allgemein anerkannten medizinischen Erkenntnissen erfolgen. Sie muss ausreichend, zweckmäßig, in der gebotenen fachlichen Qualität und wirtschaftlich sein (vgl. *von Troschke/Stößel 2012*).

Die Entscheidungsmacht der Ärzte und Zahnärzte ist für die Gesundheitsversorgung, insbesondere für die Patienten, weitere Leistungserbringer und Sozialversicherungen von besonderer Bedeutung. Nach § 15 Abs. 1 SGB V haben Ärzte das Entscheidungsmonopol erhalten. Ärzte entscheiden über Diagnosen und Therapie von Krankheiten, die Durchführung medizinischer Behandlungen, die Verordnung von rezeptpflichtigen Arzneimitteln und die Verordnung von Heilmitteln. Sie stellen außerdem die Arbeits-, Berufs- und Erwerbsfähigkeit fest. *„Ärztliche oder zahnärztliche Behandlung wird von Ärzten oder Zahnärzten erbracht, [...]. Sind Hilfeleistungen anderer Personen erforderlich, dürfen sie nur erbracht werden, wenn sie vom Arzt (Zahnarzt) angeordnet und von ihm verantwortet werden"* (vgl. *von Troschke/Stößel 2012*; § 15 Abs. 1 SGB V).

Die GKV finanziert sich über den Gesundheitsfonds, in den alle Beiträge und Steuerzuschüsse eingezahlt werden. Die Zuweisung an die Krankenkassen erfolgt unter Berücksichtigung eines Risikostrukturausgleiches (RSA). Der Risikostrukturausgleich wird vom Bundesversicherungsamt durchgeführt. Am RSA sind mit Ausnahme der landwirtschaftlichen Krankenkassen alle gesetzlichen Krankenversicherungsträger beteiligt. Durch den RSA sollen die finanziellen Auswirkungen einer Ungleichverteilung der Morbiditätsrisiken und der Familienlasten zwischen den Krankenkassen ausgeglichen werden, damit die Wirtschaftlichkeitsanreize für die Krankenkassen erhalten bleiben. Als Risikomerkmale werden Alter, Geschlecht, Bezug einer Erwerbsminderungsrente und Morbiditätsgruppen zugrunde gelegt. Dem Versicherten werden aufgrund bisheriger Diagnosen und Arzneimittel-Verordnungen Morbiditätsgruppen zugeordnet, die im Folgejahr zu wahrscheinlichen Aufwendungen führen.

Das Bundesversicherungsamt verwaltet den Gesundheitsfonds (als Sondervermögen gemäß § 271 Abs. 1 SGB V). Die von den Einzugsstellen eingezogenen Krankenversicherungsbeiträge (einschließlich Beiträge aus geringfügiger Beschäftigung) sowie die Beiträge von der Bundesagentur für Arbeit, den zugelassenen kommunalen Trägern nach SGB II, dem Bundesamt für Wehrverwaltung, der Künstlersozialkasse und Beiträge aus Rentenzahlungen werden an den Gesundheitsfonds abgeführt. Weitere Einzahlungen ergeben sich aus Bundesmitteln und aus Kapitalerträgen, die im Laufe eines Jahres entstehen. Die Krankenkassen erhalten auf der o. g. Berechnungsbasis monatliche Zuweisungen per Zuweisungsbescheid aus dem Gesundheitsfonds. Falls die Beiträge einer Auszahlungsperiode für die erforderlichen Zuweisungen nicht ausreichen, erfolgt die Deckung aus dem Bundeshaushalt (vgl. Bundesversicherungsamt).

Die Versicherten und deren Arbeitgeber leisten die höchsten Einzahlungen in den Gesundheitsfonds. Der Beitragssatz beträgt seit dem 01.01.2015 14,6 % (bis zur Beitragsbemessungsgrenze) und ist unabhängig von der gesetzlichen Krankenkasse, bei der der Versicherte versichert ist. Von dem Beitragssatz übernehmen Arbeitgeber und Arbeitnehmer jeweils 7,3 %. Krankenkassen können in Abhängigkeit ihrer finanziellen Lage neben dem paritätischen Beitragssatz von insgesamt 14,6 % einen prozentualen Zusatzbeitrag von ihren Versicherten verlangen. Die Möglichkeit, Prämien an die Mitglieder auszuschütten, wurde vom Gesetzgeber abgeschafft. Die Beiträge werden inkl. Zusatzbeitrag im Rahmen der Entgeltabrechnung von den Arbeitgebern an die Krankenkassen (Einzugsstellen) abgeführt und von den Einzugsstellen vollständig an das Bundesversicherungsamt weitergeleitet. Jede Krankenkasse erhält Zuweisungen aus dem Gesundheitsfonds, die auf der Grundlage der Versichertenzahl und des Morbiditätsrisikos (Grundpauschale je Versicherten plus risikoadjustierter Zu- bzw. Abschlag) sowie eines eventuell erhobenen kassenindividuellen Zusatzbeitragssatzes errechnet werden (vgl. *GKV-Spitzenverband*).

04. Skizzieren Sie das System der gesetzlichen Rentenversicherung (DRV).

In der Rentenversicherung sind grundsätzlich alle nichtselbstständigen Arbeitnehmer und Auszubildenden versicherungspflichtig. Während der Kindererziehungszeit sind erziehende Mütter oder Väter ebenfalls pflichtversichert. Zeiten für nicht erwerbsmäßige häusliche Pflege mindestens eines pflegebedürftigen Angehörigen unterliegen auch der Pflichtversicherung. Die Beiträge werden von der zuständigen Pflegekasse übernommen. Personen, die Entgeltersatzleistungen beziehen, sind grundsätzlich während des Leistungsbezuges versicherungspflichtig (Krankengeld, Verletztengeld, Übergangsgeld, Arbeitslosengeld). Die Beiträge werden vom zuständigen Träger der jeweiligen Sozialleistung getragen. Geringfügig entlohnte Beschäftigte sind pflichtversichert, können sich aber befreien lassen. Arbeitslosengeld II-Empfänger sind nicht versicherungspflichtig, können sich aber die Leistungszeit anrechnen lassen. Weitere Versicherungsbefreiungen gibt es z. B. für Beamte, Richter und Personen, die eine Altersrente beziehen sowie für kurzfristig Beschäftigte.

Selbstständige sind nur zum Teil pflichtversichert. Dazu gehören selbstständige Lehrer, Dozenten, Erzieher, Pflegepersonen, Hebammen und Handwerker. Für selbstständige Künstler und Publizisten gilt eine Pflichtversicherung nach dem Künstlersozialversicherungsgesetz. Selbstständige, die keine versicherungspflichtigen Arbeitnehmer beschäftigen und die hauptsächlich nur für einen Auftraggeber tätig und von diesem wirtschaftlich abhängig sind, sind ebenfalls versicherungspflichtig. Es gibt für Selbstständige bestimmte Befreiungsrechte, die entweder nach einer Anzahl von Jahren oder für eine Anzahl von Jahren beantragt werden können. Landwirte sind in der Alterssicherung der Landwirte versicherungspflichtig. Selbstständige, die sich nicht pflichtversichern müssen, können innerhalb von fünf Jahren nach Aufnahme der selbstständigen Tätigkeit die Versicherungspflicht beantragen.

Die Rentenversicherung gewährt einen lebenslangen Schutz bei
- Erwerbsminderung (Rente wegen verminderter Erwerbsfähigkeit)
- Alter (gesetzliche Altersrenten) und
- Tod des Versicherten (Schutz für Hinterbliebene durch Witwen-/Waisenrenten).

Behinderte in anerkannten Werkstätten sowie Personen, die freiwilligen Wehrdienst oder Bundesfreiwilligendienst leisten und Helferinnen/Helfer im freiwilligen sozialen oder ökologischen Jahr sind ebenfalls in die Absicherung einbezogen.

Eine weitere zentrale Aufgabe der Rentenversicherung ist die Rehabilitation. Durch Maßnahmen der Rehabilitation soll die Erwerbsfähigkeit kranker und behinderter Menschen wieder hergestellt werden.

Arten von Renten sind:
- Regelaltersrente
- Altersrente für besonders langjährige Versicherte
- Altersrente für langjährige Versicherte
- Altersrente für schwerbehinderte Menschen (mit Abschlägen für Versicherte, die vor 1952 geboren wurden)
- Altersrente wegen Arbeitslosigkeit oder nach Altersteilzeitarbeit (mit Abschlägen für Versicherte, die vor 1952 geboren wurden; ab 65. Lebensjahr abschlagsfrei)
- Altersrente für Frauen (mit Abschlägen für versicherte Frauen, die vor 1952 geboren wurden)
- Altersrente für langjährig unter Tage beschäftigte Bergleute.

Bei Erreichen der Regelaltersgrenze (stufenweise zwischen 65 und 67 Jahren), scheidet der Versicherte aus dem Berufsleben aus und erhält eine Regelaltersrente. Die Regelaltersgrenze wird in den Geburtenjahrgängen 1947 bis 1958 um jeweils einen Monat (Geburtenjahrgang 1947) bis zwölf Monate (Geburtenjahrgang 1958) von 65 auf 66 Jahre und in den Geburtsjahrgängen 1959 bis 1964 um zwei Monate (Geburtenjahrgang 1959) bis zwölf Monate (Geburtenjahrgang 1964) von 66 auf 67 Jahre angehoben. Für alle ab 1964 Geborenen beträgt die Regelaltersgrenze 67 Jahre. Maßgeblich für die Höhe der Rente ist der Arbeitsverdienst, der im Versicherungszeitraum erzielt wurde. Außerdem muss eine Mindestversicherungszeit erreicht worden sein und ein Rentenantrag gestellt werden. Neben der Regelaltersrente darf unbeschränkt hinzuverdient werden.

Die Mindestversicherungszeit ist die Wartezeit, die grundsätzlich aus Beitragszeiten und Ersatzzeiten bestehen kann. Eine Wartezeit von fünf Jahren ist Voraussetzung für den Erhalt der Regelaltersrente, der Rente wegen Erwerbsminderung und der Rente wegen Todes (Schutz für Hinterbliebene). Unter bestimmten Umständen (Erwerbsminderung durch Arbeitsunfall oder Berufskrankheit) kann die allgemeine Wartezeit von fünf Jahren auch vorzeitig erfüllt werden. Dadurch ist es möglich, eine Rente wegen Erwerbsminderung zu erhalten. Beispielsweise gilt für versicherte Berufsanfänger die vorzeitige Wartezeiterfüllung ab dem ersten Tag. Für versicherte Wehrdienstleistende, Zivildienstleistende und Personen im Gewahrsam gibt es entsprechende Wartezeitregelungen. Für „gesundheitliche Beschädigungen" der zuletzt genannten Personengruppen sind das Soldatenversorgungsgesetz, das Zivildienstgesetz und das Häftlingshilfegesetz zu berücksichtigen.

Für den Bezug der Altersrente wegen Arbeitslosigkeit oder nach Altersteilzeitarbeit beträgt die Wartezeit 15 Jahre.

Langjährig Versicherte können nach einer Wartezeit von 35 Jahren vor Erreichen der Regelaltersgrenze unter Berücksichtigung von Abschlägen Altersrente beziehen und besonders langjährig Versicherte können nach einer Wartezeit von 45 Jahren abschlagsfrei Altersrente beziehen, sofern sie das 65. Lebensjahr vollendet haben. Vor Erreichen der Regelaltersgrenze darf neben der Vollrente bis zu 450 € brutto monatlich hinzuverdient werden. Innerhalb eines Kalenderjahres kann dieser Betrag bis zweimal bis zum Doppelten überschritten werden. Bei höheren Zuverdiensten kann die Rente in eine Teilrente umgewandelt werden (zwei Drittel, die Hälfte oder ein Drittel der Vollrente). Die Berechnung des individuellen Hinzuverdienstes orientiert sich am Verdienst der letzten drei Kalenderjahre vor Rentenbeginn. Rentenbezieher erhalten die für sie relevanten Hinzuverdienstgrenzen über ihren Rentenbescheid mitgeteilt.

Rentenbezieher sind grundsätzlich in der Kranken- und Pflegeversicherung pflichtversichert, privat versichert oder unterliegen der Beihilfe.

Renten wegen verminderter Erwerbsfähigkeit werden gewährt, wenn der Versicherte aus gesundheitlichen Gründen nicht mehr arbeiten kann. Grundsätzlich ist Voraussetzung, dass der Versicherte die allgemeine Wartezeit von fünf Jahren erfüllt und in den letzten fünf Jahren vor Eintritt der Erwerbsminderung mindestens drei Jahre lang Pflichtbeiträge gezahlt hat. Die Gewährung erfolgt grundsätzlich befristet. Für die vorgenannten Voraussetzungen und die zeitliche Befristung gibt es Ausnahmeregelungen.

Ausschlaggebend für die Erwerbsminderung ist die mögliche Arbeitszeit in Stunden pro Tag, die der Versicherte noch arbeiten kann. Wer weniger als drei Stunden täglich erwerbstätig sein kann, gilt als voll erwerbsgemindert und erhält eine volle Erwerbsminderungsrente. Beträgt die mögliche Erwerbstätigkeit zwischen drei und unter sechs Stunden und kann wegen Arbeitslosigkeit das restliche Leistungsvermögen nicht in Einkommen umgesetzt werden, wird ebenfalls eine volle Erwerbsminderungsrente gewährt. Die Rente wegen voller Erwerbsminderung entspricht einer vorzeitig in Anspruch genommenen Altersrente für schwerbehinderte Menschen.

Teilweise erwerbsgemindert ist der Versicherte, der mindestens sechs Stunden täglich erwerbstätig sein kann. Die Rente wegen teilweiser Erwerbsminderung beträgt 50 % der Rente wegen voller Erwerbsminderung.

Versicherte, die vor dem 02.01.1961 geboren wurden und aus gesundheitlichen Gründen weniger als sechs Stunden in ihrem bisherigen oder einem anderen zumutbaren Beruf erwerbstätig sein können, erhalten eine Rente wegen teilweiser Erwerbsminderung bei Berufsunfähigkeit, die der Rente wegen teilweiser Erwerbsminderung entspricht. Versicherte, die vor Erfüllung der Wartezeit von fünf Jahren voll erwerbsgemindert waren und es seitdem ununterbrochen weiterhin sind, erhalten eine Rente wegen voller Erwerbsminderung, sofern eine Wartezeit von 20 Jahren erfüllt ist.

Für Personen, die eine Rente wegen verminderter Erwerbsfähigkeit erhalten, gelten analoge Hinzuverdienstregelungen und ähnliche Regelungen für Teilrenten wie für Personen, die eine Vollrente vor Erreichen der Regelaltersgrenze erhalten. Dem Rentenversicherungsträger muss jede Erwerbstätigkeit mitgeteilt werden.

Als Renten wegen Todes werden bei Vorliegen der Voraussetzungen die kleine oder große Witwen- oder Witwerrente, Waisenrente bzw. die Erziehungsrente ausgezahlt. Grundsätzlich wird das Einkommen des Anspruchsberechtigten unter Beachtung der Ausnahmeregelungen angerechnet.

Leistungen zur Rehabilitation (Teilhabe) sollen frühzeitige Rentenzahlungen verhindern und die Arbeitskraft erhalten (Grundsatz „Rehabilitation vor Rente"). Leistungen umfassen z. B. Heilbehandlungen in einer Rehabilitationsklinik, Ausstattung von Arbeitsplätzen mit speziellen Arbeitsgeräten, behindertengerechte Gestaltung der Arbeitsumgebung oder Umschulungen. Durch die Maßnahmen sollen Beeinträchtigungen der Erwerbsfähigkeit durch Krankheiten, körperliche, geistige oder seelische Behinderungen überwunden und möglichst eine dauerhafte Wiedereingliederung in das Erwerbsleben erreicht werden.

Die Rentenversicherung finanziert sich je zur Hälfte durch einkommensabhängige Beiträge der Versicherten (bis zur Beitragsbemessungsgrenze) und entsprechende Anteile der Arbeitgeber, durch den Bundeszuschuss und sonstige Einnahmen der Rentenversicherungsträger. Die Beiträge werden im Rahmen der Entgeltabrechnung von den Arbeitgebern an die Krankenkassen (Einzugsstellen) abgeführt. Die Einzugsstellen leiten die Rentenversicherungsbeiträge an die Deutsche Rentenversicherung weiter.

Die Rentenversicherung funktioniert nach dem Generationenvertrag, sodass die laufenden Beitragseinnahmen im Umlageverfahren direkt zur Bezahlung der laufenden Renten verwendet werden. Der Rentenanspruch des Versicherten ist abhängig von den eingezahlten Beiträgen und soll durch die Äquivalenzberechnung jährlicher Entgeltpunkte gleichwertige Anrechte der Versicherten auf Rentenleistungen sicherstellen. Das Arbeitsentgelt und anrechnungsfähige beitragsfreie/beitragsgeminderte Zeiten werden in Entgeltpunkte umgerechnet. Ein Durchschnittsverdiener erhält einen Entgeltpunkt, ein Beitragszahler, der die Beitragsbemessungsgrenze erreicht, ca. zwei Entgeltpunkte und ein Beitragszahler mit einem halben Durchschnittsverdienst einen halben Entgeltpunkt. Ehegatten können durch schriftliche Erklärung die in der Ehezeit gemeinsam erworbenen Rentenansprüche zur Hälfte aufteilen (Rentensplitting), sofern beide Ehegatten jeweils 25 Jahre rentenrechtliche Zeiten nachweisen können. In einem Scheidungsverfahren wird ein Versorgungsausgleich durchgeführt, durch den die während der Ehezeit erworbenen Versorgungsansprüche zwischen den Ehepartnern gleichmäßig aufgeteilt werden sollen. In den Versorgungsausgleich werden neben den gesetzlichen Rentenansprüchen auch weitere Ansprüche eingerechnet, wie z. B. die betriebliche Altersversorgung. Die monatliche gesetzliche Rente ergibt sich zum Rentenzeitpunkt aus der Multiplikation der individuell berechneten persönlichen Entgeltpunkte mit dem Rentenartfaktor und dem aktuellen Rentenwert.

Die Rentenversicherungsträger treten als Deutsche Rentenversicherung auf und sind für ihre Versicherten und Rentner zuständig. Die Deutsche Rentenversicherung Bund nimmt zusätzliche Grundsatz- und Querschnittsaufgaben sowie Aufgaben wahr, die die gesamte Rentenversicherung betreffen:

- Vertretung gegenüber Politik, nationalen und internationalen Einrichtungen sowie Sozialpartnern
- Öffentlichkeitsarbeit und Statistik
- Grundsatzfragen (Fachfragen, Rechtsfragen, Organisation, Personal, Finanzen, Aus- und Fortbildung, Auskunfts- und Beratungsdienst)
- Organisation des Qualitäts- und Wirtschaftlichkeitswettbewerbes
- Koordinierung der Planung von Rehabilitationsmaßnahmen sowie
- Forschung.

Neben der Deutschen Rentenversicherung Bund sind die weiteren Träger der Rentenversicherung die deutschen Rentenversicherungen Baden-Württemberg, Bayern Süd, Berlin-Brandenburg, Braunschweig-Hannover, Hessen, Knappschaft-Bahn-See, Mitteldeutschland, Nord, Nordbayern, Oldenburg-Bremen, Rheinland, Rheinland-Pfalz, Saarland, Schwaben und Westfalen.

Die Rentenversicherungsträger führen ihre Aufgaben nach dem Prinzip der Selbstverwaltung aus und sind als Körperschaften des öffentlichen Rechts organisiert. Ihre demokratisch gewählten Organe sind durch Versicherte und Arbeitgeber paritätisch besetzt und wirken an der Erfüllung der Aufgaben verantwortlich mit. Für die gesetzlich zugewiesenen Aufgaben besteht Rechtsautonomie, d. h. die Aufgaben werden eigenverantwortlich und mit eigener Finanzhoheit, aber unter staatlicher Aufsicht durchgeführt. Die Rentenversicherung ist im Sozialgesetzbuch VI (SGB VI) geregelt (vgl. *Deutsche Sozialversicherung Europavertretung*, Stichwort „Rentenversicherung"; *Bundesministerium für Arbeit und Soziales (BMAS), Soziale Sicherung im Überblick 2016, S. 148 ff.*).

05. Skizzieren Sie das System der gesetzlichen Arbeitslosenversicherung (ALV).

Die gesetzliche Arbeitslosenversicherung ist im Sozialgesetzbuch II „Grundsicherung für Arbeitssuchende" und Sozialgesetzbuch III „Arbeitsförderung" geregelt.

Durch die **Grundsicherung** sollen erwerbsfähige Leistungsberechtigte bei der Aufnahme und/oder Beibehaltung einer Erwerbstätigkeit unterstützt werden. Ziel ist es, dass der Lebensunterhalt für ein menschenwürdiges Leben unabhängig von der Grundsicherung aus eigenen Mitteln und Kräften auf Dauer erbracht werden kann. Demzufolge umfasst die Grundsicherung Leistungen zur Beendigung oder Verringerung der Hilfebedürftigkeit durch Eingliederung in Arbeit und Leistungen zur Sicherung des Lebensunterhalts. Erwerbsfähige Leistungsberechtigte und die mit ihnen in einer Bedarfsgemeinschaft lebenden Personen müssen aktiv alle Möglichkeiten zur Erreichung dieser Ziele ausschöpfen (vgl. §§ 1, 2 SGB II).

Durch die Arbeitsförderung soll Arbeitslosigkeit entgegengewirkt oder deren Dauer verkürzt werden und ein ausgewogener Arbeitsmarkt für Auszubildende und Arbeitnehmer unterstützt werden. Durch die Verbesserung der individuellen Beschäftigungsfähigkeit soll Langzeitarbeitslosigkeit vermieden werden. Frauen und Männer sind gleichgestellt. Es soll ein hoher Beschäftigungsstand erreicht und die Beschäftigungsstruktur ständig verbessert werden. Zudem soll den beschäftigungspolitischen Zielsetzungen der Sozial-, Wirtschafts- und Finanzpolitik der Bundesregierung entsprochen werden (§ 1 SGB III).

Für die **Grundsicherung** sind nach § 7 SGB II grundsätzlich folgende Personen leistungsberechtigt:

- Personen, die das 15. Lebensjahr vollendet und die Altersgrenze zur Regelaltersrente noch nicht erreicht haben, die erwerbsfähig und hilfebedürftig sind sowie ihren gewöhnlichen Aufenthalt in der Bundesrepublik Deutschland haben
- Personen, die mit erwerbsfähigen Leistungsberechtigten in einer Bedarfsgemeinschaft leben, sofern Dienst- und Sachleistungen geeignet sind, Hemmnisse bei der Eingliederung der erwerbsfähigen Leistungsberechtigten zu beseitigen oder zu vermindern.

Für die Leistungsberechtigung gibt es Ausnahmeregelungen für Ausländer, die bestimmte Kriterien nicht erfüllen und nach dem Asylbewerbergesetz.

Für die Arbeitsförderung sind die Berechtigten im ersten Kapitel, zweiter Abschnitt und die Versicherungspflicht im zweiten Kapitel SGB III geregelt. Für Personen, die für ihre Tätigkeit ein Entgelt erhalten und für Auszubildende besteht Versicherungspflicht, sofern es sich um eine versicherungspflichtige Beschäftigung handelt. Darüber hinaus ist die Versicherungspflicht für Wehrdienstleistende und sonstige Versicherungspflichtige (z. B. Personen, die in Einrichtungen der Jugendhilfe für eine Erwerbstätigkeit befähigt werden oder Bezieherinnen von Mutterschaftsgeld bzw. Krankengeld) geregelt. Die Versicherungspflicht tritt kraft Gesetzes ein, wenn die gesetzlichen Voraussetzungen dafür vorliegen. Versicherungspflicht besteht beispielsweise nicht für Beamte, Richter, Soldaten oder Personen, die das reguläre Rentenalter erreicht haben. Versicherungsfrei sind auch Personen in einer geringfügigen Beschäftigung oder Mitglieder des Vorstandes einer Aktiengesellschaft. Darüber hinaus gibt es weitere Personen, die von der Versicherungspflicht befreit sind.

Die Leistungen der Arbeitslosenversicherung umfassen unterstützende Maßnahmen zur Integration in Arbeits- und Ausbildungsverhältnisse sowie Sicherung des Lebensunterhalts im Falle der Arbeitslosigkeit. Unterstützt werden Arbeitnehmer, die sich an der Finanzierung der Arbeitslosenversicherung beteiligen und bestimmte Anspruchsvoraussetzungen erfüllt haben.

Zu den Leistungen gehören Beratung und Vermittlung, Erstattung von Bewerbungskosten und Reisekosten, Maßnahmen zur Verbesserung der Eingliederungsaussichten, Förderung der Aufnahme einer Beschäftigung durch Übergangsbeihilfe, Ausrüstungsbeihilfe, Reisekostenbeihilfe, Fahrkostenbeihilfe, Trennungskostenbeihilfe, Umzugskostenbeihilfe, Förderung der Aufnahme einer selbstständigen Tätigkeit, Förderung der Berufsausbildung und der beruflichen Weiterbildung, Förderung der Teilhabe behinderter Menschen am Arbeitsleben (Berufliche Rehabilitation) durch Übergangsgeld, Ausbildungsgeld und weitere Leistungen, Entgeltersatzleistungen durch Leistungen zum Lebensunterhalt, Arbeitslosengeld, Arbeitslosengeld bei Weiterbildung, Teilarbeitslosengeld, Übergangsgeld und Insolvenzgeld, Förderung ganzjähriger Beschäftigung durch Kurzarbeitergeld und Zuschuss zum Wintergeld, Entgeltsicherung für ältere Arbeitnehmer, Kurzarbeitergeld und Transferleistungen. Bei Erfüllung der Anspruchsberechtigung wird im Fall von Arbeitslosigkeit zeitbefristet Arbeitslosengeld und anschließend Arbeitslosengeld II gezahlt.

Arbeitgeber werden unterstützt durch Maßnahmen zur Einstellung von Arbeitnehmern wie Eingliederungszuschüsse oder Einstellungszuschüsse bei Neugründungen, Förderung der beruflichen Weiterbildung durch Zuschüsse zum Arbeitsentgelt für Ungelernte, Förderung der Teilhabe behinderter Menschen am Arbeitsleben (Berufliche Rehabilitation) durch Zuschüsse zur Ausbildungsvergütung, Arbeitshilfen für behinderte Menschen, Probebeschäftigung behinderter Menschen, Leistungen zur beruflichen Eingliederung schwerbehinderter und ihnen gleichgestellter Menschen durch Zuschüsse zur Ausbildungsvergütung schwerbehinderter Menschen, Eingliederungszuschüsse für besonders betroffene schwerbehinderte Menschen und Probebeschäftigung und Leistungen nach dem Altersteilzeitgesetz.

Träger werden unterstützt durch Maßnahmen zur Förderung der Berufsausbildung wie ausbildungsbegleitende Hilfen, Berufsausbildung in einer außerbetrieblichen Einrichtung und Übergangshilfen, Förderung von Einrichtungen zur beruflichen Aus- oder Weiterbildung oder zur beruflichen Rehabilitation, Förderung von Jugendwohnheimen, Zuschüsse zu Sozialplanmaßnahmen, Förderung von Arbeitsbeschaffungsmaßnahmen, Förderung von Beschäftigung schaffenden Infrastrukturmaßnahmen und Beauftragung von Trägern mit Eingliederungsmaßnahmen.

Bei der Gewährung von Leistungen muss geprüft werden, ob andere Institutionen zuständig sind. So dürfen beispielsweise Leistungen der aktiven Arbeitsförderung nur erbracht werden, wenn nicht andere Institutionen zur Erbringung gleichartiger Leistungen verpflichtet sind. Auch besondere Leistungen zur Teilhabe am Arbeitsleben dürfen nur erbracht werden, sofern nicht ein anderer Rehabilitationsträger gesetzlich verpflichtet ist (§ 22 SGB III).

Die Arbeitslosenversicherung finanziert sich je zur Hälfte durch einkommensabhängige Beiträge der Versicherten (bis zur Beitragsbemessungsgrenze) und entsprechende Anteile ihrer Arbeitgeber, durch Umlagen, Mittel des Bundes, Beiträge im Rahmen der freiwilligen Weiterversicherung und sonstige Einnahmen. Die Beiträge werden im Rahmen der Entgeltabrechnung von den Arbeitgebern an die Krankenkassen (Einzugsstellen) abgeführt. Die Einzugsstellen leiten die Arbeitslosenversicherungsbeiträge an die Bundesagentur für Arbeit weiter.

Träger der Grundsicherung für Arbeitssuchende sind die Bundesagentur für Arbeit sowie kommunale Träger (kreisfreie Städte, Kreise oder andere vom Bundesland benannte Träger, z. B. Wohlfahrtsverbände). Träger der Arbeitsförderung ist die Bundesagentur für Arbeit.

Die Bundesagentur für Arbeit (Bundesagentur) ist eine rechtsfähige bundesunmittelbare Körperschaft des öffentlichen Rechts mit Selbstverwaltung (§ 367 Abs. 1 SGB III). Sie gliedert sich in eine Zentrale auf der oberen Verwaltungsebene, Regionaldirektionen auf der mittleren Verwaltungsebene und Agenturen für Arbeit auf der örtlichen Verwaltungsebene (§ 367 Abs. 2 SGB III). Aufsichtsbehörde ist das Bundesministerium für Arbeit und Soziales (vgl. Deutsche Sozialversicherung Europavertretung, Stichwort „Arbeitslosenversicherung"; Sozialgesetzbuch II und III).

06. Skizzieren Sie das System der gesetzlichen Pflegeversicherung (GPV).

Etwa 2,9 Mio. Menschen erhalten regelmäßig Leistungen aus der sozialen Pflegeversicherung (davon werden 2,1 Mio. Menschen zu Hause und 0,8 Mio. Menschen in Heimen versorgt). Die Anzahl älterer Menschen (ab 67 Jahre) wird in Deutschland bis zum Jahr 2040 voraussichtlich auf mindestens 21,5 Mio. steigen. Ab dem 80. Lebensjahr beträgt die Wahrscheinlichkeit ca. 30 %, dass fremde Hilfe erforderlich wird.

Um Pflegebedürftige und ihre Familien zu entlasten, wurde die Pflegeversicherung am 1. Januar 1995 als eigenständiger Zweig der Sozialversicherung eingeführt. Die Pflegeversicherung stellt ergänzend zu den Eigenleistungen der Versicherten eine soziale Grundsicherung durch unterstützende Hilfeleistungen sicher und ist Teil der finanziellen Risikoabdeckung einer möglichen Pflegebedürftigkeit. Die Pflegeversicherung ist im Sozialgesetzbuch XI geregelt.

Pflegebedürftigkeit soll durch frühzeitige präventive Leistungen, Krankenbehandlung und Leistungen zur medizinischen Rehabilitation möglichst vermieden werden (Grundsatz: „Rehabilitation vor Pflege"). Nach Eintritt von Pflegebedürftigkeit sollen Leistungen zur medizinischen Rehabilitation und andere geeignete Leistungen voll umfänglich eingesetzt werden, um Pflegebedürftigkeit möglichst zu überwinden, zu mindern oder nicht zu verschlimmern. Die Versicherten sind zur aktiven Mitwirkung und einer gesundheitsbewussten Lebensführung verpflichtet.

Durch die Leistungen der Pflegeversicherung soll der Pflegebedürftige unter Berücksichtigung seiner Kultur und Religion ein möglichst selbstständiges, selbstbestimmtes und würdevolles Leben führen können. Die körperlichen, geistigen und seelischen Kräfte sollen erhalten oder wiedergewonnen werden. Um möglichst lange in seiner häuslichen Umgebung bleiben zu können, sollen die häusliche Pflege und die Pflegebereitschaft von Angehörigen und Nachbarn vorrangig unterstützt werden. In diesem Zusammenhang haben teilstationäre Pflege und Kurzzeitpflege Vorrang gegenüber der vollstationären Pflege. Die Pflegebedürftigen haben die Möglichkeit, selbst zu entscheiden, wie und von wem sie gepflegt werden wollen.

Umfang der Pflegeversicherung sind Dienst-, Sach- und Geldleistungen für körperbezogene Pflegemaßnahmen, pflegerische Betreuungsmaßnahmen und Hilfen bei der Haushaltsführung sowie Kostenerstattung. Bei häuslicher und teilstationärer Pflege soll die familiäre, nachbarschaftliche und ehrenamtliche Pflege und Betreuung durch Leistungen unterstützt und gefördert werden. Bei teil- und vollstationärer Pflege soll eine Entlastung bei pflegebedingten Aufwendungen erreicht werden. Aufwendungen für Unterkunft und Verpflegung müssen von den Pflegebedürftigen getragen werden. Versicherte erhalten auf Antrag Leistungen aus der Pflegeversicherung, wenn sie die Leistungsvoraussetzungen erfüllen und pflegebedürftig sind. Hilfeleistungen sollen unterstützen, beaufsichtigen und bei den Aufgaben des täglichen Lebens anleiten oder diese ganz oder teilweise übernehmen. Dabei soll das Ziel verfolgt werden, den Hilfebedürftige die Aufgaben so weit wie möglich eigenständig übernehmen zu lassen. Leistungen der Pflegeversicherung sollen effektiv, effizient und im notwendigen Umfang erbracht werden. Auf Veranlassung der Pflegekasse des Versicherten wird vom Medizinischen Dienst der Krankenversicherung (MDK) oder einem unabhängigen Gutachter geprüft, ob die Voraussetzungen für eine Pflegebedürftigkeit vorliegen und festgestellt, welcher Grad der Pflegebedürftigkeit für welche voraussichtliche Zeitdauer besteht.

Die Leistungen der Pflegeversicherung umfassen:

- vorläufige Leistungen zur medizinischen Rehabilitation
- Leistungen bei häuslicher Pflege und in Wohngruppen (Pflegesachleistung, Umwandlung des ambulanten Sachleistungsbetrags, Pflegegeld für selbst beschaffte Pflegehilfen, Kombination von Geldleistung und Sachleistung, häusliche Pflege bei Verhinderung der Pflegeperson, Pflegehilfsmittel, Entlastungsbetrag, wohnumfeldverbessernde Maßnahmen und zusätzliche Leistungen für Pflegebedürftige in ambulant betreuten Wohngruppen)
- teilstationäre Pflege (Tagespflege und Nachtpflege)
- Kurzzeitpflege und Verhinderungspflege
- vollstationäre Pflege (es werden die pflegebedingten Aufwendungen, die Aufwendungen der sozialen Betreuung und die Aufwendungen für Leistungen der medizinischen Behandlungspflege bis zur Höhe des Betrages des jeweiligen Pflegegrades übernommen)
- Pflege in vollstationären Einrichtungen der Hilfe für behinderte Menschen (anteilige Übernahme des Heimentgelts)
- Leistungen zur sozialen Sicherung der Pflegepersonen, Zusätzliche Leistungen bei Pflegezeit, Pflegekurse für Angehörige und ehrenamtlichen Pflegepersonen
- Leistungen des Persönlichen Budgets (§ 29 SGB IX) umfassen auf Antrag des Pflegebedürftigen Pflegesachleistungen, Pflegegeld, Kombinationsleistungen, Pflegehilfsmittel, sowie Tages- und Nachtpflege. Die Höhe des persönlichen Budgets soll die

Höhe der bisherigen einzelnen Leistungen nicht überschreiten und die vorschriftsmäßige Verwendung muss sichergestellt werden.

- Sonstige Leistungen (z. B. Weiterentwicklung der Versorgungsstrukturen, Förderung ehrenamtlicher Strukturen sowie der Selbsthilfe, Pflegeberatung)
- Pflege schließt Sterbebegleitung ein.

Abweichend zu den vorgenannten Leistungen gewährt die Pflegeversicherung für den Pflegegrad 1 folgende Leistungen: individuelle Beratung bezüglich Pflege-, Versorgungs- oder Betreuungsbedarf, Beratung in der eigenen Häuslichkeit, zusätzliche Leistungen in ambulant betreuten Wohngruppen, Pflegehilfsmittel, finanzielle Zuschüsse für wohnumfeldverbessernde Maßnahmen, zusätzliche Betreuung und Aktivierung in stationären Pflegeeinrichtungen, zusätzliche Leistungen bei Pflegezeit und kurzfristiger Arbeitsverhinderung, Pflegekurse für Angehörige und ehrenamtliche Pflegepersonen, Entlastungsbetrag, vollstationäre Pflege (vgl. nachfolgende Tabelle „Leistungen für die Pflegegrade").

Im Rahmen der Pflegeversicherung ist der wesentliche Schwerpunkt die Stärkung der häuslichen Pflege und Wohngruppenkonzepte. Die Pflegeberatungen sollen helfen, möglichst optimale Pflegemaßnahmen individuell für die Pflegebedürftigen und Pflegepersonen herauszufinden. Informationen und Beratung wurden deshalb gesetzlich strukturiert und ausgeweitet (feste Ansprechpartner bei den Pflegekassen, Anspruch auf Pflegeberatung). Zur Stärkung der häuslichen Pflege und Wohngruppenkonzepte gehören Anschubfinanzierungen und Umbaumaßnahmen sowie die Unterstützung der Betreuung und pflegerischen Versorgung in den eigenen vier Wänden. Unterstützend werden ambulante Leistungen, teilstationäre Leistungen in Form von Tages- und Nachtpflege, Kurzzeit- und Verhinderungspflege sowie präventive Maßnahmen angeboten. Diverse weitere Maßnahmen wie unentgeltliche Pflegekurse, Pflegegeld, Pflegezeitgesetz, Pflegeunterstützungsgeld, Hilfen im Haushalt und Alltagsbegleiter sollen pflegende Angehörige und Ehrenamtliche bei der häuslichen Pflege bzw. Pflege und Betreuung in Wohngruppen unterstützen. Durch die Reform der Pflegeausbildung soll der Pflegeberuf attraktiver und die Pflege verbessert werden.

Die vollstationäre Pflege ist die umfassendste Form zur Pflege, Versorgung und Betreuung von Pflegebedürftigen. Es wurden Stellen für zusätzliche Betreuungskräfte durch verbesserte Personalschlüssel (von 1 zu 24 auf 1 zu 20) geschaffen. Die pflegebedingten Eigenanteile für die vollstationäre Pflege sind in den Pflegegraden zwei bis fünf gleich hoch und werden einrichtungsindividuell ermittelt (einrichtungseinheitlicher Eigenanteil). Hinzu kommen die Kosten für Verpflegung, Unterkunft und Investitionen, die ebenfalls in den Pflegeeinrichtungen unterschiedlich hoch sind. Weitere Verbesserungen entstehen durch Entbürokratisierungen, damit Pflegekräfte mehr Zeit für die Pflege gewinnen und durch das Hospiz- und Palliativgesetz verbessert sich die ärztliche Versorgung in Pflegeeinrichtungen. Ein neues Personalbemessungsinstrument soll bis 2020 entwickeln und praxiserprobt werden. In der ambulanten und stationären Pflege sollen Qualitätsmessung, Qualitätssicherung und Qualitätsdarstellung weiterentwickelt und umgesetzt werden (grundlegende Überarbeitung des sogenannten Pflege-TÜVs).

Pflegebedürftige werden je nach Schwere der Pflegebedürftigkeit fünf Pflegegraden zugeordnet. Pflegegrade eins bis vier gelten für geringe, erhebliche, schwere und schwerste Beeinträchtigungen der Selbstständigkeit, Grad fünf für schwerste Beeinträchtigungen der Selbstständigkeit mit außergewöhnlich hohen Anforderungen an die pflegerische Versorgung. Pflegebedürftigkeit orientiert sich an der Beeinträchtigung der Selbstständigkeit sowie an Fähigkeitsstörungen für mindestens sechs Monate, durch die Hilfe von anderen Personen erforderlich wird. Menschen, die unter diesen Begriff fallen, haben körperliche oder psychische Schädigungen, sind in ihren körperlichen, kognitiven oder psychischen Funktionen beeinträchtigt oder können gesundheitlich bedingte Belastungen nicht selbstständig bewältigen. Betrachtet werden die Bereiche Selbstversorgung, psychische Problemlagen, kognitive und kommunikative Fähigkeiten, selbstständiger Umgang mit krankheits- und therapiebedingten Anforderungen, Bewältigung und Gestaltung des Alltagslebens inklusive sozialen Kontakten und Mobilität.

Die Einstufung in einen Pflegegrad orientiert sich an der Schwere der Beeinträchtigung der Selbstständigkeit (Fähigkeit, den Alltag selbstständig zu bewältigen) und wird mithilfe eines pflegefachlich gegründeten Begutachtungsinstruments (§ 15 SGB XI) auf der Grundlage von sechs Modulen und Punktbereichen ermittelt. Die Module entsprechen den Bereichen des Pflegebedürftigkeitsbegriffes (siehe oben) und sollen jeweils die pflegefachliche Erhebung von Beeinträchtigungen der Selbstständigkeit und Fähigkeitsstörungen ermöglichen.

Beispiele

Beispiel 1

Das Kriterium Treppensteigen aus dem Modul Mobilität:
- selbstständig = 0
- überwiegend selbstständig = 1
- überwiegend unselbstständig = 2
- unselbstständig = 3.

Beispiel 2

Das Kriterium örtliche Orientierung aus dem Modul kognitive und kommunikative Fähigkeiten:
- Fähigkeit vorhanden = 0
- Fähigkeit größtenteils vorhanden = 1
- Fähigkeit in geringem Maße vorhanden = 2
- Fähigkeit nicht vorhanden = 3.

Das Modul 1 umfasst fünf Kriterien, Modul 2 elf Kriterien, Modul 3 und Modul 4 je dreizehn Kriterien, Modul 5 sechzehn Kriterien und Modul 6 sechs Kriterien.

Module des Begutachtungsinstruments sind:

Modul 1: Einzelpunkte im Bereich der Mobilität
Modul 2 : Einzelpunkte im Bereich der kognitiven und kommunikativen Fähigkeiten
Modul 3: Einzelpunkte im Bereich der Verhaltensweisen und psychische Problemlagen
Modul 4: Einzelpunkte im Bereich der Selbstversorgung
Modul 5: Einzelpunkte im Bereich der Bewältigung von und des selbstständigen Umgangs mit krankheits- oder therapiebedingten Anforderungen und Belastungen
Modul 6: Einzelpunkte im Bereich Gestaltung des Alltagslebens und soziale Kontakte.

Modul 1 wird mit 10 %, Module 2 und 3 mit 15 %, Modul 4 mit 40 %, Modul 5 mit 20 % und Modul 6 mit 15 % gewichtet. Je Modul wird aufgrund von Kriterien der Schweregrad der Beeinträchtigung von Selbstständigkeit oder Fähigkeit ermittelt. Die bei der Begutachtung festgestellten Einzelpunkte werden in jedem Modul addiert und gewichtet. Die Summe der gewichteten Punkte aller Module ergeben die Gesamtpunkte. Daraus ergibt sich die Zuordnung zum Pflegegrad:

Pflegegrad 1: 12,5 bis unter 27 Gesamtpunkte
Pflegegrad 2: 27 bis unter 47,5 Gesamtpunkte
Pflegegrad 3: 47,5 bis unter 70 Gesamtpunkte
Pflegegrad 4: 70 bis unter 90 Gesamtpunkte
Pflegegrad 5: 90 bis 100 Gesamtpunkte.

Die Leistungen sollen am Bedarf des Betroffenen orientiert werden. Es sollen die Bedürfnisse von Menschen mit Demenz, Menschen mit geistigen oder psychischen Einschränkungen und Menschen mit körperlichen Einschränkungen gleichwertig berücksichtigt werden. Die Pflegebedürftigkeit bestimmt den Grad der Selbstständigkeit eines Menschen. Dadurch wird der hilfebedürftige Mensch mit seinen Ressourcen und Fähigkeiten in den Mittelpunkt gestellt. Ziel ist es, Maßnahmen zur Hilfe und Unterstützung abzustimmen, die die Selbstständigkeit des Pflegebedürftigen erhalten und stärken können. Außerdem soll unter Berücksichtigung der individuellen Möglichkeiten des Pflegebedürftigen der notwendige Bedarf an Beaufsichtigung, Betreuung, Hilfe bei der Tagesgestaltung, Hilfe bei der Haushaltsführung sowie die Möglichkeit, soziale Kontakte wahrzunehmen und am außerhäuslichen Leben der Gesellschaft teilzunehmen, festgestellt werden.

Es gelten folgende Leistungen für die Pflegegrade:

Stand 31.12.2018 (SGB XI)	Zeitraum	Pflegegrad 1	Pflegegrad 2	Pflegegrad 3	Pflegegrad 4	Pflegegrad 5
Pflegegeld ambulant § 37[1]	Monat	– €	316 €	545 €	728 €	901 €
Häusliche Pflegehilfe (Pflegesachleistung ambulant) § 36[1]	Monat	– €	689 €	1.298 €	1.612 €	1.995 €
Umwandlung bis 40 % der ambulanten Pflegesachleistung § 45a	Monat	entfällt	ab Pflegegrad 2 können anerkannte Angebote zur Unterstützung im Alltag angerechnet werden (Voraussetzung: im Monat kein Bezug ambulanter Pflegesachleistungen)			
Entlastungsbetrag ambulant, § 45b[2]	Monat	125 €	125 €	125 €	125 €	125 €
Wohngruppenzuschlag § 38a	Monat	214 €	214 €	214 €	214 €	214 €
Anschubfinanzierung Pflege-WGs (ambulant betreute Wohngruppen); max. 10.000 € für die WG § 45e	Maßnahme	2.500 €	2.500 €	2.500 €	2.500 €	2.500 €
Wohnumfeldverbesserung für häusliche Pflege § 40, Abs. 4; max. 16.000 € für die WG	Maßnahme	4.000 €	4.000 €	4.000 €	4.000 €	4.000 €
Teilstationäre Pflege § 41	Monat	125 €[3]	689 €	1.298 €	1.612 €	1.995 €
Kurzzeitpflege § 42[4]	Jahr	125 €	1.612 €	1.612 €	1.612 €	1.612 €
Verhinderungspflege § 39[5]	Jahr	– €	1.612 €	1.612 €	1.612 €	1.612 €
Beratungseinsatz § 37, Abs. 3 (Pflegegrade 1 bis 3: halbjährlich; Pflegegrade 4 und 5: vierteljährig)	Einsatz	23 €	23 €	23 €	33 €	33 €

---

[1] Kombinationsleistung § 38: Pflegegeld und Pflegesachleistungen können gleichzeitig in Anspruch genommen werden. Das Pflegegeld vermindert sich entsprechend dem in Anspruch genommenen Anteil an Pflegesachleistungen. Beispiel: Sachleistungen Pflegegrad 3 = 1.298 Euro; Inanspruchnahme 778,80 Euro = 60 %; Pflegegeld = 545 Euro, davon 40 % = 218 Euro; im betreffenden Monat können 778,80 Euro Pflegesachleistungen und 218 Euro Pflegegeld in Anspruch genommen werden.

[2] zweckgebundene Kostenerstattung für Tages- und Nachtpflege, vollstationäre Kurzzeitpflege, ambulante Pflegeleistungen, anerkannte Angebote zur Unterstützung im Alltag; Leistungen der Selbstversorgung in den Pflegegraden 2 bis 5 sind davon ausgenommen. Der Entlastungsbetrag muss bei der jeweiligen Pflegekasse beantragt werden.

[3] Im Pflegegrad 1 kann der Entlastungsbetrag eingesetzt werden.

[4] bis zu 8 Wochen; ggf. Reduzierung des Leistungsbetrages durch Verhinderungspflege (siehe dort); im Pflegegrad 1 kann der Entlastungsbetrag eingesetzt werden; nicht verwendete Mittel der Verhinderungspflege können zusätzlich für die Kurzzeitpflege eingesetzt werden (+1.612 Euro); Pflegegeld wird wie bei Verhinderungspflege weitergezahlt; nimmt der pflegende Angehörige eine Reha-Maßnahme in Anspruch, kann die Kurzzeitpflege dort durchgeführt werden (auch ohne SGB XI-Zulassung); reichen ambulante Leistungen (häusliche Krankenpflege/-Haushaltshilfe) nicht aus, kann Kurzzeitpflege als GKV-Leistung wie im SGB XI beantragt werden (bis 1.612 Euro).

[5] bis zu 6 Wochen Ersatzpflege ab sechsmonatiger Pflege in häuslicher Umgebung; Nutzung von zusätzlich 50% des Leistungsbetrages Kurzzeitpflege (+806 Euro); Weiterzahlung eines reduzierten Pflegegeldes (erster und letzter Tag vollständig; zweiter bis vorletzten Tag 50 %; Monat: 30 Tage) sowie Renten- und Arbeitslosenvers.

Stand 31.12.2018 (SGB XI)	Zeitraum	Pflegegrad 1	Pflegegrad 2	Pflegegrad 3	Pflegegrad 4	Pflegegrad 5
Beratung 7a, 7b		individuelle Beratung bezüglich Pflege-, Versorgungs- oder Betreuungsbedarf				
Leistungen zur sozialen Sicherung der Pflegepersonen § 44		entfällt	ab Pflegegrad 2 können Pflegepersonen, die nicht mehr als 30 Std. erwerbstätig sind und mindestens 10 Std. und an mindestens zwei Tagen Pflege erbringen von der Pflegekasse in der Renten-, Arbeits- und Unfallversicherung versichert werden			
Leistungen für die Pflegeperson bei Pflegezeit und kurzzeitiger Arbeitsverhinderung § 44a		bei Reduzierung/Freistellung von der Arbeitsleistung auf Antrag Zuschüsse zur Kranken- und Pflegeversicherung (Pflegezeitgesetz), bei Arbeitsverhinderung Entgelt-Ausgleich für max. 10 Tage (Pflegeunterstützungsgeld)				
Pflegekurse § 45	Maßnahme	unentgeltliche Kurse für Angehörige und Ehrenamtliche um Pflege eigenständig durchführen zu können (ggf. in häuslicher Umgebung)				
Pflegehilfsmittel § 40	Monat	40 €	40 €	40 €	40 €	40 €
Zusätzliche Betreuung stationär § 43b		Vergütungszuschläge nach § 84 Abs. 8 und 85 Abs. 8 SGB XI				
Pflege in vollstationären Einrichtungen der Behindertenhilfe § 43a[1]	Monat	– €	266 €	266 €	266 €	266 €
Leistungsbetrag vollstationär § 43[2]	Monat	125 €	770 €	1.262 €	1.775 €	2.005 €
Übergangspflege ohne Pflegegrad[3]	Jahr	– €	– €	– €	– €	– €

In Anlehnung an: SGB XI, Stand 12.2018, Bundesministerium für Gesundheit (2018b), Leistungen der Pflegeversicherungen

Die Pflegekassen sind Träger der Pflegeversicherung. Sie werden bei jeder Krankenkasse errichtet und die Aufgaben werden von den Krankenkassen wahrgenommen. Die für die Versicherten und beitragsfrei mitversicherten Familienangehörigen zuständige Pflegeversicherung ist diejenige, die zu der Krankenversicherung des Versicherten gehört. Pflegekassen werden als rechtsfähige Körperschaften des öffentlichen Rechts mit Selbstverwaltung organisiert. Die Organe der Pflegeversicherung sind die Organe der Krankenkasse. Arbeitgeber (Dienstherr) der Beschäftigten der Pflegekasse ist ebenfalls die Krankenkasse, bei der die Pflegekasse errichtet wurde. Der GKV-Spitzenverband ist der Spitzenverband der Pflegekassen.

---

[1] Pauschale Beteiligung an den Kosten i. H. v. 10 %, maximal 266 Euro; an Tagen in häuslicher Pflege besteht Anspruch auf ungekürztes Pflegegeld.

[2] Pflegegrad 1 erhält einen monatlichen Zuschuss (125 Euro); Pflegebedürftige haben einen eigenen Anspruch auf zusätzliche Betreuung und Aktivierung; in den Pflegegraden 2 bis 5 ist der Eigenanteil der Bewohner in vollstationärer Pflege einheitlich.

[3] Erweiterter Anspruch ggü. Krankenkassen bei vorübergehender Pflegebedürftigkeit ohne Pflegegrad (häusliche Krankenpflege und Haushaltshilfe) von bis zu vier Wochen (bei Kindern mit Behinderung bis zu 26 Wochen), z. B. nach ambulanten Operationen, Krankenhausaufenthalten oder schweren Erkrankungen; reichen die Leistungen nicht aus, kann als SGB V-Leistung Kurzzeitpflege in Anspruch genommen werden. Die Kasse beteiligt sich bis 1.612 Euro an Pflege, Betreuung und Behandlungspflege. (Krankenhausstrukturgesetz)

Es besteht eine umfassende Versicherungspflicht für alle gesetzlich und privat Versicherten. Während alle gesetzlich Krankenversicherten automatisch in der gesetzlichen Pflegeversicherung versichert sind, müssen privat Krankenversicherte eine private Pflegeversicherung abschließen. Sofern Beamte keiner gesetzlichen Krankenversicherung angehören (um Beihilfe ergänzte Restkostenversicherung) müssen sie eine private Pflegeversicherung abschließen. Wenn bei privat Versicherten zu einem späteren Zeitpunkt Versicherungspflicht in der gesetzlichen Pflegeversicherung eintritt, kann die private Versicherung zum Beginn der Versicherungspflicht gekündigt werden.

Bei Vorliegen der Anspruchsberechtigung aus der Pflegeversicherung übernimmt die Pflegekasse einen Teil der pflegebedingten Kosten. Alle darüber hinaus gehenden Kosten müssen grundsätzlich durch den Pflegebedürftigen und/oder die Angehörigen aufgebracht werden („Teilleistungsversicherung"). Private Anbieter bieten Pflege-Zusatzversicherungen an, mit denen die Eigenanteile des Pflegebedürftigen weiter gesenkt werden können.

Die gesetzliche Pflegeversicherung wird grundsätzlich je zur Hälfte durch einkommensabhängige Beiträge der Versicherten (bis zur Beitragsbemessungsgrenze) und entsprechenden Anteilen ihrer Arbeitgeber finanziert. Ab dem 01.01.2019 soll der Beitrag gemäß dem fünften Gesetz zur Änderung des Elften Buches Sozialgesetzbuch – Beitragssatzanpassung auf einen Beitragssatz von 3,05 % ansteigen (bisher 2,55 %). Der Beitragssatz für Kinderlose erhöht sich auf 3,3 % (bisher 2,8 %). In Sachsen fällt der Arbeitnehmeranteil höher aus, weil mit Einführung der Pflegeversicherung kein Feiertag abgeschafft wurde. Versicherte ohne Kinder zahlen einen Beitragszuschlag, Rentner müssen ihren Beitrag allein aufbringen, Studenten gehören zu den Pflichtversicherten und die Bundesagentur für Arbeit übernimmt die Beitragszahlung für Arbeitslose.

In einer privaten Pflege-Pflichtversicherung wird die Mitgliedschaft auf der Grundlage eines privaten Versicherungsvertrages geregelt. Im Rahmen dieses Vertrages werden Beiträge nach dem persönlichen Gesundheitsrisiko zum Zeitpunkt des Eintrittes vereinbart. Dafür gibt es gesetzliche Vorgaben (z. B. keine Staffelung nach Geschlechtern, kein Ausschluss von Vorerkrankungen, keine Zurückweisung pflegebedürftiger Menschen, beitragsfreie Mitversicherung von Kindern, Regelungen für Höchstprämien, mindestens Versicherungsleistungen im Umfang der gesetzlichen Pflegeversicherung). Der Arbeitgeber zahlt 50 % Zuschuss zum Beitrag des Versicherten, jedoch maximal bis zu dem Höchstbetrag, der für die gesetzliche Pflegeversicherung zu entrichten ist. Private Pflegeversicherungen arbeiten nach dem Anwartschaftsdeckungsverfahren um altersbezogene Beitragsentwicklungen zu stabilisieren (Bildung von Alterungsrückstellungen). Alterungsrückstellungen in der privaten Pflege-Pflichtversicherung können seit dem 01.09.2009 mitgenommen werden, wenn ein neuer Vertrag abgeschlossen wird.

Die Beiträge nichtselbständiger Arbeitnehmer werden im Rahmen der Entgeltabrechnung von den Arbeitgebern an die Krankenkassen (Einzugsstellen) abgeführt. Die Einzugsstellen leiten die Beiträge an die Pflegekassen weiter.

Im Rahmen des Ersten Pflegestärkungsgesetzes wurde ein Pflegevorsorgefonds als Sondervermögen bei der Bundesbank eingerichtet, in den jährlich ca. 1,2 Mrd. € aus der in 2015 veranlassten Beitragssteigerung abgeführt werden. Dadurch soll eine beitragsstabile Finanzierung der Pflegeversicherung ab dem Jahr 2035 erreicht werden.

(vgl. SGB XI[1])

07. Skizzieren Sie das System der gesetzliche Unfallversicherung (GUV).

Die gesetzliche Unfallversicherung ist eine Pflichtversicherung bei der jeder Arbeitnehmer und jeder Auszubildende bei Unfällen am Arbeitsplatz oder in der Schule, auf dem Weg dorthin und zurück und bei Berufskrankheiten Versicherungsschutz hat. Zu den Versicherten gehören z. B. auch Landwirte, Kinder in Tageseinrichtungen, Schüler und Studenten, Helfer bei Unglücksfällen, Blut- und Organspender, für öffentlich-rechtliche Institutionen ehrenamtlich Tätige, Arbeitslose und Sozialhilfeempfänger sowie freiwillig versicherte Unternehmer. Beamte unterliegen besonderen Vorschriften. Unternehmer, Selbstständige und Freiberufler können sich freiwillig versichern, sofern sie nicht pflichtversichert sind.

Ziel ist die Wiederherstellung der Gesundheit und Arbeitsfähigkeit des Versicherten. Daraus ergeben sich für die gesetzliche Unfallversicherung folgende Aufgaben:

- die Verhütung von Arbeitsunfällen, Berufskrankheiten und arbeitsbedingten Gesundheitsgefahren
- die Wiederherstellung der Gesundheit und Leistungsfähigkeit (und somit der Arbeitsfähigkeit) nach Arbeitsunfällen oder Berufskrankheiten durch umfassende Heilbehandlung, bestmögliche medizinische, berufliche und soziale Rehabilitation, Leistungen zur Teilhabe am Arbeitsleben (z. B. Umschulung), Leistungen zur Teilhabe am Leben in der Gemeinschaft und ergänzende Leistungen. Zuzahlungen zu Arznei- und Hilfsmitteln entfallen.
- die Entschädigung der Versicherten oder Hinterbliebenen durch Geldleistungen, z. B. durch Renten an Versicherte, falls die Erwerbsfähigkeit nicht vollständig wiederhergestellt werden kann (Minderung von mindestens 20 % über 20 Wochen) oder Verletztengeld (80 % des entgangenen Brutto) maximal bis zur Höhe des Nettolohns für höchstens 78 Wochen bei Arbeitsunfähigkeit).
- durch Beratungsleistungen, Handlungshilfen und Informationen für Arbeitgeber und Versicherte sollen Arbeitsunfälle, Berufskrankheiten und arbeitsbedingte Gesundheitsgefahren vermieden werden.

Die gesetzliche Unfallversicherung wird ausschließlich von den Arbeitgebern, bzw. im öffentlichen Bereich von Bund, Ländern und Gemeinden finanziert. Sie ist für die

---

[1] Stand 12.2018; Deutsche Sozialversicherung Europavertretung, Stichwort „Pflegeversicherung", Bundesministerium für Arbeit und Soziales (BMAS): Soziale Sicherung im Überblick 2016, S. 130 ff., http://www.pflegeversicherung-tarif.de/pflegeversicherung/leistungen-gesetzliche-pflegeversicherung, www.gkv-spitzenverband.de/pflegeversicherung_grundprinzipien.de, Bundesministerium für Gesundheit (2018b), online-Ratgeber Pflege, Datenreport (2018), S. 296 ff.

Versicherten beitragsfrei. Die Beitragshöhe wird nachträglich im Umlageverfahren nach dem Grundsatz der Bedarfsdeckung unter Berücksichtigung des Finanzbedarfes (Umlagesoll), der Arbeitsentgelte der Versicherten und der Gefahrenklassen der unterschiedlichen Branchen berechnet. Die Gemeindeunfallversicherungsverbände und Unfallkassen erheben ihre Beiträge nach der Einwohnerzahl, der Zahl der Versicherten oder den Arbeitsentgelten.

Unfallversicherungsträger sind die gewerblichen und landwirtschaftlichen Berufsgenossenschaften sowie die Unfallversicherungsträger der Öffentlichen Hand (Gemeindeunfallversicherungsverbände, Unfallkassen und Landesunfallkassen).

Berufsgenossenschaften sind nach Branchen und die Unfallversicherungsträger der Öffentlichen Hand grundsätzlich regional organisiert. Die Unfallversicherung ist als paritätische Selbstverwaltung der Arbeitgeber, Unternehmer und Arbeitnehmer organisiert. Selbstverwaltungsorgane sind die Mitglieder- oder Vertreterversammlung und der Vorstand. Die gesetzliche Unfallversicherung ist im Sozialgesetzbuch VII geregelt (vgl. *Bundesministerium für Arbeit und Soziales, „Soziale Sicherung im Überblick 2016",* S. 98 ff.).

08. Skizzieren Sie das System der Sozialhilfe.

Sozialhilfe (Sozialgesetzbuch SGB XII) ist in der Bundesrepublik Deutschland der sozialen Sicherung zuzuordnen und soll Bedürftigen in Gefährdungs- und Notlagen das Existenzminimum sichern und Hilfe gewähren. Sie ist Teil der Grundsicherung und ein wichtiges Instrument staatlicher Armutspolitik. Die Sozialhilfe gilt nicht für erwerbsfähige Arbeitssuchende des Sozialgesetzbuches SGB II (Arbeitslosengeld II) und ist gegenüber den Sozialversicherungen und der Versorgung (z. B. Kriegsopfer-, Soldaten- oder Beamtenversorgung) eine nachrangige Leistung des Staates und anderer Träger. Bei den Bedürftigen handelt es sich insbesondere um nicht erwerbsfähige Menschen, die Hilfe zum Lebensunterhalt oder Hilfe in besonderen Lebenslagen benötigen und weder ausreichende Mittel noch ausreichende Ansprüche aus anderen Versicherungs- und Versorgungssystemen haben. Nach § 2 SGB XII wird Sozialhilfe nicht gewährt, sofern sich jemand durch seine Arbeitskraft, sein Einkommen und sein Vermögen selbst helfen kann oder die erforderliche Leistung von anderen (z. B. Angehörige, Träger anderer Sozialleistungen) erhält. Erwerbsfähige Menschen im Alter von 15 bis 64 Jahren sind grundsätzlich von der Hilfe zum Lebensunterhalt nach dem SGB XII ausgeschlossen, weil durch das SGB II eine Grundsicherung für Arbeitsuchende geschaffen wurde.

Ziel der Sozialhilfe ist es, Leistungsberechtigte zu befähigen, unabhängig von Sozialhilfeleistungen zu leben. Es wird erwartet, dass Leistungsberechtigte und Träger der Sozialhilfe zur Erreichung dieses Zieles zusammenarbeiten.

Die Differenzierung der Sozialhilfe in „Hilfe zum Lebensunterhalt (HLU)" und „Hilfe in besonderen Lebenslagen (HLB)" wurde durch folgende Sozialhilfeleistungen ersetzt:

- Hilfe zum Lebensunterhalt (§§ 27 - 40)
- Grundsicherung im Alter und bei Erwerbsminderung (§§ 41 - 46b)
- Hilfen zur Gesundheit (§§ 47 - 52)
- Eingliederungshilfe für behinderte Menschen (§§ 53 - 60)
- Hilfe zur Pflege (§§ 61 - 66)
- Hilfe zur Überwindung besonderer sozialer Schwierigkeiten (§§ 67 - 69)
- Hilfe in anderen Lebenslagen (§§ 70 - 74)

(vgl. *SGB XII*).

Hilfe zum Lebensunterhalt erhalten Personen vorrangig als Geldleistung, die ihren notwendigen Lebensunterhalt nicht oder nicht ausreichend bestreiten können. Der notwendige Lebensunterhalt umfasst insbesondere Ernährung, Kleidung, Körperpflege, Hausrat, Haushaltsenergie (ohne die auf Heizung und Erzeugung von Warmwasser entfallenden Anteile), Unterkunft, Heizung und erforderliche Hilfe für den Schulbesuch im angemessenen Umfang. Auch die Teilhabe am sozialen und kulturellen Leben (insbesondere für Kinder und Jugendliche) gehört in vertretbarem Umfang zu den persönlichen Bedürfnissen des täglichen Lebens (vgl. *§ 27a SGB XII*).

Der notwendige Lebensunterhalt in Einrichtungen umfasst neben den dortigen Sachleistungen laufende Kleidung, ggf. zusätzliche Bedarfe (z. B. Erstausstattung mit Bekleidung) sowie einen angemessener Barbetrag (27 % der Regelbedarfsstufe 1) zur persönlichen Verfügung. In stationären Einrichtungen orientieren sich die Bedarfe für Unterkunft und Heizung an der Höhe der durchschnittlich angemessenen tatsächlichen Kosten der Warmmiete eines Einpersonenhaushaltes im Bereich des zuständigen Trägers der Sozialhilfe (vgl. *§ 27b, § 42 SGB XII*).

Deutsche, die im Ausland leben, erhalten grundsätzlich keine Leistungen. Nur wenn eine Rückkehr nach Deutschland nicht möglich ist (z. B. höhere Gewalt oder längerer stationärer Aufenthalt im Ausland) kann in außergewöhnlichen Notlagen Hilfe zum Lebensunterhalt gewährt werden (vgl. *§ 24 SGB XII*).

Bevor Sozialhilfe gewährt wird, muss der Bedürftige sein Einkommen und Vermögen einsetzen. Für Leistungsberechtigte werden sechs Regelbedarfsstufen (RBS) unterschieden. Seit dem 01.01.2018 gelten folgende Beträge:

- **RBS 1: 416 €** (Für eine erwachsene Person, die als alleinstehende oder alleinerziehende Person einen eigenen Haushalt führt; dies gilt auch dann, wenn in diesem Haushalt eine oder mehrere weitere erwachsene Personen leben, die der Regelbedarfsstufe 3 zuzuordnen sind.)
- **RBS 2: 374 €** (Für jeweils zwei Erwachsene, die als Ehegatten, Lebenspartner oder in eheähnlicher oder lebenspartnerschaftsähnlicher Gemeinschaft einen gemeinsamen Haushalt führen.)

- **RBS 3: 332 €** (Für eine erwachsene Person, die weder einen eigenen Haushalt führt, noch als Ehegatte, Lebenspartner oder in eheähnlicher oder lebenspartnerschaftsähnlicher Gemeinschaft einen gemeinsamen Haushalt führt.)
- **RBS 4: 316 €** (Für eine Jugendliche oder einen Jugendlichen vom Beginn des 15. bis zur Vollendung des 18. Lebensjahres.)
- **RBS 5: 296 €** (Für ein Kind vom Beginn des siebten bis zur Vollendung des 14. Lebensjahres.)
- **RBS 6: 240 €** (Für ein Kind bis zur Vollendung des sechsten Lebensjahres.)

(Vgl. Anlage zu § 28 SGB XII.)

Für Regelbedarfe und einmalige Bedarfe gelten pauschale Leistungen. Andere Bedarfe (z. B. Erstausstattung des Haushalts) werden grundsätzlich in der tatsächlichen Höhe übernommen. Unabweisbare Sonderbedarfe können als Darlehen gewährt werden. Der Regelbedarf umfasst insbesondere Nahrungsmittel, alkoholfreie Getränke, Bekleidung, Schuhe, Energie, Wohnungsinstandhaltung, Innenausstattung, Haushaltsgeräte, Gesundheitspflege, Verkehrsausgaben, Internet, Mobilfunk, Freizeit, Unterhaltung, Kultur, Bildung, Gaststättenbesuch und sonstige Dienstleistungen (vgl. *Der Paritätische, Fortschreibung der Regelsätze zum 01.01.2016, S. 15 ff. und Regelbedarfsstufen-Fortschreibungsverordnung 2018*).

Grundsicherung im Alter und bei Erwerbsminderung
Personen haben mit Erreichen der Altersgrenze und ab 18 Jahren bei Erwerbsminderung und Bedürftigkeit einen Anspruch auf Grundsicherung, sofern sie sich gewöhnlich in der Bundesrepublik Deutschland aufhalten. Leistungen müssen beantragt werden und werden wie die Hilfe zum Lebensunterhalt außerhalb von Einrichtungen bemessen und für ein Jahr bewilligt. Einkommen und Vermögen des Leistungsberechtigten, des Ehegatten oder Partners werden angerechnet. Bei unterhaltspflichtigen Angehörigen (Kinder, Eltern) erfolgt ab einem Jahreseinkommen von 100.000 € ein Unterhaltsrückgriff.

Hilfen zur Gesundheit
Die Hilfen zur Gesundheit entsprechen den Leistungen der gesetzlichen Krankenversicherung. Sozialhilfeempfänger erhalten die gleichen Gesundheitsleistungen wie gesetzlich Krankenversicherte. Die Krankenkasse erhält vom zuständigen Sozialamt die Kosten für erbrachte Gesundheitsleistungen erstattet. Der Sozialhilfeempfänger muss die üblichen Zuzahlungen im Rahmen der Belastungsgrenzen vornehmen.

Eingliederungshilfe für behinderte Menschen
Leistungen der Eingliederungshilfe werden auf Antrag als persönliche Budgets gewährt, ggf. auch trägerübergreifend. Behinderte und pflegebedürftige Personen können bestimmen, welche Dienstleistungen sie von welchem Anbieter in Anspruch nehmen.

Hilfe zur Pflege
Die mit der Pflege verbundenen Kosten pflegebedürftiger Personen werden ganz oder teilweise übernommen. Der Umfang der Leistungen ging durch die Einführung der

Pflegeversicherung (SGB XI) deutlich zurück. Der Umfang der Leistungen beschränkt sich auf

- Pflegebedürftige, die nicht erheblich pflegebedürftig nach Stufe I sind
- kostenintensive Schwerstpflege
- nicht von der Pflegeversicherung übernommene Kosten für Unterkunft, Verpflegung und Investition in Einrichtungen
- Unterstützung von nicht pflegeversicherten Personen.

Hilfe zur Überwindung besonderer sozialer Schwierigkeiten
Es sollen Menschen unterstützt werden, die sich in besonders schwierigen Situationen befinden, beispielsweise Obdachlosigkeit, Haftentlassene und bei existenziellen Notlagen.

Hilfe in anderen Lebenslagen
Bei Hilfen in anderen Lebenslagen handelt es sich um:

- Hilfe zur Weiterführung des Haushaltes
- Altenhilfe (Altenberatung, Hilfen bei der Wohnungssuche)
- Blindenhilfe
- Bestattungskosten
- sonstige Lebenslagen.

Sozialhilfe wird bei den örtlichen Sozialämtern beantragt und muss grundsätzlich nicht zurückgezahlt werden. Zu den Trägern der Sozialhilfe gehören die kreisfreien Städte, die Landkreise und die von Bundesländern bestimmten überörtlichen Träger, z. B. Landschafts- und/oder Wohlfahrtsverbände. Durch das Subsidiaritätsprinzip werden Wohlfahrtsverbände vor den staatlichen Trägern tätig, wenn sie entsprechende Dienstleistungen anbieten (vgl. *Duden 2013, Stichwort: Sozialhilfe; Sozialgesetzbuch XII, Bundesministerium für Arbeit und Soziales, „Soziale Sicherung im Überblick 2016", S. 186 ff.*).

09. Skizzieren Sie das System der privaten Krankenversicherungen (PKV).

Wenn das Bruttogehalt über der Versicherungspflichtgrenze für die gesetzliche Krankenversicherung liegt, kann sich der Arbeitnehmer entweder freiwillig bei seiner bisherigen gesetzlichen Krankenkasse weiterversichern oder zum Ende des Jahres zu einer privaten Krankenversicherung (PKV) wechseln. Nach dem Wechsel in die PKV ist eine Rückkehr zur GKV kaum möglich.

Der Abschluss einer privaten Krankenversicherung erfordert auch den Abschluss einer privaten Pflegeversicherung. Selbstständige, Beamte und Studenten können sich jederzeit privat krankenversichern. Wegen der staatlichen Beihilfe ist die PKV für Beamte oftmals vorteilhafter als die GKV. Der Beitrag in der PKV richtet sich nicht wie in der GKV nach dem Einkommen des Versicherten, sondern nach den individuellen Eigenschaften des Kunden (z. B. Alter und Gesundheitszustand bei Vertragsbeginn). Auswirkungen auf die Beiträge ergeben sich außerdem durch den Umfang der vereinbarten Leistungen und durch die Höhe des Selbstbehaltes (vgl. *Finanztest*, Stichwort: Private Krankenversicherung).

Ziel der privaten Krankenversicherung ist eine optimale medizinische Versorgung. Im Rahmen dieser Zielvorstellung umfasst die PKV bei entsprechender Vertragsgestaltung und entsprechenden Beiträgen auszugsweise folgende Leistungen:

- Erstattung aller notwendigen Untersuchungen und Behandlungen im vereinbarten Rahmen (auf vertraglicher Grundlage)
- Übernahme der Kosten für alle zugelassenen Medikamente
- Chefarztbehandlung im Krankenhaus
- Erhalt von Heilmitteln (z. B. Krankengymnastik oder medizinische Massagen) ohne Mengenbeschränkungen und Zuzahlungen
- lebenslange Garantie für unkürzbare Leistungen auf dem neuesten medizinischen Stand
- freie Arztwahl
- Erstattung innovativer ambulanter Behandlungs- und Untersuchungsmethoden
- grundsätzlich weltweiter vollständiger Krankenversicherungsschutz, zumindest im ersten Monat
- zeitlich unbegrenzter vollständiger Krankenversicherungsschutz in Europa
- Wahl des gewünschten Leistungsumfangs durch den Kunden (vom beitragsgünstigen Versicherungsschutz bis zur umfassenden Spitzenversorgung)
- Möglichkeiten zur Beitragsoptimierung durch die Wahl der Leistungskomponenten und Höhe des Selbstbehaltes
- grundsätzlich höheres Leistungsniveau, verglichen mit der GKV (viele Tarife enthalten Leistungen, die die GKV nicht bezahlen darf, beispielsweise Wahlleistungen im Krankenhaus, alternative Heilmethoden, Sehhilfen oder hochwertige Behandlungsformen beim Zahnersatz); (vgl. *Barmenia 2012*).

Weil in der PKV jede Person einzeln versichert werden muss, lohnt sich ein Wechsel meist nicht, wenn in der GKV bisher Familienangehörige beitragsfrei mitversichert wurden. Bei Vorerkrankungen kann es abhängig vom Schweregrad zu Beitragszuschlägen oder Ausschlüssen vom Versicherungsschutz kommen.

Privatversicherte müssen die Rechnungen der Krankenbehandlung grundsätzlich vorfinanzieren und zur Erstattung bei der privaten Krankenversicherung einreichen. Dadurch entsteht erhöhter Verwaltungsaufwand. Abrechnungsgrundlage für die private Krankenversicherung ist die Gebührenordnung für Ärzte (GOÄ) und die Gebührenordnung für Zahnärzte (GOZ). Unter Berücksichtigung des Schwierigkeitsgrades und des Zeitaufwandes werden die Gebühren üblicherweise mit dem 2,3- bis 3,5-fachen Gebührensatz abgerechnet. Für Frauen ab Mitte dreißig und Männern ab Mitte vierzig kann der Wechsel ungünstig sein, weil mit erhöhten Beitragssteigerungen im Alter gerechnet werden muss. Grund ist, dass die angesparten Alterungsrückstellungen des Versicherers nicht ausreichen, um den Beitragsanstieg im Alter abzumildern.

Beitragssteigerungen kann durch verschiedene Maßnahmen entgegengewirkt werden:

- Reduzierung der vereinbarten Leistungen durch Tarifwechsel oder im bestehenden Tarif (aber: auf Leistungslücken achten). Einmal aufgegebene Leistungen können zu einem späteren Zeitpunkt eventuell nicht oder nur zu einem höheren Preis neu vereinbart werden.
- Wechsel in Tarife mit ähnlichem Leistungsumfang aber niedrigeren Beiträgen.
- Erhöhung des Selbstbehaltes. Oftmals lassen sich erhöhte Selbstbehalte nicht mehr absenken.
- Wechsel in den Standardtarif. Der Standardtarif entspricht etwa dem Leistungsumfang der GKV und darf grundsätzlich nicht mehr kosten, als der Höchstbeitrag in der GKV. Der Standardtarif kommt für ältere Versicherte infrage, sofern es keine anderen Wechselmöglichkeiten gibt. Um in den Standardtarif wechseln zu können, muss der Versicherte seinen Vertrag bis zum 31.12.2008 abgeschlossen haben und mindestens 10 Jahre privat versichert sein. Außerdem sind verschiedene weitere Voraussetzungen zu erfüllen, wenn der Versicherte nicht das 65. Lebensjahr vollendet hat. Im Standardtarif dürfen Arzthonorare nur bis zum 1,8-fachen GOÄ-Satz und Zahnarzthonorare nur bis zum 2,0-fachen GOZ-Satz abgerechnet werden. Kassenärzte und Kassenzahnärzte sind zur Behandlung verpflichtet (vgl. *Finanztest 2013, PKV, Sozialtarif der PKV, S. 2 ff.*).
- Wechsel in den Basisvertrag. Privatversicherte, die ihren Vertrag 2009 oder später abgeschlossen haben, können jederzeit bei einer Privatversicherung ihrer Wahl in den Basistarif wechseln. Privatversicherte, die ihren Vertrag bis zum 31.08.2008 abgeschlossen haben, können ebenfalls wechseln, wenn sie mindestens 55 Jahre alt sind, Rente beziehen oder hilfebedürftig sind oder innerhalb von sechs Monaten ab Beginn einer freiwilligen GKV-Versicherung. Außerdem können Nichtversicherte mit Wohnsitz in Deutschland den Basistarif wählen, sofern sie keine Sozialhilfe erhalten oder Leistungen nach dem Asylbewerberleistungsgesetz. Der Wechsel zum Basistarif ist oftmals eine unvorteilhafte Lösung, weil in diesem Tarif viele ältere und kranke Menschen versichert sind, sodass der Beitrag grundsätzlich nicht kostendeckend ist. Eine Anrechnung von Alterungsrückstellungen beim Wechsel aus einem anderen Tarif würde deshalb keine beitragsmindernde Wirkung erzielen. Der Basistarif wurde für bisher nicht Versicherte eingeführt und muss auch Schwerkranke ohne Risikozuschlag aufnehmen. Der Leistungsumfang entspricht dem des Standardtarifs und somit auch dem Leistungsumfang der GKV und darf nicht mehr kosten als der Höchstbeitrag in der GKV. Arzthonorare dürfen im Basistarif maximal mit dem 1,2-fachen GOÄ-Satz und 2,0-fachen GOZ-Satz abgerechnet werden und liegen somit deutlich unter dem Standardtarif. Bei Versicherten, die auf Arbeitslosengeld II, Sozialhilfe oder Grundsicherung angewiesen sind, wird der Beitrag halbiert und je nach Bedarf ein Zuschuss des Sozialhilfeträgers oder der Arbeitsagentur gewährt (vgl. *Finanztest 2012, S. 67, Sozialtarife der PKV, S. 7 ff.*).

Alternativ zu einem Wechsel in die private Krankenversicherung können gesetzlich Versicherte private Zusatzversicherungen abschließen. Dadurch können sie Mitglied der gesetzlichen Krankenversicherung bleiben. Private Zusatzversicherungen gibt es beispielsweise für Aufenthalte im Krankenhaus (z. B. Chefarztbehandlung) oder höhere Zuschüsse beim Zahnersatz (vgl. *Finanztest*, Stichwort: Private Krankenversicherung).

In der Bundesrepublik gibt es ca. 50 private Krankenversicherungen, die sich auf Bundes- und Länderebene zum Verband der privaten Krankenversicherung e. V. zusammengeschlossen haben (vgl. *von Troschke/Stößel 2012 und www.pkv.de*).

10. Nennen Sie die Schwerpunkte der Sozialpolitik in der Bundesrepublik Deutschland.

Gesundheits- und Sozialpolitik hat in der Bundesrepublik Deutschland Verfassungsrang (>> *Kapitel 1.1.1/05*), ist umfassend und beeinflusst die Lebenssituationen der Bürger. In einer modernen Wissens- und Dienstleistungsgesellschaft, wie sie die Bundesrepublik Deutschland darstellt, bestehen hohe Anforderungen und Bedarfe nach sozialer Sicherheit, sozialer Gerechtigkeit und Verlässlichkeit. Etwa 30 % des Bruttoinlandsproduktes entfällt auf Sozialleistungen, die überwiegend von den einzelnen Zweigen der Sozialversicherungen, den Gebietskörperschaften und den Arbeitgebern getragen werden.

Schwerpunkt der Sozialpolitik ist die Absicherung sozialer Risiken unter Berücksichtigung von strukturellen Rahmenbedingungen und besonderen Lebenssituationen der Bürger, die der Einzelne ohne Unterstützung nicht bewältigen kann. Der Sozialstaat unterstützt Präventionen, verbessert Chancen, befähigt Betroffene, aus eigener Kraft wieder zurechtzukommen, organisiert Solidarität, beugt der Entstehung sozialer Risiken und Probleme vor, schafft Gerechtigkeit, vermindert die Gefahr von Arbeitslosigkeit, richtet Einrichtungen zur Kinderbetreuung ein, versorgt im Alter, fördert Gesundheitsvorsorge, bekämpft das Entstehen von Krankheiten, führt umweltpolitische Maßnahmen durch, gewährt soziale und gesellschaftliche Teilhabe, integriert, aktiviert und versucht, dauerhafte Abhängigkeit von staatlicher Unterstützung zu vermeiden.

Tarifautonomie und Mitbestimmung schaffen hinsichtlich Entgelten und Arbeitsbedingungen einen Ordnungsrahmen für Arbeitsverhältnisse und beteiligen die Arbeitnehmer am wirtschaftlichen Erfolg. Alle sollen die Chance erhalten, entsprechend ihrer individuellen Möglichkeiten am gesellschaftlichen Leben teilzuhaben. Der Sozialstaat investiert in Bildung, damit die nachfolgenden Generationen gute Chancen auf dem Arbeitsmarkt erhalten und Berufstätigen soll die Möglichkeit geboten werden, Versäumtes nachzuholen und Neues zu erlernen. Bildungs- und Qualifizierungsangebote sollen die Weiterbildung im Beruf über den gesamten Lebensweg abdecken.

Der Sozialstaat wirkt gesellschaftlich stabilisierend, weil allen Bürgern die Teilhabe ermöglicht wird, unabhängig von Geschlecht, Alter sowie sozialer, nationaler oder ethnischer Herkunft. Hochqualifizierte Arbeitskräfte aller gesellschaftlichen Gruppen sichern das Bestehen im globalen Wettbewerb, gewährleisten den wirtschaftlichen

Strukturwandel und ermöglichen Lösungsansätze bezüglich der demografischen Entwicklung Deutschlands (vgl. *Sozialbericht 2009*).

11. Erläutern Sie die wesentlichen Politikfelder der Gesundheits- und Sozialpolitik der Bundesrepublik Deutschland mit beispielhaften Zielen und Maßnahmen.

Für die Bürger insgesamt und insbesondere für Arbeitnehmer, langzeitarbeitslose und pflegebedürftige Menschen sowie Menschen mit Behinderungen sollen Verbesserungen erreicht werden. Beispiele sind Einführung eines gesetzlichen Mindestlohns, abschlagsfreie „Rente ab 63", Mütterrente, verbesserte Erwerbsminderungsrente, Konzept „soziale Teilhabe" zum Abbau der Langzeitarbeitslosigkeit, Weiterentwicklung der Eingliederungshilfe (Bundesteilhabegesetz), Stärkung von Prävention und Gesundheitsförderung (Präventionsgesetz), Einführung eines neuen Pflegebedürftigkeitsbegriffs, Maßnahmen durch drei Pflegestärkungsgesetze und Einführung einer Mietpreisbremse.

Ein weiterer Schwerpunkt ist seit 2015 die Aufnahme und Integration von Menschen, die Schutz vor Krieg und Verfolgung in Deutschland suchen. Integrationsmaßnahmen werden insbesondere im Arbeits- und Ausbildungsmarkt umgesetzt.

„Neben den „Megatrends" demografischer Wandel, Globalisierung und gesellschaftlicher Wertewandel ist es insbesondere die zunehmende Digitalisierung, die unsere Arbeitswelt und damit auch unsere sozialen Sicherungssysteme heute schon prägt und in Zukunft in noch höherem Maße vor Herausforderungen stellen wird. [...] Angesichts seiner Dynamik wird der technologische Wandel im Zusammenwirken mit den Trends Demografie, Migration und Wertewandel die sozialpolitischen Debatten der nächsten Jahre mitbestimmen." (Sozialbericht 2017, S. 1 f.).

Politikfelder mit sozialpolitischem Bezug sind:

- Alterssicherung
- Gesundheit und Pflege
- Arbeitsmarktpolitik, Arbeitsrecht und Arbeitsschutz
- Rehabilitation und Teilhabe für Menschen mit Behinderungen
- Gleichstellung
- Familienpolitik
- sozialpolitische Aspekte der Steuer- und Finanzpolitik
- Wohnungsbaupolitik
- Migration und Integration.

Der Sozialstaat ist für den für den gesellschaftlichen Zusammenhalt in Deutschland wichtig und seit fast 70 Jahren wesentlich für individuelle Freiheit, soziale Gerechtigkeit und solidarisches Miteinander. Die Prinzipien des Sozialstaats wie Absicherung individueller Lebensrisiken, Solidarität und Chancen zur gesellschaftlichen Teilhabe sollen zukünftig für alle erhalten und weiterentwickelt werden.

Mindestlohn, Leiharbeit, Werkverträge, Arbeitsschutz
Die Einführung des gesetzlichen schützt Arbeitnehmer in Deutschland vor unangemessen niedrigen Löhnen, leistet dadurch einen Beitrag für einen fairen und funktionierenden Wettbewerb und sorgt für mehr Stabilität in den sozialen Sicherungssystemen.

Maßnahmen sind z. B.:
- Einführung eines gesetzlichen Mindestlohnes für das ganze Bundesgebiet zum 01.01.2015 (8,50 €)
- Einführung eines Verfahrens zur Änderung des Mindestlohns: auf Vorschlag einer ständigen Kommission der Tarifpartner (Mindestlohnkommission) erfolgt die Anpassung durch Rechtsverordnung der Bundesregierung (Mindestlohnanpassungsverordnung, erstmalige Anpassung zum 01.01.2017 auf 8,84 € brutto)
- Branchenspezifischer Mindestlohn, grundsätzlich für alle Branchen, durch Novellierung des Arbeitnehmer-Entsendegesetzes mittels Tarifautonomiestärkungsgesetz
- Änderung des Arbeitnehmerüberlassungsgesetzes zum 01.04.2017 (Gleichstellung der Leiharbeitskräfte hinsichtlich des Arbeitsentgelts mit der Stammbelegschaft nach neun Monaten („Equal Pay"), Überlassungshöchstdauer von grundsätzlich 18 Monaten). Tarifvertraglich können für Equal Pay und Überlassungshöchstdauern abweichende Regelungen getroffen werden
- Erschwerung der Umgehung des Arbeitsrechts durch missbräuchliche Werkvertragskonstruktionen (verdeckte Arbeitnehmerüberlassung).

Arbeitsmarkt- und Ausbildungspolitik
Sozialversicherungspflichtige Tätigkeit ist wesentliche Voraussetzung für eine gesellschaftliche Teilhabe. Ziel der Arbeitsmarktpolitik ist die Integration der Bürger in Arbeitsverhältnisse, woraus sich die nachfolgenden Maßnahmenschwerpunkte ergeben:
- Erhöhung der Beschäftigung
- Verringerung der Arbeitslosigkeit
- Unterstützung der Wirtschaft, die Beschäftigung zu erhalten
- Entwicklung lebensphasenorientierter Arbeitszeitmodelle
- Sicherung des Fach- und Führungskräftenachwuchses
- Verbesserung der Arbeitsmittel und Anlagensicherheit durch Änderung der Betriebssicherheitsverordnung (BetrSichV)
- Schutz vor elektromagnetischen Feldern am Arbeitsplatz durch Umsetzung der Richtlinie 2013/35/EU zur Änderung von Arbeitsschutzverordnungen
- Schutz der psychischen Gesundheit bei der Arbeit im Rahmen der Gemeinsamen Deutschen Arbeitsschutzstrategie (GDA).

Trotz guter Arbeitsmarktentwicklung haben gering qualifizierte, langzeitarbeitslose, ältere und behinderte Personen sowie Menschen mit Migrationshintergrund Schwierigkeiten auf dem Arbeitsmarkt. Zusätzlich negativ wirken sich zunehmend erforderliche Qualifikationen und dadurch steigende Bedarfe an Fachkräften zu Lasten ungelernter Tätigkeiten aus. Arbeitsmarktpolitisch sollen in den kommenden Jahren der Fachkräftebedarf gesichert und die Langzeitarbeitslosigkeit gesenkt werden. Dafür müssen die Qualifikationsniveaus steigen. Lebenslanges Lernen ist in der Wissensgesellschaft Bundesrepublik Deutschland notwendige Voraussetzung, um im globalen Wettbewerb bestehen zu können und Wachstum, Beschäftigung und Wohlstand zu sichern. Unabhängig von der sozialen Herkunft sollen in Deutschland Lebensperspektiven in Form von Ausbildung und Qualifizierung geboten werden. Ziel ist es, die Aufwendungen für Bildung und Forschung unter Beteiligung der Wirtschaft auf 10 % des Bruttoinlandsprodukts zu erhöhen. Maßnahmen sind z. B.:

- verbesserte Durchlässigkeit des Bildungssystems
- kein Abschluss ohne Möglichkeit der Anschlussausbildung
- Eingliederung junger Menschen in eine Berufsausbildung
- Unterstützung beim Nachholen von Schul- und Berufsabschlüssen
- Weiterbildungsmaßnahmen (zusätzliche Qualifikationen oder Anpassung an neue Anforderungen des Arbeitsmarktes)
- Stärkung der Qualifizierung von Beschäftigten (Sicherung bzw. Erhöhung der Beschäftigungs- und Wettbewerbsfähigkeit)
- Erhöhung der Anzahl junger Menschen mit abgeschlossener Berufsausbildung
- Geflüchteten Menschen den Weg in die Arbeitswelt durch eine betriebliche Ausbildung ermöglichen
- Verabschiedung des Arbeitslosenversicherungsschutz- und Weiterbildungsstärkungsgesetz zum 01.08.2016 (Förderleistungen zum Erwerb notwendiger Grundkompetenzen für Arbeitnehmer ohne Berufsabschluss, Prämien für das Bestehen von Zwischen- und Abschlussprüfungen von 1.000 bzw. 1.500 €, Förderung beruflicher Weiterbildung, wenn sich der Arbeitgeber mit mindestens 50 % an den Lehrgangskosten beteiligt, schnellerer Zugang zu beruflichen Weiterbildungen für Arbeitnehmer in Transfergesellschaften, Verlängerung von Maßnahmen zur Aktivierung und beruflichen Eingliederung von sechs auf zwölf Wochen)
- In der Arbeitslosenversicherung werden Übergänge am Arbeitsmarkt (z. B. durch freiwillige Weiterversicherung bei langen beruflichen Weiterbildungen) besser abgesichert, so dass für Beschäftigungslose nach der Weiterbildung Versicherungsschutz in der Arbeitslosenversicherung besteht
- Um die Qualität der Arbeit zum Nutzen von Unternehmen und Beschäftigten zu verbessern, engagieren sich Bund, Länder, Wirtschaftsverbände, Kammern, Gewerkschaften, Unternehmen, BA, Sozialversicherungsträger und Stiftungen seit 2002 gemeinsam in der Initiative Neue Qualität der Arbeit (INQA). Z. B. durch qualitätsgesicherte digitale Handlungshilfen und Broschüren für Beschäftigte, Führungskräfte, Betriebsräte und Fachakteure durch die „Initiative Neue Qualität der Arbeit (INQA)", abrufbar unter www.psyga.info.de

- Auflegen von Förderprogrammen zur personellen Anpassung an den demografischen Wandel, Bewältigung des Strukturwandels, Technisierung und zunehmende Globalisierung (z. B. ESF-Bundesprogramme „Fachkräfte sichern – weiterbilden und Gleichstellung fördern", volle Finanzierung der Geldleistungen nach dem Bundesausbildungsförderungsgesetz).

Soziale Inklusion: Grundsicherung für Arbeitsuchende und Sozialhilfe
Die Grundsicherung für Arbeitsuchende und die Sozialhilfe vermeiden Ausgrenzung und Armut. Sie gewährleisten das Existenzminimum. Das Niveau der Regelleistungen ist in den neuen Bundesländern an das der alten Bundesländer angeglichen worden. Bei Hilfebedürftigen steht die Wiedereingliederung in den Arbeitsmarkt im Vordergrund. Durch spezielle Eingliederungsleistungen (SGB II) können Problemsituationen von erwerbsfähigen Hilfebedürftigen und Personen mit multiplen Vermittlungshindernissen besonders berücksichtigt und gefördert werden. Die Systeme sollen bürgerfreundlich ausgerichtet werden und unnötige Bürokratie vermeiden. Maßnahmen der Grundsicherung für Arbeitsuchende müssen dahingehend geprüft werden, ob sie noch den gegenwärtigen und zukünftigen Anforderungen genügen oder angepasst werden müssen. Maßnahmen sind z. B.:

- Vereinfachung des Leistungs- und Verfahrensrecht des SGB II durch Abschaffung der Schnittstelle zwischen der Ausbildungsförderung (BAföG) bzw. SGB III und dem SGB II. Auszubildende können dadurch aufstockend Arbeitslosengeld II unter Anrechnung von BAföG erhalten
- Vereinfachung der Vorschriften zur Einkommensberücksichtigung durch mehr Pauschalierungen (z. B. angemessene Gesamtwarmmiete)
- Erweiterung des Regelbewilligungszeitraums von sechs auf zwölf Monate
- Ausbau der nachgehenden Betreuung von erwerbstätigen Leistungsberechtigten auch nach Entfallen der Hilfebedürftigkeit (§ 16g SGB II)
- Aufnahme eines neuen Fördertatbestand im SGB II für schwer zu erreichende junge Menschen
- Stärkung des Nachranggrundsatz für Leistungen des SGB II
- Mitwirkungspflichten der Leistungsberechtigten werden stärker eingefordert, indem die Jobcenter Grundsicherungsleistungen solange entziehen können, die Mitwirkungspflicht erfüllt ist.
- Das Konzept „Chancen eröffnen – soziale Teilhabe sichern" der Bundesregierung dient dem Abbau der Langzeitarbeitslosigkeit. Es enthält ein umfangreiches Maßnahmenpaket mit unterschiedlichen Schwerpunkten, Zielgruppen und Vorgehensweisen.

Migration und Integration
Migration und Integration erfolgen nach dem Prinzip des Förderns und Forderns. In Deutschland haben ca. 21 % der Gesamtbevölkerung einen Migrationshintergrund. Die Migranten sind bereits oder müssen schnell in Gesellschaft, Bildung, Wohnungs- und Arbeitsmarkt integriert werden. Durch ein modernes Zuwanderungsrecht, Zugangsmöglichkeiten zu qualifizierten Ausbildungen, vereinfachten Instrumenten der

Ausbildungsförderung sowie Anerkennungsmöglichkeiten der im Ausland erworbenen Qualifikationen soll neben der Erhöhung und Qualifizierung inländischer Arbeitnehmer der Fachkräftebedarf durch ausländische Personen gedeckt werden. Zu den inländischen Arbeitnehmern zählen auch die in Deutschland lebenden Personen mit Migrationshintergrund. Die Öffnung für ausländische Fachkräfte und ihre Integration ist durch die globalisierte Wirtschaft erforderlich. Maßnahmen sind z. B.:

- Festlegung von Pflichten und rechtliche Konsequenzen für fehlende Integrationsbemühungen
- Beschleunigung Sprachförderung und Verzahnung mit arbeitsmarktpolitischen Maßnahmen
- Erleichterung der Beschäftigungsaufnahme
- Beitrag zur Fachkräftegewinnung und Fachkräftesicherung
- erleichterter Zugang zu Gesundheitsleistungen
- interkultureller und migrationsspezifischer Qualifizierung des Beratungspersonals
- Entlastung von Kommunen und Ländern durch pauschalierte Kostenerstattung
- Voraussetzungen für Teilhabe am gesellschaftlichen, kulturellen, wirtschaftlichen und sozialen Leben schaffen.

Alterssicherung
Die gesetzliche Rentenversicherung ist als umlagefinanziertes System die wichtigste Säule der Alterssicherung in Deutschland. Sie besteht aus den Säulen gesetzliche Rentenversicherung (GRV) sowie betriebliche und private Altersvorsorge. Maßnahmen sind z. B.:

- wegen der bestehenden ökonomischen und demografischen Rahmenbedingungen wurde die Regelaltersgrenze zwischen 2012 und 2029 stufenweise von 65 auf 67 Jahre angehoben
- Stärkung der betrieblichen und privaten Alterssicherung durch staatliche Förderung (mit Schwerpunkt für Familien mit Kindern und Geringverdiener und Ausgestaltung der Riesterrente)
- Grundsicherung im Alter (Anmerkung: weil Altersarmut in Deutschland kaum anzutreffen ist, wurde diese Möglichkeit nur in geringem Umfang in Anspruch genommen.)
- Umsetzung europarechtlicher Gleichbehandlungsansprüche
- Beschleunigung von Antragsverfahren
- flexibler, selbstbestimmter Wechsel in den Ruhestand
- flexibleres Weiterarbeiten bis zum Erreichen der Regelaltersgrenze, attraktiveres Weiterarbeiten danach
- Schutz der Gesundheit und Erwerbsfähigkeit durch verbesserte Präventions-, Rehabilitations- und Nachsorgeleistungen
- Verbesserung der Leistungen für erwerbsgeminderte Menschen.

Trotz der finanziellen Stabilität der Alterssicherung in Deutschland ist eine ausgewogene Kombination von umlagefinanzierter Alterssicherung (erste Säule) und regulierter kapitalgedeckter Vorsorge (zweite und dritte Säule) notwendig, um Risiken zu begegnen (z. B. demografische Entwicklung, Konjunkturentwicklungen, Lohn- und Gehaltsentwicklungen). Die gesetzliche Rentenversicherung stellt die erste Säule dar, die betriebliche Altersvorsorge die zweite Säule und die dritte Säule stellt die private Altersvorsorge dar.

Gesundheit, Prävention, Rehabilitation
Die notwendige medizinische Versorgung soll für alle Menschen in Deutschland unabhängig von Einkommen, Alter und Wohnort zeitnah und qualitativ hochwertig sichergestellt werden. Der medizinischen Fortschritt soll allen Bürgern gleichermaßen zustehen. Die Aufgaben der Krankenversicherung umfassen Prävention, Akutversorgung, kontinuierliche medizinische Betreuung chronisch kranker Menschen, Rehabilitation, Pflege und menschenwürdige Palliativversorgung. Gesundheitsreformen sollen dazu führen, dass das Gesundheitssystem die Konsequenzen aus dem demografischen Wandel tragen und die Herausforderungen des medizinisch-technischen Fortschritts bewältigen kann. Folgende Maßnahmen wurden durchgeführt:

- Intensivierung des Wettbewerbs (mehr Vertragsfreiheiten für Kassen und Leistungserbringer, mehr Wahlfreiheiten und Transparenz für die Versicherten)
- zielgenauere Mittelzuweisung durch den neuen morbiditätsorientierten Risikostrukturausgleich
- Stärkung der hausärztlichen Versorgung
- Qualitätsorientierung im Gesundheitswesen
- Verbesserung der Versorgungsqualität
- Verkürzung von Wartezeiten
- Verbesserung der sektorenübergreifenden Versorgung
- Stärkung der Patientenrechte und Leistungsverbesserungen
- Verbesserung der Organisationsstrukturen der gesetzlichen Krankenversicherung.

Alle Bürger müssen sich für den Krankheitsfall versichern und haben Zugang zu den medizinisch notwendigen Leistungen, unabhängig von der Höhe ihrer Beiträge und unabhängig von Alter, Geschlecht oder Status. Durch Berücksichtigung der Leistungsfähigkeit des Einzelnen (Beitragszahlung und Eigenbeteiligung) schützt das Gesundheitssystem den Einzelnen vor finanzieller Überforderung.

Pflege
Die Pflegeversicherung wurde zum 01.01.1995 eingeführt und hat sich als unverzichtbare Absicherung sozialer Risiken erwiesen. Die Pflegeversicherung sichert Pflegebedürftigkeit nur teilweise ab. Sie ist keine Vollversicherung. Das soll auch künftig so bleiben. Überschreiten die Kosten den Leistungsumfang der Pflegeversicherung, müssen diese von den Bedürftigen selbst getragen werden. Bei Vorliegen der Anspruchsvoraussetzungen tritt ergänzend die Hilfe zur Pflege nach dem SGB XII ein. In der Pflege sollen

häusliche Versorgungsstrukturen durch nachfolgende Maßnahmen gefördert werden (Grundsätze: „Rehabilitation vor Pflege" und „Ambulant vor Stationär"):

- Verbesserung der kommunalen Steuerungs- und Planungskompetenz für die regionale Pflegestruktur
- Verbesserung des Pflegealltags in stationären Pflegeeinrichtungen
- Verbesserte Rahmenbedingungen zur Entlohnung von Pflegekräften
- Modernisierung der Pflegeausbildung
- gleichberechtigter Zugang zu den Leistungen der Pflegeversicherung für Menschen mit körperlichen, geistigen und psychischen Einschränkungen
- Anhebung der Leistungsbeträge für demenziell Erkrankte
- Verbesserungen der Inanspruchnahme von Tagespflege
- Hilfe für überforderte Betroffenen und ihre Familien durch wohnortnahe Pflegestützpunkte
- Anspruch auf umfassende Pflegeberatung (auf Wunsch des Versicherten auch zuhause)
- Bessere Vereinbarkeit von Familie, Pflege und Beruf (z. B. Pflegezeitgesetz)
- Verbesserung der wohnortnahen Versorgung und Beratung
- Möglichkeit zur Begleitung eines nahen Angehörigen in der letzten Lebensphase.

Durch die Maßnahmen wird die Vereinbarkeit von Beruf und familiärer Pflege verbessert. Viele pflegebedürftige Menschen können dadurch in ihrer häuslichen Umgebung verbleiben.

Rehabilitation und Teilhabe von Menschen mit Behinderungen
Ziel ist es, Bürgern mit Behinderungen ein möglichst selbstbestimmtes Leben zu ermöglichen. Gleichbehandlung und Chancengleichheit sind Voraussetzungen für Selbstbestimmung und Teilhabe am gesellschaftlichen Leben. Zur Zielerreichung werden folgende Maßnahmen umgesetzt:

- Maßnahmen, die die Erwerbsfähigkeit für Behinderte oder von Behinderung bedrohte Bürgern erhalten, verbessern oder wiederherstellen (wesentlich durch das betriebliche Eingliederungsmanagement)
- Verbesserungen der Barrierefreiheit
- Verbesserung der Wahrnehmung des Behindertensports in der Öffentlichkeit
- Sensibilisierung der Bevölkerung zum Thema Menschen mit Behinderungen und deren Lebenssituationen und Probleme
- Integration langzeitarbeitsloser erwerbsfähiger Leistungsbezieher
- Instrumente der unterstützten Beschäftigung
- Rechtsanspruch für das persönliche Budget
- Ratifizierung des Abkommens der Vereinten Nationen über die Rechte von Menschen mit Behinderungen.

Kinder- und Jugendpolitik, Familien-, Senioren- und Engagementpolitik

Nach der UN-Kinderrechtskonvention (Deutschland ist Mitglied seit 1992), haben alle Kinder und Jugendlichen ein Recht auf gutes Aufwachsen und Chancengleichheit, und zwar unabhängig von Herkunft, Geschlecht, Religion oder sozialem Status. Eine familienfreundliche Infrastruktur ist eine Voraussetzung dafür, dass sich Erwerbstätige für Kinder entscheiden oder dass beispielsweise die Alleinerziehenden am Erwerbsleben teilhaben können. Die Maßnahmen sollen dazu beitragen, dass Betroffene, die in Deutschland leben, ihre Potenziale entfalten und ihre Persönlichkeit stärken können. Die Bürger sollen mit folgenden Maßnahmen in ihren Lebensplänen unterstützt werden:

- das Erziehungsgeld wurde zum Elterngeld weiterentwickelt
- Stärkung von Familien als erste Bildungsorte
- Bedarfsgerechter Ausbau von Kindertagesbetreuungsangeboten
- Verbesserung der sprachlichen Bildung in Kindertageseinrichtungen
- Verbesserung der Vereinbarkeit von Familie und Beruf
- der Ausbau der Kinderbetreuung für unter Dreijährige wurde vorangetrieben
- die steuerliche Absetzbarkeit von Pflege- und Betreuungskosten für Kinder bzw. Familienangehörige wurde ausgebaut
- Verbreitung realistischer Altersbilder
- Stärkung der kommunalen Steuerung der Jugendsozialarbeit und Integration schwer erreichbarer junger Menschen
- Verbesserung der Lebensumstände älterer Menschen mit Pflegebedarf (Reform der Pflegeversicherung, Einbringung eines Wohn- und Betreuungsvertragsgesetzes)
- Abbau von Barrieren in den Lebens- und Wohnumgebungen älterer Menschen
- stärkere Beachtung der Gruppe aktiver und leistungsfähiger älterer Menschen und deren Potenzial
- Stärkung des Miteinanders der Generationen und Förderung des freiwilligen Engagements aller Altersgruppen
- nachhaltige Verbesserung der Lebensqualität demenzerkrankter Menschen und der Angehörigen.

Gleichstellungspolitik

Es soll die tatsächliche Gleichstellung von Frauen und Männern erreicht werden. „Eine zentrale Bedingung für gleiche Verwirklichungschancen von Frauen und Männern im Lebensverlauf sind gleiche Chancen auf Bildung und Ausbildung, berufliche Entwicklung und Karriere sowie gleiches Entgelt für gleiche und gleichwertige Arbeit" (*Sozialbericht 2017*, S. 119).

- Maßnahmen zur Gleichstellung von Frauen in der Wirtschaft (mehr Frauen in Führungspositionen mit Leitungsaufgaben, Erhöhung des Frauenanteils in Aufsichtsgremien)
- Sensibilisierung der Öffentlichkeit
- Projektförderung zu den Themen Rollenbilder und Lohngerechtigkeit

- gesellschaftliche Diskussion über Gleichstellung in Deutschland
- Schutz und Unterstützung bei häuslicher Gewalt.

Unfallversicherung, Künstlersozialversicherung und landwirtschaftliche Sondersysteme
Die gesetzlichen Unfallversicherung bietet umfassenden Schutz bei Arbeitsunfällen und Berufskrankheiten, die Künstlersozialversicherung ist die Renten-, Kranken- und Pflegepflichtversicherung für Künstler und Publizisten und die landwirtschaftlichen Sondersysteme sichern bäuerliche Familien im Alter, bei Unfall, Krankheit, Pflegebedürftigkeit und im Todesfall.

Soziale Entschädigung
„Die Leistungen der Sozialen Entschädigung richten sich nach dem Bundesversorgungsgesetz (BVG), das ursprünglich für die Kriegsbeschädigten und Kriegshinterbliebenen des Zweiten Weltkriegs geschaffen wurde. Es gilt aber auch für weitere Personengruppen. Dazu gehören die Opfer von Gewalttaten, Wehrdienstbeschädigte, Zivildienstbeschädigte, Impfgeschädigte oder Opfer staatlichen Unrechts in der ehemaligen DDR oder zuvor in der sowjetischen Besatzungszone und deren jeweilige Hinterbliebene. Familien in unterschiedlichen Lebenssituationen und Beschäftigung sollen unterstützt werden" (*Sozialbericht 2017*, S. 139).

Sozialgerichtsbarkeit
Die Sozialgerichte können bei Streitigkeiten über Ansprüche auf gesetzliche Sozialleistungen aus der Renten-, Kranken-, Pflege- und Unfallversicherung sowie bei Leistungsansprüchen der Grundsicherung für Arbeitsuchende und Sozialhilfe angerufen werden. Der Anspruch des Einzelnen ergibt sich aus Artikel 19, Abs. 4 GG.

Soziale Aspekte der Steuer- und Finanzpolitik
Es wurden im Rahmen der Steuerpolitik Verbesserungen überwiegend für Familien erbracht. Maßnahmen sind z. B.:
- Erhöhung des Kinderfreibetrag
- Erhöhung des Entlastungsbetrages für Alleinerziehende
- Anhebung des Grundfreibetrages und des Unterhaltshöchstbetrages
- Gleichstellung von eingetragenen Lebenspartnerschaften.

Soziale Aspekte der Wohnungs- und Städtebaupolitik
Wohnraum soll für alle Bevölkerungsschichten bedarfsgerecht und bezahlbar sein. Durch Wohngeld und Übernahme der Kosten für Unterkunft und Heizung für Bedürftige soll angemessenes Wohnen sozial abgesichert werden. Das Bund-Länder-Städtebauförderungsprogramm „Soziale Stadt" soll Lebensbedingungen verbessern, die durch eine Konzentration von städtebaulichen, sozialen und wirtschaftlichen Problemen belastet sind. Maßnahmen sind z. B.:
- Dämpfung des Mietanstiegs
- soziale Wohnraumförderung der Länder und mehr Sozialwohnungen

- Generationengerechtigkeit und Familienfreundlichkeit im Quartier
- Verbesserung der Lebensbedingungen durch mehr barrierefreiem und altersgerechtem Wohnraum.

Europäische und internationale Beschäftigungs-, Sozial- und Gesundheitspolitik
Beschäftigungs-, Sozial- und Gesundheitspolitik unterliegt einerseits der nationaler Eigenverantwortung der Mitgliedstaaten, andererseits soll auf europäischer Ebene eine „Europäische Säule sozialer Rechte" zur Koordination der nationalen Politiken in den Bereichen Arbeitsmarkt-, Sozial- und Gesundheitspolitik erreicht werden, Dadurch sollen die sozialen Verhältnisse der Mitgliedsstaaten entwickelt und perspektivisch angeglichen werden. Grundlage ist die Strategie Europa 2020, die der Europäische Rat am 17.06.2010 beschlossen hat. Es soll grundsätzlich „intelligentes, nachhaltiges und integratives Wachstum" erreicht werden. Konkret soll die Beschäftigungsquote bis 2020 auf 75 % EU-weit erhöht und die Zahl der von Armut betroffenen Menschen um 20 Mio. gesenkt werden. Diese EU-Ziele sollen von den Mitgliedsstaaten in die nationalen Ziele integriert werden. In der internationalen Beschäftigungs-, Sozial- und Gesundheitspolitik engagiert sich Deutschland auf der Grundlage der Konventionen bezüglich Arbeits- und Menschenrechte von UN und ILO. Maßnahmen sind z. B.:

- Erhöhung der Erwerbstätigenquote
- Reduzierung der Jugenderwerbslosigkeit
- Erhöhung der Übergangsraten von Langzeitarbeitslosen in Beschäftigung
- Soziale Eingliederung von armutsgefährdeten EU-Zugewanderten und deren Kindern
- Reduzierung der Anzahl der armutsgefährdeten Personen
- Sicherstellung von Arbeitnehmerfreizügigkeitsrechten in der Praxis
- Schaffung von einheitlichen sozialen Mindeststandards und Arbeitnehmerrechte (ILO-Kernarbeitsnormen)
- Förderung der Bekämpfung und Zurückdrängung von Zwangsarbeit und Arbeitsausbeutung
- Stärkung von nationalen Gesundheitssystemen

(vgl. *Sozialbericht 2017*).

12. Welche Herausforderungen muss der Sozialstaat „Bundesrepublik Deutschland" bewältigen?

Das erreichte Wohlstandsniveau und die erreichte Lebensqualität in der Bundesrepublik Deutschland müssen auch zukünftig gesichert und entwickelt werden. In diesem Zusammenhang bestehen folgende Herausforderungen:

- gesellschaftlicher und demografischer Wandel
- Förderung der Beschäftigung

- Bekämpfung von Arbeitslosigkeit und Armut
- sozialverträgliche Gestaltung der Veränderungen in der Arbeitswelt (Globalisierung, Technisierung, veränderte Sichtweisen, Einstellungen und Organisationen)
- Bildung und Weiterbildung voranbringen
- Migration und Integration von Menschen (vgl. *Sozialbericht 2009*).

1.2.2 Zuständigkeit von Bund, Ländern, Kommunen unterscheiden

01. Beschreiben Sie den Föderalismus in der Bundesrepublik Deutschland.

Die Bundesrepublik Deutschland ist geprägt durch einen Vereinigungsföderalismus. Das föderale Prinzip dient der Machtaufteilung zwischen Bund und Bundesländern. Die deutsche Gesellschaft ist relativ homogen und ohne große regionale Unterschiede und Wertorientierungen. Der Föderalismus ist außerdem kooperativ zwischen Bund und Ländern gestaltet und zielt auf Effizienz staatlichen Handelns durch Absprachen und Verhandlungsprozesse (vgl. *Sturm 2013*).

Der deutsche Föderalismus ist historisch gewachsen und gehört zur deutschen Verfassungstradition. Er fördert das Subsidiaritätsprinzip dadurch, dass eine höhere Instanz erst dann tätig wird, wenn die Selbsthilfe der betroffenen Ebene nicht ausreichend ist. Ein Bundesstaat (>> *Kapitel 1.1.1/05*) besteht aus mehreren Bundesländern und ihrem Zusammenschluss, dem Bund. Sowohl die Bundesländer, als auch der Bund haben eigene politische Gestaltungsmöglichkeiten.

In der Bundesrepublik Deutschland regeln das Grundgesetz sowie nachgeordnete Gesetze Befugnisse, Bestellung und Amtszeit der Bundesorgane und Kompetenzverteilung zwischen Bund und Ländern bezüglich der Gewaltenteilung (vgl. *Greving 2011*). Die 16 Bundesländer der Bundesrepublik Deutschland bilden gemeinsam mit dem Bund den völker- und staatsrechtlich souveränen Gesamtstaat und haben eingeschränkte politische Gestaltungsmöglichkeiten in Exekutive, Legislative und Judikative. Die Hoheitsmacht in der Außen- und Verteidigungspolitik liegt beim Bund. Das Bundesrecht hat gegenüber dem Landesrecht Vorrang. Sofern dem Bund nicht die Gesetzgebungskompetenz zugewiesen wird, liegt die landesbezogene Gesetzgebung im Verantwortungsbereich des jeweiligen Bundeslandes.

Über den Bundesrat wirken die einzelnen Bundesländer bei der Bundesgesetzgebung mit. Die Europäische Union (EU) ist in vielen Politikfeldern präsent, sodass sich politische Gestaltungsmöglichkeiten von der Bundesrepublik Deutschland zur EU verlagert haben und weiterhin dorthin verlagern. Der Bund nutzt für seine Aufgaben auch die Länderverwaltungen und Kommunen. Im Gegensatz zum Bund verfügen die Länder über umfangreiche Verwaltungen. Das Grundgesetz verpflichtet den Bund zur Sicherstellung gleichwertiger Lebensbedingungen in der Bundesrepublik Deutschland, was durch den Länderfinanzausgleich realisiert wird (vgl. *Duden 2012* und >> *Kapitel 1.1.1/01*, >> *1.1.1/03*, >> *1.1.1/04*, >> *1.1.1/06*, >> *1.1.3/02* und >> *1.1.3/11*). Die Vielfalt föderaler Strukturen (z. B. unterschiedliche Koalitionen und Programme) führt zu unterschiedlichen Ergebnissen und macht deutlich, welche Lösungen sich in der Praxis besser bewähren (vgl. *Greving 2011*).

02. Nennen Sie wesentliche Ergebnisse der Föderalismusreform vom März 2006.

Die Föderalismusreform führte im März 2006 zu folgenden Ergebnissen:

- Beschleunigung des Gesetzgebungsverfahrens durch Reduzierung der durch den Bundesrat zustimmungspflichtigen Gesetze von 60 % auf 40 %
- Gesetzgebungskompetenz für die Bundesländer für das Dienst-, Besoldungs- und Versorgungsrecht der Landes- und Kommunalbeamten, den Strafvollzug, das Heimrecht, das Ladenschluss- und Gaststättenrecht, das Versammlungsrecht, das Presserecht
- Abweichungsrecht der Bundesländer im Umwelt- und Bildungsrecht
- Zuständigkeit des Bundes für das Melde- und Ausweiswesen, die Kernenergie, das Waffen- und Sprengstoffrecht, das Kriegsfolgenrecht, den Schutz deutschen Kulturgutes, für Bundesbeamte (Beamtenrecht), Abwehr terroristischer Gefahren, Bundeskriminalamt mit erweiterten Aufgaben
- Zuständigkeit der Bundesländer für Bildungspolitik, für Landesbeamte (Beamtenrecht), Katastrophenschutz
- Entfall der durch Artikel 23 Grundgesetz garantierten Zustimmungsrechte der Bundesländer in EU-Fragen (vgl. *Greving 2011*).

03. Welche Bedeutung haben Sicherstellungsaufträge im föderalen System der Bundesrepublik Deutschland?

Durch die Übertragung von politischen Aufgaben an die Selbstverwaltungsorgane besteht gleichzeitig auch die Verpflichtung deren Sicherstellung. Sicherstellungsaufträge richten sich an die Selbstverwaltung und ergeben sich beispielsweise für die vertragsärztliche Versorgung aus § 75 SGB V und für die pflegerische Versorgung aus § 69 SGB XI. Die Selbstverwaltung ist ähnlich föderativ aufgebaut wie die politischen Institutionen.

Nach § 75 SGB V haben die Kassenärztlichen Vereinigungen und die Kassenärztliche Bundesvereinigung die vertragsärztliche Versorgung sicherzustellen. Dafür schließen sie Verträge über Inhalt und Umfang der vertragsärztlichen Versorgung mit den Krankenkassen und Krankenkassenverbänden ab, durch die eine ausreichende, zweckmäßige und wirtschaftliche Versorgung der Versicherten auf dem allgemein anerkannten Stand medizinischer Erkenntnisse gewährleistet werden soll. Zu berücksichtigen ist außerdem eine angemessene Vergütung der ärztlichen Leistungen.

Die auf Bundesebene abgeschlossenen Bundesmantelverträge der Kassenärztlichen Bundesvereinigung und des Spitzenverbandes Bund der Krankenkassen dienen den regionalen Kassenärztlichen Vereinigungen und Krankenkassenverbänden als Grundlage weiterführender Verhandlungen zum Abschluss von Einzelverträgen. Die Richtlinien des Gemeinsamen Bundesausschusses (G-BA) zur kassenärztlichen Versorgung und zur Erstellung des einheitlichen Bewertungsmaßstabes (EBM) werden berücksichtigt. Mit anderen Sozialleistungsträgern z. B. Berufsgenossenschaft, Bundeswehr, Bundesbahn werden weitere Verträge über die ambulante ärztliche Versorgung abgeschlossen. Die Kassenärztliche Bundesvereinigung plant auf der Grundlage des Bundesarztregisters den Bedarf an regionalen Fachärzten (vgl. *von Troschke/Stößel 2012*).

Ein weiterer Sicherstellungsauftrag ergibt sich aus § 69 SGB XI. Im Rahmen ihrer Leistungsverpflichtung müssen die Pflegekassen die pflegerische Versorgung der Versicherten gewährleisten. Die Versorgung muss bedarfsgerecht und gleichmäßig sein und dem allgemein anerkannten Stand medizinisch-pflegerischer Erkenntnisse entsprechen (Sicherstellungsauftrag). Die Pflegekassen schließen dafür Versorgungsverträge und Vergütungsvereinbarungen mit den Trägern der Pflegeeinrichtungen und anderen Leistungserbringern ab (vgl. § 69 Sozialgesetzbuch XI).

1.2.3 Gesundheits- und Sozialpolitik der EU einordnen

01. Worin unterscheiden sich Staatenbund, Staatenverbund und Bundesstaat?

Bei einem Staatenbund handelt es sich um eine lose Verbindung von Staaten, bei der jeder Staat souverän bleibt. Ein Staatenverbund geht darüber hinaus, sodass die Mitgliedstaaten Teile ihrer Souveränität zu Gunsten des Staatenverbundes aufgeben. Die Mitgliedstaaten der Europäischen Union haben sich in einem Staatenverbund zusammengeschlossen (mit Flagge und Hymne). Die Europäische Union ist kein Bundesstaat, weil jedes der einzelnen Mitgliedstaaten die völkerrechtliche Souveränität behält (vgl. *Duden 2012*).

02. Was bedeutet supranational und intergouvernemental im Zusammenhang mit der Europäischen Union?

Die Mitgliedstaaten der Europäischen Union haben Organisationen (bzw. Institutionen) eingerichtet, die Aufgaben über den eigenen nationalen Radius hinaus wahrnehmen. Diesen Organisationen haben die einzelnen Mitgliedstaaten ihre Souveränität, bezogen auf die konkreten Aufgaben, übertragen. Weil diese Organisationen über den Hoheitsbereich eines jeden Mitgliedstaates für die gemeinschaftlichen Interessen der Europäischen Union wirken, handelt es sich um supranationale Organisationen (z. B. Europäisches Parlament, Europäische Kommission und Europäischer Gerichtshof).

Aufgabenfelder sind beispielsweise Außenwirtschafts- und Landwirtschaftspolitik. Wenn der Europäischen Union bestimmte Aufgaben nicht übertragen werden, sondern diese durch Zusammenarbeit der einzelnen Regierungen der Mitgliedstaaten gestaltet werden, dann handelt es sich um eine intergouvernemental gestaltete Politik (z. B. Europäischer Rat und Ministerrat). Aufgaben sind beispielsweise die Außen- und Sicherheitspolitik (vgl. *Duden 2012*).

03. Warum ist die Europäische Union eine Wertegemeinschaft?

Die Europäische Union soll Frieden, Freiheit, Einheit, Gleichheit, Solidarität, soziale Stabilität, Sicherheit, Fortschritt und wirtschaftlichen Wohlstand für die Mitgliedstaaten erreichen und sichern. Sie ist nach dem Unionismus (Zusammenarbeit souveräner Staaten) und dem Föderalismus (Bildung supranationaler Organisationen und Aufgabe diesbezüglicher Souveränität der Mitgliedstaaten) organisiert. Der Europäischen Union können europäische Staaten beitreten, wenn sie folgende Werte der EU achten und sich verpflichten, sie im eigenen Hoheitsbereich zu realisieren:

- Übernahme des Europäischen Rechts und Verpflichtungen aus der Mitgliedschaft
- Stabilität, Demokratie und Rechtsstaatlichkeit im Mitgliedsland
- Wahrung der Menschenrechte und Minderheitenschutz
- wettbewerbsfähige Marktwirtschaft (vgl. *Duden 2012* und *Boeckh/Huster/Benz 2011*).

04. Welche Verträge sind bestimmend für die europäische Integration?

Der europäische Integrationsprozess begann 1948 mit dem Brüsseler Pakt, einem Verteidigungspakt von Großbritannien, Frankreich und den Beneluxstaaten gegen Deutschland. Dieser entwickelte sich weiter zur Grundlage einer gemeinsamen europäischen Verteidigungspolitik durch die Gründung der Westeuropäischen Union (WEU) und der Nato (sicherheitspolitische Zusammenarbeit).

Weitere Integrationsschritte bis 1992 waren supranationale Regelungen für Schlüsselindustrien (z. B. Kohle und Stahl), Europäische Wirtschaftsgemeinschaft (EWG), Europäische Atomgemeinschaft (EURATOM), Europäische Gemeinschaft (EG), Europäische Politische Zusammenarbeit (EPZ), Europäische Wirtschafts- und Währungsunion, Europäisches Währungssystem (EWS) mit der gemeinsamen Verrechnungseinheit ECU (European Currency Unit), erste Direktwahl zum Europäischen Parlament 1979 (EP), Schengener Abkommen (Abbau der Personenkontrollen an den gemeinsamen Grenzen) und einheitlicher Binnenmarkt (Einheitliche Europäische Akte).

Durch den einheitlichen europäischen Binnenmarkt erfolgte 1992 die vollständige Öffnung der Grenzen zwischen den Mitgliedstaaten für Waren, Personen, Dienstleistungen und Kapital. Ebenfalls im Jahr 1992 wurde die Europäische Union (EU) gegründet. Der Vertrag von Maastricht führte zur Erweiterung der bisherigen Zusammenarbeit durch die Einbeziehung der Politikfelder Bildung, Kultur, Gesundheit, Industrie sowie Innen- und Justizpolitik. Außerdem wurde eine weitere Intensivierung der Zusammenarbeit in der Außen- und Sicherheitspolitik vereinbart.

Nach Gründung der Europäischen Union wurde im Vertrag von Amsterdam die Mitentscheidungskompetenz des Europäischen Parlamentes erweitert, eine Charta der Grundrechte der Unionsbürger erlassen (2002), der Euro eingeführt (Europäische Währungsunion im Jahr 2002) und eine EU-Verfassung verabschiedet (2005), die aber durch die Ablehnung von Frankreich und den Niederlanden (in Referenden) nicht ratifiziert werden konnte. Der Ablehnung folgte mit dem Vertrag von Lissabon (01.12.2009) ein neues Vertragswerk, das wesentliche Inhalte der gescheiterten Verfassung und nachfolgende zusätzliche Regelungen enthält:

- Die EU wird Rechtsnachfolgerin der EG und ist dadurch eine Rechtspersönlichkeit mit Völkerrechtsfähigkeit.
- Der Europäische Rat erhält einen Präsidenten.
- Für die Außen- und Sicherheitspolitik der Europäischen Union wird ein Vertreter bestellt.
- Erweiterung von Politikbereichen mit Mehrheitsentscheidungen (diesbezüglich Abkehr vom Einstimmigkeitsprinzip).
- Stärkung der Stellung des Europäischen Parlaments (EU-Budget und Gesetzgebung).
- Begrenzung der Abgeordnetenzahl des Europäischen Parlaments auf 751 Abgeordnete.
- Europäische Zentralbank wird eine Institution der Europäischen Union.
- Verbesserung des Mitspracherechts der Mitgliedstaaten im Gesetzgebungsverfahren.
- Einführung der Möglichkeit eines Bürgerbegehrens (Zulassung der Eingabe erfordert Unterschriften von mindestens einer Million EU-Bürgern).
- Grundrechte-Charta wird rechtsverbindlich.
- Freiwilliger Austritt eines Staates aus der EU ist möglich (vgl. *Duden 2012*).

05. Nennen Sie wichtige Aufgaben der Europäischen Union.

Wichtige Aufgaben der Europäischen Union sind:

- gemeinsamer Markt (harmonische Entwicklung des Wirtschaftslebens)
- europäische Beschäftigungspolitik (gemeinsame Zielvorgaben für die Beschäftigungspolitik, bis 2020 soll dauerhaftes Wirtschaftswachstum mit positiven Effekten auf die Beschäftigung erreicht werden)
- gemeinsame Agrarpolitik (GAP; Sicherung des Lebensstandards der Landwirte, Versorgung der Verbraucher mit hochwertigen Nahrungsmitteln, Nahrungsmittelsicherheit, von Produkten losgelöste und kosten-/leistungsbewusste Förderungspolitik)
- Regionalpolitik (Stärkung der regionalen Wettbewerbsfähigkeit, Förderung der Beschäftigung durch Innovationen, Umweltschutz und Zusammenarbeit zwischen Regionen)
- Sozialpolitik (Europäischer Sozialfonds (ESF) zur Schaffung von Arbeitsplätzen, Gemeinschaftscharta der sozialen Grundrechte Freizügigkeit, Vereinigungsrecht, Tarifverhandlungen, geschlechterunabhängige Entlohnungen, Schutz für Ältere und Behinderte)
- Umweltpolitik (Verringerung der Treibhausgasemmissionen, Verbesserung der Abwasserbehandlung und Abfallwirtschaft, Überwachung des Chemikalieneinsatzes, Verringerung des Kfz-Geräuschpegels)

- Forschungspolitik (Ergänzung nationaler Forschungsprojekte, supranationale Zusammenarbeit)
- gemeinsame Außen- und Sicherheitspolitik (GASP; Unionsvertreter für Außen- und Sicherheitspolitik, EU-Sonderbeauftragte für internationale Krisenfälle, gemeinsame Verteidigungsstruktur durch schnelle Eingreiftruppe und ein Kontingent von Polizeibeamten für zivile Aufgaben) (vgl. *Duden 2012*).

06. Über welche Organe verfügt die Europäische Union?

Die Europäische Union verfügt über folgende Organe:

- **Europäische Kommission** (ausführendes Organ der Europäischen Union). Die Europäische Kommission kontrolliert, ob die einzelnen Mitgliedstaaten die vertraglichen Verpflichtungen einhalten. Die Europäische Kommission besteht aus 28 Kommissaren (ein Kommissar je Mitgliedstaat für jeweils ein Ressort), die auf Vorschlag der Mitgliedstaaten für fünf Jahre benannt werden. Das Europäische Parlament muss die Benennung bestätigen und der Europäische Rat muss der vorgelegten Gesamtbesetzung mit entsprechender Mehrheit zustimmen.
- **Europäischer Rat** (politische Steuerungsinstanz und oberster Konfliktlöser in der Europäischen Union). Der Europäische Rat besteht aus den stimmberechtigten Staats- und Regierungschefs der Mitgliedstaaten und aus den folgenden nicht stimmberechtigten Mitgliedern: Präsident des Europäischen Rates, Präsident der Europäischen Kommission und Vertreter der Außen- und Sicherheitspolitik).
- **Ministerrat** (Rat der Europäischen Union). Der Ministerrat vertritt die Interessen der Mitgliedstaaten und ist das eigentliche Entscheidungsorgan der Europäischen Union. Er besteht aus den 28 Fachministern der Mitgliedstaaten, die der Aufgabe entsprechend wechseln (z. B. Umweltministerrat, Rat der Außenminister). Der Ministerrat wird von einem Generalsekretariat und einem Ausschuss mit ständigen Vertretern unterstützt.
- **Europäisches Parlament** (Vertretung der Bürger). Das Europäische Parlament ist das einzig demokratisch legitimierte Organ der Europäischen Gemeinschaft und zusammen mit dem Ministerrat der Gesetzgeber der Europäischen Union. Dem Europäischen Parlament gehören ab 2014 insgesamt 751 Abgeordnete an, die von den Bürgern der Mitgliedstaaten in allgemeinen, freien, gleichen und geheimen Wahlen für fünf Jahre gewählt werden. Für den Einzug in das Parlament wird die Verhältniswahl zugrunde gelegt. Je nach Mitgliedstaat gelten unterschiedliche „Prozent-Klauseln" für den Einzug ins Parlament. Seit 1979 werden die Abgeordneten nach Mitgliedstaaten direkt gewählt. Im Europäischen Parlament schließen sie sich zu sieben supranationalen Fraktionen zusammen (Christdemokraten, Sozialdemokraten, Liberale, Grüne und Freie Europäische Allianz, Konservative und Reformisten, Vereinigte Europäische Linke und Nordische Grüne Linke, Europa der Freiheit und Demokratie). Darüber hinaus gibt es fraktionslose Abgeordnete.
- **Europäischer Gerichtshof** (EuGH). Der Europäische Gerichtshof ist für die Überwachung, Auslegung und Anwendung des EU-Rechts verantwortlich. Das Recht der Europäischen Union bricht das Recht der Mitgliedstaaten und muss einheitlich in den

Mitgliedstaaten angewendet werden. Der Europäische Gerichtshof trifft Entscheidungen über die Rechtsstreitigkeiten zwischen Mitgliedstaaten und Unionsorganen. Außerdem können unter bestimmten Voraussetzungen Streitsachen zwischen EU-Institutionen und Unternehmen, Privatpersonen oder Organisationen behandelt werden. Im Europäischen Gerichtshof ist ein Richter aus jedem Mitgliedstaat vertreten (insgesamt 28 Richter), die von den nationalen Regierungen für sechs Jahre ernannt werden (und wieder ernannt werden können). Aus ihrem Kreis wählen die Richter für drei Jahre einen Präsidenten, der wiedergewählt werden kann. Außerdem wird der Europäische Gerichtshof von elf Generalanwälten unterstützt, die anhängige Rechtsangelegenheiten öffentlich und unparteilich begutachten. Neben dem EuGH gibt es zwei weitere Gerichte. Beispielsweise werden Klagen der Mitgliedstaaten oder der Unionsorgane vor dem EuGH und Klagen natürlicher oder juristischer Personen vor dem Gericht (EuG) jeweils mit einfacher Mehrheit getroffen. Das dritte Gericht entscheidet über Streitigkeiten zwischen der Europäischen Union und ihren Bediensteten (Gericht für den öffentlichen Dienst); (vgl. *Duden 2012, S. 46 ff., Amt für Veröffentlichungen, S. 24 ff., http://europa.eu*).

07. Wie wirken die EU-Organe zusammen?

Die Bevölkerung der Europäischen Union wählt das Europäische Parlament und das Parlament ihres Mitgliedstaates. Das Parlament des Mitgliedstaates wählt seine Regierung. Das Europäische Parlament bildet zusammen mit dem Ministerrat die Haushaltsbehörde und kann den Gesamthaushalt ablehnen. Es muss Beitritten, Assoziierungen zur EU, EU-Verträgen und Finanzprotokollen zustimmen und wirkt an der Gesetzgebung des Ministerrates mit. Außerdem muss das Europäische Parlament der Zusammensetzung der Europäischen Kommission und dem Kandidatenwunsch für die Kommissionspräsidentschaft zustimmen. Sie kontrolliert die EU-Kommission, kann Anfragen an die EU-Kommission oder den Ministerrat stellen und gegenüber der EU-Kommission ein Misstrauensvotum aussprechen, dass zum Rücktritt der gesamten EU-Kommission führen kann.

Trotz der verbesserten Rechte des Europäischen Parlaments hat es keine vergleichbar starke Stellung wie die Parlamente in den Mitgliedstaaten (vgl. *Boeckh/Huster/Benz 2011*). Während der Europäische Rat Grundsatzentscheidungen trifft, ist die EU-Kommission die Regierung der Europäischen Union. Sie legt dem Ministerrat (als Gesetzgeber der EU) Gesetzesinitiativen vor, über die dieser, ggf. unter Mitentscheidung des Europäischen Parlaments, entscheidet.

Die EU-Kommission wird vom Wirtschafts- und Sozialausschuss und der Ministerrat vom Ausschuss der Regionen unterstützt. Für die Geld- und Währungspolitik ist die Europäische Zentralbank, für die Haushaltskontrolle der Europäische Rechnungshof und für die Einhaltung des EU-Rechts der Europäische Gerichtshof zuständig. Sofern es eine geteilte Zuständigkeit zwischen der Europäischen Union und den Mitgliedstaaten gibt, liegt die primäre Zuständigkeit nach dem Subsidiaritätsprinzip beim Mitgliedstaat (vgl. *Duden 2012*).

08. Beschreiben Sie das Gesetzgebungsverfahren in der Europäischen Union.

Das Initiativrecht für Rechtsvorschriften liegt bei der EU-Kommission. Beim Erlass von Richtlinien, Verordnungen und Beschlüssen hat das Europäische Parlament unterschiedliche Rechte (Unterrichtung, Anhörung, Veto). Grundsätzlich wird das Mitentscheidungsverfahren angewendet, bei dem der Ministerrat und das Europäische Parlament gleichberechtigt sind. Das Europäische Parlament wird durch zwei Lesungen an der Gesetzgebung beteiligt. Wenn eine Einigung nicht möglich ist, kann ein Vermittlungsausschuss angerufen werden. Mit der absoluten Mehrheit kann das Europäische Parlament eine Gesetzesinitiative ablehnen.

Rechtsvorschriften der EU sind Verordnungen (in allen Teilen verbindlich, über dem Recht der Mitgliedstaaten stehend und unmittelbar anzuwenden) und Richtlinien (EU-Weisungen, die zu entsprechenden Änderungen der Gesetze in den Mitgliedstaaten führen, wobei die Gestaltung der Umsetzung den Mitgliedstaaten überlassen bleibt) (vgl. *Duden 2012*). Ausnahmen vom Mitentscheidungsrecht sind Entscheidungen in der Steuerpolitik, bei Sozialversicherungen und in der Außen- und Sicherheitspolitik, die einstimmig im Ministerrat getroffen werden müssen (vgl. *Boeckh/Huster/Benz 2011*).

09. Skizzieren Sie mögliche Entwicklungen der Gesundheits- und Sozialpolitik in Europa.

Es gibt mehrere Möglichkeiten, wie sich die Gesundheits- und Sozialpolitik in Europa weiterentwickeln wird. Nachfolgend werden vier mögliche Entwicklungstendenzen von eher theoretischer Natur aufgezeigt:

- Freihandels- und Zollunion ohne sozialpolitische Elemente
- politisch-ökonomische Union mit nachrangiger Bedeutung der Sozialpolitik (trifft den heutigen Zustand am ehesten)
- politisch-ökonomische Union mit einer konkretisierten, geschützten und geförderten Sozialpolitik in der primären Verantwortung der Mitgliedstaaten, innerhalb eines europäischen Mehrebenensystems mit materieller Unterstützung und Mindeststandards
- europäischer Sozialstaat, der die sozialpolitischen Kompetenzen der Mitgliedstaaten auf europäischer Ebene übernimmt.

Die konkrete politische Diskussion umfasst in Europa die zweite und dritte Alternative. Die Osterweiterungen zeigen deutlich, dass die von diesen Ländern erworbene EU-Bürgerschaft wenig oder nicht mit den garantierten sozialen Bürgerrechten der Europäischen Union übereinstimmt. Damit in der Europäischen Union die gesetzten Werte erreicht werden können, sind in der Sozialpolitik Mindeststandards auf europäischer Ebene als erster Schritt erforderlich. Die Sozialsysteme würden sich zu unterschiedlich entwickeln, würden sie dauerhaft vollständig in der Regelungsautonomie der Mitgliedstaaten verbleiben. Den Mindeststandards müssten rechtliche und materielle Instrumente auf europäischer Ebene folgen, die durch eine europäische Sozialpolitik unter Berücksichtigung der unterschiedlichen europäischen Ebenen umgesetzt werden (vgl. *Boeckh/Huster/Benz 2011*).

1.2.4 Auswirkungen des europäischen Binnenmarktes auf Gesundheits- und Sozialsysteme der EU ableiten

01. Welche sozialpolitischen Ziele der Europäischen Union konnten bisher erreicht werden?

Für die Jahre 2001 bis 2005 hat die Europäische Union ein sozialpolitisches Arbeitsprogramm aufgestellt, das im Kern einem magischen Dreieck, bestehend aus Wirtschaftspolitik, Beschäftigungspolitik und Sozialpolitik entspricht. Durch die Sozialpolitik sollten soziale Qualitätsstandards und sozialer Zusammenhalt erreicht werden, durch die Wirtschaftspolitik Wettbewerbsfähigkeit und dynamische Entwicklung und durch die Beschäftigungspolitik Vollbeschäftigung und qualitative Verbesserungen der Arbeit. Die Ziele sollten nicht durch Rechtsvorschriften oder finanzielle Unterstützungen erreicht werden, sondern durch gemeinsame europäische Ziele, optimierte Prozesse und verbesserte Koordination der Sozialpolitiken der Mitgliedstaaten im Rahmen des Binnenmarktes.

In der Sozialpolitik sollte ein hohes Maß an Sozialschutz erreicht werden, es sollten allen Menschen der Europäischen Union ausreichend soziale Dienstleistungen angeboten werden, ausreichend Beschäftigungsmöglichkeiten bestehen sowie die Grundrechte und sozialen Rechte garantiert werden (vgl. *Boeckh/Huster/Benz 2011*). Die Ziele konnten bisher nicht im geplanten Umfang erreicht werden. Dafür sind die souveränen Interessen einzelner europäischen Staaten zu unterschiedlich, insbesondere auch in der Sozialpolitik.

Obwohl mit dem Gründungsvertrag der Europäischen Wirtschaftsgemeinschaft (EWG) die Gleichrangigkeit zwischen Wirtschafts- und Sozialpolitik hergestellt werden sollte, ist dieses tatsächlich nicht geschehen. Ausgehend vom EWG-Vertrag wurde die Herstellung eines gemeinsamen europäischen Marktes mit der Freizügigkeit des Kapitals, der Waren und Dienstleistungen sowie Arbeitnehmerfreizügigkeit und Niederlassungsfreiheit sukzessive entwickelt. 1999 war der europäische Binnenmarkt weitgehend erreicht. Er sollte zu einem intelligenten, nachhaltigen und integrativen Wachstum führen.

Die EU-Sozialpolitik beschränkt sich bis heute auf die Gestaltung der Arbeitnehmerfreizügigkeit, dem Arbeits- und Gesundheitsschutz und der Gleichstellung von Mann und Frau. Die Kernbereiche der Sozialpolitik sind bei den Mitgliedstaaten verblieben. Dazu gehören die Systeme der Sozialversicherung, die Versorgungs- und Fürsorgesysteme, die Lohnpolitik sowie überwiegend die Steuerpolitik. Gemeinsamkeiten in den Kernbereichen konnte wegen der großen Unterschiede in den Sozialsystemen der einzelnen Mitgliedstaaten bisher nicht erreicht werden. Dieses verdeutlichen auch die nachfolgenden Armuts- und Arbeitslosenquoten. In der Europäischen Union lagen die Armutsgefährdungsquoten im Jahr 2017 zwischen 9,1 % (Tschechien) und 23,6 % (Rumänien). Deutschland liegt mit 16,1% knapp unter dem EU-Durchschnitt von 16,9 %. Die Arbeitslosenquoten lagen im September 2018 zwischen 2,3 % (Tschechien) und 19,0 % (Griechenland). Deutschland hat nach Tschechien (2,3 %) gemeinsam mit Polen (3,4 %) die zweitniedrigste Arbeitslosenquote. Der EU-Durchschnitt liegt bei 6,7 % (vgl. *Boeckh/Huster/Benz 2011*, S. 377 ff. und S. 389, *www.statista.com*).

Die Fragen nach der optimalen sozialen Sicherung in der Europäischen Union, der Festlegung von Mindeststandards, der Angleichung der unterschiedlichen Sicherungsniveaus der einzelnen Mitgliedstaaten und der Lastenteilung für eine gemeinsame Sozialpolitik konnten bisher nicht geklärt werden.

Bestrebungen zur Umsetzung der Ziele auf europäischer Ebene scheiterten an den Interessen verschiedener Mitgliedstaaten, beispielsweise wirtschaftsliberalen Orientierungen, Heterogenität europäischer Sozialstaatlichkeit, Eigeninteressen der regionalen, nationalen und lokalen politischen Ebenen sowie demokratischer Defizite auf der EU-Ebene (vgl. *Boeckh/Huster/Benz 2011*).

02. Welche sozialpolitischen Grundausrichtungen gibt es in Europa?

Die Wohlfahrtssysteme sind in Europa einerseits sozialdemokratisch (im Sinne von solidarisch) und andererseits korporativ (im Sinne von konservativ) ausgestaltet. Sozialdemokratische Wohlfahrtssysteme finden sich beispielsweise in Schweden, Norwegen und Dänemark, korporative Wohlfahrtssysteme in Belgien, Niederlande, Luxemburg, Deutschland, Österreich, Frankreich und Finnland. Darüber hinaus gibt es ein liberales Wohlfahrtssystem, beispielsweise in den USA, Australien, Kanada und Japan.

Das sozialdemokratische Wohlfahrtssystem ist gekennzeichnet durch eine hohe Beschäftigungsquote, einer für die Bevölkerung umfassenden in den Leistungsbereichen gesockelten Sozialversicherung, intersozialen Umverteilungen, niedrigen Quoten von Sozialhilfeempfängern, niedrigen Armutsquoten und geringe soziale Ungleichheit, aber hohen Sozialleistungs- und Steuerquoten.

Im korporativen Wohlfahrtssystem ist der Schutz traditioneller sozialer Gemeinschaften wie Familie oder Stände zentrale staatliche Orientierung. Es wird auf die Unterhaltspflicht Familienangehöriger und auf die Vorsorgepflicht abhängig Beschäftigter durch gesetzliche Sozialversicherungen (Alter, Krankheit, Unfall, Invalidität und Arbeitsplatzverlust) abgestellt. Für die Sozialversicherungen bestehen äquivalente Beitrags-Leistungs-Beziehungen. Im Mittelpunkt steht die Fortschreibung des Status und Lebensstandards der Bevölkerung. Mindestsicherheitsleistungen zur Sicherung des Existenzminimums gibt es für Bedürftige in Form von Sozialhilfe oder Grundsicherung. Die Aufwendungen für die soziale Sicherheit liegen in der Regel unter denen des sozialdemokratischen Wohlfahrtsstaates, während die Quoten für Armut und soziale Ungleichheit höher sind.

In liberalen Wohlfahrtssystemen gibt es eine Existenzsicherungsgarantie des Staates durch bedarfsgeprüfte Mindestsicherungsleistungen. Das soziale Sicherungssystem ist einerseits universell, andererseits minimalistisch ausgestaltet mit schwach reguliertem Arbeitsmarkt und sozialer Polarisierung. Es herrscht Vertragsautonomie, die Gewerkschaften haben schwache Stellungen und die Lohnunterschiede sind hoch.

Spanien, Griechenland und Portugal verfügen über eine lückenhafte Mischung der drei sozialpolitischen Grundausrichtungen. Eine vergleichsweise geringe oder mittlere Wirtschaftskraft, Schattenwirtschaft, hohe Arbeitslosigkeit und lückenhafte Sozialversicherungssysteme führen zu hohen Armutsquoten und Armutsrisiken für breite Bevölkerungsschichten (vgl. *Boeckh/Huster/Benz 2011*).

03. Welchen Stellenwert hat die Grundrechtscharta der Europäischen Union?

Nach der Grundrechtscharta ist die Europäische Union nicht zu aktivem Schutz verpflichtet. Sie anerkennt und achtet das Recht auf Zugang zu den Leistungen der sozialen Sicherheit, zu den sozialen Diensten, zur Bekämpfung der sozialen Ausgrenzung und Armut nach Maßgabe des Unionsrechts und der einzelstaatlichen Rechtsvorschriften und Gepflogenheiten (Artikel 34 Grundrechtscharta). Es besteht eine Unterlassungspflicht der Europäischen Union, anerkannte Rechte nicht zu verletzen (vgl. *Boeckh/Huster/Benz 2011*).

1.2.5 Funktionen und Bedeutung internationaler Organisationen erläutern

01. Wie können internationale Organisationen definiert und unterschieden werden?

Internationale Organisationen besitzen eine eigene Rechtspersönlichkeit mit eigenen Organen, sind zweckorientiert und grundsätzlich auf Dauer angelegt. Die ihrem Zweck zugrunde liegenden Aufgaben werden selbstständig wahrgenommen. Internationale Organisationen können aufgrund von staatlichen oder nichtstaatlichen Initiativen auf der Basis von Verträgen gegründet werden.

Internationale Organisationen können in internationale Regierungsorganisationen (IGOs – International Governmental Organizations, z. B. UNO), internationale Nichtregierungsorganisationen (INGOs – International Non-Governmental Organizations, z. B. Greenpeace, Amnesty International, WWF, Internationale Rotkreuz- und Rothalbmondbewegung), internationale Regime (akzeptierte Entscheidungssysteme, z. B. GATT-General Agreement on Tariffs and Trade, Allgemeines Zoll- und Handelsabkommen) und internationale Netzwerke (z. B. „G 8" Weltwirtschaftsgipfel) unterschieden werden (vgl. *Duden 2012*).

02. Erläutern Sie Ziele internationaler Nichtregierungsorganisationen.

Internationale Nichtregierungsorganisationen haben zum Ziel, Einfluss auf Politik und Gesellschaft zu nehmen und zur öffentlichen Meinungsbildung beizutragen. Sie arbeiten überwiegend unabhängig von Regierungen, sind nicht gewinnorientiert und verfolgen soziale, humanitäre, ökologische und entwicklungspolitische Ziele. Im Jahre 2005 betrug die Anzahl der INGOs ca. 10.000. Die Bandbreite reicht von kleinen Expertenteams bis zu großen unabhängigen Organisationen (z. B. Greenpeace); (vgl. *Duden 2012*).

Als Beispiel für eine Internationale Nichtregierungsorganisation mit humanitären Zielen wird die Internationale Rotkreuz- und Rothalbmondbewegung mit Sitz in Genf dargestellt, die nach den Grundsätzen Menschlichkeit, Unparteilichkeit, Neutralität, Unabhängigkeit, Freiwilligkeit, Einheit und Universalität arbeitet.

Das Deutsche Rote Kreuz e. V. (DRK) mit Sitz in Berlin ist Teil dieser Organisation, für die Bundesrepublik Deutschland zuständig und übernimmt folgende Aufgaben aus den Genfer Abkommen von 1949, ihren Zusatzprotokollen und durch Bundes- oder Landesgesetz zugewiesene Aufgaben:

- humanitäre Hilfe in bewaffneten Konflikten
- humanitäre Hilfe nach Naturkatastrophen
- Verbreitung des humanitären Völkerrechts
- Koordination des Katastrophenschutzes in Zusammenarbeit mit den deutschen Behörden
- Koordination des zivilen Rettungsdienstes
- Wohlfahrtsarbeit
- Sozialarbeit.

Das DRK ist in der Bundesrepublik Deutschland in 19 Landesverbänden, 538 Kreisverbänden und ca. 5.000 Ortsvereinen gegliedert (vgl. *von Troschke/Stößel 2012*). Zum DRK gehört der Verband der Schwesternschaften vom Deutschen Roten Kreuz e. V., der in 31 DRK-Schwesternschaften unterteilt ist. Das DRK wird durch einen Präsidenten vertreten. Die Bundesversammlung des DRK ist das oberste Beschlussorgan. Das Präsidium arbeitet ehrenamtlich, ist für die verbandspolitischen Ziele verantwortlich, setzt Impulse und ist Aufsichtsgremium für den Vorstand und die Verbandsgeschäftsführung Bund (VG-Bund).

Das Präsidium wird durch den Präsidialrat beraten. Es handelt sich dabei um das föderative Organ des DRK, bestehend aus den Präsidenten der Landesverbände und der Präsidentin des Verbandes der Schwesternschaften. Neben der Beratung genehmigt der Präsidialrat die DRK-weit umzusetzenden Beschlüsse des Präsidiums.

Der Vorstand des Deutschen Roten Kreuzes e. V. besteht aus dem Vorsitzenden (Generalsekretär) und dem zweiten Vorstandsmitglied und führt die Geschäfte hauptberuflich. Die Geschäfte werden nach den Beschlüssen der Bundesversammlung, des Präsidialrates und des Präsidiums geführt.

Die Verbandsgeschäftsführung Bund (VG-Bund) koordiniert die Hauptaufgaben zwischen dem Bundesverband und den Mitgliedsverbänden. Der VG-Bund besteht aus dem Vorstand, den Geschäftsführern der 19 Landesverbände und der Verbandsoberin des Verbandes der Schwesternschaften und koordiniert strategische Zielsetzungen des Gesamtverbandes, die ihm der Präsidialrat übertragen hat. Mitarbeiter des DRK sind entweder hauptberuflich oder im wesentlichen Umfang ehrenamtlich tätig (vgl. *Deutsches Rotes Kreuz*).

03. Beschreiben Sie die UNO und erläutern Sie wesentliche Ziele.

Die UNO (United Nations Organizations) hat ihren Sitz in New York und ist die weltweite Staatenorganisation mit 193 Mitgliedern (Stand: 03.01.2018). Ziele der UNO sind:

- Erhaltung des Weltfriedens
- Selbstbestimmung der Völker
- Förderung internationaler Zusammenarbeit
- Förderung wirtschaftlicher und sozialer Entwicklung
- Durchsetzung der allgemeinen Menschenrechte.

Hauptorgane der UNO sind:

- **Generalversammlung** (GV). Die GV ist die Vollversammlung aller Mitgliedstaaten. Jeder Mitgliedstaat hat eine Stimme, abgestimmt wird mit einfacher Mehrheit. Beschlüsse der GV sind Empfehlungen.
- **Sicherheitsrat.** Der Sicherheitsrat besteht aus 15 Mitgliedern, davon 10, die von der GV mit Zweidrittelmehrheit für zwei Jahre gewählt werden. Die ständigen Mitglieder USA, Russland, China, Großbritannien und Frankreich sind Vetomächte. Jedes Land kann durch seine Verweigerung Beschlüsse des Sicherheitsrates verhindern. Der Sicherheitsrat beschließt über Maßnahmen der UNO (z. B. Einsatz von Friedenstruppen, internationale Tribunale bei Kriegsverbrechen).
- **Wirtschafts- und Sozialrat** (ECOSOC, Economic and Social Council). Der Wirtschafts- und Sozialrat besteht aus 54 Mitgliedern und ist zuständig für wirtschaftliche, soziale und kulturelle Maßnahmen.
- **Internationaler Gerichtshof** (IGH). Rechtsprechungsorgan der UN mit Sitz in Den Haag und besteht aus 15 Richtern, die von der GV und dem Sicherheitsrat gewählt werden. Der IGH kann tätig werden, wenn sich die Konfliktparteien seiner Gerichtsbarkeit unterwerfen. Die Urteile sind endgültig, können aber nur durch Maßnahmen des Sicherheitsrates exekutiert werden.
- **Generalsekretariat.** Der Generalsekretär ist unabhängig und neutral und kann deshalb helfen, internationale Konflikte zu lösen. Der Sicherheitsrat kann den Generalsekretär mit Maßnahmen zur Erhaltung des Friedens beauftragen. Er wird auf Vorschlag des Sicherheitsrates von der GV für fünf Jahre gewählt.

Die UNO verfügt über eigene Unterorganisationen (vgl. *Duden 2012*) wie

- **UNICEF** (United Nations International Children's Emergency Fund, Kinderhilfswerk)
- **UNHCR** (United Nations High Commissioner for Refugees, Hoher Kommissar für Flüchtlinge)

- **UNDP** (United Nations Development Programme, Entwicklungsprogramm)
- **UNFPA** (United Nations Fund für Population Activities, Beurteilung der bevölkerungspolitischen Lage)
- **WFP** (World Food Programme, Welternährungsprogramm)
- **UNDRO** (United Nations Disaster Relief Organization, Katastrophenhilfe)

und Kooperationsabkommen und Sonderorganisationen wie Internationaler Währungsfonds, Weltbank, Weltgesundheitsorganisation, Internationale Arbeitsorganisation und Internationale Zivilluftfahrtsorganisation. UNO, Unterorganisationen und Sonderorganisationen stellen das System der Vereinten Nationen dar.

04. Beschreiben Sie die IAO und erläutern Sie wesentliche Ziele.

Die Internationale Arbeitsorganisation (IAO)/International Labour Organization (ILO) ist eine Sonderorganisation der Vereinten Nationen, bestehend aus Regierungsvertretern, Arbeitgebervertretern und Arbeitnehmervertretern. Ziele mit weltweiter Perspektive sind:

- Armutsbekämpfung
- Bekämpfung von Arbeitslosigkeit
- sozialer Ausgleich und soziale Gerechtigkeit
- Verbesserung der Lebens- und Arbeitsbedingungen
- Realisierung internationaler Arbeits- und Sozialnormen.

Erreicht wurden bisher das Verbot der Kinder- und Zwangsarbeit, der Grundsatz geschlechterneutraler Bezahlung bei gleichen Leistungen, Abschlussmöglichkeiten von Kollektivverträgen sowie das Recht auf Gründung von Gewerkschaften. Die Beschlüsse werden nicht durchgängig von allen Staaten befolgt. Der IAO fehlen Instrumente zur Durchsetzung ihrer Beschlüsse (vgl. *Boeckh/Huster/Benz 2011* und *Duden 2012*).

05. Beschreiben Sie die WTO und erläutern Sie wesentliche Ziele.

Die Welthandelsorganisation (WTO World Trade Organization) mit Sitz in Genf hat 164 Mitglieder (Stand: Dezember 2018) und baut auf dem Zoll- und Handelsabkommen GATT auf. Ziele sind:

- Liberalisierung des Welthandels durch Regeln für den Warenhandel (GATT General Agreement on Tariffs and Trade)
- Liberalisierung des Dienstleistungshandels durch entsprechende Regeln (GATS General Agreement on Trade in Services)
- Schutz geistigen Eigentumsrechts durch entsprechende Regeln (TRIPS Agreement on Trade-Related Aspects of Intellectual Proberty Rights).

Es ist nicht auszuschließen, dass Vereinbarungen im Dienstleistungsbereich Auswirkungen auf die Sozialpolitik der Bundesrepublik Deutschland haben, wenn GATS auch auf Bildungs-, Kultur- und Gesundheitseinrichtungen anzuwenden ist. Über diesbezügliche Schritte wird seit über zehn Jahren ergebnislos verhandelt. Bis 2004 sollten für diverse Dienstleistungen einschließlich Gesundheit Vereinbarungen getroffen werden. Sofern GATS für soziale Dienste und das Gesundheitswesen verbindlich wird, müsste internationale Konkurrenz nach dem Gleichbehandlungsgrundsatz zugelassen und Markteintrittsbarrieren abgebaut werden. Das könnte sich in der Bundesrepublik Deutschland auf den öffentlichen Finanzierungscharakter, die Marktsteuerungsmechanismen, den Möglichkeiten, Zugang zur Leistungserbringung zu erhalten und der Gewinnerzielung auswirken (vgl. *Boeckh/Huster/Benz 2011, Duden 2012, www.wto.org*).

06. Beschreiben Sie die Weltbank und erläutern Sie wesentliche Ziele.

Der Weltbank mit Sitz in Washington D. C. gehören zurzeit 189 (Stand 31.12.2018) Mitglieder an. Wesentliche Ziele sind die weltweite Bekämpfung der Armut und die Verbesserung der Lebensbedingungen in Entwicklungsländern (*www.worldbank.org*).

07. Beschreiben Sie den IWF und erläutern Sie wesentliche Ziele.

Der Internationale Währungsfonds (IWF) mit Sitz in Washington D. C. hat zurzeit 189 (Stand 31.12.2018) Mitglieder. Wesentliche Ziele sind die Förderung der internationalen währungspolitischen Zusammenarbeit, stabile Wechselkurse, Wachstum des Welthandels und Realisierung ausgewogener Zahlungsbilanzen der Mitglieder Der IWF und die Weltbank und Geschwisterorganisationen (vgl. *Duden 2012, www.bundesbank.de*[1]).

08. Beschreiben Sie die WHO und erläutern Sie wesentliche Ziele.

Die Weltgesundheitsorganisation (WHO) wurde 1948 gegründet und ist eine Spezialorganisation der Vereinten Nationen mit Sitz in Genf, in der alle Staaten Mitglied werden können (zurzeit 194 Mitgliedsstaaten). Nach Artikel 1 ihrer Verfassung soll die WHO dazu beitragen, dass die einzelnen Völker den bestmöglichen Gesundheitszustand erreichen.

Nach der WHO-Verfassung ist der bestmögliche Gesundheitszustand ein Grundrecht, das für jeden Menschen unabhängig der Rasse, der Religion, der politischen Anschauung und der wirtschaftlichen oder sozialen Stellung besteht und Grundbedingung für den Weltfrieden und die Sicherheit ist. Die Verantwortung für die Erreichung dieser Ziele liegt bei den jeweiligen Regierungen. Sie sollen eng und aufklärerisch zusammenarbeiten, damit die erforderlichen medizinischen und psychologischen sowie sonstige Erkenntnisse bestmöglich umgesetzt werden können.

---

[1] www.bundesbank.de/Navigation/DE/Aufgaben/Finanz_und_Waehrungssystem/Internationale_Zusammenarbeit/IWF/iwf.html

Die Aufgaben der WHO werden durch die Weltgesundheitsversammlung (Vertreter der Mitgliedsstaaten, Wahl eines eigenen Präsidenten, eigene Geschäftsordnung, Ernennung des Generaldirektors der WHO auf Vorschlag des Exekutivrates), den Exekutivrat (beratendes und ausführendes Organ der Weltgesundheitsversammlung, Wahl eines eigenen Präsidenten, eigene Geschäftsordnung, Vorschlag des Generaldirektors der WHO) und das Sekretariat (Generaldirektor der WHO sowie technisches und administratives Personal der WHO) durchgeführt. Der Generaldirektor der WHO untersteht der Autorität des Exekutivrates und ist Sekretär der Weltgesundheitsversammlung. Die WHO finanziert sich aus Beiträgen und Entgelten für Dienstleistungen. Zu den wesentlichen Zielen/Aufgaben der Weltgesundheitsorganisation gehören:

- leitende und koordinierende Stelle des internationalen Gesundheitswesens
- Zusammenarbeit mit den Vereinten Nationen, den staatlichen Gesundheitsämtern, Fachkreisen und weiteren Organisationen
- Beratung bei der Unterdrückung epidemischer, endemischer und anderer Krankheiten und Förderung von Bestrebungen, die der körperlichen und geistigen Gesunderhaltung der Menschen dienen
- Förderung (ggf. in Zusammenarbeit mit Spezialorganisationen) der Verhütung von Unfallschäden, Verbesserung der Ernährung, Wohnungsbedingungen, sanitären Einrichtungen, Arbeitsbedingungen und sonstige Gebiete der Umgebungshygiene
- auf Initiative von Regierungen Hilfestellung beim Ausbau der Gesundheitsdienste und in dringenden Fällen Gewährung notwendiger Hilfe
- Standardisierung der Methoden der Diagnostik sowie Entwicklung internationaler Normen für Lebensmittel, biologische, pharmazeutische und ähnliche Produkte
- Aufklärung der Völker in gesundheitlichen Fragen (Auskünfte, Ratschläge und Unterstützung)
- Förderung der Forschung auf dem Gebiet des Gesundheitswesens und der Zusammenarbeit zwischen wissenschaftlichen und beruflichen Fachkreisen mit dem Ziel, die Gesundheit zu verbessern (inkl. Verbesserung der Ausbildung relevanter Berufsbilder im Gesundheitswesen)
- statistische Dienste, z. B. internationale Nomenklatur der Krankheiten (ICD), Todesursachen, Erhebungen und Berichte auf dem Gebiet des öffentlichen Gesundheitswesens.

Die Weltgesundheitsversammlung kann Regelungen herbeiführen über

- sanitäre und Quarantänemaßnahmen zur Verhinderung der Ausbreitung von Krankheiten zwischen den Ländern
- der Arbeitsmethoden des öffentlichen Gesundheitsdienstes
- Nomenklatur der Krankheiten und der Todesursachen
- Bezeichnung und Ankündigung biologischer, pharmazeutischer und ähnlicher Produkte im internationalen Handel

▸ Normierung von diagnostischen Methoden für den internationalen Gebrauch sowie Normen für die Beschaffenheit, Reinheit und Wirksamkeit biologischer, pharmazeutischer und ähnlicher Produkte im internationalen Handel.

Die Regelungen treten für alle Mitgliedstaaten nach Annahme durch die Weltgesundheitsversammlung und entsprechender Bekanntgabe in Kraft, mit Ausnahme derjenigen Mitgliedstaaten, die die Regelungen ablehnen oder Vorbehalte geltend machen.

Die Weltgesundheitsversammlung

▸ kann mit Zweidrittelmehrheit Verträge oder Abkommen über jede Frage in ihrem Zuständigkeitsbereich abschließen (damit abgeschlossene Verträge und Abkommen für einen Mitgliedsstaat verbindlich werden, muss dieser ihn in Übereinstimmung mit seinen verfassungsrechtlichen Bestimmungen genehmigen)
▸ kann Empfehlungen gegenüber den Mitgliedsstaaten über jede Frage in ihren Zuständigkeitsbereich geben(vgl. *WHO 2009*).

1.3 Erläutern rechtlicher und institutioneller Rahmenbedingungen von Einrichtungen im Gesundheits- und Sozialwesen

Im folgenden Kapitel werden Voraussetzungen für die Gründung von Unternehmen und Einrichtungen des Gesundheits- und Sozialwesens sowie ausgewählte Regelungen, die während des laufenden Betriebs und während einer eventuellen Abwicklung zu beachten sind, erläutert. Es wird insbesondere auf mögliche Rechtsformen mit ihren Organen einschließlich der Selbstverwaltungseinrichtungen, die ärztliche Rolle im Gesundheitswesen, Auszüge aus dem Berufsrecht der Ärzte, Haftungsfragen, Datenschutz, Aufbewahrungs- und Übergabepflichten, Verwaltungsakte der Selbstverwaltung und Aufgaben der Aufsichtsbehörden eingegangen.

1.3.1 Voraussetzung für die Gründung von Einrichtungen erläutern

01. Erklären Sie den Begriff des Unternehmens.

Wenn man sich an dem Gründungsprozess orientiert, dann ist ein Unternehmen ein offenes, zugleich eigenständiges wirtschaftliches und soziales System, das produktive Aufgaben übernimmt. Diese Definition ist für den Gründungsprozess besser geeignet, als die herkömmliche Definition *Gutenbergs*. Nach *Gutenberg* ist ein Unternehmen ein System von Produktionsfaktoren, welches auf den Prinzipien der Wirtschaftlichkeit, des finanziellen Gleichgewichts, der erwerbswirtschaftlichen Tätigkeit sowie der inneren und äußeren Autonomie beruht (vgl. *Hering/Vincenti 2010*).

02. Was versteht man unter Unternehmensgründung und wann ist sie erforderlich?

Die Unternehmensgründung ist die erste Phase im Lebenszyklus eines Unternehmens. Es handelt sich um einen kreativen und komplexen Vorgang, bei dem ein gegenüber der Umwelt abgrenzbares eigenständiges System gebildet wird, welches in dieser Form bisher nicht bestanden hat. Unternehmensgründungen sind erforderlich, wenn mit den bereits am Markt tätigen Unternehmen die anstehenden wirtschaftlichen Herausforderungen nicht oder nicht mehr optimal gelöst werden können (vgl. *Hering/Vincenti 2010*).

03. Erläutern Sie die einzelnen Phasen im Lebenszyklus eines Unternehmens.

Von der Gründung bis zur eventuellen Liquidation durchlaufen Unternehmen verschiedene Phasen:

Vorgründungsphase	Idee, Analyse, Konzept Auseinandersetzung mit den Chancen und Risiken der Unternehmensgründung und inhaltliche Konkretisierung (Produktidee, mögliche Absatzmärkte, umfassendes Unternehmenskonzept mit Rechtsform, Standort, Finanzierung).
Gründungsphase	Organisation, Entwicklung, Produktionsaufbau, Märkte (Entwicklung der Unternehmensstruktur) Tatsächliche förmliche Unternehmensgründung (juristischer Gründungsakt, Bereitstellung von Produktionsfaktoren, organisatorisch-institutioneller Aufbau des Unternehmens, Geschäftsanbahnung, Produkt-/Dienstleistungsentwicklung).
Frühentwicklungsphase	Produktion, Markteinführung (Beginn der Geschäftstätigkeit, Markteintritt, Verkaufserfolge).
Amortisationsphase	Markterfolg Überschreiten der Gewinnschwelle, stetiger Ausbau des Produktions- und Vertriebsprozesses, die kumulierten Einzahlungen übersteigen die kumulierten Auszahlungen, verzinste Rückgewinnung der investierten Mittel ist erstmals möglich (bis zum Ende der Amortisationsphase befindet sich das Unternehmen im Gründungsprozess).
Expansionsphase	Neue Produkte, neue Märkte Erste Phase, die nach dem Ende des Gründungsprozesses eintritt, Ausweitung des Produkt-/Dienstleistungsangebotes, Erschließung neuer Absatzmärkte (ggf. auch Stagnations- und Schrumpfungsphasen).
(eventuell Liquidationsphase)	Abwicklung des Unternehmens

Phasen im Lebenszyklus eines Unternehmens, in Anlehnung an *Hering/Vincenti 2010*

Das Phasenschema besitzt nur idealtypischen Charakter. Im konkreten Anwendungsfall überlappen sich die Phasen und sind nur eingeschränkt abgrenzbar.

04. Nennen Sie mögliche Unternehmensformen des Privatrechts.

Nach der Wirtschaftsordnung der Bundesrepublik Deutschland können private Unternehmen als Einzelunternehmen, als unterschiedlich gestaltete Gesellschaftsunternehmen oder als Stiftungen betrieben werden. Gesellschaftsunternehmen unterteilen sich in Personengesellschaften und Körperschaften.

Bei Personengesellschaften handelt es sich um Gesellschaften bürgerlichen Rechts (GBR), Offene Handelsgesellschaften (OHG), Kommanditgesellschaften (KG), Stille Gesellschaften (stG), Europäische Wirtschaftliche Interessenvereinigungen (EWIV) und Partnerschaftsgesellschaften (PartG).

Bei Körperschaften handelt es sich um Vereine, Kapitalgesellschaften und Genossenschaften. Kapitalgesellschaften treten beispielsweise in den Rechtsformen Gesellschaft mit beschränkter Haftung (GmbH), gemeinnützige Gesellschaft mit beschränkter Haftung (gGmbH), Aktiengesellschaft (AG), Kommanditgesellschaft auf Aktien (KGaA) sowie Mischformen wie beispielsweise die GmbH & Co. KG auf. Bei der GmbH & Co. KG handelt es sich um eine Kommanditgesellschaft, bei der der vollhaftende Komplementär in der Rechtsform der GmbH mit seinem Gesellschaftsvermögen haftet, nicht aber die Gesellschafter, sofern sie ihren Gesellschaftsanteil am Stammkapital vollständig eingezahlt haben. Die Vollhaftung des Komplementärs wurde geteilt. Während die eigenständige Rechtspersönlichkeit GmbH voll umfänglich mit dem Gesellschaftsvermögen haftet, haften die Gesellschafter der GmbH grundsätzlich nicht (vgl. *Führich 2010*).

05. Nennen Sie mögliche Unternehmensformen bzw. Einrichtungen des öffentlichen Rechts.

Öffentliche Unternehmen oder Einrichtungen sind oftmals als Körperschaften des öffentlichen Rechts, Anstalten des öffentlichen Rechts, Stiftungen des öffentlichen Rechts sowie als Regie- oder Eigenbetrieb organisiert. Öffentliche Unternehmen können in die Unternehmensformen des Privatrechts übergeleitet werden.

06. Erläutern Sie die Begriffe Handels- und Unternehmensregister.

Handelsregister und Unternehmensregister sind im Handelsgesetzbuch (HGB), zweiter Abschnitt, §§ 8 - 16 geregelt. Das Handelsregister ist ein öffentliches Verzeichnis, in dem Rechtsverhältnisse von Unternehmen zur Sicherung des Handelsverkehrs erfasst werden. Das Unternehmensregister enthält unternehmensrelevante Informationen und kann über www.unternehmensregister.de eingesehen werden.

Das Handelsregister wird von den jeweiligen Amtsgerichten geführt (www.handelsregister.de). Sowohl Handelsregister als auch Unternehmensregister werden vollständig elektronisch geführt. Das Handelsregister besteht aus der Abteilung A für Einzelkaufleute und Personengesellschaften (OHG, KG, EWIV) und der Abteilung B für Kapitalgesellschaften (GmbH, AG, KGaA); (vgl. *Führich 2010*).

07. Nennen Sie Inhalte, die in den Abteilungen A und B des Handelsregisters erfasst werden.

Die Abteilung A enthält unter anderem nachfolgende Angaben und deren Veränderungen zu Einzelkaufleuten und Personengesellschaften (OHG, KG, EWIV):

- Eintragung des Istkaufmanns (§ 1 HGB)
- Eintragung als Kannkaufmann (§§ 2 - 3 HGB)
- Firma, Ort der Niederlassung (§ 29 HGB)
- Unternehmenskäufe (§ 25 HGB)
- Insolvenzeröffnung (§ 32 HGB)
- Prokura (§ 53 HGB)
- Handelsgesellschaften (§§ 106 ff., 161 ff. HGB; Informationen zu allen Gesellschaftern, Firma, Ort, Vertretungsmacht)
- Ausschluss eines Gesellschafters von der Vertretung (§ 106 Abs. 2 Nr. 4, § 107 HGB)
- Tag der Eintragung.

Die Abteilung B enthält unter anderem nachfolgende Angaben und Veränderungen zu Kapitalgesellschaften (GmbH, AG, KGaA):

- Eintragung des Formkaufmanns (§ 6 HGB)
- Rechtsverhältnisse
- Satzung der juristischen Person (§ 33 HGB, § 39 AktG)
- Gesellschaftsvertrag (§ 10 GmbHG)
- Urkunden über die Bestellung des Vorstands (§ 33 HGB)
- Vertretungsmacht (§ 33 HGB)
- Firma und der Sitz der juristischen Person (§ 33 HGB, § 39 AktG, § 10 GmbHG)
- Gegenstand des Unternehmens (§ 33 HGB, § 39 AktG, § 10 GmbHG)
- Mitglieder des Vorstandes und ihre Vertretungsmacht (§ 33 HGB, § 39 AktG)
- Geschäftsführer (§ 10 GmbHG)
- Höhe Grundkapital (§ 39 AktG)
- Höhe des Stammkapitals (§ 10 GmbHG)
- besondere Bestimmungen der Satzung (§ 33 HGB)
- Insolvenzeröffnung (§ 32 HGB)
- Liquidatoren (inkl. der Vertretungsmacht) im Insolvenzfall, gerichtlich bestellte Vorstandsmitglieder (§ 34 Abs. 4 HGB)
- Tag der Eintragung.

08. Nennen Sie Rechte und Informationsmöglichkeiten im Zusammenhang mit dem Handels- und Unternehmensregister.

Nach § 9 HGB steht die Informationsbeschaffung jedem Interessenten sowohl für das Handels- als auch für das Unternehmensregister mit folgenden Rechten zu:

- Recht auf Einsicht
- Recht auf elektronische Übermittlung von Dokumenten, die nur in Papierform vorliegen, wenn sie noch nicht 10 Jahre alt sind
- Recht auf Beglaubigung der Übereinstimmung übermittelter Daten mit dem Inhalt des Handelsregisters und den zum Handelsregister eingereichten Dokumenten (auf Antrag)
- Recht auf Ausdruck der Eintragungen und der eingereichten Dokumente und Recht auf Abschrift für Schriftstücke, die nur in Papierform vorliegen (die Abschrift ist von der Geschäftsstelle zu beglaubigen und der Ausdruck als amtlicher Ausdruck zu fertigen, es sei denn, auf die Beglaubigung wird verzichtet)
- Recht auf Bescheinigung, dass weitere Eintragungen nicht vorhanden sind oder eine bestimmte Eintragung nicht erfolgt ist.

Folgende Informationen sind über die Internetseite des Unternehmensregisters zugänglich:

- Eintragungen im Handelsregister und deren Bekanntmachung sowie zum Handelsregister eingereichte Dokumente
- Eintragungen im Genossenschaftsregister und deren Bekanntmachung sowie zum Genossenschaftsregister eingereichte Dokumente
- Eintragungen im Partnerschaftsregister und deren Bekanntmachung sowie zum Partnerschaftsregister eingereichte Dokumente
- Unterlagen der Rechnungslegung nach den §§ 325 und 339 HGB (Offenlegung) und deren Bekanntmachung
- gesellschaftsrechtliche Bekanntmachungen im Bundesanzeiger
- Im Aktionärsforum veröffentlichte Eintragungen (§ 127a Aktiengesetzes, gemeinsame Anträge oder Stimmrechtsausübung auf der Hauptversammlung)
- Veröffentlichungen nach dem Wertpapierhandelsgesetz, dem Vermögensanlagengesetz, dem Wertpapiererwerbs- und Übernahmegesetz, der Börsenzulassungsverordnung, dem Investmentgesetz, dem Investmentsteuergesetz, kapitalmarktrechtliche Veröffentlichungen an die Bundesanstalt für Finanzdienstleistungsaufsicht sowie sonstige der Öffentlichkeit zur Verfügung gestellte Informationen
- Bekanntmachungen der Insolvenzgerichte nach § 9 der Insolvenzordnung.

09. Beschreiben Sie die Merkmale einer Einzelunternehmung.

Bedeutung	Das Einzelunternehmen ist mit Abstand die häufigste Rechtsform in der Bundesrepublik Deutschland.
Gründung	Gewerbetreibende Kaufleute melden ihre Tätigkeit beim Gewerbeamt an (Eintragung ins Handelsregister) Für Kleingewerbetreibende entfällt die Handelsregistereintragung, freiberufliche Tätigkeit wird nur beim Finanzamt angezeigt.
Anzahl Inhaber/ Gesellschafter	ein Inhaber
Rechtsgrundlage	Handelsgesetzbuch (HGB), Bürgerliches Gesetzbuch (BGB)
Geschäftsführung	Der Inhaber führt die Geschäfte allein und unabhängig. Es können Mitarbeiter durch Prokura oder Handlungsvollmacht zur Geschäftsführung bevollmächtigt werden.
Kapitalaufwand	Es ist kein Mindestkapital vorgeschrieben.
Haftung	Der Inhaber haftet unbeschränkt mit dem Geschäfts- und Privatvermögen.
Name des Unternehmens	Kleingewerbetreibende, die nicht im Handelsregister eingetragen sind und Freiberufler müssen ihren Vor- und Zunamen, ggf. ergänzt um die Tätigkeit verwenden. **Beispiel:** Magdalena Petruschka, Ambulanter Pflegedienst.
Gewinn und Verlust	Der Gewinn steht dem Einzelunternehmer alleine zu, den Verlust muss der Einzelunternehmer alleine tragen.
Buchführungspflicht	Buchführungspflicht besteht für Kaufleute (doppelte Buchführung und Jahresabschluss). Kleingewerbetreibende, die nicht im Handelsregister eingetragen sind (Umsatz < 500.000 €, Gewinn < 50.000 €) und Freiberufler sind nicht buchführungspflichtig. Die Gewinnermittlung erfolgt in der Regel mithilfe einer Einnahme-Überschussrechnung.
Steuern	Als Gewerbetreibender können Gewerbesteuer, Einkommensteuer, Solidaritätszuschlag, Lohnsteuer und Umsatzsteuer anfallen. Beim Freiberufler entfällt die Gewerbesteuer.
Auflösung	Insolvenz (Zahlungsunfähigkeit), Liquidation.
Vorteile	Einfache und günstige Gründung, Alleingeschäftsführung, kein Mindestkapital, Gewinn steht dem Einzelunternehmer zu.
Nachteile	Erforderliches Kapital muss durch den Einzelunternehmer allein aufgebracht werden, Risiko und Haftung liegen vollständig beim Einzelunternehmer, Nachfolgeproblem.
Beispiele	Freie Berufe: Hausarztpraxis, freiberufliche Beratung im Gesundheitswesen; Gewerbetreibende: Ambulanter Pflegedienst, Praxis für Physiotherapie, Apotheke.

Einzelunternehmung, in Anlehnung an Bundesministerium für Wirtschaft und Technologie 2010 und *Führich 2010*.

10. Beschreiben Sie die Merkmale einer Partnergesellschaft.

Bedeutung	Die Partnerschaftsgesellschaft ist für die freiberufliche Tätigkeit eingeführt worden. Das jeweilige Berufsrecht muss beachtet werden. Apotheker dürfen beispielsweise keine Partnerschaften eingehen.
Gründung	Es muss ein Partnerschaftsvertrag schriftlich verfasst und von allen Partnern unterzeichnet werden. Der Vertrag muss den Namen und Sitz der Partnerschaft, den Namen, Vornamen, Beruf, Wohnsitz jedes Partners sowie den Gegenstand der Partnerschaft (gemeinsame Berufsausübung) enthalten. Die Partnerschaft wird vom Notar beim Partnerschaftsregister angemeldet.
Anzahl Inhaber/ Gesellschafter	mindestens zwei Angehörige der Freien Berufe
Rechtsgrundlage	Partnerschaftsgesellschaftsgesetz (PartGG), Handelsgesetzbuch (HGB), Bürgerliches Gesetzbuch (BGB)
Geschäftsführung	Jeder Partner vertritt die Gesellschaft nach außen allein. Im Partnerschaftsvertrag können andere Regelungen vereinbart werden.
Kapitalaufwand	Es ist kein Mindestkapital vorgeschrieben.
Haftung	Gesamtschuldnerische Haftung mit dem Geschäfts- und Privatvermögen. Aufträge, die gemeinsam ausgeführt werden, unterliegen der gesamtschuldnerischen Haftung aller Partner. Für Aufträge, die nur von einem oder einzelnen Partnern ausgeführt werden, haften nur diese Partner mit ihrem Privatvermögen und die Partnergesellschaft mit ihrem Geschäftsvermögen. Das Privatvermögen der nicht beteiligten Partner haftet nicht. Dadurch besteht die Möglichkeit der Haftungsbeschränkung bei beruflichen Fehlern.
Name des Unternehmens	Der Name setzt sich aus drei Pflichtelementen zusammen: dem Nachnamen eines oder mehrerer Partner, dem Zusatz „Partner" oder „Partnerschaftsgesellschaft" und der Bezeichnung aller in der Partnerschaft vertretenen Berufe. **Beispiel:** Petruschka und Partner, Allgemeinärzte
Gewinn und Verlust	Das Vermögen besteht aus den Partnereinlagen/-entnahmen und dem Gewinn/Verlust. Über das Vermögen können die Partner nur gemeinschaftlich verfügen (Gesamthandsvermögen). Es gehört ihnen zu gleichen Teilen. Gewinn-/ Verlustaufteilung und Entnahmerecht müssen geregelt werden.
Buchführungspflicht	Partnerschaften sind nicht buchführungspflichtig. Die Gewinnermittlung erfolgt in der Regel mithilfe einer Einnahme-Überschussrechnung.
Steuern	Bei jedem Partner kann Einkommensteuer und Solidaritätszuschlag anfallen. Die Partnerschaft kann eventuell umsatzsteuerpflichtig und bei Beschäftigung von Mitarbeitern auch lohnsteuerpflichtig sein.

Auflösung	Insolvenz (Zahlungsunfähigkeit), Liquidation
	Anmerkungen zur Liquidation: Es sollten Regelungen getroffen werden, dass bei Ausscheiden eines Partners die Partnerschaftsgesellschaft fortgeführt werden kann.
	Bleibt nur noch ein Partner übrig, erlischt die Partnerschaftsgesellschaft auch ohne Liquidation.
	Die Löschung muss beim Partnerschaftsregister angemeldet werden.
Vorteile	Kein Mindestkapital, beschränkte Haftung bei beruflichen Fehlern.
Nachteile	Verwaltungsaufwand durch die Regelungsbedarfe zwischen den Partnern.
Beispiele	Ärzte, Zahnärzte, Hebammen, Heilmasseure, Heilpraktiker, Physiotherapeuten, Psychologen.
	Hinweis für Ärzte: Die Partnerschaftsgesellschaft kann entweder als Berufsausübungsgemeinschaft in Form einer Partnerschaft unter Ärztinnen und Ärzten oder als medizinische Kooperationsgemeinschaft mit Angehörigen anderer Heil-/Hilfsberufe ausgeübt werden (vgl. *Landesärztekammer Baden-Württemberg 2011*).

Partnerschaftsgesellschaft, in Anlehnung an Bundesministerium für Wirtschaft und Technologie 2010.

11. Beschreiben Sie die Merkmale einer Gesellschaft bürgerlichen Rechts (GBR).

Bedeutung	Mit der GBR ist es am einfachsten, mit mehreren Personen eine Gesellschaft zu gründen. Die GBR kann unabhängig von der Tätigkeit dauerhaft betrieben werden. Wird die GBR wirtschaftlich bedeutender und erreichen die Gesellschafter Kaufmannsstatus, dann wird aus der GBR eine offene Handelsgesellschaft (OHG), die ins Handelsregister eingetragen werden muss. Die GBR wird auch BGB-Gesellschaft genannt.
Gründung	Entsteht durch gemeinsamen Zweck automatisch, zu dem sich die Gesellschafter verpflichten. Keine Anmeldung bei einer Behörde, keine Eintragung ins Handelsregister. Jeder an der GBR teilnehmende Freiberufler oder Kleingewerbetreibender muss seine Tätigkeit anmelden.
Anzahl Inhaber/Gesellschafter	Mindestens zwei Freiberufler oder zwei Kleingewerbetreibende.
Rechtsgrundlage	§§ 705 - 740 Bürgerliches Gesetzbuch (BGB)
Geschäftsführung	Alle Gesellschafter müssen gemeinsam gegenüber Dritten auftreten und gemeinsam über alle Vorgänge entscheiden. Im Innenverhältnis können davon abweichende Regelungen getroffen werden. Selbst dann hat der nicht in die Entscheidung einbezogene Gesellschafter ein Widerspruchsrecht.
Kapitalaufwand	Es ist kein Mindestkapital vorgeschrieben.
Haftung	Gesellschaft haftet mit dem Gesellschaftsvermögen und die Gesellschafter unbeschränkt mit ihrem Privatvermögen.

Name des Unternehmens	Der Name der GBR muss die Vor- und Nachnamen der Gesellschafter enthalten, eventuell ergänzt durch einen Branchen-, Sach- oder Phantasienamen und dem Kürzel GBR, bzw. Gesellschaft bürgerlichen Rechts. **Beispiel:** Wilhelm Bendig und Magdalena Petruschka Ambulante Altenpflege GBR.
Gewinn und Verlust	Das Vermögen besteht aus den Gesellschaftereinlagen/-entnahmen und dem Gewinn/Verlust. Über das Vermögen verfügen die Gesellschafter gemeinschaftlich (Gesamthandsvermögen). Es gehört ihnen zu gleichen Teilen. Jeder Gesellschafter erhält den gleichen Gewinn-/Verlustanteil, unabhängig von seiner Einlage oder Tätigkeit, es sei denn, die Gesellschafter treffen andere Regelungen.
Buchführungspflicht	Sowohl Freiberufler, als auch Kleingewerbetreibende sind nicht zur Buchführung verpflichtet. Es genügt die Erstellung einer Einnahme-Überschussrechnung. Wird aus der GBR aufgrund der wirtschaftlichen Entwicklung und der erlangten Kaufmannseigenschaft der Gesellschafter eine OHG, dann entsteht Buchführungspflicht.
Steuern	Sofern die GBR Gewinne erzielt, fällt bei jedem Gesellschafter Einkommensteuer/Solidaritätszuschlag an. Ist die GBR ein Gewerbebetrieb, dann fällt Gewerbesteuer an, beschäftigt sie Mitarbeiter, dann fällt Lohnsteuer an. Sofern umsatzsteuerpflichtige Umsätze anfallen, muss die GBR Umsatzsteuer bezahlen.
Auflösung	Kündigung, Tod eines Gesellschafters, Insolvenz eines Gesellschafters oder Zweckerreichung.
Vorteile	Einfache Gründung, kein Mindestkapital, für jeden Zweck geeignet.
Nachteile	Persönliche Haftung, Kontrollrechte der anderen Gesellschafter, gemeinschaftliche Verfügung über das Gesellschaftsvermögen.
Beispiele	Gesellschaftliche Zusammenschlüsse niedergelassener Ärzte als Gemeinschaftspraxis, Praxisgemeinschaft oder Apparategemeinschaft in der Rechtsform einer Gesellschaft bürgerlichen Rechts (vgl. *Landesärztekammer Baden-Württemberg 2011*).

Gesellschaft bürgerlichen Rechts, in Anlehnung an Bundesministerium für Wirtschaft und Technologie 2010 und *Führich 2010*.

12. Beschreiben Sie die Merkmale einer GmbH & Co. KG.

Bedeutung	Die GmbH & Co. KG ist eine Kommanditgesellschaft, an der eine GmbH als in der Regel einziger Komplementär beteiligt ist. Durch die Integration der GmbH kommt es zu einer Typvermischung, denn die Kommanditgesellschaft ist ursprünglich eine Personengesellschaft. Wirtschaftlich nähert sich die GmbH & Co. KG der GmbH an. Durch die GmbH ist die Rechtsform haftungsbeschränkt. Aus gesellschaftsrechtlichen Gründen ist die GmbH & Co. KG sehr beliebt. Steuerliche Gründe sind nicht mehr wesentlich.
Gründung	Sowohl die Kommanditgesellschaft (GmbH & Co. KG), als auch die GmbH werden beim Handelsregister angemeldet. Es werden zwei Gesellschaftsverträge benötigt, die aufeinander abgestimmt sein müssen. Einer für die GmbH und einer für die KG. Die GmbH ist der Komplementär.
Anzahl Inhaber/ Gesellschafter	Für die GmbH wird mindestens ein Gesellschafter benötigt, für die Kommanditgesellschaft (KG) mindestens je ein Gesellschafter als Vollhafter (Komplementär) und ein Gesellschafter als Teilhafter (Kommanditist).
Rechtsgrundlage	§§ 161 - 177a Handelsgesetzbuch (HGB), §§ 107 ff. HGB, GmbHG. Neben den Rechtsvorschriften der KG sind für die GmbH die Reglungen des GmbHG anzuwenden.
Geschäftsführung	Die Komplementär-GmbH führt die Geschäfte. Das können einer oder alle Gesellschafter der Komplementär-GmbH in der Geschäftsführerrolle oder ein in der Komplementär-GmbH angestellter Geschäftsführer sein. Die Gesellschafter der Komplementär-GmbH können entsprechend ihres Anteiles einen überragenden Einfluss auf die Geschäftsführung der GmbH & Co. KG ausüben. Kommanditisten sind von der Geschäftsführung ausgeschlossen. Sie haben Kontrollrechte und können aus ordentlichen Geschäften widersprechen.
Kapitalaufwand	Das Stammkapital der GmbH beträgt 25.000 €, für die Kommanditeinlage der KG ist keine Mindesteinlage vorgeschrieben.
Haftung	Die Kommanditisten haften mit ihrer Kommanditeinlage, sodass die Haftung für sie auf die Höhe ihrer Einlage beschränkt ist. Der Komplementär haftet mit dem Betriebsvermögen und seinem Privatvermögen unbeschränkt. Da Komplementär-GmbH als Vollhafter ebenfalls in seiner Haftung auf sein Gesellschaftsvermögen beschränkt ist, gilt für die GmbH & Co. KG insgesamt eine Haftungsbeschränkung.
Name des Unternehmens	Der Name der Kommanditgesellschaft wird auch „Firma" genannt (wegen des Eintrages in das Handelsregister). Die Firma darf nicht irreführend sein. Es können die Namen der Kommanditisten, ein Sachbezug, ein Phantasiename oder eine Kombination verwendet werden. **Beispiel:** Magdalena Petruschka Ambulante Altenpflege GmbH & Co. KG.

Gewinn und Verlust	Im KG-Vertrag müssen Regelungen zum Vermögen und zum Gewinn/Verlust der GmbH & Co. KG enthalten sein. Daraus ergibt sich, wie Verluste/Gewinne beim Gesellschafter zu erfassen und steuerlich zu behandeln sind (z. B. Einrichtung von Gesellschafterkonten, Gewinnverwendung und Entnahmemöglichkeiten).
Buchführungspflicht	Die GmbH & Co. KG ist zur Buchführung verpflichtet. Es müssen zwei Jahresabschlüsse aufgestellt werden, einer für die GmbH nach den Vorschriften für Kapitalgesellschaften und einer für die KG nach den Vorschriften für Personengesellschaften.
Steuern	Die GmbH & Co. KG ist gewerbesteuer- und umsatzsteuerpflichtig. Die Gesellschafter müssen Einkommensteuer/Solidaritätszuschlag auf ihre Gewinnanteile entrichten. Werden Mitarbeiter beschäftigt, fällt Lohnsteuer an. Die Komplementär-GmbH ist körpersteuerschaftspflichtig.
Auflösung	Für die Auflösung der Komplementär-GmbH gelten die Regelungen des GmbHG (§§ 60 ff.), für die Auflösung der GmbH & Co. KG gelten die §§ 145 ff. und 161 Abs. 2 HGB. Die Auflösung erfolgt immer dann, wenn die GmbH als einziger Komplementär endet. Insolvenz wegen Zahlungsunfähigkeit der KG und/oder wegen Zahlungsunfähigkeit/Überschuldung der GmbH sind ebenfalls Auflösungsgründe.
Vorteile	Beschränkte Haftung, möglicher Fremdgeschäftsführer, Beherrschungsmöglichkeit der Gesellschaft, Entnahmemöglichkeit aus der KG auch bei fehlenden Gewinnen.
Nachteile	Hoher Gründungsaufwand, hoher Verwaltungsaufwand, zwei Jahresabschlüsse.
Beispiele	Rehabilitationskliniken, private Klinikunternehmen, Unternehmen für Sanitäts- oder Rehabilitationsbedarf.

GmbH & Co.KG, in Anlehnung an Bundesministerium für Wirtschaft und Technologie 2010 und *Führich 2010*

13. Beschreiben Sie die Merkmale einer Gesellschaft mit beschränkter Haftung (GmbH).

Bedeutung	Die GmbH kann zu jedem gesetzlich zulässigen Zweck errichtet werden. Sie ist Formkaufmann. Die Bedeutung der Kapitalgesellschaft GmbH liegt im Ausschluss der persönlichen Haftung der Gesellschafter. Das Geschäftsrisiko wird auf das Gesellschaftsvermögen begrenzt.
Gründung	Die Gründung erfolgt durch notariellen Gesellschaftsvertrag, Anmeldung zum Handelsregister, Einzahlung der Stammeinlage oder Mindesteinlage (die GmbH entsteht mit Eintrag in das Handelsregister) und Bestellung der Organe (Geschäftsführung, Gesellschafterversammlung, ggf. Aufsichtsrat, falls mehr als 500 Mitarbeiter).
Anzahl Inhaber/Gesellschafter	Mindestens ein Gesellschafter (Beispiele für mögliche Gesellschafter: Einzelpersonen, KG, OHG, GmbH, AG).
Rechtsgrundlage	Gesetz betreffend die Gesellschaften mit beschränkter Haftung (GmbHG).

Geschäftsführung	Mindestens ein Geschäftsführer, der gleichzeitig Gesellschafter sein kann. Für mehrere Geschäftsführer gilt die Gesamtvertretungsbefugnis. Im Gesellschaftsvertrag können abweichende Regelungen getroffen werden. Die Gesellschafterversammlung entscheidet über die Geschäftsführung.
Kapitalaufwand	Mindestens 25.000 € Stammkapital (Sachgründung erfordert die Einbringung von Werten im Umfang von 25.000 € zu 100 %, Bargründung mindestens 25 %, Mischgründung als Sach-/Bargründung mindestens 50 %).
Haftung	Die GmbH haftet mit ihrem Geschäftsvermögen. Die Gesellschafter haften nur bis zur Höhe ihrer Einlage.
Name des Unternehmens	Mit dem Namen (die Firma) ist die GmbH im Handelsregister eingetragen. Bei dem Namen kann es sich um den Namen eines Gesellschafters, einen Sachbezug, einen Phantasienamen oder eine Kombination handeln. Der Zusatz GmbH ist verpflichtend. **Beispiel:** Magdalena Petruschka Ambulante Altenpflege GmbH.
Gewinn und Verlust	Gewinnverteilung nach den Anteilen am Stammkapital (kann im Gesellschaftsvertrag abweichend geregelt werden). Gesellschafterversammlung entscheidet über die Gewinnverwendung. Verluste sind für die Gesellschafter auf den Geschäftsanteil beschränkt.
Buchführungspflicht	Die GmbH ist buchführungspflichtig.
Steuern	Die GmbH ist gewerbesteuerpflichtig. Außerdem können Umsatzsteuer, Lohnsteuer und Körperschaftsteuer anfallen. Ausschüttungen an Gesellschafter unterliegen der Kapitalertragssteuer/dem Solidaritätszuschlag.
Auflösung	Ablauf der im Gesellschaftsvertrag benannten Zeit, Gesellschafterbeschluss mit ¾ Mehrheit, gerichtliches Urteil, Insolvenz bei Zahlungsunfähigkeit oder Überschuldung, Vermögenslosigkeit der Gesellschaft.
Vorteile	Keine persönliche Haftung, möglicher Fremdgesellschafter, Gesellschafterwechsel ist relativ einfach.
Nachteile	Hohe Gründungskosten, geringe Haftungsmasse bei kleinen GmbHs, strenge Vorschriften zur Kapitalerhaltung.
Beispiele	Casa Reha Holding GmbH (Stationäre Seniorenpflege: über 7.100 Mitarbeiter, 79 Standorte, über 10.000 Plätze).

Gesellschaft mit beschränkter Haftung (GmbH), in Anlehnung an Bundesministerium für Wirtschaft und Technologie 2010 und *Führich 2010*.

14. Beschreiben Sie Merkmale einer Unternehmergesellschaft (UG) (haftungsbeschränkt).

Bedeutung	Die Unternehmergesellschaft (haftungsbeschränkt) ist eine GmbH-Variante („Mini-GmbH" oder „1-Euro-GmbH"). Sie kann zu jedem gesetzlich zulässigen Zweck errichtet werden und ist Formkaufmann. Die Bedeutung der UG liegt im Ausschluss der persönlichen Haftung der Gesellschafter und ist insbesondere für kleine gewerbliche Unternehmen interessant. Das Geschäftsrisiko wird auf das Gesellschaftsvermögen begrenzt.
Gründung	Die Gründung erfolgt durch notariellen Gesellschaftsvertrag oder notarielles Musterprotokoll, Anmeldung zum Handelsregister, Einzahlung der Stammeinlage (die GmbH entsteht mit Eintrag in das Handelsregister), Bestellung des/der Geschäftsführer und Festlegung der Befugnisse und der Vergütung. Das Musterprotokoll erleichtert Bargründungen und Gründungen bis maximal drei Gesellschafter und einem Geschäftsführer, indem es Gesellschaftsvertrag, Gesellschafterliste und Bestellung des/der Geschäftsführer kombiniert.
Anzahl Inhaber/ Gesellschafter	Mindestens ein Gesellschafter.
Rechtsgrundlage	Gesetz betreffend die Gesellschaften mit beschränkter Haftung (GmbHG).
Geschäftsführung	Mindestens ein Geschäftsführer, der gleichzeitig Gesellschafter sein kann. Für mehrere Geschäftsführer gilt die Gesamtvertretungsbefugnis. Im Gesellschaftsvertrag können abweichende Regelungen getroffen werden. Die Gesellschafterversammlung entscheidet über die Geschäftsführung.
Kapitalaufwand	Mindestens 1 € Stammkapital und Bildung einer gesetzlichen Rücklage, in die 25 % des Gewinns abgeführt werden, bis 25.000 € erreicht sind. Sacheinlagen sind nicht möglich. Nach Erreichen der 25.000 € kann in eine GmbH umfirmiert werden (kein Zwang).
Haftung	Die GmbH haftet mit ihrem Geschäftsvermögen. Die Gesellschafter haften nur bis zur Höhe ihrer Einlage. Es gelten die Haftungsregeln des GmbHG. Grundsätzlich achten Kreditgeber aber darauf, dass für Kredite private Sicherheiten zur Verfügung gestellt werden. Persönliche Haftung entsteht auch bei Verstößen gegen die Regeln über das GmbH-Kapital und im Wege der Durchgriffshaftung z. B. bei Schadenersatzansprüchen Dritter.
Name des Unternehmens	Mit dem Namen (die Firma) ist die UG im Handelsregister eingetragen. Bei dem Namen kann es sich um den Namen eines Gesellschafters, einen Sachbezug, einen Phantasienamen oder eine Kombination handeln. Der Zusatz „haftungsbeschränkt" ist verpflichtend. **Beispiel:** Magdalena Petruschka Ambulante Altenpflege Unternehmergesellschaft (haftungsbeschränkt) **oder** Magdalena Petruschka Ambulante Altenpflege UG (haftungsbeschränkt).

Gewinn und Verlust	Gewinne dürfen erst dann vollständig ausgeschüttet werden, wenn die Rücklage (Mindeststammkapital) von 25.000 € erreicht worden ist. Bis dahin müssen vom jährlichen Gewinn 25 % in die Rücklage eingestellt werden. Die Gewinnverteilung erfolgt nach den Anteilen am Stammkapital und kann im Gesellschaftsvertrag abweichend geregelt werden. Verluste sind für die Gesellschafter auf den Geschäftsanteil beschränkt.
Buchführungspflicht	Für die UG gilt das Handelsrecht und es besteht deshalb Buchführungspflicht.
Steuern	Die UG ist gewerbesteuerpflichtig. Außerdem können Umsatzsteuer Lohnsteuer und Körperschaftsteuer anfallen. Ausschüttungen an die Gesellschafter unterliegen der Kapitalertragsteuer/dem Solidaritätszuschlag.
Auflösung	Ablauf der im Gesellschaftsvertrag benannten Zeit, Gesellschafterbeschluss mit ¾ Mehrheit (falls nicht anders im Gesellschaftsvertrag geregelt), gerichtliches Urteil, Insolvenz bei Zahlungsunfähigkeit oder Überschuldung, Vermögenslosigkeit der Gesellschaft.
Vorteile	Keine persönliche Haftung, möglicher Fremdgesellschafter, Gesellschafterwechsel ist relativ einfach, einfache Standardgründungen.
Nachteile	Hohe Gründungskosten, geringe Haftungsmasse, strenge Vorschriften zur Kapitalerhaltung, Forderung der persönlichen Haftung bei Kreditvergabe durch die Kreditinstitute, relativ hoher administrativer Aufwand.
Beispiele	Start-Up Unternehmen, Kleingewerbe, Freiberufler, Ein-Personen-Betriebe

BMWI 2017, Gründerzeiten 11 und IHK Saarland 2016, Die Unternehmergesellschaft (UG) (haftungsbeschränkt).

15. Beschreiben Sie die Merkmale einer Aktiengesellschaft (AG).

Bedeutung	Die Aktiengesellschaft ist Handelsgesellschaft und Formkaufmann. Sie hat die Organe Vorstand, Hauptversammlung und Aufsichtsrat. Die Aktionäre sind die Eigentümer der AG. Die Aktiengesellschaft ist die bevorzugte Rechtsform für Unternehmen mit großem Kapitalbedarf. Das individuelle Risiko der einzelnen Aktionäre ist durch die große Anzahl der Aktionäre gering (Ausnahme: Großaktionäre).
Gründung	Die Aktiengesellschaft kann durch einfache oder qualifizierte Gründung entstehen. **Einfache Gründung:** Abschluss Gesellschaftervertrag (als Satzung), Mindesteinzahlung Grundkapital (50.000 €), Bestellung der Organe, Prüfung des Gründungsberichtes, Anmeldung zum Handelsregister und Eintragung. **Qualifizierte Gründung:** strengere Gründungsvorschriften, falls einige Aktionäre Sondervorteile erhalten sollen oder falls Sacheinlagen statt Geldeinlagen beabsichtigt sind.
Anzahl Inhaber/ Gesellschafter	Mindestens ein Aktionär (kleine AG).
Rechtsgrundlage	Aktiengesetz (AktG)
Geschäftsführung	Der **Vorstand** ist das Leitungsorgan der AG (Geschäftsführung, unbeschränkte Vertretung der Gesellschaft, Buchführung, Jahresabschluss, Berichterstattung an den Aufsichtsrat, Vorbereitung und Ausführung von Beschlüssen, Einberufung der Hauptversammlung, Pflichten bei Verlusten, Überschuldung oder Zahlungsunfähigkeit). Der **Aufsichtsrat** kontrolliert den Vorstand sachverständlich (Bestellung und Abberufung des Vorstands, Überwachung des Vorstands, Vertretung der AG gegenüber den Vorstandsmitgliedern, Prüfung und Feststellung des Jahresabschlusses, Zustimmung zu bestimmten Geschäften, Sorgfaltspflicht). In der **Hauptversammlung** üben die Aktionäre ihre Rechte aus (Satzungsänderung, Wahl und Abberufung der Aktionärsvertreter im Aufsichtsrat, Entlastung Vorstand und Aufsichtsrat, Entscheidung über die Gewinnverwendung).
Kapitalaufwand	Mindestens 50.000 € Grundkapital, das von den Aktionären durch Übernahme von Aktien aufgebracht wird. Jede Aktie stellt einen Anteil an der Aktiengesellschaft dar.
Haftung	Die AG haftet mit ihrem Geschäftsvermögen. Die Aktionäre haften nur bis zur Höhe ihres Aktienanteils.

Name des Unternehmens	Der Name (Firma) der Aktiengesellschaft kann einen Namensbezug, einen Sachbezug, einen Phantasienamen oder eine Kombination mit dem Zusatz AG enthalten. **Beispiel:** Magdalena Petruschka Ambulante Altenpflege AG.
Gewinn und Verlust	Die Hauptversammlung beschließt über die Gewinnverwendung.
Buchführungspflicht	Die AG ist buchführungspflichtig.
Steuern	Die AG wird bei Gewinnen zur Körperschaftsteuer und Gewerbesteuer veranlagt. Die Geschäfte unterliegen grundsätzlich der Umsatzsteuer (selbst steuerbefreite Unternehmen, wie beispielsweise Krankenhäuser, haben einen nicht-steuerbefreiten Bereich, in dem Umsatzsteuer zu veranschlagen ist) und der Lohnsteuer für die Mitarbeiter. Die Dividenden, die die Aktionäre erhalten, unterliegen der Kapitalertragsteuer/dem Solidaritätszuschlag.
Auflösung	Beschluss der Hauptversammlung, Insolvenz (Zahlungsunfähigkeit und/oder Überschuldung).
Vorteile	Einfache Kapitalbeschaffung, Haftungsbegrenzung.
Nachteile	Hoher Verwaltungsaufwand, Gründung ist teuer, strenge Vorschriften zur Kapitalerhaltung.
Beispiele	Rhön Kliniken AG

Aktiengesellschaft (AG), in Anlehnung an *Führich 2010*.

16. Beschreiben Sie die Merkmale einer Körperschaft öffentlichen Rechts.

Nach § 29 Abs. 1 SGB IV sind die Träger der Sozialversicherung (Versicherungsträger) rechtsfähige Körperschaften des öffentlichen Rechts mit Selbstverwaltung. Es handelt sich um die Rentenversicherung, Krankenversicherung, Pflegeversicherung, Arbeitslosenversicherung und Unfallversicherung. § 29 Abs. 2 SGB IV bestimmt, dass die Selbstverwaltung durch die Versicherten und Arbeitgeber ausgeübt wird.

Nach § 30 Abs. 1 SGB IV dürfen die Versicherungsträger nur Geschäfte zur Erfüllung ihrer gesetzlich vorgeschriebenen oder zugelassenen Aufgaben durchführen und ihre Mittel nur für diese Aufgaben sowie für die Verwaltungskosten verwenden.

Die Aufgaben des jeweiligen Versicherungsträgers nehmen nach § 31 Abs. 2 und 3 SGB IV die Vertreterversammlung, der Vorstand und der Geschäftsführer wahr (bei der deutschen Rentenversicherung das Direktorium), die wie eine Behörde agieren und einen Dienstsiegel führen. Die Versicherungsträger geben sich eine Satzung, die von der zuständigen Behörde genehmigt und anschließend veröffentlicht wird (§ 34 SGB IV).

Die Vertreterversammlung
- beschließt die Satzung und sonstiges autonomes Recht des Versicherungsträgers
- vertritt den Versicherungsträger gegenüber dem Vorstand und dessen Mitgliedern
- wählt den Geschäftsführer und seinen Stellvertreter auf Vorschlag des Vorstands.

Der Vorstand
- verwaltet den Versicherungsträger und vertritt ihn gerichtlich und außergerichtlich
- erlässt Richtlinien für die Führung der Verwaltungsgeschäfte.

Der Geschäftsführer führt hauptamtlich die laufenden Verwaltungsgeschäfte.

Es handelt sich um grundsätzliche Ausgestaltungen der Körperschaften des öffentlichen Rechts, die im Einzelfall bei den unterschiedlichen Trägern zum Teil deutlich variieren können.

17. Welche Formen gemeinschaftlicher ärztlicher Berufsausübung sind möglich?

Die Berufsordnung der Ärzte wurde am 19.09.2007 neu gefasst. Danach können niedergelassene Ärzte zwischen allen zulässigen Gesellschaftsformen wählen. Voraussetzung ist, dass die eigenverantwortliche medizinisch unabhängige sowie nicht gewerbliche Berufsausübung der Ärzte gewährleistet ist. Zulässig sind auch reine Ärztegesellschaften und Heilkundegesellschaften in den Rechtsformen der Gesellschaft mit beschränkter Haftung oder Aktiengesellschaft (§ 23a BO). Siehe auch Einzelunternehmung, Partnerschaftsgesellschaft und Gesellschaft bürgerlichen Rechts (vgl. *Landesärztekammer Baden-Württemberg 2011*).

1.3.2 Regelungen für den Betrieb von Einrichtungen und deren Leistungsbereiche erläutern

Ausgewählte Regelungen des laufenden Betriebs von Einrichtungen und anderen Leistungsbereichen ergeben sich aus der Aufsicht von Aufsichtsbehörden, aus den Verwaltungsverfahren und Verwaltungsakten der Selbstverwaltung sowie aus zivil- und strafrechtlicher Haftung. Aus der zivilrechtlichen Haftung wird die vertragliche und die deliktische Haftung und aus der strafrechtlichen Haftung Organisationspflichten, Organisationsverschulden und Organisationshaftung erläutert.

01. Geben Sie Beispiele für Aufsichtsbehörden und Aufsichtspflichten.

Aufsichtsbehörden sind weisungsbefugte öffentliche Einrichtungen. Beispiele im Gesundheits- und Sozialwesen sind das Bundesgesundheitsministerium (BMG), die Ländergesundheitsministerien, die Heimaufsichten der Bundesländer, Kassenärztliche Bundesvereinigung, Spitzenverband Bund der Krankenkassen, Landesverband der Krankenkassen, Krankenkassen, Gesundheitsämter, Aufsichtsbehörden für Mutterschutz und Kündigungsschutz (Bundesministerium für Familie, Senioren, Frauen und Jugend, vertreten durch Behörden auf Landesebene, z. B. Gewerbeaufsicht in Bayern, Landesamt für Arbeitsschutz, Gesundheitsschutz und technische Sicherheit Berlin). Aufsichtsbehörden außerhalb des Gesundheits- und Sozialwesens oder mit branchenübergreifenden Aufsichtsfunktionen sind beispielsweise das Bundesaufsichtsamt für Finanzdienstleistungen (BAFin), Regulierungsbehörden, Ordnungsämter der Gemeindeverwaltungen, das Kartellamt, die Aufsichtsbehörde für Datenschutz (§ 38 BDSG), das Umweltministerium und die entsprechenden Landesministerien.

Am Beispiel des Bundesministeriums für Gesundheit als Aufsichtsbehörde für das Gesundheitssystem werden nachfolgend Aufsichtspflichten dargestellt:

- Aufsicht über den Gemeinsamen Bundesausschuss (G-BA). Der G-BA ist das zentrale Entscheidungsgremium der gemeinsamen Selbstverwaltung, steuert die medizinische Versorgung und setzt gesetzliche Vorgaben und Richtlinien um. Mitglieder des G-BA sind der Spitzenverband Bund der Krankenkassen (fünf Mitglieder), Kassenärztliche/Kassenzahnärztliche Bundesvereinigung (drei Mitglieder), Deutsche Krankenhausgesellschaft (zwei Mitglieder) und akkreditierte Patientenverbände (fünf Vertreter). Patientenverbände sind vom BMG offiziell eingesetzt, d. h. akkreditiert worden (offizieller Vertreter des Staates, vgl. TheFreeDictionary.com, Stichwort: akkreditieren) und fungieren als Patientenvertreter in den gesetzlichen Gremien der Krankenkassen. Sie haben im G-BA Mitberatungs- und Vorschlagsrechte.

- Aufsicht über den Spitzenverband der Krankenkassen (GKV-Spitzenverband). Der GKV-Spitzenverband trifft Grundsatzentscheidungen zur Gesundheitsversorgung und schließt Verträge mit der Kassenärztlichen Bundesvereinigung (KBV), der Kassenzahnärztlichen Bundesvereinigung (KZBV) und der Deutschen Krankenhausgesellschaft (DKG) ab.

- Aufsicht über die Kassenärztliche Bundesvereinigung (KBV) und die Kassenzahnärztliche Bundesvereinigung (KZBV). KBV und KZBV sind verantwortlich für die Sicherstellung der vertragsärztlichen und vertragszahnärztlichen Versorgung und schließen dafür Bundesmantelverträge mit dem Spitzenverband der Krankenkassen ab.

- Aufsicht über das Robert Koch-Institut (RKI). Das RKI hat die Aufgabe, insbesondere Infektionskrankheiten zu erkennen, zu verhüten und zu bekämpfen. Der Auftrag erstreckt sich jedoch auch auf Krankheiten allgemein.
- Aufsicht über das Paul-Ehrlich-Institut (PEI). Das PEI ist für die Zulassung biomedizinischer Arzneimittel, für die Genehmigung klinischer Prüfungen neuer Arzneimittel sowie Erfassung von unerwünschten Arzneimittelwirkungen zuständig.
- Aufsicht über die Bundeszentrale für gesundheitliche Aufklärung (BZgA). Das BZgA ist zuständig für Präventionskampagnen, Aufklärungsmaßnahmen und Modelprojekte.
- Aufsicht über das Bundesinstitut für Arzneimittel und Medizinprodukte (BfArM). Das BfArM lässt Arzneimittel zu und registriert sie, überwacht Risiken bei Arzneimitteln und Medizinprodukten und überwacht den Betäubungsmittelverkehr.
- Aufsicht über das Institut für Medizinische Dokumentation und Information (DIMDI). Das DIMDI stellt medizinische Informationen und Klassifikationen für die Fachöffentlichkeit bereit. Es führt datenbankgestützte Informationssysteme für Arzneimittel und Medizinprodukte.
- Aufsicht über das Bundesversicherungsamt (BVA). Das BVA bewertet Diagnose- und Therapieverfahren, erstellt Kosten- und Nutzenbewertungen von Arzneimitteln, erarbeitet Vorschläge zu strukturierten Behandlungsprogrammen und erstellt hochwertige Patienteninformationen und verwaltet den Gesundheitsfonds als Sondervermögen (>> *Kapitel 1.2.1/03*).

Die Aufsichtspflicht ist im Gesundheitssystem föderal organisiert. Auf Länderebene übernehmen die Ländergesundheitsministerien beispielsweise die Aufsichtspflichten gegenüber den Kassenärztlichen/Kassenzahnärztlichen Vereinigungen und den Landesverbänden der Krankenkassen (vgl. Bundesministerium für Gesundheit (BMG), Das Gesundheitssystem, Stand: November 2010).

02. Erläutern Sie Verwaltungsverfahren und Verwaltungsakte am Beispiel des Sozialgesetzbuches.

Verwaltungsverfahren und Verwaltungsakte sind im Sozialgesetzbuch X (SBG X) geregelt. Der Zuständigkeitsbereich des SGB X und der Wirkungsbereich der Verwaltungsakte umfasst sozialleistungsberechtigte Bürger und außerdem Arbeitgeber. Im Laufe des Betriebs von Einrichtungen erhalten Arbeitgeber beispielsweise Bescheide über ihre Beitragspflichten gegenüber den Sozialversicherungsträgern und über die Versicherungspflicht ihrer Arbeitnehmer. Die Einrichtungen der Sozialversicherungsträger (z. B. Sozialämter, Kranken- und Pflegekassen) sind nach § 1 Abs. 2 SGB X Behörden, weil sie öffentliche Aufgaben wahrnehmen.

Das Verwaltungsverfahren ist nach § 8 SGB X eine nach außen wirkende Tätigkeit der zuständigen Behörde, die den Erlass eines Verwaltungsaktes zum Ziel hat. Das Verwaltungsverfahren ist nicht an eine bestimmte Form gebunden und soll einfach, zweckmäßig und zügig durchgeführt werden.

Die Entscheidungen der zuständigen Behörde erfolgt durch einen Verwaltungsakt, der einen einzelfallbezogenen Sachverhalt regelt und unmittelbare Rechtswirkung nach außen entfaltet (§ 31 SGB X). Aus dem Verwaltungsakt muss die zuständige Behörde eindeutig hervorgehen. Der Verwaltungsakt muss ferner in dem, was die Behörde will, eindeutig sein und eine Begründung enthalten. Bei einer Ermessensentscheidung müssen die Gesichtspunkte des Ermessens dargelegt werden.

Verwaltungsakte können durch Widerspruch angefochten werden, solange sie nicht bestandskräftig sind (Ablauf der Widerspruchsfrist). Bei rechtzeitigem Widerspruch ist der Verwaltungsakt schwebend wirksam. Wird dem Widerspruch stattgegeben, wird der Verwaltungsakt aufgehoben und in der Regel durch einen neuen Verwaltungsakt ersetzt. Verwaltungsakte sind nichtig, wenn sie gravierende, nach außen leicht erkennbare Fehler enthalten (z. B. Ausstellung des Verwaltungsaktes durch eine nicht zuständige Stelle).

Ein Verwaltungsakt wird zu dem Zeitpunkt wirksam, zu dem er zugestellt wurde und verliert seine Wirksamkeit erst, wenn er aufgehoben wird oder Bedingungen eintreten, durch die sich der Verwaltungsakt erledigt hat (z. B. zeitlicher Ablauf). Die Zustellung des Verwaltungsaktes muss durch die Behörde nachgewiesen werden. Nach § 66 SGB X sind Sozialleistungsträger zur Vollstreckung nicht bezahlter Forderungen eigenständig befugt. Sie verfügen oftmals über eigene Vollstreckungsbeamte oder nutzen die Vollstreckungsstellen auf Verbandsebene (vgl. *Marburger 2013*).

03. Geben Sie einen allgemeinen Überblick zur strafrechtlichen und zivilrechtlichen Haftung.

Während des Betriebs einer Einrichtung spielen Haftungsfragen eine große Rolle. Haftung unterteilt sich in strafrechtliche Haftung und zivilrechtliche Haftung. Die strafrechtliche Haftung ist im Strafgesetzbuch (StGB) und in der Strafprozessordnung (StPO) geregelt. Die zivilrechtliche Haftung unterteilt sich in die vertragliche Haftung und die Haftung wegen unerlaubter Handlung (Delikthaftung) und ist im bürgerlichen Gesetzbuch (BGB) und in der Zivilprozessordnung (ZPO) geregelt.

Voraussetzung für eine Straftat ist das Vorliegen eines Tatbestandes (d. h. dass objektive Merkmale aus dem Strafrecht gegeben sein müssen), einer Rechtswidrigkeit (die Handlung erfüllt den Straftatbestand), einer Schuld (z. B. Schuldfähigkeit, Vorsatz, Fahrlässigkeit) und das Fehlen der Rechtfertigungsgründe Einwilligung (der Patient willigt zur Behandlung ein, § 228 StGB), Notwehr (Abwehr eines gegenwärtigen, rechtswidrigen Angriffes gegen sich oder einen anderen, § 32 StGB) oder Notstand (z. B. Abwendung einer Gefahr von einem nicht ansprechbaren Unfallopfer durch ärztliche Soforteingriffe am Unfallort, § 34 StGB). Ein Strafverfahren wird vor einem Strafgericht in den Schritten Ermittlungsverfahren, Hauptverfahren und Vollstreckungsverfahren von Amts wegen durchgeführt.

Im Zivilrecht wird die Frage der Wiedergutmachung eines Schadens durch Schadenersatz geklärt. Schäden können innerhalb einer vertraglichen Beziehung (Vertragshaftung) oder durch Schadenverursachung (Delikthaftung) entstehen. Ansprüche aus Vertrags- und Delikthaftung können nebeneinander stehen. Wenn ein Arzt einen Patienten behandelt, hat er die Behandlungsaufgabe übernommen und steht in der Vertragshaftung. Verstößt der Arzt vorsätzlich oder fahrlässig gegen eine Pflicht, handelt er schuldhaft und ist für den entstandenen Schaden verantwortlich. Dem Patienten stehen in diesem Fall aus dem Behandlungsvertrag Ansprüche zu.

Der Arzt haftet auch für seine Mitarbeiter, als wäre es eigenes Verschulden. Unabhängig von der Vertragshaftung besteht die Delikthaftung nach §§ 823 ff. BGB. Aus unerlaubter Handlung steht dem Betroffenen ein zivilrechtlicher Schadenersatzanspruch zu, wenn der Schaden vorsätzlich oder fahrlässig entstanden ist, also schuldhaft ist (§ 276 BGB) und das Leben, den Körper oder die Gesundheit des Betroffenen verletzt (z. B. § 223 StGB Körperverletzung). Der Betroffene kann sowohl nach der Vertrags- als auch nach der Delikthaftung Schadenersatz und Schmerzensgeld verlangen. Dadurch soll ein Äquivalent für den erlittenen Schaden geschaffen werden.

Der Zivilprozess erfolgt nicht von Amts wegen, sondern durch Klageerhebung des Betroffenen, der auch grundsätzlich die Beweislast trägt. Unter bestimmten Voraussetzungen (z. B. unvollständige Dokumentation des Arztes) kann es zu einer Beweislastumkehr kommen. Am 26.02.2013 ist das Patientenrechtegesetz in Kraft getreten. Dafür sind im BGB die §§ 630a - h eingefügt worden. Geregelt wurden z. B. vertragliche Pflichten, Mitwirkungs- und Informationspflichten, Einwilligung vor medizinischen Maßnahmen, Aufklärungspflichten, Einsichtnahme in die Patientenakte und Beweislast. Durch die Regelungen zur Beweislast im § 630h geht die Beweislast in vielen Sachverhalten auf den Behandelnden über, z. B. Vermutung eines Behandlungsfehlers bei Behandlungen mit beherrschbaren Risiken, Aufklärung und Einwilligung des Patienten oder die Vermutung, dass nicht dokumentierte Maßnahmen nicht getroffen wurden. Im Strafrecht gibt es unterschiedliche Verjährungsfristen, abhängig von der Straftat. Die Verjährungsfristen beginnen mit dem vollzogenen Strafereignis. Mord und Völkermord verjähren nicht. Im Zivilrecht verjährt die Anspruchsstellung innerhalb von drei Jahren (§ 195 BGB). Je nach Schwere der Schädigung liegen die Verjährungszeiten zwischen 10 und 30 Jahren. Sie beginnen mit Ablauf des Jahres, in dem die Schädigung entstanden ist (vgl. *Grethler 2011* und *Müller 2013*).

04. Nennen Sie Beispiele zum Haftungs- und Deliktrecht.

- Schuld- und fehlerhaft eingegliederter Zahnersatz stellt eine positive Verletzung des Behandlungsvertrages dar und erfüllt gleichzeitig den Tatbestand einer unerlaubten Handlung (Vertrags- und Delikthaftung).

- Das Abweichen von einer medizinisch gebotenen Vorgehensweise begründet einen ärztlichen Behandlungsfehler. Wird dadurch ein weiterer Eingriff erforderlich, der dem Patienten bei korrektem medizinischem Vorgehen erspart geblieben wäre, haftet der erstbehandelnde Arzt für den weiteren Eingriff und auch für die Folgen eines Fehlers des nachbehandelnden Arztes.

- Verstöße gegen Hygienebestimmungen sind immer als grobes Versäumnis zu bewerten und rechtfertigen die Befreiung des Patienten von seiner grundsätzlichen Nachweispflicht. Verzichtet der behandelnde Arzt beispielsweise auf für die Behandlung gebotene sterile Handschuhe, wird eine eingetretene Infektion als ursächlich angesehen, auch wenn nicht auszuschließen ist, dass selbst bei Verwendung steriler Handschuhe eine Entzündung hätte eintreten können. Weil der Arzt durch die Missachtung der Sicherheitsbestimmungen das Risiko einer bakteriellen Infektion signifikant erhöht hat, gehen verbleibende Zweifel zu seinen Lasten und der Patient erhält Beweiserleichterungen.

- Nimmt ein Zahnarzt eine von dem Patienten nicht gewünschte Behandlung vor, z. B. eine Wurzelresektion, so setzt er sich über das Selbstbestimmungsrecht des Patienten hinweg und haftet auch für die Folgen eines kunstgerecht ausgeführten Eingriffs. Er ist außerdem wegen Verletzung des Persönlichkeitsrechts des Patienten zur Zahlung eines angemessenen Schmerzensgeldes verpflichtet.

- Der Schutz des Selbstbestimmungsrechtes des Patienten erfordert eine rechtzeitige Aufklärung des Patienten hinsichtlich der Risiken einer Behandlung oder eines Eingriffes. Eine erfolgte Einwilligung ist nur wirksam, wenn der Patient ausreichend Gelegenheit hatte, sich frei zu entscheiden. Bei einer stationären Behandlung ist eine Aufklärung erst am Tag des Eingriffs grundsätzlich verspätet.

- Im Rahmen einer Notfallbehandlung ist der Arzt verpflichtet, durch geeignete Behandlungsmaßnahmen die Krankheitssymptome wirksam zu bekämpfen (z. B. Herstellen der Schmerzfreiheit). Die kausale Therapie kann in einer Nachbehandlung erfolgen. Ein möglicher Krankheitsverlauf ist dabei abzuwägen. Bei einer auf das Herstellen der Schmerzfreiheit beschränkten Notfallbehandlung ist der Patient über die Notwendigkeit der Nachbehandlung aufzuklären (Sicherheitsaufklärung). Die Beweislast liegt beim Patienten.

- Bezüglich der Beweislast ist davon auszugehen, dass den Angaben des Arztes über eine von ihm behauptete und erfolgte Risikoaufklärung in der Regel Glauben geschenkt wird, wenn seine Darstellung schlüssig ist und durch entsprechende Eintragungen in der Patientenakte gestützt wird.

- Fehlen Behandlungsunterlagen und gerät dadurch der Patient in Beweisnot, kann er Beweiserleichterung erhalten. Der Krankenhausträger ist verantwortlich dafür, dass über den Verbleib von Behandlungsunterlagen jederzeit Klarheit besteht.

- Eine Beweislastumkehr erfolgt, wenn feststeht, dass der Arzt dem Patienten durch rechtswidriges und fehlerhaftes ärztliches Handeln einen Schaden zugefügt hat. Der Arzt muss dann beweisen, dass der Patient den gleichen Schaden auch bei einem rechtmäßigen und fehlerfreien ärztlichen Handeln erlitten hätte.

▶ Auch grobe Organisationsfehler rechtfertigen eine Beweislastumkehr. In einer geburtshilflichen Belegklinik musste nach dem Schlüssel für den Operationssaal gesucht werden. Die Klinik muss beweisen, dass die eingetretene Verzögerung nicht in Zusammenhang mit der verzögerten Operation und der eingetretenen Schädigung steht (vgl. *KZV BM*).

05. Was versteht man unter „gerichtsfester Organisation"?

Eine Organisation ist dann gerichtsfest, wenn sie über eine dokumentierte Aufbau- und Ablauforganisation verfügt mit

▶ Anweisungs-, Auswahl- und Überwachungspflichten
▶ transparenter Delegation von Aufgabe, Kompetenz und Verantwortung
▶ Kooperationsregelungen
▶ Anweisungssystem
▶ Nachweissystem.

Durch eine „gerichtsfeste Organisation" sollen die gesellschaftlichen und rechtlichen Anforderungen durch „beste Organisationspraxis" erfüllt werden. Dadurch soll der Eintritt von Risiken aus der unternehmerischen Tätigkeit verhindert werden. Dabei spielt die Dokumentation eine entscheidende Rolle. Sie soll neben ihrer Steuerungsfunktion nachweisen, dass Organisationsverschulden nicht vorliegt und Haftungsausschlüsse ermöglichen (vgl. *Adams 1996*).

06. Wie ordnen Sie die Straffähigkeit von Organisationen, Unternehmensleitungen, Führungskräften und Mitarbeitern ein?

In der Bundesrepublik Deutschland sind die verantwortlichen Mitarbeiter einer Organisation (Unternehmensleitung und Aufsichtspersonen) im Rahmen der Vertreterhaftung oder Beauftragtenhaftung straffähig. Das Unternehmen (Organisation) selbst ist nicht straffähig.

Die Verantwortung der Unternehmensleitung als vertretungsberechtigtes Organ einer juristischen Person oder der vertretungsberechtigten Gesellschafter einer rechtsfähigen Personengesellschaft ergibt sich aus § 14 Strafgesetzbuch. Aufsichtspersonen, beispielsweise Werkleiter, Hauptabteilungsleiter, Abteilungsleiter und andere ähnliche Funktionen (Führungskräfte) stehen im Rahmen der Beauftragtenhaftung nach § 14 Abs. 2 Strafgesetzbuch ebenfalls in der strafrechtlichen Organisationsverantwortung.

Voraussetzung ist, dass sie ausdrücklich beauftragt wurden, in eigener Verantwortung Aufgaben wahrzunehmen, die dem Inhaber des Betriebes unterliegen. Auch Mitarbeiter können als unmittelbar Handelnde strafrechtlich zur Verantwortung gezogen werden. Sofern sie keine Führungsaufgaben innehaben, gilt das nicht für Organisationsmängel, sondern nur für strafrechtliche Ereignisse, die sie durch die Erledigung der ihnen übertragenden Aufgaben unmittelbar fahrlässig oder vorsätzlich herbeigeführt haben. Die strafrechtliche Verantwortung des Mitarbeiters setzt voraus, dass die o. g. Fachkenntnisse und zeitlichen Kapazitäten gegeben sind (vgl. *Adams 1996*).

07. Was versteht man unter Organisationshaftung und Organisationsverschulden?

Ein Unternehmen muss so betrieben werden, dass Schäden für Dritte ausgeschlossen werden. Eine strafrechtliche Verantwortung kann jede Funktion im Unternehmen betreffen und in allen Hierarchiestufen vorkommen. Das Strafrecht umfasst das gesamte Unternehmen. Organisationspflichten ergeben sich aus der Rechtsprechung des Bürgerlichen Gesetzbuches zur Organisationshaftung (§ 823 BGB Schadensersatzpflicht, § 831 BGB Haftung für Verrichtungsgehilfen, § 31 BGB Haftung des Vereins für Organe).

Wer gegen die Organisationspflichten der Rechtsprechung aus den o. g. Rechtsquellen verstößt, begeht ein Organisationsverschulden. Insbesondere darf nicht vorsätzlich oder fahrlässig das Leben, der Körper, die Gesundheit, die Freiheit, das Eigentum oder ein sonstiges Recht eines anderen Menschen widerrechtlich verletzt werden oder gegen Gesetze zum Schutz anderer verstoßen werden (vgl. *Adams 1996*).

08. Wie kann eine Organisationshaftung vermieden werden?

Basis zur Vermeidung einer Organisationshaftung ist eine dokumentierte Aufbau- und Ablauforganisation mit einem nachweisbar funktionierenden Führungssystem (Managementsystem). Die Delegation von Aufgaben, Kompetenzen und Verantwortung muss für jeden Mitarbeiter in den Organisationszuständen Normalorganisation, Beauftragtenorganisation und Krisenorganisation geregelt sein:

- Normalorganisation umfasst Planung, Errichtung, Inbetriebsetzung, Betrieb und Umweltschutz
- Beauftragtenorganisation umfasst die verschieden Beauftragten einer Organisation wie beispielsweise Hygienebeauftragten, Datenschutzbeauftragten, Qualitätsmanagementbeauftragten, Abfall- und Entsorgungsbeauftragten, Gleichstellungsbeauftragten, Schwerbehindertenbeauftragten, Brandschutzbeauftragten, Fachkraft für Arbeitssicherheit, Umweltschutzbeauftragten u. a.
- Krisenorganisation umfasst besondere Ereignisse, auf die die Normalorganisation nicht vorbereitet ist.

Zur Vermeidung einer Organisationshaftung muss eine Organisation neben der Regelung der Organisationszustände ihren Anweisungspflichten, Auswahlpflichten und Überwachungspflichten nachkommen.

1. Planen, Steuern und Organisieren betrieblicher Prozesse | 1.3 Erläutern rechtlicher Rahmenbedingungen

Aus der Kombination der Organisationszustände und Pflichterfüllungen kann geprüft werden, ob ein Organisationsverschulden vorliegt:

Zustände/ Pflichten	Normalorganisation	Beauftragtenorganisation	Krisenorganisation
Anweisung	Ist für jede wesentliche Aufgabe eine Zuständigkeit definiert? Finden bei gefährdungsrelevanten Aufgaben dokumentierte Belehrungen statt?	Liegen Bestellungsschreiben vor? Sind die Kooperationsbeziehungen zwischen Beauftragten und Linienmitarbeitern geregelt?	Gibt es schriftliche Regelungen für Krisenfälle?
	Liegt ein geschlossenes und dokumentiertes Anweisungssystem vor (unternehmens- und abteilungsweite Regelungen, Fachanweisungen)? Werden Anweisungen regelmäßig aktualisiert? Ist die Dokumentation ein Anweisungs- und Entlastungsinstrument? Ist die Aufbau- und Ablauforganisation dokumentiert (Handbuch)? Haben die Mitarbeiter eine klare Vorstellung von ihren Aufgaben? Haben die Mitarbeiter die für ihre Aufgaben erforderlichen Entscheidungsbefugnisse?		
Zustände/ Pflichten	**Normalorganisation**	**Beauftragtenorganisation**	**Krisenorganisation**
Auswahl			Finden Trainings statt und werden Worst-Case-Szenarien geübt?
	Liegen Anforderungsprofile der Mitarbeiter vor? Sind die Mitarbeiter eingewiesen und geschult? Können die Mitarbeiter ihre Aufgaben zeitlich und fachlich ausüben?		
Überwachung	Wird die Überwachung ständig und stichprobenweise sichergestellt?	Sind die Überwachungs- und Aufsichtspflichten schriftlich festgelegt?	Wird die Aktualität der Krisenorganisation sichergestellt?
	Gibt es ein internes Kontrollsystem und ist es nachvollziehbar?		

Überprüfung eines Organisationsverschuldens, in Anlehnung an *Adams 1996*.

Ein Unternehmen muss im Rahmen der gesetzlichen Regelungen alle notwendigen Maßnahmen ergreifen, um frei von Gefährdung zu sein. Dafür muss eine ausreichende Organisation eingerichtet werden und die Unternehmensleitung muss nachweisen können, dass sie Aufsichtspersonen (Führungskräfte) sorgfältig angewiesen, ausgewählt und überwacht hat.

Die Aufsichtspersonen müssen nachweisen, dass sie Betriebsangehörige sorgfältig angewiesen, ausgewählt und überwacht haben und die Betriebsangehörigen (Mitarbeiter) müssen nachweisen können, dass sie ihre Aufgaben ordnungsgemäß erfüllt haben. Insbesondere müssen Betriebsangehörige über ausreichende Sachkenntnisse und Zeitkapazitäten für die Aufgabenerledigung verfügen. Beauftragte nehmen für den Betriebsinhaber eigenverantwortlich bestimmte Aufgaben wahr. Der Umfang der Verantwortung ist abhängig von den delegierten Entscheidungsbefugnissen (Kompetenzen). Gibt es hier Vorbehalte, verbleibt die Verantwortung auf der nächsthöheren Hierarchiestufe (vgl. Adams 1996).

1.3.3 Regelungen bei der Abwicklung von Einrichtungen und deren Leistungsbereiche erläutern

01. Nennen Sie Möglichkeiten zur Abwicklung von Betrieben, Einrichtungen und einzelnen Leistungsbereichen.

- Freiwillige Liquidation,
- Insolvenzverfahren und
- Betriebsübergang

stellen drei Möglichkeiten dar, Betriebe und einzelne Leistungsbereiche abzuwickeln.

02. Beschreiben Sie die freiwillige Liquidation.

Der freiwilligen Liquidation liegt ein Abwicklungsbeschluss zugrunde. Dieser ist für Einzelunternehmen formlos, in Aktiengesellschaften bedarf es einer Dreiviertelmehrheit der Hauptversammlung und in Personengesellschaften gelten die Regelungen des Gesellschaftsvertrages. Nachdem der Abwicklungsbeschluss getroffen wurde, wird der Firma das Kürzel „i. L." (in Liquidation) hinzugefügt. Die Abwicklung wird in Einzelunternehmen vom Inhaber, in Kommanditgesellschaften von den Komplementären, in Personengesellschaften von den Gesellschaftern, in GmbHs von den Geschäftsführern und in Aktiengesellschaften vom Vorstand durchgeführt.

Nach Aufstellung der Liquidationseröffnungsbilanz werden die Vermögensgegenstände veräußert und zur Schuldentilgung verwendet. Ein Restvermögen wird im Verhältnis der Kapitalanteile auf die Eigentümer aufgeteilt. Bei Einzelunternehmen erhält der Inhaber das Restvermögen.

Für Kapitalgesellschaften gelten besondere Regelungen zum Schutz der Gläubiger. Gläubiger sind dreimal durch öffentlichen Aufruf aufzufordern, ihre Ansprüche gegenüber der Gesellschaft geltend zu machen. Die Verteilung des Restvermögens an die Anteilseigner darf frühestens ein Jahr nach dem dritten Gläubigeraufruf erfolgen (vgl. *Wöhe/Döring 2010*).

03. Wann muss ein Insolvenzverfahren durchgeführt werden und was ist zu beachten?

Nach der Insolvenzordnung (InsO) wird ein Insolvenzverfahren durchgeführt, wenn bei einem Schuldner Zahlungsunfähigkeit besteht (§ 17 InsO). Für Kapitalgesellschaften gilt zusätzlich das Vorliegen einer Überschuldung (§ 19 InsO). Nach § 1 InsO wird das Ziel verfolgt, eine Zerschlagung des insolventen Betriebes möglichst zu verhindern und die Gläubiger gemeinschaftlich zu befriedigen.

Der Schuldnerbetrieb hat das Recht, bei Vorliegen der genannten Kriterien einen Insolvenzantrag beim zuständigen Amtsgericht (Insolvenzgericht) zu stellen. Kapitalgesellschaften sind dazu verpflichtet. Wenn das Insolvenzgericht das Insolvenzverfahren eröffnet, bestellt es einen vorläufigen Insolvenzverwalter und informiert die Gläubiger. Der Schuldnerbetrieb verliert die Verfügungsmacht über sein Vermögen (§ 80 InsO).

Im Insolvenzverfahren wird die Gläubigerversammlung als oberstes Entscheidungsorgan gebildet. Sie entscheidet über den vom Insolvenzverwalter vorgelegten Insolvenzplan (Sanierungsplan) und die damit verbundenen Entscheidungsalternativen wie beispielsweise Einzelveräußerung aller Vermögensgegenstände (Liquidation), Verkauf des Schuldnerbetriebes oder dessen Weiterführung. In diesem Zusammenhang können weitere Entscheidungen wie Teilschulderlasse und Bereitstellung zusätzlicher Mittel erforderlich sein. Der Insolvenzverwalter führt die Geschäfte so, dass den Gläubigern kein vermeidbarer Schaden entsteht. Er verwaltet und verwertet das Unternehmensvermögen und verteilt es entsprechend der Beschlüsse an die Gläubiger (vgl. *Wöhe/Döring 2010*).

04. Erklären Sie den Betriebsübergang am Beispiel der Betriebsküche eines Krankenhauses.

Das Beispiel geht von der Entscheidung der Geschäftsführung eines Krankenhauses aus, die eigene Betriebsküche nicht mehr selbst zu betreiben. Sie hat sich für die Fremdvergabe an eine externe Firma entschieden, an der das Krankenhaus nicht beteiligt ist. Es handelt sich um einen Betriebsübergang nach § 613a, bei dem ein Betriebsteil (hier: die Krankenhausküche) auf einen anderen Inhaber (hier: die Fremdfirma) übergeht. Die Fremdfirma als neuer Arbeitgeber tritt in die Rechte und Pflichten aus den Arbeitsverhältnissen zum Zeitpunkt des Übergangs ein. Folgendes Vorgehen ist zu beachten:

- Information der betroffenen Mitarbeiter über den bevorstehenden Betriebsübergang nach § 613a BGB auf die Fremdfirma und darüber, dass die Aufgabe zukünftig im Krankenhaus entfällt.

- Erläuterung des Übernahmeangebotes der Fremdfirma an die Mitarbeiter, genaue Benennung des neuen Arbeitgebers und des Übergangszeitpunktes, die Gründe, rechtliche, wirtschaftliche und soziale Folgen des Übergangs, geplante Personalmaßnahmen, Hinweis auf die Widerspruchsfrist des Arbeitnehmers und wo dieser erklärt werden kann sowie Aufzeigen der Konsequenzen, die bei Nichtannahme des Übernahmeangebotes folgen (z. B. der Arbeitnehmer verbleibt im Falle des Widerspruchs beim alten Arbeitgeber, dem Krankenhaus, und wird dort eventuell betriebsbedingt gekündigt, weil die Aufgabe entfallen ist).
- Information an die betroffenen Mitarbeiter, dass die bisher erreichte Betriebszugehörigkeit und die Arbeitsbedingungen laut Arbeitsvertrag erhalten bleiben und nicht vor Ablauf eines Jahres geändert werden dürfen.
- Hinweis, dass aus Gründen des Betriebsübergangs durch den neuen Arbeitgeber nicht gekündigt werden darf, wohl aber aus anderen Gründen, z. B. verhaltensbedingt.

Die Informationen müssen in Schriftform erfolgen (vgl. Bürgerliches Gesetzbuch, § 613a).

05. Nennen Sie weitere Sachverhalte, die bei der Abwicklung von Einrichtungen oder Leistungsbereichen beachtet werden müssen.

Bei der Abwicklung von Einrichtungen oder Leistungsbereichen müssen z. B. Aufbewahrungs- und Übergabepflichten sowie Datenschutzregelungen beachtet werden. Wegen der zivilrechtlichen Verjährungspflicht im Schadensfall empfiehlt die Deutsche Krankenhausgesellschaft für Patientenakten unabhängig von eventuell niedrigeren Verjährungsfristen für einzelne Vorgänge eine Aufbewahrungszeit von 30 Jahren, beginnend ab dem Folgejahr des letzten Eintrages in die Patientenakte. Übergabe-, Übernahme- und Datenschutzpflichten bestehen beispielsweise, wenn im Rahmen einer Krankenhausübernahme auf einen anderen Rechtsträger auch Patientenakten übergeben werden.

1.4 Entwickeln, Planen, Umsetzen und Evaluieren von betrieblichen Zielen

Betriebliche Ziele werden entwickelt, geplant, umgesetzt und optimiert. In diesem Kapitel werden zunächst Merkmale dargestellt, nach denen Ziele klassifiziert werden können. Anschließend werden mögliche Ziele unterschiedlicher Anspruchsgruppen und daraus resultierendes mögliches Konfliktpotenzial zwischen Shareholdern und Stakeholdern aufgezeigt. Aus den unterschiedlichen Zielen der Anspruchsgruppen entwickelt das Unternehmen die Ziele, die in seinem Zielsystem berücksichtigt werden. Dem folgt der Zielplanungsprozess, in dem diese Ziele priorisiert und das Zielsystem in den unterschiedlichen Phasen der Planung konkretisiert wird. Am Beispiel der Unternehmensziele Umsatz- und ROS-Steigerung wird ein mögliches Zielsystem und daran anschließend die strategische, taktische und operative Planung dargestellt.

Zielkonforme Handlungsalternativen werden umgesetzt und durch Evaluationen im Rahmen von Controllingprozessen wird analysiert, ob die betrieblichen Ziele erreicht wurden oder ob Optimierungsmaßnahmen erforderlich sind. Für die Umsetzung betrieblicher Ziele werden notwendige Voraussetzungen aufgezählt und am Beispiel eines Entlohnungssystems wird aufgezeigt, wie diesbezügliche Voraussetzungen erfüllt werden können.

1.4.1 Betriebliche Ziele entwickeln

01. Was sind betriebliche Ziele?

Betriebliche Ziele sind Maßstäbe, an denen unternehmerisches Handeln gemessen werden kann (vgl. *Wöhe/Döring 2010*).

02. Welche Gruppe soll das Recht haben, betriebliche Ziele vorzugeben?

Shareholder sind Eigentümer eines Unternehmens und tragen das gesamte Verlustrisiko. Dementsprechend verfolgt das Shareholder-Value-Konzept primär ökonomische Ziele. Das oberste Unternehmensziel ist die Steigerung des Eigenkapitalwertes und ist durch langfristige Gewinnmaximierung zu erreichen.

Anhänger des Stakeholder-Ansatzes vertreten die Auffassung, dass sich alle Anspruchsgruppen in den Unternehmenszielen wiederfinden müssen.

Neben den Interessen der Eigenkapitalgeber (ökonomische Ziele), müssen die Interessen der Arbeitnehmer (soziale Ziele) und die Interessen der Öffentlichkeit (ökologische Ziele) berücksichtigt werden (vgl. *Wöhe/Döring 2010*). Zusätzlich zu diesen Zielkategorien entwickeln sich zunehmend Fragen der Moral und der Ethik (Ethikziele) in Unternehmen (vgl. *Beckmann 2007*).

03. Geben Sie Beispiele für interne und externe Anspruchsgruppen eines Unternehmens.

Zu den internen Anspruchsgruppen gehören die Eigentümer und die Mitarbeiter. Externe Anspruchsgruppen eines Krankenhauses sind beispielsweise die Sozialversicherungsträger als Kostenübernehmer, Geschäftspartner, Politik und Öffentlichkeit sowie Patienten.

04. Nennen Sie Beispiele für ökonomische, soziale und ökologische Ziele und Ziele unter ethischen Gesichtspunkten.

Ökonomische Ziele (Eigenkapitalgeber)	Soziale Ziele (Arbeitnehmer)	Ökologische Ziele (Öffentlichkeit)
▸ Eigenkapitalzuwachs ▸ **angemessener Gewinn** ▸ Rentabilität ▸ Markteinfluss ▸ interner Einfluss	▸ Arbeitsplatzsicherheit ▸ Mitbestimmung ▸ Arbeitsbedingungen ▸ **gerechte Gehälter** ▸ Fortbildung ▸ Unfallschutz ▸ Anerkennung ▸ **Gesundheitsförderung während der Arbeitszeit**	▸ Ressourcenschonung ▸ **Berücksichtigung von Anwohnerinteressen bei geräuschintensiven Betriebsabläufen** ▸ Abfallvermeidung ▸ **Unterstützung von Selbsthilfegruppen**

Ökonomische, soziale, ökologische und ethische Ziele, in Anlehnung an *Wöhe/Döring 2010*

05. Nennen Sie Besonderheiten von Zielen.

Unternehmen müssen in den unterschiedlichen Phasen ihres Lebenszyklus (>> *Kapitel 1.3.1/03*) den jeweiligen Zielen der internen und externen Anspruchsgruppen gerecht werden. Entsprechend dem Agieren im Markt unterliegt das Zielsystem des Unternehmens einem ständigen Wandel. Dieser Anpassungs- und Veränderungsprozess sichert das Überleben des Unternehmens. Unternehmensziele gehen im Rahmen von Entscheidungsprozessen von der Unternehmensleitung aus.

06. Erläutern Sie ein mögliches Konfliktpotenzial, das aufgrund der unterschiedlichen Zielvorstellungen der Stakeholder entstehen kann.

Am Beispiel „Gehaltsperspektive" wird das Konfliktpotenzial zwischen ökonomischen und sozialen Zielen aufgezeigt. Versteht man unter einer Gehaltsperspektive eine leistungsgerechte Entlohnung, dann werden die Arbeitnehmer entsprechend ihres Leistungsvermögens bezahlt. Ökonomische und soziale Ziele lassen sich vereinbaren.

Wird unter einer Gehaltsperspektive eine bedarfsgerechte Entlohnung verstanden, dann erhalten die Arbeitnehmer ihre Entlohnung in Anhängigkeit ihres sozialen Status (z. B. Anzahl der Kinder und Familienstand). Das kann dazu führen, dass der Leistungsgedanke nicht mehr im Vordergrund steht, sodass ökonomische und soziale Ziele auseinander laufen.

Unternehmen verfolgen grundsätzlich ökonomische Ziele. Anpassungen an soziale Ziele und ökologische/ethische Ziele erfolgen in der Mehrzahl nur, wenn es dafür gesetzliche Regelungen gibt (z. B. Arbeitsrecht, Sozialrecht, Betriebsverfassungsgesetz, Umweltgesetze) oder sofern bei langfristigen Investitionsentscheidungen Umweltschutzüberlegungen und soziale Entwicklungen einbezogen werden müssen. Die Forderung, dass ökologische und soziale Ziele in den Vordergrund zu stellen sind, hat seine Grenzen in den Marktgesetzen. Selbst wenn der Unternehmer entsprechende Wertvorstellungen hat, kann eine primäre ökologische und soziale Zielausrichtung nur erfolgen, wenn die Nachfrage bereit ist, dieses zu honorieren. Insofern führen ökologische und soziale Erwartungen einerseits und ökonomische Möglichkeiten andererseits zu regelmäßigem Konfliktpotenzial (vgl. *Wöhe/Döring 2010*).

Die Gewinnerzielung der Unternehmen wird von der Öffentlichkeit keineswegs abgelehnt. Die Realisierung „angemessener Gewinne" wird als legitimes Ziel eines Unternehmers anerkannt. Es bestehen aber starke Vorbehalte gegenüber dem Prinzip der Gewinnmaximierung, weil angenommen wird, dass dadurch Handlungsalternativen präferiert werden könnten, die gegen moralische und ethische Vorstellungen verstoßen, beispielsweise Schutz der Umwelt, Unterlassung von Korruption, Betrug und mangelnde Solidarität. Dadurch kommt es zu einem Zielkonflikt zwischen Eigeninteresse und Moral.

Folgende Beispiele zahlreicher Entwicklungen stützen diese Sichtweise:
- Shareholder-Value-Orientierung von Unternehmen
- Erfolgsabhängige Managergehälter mit extremen Gehaltssteigerungen
- Einführung von Boni und Prämiensystemen für das Top-Management in öffentlichen Verwaltungen und in Verwaltungen der Krankenversicherung.

In der moralischen Wahrnehmung der gesellschaftlichen Anspruchsgruppen können solche Entwicklungen als einseitige Verschiebung moralischen Verhaltens weg vom „angemessenen Gewinnstreben" hin zu „ungezügelter Profitgier" gewertet werden und führen zum Zielkonflikt zwischen Zielen der Shareholder- und Stakeholder. Es wird angenommen, dass die einseitige Ausrichtung an den Interessen der Shareholder nur zu Lasten der anderen Anspruchsgruppen, beispielsweise der Mitarbeiter, Verbraucher, Anwohner, Lieferanten oder der Umwelt möglich ist (vgl. *Beckmann 2007*).

07. Nach welchen Merkmalen lassen sich Ziele klassifizieren?

Nachfolgend werden aus unterschiedlichen Möglichkeiten folgende Merkmale zur Zieldarstellung verwendet:
- Zielsetzungsinstanz: individuelle oder institutionelle Ziele
- Zeitbezug: langfristige, mittelfristige und kurzfristige Ziele
- Zielbeziehungen: komplementäre, konkurrierende und indifferente Ziele
- Rangordnung: Oberziele, Zwischenziele und Unterziele.

Je nachdem, ob die Interessen des Arbeitnehmers oder die des Arbeitgebers (der Organisation) verfolgt werden, unterscheidet man nach individuellen oder institutionellen Zielen. Am Beispiel unterschiedlicher Sichtweisen zum Arbeitstempo wird das Konfliktpotenzial deutlich.

Ziele werden im Rahmen von Planungen grundsätzlich nach dem Zeitbezug differenziert.

Nach den Zielbeziehungen können Ziele komplementär, konkurrierend oder indifferent zueinander stehen:

- Komplementär: Ziele ergänzen sich (z. B. Gewinnmaximierung und Minimierung des Wareneinsatzes)
- Konkurrenz: Ziele können zum Konflikt werden (z. B. Steigerung des Marktanteils und Maximierung der Liquiditätsreserven)
- Indifferent: Ziele sind voneinander unabhängig (z. B. Verkürzung der Arztbriefschreibung im Krankenhaus und Verbesserung der Produktqualität in der Krankenhausküche).

Die Differenzierung nach der Rangordnung ermöglicht es, aus Zielen des Gesamtunternehmens (Oberziele), Ziele für Abteilungen (Zwischenziele) und Ziele für die Sachbereiche (Unterziele) zu entwickeln (vgl. *Wöhe/Döring 2010*).

08. Welche Ziele können für unterschiedliche Anspruchsgruppen am Beispiel eines Krankenhauses entwickelt werden?

Eigentümer	Politik, Öffentlichkeit	Patienten	Mitarbeiter	Geschäftspartner	Sozialversicherung
- solventer Betrieb - Eigenkapitalzuwachs - Dividendenzahlung - Markteinfluss - interner Einfluss - Nachhaltigkeit	- Krankenhausplanung - Kostendämpfung - Umweltschutz - Gesamtversorgung - Unfallschutz - Hygienestandards	- beste Medizin - niedrige Sozialversicherungsbeiträge - Zusatzangebote - Wiederherstellung der Gesundheit - Aufklärung - ortsnahe Versorgung	- Gehaltsperspektive - Arbeitsplatzsicherheit - Arbeitsbedingungen - Fortbildung - Unfallschutz - Anerkennung	- Gläubigerschutz - langfristige Bindung - schnelle Zahlungen - Kooperation - tragfähige Beziehung - Umsatzsteigerung	- Beitragsstabilität - hohe Behandlungsqualität - schnelle Arztbriefe - wenig Beschwerden - hohe Heilungsrate - Qualitätssicherung

Ziele von Anspruchsgruppen am Beispiel eines Krankenhauses

09. Wie werden aus den Zielen der Anspruchsgruppen die Ziele auf Unternehmensebene ermittelt?

Ziele von Anspruchsgruppen sind unterschiedlich und verändern sich mit der Zeit. Das Unternehmen hat die Herausforderung, aus den ermittelten Zielen der Anspruchsgruppen diejenigen Ziele herauszufinden, die im Zielsystem des Unternehmens berücksichtigt werden sollen. Diese Ziele müssen so ausgewogen sein, dass sie die Mehrheit der Anspruchsgruppen zufriedenstellen:

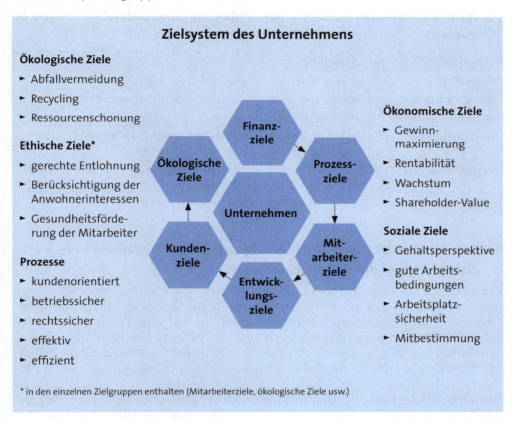

1.4.2 Betriebliche Ziele planen

01. Wodurch entstehen Zielsysteme?

Unternehmen verfolgen immer mehrere Ziele zur gleichen Zeit. Diese Ziele müssen in eine Ordnung gebracht werden. Diese Ordnung nennt man Zielsystem (vgl. *Wöhe/Döring 2010*).

02. Welche Grundsätze müssen bei der Erstellung eines Zielsystems beachtet werden?

Grundsatz	Erläuterung
Motivation	Eine Verbesserung der Situation muss möglich sein.
Bezug zur Realität	Ziele müssen anspruchsvoll und realistisch (erreichbar) sein.
Widerspruchsfreiheit	Ziele müssen zueinander passen und sich möglichst ergänzen.
Verständlichkeit	Die Mitarbeiter müssen verstehen, warum das Ziel gesetzt wurde und was genau bis wann erreicht werden soll.
Kontrollierbarkeit	Eine Zielvorgabe soll konkret eine Aufgabe oder Leistung umfassen und nach Möglichkeit messbar sein.

Wichtige Grundsätze zur Bildung von Zielsystemen, in Anlehnung an *Wöhe/Döring 2010*

03. Erläutern Sie das grundsätzliche Vorgehen bei der Ermittlung eines Zielsystems auf der Unternehmensebene.

Grundlage für ein ausgewogenes Zielsystem des Unternehmens ist der Zielplanungsprozess, in dem die Ziele des Unternehmens, die auf der Grundlage der Ziele der unterschiedlichen Anspruchsgruppen ermittelt wurden, in eine Rangordnung gebracht werden. Bei der Rangordnung handelt es sich um eine Zielhierarchie, die in Anlehnung an den Aufbau des Unternehmens und unter Beachtung der Grundsätze für die Bildung von Zielsystemen erstellt wird. Es werden Ober-, Zwischen- und Unterziele ermittelt.

Oberziele sind der Ebene der Unternehmensleitung zugeordnet. Sie werden über Zwischen- oder Unterziele erreicht. Dafür müssen Oberziele in Teilziele zerlegt werden, die den Abteilungen, Sachgebieten und/oder einzelnen Mitarbeitern vorgegeben werden. Je tiefer die Zielhierarchie gegliedert ist, desto weniger Einblick haben die unteren Planungsebenen. Jede übergeordnete Ebene muss deshalb die ihr zugeordneten Ziele und deren weitere Aufteilung den nachgeordneten Ebenen kommunizieren und die Zielerreichung koordinieren. Alle Unterziele sollten operational sein.

Operationale Ziele sind messbar, können durch zusätzliche monetäre Anreize vergütet werden und ermöglichen Leistungsbeurteilungen. Zwischenziele liegen zwischen den Ober- und Unterzielen. Die Erfüllung aller zum Zwischenziel gehörenden Unterziele führt zum Erreichen des Zwischenziels. Die Erreichung aller zum Oberziel gehörenden Zwischenziele führt zum Erreichen des Oberziels. Im Rahmen der Planung erfolgt die konkrete Aufstellung des Zielsystems.

Die Planung ist das Bindeglied zwischen der Zielsetzung (>> *Kapitel 1.4.1/09*) und kalkuliertem Handeln. Mittels des Phasenschemas der Planung, bestehend aus den Phasen Zielbildung, Problemanalyse, Alternativenermittlung und Alternativenbewertung wird das Zielsystem konkretisiert (vgl. *Wöhe/Döring 2010*).

04. Stellen Sie am Beispiel der Unternehmensziele „Umsatzsteigerung" und „Steigerung der Umsatzrendite (Return on Sales, ROS)" ein mögliches Zielsystem auf.

Aus den Zielen auf Unternehmensebene (>> *Kapitel 1.4.1/09*) werden exemplarisch die Ziele Rentabilität, Wachstum und Gehaltsperspektive in einem Zielsystem betrachtet. Die eingeplanten Maßnahmen zur Umsatzsteigerung und zur Verbesserung der Umsatzrentabilität werden anteilig für haustarifliche Maßnahmen eingesetzt, sodass die Belegschaft an erreichten Erfolgen partizipiert. Die leistungsbezogene Partizipation einzelner Mitarbeiter ist in den Maßnahmen noch nicht enthalten.

1. Planen, Steuern und Organisieren betrieblicher Prozesse | 1.4 Entwickeln, Planen, Umsetzen und Evaluieren

Neurologische Rehabilitationsklinik
(150 Planbetten/145 Vollkräfte)

			90100		
			Klinikleitung		
Oberziel			Erzielung eines Umsatzes/ROS von 9,0 Mio. Euro/5 %		
Ergebnisverbesserungen ggü. Vorjahr					(331.024 €)

		%	Vorjahr	%	Planjahr
Umsatz		100,0 %	8.691.036 €	100,0 %	9.011.103 € ‹
Berechnungstage (Pflegesatz/Auslastung/Bt's)	183,00 €	(86,7 %)	(47.492)	(87,7 %)	(48.040)
Personalkosten		65,1 %	5.661.041 €	64,4 %	5.801.711 €
Sachkosten		33,5 %	2.913.397 €	30,6 %	2.761.770 €
Ergebnis		1,3 %	116.598 €	5,0 %	447.622 €
ROS (Return on Sales - Umsatzrendite)			1,3 %		5,0 % ‹

	90110	90120	90130
	Ärztl. Leitung	PDL	Kfm. Leitung
Zwischenziele (Ergebnisverbesserungen)	95.741 €	19.000 €	216.283 €
Unterziele	85.241 € Mengeneffekt	Preiseffekt	219.783 €
Erhöhung Pflegesatz um 2,5 % (Pflegesatzverhandlung)		4,58 €	
Belegungsmaßnahmen ohne Personalaufbau (Erhöhung der Auslastung um 1,0 %-Punkt)	100.284 € 548	Berechnungstage (Bts)	
zusätzliche variable Sachkosten	-15.043		

		95500		
		Neurologie		
	95510	95520		90131
	Ärzte	Pflege		Verwaltung
Unterziele	3.500 €	10.000 €		-150.170 €
Haustarifsteigerungen < 3,0 %			2,9 %	-164.170 €
Keine Auszahlung von Überstunden (Freizeitausgleich, bisherige Regelung: Auszahlung)	3.500 €	10.000 €		2.000 €
Einsparungen Verwaltungsbedarf/ Hauswirtschaftsbedarf (Reduzierung der Bedarfsmenge)				12.000 €

	92700	95530	90132
	Therapie	Pflege-Material	Einkauf
Unterziele	7.000 €	9.000 €	146.670 €
Verhandlung mit Lieferanten (Reduzierung der Einkaufspreise im Sachkostenbereich um 5 %)			145.670 €
Keine Auszahlung von Überstunden	7.000 €		1.000 €
Einsparung Medizinischer Bedarf (Reduzierung der Bedarfsmenge)		9.000 €	

Betriebliche Ziele planen: Zielsystem

05. Erläutern Sie strategische, taktische und operative Planung.

Merkmal	Strategische Planung	Taktische Planung	Operative Planung
Fristigkeit	mindestens 5 Jahre	2 bis 5 Jahre	maximal 1 Jahr
Unsicherheitsgrad	sehr hoch	hoch	gering
Datenqualität	zusammengefasste Daten mit hoher Unschärfe, Betrachtung übergeordneter Trends und mögliche alternative Entwicklungen und Szenarien (überwiegend grobe qualitative Datenbasis)	Konkretisierung der strategischen Planung, Prüfung möglicher Entwicklungen auf Plausibilität und Wahrscheinlichkeit des Eintretens, auf Basis grober Daten, jedoch mit größerem Schärfegrad als in der strategischen Planung (überwiegend quantitativ grobe Datenbasis)	konkrete Maßnahmenplanung (>> vgl. 1.4.2/04, quantitative, fein strukturierte Datenbasis)
Planungsinhalte	Langfristige Planung: Sicherung der Erfolgspotenziale, Erschließung neuer Erfolgspotenziale, Verminderung von Risiken, Stärken/Schwächenanalyse des eigenen Unternehmens, mögliche Umweltentwicklungen, Entwicklung der Beschaffungs- und Absatzmärkte, technische Trends, Veränderungen im Nachfragerverhalten, Konkurrenzsituation, rechtliche Entwicklungen, Finanzbedarfe und -deckung, Ergebnisentwicklung	Mittelfristige Planung: Erfolgsplanung (Absatz, Umsatz, Personal, Sachkosten) Investitions- und Finanzplanung, Sicherstellung Betriebsmittel, Risikoplanung, Rahmenverträge mit Lieferanten, Kooperationen auf der Anbieterseite, mittelfristige Umweltereignisse	Kurzfristige Planung (Feinplanung): Konkretisierung von relevanten Maßnahmen der Mittelfristplanung für die Jahresplanung/unterjährige Planung z. B.: Planung der kurzfristigen Kapazitätsauslastung und Durchführung von Anpassungsmaßnahmen (konkrete Belegungs- und Personalmaßnahmen, Einzelaufträge, Bestellmengen, Eigenleistung oder Fremdbezug), Reaktionen auf kurzfristige Umweltereignisse
Zuständigkeit	Unternehmensleitung	Mittlere Führungsebene	Untere Führungsebene

Strategische, taktische und operative Planung, in Anlehnung an *Wöhe/Döring 2010*

1.4.3 Betriebliche Ziele umsetzen

Nachfolgend werden die Voraussetzungen für die Umsetzung betrieblicher Ziele dargestellt. Relevante Einzelthemen wie organisatorische Voraussetzungen, Wissensmanagement sowie Informationswege und Kommunikationssysteme werden im ≫ *Kapitel 1.7* und mögliche Methoden der Umsetzung von betrieblichen Zielen im ≫ *Kapitel 1.6* behandelt. Anreizsysteme sind ein wesentlicher Aspekt, um verantwortliche Mitarbeiter für die planmäßige Umsetzung betrieblicher Ziele zu motivieren. Als Beispiele für mögliche Anreizsysteme werden Provisionen und Zielprämien dargestellt.

01. Nennen Sie Voraussetzungen für die Umsetzung betrieblicher Ziele.

Nach dem Abschluss des Zielplanungsprozesses müssen die betrieblichen Ziele auf den unterschiedlichen Ebenen umgesetzt werden. Entscheidend ist, dass den verantwortlichen Mitarbeitern die Aufgaben und Erwartungen der vorgesetzten Stellen hinreichend bekannt sind und die für die Umsetzung inhaltlich und terminlich verbindlichen Absprachen erfolgt sind. Diese für die Zielerreichung relevanten Punkte können beispielsweise durch Zielvereinbarungen geregelt werden.

Ein wichtiger Punkt für Zielvereinbarungen sind mögliche Anreize, die den verantwortlichen Mitarbeitern für die Zielerreichung oder eine Übererfüllung der Ziele gewährt werden sollen. In Zielvereinbarungen sollten neben finanziellen Zielen (z. B. Anreize) auch organisatorische Ziele (z. B. Projekte) und persönliche Ziele (z. B. Weiterentwicklungsmöglichkeiten) enthalten sein. Je besser die Unternehmensstrategie und die Abteilungsziele kommuniziert werden, desto einfacher können Ziele für einzelne Mitarbeiter gestaltet werden (vgl. *Haeske-Seeberg 2008*).

Nach der Vereinbarung von Zielen sollte der verantwortliche Mitarbeiter selbst darüber entscheiden können, welchen Weg der Zielerreichung er wählt und welche Methoden er einsetzt. Weitere Voraussetzungen für die Umsetzung betrieblicher Ziele sind der Erhalt relevanter Informationen, eine effektive Aufbauorganisation, effektive Abläufe, effektive Kommunikationsprozesse, ein effektives Führungssystem und entwickelte Fähigkeiten bei den verantwortlichen Mitarbeitern, die eine zielentsprechende Bearbeitung der umzusetzenden Maßnahmen erst ermöglicht.

02. Wie kann ein Entlohnungssystem gestaltet werden, dass den Mitarbeitern leistungsbezogen und angemessen an dem erreichten Erfolg partizipieren lässt?

Am Beispiel des Einkäufers, der als Zielvorgabe einen 5 %igen Verhandlungserfolg bezüglich der Einkaufspreise, verbunden mit einem absoluten Einsparvolumen von 145.670 € durch eine Zielvereinbarung mit der Unternehmensleitung vereinbart hat (>> Kapitel 1.4.2/04), werden nachfolgend die Anreizalternativen Provision und Zielprämie dargestellt.

Die Provision orientiert sich mit einem gleichmäßigen Prozentsatz am Einsparungsvolumen. Im nachfolgenden Berechnungsbeispiel wird von einem Provisionssatz von 3,3 %, bezogen auf die absolute Einsparungshöhe, ausgegangen. Die Provisionsberechnung beginnt ab einem Zielerreichungsgrad von 80 % und endet bei einer Zielerreichung von 120 %.

In der Zielvereinbarung wurden ein Fixgehalt von 35.200 € und eine Provision von 4.807 € bei einem Zielerreichungsgrad von 100 % als Eckwerte festgeschrieben. Bezogen auf die erreichte Einsparung wird zwischen den Zielerreichungsgraden 80 bis 120 % einheitlich 3,3 % Provision vergütet. Bezogen auf das in der Zielvereinbarung fixierte Gehalt sind dadurch Zuschläge auf das Fixgehalt zwischen 10,9 und 16,4 % möglich. Das absolute Gehalt kann dadurch auf 116,4 % des Fixgehaltes gesteigert werden.

Eine noch höhere Anreizwirkung kann durch eine Zielprämie erreicht werden, die als Kompensation für eine zielkonforme Leistung definiert ist (vgl. *Kieser 2012*). Sie beschränkt sich genau auf die Leistung, die in einem gemeinsamen Zielfindungsprozess als realistisch angesehen wird und hat einen steilen, überproportionalen Verlauf der variablen Entlohnungsbestandteile. Durch die jährlichen Zielvereinbarungen wird das Zielprämieneinkommen nicht „verrentet", sondern ist durch Anpassungen an Marktgegebenheiten und die aktuellen Wachstumsmöglichkeiten des Unternehmens zukunftsorientiert ausgerichtet (vgl. *Kieser 2012*).

Im Beispiel kann durch die Gestaltung der Zielprämienstufen das absolute Gehalt auf 134,1 % des Fixgehaltes gesteigert werden. Die Zielprämie fängt unterhalb des Provisionsniveaus an, steigert sich dann aber überproportional. Während die Provision gleichmäßig mit 3,3 % berechnet wird, ergeben sich bei der Zielprämie unterschiedliche Prozentsätze (80 % Zielerreichung = 0,0 % Zielprämie; 90 % / 2,4 %; 100 % / 4,1 %; 110 % / 5,6 %; 120 % / 6,9 %). Je nach Aufgabenstellung und Zielprämienstufen können in der Praxis Mitarbeiter ihre variablen Einkommen bei Übererfüllung der vereinbarten Ziele, um deutlich mehr als 50 % steigern (vgl. *Kieser 2012*).

Gehaltsbestandteile	Provisionsberechnung			Zielprämienberechnung		
Fixgehalt		35.200	100,0 %	35.200	100,0 %	
variables Einkommen	Zielerfüllung	Provision		Zielprämie		Abw.
Bemessungsgrundlage: Einsparungen Einkaufspreise		3,3 %				
116.536	80,0 %	3.846	10,9 %	-	0,0 %	
131.103	90,0 %	4.326	(bezogen auf Fixgehalt)	3.000	(bezogen auf Fixgehalt)	
145.670	**100,0 %**	**4.807**	**13,7 %**	**6.000**	**17,0 %**	**Planziel**
160.237	110,0 %	5.288		9.000		
174.804	120,0 %	5.769	16,4 % (bezogen auf Fixgehalt)	12.000	34,1 % (bezogen auf Fixgehalt)	
Gesamtgehalt	< 80,0 %	35.200	100,0 %	35.200	100,0 %	-
	80,0 %	39.046	110,9 %	35.200	100,0 %	- 3.846
	90,0 %	39.526	112,3 %	38.200	108,5 %	- 1.326
40 T€ (Zielvereinbarungswert)	**100,0 %**	**40.000**	**113,6 %**	**41.200**	**117,0 %**	**1.200**
	110,0 %	40.488	115,0 %	44.200	125,6 %	3.712
	120,0 %	40.969	116,4 %	47.200	134,1 %	6.231

Beispiel: Gehaltsvergleich proportionale Provision/überproportionale Zielprämie in Anlehnung an *Kieser 2012*

03. Wie sollte eine variable Entlohnung gestaltet werden?

Die variable Entlohnung stellt den wesentlichen Anreizmechanismus des Entlohnungssystems dar und sollte folgendermaßen gestaltet werden:

Bemessungsgrundlage: Ziele sollten an den erreichten Erfolgen festgemacht werden und die persönliche Leistungsfähigkeit des jeweiligen Mitarbeiters berücksichtigen. Für den Mitarbeiter muss die erwartete Leistung transparent und plausibel sein sowie als leistbar erkannt werden. So wie das Unternehmen seine Mitarbeiter steuert, sollte es auch vergüten (vgl. *Kieser 2012*). Als Leistungsziele können beispielsweise Umsatz-, Produkt-, Kunden-, Marktsegmentaktivitäten-, und Maßnahmenziele verwendet werden (vgl. *Kieser 2012*).

Ausprägungen: Leistungskriterien müssen so gestaltet werden, dass sie durch den jeweiligen Mitarbeiter beeinflusst werden können, z. B. Deckungsbeiträge aus sämtlichen Kundenumsätzen, Projektergebnisse, verbesserte Kundenstruktur oder realisiertes Einsparvolumen aus umgesetzten Maßnahmen (vgl. *Kieser 2012*).

Art und Höhe der Entlohnung: Die variable Vergütung ist die kurzfristige Komponente des Gesamteinkommens und orientiert sich an der Zielerfüllung, die der Mitarbeiter in einer Periode erreicht hat (vgl. *Kieser 2012*). Eine Zielprämie kann unterschiedlich bemessen werden. Die Entlohnung nach Deckungsbeiträgen ist beispielsweise eine Möglichkeit, bei der der Mitarbeiter als Unternehmer im Unternehmen sowohl Einfluss auf die Kosten und Umsätze, als auch auf das Ergebnis seines Bereiches hat (vgl. *Kieser 2012*). Der Anteil der variablen Kosten sollte ca. 30 % der gesamten Jahresvergütung betragen. Die maximale Höhe der Zielprämie soll einen starken Anreiz bei dem Mitarbeiter hervorrufen und ihn motivieren, im Sinne des Unternehmens (vgl. *Kieser 2012*).

Funktionale Beziehung zwischen Ausprägungen und der Höhe der variablen Entlohnung: Die variable Entlohnung sollte einen deutlich überproportionalen Verlauf der Zielprämienkurve bis zu einer maximalen Zielprämie aufweisen. Dadurch wird der Anreiz, gute Ergebnisse zu erreichen und das Ziel zu übertreffen deutlich erhöht und die Konsequenzen für schlechte Ergebnisse sichtbar (vgl. *Kieser 2012*). Am oberen Leistungspunkt sollte die Zielprämie gekappt werden, da dieser die absolute Spitzenleistung widerspiegelt (vgl. *Kieser 2012*).

Das Fixgehalt sollte das exogene Risiko (vgl. *Backes-Gellner/Wolff 2001*) und Aufgaben, die nicht dem variablen Leistungslohn zugerechnet werden können, abdecken (vgl. *Frey/Osterloh 2001*). Außerdem steht das Fixgehalt für den langfristigen Aspekt, der die Fähigkeiten und Kompetenzen des Mitarbeiters repräsentiert (vgl. *Kieser 2012*). Das exogene Risiko liegt außerhalb des Einflussbereiches des Mitarbeiters und kann von ihm nicht beeinflusst werden. Es ist auch möglich, dass exogene Faktoren erzielte Erfolge überkompensieren, wodurch eine gute Leistung nicht sichtbar wird. Ein anreizkompatibles Entlohnungssystem sollte deshalb dem Mitarbeiter das exogene Risiko abnehmen (vgl. *Backes-Gellner/Wolff 2001*). Exogene Risiken können am Beispiel des Mitarbeiters der Einkaufsabteilung (>> *Kapitel 1.4.2/04*) Umsatzsteuererhöhungen, nicht in Anspruch genommenes Skonto der Finanzabteilung oder Verfehlung der rabattbezogenen Absatzmengen durch Belegungseinbruch sein.

1.4.4 Betriebliche Ziele optimieren

01. Wie können betriebliche Ziele optimiert werden?

Durch Prozess- und Schwachstellenanalysen, Fehlerursachenanalysen, Fehlervermeidung, Fehlerkorrektur, Kontinuierliche Entwicklungs- und Verbesserungsprozesse (>> *Kapitel 2.2.3.1*) sowie Controlling (>> *Kapitel 4.4.1*) und Evaluation können betriebliche Ziele optimiert werden.

02. Erläutern Sie den Begriff Evaluation.

Unter Evaluation versteht man die Bewertung des erreichten Istzustandes im Vergleich zu vorab festgelegten Zielen (Sollzustand) durch den Einsatz von systematischen Methoden. Die erhobenen Evaluationskriterien müssen auf die Ziele der Maßnahme abgestimmt werden. Soll z. B. ein bestimmtes Ergebnis erreicht werden, dann muss die Messung des Ergebnisses und der Vergleich mit dem Sollzustand Gegenstand der Evaluation sein (vgl. *Gabler Wirtschaftslexikon,* Stichwort: Evaluation, Autor: *Prof. Dr. Günter W. Maier*).

03. Stellen Sie einen Controllingprozess dar, durch den die Optimierung betrieblicher Ziele unterstützt wird.

Der nachfolgend dargestellte Controllingprozess am Beispiel eines Krankenhauses stellt eine Möglichkeit dar, die Optimierung betrieblicher Ziele zu unterstützen. Im ersten Schritt werden aus Zielvereinbarungen Planwerte generiert, die im zweiten Schritt in das Krankenhausinformationssystem eingestellt werden. Im dritten Schritt werden die Plan- und Istwerte in Kennzahlen umgesetzt und im vierten Schritt in das kennzahlenbasierte Steuerungssystem übertragen. Die Steuerung findet im fünften Schritt durch Regelgespräche der Unternehmensleitung, dem Controlling und dem jeweiligen Verantwortlichen auf der Grundlage von Plan-Ist-Vergleichen statt. Es werden die Abweichungen besprochen und Steuerungsmaßnahmen vereinbart.

Plan-Ist-Vergleiche ergeben sich unmittelbar aus dem Berichtswesen des Krankenhausinformationssystems und aus dem kennzahlenbasierten Steuerungssystem (z. B. einer Balanced Scorecard). Das Controlling bereitet aus den Plan-Ist-Vergleichen Steuerungsinformationen für die Regelgespräche auf. Der Verantwortliche ist unmittelbar nach dem Regelgespräch für die Umsetzung der Steuerungsmaßnahmen im sechsten Schritt verantwortlich und das Controlling stellt mittels Plan-Ist-Vergleich fest, ob durch die Steuerungsmaßnahmen die gewünschten Reduzierungen der Istwerte erreicht wurden.

Der Controllingprozess ist ein fortlaufender Prozess und wird grundsätzlich monatlich durchgeführt. Abweichungsanalysen werden entweder auf der Basis von Plan-Ist-Vergleichen oder Soll-Ist-Vergleichen (Anpassung der Planwerte an die Istbelegung) durchgeführt und bestehen aus Leistungs- und Finanzdaten. Dargestellt werden in der Regel der aktuelle Berichtsmonat im Vergleich zum Plan (oder Soll) und zum Vorjahreszeitraum, die kumulierten Werte ebenfalls im Vergleich zum Plan (oder Soll) und dem Vorjahreszeitraum und die auf das Gesamtjahr hochgerechneten Istwerte, verglichen mit dem Jahresplan (oder Jahressoll) und dem Vorjahr.

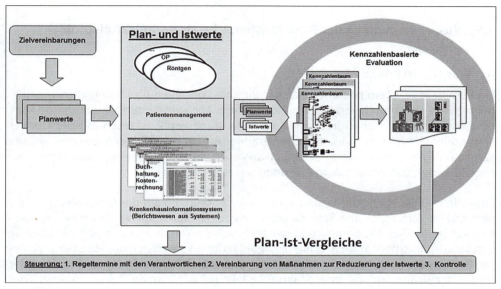

Controllingprozess

1.5 Beurteilen komplexer betrieblicher Zusammenhänge sowie Entwickeln und Umsetzen strategischer Handlungsmöglichkeiten

Betriebliche Komplexitäten nehmen ständig zu. Die Entwicklung strategischer Handlungsmöglichkeiten wird dementsprechend zunehmend anspruchsvoller. Oftmals führen ökonomischer Druck und fehlende Erfahrung zu erschwertem Umgang mit komplexen Sachverhalten und Fehlern. In diesem Kapitel wird das komplexe Zusammenwirken der Funktionsbereiche erfasst und mögliche Instrumente zur Beurteilung komplexer Sachverhalte sowie Möglichkeiten zum erfolgreichen Umgang mit Komplexität aufgezeigt. Um strategische und operative Handlungsmöglichkeiten entwickeln zu können, wird auf die Handlungsebenen des strategischen und operativen Managements und die Aufgaben des Managements im Rahmen von Dienstleistungsprozessen eingegangen. Am Beispiel einer IT-Einführung wird die Entwicklung strategischer und operativer Handlungsmöglichkeiten und deren Umsetzung durch Projektmanagement aufgezeigt. Im Rahmen der Komplexitätsbewältigung sind Führungsaufgaben erforderlich. Es wird dargestellt, welche Bedeutung Führung für die Organisation hat, welche Führungsaufgaben sich ergeben und welche Anforderungen an den Führungsprozess und die Führungsqualität gestellt werden muss. In den >> Kapiteln 5.4.7 und >> 5.5.4 wird auf Teamführung und Personalentwicklungsmaßnahmen eingegangen. Aus der betrieblichen Praxis werden anschließend Beispiele für komplexe Sachverhalte und Möglichkeiten zur Bewältigung zunehmender Komplexität und Dynamik aufgezeigt. Als praktisches Beispiel des Komplexitätsmanagements wird abschließend der Ansatz Diversity-Management dargestellt.

1.5.1 Zusammenwirken der Funktionsbereiche als Komplexitätsproblem erfassen

01. Was ist ein komplexes System?

Ein komplexes System besteht aus einer Vielzahl von Teilen und Beteiligten, die in einer dichten, dynamisch vernetzten Ordnung von Abhängigkeiten, Aktionen und Reaktionen zueinander stehen und sich durch den ständigen Austausch mit der Umwelt kontinuierlich weiterentwickeln. Jede Veränderung an irgendeiner Stelle des Systems kann eine Vielzahl von Folgeänderungen auslösen, die oftmals keine eindeutigen Ursache-Wirkung-Zusammenhänge erkennen lassen.

Eingriffe in Teilbereiche des Systems haben Auswirkungen auf das Gesamtsystem, das sich anders verhält, als die Summe seiner einzelnen Teilbereiche. Komplexe Systeme sind ein generelles Phänomen und beispielsweise erkennbar in den Naturkräften, lebenden Organismen, Staatsgebilden, Organisationen sowie regionalen oder globalen politischen, ökologischen, wirtschaftlichen und sozialen Vernetzungen einzelner Themen, Organisationen und/oder Staaten (vgl. *Vester 2012* sowie *Österreichisches Controllerinstitut 2006*).

02. Wie entsteht Komplexität?

Komplexität entsteht innerhalb einer Organisation (Innenverhältnis) oder durch das Zusammenwirken der Organisation mit seiner Umwelt (Außenverhältnis). Einfluss auf die Komplexität haben im Innenverhältnis die Größe der Organisation, der Umfang der Arbeitsteilung der zu bewältigenden Organisationsleistung, die formalen und informalen Regelungen, die Unternehmens- und Führungskultur sowie die Individuen mit ihren unterschiedlichen Zielen und Rollen.

Im Außenverhältnis entsteht Komplexität durch den Grad der Verflechtungen mit der Umwelt. Je höher dieser ist, je mehr Organisationen einbezogen sind und je mehr externe Regelungen und wirtschaftliche Gegebenheiten beachtet werden müssen, desto höher ist tendenziell auch die Komplexität.

03. Nennen Sie Probleme, die den Umgang mit Komplexität erschweren.

Der ökonomische Druck, kurzfristige Entscheidungen treffen zu müssen, ermöglicht Entscheidungsträgern oftmals nicht, vernetzte Zusammenhänge zur Kenntnis zu nehmen und in ihre Pläne und Handlungen einzubeziehen. Das Dilemma im Umgang mit Komplexität besteht auch darin, dass Menschen ausgebildet werden, naheliegende Ursache-Wirkungs-Zusammenhänge zu treffen und daraus einfache Schlüsse zu ziehen. Es wird nicht an der Erkennung von komplexen Mustern in vernetzten Systemen gearbeitet, sondern an der Lösung von Detailfragen.

In komplexen Systemen gibt es indirekte Wirkungen, eine Vielzahl von Beziehungskonstellationen der einzelnen Elemente, die zum Teil intransparent sind, schwer durchschaubare Regelkreise sowie Störungen und Zeitverzögerungen, die eine Ursachenzuordnung oftmals verhindern und ohne Kenntnisse über die Systemzusammenhänge zu fraglichen Schlussfolgerungen führen.

Auch der Einsatz von Informationstechnologie mit ihrer Vielzahl von Daten erschwert eher den Umgang mit komplexen Sachverhalten, als dass er sie löst. Mehr Informationen bedeutet nicht gleichzeitig, dass man auch besser informiert ist. Hinzu kommt, dass sich die Komplexität zunehmend schneller entwickelt und ständig größer wird. Das gilt auch für die Datenmenge. So wächst zwar einerseits die Einsicht, dass Komplexität ganzheitlich betrachtet werden muss, andererseits fehlen aber die Methoden und oftmals auch die Kompetenz, um Komplexität zu bewältigen, sodass weiterhin die isolierte Betrachtung einzelner Sachverhalte vorherrscht (vgl. *Vester 2012*).

04. Welche Fehler können im Umgang mit komplexen Systemen auftreten?

- **Falsche Zielbeschreibung:** Das komplexe System wird mit nichtvernetztem Denken betrachtet und unvollständig oder gar nicht in die Zielbeschreibung aufgenommen. Einzelne Missstände werden identifiziert und beseitigt. Danach werden neue Missstände gesucht und ebenfalls beseitigt. Eventuell treten an anderer Stelle des komplexen Systems durch die Beseitigung des Missstandes neue Missstände auf, die ebenfalls identifiziert und beseitigt werden. Die Zusammenhänge des komplexen Systems werden nicht erkannt und es wird an den Phänomenen gearbeitet, die hervortreten. Die erzielten Ergebnisse werden nicht im Systemzusammenhang betrachtet und sind in ihren Auswirkungen auf das Gesamtsystem nicht oder nicht vollständig einschätzbar.
- **Unvernetzte Situationsanalyse:** Die Dynamik des komplexen System bleibt unbekannt. Es werden Daten gesammelt und ausgewertet, die aber keinen Gesamtzusammenhang erkennen lassen.
- **Irreversible Schwerpunktbildung:** Es werden dem Kenntnisstand der Einzelphänomene entsprechend Schwerpunkte und Entscheidungen getroffen. Diese können bei Betrachtung des komplexen Gesamtsystems falsch sein, weil unerkannte Konsequenzen zeitversetzt auftreten können oder dringende Schwerpunkte nicht erkannt und somit nicht bearbeitet wurden.
- **Unbeachtete Nebenwirkungen:** Bei unvernetztem Denken werden in der Regel keine Wenn-dann-Tests durchgeführt, sodass mögliche Folgen vor der Durchführung von Maßnahmen nicht oder nicht ausreichend geprüft und dadurch weitestgehend unbeachtet bleiben.

- **Tendenz zur Übersteuerung:** Wenn vom komplexen System keine Rückwirkungen ausgehen, werden Missstände zunehmend intensiver bearbeitet. Kommt eine unerwartete Rückwirkung des Systems, werden die Maßnahmen oftmals vollständig eingestellt, ohne zu wissen, was die Rückwirkungen ausgelöst hat.
- **Tendenz zu autoritärem Verhalten:** Die Annahme, einen komplexen Sachverhalt verstanden zu haben, führt oftmals zu autoritärem Verhalten, durch das Maßnahmen im Glauben der Richtigkeit ohne größere Abstimmung durchgesetzt werden. Komplexe Systeme lassen sich aber am wirkungsvollsten verändern, indem man mit dem Strom schwimmt und sukzessive verändernde Maßnahmen umsetzt. Autoritäre Verhaltensweisen gefährden das komplexe Gesamtsystem.

Fehler entstehen aus der Unkenntnis oder Missachtung des komplexen Systems bzw. Sachverhaltes und seiner Regelkreise. Grundsätzlich ist es nicht Absicht der Handelnden, falsche Zielvorstellungen zu entwickeln, Nebenwirkungen zu missachten oder das System zu übersteuern oder durch autoritäre Maßnahmen zu gefährden. Dennoch treten Fehler im Zusammenhang mit Komplexität auf. Sie entstehen durch die isolierte Betrachtung von Systemteilen, die Nichtbeachtung von Regelkreisen sowie damit verbundenen Rückwirkungen, in der unsystematischen Gegensteuerung beim Auftreten von Rückwirkungen und durch zu kurze Planungszeiträume, durch die Rückwirkungen nicht als systemzugehörig erkannt werden können (vgl. *Vester 2012*).

05. Welches Instrumentarium kann für die Beurteilung komplexer betrieblicher Zusammenhänge am Beispiel von Krankenhäusern verwendet werden?

Basis unternehmerischer Aktivitäten am Markt sind die Entscheidungen über den Wettbewerbsvorteil und die Gestaltung der Wertschöpfungsaktivitäten (vgl. *Fließ 2009*). Krankenhäuser sind überwiegend als multidivisionale Organisationen zu begreifen. Die einzelnen Fachbereiche (Innere Medizin, Chirurgie, Neurologie, Kardiologie, Psychiatrie, Gynäkologie) handeln als voll integrierte, autonome, professionszentrierte, auf den Chefarzt ausgerichtete Einheiten.

Der Pflegedienst übernimmt Querschnittsaufgaben über alle Fachbereiche hinweg und ist ebenfalls als eigenständiger Bereich organisiert. Diagnostik- und Therapiebereiche sind interne Dienstleister der Fachabteilungen. Die Krankenhausleitung hat eine ausgleichende, nicht steuernde Funktion und verantwortet die Bereitschaftsleistungen (Serviceabteilungen wie Technik, Speiseversorgung, Logistik, Hauswirtschaft und Funktionsabteilungen wie Personal, Finanzen, Kosten- und Leistungsrechnung, Controlling, Qualitätsmanagement, IT, Kasse) (vgl. *Rüegg-Stürm/Tuckermann/Bucher/Merz/von Arx 2009*).

Weil es sich bei Krankenhäusern in der Regel um gewinnorientierte Unternehmen handelt, sollte sich die Beurteilung betrieblicher Zusammenhänge an den wertschöpfenden Aktivitäten des Unternehmens orientieren. Eine für Krankenhäuser geeignete Aggregationsebene (>> *Kapitel 1.5.3/07*) ist die auf Dienstleistungsunternehmen angepasste Wertkette von *Porter* oder das Sensitivitätsmodell von *Prof. Vester*. Letzteres berücksichtigt die kybernetische Denkweise, d. h. die Erkennung, Steuerung und selbsttätige Regulierung ineinandergreifender, vernetzter Abläufe bei minimalem Aufwand (vgl. *Vester 2009*).

Die formale Aufbauorganisation (>> *Kapitel 1.7.1*) mit ihren vielen Schnittstellen und Abteilungsinteressen kann zwar auch zugrunde gelegt werden, ist aber deutlich komplexer und nicht auf Wertschöpfungsaktivitäten ausgerichtet.

06. Erläutern Sie den Begriff Wertkette.

Damit ein Unternehmen am Markt bestehen kann, muss es über Wettbewerbsvorteile verfügen. Dazu benötigt das Unternehmen einzigartige, nicht imitierbare und nicht substituierbare Ressourcen. Um diese Ressourcen einsetzen zu können, muss das Unternehmen seine wertschöpfenden Aktivitäten organisieren, ansonsten bleiben die einzigartigen Ressourcen wirkungslos. Die Organisation wertschöpfender Aktivitäten bildet die Basis für Kundenvorteile und die Strategie des Unternehmens.

Eine gute Strategie neutralisiert Bedrohungen, nutzt Chancen durch den Einsatz eigener Stärken und vermeidet eigene Schwächen. Die Wertkette nach *Porter* ist das Ursprungskonzept für die Gestaltung der Wertschöpfungsaktivitäten und unterscheidet primäre und unterstützende Aktivitäten. Primäre Aktivitäten erhöhen den Wert der eingesetzten Ressourcen und schaffen dadurch Werte. Unterstützende Aktivitäten stellen die einzusetzenden Ressourcen bereit. Sie bilden die Infrastruktur des Unternehmens, ohne die die primären (wertschöpfenden) Aktivitäten nicht ausgeführt werden könnten. Primäre Aktivitäten sind Eingangslogistik, Produktion, Marketing & Vertrieb, Ausgangslogistik und Kundendienst. Unterstützende Aktivitäten sind Infrastruktur, Personal, Entwicklung und Beschaffung. Primäre und sekundäre Aktivitäten verursachen einerseits Kosten und andererseits durch ihren Wertschöpfungscharakter Erträge.

Zur Erzielung des Wettbewerbsvorteils sind die wertschöpfenden Aktivitäten unter der Strategie Kostenführerschaft (niedrigere Kosten) oder Leistungsdifferenzierung (höhere Preisbereitschaft bei Kunden) zu gestalten. Die Wertkette ist unternehmensindividuell anzupassen. Für Dienstleistungsunternehmen wurden deshalb die primären Aktivitäten in Akquisition, Eingangslogistik, Kontaktphase und Nachkontaktphase gegliedert (vgl. *Fließ 2009*).

Die nachfolgende Wertkette wurde am Beispiel eines Krankenhauses erstellt. Vergleichen Sie die Darstellung bitte auch mit dem Einliniensystem (>> *Kapitel 1.7.1/12*).

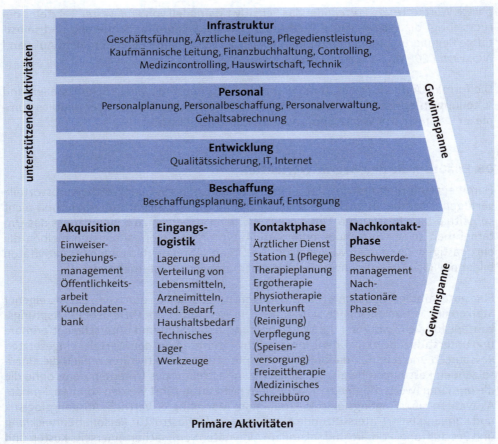

Gestaltung der Wertschöpfungsaktivitäten, in Anlehnung an *Fließ 2009*

07. Erläutern Sie das Sensitivitätsmodell nach *Prof. Vester*.

Unter Beachtung der Systemzusammenhänge ergeben sich für Entscheidungsträger durch das Sensitivitätsmodell praktikable Wege, vernetztes Denken in die eigenen Planungen aufzunehmen und für den politischen, wirtschaftlichen, ökologischen und sozialen Bereich zu nutzen (vgl. *Vester 2012*). Nachfolgend wird das Sensitivitätsmodell am Beispiel eines „Diagnose-Therapie-Schemas" dargestellt.

Im Diagnose-Therapie-Schema wird zunächst eine Diagnose gestellt und darauf aufbauend, erhält der Patient eine Therapie. Es handelt sich dabei um einen Kreisprozess.

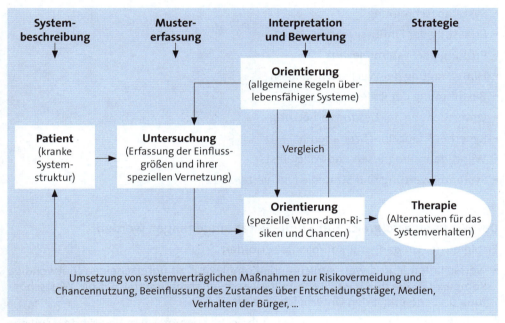

Diagnose-Therapie-Schema, *Vester 2012*

Bei Planungen handelt es sich um die gewollte Veränderung bestehender Systeme. In dieser Systemanalyse wird im ersten Schritt die Aggregationsebene festgelegt, die zu einer Reduktion der Patientendaten auf eine überschaubare, systemrelevante Anzahl von Einflussgrößen führt. Jede Stufe bleibt offen (rekursiver Aufbau) und ist bis zum Schluss aktualisierbar. Die Steuerungsinstanz entnimmt die Sollwerte dem System.

Im zweiten Schritt folgt die Mustererfassung. Es werden die Wechselbeziehungen im System untersucht und die Systemvernetzung wird visualisiert. Wesentliche Punkte dieser Stufe sind

- die Erkennung der unterschiedlichen Rollen
- die Erkennung der Einflussgrößen innerhalb des Systems
- die Charakterisierung des Systemverhaltens.

Im dritten Schritt (Integration und Bewertung) findet die biokybernetische Bewertung statt (Selbstregulation, Flexibilität, Steuerbarkeit), durch die das System im Hinblick auf die Optimierung seiner Lebensfähigkeit beurteilt wird. Der Vergleich mit einem gesunden Organismus führt dann zu Lösungsstrategien aus dem Systemzusammenhang heraus (Therapie). Über verschiedene Maßnahmen, Techniken und Entscheidungen kann der Schritt „Therapie" wieder auf das System zurückwirken und durch Simulationen die eigene Eignung hinterfragen.

Der an den drei Schritten orientierte Aufbau des kybernetischen Systems lässt sich in folgende neun ineinandergreifende Arbeitsschritte zerlegen:

- Systembeschreibung
- Erfassung der Einflussgrößen
- Prüfung der Systemrelevanz
- Hinterfragung der Wechselwirkungen
- Bestimmung der Rolle im System
- Untersuchung der Gesamtvernetzung
- Kybernetik einzelner Szenarien
- Wenn-dann-Prognosen und Policy-Tests
- Systembewertung und Strategie (vgl. *Vester 2012*).

08. Wie kann erfolgreich mit Komplexität umgegangen werden?

Erfolgreicher Umgang mit Komplexität erfordert

- wertschaffende und wertvernichtende Komplexität zu unterscheiden (notwendige Komplexität, die durch ein Steuerungssystem entsteht, unterstützt die Wertschöpfung und entspricht den Unternehmenszielen).
- nicht Komplexitätsreduktion um jeden Preis. Im theoretischen Verständnis soll das Management Schwieriges und Unwägbares auf Überschau- und Entscheidbares reduzieren. Zielführender ist es, ein professionelles Komplexitätsmanagement einzuführen, durch das wertvernichtende Komplexität abgebaut und wertschaffende Komplexität im erforderlichen Umfang aufgebaut wird.
- eine ganzheitliche Betrachtung der Systeme oder Sachverhalte. Zentrale Treiber der Komplexität, z. B. in der Wertkette, in den Organisationsstrukturen, in der Planung, im Reporting werden identifiziert und daraufhin analysiert, in welchem Umfang Komplexität unbedingt notwendig ist.
- einen situationsbezogenen Umgang mit Komplexität, weil die optimale Komplexitäts-Balance von der Unternehmensstrategie, dem Geschäftsmodell und der Wertschöpfungskette abhängig ist.
- ein schrittweises Vorgehen, weil komplexitätsreduzierende Maßnahmen oftmals an anderer Stelle komplexitätssteigernd wirken

- die zunehmende Komplexität zu nutzen und nicht zu meiden. Dafür ist es erforderlich, das Muster einer vernetzten Dynamik zu erkennen (vgl. *Vester 2012*).
- Reduzierung planerischer Bürokratie in der Strategie-Mittelfrist- und Jahresplanung.
- ein modernes Führungsverständnis mit gelebten Werten und überschaubaren, transparent und konsequent verfolgten Strategie- und Finanzzielen im Rahmen von selbstständig handelnden Organisationseinheiten sowie eine Führungskultur, die Verbindlichkeit herstellt, informiert, einbezieht und strategischen Maßnahmen und Programmen zum Durchbruch verhilft
- die Unterstützung durch die Geschäftsleitung in herausfordernden und komplexen Sachverhalten durch ausgleichende Wirkung im Management-Team
- dass die Geschäftsleitung sich als zentrale Architekten eines effektiven und effizienten Führungssystems versteht und steuernd an den Schalthebeln der Komplexität im Unternehmen mitwirkt, damit durch den Einsatz von organisatorischen, instrumentellen und prozessualen Maßnahmen das Unternehmen weder in die Komplexitäts- noch in die Simplifizierungsfalle gerät (vgl. *Österreichisches Controllerinstitut 2006*).

1.5.2 Führungsaufgaben im Rahmen der Komplexitätsbewältigung umsetzen

01. Welche Bedeutung hat Führung für Organisationen?

Organisationen versuchen formale Regelungen so zu gestalten, dass ein optimaler organisationaler Ablauf und die Organisationsziele erreicht werden. Führung soll nur dann erforderlich sein, wenn formale organisationale Regelungen nicht ausreichend sind oder versagen. In diesen Fällen soll Führung ergänzend die Verhaltenskoordinierung des Personals sichern. Aus folgenden Gründen ist das der Regelfall:

- Organisationen können aus Unkenntnis und zeitlicher Überforderung nicht alle Eventualitäten im Voraus formal regeln. Außerdem muss in vielen Fällen improvisiert werden.
- Organisationen planen die Leistungserbringung im Voraus auf Basis von Stellenplänen. In Stellenplänen wird von einer durchschnittlich erwarteten Leistung ausgegangen, die durch die Ist-Besetzung nicht zutreffend sein muss.
- Leistungsschwankungen, Verweigerungshaltungen und Eigenwilligkeiten können nicht durch formale Regelungen ohne Führung vermieden werden.
- Selbststeuerung und Selbstkontrolle der Mitarbeiter kann nicht über formale Regelungen gewährleistet werden.
- Spannungen und Konflikte können ohne Führung nicht gelöst werden.

Aus diesen Gründen ist Führung für Organisationen unverzichtbar, stellt eine der zentralen Gestaltungskräfte in Organisationen dar und sorgt so für die Integration von Individuum und Organisation (vgl. *Weibler 2009*).

02. Definieren Sie Führung.

„Führung heißt, andere durch eigenes sozial akzeptiertes Verhalten so zu beeinflussen, dass dies bei den Beeinflussten mittelbar oder unmittelbar ein intendiertes Verhalten bewirkt." (vgl. *Weibler 2009*).

03. Welche Führungsaufgaben ergeben sich in Organisationen?

- Integrations- und Koordinationsbedarf durch arbeitsteilige Leistungserstellung, der neben strukturellen und organisatorischen Maßnahmen erforderlich ist.
- Sicherstellung von Übereinstimmung (Kongruenz) individueller und organisationaler Ziele.
- Sicherstellung durch soziale Kontrolle, dass individuelles Verhalten den organisationalen Erwartungen entspricht (Konformität). Soziale Kontrolle sind alle Maßnahmen, durch die die Erwartungen der Organisation an das Verhalten der Mitarbeiter mit deren tatsächlichen Verhalten verglichen werden. Diese Maßnahmen erfolgen auf unterschiedlichen Wegen (Auswahl im Einstellungsprozess, Sozialisation nach dem Einstellungsprozess, Fortbildungen, persönliche Kontrolle durch Führung, Gleichge- und Unterstellte sowie unpersönliche Kontrolle durch Technik, Stellenbeschreibungen, Anreizsysteme, Zielvereinbarungen und formale Regelungen). Personalführung soll Konformität sicherstellen und wird dann eingesetzt, wenn die anderen Maßnahmen der sozialen Kontrolle nicht ausreichen.
- Personalführung soll Mitarbeiter motivieren, Fähigkeiten entwickeln, Zielsetzungen verdeutlichen, Belohnungen in Aussicht stellen, Anerkennung gewähren, individuelle Bedürfnisse erkennen sowie Vertrauen schaffen. Durch die Führung soll beim Personal höheres zeitliches Engagement, stärkere Kooperationsbereitschaft, höhere Kreativität bei Problemlösungen, Zuverlässigkeit, Berechenbarkeit, Gewissenhaftigkeit und Verantwortungsbewusstsein erreicht werden (vgl. *Weibler 2009*).

04. Welche Anforderungen sollen an den Führungsprozess und die Führungsqualität gestellt werden?

Der Führungsprozess wird durch vier Qualitäten von Führung charakterisiert, die das Denken und Handeln von Mitarbeitern prägen:

Vertrauensvolle Führung

- unverzichtbare Basis in allen Formen der sozialen Beziehung
- führt zu positiven Einstellungen und Verhaltensweisen der Mitarbeiter
- hat konkrete Auswirkungen auf die Leistungsfähigkeit
- kooperativer Führungsstil führt zur Vertrauensbildung
- Veränderungen der Werte, Managementmethoden (z. B. Empowerment), Technologien und Organisationen sowie Instabilität haben den Vertrauensbedarf ansteigen lassen.

Motivierende Führung
- eine zentrale Bestimmungsgröße der personalen Leistung
- unverzichtbare Voraussetzung für die Realisierung der Organisationsziele
- eine der wichtigsten Führungsaufgaben überhaupt
- fremdgesteuerte Motivation (extrinsische Anreize). Verhalten kann durch bestimmte Anreize zielgerichtet ausgelöst werden
- „von sich aus" motiviert (intrinsisch). Bei diesen Personen kommt es auf die Vermeidung und den Abbau von Motivationsbarrieren an
- intrinsische Motivation kann durch extrinsische Anreize verdrängt werden.

Lernorientierte Führung
- Lernen kann helfen, Denk- und Handlungsmuster zu revidieren, sich zielgerichtet an Veränderungen anzupassen und neue Fähigkeiten zu entwickeln.
- Führende können Lernhindernisse oder Lernbarrieren abbauen und eine lernfreundliche Atmosphäre schaffen, in der Fehler toleriert und Lernende ermutigt werden.

Gruppenbezogene Führung
- zentraler Bestandteil in Organisationen, in denen der Vorgesetzte einer Gruppe von Mitarbeitern vorsteht
- hinzu kommen zeitlich begrenzten Gruppen (z. B. Projektgruppen)
- typisch ist die Existenz von Gruppennormen, die als ungeschriebene Regeln das Verhalten standardisieren und (ggf. über Gruppendruck) beherrschbar machen
- Führungsprozesse können in Gruppen nicht nur von einer formalen Führungsperson (Vorgesetzten) ausgehen, sondern als informelle Führung potenziell von jedem Gruppenmitglied (vgl. *Weibler 2009*).

05. Nennen Sie Herausforderungen, die Organisationen im Umgang mit komplexen Sachverhalten lösen müssen.

Die Wettbewerbsbedingungen und die medizinischen Behandlungsverfahren haben sich in den letzten Jahren weiterentwickelt. Neben dem steigenden Qualitäts- und Kostenwettbewerb gehört die medizinische Spezialisierung und Technisierung zu den Auslösern für Veränderungen der Rahmenbedingungen im Gesundheitsmarkt. Nicht wesentlich geändert haben sich hingegen die organisatorischen Rahmenbedingungen in Organisationen mit denen Komplexität bewältigt werden soll (Denken und Handeln von Führungskräften sowie Aufbau- und Ablauforganisationen).

Beispielsweise orientiert sich das Denken der Führungskräfte in Krankenhäusern weitestgehend unverändert an Berufs- und Besitzständen und die Aufbauorganisationen orientieren sich an Berufsgruppen- und Abteilungsinteressen, sodass die Optimierung abteilungsübergreifender Gesamtprozesse nicht im Vordergrund steht. Organisationen betrachten die Dimensionen Qualität der Leistungserbringung, Servicequalität und Wirtschaftlichkeit oftmals isoliert und nicht ganzheitlich, d. h. über die Abteilungsgrenzen hinaus. Die Ausrichtung von Strukturen, Mitarbeitern und Führungskräften an den Gesamtprozessen, das Denken in Gesamtprozessen und deren Optimierung und Weiterentwicklung stellt eine weitere noch zu lösende Herausforderung dar, ebenso wie die integrative Aufnahme der Organisationsziele und Werte durch die Mitarbeiter und die Ausrichtung des Führungsverhaltens an diesen kommunizierten Zielen und Werten.

Die bestehende und weiter anwachsende Komplexität des wirtschaftlichen, sozialen und politischen Umfeldes (Außenverhältnis der Organisation) und die individuelle und kollektive Ausrichtung im Innenverhältnis (Individuen mit ihren privaten und betrieblichen Rollen, Organisationskultur, formale Regelungen) erfordern außerdem eine Selbstorganisationsfähigkeit der Organisation (vgl. *Busch 2013*).

06. Nennen Sie Anforderungen an die Führung von Organisationen zur Bewältigung von Komplexität.

Damit Führung wahrgenommen wird und Komplexität bewältigt werden kann, müssen die Mitarbeiter einer Organisation Werte und Ziele kennen und die Führungskräfte diese vorleben und ihre Erwartungen verbindlich kommunizieren. Das ist die Basis, die es Mitarbeitern ermöglicht, ihre Aufgaben und Funktionen zu erfüllen. Das Verhalten der Führungskräfte ist für die Organisation erfolgskritisch und ein wichtiges Steuerungsinstrument. Es muss professionell und im Rahmen einer Führungskultur einschätzbar sein und darf nicht vom Zufall abhängen. Führungskräfte müssen Werte und Ziele der Organisation für alle Mitarbeiter transparent machen und sich selbst daran messen lassen.

Kern einer Selbstorganisationsfähigkeit bildet ein einheitliches und professionelles Managementwissen und Managementverständnis der Führungskräfte. Beides kann nur wirken, wenn die Rahmenbedingungen dies zulassen. Durch „Können", „Wollen" und „Dürfen" wird die Führungsqualität auf der Basis einer Führungskultur und eines Führungssystems „systemisch" in der Organisation verankert. Zur Realisierung muss die Aufbau- und Ablauforganisation verändert und eine systematische, zielgerichtete Personalentwicklung eingeführt werden. Die Veränderung der Aufbau- und Ablauforganisation muss zu einer Prozessorientierung der Organisation führen, was auch Veränderungen im Denken, Entscheiden und Handeln erfordert.

Eine Prozessorientierung bei den Führungskräften, verbunden mit aktiver Personalführung soll dazu führen, dass Mitarbeiter entsprechend motiviert sind, sodass eine permanente Prozessoptimierung und Komplexitätsreduzierung in den einzelnen Abteilungen und ihren Schnittstellen ermöglicht wird, die sich am Gesamtprozess des Patientendurchlaufes orientiert (vgl. *Busch 2013*). Unterstützend wirken Personalentwicklungsmaßnamen (>> *Kapitel 5.5.4*) und eine einbeziehende Teamführung (>> *Kapitel 5.4.7*).

1.5.3 Strategische und operative Handlungsmöglichkeiten entwickeln

01. Skizzieren Sie die strategische und operative Handlungsebene des Managements.

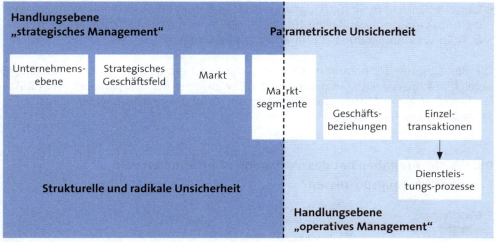

Handlungsebenen des strategischen und operativen Managements

Die Unternehmensebene, das strategische Geschäftsfeld und der Markt sind der Handlungsebene des strategischen Managements zuzuordnen. Die Geschäftsbeziehungen und Einzeltransaktion sind der Handlungsebene des operativen Managements zuzuordnen. Die Marktsegmente stellen eine gemeinsame Handlungsebene mit unterschiedlichen Schwerpunkten des strategischen und operativen Managements dar. Dienstleistungsprozesse sind Einzeltransaktionen und somit gehört das Management von Dienstleistungsprozessen zu den operativen Managementaufgaben (vgl. *Fließ 2010/2011*).

02. Unterscheiden Sie die funktionale Sicht von Management und erfolgsorientiertem Handeln.

Management lässt sich in funktionaler Hinsicht als Führung von Unternehmen in Märkten betrachten.

Management im Sinne des erfolgsorientierten Handelns stellt die aktive Bewältigung von Unsicherheit in den Vordergrund.

- Parametrische Unsicherheit bezieht sich auf die Veränderung bekannter Parameter (z. B. Preise und Qualität bestimmter Dienstleistungen). Unbekannt ist das Ausmaß der Veränderungen (Umfang der Preissteigerung, Veränderung des Qualitätsniveaus).

- Strukturelle Unsicherheit ist gegeben, wenn sich der Umfang bisheriger Parameter verändert und deren Ausprägungen. Die neue Parameterstruktur ist unbekannt und deren Ausprägungen auch (z. B. Eintritt neuer Wettbewerber in den Markt, unbekannte Reaktion der Kunden auf eine neue innovative Dienstleistung).
- Radikale Unsicherheit führt dazu, dass Veränderungen so schnell kommen, dass die Anpassungsnotwendigkeit für das Unternehmen sehr kurzfristig erfolgen muss (z. B. Entwicklungen durch das Internet, Digitalfotografie).

Die Bewältigung der parametrischen Unsicherheit liegt überwiegend im Aufgabenbereich des operativen Managements, die Bewältigung der strukturellen und radikalen Unsicherheit gehört zu den Aufgaben des strategischen Management (vgl. *Fließ 2010/2011* und *Fließ 2009*).

03. Welche Aufgaben hat das Management im Rahmen von Dienstleistungsprozessen?

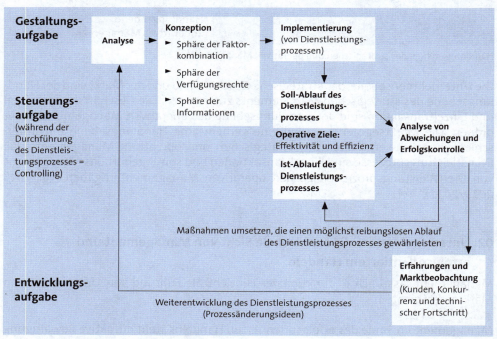

Aufgaben des Managements im Rahmen von Dienstleistungsprozessen

Die Gestaltungsaufgabe, die Steuerungsaufgabe und die Entwicklungsaufgabe sind Aufgaben des Managements im Rahmen von Dienstleistungsprozessen.

- Die Gestaltungsaufgabe umfasst die Analyse, Konzeption und Implementierung von Dienstleistungsprozessen, die Steuerungsaufgabe umfasst die Analyse von Abweichungen während der Durchführung von Dienstleistungsprozessen und ggf. Umsetzung von Maßnahmen, die einen möglichst reibungslosen Verlauf von Dienstleistungsprozessen ermöglichen und die Erfolgskontrolle.
- Die Steuerungsaufgabe entspricht während des jeweiligen Dienstleistungsprozesses der Controllingaufgabe.
- Die Entwicklungsaufgabe umfasst die Weiterentwicklung der Dienstleistungsprozesse und eventuell die Modifikation oder Ablösung bestehender Dienstleistungen und/oder Dienstleistungsprozesse. An dieser Stelle wird das operative Management durch strategische Aufgaben ergänzt.

Dienstleistungsprozesse können als Einzeltransaktionen in folgende Sphären unterteilt werden:

- Faktorkombination: diese umfasst die Kombination der internen mit den externen Faktoren (externe Faktoren: Objekte, Tiere, Pflanzen, Daten, Nominalgüter und Menschen)
- Verfügungsrechte: die Rechte an den externen und internen Faktoren stehen im Mittelpunkt (Property Rights)
- Information: überwiegend steuernde Informationen für Nachfrager und Anbieter.

Die Gestaltungs-, Steuerungs- und Entwicklungsaufgabe beziehen sich auf jede dieser Sphären. Effektivität und Effizienz sind die Zielgrößen im Rahmen des Managements von Dienstleistungsprozessen (vgl. *Fließ 2010/2011*).

04. Erläutern Sie die Zielgrößen Effektivität und Effizienz im Rahmen von Dienstleistungsprozessen.

Dienstleistungsprozesse

- sind so zu gestalten, dass der Kunde zufrieden ist und sich als loyaler Kunde langfristig an das Unternehmen bindet (Effektivitätsziel).
- sollen produktive und wirtschaftliche Dienstleistungen ermöglichen (Effizienzziel). Steuerungsgrößen sind z. B. Kapazitätsauslastung und Kosten.
- sind so zu steuern, dass Abweichungen zwischen Soll- und Ist-Werten minimiert werden. Dies gilt für Kundenzufriedenheit (inkl. unzufriedene und störende Kunden) und für die Produktivität und Wirtschaftlichkeit (vgl. *Fließ 2010/2011*).

05. Zeigen Sie am Beispiel der Fragestellung Informationstechnologie (IT) auf, wie strategische und operative Handlungsmöglichkeiten entwickelt werden können.

Bei der Fragestellung Informationstechnologie (IT), beispielsweise in einem Krankenhaus, handelt es sich um eine komplexe Fragestellung, weil sie die wesentlichen Bereiche der Organisation umfasst. Gleichzeitig unterstützt IT die Steuerung des Unternehmens und stellt dadurch eine wertschaffende Komplexität dar. Im Rahmen der Wertkette ist IT ein unterstützender Prozess, ohne den die primären Aktivitäten nicht umgesetzt werden können.

Die IT-Fragestellung, die das gesamte Unternehmen umfasst, ist der Unternehmensebene zuzuordnen. Damit handelt es sich um eine Aufgabe des strategischen Managements. Im ersten Schritt werden die strategischen Handlungsmöglichkeiten entwickelt und anschließend daraus die operativen Handlungsmöglichkeiten abgeleitet und umgesetzt (>> *Kapitel 1.5.4*).

Strategische Handlungsmöglichkeiten
Die Entwicklung strategischer Handlungsmöglichkeiten ergibt sich aus dem Prozess der Unternehmensführung (>> *Kapitel 1.7.1/02*). Im Vordergrund steht die Bewertung der Alternativen (zielorientierte Planung) und die Auswahl der optimalen Alternative (Entscheidungsfindung).

Zunächst ist eine Ist-Analyse erforderlich, die sowohl die Auswirkungen der Realisierung von Maßnahmen, als auch die Unterlassung von Maßnahmen (Erhaltung des derzeitigen Zustandes) für die zukünftige Unternehmenssituation berücksichtigt. Für diesen Schritt stehen der strategischen Planung unterschiedliche Instrumente zur Verfügung (z. B. Stärken-Schwächen-Analyse, Erfahrungskurvenanalyse, Produktlebenszyklusanalyse, Portfolio-Analyse, PIMS-Konzept), aus denen für die Fragestellung Informationstechnologie die Stärken-Schwächen-Analyse (SWOT) gewählt wird. Durch die SWOT-Analyse stellt das eigene Unternehmen seine Wettbewerbsposition im Vergleich mit den wichtigsten Wettbewerbern für die betreffende Fragestellung (hier: IT) fest und analysiert die Abweichungen hinsichtlich möglicher Risiken und Chancen.

Am Beispiel der Fragestellung IT hat die Unternehmensleitung eine Ist-Analyse für die Bereiche Diagnose/Therapie, Patientenverwaltung, Controlling, Finanzbuchhaltung, Personalwesen und Materialwirtschaft durchgeführt. Das Ergebnis der Ist-Analyse zeigt, dass sich Systeme unterschiedlicher Hersteller und technischer Qualität im Einsatz befinden. Schnittstellen bestehen nur zwischen Finanzbuchhaltung, Patientenabrechnung und der Lohnabrechnung als Teil des Personalwesens, nicht aber zum Personalwesen insgesamt.

Das Materialwirtschaftsverfahren ist ein älteres System und könnte nur durch eine kostenintensive Maßnahme integriert werden. Eine Integration zur Finanzbuchhaltung besteht nicht, sodass der Kreditorenstamm manuell eingepflegt wurde und regelmäßig manuell aktualisiert wird. Die bilanzrelevanten Daten werden am Jahresende an die Finanzbuchhaltung in Listenform kumuliert übergeben. Das Materialwirtschaftsverfahren führt die Beschaffung und Lagerverwaltung artikelbezogen durch. Alle Eingangsrechnungen werden während des Jahres in der Finanzbuchhaltung zusätzlich als Aufwand gebucht und am Jahresende über die Inventur korrigiert.

Das Controlling orientiert sich bei seinem Berichtswesen an den verbrauchsbezogenen Daten des Materialwirtschaftsverfahrens und führt entsprechende manuelle Korrekturen im Kostencontrolling durch (notwendig, weil die Finanzbuchhaltung nicht verbrauchsbezogen verbucht, sondern eingangsrechnungsbezogen). Die Diagnose-/Therapie-Systeme Labor, Radiologie und OP arbeiten als Insellösungen autonom und ohne Verbindung zur Patientenverwaltung mit jeweils unterschiedlichen Patientenstammdaten. In der Patientenverwaltung werden zwei unterschiedliche Systeme eingesetzt, eines für das Patientenmanagement und eines für die Patientenabrechnung. Das Controlling hat sein Berichtswesen im Rahmen eines Tabellenkalkulationssystems selbst entwickelt und ein separates Leistungscontrolling und Kostencontrolling aufgebaut. Es bestehen viele doppelte Datenerfassungen an den unterschiedlichen Schnittstellen (z. B. Patientendaten, Leistungsdaten), die zu Unsicherheiten im Berichtswesen und hohen Transaktionskosten führen.

Im Rahmen einer SWOT-Analyse (>> *Kapitel 6.1*) konnte festgestellt werden, dass die relevanten Wettbewerber mit ihren IT-Systemen einen höheren Entwicklungsstand erreicht haben. Es waren durchgängig Krankenhausinformationssysteme im Einsatz, die durch ihre hohe Integration Wettbewerbsvorteile ermöglichen, z. B. schnellere Arztbriefschreibung, effektives Einweiserbeziehungsmanagement, schnellere Reaktion auf Preisveränderungen im Einkauf, optimale Unternehmenssteuerung durch rechtzeitige Präsentation von Abweichungen mit entsprechenden Steuerungsmaßnahmen und einheitlichen Daten durch die Vermeidung von Doppelerfassungen. Die Unternehmensleitung erkannte, dass durch die derzeitige IT-Lösung das Belegungsmanagement, verbunden mit dem Management von Einweiserbeziehungen nicht adäquat gestaltet werden kann, dass zu hohe Kosten durch doppelte Datenerfassungen und deren Abstimmung entstehen und dass das Steuerungssystem zu langsam und zu wenig aussagefähig ist, um das Unternehmen effektiv und effizient zu steuern. Der Beschluss der Klinikleitung, ein integriertes IT-System einzuführen, war einstimmig. Würde das Unternehmen den Status quo erhalten, drohen Ertragseinbußen und Kostennachteile, die die Wettbewerbsfähigkeit und damit das Unternehmen insgesamt gefährden könnten. In einem Auswahlverfahren unter Einbeziehung der betroffenen Abteilungen wurden die Angebote unterschiedlicher Anbieter bewertet und eine Entscheidung für die optimale Alternative getroffen. Der nächste Schritt führt zur Überlegung operativer Handlungsmöglichkeiten.

Operative Handlungsmöglichkeiten
Der operative Teil der hier beschriebenen strategischen Phase beginnt nach der Entscheidung für die optimale Alternative und besteht aus der Auswahl des Projektleiters, der Übertragung von Befugnissen auf den Projektleiter, der Integration des Projektes in das strategische Steuerungssystem und dem Auftrag an den Projektleiter (Einsetzung). Die Gestaltung von Projekten ist im Handlungsbereich drei dargestellt, die Umsetzung entwickelter Handlungsmöglichkeiten in >> *Kapitel 1.5.4*.

06. Was sind integrierte Managementsysteme und welche Vorteile bieten sie?

Die Gründe für die Einführung von Managementsystemen können rechtliche Verpflichtungen, Kundenanforderungen, externe Einflüsse durch Politik und Verbände, Minderung der Haftungsrisiken, Optimierung der Prozesse und des Ressourceneinsatzes, Imagegewinn sowie gesellschaftliche Mitverantwortung sein.

Die Einführung eines Managementsystems ist eine strategische Entscheidung, die mit Kosten- und Ressourceneinsatz verbunden ist. Es sollen nachvollziehbare Abläufe geschaffen, ein Prozess der kontinuierlichen Verbesserung eingeführt, die Kundenzufriedenheit verbessert, die qualitäts- und umweltrelevanten Standards im Unternehmen optimiert und Vertrauen gegenüber der Öffentlichkeit und den Anspruchsgruppen gewonnen werden. Entsprechend der Unternehmensstrategie soll das Unternehmen nachhaltig ausgerichtet und der Marktwert gesteigert werden.

Die Attraktivität der Organisation soll zu einer erhöhten Mitarbeiterbindung führen. In einer Organisation können mehrere Managementsysteme zum Einsatz kommen, um den vielfältigen Anforderungen der Anspruchsgruppen gerecht zu werden. In der Regel handelt es sich um Qualitätsmanagement, Umweltmanagement, Arbeitsschutzmanagement, Risikomanagement, Technisches Sicherheitsmanagement, Energiemanagement und Nachhaltigkeitsmanagement. Durch die vielen unabhängigen Managementsysteme können Ineffizienzen und höhere Kosten entstehen, die dem Verbesserungsprozess zuwiderlaufen. Eine Lösung kann durch die Zusammenführung der einzelnen Managementsysteme zu einem integrierten Managementsystems erreicht werden und führt zu folgenden Vorteilen:

- durch einheitliche Verfahren und Instrumente entstehen Synergien
- gemeinsame Dokumentation der Einzelsysteme führt zu geringerem Verwaltungsaufwand
- Schnittstellen der einzelnen Managementsysteme werden durch die Integration optimiert
- durch die Vermeidung von Doppelarbeiten steigt die Effizienz
- Komplexität bezogen auf Prozess- und Organisationsstrukturen wird reduziert
- widersprüchliche Anforderungen und mögliche Zielkonflikte werden aufgedeckt
- Kosten und Zeit werden eingespart
- die Akzeptanz bei den Mitarbeitern steigt.

Die Zertifizierung erfolgt durch einen unabhängigen Dritten. Dadurch bestätigt die Organisation, dass die Normen erfüllt werden und signalisiert ihre Bereitschaft, das integrierte Managementsystem in einem kontinuierlichen Verbesserungsprozess ständig weiter zu entwickeln, effizienter und effektiver zu werden und sich auf das Wesentliche zu konzentrieren (vgl. *Arbeitskreise „Europäische Normung und Qualitätssicherung"*).

07. Wie können strategische und operative Handlungsmöglichkeiten entwickelt werden, wenn bei komplexen Systemen das vernetzte Denken zugrunde gelegt wird?

Um für komplexe, miteinander verbundene Strukturen und Vorgänge strategische und operative Handlungsmöglichkeiten entwickeln zu können, ist die Aufnahme des vernetzten Denkens in der Unternehmensplanung erforderlich. Dafür muss eine Aggregationsebene gewählt werden, mit der es noch möglich ist, das komplexe System zu beschreiben (Komplexitätsgrad). Je weiter man ins Detail geht, desto mehr Daten müssen analysiert werden. Grundsätzlich hat die Detaillierungsmöglichkeit kein Ende und führt in die Unendlichkeit.

Ab einer bestimmten Detaillierung ist der Umgang mit dem komplexen System jedoch nicht mehr handhabbar. Als Vergleich können lebende Systeme dienen: Hauptaufgabe der Informationsverarbeitung lebender Systeme ist nicht die Erfassung möglichst vieler Daten, sondern die Minimierung der aufzunehmenden Daten und deren Vorverarbeitung. So gelingt es Lebewesen, bereits mit wenigen strukturierten Daten komplexe Gebilde und Situationen zu erfassen. Daraus folgt die Erkenntnis, dass man nicht mehr, sondern die richtige Auswahl von Informationen benötigt, um strategische und operative Handlungsmöglichkeiten zu entwickeln, mit denen komplexe Systeme oder Sachverhalte handhabbar gemacht werden können (vgl. *Vester 2012*).

1.5.4 Entwickelte Handlungsmöglichkeiten umsetzen

01. Ordnen Sie die Umsetzung entwickelter Handlungsmöglichkeiten in den Prozess der Unternehmensführung ein.

Die Umsetzung entwickelter Handlungsmöglichkeiten ergibt sich aus dem Prozess der Unternehmensführung (>> *Kapitel 1.7.1/02*). Im Vordergrund steht die Realisierung der gewählten Alternative (Ausführung) und der Abgleich der geplanten und realisierten Ergebnisse (Kontrolle).

02. Zeigen Sie am Beispiel der IT-Fragestellung aus >> *Kapitel 1.5.3/05* auf, wie die optimale Entscheidung umgesetzt werden kann.

Der Projektleiter plant die IT-Einführung ganzheitlich, sodass das Projektmanagement die projektbezogenen Aufgaben Planung, Steuerung und Kontrolle beinhaltet. Das IT-Projekt ist ein zeitlich, sachlich und räumlich begrenzter, komplexer Projektauftrag mit konkreter Aufgaben- und Zielsetzung.

Für die Lösung der Aufgabe ist ein umfangreicher Einsatz von Ressourcen erforderlich. So müssen z. B. Mitarbeiter abteilungsübergreifend eingesetzt werden und das Projekt in mehreren aufeinander abgestimmten Teilprojekten durchgeführt werden. Außerdem haben komplexe Projekte in der Regel einen hohen Termindruck gemeinsam. Das Projekt benötigt aufgrund seines Umfanges und Aufgabenstellung eine befristete eigene Organisationsstruktur. Das Projektmanagement führt die einzelnen unterschiedlichen Teilaufgaben zu einem Gesamtkonzept zusammen, bereitet die Projektdurchführung vor und koordiniert die Beteiligten. Im Rahmen einer Projektsteuerung realisiert das Projektmanagement die termingerechte und auftragsentsprechende Durchführung des Projektes nach den ökonomischen Prinzipien. Die Projektplanung umfasst in einem ganzheitlichen Ansatz die Projektanalyse, die Ablaufplanung, die Zeitplanung, die Kapazitäts- und Kostenplanung sowie die Planung des Projektinformations- und Dokumentationssystems.

Um das IT-Projekt erfolgreich umsetzen zu können, sind aufgrund der Komplexität ein hoher fachbezogener Ausbildungsgrad der Mitarbeiter sowie eine Projektleitung und ausreichende Entscheidungsbefugnisse erforderlich. Nach der Planung des Projektes schließt sich die Projektdurchführung und -kontrolle mit laufenden Rückkopplungen zu den Zielen und Teilzielen an:

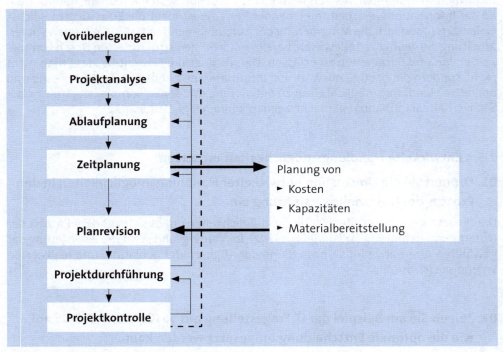

Phasen des Projektmanagements, *Fließ 2010/2011*

Es handelt sich hierbei um das Steuerungssystem des Projektmanagements, welches in das Kontrollsystem der Unternehmensleitung integriert ist (>> *Kapitel 1.7.1/02*). Die Anforderungen, die mit der Durchführung des Projektes verbunden sind, wie z. B. Aufbau der Projektsteuerung, Bildung der Projektgremien und Projektteams, Vorbereitung, Planung, Führung und Abschluss des Projektes werden im Handlungsbereich drei behandelt.

Das Ziel wurde in unserem Beispiel unter Berücksichtigung der vorgenannten Anforderungen erreicht und besteht aus mehreren Abteilungslösungen und abteilungsübergreifenden Lösungen, die auf der Basis eines Datenmodells vernetzt sind. Für die Aufgaben der Patientenverwaltung, Finanzbuchhaltung, Personalwirtschaft, Materialwirtschaft und des Controllings wurde ein integriertes System aus der Hand eines Anbieters gewählt, dass mit den Diagnose/Therapie-Abteilungslösungen über Schnittstellen verbunden ist. Die Lösung der IT-Fragestellung könnte sich folgendermaßen darstellen:

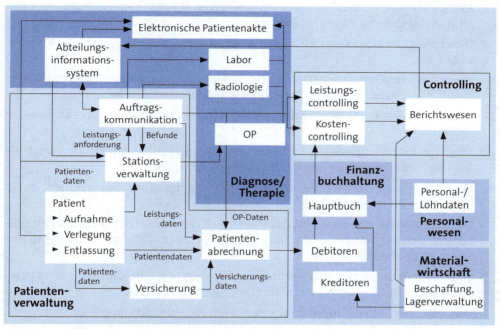

Entwicklung strategischer und operativer Handlungsmöglichkeiten am Beispiel IT-Einführung, in Anlehnung an *Fricke*, hospitalia consult gmbh.

1.5.5 Komplexitätsmanagement in der betrieblichen Praxis unterstützen

01. Nennen Sie Beispiele für komplexe Sachverhalte aus dem Gesundheits- und Sozialwesen und aus der betrieblichen Praxis.

▶ Die Bereiche Gesundheit und Soziales sind geprägt durch Ökonomisierung und hohe Komplexität. Die hohe Komplexität betrifft auch die europäische Gesundheitspolitik. Die Politik ist durch die Gesetzgebung Komplexitätstreiber.

▶ Komplexität entsteht durch gewachsene Versorgungsstrukturen und der Vielzahl der an den Behandlungsprozessen beteiligten Berufsgruppen und Organisationen (vgl. *von Troschke/Stößel 2012*). Dazu gehören auch die offiziellen und informellen Beziehungen, die die verschiedenen Anbieter medizinischer Leistungen untereinander pflegen und deren weiteren Verbindungen zu den Kostenträgern, den parteipolitischen Gremien und der Ministerialbürokratie (vgl. *von Troschke/Stößel 2012*).

- Krankenhäuser sind heute Hochleistungsorganisationen mit hoher Komplexität und hoher Arbeitsverdichtung. Die Komplexität betrifft wesentlich die Aufgaben, Strukturen und Prozesse. Mit der Größe der Kliniken wächst die Komplexität. Folgende Beispiele geben einen Einblick in die Krankenhauskomplexität:
  - Krankenhausbauten stellen die beteiligten Planer, Betreiber und Bauschaffenden aufgrund ihrer Komplexität vor große Herausforderungen.
  - Abteilungsübergreifende Organisationskonzepte wie Alarmierung, Brandschutz, Medizintechnik, Lichtruf usw. und ihre jeweiligen Normen sind von hoher Komplexität und schwer zu harmonisieren.
  - Die Erbringung einer Knie-TEP stellt eine planbare Versorgung von hoher Komplexität dar.
  - Steigende Komplexität entsteht durch Zusammenführung von Organisationseinheiten mit unterschiedlichen Strukturen und abweichenden Traditionen.
  - Zentrale Operationssaalsteuerung soll die Komplexität im Operationssaal vereinfachen.
  - Moderne Krankenhauslogistik ist von hoher Komplexität und berücksichtigt die Individualität der Häuser und der handelnden Personen.
  - Die Einführung einer zentralen Leitstelle für Bettenbelegungsmanagement ist ein Projekt von hoher Komplexität.
  - Die Komplexität des neuen Psychiatrie-Entgeltsystems setzt der manuellen Leistungserfassung Grenzen und erfordert einen deutlich höheren Dokumentationsaufwand pro Patient.
  - Die Einschätzung externer Gutachter wurde geteilt, dass die Konzeption und Komplexität des DRG-Systems zu Fehlabrechnungen führen kann.
  - Das Risiko- und Forderungsmanagement wird zunehmend komplexer.
- Für das Benchmarking deutscher Krankenhausapotheken (Methodik, Daten, Studie und deren Auswertung) war aufgrund der hohen Komplexität insgesamt ein Zeitraum von einem Jahr veranschlagt.
- Ein Mehr an Information in den Unternehmen und Organisationen des Gesundheits- und Sozialwesens ist nicht unbedingt eine Erleichterung, sondern erhöht die Komplexität und forciert damit die Unentscheidbarkeit der Situation (vgl. *das Krankenhaus*, Themen aus den Heften aus 01/10 bis 05/13).

02. Zeigen Sie am Beispiel des Systems Krankenhaus Maßnahmen auf, die als mögliche Alternativen die Bewältigung zunehmender Komplexität und Dynamik des Krankenhausmarktes unterstützen können.

- Marktposition durch strategische Kooperationen und Partnerschaften ausbauen und festigen
- konsequente Ausrichtung auf die Bedürfnisse der Patienten und permanente Feststellung eventueller Änderungen in der Bedürfnisstruktur

- Ausrichtung der Aufbauorganisation am Patientenprozess mit eindeutigen Verantwortlichkeiten und Orientierung zur permanenter Prozessoptimierung
- Herstellung von Transparenz für Steuerungszwecke und Erzielung eines Bewusstseins bei Mitarbeitern und Führungskräften zur wirtschaftlichen Betriebsführung
- Mitarbeiter bei der Erkennung, Entscheidung und Umsetzung vom Innovationen einbeziehen
- Klärung der maßgeblichen Werte und Ziele der Organisation, Ausrichtung der Mitarbeiter und des Führungsverhaltens an den Werten und Zielen und Messung des Führungsverhaltens nach entsprechenden Kriterien
- zur Gewinnung und Bindung von Personal müssen geeignete Maßnahmen entwickelt werden, beispielsweise zielgruppenorientierte Karriereplanung, Arbeitsorganisation und Familienorganisation
- Etablierung von Anreizsystemen, die sich an den Leistungen der Mitarbeiter und am Gesamtunternehmenserfolg orientieren und eine effektive Mitarbeiterführung ermöglichen (vgl. *Busch 2013*).

Für Krankenhäuser als multikulturelle Organisationen sowohl auf der Mitarbeiter-, als auch auf der Kundenseite bietet sich Diversity Management als ein möglicher Lösungsansatz für eine Vielzahl der oben genannten Maßnahmen an. Mit Ausnahme der ersten Maßnahme des o. g. Beispiels kann Diversity entweder vollständig oder teilweise als Lösungsansatz einbezogen werden:

Diversity-Maßnahmen, in Anlehnung an *Schwarzenbart 2007*

03. Erläutern Sie den Begriff Diversity in Organisationen.

Mit dem Begriff Diversity wird die Verschiedenheit, Ungleichheit, Andersartigkeit und Individualität der Organisationsmitglieder sowie die Vielfalt ihrer individuellen Fähigkeiten, Erfahrungen, Kompetenzen und Qualifikationen zum Ausdruck gebracht. Diversity stellt eine Aufgabe der Führung dar (vgl. *Aretz/Hansen 2003*).

04. Erläutern Sie Diversity Management.

Diversity Management ist ein strategischer Ansatz der Unternehmensführung und ein neues Verständnis einer möglichen Funktionsweise von Unternehmen. Diversity Management ist die Gesamtheit der Maßnahmen, die zu einem Wandel in der Unternehmenskultur führen. Dadurch wird die Unterschiedlichkeit der Organisationsmitglieder anerkannt, wertgeschätzt und für die positive Entwicklung des Unternehmenserfolges genutzt.

In diesem Sinne befasst sich Diversity Management mit der Vielfalt, der Heterogenität und den Unterschieden der Organisationsmitglieder und versucht, die Unterschiedlichkeiten der Mitarbeiter, Kulturen, Strategien, Funktionen usw. zur Lösung komplexer Probleme zu nutzen und das Unternehmensergebnis zu verbessern. Aufgabe der Führung ist es, die Fähigkeiten der Mitarbeiter so zu entwickeln, dass sie leistungsorientiert für die Erreichung dieser Ziele arbeiten können, ohne dass sie aufgrund ihres Geschlechts, Alters, ethnischer Zugehörigkeit oder anderer Verschiedenheit in der Organisation behindert werden und dadurch unternehmenskulturelle Wertvorstellungen gefährdet sind und Wertschöpfungspotenzial verloren geht (vgl. *Aretz/Hansen 2003*).

05. Welche Bedeutung hat Diversity in der Bundesrepublik Deutschland?

In der Bundesrepublik Deutschland nimmt die gesellschaftliche Vielfalt zu, was sich auf den Beschaffungs- und Absatzmärkten (inkl. Arbeitsmarkt) auswirkt. Der Anteil der Bevölkerung mit Migrationshintergrund liegt bei 19 % (vgl. *Merx 2009*) und der Anteil der Frauen an den Erwerbstätigen ist in den vergangenen Jahren ebenso gestiegen, wie aufgrund der demografischen Entwicklung die Anteile älterer Arbeitnehmer. Die europäische Zusammenarbeit führt zu Kooperationen zwischen den Mitgliedsstaaten und fortschreitenden Internationalisierungen mit verschiedenen Arbeitnehmern und Organisationskulturen.

Ein weiterer Punkt ist die Tendenz zum Abbau von Hierarchien, die zu einer engeren Zusammenarbeit zwischen verschiedenen Berufen, Positionen und Funktionen führt sowie individuellere Arbeits- und Lebensvorstellungen, die zu mehr Pluralität in der Gesellschaft führen. Neben der externen Vielfalt der Umwelt entwickeln sich auch Unterschiede innerhalb der Organisation, beispielsweise durch unterschiedliche Kulturen, Subkulturen, unterschiedliche Strategien, Funktionen und Regelungen, die oftmals gleichberechtigt bestehen und gelebt werden.

In der Teamarbeit werden zunehmend heterogene Teams gebildet, deren Mitglieder sich nach Geschlecht, Alter, Herkunft, Berufsausbildung, Fachabteilungen und Funktionsbereichen unterscheiden und über unterschiedliche Erfahrungen und Kenntnisse verfügen. Darüber hinaus können differenzierte Anreizsysteme, der Bedarf an individuellen Arbeitszeiten und Arbeitsorten und diverse Spezialisierungen der Entwicklung von Vielfalt zugerechnet werden. Unternehmen in der Bundesrepublik Deutschland sehen vermehrt die Notwendigkeit, sich mit Diversity auseinanderzusetzen (vgl. *Aretz/ Hansen 2003*), weil Deutschlands Bevölkerung altert, internationaler und weiblicher wird und schrumpft.

Die Vielfalt in deutschen Großunternehmen, die global agieren, wird am Beispiel der Lufthansa deutlich: *„Im Jahr 2012 sind zwei von vier Vorstandsposten von Frauen besetzt, eine davon ist Türkin. Von den beiden Männern ist einer US-Amerikaner, der andere körperbehindert. Die mittlere Führungsriege ist zu 43 : mit Frauen zwischen 28 und 70 besetzt, davon arbeiten 15 : aus Familiengründen vorübergehend nur halbtags (10 : der Männer haben eine Halbtagsstelle). Ein Drittel der Belegschaft besteht aus Ausländern, unter den Führungskräften sind es 26 :. 25 : sind Moslems, 10 : Buddhisten, weitere 15 : gehören verschiedenen anderen Religionsgemeinschaften an"* (vgl. *Merx 2009*).

06. Erläutern Sie die Dimensionen und Bedeutung des Diversity Management-Ansatzes.

Innere Dimensionen	Äußere Dimensionen	Organisationale Dimensionen
Alter	Einkommen	Funktion/Einstufung
Geschlecht	Gewohnheiten	Arbeitsinhalte
sexuelle Orientierung	Freizeitverhalten	Abteilung
physische Fähigkeiten	Religion	Betriebszugehörigkeit
ethnische Zugehörigkeit	Ausbildung	Arbeitsort
Hautfarbe	Berufserfahrung	Gewerkschaftszugehörigkeit
	Auftreten	Managementstatus
	Elternschaft	
	Familienstand	
	geografische Lage	

Dimensionen von Diversity, in Anlehnung an *Merx 2009*

Wie das Individuum die einzelnen Attribute der Dimensionen „Innere Dimensionen", „Äußere Dimensionen" und „Organisationale Dimensionen" erlebt und für sich bewertet, ist von seiner Persönlichkeit und seinen Erfahrungen abhängig. Die Bedeutung der Dimensionen geht von der Dimension „Innere Dimension" zur „Organisationalen Dimension", wobei die „Innere Dimension" grundsätzlichen nicht änderbar ist und deshalb die Bedeutsamste ist. Die „Organisationale Dimension" ist von den drei Dimensionen am einfachsten änderbar und entsprechend weniger bedeutend.

Die Dimensionen sind die Themen, an denen die Organisation entsprechend ihrer Bedeutung arbeiten muss. Aufgabe der Organisation im Rahmen von Diversity ist es, Vorurteile und Diskriminierungen sowie Klischees abzubauen und anstelle dessen eine Unternehmenskultur zu schaffen, in der Unterschiedlichkeit wertgeschätzt wird, Minderheiten einbezogen und individuelle Stärken und Schwächen berücksichtigt werden. Es sollen Bedingungen hergestellt werden, die die Entfaltung der Potenziale, Talente und Leistungsfähigkeiten der Individuen in einem offenen und integralen Umfeld ermöglicht.

Die Individuen sollen sich dabei wechselseitig ergänzen und die Möglichkeit haben, sich selbst mit der ganzen Persönlichkeit in die Organisation einbringen zu können. Das Leitbild sollte multikulturell geprägt sein. Der angestrebte Nutzen der Organisation ist eine größere Effektivität und eine verbesserte Effizienz, wodurch der Unternehmenserfolg gesteigert wird (vgl. *Merx 2009*).

1.6 Gestalten und Optimieren von Prozessen

Betriebliche Prozesse werden so gestaltet und optimiert, dass die betrieblichen Ziele bestmöglich unterstützt werden. Nachfolgend werden Dienstleistungen als Wertschöpfungsprozess bewertet. Es wird eine Differenzierung in Management-, Kern- und Unterstützungsprozesse vorgenommen, wobei insbesondere auf die Kernprozesse als wertschöpfende Prozesse eingegangen wird. Als mögliche Optimierungsmethoden werden das Prozessmodell, das Konzept der Behandlungspfade, Benchmarking und Case Management dargestellt. Die Gestaltung und Visualisierung von Prozessen und Teilprozessen wird am Beispiel eines Flussdiagramms für den Kernprozess „Patientenaufnahme, Behandlung und Entlassung" aufgezeigt. Anschließend wird aufgezeigt, wie die Wertschöpfung durch Prozessoptimierung gesteigert werden kann und welche Bedeutung Kennzahlen für die Überwachung und Steuerung von Prozessoptimierungen haben. Als Beispiele für ein eindimensionales Kennzahlensystem wird das Du-Pont-Kennzahlensystem und als Beispiel eines kennzahlenbasierten Instruments der Unternehmenssteuerung das Konzept der Balanced Scorecard vorgestellt.

1.6.1 Dienstleistung als Wertschöpfungsprozess bewerten

01. Was versteht man unter einem Prozess?

Unter einem Prozess versteht man eine zusammenhängende Folge von Aktivitäten mit einem definierten Anfang und Ende, die zu einem bestimmbaren Ergebnis führen (vgl. *Weibler 2009*).

02. Wie können Prozesse unterschieden werden?

Prozesse können nach Management-, Kern- und Unterstützungsprozessen unterschieden werden. Am Beispiel eines Plankrankenhauses ergeben sich die Kernaufgaben, und damit verbunden die Kernprozesse, aus dem Krankenhausentgeltgesetz und der

Bundespflegesatzverordnung. Danach sind die ärztliche Behandlung, Krankenpflege, Versorgung mit Arznei-, Heil- und Hilfsmitteln sowie Unterkunft und Verpflegung Kernaufgaben des Krankenhauses. Prozesse, die die optimale Durchführung der Kernprozesse unterstützen, werden Unterstützungsprozesse genannt und Prozesse, mit denen das Krankenhaus gesteuert wird, werden Managementprozesse genannt.

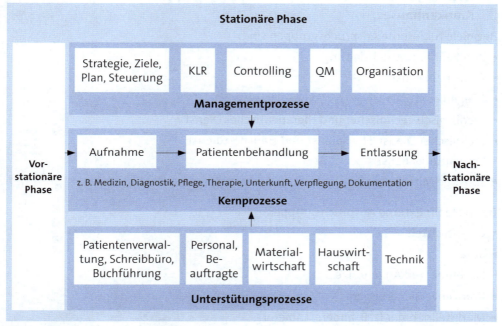

Management-, Kern- und Unterstützungsprozesse, in Anlehnung an *Fricke*, hospitalia consult gmbh.

03. Welche Bedeutung haben Kernprozesse für eine Organisation?

Kernprozesse sind wertschöpfende Prozesse, die die Kundenzufriedenheit und den Unternehmenserfolg maßgeblich beeinflussen. Sie sind deshalb für die Organisation von besonderer Bedeutung, betreffen in der Regel mehrere Abteilungen, erfordern eine koordinierte Zusammenarbeit und sind hoch komplex. Im Krankenhaus sind die wichtigsten Kernprozesse die Patientenaufnahme, Behandlung und Entlassung (>> *Kapitel 1.6.2/02*).

Kernprozesse werden für einzelne Patientengruppen in Teilprozesse aufgeteilt. Die dort erbrachten Dienstleistungen werden den individuellen Anforderungen der Patientengruppen (z. B. Notfallaufnahmen oder Normalaufnahmen) entsprechend gestaltet. Es müssen alle Kernprozesse der Organisation identifiziert, beschrieben, gestaltet und gesteuert werden. Sie werden durch die behandelten Patienten und erbrachten Dienstleistungen definiert. Die Prozessoptimierung erfolgt interdisziplinär unter Einbeziehung aller Prozessbeteiligten und unter Berücksichtigung der Zielvorstellungen der internen und externen Anspruchsgruppen. Nicht die Verbesserung der Arbeit des

Pflegepersonals auf der Intensivstation sollte das Ziel sein, sondern die Optimierung der Notfallmedizin für Intensivpatienten (vgl. *Haeske-Seeberg 2008* und *Füermann/ Dammasch 2012*).

04. Nennen Sie interne und externe Anspruchsgruppen am Beispiel eines Krankenhauses.

Beispiele für interne Anspruchsgruppen sind:

- Krankenhausbetriebsleitung
- ärztlicher Dienst
- Pflegedienst
- medizinisch-technischer und therapeutischer Dienst
- technischer Dienst, Hausdienst und Transportdienst
- Verwaltungsdienst
- sonstige Mitarbeiter.

Beispiele für externe Anspruchsgruppen:

- Öffentlichkeit
- Staat
- Patienten und Angehörige
- Krankenversicherungen
- Marktteilnehmer (z. B. andere Anbieter)
- Lieferanten
- Eigentümer (vgl. *Haeske-Seeberg 2008*).

05. Definieren Sie Qualität am Beispiel eines Krankenhauses. Wie wird sie gemessen und wie wird sie durch die Patienten wahrgenommen?

Qualität beinhaltet neben der Anwendung medizinischer Erkenntnisse auf dem Stand der Wissenschaft die Patientenperspektive, die aus der Erfüllung der Patientenerwartungen und der Erreichung der vom Patienten gewünschten Ziele besteht.

Die Qualität wird durch die Qualitätsdimensionen Struktur-, Prozess- und Ergebnisqualität beschrieben. Die konkreten Messungen von Qualität sind (noch) nicht möglich (>> *Kapitel 2*).

Der Patient nimmt den gesamten Dienstleistungsprozess als eine gemeinsame Dienstleistung wahr. Dazu gehören die vorstationären Aktivitäten des Krankenhauses, die Aktivitäten während des Krankenhausaufenthaltes und die nachstationären Aktivitäten des Krankenhauses. Gehobene Dienstleistungen werden vom Patienten als solche wahrgenommen. Beachtet werden muss aber, dass im Zeitverlauf gehobene Dienstleistungen als selbstverständlich erachtet und den Basisanforderungen zugerechnet werden. Die Unternehmensleitung sollte deshalb nur solche Dienstleistungen anbieten, die von der Organisation auch erfüllt werden können (vgl. *Haeske-Seeberg 2008*).

06. Erläutern Sie das Prozessmodell.

Das Prozessmodell ist eine Darstellung interner und externer Kunden- und Lieferantenbeziehungen, durch die ein kundenorientiertes Verständnis der Prozessgestaltung durch die Berücksichtigung von Anforderungen und Leistungen interner und externer Anspruchsgruppen ermöglicht wird. Das Prozessmodell stellt prozessbezogen neben mindestens einer Kunden- und Lieferantenbeziehung die messbare Eingabe und das Ergebnis dar:

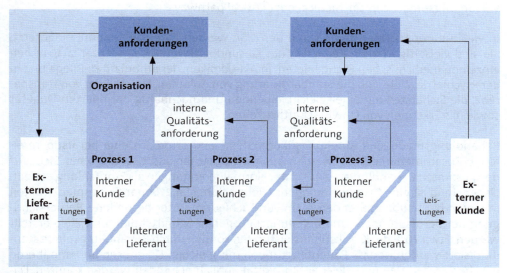

Prozessmodell, in Anlehnung an *Füermann/Dammasch 2012*

Jeder Prozess ist zugleich Kunde von Material und Informationen des vorangegangenen Prozesses, Verarbeiter der erhaltenen Leistungen des vorangegangenen Prozesses und Lieferant der erstellten Leistungen an den nachfolgenden Prozess. Als Kunde stellt der Prozess Anforderungen an die Leistungen des vorangegangenen Prozesses, als Verarbeiter findet in dem Prozess Wertschöpfung statt und als Lieferant muss der Prozess Anforderungen des nachfolgenden Prozesses bei der eigenen Leistungserstellung berücksichtigen.

Messbare Eingaben sind Material und Informationen, die zum Wertschöpfungsprozess führen. Material und Informationen, die aus dem Wertschöpfungsprozess hervorkommen, stellen das Ergebnis dar, welches an den nachfolgenden Prozess weitergegeben wird. Kunden und Lieferanten können sowohl intern, als auch extern sein (vgl. *Füermann/Dammasch 2012*).

07. Erläutern Sie das Konzept der Behandlungspfade als Optimierungsansatz für Krankenhäuser.

Kernprozesse können im Krankenhaus durch Behandlungspfade optimiert werden. Grundlage sind die Methoden der Prozessoptimierung. Für das Konzept der Behandlungspfade gibt es unterschiedliche Bezeichnungen, z. B. Klinische Pfade, Patientenbehandlungspfade, Behandlungspfade, Interdisziplinäre Behandlungspfade, Integrierte Versorgungspfade; clinical, medical oder critical pathways.

In vielen europäischen Ländern und den USA werden Pathway-Systeme eingesetzt. Sie sind vielseitig in allen Bereichen des Gesundheitswesens einsetzbar, z. B. in den einzelnen medizinischen Fachgebieten, in Akutkliniken, der ambulanten Pflege und in der Psychiatrie. Ziele sind die Standardisierung von Abläufen, Herstellung von Transparenz, die Sicherstellung einer gleichbleibenden und nachhaltig optimierten Qualität sowie das Erkennen von Unwirtschaftlichkeiten.

Behandlungspfade sind abteilungsübergreifend und erfordern eine berufsübergreifende Zusammenarbeit. Sie werden aus medizinischer und ökonomischer Sicht für den gesamten Behandlungsablauf unter Normalbedingungen als Empfehlung erstellt. Gegenstand ist eine Gruppe homogener Behandlungsfälle. Behandlungspfade sollten in einem berufsübergreifenden Team von Fachleuten unter besonderer Berücksichtigung der berufsgruppen- und abteilungsbezogenen Schnittstellen und Ziele erstellt werden. Etwa 70 % der Krankenhausleistungen können durch Behandlungspfade standardisiert werden, sodass Patientengruppen mit gleichen Diagnosen und annähernd gleichen Prozeduren und gleicher Morbidität ähnlich behandelt werden könnten. Dadurch könnten gleiche Behandlungsstandards unabhängig von einzelnen Mitarbeitern garantiert werden (vgl. *Greiling/Mormann/Westerfeld 2003*).

Nachfolgend ist ein Behandlungspfad zur Indikation „Rückenschmerz" des Ärztenetzwerkes *UGOM* dargestellt. In der bayerischen Region Amberg-Sulzbach ist die *UGOM GmbH & Co. KG* aus dem Zusammenschluss regionaler Ärzte entstanden. Das Ärztenetz umfasst ca. 100 Fach- und Hausärzte, die drei regionalen Krankenhäuser sowie weitere Leistungserbringer und betreut ca. 16.000 Patienten. Das Qualitätsmanagement ist fester Bestandteil des Ärztenetzes, in dem alle Leistungserbringer zertifiziert sind. Auf der Grundlage der Zertifizierung werden in den einzelnen Kompetenzgruppen der UGOM medizinische Behandlungspfade unter Berücksichtigung des aktuellen Stands der Medizin und der Pflege entwickelt, die im Ärztenetz Anwendung finden.

1. Planen, Steuern und Organisieren betrieblicher Prozesse | 1.6 Gestalten und Optimieren

Behandlungspfade zur Indikation „Rückenschmerz"
(UGOM-Kompetenzgruppe Rückenschmerz, Leitung Dr. Arthur Balogh)

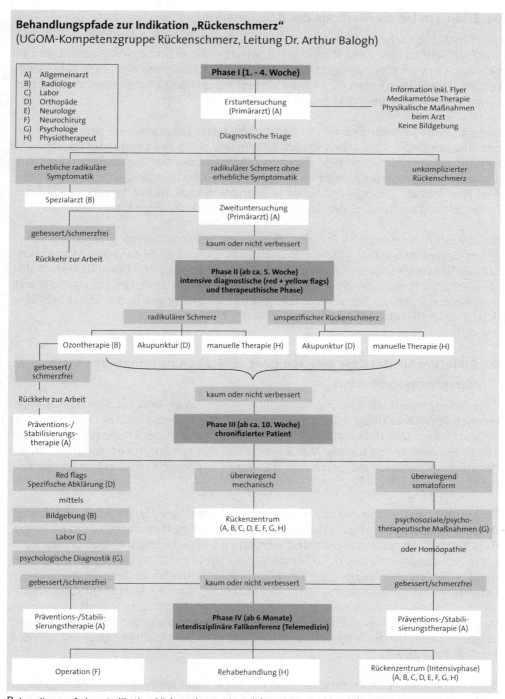

Behandlungspfad zur Indikation Rückenschmerz, in Anlehnung an *Zeichhardt/Voss 2009* und *www.ugom.de*.

08. Erläutern Sie die Methode des Benchmarking.

Benchmarking ist der kontinuierliche Prozess, die eigenen Produkte, Dienstleistungen und Praktiken an denen der stärksten Mitbewerber der Branche zu messen. Es handelt sich dabei um ein Konzept der Unternehmensentwicklung und des organisatorischen Lernens. Durch Benchmarking können Verbesserungsmaßnahmen entdeckt und Leistungssteigerungen am Markt erreicht werden.

Fortwährende Änderungen der Umweltbedingungen, erfordern eine permanente Anpassung der Organisation. Benchmarking ermöglicht als nicht endender Regelprozess fortlaufend Vergleiche mit den stärksten Mitbewerbern der Branche. Benchmarking analysiert Vergleichsunternehmen mit den besten Leistungsergebnissen und leitet Best Practices ab. Unter Best Practice werden Methoden und Verfahren der stärksten Unternehmen verstanden, die Grund der führenden Position im Markt sind.

Auf der Grundlage der Best Practices findet eine Neupositionierung innerhalb der eigenen Organisation statt, indem erfolgskritische Unterschiede der eigenen Methoden und Verfahren, verglichen mit dem Best Practice, zu kontinuierlichen und wirtschaftlichen Verbesserungen der Prozesse und Qualitäten führen. Ziel ist es, die eigene Marktposition durch verbesserte und wettbewerbsfähige Leistungen und Kosten kontinuierlich zu steigern (vgl. *Greiling/Mormann/Westerfeld 2003*).

09. Erläutern Sie das Case Management als Steuerungsmöglichkeit von Versorgungsprozessen.

Case Management wird im medizinischen, pflegerischen und sozialen Sektor angewendet und wirkt übergreifend in der ambulanten, vorstationären, voll- und/oder teilstationären und nachstationären Versorgung sowie in der Pflege (vgl. *Löcherbach 2003*). Es handelt sich um ein Managementkonzept zur optimalen Koordination der Versorgungsprozesse und beinhaltet das interdisziplinäre Fall- und Systemmanagement.

Im Krankenhaus ist Case Management beispielsweise an der krankenhausübergreifenden Prozessgestaltung zur Patientenorientierung beteiligt und soll dazu beitragen, dass Behandlungsprozesse optimiert werden und dass die Organisation an den Kernprozessen ausgerichtet wird. Dabei steht der Patient im Mittelpunkt. Case Management erfordert interdisziplinäre (abteilungsübergreifende) Zusammenarbeit in der Patientenversorgung und umfasst die Einschätzung, Planung, Dokumentation, Koordination, Organisation und Evaluation von Gesundheitsleistungen. Mittels Assessment stellt das Case Management die individuellen Pflegebedarfe der Patienten fest und begleitet deren Behandlungsverlauf. Dabei achtet es auf Qualitätssicherung und Kosten (vgl. *Pape 2008*).

Case Management kann entsprechend der Ziele einer Organisation unterschiedlich gestaltet sein. Eine mögliche Ausrichtung ist die der einrichtungsübergreifenden Fallsteuerung, in der das Case Management Ansprechpartner für das Aufnahme- und Entlassmanagement sowie für die Koordination eines optimalen Versorgungsprozesses (einschließlich vor- und nachstationärer Behandlungen) für Patienten und Patientengruppen ist. Case Management sorgt dafür, dass ein Patient optimale Leistungen erhält, sodass Unter-, Über- und Fehlversorgung vermieden werden.

Nachfolgend sind beispielhaft Tätigkeiten des Case Management aufgeführt:

- Ressourcenplanung (z. B. ausgewogene Bettenplanung entsprechend der Pflegeintensität der Patienten, Zuordnung zu Versorgungsbereichen, Notaufnahmen, interdisziplinäre Belegung)
- Fallsteuerung (bei Störungen im Fallverlauf: Ursachen ermitteln und angemessene Lösungen umsetzen), Fallprüfung (z. B. Prüfung von Kostenzusagen, Vermeidung von Fehlbelegungen und Rehospitalisierung (Drehtüreffekt), richtige Einschätzung des Versorgungsbedarfs), Bewertung des Fallverlaufs und des Ergebnisses sowie Dokumentation
- Optimierung der Versorgungsqualität durch die Mitwirkung an der Erstellung von Behandlungspfaden
- Sicherung und Bewertung der Versorgungsangebote, Koordination der Diagnostik und Therapie, Einplanung in den OP-Plan
- Erreichen einer optimalen Aufenthaltsdauer der Patienten durch prästationäre Maßnahmen und frühzeitige Klärung der poststationären Behandlung für Notfälle und elektive Fälle (Durchführung von Assessments) sowie durch Fallbegleitung und Steuerung nach Behandlungspfaden und integrierten Versorgungsverträgen
- zentraler Ansprechpartner für interne Anspruchsgruppen, interdisziplinäres Behandlungsteam, Patienten (für gesundheitliche Problemstellungen) und Einweiser sowie andere externe Anspruchsgruppen (Ziel: Erhöhung der Patienten- und Einweiserzufriedenheit und der Zufriedenheit anderer Anspruchsgruppen und Information über Gesundheits-, Behandlungs- und Serviceleistungen)
- Unterstützung bei der Vorbereitung und Begleitung des Chefarztes bei Einweiserbesuchen
- effiziente und effektive interdisziplinäre Zusammenarbeit, Entlastung des klinischen Personals bei organisatorischen Aufgaben (vgl. *Noetzel 2011* und *Pape 2008*).

1.6.2 Management-, Kern- und Unterstützungsprozesse gestalten

01. Wie kann die Gestaltung von Management-, Kern- und Unterstützungsprozessen unterstützt werden?

Zur Unterstützung der Gestaltung von Management-, Kern- und Unterstützungsprozessen können beispielsweise Mindmapping (>> *Kapitel 2.2.2*), Fischgräten- bzw. Ursache-Wirkungsdiagramme (>> *Kapitel 2.2.3.2*), Prozessbeschreibungen (>> *Kapitel 2.2.4*), Prozessgliederungspläne, Flussdiagramme, Aktions- und Kontrollpläne, Grafiken, Diagramme, Modelle und Prozessmapping verwendet werden (vgl. *Füermann/Dammasch 2012, Kostka/Mönch 2009, Litke/Kunow/Schulz-Wimmer 2012, Nöllke 2002*).

02. Stellen Sie mithilfe des Flussdiagramms den Kernprozess „Patientenaufnahme, Behandlung und Entlassung" eines akutpsychiatrischen Krankenhauses dar.

Als Beispiel für Visualisierungen von Prozessen und Teilprozessen wird nachfolgend der Kernprozess „Patientenaufnahme, Behandlung und Entlassung" eines akutpsychiatrischen Krankenhauses mithilfe eines Flussdiagramms dargestellt:

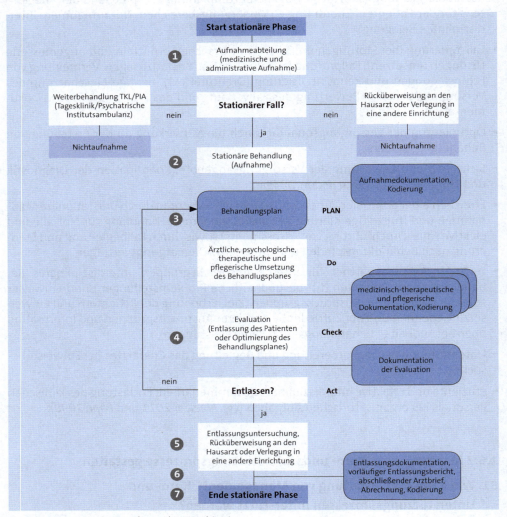

Flussdiagramm Stationäre Phase Akut-Psychiatrie

❶ Entscheidung der Behandlungsart
- stationärer Krankenhausaufenthalt
- teilstationärer Krankenhausaufenthalt oder psychiatrische Institutsambulanz (Weiterverlegung, Aufnahme, Wiederaufnahme, Rückverlegung/-überweisung)

② Festlegung der Zielbehandlung
unter Wahrung der Menschenwürde des Patienten, Achtung seiner Persönlichkeit und seines Selbstbestimmungsrechtes (vgl. *von Troschke/Stößel 2012*).
ICD (Haupt- und Nebendiagnosen), OPS

③ Planung des Behandlungsablaufes
(Planung ärztlich-psychologische Behandlungen und Pflegeplanung, Medikation und Festlegung der Visiten)

④ Evaluation (korrekte ärztliche Berufsausübung)
- Ist der **weitere Krankenhausaufenthalt** medizinisch **notwendig**?
- Entspricht die Behandlung den **medizinischen Standards**?
- Hat sich der **Behandlungsverlauf** geändert (Hauptdiagnose, Nebendiagnosen oder OPS)?
- Ist die **Kodierung korrekt**? (Liegt der Patient unbegründet lange im Krankenhaus? Wurden die Diagnosen und Prozeduren vollständig und richtig kodiert? Wurden für kodierte Nebendiagnosen Leistungen erbracht? Sind die Ressourcen vorhanden, um die kodierten Leistungen zu erbringen? Sind die kodierten Zeiten plausibel? Wurde entsprechend dem Behandlungsverlauf kodiert und dokumentiert?
- Ist der **Ressourceneinsatz wirtschaftlich**?
- Entspricht die Behandlung einem der folgenden **Behandlungsziele**?
Leben erhalten, Gesundheit schützen und wiederherstellen, Leiden lindern, Sterbenden Beistand leisten (vgl. *von Troschke/Stößel 2012*).

⑤ Abschließender Vergleich
der Zielbehandlung mit dem Behandlungsverlauf (inkl. Haupt- und Nebendiagnosen, OPS).

⑥ Abschließende Prüfung
der Vollständigkeit und Richtigkeit der Dokumentation (ggf. Korrekturen).

⑦ Abschluss des Behandlungsfalls

Die PDCA-Logik ist grundsätzlich auf alle Prozesse anwendbar und kann in das Flussdiagramm integriert werden (>> *Kapitel 1.8.2.4/01*).

1.6.3 Optimierung betrieblicher Prozesse überwachen

01. Nennen Sie die Wirkungsrichtungen der Prozessoptimierung.

Prozessoptimierung kann durch die Wirkungsrichtungen Verbesserung der Prozesseffizienz („Die Dinge richtig machen") und Steigerung der Prozesseffektivität („Die richtigen Dinge machen") beschrieben werden (vgl. *Greiling/Mormann/Westerfeld 2003*).

02. Welches sind die grundlegenden Tätigkeiten der Prozessoptimierung?

Grundlegende Tätigkeiten der Prozessoptimierung sind Prozessdokumentation, Prozessanalyse, Prozessgestaltung sowie Implementation und Evaluation. Im Rahmen dieser übergeordneten Phasen kann der Ablauf einer Prozessoptimierung durch folgende Schritte erfolgen:

- Auswahl des Organisationsproblems
- Aufnahme des Ist-Zustandes
- Analyse und Bewertung des Ist-Zustandes
- Entwicklung eines geplanten Zustandes (Plan-Konzept)
- Umsetzung und Steuerung des Plan-Konzeptes
- Vergleich des erreichten Zustands mit dem geplanten Zustand und ggf. Nachbesserungen.

Die Prozessoptimierung erfolgt in einem Regelkreis, der solange durchlaufen wird, bis der Plan-Zustand erreicht ist (vgl. *Greiling/Mormann/Westerfeld 2003*).

03. In welchem Zusammenhang stehen Kundenzufriedenheit und die Prozessparameter Qualität, Zeit und Kosten?

Grundsätzlich soll durch die Verbesserung der Prozessabläufe die Kundenzufriedenheit erreicht oder verbessert werden. Kunden sind alle Personen, die den Prozessoutput abnehmen, beispielsweise Patienten, aber auch Mitarbeiter, die Folgeprozesse ausführen. Voraussetzung zur Erreichung von Kundenzufriedenheit ist die Identifizierung der Kundenwünsche und deren Befriedigung. Die Kundenzufriedenheit ist umso höher, je näher das Ergebnis den Vorstellungen der Kunden entspricht.

Zugrundeliegende Prozessparameter sind Qualität, Zeit und Kosten. Während die Patienten klare Vorstellungen über die Parameter Qualität und Zeit haben (bestes mögliches Behandlungsergebnis und geringste mögliche Verweildauer), haben die Krankenkassen genaue Vorstellungen über den Parameter Kosten (möglichst kostengünstig). Des Weiteren können Mitarbeiter Erwartungen hinsichtlich der Prozessergebnisse haben. Kundenzufriedenheit kann unter Zugrundelegung der Parameter Qualität, Zeit und Kosten dann erreicht werden, wenn Fehler eliminiert und die Durchlaufzeit sowie die Prozesskosten reduziert werden (vgl. *Greiling/Mormann/Westerfeld 2003*).

04. Wie kann die Wertschöpfung durch Prozessoptimierung gesteigert werden?

Prozesse haben ein Ergebnis und beinhalten viele planvoll kombinierte Tätigkeiten. Nicht alle dieser Tätigkeiten erhöhen das Prozessergebnis und manche haben sogar einen negativen Einfluss darauf. Tätigkeiten, die nicht wertsteigernd sind, müssen weitestgehend eliminiert werden. Die Gesamtheit an Tätigkeiten können in Nutz-, Stütz-, Blind- und Fehlleistungen klassifiziert werden.

- Nutzleistungen führen zu einer Wertsteigerung und müssen optimiert werden. Beispiele sind verbesserte Behandlung, Gestaltung der Dienstleistungsumgebung, Serviceleistungen oder Zusatzangebote.
- Stützleistungen sind nur indirekt an der Wertschöpfung beteiligt, indem sie die Nutzleistungen unterstützen. Sie müssen wirtschaftlich gestaltet und minimiert werden. Beispiele sind Rüstzeiten, innerbetriebliche Transporte, Statistiken.
- Blindleistungen treten ungeplant auf und tragen nicht zur Wertschöpfung bei. Sie erhöhen die Prozesskosten und müssen eliminiert werden. Beispiele sind Nachlieferungen wegen Fehlplanungen, Produktionsunterbrechung durch fehlende Teile, Mehrfacharbeit.
- Fehlleistungen waren als Nutz- oder Stützleistungen geplant, können aber wegen bestehender Mängel nicht verwertet werden. Durch Maßnahmen (z. B. Schulungen, verbesserte Technik oder Prozesse) müssen Fehlleistungen vermieden werden.

Die Überprüfung und Optimierung der Tätigkeiten führt zu einer höheren Wertschöpfung, weil eine Konzentration auf die Tätigkeiten stattfindet, die den Kundennutzen erhöht (vgl. *Füermann/Dammasch 2012*).

05. Wie kann die Optimierung von Schnittstellen zur Prozessoptimierung beitragen?

Eine Schnittstelle entsteht dort, wo ein Prozess von einer Abteilung zu einer anderen Abteilung wechselt. Es handelt sich um kritische Prozesspunkte, an denen Informations-, Zeit- und Reibungsverluste auftreten können. Durch gemeinsam getroffene Vereinbarungen zwischen Prozesskunden und Prozesslieferanten können diese Übergänge optimiert und harmonisiert werden.

Die Vereinbarung führt dazu, dass der Prozesslieferant die Anforderungen des Prozesskunden kennt und darauf positiv reagieren kann. Die Schriftform führt dazu, dass eine Verbindlichkeit hergestellt wird und Fehlinterpretationen bezüglich der Anforderungen des Prozesskunden eliminiert werden. Die Kommunikation an der Schnittstelle führt außerdem zu einem besseren Verständnis auf beiden Seiten und ermöglicht weitere Optimierungen (vgl. *Füermann/Dammasch 2012*).

06. Erläutern Sie die Bedeutung von Kennzahlen für die Prozesssteuerung und Prozessoptimierung.

Optimierte Prozesse müssen gesteuert und in einem Regelkreis permanent verbessert werden. Dafür ist es erforderlich, dass der Prozess mittels Kennzahlen fortlaufend beobachtet wird. Durch gut ausgewählte Kennzahlen kann der derzeitige Zustand des Prozesses beurteilt werden. Die Entwicklung der Kennzahlen im Zeitablauf zeigt den Trend, der Grundlage für Steuerungsmaßnamen ist, weil Leistungsniveaus über mehrere Perioden hinweg sehr gut beobachtet werden können.

Als Steuerungsinstrumente eignen sich der Controllingprozess, dem beispielsweise eine Balanced Scorecard zugrunde liegen kann (>> *Kapitel 1.4.4/03*), und der PDCA-Zyklus (>> *Kapitel 1.8.2.4/01*). Einzelne Kennzahlen und Kennzahlensysteme ermöglichen die Prozesssteuerung erst im Zeitablauf, weil jede Kennzahl nur den aktuellen Zustand des Prozesses aufzeigt. Durch einen Mehrperiodenvergleich von Kennzahlen können Entwicklungen im Prozessfortschritt erkannt und rechtzeitig Veränderungsmaßnahmen eingeleitet werden. Dabei kann es sich um Verbesserungen oder Verschlechterungen handeln.

Die Vorgehensweise zur Realisierung von kontinuierlichen Verbesserungen besteht aus den Aktivitäten

- Planen (Plan)
- Ausführen (Do)
- Überprüfen (Check) und
- Anpassen (Act).

Für den Prozess werden mehrere aussagekräftige Kennzahlen festgelegt, durch die die Arbeit des Projektteams beurteilt werden kann und die die Dokumentation unterstützen (z. B. Anzahl Operationen, Behandlungsfehler, OP-Durchlaufzeiten). Entwicklungstrends durch Kennzahlen ermöglichen einerseits effektives Eingreifen durch Prozesssteuerung und andererseits kontinuierliche Prozessoptimierungen durch Vergleich des erreichten Zustandes mit dem geplanten Zustand und entsprechendem Einsatz von Verbesserungsmaßnahmen, bis die Prozessziele erreicht sind (vgl. *Füermann/Dammasch 2012*).

07. Definieren Sie Kennzahlen und Kennzahlensysteme.

Kennzahlen sind verdichtete Daten der komplexen Realität und informieren prägnant über einen bestimmten Sachzusammenhang.

Kennzahlensysteme sind „verkettete" Kennzahlen, die zueinander in einem bestimmten Verhältnis stehen. Sie werden schon sehr lange in Unternehmen verwendet. Traditionelle betriebswirtschaftliche Kennzahlensysteme sind eindimensional finanziell ausgerichtet und vergangenheitsbezogen. Das bekannteste dieser Kennzahlensysteme ist das DuPont-Schema. Kennzahlensysteme, die die Eindimensionalität überwinden und dadurch komplexere Zusammenhänge aufzeigen können basieren beispielsweise auf einer Balanced Scorecard (vgl. *Weber/Schäffer 2000*).

08. Erläutern Sie das DuPont-Kennzahlensystem an einem Beispiel.

Ziel: Gewinnmaximierung

Leitzahl: Return on Investment (ROI)
- durch Verkettung können die Haupteinflussfaktoren des Unternehmenserfolgs identifiziert werden
- Vergleich mit konzerneigenen Unternehmen oder Branchenvergleich ist möglich
- negative Abweichungen werden als mögliche Schwachstellen identifiziert, die zu Gegensteuerungsmaßnahmen führen.

Kritik: Einseitige Ausrichtung auf Finanzen. Diese Eindimensionalität reicht nicht aus, um das Unternehmen effektiv und effizient zu steuern (vgl. *Weber/Schäffer 2000*).

Beispiel

Berechnen Sie die Kennzahl ROI der Bendig Kliniken AG mithilfe des Kennzahlensystems DuPont:

Bendig Park GmbH & Co. KG

Bilanz/GuV-Daten	31.12.2018
Anlagevermögen	15.738.017
Bank	12.232
Ergebnis	1.803.901
Forderungen	13.677.680
Fracht- und Auslieferung	4.553
Herstellungskosten	50.201.320
Umsatzerlöse	59.715.272
Vertriebskosten	448.058
Verwaltungskosten	7.257.440
Vorräte	928.603

DuPont (1/2)

1. Planen, Steuern und Organisieren betrieblicher Prozesse | 1.6 Gestalten und Optimieren

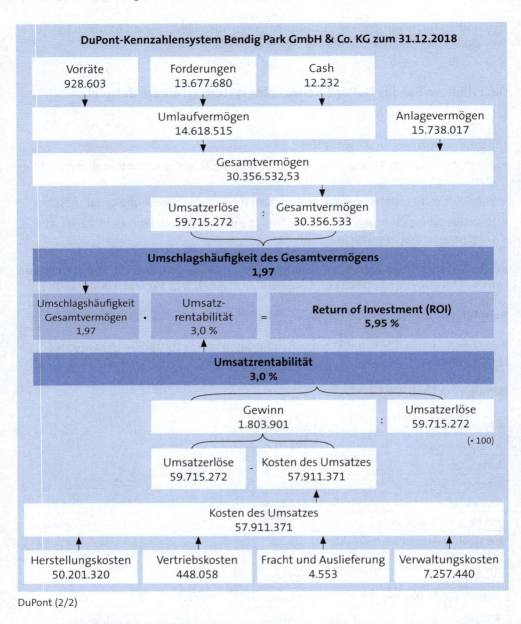

DuPont (2/2)

09. Erläutern Sie das Konzept der Balanced Scorecard.

Eine Balanced Scorecard soll die Eindimensionalität finanzieller Kennzahlensysteme überwinden und aus Ergebniszahlen und Leistungstreibern bestehen. Leistungstreiber sind beispielsweise Durchlaufzeiten oder Fehlerquoten. Sie sind geschäftsspezifisch, sollen den Wettbewerbsvorteil sicht- und steuerbar machen und die Aufgaben des Managements unterstützen, indem sie folgende Steuerungsinformationen zur Verfügung stellen:

- umfassendes Informations- und Berichtssystem
- Ausrichtung aller Bereiche auf das Zielsystem des Unternehmens
- ausgewogenes Steuerungssystem durch finanzielle, nicht-monetäre und sachzielorientierte Kennzahlen
- Abbildung sowohl des kurzfristigen Unternehmenserfolges als auch des zukünftigen Leistungspotenzials.

Die Unternehmensstrategie soll möglichst konkret in operative Perspektiven umgesetzt werden. Dafür werden folgende vier Perspektiven in einen Gesamtzusammenhang gebracht:

- finanzielle Perspektive
- unternehmensinterne Prozessperspektive
- Lern- und Entwicklungsperspektive
- Kundenperspektive.

Ihren Aussagewert erhält die Balanced Scorecard durch die Verknüpfung der Perspektiven (Ursache-Wirkungsketten).

Finanzielle Perspektive
Die finanzielle Perspektive definiert die finanzielle Leistung, die von einer Strategie erwartet wird, zeigt, ob die Strategie zur Ergebnisverbesserung beiträgt, ordnet finanzwirtschaftliche Ziele und Strategien den einzelnen Bereichen des Unternehmens zu und ist richtungsweisend und limitierend für die anderen Perspektiven.

Die Kennzahlen der anderen Perspektiven sollen über Ursache-Wirkungsbeziehungen mit den finanziellen Zielen verbunden sein.

Unternehmensinterne Prozessperspektive
Die Prozesse eines Unternehmens müssen auf die Kundenziele ausgerichtet werden. Es müssen alle Prozesse, die von Bedeutung sind, um die Ziele der finanziellen Perspektive und der Kundenperspektive zu erreichen, abgebildet werden, sodass die gesamte Wertschöpfungskette (Management-, Kern- und Unterstützungsprozesse) abgebildet wird.

Lern- und Entwicklungsperspektive
Es muss die Infrastruktur identifiziert, beschrieben und bemessen werden, die erforderlich ist, um die Ziele der ersten drei Perspektiven zu erreichen. Durch diese Zukunftsinvestitionen sollen folgende Ziele erreicht werden:

- Qualifizierung von Mitarbeitern
- Steigerung der Leistungsfähigkeit der Informationssysteme
- Motivation und Zielausrichtung von Mitarbeitern.

Kundenperspektive
Die Kundenperspektive muss die strategischen Ziele des Unternehmens in Bezug auf die Kunden- und Marktsegmente auf denen man agieren möchte, widerspiegeln. Die Identifikation der Kunden und Marktsegmente erfolgt durch:

- Kennzahlen
- Zielvorgaben
- Maßnahmen.

Die Leistungen des Unternehmens müssen aus Kundensicht mithilfe der Kriterien Qualität, Zeit und Preis betrachtet werden(vgl. *Weber/Schäffer 2000*).

Nachfolgend ist der beispielhafte Aufbau einer (stark vereinfachten) Balanced Scorecard dargestellt. Um die Leistungen eines Unternehmens bewerten und steuern zu können, müssen nach dem Konzept der Balanced Scorecard die Geschäftsinhalte Finanzen, Prozesse, Lernen und Entwicklung sowie Kunden berücksichtigt werden. Bei richtiger Auswahl der Unternehmensziele und Kennzahlen lässt sich die strategische Ausrichtung des Unternehmens verdeutlichen, messen und umsetzen. Somit ist die Balanced Scorecard ein kennzahlenbasiertes Instrument der Unternehmenssteuerung (vgl. *Greiling/Mormann/Westerfeld 2003*).

Im folgenden Beispiel sind die Perspektiven ihrer Wirkung nach von unten nach oben dargestellt. Die Erhöhung der Qualifikation der Mitarbeiter durch Fortbildungsmaßnahmen ermöglicht die Verbesserung der Behandlungsqualität. Eine Verbesserung der Behandlungsqualität, verbunden mit weiteren einweiser- und patientenbezogenen Maßnahmen führt zu einer höheren Einweiserzufriedenheit. Eine Erhöhung der Einweiserzufriedenheit führt bei entsprechend vorhandenem Einweisungspotenzial wahrscheinlich zu erhöhten Zuweisungen, durch die die Belegung und somit auch der Umsatz steigen. Ergänzt durch Maßnahmen im Bereich der Finanzperspektive wird eine zusätzliche Verbesserung des ROI angestrebt.

Perspektive	Strategisches Ziel		Kennzahl	Zielwert	Istwert	Abw. (Ist-Ziel)	Maßnahmen	Kernfragen der Balanced Scorecard	Vision (Beispiel)
Finanzen	ROI-Umsatzsteigerung (ROI > Umsatz)	Richtung und Limit für andere Perspektiven	ROI	7,50 %	5,95 %	-1,55 %	**Maßnahmen zur ROI-Erhöhung:** Reduzierung der Herstellungskosten und Abbau der Forderungen	Was müssen wir unternehmen, damit die finanziellen Erwartungen unserer Eigentümer erreicht werden?	"Im Mittelpunkt unserer Philosophie steht der Mensch: Egal ob Patient, Mitarbeiter oder Gesellschaft, wir haben eine soziale Verantwortung, der wir gerecht werden wollen." (Asklepios, Geschäftsbericht 2011)
			Umsatz	1,00 %	2,10 %	1,10 %			
Kunden	Erhöhung der Einweiserzufriedenheit		Anzahl Ärztefortbildungen mit KV-Punkten	12	10	-2	Verbesserung der ärztlichen Kommunikation	Wie müssen wir uns gegenüber Kunden verhalten, um unsere Unternehmensziele zu erreichen?	
			Werbemaßnahmen (Öffentlichkeitsarbeit)	52	55	7	Beziehungsmarketing und Werbemaßnahmen		
			Anzahl Aufklärungsmaßnahmen	52	45	-7	Reduzierung von Unsicherheit		
			Arztbrief: Absendung an den Einweiser nach Tagen (Durchschnitt)	7	10	-3	Ausrichtung auf den Einweisernutzen		
Prozesse	Verbesserung der Behandlungsqualität		Durchschnittliche Anzahl von Visiten/Wo	2	1,5	-0,5	Verbesserung der Dienstleistungsprogramme in Qualität und Umfang	Wie können wir unsere Management-, Kern- und Unterstützungsprozess zur Zufriedenheit unserer Eigentümer und Kunden optimieren?	
			Anzahl Therapien/Patient/Wo	4	5	1			
			Anzahl durchgeführter Assesments durch Case Management/Wo	40	45	5	Einführung Case Management		
			Anzahl nicht erledigter Beschwerden innerhalb von 5 Tagen	< 5 %	7 %	-2 %	Einführung Beschwerdemanagement		
Lernen und Entwicklung	Erhöhung der Mitarbeiterqualifikation durch Fortbildungen		durchschnittliches Fortbildungsniveau	0,75	0,80	0,05	Erstellung von Fortbildungsniveaus je Mitarbeiter auf der Basis Fortbildungspunkte durchgeführter qualifizierter Fortbildungen (nicht fortgebildet = 0, maximal fortgebildet = 1) Aufstellung, Abstimmung und Umsetzung eines Fortbildungsprogramms	Wie müssen wir Potenziale entwickeln, mit denen die Visionen und Strategien der unternehmerischen Zielsetzung erreicht werden?	

Beispiel Balanced Scorecard.

Anmerkung: aus dem Asklepios-Geschäftsbericht 2011 wurde nur die Philosophie als mögliche Vision eines Balanced Scorecard Systems entnommen. Bei den oben abgebildeten Zahlen und dem Balanced Scorecard Konzept handelt es sich um Beispieldaten, die nicht dem Geschäftsbericht von Asklepios entstammen.

1.7 Anwenden von Organisationstechniken

Organisationen sind das charakteristische Merkmal moderner Gesellschaften. Viele Organisationen können durch gezieltes kooperatives Zusammenwirken komplexe Aufgaben lösen, die Menschen allein nicht bewältigen können. Durch ihren ordnungsbildenden, strukturierenden und lenkenden Charakter beeinflussen Organisationen das Verhalten von Personen (vgl. *Weibler 2009*). Organisation stellt eine elementare Führungsaufgabe mit Auswirkungen auf die Unternehmens-, Strategie- und Organisationsentwicklung sowie auf das Innovationsmanagement und das Management von Veränderungsprozessen dar. Nachfolgend wird Organisation als Teil des Prozesses der Unternehmensführung dargestellt. Dargestellt werden außerdem verschiedene Organisationsmodelle, das Effizienzdefizit, die Koordinationsleistung, die Bedeutungen und die wesentlichen Aufgaben von Organisation und die ökonomischen Prinzipien als Grundlage von Organisationsentscheidungen. Nach der Darstellung von Regelungsinhalten der Aufbauorganisation werden die Begriffe Tiefe und Breite von Aufbauorganisationen sowie Leitungsspanne erläutert und das Analyse-Synthese-Konzept als Methode organisatorischen Vorgehens vorgestellt. Daran schließt sich die Darstellung von Leitungssystemen, Projektorganisationen, der Ablauforganisation und Managementtechniken an. Im Rahmen von Wissensmanagement und Informationsmanagement werden in Organisationen Kenntnisse, Fertigkeiten und Fähigkeiten gefördert und durch Informationswege- und Kommunikationssysteme werden Daten, Informationen und Wissen in Organisationen gesteuert.

1.7.1 Organisation und Organisationsmodelle darstellen

01. Nennen Sie die Grundelemente der Organisation.

Organisation unterscheidet vier Grundelemente:

- Personen (Organisation richtet sich in allen Aspekten auf menschliches Verhalten. Menschen schaffen Organisationgebilde und wirken darin)
- Ressourcen (Es handelt sich um alle Faktoren, die der Organisation unmittelbar oder potenziell zur Verfügung stehen. Dazu gehören auch Wissensbestände, Fähigkeiten und Kompetenzen.)
- Strukturen (Strukturen schaffen eine Ordnung und steuern Verhalten, setzen Personen, Handlungen und Ressourcen in Beziehung, sind vorübergehend stabil und einem kontinuierlichem Wandel unterworfen)
- Ziele (Organisationen werden gebildet, um Ziele zu erreichen. Durch Ziele werden Personen beeinflusst und in ihrem Verhalten gesteuert.)

Durch die Kombination der Elemente wird organisiert (Prozess) und das Gebilde Organisation konstituiert (Ergebnis). Dieses Gebilde grenzt sich von der Umwelt ab. Die Integration der Grundelemente erfordert Anweisung (Leitung) und Abstimmung (Koordination) in verschiedenen Prozessschritten. Es handelt sich hierbei um Managementaufgaben und Managementprozesse (vgl. *Weibler 2009*).

02. Wie kann Organisation in den Prozess der Unternehmensführung eingeordnet werden?

Der Prozess Unternehmensführung besteht aus der zielorientierten Planung (Alternativenbewertung), der Auswahl der optimalen Alternative (Entscheidungsfindung), der Ausführung (Umsetzung der optimalen Alternative) und der Kontrolle (Vergleich geplanter und Ist-Zustand). Organisation betrifft die Ausführung.

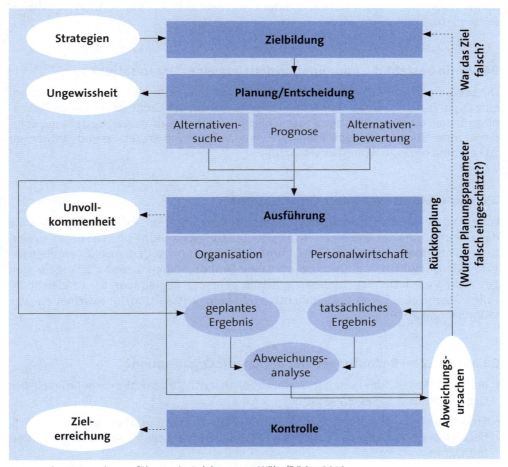

Prozess der Unternehmensführung, in Anlehnung an *Wöhe/Döring 2010*

03. Erklären Sie das Effizienzdefizit der Organisation und Möglichkeiten der Gegensteuerung.

Die Idealvorstellung der Planung ist die Einhaltung des ökonomischen Prinzips auf allen Ausführungsebenen. Aufgrund ungenügender Informationen (Nichtwissen) und ungenügender Motivation (Nichtwollen) ist diese Idealvorstellung nicht erreichbar. Mit zunehmender Größe der Organisation vergrößert sich diese Herausforderung.

Koordination ist der Ansatz der Unternehmensleitung, ungenügenden Informationen entgegenzuwirken und durch Motivation sollen Anreize geschaffen werden, durch die sich die Mitarbeiter umfassend für die Zielerreichung einsetzen. Dadurch soll die Lücke (Effizienzdefizit) zwischen idealer Planung und unzureichender Ausführung größtmöglich geschlossen werden.

Während Maßnahmen zur Motivation der Mitarbeiter zu den Kernaufgaben des Personalmanagements gehört, steht Koordination im Zentrum der Organisation (vgl. *Wöhe/Döring 2010*).

04. Worin besteht die Koordinationsleistung einer Organisation?

Die Leistungen einer Organisation werden arbeitsteilig erbracht. Es handelt sich um eine Organisationsaufgabe des Managements, die mit der Größe der Organisation zunimmt. Weil die Planausführung menschliches Handeln voraussetzt, besteht die Koordinationsleistung der Organisation darin, eine Vielzahl von Prozessen und Mitarbeiter zu koordinieren (vgl. *Wöhe/Döring 2010*).

05. Was versteht man unter Organisation?

Unter Organisation werden die Maßnahmen der Organisationsleitung verstanden, die dazu führen, dass der komplexe Prozess der Leistungserstellung und Leistungsverwertung zu minimalen Effizienzdefiziten führt. Die Definition ist dem instrumentellen Organisationsbegriff zuzuordnen, bei dem eine Ordnung durch dauerhafte Regelungen geschaffen wird. Die Regelungen werden in generelle Regelungen für vergleichbare Fälle (Organisation) und Einzelfallentscheidungen (Disposition) unterschieden (vgl. *Wöhe/Döring 2010*).

06. Welche drei Bedeutungen hat der Begriff Organisation?

- Instrumenteller (funktionaler) Organisationsbegriff (Organisation als Tätigkeit des Organisierens, z. B. Regeln schaffen)
- Struktureller Organisationsbegriff (Organisation als Ergebnis des Organisierens, z. B. beschriebene Ablauforganisation mit feststehenden Regeln, Aufbauorganisation mit Organigramm)
- Institutioneller Organisationsbegriff (Beschreibung der Organisation als Institution, z. B. Unternehmen, Partei, Kirche).

Ziel der Organisationsgestaltung ist es, eine passende Organisation durch Organisationsveränderung oder -erhaltung zu finden. Sowohl Über- als auch Unterorganisation sollten vermieden werden (vgl. *Siebenbrock 2014*).

07. Woran orientiert sich der Aufbau einer Organisation und welche zwei Hauptaufgaben sollen erfüllt werden?

Der Aufbau einer Organisation orientiert sich an den Unternehmenszielen und den ökonomischen Prinzipien. Hauptaufgaben sind die Schaffung einer Ordnung und die Entlastung der Unternehmensleitung von Routinearbeiten (vgl. *Wöhe/Döring 2010*).

08. Welchen Einfluss hat das Leistungsprogramm auf die Organisation?

Das Leistungsprogramm einer Organisation hat entscheidenden Einfluss sowohl auf die Aufbauorganisation und die einzusetzenden Betriebsmittel, als auch auf die Ablauforganisation. Aufbau- und Ablauforganisation treten fast immer gemeinsam in Erscheinung, allerdings mit unterschiedlichen Anteilen (vgl. *Siebenbrock 2014*). Die Aufbauorganisation betrachtet Organisationszusammenhänge statisch, die Ablauforganisation dynamisch (vgl. *Wöhe/Döring 2010*).

09. Erläutern Sie die ökonomischen Prinzipien.

Wirtschaftssubjekte, z. B. Haushalte und Unternehmen oder andere Organisationen, handeln nach dem Rationalprinzip. Rational ist eine Handlung, wenn eine Wahl zwischen zwei oder mehreren Alternativen besteht und sich das Wirtschaftssubjekt für die beste Alternative entscheidet.

Die Anwendung der ökonomischen Prinzipien liegt in der Güterknappheit (Produkte und Dienstleistungen) begründet, die sowohl bei der Herstellung von Gütern (Produktionseinsatz), als auch bei der Ausbringungsmenge (Produktionsergebnis) besteht. Die ökonomischen Prinzipien fordern die Optimierung des Verhältnisses von Produktionsergebnis (Output, Ertrag) und Produktionseinsatz (Input, Aufwand) und werden auch als Wirtschaftlichkeitsprinzip bezeichnet. Es gibt drei Ausprägungen:

- Maximumprinzip (mit gegebenem Input/Aufwand einen größtmöglichen Output/Ertrag erwirtschaften)
- Minimumprinzip (einen gegebenen Output/Ertrag mit geringstmöglichem Input/Aufwand erwirtschaften)
- Optimumprinzip (ein möglichst günstiges Verhältnis zwischen Output/Ertrag und Input/Aufwand erwirtschaften, d. h. den Gewinn maximieren).

Der Ertrag ergibt sich aus der Outputmenge, multipliziert mit dem Güterpreis, der Aufwand ergibt sich aus der Inputmenge, multipliziert mit dem Faktorpreis. Der Ertrag abzüglich des Aufwands spiegelt den Erfolg der Organisation wider. Nach ökonomischen Kriterien müssen alle Organisationsentscheidungen nach den ökonomischen Prinzipien erfolgen. Langfristige Gewinnmaximierung ist das oberste Formalziel in der traditionellen Betriebswirtschaftslehre und betrifft alle gewinnorientierten Unternehmen (vgl. *Wöhe/Döring 2010*). Durch das Ziel der Gewinnmaximierung können gewinnorientierte Unternehmen von anderen, nichtgewinnorientierten Organisationen unterschieden werden, wie z. B. gemeinnützige Organisationen und Unternehmen, Vereine, politische Parteien, Kirchen und Staaten (vgl. *Siebenbrock 2014*).

10. Erläutern Sie die Regelungsinhalte der Aufbauorganisation, den notwendigen Aspekt aufbauorganisatorischer Koordination sowie hierarchische Tiefe, Breite und Leitungsspanne.

Durch die Aufbauorganisation werden die Beziehungen zwischen Personen, Abteilungen und Betriebsmitteln langfristig geregelt. Die aufbauorganisatorische Koordination zeigt in der Horizontalen die Unterscheidung gleichrangiger Aufgaben und in der Vertikalen die Unterscheidung von Leitungs- und Ausführungsaufgaben. Notwendiger Aspekt der aufbauorganisatorischen Koordination ist die Ausgestaltung der Stelleninhaber mit Kompetenz.

Zu unterscheiden sind sachbezogene Kompetenzen (erforderlich für sachbezogene Entscheidungen) und leitungsbezogene Kompetenzen (umfassen Entscheidungsbefugnisse, die über sachbezogene Entscheidungen der einzelnen Mitarbeiter hinausgehen sowie Weisungs-, Kontroll- und Sanktionsbefugnisse gegenüber Mitarbeitern). Um Aufgaben erfüllen zu können, benötigt der Stelleninhaber Kompetenzen im Sinne von „Können" und „Dürfen". Hierarchien werden durch Breite (Anzahl der Mitarbeiter in der untersten Hierarchiestufe) und Tiefe (Leitungsstufen) gekennzeichnet. Aus der Leitungsspanne (Führungsspanne) kann man erkennen, wie viele Mitarbeiter von wie vielen Vorgesetzten geleitet werden.

Flache Hierarchien (tendenziell größere Flexibilität, schnellere Kommunikation, weniger Bürokratie, aber Überforderungstendenzen) haben im Gegensatz zu tiefen Hierarchien große Leitungsspannen. Änderungen der Aufbauorganisation werden als Restrukturierung bezeichnet (vgl. *Wöhe/Döring 2010* und *Siebenbrock 2014*).

11. Nennen Sie die Schritte, die im Rahmen des Analyse-Synthese-Konzeptes zur Bildung einer Aufbauorganisation erforderlich sind.

Die Gesamtaufgabe eines Unternehmens ergibt sich aus den Unternehmenszielen und wird im Rahmen einer Aufgabenanalyse in Elementaraufgaben zerlegt. Während eine verrichtungsorientierte Aufgabenanalyse (Beschaffung, Produktion, Absatz) zu einer funktionalen Organisationsstruktur führt, führt eine objektorientierte Aufgabenanalyse (Produkte, Dienstleistungen, Regionen, Kundenorientierung: z. B. Firmen- und Privatkunden, diese wiederum unterteilt in Groß- und Massenkunden) zu einer divisionalen Organisationsstruktur (Spartenorganisation).

Die Elementaraufgaben werden durch Aufgabensynthese grundsätzlich sachbezogen und unter Beachtung der ökonomischen Prinzipien zu Stellen zusammengefügt. Eine personenbezogene Stellenbildung sollte auf Ausnahmefälle beschränkt werden. Durch die Arbeitsteilung sollen Rationalisierungseffekte erreicht werden. Die Stelle ist die kleinste organisatorische Einheit und ist unabhängig von der personalwirtschaftlichen Besetzung. Bei Stellen kann es sich einerseits um ausführende Stellen und Leitungsstellen handeln und andererseits um Linien-, Stabs- und Zentralstellen. Ausführende Stellen befinden sich auf der untersten Hierarchiestufe ohne Weisungsrecht. Leitungsstellen verfügen über Weisungsrechte gegenüber nachgeordneten Stellen und werden auch als Instanzen bezeichnet. Linienstellen sind innerhalb der Hierarchie im Instanzenweg eingebunden. Stabsstellen sollen die Unternehmensleitung und andere Abteilungen von bestimmten Aufgaben entlasten und Entscheidungen vorbereiten, sind überwiegend der obersten Hierarchieebene zugeordnet und verfügen über Spezialwissen (z. B. Pressesprecher, Marktforschung, Projekte). Das Weisungsrecht verbleibt in der vorgesetzten Instanz und geht nicht auf die Stabsstelle über. Zentralstellen werden gebildet, um gleichartige Aufgaben der Organisationseinheiten an einer Stelle im Unternehmen zusammenzufassen (Personalabteilung, Rechtsabteilung, EDV-Abteilung, Finanz- und Rechnungswesen). Zentralstellen besitzen fachliche Weisungsrechte. Stabs- und Zentralstellen werden aufgrund von Effektivitäts- und Effizienzzielen gebildet.

Durch Zusammenfassung gleichartiger Stellen werden Abteilungen gebildet, die zueinander in einem Über- und Unterordnungsverhältnis stehen (Hierarchie). Das Leitungssystem beantwortet die Frage, nach welchen Kriterien die Abteilungsbildung erfolgt, und wie die Abteilungsaufgaben zwischen den Abteilungen und durch die Unternehmensleitung koordiniert werden.

Organigramm, Funktionsdiagramm und Stellenbeschreibungen fassen die Bildung der Aufbauorganisation zusammen. Das Organigramm ist der grafische Organisationsplan der Organisation, in dem die Organisationseinheiten (Rechtecke, Kreise) sowie die Kommunikations- und Unterstellungsverhältnisse (Linien) abgebildet sind. Im Funktionsdiagramm sind die Hauptaufgaben nach Organisationseinheiten dargestellt und die Stellenbeschreibungen umfassen die Aufgaben, Kompetenzen, hierarchische Zuordnung und Anforderungsprofil der einzelnen Stellen (vgl. *Wöhe/Döring 2010*).

12. Durch welche Leitungssysteme werden Organisationseinheiten im Rahmen der Aufbauorganisation vernetzt?

Die Frage der Vernetzung von Organisationseinheiten in einer Organisation und die Klärung, ob es sich um eine funktionale oder divisionale Organisation handelt, kann durch folgende Leitungssysteme beantwortet werden:

- Einliniensystem
- Mehrliniensystem
- Stabliniensystem
- Spartenorganisation
- Matrixorganisation.

13. Skizzieren Sie die Merkmale des Einliniensystems.

In einem Einliniensystem ist die Unterstellung eindeutig. Eine Stelle ist einer Instanz unterstellt. Vorteil ist die eindeutig abgegrenzte Weisungskompetenz, Nachteil sind die langen Kommunikationswege.

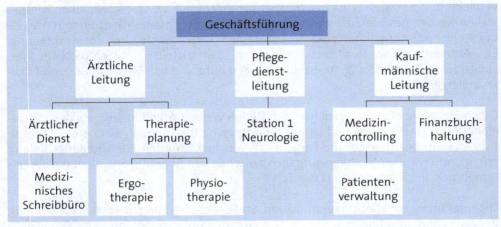

Einliniensystem

14. Skizzieren Sie die Merkmale des Mehrliniensystems.

In einem Mehrliniensystem ist die Unterstellung nicht eindeutig. Eine Stelle ist mehreren Instanzen unterstellt. Das Mehrliniensystem verfügt über kürzere Kommunikationswege, was gegenüber dem Einliniensystem von Vorteil ist. Allerdings ist die Weisungskompetenz in den Fällen der Mehrfachzuordnung zu Instanzen nicht eindeutig, was die Gefahr von Konflikten auf der Leitungsebene und der Verunsicherung auf der Ausführungsebene mit sich bringt.

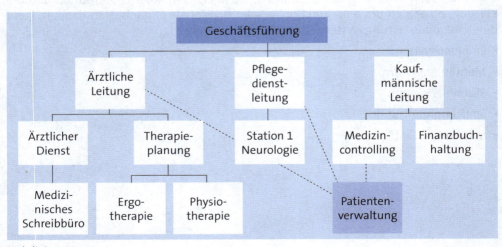

Mehrliniensystem

15. Skizzieren Sie die Merkmale des Stabliniensystems.

Durch Unternehmenswachstum erhöhen sich die Leitungsspanne und eventuell auch die Leitungstiefe. Als Folge wird personale Führung schwieriger und Entscheidungswege länger. Durch die Bildung von Stabs- und Zentralstellen kann dieser Entwicklung entgegengewirkt werden. Durch die Stablinienorganisation kann die Organisation verschlankt werden. Nachteilhaft ist bei funktionaler Organisationsstruktur, dass bei stärkerem Wettbewerb eine intensivere Produkt- oder Kundenorientierung erforderlich ist, auf die die Stablinienorganisation nicht vorbereitet ist, und dass das Stabliniensystem als zentralistisches Liniensystem eine Abstimmung auf gleicher Ebene erschwert. Lösungen können im ersten Fall eine Spartenorganisation und im letzteren Fall eine Matrixorganisation anbieten.

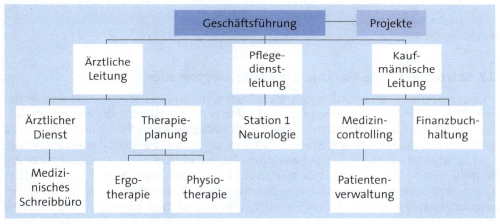

Stabliniensystem

16. Skizzieren Sie die Merkmale der Spartenorganisation.

Eine Spartenorganisation ist nach Sparten oder Divisionen gegliedert. Vorteilhaft ist eine Spartenorganisation für Unternehmen mit sehr unterschiedlichen Produkten, Regionen und Kundengruppen mit stark differierenden Anforderungen. Die Spartenorganisation eignet sich zur Dezentralisierung, indem einzelne Sparten als Profitcenter geführt werden. Profitcenter besitzen Ergebnisverantwortung, haben weitest gehende Dispositionsfreiheit und werden als eigenständiger operativer Ergebnisbereich im Gesamtunternehmen geführt. Die Unternehmensstrategien der Profitcenter verbleiben in der Verantwortung der Unternehmensleitung. Die Bildung von Stabs- und Zentralstellen ist in Spartenorganisationen ebenfalls möglich. Nachteilhaft können sich organisatorische Lösungen auswirken, die dazu führen, dass aufgrund von Dezentralisierungen Zentralstellen nicht gebildet werden und mehrere dezentrale Organisationseinheiten mit gleichem Aufgabeninhalt gebildet werden (z. B. Beschaffung, Marketing).

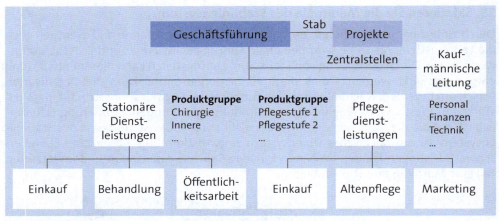

Spartenorganisation

17. Skizzieren Sie die Merkmale der Matrixorganisation.

Matrixorganisationen enthalten als Mehrliniensystem einerseits die Produktorientierung der Spartenorganisationen und andererseits die funktionale Organisationsstruktur, um Beschaffungs-, Produktions- und Vertriebsaktivitäten effektiv und effizient zu gestalten. Es handelt sich um eine Hybridorganisation, weil sie vertikal eine funktionale und horizontal eine divisionale Organisationsstruktur enthält. In der Matrixorganisation bestehen die Aufgaben einer Stelle aus der Aufgabenschnittmenge der Sparten und der Funktionen. An diesen Schnittpunkten kann es zu Konflikten zwischen dem Produktverantwortlichen (Sparte) und dem Funktionsverantwortlichen kommen. Möglichkeiten zur Konfliktlösung sind entweder Einzelfallentscheidungen oder generelle Regelungen bei denen beispielsweise der Produktmanager entscheidet was wann am Markt verfügbar sein soll und der Funktionsmanager entscheidet, wie die Leistungserstellung erfolgt. Das Weisungsrecht hat jeder der beiden Manager nur über seine eigenen Mitarbeiter.

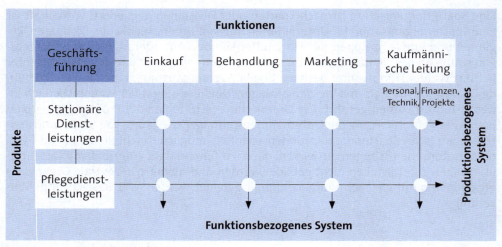

Matrixorganisation, vgl. *Wöhe/Döring 2010*

18. Nennen Sie Möglichkeiten der Projektorganisation und stellen Sie den Unterschied zur Aufbauorganisation dar.

Die Aufbauorganisation wird gebildet, um ständig wiederkehrende Aufgaben, Entscheidungen und Kontrollen effektiv und effizient zu lösen. Projektorganisationen sollen komplexe Aufgaben unter Beachtung der ökonomischen Prinzipien lösen, die für das Unternehmen neu sind, in der Regel nur einmal vorkommen und von strategischer und/oder operativer Wichtigkeit sind (z. B. Umstellung auf neue Psychiatrieentgelte, Einführung eines neuen Krankenhausinformationssystems, Einführung eines Einweiserbeziehungsmanagements, Diversity-Ausrichtung, Betriebsübernahmen, Outsourcing/Insourcing von Aufgaben).

Mögliche Projektorganisationen sind:

- Kollegienlösung: Die Leiter der betroffenen Organisationseinheiten stimmen sich über die in den Organisationseinheiten auszuführenden und über die gemeinsamen übergreifenden Tätigkeiten ab und regeln die Umsetzung.
- Stabsstelle: Der Projektleiter ist der Stabsstelle zugeordnet und für die Projektplanung verantwortlich. Die betroffenen Organisationseinheiten setzen den Plan entsprechend der Entscheidung der Unternehmensleitung um.
- Matrixlösung auf Zeit: Als Spartenleiter agiert der Projektleiter wie ein Produktmanager und stimmt sich mit den Funktionsbereichen ab.
- Selbstständige Organisationseinheit auf Zeit: Der Projektleiter ist einer temporären Organisationseinheit zugeordnet, plant das Projekt, ist für die Umsetzung verantwortlich und verfügt über ein Projektteam (vgl. *Wöhe/Döring 2010*).

19. Erläutern Sie den Begriff und die Aufgaben der Ablauforganisation.

Die Ablauforganisation wird auf der Grundlage der Aufbauorganisation durch kurz- bis mittelfristige Entscheidungen der mittleren und unteren Führungsebene strukturiert, indem Arbeitsprozesse unter Beachtung der ökonomischen Prinzipien im Zeitablauf optimal gestaltet werden. Sie ist Gegenstand der operativen Planung und muss sich an den Unternehmenszielen orientieren (z. B. gewinnorientierte Unternehmen am Ziel der Gewinnmaximierung). Jeder Stelleninhaber soll die ihm gestellte Aufgabe an einem bestimmten Ort, zu einer bestimmten Zeit und mithilfe eines bestimmten Betriebsmittels erfüllen. Gestaltet werden die räumliche Anordnung der Betriebsmittel und die zeitliche Abfolge der Verrichtungen (vgl. *Wöhe/Döring 2010*).

Während die Aufbauorganisation festlegt, wer für welche Aufgaben verantwortlich ist, setzt die Ablauforganisation (= Prozessstrukturierung) verbindliche Regeln, wie die Aufgaben durchzuführen sind und wer an der Aufgabenerfüllung wie beteiligt ist. Wiederholt auftretende Prozesse sollen geplant und gleichartig ablaufen, um eine Standardisierung der Abläufe und eine Routinisierung des Verhaltens der Mitarbeiter zu erreichen. Ziel ist es, die Prozesse sicherer und effizienter zu gestalten.

Durch Ablauforganisation kann entweder ein allgemeiner Handlungsrahmen vorgeben werden, der die Art und Weise der Aufgabendurchführung dem jeweiligen Mitarbeiter überlässt oder Abläufe bis ins Detail geregelt werden, so dass die Mitarbeiter kaum Entscheidungs- und Gestaltungsmöglichkeiten haben. Vorteile von Standardisierungen sind Arbeitsvereinfachungen, Produktivitätssteigerungen, höhere Transparenz, bessere Planbarkeit von Tätigkeiten, einfacherer Dokumentation, sicherere Entscheidungen und verbesserte Kontrollmöglichkeiten. Nachteile sind verminderte Anpassungsfähigkeit an die Umwelt, Vernachlässigung nicht standardisierbarer Aufgaben sowie Reduzierung der Mitarbeitermotivation und Initiative (vgl. *Siebenbrock 2014*).

20. Nennen Sie die vier wichtigsten Managementtechniken (Management-by-Konzepte).

In gewinnorientierten Unternehmen orientiert sich unternehmerisches Handeln am Ziel der Gewinnmaximierung und ist ein arbeitsteiliger Prozess. Durch die Delegation von operativen Aufgaben auf die Mitarbeiter soll die Managementkapazität geschont und die Handlungsmotivation der Mitarbeiter zur Erreichung der Unternehmensziele erhöht werden. Es handelt sich um eine komplexe Organisationsaufgabe, für deren Bewältigung unterschiedliche Managementtechniken entwickelt wurden:

- **Management by Exception** (Führung durch Abweichungsanalyse und Eingreifen in Ausnahmefällen)
- **Management by Delegation** (Führung durch Delegation von Aufgaben)
- **Management by Objectives** (Führung durch Zielvereinbarung)
- **Management by System** (Führung durch ein EDV-Planungs-, Kontroll- und Informationssystem); (vgl. *Wöhe/Döring 2010*).

1.7.2 Wissensmanagement und Informationsmanagement

Organisationen im Sozial- und Gesundheitswesen sind Expertenorganisationen mit Mitarbeitern, die lange Ausbildungszeiten und regelmäßige Fortbildungen absolviert haben (z. B. Ärzte, Apotheker, Psychologen, Fachpfleger, Arzthelfer, Spezialtherapeuten, Verwaltungsfachleute, Medizintechniker, Brandschutzbeauftragter, Datenschutzbeauftragter, Fachkraft für Arbeitssicherheit, Hygienefachkräfte usw.). Zusätzlich hat sich bei den Mitarbeitern viel Wissen über organisationsspezifische Festlegungen angesammelt und sie haben umfangreiche Organisationserfahrungen gemacht sowie Beziehungen innerhalb und außerhalb der Organisation geknüpft. Dieses Wissen, die Fähigkeiten, Erfahrungen und Beziehungen stellen einen wesentlichen Teil des Organisationswissens dar und sichern die Leistungsfähigkeit und Qualität der Organisation. Gleichzeitig entsteht für die Organisation ein Risiko, sofern dieses Wissen ausschließlich bei einzelnen Mitarbeitern verbleibt und nicht für die Organisation nutzbar gemacht werden kann (vgl. *Haeske-Seeberg 2008*).

1.7.2.1 Kenntnisse, Fertigkeiten und Fähigkeiten in Organisationen fördern

01. Welchen Einfluss hat das Lernen im Hinblick auf Veränderungen und wie können Führungskräften eine positive Ausgangslage für Lernen schaffen?

Durch Lernen können bestehende Denk- und Handlungsmuster revidiert werden. Es besteht die Möglichkeit für die Organisationsmitglieder, sich an Veränderungen anzupassen und neue Fähigkeiten zu entwickeln.

Führungskräfte können Hindernisse und Barrieren, die das Lernen behindern, abbauen und für eine lernfreundliche Atmosphäre sorgen. Fehler sollten in diesem Zusammenhang toleriert und Lernende ermutigt werden (vgl. *Weibler 2009*).

02. Was versteht man unter Wissensmanagement?

Wissensmanagement ist ein Konzept, das das Wissen in den Mittelpunkt stellt. Es wird davon ausgegangen, dass Wissen ständig neu geschaffen wird und auch geschaffen werden muss, um damit die Überlebensfähigkeit der Organisation zu sichern (vgl. *Siebenbrock 2014*).

03. Unterscheiden Sie implizites und explizites Wissen.

Implizites Wissen geht in die Produkte und Dienstleistungen einer Organisation ein, weil der Mitarbeiter genau weiß, was zu veranlassen ist, ohne dass er es artikulieren kann. Dieses Wissen liegt ausschließlich beim Mitarbeiter vor und die Organisation kann nur solange davon profitieren, solange der Mitarbeiter in der Organisation verbleibt. Ziel der Organisation ist es, explizites Wissen zu schaffen. Das Wissen eines Mitarbeiters soll auf andere Mitarbeiter der Organisation übertragen werden. Methoden hierfür sind die Sprache (Internalisierung) oder Beobachtung und Nachahmung (Externalisierung); (vgl. *Siebenbrock 2014*).

04. Wie entsteht neues Wissen?

Neues Wissen entsteht, wenn implizites Wissen durch Übertragung auf andere Mitarbeiter zu explizitem Wissen wird, und diese Mitarbeiter sich aufgrund des erworbenen Wissens eigene Gedanken machen. Diese eigenen Gedanken stellen wiederum implizites Wissen dar, welches auf die anderen Mitarbeiter der Organisation übertragen werden muss und dadurch neues explizites Wissen entsteht. So führt der Gedanken- und Wissensaustausch sukzessive zu einem Anstieg des expliziten Wissens (vgl. *Siebenbrock 2014*).

05. Welche Voraussetzungen muss die Organisation schaffen, um Mitarbeiter zum Wissensaustausch zu motivieren?

Organisationen müssen ein Arbeitsklima schaffen, das zum Austausch von Wissen einlädt. Mitarbeiter müssen einen Nutzen für die Weitergabe ihres Wissens haben, z. B. leicht auswertbare Datenbanken und gut strukturierte elektronische Archive für den eigenen Informationsbedarf, einfache Möglichkeiten des Wissenstransfers in die Datenbank, Intranet-Technologien zum Austausch von Wissen sowie inner- und außerbetriebliche Foren. Außerdem sollten Anreizsysteme geschaffen werden, sodass Mitarbeiter keinen Vorteil davon haben, Wissen zurückzuhalten („Wissen ist Macht-Strategie"). Anreize können beispielsweise Prämien für eine bestimmte Menge qualifizierten Wissens darstellen, die der Organisation elektronisch zur Verfügung gestellt werden (vgl. *Siebenbrock 2014*).

1.7.2.2 Daten, Informationen und Wissen in Organisationen steuern

01. Was versteht man unter Informationen und welche Bedeutung haben sie für Organisationen?

Informationen sind zweckorientiertes, personen- und arbeitsplatzbezogenes Wissen, das gezielt beschafft, verwertet oder umgestaltet werden kann und hat für Organisationen die gleiche Bedeutung erlangt wie die klassischen Produktionsfaktoren. Mit Informationen kann Verhalten gesteuert werden (vgl. *Weibler 2009*).

02. Nennen Sie die besondere Herausforderung einer effizienten Nutzung von Informationen.

Die besondere unternehmerische Herausforderung besteht darin, dass die effiziente Nutzung von Informationen (Informationswirtschaft) nicht selbstverständlich ist. Die Weitergabe von Informationen zwischen Organisationsmitgliedern oder Organisationseinheiten ist oftmals problematisch. Eine Möglichkeit, die Qualität der Informationsaufnahme, -speicherung und -verarbeitung zu steigern, besteht im Einsatz von Informationssystemen. Es ist aber nicht möglich, alle Sinne und Wahrnehmungen zu erfassen (Kanalreduktion), wodurch die Gefahr von Informationsverlusten und Missverständnissen erhöht wird (vgl. *Weibler 2009*).

03. Was versteht man unter Kommunikation und welche Bedeutung hat Kommunikation für Organisationen?

Kommunikation ist das Instrument, durch das sich Menschen gegenseitig wahrnehmen. Möglichkeiten kommunikativen Austausches sind Sprache (verbal), Gestik und Mimik (nonverbal), direkte oder indirekte (medial vermittelt) Kommunikation, Botschaften, Gefühle und Absichten. Es handelt sich bei Kommunikation um die Bedeutungsvermittlung zwischen Menschen. Kommunikationsprozesse sind relational, weil ein Sender (Kommunikator) mit einem Empfänger (Aufnehmer) zu einem bestimmten Zeitpunkt verbunden ist. Kommunikation wirkt direkt auf das Verhalten Anderer und löst unmittelbar eine Rückkopplung aus.

Für das Funktionieren und die Effektivität von Organisationen ist Kommunikation unverzichtbar. Kommunikation ist die Basis einer Organisation, ohne die sie weder nach innen noch nach außen erfolgreich operieren kann. Organisationsstrukturen mit ihren Abläufen und Regeln werden ständig durch Kommunikation interpretiert, infrage gestellt und als Folge stabilisiert oder verändert (vgl. *Weibler 2009*).

04. Erläutern Sie formelle und informelle Kommunikation.

Während formelle Kommunikation an eine Organisationsstruktur gebunden ist, entwickelt sich informelle Kommunikation ungebunden durch die sozialen Bedürfnisse der Organisationsmitglieder (vgl. *Weibler 2009*).

05. Was beeinflusst den Kommunikationsprozess zwischen Kommunikationspartnern?

Innere und äußere Einflüsse, die auf die Kommunikationspartner wirken, sowie deren soziales Verhältnis zueinander beeinflussen den Kommunikationsprozess. Außerdem hat die Position eines Mitarbeiters innerhalb der Organisation einen entscheidenden Einfluss darauf, wie Kommunikation wahrgenommen wird oder abläuft (vgl. *Weibler 2009*).

06. Welche Gefahr besteht bei Kommunikationsstörungen?

Kommunikationsstörungen und -barrieren führen zu (kollektivem) Fehlverhalten und können die Integration von Organisationsmitgliedern beeinträchtigen (vgl. *Weibler 2009*).

1.8 Steuern betrieblicher Veränderungsprozesse

Weil Organisationen nicht ausschließlich durch organisatorische Instrumente und Techniken regelbar sind (>> *Kapitel 1.7*), werden in diesem Kapitel mit der Organisationsentwicklung und dem Change Management zwei Methoden gezeigt, mit denen betriebliche Veränderungsprozesse gesteuert werden können (vgl. *Siebenbrock 2014*). Im Rahmen der Organisationsentwicklung werden Herausforderungen und veränderte Dynamik von Organisationen im Gesundheits- und Sozialwesen erfasst, Strategien der Organisationsentwicklung unterstützt und Prozesse der Organisationsentwicklung gesteuert.

1.8.1 Organisationsentwicklung

01. Mit welcher grundlegenden Frage beschäftigt sich die Organisationsentwicklung?

Die Organisationsentwicklung beschäftigt sich mit den zu erstellenden Rahmenbedingungen, die erforderlich sind, damit die Mitarbeiter ihr Leistungspotenzial entsprechend den unternehmerischen Zielsetzungen effektiv und effizient einbringen können. Ziel ist die nachhaltige Erfolgssteigerung der Organisation (vgl. *Siebenbrock 2014*).

02. Erläutern Sie den angestrebten Kompromiss, der durch Organisationsentwicklung erreicht werden soll.

Ausgangslage der Organisationsentwicklung ist ein betrieblicher Prozess, der aus Sicht des Unternehmens nicht optimal gestaltet ist oder durch den nicht die gewünschten Ergebnisse erreicht werden. Die Vorgehensweise ist problemorientiert. Es soll ein Kompromiss zwischen der Problemsicht und den unterschiedlichen Lösungsmöglichkeiten erreicht werden, die sich aus der praktischen Erprobung ergeben (vgl. *Siebenbrock 2014*).

1.8.1.1 Herausforderungen und veränderte Dynamik von Organisationen im Gesundheits- und Sozialwesen erfassen

01. Nennen Sie Beispiele, die zu komplexen Veränderungen für Unternehmen und Einrichtungen im Gesundheits- und Sozialwesen führen können und betriebliche Handlungsmöglichkeiten.

Das Gesundheits- und Sozialwesen steht vor der Herausforderung, regelmäßig komplexe Veränderungen bewältigen zu müssen. Beispiele sind

- politische Reformen
- zunehmender Wettbewerb
- Fachkräftemangel
- Auswirkungen der Demografie.

Betriebe und Einrichtungen müssen sich den dynamischen Veränderungen der Umweltbedingungen durch kontinuierliche Anpassung der betrieblichen Prozesse stellen, um die eigene Stabilität und Wettbewerbsfähigkeit zu erhalten (vgl. *Siebenbrock 2014*). Im Rahmen komplexer Zusammenhänge müssen strategische und operative Handlungsmöglichkeiten entwickelt werden (>> *Kapitel 1.5.3*), Aufbau- und Ablauforganisationen angepasst werden (>> *Kapitel 2.2.1*), die Unternehmenskultur und Grundsätze der Führung unter Beteiligung der Mitarbeiter gestaltet werden (>> *Kapitel 5.4.3*) und Personalentwicklungsmaßnahmen wie beispielsweise die Laufbahnplanung festgelegt werden (>> *Kapitel 5.5.4.2*).

02. Was ist im Rahmen der veränderten Dynamik von Organisationen im Gesundheits- und Sozialwesens bezüglich ihrer Organisationskulturen zu beachten?

Dynamische Veränderungen der Umwelt führen in der Regel zu komplexen Anpassungsnotwendigkeiten in Organisationen, durch die sich praktisch alle modernen Organisationen gleichzeitig im Spannungsfeld zwischen Innen- und Außenorientierung und individueller und kollektiven Ausrichtung befinden. Es besteht eine wechselseitige Beziehung, in der Organisationen individuelles Handeln ermöglichen oder einschränken (Steuerung von Individuen) und durch individuelles Handeln die Organisationen bestätigt oder verändert werden (Gestaltung von Organisationen).

Organisationen müssen bei anstehenden Veränderungen neben der Nutzenorientierung und Zweckrationalität auch die Organisationskultur beachten, weil eine Organisation immer auch eine soziale und wertorientierte Kulturgemeinschaft ist, die sich an normativen Regeln und moralischen Vorstellungen der Gesellschaft orientiert. Dabei stehen sowohl die Landes- als auch die Branchenkultur über der Organisationskultur und beeinflussen diese.

In diesem Rahmen entwickelt jede Organisation eine eigene Organisationskultur, die das Leistungsverhalten der Organisationsmitglieder maßgeblich beeinflusst. Organisationskulturen sind in der Regel von starken Beharrungskräften und konservativen Einstellungen geprägt, stehen für gemeinsam geteilte Werte, (z. B. Handlungsnormen und/oder Überzeugungen), die sich nur schwer verändern lassen und wirken wie ein „ungeschriebener Verhaltenskodex".

Innerhalb einer Organisationskultur bilden sich Subkulturen, beispielsweise nach Berufsgruppen (Ärzte, Pflegekräfte, Therapeuten, Küchenmitarbeiter, Service- und Reinigungskräfte, Verwaltungsangestellte, Techniker), nach der Hierarchie (Geschäftsführer, Klinikleitung, Abteilungsleitung, Mitarbeiter, Betriebsrat), nach der Organisationsstruktur (Funktionale oder divisionale Abteilungsbildung, flache oder steile Hierarchieebenen, Konfiguration in Einlinien-, Mehrlinien-, oder Stabliniensystem) oder nach gleichen Erfahrungen.

Für die Organisationskultur können Subkulturen verstärkend (z. B. Vorleben von Werten durch Führungskräfte), neutral oder bedrohlich (z. B. eine Subkultur versteht sich als Gegenkultur) sein. Eine bedrohliche Subkultur kann von der Unternehmensleitung genutzt werden, wenn sie eine Neugestaltung der Organisationskultur anstrebt.

Organisationen mit einer suboptimalen schwachen Kultur haben gegenüber der Konkurrenz mit einer vergleichsweise optimalen starken Kultur einen Wettbewerbsnachteil, weil eine starke Organisationskultur einen geringeren Koordinationsbedarf, ein höheres Ziel- und Selbstverständnis sowie eine höheres Reaktionsvermögen auf Umwelteinflüsse und Veränderungsnotwendigkeiten hat.

Die Berücksichtigung der Organisationskultur bei Veränderungen ist notwendig, aber nur langfristig möglich. Der Wunsch auf kurzfristige Änderung der Organisationskultur ist unrealistisch. Die Organisationskultur gehört allen Organisationsmitgliedern und nicht nur dem Management, sodass Veränderungen an der Organisationskultur nur gemeinschaftlich und gleichberechtigt erfolgen können. Die kollektiven Werte- und Orientierungsmuster geben den Organisationsmitgliedern Sicherheit und Bindung.

Der besondere Wert der Organisationskultur liegt in der Vereinigung formaler und informaler Aspekte der Organisation. Die Wechselseitigkeit der Integration ergibt sich daraus, dass das Individuum aktiver Bestandteil der Organisationskultur ist und damit Mitgestalter und nicht nur passiver Empfänger von kollektiv verbindlichen Werten und Normen. Organisationskultur ist damit das Ergebnis sozialer Konstruktionen, in die sich die Organisationsmitglieder mit ihren individuellen Absichten, Bedürfnissen und Wünschen konstruktiv einbringen. Das betrifft sowohl die Mitarbeiter des Managements, als auch die Mitarbeiter aller anderen Berufsgruppen (vgl. *Weibler 2009*).

1.8.1.2 Strategien der Organisationsentwicklung unterstützen

01. Wie können Strategien der Organisationsentwicklung unterstützt werden?

Strategien der Organisationsentwicklung können durch entsprechende Führungsqualitäten (>> *Kapitel 5.4.3 ff.*) und Personalentwicklungsmaßnahmen (>> *Kapitel 5.5.4*) unterstützt werden. Zu den Führungsqualitäten gehören Führungsstile, Führungstechniken, Führungsinstrumente sowie Teamführung und Führungsgrundsätze im Rahmen der Unternehmenskultur. Personalentwicklungsmaßnahmen sind z. B. Fort- und Weiterbildungsmaßnahmen und Laufbahnplanung. Unterstützend wirken außerdem Konfliktmanagement (>> *Kapitel 5.5.6*), Teambildungsprozesse zur Förderung der Veränderungsbereitschaft (>> *Kapitel 5.4.2*) und der Einsatz von Controllinginstrumenten zur Ermittlung und Steuerung des Erfolges (>> *Kapitel 4.4*).

1.8.1.3 Prozesse der Organisationsentwicklung steuern

01. Welche Ziele sollen durch Organisationsentwicklung erreicht werden?

Durch Organisationsentwicklung sollen die Arbeitsbedingungen und die Qualität des Arbeitslebens verbessert, die Flexibilität und Veränderungsbereitschaft der Organisation erhöht und die Leistungsfähigkeit gesteigert werden. Dadurch soll die o. g. nachhaltige Erfolgssteigerung erreicht werden. Außerdem soll durch Lern- und Entwicklungsprozesse ein prozessorientiertes Vorgehen im Unternehmen etabliert werden. Unter Berücksichtigung der Wechselwirkungen zwischen Organisation, Mitarbeitern und Umwelt wird eine ganzheitliche Perspektive für das Unternehmen bzw. die Einrichtung entwickelt (vgl. *Siebenbrock 2014*).

02. Nennen Sie die Phasen der Organisationsentwicklung.

Die Phasen der Organisationsentwicklung können folgendermaßen dargestellt werden:

- Voraussetzung für Veränderungen ist ein Handlungsdruck im Management
- mithilfe interner Fachleute und meistens auch externer Berater werden die bestehenden Probleme analysiert
- darauf aufbauend wird ein gemeinsames Verständnis der Probleme entwickelt
- auf der Basis eines gemeinsamen Verständnisses werden Alternativen zur Problemlösung erarbeitet
- die unterschiedlichen Alternativen werden getestet
- die Testergebnisse werden verglichen und die erfolgreichen Lösungsansätze umgesetzt.

Wichtig ist, dass die internen Fachleute und externen Berater nicht mit schnellen oder bereits fertigen Lösungen die Probleme angehen und dass das Management die Termine für die Problemlösung nicht zu eng fasst. Es muss die Möglichkeit bestehen, sich in die Problematik einzuarbeiten und gemeinsam praxisorientierte Lösungsansätze zu entwickeln (vgl. *Siebenbrock 2014*).

1.8.2 Change Management

Oftmals sind weder das neue Veränderungskonzept noch die vorbereitenden Arbeiten problematisch, sondern erst die eigentliche Umsetzung. Diese stellt fast immer ein Problem dar, erst recht, wenn sie „von oben" angeordnet wurde (vgl. *Siebenbrock 2014*). Durch Change Management werden bewusst und systematisch Kommunikations- und Organisationsstrukturen im Unternehmen gestaltet. Unternehmen sind ständig Veränderungsprozessen unterworfen, sodass Change Management alltägliche Aufgabe von Führungskräften und Mitarbeitern ist. Um erfolgreich im Markt zu agieren, müssen Unternehmen Change Management professionell gestalten und ihrem unternehmerischen Denken und Handeln zugrunde legen.

Nachfolgend werden die Aufgaben und Funktionen sowie Methoden und Abläufe des Change Management dargestellt und mögliche Ergebnisse bewertet (vgl. *Kostka/ Mönch 2009*). Als weiteres Model des Change Management werden die Phasen der Veränderung nach *Kurt Lewin* dargestellt.

1.8.2.1 Aufgaben und Funktionen definieren

01. Wie kann Veränderungsmanagement (Change Management) definiert werden?

Veränderungsmanagement umfasst alle bereichsübergreifenden, inhaltlich weitreichenden geplanten und gesteuerten Veränderungen in sozio-ökonomischen Systemen. Dazu gehören alle Aufgaben, Maßnahmen und Tätigkeiten, durch die neue Strategien, Strukturen, Systeme, Prozesse und/oder Verhaltensweisen eingeführt werden (vgl. *Weise 2010* und *Bannwart 2011*).

02. Welche Herausforderung entsteht durch Veränderungsmanagement?

Die Herausforderung der Unternehmensleitung ist es, gemeinsam mit den Mitarbeitern notwendige Veränderungen zeitgerecht herbeizuführen. Dafür müssen Mitarbeiter abteilungsübergreifend zusammenarbeiten und bereit sein, die Belastungen, die durch Veränderungen entstehen, zu tragen. Führungskräfte müssen Veränderungsnotwendigkeiten rechtzeitig und umfassend vermitteln, verbindliche Rahmenbedingungen und Anreize schaffen, die Mitarbeiter im Veränderungsprozess coachen und die Steuerung des Vorhabens übernehmen.

03. Welche Aufgaben hat Veränderungsmanagement?

Durch Change Management werden im Rahmen einer ganzheitlichen und integrativen Organisationsbetrachtung mittel- bis langfristige Veränderungsprozesse auf Unternehmens- und persönlicher Ebene geplant, umgesetzt, reflektiert und stabilisiert. Es geht darum, Prozesse und Kommunikationsstrukturen durch zielgerichtete Veränderung des Verhaltens und der Fähigkeiten von Mitarbeitern zu optimieren und um die Fähigkeit, diese Veränderungen hinsichtlich ihrer Effektivität und Effizienz zu beurteilen (vgl. *Kostka/Mönch 2009*).

04. Nennen Sie verschiedene Phasen im Veränderungsprozess.

Veränderungsprozesse durchlaufen mehrere Phasen, deren Kenntnis für die Handlungsoptionen von Führungskräften von entscheidender Bedeutung ist:

Phase	Beschreibung
1. Phase: Unsicherheit	Durch Handlungsdruck auf die Unternehmensführung entsteht die Notwendigkeit, Rahmenbedingungen im Unternehmen zu verändern. Die betroffenen Mitarbeiter werden mehr oder weniger unvorbereitet mit neuen und unerwarteten Veränderungsnotwendigkeiten konfrontiert. Dadurch entsteht Unsicherheit.
2. Phase: Ablehnung	Auf Überzeugung des/der Mitarbeiter basierende oder interessengebundene Abkehr von den Veränderungsmaßnahmen.
3. Phase: Rationale Einsicht	Die Notwendigkeit zur Veränderung wird erkannt, der Wille, eigenes Verhalten zu ändern ist gering oder nicht ausgeprägt.
4. Phase: Emotionale Akzeptanz	Es handelt sich um die Krisenphase, in der Chancen und Risiken der Veränderung gegeneinander abgewogen werden. Bei Akzeptanz der Veränderung werden neue Potenziale geschaffen, bei Ablehnung verlangsamt sich der Veränderungsprozess oder gerät ins Stocken.
5. Phase: Lernen	Es besteht die Bereitschaft, die für die Veränderung erforderlichen Fähigkeiten zu erlernen und das Erlernte zu testen. Die eingebundenen Mitarbeiter eignen sich zusätzliche Kompetenzen an.
6. Phase: Erkenntnis	Die zunehmende Integration führt zu einer Erweiterung des Bewusstseins für den Veränderungsprozess. Die wahrgenommene eigene Kompetenz steigt.
7. Phase: Integration	Die einbezogenen Mitarbeiter nehmen die neuen Prozesse vollständig an. Die Organisation wird um die realisierten Veränderungen gefestigt.

Phasen des Veränderungsprozesses, in Anlehnung an *Kostka/Mönch 2009* und *Siebenbrock 2014*

05. Wie werden Veränderungsprozesse gestaltet?

Der Phasenverlauf zeigt, dass es nicht darum geht, eine betriebswirtschaftliche Lösung zu finden, die im Rahmen von Planung, Umsetzung und Kontrolle „top down" realisiert wird, sondern dass aus der Problemsicht der Betroffenen Lösungsmöglichkeiten erarbeitet und in einem möglichst großen Konsens unter Beachtung der bestehenden Unternehmensabläufe integriert werden (vgl. *Siebenbrock 2014*).

Im Zentrum von Veränderungsprozessen steht deshalb der Mensch, entweder als Führungskraft oder als Mitarbeiter. Während die Unternehmensführung Veränderungsprozesse veranlasst und steuert, setzen die betroffenen Mitarbeiter die Veränderungsprozesse um. Das erfordert regelmäßige Informationen und Dialoge zwischen den unterschiedlichen Ebenen bezüglich der getroffenen Entscheidungen, Projektsachständen und Projektfortschritt. Zeit und Qualität der Veränderung sind von entscheidender Bedeutung. Um Veränderungsprozesse gestalten zu können, bedarf es einer Führung, eines Veränderungsplanes und geeigneter Methoden.

Führung
Umfangreiche Veränderungsprozesse werden von Führungskräften veranlasst, die zielgerichtet und engagiert auf neue Herausforderungen reagieren. Sie beziehen zukünftige Entwicklungen in ihre Sichtweisen ein, können Mitarbeiter für neue Wege und Veränderungen überzeugen, begeistern und motivieren sowie neue Strukturen schaffen, in denen die Mitarbeiter eigenverantwortlich ihre Aufgaben erfüllen können. Bei umfangreichen Veränderungen geht es darum, Koalitionen zu bilden, die möglichst weit in die Ebenen der Betroffenen hineinragen, um einen möglichst hohen Unterstützungs-, Multiplikatoren- und Akzeptanzbereich zu erhalten (vgl. *Kostka/Mönch 2009*).

Die Führung stellt sich immer in den Dienst der Organisation und versteht sich als sozial akzeptiertes Verhalten. Durch unterschiedliche Führungsaktivitäten soll das Verhalten der Geführten so beeinflusst werden, dass die Organisationsziele bestmöglich erreicht werden. In der Führung haben sich thematische Schwerpunkte herauskristallisiert, die das Denken und Handeln von Führungskräften und Mitarbeitern prägen. Dazu gehören insbesondere Vertrauen, Motivation, Lernen und Gruppeneffekte. Vertrauen steht in einem engen Zusammenhang mit Einstellungen und Verhaltensweisen der Mitarbeiter und wirkt sich auf die Leistungsfähigkeit aus. Deshalb hängt eine effektive Führung von der Fähigkeit ab, das Vertrauen der Geführten zu gewinnen. Ein kooperativ gestalteter Führungsstil unterstützt die Vertrauensbildung. Insbesondere neue Technologien, veränderte Organisationsformen, Instabilität, Wandel und veränderte Werte haben den Vertrauensbedarf ansteigen lassen. Motivation beeinflusst die Leistung der Mitarbeiter, ist eine unverzichtbare Voraussetzung für die Realisierung der Organisationsziele und deshalb eine der wichtigsten Führungsaufgaben. Extrinsische Motivation kann durch Anreize hervorgerufen werden, durch die ein gewünschtes Verhalten zielgerichtet ausgelöst wird. Viele Mitarbeiter sind durch ihre Arbeit intrinsisch motiviert. Bei diesen Mitarbeitern kommt es in erster Linie darauf an, Motivationsbarrieren zu vermeiden. Lernen führt zu einer Verhaltensänderung und zu neuen Fähigkeiten. Führungskräfte können Lernbarrieren abbauen und eine lernfreundliche, fehlertolerierte Atmosphäre schaffen. Die Führung in und von Gruppen nimmt in der Praxis stetig zu und ist eine besondere Herausforderung. In Gruppen existieren spezielle Gruppennormen, die als ungeschriebene Regeln aus der Interaktion der Gruppenmitglieder untereinander entstehen und das Verhalten in der Gruppe dominieren. Werden Gruppennormen von den Mitgliedern nicht akzeptiert, wird versucht sie mittels Gruppendruck durchzusetzen. Führungsverhalten kann in Gruppen außer bei einer formalen Führungsperson (Vorgesetzten), bei jedem Gruppenmitglied als informelle Führung in Erscheinung treten (vgl. *Weibler 2009*).

Veränderungsplan
Ein Veränderungsplan soll den betroffenen Mitarbeitern

- eine Richtung geben (Vision)
- ein Veränderungsteam aufstellen
- eine Umsetzungsstrategie entwickeln
- mögliche neue Organisationsstrukturen aufzeigen
- die Kommunikationsstrategie darstellen
- einen Umsetzungsplan entwickeln.

Durch den Veränderungsplan sollen die betroffenen Mitarbeiter an den Veränderungen beteiligt werden (vgl. *Kostka/Mönch 2009*). Durch die Einbeziehung der betroffenen Mitarbeiter oder deren Repräsentanten in die einzelnen Phasen, insbesondere auch der Vorbereitungs- und Planungsphase, werden aus betroffenen Mitarbeitern beteiligte Mitarbeiter. Die gefundenen Lösungen sind dadurch häufig praxisorientierter und sachgerechter (vgl. *Siebenbrock 2014*). Veränderungen sollten nicht die Situation derjenigen verschlechtern, die die Veränderungen verantworten oder realisieren sollen (vgl. *Baller 2010*).

Beispiel

Veränderungsplan:

Maßnahme	Erläuterung
Bewusstsein für Veränderungen schaffen	Mithilfe von speziell ausgesuchten Mitarbeitern des Unternehmens und ggf. unterstützt durch externe Berater wird die Problematik analysiert und versucht, ein gemeinsames Verständnis zu erreichen sowie Lösungsmöglichkeiten zu entwickeln. Nachdem eine gewisse Planungsreife und Lösungswahrscheinlichkeit erarbeitet wurde, wird die Ist-Situation der Mitarbeitervertretung und den betroffenen Mitarbeitern erläutert, Veränderungsnotwendigkeiten verdeutlicht sowie Chancen und Risiken dargestellt.
Messbare Strategie entwickeln	Veränderung eindeutig beschreiben. Ziele für den Veränderungsprozess formulieren. Realisierungsstrategie entwickeln.

Maßnahme	Erläuterung
Messbare Strategie entwickeln	Effektive Gruppe zusammenstellen und einsetzen. Eine Gruppe von Führungskräften und Mitarbeitern zusammenstellen, die an der Entwicklung der Strategie mitarbeiten und helfen, Ziele und Vorgehen im Veränderungsprozess der Belegschaft zu verdeutlichen.
Strategie kommunizieren	Vorbildfunktion der Führungskräfte einfordern. Mitarbeitervertretungen und Mitarbeiter regelmäßig informieren. Führungskräfte sind zu diesem Zeitpunkt die treibende Kraft im Veränderungsprozess. Es muss das nötige Fundament durch Vertrauen und Motivation gebildet werden.
Kurzfristige Erfolge planen	Große Projekte in kleinere Projekte unterteilen. Teilerfolge kommunizieren und Teilprojekte abschließen.
Prozessorientierte Steuerung der Veränderungen	Alle betroffenen Mitarbeiter in die Gestaltung der Veränderungen einbeziehen (Erweiterung über die Gruppen hinaus, aber unter der Anleitung der Gruppen). Mitarbeiter sollen ihre Abläufe selbst analysieren (eventuell durch Unterstützung externer Fachberater) und Verbesserungen einbringen. Dafür sind bestimmte Sicherheiten zu gewährleisten (z. B. Perspektiven, falls die Erkenntnisse negative Auswirkungen auf den Arbeitsbereich des Mitarbeiters haben). Hindernisse und Widerstände identifizieren und ausräumen und Strukturen auf die neuen Rahmenbedingungen ausrichten.
Veränderungen institutionalisieren	Sämtliche Veränderungen umsetzen und in die laufenden Prozesse integrieren (Mitarbeiter zur Eigeninitiative und veränderungsbezogenen Handlungen motivieren). Es soll ein kontinuierlicher Verbesserungsprozess der Veränderungen im Echtbetrieb erfolgen. Mitarbeiter schulen, falls erforderlich und veränderte Prozesse in die Gesamtorganisation integrieren.
Veränderungen kultivieren	Funktionsweise der Veränderungen kontrollieren. Integration der Veränderungen in die Normen und Werte der Unternehmenskultur fördern. Veränderungserfolg kommunizieren. Veränderungsprozess offiziell beenden.

Veränderungsplan, in Anlehnung an *Kostka/Mönch 2009*.

Geeignete Methoden

Geeignete Methoden sind im ≫ *Kapitel 1.8.2.2* dargestellt.

06. Nennen und beschreiben Sie die Phasen des Veränderungsprozesses nach *Kurt Lewin*.

Die Ergebnisse organisationstheoretischer Untersuchungen von Veränderungen in Organisationen durch *Kurt Lewin* ergaben folgende Phasen von Veränderungen:

- **Auftauphase** (unfreezing)
- **Bewegungsphase** (moving)
- **Einfrierphase** (refreezing).

In der Auftauphase wird erkannt, dass ein Problem besteht, dass in den bisherigen Strukturen und Abläufen und durch bisheriges Verhalten nicht gelöst werden konnte, aber gelöst werden muss, weil sich die Konsequenzen der Unterlassungsalternative negativ für die Organisation auswirken. Die Notwendigkeit von Veränderungen wird bewusst und die bisherigen Verfahrens- und Verhaltensweisen werden infrage gestellt.

In dieser Phase sollen die zur Veränderung bereiten Mitarbeiter identifiziert und unterstützt werden, um sukzessive ein Veränderungsbewusstsein in der Organisation zu erreichen. Dadurch soll die Bereitschaft entstehen, sich in neue Lösungsansätze einzubringen und nicht an ineffektiven Gegebenheiten festzuhalten. In dieser Phase wird der bisher erreichte Zustand „aufgetaut" und die Notwendigkeit von Veränderungen verdeutlicht. Das Management stellt sich deutlich hinter den Veränderungsprozess, gibt verbindliche Rahmenbedingungen vor und fördert die veränderungsbereiten Mitarbeiter.

In der Bewegungsphase werden Lösungsalternativen erarbeitet und getestet. Das Management begleitet die Mitarbeiter in dieser Phase intensiv. Effektive und effiziente Lösungen werden umgesetzt. Der bisherige Zustand wird verlassen und ein neuer Zustand wird angestrebt. Das Erreichen dieses neuen Zustandes ist das neue Gleichgewicht mit einer für die Organisation optimalen Problemlösung.

In der Einfrierphase wird der neue Zustand stabilisiert und dauerhaft in die Strukturen, Abläufe und Verhaltensweisen integriert, d. h. „eingefroren". Der Veränderungsprozess wird offiziell durch das Management beendet und über die Ergebnisse wird in geeigneter Weise informiert.

Die drei Phasen können durch folgende Lern- und Reflexionsstufen erweitert werden:

- **Handeln**
- **Beobachten**
- **Reflektieren**.

Veränderungsnotwendigkeiten ergeben sich aus den Unternehmenszielen. Das Unternehmen priorisiert Ziele in einem Zielplanungsprozess. Für die zur Umsetzung anstehenden Ziele werden Planungen durchgeführt, aus denen sich Handlungen ableiten lassen. Diese Handlungen führen zum Veränderungsprozess.

Durch Beobachtung werden das Handeln und damit die Ergebnisse des Veränderungsprozesses optimiert. Plan- und Istzustände werden regelmäßig verglichen. Auf negative Abweichungen vom geplanten Zustand wird mit Maßnahmen reagiert, die zu Veränderungen des Istzustandes in Richtung Planzustand führen.

Durch Reflektieren werden die Beobachtungen im Hinblick auf die Zielerreichung überprüft. Es soll festgestellt werden, ob das Handeln zu einer Annäherung an das Ziel, dass durch die Veränderung erreicht werden soll, geführt hat. Außerdem soll regelmäßig geprüft werden, ob das ursprüngliche Unternehmensziel noch gültig ist.

Der Veränderungsprozess wird durch die Lern- und Reflexionsstufen iterativ gesteuert.

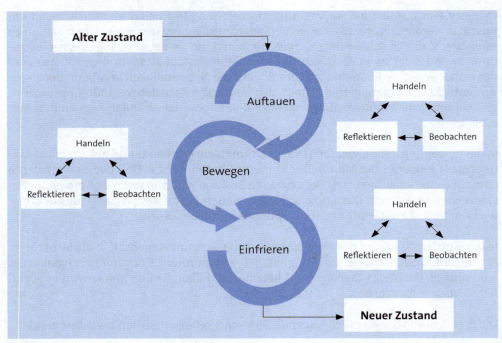

3-Phasen-Modell nach Kurt Lewin, in Anlehnung an *Bannwart*
(vgl. Unternehmensberater, Stichwort: Veränderungsmanagement).

1.8.2.2 Methoden einsetzen

01. Nennen Sie Methoden, die zur Unterstützung von Change Management geeignet sind.

Geeignete Methoden im Rahmen von Change Management sind:

- **Selbstbewertung nach EFQM** (European Foundation of Quality Management): EFQM basiert auf dem TQM-Konzept (Total Quality Management) und ermöglicht in Veränderungsprozessen eine umfassende Sicht auf das Unternehmen.
- **Balanced Scorecard:** Ermöglicht dem Unternehmen, eine Balance zwischen strategischen, eher langfristig wertsteigernden Maßnahmen und operativen, eher kurzfristigen Maßnahmen zu erreichen.
- **Integrative Kommunikation:** Durch Kommunikation sollen Handlungen gesteuert werden, sodass die Ziele des Change Management erreicht werden.
- **Projektmanagement:** Alle planenden, überwachenden, koordinierenden Maßnahmen, die für die Umsetzung von Veränderungsprozessen erforderlich sind.
- **Prozessmanagement:** Prozesse werden systematisch auf die Kundenanforderungen ausgerichtet.
- **Teambildung:** Durch eine effektive Teambildung lassen sich Veränderungsprozesse schneller und effizienter umsetzen.
- **Selbstführung:** Führungskräfte und Mitarbeiter sollen durch selbstverantwortliches Handeln zu persönlicher Sicherheit, Stärke und Zielorientierung im Interesse des Veränderungsprozesses gelangen.

Die Methoden können unabhängig voneinander abgewendet werden. Wichtig ist, dass der Einsatz von Methoden mit dem Veränderungsplan unter Berücksichtigung der jeweiligen Veränderungsphase abgestimmt wird (vgl. *Kostka/Mönch 2009*).

1.8.2.3 Abläufe steuern

01. Wie unterstützt Kommunikation die Steuerung der Abläufe im Change Management?

Kommunikation soll die Handlungen der betroffenen Mitarbeiter in die Richtung der Ziele des Change Management lenken. Es ist darauf zu achten, dass die Kommunikation auf die Herausforderungen des Veränderungsprozesses zugeschnitten ist. Insbesondere muss festgelegt werden, was kommuniziert werden soll, wie kommuniziert wird und welche Informationen welcher Zielgruppe mitgeteilt werden. Außerdem müssen die Häufigkeit der Informationen und die Informationsmedien festgelegt werden.

Es ist erforderlich, dass die Botschaft die Aspekte Dringlichkeit, Ziel der Veränderung, Glaubwürdigkeit, Motivation, Identifikation und nächste Schritte berücksichtigt.

Die Kommunikationsstrategie verfolgt eine strategische und eine operative Ebene. Die strategische Ebene ermöglicht die Orientierung im Veränderungsprozess, die operative Ebene stellt die termingerechte Umsetzung der Veränderungen sicher. Integrative Kommunikation stellt den Mitarbeitern die Informationen zur Verfügung, die sie benötigen, um am Veränderungsprozess aktiv teilnehmen zu können (vgl. *Kostka/Mönch 2009*).

02. Erläutern Sie mögliche Fehler bei der Umsetzung von Veränderungen.

Die Dynamik des Gesundheitsmarktes zwingt Einrichtungen im Gesundheits- und Sozialwesen zu permanenten Anpassungen an sich verändernde Umweltzustände und Rahmenbedingungen. Das Veränderungstempo steigt dabei kontinuierlich an. Entscheidend für Change Management ist, dass sich Führungskräfte und Mitarbeiter verändern können und wollen und bereit sind, Verantwortung für notwendige Veränderungen zu übernehmen und ihr Verhalten dauerhaft anzupassen. Vor dem Hintergrund vielfältiger Erfahrungen, die Führungskräfte und Mitarbeiter im Laufe ihres Berufslebens mit Veränderungen gemacht haben, ist Veränderungsbereitschaft keine Selbstverständlichkeit.

Viele erfolgte Veränderungen haben nicht zum Besseren geführt. Oftmals waren Ergebnisse von Veränderungsprozessen höhere Arbeitsbelastung, Personalabbau, mehr Dienste und schlechtere Arbeitsbedingungen. Das Vertrauen, dass gerade der aktuelle Veränderungsprozess positiv im Sinne der Belegschaft verläuft, ist vor einem solchen Erfahrungshintergrund nicht sehr ausgeprägt. Misstrauen und Vorsicht sind die Folge. Die Akzeptanz und Motivation der betroffenen Mitarbeiter für die Notwendigkeit neuer Veränderungen zu erhalten, ist oft der schwierigste Teil der Veränderung und dauert am längsten. Leider wird diese Aufgabe oftmals weder in der Planung noch bei den Ressourcen berücksichtigt. Der Veränderungsprozess beginnt zu schnell, die Mitarbeiter sind noch nicht bereit und Widerstände vorprogrammiert (vgl. *Baller 2010*).

Weitere Fehler bei Veränderungen sind mangelnde Kommunikation, unzulängliche Planung, fehlende Verankerung der Veränderungen in die Unternehmenskultur und/ oder in die Unternehmensorganisation, unzureichende Förderung des Veränderungsprozesses durch die Führungskräfte und verfrühte Beendigung der Maßnahmen (vgl. *Kostka/Mönch 2009*).

03. Nennen Sie Gründe für Widerstände im Veränderungsprozess.

Gründe für Widerstand gegen Veränderungen sind Angst um die bestehende Sicherheit, angenommene Verschlechterungen bezüglich Gehalt, Kompetenzen und/oder soziale Verluste durch Veränderungen bisheriger Mitarbeiterstrukturen, beispielsweise durch die Zusammenlegung von Abteilungen.

Objektive Verschlechterungen entstehen beispielsweise durch bevorstehende Entlassungen, Gehaltsherabstufungen oder Versetzung auf eine Position mit geringerem Status und führen grundsätzlich zu Abwehrverhalten. Derartige Verschlechterungen werden auf der Basis bestehender Regelungen bearbeitet (z. B. Tarifverträge, Sozialpläne, Betriebsvereinbarungen, Arbeitsverträge).

Es können aber auch Widerstände entstehen, obwohl Nachteile durch die Veränderung weder geplant noch real sind. Einerseits handelt es sich um personenbedingte und andererseits um organisationsbedingte Widerstände. Bei personenbedingten Widerständen besteht keine oder zunächst keine Veränderungsbereitschaft. Ziel ist es, die bisherigen Abläufe nicht verändern zu wollen (Verhaltensfixierung). Organisationsbedingte Widerstände lassen sich auf die Organisationskultur zurückführen. Je stärker die Organisationskultur, desto größer kann sich bei veränderungsresistenten Tendenzen der Widerstand entwickeln (vgl. *Siebenbrock 2014*).

04. Welche Verhaltensweisen der Belegschaft sind bei Veränderungen möglich?

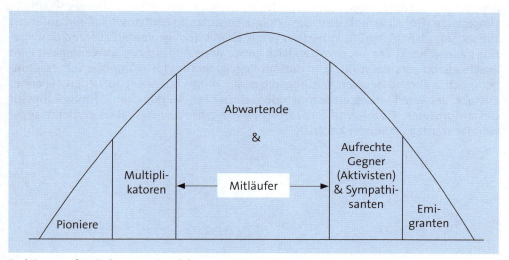

Reaktionen auf Veränderungen, in Anlehung an *Weise 2010*

Der Anteil der Innovatoren beträgt ca. 3 % der Belegschaft, während der Anteil der Zögerer bei ca. 14 % liegt. Bei den restlichen 83 % der Mitarbeiter handelt es sich um zunächst Abwartende, die im Verlauf des Veränderungsprozesses als Mehrheit gewonnen werden muss (vgl. *Weise 2010*).

1.8.2.4 Ergebnisse bewerten

01. Mit welchen Instrumenten können die Ergebnisse des Change Management bewertet werden?

Es gibt unterschiedliche Möglichkeiten zur Bewertung und Steuerung der Ergebnisse des Change Managements. Eine Möglichkeit ist die Erstellung regelmäßiger Plan/Ist-Vergleiche, bei denen die einzelnen Projektaktivitäten geplant und mit den realisierten Werten (Ist-Werte) verglichen werden. Im Falle von negativen Planabweichungen werden Maßnahmen erarbeitet, durch die die Ist-Werte (z. B. durch Einsparungen bei Ressourcenabweichungen oder durch die Verkürzung von Dauern bei Einzelaufgaben im Falle von Terminüberschreitungen) wieder in den Plankorridor gesteuert werden sollen (>> Kapitel 1.4.4/03).

Eine weitere Möglichkeit ist die Anwendung von Maßnahmen aus dem Qualitätsmanagement. So kann der PDCA-Zyklus von Deming (Plan-Do-Check-Act) verwendet werden, um im Veränderungsprozess auf der Basis eines geplanten Zustandes (Plan) die Umsetzung (Do) zu veranlassen. Die erfolgte Umsetzung wird anschließend auf ihren Umsetzungserfolg geprüft, indem ein Vergleich mit dem geplanten Zustand durchgeführt wird (Check). Die aus dem Vergleich gewonnene Anpassungsnotwendigkeit wird anschließend veranlasst (ACT). In diesem Regelkreis sind fortwährende Verbesserungen noch während des Veränderungsprozesses möglich, bis ein zufriedenstellender Zustand der Veränderung erreicht worden ist. Der PDCA-Zyklus von Deming kann auf Gesamtprozesse, Einzel- und Teilprozesse sowie einzelnen Aufgaben vernetzt angewendet werden (>> Kapitel 1.6.2/02).

Die nachfolgende Abbildung zeigt, wie im Zeitablauf das Qualitätsniveau durch Anwendung des Deming-Zyklus sukzessive ansteigt:

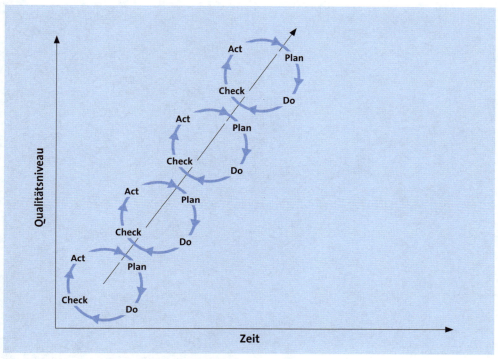

Deming-Zyklus, in Anlehnung an *Haeske-Seeberg 2008*

1. Planen, Steuern und Organisieren betrieblicher Prozesse
2. **Steuern von Qualitätsmanagementprozessen**
3. Gestalten von Schnittstellen und Projekten
4. Steuern und Überwachen betriebswirtschaftlicher Prozesse und Ressourcen
5. Führen und Entwickeln von Personal
6. Planen und Durchführen von Marketingmaßnahmen

Prüfungsanforderungen

Im Handlungsbereich „Steuern von Qualitätsmanagementprozessen" soll die Fähigkeit nachgewiesen werden, unter Berücksichtigung von Prinzipien des Qualitätsmanagements in Einrichtungen des Gesundheits- und Sozialwesens ein Qualitätsmanagement umzusetzen und weiterzuentwickeln. Dabei sollen Qualitätsmanagementprozesse geplant, gelenkt, überprüft und optimiert, interne Audits durchgeführt sowie das Qualitätsbewusstsein der Mitarbeiter gefördert werden.

Qualifikationsschwerpunkte im Überblick

2.1 Ermitteln und Festlegen von Qualitätszielen
2.2 Anwenden von Qualitätsmanagementmethoden und -techniken
2.3 Erfassen und Bewerten von Prozessdaten sowie Ermitteln von Qualitätsindikatoren
2.4 Weiterentwicklung eines Risikomanagements
2.5 Anwenden von Methoden des Zeit- und Selbstmanagements

2.5 Methoden des Zeit- und Selbstmanagements anwenden:
- Führungsaufgaben wahrnehmen
- Persönlichkeit entwickeln.

2.1 Ermitteln und Festlegen von Qualitätszielen im Gesundheits- und Sozialwesen:
- QM-Systeme kennen
- QM-Systeme vergleichen und umsetzen
- rechtliche Grundlagen beachten.

2.4 Das Risikomanagement weiterentwickeln:
- Risiken erkennen
- Auswikungen bewerten
- Instrumente einsetzen
- Maßnahmen entwickeln.

2.2 Qualitätsmanagementmethoden und -techniken anwenden:
- im Projekt- und Prozessmanagement
- Techniken einsetzen
- Mitarbeiter fördern
- Prozesse analysieren
- Prozesse optimieren.

2.3 Prozessdaten erfassen und bewerten, Qualitätsindikatoren ermitteln:
- Selbst- und Fremdbewertung durchführen
- Zertifzierung vorbereiten.

2. Steuern von Qualitätsmanagementprozessen
2.1 Ermitteln und Festlegen von Qualitätszielen
2.1.1 Qualitätsmanagement im Gesundheits- und Sozialwesen

01. Wie hat sich das Qualitätsmanagement im Gesundheitswesen zeitlich entwickelt?

- Im Jahr 1986 haben die Bundesärztekammer (BÄK) und die Deutsche Krankenhausgesellschaft (DKG e. V.) vereinbart, Maßnahmen zur Qualitätssicherung einzuführen.
- 1988 haben die Kassenzahnärztliche Bundesvereinigung (KZBV) und die Bundeszahnärztekammer (BZÄK) den Grundsatz zur Qualitätsförderung vorgelegt. Dieser wurde zuletzt 2014 fortgeschrieben und aktualisiert. Das ZZQ (Zentrum Zahnärztliche Qualität) unterstützt die Entwicklung verbindlicher Leitlinien.
- 1989 wurde mit dem Gesundheitsreformgesetz zum SGB V in den §§ 135 - 138 Richtlinien zur externen Qualitätssicherung festgeschrieben.
- 1994 wurden im Pflegeversicherungsgesetz Pflegeeinrichtungen zur Qualitätssicherung gem. § 80 SGB XI verpflichtet.
- 1999 wurden alle zugelassenen Krankenhäuser, stationären Vorsorge- und Rehabilitationseinrichtungen zu einem einrichtungsinternen Qualitätsmanagement gem. SGB V im §137 SGB V i. V. mit § 70 SGB V verpflichtet.
- 2001 wurde ein Zertifizierungsverfahren für das deutsche Gesundheitswesen durch die neu gegründete KTQ-GmbH (Kooperation für Transparenz und Qualität im Gesundheitswesen) entwickelt.
- 2004 wurde durch das GKV-Modernisierungsgesetz das Institut für Qualität und Wirtschaftlichkeit im Gesundheitswesen (IQWiG) und der Gemeinsame Bundesausschuss (G-BA) geschaffen (§§ 139 a - c SGB V). IQWiG ist ein unabhängiges wissenschaftliches Institut, welches den Nutzen und den Schaden von medizinischen Maßnahmen untersucht. Der G-BA ist das oberste beschlussfassende Organ für Krankenkassen, Krankenhäuser, Ärzte, Zahnärzte und Psychotherapeuten und dem Bundesministerium für Gesundheit unterstellt. Vertragsärzte, Psychotherapeuten sowie Medizinische Versorgungszentren wurden ebenfalls verpflichtet, ein Qualitätsmanagement einzuführen.
- 2007 wurden durch die Einführung des GKV-Wettbewerbsstärkungsgesetzes (GKV-WSG) die Aufgaben des G-BA zur Qualitätssicherung in der vertragsärztlichen und zahnärztlichen Versorgung sowie für Krankenhäuser soweit wie möglich einheitlich und sektorenübergreifend festgelegt. Zudem erhielt der G-BA die Aufgabe, die Qualitätsanforderungen für das ambulante Operieren und für die ambulante Erbringung hoch spezialisierter Leistungen, seltener Erkrankungen sowie Erkrankungen mit besonderen Krankheitsverläufen festzulegen. Das GKV-WSG sieht darüber hinaus für alle stationären Reha-Einrichtungen eine unabhängige Zertifizierung vor.
- 2008 wurde mit dem Gesetz zur strukturellen Weiterentwicklung der Pflegeversicherung (Pflege-Weiterentwicklungsgesetz) in Pflegeeinrichtungen die Qualitätssicherung ausgebaut (§§ 112 - 115 SGB XI). Die Verpflichtung zur Anwendung von Ex-

pertenstandards und der Ausbau von Qualitätsprüfungen durch den Medizinischen Dienst der Krankenversicherung (MDK) wurden eingeführt.

- 2010 wurde das AQUA-Institut (Institut für angewandte Qualitätsförderung und Forschung im Gesundheitswesen) durch den G-BA gem. § 137a SGB V beauftragt Verfahren zur Messung und Darstellung der Versorgungsqualität zur Durchführung einer einrichtungs- und sektorenübergreifenden Qualitätssicherung zu entwickeln.
- Seit 2016 übernimmt das Institut für Qualitätssicherung und Transparenz im Gesundheitswesen (iQTiG) im Auftrag des G-BA die Durchführung der sektorübergreifenden Qualitätssicherung vom AQUA-Institut.

2.1.1.1 Qualität als zentrale Managementaufgabe erfassen

01. Welche Ebenen des Qualitätsmanagements gibt es?

Das Qualitätsmanagement betrachtet folgende Ebenen:

- Strukturqualität betrachtet den Input in einen Prozess
- Prozessqualität betrachtet das Zusammenwirken im Prozess
- Ergebnisqualität betrachtet das Ergebnis des Prozesses.

Maßstab für die Betrachtung der Prozesse ist der PDCA-Zyklus, (Plan-Do-Check-Act).

02. Welche Fragen sollten Leitungskräfte beim Aufbau eines Qualitätsmanagementsystems für Ihr Unternehmen beantworten?

- Welche Ziele verfolge ich mit meinem Unternehmen?
- Welche Qualität soll mein Produkt (Ware und/oder Dienstleistung) haben?
- Wie leitet sich diese Qualität aus den Unternehmenszielen und Kundenwünschen ab?
- Wie muss ich meinen Betrieb organisieren, um meine Qualitätsziele zu erreichen?
- Welche Hauptprozesse bestimmen die Qualität meiner Leistung (z .B. Produktionsprozess, Beschaffung, Service)?
- Welche Kompetenzen müssen meine Mitarbeiter mitbringen, um die Qualitätsfähigkeit des Unternehmens zu sichern und kontinuierlich zu verbessern?
- Von welchen äußeren Faktoren (z. B. Rohstoffe, Maschinen, Fremdleistungen) hängt die Qualität meines Produktes ab?
- Welche Qualität muss ich mit meinen Lieferanten vereinbaren?
- Wie kann ich feststellen bzw. messen, ob ich meine Qualitätsziele erreicht habe?
- Überprüfe ich regelmäßig, ob ich meine Qualitätsziele erreiche (interne Audits)?
- Kann ich die Qualität der oben genannten Prozesse und Faktoren fortlaufend verbessern?
- Sind die getroffenen Regelungen und Verfahren angemessen?

- Kann ich den Nutzen des Qualitätsmanagementsystems Dritten erläutern?
- Ist das im Qualitätsmanagement-Handbuch beschriebene QM-System meinen Mitarbeitern bekannt und steht es ihnen zur Einsicht zur Verfügung?
- Gehört mein Unternehmen zu einer Branche, in der Zertifizierung üblich ist?
- Wie informiere ich meine Kunden über mein (evtl. zertifiziertes) QM-System?
- Welche rechtlichen/externen Rahmenbedingungen muss ich beachten?

03. Welche Anforderungen muss ein Integriertes Managementsystem (IMS) erfüllen?

Ein IMS hat grundsätzlich drei Ebenen:

1. Normative Ebene
Die Leitbilder des Unternehmens

- zum Umweltschutz
- zur Qualität
- zum Arbeitsschutz etc.

2. Strategische Ebene
Die Integration der Elemente in vorhandene Einzelsysteme. Die Integration der bestehenden Organisation (Strukturen und Prozesse) durch Einbindung von Human Ressource Management und Change Management in die Unternehmensstrategie mit den Prinzipien:

- gesellschaftliche Verantwortung
- Kundenorientierung
- Lieferantenorientierung (gegenseitiger Nutzen)
- Nachhaltigkeit
- Prozessorientierung
- Rechtskonformität
- Risikobetrachtung
- Synergie: Durchgeführte Maßnahmen führen zu gleichzeitigen Verbesserungen in mehreren Bereichen (z. B. Umwelt, Qualität, Arbeitssicherheit) etc.

3. Operative Ebene
- Ist-Aufnahme
- Ist-Analyse
- System-Auswahl

- System-Implementierung:
  - Einführungsmaßnahmen, wiederkehrende Maßnahmen, Verfahren usw.
  - Qualifizierungsmaßnahmen
- Dokumentation:
  - Handbuch, Vorgabedokumente usw.
- Evaluierung und Transfer:
  - Externes Audit, Selbstprüfung (Audit, Managementreview usw.)
- Kontinuierliche Verbesserung des Systems:
  - Methoden, Verfahren
  - Indikatoren der Früherkennung.

04. Welche inhaltliche Struktur hat ein integriertes Managementsystem?

- Struktur integrierter Managementsysteme: Strukturelemente, z. B.: Kurzbeschreibung: Zielsetzungen (Beschreibung der Ziele des Systems, Abstimmung der Einzelziele (Ober-/Unterziele), Widerspruchsfreiheit der Ziele), Operationalisieren (Messbarkeit) der Ziele
- Geltungsbereich festlegen: Kann für einzelne Unternehmensteile oder für das gesamte Unternehmen gelten. Bei der Implementierung kann auch eine Pilotphase auf einen bestimmten Geschäftsbereich beschränkt sein.
- Definitionen, Begriffe, Verfahren, Methoden und Instrumente: Sie müssen eindeutig, widerspruchsfrei, schriftlich beschrieben und bekannt gegeben sein. Wechselbeziehungen müssen herausgestellt werden.
- Integrationsprozess: Bei einer integrativen Vorgehensweise ist zu beschreiben, welche vorhandenen Dokumente um welche Aspekte zu ergänzen sind, welche Schnittstellen zwischen den Einzelsystemen existieren und wie sie optimiert werden können.
- Zuständigkeiten, Kompetenzen, Aufgaben der Unternehmensleitung, Delegation von Aufgaben und Kompetenzen
- Aufgaben der Mitarbeiter
- Ernennung von Beauftragten
- Zuteilung von Ressourcen zur Umsetzung der Ziele des IMS
- Dokumentation, Vollständigkeit, Angemessenheit etc.

05. Gibt es Normen und Richtlinien für den Aufbau eines IMS?

Zurzeit nicht, es gibt jedoch Normen für Managementsysteme, die eine Organisation beim Aufbau eines IMS unterstützen:

1. Qualitätsmanagementnorm DIN EN ISO 9001
2. Umweltmanagementnorm ISO 14001. Sie wurde überarbeitet mit dem Ziel einer Angleichung an die QM-Norm ISO 9001. Trotzdem wird auch in der überarbeiteten Fassung der ISO 14001 eine Einschränkung gemacht:

   „Diese internationale Norm enthält keine Anforderungen, die für andere Managementsysteme spezifisch sind, wie z. B. jene für Qualitätsmanagement, Arbeitsschutz- und Sicherheits-, Finanz- oder Risikomanagement, obwohl deren Elemente mit denen eines anderen Managementsystems in Einklang gebracht oder mit diesen zusammengeführt werden können."

3. Die Richtlinie VDI 4060 Blatt 1 wurde im Juni 2005 vom Verein Deutscher Ingenieure mit dem Titel „Handlungsanleitung zum Aufbau von IMS für Unternehmen aller Branchen und Größen" herausgegeben.

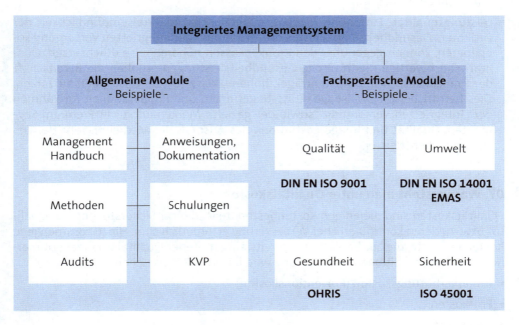

Ein IMS besteht aus *allgemeinen* und *fachspezifischen Modulen*. Sein Umfang hängt von den Erfordernissen des betreffenden Unternehmens ab. Überwiegend werden die Systeme für Qualität, Umweltschutz und Arbeitsschutz integriert.

Qualitäts- und Umweltmanagementsysteme sind weltweit genormt. Für Arbeitsschutzmanagementsysteme (AMS) gibt es bislang nur Ansätze von einzelnen, nationalen Normungsgremien. Harmonisierte EN-Normen gibt es für AMS nicht.

06. Was ist Qualität?

- **Qualität** leitet sich aus dem lateinischen Wort „qualitas" ab und bezieht sich neutral auf die Beschaffenheit oder wertend auf die Güte oder den Wert eines Gegenstandes.

- **Qualität im Gesundheitswesen**: Die Qualität bezieht sich stets auf die durch den Patienten/Kunden/Klienten wahrgenommene Qualität. Hierzu können Zertifizierungen und Garantien, z. B. auf Behandlungsergebnisse und Implantate sowie Prothesen den Nutzen steigern.

- **Qualitätsinformationen**: Die gesetzlich vorgeschriebenen Qualitätsinformationen stehen zunehmend in für medizinische Laien lesbarer Form zur Verfügung und erleichtern den Patienten die Suche nach Spezialisten für ihre Behandlung.

- **Qualitätsorientierung**: Eine hohe Qualität geht oftmals mit einem relativ verbundenen Preisniveau einher. Das Ziel der Qualitätsführerschaft umfasst als Quelle von Wettbewerbsvorteilen nicht absolute oder objektive Leistungsmerkmale, sondern ein Qualitätsniveau, das aus Sicht der Nachfrager Präferenzen schafft und Kaufentscheidungen herbeiführt.

- **Leistungsqualität**: Eine hohe Leistungsqualität senkt die Preisempfindlichkeit der Patienten. Gesundheitsdienstleister, die im Rahmen der integrierten Versorgung kooperieren, können gegenüber den Krankenkassen höhere Preise durchsetzen. Qualitativ hochwertige medizinische Gesundheitsleistungen erhöhen die Bereitschaft der Krankenkassen und Kostenträger, höhere Preise für die Leistungen zu zahlen. Dies betrifft beispielsweise Qualitätssteigerungen und Kooperationen im Rahmen der „Integrierten Versorgung" sowie der gezielte Markenaufbau in Premium-Segmenten. Qualität und Image bestimmen das Ausmaß der Medienpräsenz der Gesundheitsdienstleister.

07. Was versteht man unter Qualitätskosten?

Qualitätskosten sind diejenigen Kostenbestandteile, die zur Sicherstellung der Qualität bzw. zu deren kontinuierlicher Verbesserung erforderlich sind. Hinzu kommen jene Kostenelemente, die zur Beseitigung bereits aufgetretener Qualitätsmängel erforderlich sind. Nach traditioneller Auffassung wird differenziert zwischen:

- Fehlerverhütungskosten (Präventionskosten)
- Prüfkosten
- Fehlerkosten.

08. Was soll mit dem Qualitätscontrolling erreicht werden?

Qualitätscontrolling hat den Anspruch, die durch das Qualitätsmanagement bzw. dessen Maßnahmen verursachten Kosten zu erkennen und zu steuern.

Die traditionellen Kostenrechnungssysteme sind im Allgemeinen nicht auf die speziellen Bedürfnisse des Qualitätsmanagements ausgerichtet, sodass die wesentliche Aufgabe des Qualitätscontrolling darin besteht, ergänzend zum bestehenden Kostenrechnungssystem eine Qualitätskostenrechnung aufzubauen, mit deren Hilfe in sämtlichen Unternehmensbereichen die jeweiligen Qualitätskosten erfasst und ausgewiesen werden. Dazu werden in der Regel Kennzahlen verwendet.

09. Welche Kennzahlen kann das Qualitätscontrolling erstellen?

- Arbeitszeit zur Fehlerkorrektur im Verhältnis zur gesamten Arbeitszeit in einem Zeitraum
- Anzahl der Fehler zum Zeitpunkt t_0 im Verhältnis zur Anzahl der Fehler zum Zeitpunkt t_n
- Durchschnittliche Fehlerkosten je Fehler in einem Zeitraum
- Kosten des QM-Systems im Verhältnis zum Umsatz in einem Zeitraum
- Kosten für Schulungen zur Qualitätssicherung in einem Zeitraum
- Kosteneinsparungen durch betriebliches Vorschlagswesen in Bezug zu dessen Kosten in einem Zeitraum
- Patientenzufriedenheit zum Zeitpunkt t_0 im Verhältnis zur Patientenzufriedenheit zum Zeitpunkt t_n.

10. Wie sind die Ebenen des Qualitätsmanagements miteinander verzahnt?

1. Qualitätspolitik = durch die Organisation festgelegte, normative Ziele
2. Qualitätsplanung = die geplante Struktur-, Prozess- und Ergebnisqualität
3. Qualitätslenkung = das Controlling der Aktivitäten führen zusammen zu:
4.1 Qualitätssicherung = Zusicherung der Qualität durch Darlegung der Aktivitäten
4.2 Qualitätsverbesserung = Erreichen einer höheren Qualität durch bessere Effektivität und Effizienz.

11. Welche Begriffe des Qualitätsmanagements sind zu unterscheiden?

- **Akkreditierung** bedeutet, dass eine Prüfstelle die Voraussetzungen zur Durchführung z. B. von Zertifizierungen erfüllt (DIN EN 45001).
- **Audit** ist eine systematische, unabhängige Untersuchung, die intern (durch das Unternehmen selbst) oder extern (durch Dritte) erfolgen kann. Sie dient der Feststellung, ob die Tätigkeiten und damit zusammenhängenden Ergebnisse den Anforderungen des Qualitätsmanagementsystems entsprechen.
- **Qualität** ist die realisierte Beschaffenheit einer Einheit bezüglich ihrer Qualitätsforderung (Deutsche Gesellschaft für Qualität e. V.).
- **Qualitätsmanagement:** umfasst demnach alle aufeinander abgestimmten Tätigkeiten zum Leiten und Lenken einer Organisation bezüglich der Qualität (DIN EN ISO 9000).
- **Qualitätssicherung:** ist Teil des Qualitätsmanagements, der auf das Erzeugen von Vertrauen darauf gerichtet ist, dass Qualitätsanforderungen erfüllt werden (DIN EN ISO 8402).
- **Zertifizierung:** Bei dieser wird dem geprüften Unternehmen von einer unabhängigen, akkreditierten Zertifizierungsgesellschaft bestätigt, dass es über ein Qualitätsmanagementsystem verfügt, das der gewählten Norm entspricht und deren Forderungen erfüllt.

12. Wie korrespondieren Qualität und eine Marktstimulierungsstrategie?

Hier wird entschieden, wie die Leistungsnachfrage der Kunden mittels zweier unterschiedlicher Strategien stimuliert werden soll:

- **Präferenzstrategien** sind Qualitätsstrategien, die Leistungs- und Qualitätsvorteile in der Vorstellung der Patienten festigen sollen.
- **Preis-Mengen-Strategien** haben das Ziel, Preisvorteile für die Kunden zu bieten. Qualität, Kosten und Preis bilden eine Dreiecksbeziehung, die durch diese Strategien jeweils optimiert werden.

2.1.1.2 Ziele und Wirkungen von Qualitätsmanagementsystemen darstellen

01. Welches Ziel hat das Qualitätsmanagement?

Das Qualitätsmanagement dient der Optimierung der Kosten-Nutzen-Relation der Prozesse. Es zielt nicht zwangsläufig auf höherwertige Produkte oder Prozesse ab, sondern soll die Erreichung der vorgegebenen Qualitätsstandards sicherstellen. Daraus können sich folgende Ziele ergeben:

- Ablauforganisation verbessern
- Dienstleistung transparenter erbringen
- Dienstleistungsqualität erhöhen
- Einarbeitung von neuen Mitarbeitern verbessern
- Kosten reduzieren
- Kundenbindung erhöhen
- Motivation der Mitarbeiter erhöhen
- Wunsch der Kunden, Auftraggeber oder Kostenträger nach einem funktionierenden Qualitätsmanagementsystem erfüllen
- Zertifizierung erlangen.

02. Welche Vorteile werden von Unternehmen bei der Einführung eines Qualitätsmanagementsystems erwartet?

Die überwiegende Erwartung ist, dass Abläufe und Prozesse klarer strukturiert werden. Dadurch Organisation und Strukturen im Unternehmen eindeutiger zugeordnet werden und so eine höhere Transparenz im Unternehmen erzeugt wird.

Häufig ist die Erwartung, dass durch das Qualitätsmanagementsystem eine Leistungssteigerung im Unternehmen (Produktivität), eine bessere Nachvollziehbarkeit und Rückverfolgbarkeit von Ergebnissen sowie ein nachhaltiges Qualitätsbewusstsein bei den Mitarbeitern entsteht.

Oft ist mit der Einführung eines Qualitätsmanagementsystems die Erwartung verbunden, dass sich das Image des Unternehmens verbessert, die Anzahl von Fehlern reduziert und die Kosten im Allgemeinen gesenkt werden.

03. Wie werden Qualitätssicherung und Qualitätsmanagement im SGB V definiert?

- Qualitätssicherung wird im § 135a SGB V als Prozess definiert, der insbesondere das Ziel hat, die Ergebnisqualität der erbrachten Leistungen zu verbessern.
- Qualitätsmanagement definiert sich im § 135a SGB V als interne Maßnahme der Leistungserbringer, die der Sicherung der Qualität dient.

Die einschlägige Fachliteratur definiert die Begriffe Qualitätssicherung und Qualitätsmanagement häufig nicht trennscharf.

04. Wonach richtet sich die Qualitätsplanung?

Die Qualitätsplanung berücksichtigt:
- Strukturqualität
- Prozessqualität
- Ergebnisqualität.

Das Ergebnis der Qualitätsplanung ist eine Dokumentation, die die Ziele des QM-Systems und den Weg der Zielerreichung darstellt. Zu dieser Dokumentation gehören i. d. R. Zielplanung, Prozessbeschreibung, Organigramm, Formulare, Checklisten etc. Häufig werden als Kriterien Soll-Werte festgelegt.

05. Welche Funktionen werden im Qualitätsmanagement unterschieden?

Stellen mit verschiedenen Funktionen stellen die Umsetzung und laufende Entwicklung eines QM-Systems sicher. Insbesondere sind dies

- **Qualitätsbeauftragte:** Der Qualitätsbeauftragte trägt die Verantwortung für das QM-System einer Organisation. Die Aufgabe des QB liegt in der Koordination und Steuerung der QM-Aktivitäten. Um Unabhängigkeit zu gewährleisten, sollte der QB kein Mitglied der Geschäftsführung sein, aber Einfluss auf das Management besitzen und eigenständig Entscheidungen im Rahmen des QM treffen können.
- **Interne Auditoren:** Mitarbeiter, deren Aufgabe die Durchführung von internen Audits zur Überprüfung der Erfüllung der Anforderungen eines QM-Modells, insbesondere der DIN EN ISO 9000 ff. ist.
- **Zertifizierer/externe Auditoren:** Zertifizierer werden von externen Organisationen entsendet, um eine Überprüfung bzw. Bewertung des QM-Systems vorzunehmen und ggf. die Ausstellung eines Zertifikates zu empfehlen.

06. Welche Qualitätskriterien sind für die Zusammenarbeit von hauptamtlich und ehrenamtlich Tätigen zu prüfen?

- Zusammenarbeit: Die hauptamtlichen und ehrenamtlichen Tätigkeitsfelder müssen definiert und voneinander abgegrenzt werden. Ehrenamtliche in Gesundheitsbetrieben arbeiten z. B. als: AWO-Tafelbetreuer, Geschichtenerzähler, Grüne Damen, soziale Betreuung nach § 43b SGB XI usw.
- Zuständigkeits- und Entscheidungskompetenzen: Bei sich überschneidenden Tätigkeitsfeldern müssen die Zuständigkeits- und Entscheidungskompetenzen transparent und deutlich abgegrenzt sein.
- Partner: Hauptamtlich und ehrenamtlich Tätige sind Partner in ihren Tätigkeitsfeldern und ergänzen sich.
- Konkurrenz: Hauptamtlich und ehrenamtlich Tätige stehen in keiner Konkurrenz. Innerhalb der gewählten ehrenamtlichen Tätigkeit besteht keine Möglichkeit, hauptamtliche Tätigkeiten durchzuführen.
- Begleitung: Professionelle Begleitung durch hauptamtlich Tätige darf nicht als hierarchisches Regulativ eingesetzt und vermittelt werden. Die professionelle Begleitung bietet methodische Instrumente zur Begleitung der ehrenamtlich Tätigen.
- Rahmenbedingungen: Die professionelle Begleitung im Ehrenamt bietet neben den gesetzlichen und institutionellen Rahmenbedingungen auch Schutz. Hauptamtlich Tätige bieten den Ehrenamtlern ihre Hilfe und Unterstützung an.
- Fachliches Wissen: Ehrenamtlich Tätige besitzen durch den individuellen Bezug zu ihrer Tätigkeit Kompetenzen, Selbstverantwortungs- und Entscheidungsmöglichkeiten, die über fachliches Wissen hinausgehen.

2.1.1.3 Qualitätspolitik berücksichtigen

01. Welche Ziele sollen mit der Qualitätspolitik erreicht werden?

Die Qualitätspolitik ist, entsprechend der Norm EN ISO 9001, die umfassende Darlegung, der durch die Unternehmensleitung verfassten qualitätsbezogenen Absichten und Anweisungen einer Organisation.

Von Bedeutung für die Festlegung der Qualitätspolitik sind folgende Punkte:

- Leitlinien des Unternehmens
- Grundlagen des Qualitätsmanagementsystems
- Ziele des Unternehmens.

Die Qualitätspolitik formuliert daher die normativen Ziele einer Organisation. Sie setzt den Rahmen für die Grundsätze des Unternehmens, die Ziele und das Qualitätsmanagementsystem. Damit verbunden ist oftmals die Formulierung einer Unternehmensvision als Ausdruck des Selbstverständnisses der Organisation.

Die Formulierung der Qualitätspolitik sollte laut DIN EN ISO 9001
- angemessen sein
- eine Verpflichtung zur Erfüllung der Wirksamkeit beinhalten
- eine ständige Verbesserung anstreben
- im Unternehmen vermittelt werden
- verständlich sein
- einen Rahmen für die Ziele festlegen
- einen Rahmen für die Bewertung der Ziele festlegen.

Ziele im Sinne der Qualitätspolitik können z. B. hohe Servicequalität, hohe Kundenzufriedenheit, Umweltfreundlichkeit sein. Die Qualitätspolitik sollte weiterhin im Qualitätsmanagementhandbuch dargelegt werden.

Beim Setzen der Qualitätsziele stehen u. a. folgende Überlegungen im Vordergrund:
- Dienstleistungsqualität verbessern
- externe Kommunikation verbessern
- Fehler verringern
- interne Kommunikation verbessern
- Kosten senken
- Kundenwünsche erfüllen
- Prozesse optimieren.

Grundsätzlich sollten sich die Leitlinien der Qualitätspolitik nach der Unternehmensstrategie ausrichten. Die operativen Ziele sollten „SMART" formuliert werden, sodass danach praktisch gehandelt werden kann und diese entsprechend kommuniziert werden können.

2.1.1.4 Qualitätsziele definieren

01. Wie sollen Ziele generell definiert werden?

 MERKE

> Ziele sind generell nach dem SMART-Prinzip zu definieren. Dieses lautet wie folgt:
> - **S** = spezifisch, Ziele müssen eindeutig definiert sein
> - **M** = messbar, Ziele müssen durch Kennzahlen messbar gemacht werden
> - **A** = aktiv beeinflussbar, Ziele müssen gestaltet werden können
> - **R** = relevant, Ziele müssen zur Strategie passen

- **T** = terminiert, Ziele müssen einen Termin haben, bis wann das Ziel erreicht sein muss.

02. Welche Zielebenen hat das Qualitätsmanagement?

Im Fokus der Zieldefinition des Qualitätsmanagements stehen die folgenden Aspekte:

- Kundenorientierung: Die Ermittlung der Kundenbedürfnisse durch Befragungen mit dem Ziel, die Kundenzufriedenheit zu messen und zu verbessern. Kunden sind die Patienten, Kostenträger, Einweiser und Mitarbeiter.
- Mitarbeiterorientierung: Die Realisierung einer hohen Behandlungsqualität durch das Zusammenwirken der verschiedenen Berufsgruppen. Hinzu kommen eine gezielte Personalentwicklung durch Qualitätskonferenzen und Qualitätszirkel.
- Prozessorientierung: Der Prozess der Dienstleistungserbringung ist von der Annahme über die Durchführung bis zur Beendung ist mit einer konkreten Zielsetzung festzulegen. Hier können z. B. Clinical Pathways oder Expertenstandards helfen.
- Interne Strukturen: Anhand eines Soll-/Ist-Abgleich der Strukturqualität lassen sich kontinuierliche Qualitätsverbesserungen ableiten. Kosteneinsparungen und eine hohe Kosteneffizienz sind weitere Aspekte.
- Präventives Fehler- und Risikomanagement: Qualitätsmanagement besitzt einen präventiven Charakter. Im Vordergrund stehen Maßnahmen zur Fehler- und Risikovermeidung sowie die Suche nach Fehlerursachen und deren Beseitigung.
- Kontinuierliche Verbesserung: Das Qualitätsmanagement hat stets zum Ziel, Prozesse kontinuierlich zu verbessern. Dies kann durch Qualitätsverbesserungsprojekte oder durch die Vorgabe von „SMART" formulierten Qualitätszielen erfolgen.

03. Erläutern Sie die verschiedenen Qualitätsdimensionen.

Als Qualitätsdimensionen bzw. Ansatzpunkte für eine Verbesserung werden Struktur-, Prozess- und Ergebnisqualität unterschieden.

Die **Strukturqualität** bezieht sich auf die Ausstattungsmerkmale eines Gesundheits- oder Sozialbetriebes. Hier sind die Qualität und Quantität des Personals, räumliche Infrastruktur und Ausstattung im Fokus.

Die in § 70 SGB V genannte Qualität, Humanität und Wirtschaftlichkeit hängt im Wesentlichen von der Zuwendung und der Professionalität der medizinisch und pflegerisch erbrachten Leistungen des Personals ab. Dies setzt hohe Qualitätsstandards an die Betriebsausstattung (Operationssäle, Krankenstationen etc.) voraus.

Die **Prozessqualität** umfasst den Ablauf, die Koordination und Steuerung der Leistungserstellungsprozesse. Schnittstellen sollten reduziert und Doppelarbeiten vermieden werden.

Zur Sicherung der Prozessqualität werden im Krankenhaus z. B. „clinical pathways" angewandt, um auf jeder Stufe des Leistungserstellungsprozesses den Mitarbeitern entsprechende Aufgaben zuzuweisen. Diese strukturierten Behandlungsabläufe sollen den Patienten eine optimale Versorgung gewähren.

Die **Ergebnisqualität** bezieht sich im Krankenhaus auf das Ausmaß der Heilung und Linderung der Krankheiten der behandelten Patienten. Bestimmte Indikatoren geben Aufschluss über die Ergebnisse des medizinischen und pflegerischen Handelns, da Heilung nicht immer möglich und Linderung schwer messbar ist. Häufige Indikatoren sind:

- Verweildauer nach ICD überschritten
- Infektionsrate (Nosokomiale Infektion)
- Dekubitusquote
- Sterblichkeit nach OP
- Wiederaufnahme nach Komplikation.

Für ein Sanitätshaus kann die Ergebnisqualität in folgende Indikatoren gefasst werden:

- Wartezeit für Lieferungen
- Reklamationsrate
- Zufriedenheit mit Produkt.

Häufig werden Befragungen durchgeführt, um die Ergebnisqualität zu messen. Die Patientenzufriedenheit stellt primär auf den Behandlungserfolg ab, aber auch die Servicequalität stellt einen nicht zu unterschätzenden Wettbewerbsfaktor dar.

04. Skizzieren Sie das Ziel-Dreieck von Qualität, Kosten und Zeit.

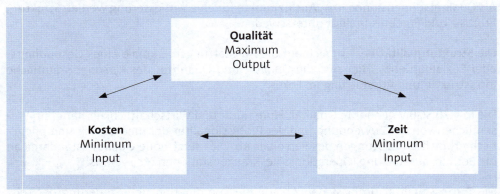

Das Dreieck umfasst die Kosten, die Zeit und die Qualität. Im besten Fall wird durch eine Maßnahme die Qualität erhöht, die „Prozess"-Zeit reduziert und somit auch die

Kosten verringert. Grundlage ist der Qualitätsplan, der von der Qualitätssicherung flankiert wird.

Der **Qualitätsplan** legt die Qualitätskriterien sowie die Methoden geeigneter Qualitätssicherungsmaßnahmen fest. Hinzu kommt die Festlegung, wie die Qualitätsziele gemessen und bewertet werden und welche Ergebnisse zu welchen Zeitpunkten erreicht sein sollen.

Die **Qualitätsziele** werden durch regelmäßige Qualitätssicherungsmaßnahmen überwacht. Die Qualitätssicherung wird als projektbegleitende Maßnahme verstanden, die mit dem ersten Tag des Qualitäts-Projekts beginnt und mit der Übergabe der Projektergebnisse endet. Gängige Techniken der Qualitätssicherung sind die Erstellung von Statusberichten, die Durchführung von Tests und fachlichen Reviews.

05. Welche betriebswirtschaftlichen Dimensionen berührt die Qualität?

 MERKE

Beschaffung = Strukturqualität:
Intern: Infrastruktur sowie die personellen und finanziellen Ressourcen
Extern: Lieferantenbewertung

Produktion = Prozessqualität:
Unternehmenspolitik, Strategie und Planung, Führung, Mitarbeiter, Aufbau- und Ablauforganisation, Dienstleistungserstellung, Produktion

Absatz = Ergebnisqualität:
Kunden- und Mitarbeiterzufriedenheit, ökonomischer und nicht materieller Erfolg, Image und gesellschaftliche Verantwortung

06. Welche fachlichen Dimensionen berührt die Qualität?

- Strukturqualität: Technische, organisatorische, logistische, rechtliche Rahmenbedingungen der Leistungserstellung
- Prozessqualität: Anzahl und Qualifikation (Fertigkeiten, Fähigkeiten und Einstellungen) des Personals
- Ergebnisqualität: Standards, Vorgaben und Normen der Leistungserstellung (z. B. Pflegestufen, DRG).

2.1.1.5 Qualitätsberichte erstellen

01. Auf welcher gesetzlichen Grundlage sind Qualitätsberichte zu erstellen?

Seit 2013 müssen deutsche **Krankenhäuser** gemäß § 136b SGB V jährlich einen strukturierten Qualitätsbericht erstellen. Als zugelassene Krankenhäuser gelten die in § 108 SGB V definierten Krankenhäuser (Hochschulkliniken, Plankrankenhäuser, Krankenhäuser mit Versorgungsauftrag).

Die Qualitätsberichte der **Pflegeheime** werden (je nach Bundesland z. B. nach Landesheimgesetz) vom MDK, der Heimaufsicht in Zusammenarbeit mit den Trägern des Pflegeheimes erstellt. Diese Berichte können dann freiwillig veröffentlicht werden.

Der MDS (Medizinischer Dienst des Spitzenverbandes Bund der Krankenkassen e. V.) gibt alle drei Jahre gemäß § 114a Abs. 6 SGB XI einen Bericht zur Situation und zur Entwicklung der Pflegequalität bei häuslicher Pflege und in Pflegeheimen auf Basis der Prüfungen in den Einrichtungen ab. Der 5. Bericht wurde 2017 veröffentlicht. Eine Umstellung der Berichterstattung ist in Planung.

02. Welche Ziele werden mit den Qualitätsberichten gemäß § 136b SGB V verfolgt?

- Den Versicherten und Patienten im Vorfeld der Krankenhausbehandlung eine Entscheidungshilfe bieten.
- Den Vertragsärzten sowie Krankenkassen bei Einweisung und Weiterbetreuung der Patienten eine Orientierungshilfe bieten.
- Die Leistungen und Qualität der Krankenhäuser transparent darstellen.

03. Welche Struktur weisen die Qualitätsberichte gemäß § 136b SGB V auf?

Ein Qualitätsbericht hat drei Teile:

Teil A

- Allgemeine Struktur- und Leistungsdaten: Kontaktdaten, Organisationsstruktur, Fallzahlen, fachabteilungsübergreifende Versorgungsschwerpunkte bzw. medizinisch pflegerische Leistungsangebote etc.

Teil B

- Struktur- und Leistungsdaten der Fachabteilungen: Versorgungsschwerpunkte, Fallzahlen der Abteilungen, Hauptdiagnosen nach ICD (International Classification of Diseases der Weltgesundheitsorganisation WHO) und Prozeduren nach ICPM (International Classification of Procedures in Medicine, bzw. OPS-301 (Operationen- und Prozedurenschlüssel).

Teil C

- Qualitätssicherung: Teilnahme an der externen vergleichenden Qualitätssicherung (BQS-Verfahren) und nach anderen Qualitätssicherungsverfahren sowie Mindestmengenverordnung.
- Qualitätsmanagement: Ausformulierung der Qualitätspolitik und -ziele, Aufbau eines einrichtungsinternen Qualitätsmanagements und dessen Instrumente, laufende Projekte und Bewertung des Qualitätsmanagements.

Näheres hierzu regelt die Vereinbarung des Gemeinsamen Bundesausschusses (G-BA) gemäß § 136b SGB V über Inhalt und Umfang eines strukturierten Qualitätsberichts für nach § 108 SGB V zugelassene Krankenhäuser. Qualitätsberichte können genutzt werden, um die eigenen Leistungen und deren Qualität herauszustellen und sich dadurch einen Marktvorteil zu erschaffen.

2.1.1.6 Managementbewertung vorbereiten

01. Wie ist die Managementbewertung in den PDCA-Zyklus eingebunden?

Die Norm ISO 9001 regelt die Managementbewertung. Die Unternehmensleitung muss in angemessenen Abständen die Eignung, Angemessenheit und Wirksamkeit des QM-Systems bewerten. Zudem muss sie Verbesserungen des QM-Systems, der QM-Politik und der QM-Ziele prüfen. Im PDCA-Zyklus findet die Managementbewertung in den Bereichen Check und Act ihren Niederschlag.

Die Eingaben für die Bewertung müssen Informationen enthalten zu:

- Ergebnisse des Audit
- Rückmeldung der Kunden
- Leistungen der Prozesse
- Konformität der Produkte
- Maßnahmen zur Vorbeugung
- Maßnahmen zur Korrektur
- Maßnahmen aus vorherigen Bewertungen
- Maßnahmen zur Änderung
- Empfehlungen für Verbesserungen.

Die Ergebnisse der Bewertung müssen Entscheidungen und Maßnahmen enthalten:

- zur Verbesserung der Wirksamkeit
- zur Produkt-/Dienstleistungsverbesserung in Bezug auf Kundenanforderungen
- zum Ressourcenbedarf.

02. Wie kann eine Managementbewertung vorbereitet werden?

Eine Möglichkeit ist die Erstellung einer Matrix nach folgendem Muster:

Bereich	Soll	Ist	Aktion	Kosten	Nutzen
Ergebnisse des Audit	.				
Rückmeldung der Kunden	.				
Leistungen der Prozesse	.				
Konformität der Produkte	Pflegebetten nach MPG	Größe F weicht ab	Austausch der Betten	14.000 €	Erhöhung Bewohnersicherheit
Maßnahmen zur Vorbeugung	.				
…					

03. Was sind die Ziele der Managementbewertung?

Die Managementbewertung soll zeigen, ob

- die Kommunikation geeignet
- die Umsetzung der Ziele ausreichend
- die Organisation sowie die Prozesse geeignet und
- die Mitarbeiter ausreichend qualifiziert sind,

um die Vorgaben der Unternehmensleitung zu erfüllen und ein Prozess der kontinuierlichen Verbesserung im Unternehmen angestoßen wird.

2.1.1.7 Rechtliche Grundlagen und Forderungen beachten

01. Was regelt der Vertrag zwischen Unternehmen und Kunde?

Durch den zwischen der Unternehmung und dem Kunden abgeschlossenen Vertrag werden die jeweiligen Rechte und Pflichten geregelt. Wird dieser Vertrag nicht ordnungsgemäß erfüllt, regelt der § 280 BGB die Schadenersatzpflicht.

Unabhängig vom Vertragsverhältnis regeln die §§ 823 ff. BGB die Schadenersatzpflicht bei unerlaubten Handlungen (Deliktsrecht). Zum Beispiel der Verstoß eines Sanitätshauses gegen das Medizinproduktegesetz.

Strafrechtliche Tatbestände können das Qualitätsmanagement ebenfalls berühren. Maßgeblich sind hier die §§ 223 ff. des Strafgesetzbuches (StGB). Hier ist der Bereich Körperverletzung geregelt. Jeder Eingriff eines Arztes am Patienten stellt grundsätzlich eine Körperverletzung da. Daher ist eine ausdrückliche oder anscheinende Einwilligung des Patienten vor jedem Eingriff notwendig.

02. Wann liegt ein Sachmangel vor (§ 434 BGB)?

▶ A. Ein Sachmangel (im engeren Sinne) liegt vor, wenn die gelieferte Sache bei Gefahrenübergang nicht die vereinbarte Beschaffenheit aufweist (§ 434 BGB), z. B.
   - fehlerhafte Ware
   - Abweichung von der vereinbarten Garantie.
▶ B. Sofern die Beschaffenheit nicht vereinbart wurde, liegt ein Sachmangel (im engeren Sinne) dann vor, wenn
   - sich die Sache nicht für die vertraglich vorausgesetzte Verwendung eignet,
   - sich die Sache nicht für die gewöhnliche Verwendung eignet und nicht eine Beschaffenheit aufweist, die bei Sachen der gleichen Art üblich ist,
   - die Eigenschaften der Sache von der umworbenen Qualität abweicht (Darstellung in der Werbung).
▶ C. Ein Sachmangel (im weiteren Sinne) ist auch gegeben bei:
   - unsachgemäßer Montage
   - mangelhafter Montageanleitung (sogenannte „IKEA-Klausel").
▶ D. Ein Sachmangel liegt ferner bei Falschlieferung („... eine andere Sache geliefert ...") bzw. Minderlieferung vor.

03. Worin unterscheiden sich Gewährleistung und Garantie?

Allgemeine Regeln bei Lieferung einer mangelhaften Ware finden sich im BGB. Die Sach- und Rechtsmängelfreie Lieferung der Kaufsache stellt eine Hauptpflicht des Verkäufers dar (§ 433 Abs. 1 Satz 2 BGB). Gewährleistung ist somit das Einstehen für Mängel an der Kaufsache. Das BGB verwendet den Begriff „Gewährleistung" selbst nur am Rande (vgl. §§ 358, 365 BGB).

Von der gesetzlich vorgeschriebenen Gewährleistung ist die Garantie zu unterscheiden. Diese wird dem Käufer freiwillig gewährt. Es werden für den Garantiefall bestimmte Rechte eingeräumt, die neben den im Gesetz geregelten Mängelansprüchen (Gewährleistung) geltend gemacht werden können. Der Verkäufer kann die Garantie einschränken, z. B. durch den Nachweis einer regelmäßigen Wartung oder Überprüfung nach Herstellervorschrift in einer Fachwerkstatt.

04. Welche Rechte hat der Kunde bei Mängeln?

05. Was regelt das Produkthaftungsgesetz?

Hersteller von Produkten sind für die Schäden, die ein fehlerhaftes Produkt verursacht gem. § 1 des Produkthaftungsgesetzes (ProdHaftG) haftbar.

06. Was ist im Medizinproduktegesetz geregelt?

Es regelt den Verkehr mit Medizinprodukten (§ 1 MPG). § 2 MPG klärt den Anwendungsbereich und § 3 MPG definiert den Begriff Medizinprodukte.

07. Was ist im Arzneimittelgesetz geregelt?

Arzneimittel sind keine Medizinprodukte. Sie werden im Arzneimittelgesetz (AMG) beschrieben. In § 1 AMG wird der Zweck dargestellt, während in § 2 AMG die Definition von Arzneimitteln erfolgt.

Nach § 84 Abs. 2 AMG wird bei einem Schaden in Zusammenhang mit einem Arzneimittel vermutet, dass dieser durch das Arzneimittel verursacht wurde. Dies bedeutet eine Beweislastumkehr bei Schadenersatzforderungen. Nicht der Patient, sondern der Arzneimittelhersteller (pharmazeutischer Unternehmer) muss seine Unschuld (des Arzneimittels) beweisen. Dies tritt allerdings nicht ein, sofern ein weiterer Tatbestand zu dem Schaden hätte führen können. Hier ist auch die DIN EN 80001 zu berücksichtigen, welche sich an Betreiber von medizinischen IT-Netzwerken sowie an Hersteller von Medizinprodukten und sonstiger IT-Technologie richtet (siehe KU Gesundheitsmanagement 5/2012).

Für Betäubungsmittel gilt das **Betäubungsmittelgesetz** (BtMG). Danach muss ein Betäubungsmittel von einem in Deutschland approbierten Arzt schriftlich und persönlich verschrieben werden (Betäubungsmittelrezept). Zudem müssen in der Verschreibung die Dosierungsanweisung und die Abgabemenge angegeben werden. Vor jeder Verschreibung muss je Einzelfall geprüft werden, ob nicht eine andere Therapie möglich ist. Eine unzureichende Diagnostik wäre strafbar. Die Gabe der Betäubungsmittel (BTM) ist in einem BTM Buch zu dokumentieren, die BTM sind vor dem Zugriff Dritter zu schützen.

08. Was regelt die Lebensmittelhygieneverordnung?

Für alle Betriebe, die Lebensmittel gewerbsmäßig herstellen, behandeln oder in den Verkehr bringen, gilt die Lebensmittelhygieneverordnung (LMHV). In den Anlagen zur LMVH werden allgemeine Anforderungen an die Hygiene geregelt.

09. Was regelt das HACCP-Konzept?

Das HACCP-Konzept (Hazard Analysis and Critical Control Points, deutsch: Gefahrenanalyse und kritische Lenkungspunkte) ist ein Präventivsystem, das die Sicherheit von Lebensmitteln und Verbrauchern gewährleisten und potenzielle Gefahren in der Lebensmittelproduktion vermeiden soll. Gefahr ist hierbei alles, was eine Gefährdung der Gesundheit von Verbrauchern verursachen kann. Solche Gefahren drohen besonders an kritischen Punkten der Lebensmittelproduktion. Dies betrifft alle Einrichtungen, die ihre Kunden selbst beköstigen, wie z. B. Krankenhäuser, Kitas, Pflegeheime.

10. Wie ist Hygiene im Krankenhaus geregelt?

Im Krankenhaus gibt es in Fragen der Hygiene keine bundeseinheitliche Rechtsgrundlage. Hier gelten einzelne landesrechtliche Hygieneverordnungen. Zu nennen sind aber die Empfehlungen der Kommission für Krankenhaushygiene und Infektionsprävention des RKI oder die Empfehlungen des Arbeitskreises Krankenhaus und Praxishygiene der Arbeitsgemeinschaft der Wissenschaftlichen Medizinischen Fachgesellschaften e. V. (AWMF) und der Deutschen Gesellschaft für Krankenhaushygiene e. V. (DGKH).

11. Was regelt das Infektionsschutzgesetz?

Das Robert-Koch-Institut übernimmt auch wesentliche Aufgaben im Bereich des Infektionsschutzgesetzes (IfSG). In § 1 des IfSG wird der Zweck des Gesetzes beschrieben, *„... übertragbaren Krankheiten beim Menschen vorzubeugen, Infektionen frühzeitig zu erkennen und ihre Weiterverbreitung zu verhindern."* § 6 IfSG listet die meldepflichtigen Krankheiten und § 7 IfSG listet die meldepflichtigen Nachweise von Krankheitserregern auf. In § 8 IfSG werden die meldepflichtigen Institutionen und Personen genannt. Hierzu gehören z. B. neben Ärzten, ausgebildeten Pflegekräften, Krankenhäusern, Gesundheitsämtern auch Leiter von Pflegeeinrichtungen. Verstöße gegen die Meldepflicht können mit Bußgeld oder Freiheitsstrafe geahndet werden (§ 73 ff. IfSG).

12. Wie hängen verschiedene Gesetze mit dem Qualitätsmanagement zusammen?

Ein Qualitätsmanagement ist, unabhängig von den schon geltenden Vorschriften zum Qualitätsmanagement, von rechtlicher Bedeutung. Das Qualitätsmanagement kann dazu beitragen, Risiken zu erkennen, zu vermeiden bzw. zu vermindern. Es bietet dem Unternehmen die Möglichkeit, sich effektiver und effizienter zu organisieren.

Aus Sicht der Arzt- und Pflegehaftung muss das Qualitätsmanagement eine ordnungsgemäße Dokumentation gewährleisten. Ein fehlendes oder falsch ausgefülltes Aufklärungsprotokoll oder eine nicht dokumentierte Untersuchung bzw. Behandlung führen ggf. zur Beweislastumkehr (z. B.: BGH Urteil vom 7. Juni 2011, AZ: VI ZR 87/10).

13. In welchen Gesetzen und Verordnungen ist die Qualitätssicherung im Gesundheits- und Sozialwesen geregelt?

RECHTSGRUNDLAGEN

- (Muster-)Berufsordnung für die in Deutschland tätigen Ärztinnen und Ärzte in § 5
- Apothekengesetz in § 11a
- Arzneimittel- und Wirkstoffherstellungsverordnung in § 3
- Arzneimittelgesetz in § 54
- Kita-Qualitäts- und Teilhabeverbesserungsgesetz § 1
- Medizinproduktegesetz in § 26
- SGB II, Leistungen zur Eingliederung in § 17
- SGB V, Leistungserbringer in der GKV in § 70
- SGB V, Richtlinien der Kassenärztlichen Bundesvereinigung für Verfahren zur Qualitätssicherung in § 75 Abs. 7
- SGB V, Qualitäts- und Wirtschaftlichkeitsprüfung der Krankenhausbehandlung in § 113
- SGB V, Sicherung der Qualität der Leistungserbringung in §§ 135 ff.
- SGB VIII, Kinder- und Jugendhilfe in §§ 78 b ff.
- SGB IX, Qualitätssicherung in der Rehabilitation in § 37
- SGB XI, Qualitätssicherung in §§ 97a/c
- SGB XI, Pflege in §§ 112 ff.
- SGB XI, MDK Prüfungen in §§ 114 bis 115
- SGB XII, Einrichtung und Dienste in § 75

14. Wie werden grundsätzliche Anforderungen an ein Qualitätsmanagement im SGB V definiert?

Der § 135a SGB V schreibt die Einführung und Weiterentwicklung eines Qualitätsmanagementsystems und die Teilnahme an Maßnahmen der Qualitätssicherung vor. Die Anforderungen an ein einrichtungsinternes Qualitätsmanagement sind im Bundesanzeiger Nr. 242 vom 22.12.2005 bekannt gemacht worden. Der Bekanntmachung liegt die Vereinbarung gemäß § 137 Abs. 1 Satz 3 Nr. 1 SGB V aufgrund des Beschlusses des Gemeinsamen Bundesausschusses (G-BA) nach § 91 Abs. 7 SGB V zugrunde. Sie nennt die grundsätzlichen Anforderungen an ein einrichtungsinternes Qualitätsmanagement für nach § 108 SGB V zugelassene Krankenhäuser (Hochschulkliniken, Plankrankenhäuser, Krankenhäuser mit Versorgungsauftrag).

Demnach dürfen die Krankenhäuser ihr Qualitätsmanagementsystem frei auswählen. Vorgeschrieben ist das Prinzip des umfassenden Qualitätsmanagementsystems, das die folgenden Elemente umfasst:

- Patientenorientierung
- Verantwortung und Führung
- Wirtschaftlichkeit
- Prozessorientierung
- Mitarbeiterorientierung und -beteiligung
- Zielorientierung und Flexibilität
- Fehlervermeidung und Umgang mit Fehlern
- kontinuierlicher Verbesserungsprozess.

Diese Elemente sollen mit der Verpflichtung zur ethischen, moralischen und humanitären Werteorientierung verknüpft werden (Qualitätskultur).

15. Wie leitet sich das Qualitätsmanagement im SGB V ab?

§ 70 SGB V verpflichtet die Krankenkassen und Leistungserbringer unter der Überschrift „Qualität, Humanität und Wirtschaftlichkeit", eine bedarfsgerechte und gleichmäßige, dem allgemein anerkannten Stand der medizinischen Erkenntnisse entsprechende Versorgung der Versicherten und Patienten zu gewährleisten.

Hinzu kommt, dass die Versorgung ausreichend und zweckmäßig sein muss, das Maß des Notwendigen nicht überschreiten darf und in der fachlich gebotenen Qualität sowie wirtschaftlich erbracht werden muss. Geeignete Maßnahmen haben auf eine humane Krankenbehandlung hinzuwirken.

16. Wie leitet sich das Qualitätsmanagement im SGB XI ab?

Der § 2 SGB XI stellt darauf ab, dass die Leistungen der Pflegeversicherung den Pflegebedürftigen helfen sollen, trotz des Hilfebedarfs ein Leben zu führen, das der Würde des Menschen entspricht. Den Wünschen der Pflegebedürftigen soll angemessen und leistungsgerecht entsprochen werden.

17. Welche Verpflichtung gibt es hinsichtlich der Qualität?

Qualität und Wirksamkeit der Leistungen müssen nach § 2 Abs. 1 Satz 3 SGB V dem allgemeinen Stand der medizinischen Erkenntnisse entsprechen und den medizinischen Fortschritt berücksichtigen. § 135a SGB V verpflichtet die Leistungserbringer zur Qualitätssicherung.

Nach § 112 SGB XI liegt die Verantwortung für die Qualität bei den Trägern der Pflegeeinrichtungen. In den Pflegesatzverhandlungen[1] sind nach § 84 Abs. 5 SGB XI die Leistungs- und Qualitätsmerkmale für die Einrichtungen festzulegen.

18. Welche Aufgaben hat das Institut für Qualität und Wirtschaftlichkeit im Gesundheitswesen (IQWiG)?

Das 2004 gegründete IQWiG ist eine fachlich unabhängige wissenschaftliche Institution in der Rechtsform einer privaten Stiftung. Das Institut erstellt evidenzbasierte Gutachten zur Kosten-(Zusatz)nutzen-Bewertung von:

- Arzneimitteln
- Operationsmethoden
- diagnostischen und therapeutischen Verfahren
- Früherkennung von Krankheiten.

Zusatznutzen: Ist in diesem Zusammenhang immer als eine Verbesserung gegenüber einer vergleichbaren Therapie zu sehen.

- Empfehlung zu Behandlungsleitlinien und Disease-Managementprogrammen
- Gesundheitsinformationen für die Bürger/innen.

Auftraggeber: G-BA, Bundesministerium für Gesundheit. Die Arbeitsergebnisse des Instituts sollen in erster Linie dem G-BA als Entscheidungshilfe dienen.

---

[1] siehe auch: *H. Christophers*, Pflegeverhandlungen – die Grundlagen, Hannover 2019.

19. Welche Voraussetzungen müssen für den Abschluss eines Versorgungsvertrages erfüllt sein?

Die Einrichtungen müssen folgende Voraussetzungen erfüllen:

- Leitung durch eine ausgebildete Pflegefachkraft
- Gewähr für eine leistungsfähige und wirtschaftliche, pflegerische Versorgung
- einrichtungsinternes Qualitätsmanagement
- Zahlung der ortsüblichen Arbeitsvergütung an die Beschäftigten
- Anwendung der Expertenstandards, z. B. zur Dekubitusprophylaxe.

Nur stationäre Einrichtungen müssen Unterkunft und Verpflegung gewährleisten. Der MDK ist berechtigt, die Qualität zu prüfen. Die Ergebnisse sind frei zugänglich und werden auch im Internet veröffentlicht.

20. Wie ist der Medizinische Dienst der Krankenkasse (MDK) organisiert und welche Aufgaben nimmt dieser wahr?

Der MDK ist eine Gemeinschaftseinrichtung der gesetzlichen Kranken- und Pflegekassen und in jedem Bundesland als eigenständige Arbeitsgemeinschaft organisiert.

MERKE

Seine Aufgaben sind:

- Qualitätsprüfungen in Pflegeheimen und Einstufung der Pflegebedürftigen
- Beurteilung der Notwendigkeit von Leistungen
- Prüfung bei Arbeitsunfähigkeit
- Unterstützung der Krankenkasse bei Vertragsverhandlungen
- Beratung der Kassen bei Aufklärung von Behandlungs- und Pflegefehlern
- Beratung der Kranken- und Pflegekassen sowie ihrer Verbände in Grundsatzfragen.

Auf Bundesebene fördert der Medizinische Dienst der Spitzenverbände der Krankenkassen (MDS) die Zusammenarbeit der MDKs.

21. Was ist Zweck des Arzneimittelgesetzes?

Zweck des Gesetzes ist, im Interesse von Mensch und Tier für die Sicherheit im Verkehr mit Arzneimitteln zu sorgen, insbesondere in Hinblick auf Qualität, Wirksamkeit und Unbedenklichkeit der Arzneimittel (vgl. § 1 AMG).

Entsprechend ist es verboten, Arzneimittel in den Verkehr zu bringen oder bei einem anderen Menschen anzuwenden, wenn bei bestimmungsgemäßen Gebrauch nach dem Stand der Wissenschaft schädliche Nebenwirkungen unvertretbar sind (vgl. § 5 AMG).

22. Welche wesentlichen Aspekte der Qualitätssicherung sind im Recht der gesetzlichen Krankenversicherung verankert?

Das Recht der gesetzlichen Krankenversicherung ist im SGB V geregelt. Die Versorgung der Versicherten hat auf allgemein anerkanntem Stand der medizinischen Erkenntnisse zu erfolgen. Sicherzustellen haben dies die Krankenkassen und die Leistungserbringer (vgl. § 70 Abs. 1 SGB V). Die Aspekte der Qualitätssicherung finden sich daher im Vierten Kapitel des SGB V ab § 69.

1. Richtlinien des Gemeinsamen Bundesausschusses, § 92 SGB V

Der Gemeinsame Bundesausschuss wird von der Kassenärztlichen Vereinigung, der Deutschen Krankenhausgesellschaft und dem Spitzenverband Bund der Krankenkassen gebildet. Die Richtlinien konkretisieren in einer Vielzahl von Leistungsfeldern, was eine ausreichende, zweckmäßige und wirtschaftliche Versorgung umfasst. Die Richtlinien beziehen sich auf die ärztliche Behandlung ebenso wie auf die Verordnung von Heil- und Hilfsmitteln, die Einführung von neuen Untersuchungs- und Behandlungsmethoden bis hin zu Qualitätssicherung im engeren Sinne und zu Schutzimpfungen. Die Richtlinien sind sehr detailliert. So beschreibt die Heilmittelrichtlinie welche Heilmittel in welcher Häufigkeit bei welcher Erkrankung Anwendung finden.

2. Zulassung

Leistungserbringer dürfen grundsätzlich für gesetzlich Versicherte auf Kosten der Krankenkassen nur tätig werden, wenn sie in irgendeiner Form zugelassen worden sind. Die Zulassung erfolgt in Abhängigkeit von Ausbildungsstand und Ausstattung. Bei Ärzten erfolgt die Zulassung unter Beteiligung der Kassenärztlichen Vereinigungen und der Krankenkassen, wenn der Bewerber unter anderem hinreichend qualifiziert ist (vgl. §§ 95, 95a und 96 SGB V).

Soweit ein Krankenhaus nicht eine Hochschulklinik oder ein Plankrankenhaus nach dem Krankenhausplan eines Landes ist, bedarf es eines Versorgungsvertrages des Krankenhauses mit den Krankenkassen (vgl. § 108 SGB V).

Ergotherapeuten müssen für eine Zulassung neben der Ausbildung auch eine Praxisausstattung vorhalten (vgl. § 124 Abs. 2 SGB V).

3. Fortbildungspflicht

Für Vertragsärzte ergibt sich diese aus § 95 d SGB V.

4. Bewertung von Untersuchungs- und Behandlungsmethoden, § 135 SGB V
Der Gemeinsame Bundesausschuss macht Vorgaben für die notwendige Qualifikation von Ärzten und die apparativen Anforderungen, um sachgerecht neue Methoden einzusetzen.

5. Verpflichtung zur Qualitätssicherung, § 135a SGB V
Vertragsärzte etc. haben ein internes Qualitätsmanagement einzuführen und sich an einrichtungsübergreifenden Maßnahmen zu beteiligen.

6. Überprüfungen der Kassenärztlichen Vereinigungen, § 135b SGB V
Die Kassenärztlichen Vereinigungen fördern die Qualität der vertragsärztlichen Versorgung.

7. Hilfsmittelverzeichnis, § 139 SGB V
Der Spitzenverband Bund der Krankenkassen (GKV-Spitzenverband) erstellt ein Hilfsmittelverzeichnis. Es führt Hilfsmittel auf, die von der Leistungspflicht der Versicherung umfasst sind. In das Verzeichnis werden die Hilfsmittel auf Antrag aufgenommen, wenn sie eine hinreichende Funktionalität und Qualität aufweisen. Es dient den Beteiligten als Orientierung.

Das Hilfsmittelverzeichnis hat nicht den Charakter eines abschließenden Leistungskatalogs. Dies hat das Bundessozialgericht in der Entscheidung vom 10.04.2008 zum Aktenzeichen B 3 KR 8/07 R festgestellt.

23. Welche wesentlichen Aspekte der Qualitätssicherung sind im Recht der gesetzlichen Pflegeversicherung verankert?

Die Verantwortung für die Qualität der Pflege trifft sowohl die Pflegekassen als auch den Träger einer Pflegeeinrichtung (vgl. § 112 Abs. 1 SGB XI).

1. Zulassung, § 72 SGB XI
Leistungserbringer dürfen grundsätzlich für gesetzlich Versicherte auf Kosten der Pflegekassen nur tätig werden, wenn sie in irgendeiner Form zugelassen worden sind.

Bei Pflegeheimen und Pflegediensten erfolgt dies durch einen Versorgungsvertrag zwischen dem Träger der Einrichtung und den Landesverbänden der Pflegekassen im Einvernehmen mit den Trägern der Sozialhilfe.

Der Abschluss eines Versorgungsvertrages setzt unter anderem voraus, dass die Einrichtung unter qualifizierter Leitung steht, sich verpflichtet ein Qualitätsmanagement einzuführen und Pflegestandards zu beachten.

2. Rahmenverträge, § 75 SGB XI
Der Inhalt der Pflegeleistungen wird über Rahmenverträge der Landesverbände der Pflegekassen mit den Vereinigungen der Träger der ambulanten und stationären Pflegeeinrichtung konkretisiert.

3. Qualitätsverantwortung, § 112 SGB XI
Pflegeeinrichtungen sind verpflichtet, Maßnahmen zur Qualitätssicherung zu ergreifen, ein Qualitätsmanagement durchzuführen und Expertenstandards anzuwenden.

4. Qualitätsprüfungen, §§ 114 ff. SGB XI
Die Pflegeeinrichtungen werden vom Medizinischen Dienst der Krankenversicherung regelmäßig auf die Wirksamkeit der Pflege- und Betreuungsmaßnahmen überprüft. Die Prüfungen können darüber hinausgehen. Grundsätzlich sollen die Prüfungen unangemeldet erfolgen.

Die Ergebnisse der Überprüfungen sind von den Landesverbänden der Pflegekassen unter anderem kostenfrei im Internet zu veröffentlichen.

5. Pflegehilfsmittelverzeichnis, § 78 Abs. 2 SGB XI
Der Spitzenverband Bund der Krankenkassen hat im Pflegehilfsmittelverzeichnis Mittel zusammenzufassen, die von der Leistungspflicht der Pflegekasse umfasst sind. Das Hilfsmittelverzeichnis hat nicht den Charakter eines abschließenden Leistungskatalogs. Dies hat das Bundessozialgericht in der Entscheidung vom 15.11.2007 zum Aktenzeichen B 3 A 1/07 R festgestellt.

6. Beratung bei Pflegegeldbezug, § 37 Abs. 3 SGB XI
Bezieher von Pflegegeld müssen der Pflegekasse regelmäßig belegen, dass die auf der Grundlage des Pflegegeldes erbrachte Pflege ordnungsgemäß erfolgt. Die Bestätigung kann durch einen Mitarbeiter einer Pflegeeinrichtung nach einem Hausbesuch erfolgen.

24. Ist Qualitätssicherung auf die gesetzliche Kranken- und Pflegeversicherung beschränkt?

Die Qualitätssicherung, letztlich der Erfolg des Leistungsaufwandes, ist das Anliegen jedes Leistungsträgers. Exemplarisch sei auf die Sozialhilfe verwiesen nach SGB XII. Kosten für Leistungen in stationären Einrichtungen werden nur übernommen, wenn mit der Einrichtung eine Leistungsvereinbarung zur Qualität getroffen ist (vgl. § 75 Abs. 2 SGB XII).

25. Welche Anspruchsgruppen mit welchen Zielen gibt es in NGO-Organisationen?

Beispiel

Anspruchsgruppen		Ziele
intern	Eigentümer	▸ Unternehmenswert
		▸ Rendite, Gewinn, Erhaltung, Verzinsung und Wertsteigerung des investierten Kapitals
		▸ Existenzsicherung des Unternehmens/der Organisation
		▸ Selbstständigkeit, Entscheidungsautonomie
		▸ Kontrolle, Macht, Einfluss, Prestige
		▸ Entfaltung eigener Ideen und Fähigkeiten
	Top-Management	▸ Macht und sozialer Status
		▸ Selbstverwirklichung
	Mitarbeiter	▸ Einkommen, Arbeitsplatzsicherheit, Existenzsicherung
		▸ sinnvolle Betätigung, Entfaltung der eigenen Fähigkeiten, Selbstverwirklichung
		▸ Status, Anerkennung, Prestige
extern	Kontrollorgane	▸ Erreichung des Unternehmens- und Organisationszwecks
		▸ Delegation
	Kunden (Versicherte und Patienten)	▸ Produktqualität, Preiswürdigkeit, Produktsicherheit
		▸ Identifikation mit den Produkten
	Lieferanten	▸ günstige Konditionen
	Wettbewerber	▸ Marktmacht
		▸ Kooperation auf branchenpolitischer Ebene

Anspruchsgruppen	Ziele
Politik-, Wissenschafts- und Gesellschaftssystem	
Politik	▸ Machtausübung
	▸ Gesellschaftliche Wohlfahrt
	▸ Wirtschaftswachstum
	▸ Verteilungsgerechtigkeit
	▸ Konjunkturelle Stabilität
	▸ Aufgabenerfüllung
Behörden	▸ Einhaltung von Rechtsvorschriften/Normen
	▸ niedriger Verwaltungsaufwand
	▸ Information
	▸ Kontrolle
	▸ Gemeinden, Kreise, Bezirke
	▸ Wohlfahrt der Einwohner
	▸ Unternehmensinvestitionen
	▸ Gewerbesteuereinnahmen
Interessengruppen (Ärzteverbände, Patientengruppen, Verbände der Pharmabranche)	▸ Mitglieder-Interessenvertretung
	▸ wirtschaftliche Teilziele
	▸ soziale Teilziele
	▸ politische Teilziele
Arbeitgeber der Kunden der aktuellen und potenziellen Versicherten und Patienten	▸ Produktivität der Mitarbeiter
	▸ geringer Krankenstand
	▸ Motivation der Mitarbeiter/Konzentration auf die Arbeit
	▸ soziale Leistungen als Teil des Arbeitgeber-Marketing
Wissenschaft (Medizin, Versorgungsforschung, Volks- und Betriebswirtschaftslehre, Management und Marketing)	▸ fachliche Qualität
	▸ hohe Input-, Prozess- und Outputqualität
	▸ Reputation
	▸ hohe Ausbildungs- und Forschungsqualität
	▸ Nachfrage nach Absolventen
	▸ Fort- und Weiterbildung
	▸ Kooperationen, Förderung, Sponsoring

Anspruchsgruppen	Ziele
Kirchen, Religionsgemeinschaften, Philosophie/Ethik	▸ ethische Forderungen ▸ Gerechtigkeit ▸ soziale Verantwortung ▸ religiöse Forderungen in Einzelfragen, wie beispielsweise Geburtenkontrolle, Sterbehilfe oder Genetik
Medien	▸ eigener Unternehmenswert des Mediums ▸ Anzeigen- und Vertriebsumsatz ▸ Reichweiten- und Auflagenzahlen ▸ öffentliches Interesse, Aufmerksamkeit ▸ Interesse der Leser und Nutzer ▸ Interessen der Werbekunden ▸ Reputation für Themengebiete ▸ „Stories" ▸ Information
Öffentlichkeit und Gesellschaft	▸ gerechte Zukunftssicherung ▸ Offenlegung und Kontrolle wirtschaftlicher Tätigkeit ▸ Offenlegung und Kontrolle der gesundheitlichen Versorgung ▸ Gerechtigkeit ▸ Förderung des Gemeinwohls ▸ gesellschaftliche Werte, Ethik- und Moralvorstellungen

2.1.2 Qualitätsmanagementsysteme im Gesundheits- und Sozialwesen
2.1.2.1 Qualitätsmanagementsysteme und Ansätze vergleichen
01. Wofür steht TQM?

TQM steht für Total Quality Management und gilt als umfassendes Qualitätskonzept. Total Quality Management soll alle Bereiche einer Organisation, also Kunden, Lieferanten und Mitarbeiter in das Qualitätsmanagementsystem einbinden.

Das T, Q und das M können wie folgt beschrieben werden:

Total bedeutet:
- Bereichs- und funktionsübergreifend zu arbeiten
- Kundenorientierung
- Gesellschaftsorientierung
- Mitarbeiterorientierung.

Quality umfasst:
- Qualität der Arbeit
- Qualität der Prozesse
- Qualität der Produkte und Dienstleistungen.

Management heißt hier:
- Führungsaufgabe Qualität als sinnorientiertes Handeln
- Führungsqualität als Vorbildfunktion
- Team- und Lernfähigkeit fordern und fördern
- Beharrlichkeit bei der Umsetzung von TQM.[1]

02. Welches Ziel hat TQM?

Total Quality Management erklärt die Qualität zur zentralen Führungsaufgabe. Das Konzept soll alle Berufsgruppen und Hierarchieebenen sowie alle Prozesse einbinden. Die ständige Qualitätsverbesserung soll die Kosten senken und Kundenzufriedenheit schaffen, aus der sich wiederum Wettbewerbsvorteile ergeben.

03. Auf welchen Grundprinzipien baut das TQM auf?
- Qualität ist oberstes Unternehmensziel
- Vorbildfunktion der Geschäftsführung
- Förderung der Fähigkeiten der Führungskräfte

---
[1] Vgl. *Ertl-Wagner/Steinbrucker/Wagner 2009*

- strategische Qualitätspolitik
- Datensammlung und -aufbereitung
- Planung von Zielen und Maßnahmen
- Mitarbeiterorientierung
- Mitbestimmung und Entscheidungskompetenz
- Kundenorientierung
- Kundenzufriedenheit steigern
- Integration der Lieferanten
- Null-Fehler-Ansatz
- kontinuierlicher Verbesserungsprozess (Kaizen)
- Prozessorientierung
- Lean Management
- Benchmarking: von Anderen lernen
- Qualitätscontrolling
- Verbesserungspotenziale erkennen und nutzen.

04. Welche Kernpunkte stehen im Zentrum des TQM-Ansatzes?

Kernpunkte des TQM-Ansatzes sind die Qualität als oberstes Unternehmensziel, die Vorbildfunktion der Geschäftsführung und das Streben nach kontinuierlicher Verbesserung.

Im TQM-Ansatz wird oftmals der japanische Begriff „Kaizen" genannt. „Kaizen" steht für die ständige Veränderung zum Besseren, d. h. kein Tag vergeht in einer Organisation ohne Verbesserung. Ein wichtiger Bestandteil der Kaizen-Philosophie ist die Standardisierung, zumal sichergestellt sein muss, dass nach jeder Verbesserung der neue Zustand erhalten bleibt. Dieser Zustand wird zum neuen Qualitätsstandard erhoben.

Der TQM-Ansatz basiert darauf, dass alle am Prozess Beteiligten für die Fehler verantwortlich sind. Das Ziel liegt im Erreichen von null Fehlern.

05. Wofür steht die Abkürzung EFQM?

EFQM ist ein Total-Quality-Management-Modell und steht für European Foundation for Quality Management. EFQM ist eine gemeinnützige Organisation, die ihren Sitz in Brüssel hat. Die Gründung der Organisation erfolgte 1988.

Der EFQM Excellence Award (EEA) soll im Konkurrenzkampf der Weltmärkte zur Erhöhung der europäischen Wettbewerbsfähigkeit führen. Der Excellence-Ansatz betrachtet Unternehmen, die Kernkompetenzen einsetzen, um frühzeitig zukünftige Kundenwünsche aufzunehmen und umzusetzen. Der EEA zeichnet jedes Jahr Organisationen aus, die ein TQM (Total Quality Management) umgesetzt haben. Voraussetzung ist der

Gewinn eines nationalen Qualitätspreises. Für Deutschland ist dies der Ludwig-Erhard-Preis. Eine Zertifizierung erfolgt, wenn ein Unternehmen sich um den deutschen bzw. den europäischen Qualitätspreis beworben hat.

06. Welchen acht Grundkonzepte sind die Basis der EFQM-Excellence?

1. Dauerhaft herausragende Ergebnisse erzielen
2. Nutzen für Kunden schaffen
3. mit Vision, Inspiration und Integrität führen
4. Veränderungen aktiv managen
5. durch Mitarbeiterinnen und Mitarbeiter erfolgreich sein
6. Kreativität und Innovation fördern
7. die Fähigkeiten der Organisation entwickeln
8. nachhaltig die Zukunft gestalten.

Die Umsetzung kann beispielhaft an folgender Grafik dargestellt werden:

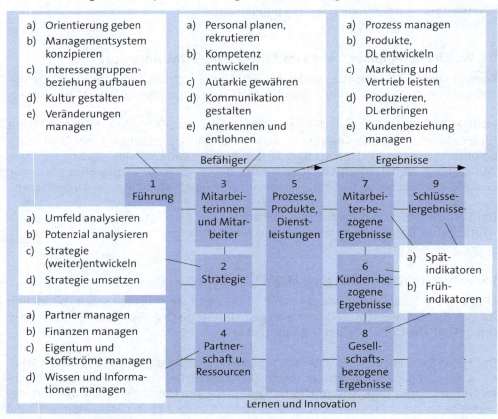

Quelle: http://www.dgq.de/dateien/EFQM-Excellence-Modell-2013.pdf

Diese Konzepte können sich verändern, wenn sich exzellente Organisationen weiterentwickeln und verbessern. Der Einsatz bewährter Erfolgsrezepte (best practice) stellt sicher, dass das Modell einen dynamischen Charakter erhält.

07. Welche Kriterien bilden die Grundstruktur von EFQM?

Die Grundstruktur besteht aus fünf Befähigerkriterien, die Elemente der Struktur- und Prozessqualität umfassen sowie aus den Ergebniskriterien der Ergebnisqualität. Die Befähiger lassen sich als Ursache, die Ergebnisse als Wirkung bezeichnen. Die Resultate werden im Sinne des Regelkreises durch Innovation und Lernen an die sie verursachenden Befähigermerkmale gekoppelt.

08. Nennen Sie die Befähiger- und Ergebniskriterien des EFQM.

Befähigerkriterien	▶ Führung
	▶ Mitarbeit
	▶ Politik und Strategie
	▶ Partnerschaften und Ressourcen
	▶ Prozesse, Produkte und Dienstleistungen
Ergebniskriterien	▶ mitarbeiterbezogene Ergebnisse
	▶ kundenbezogene Ergebnisse
	▶ gesellschaftsbezogene Ergebnisse
	▶ wichtige Ergebnisse der Organisation

09. Auf welchem Prinzip baut das EFQM-Modell auf?

Das wichtige Prinzip des EFQM-Modells ist die Selbstbewertung, die auf verschiedene Methoden basieren kann. Dies kann die Fragebogenmethode, ein Workshop oder ein Standardformular sein. Die aufwendigste Methode ist die Simulation, die auf der RADAR-Bewertungsmethode basiert.

RADAR ist ein logisches Konzept zur Überprüfung der jeweiligen Befähiger- und Ergebniskriterien. RADAR setzt sich aus den folgenden Anfangsbuchstaben zusammen:

R	– Result	– Ergebnisse
A	– Approach	– Vorgehen
D	– Deployment	– Umsetzung
A	– Assessment	– Bewertung
R	– Review	– Überprüfung

Die Bestimmung der Ergebnisse, die der Strategie- und Politikprozess eines Unternehmens erzielen soll, steht am Anfang. Konkrete Planungsschritte dienen der Realisierung der anvisierten Ziele. Die Umsetzung der Ziele folgt in der dritten Stufe. Daran schließt sich die Bewertung und Überprüfung der Ergebnisse an, aus denen sich zukünftige Verbesserungspotenziale ableiten lassen.

Die Befähiger- und Ergebniskriterien werden zur Beurteilung gewichtet. Die RADAR-Bewertungsmatrix bewertet jedes Teilkriterium prozentual. Die Gesamtpunktzahl ergibt sich aus der Addition der Punkte für alle neun Kriterien. Maximal möglich sind 1.000 Punkte.

10. Was sind die Grundgedanken des EFQM-Modells?

Das EFQM-Modell (auch Excellence genannt) umfasst acht Grundgedanken:

1. Führung und Zielkonsequenz
2. Management mit Prozessen und Fakten
3. Mitarbeiterentwicklung und Beteiligung
4. kontinuierliches Lernen, Innovation und Verbesserung
5. Aufbau von Partnerschaften
6. Verantwortung gegenüber der Öffentlichkeit
7. Ergebnisorientierung
8. Kundenorientierung.

11. Wie wird im EFQM-Modell bewertet?

Die Bewertung des EFQM-Modells geschieht mithilfe von neun Kriterien als Selbstbewertung. Hiervon sind fünf Befähigerkriterien (Führung, Politik und Strategie, Mitarbeiterorientierung, Partnerschaften und Ressourcen, Prozesse) und vier Ergebniskriterien (Mitarbeiterzufriedenheit, Kundenzufriedenheit, gesellschaftbezogene Ergebnisse, Schlüsselergebnisse). Maximal sind 1.000 Punkte für das Unternehmen zu erreichen (je 500 Punkte für Befähigerkriterien und Ergebniskriterien). Das folgende Schaubild verdeutlicht dieses noch einmal:

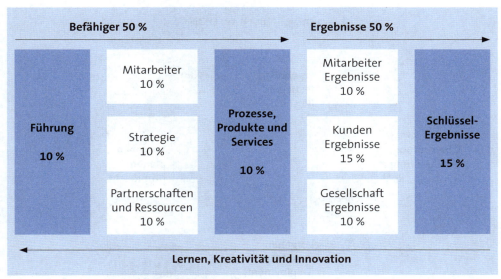

Quelle: http://www.deming.de/Deming/EFQM_Modell_2010.html

Insgesamt gibt es mehrere Stufen im EFQM-Modell. Hierzu dient das dreistufige Programm „Levels of Excellence", das auch für Mitglieder der EFQM und der Deutschen Gesellschaft für Qualität (DGQ) sowie für interessierte Nicht-Mitglieder zugänglich ist.

Die **erste Stufe** ist das „Committed to Excellence". Zur Erreichung müssen folgende Tätigkeiten erfüllt werden:

- EFQM-Selbstbewertung
- Ableitung und Priorisierung von Projekten zur Verbesserung
- Umsetzung von mindestens drei Verbesserungsprojekten innerhalb 6 - 9 Monaten nach der Selbstbewertung.

Anschließend wird das Unternehmen durch einen EFQM-Prüfer (Validator) besucht, um ein zwei Jahre gültiges Zertifikat zu erlangen.

Die **zweite Stufe** ist das „Recognised for Excellence". Zur Erreichung müssen folgende Tätigkeiten erfüllt werden:

- Erstellung einer Dokumentation zu allen 32 Teilkriterien von EFQM
- vollständige RADAR-Bewertung durch ein externes Assessoren-Team.

2. Steuern von Qualitätsmanagementprozessen | 2.1 Ermitteln und Festlegen von Qualitätszielen

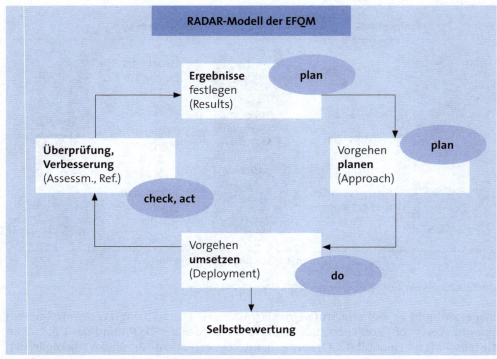

Quelle: http://www.paeger-consulting.de/html/efqm-modell.html

Quelle: RADAR ist ein Akronym für **r**esults, **a**pproach, **d**eployment, **a**ssessment, **r**eview. Im Deutschen könnte man dies folgendermaßen übersetzen: Resultate, Ansätze, Durchführung, Bewertung, Überprüfung. Nach diesen fünf Kriterien könnte eine grobe Bewertung eines Unternehmens wie folgt durchgeführt werden:

Grob-Ansatz		0 %	0 - 25 %	25 - 50 %	50 - 75 %	75 - 100 %
R	*Results* Ergebnisse	keine	einige	gute	ausführliche	Best in Class
A	*Approach* Vorgehen	kein	einige	gute	ausführliche	vorbildlich
D	*Deployment* Umsetzen	kein	einige	gute	ausführliche	vorbildlich
AR	*Assessment & Refine*	kein	einige	gute	ausführliche	vorbildlich

Quelle: http://www.deming.de/Deming/EFQM_Modell_2010.html

Hierbei können drei Bewertungen erzielt werden:

- mehr als 200 Punkte = 3 Sterne
- mehr als 300 Punkte = 4 Sterne
- mehr als 400 Punkte = 5 Sterne.

Das Zertifikat ist ebenfalls zwei Jahre gültig. Hiermit darf das Unternehmen werben.

In der **dritten Stufe** steht der Gewinn von Qualitätspreisen. In Deutschland ist dies der nationale Ludwig-Erhard-Preis. An diesem darf nur teilnehmen, wer eine fünfjährige Phase der kontinuierlichen Verbesserung absolviert hat. Nur wer einen nationalen Preis gewonnen oder 5 Sterne im „Recognised for Excellence" erzielt hat, kann dann am europäischen EFQM-Excellence-Award (EEA) teilnehmen. Die Erst- und Zweitplatzierten des EEA erhalten von der EFQM Auszeichnungen.

12. Was sind die Vor- und die Nachteile des EFQM-Modells?

Vorteile	Nachteile
▸ umfassendes Qualitätsmodell	▸ unzureichende Standardisierung
▸ Anreize durch Qualitätspreise	▸ Ergebnisqualität und Angemessenheit der Leistungen
▸ Ergebnisorientierung im Managementbereich	▸ Zertifizierung nur für gesamtes Krankenhaus
▸ hohe Akzeptanz durch die Selbstbewertung	▸ keine Evaluation der Kosten-Nutzen-Relation
▸ kostengünstig anwendbar	
▸ international gültig	

13. Was bedeutet DIN EN ISO?

- DIN – Deutsches Institut für Normung
- EN – Europäische Norm
- ISO – International Organization for Standardization

14 Geben Sie einen Überblick, aus welchen Teilen die 9000er-Normenfamilie besteht.

DIN EN ISO 9000:2015	Grundlage von QM-Systemen Begriffe des Qualitätsmanagements
DIN EN ISO 9001:2015	Anforderungen an ein QM-System
DIN EN ISO 9004:2009	Leitfaden zur Leistungsverbesserung
DIN EN ISO 19011:2011	Leitfaden für die Auditierung von Qualitätsmanagementsystemen und Umweltmanagementsystemen

Die erste Zahl kennzeichnet die Norm, die zweite Zahl das letzte Jahr einer Änderung.

15. Stellen Sie die Bausteine der DIN EN ISO 9000er-Normenfamilie und ihren Bezug zueinander grafisch dar.

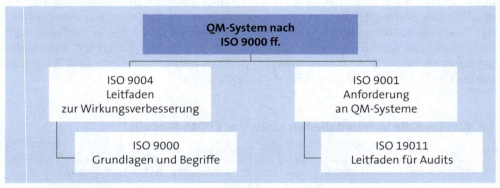

Bausteine der 9000er-Normenfamilie und ihr Bezug zueinander

16. Welche Grundsätze hat ein QM-System nach DIN EN ISO 9000?

Kundenorientierung	Organisationen hängen von ihren Kunden ab und sollten gegenwärtige und zukünftige Forderungen ihrer Kunden erkennen, verstehen und deren Anforderungen erfüllen sowie versuchen, diese zu übertreffen.
Verantwortlichkeit der Führung	Führungskräfte schaffen die Übereinstimmung von Zweck und Ausrichtung der Organisation. Sie sollten das interne Umfeld schaffen und erhalten, in dem sich alle Personen voll und ganz für die Erreichung der Ziele der Organisationen einsetzen können.
Einbeziehung aller Personen	Auf allen Ebenen machen Personen das Wesen einer Organisation aus, und ihre vollständige Einbeziehung ermöglicht es ihre Fähigkeiten zum Nutzen der Organisation einzusetzen.
Prozessorientierter Ansatz	Ein erwünschtes Ergebnis lässt sich effizienter erreichen, wenn Tätigkeiten und dazugehörige Ressourcen als Prozess geleitet und gelenkt werden.
Systemorientierter Managementansatz	Erkennen, verstehen, leiten und lenken von miteinander in Wechselbeziehung stehenden Prozessen als System, tragen zur Effektivität und Effizienz der Organisation beim Erreichen der Ziele bei.
Kontinuierliche Verbesserung	Die ständige Verbesserung der Gesamtleistung der Organisation stellt ein permanentes Ziel der Organisation dar.
Sachbezogener Ansatz zur Entscheidungsfindung	Effektive Entscheidungen beruhen auf der Analyse von Daten und Informationen.
Lieferantenbeziehungen zum gegenseitigen Nutzen	Eine Organisation und ihre Lieferanten sind voneinander abhängig. Beziehungen zum gegenseitigen Nutzen erhöhen die Wertschöpfungsfähigkeit beider Seiten.

17. Was ist die DIN EN ISO 9000?

ISO steht als Abkürzung für die 1947 gegründete International Organization for Standardization mit Sitz in Genf. Deutschland ist seit 1951 durch das DIN-Institut (Deutsches Institut für Normung e. V.) bei der ISO vertreten. DIN steht hierbei für die deutsche (nationale) Norm. EN bedeutet europäische Norm, herausgegeben vom Europäischen Komitee für Normung (CEN) und ISO steht für die international geltende Norm. DIN EN ISO steht also für eine weltweit gültige Norm.

Im Rahmen der ISO gibt es technische Standards, klassifikatorische Standards und Verfahrensstandards – das Qualitätsmanagement gehört zur Gruppe der Verfahrensstandards. Innerhalb der ISO bezieht sich die sogenannte 9000er-Normenfamilie auf das Qualitätsmanagement. Diese Normenreihe wurde 1994 (2015, Anmerkung des Autors) zuletzt einer Revision unterzogen und auch für das Gesundheitswesen adaptiert.

Diese 9000er-Normenfamilie besteht aus ISO 9000, ISO 9001, ISO 9004 sowie ISO 19011. Hierbei bezeichnet die erste Zahl (also beispielsweise 9001) die Norm selbst, die zweite Zahl nach dem Doppelpunkt hingegen das letzte Jahr der Revision. Dies bedeutet z. B., dass die DIN EN ISO 9001:2015 sich auf die ISO 9001 bezieht, die im Jahre 2015 zuletzt geändert wurde. Eine Revision ist alle fünf Jahre geplant.

Die Mitglieder der ISO 9000-Normenfamilie bestehen also aus:

- ISO 9000: hier werden die Grundlagen für QM-Systeme beschrieben und die in der ISO 9000 verwendeten Begriffe des Qualitätsmanagements erläutert.

- ISO 9001: hier werden die Anforderungen an ein QM-System geregelt. Anhand von acht Prozessgruppen wird erläutert, was die Grundanforderungen an ein funktionierendes Qualitätsmanagement sind, bzw. welche Anforderungen die Organisation erfüllen muss.

- ISO 9004: Sie soll Unternehmen und Organisationen als wichtiges Werkzeug bei der Ermittlung des eigenen Reifegrades dienen. Im Sinne einer Selbstbewertung der Unternehmen konzentriert sie sich auf die Elemente Führung, Strategie, Managementsystem, Ressourcen und Prozesse. Damit sollen Verbesserungs- und Innovationspotenziale einer Organisation gefördert werden.

- ISO 19011: … weitet den Anwendungsbereich von Qualität und Umwelt auf alle Managementsysteme aus und wird dadurch zu einem Universalwerkzeug für alle Systemauditoren. Die Empfehlungen der neuen Norm gelten für alle Arten von internen und externen Audits, unabhängig davon, ob die Systemanforderungen in einer ISO-Norm, in einer nationalen oder Fachbereichsnorm oder von Behörden, dem Gesetzgeber oder einzelnen Unternehmen/Einkaufsverbänden gestellt werden … Ein wesentlicher neuer Aspekt bei der Programmlenkung und Auditdurchführung ist die Einführung der Risikobetrachtung. Dies gilt vor Allem für das Risiko des Auditprozesses (ob das Ergebnis erreichbar ist) die Risiken aus der Interaktion Auditor und Auditpartner.

Risikobasiertes Auditieren, d. h. Priorisierung, die Konzentration auf Sachverhalte von Bedeutung ist ausdrücklich erlaubt, wobei die Norm hierzu keine detaillierte Anleitung enthält.

18. Wie läuft eine ISO-Zertifizierung ab?

Die folgende Abbildung zeigt den Ablauf einer ISO-Zertifizierung:

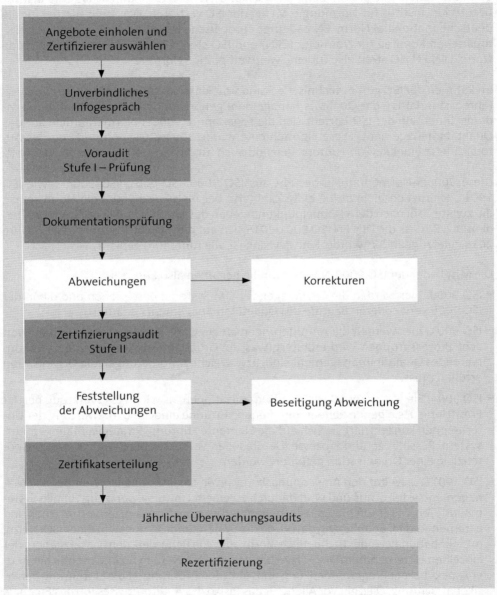

Quelle: http://www.din-iso-zertifizierung-qms-handbuch.de/ISO_9001_Zertifikat.htm

Die DIN EN ISO-Normen sind ausschließlich über den Beuth-Verlag zu beziehen (www.beuth.de).

19. Welche Norm ist die Grundlage einer DIN EN ISO-Zertifizierung?

Um eine Zertifizierung zu erlangen, muss eine Organisation ein QM-System nach der Norm DIN EN ISO 9001:2015 aufbauen. Es können einzelne Abteilungen oder das Unternehmen als Ganzes zertifiziert werden. Das QM-System muss dokumentiert, realisiert, aufrechterhalten und die Effektivität ständig verbessert werden.

Die DIN EN ISO 9001:2015 ist ein prozessorientierter Ansatz, der das systematische Erkennen und Handhaben von Prozessen innerhalb einer Organisation sowie ihre wechselseitigen Wirkungen behandelt. Die DIN EN ISO 9000 und die DIN EN ISO 9004 sind dagegen nicht zertifizierbar.

20. Welche sind die zehn Hauptkriterien der DIN EN ISO 9001?

1. Anwendungsbereich
2. Normative Verweisungen
3. Begriffe
4. Kontext der Organisation
5. Führung
6. Planung für das QM-System
7. Unterstützung
8. Betrieb (Operation)
9. Bewertung der Leistung
10. Verbesserung.

21. Welchen Inhalt haben die Hauptkriterien (4) bis (10) der DIN ISO EN 9001?

(4) Kontext der Organisation	► Verstehen der Organisation und ihres Kontextes sowie der Erfordernisse und Erwartungen interessierter Parteien
	► Festlegen des Anwendungsbereichs des Qualitätsmanagementsystems und dessen Prozesse
(5) Führung	► Festlegungen zu Kundenorientierung und Qualitätspolitik sowie Rollen
	► Verantwortlichkeiten und Befugnissen in der Organisation
(6) Planung für das Qualitätsmanagementsystem	► Entscheidungen zu Maßnahmen im Umgang mit Risiken und Chancen
	► Festlegen der Qualitätsziele und Planung zur deren Erreichung
(7) Unterstützung (Support)	► Beschreibung der Ressourcen: Personen, Infrastruktur, Umgebung zur Durchführung von Prozessen
	► Ressourcen zur Überwachung und Messung, Wissen der Organisation
	► Umgang mit dokumentierter Information: Erstellung und Aktualisierung sowie die Lenkung dokumentierter Information
(8) Betrieb (Operation)	► Beschreibung der betrieblichen Planung und Steuerung
	► Darstellung der Anforderungen an Produkte und Dienstleistungen, der Kommunikation mit den Kunden
	► Bestimmung, Überprüfung und Änderung von Anforderungen in Bezug auf Produkte und Dienstleistungen
	► Entwicklung von Produkten und Dienstleistungen
	► Steuerung von externen bereitgestellten Prozessen, Produkten und Dienstleistungen
	► Darlegung der Produktion und Dienstleistungserbringung
	► Freigabe von Produkten und Dienstleistungen sowie Steuerung nichtkonformer Prozessergebnisse, Produkten und Dienstleistungen
(9) Bewertung der Leistung	► Beschreibungen zur Überwachung, Messung, Analyse und Bewertung von Leistungen
	► Internes Audit und Managementbewertung
(10) Verbesserung	► Darlegungen zum Verhalten bei Nichtkonformität und Korrekturmaßnahmen sowie zur fortlaufenden Verbesserung

MERKE

Die einzelnen Kapitel können dem PDCA-Zyklus (siehe Kapitel 2.1.2.2/02.) zugeordnet werden:

- 4: Das Umfeld der Organisation; 5: Führungsverhalten; 6: Planung; 7: Unterstützung = **PLAN**
- 8: Durchführung = **DO**
- 9: Bewertung der Leistung = **CHECK**
- 10: Verbesserung = **ACT**

22. Wie kann das Prozessmodell nach DIN EN ISO 9001:2015 grafisch dargestellt werden?

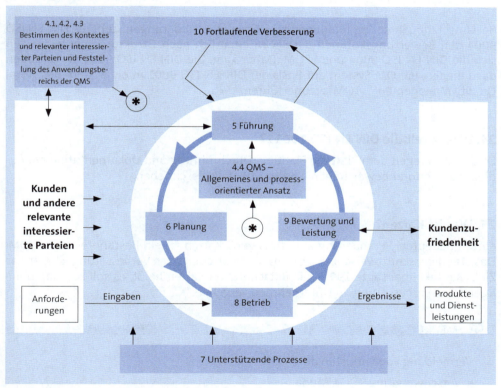

Das Prozessmodell nach DIN EN ISO 9001:2015; Quelle: www.weka.at, Revision iso 9001:2015, Dokument-iD 726 116

23. Wie können die Zusammenhänge der DIN EN ISO 9001 mit anderen Normen beschrieben werden?

Die DIN EN ISO 9004 ist ein eigenständiger Leitfaden zur Leistungsverbesserung einer Organisation. Diese Norm ist im Aufbau identisch mit der Norm DIN EN ISO 9001, enthält aber zusätzliche Empfehlungen zur Umsetzung von deren Anforderungen an ein QM-System.

Beide Normen bilden daher ein konsistentes Paar. Die Anwendung der DIN EN ISO 9004 setzt die Erfüllung der Forderung nach DIN EN ISO 9001 voraus, zumal dies die Minimalanforderungen an ein QM-System darstellen.

Nach der DIN EN ISO 9004 soll die Leistung des nach ISO 9001 zertifizierten QM-Systems im Rahmen des geforderten „Kontinuierlichen Verbesserungsprozesses" (KVP) weiterentwickelt werden. Wesentlich ist die Ausweitung der Kunden und ihrer Anforderungen bzw. Zufriedenheit auf alle Anspruchsgruppen, die in der Norm als „interessierte Parteien" bezeichnet werden.

Bei Umsetzung ihrer Empfehlungen im Sinne der Anforderungen steht die DIN EN ISO 9004 den Bewertungskriterien der EFQM inhaltlich nach. Strukturell unterscheiden sich die DIN EN ISO 9004 und EFQM. Daher kann die DIN EN ISO 9004 als Leitfaden dazu dienen, ein QM-System auf Basis der DIN EN ISO 9001 in ein System des „Total Quality Management" (TQM) zu überführen.

24. Was regelt die DIN EN ISO 19011?

Diese Norm regelt detailliert die Planung, Durchführung und Dokumentation bei Audits. Die Auditorenbewertungen werden ebenfalls beschrieben.

25. Was ist Kaizen?

Kaizen bedeutet „Veränderung zum Besseren". Kaizen ist ein Bestandteil eines TQM. Das ständige, schrittweise und systematische Streben nach Verbesserung ist hier das Ziel. Masaaki Imai sagte 1991 „Die Botschaft von Kaizen heißt, es soll kein Tag ohne irgendeine Verbesserung im Unternehmen vergehen."

MERKE

Vermeidung von Verlusten durch:
- Verschwendung = Muda
- Unausgeglichenheit = Mura
- Überlastung = Muri

sind die Grundidee des Kaizen.

26. Welche Arten von Verschwendung werden im Kaizen unterschieden?

Muda wird in sieben Arten der Verschwendung unterschieden:
1. Verschwendung durch Überproduktion, z. B. in der Küche, Mahlzeiten
2. Verschwendung der Bestände, z. B. durch Ablauf der Mindesthaltbarkeit von Lebensmitteln
3. Verschwendung durch Nacharbeit/Fehler, z. B. Verkochen von Essen
4. Verschwendung der Bewegung, z. B. unnötige Bewegungen beim Spülen
5. Verschwendung in der Herstellung, z. B. durch nicht energiesparsame Produktion
6. Verschwendung durch Warten, z. B. vor dem Kuchenbuffet
7. Verschwendung beim Transport, z. B. zum Speisesaal.

„Unter Unausgeglichenheit (Mura) werden Verluste verstanden, die durch eine nicht abgestimmte Fertigungssteuerung verursacht werden. Unter Verlusten durch Überlastung (Muri) werden sowohl personelle Überbeanspruchungen mit der Folge von Übermüdung, Stress, schlechtem Betriebsklima und Fehlerzunahme verstanden, als auch Anlagenfehlplanungen, wie überhöhter Maschinentakt oder zu kurze Umrüstungsphasen."[1]

27. Was sind die fünf „S" des Kaizen?

Eine wichtige Basis bei Einführung des Kaizens sind die fünf „S":
1. Seiri: unnötige Dinge aus dem Arbeitsbereich entfernen
2. Seiton: ordnen der Dinge, die danach übrig geblieben sind
3. Seiso: den Arbeitsplatz sauber halten
4. Seiketsu: Standards schaffen
5. Shitsuke: die geschaffenen Standards einhalten und verbessern.

28. Was sind die sieben „M" des Kaizen?

Um Kaizen kontinuierlich durchzuführen, gibt es die 7M-Methode, die wichtigsten Faktoren werden immer wieder überprüft. Dies sind:
1. Mensch
2. Maschine
3. Material
4. Methode
5. Milieu/Mitwelt
6. Management
7. Messbarkeit.

---

[1] Quelle: http://www.lexikon.qmb.info/abc/m/muda.htm

29. Was sind die sieben „W" des Kaizen?

Ein weiteres Hilfsmittel im Rahmen von Kaizen ist die 7W-Checkliste.

1. Wer – macht es?
2. Was – ist zu tun?
3. Warum – macht er es?
4. Wann – wird es gemacht?
5. Wo – soll es getan werden?
6. Wie – wird es gemacht?
7. Wieso – wird es nicht anders gemacht?

30. Was steckt unter dem Schirm des Kaizen?

Das folgende Schaubild zeigt, welche Methodenvielfalt unter dem Kaizen-Schirm vereinigt ist:

Quelle: http://www.peter-michael-kurz.de/dogmacms/userfiles/newsletter/57D3C-C0A-AEDD-327E-6577-B6CDC6A2.htm

31. Was bedeutet KVP?

KVP bedeutet kontinuierlicher Verbesserungsprozess und geht auf den US-Amerikaner *William Edwards Deming* zurück. KVP ist vergleichbar mit Kaizen. Es wurde in der Automobilindustrie entwickelt, hat aber auch Eingang in den Dienstleistungssektor gefunden.

 MERKE

> KVP ist ein Konzept für Teamarbeit auf der operativen Ebene, jedoch auch eine Strategie zur permanenten Verbesserung von Produktivität und Qualität auf der Ebene der Führung. Es geht um eine ständige Verbesserung der Produkt-, Prozess- und Servicequalität im Unternehmen. Die Mitarbeiter der jeweiligen Teams sollen in ihrem Verantwortungsbereich und Umfeld laufend eigenständig Verbesserungen vornehmen.

Voraussetzungen für ein erfolgreiches KVP sind:

- KVP-Teams mit Umsetzungsfreiheiten
- eine offene Unternehmenskultur, in der Ideen ausdrücklich gewünscht sind
- die Veränderungsbereitschaft von Führung und Mitarbeitern
- die öffentliche Anerkennung von Ideen
- die tatsächliche Umsetzung von Ideen.

Werden Ideen von der Führung nicht umgesetzt, so muss dieses den Mitarbeitern nachvollziehbar erläutert werden, da es ansonsten zur Demotivation der Mitarbeiter kommt.

Im Rahmen des KVP analysieren Mitarbeiter eigenständig ihren Bereich in Qualitätszirkeln und erarbeiten konkret umzusetzende Verbesserungsvorschläge. Die notwendigen Elemente zur Umsetzung eines KVP werden unten zusammengefasst:

Quelle: DIHK, Geprüfter Industriemeister 2011

32. Was regelt die DIN 77800?

DIN 77800 regelt die Qualitätsanforderungen an Anbieter der Wohnform „Betreutes Wohnen für ältere Menschen". Den Interessenten, den Beratungseinrichtungen, den Bauträgern und den Betreuungsträgern soll eine Richtschnur gegeben werden, damit das Leistungsangebot verständlicher und vergleichbarer wird. Dies bezieht sich auf das zu erbringende Leistungsangebot wie Wohnangebot, Vertragsgestaltung und vor allem auch die zu erbringenden Grund- und Wahlleistungen sowie Maßnahmen zur Qualitätssicherung.

33. Welche Informationen werden nach DIN 77800 bereitgestellt?

- Dienstleistungsangebot
- Grundleistungen des Betreuungsträgers
- Informationen über die Wohnanlage
- Informationen über die Wohnung
- Wahlleistungen des Betreuungsträgers
- Wohnungskosten

Für die Kriterien hinsichtlich der Beschaffenheit der Wohnung und Teilen der Anlage ist die DIN Normen 18025/Teil 1 (Beschaffenheit von Wohnungen für Rollstuhlbenutzer) und Teil 2 (Barrierefreie Wohnung) Basis.

34. Welche Informationen umfasst ISO 31000?

Risikomanagement, Grundsätze und Richtlinien, Konformitätsbescheinigung, z. B. Produkt- und Medizinrisiken.

Produktrisiko ist die Gefährdung von Kunden (durch z. B. Ausfall, Versagen, Tod) bzw. des Herstellers (durch z. B. Haftung, Image, Rückrufaktion). Ein systematischer Risikomanagementprozess soll sicherstellen, dass Produktrisiken bereits bei der Entwicklung identifiziert, bewertet, kontrolliert und überwacht werden.

Medizinprodukte müssen den Methoden des Risikomanagements nach DIN EN ISO 14971 gerecht werden.

35. Was beinhaltet die DIN EN 15224?

Dienstleistungen in der Gesundheitsversorgung – Qualitätsmanagementsysteme:

Beispiele für Einrichtungen der Gesundheitsversorgung, deren QM-System gemäß den Anforderungen der DIN EN 15224 ausgerichtet werden kann:

- Einrichtungen der vertragsärztlichen Versorgung
- Einrichtungen der stationären Krankenhausbehandlung und -pflege
- ambulante und stationäre Altenpflegeeinrichtungen
- Einrichtungen der Gesundheitsvorsorge
- Einrichtungen der psychiatrischen Versorgung
- Einrichtungen der zahnärztlichen Versorgung
- Hospize
- Heilmittelerbringer, wie z. B. Physiotherapie, Ergotherapie, Logopädie
- Erbringer von Arbeitsschutzleistungen
- Einrichtungen der ambulanten und stationären Rehabilitation
- Apotheken
- soziale Einrichtungen, die an der Gesundheitsversorgung teilnehmen
- unter bestimmten Bedingungen auch Sanitätshäuser.

36. Welche 11 Qualitätskriterien sind DIN EN 15224 ausschlaggebend?

Die DIN EN 15224 konkretisiert den Begriff Qualität in der Gesundheitsversorgung durch die Festlegung von elf Qualitätsmerkmalen, mit dem Ziel, die Qualität der Gesundheitsversorgung messbar und nachprüfbar zu gestalten:

1. Angemessene, richtige Versorgung

- Der Patient wird untersucht und entsprechend der Erfordernisse behandelt.
- Die Beurteilung des Erfordernisses der Gesundheitsversorgung beruht auf der Anamnese, ärztlicher Untersuchung, Diagnostik mit einem zulässigen Risiko an unerwünschten Zwischenfällen, Komplikationen oder Nebenwirkungen
- Erbrachte diagnostische und therapeutische Tätigkeiten überschreiten nicht das erforderliche Maß der Notwendigkeit und Wirtschaftlichkeit.

2. Verfügbarkeit

- Dienstleistungen der Gesundheitsversorgung werden innerhalb des Gesundheitssystems bereitgestellt und sind für den Patienten erreichbar.
- Die Verfügbarkeit von Dienstleistungen wird nicht durch Vergütungen, den Umfang der Versorgungsbereitstellung, die Gesundheitskompetenz oder andere Faktoren beschränkt.

3. Kontinuität der Versorgung

Es besteht eine nahtlose Sektor überschreitende Kette von Dienstleistungen der Gesundheitsversorgung für den Patienten von der Überweisung über Untersuchungen, Versorgung, Behandlung und Rehabilitation bis zur Nachsorge.

4. Wirksamkeit

Die Gesundheitsversorgung verbessert im Vergleich zu unterlassenen oder anderweitigen Untersuchungen oder Behandlungen die Wahrscheinlichkeit einer wirksamen Verbesserung des Gesundheitszustandes.

5. Effizienz

Das bestmögliche Verhältnis zwischen den erreichten Ergebnissen und den aufgewendeten Ressourcen wird unter Berücksichtigung der Notwendigkeit bevorzugt.

6. Gleichheit

Sämtliche Patienten mit gleichartigen Erfordernissen und gleichem Schweregrad erhalten – ungeachtet des Geschlechts und sexueller, kultureller, ethnischer, sozialer, sprachlicher oder anderweitiger Gegebenheiten – die gleiche Versorgung.

7. evidenzbasiert/wissensbasiert

Anamnese, Diagnose, Therapie, Vorsorge, Pflege usw. werden wissenschaftlich abgesichert erbracht oder stützen sich auf Erfahrungen auf der Basis bester Praxis.

8. Versorgung orientiert sich am Patienten sowie auf seine körperliche, geistige und soziale Unversehrtheit

Dienstleistungen in der Gesundheitsversorgung werden im Hinblick auf die Werte und Einstellungen des Patienten bereitgestellt, soweit möglich, stets mit seinem Einverständnis und mit Blick auf seine körperliche und psychologische Unversehrtheit ausgeführt.

9. Mitwirkung des Patienten

Der Patient wird informiert, befragt und nach Möglichkeit in alle ihn betreffenden Entscheidungen aktiv einbezogen.

10. Patientensicherheit

Die mit den Dienstleistungen in der Gesundheitsversorgung verbundenen Risiken werden bestimmt und kontrolliert, sämtliche vermeidbare Schäden beim Patienten werden verhindert.

11. Rechtzeitigkeit/Zugänglichkeit

- Dienstleistungen in der Gesundheitsversorgung sind in angemessener Zeit bereitzustellen.
- Die Reihenfolge der Patienten bei der Leistungserbringung hängt, ausschließlich von den Erfordernissen, dem akuten Zustand und der Schwere der Krankheit des Patienten ab.

2.1.2.2 Integrierte Qualitätsmanagementsysteme umsetzen

01. Welche 14 Schritte zur Qualitätsverbesserung wurden von Deming vorgeschlagen?

1. Im Unternehmen den festen Willen zur ständigen Verbesserung schaffen. Dauerhaft Produkte und Service verbessern.
2. Bei allen Beteiligten ein Bewusstsein für Qualität schaffen. Neue Denkweisen sind erforderlich.
3. Vollkontrollen abschaffen. Schon bei der Entwicklung der Produkte und Dienstleistungen die Qualität einplanen.
4. Nicht das billigste Angebot annehmen. Die Beziehung zum Lieferanten aufbauen und die TCO (Total cost of ownership) betrachten.
5. Systeme sind ständig zu verbessern.
   Durch verbesserte Qualität und steigende Produktivität die Kosten senken. Hier hilft der PDCA Zyklus.
6. Ausbildungsmethoden modernisieren.
   Für Training am Arbeitsplatz sorgen. Durch Training die Fachkenntnisse im gesamten Unternehmen weitergeben (Wissensmanagement).

7. Für richtiges Führungsverhalten sorgen.
   Nur die Führung hat die Möglichkeit, Fehler im System zu beheben. Sorgen Sie dafür, dass eine demotivierende Führung unterbleibt, räumen Sie Mitarbeitern Steine aus dem Weg. Für 85 % der Fehler ist das System und nicht der Einzelne verantwortlich.
8. Angst beseitigen.
   Angst ist eine häufige Ursache von Fehlern. Sie entsteht immer dann, wenn der Einzelne das Gefühl der Ohnmacht in Dingen, die sein Leben oder seine Arbeit eng berühren, gegenüber dem Vorgesetzten oder dem Unternehmen hat. Deming vertrat die Auffassung, dass 94 % aller Fehler das Management und nur 6 % die Mitarbeiter verantworten. Fairness, Vertrauen und Toleranz sind die Grundpfeiler guter Zusammenarbeit.
9. Barrieren zwischen Geschäftsbereichen beseitigen.
   Alle Bereiche sind zur Zusammenarbeit zum Wohle der Kunden und des gesamten Unternehmens verpflichtet. Teams lösen viele Probleme direkt und erhöhen die Kooperation.
10. Positive Ziele setzen, statt negative Kritik aussprechen.
    Nur das gute Beispiel des Managements schafft die Voraussetzungen für eine Verbesserung der Qualität, wenn die Organisation transparent ist.
11. Qualität, nicht Quantität im Fokus haben.
    Verzichte auf quantitative Leistungsvorgaben, die zu erreichenden Ziele willkürlich festschreiben. Die Produktion ist auf Qualität auszurichten. Jede Mengenvorgabe schränkt die Qualität und die Produktivität ein.
12. Stolz und Freude an der Arbeit ermöglichen.
    Die Schönheit der eigenen Arbeit ermöglichen. Einzelbeurteilungen von Mitarbeitern schaffen Konkurrenz und fördern Konflikte. Besser Teams beurteilen.
13. Qualifikation und Weiterbildung fördern.
    Lebenslanges Lernen für alle Mitarbeiter ermöglichen. Ausbildung und Selbstlernen fördern, regelmäßige Schulungen über die Produkte des Unternehmens.
14. Qualitätsverbesserung und Produktivitätserhöhung zur Aufgabe der Unternehmensleitung machen.

Das gesamte Unternehmen dazu zu bringen, sich zu verändern und zu verbessern.

02. Was ist der PDCA-Zyklus?

Der PDCA-Zyklus ist eine Planungs- und Strukturhilfe für das Management und die Qualitätssicherung, z. B. beim KVP oder Kaizen. Die Phasen sind:

MERKE

P = Plan (planen): In der Planungsphase werden von den Mitarbeitern die Maßnahmen zur Qualitätsverbesserung entwickelt.

D = Do (durchführen): Die geplanten Maßnahmen werden, sofern möglich, im gesamten Unternehmen umgesetzt.

C = Check (kontrollieren): Die Maßnahmen werden hinsichtlich ihrer Zielerreichung kontrolliert und bewertet.

A = Act (korrigieren): Es werden, sofern notwendig, Korrekturmaßnahmen eingeleitet.

Die letzte Phase wiederum bildet den Ausgangspunkt für ein erneutes Durchlaufen des Zyklus, sodass der Kreis geschlossen wird. Dies zeigt das folgende Schaubild:

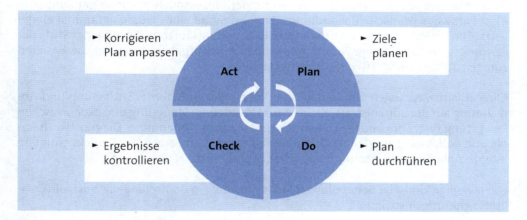

03. Was ist Strukturqualität?

Die Strukturqualität betrifft den Input in die Prozesse.

Für die Strukturqualität hat der Gesetzgeber Vorschriften erlassen, welche z. B. Vorgaben für stationäre Pflegeeinrichtungen in Bezug auf Räumlichkeiten, Ausstattung und Personal sind. Dies sind z. B. die Heimpersonalverordnung und Heimmindestbauverordnung. Strukturqualität für eine Kita betrifft das Personal, die Räumlichkeiten, das Betreuungskonzept, das Spielzeug etc.

Im Gesundheits- und Sozialwesen erfolgt eine strukturbezogene Qualitätssicherung durch die Genehmigung zur Tätigkeitsaufnahme (Zulassung) und die Erlaubnis zur Abrechnung von Leistungen im System der GKV mit Vergabe eines Institutionskennzeichens (IK-Nummer).

04. Was ist Prozessqualität?

Die Prozessqualität betrifft den Throughput, die Faktorkombination im Prozess. Kundenorientierte Qualität setzt einen reibungslosen Prozessablauf voraus. Es ist festzulegen:

- welche Prozessschritte erfolgen müssen
- von wem diese in welchem Rahmen durchzuführen sind
- wer sie dokumentiert
- wie verschiedene Berufsgruppen zusammenarbeiten.

Grundsätzlich stellen sich bei jedem Prozess zwei Fragen: Wird das Richtige getan und wird es richtig gemacht?

In der Medizin werden heute zur Sicherung der Prozessqualität oft so genannte Clinical Pathways (klinische Behandlungspfade im Sinne eines Flussdiagramms) eingesetzt. Clinical Pathways sind strukturierte Behandlungsabläufe, die auf jeder Stufe der Leistungserstellung den jeweils Mitwirkenden ihre Aufgaben zuweisen. Sie basieren zumeist auf wissenschaftlich fundierten Leitlinien.

Clinical Pathways legen zum einen den Prozess der Aufnahme, Entlassung und Abrechnung auf der administrativen Seite zur Umsetzung, Steuerung und ökonomischen Bewertung fest. Zum anderen legen sie die Aufnahme, Anamnese, Diagnostik, Therapie und Entlassung auf der ärztlichen und pflegerischen Seite unter Berücksichtigung interdisziplinärer und interprofessioneller Aspekte fest.

Der jeweilige klinische Behandlungspfad ist sowohl ein Controlling- als auch ein Qualitätssicherungsinstrument.

05. Was ist Ergebnisqualität?

Die Ergebnisqualität betrifft den Output des Prozesses.

Die Ergebnisqualität ist im Gesundheits- und Sozialwesen schwer zu beurteilen.

War die Beratung gut? Hat die Therapie geholfen? Ist die Kita gut? Pflegt der ambulante Dienst gut? Ist die stationäre Reha langfristig erfolgreich? Hilft das Hilfsmittel?

Ist der Patient geheilt? Gesundheit im Sinne der WHO ist nicht immer wiederherstellbar. Die Qualität der Linderung oft schwer messbar. Es sind somit Hilfsmittel notwendig, um einen Rückschluss auf das Ergebnis des Behandlungsprozesses zu erhalten.

Eine Befragung über die Zufriedenheit mit den erbrachten Leistungen wäre möglich. Die Zufriedenheit der Kunden hängt hierbei in erster Linie vom Behandlungserfolg ab. Aber auch die Qualität des Personals oder die Qualität der Hotelleistungen beeinflussen das subjektive Qualitätsempfinden der Patienten.

Ergebnisqualität kann über risikoadjustierte Indikatoren gemessen werden: Sterberate bei Operationen, Fehlerquote beim Einbau von Implantaten etc. Diese können auf Fehler im Prozess hinweisen, z. B. mangelnde Erfahrung der Operateure, Hygienefehler oder Organisationsmängel.

2.1.2.3 Arbeits- und Gesundheitsschutzmanagement sicherstellen

01. Was sind die Grundpflichten eines Arbeitgebers beim Arbeitsschutz?

Das Arbeitsschutzgesetz (ArbSchG) enthält die folgenden Vorschriften:

RECHTSGRUNDLAGEN

§ 3 Grundpflichten des Arbeitgebers
(1) Der Arbeitgeber ist verpflichtet, die erforderlichen Maßnahmen des Arbeitsschutzes unter Berücksichtigung der Umstände zu treffen, die Sicherheit und Gesundheit der Beschäftigten bei der Arbeit beeinflussen. Er hat die Maßnahmen auf ihre Wirksamkeit zu überprüfen und erforderlichenfalls sich ändernden Gegebenheiten anzupassen. Dabei hat er eine Verbesserung von Sicherheit und Gesundheitsschutz der Beschäftigten anzustreben.

(2) Zur Planung und Durchführung der Maßnahmen nach Absatz 1 hat der Arbeitgeber unter Berücksichtigung der Art der Tätigkeiten und der Zahl der Beschäftigten

1. für eine geeignete Organisation zu sorgen und die erforderlichen Mittel bereitzustellen sowie
2. Vorkehrungen zu treffen, dass die Maßnahmen erforderlichenfalls bei allen Tätigkeiten und eingebunden in die betrieblichen Führungsstrukturen beachtet werden und die Beschäftigten ihren Mitwirkungspflichten nachkommen können.

02. Welchen Nutzen und Inhalt hat ein Arbeits- und Gesundheitsschutzmanagementsystem (AMS)?

Ein Arbeits- und Gesundheitsschutzmanagement ist für ein Unternehmen aus folgenden Gründen sinnvoll:

- Ausfall durch Krankheit reduzieren
- Motivation der Mitarbeiter erhöhen
- Strafrechtlich absichern
- Arbeitsunfälle verringern
- Kosten sparen.

Bausteine eines Arbeits- und Gesundheitsschutzmanagementsystems (AMS) sind:
- die Gefährdungserkennung
- die Risikoeinschätzung
- die resultierende Maßnahmenplanung.

Generell sind alle Arbeitsabläufe einer Prüfung zu unterziehen.

Quelle: https://www.bgw-online.de/DE/Arbeitssicherheit-Gesundheitsschutz/Gefaehrdungsbeurteilung/Sieben-Schritte/7_Schritte.html, 09.01.2019

03. Was ist OHSAS?

Die OHSAS 18001 (Occupational Health and Safety Assessment Series) ist ein Arbeitsschutz-Management-System (AMS). Sie wurde 2018 durch die DIN ISO 45001 ersetzt. Diese führt Arbeitsschutz und betriebliches Gesundheitsmanagement zusammen.

04. Was ist ASCA?

Der ASCA wurde als „Arbeitsschutz- und Sicherheitstechnischer Check in Anlagen" im Jahre 1993 in Hessen für die eigenen Aufsichtsbehörden geschaffen. Ziel ist, Systemfehler in der Arbeitsschutzorganisation von Anlagenbetreibern aufzudecken. Die Checklisten sind kostenlos im Internet herunterzuladen.

05. Was ist OHRIS?

Das OHRIS (Occupational Health and Risk Management System) wurde von der Bayerischen Gewerbeaufsicht als Leitfaden für kleinere und mittlere Unternehmen geschaffen. Unternehmer sollen hier freiwillig den Arbeits- und Gesundheitsschutz verbessern. Die Schriftenreihe enthält zahlreiche Checklisten und Formblätter. Eine Zertifizierung ist nicht vorgesehen. OHRIS und seine Hilfsmittel können unter http://www.stmas.bayern.de/arbeitsschutz/managementsysteme/ohris.php herunter geladen werden. 2018 wurde OHRIS und die Einbindung in Qualitätsmanagementsysteme nach ISO 9001 verbessert.

06. Was die ILO OSH-Guideline?

Die ILO OSH–Guideline ist der im Jahre 2001 veröffentlichte weltweit gültige Leitfaden für AMS von der Arbeitsorganisation der UN. Die ILO ist die International Labour Organisation. Die ILO-OSH Guideline ist Grundlage des deutschen Leitfadens für Arbeitsschutzmanagementsysteme.

07. Was ist der LASI?

Der Länderausschuss für Arbeitsschutz und Sicherheitstechnik (LASI) hat zwei Empfehlungen für AMS herausgegeben:

- LASI LV 21 „Spezifikation zur freiwilligen Einführung, Anwendung und Weiterentwicklung von Arbeitsschutzmanagementsystemen" sowie
- LASI LV 22 „Arbeitsschutzmanagementsysteme – Handlungsanleitung zur freiwilligen Einführung und Anwendung von Arbeitsschutzmanagementsystemen für kleine und mittlere Unternehmen".

08. Was tragen die Berufsgenossenschaften zum AMS bei?

 MEDIEN

> Der Hauptverband der gewerblichen Berufsgenossenschaften (HVBG), der 2007 in die DGUV (Deutsche Gesetzliche Unfallversicherung) aufgegangen ist, hat die Broschüre „5 Bausteine für einen gut organisierten Betrieb" erstellt. Die wichtigsten Forderungen an ein AMS werden auf knapp 20 Seiten dargestellt.

Berufsgenossenschaft für die Wohlfahrtspflege (BGW) hat die Managementanforderungen der BGW zum Arbeitsschutz, kurz MAAS-BGW herausgegeben. Es sind zusätzlich zu den sechs dokumentierten Verfahren der ISO 9001 weitere sieben Verfahrensanweisungen erforderlich. MAAS-BGW ist nur in Verbindung mit der ISO 9001 zertifizierbar. Die BGW erstattet die Zertifizierungskosten zum großen Teil.

Zurzeit sind die MAAS-BGW auf folgende QM-Modelle passgenau abgestimmt:
- DIN EN ISO 9001:2015
- KTQ-Krankenhaus 2009 (gilt auch für proCum Cert)
- QEP 2010
- IQMP-Reha.[1]

09. Was ist das Betriebliche Wiedereingliederungsmanagement (BEM)?

Im Zusammenhang mit AMS ist auch das Betriebliche Eingliederungsmanagement (BEM) zu berücksichtigen. Es dient der Prävention und wird in § 167 SGB IX geregelt:

Sind Beschäftigte innerhalb eines Jahres länger als sechs Wochen ununterbrochen oder wiederholt arbeitsunfähig, klärt der Arbeitgeber mit der zuständigen Interessenvertretung im Sinne des § 176, bei schwerbehinderten Menschen außerdem mit der Schwerbehindertenvertretung, mit Zustimmung und Beteiligung der betroffenen Person die Möglichkeiten, wie die Arbeitsunfähigkeit möglichst überwunden werden und mit welchen Leistungen oder Hilfen erneuter Arbeitsunfähigkeit vorgebeugt und der Arbeitsplatz erhalten werden kann (betriebliches Eingliederungsmanagement). Soweit erforderlich wird der Werks- oder Betriebsarzt hinzugezogen. Die betroffene Person oder ihr gesetzlicher Vertreter ist zuvor auf die Ziele des betrieblichen Eingliederungsmanagements sowie auf Art und Umfang der hierfür erhobenen und verwendeten Daten hinzuweisen. Kommen Leistungen zur Teilhabe oder begleitende Hilfen im Arbeitsleben in Betracht, werden vom Arbeitgeber die örtlichen, gemeinsamen Servicestellen oder bei schwerbehinderten Beschäftigten das Integrationsamt hinzugezogen. Diese wirken darauf hin, dass die erforderlichen Leistungen oder Hilfen unverzüglich beantragt und innerhalb der Frist des § 14 Abs. 2 Satz 2 SGB IX erbracht werden. Die zuständige Interessenvertretung im Sinne des § 176 SGB IX, bei schwerbehinderten Menschen außerdem die Schwerbehindertenvertretung, können die Klärung verlangen. Sie wachen darüber, dass der Arbeitgeber, die ihm nach dieser Vorschrift obliegenden Verpflichtungen erfüllt.

Nach dem klaren Wortlaut des § 167 Abs. 2 SGB IX darf ein BEM nur mit Zustimmung der betroffenen Person durchgeführt werden. Lehnt sie ab, dürfen hieran keinerlei arbeitsrechtlichen Konsequenzen geknüpft werden. Dies unterscheidet das BEM deutlich von Krankenrückkehr- oder Fehlzeitengesprächen, bei denen es regelmäßig an einer solchen Freiwilligkeit fehlt.

§ 167 Abs. 2 SGB IX verlangt weiter eine bestimmte Aufgaben- und Rollenverteilung. Danach muss der Arbeitgeber das BEM organisieren. Die Durchführung des BEM, d. h. die konkrete Suche nach Möglichkeiten einer gesundheitsgerechten Beschäftigung ist aber eine gemeinsame Aufgabe von Arbeitgeber, Betriebsrat und Schwerbehindertenvertretung (sofern ein schwerbehinderter Mensch betroffen ist). Weitere betriebliche Akteure, wie z. B. der Betriebsarzt können von den Betriebsparteien hinzugezogen

---

[1] Quelle: BGW, Qualitätsmanagementmodelle und MAAS-BGW, 06/2015.

werden, um etwa die Möglichkeiten einer Anpassung der Arbeit an die gesundheitlichen Bedürfnisse abzuklären. In der Sache ist die gesetzlich vorgeschriebene Beteiligung von Interessenvertretern wichtig, damit die Erfahrungen und Kenntnisse der Beschäftigten für die Wiedereingliederung genutzt werden können.

Als Interessenvertreter haben die Betriebsräte und Schwerbehindertenvertretungen zudem aber auch die wichtige Aufgabe, dafür zu sorgen, dass die Persönlichkeitsrechte der betroffenen KollegInnen beachtet werden und persönliche Daten nicht entgegen dem Datenschutzrecht zweckentfremdet werden (Nutzung von BEM-Unterlagen zur Begründung einer Kündigung statt zur Wiedereingliederung). Das Gesetz formuliert vor diesem Hintergrund ausdrücklich einen Auftrag an die Interessenvertretungen, über die Einhaltung der gesetzlichen Vorschriften zum BEM zu wachen.

Für ein erfolgreiches BEM ist es oft hilfreich zu prüfen, ob im Einzelfall Hilfen aus den sozialen Sicherungssystemen zu erlangen sind, wie z. B. Zuschüsse für Arbeitshilfen oder Hilfen zur behinderungsgerechten Einrichtung von Arbeitsplatz und Arbeitsstätte (das Spektrum möglicher Hilfen kann insbes. den §§ 33 ff. SGB IX; 102 SGB IX entnommen werden). Solche Hilfen können ein anderes Licht auf die Realisierbarkeit von betrieblichen Maßnahmen werfen. § 167 Abs. 2 SGB IX weist deswegen ausdrücklich auf die Möglichkeit hin, das Integrationsamt oder die gemeinsamen Servicestellen der Rehabilitationsträger hinzuzuziehen.

Die notwendigen Regelungen über den Verfahrensablauf des BEM lassen sich am Besten in einer Betriebsvereinbarung treffen. Möglich ist auch eine sog. Integrationsvereinbarung zwischen Arbeitgeber, Betriebsrat und Schwerbehindertenvertretung (§ 176 SGB IX).[1]

10. Was ist SCC?

SCC bedeutet safety certificate contractors oder auch Sicherheits-Certifikat-Contractoren.

Unter SCC sind die Unternehmen zu verstehen, die für einen Auftraggeber technische Dienst- oder Werkleistungen erbringen. Die Kontraktoren und auch Personaldienstleister haben erheblichen Einfluss auf den Sicherheits-, Gesundheits- und Umweltschutzstandard (SGU) der Unternehmen für die sie tätig sind.

Da sich die angebotenen Dienstleistungen oder Werkverträge massiv auf die Qualitätsstandards der Kundenbetriebe auswirken, haben diese wiederum ein hohes Interesse die SGU-Management-Systeme der Kontraktoren und Personaldienstleister zu prüfen. Auf den folgenden Seiten werden überwiegend Angaben zum SCC-System gemacht, da dieses System weitgehend anerkannt ist.

---

[1] Vgl.: http://lohn-info.de/betriebliches-eingliederungsmanagement.html, 09.01.2019

(Arbeits-)Sicherheitsmanagement	
SCC	*Safety Certificate Contractors:* Internationaler Standard für Sicherheits-, Gesundheits- und Umweltmanagement für technische Dienstleister, die im Auftrag für andere Unternehmen tätig sind.
Nationaler Leitfaden für Arbeitsschutzmanagementsysteme	
(ILO-Guides)	*International Labour Organisation, Genf:* Umsetzung des ILO-Leitfadens, der 2001 verabschiedet wurde: Technical Guidelines on Occupational Safety and Health Management Systems.
Nationaler Leitfaden für Arbeitsschutzmanagementsysteme	
OHRIS	*Occupational Health and Risk Managementsystem:* Arbeitsschutz-Managementsystem von 1998, das von der Bayerischen Gewerbeaufsicht in Zusammenarbeit mit der bayerischen Wirtschaft erarbeitet wurde. Es integriert die ISO 9001, die ISO 1401:2004 und den ILO-Leitfaden; derzeit in der 4. Auflage, Oktober 2001. Einzelheiten vgl. www.stmas.bayern.de
LASI LV 21	*Veröffentlichung des Länderausschusses für Arbeitsschutz und Sicherheitstechnik:* Enthält Spezifikationen zur freiwilligen Einführung, Anwendung und Weiterentwicklung von Arbeitsschutzmanagementsystemen (AMS).
ISO 45001	Arbeitschutzmanagementsysteme durch Arbeitssicherheit und Gesundheitsschutz. Ersetzt die OHSAS 18001.

2.1.2.4 Umweltschutzmanagement gewährleisten

01. Was ist ein Umweltmanagementsystem (UMS)?

Das UMS ist ein Instrument zur Planung, Führung, Steuerung und Bewertung des Umweltbereichs. Es ist der organisatorische Rahmen, der die Aufbau und Ablauforganisation zur Planung, Durchführung, Kontrolle und Verbesserung der Umweltpolitik und der Umweltziele festgelegt.

02. Was ist das EMAS?

EMAS ist die Abkürzung für Eco-Management and Audit Scheme, einer EU-Verordnung. EMAS I wurde 1993 veröffentlicht und EMAS II im Jahre 1998. EMAS III ist im Januar 2010 in Kraft getreten. In Deutschland wurden wesentliche Teile von EMAS durch das Umweltauditgesetz (UAG) umgesetzt.

Jedes Unternehmen, das an EMAS teilnimmt, muss jährlich eine überarbeitete Umwelterklärung vorlegen. Diese wird von einem staatlich kontrollierten Umweltgutachter überprüft.

03. Welche 10 Schritte umfasst die Zertifizierung nach EMAS?

1. Vorbereitung
2. Umweltprüfung
3. Umweltpolitik
4. Umweltprogramm
5. Umsetzung des Umweltmanagementsystems
6. Umweltbetriebsprüfung
7. Managementbewertung
8. Umwelterklärung
9. Überprüfung durch einen externen Umweltgutachter
10. Validierung der Umwelterklärung und Registrierung im Standortverzeichnis der IHK/HWK.

MEDIEN

Unter http://www.emas.de/service/PDF-downloads/ kann eine Leitlinie zur Prüfung nach EMAS heruntergeladen werden.

04. Welche Inhalte soll eine Umwelterklärung beinhalten?

Die Umwelterklärung muss folgende Sachverhalte beinhalten:

- Beschreibung der Tätigkeiten, Produkte und Dienstleistungen des Unternehmens an den betreffenden Standorten
- Umweltpolitik des Unternehmens
- wesentliche Umweltauswirkungen (Umweltbilanz)
- Darstellung des Umweltprogramms mit konkreten Zielen für die Verbesserung des Umweltschutzes
- Daten zur Umweltleistung in Kennzahlen (Kernindikatoren).

05. Was beinhaltet die ISO 14001?

Die Umweltmanagementnorm ISO 14001 wurde mit dem Ziel einer Angleichung an die QM-Norm ISO 9001 überarbeitet. Auch in der überarbeiteten Fassung der ISO 14001 wird eine Einschränkung gemacht: „Diese internationale Norm enthält keine Anforderungen, die für andere Managementsysteme spezifisch sind, wie z. B. jene für Qualitätsmanagement, Arbeitsschutz- und Sicherheits-, Finanz- oder Risikomanagement, obwohl deren Elemente mit denen eines anderen Managementsystems in Einklang gebracht oder mit diesen zusammengeführt werden können."

06. In welcher Form ist der Umweltschutz durch die Unternehmen sicherzustellen?

Betrieblicher Umweltschutz

- muss vom Gedanken der Nachhaltigkeit geprägt sein
- darf nicht mehr zufällig erfolgen, sondern ist in einem Umweltschutzmanagementsystem zu etablieren, das wiederum Bestandteil eines integrierten Managementsystems ist (IMS; Integration der im Betrieb vorhandenen Managementsysteme: Qualitätsmanagement, Finanzmanagement usw.)
- hat alle Stufen der Wertschöpfung zu erfassen – von der Beschaffung über die Logistik und Produktion bis hin zur Entsorgung
- hat Ökonomie und Ökologie in tragfähiger Weise zu vereinigen: Zielsetzung ist nicht ein maximaler Gewinn sondern ein auskömmlicher, der die Unternehmensexistenz sichert. Das Gewinnstreben muss nachhaltig vereinbar sein mit den Anforderungen der Gesellschaft nach Lebensqualität und den Erfordernissen der Natur
- hat die Aufgabe, neue umweltschonende Produktionsverfahren und Produkte zu entwickeln und auf diese Weise neue Beschäftigungsmöglichkeiten zu schaffen. Tatsächlich ist dies in weiten Bereichen gelungen: viele Unternehmen stellen erfolgreich umweltschonende Produkte her, die qualitativ hochwertig sind. Eines der Mittel zur Durchsetzung umweltschonender Produkte ist die Senkung des Energieverbrauchs. Aber auch andere Maßnahmen, wie z. B. ein konsequentes Umweltcontrolling, Öko-Audit, Öko-Bilanz, haben in vielen Betrieben zu Kostenentlastungen geführt.

Quelle: *Krause/Krause 2014*

2.1.2.5 Branchenspezifische Qualitätsmanagementsysteme durchführen

01. Wofür steht KTQ?
KTQ bedeutet Kooperation, Transparenz und Qualität im Gesundheitswesen. Das Projekt KTQ startete in Tübingen 1997 als Machbarkeitsstudie mit einem Rahmenvertrag zwischen dem Verband der Angestellten-Krankenkassen, dem Verband der Arbeiter-Ersatzkassen und der Bundesärztekammer. Die Grundidee von KTQ war die Entwicklung eines krankenhausspezifischen Zertifizierungsverfahrens mit Punktevergabe. Die Gründung der KTQ-GmbH erfolgte 2001.

02. Welche Zertifizierungen bietet KTQ?
Die KTQ- Kooperation für Transparenz und Qualität im Gesundheitswesen bietet Verfahren, die für verschiedene Bereiche des Gesundheitswesens angewandt werden können, z. B. Krankenhäuser, Rehabilitationskliniken, Medizinische Versorgungszentren (MVZ), psychotherapeutische Praxen oder Arzt-/Zahnarztpraxen. Insgesamt bietet die KTQ fünf verschiedene Zertifizierungsverfahren in folgenden Bereichen an:

- Krankenhaus
- Rehabilitation
- Praxen und Medizinisches Versorgungszentrum
- Pflege/Hospiz
- Rettungsdienst.

Jedes dieser KTQ-Verfahren wird mithilfe von sechs Kategorien durchgeführt, die auf dem PDCA-Zyklus basieren.

03. Wer sind die Partner von KTQ?
KTQ-Gesellschafter sind die folgenden Verbände:

- AOK – Bundesverband
- BKK – Bundesverband
- Bundesärztekammer – Arbeitsgemeinschaft der deutschen Ärztekammern
- Bundesverband der Innungskrankenkassen
- Deutsche Krankenhausgesellschaft e. V.
- Deutsche Rentenversicherung – Knappschaft-Bahn-See
- Deutscher Pflegerat e. V.
- Hartmannbund – Verband der Ärzte Deutschlands e. V.
- Spitzenverband der landwirtschaftlichen Sozialversicherung
- Verband der Ersatzkasse (vdek).

04. Welche Kategorien sieht der KTQ-Katalog vor?

Die Kriterien zur Qualitätssicherung sind in sechs Kategorien zusammengefasst, die im Rahmen der Zertifizierung von Einrichtungen des Gesundheitswesens abgefragt werden, um Aussagen über die Qualität der Prozessabläufe in der medizinischen Versorgung treffen zu können:

1. Patientenorientierung (Patienteninformation zum Behandlungsablauf)
2. Mitarbeiterorientierung (Fortbildung, Vorschlagswesen)
3. Sicherheit (Hygiene)
4. Informationswesen (Datenschutz, Dokumentation)
5. Führung (Leitbild, Organisation)
6. Qualitätsmanagement (Patientenzufriedenheitsmessungen).

05. In welchen Schritten läuft ein KTQ-Bewertungsverfahren ab?

Der Zertifizierungsprozess bei KTQ läuft in vier Schritten ab:

1. Selbstbewertung des Unternehmens
   Hierbei geht es darum zu erkennen, ob und wenn ja, wo im Unternehmen Verbesserungspotenziale vorhanden sind. Anschließend erfolgt die:
2. Anmeldung zu Fremdbewertung
3. Durchführung der Fremdbewertung durch KTQ-Visitoren
4. Zertifizierung und Veröffentlichung der KTQ-Qualitätsberichtes wenn Selbst- und Fremdbewertung weitestgehend übereinstimmen und mindestens 55 % der KTQ-Gesamtpunktezahl erzielt wurde, erhält das Unternehmen das KTQ-Zertifikat.

Das Zertifikat ist drei Jahre gültig, danach erfolgt eine Rezertifizierung.

06. Welche Aufgabe haben die Visitoren?

Die Visitation bzw. das Audit wird durch drei Visitoren durchgeführt, die aus dem ärztlichen, dem pflegerischen und dem kaufmännisch-verwalterischen Bereich stammen.

07. Auf welche Art und Weise erfolgt die KTQ-Bewertung?

Aus den Kategorien Patientenorientierung, Mitarbeiterorientierung, Sicherheit, Informationswesen, Führung, Qualitätsmanagement leiten sich weitere Unterkategorien und Kriterien ab. Die Bewertung dieser Kriterien basiert auf dem PDCA-Zyklus (Plan-Do-Check-Act). KTQ sieht den folgenden vierstufigen Zyklus vor:

- Planphase: Ziel und Prozessplanung sowie Regelung der Verantwortlichkeiten.
- Do-Phase: Umsetzung des Qualitätsmanagementsystems.
- Check-Phase: Kontrollphase, in der Kennzahlen und Ergebnisse mit Blick auf den Plan und die Umsetzung nachzuweisen sind.
- Act-Phase: Umsetzung der besseren Erkenntnisse aus der vorgehenden Check-Phase.

Zur Bewertung werden für diese vier Phasen Punkte vergeben, die sich zu einer Gesamtpunktzahl pro Kriterium addieren.

08. Was ist KTQ-ambulant?

KTQ-ambulant ist ein QM-Bewertungsmodell für die Praxen niedergelassener Ärzte.

Patientenorientierung in der Praxis: Dieses Hauptkriterium beinhaltet im Schwerpunkt die Kernprozesse der ärztlichen Praxis angefangen von der Einbestellung, über Anamnese, Diagnostik und Therapie bis hin zu Schulungs- und Überweisungsabläufen.

09. Welche Aspekte begutachtet KTQ-ambulant?

- Führung der Praxis: Diese Kategorie setzt sich aus recht heterogenen Elementen zusammen, die sich zum einen auf grundlegende Führungsinstrumente wie Leitbild und Praxisziele sowie Aufbauorganisation und Finanz- und Investitionsplanung beziehen, andererseits solche eher „führungsfremden" Aspekte wie Umweltschutz und Bereitstellung von Sprechstundenmaterialien umfasst.
- Sicherstellung der Mitarbeiterorientierung: In diesem Kapitel werden zentrale personalwirtschaftliche Instrumente abgefragt; im Einzelnen sind dies Personalplanung (quantitativ und qualitativ), Aus-, Fort- und Weiterbildung, Einarbeitung sowie der Umgang mit Mitarbeiterideen und -beschwerden.
- Sicherheit in der Praxis: Im Mittelpunkt stehen hier Arbeitsschutz/Hygiene, ein sachgerechter Umgang mit Medikamenten und Medizinprodukten sowie ein belastbares Notfallmanagement. Informationswesen: Hier geht es primär um einen vertraulichen Umgang mit Patientendaten (Datenschutz und -sicherheit).
- Aufbau des Qualitätsmanagements: Auf dem Prüfstand stehen innerhalb dieser letzten Bewertungskategorie Maßnahmen der internen (interne Audits, Statistiken usw.) und externen (Benchmarking, Beteiligung an Qualitätszirkeln) Qualitätssicherung; ein hoher Stellenwert wird auch Patientenbefragungen sowie einem Beschwerdemanagement eingeräumt.

10. Was sind Vor- und Nachteile des KTQ-Modells?

Vorteile	Nachteile
▸ speziell für Gesundheitsinstitutionen entwickeltes Modell ▸ Struktur-, Prozess- und Ergebnisqualität stehen im Vordergrund ▸ Selbst- und Fremdbewertung ist möglich ▸ Peer-Review-Verfahren	▸ keine obligatorische Bewertung der medizinischen Ergebnisqualität und Angemessenheit der Leistungen ▸ Zertifizierung nur für gesamtes Krankenhaus ▸ keine Evaluation der Kosten-Nutzen-Relation

11. Wofür steht QEP?

QEP steht für Qualität und Entwicklung in Praxen® und wurde von der Kassenärztlichen Vereinigung für Arzt-, Psychotherapeutenpraxen und MVZ entwickelt. Laut § 135a SGB V sind auch diese zu einem Qualitätsmanagement verpflichtet. QEP erfüllt die Richtlinie des Gemeinsamen Bundesausschusses über grundsätzliche Anforderungen an ein einrichtungsinternes Qualitätsmanagement für die an der vertragsärztlichen Versorgung teilnehmenden Ärzte, Psychotherapeuten und medizinischen Versorgungszentren (Qualitätsmanagement-Richtlinie vertragsärztliche Versorgung). QEP soll diese Verpflichtung mit verhältnismäßig geringem Aufwand ermöglichen. Es ist in Modulen aufgebaut und hält von Anfang an Hilfsmittel wie z. B. Musterdokumente oder eine Auflistung anzustrebender Qualitätsziele bereit.

Die gesetzliche Grundlage bilden die §§ 135 und 136 SGB V. Demnach ist einrichtungsintern ein Qualitätsmanagement einzuführen und weiterzuentwickeln, so wie es die verpflichtenden Maßnahmen des Gemeinsamen Bundesausschuss (G-BA) zur Qualitätssicherung und die grundsätzlichen Anforderungen an ein Qualitätsmanagement bestimmen. Die Qualitätsmanagement-Richtlinien des G-BA sind zum 01.01.2006 in Kraft getreten. Zu beachten ist, dass keine Pflicht zur Zertifizierung besteht.

QEP orientiert sich an den Abläufen und Rahmenbedingungen von Praxen. Die Qualitätsziele bzw. Elemente sind:

▸ Patientenversorgung

▸ Patientenrechte und Patientensicherheit

▸ Mitarbeiter und Fortbildung

▸ Praxisführung und -organisation

▸ Aufgaben der Qualitätsentwicklung.

Das QEP ähnelt bei Zertifizierung dem KTQ-Verfahren. Der Fremdbewertung durch externe Visitoren geht eine Selbstbewertung der Praxen voraus. Bei Einhaltung der Qualitätsvorgaben wird eine Zertifizierung durch eine der Zertifizierungsstellen erteilt.

12. Was ist das Kieler Instrumentarium für Elementarpädagogik und Leistungsqualität K.I.E.L.?

K.I.E.L. ist ein Instrument zur internen und externen Evaluation von Qualität in Kindertagesstätten, welches in den Jahren 1995 - 2000 von *Dr. phil. Armin Krenz*[1] (Institut für angewandte Psychologie und Pädagogik, Kiel) speziell für elementarpädagogische Kindertageseinrichtungen entwickelt wurde, um die Qualität der Arbeit in Kitas zu steigern.

13. Welche Qualitätsbereiche hat K.I.E.L.?

Politik für Kindertagesstätten:
Die Qualität zeigt sich in der Schaffung, Bereitstellung, Sicherung von Finanzressourcen, damit Träger von Kitas und Kitas selbst eine qualitätsorientierte Pädagogik durchführen können. Zum Beispiel dadurch, dass Politiker sich direkt und persönlich über Leistungen und Anforderungen von Mitarbeitern und Mitarbeiterinnen in Kitas informieren.

Eine professionelle Grundorientierung:
Gestaltung einer Kindertagestätte, die grundlegende Werte zum Ausgangspunkt der Pädagogik macht. Zum Beispiel dadurch, dass Mitarbeiter das „Berufsbild des Erziehers/der Erzieherin" kennen und die Aussagen auf ihr Berufsverständnis übertragen.

Orientierung am Kind:
Eine identitätsgeprägte Entwicklung ermöglichen. Die Qualität einer professionellen Orientierung am Kind zeigt sich in deren Wertschätzung, dem Entgegenbringen von Respekt und Achtung sowie in einer kontinuierlichen Beziehungspflege mit Kindern. Zum Beispiel dadurch, dass Mitarbeiter den Kindern ihre Verlässlichkeit zeigen, indem sie für diese da sind.

Professionelles Selbstverständnis als Fachkraft:
Reflektieren der eigenen Selbst-, Sach- und Sozialkompetenz und Umsetzung notwendiger Veränderungen. Zum Beispiel durch lebenslanges Lernen der Mitarbeiter.

Professionelle Arbeit mit Kindern:
Das aktuelle Wissen aus den Bereichen Entwicklungspsychologie und -pädagogik, Soziologie und Medizin nutzen. Durch ihre persönlich kompetenten Verhaltensweisen und ihre methodisch-didaktisch geplante Arbeit sind sie wichtige Orientierungshilfen für Kinder. Zum Beispiel dadurch, dass die Kinder selbst bestimmen was und wie viel sie essen möchten.

Leitungsfunktion:
Leitung sorgt für eine Grundorientierung der Einrichtung, für eine qualitätsgeprägte Förderung aller Mitarbeiter und für eine zielorientierte Weiterentwicklung der Einrichtung. Sie pflegt mit allen Ansprechpersonen einen freundlichen und konstruktiven

---

[1] Quelle: www.ifap-kiel.de/qualitaetsmanagement, 03.02.2019.

Kontakt. Zum Beispiel durch intrinsische Motivation und klare Ziele hinsichtlich der eigenen Entwicklung.

Arbeit im Team:
Alle Mitarbeiter unterstützen ein professionelles und kompetentes Leben mit den Stakeholdern. Persönlich geprägte Wünsche werden im Gegensatz zu fachlichen Notwendigkeiten zurückgestellt und Gemeinsamkeiten als Ziele formuliert und umgesetzt. Zum Beispiel dadurch, dass Mitarbeiter sich bereit zeigen, sich persönlich und fachlich weiterzuentwickeln und neue qualitätsgeprägte Ziele in realistische Vorhaben umsetzen.

Entwicklungsfördernde Raumgestaltung:
Kenntnisse über Psychologie der Farben, Raumstrukturen. Zum Beispiel dadurch, dass die Kita über ausreichenden Raum verfügt.

Öffentlichkeitsarbeit:
Wie sich die Fachkräfte dem Innenverhältnis einer Kita öffnen, so stellen sie sich auch einer professionellen Öffnung nach außen. Eine „stille Kleinkindpädagogik" wird zur „aussagekräftigen Elementarpädagogik". Zum Beispiel durch Aus- und Weitergabe eines Dokuments über die individuelle Einrichtungskonzeption an Stakeholder.

Fort- und Weiterbildung:
Mitarbeiter nehmen regelmäßig an Fort- und Weiterbildungen teil. Zum Beispiel durch teaminterne Weiterbildungsseminare.

Zusammenarbeit mit Eltern:
Eltern für die Mitarbeit in der Kita zu gewinnen, Fachinformationen ermitteln und Elternressourcen stärken, z. B. dadurch, dass Mitarbeiter Eltern zur Zusammenarbeit und Mitarbeit motivieren.

Zusammenarbeit mit dem Träger:
Mitarbeiter informieren den Träger über Aktuelles. Zum Beispiel durch loyale Zusammenarbeit.

Zusammenarbeit mit Institutionen:
Kita ist Baustein eines vernetzten Sozialsystems mit Kontakt zu anderen Einrichtungen. Zum Beispiel dadurch, dass Mitarbeiter Außenkontakten mit anderen Institutionen wahrnehmen.

Begleitung und Beratung von Praktikanten und Praktikantinnen:
Praktikanten/innen werden als zukünftige Fachkräfte angesehen und während der Praktikumszeit strukturiert und professionell begleitet, z. B. dadurch, dass Mitarbeiter Mut und Klarheit in allen Fällen zeigen.

Verantwortungsvolle Trägerschaft:
Der Träger ist fachlichen Notwendigkeiten gegenüber aufgeschlossen und bringt organisatorische Regelungen mit pädagogischen Gesichtspunkten in eine ausgewogene

Balance. Zum Beispiel dadurch, dass der Träger für die Bereiche tatsächlich Verantwortung übernimmt, für die er selbst verantwortlich ist.

14. Was ist KPQM 2006 (KV Praxis Qualitätsmanagement)?

Die KVWL (Kassenärztliche Vereinigung Westfalen-Lippe) hat ebenfalls ein QMS für Praxen entwickelt. KPQM 2006 lehnt sich an die DIN EN ISO 9001 an und ist vom Ansatz her prozessorientiert. KPQM 2006 lässt eine Zertifizierung durch qualifizierte, externe Auditoren zu. Es schließt Struktur-, Prozess- und Ergebnisqualität ein und verfolgt die kontinuierliche Verbesserung als Prozess des Qualitätsmanagements. Die Qualitätspolitik und mindestens zehn Prozesse müssen dargestellt festgelegt werden.

15. Welche sind die KPQM-Pflichtprozesse?

- Notfallmanagement
- Teambesprechung
- Beschwerdemanagement
- Beschreibung der Kooperation an den Nahtstellen der Versorgung.

16. Was ist qu.no?

Qu.no ist das Qualitätsmanagementsystem für Ärzte und Psychotherapeuten, der Kassenärztlichen Vereinigung Nordrhein. Es ist modular erweiterbar. Die Basis sind Qualitätsziele und Qualitätsmanagementkriterien.

Die Qualitätsziele sind dem QEP-Qualitätszielkatalog entnommen. Es sind in drei Bereichen zehn Prozesse darzustellen.

- Patienten (Diagnostik/Therapie)
  verpflichtend: Notfallmanagement
- Mitarbeiter-Personalführung
  verpflichtend: regelmäßige, strukturierte Teambesprechungen (bei Praxen mit Mitarbeitern)
- Allgemeines Praxismanagement/Administration
  verpflichtend: Beschwerdemanagement und Kooperation und Management der Nahtstellen der Versorgung in Qualitätsmanagement gerechter Form: d. h. durch Erstellen von
  - Ablaufschemata und
  - Arbeitsanweisungen und
  - Bereitstellung, der mit geltenden Unterlagen (z. B. in Form von Mustern, Kopien, bei Gerätegebrauchsanweisungen bitte auf Aufbewahrungsort verweisen).

17. Wie wird man in qu.no auditiert und zertifiziert?

Eine Zertifizierung ist nicht verpflichtend. Es ist ein Qualitätsbericht zu schreiben. Voraussetzung hierfür sind die Aufbereitung o. g. Prozesse und folgende Angaben:

- Beschreibung der Praxisstruktur (Selbstdarstellung und Organigramm),
- Beschreibung der Grundsätze der Qualitätspolitik der Praxis mit grundlegenden allgemeinen (strategischen) Qualitätszielen,
- Nachweis des kontinuierlichen Verbesserungsprozesses mit:
  - jährlicher Definition konkreter operativer Einzel-Qualitätsziele mit Qualitätsindikatoren und
  - jährlicher Rückschau unter Berücksichtigung der Ergebnisse von Patientenbefragungen mit Beurteilung der Zielerreichung, der Wirksamkeit des QM-Systems und ggf. nötiger Änderungsmaßnahmen mit schriftlicher Darlegung.

Das Auditverfahren ist zweischrittig:

- Prüfung des Qualitätsberichtes,
- dreistündiges Vor-Ort-Audit in der zu prüfenden Praxis.

Sofern grundlegende Qualitätsmanagement-Fähigkeiten nachgewiesen wurden, stellt die Zertifizierungsgesellschaft der Vertragspraxis ein qu.no-Zertifikat aus. Es hat eine Laufzeit von drei Jahren, die KVNo wird informiert.

18. Welche Qualifikation sollen qu.no-Auditoren haben?

Die qu.no-Auditoren sollen folgende Qualifikationen haben:

- fachärztliche/psychotherapeutische Qualifikation; muss die Zulassung zur Abrechnung mit der GKV besitzen
- eine mindestens 100-stündige QM-Weiterbildung (mit mindestens 40-stündiger Auditoren-Schulung)
- mindestens fünf durchgeführte Audits
- und die qu.no-Auditorenlizenz.

19. Was ist EPA (Europäisches Praxisassesment)?

EPA ist ein QM-Modell, für niedergelassene Praxen. Es erfüllt die Qualitätsmanagement-Richtlinie vertragsärztlicher Versorgung des G-BA. EPA als QM-System ist für verschiedene Fachärzte z. B.: Hausärzte, Kinder- und Jugendmediziner, Zahnärzte, Ärzte sonstiger Fachrichtungen (z. B. Augenheilkunde, Gynäkologie, Neurologie, Orthopädie) sowie für Medizinische Versorgungszentren (MVZ) entwickelt.

EPA beruht auf Befragung der Praxismitarbeiter und den Patienten sowie Begehung und Interview.

20. Wie wird man in EPA zertifiziert?

Wer die Befragung und die ca. 6-stündige Begehung mit EDV-gestütztem Interview erfolgreich absolviert hat, kann eine Zertifizierung durch die gemeinnützige Stiftung Praxissiegel e. V. erhalten. Diese ist drei Jahre gültig. Danach ist eine Rezertifizierung möglich. Die Anforderungen an die Rezertifizierung erweitern sich dann um die Beschreibung von in der Praxis durchgeführten Qualitätsprojekten.

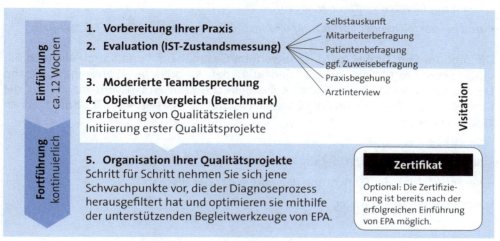

Quelle: https://www.europaeisches-praxisassessment.de/front_content.php?idcat=6

21. Was ist proCum Cert?

ProCum Cert ist ein zusammengesetzter Begriff aus den Worten pro (für) cum (mit) und cert (zertifizieren).

„Hierbei bezieht sich pro auf:

- *für den Patienten*
- *für die kirchlichen Krankenhäuser*
- *für gute und nachweisbare Qualität in kirchlichen Krankenhäusern sowie*
- *für die Institution Krankenhaus.*

Cum bedeutet in diesem Zusammenhang:

- *mit den Patienten, ihren Anliegen, Erwartungen und Wünschen,*
- *mit den anderen katholischen und evangelischen Krankenhäusern als Interessengemeinschaft,*
- *mit den Mitarbeitern aller Berufe in den Krankenhäusern und in den vernetzten Diensten,*

- mit den anderen Partnern im Gesundheitswesen, insbesondere Deutsche Krankenhausgesellschaft, Krankenkassen, Bundesärztekammer und Deutscher Pflegerat.

Cert bezieht sich auf:

- Strukturen, Normen, Abläufe etc., die vorhanden sein müssen, sie werden von einem Experten-Fachbeirat festgelegt,
- von ausgebildeten Visitoren überprüft,
- und bei ausreichender Vorhaltung und Installierung durch proCum Cert zertifiziert."[1]

Die proCum Cert GmbH (pCC) ist sowohl im Gesundheits-, und Sozial- als auch Bildungswesen zertifiziert. Träger sind u.a. der Katholische Krankenhausverband Deutschlands (KKVD), der Deutsche Evangelische Krankenhausverband (DEVK), die Caritas und die Diakonie und die Ecclesia. ProCum Cert basiert auf KTQ, bringt jedoch zusätzliche Aspekte ein:

- Seelsorge
- Sozialkompetenz beim Umgang mit Mitarbeitern und Patienten
- Verantwortung der Einrichtung gegenüber der Gesellschaft
- Verantwortung der Träger.

22. Wie wird man mit proCum Cert zertifiziert?

ProCum Cert ist zudem für mindestens 37 Zertifizierungen zugelassen, z. B.

- CaSu: Caritas Suchthilfe
- Diakonie-Siegel Fachstelle Sucht
- Diakonie-Siegel Kita: Kindertagesstätten
- Diakonie-Siegel medizinische Rehabilitation
- Diakonie-Siegel Pflege: ambulante, teilstationäre und stationäre Altenhilfeeinrichtungen
- Diakonie-Siegel Vorsorge- und Rehabilitation für Mütter/Mutter-Kind
- DIN EN ISO 900: in den Branchen Erbringung von Dienstleistungen, Erziehung und Unterricht, Gesundheits- und Sozialwesen
- Evangelisches Gütesiegel BETA: diakonische Tageseinrichtungen für Kinder,
- KTK-Gütesiegel: Katholische Tageseinrichtungen für Kinder
- PPQ: Behinderteneinrichtungen
- Qualitätssiegel Geriatrie: Bundesarbeitsgemeinschaft für Geriatrie
- QVB: Deutsche Evangelische Arbeitsgemeinschaft für Erwachsenenbildung (DEAE) und Arbeit und Leben (AuL).

---

[1] Quelle: *Ertl-Wagner/Steinbrucker/Wagner 2009*

23. Unterscheiden Sie KTQ und proCumCert (pCC).

Bei proCumCert handelt es sich um eine konfessionelle Zertifizierungsgesellschaft, die auf Initiative des Katholischen Krankenhausverbands (KKVD) gemeinsam mit dem Deutschen Evangelischen Krankenhausverband (DEKV) und den Wohlfahrtsverbänden Caritas (DCV) und Diakonie (DWdEKD) sowie deren Versicherungsgesellschaft Ecclesia gegründet wurde. Die Deutsche Gesellschaft zur Zertifizierung von Managementsystemen ist ein weiterer Gesellschafter. Das Zertifizierungsverfahren der pCC für Krankenhäuser entspricht dem KTQ, deren Katalog um Qualitätskriterien erweitert wurde, die die kirchlichen Krankenhäuser in besonderem Maße prägen:

- Trägerverantwortung
- Sozialkompetenz im Umgang mit Patienten und Mitarbeitern
- Spiritualität
- Verantwortung gegenüber der Gesellschaft.

24. Was ist DEGEMED (Deutsche Gesellschaft für Medizinische Rehabilitation e. V.)?

Die DEGEMED ist Spitzenverband der medizinischen Rehabilitation. Ihr QM-System basiert auf der DIN EN ISO 9001, geht aber über deren Anforderungen hinaus.

25. Wie wird von der DEGEMED zertifiziert?

Das Zertifizierungsverfahren basiert auf einem kontinuierlichen Verbesserungsprozess.

„Es zeichnet sich aus durch

- *hohe Rehabilitationsspezifität*
- *konzeptgestützte Therapie und Definition der Basisziele*
- *Einführung einer Basisdokumentation*
- *systematische Messung von Ergebnisparametern*
- *Transparenz in der Qualitätsmanagement-Darlegung*
- *Kompatibilität mit externen Qualitätssicherungsprogrammen.*

Das Verfahren besteht aus vier Elementen:

- *den DIN EN ISO 9001-Normen und ausgewählten Kategorien der European Foundation for Quality Management (EFQM),*
- *den Qualitätsgrundsätzen der DEGEMED, eingearbeitet in die einzelnen Regeln der DIN EN ISO, bzw. ihnen zugeordnet sowie*

- den von der Bundesarbeitsgemeinschaft für Rehabilitation (BAR) gem. § 20 Abs. 2a Sozialgesetzbuch IX festgelegten Anforderungen an ein zertifiziertes Qualitätsmanagementsystem und
- den Anforderungen der Leistungsträger an die Qualität der Rehabilitation".[1]

Stationäre Rehabilitationseinrichtungen sind seit dem 01.10.2009 verpflichtet, ihr internes Qualitätsmanagement zertifizieren zu lassen. Es hat ein BAR (Bundesarbeitsgemeinschaft für Rehabilitation e. V.) zugelassenes QM-System zu sein, dessen Umsetzung der BAR nachzuweisen ist. Eine Rezertifizierung durch DEGEMED ist alle drei Jahre notwendig.

26. Was ist deQus (Deutsche Gesellschaft für Qualitätsmanagement in der Suchttherapie e. V.)?

Speziell für die Suchttherapie wurde das von der BAR zertifizierte QM-Verfahren deQus entwickelt. Es kann sowohl ambulante Einrichtungen, stationäre Rehabilitationseinrichtungen, Tagespflegeeinrichtungen, stationäre Eingliederungshilfe für chronisch mehrfach geschädigte Abhängigkeitskranke (CMA Einrichtungen) oder Einrichtungen des Betreuten Wohnens, die sich der Suchthilfe widmen, zertifizieren. DeQus stellt für diese Bereiche Muster-Handbücher zur Verfügung, z. B.

- CMA (chronisch mehrfachgeschädigter Abhängigkeitskranker) Einrichtungen
- HACCP zur Umsetzung der Lebensmittel-Hygiene-Verordnung in Kliniken und Heimen
- IQMS (Integriertes Qualitätsmanagement Sucht) für ambulante Einrichtungen der Suchthilfe
- Qualitätsmanagement für stationäre Einrichtungen
- Qualitätsmanagement für Tageskliniken.

Dabei baut deQus auf der DIN ISO 9001 auf. Das Verfahren ist für stationäre Rehabilitationseinrichtungen seit 2010 von der BAR zugelassen. Ein weiterer Schwerpunkt bei deQus ist die Ausbildung von QM-Beauftragten.

---

[1] Quelle: http://www.degemed.de/qualitaetsreha/zertifizierungsverfahren.html

2.2 Anwenden von Qualitätsmanagementmethoden und -techniken

2.2.1 Aufbau- und Ablauforganisation erarbeiten

01. Wovon ist die Aufbauorganisation eines Unternehmens abhängig?

Die Aufbauorganisation hängt von Größe, Führungsstil und Stellenstruktur des Unternehmens ab. Sie bildet das hierarchische Gerüst einer Organisation hinsichtlich Stellen und Abteilungen. Sie legt die Rahmenbedingungen dafür, welche Aufgaben von welcher Stelle mit welchen Ressourcen zu bewältigen ist. Die Stelle ist die kleinste organisatorische Einheit.

Die Stellungsbildung folgt dem Grundsatz der Deckungsgleichheit von Aufgaben, Kompetenz und Verantwortung. Ausnahmen bilden hier die Stabstellen: Diese werden für beratende, projektorientierte Tätigkeiten ohne Entscheidungsbefugnis eingerichtet und arbeiten dem Management zu. Beispiel: Controlling, Qualitätsmanagement, Rechtsabteilung oder IT-Betreuung.

Die Aufbauorganisation ist statisch und wird grafisch im Organigramm dargestellt. Sie zeigt somit die Hierarchie eines Unternehmens auf.

02. Nach welchen Kriterien kann eine Aufbauorganisation detailliert werden?

- Verantwortung
- einheitliche Tätigkeit
- Zurechenbarkeit von Leistungen und/oder Kosten
- räumlicher Zusammenhang.

03. Was sind die Ziele der Ablauforganisation?

Grundsätzliche Ziele sind

- die vorhandenen Ressourcen optimal zu nutzen
- die Bearbeitungs- und Durchlaufzeiten (Prozesszeiten) zu optimieren
- die Bearbeitungs- und Durchlaufkosten (Prozesskosten) zu optimieren und
- die Arbeit zu humanisieren.

04. Aufgaben der Ablauforganisation

Unter Arbeitsablauf versteht man die Regelung betrieblicher Aufgaben/Verrichtungen, die zeitlich und räumlich parallel oder kontinuierlich verlaufen.

1. Regelungen zum Inhalt der Arbeit
Arbeitsinhalte können nach Arbeitsobjekt und Verrichtung unterschieden werden.

2. Regelungen zur Zeit der Arbeit
Erfolgt in drei Schritten: Festlegung der Zeitfolge, Reihenfolge und Zeitdauer der einzelnen Teilaufgaben.

3. Regelungen zum Ort der Arbeit
Die Anordnung der Arbeitsplätze soll insbesondere dem Arbeitsablauf entsprechen und zu minimalen Durchlaufzeiten durch kurze Transportwege führen.

4. Regelungen zur Ergebnisverantwortung der Arbeit
Einzelverantwortung: Eine bestimmte Verrichtung wird einer bestimmten Stelle bzw. Person übertragen. Beispiel: Alle Bestellungen werden von Frau XY erledigt. Oder:´- Gruppenverantwortung: Eine Aufgabe wird einer Gruppe/Team übertragen, Mitglieder entscheiden, wer welche Aufgabe ausführt. Beispiel: Das Team Aufnahme regelt die Patientenaufnahme und -verteilung im MVZ.

05. Was ist der QM-Lenkungsausschuss?

Der QM-Lenkungsausschuss ist das höchste beschlussfassende Gremium im Qualitätsmanagement. Er lenkt die strategische Ausrichtung des Qualitätsmanagements und ist Auftraggeber im Rahmen des Qualitätsmanagements. Hierzu tagt er in regelmäßigen Abständen. In ihm sitzen die oberste Leitung, die Stabsstelle QM-Beauftragter und ggf. weitere notwendige Leitungskräfte. Er hat folgende Aufgaben:

- Erarbeitung einer Qualitätspolitik und der Qualitätsziele
- Feststellung von Qualitätsdefiziten
- Auswahl und Empfehlung von Qualitätsmanagementmaßnahmen
- Initiierung von ggf. notwendigen abteilungs- bzw. berufsübergreifenden Qualitätsprojekten
- Diskussion wichtiger und relevanter Qualitätsfragen mit Bedeutung für das gesamte Unternehmen
- Managementbewertungen
- Weiterentwicklung der Organisation des Qualitätsmanagements
- ggf. Abnahme des Qualitätsberichtes.

Zudem ist die Entscheidungsfindung zu klären. Sollen Beschlüsse einvernehmlich oder als Mehrheitsentscheidungen gefällt werden? Weiterhin ist die Leitung des Gremiums zu klären. Die Entscheidungen des QM-Lenkungsausschusses werden durch den QM-Steuerkreis umgesetzt. Hierzu wird er durch den QM-Lenkungsausschuss regelmäßig über Beschlüsse informiert.

06. Was ist der QM-Steuerkreis?

Der QM-Steuerkreis (auch QM-Steuergruppe oder QM-Stabsstelle) hat die getroffenen Beschlüsse des QM-Lenkungsausschusses in den verschiedenen Bereichen des Unternehmens umzusetzen. Mitglieder sind mittlere Führungskräfte. Aufgaben sind:

- QM-Lenkungsausschuss unterstützen
- QM-Einführung koordinieren
- QM-Controlling entwickeln
- QM-Jahresplan aufstellen
- Selbstbewertungen planen und durchführen
- Interne Audits planen und leiten
- Zertifizierung planen und begleiten.

Der QM-Steuerkreis berichtet dem QM-Lenkungsausschusses regelmäßig über den Stand der Umsetzung von QM-Maßnahmen.

07. Was ist ein QM-Beauftragter?

Er ist mittels Stabstelle der Unternehmensleitung zugeordnet. Der QM-Beauftragte hat somit keine Entscheidungs- und Weisungsbefugnisse. Hauptaufgaben sind:

- Qualitätsmanagementhandbücher erstellen und pflegen
- QM-System dokumentieren
- QM-System weiterentwickeln
- QM-Zirkel moderieren
- Ansprechpartner für Unternehmensleitung und Stakeholder sein
- Qualitätscontrolling durchführen
- Qualitätsbericht erstellen.

Bei Zertifizierung organisiert der QMB die internen Belange. Größere Unternehmen sollten je Abteilung oder Prozess einen QM-Beauftragten etablieren. In der ISO 9001:2015 wird ein QMB nicht mehr gefordert.

08. Was ist ein Qualitätszirkel?

Qualitätszirkel sind Gruppen bis zu 10 Mitarbeitern, die in regelmäßigen Abständen die Möglichkeiten zur kontinuierlichen Qualitäts- und Produktivitätsverbesserung diskutieren.

Ziel ist, zu Problemen, z. B. mithilfe Moderations- und Kreativitätstechniken Lösungsvorschläge zu erarbeiten, nach Genehmigung selbstständig umzusetzen und in weiteren Sitzungen zu kontrollieren. Damit schnittstellenübergreifend Lösungen gefunden werden, sollten freiwillige Mitarbeiter aus allen betroffenen Bereichen vertreten sein.

09. Wie kann die Aufbauorganisation eines QM aussehen?

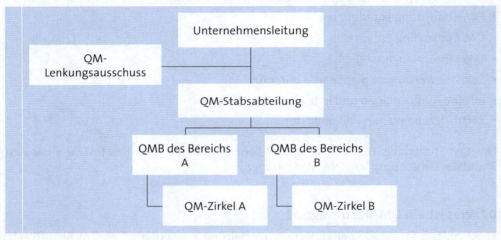

10. Was sind die häufigsten Fehler in der Ablauforganisation zur Einführung eines QM-Systems?

- Die Einführung eines QM-Systems wird von der Unternehmensführung nicht aktiv und vorbehaltlos unterstützt, bzw. gefordert und gefördert.
- Es wird erwartet, dass nach der Einführung eines QM-Systems alles von selbst besser wird.
- Die Mitarbeiter können sich nicht mit dem QM-System identifizieren, da sie vom Sinn und Nutzen nicht überzeugt worden sind.
- Die Phasen zur Einführung eines QM-Systems werden nicht eingehalten: (Vorbereitung, Schulung, Ist-Analyse, Soll-Konzeption, Dokumentation, internes Audit, ggf. Zertifizierung und immer Weiterentwicklung).
- Der Kosten- bzw. Zeitaufwand zur Einführung eines QM-Systems wird unterschätzt (interne Kosten (wie z. B. Personalkosten für Vorbereitung, Schulung, Analyse, Dokumentation und interne Audits der Prozesse), Beratungskosten und Zertifizierungskosten).
- Die Mitarbeiter werden nur unzureichend geschult.
- Eine Schwachstellenanalyse unterbleibt (z. B. haben die Mitarbeiter Angst, für bisher unentdeckte Schwachstelle verantwortlich gemacht zu werden oder es fehlt am methodischen Wissen, wie die Mitarbeiter ihre Prozesse definieren oder analysieren können).
- Das Zertifizierungsaudit wird fehlerhaft geplant und durchgeführt.
- Nach der Zertifizierung wird wieder der alte Trott aufgenommen und nicht der kontinuierliche Verbesserungsprozess weitergeführt.

11. Wie kann die Prozesslandkarte für das Qualitätsmanagement-System einer Kindertagesstätte aussehen?

Prozesslandkarte
Die Prozesslandkarte gibt einen Überblick über die Prozesse der Dienstleistungen der pädagogischen Arbeit in den Kindertagesstätten des DRK Kreisverband Wesermünde e. V.

Sie ist eine grafische Darstellung des Zusammenspiels aller Abläufe/Prozesse und Vernetzungen im Qualitätsmanagement-System.

Die Darstellung soll mithilfe der Pfeile die Wechselbeziehungen der Prozesse mit- und untereinander veranschaulichen. Die Prozesse der Dienstleistungen untergliedern sich in:

- Managementprozesse und Organisation
- kundenbezogene Prozesse in den Kindertagesstätten
- mitarbeiterbezogene Prozesse
- unterstützende und begleitende Prozesse.

2. Steuern von Qualitätsmanagementprozessen | 2.2 Qualitätsmanagementmethoden

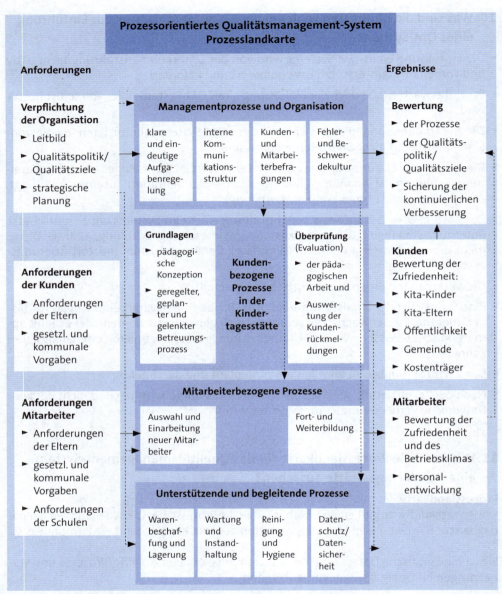

Quelle: http://www.drk-kv-wesermuende.de/fileadmin/Bilder/Feuerweg/QM-Handbuch_Kita-Feuerweg.pdf, S. 4

2.2.2 Projekt- und Prozessmanagement im QM

2.2.2.1 Projekt- und Prozessmanagement umsetzen

01. Was ist ein Projekt?

Projekte sind zeitlich befristete, mit einem Anfang und Ende versehene Aufgabenstellungen zur Erreichung eines vorher bestimmten, meist komplexen Ziels. Dieses kann ein Produkt, eine Dienstleistung oder ein Ergebnis sein. Seine Mitglieder arbeiten für die Zeit des Projektes am vorher bestimmten Ziel zusammen. Oftmals ist auch ein Budget vorgegeben. Der Leitfaden für Projekte ist in der ISO 10006 festgelegt.

02. Was regelt die DIN 69901?

Sie beschreibt die Grundlagen, Prozesse, Prozessmodell, Methoden, Daten, Datenmodell und Begriffe im Projektmanagement. Sie besteht aus fünf Teilen:

- DIN 69901-1 „Grundlagen"
- DIN 69901-2 „Prozesse, Prozessmodell"
- DIN 69901-3 „Methoden"
- DIN 69901-4 „Daten, Datenmodell"
- DIN 69901-5 „Begriffe".

03. Was beinhaltet Prozessmanagement?

Geschäftsprozessmanagement (Business Process Management oder Business Process Engeneering) umfasst Maßnahmen zur Analyse, Zielsetzung, Planung, Information, Organisation, Kontrolle und Steuerung (AZPIOKS) der Prozesse entlang der Wertschöpfungskette eines Unternehmens mit dem Ziel die Qualität und Kundenzufriedenheit zu verbessern sowie Zeit und Kosten zu minimieren.

Prozessorientierung bedingt:

- Aufbau flacher Hierarchien
- Dezentralisierung von Entscheidungen
- einen ganzheitlichem Denkansatz
- Förderung der Selbststeuerung.

04. Was ist eine Projektgruppe?

Eine Projektgruppe wird regelmäßig für einmalige, projekthafte Aufgaben zusammengestellt. Sie hat Vorgaben hinsichtlich des Ziels sowie der zeitlichen, finanziellen und personellen Ressourcen und eine projektspezifische Organisation.

05. Welche Schritte sind bei einem Projekt zu klären?

- Klärung des Projektauftrages
- Definition des Projektziels
- Aufbauorganisation des Projektes
- Ablauforganisation des Projektprozesses.

Von Bedeutung für den Erfolg eines Projektes ist die Auswahl der Mitwirkenden, da Projekte nicht nur an der Aufgabe, sondern auch an Konflikten zwischen den Beteiligten scheitern können.

06. Welche Themen eignen sich für Projekte?

Beispiele für Projekte sind:

- ein Beschwerdemanagement einführen
- das betriebliche Vorschlagswesen neu gestalten
- neue Arbeitszeitorganisation einführen
- ein neues Produkt entwickeln
- Bau eines neuen Pflegeheims
- Einführung einer neuen Software.

Alle Ziele eines Projektes sollten SMART formuliert werden.

07. Was ist eine Arbeitsgruppe?

Eine Arbeitsgruppe oder auch Team besteht aus mindestens zwei Personen, die eine Aufgabe zusammen bearbeiten. Dies kann auch zeitlich begrenzt und funktions- bzw. arbeitsteilig organisiert sein. Die Mitglieder sind gleichberechtigt, müssen sich untereinander koordinieren und treffen gemeinsame Entscheidungen. Sie werden ggf. von einem Gruppen- oder Teamleiter geführt.

08. Was können Vorteile einer Arbeitsgruppe sein?

- Die intrinsische Motivation der Mitarbeiter aufbauen
- Innovation fördern
- neue Erkenntnisse gewinnen
- Qualität steigern
- Synergieeffekte erzeugen
- Teamstrukturen und Vernetzung fördern.

09. Was können Nachteile einer Arbeitsgruppe sein?

- Konflikte durch die Verfolgung eigener Ziele von Einzelnen aus der Arbeitsgruppe (hidden agenda)
- Konflikte durch Kommunikationsstörungen
- Konflikte durch unklare Aufgabenverteilung
- Schließen von faulen Kompromissen.

10. Welche Aufgaben sind dem Qualitätszirkel zuzuordnen?

Qualitätszirkel sind Kleingruppen von bis zu 10 Mitarbeitern mit dem Ziel, unter Anleitung eines Moderators Schwachstellen im eigenen Arbeitsgebiet aufzudecken.

Häufige Themen, die in Form von Qualitätszirkeln aufgegriffen werden, sind:

- Arbeitszufriedenheit erhöhen
- Betriebsklima verbessern
- Einstellungen ändern
- Fehler reduzieren
- Kreativität fördern
- Lernen im Unternehmen fördern
- Mobilität fördern
- Produktivität steigern
- Qualität sichern
- Verbesserungsvorschläge erarbeiten
- Verhaltensweisen ändern.

11. Welche Phasen zeigt die Teamuhr von *Tuckman* auf?

 MERKE

- **Forming:** Phase der Gründung: die Arbeitsgruppe bildet sich und die Mitglieder finden ihre Rollen
- **Storming:** Phase der Diskussionen: Konflikte entstehen, Lösungen werden ggf. durch reinigende Gewitter gefunden
- **Norming:** Phase der Vereinheitlichung: Vereinbarungen über Aufgaben, Zeiten, Normen werden getroffen, ein gemeinsames Ziel ist gefunden
- **Performing:** Phase der Hochleistung: die Arbeitsgruppe leistet effektiv und effizient. Durch z. B. Qualitätszirkel wird das Geleistete gesichert und verbessert

- **Adjourning:** Phase der Auflösung: die Arbeitsergebnisse werden dokumentiert, archiviert ggf. dem Wissensmanagement zugeführt. Nach geleisteter Arbeit wird das Team z. B. feierlich aufgelöst und die Teilnehmer wieder in die Hierarchie eingegliedert.

12. Welche Fragen sind nach J. R. Hackman zu beantworten, um herauszufinden, wie Gruppenarbeit dauerhaft in Organisationen eingebracht werden kann?

- Vorbereitung:
    - Worin besteht die Aufgabe der Gruppe?
    - Was sind zentrale Anforderungen unter Bezug auf die Aufgabenstellung?
    - Was ist Vorteil der Gruppenarbeit?
    - Welches Gruppenkonzept ist zweckmäßig?
    - Wie werden Kompetenzen geregelt?
- Arbeitsbedingungen:
    - Wie soll die Gruppe zusammengesetzt sein?
    - Welche Ressourcen benötigt die Gruppe?
- Gruppenentwicklung:
    - Welche Starthilfe benötigt die Gruppe?
    - Wie kann der Prozess der Gruppen-(Team)-entwicklung unterstützt werden?
- Laufende Prozessunterstützung:
    - Welche Prozessunterstützung muss gewährt werden?
    - Wie können Selbstlernprozesse der Gruppe gefördert werden?

13. Welche Maßnahmen erfolgen bei der Projektvorbereitung?

Sollte die Geschäftsführung keine Erfahrungen im Umgang mit dem Qualitätsmanagement besitzen, haben Berater oftmals eine entscheidende Bedeutung. Sie bringen ihr persönliches Wissen und ihre Erfahrungen in die Organisation ein, um zur Prozessoptimierung beizutragen.

Bei der Auswahl des Zertifizierers gilt, dass der Zertifizierer selbst und auch die Stelle die ihn entsendet, ihrerseits akkreditiert oder zertifiziert ist.

Zertifizierer sind Personen, die von einer externen Organisation entsendet werden, um eine Überprüfung bzw. Bewertung des QM-Systems vorzunehmen und ggf. die Ausstellung eines Zertifikates zu empfehlen.

14. Geben Sie einen Überblick über die idealtypischen Phasen bei der Einführung eines QM-Systems.

Unternehmenspolitisch	▶ Ziele des Qualitätsmanagement festlegen
Qualitätspolitisch	▶ Qualitätspolitik definieren
Zielsetzung des QM-Systems	▶ Ziele des QM, z. B. Zertifizierung, festlegen
Projektvorbereitung	▶ Auswahl Teilnehmer
	▶ Projektleiter festlegen
	▶ Ressourcen planen
	▶ Auswahl des Zertifizierers
	▶ Meilensteine festlegen
Projektstart	▶ Qualitätsplanung
	▶ Funktionen
	▶ Dokumentation (Handbuch, Prozesse, Arbeitsanweisungen)
Projektdurchführung	▶ Instrumente und Verfahren zur Qualitätssicherung und -analyse
	▶ Kennzahlendefinition
	▶ Analyse des Ist-Zustandes
	▶ Definition des Soll-Zustandes
	▶ Instrumente zur Qualitätslenkung und -verbesserung festlegen
	▶ Schulungen für Mitarbeiter planen
Beginn der Umsetzung	▶ Schulung durchführen
	▶ Interne Audits durchführen
	▶ Erprobung einleiten
	▶ Korrekturen und Anpassungen planen
Umsetzung	▶ Zertifizierungsaudits planen und durchführen
	▶ Korrekturen und Anpassungen durchführen
Nutzung	▶ QM-System leben
	▶ KVP einleiten
	▶ Qualitätscontrolling durchführen
	▶ Laufend interne Audits begleiten
	▶ Management-Review durchführen
	▶ Überwachungs- und Rezertifizierungsaudits durchführen
	▶ Anschlussprojekte zur Qualitätsverbesserung beginnen

15. Welche Geschäftsprozesse werden unterschieden?

- **Interne Geschäftsprozesse:** jene Prozesse, welche nur Schnittstellen nach innen im Unternehmen haben, z. B. zwischen Pflege und Verwaltung eines Krankenhauses.
- **Externe Geschäftsprozesse:** jene Prozesse, die Schnittstellen nach außerhalb des Unternehmens haben, z. B. zu Lieferanten, Behörden, Krankenkassen.
- **Kernprozesse:** Prozesse des Unternehmens, die die Wertschöpfung, die Kernkompetenz des Unternehmens darstellen und im Bezug zum Kunden stehen, z. B. in einem Krankenhaus Operationen durchführen.
- **Unterstützungsprozesse:** (Support-) unterstützen Kernprozesse, sie können outgesourct (fremdvergeben) werden und sind nicht unmittelbar wertschöpfend, z. B. Personalabrechnung in einem MVZ.
- **Managementprozesse:** (Führungs-)Prozesse, die sich mit Strategie, Strukturen und Kultur des Unternehmens auseinandersetzen.

16. Was beinhaltet Projektmanagement?

Projektmanagement wird als Managementaufgabe gegliedert in Projektdefinition, Projektdurchführung und Projektabschluss. Ziel ist, dass Projekte richtig geplant und gesteuert, dass die Risiken begrenzt, Chancen genutzt und Projektziele qualitativ, termingerecht und im Kostenrahmen erreicht werden.

I. Begriff
Die DIN 69901 definiert Projektmanagement als Gesamtheit von Führungsaufgaben, -organisation, -techniken und -mittel für die Abwicklung eines Projekts. Allgemeiner definiert es das Project Management Institute (PMI) als Anwendung von Wissen, Fähigkeiten, Methoden und Techniken auf die Vorgänge innerhalb eines Projekts.

II. Unterscheidung von anderen, ähnlichen Begriffen
Vom PM – im Sinn von Einzelprojektmanagement – lassen sich das Programmmanagement (als Management eines Großvorhabens mit mehreren Projekten und Teilprojekten mit gemeinsamer Zielsetzung, mehrjähriger Laufzeit und großem Budget) sowie das das Multiprojektmanagement abgrenzen. Letzteres bezieht sich auf die Planung, Steuerung und Überwachung von Projekten in einem Projektportfolio eines Unternehmens oder einer Einheit und dessen Ausrichtung an den Unternehmenszielen. Die PM-Methodik beschreibt die logische Abfolge der PM-Aufgaben im PM-Prozess.

III. Ziele
Mithilfe von PM soll die Projektabwicklung zur Erreichung des Projektziels in der geforderten Qualität, geplanten Zeit sowie mit optimalem Einsatz von Personal- und Kapitalressourcen effizient gestaltet werden.

IV. PM-Methodik und Prozessmodell
Die Methode des Projektmanagement umfasst die Projektaufgaben, die Projektdefinition, die Projektdurchführung, den Projektabschluss und das Projektergebnis.

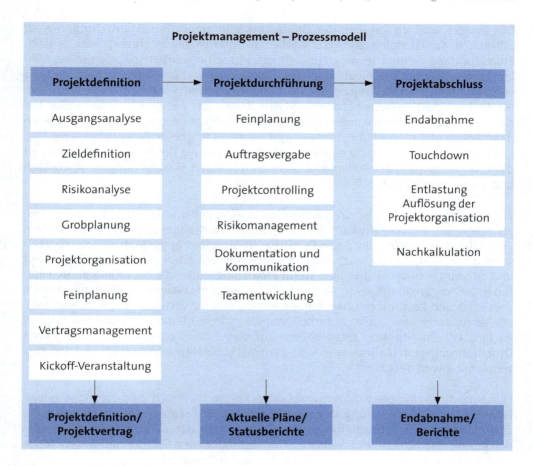

1. Projektdefinition:

Im Rahmen der Auftragsklärung dient die Ausgangsanalyse der Untersuchung des Projektgegenstands und des Projektumfelds (v. a. durch eine Analyse der Stakeholder). Das Projektziel wird eindeutig und vollständig, messbar, realisierbar und terminiert definiert. Die wichtigsten Anforderungen an das Projektergebnis, die späteren Abnahmekriterien und die Abgrenzung des Projekts werden beschrieben. Risiken, die das Projektziel gefährden, aber eventuell bewusst eingegangen werden, werden identifiziert. In der Risikoanalyse wird das potenzielle Risiko mit Schadensmaß und Eintrittswahrscheinlichkeit eingeschätzt. Präventivmaßnahmen zur Vermeidung und Gegenmaßnahmen für den Fall des Eintritts werden erarbeitet. Gegensteuerungsmaßnahmen und Risikozuschläge gehen in den Projektplan ein.

Das Projekt wird im Rahmen der Grobplanung in einem Projektstrukturplan nach objektiven, funktionalen und/oder zeitlichen Kriterien heruntergebrochen. Je nach Projektumfang werden Teilprojekte definiert. Phasen mit Arbeitspaketen sowie Meilensteinen werden festgelegt. Eine erste Aufwands- und Ressourcenschätzung wird vorgenommen. Hilfestellung bei der Strukturierung leisten Vorgehensmodelle mit den für die Projektart typischen Phasen und Arbeitspaketen. Aus den im Strukturplan benannten Arbeitspaketen werden die erforderlichen Qualifikationen abgeleitet, diesen dann Rollen und möglichst Personen zugeordnet. Es folgt eine Beschreibung der Projektorganisation. Wichtig für eine erfolgreiche Einführung der Projektorganisation ist die klare Festlegung der Rollen und Gremien mit deren Entscheidungskompetenzen und Verantwortlichkeiten sowie deren Berichtswegen.

Zur Projektorganisation gehören zumindest Auftraggeber (Kunde), Projektleiter (Projektmanager) und Projektteam. Der Projektleiter hat gegenüber dem Projektteam projektbezogene und in der Regel fachliche Weisungsbefugnis (Matrix-Projektorganisation). Die Feinplanung setzt auf dem zeitlich orientierten Projektstrukturplan auf und benennt – zunächst für die erste(n) Projektphase(n) – die notwendigen Aktivitäten (oder Vorgänge) mit ihren Abhängigkeiten. Personalaufwand und Kosten werden geschätzt und Ressourcen unter Berücksichtigung ihrer Verfügbarkeiten zugeordnet. Die Verfügbarkeiten sind im Mitarbeitereinsatzplan auf Basis der Terminkalender aller Projektteammitglieder festgehalten. Auf dieser Basis entsteht ein verbindlicher Durchführungsplan (Balken- oder Netzplan) mit konkreten Terminen (Dauer). Die Kostenplanung wird detailliert.

Durch Bestimmung der zahlungswirksamen Kosten lässt sich eine projektbezogene Finanzmittel-Bedarfsplanung ableiten und ggf. eine Projektfinanzierung einleiten. Die sich anschließende Wirtschaftlichkeitsrechnung stellt den quantifizierbaren Nutzen den gesamten Kosten (inkl. Personalkosten) gegenüber und liefert einen wesentlichen Entscheidungsparameter für die Durchführung des Projektes.

Die Vereinbarungen über Lieferungen und Leistungen der Vertragspartner (v. a. Auftraggeber und Projektleiter als Auftragnehmer) werden im Rahmen des internen und externen Vertragsmanagements schriftlich als Projektvertrag dokumentiert. Zum Abschluss erfolgt eine Projektstartbesprechung (Kickoff-Veranstaltung), in der alle Projektbeteiligten umfassend informiert werden. Projektziel, Risiken, Planung werden besprochen und Projektspielregeln entwickelt. Ziel ist die Handlungsfähigkeit aller Beteiligten ab diesem Zeitpunkt für die gesamte Laufzeit.

2. Projektdurchführung:
Die Projektplanung wird nach und nach verfeinert, Arbeitsaufträge werden erteilt und abgearbeitet. Das Projektcontrolling umfasst Planungs- und Kontrollaufgaben: Soll-Ist-Vergleiche (auf der Basis der Netzpläne und Rückmeldungen der Mitarbeiter) begleiten den Projektfortschritt; Abweichungen werden kritisch beobachtet (Trendanalysen), deren Auswirkungen prognostiziert und Gegensteuerungsmaßnahmen eingeleitet. Probleme erfordern Entscheidungen z. B. bezüglich der Änderung von Planvorgaben durch einen Lenkungsausschuss.

Da der Projektfortschritt im Allgemeinen keine direkte Aussage über den Grad der Fertigstellung erlaubt, ist in bestimmten Abständen eine Restaufwandschätzung vorzunehmen. Alternativ erlauben zeitlich dicht aufeinander folgende Meilensteine mit konkreten Teilergebnissen eine Einschätzung des Projektstandes. Im Rahmen des Risikomanagement werden Risiken immer wieder neu eingeschätzt, Gegensteuerungsmaßnahmen werden eingeleitet und überwacht. Wesentliche Risiken werden an das zentrale Risikomanagementsystem des Unternehmens (internes Kontrollsystem (IKS) und/oder KonTraG) gemeldet. Kostenpläne und Offene-Punkte-Listen werden aktuell gehalten. In einer Projektakte (Handbuch) erfolgt fortlaufend die Dokumentation der PM-Ergebnisse.

Überzeugende und vertrauensvolle Information und Kommunikation innerhalb des Teams und seines Umfeldes sollte im Berichtswesen (z. B. Statusberichte oder Newsletter) und in der Besprechungskultur ihren Niederschlag finden. Motivation, gegenseitige Wertschätzung, der respektvolle Umgang mit Konflikten und Klarheit in den Aufgabenstellungen sind weitere Indikatoren für eine erfolgreiche Information und Kommunikation. Den von den Veränderungen durch das Projekt Betroffenen sollte Verständnis entgegengebracht werden, um Verunsicherungen entgegenzuwirken. Projekte geraten nicht selten langsam und unbemerkt in eine Schieflage. Ein gutes Multiprojektcontrolling, übergreifendes Risikomanagement, Audits und ein etabliertes Frühwarnsystem können frühzeitig Fehlentwicklungen und Handlungsoptionen aufzeigen.

Folge kann ein Krisenmanagement sein, das zur Projektsanierung oder Neuausrichtung führt. Die Option eines vorzeitigen Projektabbruchs wird gerade bei lange laufenden Großprojekten und euphorischen Teams tabuisiert und viel zu spät bedacht und entschieden.

3. Projektabschluss:
Der Projektleiter stellt sicher, dass Projektziel und Ergebnis vollständig und in der vereinbarten Qualität (gemäß den Abnahmekriterien) vorliegen. Der Auftraggeber nimmt das Ergebnis formal ab und entlastet Projektleiter und Teammitglieder.

In einer Projektabschlussbesprechung (Touchdown) reflektiert das Team den Projektverlauf, diskutiert und dokumentiert Erfahrungen, Erkenntnisse und Verbesserungsvorschläge (Erfahrungslernen). Im Rahmen einer Nachkalkulation wird die Planung den tatsächlichen Aufwänden, Terminen und Kosten gegenübergestellt.

Die erreichten Nutzendimensionen können und sollten im späteren Verlauf zur Überprüfung der Wirtschaftlichkeitsrechnung ermittelt werden (Nutzeninkasso). Die Projektorganisation wird aufgelöst.

V. Aktuelle Entwicklungen

Folgende Trends zeichnen sich ab:

INFO

- Projekte gelten heute als wesentlicher Motor für die Gestaltung von Veränderungsprozessen in Unternehmen. Projekte werden sich also noch stärker an Unternehmenszielen und -strategien ausrichten. Folglich wird der Projekterfolg zunehmend am Beitrag zu den Unternehmenszielen gemessen werden. Das gilt nicht allein für das einzelne Projekt, sondern auch für die in vielen Fällen stark vernetzte Projektlandschaft. Hier gewinnt das Multiprojektmanagement an Bedeutung.
- Die Erfahrungen aus gescheiterten Projekten oder solchen mit erheblichem Zeitverzug und immenser Budgetüberschreitung messen einem systematischen Risikomanagement einen hohen Stellenwert zu.
- Zur kritischen Bewertung der Projektkompetenz eines Unternehmens werden in zunehmender Weise Reifegradmodelle herangezogen. Am bekanntesten ist das Referenzmodell CMMI des Software Engineering Institutes. Mit dem OPM3 (Organizational Project Management Maturity Model) bietet mittlerweile das PMI ein Referenzmodell speziell für das Projektmanagement.[1]

2.2.2.2 Moderations- und Kreativitätstechniken einsetzen

01. Was ist ein Moderator?

„Der Moderator ist Organisator, Drehbuchautor, Kommunikator, Filter, Dokumentar, Dolmetscher, Verwalter und Steuermann in einer Person. All diese Fähigkeiten benötigt er, um eine äußerst diffizile Aufgabe zu erfüllen: Als wegweisender Leiter gewährleistet er den Prozess der Entscheidungsfindung oder Problemlösung unter Einbeziehung und Zustimmung aller Gesprächsteilnehmer. Die grundlegenden Voraussetzungen für einen Moderator sind daher Organisationstalent, Neutralität und Durchsetzungsvermögen. Zudem sind ein analytischer Verstand, Menschenkenntnis und Einfühlungsvermögen, eine hohe Konzentrationsfähigkeit und besondere rhetorische Fähigkeiten gefordert. Denn seine einzelnen Aufgaben umfassen:

- *Den Ablauf präzise zu planen, zu strukturieren, durchzuführen und im Notfall zu improvisieren*
- *konkrete Ziele und Moderationsinhalte zu formulieren*
- *ergebnisorientierte Fragen zu stellen*
- *kritische Situationen zu entschärfen, ohne zu diskreditieren*
- *sachliche Inhalte in Kurzform richtig wiederzugeben*

---

[1] Quelle: http://wirtschaftslexikon.gabler.de/Archiv/54978/projektmanagement-pm-v6.html

- alle Gesprächsteilnehmer zu konstruktiven Beiträgen zu motivieren
- zurückhaltenden Teilnehmern Raum zu verschaffen
- Egozentrische Teilnehmer in ihre Schranken zu weisen
- Eine vertrauensvolle Gesprächsatmosphäre zu schaffen
- Konflikte zu entschärfen und gegebenenfalls zu klären".[1]

02. Welche Methoden können zur Moderation eingesetzt werden?

Beispiele für Methoden zur Moderation sind:
- 6-3-5 Methode
- Brainstorming
- DeBono-Methode
- Fragetechnik
- Mindmapping
- Morphologischer Kasten
- Open Space
- Osborne-Checkliste.

03. Was ist die 6-3-5 Methode?

Die 6-3-5 Methode wird bei Problemen mit mittlerer Komplexität eingesetzt.

Es sitzen 6 Teilnehmer an einem Tisch und haben ein Blatt mit drei Spalten und sechs Zeilen vor sich liegen. Jeder Teilnehmer füllt die ersten 3 Spalten, in einem Zeitraum von drei bis fünf Minuten, aus. Anschließend wird das Blatt im Uhrzeigersinn an den Nachbarn weitergereicht, der die Ideen in der nächsten Zeile ergänzt. Dies passiert in 5 Runden. So werden innerhalb von ca. 30 Minuten 108 Ideen kreiert.

04. Was ist Brainstorming?

Brainstorming ist eine Kreativitätstechnik, die in zwei Phasen zu neuen Ideen führen soll. Zuerst werden von der Gruppe zu einer bestimmten Frage in einer festgelegten Zeit (10 - 30 Minuten) mündlich ihre Ideen geäußert. Die Beiträge werden weder kommentiert, noch bewertet oder abgelehnt. Alle Ideen werden sofort, für alle Gruppenteilnehmer sichtbar dokumentiert (z. B. mittels Metaplankarten).

In der zweiten Phase werden die Ideen geclustert und bewertet, z. B. nach Priorität oder Realisierbarkeit. Diese Technik ist nicht für komplexe Problemstellungen geeignet und sollte durch einen Moderator geleitet werden, der die Beiträge dokumentiert.

---

[1] Quelle: http://www.berufsstrategie.de/bewerbung-karriere-soft-skills/moderationstechniken.php

05. Was ist die DeBono-Methode?

Bei dieser Technik werden von einer Gruppe sechs verschiedene Positionen im Rahmen einer Diskussion vertreten. Die einzelnen Hüte stehen für folgende Denkmuster:

- Blauer Hut = ordnendes und moderierendes Denken: Überblick über die Prozesse
- Gelber Hut = optimistisches Denken: Was ist das Best-Case-Szenario?
- Grüner Hut = kreatives und assoziatives Denken: Neue Ideen, Kreativität
- Roter Hut = emotionales Denken und Empfinden: Konzentration auf Gefühle und Meinungen
- Schwarzer Hut = kritisches Denken: Risikobetrachtung, Probleme, Skepsis, Kritik und Ängste mitteilen
- Weißer Hut = analytisches Denken: Konzentration auf Tatsachen, Anforderungen und wie sie erreicht werden können

Jeder Teilnehmer bekommt einen Hut (Denkmuster), im Folgenden hat er sich in „seine" Position einzudenken und diese entsprechend in der Diskussion zu vertreten.

06. Was sind Fragetechniken?

Während einer Diskussion helfen verschiedene Fragetechniken zur Strukturierung bzw. Einbindung von Teilnehmern z. B.:

Frageform	Beschreibung	Beispiel
Abschlussfrage	Bestätigung in Form einer Frage abverlangen.	Wann soll der neue Qualitätsstandard implementiert werden?
Alternativfrage	Durch die Vorgabe von zwei oder mehr Alternativen wird Entscheidungsfreiraum suggeriert.	Wollen wir erst QM-Standard A oder B bearbeiten?
Angriffsfrage	Durch den Inhalt (und die Betonung) der Frage soll der Gesprächspartner unter Druck gesetzt werden.	Möchten Sie auch gute Qualität leisten?
Antwortfrage	Die Antwort ist schon in der Frage enthalten.	Sie möchten Standard A, richtig?
Gegenfrage	Durch die Rückgabe einer Frage wird eine Konfrontation oder Präzisierung eingefordert.	Wie meinen Sie das?
Gewaltfrage	Durch den Inhalt (und möglicherweise die Betonung) der Frage soll der Gesprächspartner unter Druck gesetzt werden.	Wollen Sie sich um die Antwort drücken?
Initialfrage	Zu Beginn eines Klärungs- oder Dialogprozesses wird eine Motivation hervorgerufen.	Welches ist der wichtigste Punkt, der vor Einführung von A zu klären ist?

Frageform	Beschreibung	Beispiel
Kontrollfrage	Zahlen, Daten, Fakten oder Ansichten werden reflektiert.	Habe ich Sie richtig verstanden, dass Kontrolle wichtig ist?
Motivfrage	Diese Frageform soll den Antrieb des Gesprächspartners erkunden.	Welchen Sinn hat der neue Standard für Sie?
Motivationsfrage	Diese Frageform soll den Gesprächspartner motivieren.	Wie kamen Sie auf die Idee, sich für Standard B zu interessieren?
Referenzfrage	Das Gegenüber wird bedrängt, indem man eine Bezugsperson oder -sache erfragt.	Woran orientieren Sie Ihre qualitative Pflege?
Rhetorische Frage	Eine Frage, die offensichtlich keiner Antwort bedarf. Sie ist eigentlich eine These.	Wollen wir nicht alle, dass wir gute Qualität erbringen?
Skalierende Frage	Eine Frage, die eine allgemeine Aussage konkretisiert und vergleicht.	Wie würden Sie den neuen Standard auf einer Skala von 1 (minimal) bis 10 (maximal) einordnen?
Suggestivfrage	Mithilfe einer hypothetisch infrage gestellten Vorgabe wird dem Gesprächspartner eine Antwort in den Mund gelegt.	Sie wollen doch auch den Qualitätsstandard A einführen, oder?
Verdeckte Frage	Eine Frage, deren eigentliches (möglicherweise für den Befragten nicht erkennbares) Ziel über einen Umweg erreicht werden soll.	Haben Sie die Dekubitus-Prophylaxe durchgeführt? (Eigentliches Ziel: Wird der Standard gelebt?)

07. Was ist Mindmapping?

Bei dieser Technik wird eine Mindmap (Gedächtnislandkarte) erstellt. Hierdurch lassen sich komplexere Themen visualisieren. In der Mitte eines unlinierten Blattes wird das zu bearbeitende Thema in einen Kreis geschrieben. Daraus folgende Hauptthemen werden auf eine Linie, die vom Kreis wegläuft geschrieben. Unterthemen werden an die Hauptlinien angehängt und aufgeschrieben.

Zur besseren Orientierung sollten verschiedene Farben für die jeweiligen Hauptthemen und die dazugehörigen Unterthemen sowie die ggf. noch notwendigen Unterteilungen in Kapitel etc. verwendet werden. Mindmaps können auch für die Auswertung eines Brainstormings genutzt werden. Folgende Grafik zeigt ein Beispiel:

08. Was ist ein Morphologischer Kasten bzw. eine morphologische Matrix?

Beim morphologischen Kasten wird versucht ein Problem zu systematisieren und hierfür Ideen zu finden. Dabei entsteht durch mehrere Spalten eine Matrix. Die vertikalen Achsen werden mit den verschiedenen Parametern bezeichnet, während in die horizontalen Achsen alle Ausprägungen des jeweiligen Parameters eingegeben werden:

▶ Vorgehensweise z. B.: Problem aufschreiben und in Unterprobleme unterteilen.

▶ Problem: mehr Patienten gewinnen

▶ Teilprobleme: alte Patienten halten, ehemalige Patienten zurückgewinnen, neue Patientengruppen finden

▶ Eigenschaften dieser Unterprobleme in die erste Spalte schreiben.

Nun erstellen Sie mit den weiteren Achsen ein Raster, in das Sie die entsprechenden Abteilungen, Personen etc. eintragen. Jetzt werden die einzelnen Felder gefüllt. Es gibt keine Reihenfolge und es geht um das systematische Sammeln von Ideen. In einem Kasten der inneren Matrix können auch mehrere Ideen stichwortartig aufgeführt sein.

Im Anschluss werden die Lösungen bewertet und zu einer Gesamtlösung zusammengesetzt. Diese gilt es dann in Bezug auf Realisierbarkeit (Werte, Zeit, Geld, Mitarbeiter) zu überprüfen und gemeinsam zu verabschieden.

	Arzt	**Verwaltung**	**Pflegedienstleitung**
bestehende Patienten	Gespräche führen	Termine pflegen	
ehemalige Patienten		Flyer zusenden	
neue Patienten	intensive Beratung	Flyer zusenden, Statistik führen	Informationsabend durchführen

09. Was ist eine Open-Space-Veranstaltung?

Open Space ist eine Methode, die bei größeren Teilnehmerzahlen z. B. auf Konferenzen oder Tagungen angewendet wird. Sie hat vorher kein festgelegtes Programm oder Abläufe. Open Space wird bei komplexen oder dringenden Problemen eingesetzt. Die Dauer reicht von einigen Stunden bis zu mehreren Tagen.

Die Teilnehmer sollen selbstbestimmt und selbstorganisiert zu einem festgelegten Thema Problemlösungen erarbeiten. Innerhalb der ersten Stunde eines Open Space wird die gesamte Arbeits- und Zeitplanung entwickelt. Jeder Teilnehmer kann sein Thema vorbringen. Es gilt das Gesetz der zwei Füße: jeder Teilnehmer bleibt nur so lange in einer Gruppe, wie er es für sinnvoll erachtet und geht dann weiter.

Nach Sammlung aller Themen kann jeder Teilnehmer an dem für ihn interessanten Themen mitarbeiten. Jede Gruppe veröffentlicht anschließend ihre Ergebnisse. Hierdurch wird die Motivation der Beteiligten gefördert.

10. Wie kann eine Open-Space-Veranstaltung ablaufen?

1. Beginn z. B. in einem Stuhlkreis. Der Veranstalter begrüßt und erklärt die Ziele, Grenzen und Ressourcen der Open-Space-Tagung.
2. Einführung in Thema und Verfahren und Eröffnung des Open Space.
3. Inhalte und Organisation ergeben sich aus den Anliegen der Teilnehmenden. Jeder kann ein Anliegen einbringen. Anliegen sind Themen, die „unter den Nägeln brennen" und für die jemand Verantwortung übernehmen will.
4. An einer großen Metaplan-Wand werden die Anliegen den Zeiten und verfügbaren Arbeitsräumen zugeordnet.
5. In der Marktphase kann über Anfangszeiten und Räume verhandelt werden; jeder trägt sich bei den Themen ein, die ihn interessieren.
6. Gruppenarbeitsphase: Die Teilnehmenden arbeiten in dieser Zeit selbstorganisiert, geleitet vom Gesetz der zwei Füße und den Grundsätzen des Open Space.
7. Die „Einladenden" der Arbeitsgruppen dokumentieren die Ergebnisse ihrer Gruppenarbeit und stellen diese den anderen Teilnehmenden zur Verfügung.
8. An der Dokumentationswand werden die Ergebnisse aus den Gruppenarbeitsphasen zeitnah für jeden sichtbar aufgehängt.
9. Abend- und Morgennachrichten werden zum Beginn bzw. Ende eines Tages verlesen.
10. Auswertung und Planung der Umsetzung am letzten Tag.
11. Abschlussrunde (z. B. nach dem Redestab-Ritual)
12. Open Space schließen.
13. Dokumentation erstellen und verteilen.

11. Wie funktioniert eine Osborne-Checkliste?

Die Checkliste wurde von *Alex Osborn*, dem Erfinder des Brainstormings, erstellt. Mit dieser lassen sich bereits bestehende Produkte durch systematische Beantwortung von Fragen auf ihre Verbesserungsmöglichkeiten überprüfen, z. B.:

- **Anwendungsmöglichkeiten, neue Nutzung?**
  Neue Anwendungsmöglichkeiten? Für andere Personen? Andere Anwendungsmöglichkeiten durch Veränderungen des Objektes?
- **Anpassen, Ähnlichkeiten?**
  Wem ähnelt es? Welche anderen Ideen ergeben sich? Gibt es Parallelbeispiele? Was könnte man davon übernehmen? Was könnte man zum Vorbild nehmen?
- **Verändern, umgestalten, umformen?**
  Neue Form geben? Neuen Zweck? Die Farbe, Bewegung, den Ton, Geruch, das Aussehen verändern? Sind andere Änderungen denkbar? Neue Verpackung?
- **Vergrößern, hinzufügen, vervielfältigen?**
  Was kann man hinzufügen? Soll man mehr Zeit darauf verwenden? Frequenz erhöhen? Es widerstandsfähiger machen? Größer? Länger? Schwerer? Dicker? Ihm einen zusätzlichen Wert geben? Anzahl der Bestandteile erhöhen? Verdoppeln? Vervielfachen? Übertreiben? Preis erhöhen?
- **Verkleinern, wegnehmen, verkürzen?**
  Was ist daran entbehrlich? Kleiner machen? Kompakter? Niedriger? Kürzer? Flacher? Leichter? Kann man es in seine Einzelteile zerlegen? Preis reduzieren?

2.2.2.3 Mitarbeiter und ihre Potenziale fördern

01. Was beinhaltet die Zwei-Faktoren-Theorie nach *Herzberg*?

Durch seine Forschung hat *Herzberg* zwei Faktoren identifiziert, welche die Leistung der Mitarbeiter beeinflussen:

Motivatoren sind erforderlich um die Mitarbeiter zu höherer Leistung zu motivieren, sie sind intrinsisch.

Hygienefaktoren sind erforderlich, um die Zufriedenheit der Mitarbeiter sicherzustellen. Sie erzeugen keine Motivation sind jedoch Bedingung für diese.

	Motivatoren	Hygienefaktoren
	▶ Anerkennung von Leistung ▶ Verantwortung für Aufgaben ▶ Übertragung höherwertiger Tätigkeiten ▶ Wachstum	▶ Arbeitsbedingung ▶ Gehalt ▶ Status ▶ Sicherheit ▶ zwischenmenschliche Beziehung
vorhanden	Zufriedenheit	keine Unzufriedenheit
nicht vorhanden	keine Zufriedenheit	Unzufriedenheit

In der Unternehmensführung ist die richtige Kombination der Faktoren wichtig.

	hohe Motivation	niedrige Motivation
hohe Hygiene	ideale Kombination, Mitarbeiter sind motiviert und haben keine Beanstandungen	Mitarbeiter haben wenig Beanstandungen, die Arbeit ist Mittel zum Zweck
niedrige Hygiene	motivierte Mitarbeiter mit vielen Beanstandungen. Die Arbeit ist aufregend und anstrengend, Bezahlung und Arbeitsverhältnisse sind schlecht.	Schlechteste Kombination: Mitarbeiter sind nicht motiviert und beanstanden viel

02. Was besagt die Erwartungstheorie nach *Vroom*?

Nach *Vrooms* Theorie erbringt ein Mitarbeiter gute Leistungen, wenn er eine hohe Wahrscheinlichkeit sieht, dass:

- seine persönlichen Tätigkeiten zu hoher Arbeitsleistung belohnt werden
- gute Arbeitsleistung die erwünschten persönlichen Ziele/Ergebnisse unterstützt
- für ihn attraktive Ziele/Ergebnisse erreicht werden.

Für die Frage der Motivierung im Sinne einer Führungsaufgabe kommt es also zuerst darauf an, in Gesprächen mit Mitarbeitern deren Erwartungen, Valenzen und Instrumentalitäten zu ermitteln, um durch gezielte Beeinflussung dieser Größen ihre Leistungsbereitschaft zu erhöhen.

03. Was sind die fünf Quellen der Motivation nach *Barbuto* und *Scholl*?

Barbuto und *Scholl* unterscheiden zwischen zwei intrinsischen und drei extrinsischen Quellen der Motivation.

Diese lassen sich wie folgt beschreiben:

Zwei intrinsische Quellen der Motivation:

- **Interne Prozessmotivation** (intrinsic process): Hier wird eine Aufgabe von der Person um ihrer selbst willen durchgeführt. Beispiele: Ein Musiker spielt mit Begeisterung Musik, ein Controller vertieft sich in seine Analysen, ein Autor schreibt begeistert an seinem Buch oder eine Pflegekraft führt engagierte Gespräche mit Bewohnern, einfach weil es ihnen Spaß macht. Die Person denkt gar nicht darüber nach, warum sie die Tätigkeit durchführt und welche Vorteile oder Belohnungen sie dafür bekommen, sie tun es einfach.
- **Internes Selbstverständnis** (internal self concept): Das Verhalten und die Werte dieser Personen orientieren sich an ihren internen Standards und Maßstäben. Sie haben eine individuelle Idealvorstellung als Leitlinie ihres Handelns verinnerlicht, die auf

der persönlichen Prägung basiert. So geht es den vorgenannten Beispielen, die etwas nach ihren Vorstellungen verändern möchten. Bei dieser Quelle der Motivation ist das Leistungsmotiv besonders stark angeregt.

Drei extrinsische Quellen der Motivation:
- **Instrumentelle Motivation** (instrumental motivation): Das Verhalten ist im Wesentlichen von der Aussicht auf konkrete Vorteile oder Belohnungen von außen (extrinsisch) geleitet. Beispiele: Musik machen, um Geld zu verdienen, der Controller macht seinen jetzigen Job nur um in den Vorstand zu kommen, Autor will einen Bestseller schreiben und die Pflegekraft will Leitung werden. Die Quelle dieser Motivation ist ein Machtmotiv.
- **Externes Selbstverständnis** (external self concept): Die Rolle und die Erwartungen der Umwelt sind Quelle des eigenen Selbstverständnisses sowie der Idealvorstellung. Beispiele: Der Musiker sieht sich als Orchestermitglied, der Controller sieht sich als Mitglied des Managements, der Autor sieht sich als Teil der Wissensgesellschaft, die Pflegekraft will in einem guten Team mitpflegen. Die Quelle der Motivation ist das Zugehörigkeitsmotiv.
- **Internalisierung von Zielen** (goal internalization): Die Ziele der Organisation werden über die eigenen gestellt. Beispiele: der Musiker will einen perfekten Konzertabend, der Controller will das das Unternehmen gut gesteuert wird, der Autor möchte das der Verlag gute Umsätze macht, die Pflegekraft bleibt länger, damit gute Pflege ermöglicht wird. Quelle der Motivation ist ein Zugehörigkeits- und Leistungsmotiv.

04. Welche Grundmotive beeinflussen nach *McClelland* das Verhalten?

Grundmotive nach *McClelland*[1]
(mit besonders starkem Einfluss auf das Verhalten)

Motive, Wünsche, Hoffnungen ⟷	Ängste, Befürchtungen
Zugehörigkeit (Sicherheit, Zuwendung, Geborgenheit, Freundschaft) → **Beitrag beachten und integrieren**	… unbeliebt, zurückgewiesen, isoliert, ausgeschlossen, allein gelassen Gefühl: **Wertlosigkeit**
Macht (Kontrolle, Dominanz, Bedeutung, Status, Einfluss, Kampf, Wettbewerb) → **in Entscheidungen einbinden**	… Kontrollverlust, unwichtig, abhängig, unbedeutend, missachtet Gefühl: **Ohnmacht**
Leistung (Erfolg, Fortschritt, Kreativität, Abwechslung, Neugier, Fantasie) → **Leistungen anerkennen**	… unfähig, schwach, erniedrigt, nutzlos, dumm, „Verlierer", „Versager" Gefühl: **Versager**

Quelle: Institut für Management-Innovation *Prof. Dr. Waldemar Pelz*

---

[1] *McClelland, D. C., Human Motivation, Cambridge, 1987*

05. Wie aber lassen sich Mitarbeiter im Unternehmen motivieren, z. B. ein QMS einzuführen?

In erster Linie müssen durch die Leitungskräfte die Mitarbeiter von den Vorteilen überzeugt und ihre Ängste abgebaut werden. Die Mitarbeiter sind bei der Projektumsetzung einzubinden. Viele Projekte scheitern nicht an den vorhandenen Bedenken der Mitarbeiter, sondern an dem falschen Umgang mit den Bedenken der Mitarbeiter.

„Die Herausforderung an das Change Management liegen deshalb insbesondere im Bereich der Unternehmenskultur. Insofern erfordert die Realisierung der strategischen Ansätze eine offene und vertrauensvolle Informations- und Kommunikationspolitik, sowie eine umfangreiche Qualifizierungs- und Motivationsarbeit." (Vahs 2009)

06. Was ist bei der Information zu beachten?

Um ein Qualitätsmanagement-System einzuführen, sind nicht nur die Mitarbeiter auf allen Hierarchieebenen zu motivieren, sondern auch eine gute Informations- und Kommunikationspolitik in der Organisation notwendig. Ein Informations- und Kommunikationsmanagement ist zu etablieren. Hierzu gehört z. B.

- Planen und Erfassen des Informationsbedarfes
- Sammeln und Bereitstellen von Informationen
- Schaffen eines Informations- und Kommunikationssystems.

AZPIOKS (>> siehe *Kapitel 2.5./02.*) als Metaebene zur Strukturierung der notwendigen Information und Kommunikation ist ein guter Weg.

07. Wodurch unterscheiden sich Information, Wissen und Kommunikation?

- Informationen sind Daten und Fakten zu einem Gegenstand bzw. einer Situation. Eine Information verliert nach Bekanntgabe ihren Wert als Information. Information ist unilateral.
- Wissen sind Informationen, die für den Einzelnen relevant sind und von ihm für wahr gehalten werden.
- In der Kommunikation geht es um einen bi- bzw. multilateralen Austausch von Informationen. Dies passiert immer mit einem Sender und einem bzw. mehreren Empfängern, d. h. sie zielt auf den Dialog ab. Kommunikation kann verbal, nonverbal (Mimik, Gestik etc.) oder technisch (SMS, E-Mail etc.) erfolgen.

08. Was ist formale und informale Kommunikation?

Formale Kommunikation ist die durch die Aufbau- und Ablauforganisation vorgegebene Kommunikationsstruktur. Informale Kommunikation findet aufgrund persönlicher Beziehungen statt (kleiner Dienstweg, Flurfunk oder auch Obergefreitendienstweg).

09. Auf welchen Ebenen wird kommuniziert?

Laut *Schulz von Thun* gibt es in der Kommunikation sowohl für den Sender als auch für den Empfänger einer Nachricht vier verschiedene Ebenen:

- Sachebene (Daten und Fakten der Nachricht)
- Beziehungsebene (Beziehung zwischen Sender und Empfänger)
- Appellebene (Was möchte der Sender erreichen?)
- Selbstoffenbarungsebene (Was gibt der Sender durch die Nachricht von sich preis?).

10. Wie kann im Qualitätsmanagement kommuniziert werden?

Im Qualitätsmanagement sind verschiedene Instrumente der Information der Mitarbeiter denkbar. Beispielsweise lassen sich diese durch regelmäßige Berichte über das Qualitätsmanagement in der Mitarbeiterzeitschrift erreichen. Eine andere Möglichkeit wären Informationsveranstaltungen zum Qualitätsmanagement.

Der QM-Beauftragte ist das Bindeglied zwischen den am Qualitätsmanagement beteiligten Gruppen. Er sorgt dafür, dass Informationen und Kommunikation zwischen den Beteiligten sichergestellt wird. Neben den genannten Kommunikationswegen sind Workshops zum Thema Qualitätsmanagement möglich. Daneben beruft der Prozesseigner regelmäßig alle am Prozess Beteiligten zur Schnittstellenoptimierung ein.

Weiterhin können Informationen wie folgt verteilt werden, z. B.:

- Prozessbeschreibungen veröffentlichen
- Qualitätszirkelberichte zugänglich machen
- Ergebnisse von Überprüfungen von MDK, Heimaufsicht, Gesundheitsamt, Brandschutz darstellen
- Newsletter über QM
- Lob/Anerkennung/Auszeichnung guter Auditergebnisse.

11. Wie können die Potenziale der Mitarbeiter erkannt werden?

Mitarbeitergespräche, Teamgespräche, Workshops sind Möglichkeiten, die Fähigkeiten, Fertigkeiten und Wünsche der Mitarbeiter zu erkennen und z. B. Zielvereinbarungen zu treffen. Die Dokumentation kann in den obligatorischen Schulungs- und Fortbildungsplan oder als Gesprächsnotiz in die Personalakte einfließen.

In den Einrichtungen des Gesundheits- und Sozialwesens sind Fortbildungen regelmäßige Pflicht, z. B.:

- Küche: HACCP, Hygienebeauftragte
- Pflege: Pflegestandards, Erste Hilfe, Sicherheitsbeauftragte, Hygienebeauftragte
- Betreuungsfachkraft § 43 b SGB XI: Pflichtfortbildung

- Einweisungen nach Medizingeräteverordnung
- Brandschutzbelehrungen.

Für jeden Bereich und z. B. auch für jeden Pflegestandard kann ein Mitarbeiter federführend für die Umsetzung benannt werden. Dies kann bewirken, dass Mitarbeiter ihrer Motivation folgen und Aufgaben, die Ihnen liegen übernehmen.

Fortbildungspflicht besteht weiterhin z. B.:
- nach dem Arbeitsschutzgesetz nach § 10
- für Ärzte nach § 95 d SGB V
- in Biostoffverordnung nach § 8
- in Jugendhilfe nach § 72 SGB VIII
- für Pflegekräfte Berufsordnung Hamburg nach § 6, II0 Fortbildungspunkte p. a.
- für Sicherheitsbeauftragte nach § 22 SGB VII
- in Unfallverhütungsvorschriften.

2.2.3 Prozessoptimierung

01. Wie lässt sich der Zusammenhang betrieblicher Funktionen prozessorientiert und mit der Unterscheidung in Kern- und Supportprozesse darstellen?

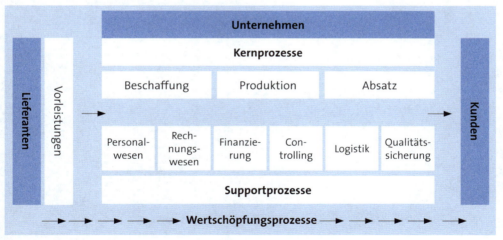

Quelle: *Krause/Krause 2014*

Dargestellt sind die drei Kernfunktionen eines Industriebetriebes (Kernprozesse), die von den nicht-wertschöpfenden Supportprozessen unterstützt werden. Supportprozesse leisten keinen direkten Beitrag zur Wertschöpfung, sind aber als Rahmenbedingungen für kundenorientierte Wertschöpfungsprozesse erforderlich.

02. Was sind Kernprozesse?

Prozesse, die vom Unternehmen selbst ausgeführt werden müssen, es sind jene Leistungen, für die das Unternehmen existiert. Sie schaffen die Wertschöpfung des Unternehmens und stehen in Bezug zum Kunden. Jedes Unternehmen hat seinen spezifischen Kernprozess. In einem Krankenhaus soll der Kernprozess die Behandlungen von Patienten sein, z. B. Operationen durchführen.

03. Was sind Supportprozesse?

Prozesse, welche die Kernprozesse unterstützen, sie können regelmäßig fremdvergeben werden, sie sind nicht unmittelbar wertschöpfend. In einem Krankenhaus sind Unterstützungsprozesse, z. B. Reinigung, Hauswirtschaft, Wäscherei, diese können outgesourct werden.

04. Was sind Managementprozesse?

Prozesse, die die Strategie, Strukturen und Kultur eines Unternehmens bestimmen, wie z. B. Unternehmensführung, Controlling, Qualitätsmanagement. In einem Krankenhaus sind Managementprozesse z. B. die Festlegung der DRG-Mengen, strategisches Beschaffungsmanagement, Personalentwicklung.

05. Welche betrieblichen Funktionen sind an einem Fertigungsprozess beteiligt?

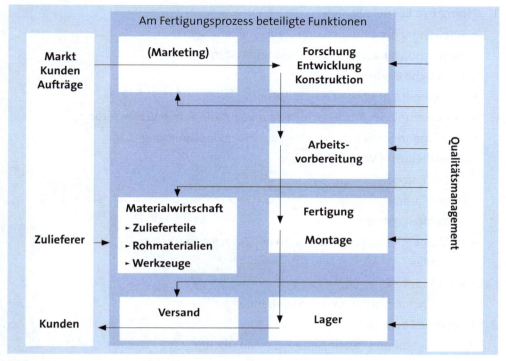

Quelle: *Krause/Krause 2014*

Der Prozess der Leistungserstellung ist ein *Kernprozess*. Je nach Größe und Art der Aufbaustruktur sind daran folgende Stellen/Funktionen beteiligt (*Prozesskette innerhalb der Produktion*):

- Forschung/Entwicklung und Konstruktion
- Arbeitsvorbereitung
- Materialwirtschaft und Werkzeuglager
- Fertigung, Montage
- Qualitätswesen (als Querschnittsfunktion)
- Montage
- Lager und Versand.

06. Wie lassen sich erkannte Verbesserungspotenziale vorhandener IMS (Integrierte Managementsysteme) umsetzen?

1. **Normative Ebene**, z. B.
   - Anpassung der Leitlinien und Zielformulierungen
   - Integration zusätzlicher Managementsysteme.
2. **Strategische Ebene**, z. B.
   - Implementierung von Frühindikatoren
   - Optimierung der Prozessschritte zur kontinuierlichen Verbesserung
   - Implementierung von Verfahren zur Prozessoptimierung, z. B.
     - betriebliches Vorschlagswesen
     - KVP/Kaizen
     - Zirkelarbeit
     - Prämiensysteme.
   - Implementierung von Methoden der Zusammenarbeit mit
     - Kunden
     - Lieferanten
     - Normeninstituten und Fachverbänden.
3. **Operative Ebene**, z. B.
   - Information und Qualifizierung der Mitarbeiter
   - Anpassung der Systemschnittstellen
   - Anpassung der Dokumentation (Handbuch)
   - Übernahme von Änderungen in Publikationen (Geschäftsbericht, Öko-Bilanz).

2.2.3.1 Prozess- und Schwachstellenanalysen durchführen

01. Wie ist der Arbeitsplan für eine Wertanalyse nach DIN EN 12973 gegliedert?

0. **Vorbereitung des Projekts**
   - Moderator, Koordinator, Team benennen
   - Räume, Ressourcen.
1. **Projektdefinition**
   - Ziel festlegen
   - Inhalte festlegen.

2. **Planung**
   - Zeit planen
   - Meilensteine festlegen.
3. **Umfassende Daten über die Studie sammeln**
4. **Funktionsanalyse, Kostenanalyse, Detailziele**
   - Funktionen und Kosten analysieren
   - Detailziele festlegen.
5. **Sammeln und Finden von Lösungsideen**
   - vorhandene Lösungen sammeln
   - neue Lösungsideen finden
   - Kreativitätstechniken einsetzen.
6. **Bewertung der Lösungsideen**
   - Bewertungskriterien festlegen
   - Lösungsideen bewerten
   - Lösungsansätze darstellen und bewerten.
7. **Entwicklung von ganzheitlichen Vorschlägen**
   - Lösungen ausarbeiten und bewerten
   - Entscheidungsvorlagen aufbereiten.
8. **Präsentation der Vorschläge**
   - Präsentation der Vorschläge vor Projektauftraggeber
   - Entscheidung herbeiführen.
9. **Realisierung**
   - Umsetzung des besten Vorschlags im Detail planen
   - Projekt abschließen.

Die Stärken des Instrumentes Wertanalyse liegen u. a. in der praktisch universellen Einsetzbarkeit sowie im Zwang zur Systematik. Schwächen ergeben sich aus der durch die Systematik produzierten „Quasi-Objektivität", aus der Möglichkeit zur Manipulation (z. B. durch die Auswahl der Nutzkriterien und durch deren Gewichtung) sowie aus dem relativ hohen Arbeits- und Zeitaufwand, der bei sorgfältiger Anwendung besteht.

02. Welche Instrumente und Verfahren werden zur Qualitätssicherung eingesetzt?

- **Dokumentation:** Die prozessnahe Dokumentation ist die Basis aller folgenden Analysen und Maßnahmen. Ein Handlungsbedarf wird im Rahmen des „Kontinuierlichen Verbesserungsprozesses" umgesetzt.

Die Dokumentation von Zwischenfällen, Ereignissen und Komplikationen ist ein wichtiger Schritt bei der Aufdeckung von Schwachstellen und Fehlerquellen. Sie kann als erster Schritt hinsichtlich eines „Critical Incident Reporting" (CIR) gelten.

- **Supervision:** Supervision beschreibt den Einsatz eines entsprechend ausgebildeten Supervisors zur Überwachung der Arbeit einer bestimmten Gruppe von Mitarbeitern und zu deren Anleitung.
- **Debriefing:** Gemeint ist hier nicht die psychoanalytische Krisenbewältigung, sondern die Nachbesprechung und Entlassung aus der Aufgabe.
- **Medical Audit/Peer Review:** Im klinischen Bereich werden im Zuge von Audits Krankengeschichten stichprobenartig auf Vollständigkeit und Schlüssigkeit überprüft sowie die durchgeführten diagnostischen, therapeutischen und pflegerischen Maßnahmen hinsichtlich ihrer Indikation und ihrer Wirkung beurteilt. So sollen eventuelle Fehler aufgedeckt und deren Ursachen analysiert werden. Die daraus gewonnenen Erkenntnisse sollen in das Wissen der gesamten Organisation einfließen.

Da diese Audits durch z. B. gleichgestellte Ärzte erfolgen, nennt man sie auch „Peer Reviews". Der Ausdruck Peer bezeichnet einen gleichgestellten Mitarbeiter oder Kollegen. Bei Zweifeln an der Unvoreingenommenheit werden Reviews manchmal durch Kollegen aus anderen Häusern durchgeführt.

Der entscheidende Unterschied zum Debriefing ist, dass hier kein Dialog zwischen den Auditoren und dem behandelnden Arzt zustande kommt, sondern die Krankengeschichten anonymisiert untersucht werden.

2.2.3.2 Fehlerursachenanalyse, Fehlervermeidung und Fehlerkorrektur steuern

01. In welchem Bereich des Produktlebenszyklus entstehen die Fehler eines Produktes?

Circa 80 % der Fehler werden bei der Definition des Produktes, seiner Entwicklung, und der Planung der Produktion gemacht, die restlichen 20 % entstehen im Bereich der Fertigung, Prüfung und im Einsatz des Produktes.

Umgekehrt werden ca. 80 % der Fehler während der Fertigung, Prüfung und im Einsatz behoben jedoch nur 20 % während der Definition, Entwicklung und Planung.

2.2.3.3 Kontinuierliche Entwicklungs- und Verbesserungsprozesse steuern

01. Welche Instrumente können zur Qualitätslenkung und -verbesserung eingesetzt werden?

Kontinuierlicher Verbesserungsprozess (KVP)
KVP basiert auf der Annahme, dass auf jeden PDCA-Zyklus ein weiterer folgt, dessen Ausgangsbasis für die Planung jedoch auf einem höheren Qualitätsniveau beruht. Oft wechseln sich PDCA-Zyklen mit SDCA-Zyklen ab. Das S steht für „Standardize". Das Erreichte soll standardisiert und in den betrieblichen Alltag übernommen werden, bevor

der nächste Schritt zur Verbesserung folgt. Dies ist vor allem bei umfangreicheren Innovationen unbedingt erforderlich.

Kaizen
Gemäß der Philosophie des Kaizen weist die laufende Optimierung des Bewährten den Weg zum Erfolg. Dabei wird davon ausgegangen, dass der wirtschaftliche Erfolg das Ergebnis von Produkten und Dienstleistungen ist, die mit ausgezeichneter Qualität höchste Kundenzufriedenheit erzielen.

Betriebliches Vorschlagswesen
Das betriebliche Vorschlagswesen (BVW) ist ein Kernelement jedes QM-Systems. Es dient der Verbesserung der Qualität, der Innovation und der Motivation der Mitarbeiter. Das BVW bietet die Möglichkeit, die Erfahrungen der Mitarbeiter auf einer geregelten Basis dem Qualitätsmanagement zugänglich zu machen. Hier können die offenen Kundenwünsche genauso weitergegeben werden wie Probleme und Fehlerquellen. Häufig wissen die Mitarbeiter besser als das Management, wie die Anforderungen der Kunden zu erfüllen sind oder wie Probleme ausgeräumt werden können. Das Vorschlagswesen ist ebenso geeignet, aus Ideen der Mitarbeiter neue Produkte und Dienstleistungen zu machen.

Qualitätszirkel
Qualitätszirkel sind eine Form der Gruppenarbeit innerhalb eines Unternehmens. Qualitätszirkel dienen als Instrumente zur Förderung des Qualitätsbewusstseins. Die tief greifenden strukturellen Änderungen, die für eine Implementierung von Qualitätszirkeln nötig sind, müssen langfristig geplant und verfolgt werden. Sie sind daher ein Bestandteil der Planung zur Einführung von Qualitätsmanagement.

Fehlermanagement
In den meisten Organisationen wird bei Auftreten eines Fehlers nach einem Schuldigen gesucht, Controlling und Qualitätsmanagement wollen Lösungen finden, um Fehler in der Zukunft zu vermeiden. Positives Fehlermanagement im Sinne eines wirksamen Qualitätsmanagements bedarf daher einer positiven Fehlerkultur.

Ishikawa-Diagramm
Das Ishikawa-Diagramms will anhand einer an die Gräten eines Fisches erinnernden Grafik die Ursachen von Fehlern im Prozess ermitteln und zu visualisieren. Daher auch die Bezeichnung Fischgräten-Diagramm und Ursache-Wirkungs-Diagramm. Ähnliche Verfahren sind die Fehlerbaum-Analyse und die Failure Mode and Effects Analysis oder Fehlermöglichkeits- und Einflussanalyse (FMEA).

Critical Incident Reporting (CIR)
In der Vergangenheit wurde der Patientensicherheit als wesentliches Qualitätsmerkmal eines Behandlungsprozesses nicht die notwendige Beachtung geschenkt. Ein kritisches Element zur Erhöhung der Sicherheit ist die Schaffung einer positiven Sicherheits- und Fehlerkultur, die Fehler identifiziert, Ursachen abklärt und darauf basierend Maßnahmen zur künftigen Vermeidung des Fehlers ergreift.

Solche Maßnahmen können daher auch dem Risikomanagement zugeschlagen werden. Dabei wird das Risiko eines Fehlers aus der Wahrscheinlichkeit seines Auftretens und dem (potenziell) daraus resultierenden Schaden abgeleitet.

Das Ziel des Critical Incident Reporting ist es, durch Meldungen kritischer Ereignisse durch die Mitarbeiter, die auch nur beinahe zu einer Gefährdung oder gar zu einem Schaden eines Patienten geführt haben, an das Gesamtsystem zu berichten und dadurch das Risiko eines neuerlichen Auftretens des kritischen Ereignisses zu verringern. Beim Critical Incident Reporting spielt im Gegensatz zur klassischen Fehleranalyse der tatsächliche Schadenseintritt eine untergeordnete Rolle. CIR liegt die Erkenntnis zugrunde, dass die wichtigen Vermeidungsstrategien sich auch aus sog. Beinahe-Zwischenfällen (Incidents) ableiten lassen.

Benchmarking
Benchmarking ist der kontinuierliche Prozess, um Produkte, Dienstleistungen am stärksten Mitbewerber oder denjenigen Organisationen, die als besser in der Prozess- bzw. Teilprozess Umsetzung angesehen werden, zu messen. Es ist eine zielgerichtete Vorgehensweise, bei dem die Benchmarkingobjekte möglichst branchenunabhängig untersucht werden. Es werden Unterschiede in der Prozessumsetzung ermittelt und Möglichkeiten zur Verbesserung der eigenen Prozesse gesucht.

Ein Benchmarkingprozess kann wie folgt ablaufen:

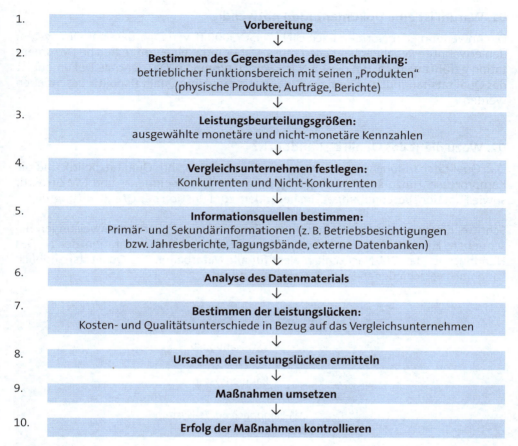

1. **Vorbereitung**
2. **Bestimmen des Gegenstandes des Benchmarking:** betrieblicher Funktionsbereich mit seinen „Produkten" (physische Produkte, Aufträge, Berichte)
3. **Leistungsbeurteilungsgrößen:** ausgewählte monetäre und nicht-monetäre Kennzahlen
4. **Vergleichsunternehmen festlegen:** Konkurrenten und Nicht-Konkurrenten
5. **Informationsquellen bestimmen:** Primär- und Sekundärinformationen (z. B. Betriebsbesichtigungen bzw. Jahresberichte, Tagungsbände, externe Datenbanken)
6. **Analyse des Datenmaterials**
7. **Bestimmen der Leistungslücken:** Kosten- und Qualitätsunterschiede in Bezug auf das Vergleichsunternehmen
8. **Ursachen der Leistungslücken ermitteln**
9. **Maßnahmen umsetzen**
10. **Erfolg der Maßnahmen kontrollieren**

Quelle: *Krause/Krause 2014*

2.2.4 Dokumentation des Qualitätsmanagements sicherstellen

01. Warum ist eine Dokumentation notwendig?

Die Anwendung der Normen nach DIN EN ISO 9000 ff. verlangt, dass das QM-System den erwähnten Regeln entsprechen muss. Daher muss eine umfangreiche Dokumentation geführt werden, um diesen Nachweis zu erbringen. Das zentrale Dokument ist das Qualitätshandbuch, in dem die Organisation und ihre Qualitätspolitik beschrieben werden.

02. Wozu dient das Qualitätshandbuch?

Das Qualitätshandbuch dokumentiert die Organisation, ihre Qualitätspolitik und die Kernprozesse. Hinzu kommen Organigramme zur Unternehmens- und QM-Struktur sowie Funktionsbeschreibungen, insbesondere zur Funktion des QM-Beauftragten.

Schritte, die einer näheren Definition bedürfen, werden in Arbeitsanweisungen beschrieben. Hinzu kommen alle Formulare und die QM-Dokumentation der IT. Das Handbuch ist das QM-Nachschlagewerk für alle Mitarbeiter. Das Qualitätshandbuch kann nach verschiedenen Systemen gegliedert sein.

Aufbau eines QM-Handbuchs

03. Wie und welche Dokumente werden bei Einführung eines QM-Systems erfasst?

Bei Einführung eines QM-Systems empfiehlt sich die Sammlung aller Dokumente der Abteilungen des Unternehmens. Veraltete und überflüssige Dokumente sind in der Organisation zu vernichten. Die relevanten Dokumente sind einer Dokumentenlenkung zu unterwerfen.

Die Dokumentenlenkung ist nach DIN EN ISO 9001 definiert. Demnach sind Dokumente alle Aufzeichnungen, die ausgeübte Tätigkeiten oder erreichte Ergebnisse nachweisen. Die Prüfung, Freigabe und Inkraftsetzung der Dokumente ist frühzeitig zu klären. Hinzu kommt, dass die Verteilung, die Ungültigkeitserklärung und Revisionen genau zu definieren sind, um sicherzustellen, dass keine veralteten oder ungültigen Versionen im Umlauf sind. Häufig erleichtern Dokumentenlenkungs-Softwaresysteme diese Tätigkeiten. Zu den Dokumenten zählen:

- Qualitätshandbuch
- Qualitätsmanagementpläne
- Spezifikationen zu Anforderungen
- Arbeitsanleitungen
- Dienstanweisungen
- Leitlinien
- Aufzeichnungen über Tätigkeitsnachweise.

04. Wie kann ein QM-Handbuch gegliedert werden?

Eine Möglichkeit der Gliederung lehnt sich an die DIN EN ISO 9001 an:
1. Vorwort
2. Benutzerhinweise
3. Überblick über die Organisation – Prozessmodell, Organisationsstrukturen
4. QM-System
5. Verantwortung der Leitung
6. Management von Ressourcen
7. Produktrealisierung
8. Messung, Analyse, Verbesserung
9. Glossar.

05. Welche Angaben sind in einem QM-Handbuch (QMH) zwingend erforderlich?

- Qualitätspolitik
- Qualitätsziele
- Unternehmensprofil und Leistungsspektrum
- QM-System
- Organigramm der Organisation und des Qualitätsmanagements
- Stellen- und Funktionsbeschreibungen
- Prozesslandschaft
- Angaben zur Kundenorientierung und interner Kommunikation
- Dokumentation des QM-Systems sowie Lenkung von Dokumenten und Aufzeichnungen
- Lieferanten und Partnerschaften
- Angaben zur Schulung und Fortbildung
- Benutzerhinweise und Glossar.

2.3 Erfassen und Bewerten von Prozessdaten sowie Ermitteln von Qualitätsindikatoren

2.3.1 Qualitätsindikatoren und -kennzahlen festlegen

01. Was ist eine Kundenzufriedenheitsanalyse?

Mithilfe geeigneter Merkmale, die meist gewichtet sind, erfolgt eine Kundenbefragung mit anschließender, DV-gestützter Auswertung; Beobachtungsmerkmale sind z. B. Erreichbarkeit des Ansprechpartners für den Kunden, Qualität, Termineinhaltung, Beratungsumfang u. Ä.

02. Welche Methoden lassen sich zur Messung der Kundenzufriedenheit einsetzen?

Methoden der Sekundärforschung und der Primärforschung

Sekundärforschung, z. B.

- Auskunfteien
- Besuchsberichte
- Jahrbücher
- Fachzeitschriften
- Pressemitteilungen der Konkurrenz

- Reklamationen
- Umsatz- und Lagerstatistiken, (Statistisches Bundesamt, Bundesbank etc.)
- Veröffentlichungen des Statistischen Bundesamtes, der statistischen Landesämter, von Fachverbänden, Industrie- und Handelskammern, Ministerien, wissenschaftlichen Instituten (z. B. MDK, DIHK, KV, bpa, DVKC).

Primärforschung, z. B.
- Befragung, z. B.
  - direkte oder indirekte Fragetechnik
  - einmalige oder mehrfache Befragung
  - Einthemen- oder Mehrthemenbefragung (Omnibusbefragung)
  - Einzel- oder Gruppeninterview
  - offene oder geschlossene Fragen, Ergebnisfragen, Eisbrecherfragen, Kontrollfragen
  - persönlich, schriftlich, mündlich, telefonisch
  - standardisiert, teilstandardisiert, offen
  - Verbraucher-, Händler-, Kunden-, Vertreter-, Reisenden- und Produzentenbefragung
  - weiches, hartes oder neutrales Interview.
- Beobachtung, z. B.
  - Eigen- oder Fremdbeobachtung
  - Labor- oder Feldbeobachtung
  - offen oder verdeckt
  - persönlich oder apparativ
  - systematisch oder zufällig.
- Experiment, z. B.
  - im medizinischen Sektor
  - im Bereich der Verhaltensforschung
  - im Bereich der Technik
- Sonderformen, z. B.
  - Paneluntersuchungen
  - Produkttests (z. B. Funktion, Farbe, Form)
  - Store-Tests (z. B. Kundenlauf im Verkaufsraum, Blickrichtung und -höhe)
  - Untersuchung von Testmärkten (Untersuchungen in regional abgegrenzten Märkten)
  - Warentests (z. B. Fachzeitschriften, Stiftung Warentest, ADAC).

Die Entscheidung, welche Methode angewandt werden sollte, ist abhängig von den zu erhebenden Daten, den Personen, bei denen die Daten erhoben werden sollen, der Dringlichkeit, der vorhandenen Technik und vom zur Verfügung stehenden Kostenbudget.

2.3.2 Selbstbewertung durchführen

01. Wie wird ein QM-System nach ISO DIN EN überprüft?

Die Übereinstimmung eines QM-Systems mit den Forderungen der DIN EN ISO 9001 wird durch Audits überprüft.

02. Was sind Audits?

Audits sind systematische und unabhängige Untersuchungen, um festzustellen, ob die qualitätsbezogenen Aufgaben und die damit zusammenhängenden Ergebnisse den geplanten Vorgaben entsprechen. Es wird untersucht, ob die Vorgaben effizient und effektiv umgesetzt werden, um so die Qualitätsziele zu erreichen.

Dazu erarbeiten die Auditoren im Vorfeld oftmals Checklisten, um die allgemein gehaltenen Forderungen der Norm den betrieblichen Umständen anzupassen. Die Planung und Durchführung der Audits muss der DIN EN ISO 19011 entsprechen. Interne Audits finden innerhalb einer Organisation statt, für die in der Regel Auditpläne erstellt werden.

03. Welche Regeln gelten für Audits?

Jede Organisationseinheit, jeder Prozess sowie jede Forderung der DIN EN ISO 9001 muss mindestens einmal jährlich überprüft werden. Ein interner Auditor darf keine Organisationseinheiten auditieren, in der er seine Haupttätigkeit ausführt. Einen Auditor dürfen bei Hinweisen auf Mängel keine negativen Konsequenzen erwarten. Häufig werden externe Auditoren beauftragt.

04. Warum werden Auditberichte erstellt?

Auditoren erstellen nach einem Audit einen Auditabschlussbericht. Liegen Anzeichen vor, dass Forderungen der Qualitätsnorm nicht erfüllt werden, kann ein Termin vereinbart werden, bis zu dem das Problem behoben sein muss. Bei größeren Abweichungen werden Nachaudits durchgeführt, um die Konformität mit der Norm herzustellen. Dabei wird die Effektivität der Korrekturmaßnahmen überprüft.

Die Auditberichte werden vom QM-Beauftragten gesammelt und ausgewertet. Damit gehen sie in die jährlichen Reviews ein, die der QM-Beauftragte mit der Unternehmensführung durchführt. In diesen Reviews werden die Erfahrungen aus den internen Audits besprochen und die zukünftigen Qualitätsziele festgelegt. Damit entspricht dieses Verfahren dem PDCA-Zyklus.

05. Wie kann ein internes Prozessaudit sinnvoll angewendet werden?

Ziel des Prozessaudits ist es, bestimmte Arbeitsabläufe bzw. Verfahren auf mögliche Schwachstellen zu untersuchen:

- es sollte eine große Anzahl an Arbeitsabläufen bzw. Verfahren geben
- eine hohe Anzahl an Einflussgrößen spielt eine Rolle
- hohe Durchsatzmengen bzw. Stückzahlen sind gegeben
- es wird eine langfristige Planung angestrebt
- es gibt technologische Herausforderungen.

2.3.3 Fremdbewertung vorbereiten

01. Warum werden externe Audits durchgeführt?

Externe Audits werden von Zertifizierungsstellen durch zertifizierte Auditoren durchgeführt. Externe Audits sollen die Angaben in der Dokumentation stichprobenartig überprüfen. Die wichtigsten Audits sind die Zertifizierungs-, Überwachungs- und Verlängerungsaudits bzw. Re-Zertifizierungsaudits.

Externe Audits erfordern eine zeitintensive Vorbereitung und dauern je nach Größe der zu auditierenden Organisation ein bis drei Tage. Häufig ist es unmöglich, die gesamte Organisation zu überprüfen, sodass die internen Auditoren die verlängerten Arme der externen Auditoren sind.

Die externen Auditoren erstellen ebenfalls einen Auditbericht, der mit dem QM-Beauftragten und der Unternehmensführung besprochen wird. Häufig finden sich Anzeichen für Qualitätsverbesserungen bzw. für ein effektiveres Qualitätsmanagementsystem.

02. Wodurch unterscheiden sich externe und interne Qualitätssicherung?

Externe Qualitätssicherung umfasst gesetzliche Verpflichtungen, die den Gesundheitsbetrieben rechtlich bindend vom Gesetzgeber vorgeschrieben sind.

Internes Qualitätsmanagement kennzeichnet alle Maßnahmen der Gesundheitsbetriebe, vorgeschriebene oder freiwillig gesetzte Qualitätsziele zu erreichen.

03. Welches Institut fördert im Gesundheitswesen Qualitätsprodukte?

Das AQUA-Institut. AQUA bedeutet „Angewandte Qualitätsförderung und Forschung im Gesundheitswesen GmbH" und ist ein im wissenschaftlichen Umfeld angesiedeltes Dienstleistungsunternehmen. Das Institut hat sich auf Qualitätsförderungsprojekte im Gesundheitswesen spezialisiert. Die Gründung der GmbH erfolgte 1995 in Göttingen. Seit Ende 2009 setzt das AQUA-Institut im Auftrag des Gemeinsamen Bundesausschusses (G-BA) den Aufbau einer bundesweiten und sektorenübergreifenden Qualitätssicherung im Gesundheitswesen (SQG) gemäß § 137a SGB V um.

04. Erläutern Sie die Aufgaben des AQUA-Institutes.

Das AQUA-Institut unterstützt den G-BA bei der Erfüllung seiner gesetzlichen Aufgaben. Dazu gehören die Führung und die Entwicklung der sektoralen Qualitätssicherung sowie die Durchführung einer sektorübergreifenden Qualitätssicherung:

- Entwickeln von Verfahren zur Messung und Darstellung der Versorgungsqualität
- Dokumentation und datentechnische Umsetzung
- Unterstützen einer einrichtungsübergreifenden Qualitätssicherung
- Veröffentlichen von Ergebnissen in allgemein verständlicher Form.

Das AQUA-Institut hat insbesondere den Auftrag:

- Messung und Darstellung der Versorgungsqualität sektorenübergreifender Indikatoren und Instrumente
- Dokumentation einer einrichtungsübergreifenden Qualitätssicherung
- Beteiligen an der Durchführung der einrichtungsübergreifenden Qualitätssicherung.

2.3.4 Zertifizierung des Qualitätsmanagements vorbereiten

01. Zeigen Sie grafisch den idealtypischen Ablauf eines Zertifizierungsverfahrens.

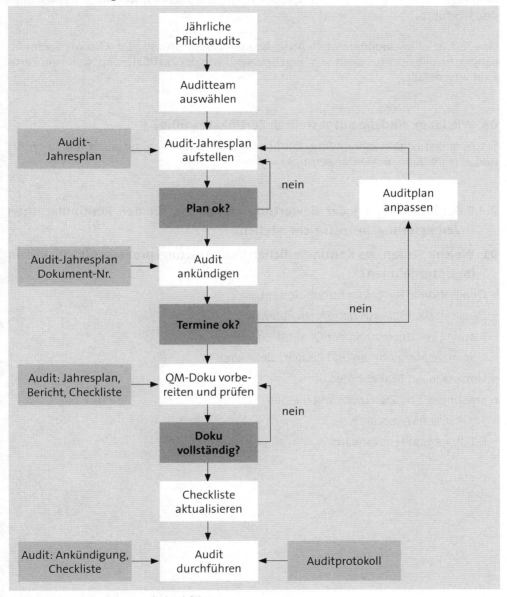

Idealtypischer Verlauf einer Auditdurchführung

02. Wie wird eine Organisation zertifiziert?

Eine Organisation stellt den externen Auditoren die gesamte QM-Dokumentation zur Verfügung. Oftmals finden sich bereits im Vorfeld Anzeichen auf Mängel, die noch vor dem eigentlichen Audit behoben werden können. Manchmal wird auch ein Voraudit durchgeführt.

Das Zertifizierungsaudit dient im Anschluss der Überprüfung, ob die Normenanforderungen erfüllt sind. Bei positivem Ergebnis wird von der Zertifizierungsstelle ein Zertifikat ausgestellt.

03. Wie lange sind die ausgestellten Zertifikate gültig?

Ein Zertifikat ist drei Jahre gültig. Jährlich wird ein Überwachungsaudit durchgeführt und alle drei Jahre ein Verlängerungsaudit.

2.3.5 Berücksichtigung der Bewertungsergebnisse für den kontinuierlichen Verbesserungsprozess sicherstellen

01. Welche Stufen des Kontinuierlichen Verbesserungsprozesses (KVP) wirken im Unternehmen?

- Qualitätsziele für das Unternehmen setzen
- Qualitätsstrategie aus den Zielen ableiten
- Planung zur Umsetzung der Qualität erstellen
- Operative Maßnahmen und Budgets definieren
- Umsetzen der Maßnahmen
- Ergebnisse und Zielerreichung messen
- SIV = SOLL/IST-Vergleich
- Feedback und Feedforward.

02. Welche Instrumente werden im Unternehmen genutzt, um KVP umzusetzen?

Laut G-BA
- Festlegung von konkreten Qualitätszielen für die einzelne Praxis
- Ergreifen von Umsetzungsmaßnahmen
- systematische Überprüfung der Zielerreichung und erforderlichen Anpassung der Maßnahmen
- regelmäßige, strukturierte Teambesprechungen
- Prozess- und Ablaufbeschreibungen
- Durchführungsanleitungen
- Patientenbefragungen, nach Möglichkeit mit validierten Instrumenten
- Beschwerdemanagement
- Organigramm, Checklisten
- Erkennen und Nutzen von Fehlern und Beinahefehlern zur Einleitung von Verbesserungsmaßnahmen
- Notfallmanagement
- Dokumentation der Behandlungsläufe und Beratung dazu
- Qualitätsbezogene Dokumentation über Dokumentation der Qualitätsziele und Überprüfung der Zielerreichung, z. B. anhand von Indikatoren.

03. Welche Aufgaben haben Mitarbeiter im Prozess des KVP?
- Bisherige Lösungen und Abläufe hinterfragen.
- Verschwendung von Ressourcen im eigenen Bereich reduzieren.
- Verbesserungsvorschläge machen.
- Vorschläge von Kollegen zur Verbesserung annehmen.
- Fehler sofort korrigieren und keine Ausreden gelten lassen.
- Keine Suche nach Schuldigen, sondern Verbesserungsmöglichkeiten suchen.
- Schnelle und realistische Lösungen suchen und akzeptieren.
- Sich nicht mit den erreichten Verbesserungen zufriedengeben, sondern weitersuchen.

2.4 Weiterentwicklung eines Risikomanagements

2.4.1 Externe und interne Risiken erkennen

01. Welche Stufen hat die Früherkennungstreppe der unternehmerischen Risiken?

Frage	Ja/Nein	Faktor
Haben Sie neue Geschäftsideen?	Früherkennung	Ideen
Haben Sie neue Produkte/Dienstleistungen in der Entwicklung?	Früherkennung	Innovation
Gewinnen Sie Neukunden?/ Liegt Ihre Auslastung über 90 %?	Früherkennung	Kunden
Liegt Ihr Betriebsergebnis über dem Branchenschnitt?	Späterkennung	Ergebnis
Steigt Ihr Umsatz über die Inflationsrate?	Späterkennung	Umsatz
Stimmt das Verhältnis Ihrer fixen und variablen Kosten?	Späterkennung	Kosten
Ist Ihre Liquidität 2. Grades über 150 %?	Zuspäterkennung	Liquidität
Haben Sie bei Ihrer Bank noch ausreichend Kreditlinie?	Zuspäterkennung	Bonität
Kämpfen Sie um Ihre Zahlungsfähigkeit? Ist Ihr Mahnwesen ausgebaut?	Zuspäterkennung	Insolvenz
Melden Sie Insolvenz an!	Zuspäterkennung	Liquidation

Mithilfe der Früherkennungstreppe kann erkannt werden, wie es um das Unternehmen bestellt ist. Daraus folgt, welche Risiken momentan durch das Unternehmen zu bearbeiten sind.

02. Was ist ein Risiko?

Der Risikobegriff und Risikoarten werden sehr unterschiedlich verwendet und definiert. Generell wird eine zukünftige Abweichung von den geplanten Unternehmenszielen als ein unternehmerisches Risiko verstanden.

03. Wie kann die Mitwirkung im Risikomanagement eines Unternehmens gestaltet werden?

Quelle: https://assets.kpmg.com/content/dam/kpmg/de/.../kpmg-4d-broschuere-2017-bf.pdf, 03.02.2019

04. Was sind externe Risiken?

Externe Risiken für Unternehmen des Gesundheits- und Sozialwesens können folgende sein:

- Beschaffungs- und Absatzmarkt: Zölle, Verbote, Gesetze
- Gesellschaft: Demografie, Migration, Verbrauchergewohnheiten
- Kapitalmarkt: Zinsen, Wechselkurse
- Konjunktur: Reduktion der Krankmeldung, Geschäftsklima, Auftragseingänge, Konsumentenstimmung
- Medizin: neue OP-Techniken, Implantate, Robotereinsatz
- Pharmazie: Generika, Darreichungsformen
- Politik: Politikwechsel, Änderungen in der Gesundheits- und Sozialpolitik, Fördermittelzuweisungen, Versorgungsverträge
- Technik: neue EDV, neue Kommunikationstechniken, Cloud-Computing, Robotik, Datenschutz.

05. Welche Risiken gibt es bei Medizinprodukten?

Medizinprodukte: werden nach EU-Recht in Risikoklassen eingeordnet:

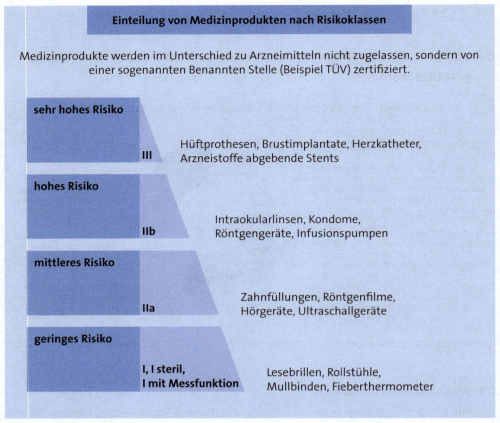

Medizinprodukte nach Risikoklassen (Quelle: AOK-Medienservice Politik Ausg. 01/2012, S. 5)

Es spielen Aktivität (z. B. mit oder ohne Strom), Verweildauer (z. B. kurz-/langfristig) sowie Invasivität (z. B. ein Implantat) und Gebrauchsweise (z. B. Ein-/Mehrweg) eine wesentliche Rolle bei der Beurteilung des Risikos. Vom geringen Risiko einer Lesebrille über Zahnfüllungen und Kondome bis hin zu Produkten mit sehr hohem Risiko wie Herzkatheter.

Von der Risiko-Einteilung hängt das Kennzeichnungsverfahren des Produktes ab, d. h. ob das CE-Kennzeichen durch die Firma selbst erstellt werden kann oder ob es durch eine sogenannte benannte Stelle (wie z. B. den TÜV) vergeben werden muss. Die CE-Kennzeichnung hat eine EU-weite Zulassung zur Folge. Dabei spielt es keine Rolle ob das Medizinprodukt tatsächlich den betroffenen Patienten hilft. So prüft die benannte Stelle, ob ein Herzschrittmacher mit Defibrillatorfunktion einen Kurzschluss auslösen kann, jedoch nicht, ob dieser eine schwerwiegende Herzrhythmusstörungen korrekt erkennt und so dem Betroffenen hilft. Medizinprodukte, die Arzneistoffe enthalten, werden gesondert bewertet. Überwiegt der Arzneimittelaspekt, kann das Produkt anstelle der Zertifizierung nach dem Medizinprodukte-Gesetz unter die arzneimittelrechtliche Zulassung fallen.

06. Welche Risiken liegen im Beschaffungsbereich eines Unternehmens?

Hier sind u. a. folgende Risiken zu beachten:

- Inflation: Preissteigerungen bei der Beschaffung von Gebrauchs-, Verbrauchs- und Anlagegüter kann dazu führen, dass die externen Budgets nicht kostendeckend verhandelt werden.
- Kapitalbindung: das Verhältnis von Eigen- und Fremdkapital sowie die Bestimmung des betriebsnotwendigen Kapitals können sich positiv auf Liquidität und Zinslasten auswirken.
- Lagerbestände: die optimale Bestell- und Lagermenge verhindert z. B. den Verfall von Artikeln und kann auch die Beschaffungsprozesse optimieren.
- Lieferantenqualität: die Güte der Lieferanten hinsichtlich Liefertreue, Flexibilität, Innovation sowie Überlebensfähigkeit ist für den eigenen Betrieb existenziell.
- Preisentwicklungen: durch gedeckeltes externes Budget könnten Preis- und Entgelttarifsteigerungen die Sach- und Personalkosten stark erhöhen und ggf. zu Verlusten führen.

07. Welche Risiken liegen im Dienstleistungsbereich eines Unternehmens?

Hier sind u. a. folgende Risiken zu beachten:

- Fehlbelegung (§ 39 SGB V, § 275 SGB V): MDK-Prüfungen können erhebliche finanzielle Probleme nach sich ziehen.
- Instandhaltungskosten: durch Kassenlage der Länder ist die Finanzierung der Instandhaltungskosten mittels dualer Finanzierung nicht mehr auskömmlich (siehe auch Vereinbarungen nach § 10 Abs. 2 KHG).
- Instandhaltungsstau: werden Instandhaltungsmaßnahmen nicht privat finanziert, so kann es zum Ausbleiben von notwendigen Maßnahmen kommen.
- Kapazitätsauslastung: je nach Betrieb sind z. B. für ein Krankenhaus eine Auslastung von 95 % gut, für eine stationäre Pflegeeinrichtung 98 % Bewohner, für eine Kita 100 % Platzauslastung, für Beratungseinrichtungen 80 % Gespräche.
- Qualität: Infektionsrate: das neue Infektionsschutzgesetz gibt hier neue Vorgaben, Dekubitus, Nosokomiale Infektion, Produktionsfehler bei Hilfsmitteln.
- Verweildauer DRG: die Verweildauer sollte bei entsprechenden Diagnosen nicht den Durchschnitt übersteigen.

08. Welche Risiken können in den Prozessen des Unternehmens liegen?

Hier sind u. a. folgende Risiken zu beachten:

- Abrechnungsfehler (§§ 295, 300, 302 SGB V): Fehler in der Rechnungsstellung durch mangelhafte Dokumentation der Leistungen auf der Rechnung und bei der Erstellung der Rechnung kann zu finanziellen Risiken führen.
- Aufklärungsfehler: nur der aufgeklärte Patient kann, nach einer vollumfänglichen Risikoaufklärung, rechtsgültig in die Behandlung einwilligen, (Patientenrechtegesetz §§ 630 a - h BGB).
- Betriebsdatenerfassung (z. B. nach HL7, RöV): durch z. B. die Erfassung von OP-Zeiten, Anästhesiezeiten, Mengen und Zeiten von Beratungsgesprächen, Auslastung der Kita-Gruppen und Durchschnittsverbrauch von Handdesinfektionsmittel erhält man im Zeitreihenvergleich Informationen über Schwankungen bei der Qualität und Dienstleistungserbringung
- Clinical Pathways: die Einführung und Einhaltung von Behandlungsleitfäden reduziert Risiken und verbessert die Prozesse der Leistungserbringer
- Codierung (ICD-10, ICPM, § 301 SGB V): die richtige Codierung ist z. B. für Krankenhäuser und zukünftig auch für psychiatrische Kliniken überlebenswichtig, nur mit der richtigen Codierung erhält der Leistungserbringer das richtige Entgelt.
- Disease Management Programme (§ 137 f SGB V): die Beteiligung an Disease Management Programmen hat für die Patienten, den Arzt und die Krankenkassen Qualitäts- und Kostenvorteile, da vorbeugende Behandlung hohe Kosten in der Zukunft reduziert.
- Dokumentationsfehler: mangelhafte Dokumentation der vorvertraglichen Aufklärung, der medizinischen Aufklärung z. B. bei Operationen, der Produktinformation bei Heil- und Hilfsmitteln, Arzneimittelgabe, Anamnese, Diagnostik, Therapie sowie deren Verlauf, Arztbriefschreibung, Pflegedokumentation bergen hohe Haftungsrisiken. Instandhaltungsstau: unterlassene Instandhaltungen können z. B. Hygienemängel oder Belegungsrückgänge nach sich ziehen, welche die Einrichtung in ihrer Existenz gefährden.
- „Integrierte" bzw. besondere Versorgung: nach § 140a SGB V i. V. m. „Richtlinie über die einrichtungs- und sektorenübergreifenden Maßnahmen zur Qualitätssicherung" (Qesü-RL): eine sektorenübergreifende Versorgung reduziert die Risiken von Doppeluntersuchungen und kann durch koordinierte Versorgung Kosten reduzieren und die Qualität erhöhen
- Behandlungsfehler (§ 66 SGB V): die Erfassung von Beschwerden über Leistungen, die aktive Dokumentation von Fehlleistungen kann durch ihre Analyse Risiken in der Zukunft reduzieren.

09. Welche Risiken können im Absatzbereich des Unternehmens liegen?

Hier sind u. a. folgende Risiken zu beachten:

- Umsatz: die Höhe ist abhängig von Preis und Menge, Preisnachlässe können nachhaltig den Umsatz gefährden.
- Preise (§ 17 KHG, § 130 SGB V): über Pflegesatzverhandlungen und Investitionskostenverhandlungen sind Entgelte zu vereinbaren welche die Kosten des Unternehmens decken und einen Gewinn ermöglichen.
- Wartelisten (§ 103 SGB V): für Leistungserbringer können Patientenwarteliste aus Kapazitätsgründen notwendig sein, Wartelisten für die Zulassung von Ärzten sollen Überversorgungen verhindern.
- Sektorengrenzen z. B.: stationär, ambulant, Rehabilitation
- Integrierter Versorgung z. B.: vertragliche Begrenzungen
- Outsourcing (§§ 611, 613a, 631 BGB): eine Fremdvergabe von Leistungen kann einerseits ökonomische Vorteile andererseits qualitative Nachteile mit sich bringen.
- Politik: Zweibettzimmerquote wird reduziert, Leistungen und Angebote der Sozialversicherung werden verändert, Ambulantisierung wird gefördert.
- Gesellschaft: Menschen wollen in der Stadt wohnen, Menschen wollen länger zu Hause wohnen.

10. Welche Risiken können im Personalbereich des Unternehmens liegen?

Hier sind u. a. folgende Risiken zu beachten:

- Altersstruktur (§ 1 KSchG): ein zu hohes Durchschnittsalter des Personals kann zur Folge haben, dass bestimmte Tätigkeiten von einigen Mitarbeitern nicht erbracht werden können, ein Wegfall der älteren Mitarbeiter kann aber auch zu Verlust von betrieblichen Wissen führen.
- Bewerbungsverfahren: jedes Bewerbungsverfahren birgt Risiken, die im AGG (Allgemeines Gleichbehandlungsgesetz) begründet sind.
- Fachkraftquote: z. B. gem.§ 5 Heimpersonalverordnung, Mindestbesetzung.
- Fluktuation: eine geringe Fluktuation führt ggf. zu einer Überalterung des Personals, eine hohe Fluktuation erzeugt hohe Transaktionskosten bei der Wiederbeschaffung und Einarbeitung von Personal, eine Fluktuationsanalyse kann Gründe und Motive aufzeigen und ermöglicht Gegenmaßnahmen zu entwickeln.
- Fortbildung der Mitarbeiter: z. B. gem. EU-Richtlinie 2005/36/EG, Artikel 22, b: Fortbildungspflicht für Krankenschwestern und Hebammen, Hamburger Pflegefachkräfte-Berufsordnung.
- Humankapital: je höher die formale fachliche Qualifikation eines Mitarbeiters, desto höher das Humankapital.
- Krankenstände: der Personalausfall durch Krankheit sollte nicht über dem Durchschnitt der Branche liegen, ein betriebliches Eingliederungsmanagement (§ 167 SGB IX) kann Risiken nach krankheitsbedingtem Ausfall mindern.

- Mitarbeiter: Mitarbeiter können ein Risiko hinsichtlich ihrer Qualifikation, der Datensicherheit oder auch Spionage darstellen. Qualitätskriterien und Standards zur beruflichen Eignungsqualifizierung sind in der DIN 33430 festgelegt.

11. Welche Risiken können im Finanzbereich des Unternehmens liegen?

Hier sind u. a. folgende Risiken zu beachten:

- Betriebsergebnis: der Wert der betrieblichen Leistungen muss höher als deren Kosten sein.
- Cashflow: der Cashflow sollte immer positiv sein, sonst droht ein Cashburn.
- Externes Budget: durch die Preisvorgaben und Vergütungsverhandlungen (DRG, Pflegesätze, Investitionskosten, Arznei-, Heil-, Hilfsmittel) wird der Umsatz und Gewinn von Unternehmen im Gesundheits- und Sozialwesen beschränkt.
- Fördermittel: (z. B. nach § 20 b SGB V, § 82, 3 SGB XI, § 4 KHG).
- Liquidität: Liquidität steht vor Rentabilität.
- Verschuldungsgrad: der optimale Verschuldungsgrad ist über den Leverage-Effekt zu ermitteln.

12. Welche Risiken können im Rechnungswesen und Controlling des Unternehmens liegen?

Hier sind u. a. folgende Risiken zu beachten:

- Finanz- und Liquiditätsmanagement: tägliche Übersicht über die Barliquidität, offene Forderungen und offene Verbindlichkeiten hilft auf kurze Sicht, eine Liquiditäts-, Investitions-, Umsatz- und Kostenplanung hilft mittelfristig.
- Kostenerfassung: eine unzureichende Kostenstellenrechnung kann dazu führen, das Abweichungen zwischen Leistung und Kosten nicht erkannt werden.
- Kostenträgerrechnung (§ 8 KHBV, § 7 PBV): eine unzureichende Kostenträgerrechnung führt z. B. zu umfangreichen manuellen Arbeiten bei der Pflegesatzkalkulation und dem Abgleich in der BWA (Betriebswirtschaftlichen Auswertung im Buchhaltungsprogramm).
- Leistungserfassung: eine unzureichende Erfassung von Pflege-Leistungen kann z. B. zu einer falschen Pflegestufe führen (Pflegestufenmanagent).
- Mahnverfahren und -management: aktives Forderungsmanagement kann helfen die Liquidität zu sichern und Zinsbelastungen zu senken.
- Reportingsystem: der EDV-Einsatz ermöglicht regelmäßige Berichte, welche individuell zu gestalten sind.
- Risikomangementsystem: nach § 289 HGB, § 91 AktG, BilMoG, KonTrag sind Unternehmen verpflichtet ein Risikomanagement aufzubauen und durchzuführen.

13. Welche Risiken können im Produkt liegen?

Hier sind u. a. folgende Risiken zu beachten:

- Produkt und Marktanforderungen stimmen nicht überein, die Absatzchancen sinken, es werden Konkurrenten bevorzugt.
- Produkt entspricht nicht den Vorstellungen des Kunden/Abnehmers, Produkt wird reklamiert oder umgetauscht, der Kunde wandert zur Konkurrenz
- Produkt erfüllt nicht die vorgesehenen Funktionen, das Produkt hat einen Fehler, es werden Garantien oder Regressansprüche gestellt.
- Produkt und seine Herstellung wirken sich negativ auf die Umwelt aus. Emissionen belasten die Umwelt, es kann zu Verboten und erhöhten Umweltverträglichkeitsprüfungen sowie Imageschäden kommen.
- Produkt ist nicht in ausreichender Menge vorhanden, Engpasssituation, Wartelisten, Abwanderung von Kunden.
- Produkt enthält Anwendungsrisiken, Aufklärungspflichten vor Verletzungsgefahr, Sicherungspflichten.
- Produkt ist mit Transportschäden behaftet, Kunden werden verärgert, weil das Produkt mangelhaft transportiert wurde.

14. Was ist Korruption?

Korruption ist Bestechung oder Vorteilnahme. Dies geschieht grundsätzlich zwischen zwei Parteien: einem, der besticht und einem, der bestechlich ist; einem, der Vorteile gewährt und einem, der Vorteile annimmt. Korruption ist strafbar, im geschäftlichen Verkehr nach §§ 299 ff. StGB und gegenüber Amtsträgern nach §§ 331 ff. StGB. Zugleich gibt es das „Gesetzes zur Bekämpfung internationaler Bestechung" (IntBestG) und das „EU-Bestechungsgesetzes" (EUBestG).

15. Wie kann Korruption begegnet werden?

Grundsätzlich sind die Führungskräfte Beispiel für das gesamte Unternehmen. Eine auf Treu- und Glauben aufgebaute Unternehmenskultur, die eine faire, tolerante und vertrauensvolle Kommunikation fördert, kann Korruption behindern.

Im Rechnungswesen und beim Umgang mit Geldern ist Sicherheit nur durch eine umfassende Kontrolle und beleghafte Dokumentation zu erreichen (Vieraugenprinzip, externe vor Eigenbelegen etc.).

Schwachstellen liegen auch in der Personalauswahl, dem Personaleinsatz und einer angemessenen Vergütung. Hier können angemessene Vergütung, Funktionstrennung (z. B. Debitoren/Kreditoren-Buchhaltung, Auftragsannahme/Auftragsabwicklung), Job-Rotation, oder ggf. die Förderung von Whistleblowing helfen.

2.4.2 Instrumente des Risikomanagements einsetzen

01. Wo liegen Fehlermöglichkeiten bei der Arbeit von Menschen?

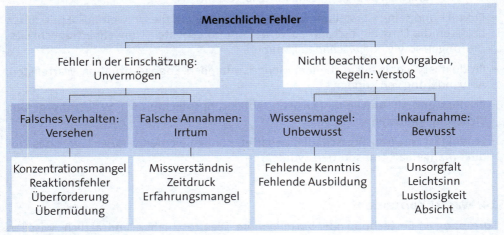

Quelle: *M&Q 12/11*

02. Was ist Fehlermanagement?

In den meisten Organisationen wird beim Auftreten eines Fehlers nach dem Schuldigen gesucht, um diesen zu bestrafen – bis hin zu einer sofortigen Beendigung des Arbeitsverhältnisses. Die Ursache des Fehlers wird nur in Ausnahmefällen geklärt. Positives Fehlermanagement im Sinne eines wirksamen Qualitätsmanagements bedarf daher einer positiven Fehlerkultur.

03. Was ist das Ishikawa-Diagramm?

Ziel des Ishikawa-Diagramms ist es, anhand einer an die Gräten eines Fisches erinnernden Grafik die Ursachen von Fehlern zu ermitteln und zu visualisieren. Die deutschen Ausdrücke sind Fischgräten-Diagramm und Ursache-Wirkungs-Diagramm. Ähnliche Verfahren sind die Fehlerbaum-Analyse und die Failure Mode and Effects Analysis (FMEA).

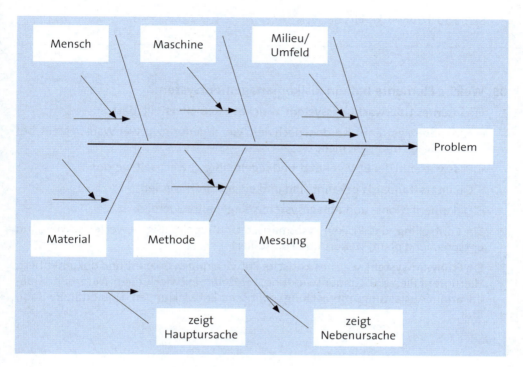

04. Was ist ein Critical Incident Report (CIR)?

In der Vergangenheit wurde der Patientensicherheit als wesentliches Qualitätsmerkmal eines Behandlungsprozesses oftmals nicht die notwendige Beachtung geschenkt. Ein kritisches Element zur Erhöhung der Sicherheit ist die Schaffung einer Sicherheits- und Fehlerkultur mit dem Effekt, dass Fehler identifiziert, Ursachen abgeklärt und darauf basierend Maßnahmen zur künftigen Verhinderung dieser Fehler ergriffen werden.

Damit wird das Risiko eines erneuerten Auftretens desselben Fehlers reduziert. Solche Maßnahmen können daher auch dem Risikomanagement zugeschlagen werden. Dabei wird das Risiko eines Fehlers aus der Wahrscheinlichkeit seines Auftretens und dem (potenziell) daraus resultierenden Schaden abgeleitet.

Das Ziel des Critical Incident Reporting ist es, über Meldungen kritischer Ereignisse durch die Mitarbeiter, die auch nur beinahe zu einer Gefährdung oder gar zu einem Schaden eines Patienten geführt haben, an das Gesamtsystem zu berichten und dadurch das Risiko eines neuerlichen Auftretens des kritischen Ereignisses zu verringern.

MEDIEN

Siehe auch: www.kh-cirs.de

05. Welche Elemente hat ein Risikomanagementsystem?

1. Ein **internes Überwachungssystem**, welches z. B. sicherstellt, dass:
   - Funktionen getrennt werden: nach dem Vieraugenprinzip, wer Ware bestellt, bezahlt die Rechnungen nicht
   - Passwörter in der EDV genutzt und regelmäßig gewechselt werden
   - Qualitätsstandards bekannt sind und eingehalten werden
   - Dokumentations- und Ablagesysteme eingehalten werden.
2. Ein **Controlling**, das Risiken systematisch und regelmäßig bewertet sowie dann entsprechend plant, steuert und kontrolliert.
3. Ein **Frühwarnsystem**, welches kritische Entwicklungen erkennt und dokumentiert. Hierunter fallen z. B. Lohnentwicklung, Fehlzeitenentwicklungen, Mitarbeiterqualifikation, Auslastungsentwicklung, politische Entwicklungen, Liquidität, Rentabilität.

2.4.3 Eintrittswahrscheinlichkeit und Auswirkungen bewerten

01. Wie können Risiken in einem Krankenhaus kategorisiert werden?

Für ein Krankenhaus können die Häufigkeit und die möglichen Auswirkungen auf die Überlebensfähigkeit des Unternehmens in der Zukunft z. B. wie folgt kategorisiert werden:

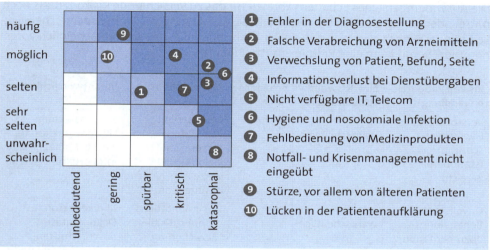

Quelle: M&Q 11/11

Nach dieser Darstellung sollte der Fokus des Risikomanagements auf den Bereichen 2, 4 und 6 liegen und entsprechende Strategien entwickeln. Dies kann z. B. auch mit der 80/20 Regel begründet werden.

02. Wie können Eintrittswahrscheinlichkeit und Wirkung eines Risikos bemessen werden?

Hier hilft ein Blick in die Versicherungswirtschaft. Generell richtet sich die Prämie für eine Versicherung nach der zu versichernden Schadenshöhe (S) und der Eintrittswahrscheinlichkeit (E), als Versicherer Leistungen erbringen zu müssen.

Die Auswirkungen eines Schadens können für das zu versichernde Risiko z. B. als hoch, mittel oder gering klassifiziert werden. Die Einschätzung der Eintrittswahrscheinlichkeit wird z. B. nach sehr wahrscheinlich, wahrscheinlich und unwahrscheinlich vorgenommen. Somit kann eine Prämie ermittelt werden.

Risiken Patientenbehandlung	Eintrittswahrscheinlichkeit	Schadenshöhe	Maßnahmen	Verantwortlichkeiten
Verstöße gegen Hygienevorschriften (stationärer Bereich)	sehr wahrscheinlich	hoch	Bereitstellen von Materialien, insbes. Schutzkleidung, Hinweise auf Händedesinfektion	Stationsleitung: Hygieneaufklärung; Facility Management: Infrastruktur Hygiene
Unvollständige Behandlungsdokumentation	sehr wahrscheinlich	hoch	Dokumentationsordnung, Qualitätssicherung durch Arzt und Stationsleitung	Klinikdirektoren: Dokumentationsvorschriften; Stationsleitung und Chefärzte: QS der Dokumentation
Unvollständige Abrechnung der Leistungen	sehr wahrscheinlich	hoch	Durchführung regelmäßiger Erlösverprobungen	Finanzbuchhaltung und Medizincontrolling
…	…	…	…	…

Quelle: *Penter/Siefert 2018, S. 618*

Für jedes Risiko werden Kontrollmaßnahmen und die verantwortlichen Stellen dokumentiert. Dies führt zu einem individuellen Risikoprofil. Organisationen die risikoadjustiert arbeiten, ermöglichen den Führungskräften z. B. ein Organisationsverschulden zu minimieren, da sie entsprechende Kontroll- und Überwachungskriterien eingerichtet haben.

03. Wie kann ein Risiko analysiert werden?

- Wo tritt ein Risiko auf?
  Risikoquellen sind z. B. Produkte oder Prozesse.
- Welches Risiko tritt auf?
  Risiken treten z. B. bei der Handhabung, Durchführung, Planung auf.
- Wie wirkt das Risiko?
  Risikowirkung kann z. B. Materialschaden, Umweltschaden, Personenschaden/Tod sein.
- Welche Ursache hat das Risiko?
  Risikoursachen können wie unter Frage 2 analysiert werden.
- Wodurch wird das Risiko beeinflusst?
  Risikoeinfluss können z. B. die Qualifikation der Mitarbeiter, die Qualität der technischen Geräte, klimatische Bedingungen sein.
- Wie kann ein Risiko festgestellt werden?
  Risikofeststellung kann z. B. durch Managementbewertung, Strategieanalyse, Mitarbeiterbefragung oder Risikoanalyse geschehen.
- Wie kann ein Risiko bewertet werden?
  Risikobewertung seiner Höhe nach, kann z. B. durch grafische Darstellung nach Wahrscheinlichkeit und Wirkung oder anhand einer FMEA geschehen.
- Welche Risiken können akzeptiert werden?
  Risikoakzeptanz kann durch Entscheidung, z. B. hinsichtlich Vermeidung, Verringerung oder Versicherung getroffen werden.

2.4.4 Risikopräventionsmaßnahmen entwickeln

01. Wie hilft das Robert Koch-Institut bei der Risikoprävention?

Die Kommission für Krankenhaushygiene und Infektionsprävention beim Robert Koch-Institut (KRINKO) gibt Empfehlungen zur Verhinderung von Krankenhausinfektionen heraus, die regelmäßig aktualisiert werden. Diese beschreiben betrieblich-organisatorischen und baulich-funktionellen Maßnahmen zur Hygiene, dem Hygiene-Management sowie Methoden zur Erkennung, Erfassung und Kontrolle von Infektionen. Zur Beurteilung der beruflichen Sorgfaltspflicht eines Arztes oder einer Einrichtung des Gesundheitswesens können diese Empfehlungen in Gerichtsprozessen dienen.

02. Welches Risikomanagement ist für Aktiengesellschaften vorgeschrieben?

Für Aktiengesellschaften ist ein Risikomanagement nach § 91 Abs. 2 AktG vorgeschrieben. Der Vorstand einer AG hat Maßnahmen einzuleiten, die eine Risikofrüherkennung ermöglichen, d. h. er hat ein Überwachungssystem einzurichten. Kapitalgesellschaften haben nach § 289 Abs. 1 HGB in ihrem Lagebericht auf Risiken der zukünftigen Entwicklung einzugehen. Nach § 321 HGB ist das System des Risikomanagements der AG innerhalb der Jahresabschlussprüfung zu prüfen bzw. die Einrichtung derselben zu betreuen.

03. Aus welchen Bereichen sollte ein Risikomanagement bestehen?

- **Risikocontrolling:**
  frühzeitiges Erkennen von internen und externen Bedrohungen hinsichtlich Vermögen, Finanzen und Ertrag, um rechtzeitig steuernd eingreifen zu können
- **Risikodokumentation:**
  Dokumentation von strategischen Projekten zur Verfolgung und Steuerung hinsichtlich ihres Einflusses auf das Gesamtrisiko und den Gesamterfolg
- **Risikoidentifikation:**
  durch einen Risikoatlas, welcher z. B. die strategischen, operationalen, finanziellen, personalen und leistungswirtschaftlichen Risiken abbildet
- **Risikokennziffern und Bewertung:**
  Frühwarnindikatoren aus dem Rechnungswesen können im Risikosystem erfasst werden und mittels Schwellenwerten definiert werden, damit bei Überschreitungen entsprechende Maßnahmen durchgeführt werden können.

2.4.5 Vorkehrungen für das Verhalten im Schadensfall entwickeln

01. Wie können Risiken priorisiert werden?

Die erfassten Risiken können nach Prioritäten geordnet werden und jeweils mit Aktionen belegt werden.

	Priorisierung	Handlungsbedarf
Rot	1	▶ Risiko permanent überwachen und an Projektleitung/Lenkungsausschuss berichten ▶ Präventivmaßnahmen durchführen ▶ Notfallmaßnahmen vorbereiten ▶ Verantwortliche und Termine bestimmen und Durchführung kontrollieren
Gelb	2	▶ Risikostatus in regelmäßigen Intervallen aktualisieren (beispielsweise wöchentlich) ▶ Hinterlegung von Notfallmaßnahmen ▶ Präventivmaßnahmen prüfen und gegebenfalls einleiten
Grün	3	▶ Risiko weiter beobachten ▶ keine Maßnahmenhinterlegung

Quelle: Bundesministerium des Inneren 2018, S. 333 Handbuch für Organisationsuntersuchungen und Personalbedarfsermittlung

02. Was kann vor einem Schadensfall durchgeführt werden?

- **Risikoakzeptanz:**
  Grund für die Akzeptanz eines Risikos kann sein, dass die Schadenshöhe die Durchführung von Maßnahmen zur Eingrenzung des Risikos wirtschaftlich nicht rechtfertigt.

- **Risikobeseitigung:**
  z. B. durch Abstellen eines organisatorischen Mangels oder Produkte oder Prozesse eliminieren

- **Risikoeingrenzung:**
  Maßnahmen können hier die Eintrittswahrscheinlichkeit reduzieren, oder die Schadenshöhe begrenzen. Es kann sich dabei um Maßnahmen handeln, die direkt durchgeführt werden müssen, aber auch um Eventualfallmaßnahmen, welche durchzuführen sind, wenn das Risiko eintritt. Zum Beispiel Brandmeldeanlagen, Rauchmelder, Elektronische Sicherungen, Sicherungskopien, Versicherung des Risikos, Rücklagen bilden

- **Risikovermeidung:**
  ein Risiko zu vermeiden, bedeutet, dass regelmäßig eine Aktion nicht durchgeführt wird. Das bedeutet, dass Chancen nicht wahrgenommen werden. Zum Beispiel Führungsentscheidung: bestimmte Märkte nicht zu beliefern, bestimmte Produkte nicht zu verwenden

03. Was ist in Bezug auf die Versicherung eines Risikos zu beachten?

- **Versicherungspolicen überwachen:**
  Jährlich prüfen, ob die Verträge weiterhin den betrieblichen Gegebenheiten entsprechen.

- **Unterversicherung vermeiden:**
  Unterversicherung bedeutet, dass ein Schaden bis zur Versicherungssumme ersetzt wird. Bei Sachversicherungen (Feuer, Betriebsunterbrechung, Einbruchdiebstahl) so zu versichern, als wenn alles am Schadenstag neu beschafft werden soll. Unterversicherung kann vertraglich ausgeschlossen werden.

- **„Gefahrstandspflicht" beachten:**
  Die Beschreibung des versicherten Risikos und der Gefahrumstände ist wichtiger Bestandteil Ihres Vertrages und Voraussetzung für den Versicherungsschutz. Betriebliche Veränderungen sind dem Versicherer mitzuteilen.

- **„Obliegenheiten" erfüllen:**
  Obliegenheiten sind die Pflichten des Versicherungsnehmers, die vor Vertragsabschluss, während der Laufzeit des Versicherungsvertrages und bei einem Schaden zu beachten sind. Eine Verletzung der Obliegenheiten kann den Verlust des Versicherungsschutzes bedeuten. Angaben zu den Obliegenheiten finden sich in der Police.

- Erstellen Sie einen Katastrophenplan:
  Der Katastrophenplan sollte mindestens Name, Anschrift, Telefonnummer und ggf. E-Mail der zu benachrichtigen Mitarbeiter sowie die Kontaktdaten der Polizei, Feuerwehr und des Versicherers enthalten
- Geschäftsunterlagen sicher lagern:
  Lagern Sie so viel wie möglich an Geschäftsunterlagen an sicheren Orten aus, damit Sie im Schadensfall den Verlust auch beziffern und beweisen können.
- Den Schaden so gering wie möglich halten:
  Tragen Sie zur Minderung der Schadenshöhe bei, unterlassene Sicherungs- und Rettungsmaßnahmen können zu Ersatzansprüchen führen.

04. Wie können Maßnahmen vor einen Schadenfall getroffen werden?

- Welche Maßnahmen sind geeignet?
  Maßnahmenplan erarbeiten, die das Risiko beseitigen, verringern oder versichern
- Welche Ressourcen werden benötigt?
  Ressourcen planen und kostenmäßig erfassen, z. B. für Personal, Material, Technik und Organisationänderung
- Wer darf Maßnahmen genehmigen?
  Kompetenzen festlegen: wer hat zu bewerten und zu entscheiden? Zum Beispiel Qualitätsbeauftragter, Arbeitsschutzbeauftragter, Brandschutzbeauftragter, Hygienebeauftragter
- Welche Maßnahmen werden durchgeführt?
  Dokumentation der durchgeführten Maßnahmen
- Warum werden diese Maßnahmen durchgeführt?
  Begründung der Maßnahmen und Bewertung in Bezug auf die Risikoreduktion oder das Restrisiko
- Bis wann werden die Maßnahmen umgesetzt?
  Terminierung der Maßnahmen im Einklang z. B. mit Investitionsplanung
- Wer hat die Maßnahmen umzusetzen?
  Die Maßnahmen sind den einzelnen Verantwortungsbereichen zuzuordnen, z. B. Qualitätsbeauftragter, Arbeitsschutzbeauftragter, Brandschutzbeauftragter, Hygienebeauftragter, Geschäftsführung.

05. Welche Fragen sollten vor einer Krise in Bezug auf die Public Relations (PR) geklärt werden?

- Wie wollen wir als Unternehmen von der Öffentlichkeit (Kunden, Geschäftspartnern, Arbeitnehmern und den Medien) wahrgenommen werden (z. B. ehrlich, preisgünstig, preiswert, serviceorientiert)?
- Welche Werte und Attribute verbinden die jeweiligen Zielgruppen mit unserem Unternehmen (z. B. hochwertige Produkte, exzellenter Service, Werteorientierung, gesellschaftliches Engagement, Glaubwürdigkeit)?
- Welche Voraussetzungen gilt es hierfür zu schaffen, bzw. was ist hierfür zu tun (z. B. Pressekontakte, Pressemitteilungen, Marketingaktionen)?
- Wie wollen wir das, was wir tun und wie wir es tun, nach außen über welche Wege, welche Instrumente, wann und wie oft kommunizieren (z. B. Corporate Design, Corporate Behavior, Corporate Communication, Kommunikationsmix, Kommunikationskanäle)?
- Wie können wir unsere Mitarbeiter im Sinne unserer Kommunikationsziele in die Unternehmenskommunikation und Qualitätssicherung einbinden (z. B. Steigerung der Mitarbeiterzufriedenheit, Kommunikationstrainings für Mitarbeiter)?

06. Wie sollte das Kommunikationsverhalten vor einer Krise sein?

- Definieren Sie klare und verbindliche Verhaltensrichtlinien für die interne und externe Kommunikation (Corporate Communication/Corporate Design/Corporate Behavior).
- Einen offenen, intensiven und vor allem regelmäßigen Dialog mit den Medien, Ihren Kunden, Lieferanten und sonstigen Geschäftspartnern ebenso wie mit Ihren Mitarbeitern pflegen.
- Informieren Sie Ihre Mitarbeiter (z. B. im Rahmen von regelmäßigen Rundschreiben) über aktuelle Entwicklungen, geplante Maßnahmen und neue Vorhaben.
- Kommunizieren Sie auch nicht nur um der Kommunikation Willen, sondern achten Sie immer darauf, dass alles, was sie kommunizieren, für die jeweilig angesprochene Zielgruppe auch von Relevanz ist.
- Niemals halbe oder verzerrte Wahrheiten bekanntgeben. Nichts beschönigen. „Wer einmal lügt, dem glaubt man nicht, auch wenn er dann die Wahrheit spricht!"
- Positive und negative Ereignisse mitteilen. Klarstellen, dass Sie die Probleme erkannt, darauf reagiert und eine wirksame Entscheidungen gefällt haben. So erhöht sich die Glaubwürdigkeit des Unternehmens.
- Übertreibungen und Schlagzeilen vermeiden. Immer sachlich bleiben und Fakten, Ihre Expertise und Ihre Taten für sich sprechen lassen. Nicht vorschnell an die Öffentlichkeit (Kunden, Partner und Medien) gehen (z. B. im Hinblick auf Vorankündigungen).

- Worst-Case-Szenarien entwickeln. Einen PR-Notfallplan entwickeln und das Szenario durchspielen. Wie soll in solchen Situationen verfahren werden (Wann?, Was?, Wie?, Wer?, Wen? etc.) sowohl für interne und externe Kommunikation?
- Zeigen Sie auch negative Ereignisse und Entwicklungen auf. Diese sprechen sich sowieso rum. Gehen Sie transparent, fair und vertrauensvoll mit negativen Entwicklungen gegenüber den Mitarbeitern um. Dies zeigt, dass die Probleme erkannt wurden und dafür Lösungen erarbeitet werden. So wird eine tragfähige Basis des Vertrauens und der Sicherheit geschaffen.

07. Was ist im Krisenfall zu tun?
- Feststellen, was (Art, Ort, Umfang etc.) genau passiert ist.
- Feststellen, wer/was betroffen ist (Bewohner, Umwelt, Kunden, Geschäftspartner, Einwohner etc.).
- Feststellen, ob es Möglichkeiten (retten, bergen, löschen etc.) gibt, den Schaden zu begrenzen.
- Feststellen, welche Maßnahmen (Gas, Wasser, Strom abschalten, Menschen retten, bergen und sichern, Einrichtung retten, sichern etc.) zu treffen sind, um den Schaden für das eigene Unternehmen zu begrenzen.
- Feststellen, welche Folgen (Schäden, Gefahren und sonstigen Folgen) sich für die Betroffenen daraus ergeben.
- Feststellen, welche Folgen (Haftungs- und Rechtsfolgen, Kosten, Image etc.) dies für das eigene Unternehmen und die Verantwortlichen haben kann.
- Festlegen, wer, wann über was und wie zu informieren (Betroffene, Behörden, Mitarbeiter, Medien/Presse) ist.

2.5 Anwenden von Methoden des Zeit- und Selbstmanagements

2.5.1 Zeitmanagement als strategische Führungsaufgabe ausüben

01. Welche 10 Tipps hat *Peter F. Drucker* für Führungskräfte?

- Prioritäten setzen
- Entscheidungen hinterfragen
- Aktionsplan erstellen
- effektiv kommunizieren
- chancenorientiert denken
- Produktivität fördern
- Zeit managen
- über den Tellerrand gucken
- Stärken nutzen
- in der Wir-Form denken und reden.

02. Wie können Prioritäten nach dem Pareto-Prinzip gesetzt werden?

Das Pareto-Prinzip geht auf den italienischen Volkswirtschaftler *Wilfredo Pareto* zurück. Es besagt generell, dass man mit den ersten 20 % Leistung (input) einen Anteil von 80 % der Ergebnisse (output) erzielt. Somit erbringen dann die restlichen 80 % der Leistung nur noch 20 % des Ergebnisbeitrages.

Dies bedeutet, dass 20 % der Kunden 80 % des Umsatzes erbringen. Andererseits steuern 80 % der Kunden nur 20 % zum Umsatz des Unternehmens bei.

Die Schlussfolgerung wäre sich auf die 20 % Schlüsselkunden zu konzentrieren.

 MERKE

Paretoprinzip 80/20-Regel		
Input/Leistung	bringen	Output/Ergebnis
20 % Aufwand		80 % Ergebnisbeitrag
80 % Aufwand		20 % Ergebnisbeitrag

03. Wie hilft die ABC-Analyse Wichtiges von Unwichtigem zu unterscheiden?

Die ABC-Analyse unterscheidet drei Aufgaben-Typen:

- A-Aufgaben sind die wichtigsten Aufgaben. Sie machen etwa 15 % der Menge aller Aufgaben und Tätigkeiten aus, mit denen sich eine Führungskraft befasst. Der Beitrag zur Zielerreichung liegt bei diesen Aufgaben etwa bei 65 %.
- B-Aufgaben sind durchschnittlich wichtige Aufgaben. Sie machen etwa 20% der Menge und auch 20 % des Beitrages zur Zielerreichung einer Führungskraft aus.
- C- Aufgaben sind weniger wichtige oder unwichtige C-Aufgaben. Sie machen 65 % der Menge aller Aufgaben aus, welche nur einen geringen Anteil von 15 % als Beitrag der Zielerreichung haben. Die ABC-Analyse wird auch im Bereich Beschaffung oder Personalwesen zur Fokussierung der Aktivitäten eingesetzt.

04. Wie hilft das Eisenhower-Prinzip Wichtiges und Dringliches zu unterscheiden?

Die wichtigen Faktoren sind Zukunft, Werte, Menschen, Ziele, Ergebnisse und Erfolg. Die dringlichen Faktoren sind Zeit, Krisen und Probleme. Folgt man dem Eisenhower-Prinzip ergeben sich für eine effektive Priorisierung von Führungsaufgaben vier Hauptkategorien:

Wichtigkeit			
hoch		**A-Aufgaben** Chef-Aufgaben sofort selbst erledigen	**B-Aufgaben** Plan-Aufgaben terminieren
niedrig		**C-Aufgaben** reduzieren, delegieren, eliminieren	**D-Aufgaben** delegieren, eliminieren
		hoch	niedrig
		Dringlichkeit	

Jeder der Quadranten steht für eine bestimmte Schlussfolgerung:

- **Quadrant A**: Wichtige und dringliche Aktivitäten. Diese müssen sofort von der Führungskraft selbst bearbeitet werden. Es sind meistens kritische Situationen, Probleme oder Krisen. Grundsätzlich sollte vermieden werden, dass Wichtiges dringlich wird und unter Zeitdruck zu erledigen ist. Zeitdruck erzeugt meist Fehler.
- **Quadrant B**: Aktivitäten, die wichtig sind, jedoch nicht dringlich. Strategische und Effektivitätsentscheidungen sind von hoher Wichtigkeit, diese bedürfen umfangreicher Planung und erfordern ein straffes Zeitmanagement. Die Führungskraft sollte diese planen, terminieren und selbst erledigen. Zu vermeiden ist, dass Aufgaben, die nicht dringlich sind, plötzlich dringlich werden und dann ad-hoc zu erledigen sind.

- **Quadrant C**: Dringliche, aber unwichtige Aktivitäten nehmen einen großen Teil des Zeitmanagements in Anspruch. Diese Aktivitäten sollten reduziert, delegiert oder eliminiert werden.
- **Quadrant D**: Alles, was weder dringlich noch wichtig ist, gehört nicht auf den Schreibtisch einer Führungskraft, es ist zu delegieren.

05. Wie hilft die ALPEN-Methode zu einem guten Zeitmanagement?

Die Alpen-Methode umfasst fünf Schritte zur Verbesserung der Tagesplanung für eine Führungskraft:

1. **A**ufgaben zusammenstellen
2. **L**änge der Tätigkeit abschätzen
3. **P**ufferzeiten einplanen
4. **E**ntscheidung über Prioritäten treffen
5. **N**achkontrolle durchführen und Reste neu planen.

Die Vorteile der ALPEN-Methode sind:

- Aufgaben bündeln
- Aufgaben disziplinierter erledigen
- Dokumentation des vergangenen Tages
- Einstimmung auf den nächsten Arbeitstag verbessern
- Erfolgserlebnis am Tagesende haben
- Konzentration auf das Wesentliche
- Leistungsfähigkeit steigern
- Planung des bevorstehenden Tages
- Prioritäten und Delegation festlegen
- Puffer für unvorhergesehene Ereignisse haben
- Selbstkontrolle verbessern
- Störung und Unterbrechung reduzieren
- Stress reduzieren
- Tagesablaufes strukturieren
- Tagesanforderungen klar überblicken
- Tagesziele erreichbar machen
- Vergessen minimieren
- Verzettelung reduzieren
- Vorgänge in wichtige und weniger wichtige unterscheiden
- Zeit durch methodisches Arbeiten gewinnen
- Zufriedenheit und Motivation erhöhen.

Wird ein Zeitplanbuch/Timer nach der ALPEN-Methode geführt, weiß die Führungskraft nicht nur „was zu erledigen ist" sondern auch „was sie erreichen will". Die Nutzung einer Zeitplantechnik hat gegenüber einem einfachen Terminkalender einige Vorteile:

- Abfolge der Aktivitäten wird festgelegt
- Aktivitäten werden mit Zielen geplant
- Aktivitäten und Ziele werden klar (z. B. SMART) definiert
- Blöcke mit Pufferzeiten für Unvorhergesehenes werden eingeplant
- Checkliste als Planungs- und Entscheidungshilfe werden genutzt
- Prioritäten (s. ABC, Eisenhower) der Aktivitäten werden geplant
- Reserven werden geplant
- Routine- und Daueraufgaben werden eingeplant
- Routinebesprechungen erhalten einen fixen Termin
- Tagesplanung (am Vortag) wird durchgeführt.

06. Wie kann ein Störungsprotokoll helfen, Führungsaufgaben zu managen?

Nur wenn die Störungen erkannt und bewertet werden, können Maßnahmen zur Reduktion von Störungen ergriffen werden. Hier hilft die Unterscheidung in wichtig und dringlich.

Störungsprotokoll

Name: _____

Datum: _____

Uhrzeit	Dauer	Ursache/ Grund/ Memo	E-Mail, Telefon, Person	Priorität

Ein Ergebnis der Auswertung des Störungsprotokolls kann sein, dass Personalgespräche nur donnerstag nachmittags zu führen sind. So kann Zeitmanagement als eine strategische Maßnahme zur Bewältigung der operativen Aufgaben genutzt werden.

2.5.2 Aufgaben als Führungskraft wahrnehmen

01. Welche Aufgaben und Werkzeuge hat eine Führungskraft?

In der folgenden Grafik werden die Grundsätze wirksamer Führung, die daraus folgenden Aufgaben und die Werkzeuge einer Führungskraft zur Erledigung der Aufgaben dargestellt.

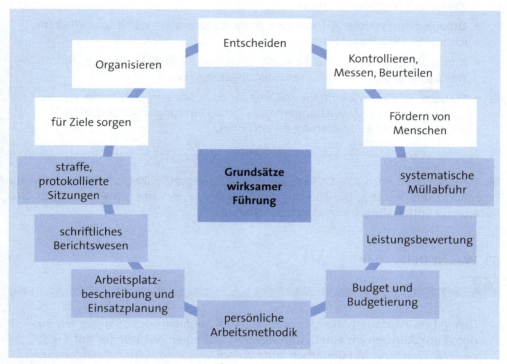

Aufgaben und Werkzeuge einer Führungskraft[1]

02. Wie kann AZPIOKS genutzt werden?

AZPIOKS ist ein Kunstwort, welches helfen soll, die Aufgaben einer Führungskraft zu strukturieren. Die Buchstaben bedeuten im Einzelnen:

 MERKE

- **A**nalysieren: Was liegt vor? Welche Herausforderungen sind auf strategischer und operativer Ebene zu meistern?
- **Z**iele setzen: Wo wollen wir hin? Wohin soll das Unternehmen? (SMART formuliert).

---

[1] Eigene Darstellung, vgl.: Malik 2000

- **P**lanen: Wie, mit welchem Personal, mit welchen Ressourcen erreichen wir das Ziel? Was muss ich heute operativ tun, damit ich die strategischen Ziele morgen erreiche?
- **I**nformieren: Sitzungen durchführen. Schriftliche Kommunikation. Wie erreiche ich eine transparente, faire und vertrauensvolle Kommunikation im Unternehmen? Wie gestalte ich das Berichtswesen so, dass jeder seine relevanten Informationen erhält?
- **O**rganisieren: Welche Aufbau- bzw. Ablauforganisation wähle ich? Wie kann ich meine Mitarbeiter fördern?
- **K**ontrollieren: Wurden die Ziele, Pläne erreicht? Soll-/Ist-Vergleich und Abweichungsanalyse durchführen. Leistungen bewerten.
- **S**teuern: Wie kann ich meine Mitarbeiter dazu bringen, sich selbst zu steuern? Bei welchen Abweichungen muss ich als Führungskraft eingreifen? Prioritäten setzen! Budgetierung durchführen.

Da die Tätigkeiten nach AZPIOKS wesentliche Führungsaufgaben sind, ist das Thema Delegation sehr wichtig. Die Führungskraft kann so Freiräume für sich und für ihre Mitarbeiter Entwicklungsmöglichkeiten schaffen.

03. Was ist Delegation?

Delegation ist dauerhafte Übertragung von Aufgaben oder Tätigkeiten aus dem Funktionsbereich einer Führungskraft auf einen Mitarbeiter mit Ergebnisverantwortung. Mit der Arbeitsaufgabe sollen auch die, für die Aufgabenerfüllung notwendigen Kompetenzen und die Verantwortung im fachlichen Bereich (Handlungsverantwortung) delegiert werden. Die Führungskraft behält und trägt die Gesamtverantwortung, diese ist nicht delegierbar.

04. Welche Pflichten hat die Führungskraft bei der Delegation von Aufgaben?
Die Führungskraft hat folgende Pflichten
- Mitarbeiter auswählen, die geeignet sind
- Verantwortungsbereiche untereinander abgrenzen
- Aufgaben festlegen, die delegiert werden sollen
- Mitarbeiter, die Aufgaben übernehmen, fördern und beraten
- Mitarbeiter über ihre neuen Tätigkeiten und Verantwortung informieren

- Ablauf- und Erfolgskontrolle für delegierte Tätigkeiten durchführen
- Mitarbeiter beurteilen
- Rückdelegation verhindern.

05. Welche Pflichten hat der Mitarbeiter bei der Delegation von Aufgaben?
Der Mitarbeiter hat folgende Pflichten:
- Aufgaben, die delegiert wurden, selbstständig bearbeiten
- Entscheidungen eigenverantwortlich treffen
- Fehlentscheidung verantworten
- Vorgesetzten rechtzeitig und ausreichend informieren
- Vorgesetzten außergewöhnliche Abweichungen melden
- Tätigkeit mit den Kollegen koordinieren und informieren.

06. Welche Tätigkeiten sind delegierbar?
Delegierbar sind: Routinearbeiten, Spezialistentätigkeiten, Detailbearbeitung sowie vorbereitende Arbeiten usw.

Nicht delegierbar sind: die Führung der Mitarbeiter, strategische Aufgaben, Aufgaben mit hohem Risiko für das Unternehmen, streng vertrauliche Angelegenheiten, unternehmenspolitische Entscheidungen, Unternehmenssteuerung usw.

07. Was soll ein Delegationsauftrag beinhalten?
Folgende Fragen sollten bei der Delegation von Aufgaben beantwortet werden:
- Was soll
- von wem
- warum
- wie
- womit
- bis wann getan werden?

Je enger dieser Auftrag für den Mitarbeiter gefasst ist, desto mehr hat die Führungskraft zu kontrollieren. Grundsätzlich kann fähigen Mitarbeitern ein Ziel (SMART) vorgegeben werden und diese werden die Aufgabe selbstständig lösen.

2.5.3 Persönliche Entwicklung durch Selbstmanagement unterstützen

01. Welche Prinzipien, Strategien oder Methoden können bei der Entwicklung des Selbstmanagements helfen?

Folgende Punkte helfen beim Selbstmanagement:

- 80/20-Regel von Pareto berücksichtigen
- Aufgaben nicht aufschieben, Prokrastination vermeiden
- Ergebnisprotokolle anfertigen und nachverfolgen
- Meetings/Sitzungen vor- und nachbereiten
- Meetings/Sitzung mit Tagesordnung durchführen
- Meetings/Sitzungen effizient und effektiv durchführen
- Planung durchführen
- Pläne effizient umsetzen
- Tages-, Wochen-, Langfristplanung durchführen und umsetzen
- Zeitmanagement im Team durchführen
- Ziele und Prioritäten festlegen und kommunizieren
- Regenerieren, physisch, z. B. durch richtige Bewegung, Ernährung, Stressmanagement; emotional, z. B. durch wertschätzende Kommunikation, Empathie, intrinsische Sicherheit; spirituell, z. B. durch Klärung und Festlegung der eigenen Werte, lernen und Meditation; mental, z. B. durch lesen, visualisieren, planen und schreiben.

2.5.4 Balance zwischen beruflichen Anforderungen und Privatleben gewährleisten

01. Was ist Work-Life-Balance?

Work-Life-Balance bedeutet die Verzahnung von Arbeits- und Privatleben vor dem Hintergrund einer veränderten und sich dynamisch verändernden Arbeits- und Lebenswelt. Betriebliche Work-Life-Balance-Maßnahmen zielen darauf ab, den Mitarbeitern die Balance zwischen Familie und Beruf zu ermöglichen.

Ganzheitliche Work-Life-Balance-Konzepte beinhalten u. a. flexible Arbeitszeitmodelle, flexible Arbeitsorganisation, flexible Arbeitsorte, angepasste Führungsrichtlinien sowie unterstützende und vorsorgende Leistungen für die Beschäftigten.

02. Welche Anforderungen kommen auf die Unternehmen durch die Veränderung der Arbeitswelt zu?

Auf der Unternehmensseite lassen sich folgende Anforderungen identifizieren:

- eine Beschleunigung aller Geschäftsprozesse von der Ideengenerierung über die Produktentwicklung bis hin zur Unikatfertigung und Dienstleistungserbringung.
- eine stärkere Kundenorientierung, die sich ebenfalls in kurzen Reaktionszeiten, Rund-um-die-Uhr-Service und einer Garantie störungsfreier Abläufe ausdrückt.
- die Dezentralisierung von Arbeitsaufgaben und -gestaltung, die im Wesentlichen zu einer stärkeren Verantwortungsübernahme und höheren Selbststeuerungsanforderungen aller Prozessbeteiligten führt.
- eine Ökonomisierung der Unternehmensbeziehungen, die eine Vielzahl von betrieblichen Funktionen in Konkurrenz mit internen und externen Wettbewerbern setzt und
- eine Ganzheitlichkeit in der Aufgabengestaltung und -wahrnehmung, die Fähigkeiten zur Selbstorganisation voraussetzt.

Einem drohenden Interessenkonflikt zwischen Unternehmen und Beschäftigten versuchen Work-Life-Balance-Maßnahmen intelligent entgegenzuwirken.

03. Welche Veränderungen sind in Unternehmen notwendig, damit Work-Life-Balance-Maßnahmen umgesetzt werden können?

- Maßnahmen zur intelligenten Verteilung der Arbeitszeit im Lebensverlauf und zu einer ergebnisorientierten Leistungserbringung,
- Maßnahmen zur Flexibilisierung von Zeit und Ort der Leistungserbringung
- Maßnahmen, die auf Mitarbeiterbindung zielen.

04. Wie können Work-Life-Balance-Maßnahmen zu einer Steigerung der individuellen und gesamtbetrieblichen Produktivität führen?

Das Unternehmen sollte erkennen, dass:

- erweiterte und verbesserte Möglichkeiten der Weiterbildung und Qualifizierung, aber auch die Wahrnehmung von ehrenamtlichen oder sozialen Aufgaben sich positiv auf Arbeitszufriedenheit und Leistungsbereitschaft auswirken.
- die Übernahme von Verantwortung in außerbetrieblichen Kontexten auch die Führungs- und Selbstorganisationskompetenzen der Mitarbeiter nachhaltig verbessern.
- Gesundheitsprävention und flexible Zeitarrangements zur Reduktion unmittelbar krankheitsbedingter bzw. durch (Familien-)Betreuungsaufgaben verursachter Fehlzeiten beitragen.

- Arbeitnehmerinnen und Arbeitnehmer, die über die Gewissheit verfügen, dass zu betreuende Angehörige die notwendige Pflege und Zuwendung erhalten, sich stärker auf die betrieblichen Aufgaben konzentrieren können und damit ihre individuelle Leistungsfähigkeit erhöhen.

1. Planen, Steuern und Organisieren betrieblicher Prozesse
2. Steuern von Qualitätsmanagementprozessen
3. **Gestalten von Schnittstellen und Projekten**
4. Steuern und Überwachen betriebswirtschaftlicher Prozesse und Ressourcen
5. Führen und Entwickeln von Personal
6. Planen und Durchführen von Marketingmaßnahmen

Prüfungsanforderungen

Im Handlungsbereich „Gestalten von Schnittstellen und Projekten" soll die Fähigkeit nachgewiesen werden, interne und externe Schnittstellen zu analysieren, zu planen, zu gestalten und zu kontrollieren. Dabei soll multiprofessionelle Teamarbeit organisiert und geformt sowie Kommunikationsprozesse zwischen den beteiligten Personen und Institutionen gesteuert werden. Es ist nachzuweisen, dass interdisziplinäre Kooperationsnetzwerke aufgebaut, entwickelt und gestaltet werden können. Hierbei sind Prinzipien und Methoden des Projektmanagements anzuwenden sowie Moderations- und Präsentationstechniken einzusetzen.

Qualifikationsschwerpunkte im Überblick

3.1 Ermitteln von Schnittstellen, Planen, Organisieren, Gestalten und Pflegen von interdisziplinären Kooperationsbeziehungen und vernetzten Versorgungsformen unter Berücksichtigung der sozialökonomischen und rechtlichen Rahmenbedingungen

3.2 Organisieren und Gestalten der Kommunikation zwischen den Berufsgruppen und von multiprofessioneller Teamarbeit

3.3 Planen, Organisieren, Koordinieren, Überwachen und Evaluieren von Projekten und Projektgruppen

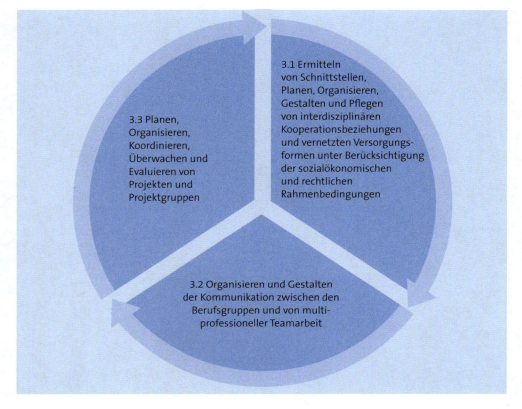

3. Gestalten von Schnittstellen und Projekten

3.1 Schnittstellen, interdisziplinäre Kooperationsbeziehungen und vernetzte Versorgungsformen, sozialökonomische und rechtliche Rahmenbedingungen

3.1.1 Interne und externe Schnittstellen darstellen

01. Wer hat externe Ansprüche an das Unternehmen?

Im Außenverhältnis treten Kunden, Lieferanten, interessierte Arbeitnehmer, Kapitalgeber, Finanzamt, Behörden, Eigentümer, Aktionäre, Mitbewerber, Presse, Parteien, Vereine, Politiker, Bürger, Aufsichtsbehörden, Gesetzgeber, die Umwelt und Natur, NGOs u. v. m. an das Unternehmen heran. Diese können auch als externe Stakeholder bezeichnet werden. Stakeholder meint die Gesamtheit aller aktiv oder passiv Beteiligten bzw. Betroffenen.

Wird nur die Beziehung zu den Kunden betrachtet, wird dies auch als CRM, Customer-Relationship-Management bezeichnet. Wird nur das Interesse der Anteilseigner verfolgt, so nennt man dies Shareholder-Management.

Die Stakeholder können z. B. wie folgt dargestellt werden:

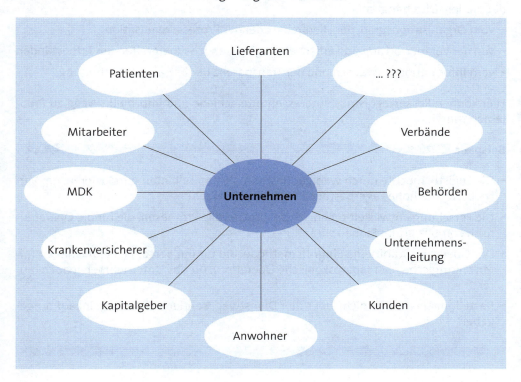

02. Wer hat interne Ansprüche an das Unternehmen?

Im Innenverhältnis agieren Mitarbeiter aus verschiedenen Abteilungen und Instanzen, Personal- bzw. Mitarbeitervertretung, Aufsichtsrat, Verwaltungsrat, Geschäftsführung, Prokuristen, leitende Mitarbeiter, Führungskräfte, Praktikanten, Ehrenamtliche, die im Unternehmen beschäftigt sind u. v. m. Diese können auch als interne Stakeholder bezeichnet werden.

03. Was sind Schnittstellen?

Einerseits sind Schnittstellen die Verbindungen und Beziehungen zwischen Organisationseinheiten innerhalb des Betriebes bzw. des Unternehmens, d. h. zwischen Stellen, Bereichen, Abteilungen einerseits. Andererseits sind Schnittstellen auch alle Beziehungen zu externen Stakeholdern.

In einem Organigramm, der grafischen Darstellung eines Unternehmens, werden die offiziellen Schnittstellen und internen Übergänge abgegrenzt und organisiert. Neben der offiziellen Organisation gibt auch eine informelle Organisation, die durch die persönlichen Beziehungen der Mitarbeiter geprägt wird; der kurze Dienstweg.

An Schnittstellen können entgegengesetzte bzw. konkurrierende Interessen aufeinander prallen. Dies hängt ab:

- vom Organisationsgrad, der Hierarchie oder der Prozessorganisation
- von der Verantwortung und Entscheidung bei bereichsübergreifenden Tatbeständen
- vom Informationsaustausch und der Transparenz der Entscheidungsfindung.

Hier können Ressortegoismus, Interessenunterschiede und informelle Wege zu Problemen führen.

Beispiele

- Die Logistik möchte durch weniger Bestand die Kapitalbindung reduzieren, der Vertrieb möchte hohe Lagerbestände für kurze Lieferzeiten.
- Die Forschung entwickelt technisch anspruchsvolle Prothesen, die für die Operateure zu kompliziert im Einbau sind.
- Der Operateur wählt eine Eingriffsmethode, die für ihn persönlich einfacher ist (offen chirurgische oder laparoskopische Operation), für das Unternehmen jedoch teurer.
- Bestellungen werden nicht über den Dienstweg, sondern direkt im Einkauf aufgegeben.

Interne und externe Schnittstellen können z. B. wie folgt gegliedert sein:

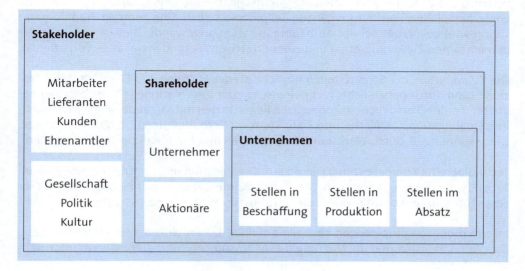

04. Was ist Schnittstellenmanagement?

Schnittstellenmanagement ist das geplante, zielgerichtete Organisieren und Steuern der Verbindungen bzw. Übergänge zwischen Organisationseinheiten und/oder Prozessen.

Ziele des Schnittstellenmanagements ist die Reduktion von Komplexität durch:
- Vermeidung von Redundanzen bei Aufgaben, Organisation und Entscheidungen
- Minimierung von Schnittstellen
- Optimierung der Prozesse entlang der Wertschöpfungskette
- Reduktion der Prozesskosten
- Minimierung der Prozessdurchlaufzeiten
- Minimierung des Konfliktpotenzials durch transparente Entscheidungsfindung.

Die Art des Schnittstellenmanagements hängt auch von der ökonomischen Wertigkeit, der Beeinflussbarkeit und dem Konfliktpotenzial in der Schnittstellenbeziehung ab.

Die Organisation der Schnittstellenprobleme kann grundsätzlich
- dezentral oder
- zentral

erfolgen.

Die dezentrale Selbstorganisation wird für die Ablauforganisation von Prozessen bevorzugt. Die Bereiche oder Abteilungen entscheiden die Organisation der Übergabe von einem Teilprozess zum nächsten Teilprozess selbst. Eine zentrale Fremdorganisation wird bevorzugt bei der Aufbauorganisation angewandt. Dies ist aufgrund der gemeinsamen Zielkoordination und eines effektiven Methodeneinsatzes vorzuziehen.

Die Koordination der Schnittstellen hinsichtlich der Effizienz und Effektivität der Prozesse kann durch persönliche, technologische oder informationelle Kompetenzen begleitet werden. Persönliche Kompetenzen liegen in den mitwirkenden Personen selbst: ihre Qualifikation, ihr Werte- und Zielsystem, ihr Verhalten und ihre Motivationslage. Diese können z. B. durch Workshops, Befragungen und Teambildung genutzt werden.

Technologische Kompetenzen basieren auf: Organisation und Controlling, wie Budget, Arbeitsanweisungen, Richtlinien. Die richtige Kombination dieser Ressourcen und Prozesse führt, unter Kontrolle durch die Leitung, zur Leistungsverbesserung.

Informationelle Kompetenzen basieren auf: EDV, Datenbanken, Netzen und Medien. Das Vorhandensein und die Nutzung dieser Ressourcen führt zu besserem Informationsaustausch.

05. Was ist das Stakeholderkonzept in Bezug auf Projekte?

Laut Definition nach ISO 10006 und ISO 21500 sind Stakeholder eines Projektes alle Personen, die ein Interesse am Projekt haben oder von ihm in irgendeiner Weise betroffen sind.

Man unterscheidet aktive und passive Stakeholder. Aktive Stakeholder arbeiten direkt am Projekt mit (z. B. Teammitglieder) oder sind direkt vom Projekt betroffen (z. B. Kunden, Lieferanten, Unternehmensleitung). Üblicherweise werden aktive Stakeholder nach folgenden Gruppen in der Projektumfeldanalyse strukturiert:

- Projektleiter
- Projektmitarbeiter (Kernteam und erweitertes Projektteam)
- Kunden, Benutzer
- Auftraggeber
- Sponsoren, Macht- und Fachpromotoren.

Passive Stakeholder sind von der Projektdurchführung oder den Projektauswirkungen nur indirekt betroffen (Interessenvertretungen, Anrainer bei einem Bauprojekt, Familienmitglieder der Projektmitarbeiter, Verbände etc.).

Die Unterscheidung in aktive oder passive Stakeholder dient der Strukturierung der verschiedenen Stakeholder und unterstützt damit den Identifikationsprozess. Anschließend wird die Wichtigkeit für das Projekt über die Stakeholderanalyse bestimmt. Dabei werden die Faktoren Einfluss Stakeholder auf das Projekt (Macht) und Einstellung Stakeholder zum Projekt (Ziele) durch die Projektgruppe untersucht. Das Ergebnis der Stakeholderanalyse ist der Grundstein für den Kommunikationsplan.

06. Welche Rahmenbedingungen kann es für Schnittstellen geben?

Rahmenbedingungen für Schnittstellen sind z. B.:

Soziale Rahmenbedingungen, die insbesondere durch die Beziehungen zu den Stakeholdern bestimmt sind:

- Ehrenamtliche Mitarbeiter
- Pflegenote durch MDK
- Image des Unternehmens
- Zufriedenheit der Stakeholder mit dem Unternehmen.

Ökonomische Rahmenbedingungen werden z. B. durch die Märkte und Preis-, Budget- und Kalkulationsvorgaben bestimmt:

- Mitarbeiter
- Fachkraftquote.

Rechtliche Rahmenbedingungen
werden für das Unternehmen und den Betrieb z. B. durch folgende Parameter gesetzt:

- Unternehmensform: Personen- und Kapitalgesellschaften, Stiftungen und Vereine unterscheiden sich hinsichtlich ihrer Publikationspflichten. Eine Gemeinnützigkeit bestimmt die Besteuerungsgrundlagen.
- Medizinproduktegesetz bei der Produktion, dem Handel und dem Inverkehrbringen von Medizinprodukten
- Hygieneverordnung: HACCP-Dokumentation für die Produktion, Transport und Lagerung von Lebensmitteln
- Sicherheitsbeauftragte, die die Einhaltung von Arbeits- und Gesundheitsschutz sowie z. B. auch die Beachtung der Umweltschutzgesetze und deren Auflagen sicherstellen.
- Arbeitszeitgesetz z. B. hinsichtlich Dienstplangestaltung
- Jugendarbeitsschutzgesetz
- Mutterschutzgesetz
- Bundes- bzw. Landesdatenschutzgesetze, Telekommunikationsgesetz sowie Sozialgesetzbuch bestimmen wie empfindlich z. B. Informationen und persönliche Daten im Gesundheitswesen behandelt werden müssen.
- Verordnungen zu den genannten Gesetzen.

Organisatorische Rahmenbedingungen werden durch das Management des Unternehmens selbst geschaffen:

Dies kann z. B. an der organisatorischen Komplexität der Schnittstellen in der Krankenhausorganisation dargestellt werden:

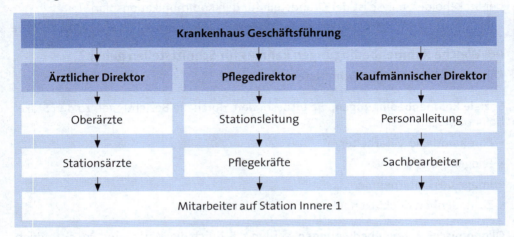

Auf der Station „Innere 1" fallen die Ansprüche der Ärzte, der Pflege und des Personalwesens an den Prozess der Behandlung zusammen. Diese sind bestenfalls neutral zueinander, häufig jedoch gegensätzlicher Natur.

3.1.2 Interdisziplinäre Kooperationsbeziehungen und Versorgungsformen gestalten

01. Was ist Kooperation?

 MERKE

Als Kooperation ist Zusammenarbeit im weitesten Sinn zu verstehen. Diese kann zwischen Stellen, Abteilungen und Bereichen innerhalb eines Betriebes bzw. Unternehmens passieren. Auch in einem Konzern oder mit anderen Unternehmen, Organisationen oder Behörden kann kooperiert werden. Die Kooperation kann einmalig oder dauerhaft angelegt sein. Kooperationen können auch vertraglich gestaltet werden.

Kooperationsstrategien werden verfolgt, wenn die Gesundheits- und Sozialbetriebe keine deutlichen Wettbewerbsvorteile erreichen oder ihnen dazu die erforderlichen Ressourcen fehlen. Zu den Kooperationsformen können Joint Ventures, Unternehmensverbindungen und strategische Allianzen zählen. Eine Reihe von Kooperationen wie das Belegarztmodell, Vertragsarztmodell, Praxiskliniken und Kooperationen mit Krankenkassen sind denkbar.

Nachteile bei Kooperationen sind der mögliche Know-how-Abfluss, Instabilitäten und ein erhöhtes Konfliktpotenzial durch die Schnittstellenzunahme sowie ggf. Einbußen in der Autonomie des Unternehmens.

Eine Kooperation kann auch zur Konzentration führen, wenn die Unternehmen sich zusammenschließen und fusionieren oder einen Konzern bilden.

Unternehmenszusammenschlüsse entstehen, wenn rechtlich und wirtschaftlich selbstständige Unternehmen sich zu einer größeren Wirtschaftseinheit vereinigen. Die Selbstständigkeit der einzelnen Unternehmen wird dadurch eingeschränkt oder aufgehoben.

Grafische Darstellung möglicher Arten von Unternehmenszusammenschlüssen:

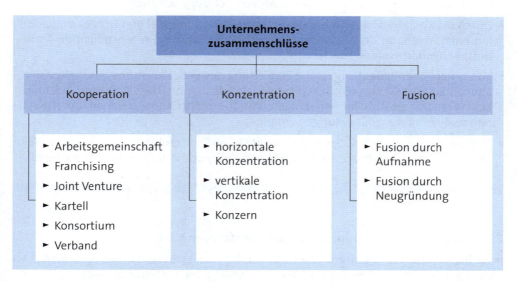

In einer **Kooperation** bleiben die beteiligten Unternehmen jeweils sowohl wirtschaftlich als auch rechtlich selbstständig, z. B.: Arbeitgeberverband, Baukonsortium.

Bei einer **Konzentration** verliert ein Unternehmen seine wirtschaftliche, nicht aber seine rechtliche Selbstständigkeit, z. B.: AG, die Krankenhäuser und Pflegeheime betreibt, ist eine horizontale Konzentration.

Ein Krankenhauskonzern, der einen Getränkehandel integriert, ist eine vertikale Konzentration.

Durch eine **Fusion** verschmelzen die Unternehmen zu einer wirtschaftlichen und rechtlichen Einheit, z. B.: Unikliniken in zwei Städten verschmelzen.

02. Was sind interdisziplinäre Kooperationsbeziehungen?

Das Beispiel der Krankenhausorganisation zeigt die Notwendigkeit der interdisziplinären Kooperation. Ärzte, Pflege und Administration sind gemeinschaftlich am Prozess der Behandlung beteiligt.

Diese Kooperationsbeziehungen zwingen regelmäßig dazu, die Abteilungs- und Bereichsorganisation durch integrierte und interdisziplinäre Prozessorganisation zu ersetzen.

Beispiele

Weitere Kooperationsbeziehungen:

- Im ambulanten Bereich müssen die Investitionen über die Leistungsentgelte finanziert werden. Gerade bei teuren technischen Geräten ist es betriebswirtschaftlich erforderlich, dass diese ausgelastet werden. So haben die Kooperationen auf dem Gebiet der gemeinschaftlichen Nutzung deutlich zugenommen.
- Durch die Kooperation zwischen Arzneimittelversandhandel und Drogerie sind Stellen entstanden, an denen (nach entsprechender Prüfung) rezeptpflichtige Arzneimittel abgeholt werden können.
- Von erheblicher Bedeutung ist die Einführung des Entgeltsystems auf Basis von Diagnosis Related Groups (DRG), das tendenziell dazu führt, dass Krankenhäuser nicht konkurrenzfähige Abteilungen schließen und vermehrt Kooperationen durch Fusionen und Kompetenzbündelungen eingehen.
- Sektorenübergreifende Kooperationen mit Gesundheitsanbietern wie beispielsweise eine Fachklinik für Orthopädie (stationärer Sektor) und Rehabilitationsklinik (AHB).

03. Was sind interdisziplinäre Versorgungsformen?

Interdisziplinäre Versorgung im Gesundheitsbereich kann durch die besondere Versorgung, medizinische Versorgungszentren (MVZ) oder auch durch Disease-Management-Programme erreicht werden.

Im Sozialbereich können interdisziplinäre Versorgungen durch Jugendhilfe, Arbeitsförderung, Fallmanagement oder professionelle Pflegeberater erreicht werden.

04. Was versteht man unter besonderer Versorgung?

Die Patienten werden durch Sektoren und fachübergreifend in interdisziplinär vernetzten Strukturen auf Basis von § 140a SGB V versorgt. Die Koordination durch den Hausarzt und die Kooperation aller an den Behandlungsprozessen Beteiligten soll der Patient stärker in den Mittelpunkt der besonderen Versorgung rücken.

Der Versorgungsumfang erstreckt sich auf die ambulante und stationäre Versorgung. Ärztliche und nichtärztliche Leistungserbringer schließen dazu selektive Einzelverträge zum Leistungsangebot und zur Vergütung direkt mit den Krankenkassen ab.

So können Hausärzte, Fachärzte, Krankenhäuser, Vorsorge- und Reha-Einrichtungen, Pflegeeinrichtungen, pharmazeutische Hersteller und Hersteller von Medizinprodukten Verträge hinsichtlich Lieferung und Leistung sowie Kooperationsumfang und -struktur schließen.

Beispiel

Patient geht zum Hausarzt, der diesen zum Facharzt überweist, welcher den Patienten zu einer Apotheke mit Selektivvertrag weiterleitet.

05. Was versteht man unter Disease-Management-Programmen?

Disease-Management-Programme (DMP) sind nach § 137 f SGB V strukturierte Behandlungsprogramme für chronisch Kranke, die sich nach evidenzbasierten Leitlinien richten. Die Zulassung der Programme erfolgt durch das Bundesversicherungsamt. Programme existieren zurzeit für:

- Brustkrebs
- koronare Herzkrankheit
- Modul Herzinsuffizienz zum DMP KHK
- Diabetes mellitus Typ I und II
- chronisch obstruktive Atemwegserkrankung
- Asthma bronchiale.

Nach Zulassung des Programms können die Krankenkassen einem Patienten ein DMP anbieten. Der Patient kann sich dann bei einem koordinierenden Arzt einschreiben. Damit erklärt er gleichzeitig sein Einverständnis zur Datenweitergabe und den Verzicht die freie Arztwahl für die Behandlung dieser Krankheit.

Die Therapieziele werden zwischen koordinierendem Arzt und Patienten abgestimmt. Die Programme regeln, welche Untersuchungen und Therapien vorgenommen werden müssen und wann eine Über- oder Einweisung erforderlich ist. Der Patient ist verpflichtet, mitzuwirken und an Schulungen teilzunehmen. So können Komplikationen und Spätfolgen vermieden werden. Der Arzt ist zur Dokumentation und zur Teilnahme an indikationsbezogenen Fortbildungen verpflichtet. Die Versorgung erfolgt entsprechend der medizinischen Notwendigkeit sektoren- und fachübergreifend oder interdisziplinär.

06. Was ist ein medizinisches Versorgungszentrum?

Medizinische Versorgungszentren (MVZ) entsprechen dem Modell der (ehemaligen) Poliklinik. Sie sind nach § 95 SGB V fachübergreifende ärztlich geleitete Einrichtungen der ambulanten Versorgung. Die angestellten oder selbstständigen Ärzte müssen über mindestens zwei unterschiedliche Gebiets- oder Schwerpunktbezeichnungen verfügen.

Gründer eines MVZs können Ärzte, Krankenhäuser, Erbringer nichtärztlicher Dialyseleistungen sowie gemeinnützige Trägerorganisationen sein. Dadurch ist eine interdisziplinäre Versorgung möglich. Wenn ein Krankenhaus in dem MVZ beteiligt ist, liegt eine sektorenübergreifende Versorgung vor.

Die Patienten finden im MVZ unterschiedliche Fachgebiete unter einem Dach und haben dadurch kurze Wege. Durch Kooperation und Information kann die Anamnese, Diagnostik und Therapie besser abgestimmt, Doppeluntersuchungen können vermieden werden und die Arzneimittelversorgung kann optimiert werden. Die Leistungserbringer nutzen Großgeräte, Medizintechnik und Verwaltung gemeinsam.

Duch diese Zusammenschlüsse ist eine umfangreiche interdisziplinäre Behandlung des Patienten mit kurzen Wegen möglich.

Kritikpunkt dieser fach- und sektorenübergreifenden Versorgung bleibt der Datenschutz durch unvermeidliche Weitergabe sensibler Patientendaten.

07. Was ist soziales Fallmanagement?

Fallmanagement wird z. B. in der medizinischen und beruflichen Rehabilitation nach SGB IX, in der Jugendhilfe SGB VIII und auch in der Arbeitsförderung nach SGB III durchgeführt. Hierbei ist ein Sachbearbeiter für die gesamte Betreuung eines Falls d. h. Klienten/Kunden hinsichtlich aller Hilfen-, Förderungs- und Kooperationsleistungen verantwortlich. Insbesondere die Überwachung und Sicherstellung der Compliance des Leistungsempfängers, im Sinne eines Forderns und Förderns, stehen im Vordergrund.

08. Was sind Pflegeberater?

Pflegeberater sind die Schnittstelle zwischen den Leistungserbringern und den Kunden in der gesetzlichen Pflegeversicherung. Sie geben den Kunden die notwendigen Informationen über Leistungsanspruch und -angebot. Damit sie ihre Koordinations- und Kooperationsfunktion fachgerecht ausüben können, werden sie nach § 7a SGB XI

z. B. in Pflegestützpunkten angesiedelt und speziell ausgebildet. Das zum 01.01.2017 in Kraft getretene PSG III stärkt die Pflegeberatung und Unterstützung im Alltag durch die Kommunen.

3.1.3 Auswirkungen vernetzter Versorgungsformen auf die Geschäftsprozesse berücksichtigen

01. Welche Auswirkung hat die sektorale Trennung im Gesundheits- und Sozialwesen auf deren Geschäftsprozesse?

Der Grundsatz „ambulant vor stationär" findet sich u. a. in § 39 SGB V wieder. Diese Abgrenzung ist nicht prozessual und daher medizinisch oft nicht eindeutig. Negative Auswirkungen von Sektorengrenzen sind insbesondere:

- die Schnittstellenprobleme in den sektoralen Übergängen der Behandlungsprozesse, z. B. Wartezeiten und Informationsverluste
- die Konflikte zwischen den Beteiligten, z. B. hinsichtlich der Honorartöpfe und Entgeltverteilung
- hohe Kosten durch übermäßige Diagnostik, z. B. möchte jeder Sektor seine Diagnostik selbst durchführen
- die Vernachlässigung der Prävention, da ggf. der andere Sektor die Kosten für die Behandlung trägt
- eine zu geringe Förderung der Selbsthilfe, da auch hier die Kosten ggf. durch einen anderen Sektor getragen werden
- eine Unterversorgung chronisch Kranker, da deren Therapie ggf. regelmäßig zwischen den Sektoren wechseln kann.

Im Ergebnis wirkt sich das nachteilig auf die ganzheitliche Versorgung der Patienten aus. Eine prozessorientierte, sektorenübergreifende Versorgung kann für Verbesserungen sorgen.

02. Was sind vernetzte Versorgungsformen?

- Integrierte Versorgung (IV) bzw. besondere Versorgung
- Disease-Management-Programme (DMP)
- Medizinische Versorgungszentren (MVZ)
- Anlaufpraxen (AP).

03. Welche Vor- und Nachteile haben vernetzte Versorgungsformen?

Ziel dieser Versorgungsformen ist es, den Ablauf der nötigen Versorgung zu verbessern und die Kosten zu senken.

Form	Vorteile	Nachteile
IV	▸ geringere Wartezeiten für Patienten ▸ Vermeidung von Doppelfinanzierung für die Krankenkassen ▸ Extrabudgetäre Einnahmen für Ärzte	▸ Einschränkung der freien Arztwahl durch Vorgabe im Prozess oder bestehende Kooperationen
DMP	▸ bessere Information und Aufklärung von Chronikern ▸ Optimierung des Behandlungsverlaufs ▸ weniger Krankenhauseinweisungen ▸ Vermeidung von Doppelfinanzierung für die Krankenkassen ▸ Reduktion von Komplikationen und Folgeschäden	▸ Einschränkung der freien Arztwahl und Behandlungsfreiheit ▸ hoher Dokumentationsaufwand für den behandelnden Arzt ▸ Evaluationskosten ▸ geringe finanzielle Anreize
MVZ	▸ vielseitiges Leistungsangebot unter einem Dach ▸ Synergien durch die Nutzung einer gemeinsamen Infrastruktur ▸ Vermeidung von Doppelfinanzierung für die Krankenkassen ▸ unterschiedliche Arbeitszeitmodelle ▸ kein Investitionsrisiko im Angestelltenverhältnis für Leistungserbringer	▸ Einschränkung der unternehmerischen Freiheit ▸ hohe Gründungskosten ▸ Einschränkung der freien Arztwahl durch feststehende Organisation innerhalb des MVZ
AP	▸ Entlastung der Notfallambulanzen im Krankenhaus und der niedergelassenen Ärzte ▸ Vermeidung einer unnötigen stationären Aufnahme	▸ erweiterte Praxisöffnungszeiten und Bereitschaftsdienste

Krankenkassen müssen Patienten, die an der integrierten Versorgung oder am Disease-Management-Programmen teilnehmen, einen Wahltarif anbieten.

04. Was sind Geschäftsprozesse?

Prozesse in einem Unternehmen können in Managementprozesse, Geschäftsprozesse und Unterstützungsprozesse unterschieden werden. Unterstützungsprozesse sind solche, die nur interne Kunden haben, z. B. Personalverwaltung, Rechnungswesen. Managementprozesse sind die dispositven Leistungen, die die Prozesse organisieren.

Geschäftsprozesse sind die Prozesse, die die Leistungserbringung für externe Kunden darstellen. Es sind die Kernkompetenzen des Unternehmens, z. B. der Clinical Pathway im Krankenhaus, die Erbringung der stationären Pflege, die Behandlung des Hausarztes im DMP.

Unternehmen gestalten diese Geschäftsprozesse z. B. IT-gesteuert zum Workflow, um standardisierte Abläufe zu garantieren.

Die folgende Grafik stellt den Zusammenhang dar:

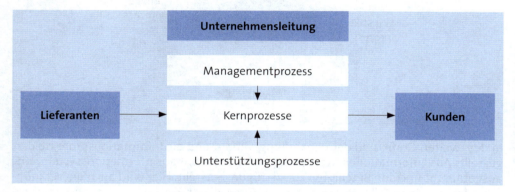

3.2 Organisieren und Gestalten der Kommunikation zwischen den Berufsgruppen und von multiprofessioneller Teamarbeit

3.2.1 Kommunikationsprozesse zwischen den Berufsgruppen optimieren

01. Welche Informations- und Kommunikationsbedarfe entstehen im Krankenhaus?

Die Bedarfe werden in den folgenden drei Grafiken dargestellt:

In der ersten Grafik werden die Prozesse dargestellt, wie sie um den Patienten herum organisiert sind. Der Patient ist hier als „Prosument" zu verstehen, er ist als Prozessbeteiligter Konsument für die Krankenhausleistung und gleichzeitig Produzent weil er auch immer bei der Erstellung der Dienstleistung mitwirken muss.

In jedem Prozess sind andere Berufsgruppen beteiligt, die einen Prozess anstoßen, z. B. die Aufnahme in den Verwaltungsprozess und dieser stößt einen Behandlungsprozess mit nachfolgendem Pflegeprozess an. Der Pflegeprozess löst einen Versorgungsprozess aus, an dem z. B. die Küche und Hauswirtschaft beteiligt sind. Der Logistikprozess unterstützt die vorgenannten Prozesse mit seinen Hilfsprozessen. Am Ende steht dann wieder ein Verwaltungsprozess mit der Entgeltabrechnung.

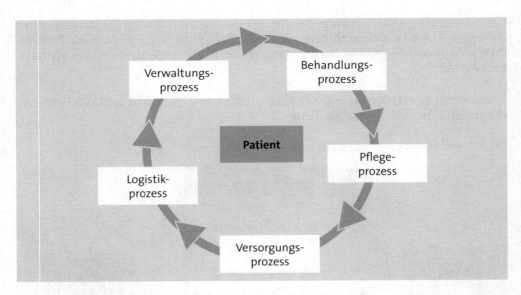

In der zweiten Grafik sind der Behandlungsverlauf und die Informationsprozesse dargestellt. Alle Informationen werden über das Krankenhausinformationssystem, KIS, ausgetauscht und den Beteiligten zur Verfügung gestellt. Hier wird auch die Verknüpfung der einzelnen Teilprozesse zu einem „Clinical Pathway", einem Behandlungsprozess für einen Patienten sichtbar.

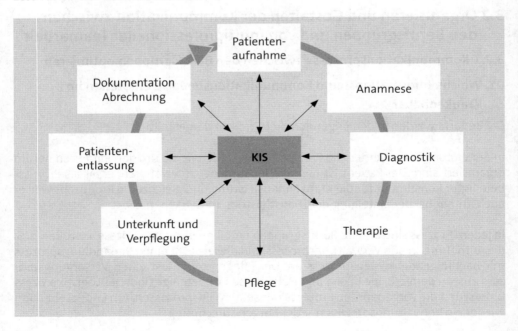

Die dritte Grafik versucht eine Gesamtübersicht über die Informations- und Kommunikationssysteme im Krankenhaus zu geben. Die Flut an Informationen und der Kommunikationsbedarf für Terminkoordination, Materialdisposition und Bildübertragung von Röntgenbildern ist durch ein gut entwickeltes und ausgebautes EDV- bzw. Krankenhausinformationssytem (KIS) zu organisieren und zu steuern:

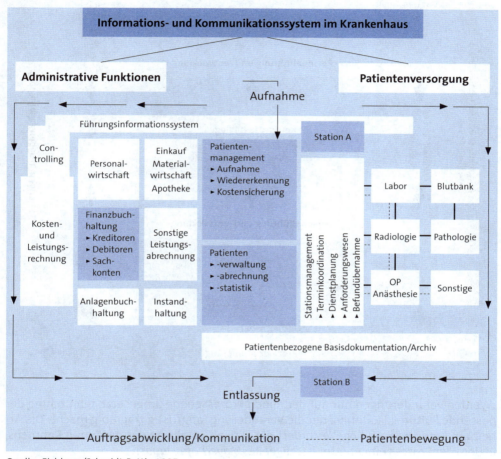

Quelle: *Eichhorn/Schmidt-Rettig 1995*

Zur Verbesserung des Informations- und Kommunikationsflusses sind z. B. Workflowsysteme geeignet, die automatisch Prozesse anstoßen und so die Prozesskette, den Workflow, steuern.

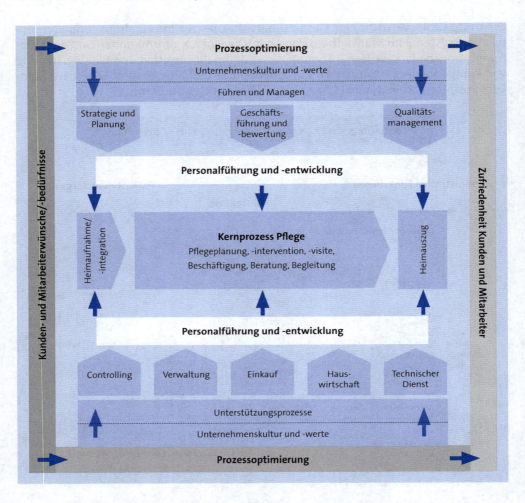

„Werden Veränderungen nur auf der reinen Prozessebene umgesetzt, fehlt häufig der passende kulturelle Rahmen, der die Veränderung langfristig tragfähig macht. Die Arbeit am Kernprozess ‚Pflege' erfordert die aktive Gestaltung des gesamten Rahmens, in dem der Prozess eingebettet ist." (Quelle: *Mayerhofer, Janas*)

02. Was umfasst das Recht auf informationelle Selbstbestimmung?

Der Einzelne ist befugt, grundsätzlich über die Preisgabe und die Verwendung seiner persönlichen Daten zu bestimmen. Grundlage hierfür ist das allgemeine Persönlichkeitsrecht, welches aus den Art. 2 Abs. 1 in Verbindung mit Art. 1 Abs. 1 GG abgeleitet wird, also aus dem Recht auf freie Entfaltung der Persönlichkeit in Verbindung mit dem Anspruch auf Würde.

03. Wie können die Begriffe Datenschutz und Datensicherheit erläutert werden?

Datenschutz ist der Schutz von Daten vor Missbrauch, unberechtigter Einsicht, Weitergabe oder Verwendung, Änderung oder Verfälschung, aus welchen Motiven auch immer. Im engeren Sinne, etwa in der Gesetzgebung, handelt es sich dabei nur um personenbezogene Daten; im allgemeinen Sprachgebrauch, und so auch hier, werden alle Daten, die gespeichert sind, einbezogen. Auch der Schutz der Integrität eines Systems gehört dazu, und der ist in vielen Fällen wichtiger als der Schutz der Vertraulichkeit der gespeicherten Daten. Einzubeziehen ist auch der Schutz vor Fehlern und der Schutz vor Folgefehlern im Falle eines Fehlers.

Katastrophenschutz ist der Schutz von Daten vor Zerstörung durch äußere Gewalten oder Sabotage.

Datensicherung ist die Gesamtheit aller organisatorischen und technischen Vorsorgemaßnahmen gegen Verlust, Fälschung und unberechtigten Zugriff aufgrund von Katastrophen, technischen Ursachen, menschlichem Versagen oder mutwilligen Eingriffen. Der Begriff „Datensicherung" wird auch im engeren Sinne gebraucht als Anfertigung von Sicherheitskopien, auf die man im Notfall zurückgreifen kann.

Datensicherheit ist der angestrebte Zustand, der durch alle diese Maßnahmen erreicht werden soll, aber letztlich nicht vollkommen erreicht werden kann.

04. Welche rechtlichen Aspekte begründen den Datenschutz?

Der Datenschutz hat folgende wesentliche Aspekte:
- Rechtlich und politisch, wozu beim Datenschutz in Betrieben auch Betriebsinteresse und -politik gehört.
  - Gesellschaftspolitische Forderungen, etwa das „informationelle Selbstbestimmungsrecht"
  - Gesetzliche Rahmenbedingungen, Datenschutzgesetze
  - Technikfolgenabschätzung, etwa bei der Steuerung industrieller Anlagen oder beim Geldtransfer.

3. Gestalten von Schnittstellen und Projekten | 3.2 Organisieren und Gestalten

- Organisatorisch
  - Abwägen von Schutzanforderungen und Leistungsanforderungen, Prinzip der Verhältnismäßigkeit „Absolute Sicherheit ist nur bei Stillstand des Systems zu erreichen".
  - Benutzergruppen, Definition von Zugriffsrechten, „Passwort-Politik"
  - Dienstvorschriften, Zuständigkeiten
  - Dokumentation, Datenschutzbericht. Es gilt das Prinzip der Revisionsfähigkeit.
  - Einbindung der Datensicherheit in das allgemeine EDV-Konzept
  - Entscheidung über das grundsätzlich anzustrebende Sicherheitsniveau in Bezug auf Offenheit oder Geschlossenheit des Systems
  - Katastrophenplanung, Checklisten, Sicherheitsnormen
  - Personalpolitik, Betriebsklima, Überwachungssysteme
  - Sicherheitsprobleme bei Zentralisierung oder Dezentralisierung.
- Technisch
  - Kryptografische Schutzmaßnahmen: Verschlüsselung von Dateien, Protokolle zur sicheren Datenübertragung, Authentisierung, elektronische Unterschrift, Anonymität.
  - Physische Schutzmaßnahmen und Baumaßnahmen: Zugang zu Geräten
  - Schutzmaßnahmen im Betriebssystem: Erlaubnisse zur Benutzung eines Rechners oder zur Kommunikation über Netze, Identifikationskontrolle, Aufzeichnung von Ereignissen zur Beweissicherung, Fehlerüberbrückung.
  - Umsetzung der rechtlichen und politischen Anforderungen und der organisatorischen Definitionen in konkrete Maßnahmen
  - und Übertragungsleitungen, Abhörsicherheit.

05. Welchen Anwendungsbereich hat das Bundesdatenschutzgesetz?

Der sachliche Anwendungsbereich ergibt sich aus § 1 Abs. 2 Bundesdatenschutzgesetz (BDSG).

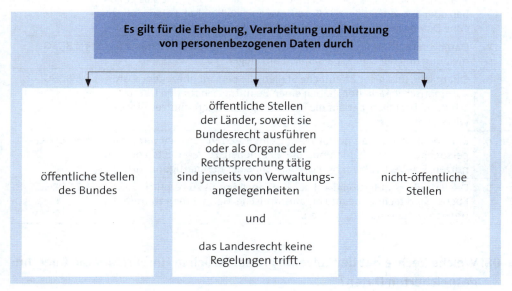

Soweit andere Rechtsvorschriften des Bundes auf personenbezogene Daten anzuwenden sind, gehen sie dem Bundesdatenschutzgesetz vor. Auf diesem Grundsatz aus § 1 Abs. 3 Satz 1 BDSG beruht, dass es für die Sozialverwaltung eine eigene Regelung für den Datenschutz gibt.

06. Was ist Zweck des Bundesdatenschutzgesetzes?

Zweck des Bundesdatenschutzgesetzes ist es, den Einzelnen davor zu schützen, dass er durch den Umgang mit personenbezogenen Daten in seinem Persönlichkeitsrecht beeinträchtigt wird (vgl. § 1 Abs. 1 BDSG).

Personenbezogene Daten sind Einzeldaten über persönliche oder sachliche Verhältnisse einer bestimmten oder bestimmbaren Person (vgl. § 3 Abs. 1 BDSG).

07. Wie wird der Datenschutz allgemein nach dem BDSG umgesetzt?

1.	Personenbezogene Daten dürfen nur erhoben, verarbeitet und genutzt werden, soweit das BDSG oder eine andere Rechtsvorschrift dies erlauben oder anordnen oder der Betroffene eingewilligt hat. Personenbezogene Daten sind grundsätzlich beim Betroffenen zu erheben.	§ 22 BDSG
2.	Datenverarbeitungssysteme sind nach dem Grundsatz der Datenvermeidung und der Datensparsamkeit anzulegen	§ 3 BDSG
3.	Öffentliche und nicht öffentliche Stellen, die personenbezogene Daten automatisch verarbeiten, haben einen Beauftragten für den Datenschutz zu bestellen, der auf die Einhaltung des Datenschutzes hinzuwirken hat.	§ 5 BDSG
4.	Es ist dem bei der Datenverarbeitung eingesetzten Personal verboten, personenbezogene Daten unbefugt zu erheben, zu verarbeiten oder zu nutzen. Das Verbot besteht nach dem Ende der Beschäftigung fort.	§ 53 BDSG
5.	Der Betreiber hat Personal auf das Datengeheimnis zu verpflichten. Ebenso sind technische und organisatorische Maßnahmen zu treffen, um den Datenschutz zu wahren.	§ 71 BDSG

08. Welche Rechte hat der Einzelne grundsätzlich in Hinblick auf die über ihn gespeicherten Daten?

1. Recht auf Auskunft über die gespeicherten Daten auch in Hinblick auf den Zweck der Speicherung (§ 34 BDSG)
2. Recht auf Berichtigung, Löschung oder Sperrung bei falschen oder strittigen Datensätzen (§ 35 BDSG)
3. Speicherung der Daten nicht über die Zweckbindung der Daten hinaus (§ 51 BDSG).

09. Was ist das Sozialgeheimnis?

Jeder hat Anspruch darauf, dass die ihn betreffenden Sozialdaten von den Leistungsträgern nicht unbefugt erhoben, verarbeitet oder genutzt werden (vgl. § 35 Abs. 1 Satz 1 SGB I). Sozialdaten sind Einzelangaben über persönliche und sachliche Verhältnisse einer bestimmten oder bestimmbaren natürlichen Person, die von einem Leistungsträger im Hinblick auf seine Aufgaben nach dem Sozialgesetzbuch erhoben, verarbeitet oder genutzt werden (vgl. § 67 Abs. 1 Satz 1 SGB X).

10. Ist der Datenschutz nach BDSG mit dem des Sozialgesetzbuches vergleichbar?

Das Sozialgesetzbuch greift in den §§ 67 ff. SGB X auf die gleichen Instrumente zurück wie das BDSG.

1.	Sozialdaten dürfen nur erhoben werden, wenn ihre Kenntnis zur Erfüllung einer Aufgabe der erhebenden Stelle erforderlich ist. Sozialdaten sind grundsätzlich beim Betroffenen zu erheben.	§ 67a Abs. 1 Satz 1 und Abs. 2 SGB X
2.	Datenverarbeitungssysteme sind nach dem Grundsatz der Datenvermeidung und der Datensparsamkeit anzulegen.	§ 78b SGB X
3.	Es sind technische und organisatorische Maßnahmen zu treffen, um den Datenschutz zu wahren.	§ 78a SGB X
4.	Die Übermittlung von Sozialdaten an Dritte ist nur aufgrund einer Ermächtigungsgrundlage zulässig. Davon gibt es anfangend mit den §§ 68 ff. SGB X eine Vielzahl. Beispielhaft sei § 67e SGB X für die Übermittlung zur Bekämpfung des Leistungsmissbrauchs, § 71 Abs. 1 Satz 1 Nr. 2 SGB X zur Durchführung des Infektionsschutzgesetzes angesprochen.	§ 67d SGB X

11. Was ist bei Verarbeitung personenbezogener Daten zu beachten?

Werden personenbezogene Daten automatisiert verarbeitet oder genutzt, ist die innerbehördliche oder innerbetriebliche Organisation so zu gestalten, dass sie den besonderen Anforderungen des Datenschutzes gerecht wird. Dabei sind insbesondere Maßnahmen zu treffen, die je nach der Art der zu schützenden personenbezogenen Daten oder Datenkategorien geeignet sind.

Die technischen und organisatorischen Maßnahmen sind in § 64 BDSG geregelt. Folgende Schutzmaßnahmen sind zu regeln und sicherzustellen:

1. **Zugangskontrolle:** Verwehrung des Zugangs zu Verarbeitungsanlagen, mit denen die Verarbeitung durchgeführt wird, für Unbefugte.

2. **Datenträgerkontrolle:** Verhinderung des unbefugten Lesens, Kopierens, Veränderns oder Löschens von Datenträgern.

3. **Speicherkontrolle:** Verhinderung der unbefugten Eingabe von personenbezogenen Daten sowie der unbefugten Kenntnisnahme, Veränderung und Löschung von gespeicherten personenbezogenen Daten.

4. **Benutzerkontrolle:** Verhinderung der Nutzung automatisierter Verarbeitungssysteme mithilfe von Einrichtungen zur Datenübertragung durch Unbefugte.

5. **Zugriffskontrolle:** Gewährleistung, dass die zur Benutzung eines automatisierten Verarbeitungssystems Berechtigten ausschließlich zu den von ihrer Zugangsberechtigung umfassten personenbezogenen Daten Zugang haben.

6. **Übertragungskontrolle:** Gewährleistung, dass überprüft und festgestellt werden kann, an welche Stellen personenbezogene Daten mithilfe von Einrichtungen zur Datenübertragung übermittelt oder zur Verfügung gestellt wurden oder werden können.

7. **Eingabekontrolle:** Gewährleistung, dass nachträglich überprüft und festgestellt werden kann, welche personenbezogenen Daten zu welcher Zeit und von wem in automatisierte Verarbeitungssysteme eingegeben oder verändert worden sind.

8. **Transportkontrolle:** Gewährleistung, dass bei der Übermittlung personenbezogener Daten sowie beim Transport von Datenträgern die Vertraulichkeit und Integrität der Daten geschützt werden.

9. **Wiederherstellbarkeit:** Gewährleistung, dass eingesetzte Systeme im Störungsfall wiederhergestellt werden können.

10. **Zuverlässigkeit:** Gewährleistung, dass alle Funktionen des Systems zur Verfügung stehen und auftretende Fehlfunktionen gemeldet werden.

11. **Datenintegrität:** Gewährleistung, dass gespeicherte personenbezogene Daten nicht durch Fehlfunktionen des Systems beschädigt werden können.

12. **Auftragskontrolle:** Gewährleistung, dass personenbezogene Daten, die im Auftrag verarbeitet werden, nur entsprechend den Weisungen des Auftraggebers verarbeitet werden können.

13. **Verfügbarkeitskontrolle:** Gewährleistung, dass personenbezogene Daten gegen Zerstörung oder Verlust geschützt sind.

14. **Trennbarkeit:** Gewährleistung, dass zu unterschiedlichen Zwecken erhobene personenbezogene Daten getrennt verarbeitet werden können.

Ein Zweck nach Nummer 2 bis 5 kann insbesondere durch die Verwendung von dem Stand der Technik entsprechenden Verschlüsselungsverfahren erreicht werden.

 MERKE

Die Datenschutzgrundverordnung (DSGVO) regelt in § 5 Grundsätze für die Verarbeitung personenbezogener Daten.

12. In welchen Bereichen sind dem Recht auf informationelle Selbstbestimmung Grenzen gesetzt?

Beispielhaft seien folgende Bereiche benannt, in denen der Gesetzgeber Allgemeininteressen über Individualinteressen stellt.

- Das Gesetz zur Verhütung und Bekämpfung von Infektionskrankheiten sieht eine Vielzahl von Meldungen über und zu erkrankten Personen vor (Infektionsschutzgesetz).
- Zwischen Leistungserbringern (Ärzte etc.) und Krankenkassen findet ein Datenaustausch statt (vgl. §§ 294 ff. SGB V). Dies dient der Kosten- und Leistungsabwicklung (MVZ).
- An Dritte dürfen nach Maßgabe der §§ 67d ff. SGB X Sozialdaten weitergegeben werden (Zoll, Abrechnungsdaten Krankenhaus).

13. Was sind die Bestandteile eines umfassenden Datenschutzes?

- **Privacy** ist jede Form des Schutzes gegen unbefugte Einsicht Dritter, etwa Codierung oder Signatur von Daten.
- **Security** ist der Schutz gegen Sabotage oder kriminelle Akte, etwa Computerviren, trojanische Pferde oder andere Arten der Spionage.
- **Safety** ist der Schutz vor Datenverlust durch technische Ausfälle von Datenverarbeitungsanlagen etwa durch Datensicherung.
- **Zugangskontrolle:** Festlegung befugter Personen, Berechtigungsausweise, Vieraugenprinzip, Regelung für Fremde, Besucherbuch führen.
- **Anwendungskontrolle:** Zuordnung zwischen Benutzergruppen und Anwendungen, Verantwortung von Projektleitern, Verfahrensdokumentation bei kritischen Anwendungen, Programmier-Regeln für kritische Anwendungen, Prüfregeln bei kritischen Anwendungen, Auftragskontrolle.
- **Datenschutz** ist der Schutz von Daten vor Missbrauch, unberechtigter Einsicht oder Verwendung, Änderung oder Verfälschung. Im engeren Sinne, etwa in der Gesetzgebung, handelt es sich dabei nur um personenbezogene Daten; im allgemeinen Sprachgebrauch werden alle Daten, die an verschiedenen Orten gespeichert sind, einbezogen. Auch der Schutz der Integrität eines Systems gehört dazu und der ist in vielen Fällen wichtiger als der Schutz der Vertraulichkeit der gespeicherten Daten. Einzubeziehen ist auch der Schutz vor Fehlern und der Schutz vor Folgefehlern im Falle eines Fehlers, sowie der Schutz von Daten vor Zerstörung durch äußere Gewalten, Feuer, Magnetismus oder Sabotage.
- **Datensicherung** ist die Gesamtheit aller organisatorischen und technischen Vorsorgemaßnahmen gegen Verlust, Fälschung und unberechtigten Zugriff aufgrund von Katastrophen, technischen Ursachen, menschlichem Versagen oder mutwilligen Eingriffen. Der Begriff „Datensicherung" wird auch im engeren Sinne gebraucht als Anfertigung von Sicherheitskopien, Backups, Spiegelung von Festplatten oder Auslagerung von Daten und Programmen in Serverfarmen bzw. der „Cloud".

Hierzu müssen die folgenden Fragen durch die Geschäftsleitung beantworten werden:
- Wer darf mit dem System arbeiten?
- Was darf mit den Informationen und Daten gemacht werden oder nicht?
- Wer darf bestimmte Informationen lesen oder verändern?
- Warum muss eine bestimmte Operation ausgeführt werden?
- Wann darf eine bestimmte Operation ausgeführt werden?
- Wo darf eine bestimmte Operation ausgeführt werden?
- Wer darf einen Auftrag zu einer bestimmten Operation geben?

Organisatorisch festzulegen ist auch, wer sich hinter einer formalen Benutzerberechtigung verbirgt und wer gegebenenfalls für ihre Verwendung verantwortlich ist. Benutzer kann sein:
- eine eindeutige Person (z. B. Dr. Moritz Mustermann)
- ein Stellvertreter (der Oberarzt im Auftrag des Chefarztes)
- ein Funktionsträger (der diensthabende Arzt, der Stationsarzt)
- eine Rolle im EDV-Programm, zu der sich Personen freischalten bzw. einloggen (Materialausgabe, Apotheke etc.).

14. Welche Phasen des Datenschutzes im Gesundheitswesen werden im Allgemeinen unterschieden?
- Erhebung der Daten
- Bearbeitung der Daten
- Auswertung der Daten
- Weiterleitung der Daten
- Speicherung der Daten
- Löschung der Daten.

15. Wie erläutern Sie die Phasen des Datenschutzes?
- **Erhebung der Daten:** Erfassung der Daten, die für den jeweiligen Prozess notwendig sind.
- **Bearbeitung der Daten:** Wer darf die Daten bearbeiten? Einwilligung des Betroffenen, Anonymisierung der Daten im Verarbeitungsprozess.
- **Auswertung der Daten:** Wer darf die Daten auswerten? Einwilligung des Betroffenen, Anonymisierung der Daten im Auswertungsprozess.
- **Weiterleitung der Daten:** z. B. nach §§ 301, 302 SGB V.

- **Speicherung der Daten:** Darf gespeichert werden? In welcher Form? Wie lange? Zweckbindung beachten oder Einwilligung für erneute Speicherung erwirken.
- **Löschung der Daten:** z. B. gem. § 304 SGB V, die Daten nach § 292 spätestens nach zehn Jahren.

16. Welche technischen Verfahren zur Datensicherheit können eingesetzt werden?

- **Logging:** Aufzeichnung aller Aktionen und Meldungen der Systemkonsole oder eines bestimmten Benutzers, insbesondere von Start und Stopp von Untersystemen, Prozessen und alle Fehlermeldungen.
- **Auditing:** Aufzeichnung von An- und Abmeldevorgängen und Datenzugriffen, natürlich mit Zeitangaben; Aufzeichnung von Transaktionen und Änderungen von Systemparametern und Sicherheitsdefinitionen; Kontrolle, ob festgelegte Regeln eingehalten werden.
- **Accounting:** Aufzeichnung des Ressourcenverbrauchs zum Zwecke der Abrechnung; natürlich lassen sich mit einem solchen System auch missbräuchliche Zugriffe auf Ressourcen aufdecken.
- **Monitoring:** laufende Überwachung des Ressourcenverbrauchs, um Engpässe zu erkennen und unbefugte Systemaktionen aufzudecken; schließlich lässt sich durch Blockade wichtiger Betriebsmittel (etwa CPU oder Ein- und Ausgabekanäle) das System ganz oder weitgehend lahmlegen. Ein Monitorsystem sollte sowohl gezielte Beobachtung einzelner Benutzer und Betriebsmittel erlauben als auch automatische Meldungen an die Systemkonsole oder an Verantwortliche geben, also ein Alarmsystem enthalten.

17. Welche Vorschriften enthält das Telemediengesetz (TMG)?

Das **Telemediengesetz** enthält unter anderem Vorschriften zum/zur
- Impressum für Telemediendienste
- Bekämpfung von Spam (Verbot einer Verschleierung und Verheimlichung von Absender und Inhalt bei Werbe-E-Mails)
- Haftung von Dienstbetreibern für gesetzwidrige Inhalte in Telemediendiensten
- Datenschutz beim Betrieb von Telemediendiensten
- Herausgabe von Daten
- Providerprivileg: Das Providerprivileg bedeutet grundsätzlich, dass der Datenübermittler nicht für den Inhalt übermittelter fremder Daten haftet.

18. Welche Vorgabe enthalten die §§ 301 und 302 SGB V für die Datenkommunikation für Unternehmen im Gesundheits- und Sozialwesen?

Die nach § 108 zugelassenen Krankenhäuser sind nach § 301 SGB V verpflichtet, den Krankenkassen bei Krankenhausbehandlung eine Vielzahl von Angaben im Wege elektronischer Datenübertragung zu machen. Dies umfasst fast alle Daten, die im Zusammenhang mit der Aufnahme, Behandlung, Entlassung und Abrechnung anfallen.

Hierfür wurde das so genannte EDIFACT Verfahren gewählt und folgende Sätze zur Datenübermittlung durch das Krankenhaus vereinbart:

- der Aufnahmesatz
- die Verlängerungsanzeige
- die medizinische Begründung
- der Rechnungssatz
- die Entlassungsanzeige
- der Rechnungssatz Ambulante Operation.

Zur Datenübermittlung durch die Krankenkasse wurden vereinbart:

- der Kostenübernahmesatz
- der Anforderungssatz medizinische Begründung
- der Zahlungssatz
- der Zahlungssatz Ambulante Operation.

Grundsätzlich sind die Datensätze regelmäßig drei Tage nach Ereigniseintritt zu übermitteln.

Die Leistungserbringer im Bereich der Heil- und Hilfsmittel und die weiteren Leistungserbringer sind nach § 302 SGB V verpflichtet, den Krankenkassen im Wege elektronischer Datenübertragung die von ihnen erbrachten Leistungen nach Art, Menge und Preis zu bezeichnen und den Tag der Leistungserbringung sowie die Arztnummer des verordnenden Arztes, die Verordnung des Arztes mit der Diagnose und den erforderlichen Angaben über den Befund und die Angaben nach § 291 Abs. 2 Nr. 1 bis 10 SGB V anzugeben. Bei der Abrechnung über die Abgabe von Hilfsmitteln sind dabei die Bezeichnungen des Hilfsmittelverzeichnisses nach § 128 SGB V zu verwenden.

Folgende Leistungserbringer sind hiervon betroffen:

- Leistungserbringer von Heilmitteln z. B.:
  - Physiotherapeuten
  - Masseure
  - Stimm-, Sprech- und Sprachtherapeuten (Logopäden)
  - Ergotherapeuten
  - Podologen (med. Fußpfleger)

- Leistungserbringer von Hilfsmitteln z.B.:
  - Optiker
  - Ocularisten
  - Epithesenproduzenten
  - Hörgeräteakustiker
  - Orthopädieschuhmacher
  - Zahntechniker
  - Sanitätshäuser und nichtärztliche Dialysesachleistungen
- Leistungserbringer von häuslicher Krankenpflege und Haushaltshilfe, z. B. ambulante Pflegedienste
- Leistungserbringer von Krankentransportleistungen z. B.:
  - Taxen oder Mietwagen
  - Krankenkraftwagen
  - Rettungsfahrzeuge
- Betriebshilfe (agrarsoziale Sicherung)
- Hebammen und Entbindungspfleger
- weitere sonstige Leistungserbringer.

Für den Datenaustausch nach §§ 301 und 302 SGB V wurden Verfahren zum Transport und zur Kryptographie (Datenverschlüsselung) festgelegt. Der Datenaustausch findet über verschiedene Rechenzentren (z. B. Rechenzentren der Krankenkassen, welche die Daten sammeln und verteilen) statt.

3.2.2 Methoden der Unternehmenskommunikation einsetzen

01. Wie wird in Unternehmen kommuniziert?

Kommunikation ist der Austausch von Daten, Information und Wissen. Daten können z. B. die E-Mail der Aufnahme an die Station über einen neuen Patienten sein. Information ist der Inhalt dieser E-Mail für den Leser und zum Wissen wird der Inhalt der E-Mail, wenn der Patient dann eingetroffen ist. Neben der EDV-gestützten Datenkommunikation nimmt die persönliche Kommunikation, wie bei Übergaben, Fallbesprechungen, Visiten, Beratungen und Behandlungen den größten Bereich im Gesundheits- und Sozialwesen ein.

Die Kommunikation im Unternehmen kann z. B. wie folgt klassifiziert werden:

	intern	extern
Datenkommunikation	▸ schwarzes Brett ▸ Verwaltungs-EDV ▸ OP-Datenerfassung ▸ Workflowmanagement ▸ Prozessmanagement ▸ Personalrundschreiben ▸ Bürokommunikation ▸ Intranet	▸ Internet ▸ Homepage ▸ Marketing ▸ Public Relations ▸ Investor Relations ▸ Institutionen ▸ zukünftige Mitarbeiter
persönliche Kommunikation	▸ Mitarbeitergespräch ▸ Anweisung ▸ Unterweisung ▸ Teamarbeit ▸ Projektarbeit ▸ Gespräch mit Kunden, Patienten, Klienten	▸ Shareholder ▸ Stakeholder, wie Mitarbeiter in Institutionen ▸ Einweiser ▸ potenzielle Kunden

Der Einfluss neuer Medien, insbesondere Social Media, auf die Unternehmenskommunikation kann wie folgt dargestellt werden:

Quelle: Anja Stagge 2012

Die Grundlagen werden mit der Kommunikationspolitik festgelegt, diese umfasst die Gestaltung der auf die Märkte gerichteten Informationen und der Informationskanäle. Insbesondere auch durch: Corporate Design und Corporate Identity. Die Kommunikationspolitik bezeichnet auch Aktivitäten und Maßnahmen, die dazu dienen, dem Kunden vom Produkt zu berichten. Dazu zählen die klassische Information und die Werbung. Das Instrument der Public Relations (PR) wird gelegentlich mit den Maßnahmen der Kommunikationspolitik verwechselt. Public Relations befasst sich jedoch nur mit der Beziehung zur Öffentlichkeit. Die Kundenkommunikation findet jedoch auch mit den Einweisern statt oder auch mit den an der integrierten Versorgung Beteiligten oder den Einrichtungen anderer Sektoren. In großen Unternehmen finden sich jeweils Ansprechpartner für die Themen Marketing, Public Relations, interne Kommunikation und Investor Relations.

Avenarius (2008) hat dies zu acht Kontaktfeldern der Organisation, des Unternehmens, zusammengefasst:

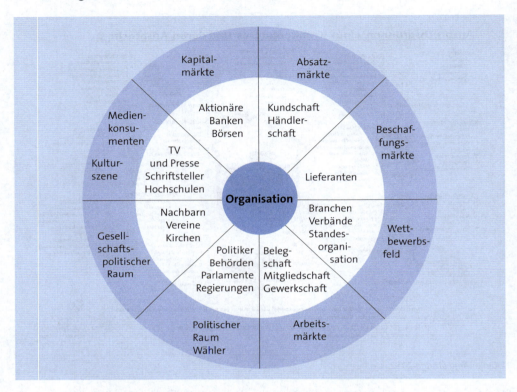

Die Unternehmenskommunikation hat somit eine Vielzahl von Zielen: z. B. Information über das Unternehmen, Motivation der Mitarbeiter zur Leistung, Motivation der Kunden zum Kauf, Führung durch Zielsetzung zu ermöglichen.

02. Wie kann der Informationsfluss im Unternehmen geregelt werden?

Der vertikale Informationsfluss kann verschieden organisiert oder durchgeführt werden. Es gibt das Top-Down-, Bottom-Up- und Gegenstromverfahren. Die folgende Grafik veranschaulicht dies am Beispiel der Planung:

Jedes dieser drei Verfahren hat besondere Eigenschaften, die in der folgenden Grafik dargestellt sind:

	Vorgehensweise bei der Planung	Vorteil	Nachteil
Top-Down	Die Leitung gibt von oben den strategischen Plan vor und die nachfolgenden Stellen müssen diesen für sich operationalisieren.	Eine schnelle Umsetzung der Vorgaben.	Die Notwendigkeiten in den Kostenstellen werden nicht erkannt und berücksichtigt.
Gegenstrom	Kombination aus beiden	Planung von oben und unten möglich	hoher Zeitaufwand durch Planabgleich
Bottom-Up	Die von den unteren Bereichen aufgestellten Teilpläne werden über die Abteilungen zusammengeführt und an die Leitung weitergegeben.	Die unteren Bereiche sind an der Planung individuell beteiligt und können ihre Ideen einbringen.	Die Summe der Teilpläne kann größer als das externe Budget werden, dann sind aufwendige Abstimmungen notwendig.

Neben der horizontalen Planung ist auch eine vertikale Planung für den bereichsübergreifenden Prozess der Leistungserstellung zu berücksichtigen.

03. Welche Methoden der internen Unternehmenskommunikation können Sie einsetzen?

Interne Unternehmenskommunikation stellt im Sinne einer Kommunikations-Logistik sicher, dass:

- die richtigen Informationen
- auf dem richtigen Weg
- an die richtige Person
- zur rechten Zeit
- mit dem richtigen Inhalt
- in der richtigen Menge
- gesendet wird.

Dies kann mittels Papier, EDV oder persönlich (face to face) erfolgen.

Die von *Harold D. Lasswell* entwickelte Kommunikationsformel zerlegt den Kommunikationsprozess in fünf Elemente bzw. Fragen: „**Who says what in which channel to whom with what effect**"? Diese Formel lässt sich wie folgt übersetzen und erweitern:

- Wer sagt (Sender)
- was (Inhalt)

- wann (Zeitpunkt)
- wie (Form)
- wo (Ort)
- auf welchem Weg (Kanal)
- zu wem (Empfänger)
- mit welchem Ziel (angestrebtes Ergebnis)
- mit welcher Wirkung (erreichtes Ergebnis).[1]

Methoden der persönlichen Kommunikation können z. B. sein:
- Mitarbeitergespräch
- Personalentwicklungsgespräch
- Mitarbeiterversammlungen
- Firmenfeiern
- Meetings
- Jour-Fix
- Feedback-Gespräche
- Supervisionen.

Methoden der Papier-Kommunikation können z. B. sein:
- Managementhandbuch
- Qualitätshandbuch (Clinical Pathway)
- Dienstvorschriften (Pflegerichtlinien)
- Zielvereinbarungen
- Mitarbeiterzeitschrift
- Aushang/Schwarzes Brett
- Brief zum Jubiläum
- Glückwunschschreiben
- Abmahnungen
- Kündigung.

Methoden der EDV-Kommunikation können z. B. sein:
- E-Mail
- Blogs
- Intranet
- Homepage eines Unternehmens.

---

[1] Quelle: http://www.betriebswirtschaft-lernen.net/erklaerung/lasswell-formel/, vom 03.02.2019

Herbst (2004) hat folgende Häufigkeiten für Nutzung der internen Unternehmenskommunikation festgestellt:

schwarzes Brett	97,4 %
Betriebsversammlung	93,6 %
Mitarbeiterzeitungen und -zeitschriften	72,9 %
Gespräche zwischen Geschäftsführung und Mitarbeiter(-gruppen)	54,1 %
regelmäßige Besprechungen	53,1 %
Einführungsschritte für Mitarbeiter	45,4 %
aktuelle schriftliche Informationen	44,3 %
Informationen für bestimmte Mitarbeiter/-gruppen	43,0 %
Führungsrichtlinien	41,9 %

Informelle Kommunikation: Spontaner und ungeplanter Austausch von Mitarbeitern im Unternehmen, der je nach Unternehmenssituation effizienzsteigernd oder zur Belastung werden kann und so dem Unternehmen schadet.

04. Welche Methoden der externen Unternehmenskommunikation können Sie einsetzen?

- Öffentlichkeitsarbeit/Public Relations
- Werbung
- Verkaufsförderung.

Diese Methoden werden im >> *Kapitel 6. Planen und Durchführen von Marketingmaßnahmen* vertieft.

3.2.3 Teamarbeit gestalten

01. Was unterscheidet ein Team von einer Arbeitsgruppe?

Die Teamarbeit wird durch das Team gestaltet, während die Leitung für eine Arbeitsgruppe die Arbeitsaufträge vorgibt. Eine Mischung aus beiden ist die teilautonome Arbeitsgruppe.

Arbeitsgruppe	teilautonome Arbeitsgruppen	Team
auf Dauer angelegt	←	für eine bestimmte Aufgabe gebildet
individuelle Leistung bzw. Aufgabe	→	gemeinsame Leistung bzw. Aufgabe
keine Synergie	→	positive Synergie
effiziente Sitzungen	←→	problemorientierte Sitzungen
Ziel- und Zeitplanung von außen	Zielplanung extern Zeitplanung intern	Ziel- und Zeitplanung im Team
von den Vorgesetzten abhängig	←→	von Teammitgliedern abhängig
Ablauforganisation extern geregelt	→	Ablauforganisation intern geregelt
Aufbauorganisation extern geregelt	←	Aufbauorganisation intern geregelt
Entscheidung durch Leitung	→	Entscheidung durch Team

02. Wie ticken Teams?

Tuckman hat die Entwicklung eines Teams in Phasen, die Teamuhr, eingeteilt. Die Phasen der Teamuhr werden von jedem Team, ob bewusst oder unbewusst, durchlaufen. Die Leitung kann aus dieser Perspektive die möglichen Hilfestellungen ableiten.

Der Beginn des Teams ist die Gründungsphase, auf die eine Konfliktphase folgt, welche wiederum in eine Regelphase und dann in die Arbeitsphase übergeht, an deren Ende das Team aufgelöst wird.

MERKE

Gründungsphase (Forming)
Die Gründungssphase eines Teams, ist durch höfliches gegenseitiges Kennenlernen geprägt. Der Leiter führt das Team an und die Teammitglieder lernen sich untereinander kennen. Die Teamstruktur ist noch von Unsicherheit geprägt, da alles noch neu ist. Jedes Mitglied wird testen, ob sein Verhalten akzeptiert wird. Hier geht es um die Aufgaben des Teams, die verschiedenen Charaktere müssen durch die Leitung zusammengeführt werden.

Konfliktphase (Storming)
In der Konfliktphase geht es um die individuellen und die Teamziele. Jedes Mitglied hat auch persönliche Ziele und es kann zu Konflikten kommen. Hier geht es um Meinungen und Gefühle, die Leitung muss in dieser Phase das gemeinsame Ziele aufzeigen und vermitteln, damit eine gemeinsame Basis der Zusammenarbeit entwickelt werden kann.

Regelphase (Norming)
Die Regelphase führt zu neuen Kommunikations- und Arbeitsformen. Der Austausch zwischen den Teammitgliedern funktioniert. Alle Mitglieder akzeptieren die Team-Spielregeln und sind auch innerlich dem gefundenen Team-Ziel verpflichtet. Hier geht es um Zusammenarbeit. Erst jetzt kann die Leitung einzelne Aufgaben verteilen.

Arbeitsphase (Performing)
In der Arbeitsphase geht es um die Arbeitsorientierung und Flexibilität. Das Team handelt zielgerichtet und ist offen zueinander. Es geht um die Durchführung der Teamaufgaben, die Leitung hat nun die Steuerung zur Zielerreichung als Aufgabe.

Auflösungsphase (Adjourning)
Die Auflösungsphase spielt bei der Teamarbeit eine große psychologische Rolle. Das Team wird aufgelöst, weil die Arbeit geschafft ist. Alle Mitglieder verabschieden sich voneinander und vor allem von den Rollen, die sie im Team gespielt haben. Sie müssen aber auch außerhalb des Teams weiter zusammen arbeiten. Hier geht es um das formelle Ende des Teams. Die Leitung hat hier eine bedeutsame Rolle, damit die Mitglieder auch für eine zukünftige Teamarbeit empfänglich sind.

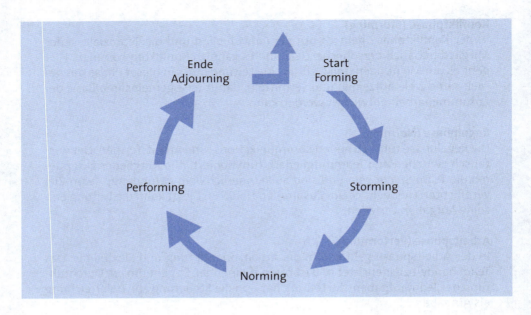

03. Welche Rollen können Teammitglieder einnehmen?

Nach *Belbin* arbeiten Teams dann wirkungsvoll, wenn sie aus multiprofessionell, interkulturell und interdisziplinären Persönlichkeits- und Rollentypen bestehen. *Belbin* unterscheidet in seiner Gliederung drei Hauptorientierungen, welche wiederum jeweils drei der neun Teamrollen umfassen:

Teamrolle	Rollenbeitrag	Charakteristika	(zulässige) Schwächen
Handlungsorientierte Rollen			
Macher	hat Mut, Hindernisse zu überwinden	tatkräftig, arbeitet gut unter Druck	ungeduldig, streitsüchtig
Umsetzer	setzt Pläne um	diszipliniert, verlässlich, effektiv	starrköpfig
Perfektionist	vermeidet Fehler, fordert optimale Ergebnisse	gewissenhaft, pünktlich	überängstlich, arbeitet allein
Kommunikationsorientierte Rollen			
Koordinator	fördert Entscheidungen	selbstsicher, vertrauensvoll	manipulierend
Mitspieler	verbessert Kommunikation, baut Reibungsverluste ab	kooperativ, diplomatisch	unentschlossen
Wegbereiter	entwickelt Kontakte	kommunikativ, extrovertiert	zuversichtlich

Wissensorientierte Rollen			
Erfinder	bringt neue Ideen ein	Querdenker	gedankenverloren
Beobachter	untersucht Vorschläge auf Machbarkeit	nüchtern, kritisch, strategisch	wenig Einbildungskraft
Spezialist	liefert Fachwissen/ Information	selbstbezogen, engagiert, zählt auf Fachwissen	verliert sich in Einzelheiten

04. Was kennzeichnet erfolgreiche Teamarbeit?

Erfolgreiche Teams weisen nach *Ueberschaer (2000)* folgende Kennzeichen auf:

- Die Teamleitung gibt klare Ziele vor.
- Die Teamleitung kommuniziert ihre Erwartungen.
- Die Aufgaben und Kompetenzen der Teammitglieder sind eindeutig festgelegt.
- Die Teammitglieder informieren und motivieren sich gegenseitig.
- Positives Feedback und Wertschätzung im Team sind Selbstverständlichkeiten.
- Andere Meinungen werden respektiert und Konflikte werden konstruktiv gelöst.
- Mit Veränderungen geht das Team flexibel um.
- Die Teammitglieder haben Vertrauen zueinander und zur Organisation.
- Die Teammitglieder identifizieren sich mit dem Unternehmen.
- Die Entscheidungsqualität des Teams steigt mit der Diversität und der intellektuellen Unabhängigkeit der Teammitglieder. Ist das gegenseitige Verständnis oder die gegenseitige Bindung zu hoch, entsteht ein Gruppendruck, der zum Risk-Shifting (Entscheidungen werden risikofreudiger getroffen, da nicht einer allein die Verantwortung trägt) führen kann.

Grundsätzlich kann die neue Art der Zusammenarbeit wie folgt dargestellt werden:

Enterprise 1.0	Enterprise 2.0
Hierarchisch	Netzartig
Unidirektionale Kommunikation	Bidirektionale Kommunikation
Organisationseinheiten	Soziale Netzwerke
Funktionsorientiert	Prozessorientiert
Mechanische Organisation	Lernende Organisation
Command and Deliver	Partizipation
Manager und Erfüllungsgehilfen	Wissensmanager und Wissenarbeiter
Kontrolle	Vertrauen und Autonomie
Mensch als Mittel	Mensch als Zweck
Wissen besitzen	Wissen teilen

Quelle: *Ueberschaer 2000*

3.2.4 Kommunikationsstörungen bearbeiten

01. Wie entstehen Kommunikationsstörungen?

Die meisten Kommunikationsstörungen beruhen darauf, dass der Sender auf einer anderen Ebene sendet als der Empfänger empfängt; beide also nicht die gleiche „Einstellung" oder Kommunikationsebene haben.

MERKE

Die Ebenen, auf denen Kommunikation stattfindet sind, nach *Schulz von Thun (2003)*, folgende:

Sachebene Wie ist der Sachverhalt zu verstehen?	**Beziehungsebene** Wie redet der mit mir? Wen glaubt er vor sich zu haben?
Appell Was soll ich aufgrund der Mitteilung tun?	**Selbstoffenbarung** Was ist das für einer? Was ist mit ihm?

02. Wie kann Kommunikationsstörungen vorgebeugt werden?

Als Beispiel kann die Aussage: „Der Toner ist alle." vom Chef im Gespräch mit einem Mitarbeiter dienen:

Inhalt auf der Sachebene Chef: der Toner ist alle Mitarbeiter: der Toner ist alle	**Inhalt auf der Beziehungsebene** Chef: Sie haben den Toner nicht erneuert Mitarbeiter: er hat den Toner vergessen
Inhalt auf der Appellebene Chef: füllen Sie Toner nach Mitarbeiter: ich muss Toner auffüllen	**Inhalt auf der Selbstoffenbarungsebene** Chef: ich brauche Toner Mitarbeiter: er braucht Toner

Es kommt nun darauf an, dass der Mitarbeiter die gesendete Nachricht entschlüsselt oder nachfragt, um die weitere Kommunikation zu ermöglichen. Als Hilfsmittel ist die „Ich"-Botschaft empfehlenswert. Besser wäre es vom Chef, sein Anliegen eindeutig zu formulieren: „Der Toner ist alle, ich will kopieren, bitte füllen Sie den Toner auf." Diese Nachricht hat wenig Potenzial, falsch verstanden zu werden.

Für den Mitarbeiter wäre die Möglichkeit, die Methode des aktiven Zuhörens zu benutzen:

1. Aufnehmendes Zuhören ohne Wertung des Gesagten
2. Paraphrasieren/Wiederholen mit eigenen Worten bzw. Fragen bezüglich des Gesagten, um Missverständnisse zu verhindern
3. Verbalisieren/Wiedergeben mit eigenen Worten, was beim Empfänger der Botschaft angekommen ist. Dies gilt auch für Gefühle, wenn es die Situation erlaubt.

Auf das Beispiel bezogen bedeutet dies:

Der Mitarbeiter könnte die Botschaft
1. Zuhören und auf Gestik und Mimik des Gegenübers, hier des Chefs, achten und so Appelle heraushören.
2. Wiederholen und beispielsweise nachfragen, ob der Chef noch weiter kopieren möchte.
3. Evtl. Appell aufnehmen und nachfragen, ob der Chef die Botschaft so gemeint hat und als Mitarbeiter den Toner tatsächlich besorgen, damit der Chef weiter kopieren kann.

Nicht in jeder Situation ist diese Technik nötig und angemessen, wenn es um klare Abhängigkeiten bzw. sich ständig wiederkehrende Botschaften in bekannten Zusammenhängen und um akzeptierte Beziehungsverhältnisse geht.

Eine weitere Möglichkeit, Missverständnisse und daraus entstehende Konflikte zu vermeiden wäre die Anwendung des „Harvard-Konzepts":

Der Mensch	Die Interessen
Sachbezogen diskutieren und dabei Mensch und Problem losgelöst voneinander betrachten und zielbezogen argumentieren	abwägen und erfragen und nicht Positionen vergleichen
Die Möglichkeiten	**Die Kriterien**
Lösungen sammeln und Alternativen finden, um Wahlmöglichkeiten zu kennen	Ermitteln, um Entscheidungen zu beweisen oder zu begründen

03. Wie eskaliert ein Konflikt?

Sollte eine Gesprächssituation oder eine Atmosphäre bereits, mit missverständlichen Botschaften verknüpft mit unerfreulichen Situationen, stattgefunden haben, gilt es, Konfliktlösestrategien anzuwenden. Hier seien die neun Eskalationsstufen eines Konfliktes von *Friedrich Glasl* genannt:
1. Verhärtung
2. Polarisation und Debatte
3. Taten statt Worte
4. Sorge um Image und Koalition
5. Gesichtsverlust
6. Drohstrategien
7. Begrenzte Vernichtungsschläge
8. Zersplitterung
9. Gemeinsam in den Abgrund.

04. Welche Konfliktlösestrategien können helfen?

Eine Deeskalation bieten die folgenden Techniken:

- **Moderation für die Stufen 1 - 3**
  Dies bedeutet, eine Gesprächsführung und Lösungsfindung mithilfe von Moderationstechniken und Moderator, um Kreativität und Ideen der Beteiligten zu fördern.

- **Prozessbegleitung Stufe 3 - 5**
  Externe Moderatoren und neutrale Personen, die den Beteiligten mit Alternativen und Bewältigungsstrategien zur Seite stehen.

- **Sozio-therapeutische Prozessbegleitung Stufe 4 - 6**
  Trainings- und Motivationsmethoden werden mit entsprechend ausgebildeten Personen mit den Beteiligten erarbeitet und helfen, den Konflikt zu überwinden.

- **Vermittlung/Coaching und Mediation Stufe 5 - 7**
  Konstruktive Beilegung des Konfliktes mittels Mediator, der gemeinsame Vereinbarung erarbeitet.

- **Schiedsverfahren/gerichtliches Verfahren Stufe 6 - 8**
  Externe Verlagerung des Konfliktes zu einem unabhängigen „Entscheider", ohne die Parteien in die Konfliktlösung mit einzubeziehen. Häufig aufgrund gesetzlicher Grundlagen oder anderer Vereinbarungen.

- **Machteingriff Stufe 7 - 9**
  Maßnahme zur Beendigung bzw. verhaltensregulierende Kontrolle, um einen Konflikt zu deeskalieren. Dieses Mittel sollte nur eingesetzt werden bei völliger Unkontrolliertheit des Konfliktes.

05. Welche Phasen des Konfliktmanagements sind möglich?

Eine Möglichkeit, Konflikte zu managen, sieht ein 10-Phasen-Plan vor, den *Glasl*, *Schwarz* oder *Steiger* jeweils ähnlich formulieren:

Phase 1:   Erkennen der Grundhaltung der Konfliktbeteiligten

Phase 2:   Konfliktverstärker vermeiden

Phase 3:   Lösungsprozess strukturieren: Probleme erkennen und Konflikt benennen

Phase 4:   Ursachenanalyse

Phase 5:   Rollen und Positionen der Beteiligten werden reflektiert

Phase 6:   Lösungsmöglichkeiten werden herausgearbeitet

Phase 7:   Für eine Lösung entscheiden

Phase 8:   Umsetzung der gefundenen Lösung

Phase 9:   Wie ist das Resultat? Hat die Umsetzung funktioniert? Evaluation!

Phase 10: Nachbearbeitung durch Wahrnehmung und Wiederherstellen von konstruktiven Beziehungen.

06. Welche Beurteilungsfehler können innerhalb einer Kommunikation auftreten?

- **Primacy-Effekt:** Es wird sich besser an die erste oder letzte Information erinnert.
- **Halo-Effekt:** Ein persönliches Merkmal überstrahlt alle anderen Merkmale
- **Milde-Effekt:** Eine Person neigt dazu, alles eher positiv zu beurteilen
- **Tendenz zur Mitte:** Aus Unsicherheit wird sich immer für Mittelwerte oder „die Mitte" entschieden oder dafür plädiert
- **Vorurteile/Stereotype:** Verallgemeinerungen oder persönliche Erlebnisse beeinflussen die Beurteilung und Kommunikation
- **Confirmation Bias** (Bestätigungsneigung/Ähnlichkeitseffekt): Informationen, die die eigene Einstellung oder Erwartung bestätigen, werden stärker gewichtet.
- **Neid-Effekt:** Bewirkt schlechtere Bewertungen, da das Risiko der Konkurrenz zu groß wird.

07. Wie können Beurteilungsfehler vermieden werden?

Werden Sie sich Ihrer möglichen Beobachtungs- und Beurteilungsfehler bewusst.

Trennen die Bewertung von der Beobachtung und stützen Sie sich dabei auf messbare Leistungen und Qualifikationen. Standardisierte Beobachtungs- und Bewertungsbögen vermeiden Fehler bei der Bewertung

Eine regelmäßige, geplante Beurteilung und Bewertung der Qualität und Quantität der Leistungen der Mitarbeiter führt zu einer sicheren Anwendung der Instrumente.

3.3 Planen, Organisieren, Koordinieren, Überwachen und Evaluieren von Projekten und Projektgruppen

3.3.1 Aufgaben und Ziele des Projektmanagements erfassen

01. Wo finden sich Vorgaben für Projekte und deren Management?

Die ISO 10006 ist eine Qualitätsmanagementnorm und enthält den Leitfaden für Qualitätsmanagement in Projekten.

Die Norm ist in acht Kapitel gegliedert, die den Kapiteln der EN ISO 9001 analog aufgebaut sind und identische Kapitelüberschriften haben.

Die Norm soll bei Projekten verschiedener Komplexität Anwendung finden, wobei der Begriff Projekt so definiert wird:

MERKE

„3.5. Projekt: einmaliger Prozess (3.4.1), der aus einem Satz von abgestimmten und gelenkten Vorgängen (3.1) mit Anfangs- und Endtermin besteht und durchgeführt wird, um ein Ziel zu erreichen, das spezifische Anforderungen (3.1.2) erfüllt, wobei Beschränkungen in Bezug auf Zeit, Kosten und Ressourcen berücksichtigt werden."

Die DIN-Normenreihe DIN 69901 beschreibt Grundlagen, Prozesse, Prozessmodell, Methoden, Daten, Datenmodell und Begriffe im Projektmanagement. Unter dem Haupttitel „Projektmanagement; Projektmanagementsysteme" enthält diese Normenreihe folgende fünf Teile:

- DIN 69901-1 „Grundlagen"
- DIN 69901-2 „Prozesse, Prozessmodell"
- DIN 69901-3 „Methoden"
- DIN 69901-4 „Daten, Datenmodell"
- DIN 69901-5 „Begriffe".

Die ISO-Norm ISO 21500 „Leitfaden zum Projektmanagement" beschreibt Begriffe, Grundlagen, Prozesse und Prozessmodell im Projektmanagement.

02. Was ist ein Projekt?

MERKE

Ein Projekt ist ein einmaliger geplanter Prozess, der unter Berücksichtigung von vorgegebenen Zeiten, Kosten und Ressourcen, wie z. B. Personal, ein spezifisches und komplexes Ziel zu erreichen hat. Projekte haben einen funktionsübergreifenden Charakter und erfordern eine projektspezifische Zuweisung von Aufgaben, Kompetenzen und Verantwortung.

Projekte eignen sich nur für sachlich und zeitlich begrenzte einmalige oder komplexe Aufgaben in einer vorübergehenden Projektorganisation.

Grossmann und *Scala* haben für Projekte zur Gesundheitsförderung folgende Beschreibung gefunden:

Projekte
- sind der Arbeitsrahmen einer Gesundheitsförderungsmaßnahme.
- sind adäquate Organisationsstrukturen für die Umsetzung von Gesundheitsförderung.
- sind Instrumente der Organisationsentwicklung.
- sind zeitlich und sachlich begrenzt.
- sind zielorientiert.
- sind neuartig, innovativ.
- sind interdisziplinär.
- sind ressourcenorientiert.
- sollen komplexe, intersektorale Aufgaben bewältigen.
- sind geeignet, um neue Kooperationen zu testen.
- müssen transparent sein und evaluiert werden.

03. Nennen Sie jeweils vier Beispiele für Vorhaben, die als Projekt definiert sind und solche, die nicht als Projekt definiert werden.

Die folgenden Vorhaben sind Projekte:
- Einführung einer neuen Patientenabrechnungssoftware
- Einführung eines neuen Betriebskonzepts in der Psychiatrie
- Einrichtung eines neuen Patientenwartebereichs im Zentralklinikum
- Einführung eines neuen Entgeltsystems in der stationären Psychiatrie.

Die folgenden Vorhaben sind keine Projekte:
- Einführung eines Vertragsmanagements im Einkauf
- Verkauf von Bäckereiprodukten im klinikeigenen Café
- Einkauf von Medikamenten bei einem Pharmazulieferer
- Erstellung eines Budget für eine Kostenstelle.

04. Was ist Projektmanagement?

Das Projektmanagement kann für ein oder alle Projekte eines Unternehmens verantwortlich sein. Es kann auf der operativen oder auf der leitenden Ebene angesiedelt sein. Projektmanagement kann die Regelung für oder die Durchführung von Projekten sein.

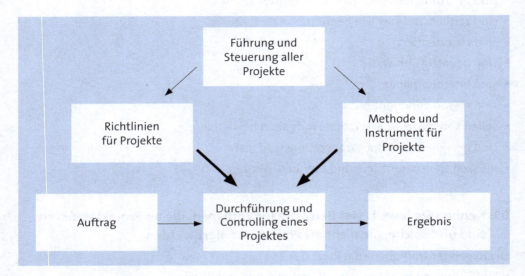

Projektmanagement umfasst
- das Controlling, also die Planung, Durchführung und Kontrolle und
- das Management, also Organisation, Führung und Abschluss von Projekten.

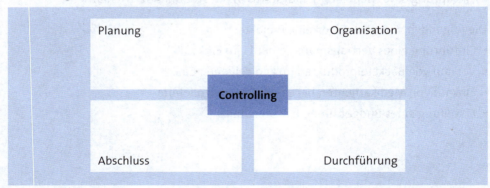

Zu den Aufgaben des Projektmanagement gehört:
- Analysieren des Projektbedarfs
- Ziel des Projektes, das Ergebnis festlegen
- Planen des Projektes, hinsichtlich Kosten, Zeiten und Ressourcen

- Informieren über das Projekt und dessen Mitwirkende
- Organisieren des Projektes und Teambildung
- Kommunizieren des Ziels und der Zielinhalte
- Steuerung zum Projekterfolg.

Das Projektmanagement hat dafür folgende Fragen zu beantworten:
- Was ist zu tun, um die definierten Ziele zu erreichen?
- Wie hoch ist der zu erwartende Arbeitsaufwand?
- Was muss wann, durch wen getan werden?
- Wie hoch sind die Gesamtkosten des Projekts?
- Wie hoch sind die Teilkosten von Projektschritten?
- Welche Qualifikationen sind erforderlich?

Ein Projekt kann auch z. B. mit Projektsoftware wie Prince 2® durchgeführt werden. Die Prozesslandkarte wird auf der folgenden Seite dargestellt.

3. Gestalten von Schnittstellen und Projekten | 3.3 Projekte und Projektgruppen

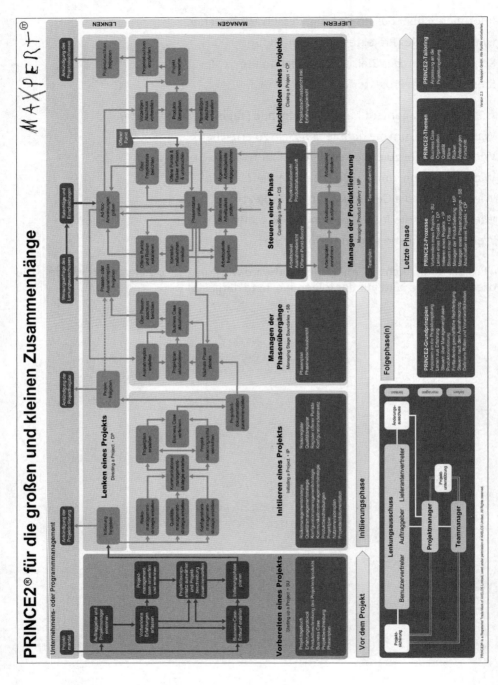

Quelle: www.maxpert.de

05. Was sind Vorteile und Nachteile von Projekten?

Vorteile eines Projektes sind z. B.:

- einmalige, komplexe Aufgabenstellungen können interdisziplinär gelöst werden
- Ziel, Zeit und Ergebnisvorgabe sind klar umrissen
- Planbarkeit hinsichtlich von Meilensteinen und Endterminen und bieten Zwischenkontrolle
- fördert die interdisziplinäre Zusammenarbeit
- kann als Personalentwicklungskonzept genutzt werden, da Mitarbeiter aus ihren eigentlichen Aufgaben „über den Tellerrand" hinausschauen.

Nachteile eines Projektes sind z. B.:

- das Projektteam muss sich für jedes Projekt neu finden
- die Projektteilnehmer müssen für jedes Projekt freigegeben werden
- jedes Projekt führt zu Konflikten um Ressourcen
- jedes Projekt führt zu einer neuen Bürokratie
- Ergebnisse sind nicht immer vorhersehbar, es kommt auf die Projektleitung an.

06. Welche Phasen hat ein Projekt?

MERKE

- **Projektvorbereitung** (Initialisierung): Die Projektvorbereitung beginnt mit der Projektdefinition und der Auftragsklärung. Die Projektziele werden definiert, ebenso wie der Startzeitpunkt und der Endzeitpunkt. Die an dem Projekt beteiligten Mitarbeiter werden festgelegt. Diese Arbeit ist im Allgemeinen eine Managementaufgabe. Hier wird auch die Projektleitung bestimmt.
- **Projektstart** (Definition): Der Projektstart ist nach Beschlussfassung über Projektantrag und durch die Übergabe des Projektauftrages an die Projektleitung und das Projektteam veranlasst. Üblich ist ein Workshop zu Beginn des Projektes, in dem auch die nächste Phase beginnt.
- **Projektplanung** (Planung): Hier werden die Regeln für den Projektaufbau, die Projektdokumentation und Berichterstattung in einem Projektstrukturplan zusammengefasst. Daraus wird der Termin-, Ressourcen- und Kostenplan abgeleitet. Abschluss dieser Phase bildet eine Risikoanalyse und Meilensteinplanung.
- **Projektdurchführung** (Steuerung): Nach einer Phase der Teambildung geht es nun um die Führung des Projektteams zur Erreichung des Projektziels, die konkrete Durchführung auch mittels Arbeitspakete, Fortschrittskontrolle und Projektcontrolling. Die Einhaltung der Meilensteine, Zeiten, Budgets wird gesteuert.

- **Projektabschluss** (Abschluss): Das Projekt ist mit der Erreichung des Projektzieles beendet! Nun wird dem Auftraggeber ein Projektbericht übergeben. Dieser beinhaltet einen Rückblick über das Projekt und eine Projektevaluation.

07. Worin unterscheiden sich Projektmanagement und Projektarbeit?

Projektmanagement ist die organisatorische Abwicklung der Lösungsprozesse, die Planung, Steuerung und Koordination der Ressourcen.

Projektarbeit ist die fachliche und technische Aufgabenbearbeitung (Problemlösung) mit Problemabgrenzung, dem Entwerfen von Alternativlösungen sowie deren Bewertung und Auswahl bis zur inhaltlichen Konkretisierung.

08. Was ist das magische Dreieck des Projektmanagement?

09. Wie unterscheiden sich interne und externe Projekte?

Externe Projekte sehen einen Kundenauftrag vor, der eine Leistung für einen externen Auftraggeber beinhaltet.

Interne Projekte sind unternehmensweite Vorhaben. Dabei erfolgen im Gegensatz zu externen Projekten der Projektanstoß und die Zielformulierung betriebsintern.

10. Für die Genehmigung eines Projektes wird ein Projektantrag erstellt. Welche Inhalte sind wesentlich?

Inhaltliche Schwerpunkte	Inhaltliche Ausgestaltung	
Auftraggeber/Arbeitnehmer	Konzernführung	
Projektziel	Öffnung des Kindergartens für betriebsfremde Eltern und deren Kinder	
Projektleiter	(externer) Coach	
Termine: ▶ Beginn ▶ Ende ▶ Meilensteine (auch Phasen möglich)	▶ Beginn: 10.06.2019	
	▶ Ende (Abschluss): 06.01.2020	
	Meilensteine	Phasen
	bis 17.07.2019 Projektierung	Definition: 10. bis 21.06.2019
	ab 19.08.2019 Personalbeschaffung und Personalqualifizierung	Planung bis 16.08.2019
	17.09.2019 Abschluss Personalbeschaffung und Sicherung des Personaleinsatzes ab 06.01.2018.	Umsetzung bis 23.12.2019
	bis 16.12.2019 Abschluss betrieblicher und baulicher Maßnahmen	
	23.12.2019 Abschluss aller Maßnahmen durch Aufsichtsbehörden	Abschluss: Projektbericht und Abschlussveranstaltung am 23.12.2019
Ressourcen	▶ Arbeitsstunden für Projektleitung, Projektgruppe, Spezialisten: 640 Stunden ▶ Budget: 16.000 € ▶ Personal: fünf Mitarbeiter als Projektgruppe, Spezialisten, Planungsbüro ▶ Verfügbarkeiten: Nutzung der EDV des Konzernes, Nutzung der Vertrags- und Zulieferfirmen sowie des Planungsbüros	
Formalien	▶ Formvorlage: nach Qualitätsmanagementhandbuch ▶ Datum der Vertragsausfertigung ▶ Unterschriften: Auftraggeber, Projektleiter ▶ Registratur	
Projektmitarbeiter	▶ Verwaltungsleiter ▶ Kindergartenleiter ▶ Erzieher xy ▶ Eltern-Vertreter xy	

Inhaltliche Schwerpunkte	Inhaltliche Ausgestaltung
Projektmitarbeiter	▸ Nachtragsmanagement ist mit der Konzernführung abzustimmen ▸ Einbindung des Betriebsrates ▸ Die pädagogische Konzeption verantworten die bisherigen Mitarbeiter des Kindergartens.

11. Nach welchen Kriterien können Projekte eingeteilt werden?

Inhalt	▸ Investitionsprojekte ▸ F&E-Projekte ▸ IT-Projekte	▸ Bau einer neuen Kinderklinik ▸ Entwicklung eines neuen Kernspintomographen ▸ neue Homepage entwickeln
Grad der Einmaligkeit	▸ Pionierprojekte ▸ Potenzialprojekte	▸ Studienprogramm zum Einsatz eines innovativen Behandlungskonzeptes ▸ Neubau von OP-Sälen
Auftraggeber	▸ interne Projekte ▸ externe Projekte	▸ Reorganisationsprojekte, wie Einführung einer Software ▸ Interimsmanagement zur Reorganisation einer externen Klinik
Reichweite	▸ international ▸ nationale ▸ lokal/intern	▸ Neubau einer Kinderklinik in Tansania ▸ Tankstellen für Elektroautos installieren ▸ Fragebogen zur Messung der Mitarbeiterzufriedenheit erstellen
Branche	▸ Dienstleistung ▸ Industrie ▸ Institutionen	▸ Schulungsprogramme entwickeln ▸ Entwicklung neuer Medikamente ▸ MDK-Prüfungsplan erstellen

12. Wie können die Aufgaben der verschiedenen Projektinstanzen erläutert werden?

Auftraggeber	Erteilt den konkreten Projektauftrag, kann ein interner oder externer Auftraggeber sein. Es geht in der Regel ein Projektantrag voraus.
Projektleiter	Entscheidet über die Auswahl der Projektmitglieder und die Budgetverteilung. Die Projektleitung erfordert ein hohes Maß an fachlicher, methodischer und sozialer Kompetenz sowie Teamfähigkeit und Konfliktbereitschaft hinsichtlich der Verantwortung für Projektorganisation und das Erreichen der Projektziele.

Projektteam	Vom Projektleiter in Abstimmung mit den Fachbereichsleitern ausgewählte Mitarbeiter. Die erfolgreiche Teamarbeit ist Voraussetzung für das Gelingen des Projekts. Ein Team sollte sich interdisziplinär ergänzen und zusammenarbeiten.
Projektmanagementstab bzw. Lenkungsausschuss	Diese Entscheidungsgremien bei Großprojekten dienen der Projektleitung bei der Koordination und Kontrolle von mehreren Projekten sowie als Verbindungs- bzw. Schlichtungsgremium. Sie setzen sich z. B. aus Geschäftsleitung, Projektmanager und Projektleiter zusammen.

13. Wozu dient die Projektakte?

Die Projektakte wird zu Beginn des Projektes angelegt und dient der Dokumentation. In ihr werden Pläne, Berichte, Protokolle und alle weiteren Dokumente abgelegt. Das Ziel der Projektdokumentation ist ein nachvollziehbarer Projektverlauf bis zur Erreichung des Projektziels. Sinnvollerweise wird ein Projekt EDV-mäßig geführt, z. B. damit Ressourcen übergreifend verwaltet werden, damit die Projektmitglieder an ihren Arbeitsplätzen auf Informationen zugreifen können, damit ein Projektfortschritt nach Abschluss von Arbeitspaketen errechnet werden kann.

14. Welche Inhalte kann eine Projektakte haben?

- Ablauf- und Terminplan
- Abschlussbericht
- Arbeitspaketbeschreibung
- Kostenplan
- Lastenheft
- Pflichtenheft
- Präsentationsmappen
- Problembeschreibungen
- Projektstrukturplan
- Projektzielblatt
- Qualitätsplan
- Ressourcenplanung
- Sitzungsprotokolle
- Statusberichte.

15. Was ist Projektmarketing?

Projektmarketing sind die Aktivitäten zur Bekanntmachung und Information über das Projekt vor „Fach"-Publikum als Instrument des Projektmanagements. Es soll damit die Zielgruppen im Sinne des Projekterfolgs beeinflussen und dieser dadurch gesichert werden. Das wichtigste Ziel ist die Werbung für finanzielle, personelle und materielle Ressourcen zur Projektabwicklung vor den Beteiligten.

Wesentliche Elemente des Projektmarketings sind u. a.:

- Projektbeschreibung
- Projektdesign
- Projektstartworkshops (Kick-Off-Meeting) initiieren
- Information der Entscheidungsträger über den Projektfortschritt
- Darstellung der Projektfortschritte und -erfolge.

Ziele des Projektmarketings sind u. a.:

- Vorstellung und Verkauf der Projektidee
- Einwerben der notwendigen Ressourcen
- Verbesserung der Projektpräsenz
- Identifikation aller Beteiligten mit den Projektzielen sicherstellen
- Unterstützung der Entscheider über den Projektzeitraum sichern
- Regelmäßige Präsentation des Projektstatus
- Meilensteine „feiern".

3.3.2 Informations- und Definitionsphase von Projekten skizzieren

01. Wie werden die fünf Projektphasen beschrieben?

Informationsphase	In dieser Phase werden grundlegende Informationen über ein mögliches Projekt gesammelt. Es ist eine Vorphase.
Definitionsphase	In dieser Phase wird das Projekt vorbereitet. Es existieren noch keine klaren Projektvorstellungen, sodass es erforderlich ist, das Projekt konkret zu definieren.
Planungsphase	In dieser Phase werden Ziele definiert und Teilpläne zur Zielerreichung erstellt.
Durchführungsphase	Umsetzung der Projektplanung. Es erfolgt sowohl die Steuerung des Projektteams als auch der inhaltlichen, finanziellen und zeitlichen Rahmenbedingungen.
Abschlussphase	Testphase, Präsentation und Abnahme, Abschlussbericht, Teamauflösung.

Für die Planung und Strukturierung von Projekten zur Organisationentwicklung eignet sich das Projekt-Planungs-Quadrat (PPQ) von Rosenthal und Wagner sehr gut:

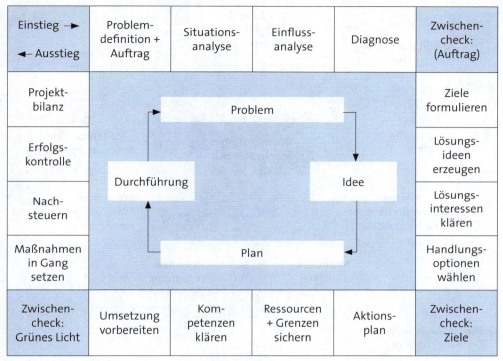

Quelle: vgl. *Rosenthal/Wagner*

Folgende Fragen werden im PPQ fokussiert:

- Wer bearbeitet mit welchen Methoden und Kompetenzen welche Teile des Projektes?
- Welche Stakeholder haben welchen Einfluss auf das Projekt?
- Worauf muss das Hauptaugenmerk gelenkt werden, damit das Projekt erfolgreich wird?

Damit sind die wichtigsten Planungsbereiche abgesteckt:

Quelle: vgl. *Rosenthal/Wagner*

02. Was sind die Aufgaben in der Definitionsphase vor dem Projektstart?

Problemanalyse	Vor Projektstart ist die Problembeschreibung notwendig. Wenn Ist-Zustand und Soll-Zustand erfasst worden sind, wird das Ziel definiert. Die Ursachenanalyse untersucht das Problem, sodass Lösungen generiert werden können.
Entscheidung zur Projektdurchführung	Der Auftraggeber des Projekts entscheidet über den Projektantrag und erteilt die Freigabe zur Projektdurchführung oder das Projekt wird abgelehnt.
Präzisierung der Projektziele	Projektziele werden nach den Zielkomponenten Sachziel, Terminziel und Kostenziel konkretisiert. Sachziele beziehen sich auf die inhaltlich zu erreichenden Projektergebnisse und Termin- und Kostenziele auf die Rahmenbedingungen. Hieraus lässt sich eine Zielhierarchie bilden, aus denen sich Grobziele, Unterziele und operationale Ziele ableiten. Unterziele und operationale Ziele werden auch Zwischen- oder Teilziele genannt. Bedeutende Teilziele werden als Meilensteine bezeichnet und mit der Terminplanung verknüpft. Generell sollten Zielformulierungen eindeutig, erreichbar, prüfbar und lösungsneutral sein. Im Projektzielblatt werden alle Ziele schriftlich niedergelegt.
Projektauftrag	Im Projektauftrag wird definiert, warum das Projekt durchgeführt wird und welches die spezifischen qualitativen bzw. quantitativen Projektziele sind. Hinzu kommen die Angaben zur personellen Aufteilung und zur Budgethöhe. Das Lastenheft (DIN 69905) dient der Zusammenstellung der Anforderungen des Auftraggebers hinsichtlich der Ziele und des Liefer- und Leistungsumfangs. Im Pflichtenheft (DIN 69905) sind die vom Auftragnehmer erarbeiteten Realisierungsvorhaben dokumentiert.
Projektorganisation	Ist der Projektauftrag erteilt, erfolgt die Entscheidung über die Projektrahmenorganisation. Dies kann eine Projektorganisation, eine Stablinienprojektorganisation oder eine Matrix-Projektorganisation sein.
Kick-Off-Meeting	Die Startveranstaltung dient der Bekanntgabe des Projektauftrags, der Ziele, Inhalte, Termine und deren Rahmenbedingungen. Das Projektteam kann sich erstmalig kennenlernen und motivieren. Hinzu kommen die Aufgaben- und Rollenverteilung im Projekt und die Klärung der weiteren Vorgehensweise. Die Vereinbarung von Spielregeln im Projektteam klärt die Kommunikationsformen im Team und mit Außenstehenden, die Organisation und Verhaltensweisen während der Projektsitzungen.

3.3.3 Projektgruppen führen

01. Was ist der Lenkungsausschuss?

Der Lenkungssauschuss gehört nicht zum Projektteam, sondern ist auf der Ebene der Projektauftraggeber zu sehen. Der Lenkungsausschuss besteht aus den Personen, die

- den Statusbericht über das Projekt erhalten sollen
- an den Meetings zum Projekt teilnehmen sollen und/oder müssen
- als Stakeholder informiert bleiben sollen
- als Leiter oder Schlüsselpersonen in beteiligten Abteilungen tätig sind und daher alle Informationen über das Projekt für ihre Arbeit benötigen
- für das Budget und Controlling verantwortlich sind

Diese Liste kann sich durchaus auch im Laufe des Projekts ändern. Vorsitzender des Ausschusses sollte nicht der Projektleiter sein. Je nach Projekt sollte auch ein Moderator extern hinzugezogen oder rotierend bzw. dauerhaft benannt werden, damit die Meetings effizient bleiben und eine gewisse Neutralität bei Konflikten gewahrt werden kann.

02. Welche Voraussetzungen sollen Projektmitglieder haben?

Eignungskriterien für die Projektmitglieder sollten folgende sein:

- **Kompetenz:** Hierbei ist die methodische von der fachlichen Kompetenz zu unterscheiden. Die Projektmitglieder müssen bezüglich ihres Beitrages zur Projektarbeit fachkompetent sein. Zur methodischen Kompetenz eines Projektmitgliedes gehört es, zu wissen, welche Erwartungen an seine Rolle existieren und diesen Erwartungen auch gerecht werden.
- **Teamfähigkeit:** Teamfähigkeit bedeutet gemeinsam mit anderen in einer bestimmten Zeit mit vorgegebenen Ressourcen ein gestecktes Ziel zu erreichen. Durch Einzelkämpfer und Profilierung leidet das Projekt.
- **Einfluss:** Nicht nur der Projektleiter, auch die Mitglieder des Projektteams sollten über Einfluss in der Organisation verfügen, um die Interessen des Projektes in angemessener Form vertreten zu können. In der Regel ist nicht nur bei der Ressourcenverhandlung mit dem Auftraggeber Einfluss erforderlich. Projektaufgaben sind höher zu priorisieren als Aufträge des Linienvorgesetzten. Geheimhaltungsinteressen des Projektes müssen gegen das Informationsbedürfnis der Linie durchgesetzt werden. Die Einflussnahme Dritter auf das Projekt muss unterbunden werden.
- **Entscheidungsfreudigkeit:** Jedes Projektmitglied sollte innerhalb seiner Kompetenzen auf der Grundlage der verfügbaren Daten und der eigenen Erfahrungen selbstständig Entscheidungen treffen können. Es sollte selbstverantwortlich unter Unsicherheit entscheiden können, ohne sich permanent abzusichern.
- **Vertrauenswürdigkeit:** Projektmitglieder müssen vertrauenswürdig sein, denn in Projekten wird organisationales oder strategisches Neuland betreten. Hier kann der verschwiegene Umgang mit Informationen auch gegenüber Kollegen für den Projekterfolg existenziell sein.

Diese Eignungskriterien gelten nicht nur für die Projektmitglieder, sondern auch für den Projektleiter. Werden diese Kriterien auf den Projektleiter angewendet, gilt eine etwas andere Gewichtung als beim Projektteam. Zum Beispiel wird die methodische Kompetenz beim Projektleiter etwas höher gewichtet werden als die Fachliche. Außerdem werden die Fähigkeit, richtige Entscheidungen zu treffen und der Einflussreichtum innerhalb der Organisation für den Projektleiter wichtiger sein als für Projektmitglieder.

03. Wie kann Projektarbeit gestaltet werden?
Projektarbeit ist Teamarbeit, das im ≫ *Kapitel 3.2.3* Gesagte findet hier Anwendung.

3.3.4 Projektplanung durchführen
01. Wie sieht ein Projektstrukturplan aus?
Der Projektstrukturplan gliedert ein Projekt in Teilprojekte. Innerhalb der Teilprojekte erfolgt die Unterteilung in einzelne Arbeitspakete. Arbeitspakete sind klar voneinander abgegrenzt. Ein Arbeitspaket wird mit einem klar definierten Auftrag an eine Arbeitsgruppe gegeben.

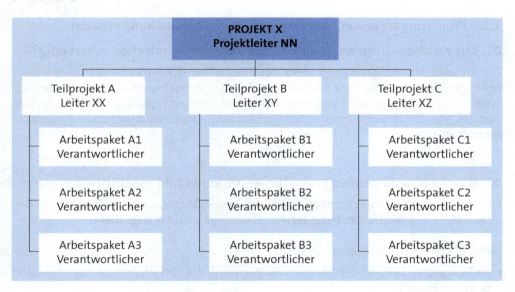

02. Wie sieht ein Projektablaufplan aus?

Dem Projektstrukturplan folgt der Projektablaufplan, der die Arbeitspakete zeitlich gliedert. Dieser kann wie folgt aussehen:

	Jan	Feb	Mrz	Apr	Mai	Jun	Jul	Aug	Sep
AP A1									
AP A2									
AP A3				M1					
AP B1									
AP B2									
AP B3							M2		
AP C1									
AP C2								M3	
AP C3									

Der Projektstrukturplan zeigt die geplanten Meilensteine (M) innerhalb der Arbeitspakete (AP) der Teilprojekte (A, B, C) auf.

3.3.5 Projektorganisation, -koordination und -überwachung steuern

01. Aus welchen Gründen ist eine Projektrahmenorganisation notwendig?

Die Projektrahmenorganisation dient der Integration der Projektarbeit. Dies ist auf unterschiedlichen Wegen möglich. Ein großartiges Projekt kann eine eigene Projektorganisation erfordern oder zwischen den verschiedenen Fachabteilungen aufgeteilt werden. Manche Unternehmen verzichten auf eine eigene Struktur für die Projektrahmenorganisation.

02. Welche grundlegenden Projektorganisationen sind möglich?

Für die Dauer eines Projektes kann eine eigene Projektorganisation aufgebaut werden oder das Projekt wird in der bestehenden Linienorganisation abgewickelt.

Elemente der Projektorganisation sind:
- **Auftraggeber:** Dies ist z. B. die Geschäftsleitung, die den Projektauftrag formuliert oder genehmigt.
- **Projektleiter:** Dies ist der operative Leiter. Er sorgt für eine effektive Bearbeitung des Projekts und führt die Projektmitarbeiter.

- **Projektmitarbeiter oder Projektteammitglieder** sind dem Projekt in Voll- oder Teilzeit zugeordnet, kommen aus verschiedenen Bereichen und haben verschiedene Qualifikationen. Sie bewältigen die eigentliche Projektarbeit.
- **Projektgruppe:** Diese besteht aus Leiter/-in und Projektteammitgliedern. Teilgruppe, bestehend aus Mitarbeiter/-innen (Anwendungsvertreter/-innen).

Eine Projektorganisation braucht, nach *Grossman* und *Scala* um wirkungsvoll arbeiten zu können:

- eine klar definierte Aufgabe und einen Vertrag
- eine transparente und leistungsfähige Entscheidungsstruktur
- eine mit der Aufgabenstellung übereinstimmende Zusammensetzung des Teams
- Raum und Zeit für die Projektarbeit und die dazu notwendigen Ressourcen
- Investitionen in die soziale Entwicklung des Projekts
- zirkuläre Zielplanung
- einen klar definierten und in Abschnitte gegliederten Arbeitsplan
- Projektmarketing
- regelmäßige Selbstevaluation und Berichterstattung
- Verbindung zu relevanten Entscheidungsprozessen in der Linienorganisation
- einen kontinuierlichen Transfer der Projekterfahrungen und Resultate in die Linienorganisation
- die Wahrnehmung von Leitungsfunktionen
- externe Unterstützung: Training, Supervision oder Organisationsberatung.

03. Worin liegt der Unterschied zwischen der Projektorganisation und der Linienorganisation?

	Projektorganisation	Linienorganisation
zeitlich	temporär	permanent
Orientierung	Projektziel	repetitive Aufgaben
Mitarbeiter	interdisziplinäres Team	Stellen laut Stellenplan/Organigramm

04. Welche Rahmenorganisationsformen gibt es für Projekte?

- Reine Projektorganisation
- Stablinienprojektorganisation
- Matrix-Projektorganisation.

05. Wie können die drei Projektrahmenorganisationsformen erläutert werden?

Reine Projektorganisation	
Definition	Diese Projektorganisation wird parallel zur Aufbauorganisation gebildet. Die Projektmitglieder werden aus Fachabteilungen versetzt oder Experten rekrutiert und einem Projektleiter unterstellt. Die Projektmitglieder bilden ein neues, zeitlich begrenztes Projektteam/Organisationseinheit.
Vorteile	Die straffe Arbeitsform ermöglicht dem Projektleiter eine schnelle Reaktion auf Störungen im Projekt. Hohe Mitarbeiteridentifikation mit dem Projekt.
Nachteile	Nach Auflösung des Projektteams müssen neue Einsatzmöglichkeiten für die Mitarbeiter gefunden werden. Dies wird umso problematischer, je länger ein zeitlich begrenztes Projekt dauert. Sachmittel und Mitarbeiter können einen hohen Kostendruck verursachen. Das Herauslösen von Experten kann zu Problemen in den Abteilungen führen.
Einsatz	Einsatz bei überwiegend größeren Projekten, die eine eindeutige Zuweisung von Verantwortlichkeiten erfordern.

Stablinienprojektorganisation	
Definition	Projektmitglieder verbleiben in den Fachabteilungen. Der Projektleiter hat beratende oder vorbereitende Funktion und keine Entscheidungs- oder Weisungsbefugnis. Sie bleibt den Fachabteilungsleitern vorbehalten. Der Projektleiter plant als Projektkoordinator den Projektverlauf in fachlicher, terminlicher und kostenmäßiger Hinsicht und empfiehlt Maßnahmen, über die die Fachbereichsleiter entscheiden.
Vorteile	Geringe organisatorische Veränderungen im Unternehmen. Mitarbeiter werden lediglich für den Projekteinsatz abgestellt und verbleiben in den Fachabteilungen, sodass eine hohe Flexibilität des Mitarbeitereinsatzes gewährleistet ist. Entscheidungs- und Weisungsbefugnisse verbleiben bei den Fachbereichsleitern.
Nachteile	Der Projektleiter hat lediglich eine Koordinationsfunktion ohne Entscheidungs- und Weisungsbefugnisse, sodass ein straffes Projektmanagement schlecht möglich ist. Hinzu kommt, dass der Projektleiter die Projektmitarbeiter permanent motivieren muss, da die Gefahr besteht, dass sich niemand für die Projektziele verantwortlich fühlt.
Einsatz	Eignung für kleinere Projekte, die ein externer Projektleiter steuert.

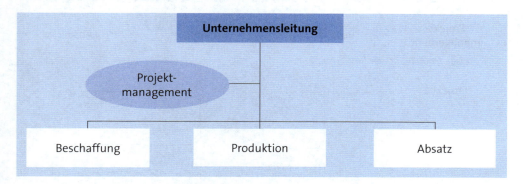

Matrix-Projektorganisation	
Definition	Mischung aus reiner Projektorganisation und Stablinienprojektorganisation, in der die Linienorganisation um eine zusätzliche Instanz ergänzt wird. Der Projektleiter hat Entscheidungs- und Weisungsbefugnisse. Die Projektmitglieder verbleiben zwar in den Fachabteilungen, aber die Weisungsbefugnisse werden hinsichtlich der Projektziele aufgeteilt, sodass Projektleiter und Fachbereichsleiter sich abstimmen müssen.
Vorteile	Der Projektleiter gibt die Arbeitsschritte und die Zeitplanung vor, sodass die übrigen Stellen reagieren müssen. Flexibler Personaleinsatz ist möglich.
Nachteile	Die gleichzeitige Unterstellung der Projektmitglieder zwischen Projektleiter und Fachbereichsleiter birgt ein Konfliktpotenzial in sich, da es zu Interessenkonflikten kommen kann.
Einsatz	Einsatz sowohl bei kleineren als auch bei größeren Projekten. Mögliche Interessenskonflikte erfordern eine übergreifende Personaleinsatzplanung im Unternehmen.

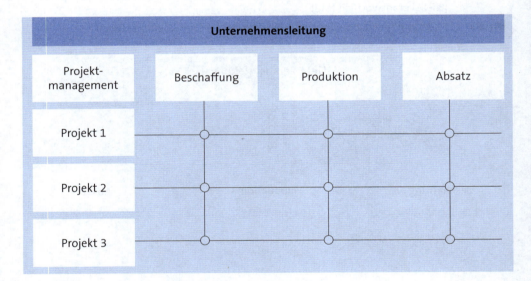

06. Was sind die Voraussetzungen für ein Projektcontrolling?

Damit Projektcontrolling überhaupt erfolgreich stattfinden kann, ist es wichtig, dass bestimmte Voraussetzungen erfüllt sind:

Es muss eine transparente und nachvollziehbare Zielplanung geben, die den Anforderungen der SMART-Kriterien genügt und die Aussagen zu den drei Zieldimensionen: Terminen, Ressourcen und Ergebnissen beinhaltet.

Die Planungsstrukturen müssen mit den späteren Abfragestrukturen übereinstimmen. Ein Problem ist es, die Personalkosten eindeutig dem Projekt hinzuzurechnen. Zur Steuerung des Personalkostenbudgets ist es sinnvoll für das Projekt eine eigene Kostenstelle zu bilden.

Für das Projektcontrolling sind wesentliche Kennzahlen zeitnah zu erfassen und der Projektleitung zur Verfügung zu stellen, so können notwendige Maßnahmen rechtzeitig durch das Projektmanagement eingeleitet werden.

Eine Unternehmenskultur, die es erlaubt Fehler zu machen und die Fehler als eine Chance zum Lernen betrachtet ist wichtig. Es werden nicht weniger Fehler gemacht, sie werden nur besser vertuscht, sie werden so später erkannt und ziehen hohe Folgekosten nach sich.

Zur Visualisierung der Ergebnisse des Projektcontrolling könnte eine Projektampel etabliert werden

		Status		
		Grün	Gelb	Rot
Objekt	Projekt insgesamt	Zielerreichung möglich	Gefahr, Ziele nicht zu erreichen oder unzureichende Ergebnisse	Gefahr, Ziel zu verfehlen und unzureichende Ergebnisse
	Kosten	Zielerreichung mit vorhandenen Ressourcen möglich	Zielerreichung mit vorhandenen Ressourcen möglich, Gesamtbudget wird eingehalten durch Einsparung bei anderen Positionen	Zielerreichung mit vorhandenen Ressourcen nicht möglich. Budget wird überschritten
	Zeit	Termine werden eingehalten	Einzelne Termine werden überschritten, Endtermin wird eingehalten	Endtermin gefährdet
	Qualität/ Ergebnis	Ergebnisse werden wie erwartet sein	Einzelne Ergebnisse entsprechen nicht den Erwartungen, Gesamtergebnis nicht gefährdet	Gesamtergebnis gefährdet

3.3.6 Projektabschluss und -evaluation sicherstellen

01. Wann ist ein Projekt abgeschlossen?

Bei Projekten mit externen Partnern sind das Projektende und die Abnahme vertraglich geregelt. Das Projektende kann Zielerreichung, z. B. die Einführung eines neuen EDV-Systems sein.

Das Ende eines internen Projektes ist im Projektauftrag geregelt. Mit Übergabe des Projektberichtes und einer Abschlussveranstaltung ist das Projekt beendet.

Nun sind die Verwendungsnachweise für das Projekt bereitgestellte Budget zu erstellen. Für ein Projekt wird in der Buchhaltung immer ein Projektkonto geführt, damit die Kosten exakt zugeordnet werden können.

Die zu archivierende Projektdokumentation umfasst alle Dokumente, die das Projekt betreffen: Projektakte, Projektauftrag, Protokolle, Arbeitsberichte, Präsentationen, Controlling-Auswertung, Kostenaufstellung, Abschlussbericht.

02. Was beinhaltet ein Projektabschlussbericht?

Der Abschlussbericht kann aus folgenden Punkten bestehen:

- Projektauftrag
- Projektziele
- Projektorganisation
- Beschreibung des Projektverlaufs
- Beschreibung der Zielerreichung, Kosten, Qualität
- Ergebnisse des Projektes
- Bewertung der Ergebnisse
- Präsentation.

Er ist Grundlage für die Entlastung des Projektteams und ggf. Basis für ein darauf aufbauendes Projekt. Der Projektabschlussbericht ist Teil der Projektakte. Diese wird archiviert.

03. Wie kann eine Projektevaluation durchgeführt werden?

Es gibt grundsätzlich zwei Methoden der Evaluation:

- Die quantitative Evaluation erfolgt durch die Auswertung der Zeitpläne und Budgets und des formalen Ablaufs.
- Die qualitative Evaluation erfolgt durch die Auswertung von z. B. Interviews der Beteiligten oder Mitarbeiterbefragungen. Diese Evaluationsmethode hat den Vorteil, dass sie die Erfahrungen der Projektarbeit berücksichtigt.

Die Wahl des Methodenansatzes richtet sich vor allem nach Art der erhobenen Daten. Idealerweise fließen in die Projektevaluation sowohl qualitative als auch quantitative Erhebungen mit ein.

Zielevaluation	Prozessevaluation	Ergebnisevaluation
Die Zielevaluation erfolgt während des Projekts durch das Projektmanagement und nach dem Projekt durch den Auftraggeber in Bezug auf die Ziele der Organisation	Die Prozessevaluation ist die regelmäßige Bewertung der einzelnen Arbeitspakete eines Projektes, sie ist somit die Voraussetzung für das Projektcontrolling.	Die Ergebnisevaluation umfasst die Bewertung der Wirksamkeit und Eignung eines Projektes.

 MERKE

Die Kriterien für eine Evaluation sind nach der Deutschen Gesellschaft für Evaluation (DeGEval):

- Nützlichkeit
- Durchführbarkeit
- Fairness
- Genauigkeit.

Die Nützlichkeitsstandards sollen sicherstellen, dass die Evaluation sich an den geklärten Evaluationszwecken sowie am Informationsbedarf der vorgesehenen Nutzer und Nutzerinnen ausrichtet.

Die Durchführbarkeitsstandards sollen sicherstellen, dass eine Evaluation realistisch, gut durchdacht, diplomatisch und kostenbewusst geplant und ausgeführt wird.

Die Fairnessstandards sollen sicherstellen, dass in einer Evaluation respektvoll und fair mit den betroffenen Personen und Gruppen umgegangen wird.

Die Genauigkeitsstandards sollen sicherstellen, dass eine Evaluation gültige Informationen und Ergebnisse zu dem jeweiligen Evaluationsgegenstand und den Evaluationsfragestellungen hervorbringt und vermittelt.

04. Welche rechtlichen Rahmenbedingungen haben Projekte?

- Planfeststellungsverfahren bei öffentlichen Projekten
- Ausschreibungsverfahren für Aufträge, oder Verträge innerhalb EU, z. B. nach der VoB bzw. VoL oder VoF
- Schuldrechtliche Verträge gem. BGB, wegen Konventionalstrafen sowie Vertragsgrundlagen für Werk- oder Arbeitsverträge
- Arbeitsschutzgesetze
- Projektabnahme oder -ende, Verwendungsnachweis, Dokumentation, Abschlussbericht.

1. Planen, Steuern und Organisieren betrieblicher Prozesse
2. Steuern von Qualitätsmanagementprozessen
3. Gestalten von Schnittstellen und Projekten
4. **Steuern und Überwachen betriebswirtschaftlicher Prozesse und Ressourcen**
5. Führen und Entwickeln von Personal
6. Planen und Durchführen von Marketingmaßnahmen

Prüfungsanforderungen

Im Handlungsbereich „Steuern und Überwachen betriebswirtschaftlicher Prozesse und Ressourcen" sollen die Grundlagen erworben werden, das interne und externe Rechnungswesen als Dokumentations-, Entscheidungs- und Kontrollinstrument zur Optimierung betriebswirtschaftlicher Abläufe und für unternehmerische Entscheidungen zu nutzen. Dabei sind Controllingmaßnahmen durchzuführen.

Des Weiteren sollen Entscheidungsprozesse bei der Beschaffung von Verbrauchs- und Investitionsgütern vorbereitet, gesteuert und umgesetzt sowie die Bereitstellung von Betriebsmitteln auch unter logistischen Gesichtspunkten gesichert werden. Dazu wird die Wirtschaftlichkeit von Leistungserstellungsprozessen analysiert und bewertet sowie steuerungsrelevante Daten ermittelt. Es ist zu erkennen, dass unter Einschätzung und Bewertung von Risiken Finanz- und Investitionsplanungen vorbereitet sowie Finanzierungs- und Investitionskonzepte entwickelt und umgesetzt werden können. Beim Steuern und Überwachen betriebswirtschaftlicher Prozesse und Ressourcen sind die rechtlichen Bestimmungen zu berücksichtigen.

Qualifikationsschwerpunkte im Überblick

4.1 Vorbereiten und Koordinieren von Jahresabschlussarbeiten

4.2 Erläutern von Finanzierungssystemen im Gesundheits- und Sozialwesen

4.3 Durchführen von Kosten- und Leistungsrechnung

4.4 Einsatz von Controlling-Instrumenten

4.5 Ermitteln, Auswerten und Beurteilen von betrieblichen Kennzahlen

4.6 Vorbereiten der Finanz- und Investitionsplanung, Entwickeln und Umsetzen von Finanzierungs- und Investitionskonzepten

4. Steuern und Überwachen betriebswirtschaftlicher Prozesse und Ressourcen

Grundlagen

01. Welche grundlegenden Aufgaben hat das Rechnungswesen?

Das Rechnungswesen dient der mengen- und wertmäßigen Erfassung, der Überwachung sowie der Auswertung aller betrieblichen und unternehmensbedingten Vorgänge, für die Vergangenheit, Gegenwart und Zukunft. Daraus lassen sich u. a. folgende Einzelaufgaben ableiten:

- Dokumentation: Aufzeichnung aller internen und externen Geschäftsvorfälle nach Belegen
- Rechenschaftslegung und Information: Erstellen des Jahresabschlusses aufgrund gesetzlicher Vorschriften und Information der Unternehmenseigner, Kreditgeber und der Finanzbehörde
- Kontrolle: Überwachung der Wirtschaftlichkeit, Rentabilität und Liquidität.
- Disposition: Aufbereitung des Zahlenmaterials als Basis für Planungen und Entscheidungen.

02. In welche Teilgebiete wird das Rechnungswesen gegliedert und wie sind diese voneinander abzugrenzen?

Das Rechnungswesen umfasst			
externes Rechnungswesen	internes Rechnungswesen		
Finanzbuchhaltung	Kosten- und Leistungsrechnung	Statistik	Planungs- und Kontrollrechnung/ Controlling
Rechnungsgrößen und Inhalt			
Vermögen und Kapital sowie Aufwand und Ertrag	Kostenarten, Kostenstellen, Kostenträger	Soll-/Ist-Vergleich Betriebsdatenerfassung	Planungsrechnung, Budgetierung, Abweichungsanalysen
jeweilige Hauptaufgaben			
Dokumentation	Kalkulation	Vergleichsrechnung	Prognoserechnung
Rechenschaftslegung	entscheidungsorientierte Unternehmensführung		
Stichtags- und Zeitraumrechnung	Preisentscheidungen, Kosten, Rentabilität	Zeitreihen darstellen	Überleben in der Zukunft sicherstellen
gängige Abkürzung oder Kurzbezeichnung			
FiBu	KoLei, KLR	Stat	CO, PuK

1. **Buchführung** (auch Finanzbuchhaltung, FiBu, externes Rechnungswesen):
   - Zeitrechnung: Alle Aufwendungen und Erträge werden in der Gewinn- und Verlustrechnung (GuV) für einen Zeitraum (Monat, Quartal, Geschäftsjahr) erfasst. Alle Vermögens- und Schuldbestände werden in der Bilanz für einen bestimmten Zeitpunkt erfasst (Monatsende, Quartalsende, Geschäftsjahresende).
   - Dokumentation: Aufzeichnung aller Geschäftsvorfälle nach Belegen für interne und externe Zwecke; das Datenmaterial der Buchführung ist die Basis für die anderen Teilgebiete des Rechnungswesens.
   - Rechenschaftslegung: Nach Abschluss einer Periode erfolgt innerhalb der Buchführung ein Jahresabschluss (Bilanz und Gewinn- und Verlustrechnung), der die Veränderung des Vermögens und des Kapitals sowie des Unternehmenserfolges darlegt.
   - Präventions- und Beweisfunktion: die Belegorganisation der FiBu erschwert strafbare Handlungen und beweist die Richtigkeit der Geschäftsvorfälle.
2. **Kosten- und Leistungsrechnung** (auch Betriebsbuchhaltung, internes Rechnungswesen, KoRe, KLR):
   - Kostenartenrechnung: beantwortet die Frage, welche Kosten sind angefallen?
   - Kostenstellenrechnung: beantwortet die Frage, wo sind die Kosten angefallen?
   - Kostenträgerrechnung: beantwortet die Frage, wofür sind Kosten angefallen?
   - Kostenträgerstückrechnung: Erfasst pro Kostenträger den Werteverzehr (Kosten) und den Wertezuwachs (Leistungen), der mit der Durchführung der betrieblichen Leistungserstellung und Verwertung entstanden ist. Auf Basis einer Ist-, Normal- oder Plankostenrechnung.
   - Kostenträgerzeitrechnung: Erfasst pro Zeitraum den Werteverzehr (Kosten) und den Wertezuwachs (Leistungen), der mit der Durchführung der betrieblichen Leistungserstellung und Verwertung entstanden ist.
   - Überwachung der Wirtschaftlichkeit: Die Gegenüberstellung von Kosten und Leistungen ermöglicht die Ermittlung des Betriebsergebnisses und die Beurteilung der Wirtschaftlichkeit der betrieblichen Prozesse innerhalb einer Abrechnungsperiode.
   - Preis-, Produkt- und Programmentscheidungen: Welche Preisgrenzen gibt es für ein Produkt, lohnt es sich ein Produkt anzubieten, wie soll das Produktprogramm sein? Auf Basis der Voll- oder Teilkostenrechnung.

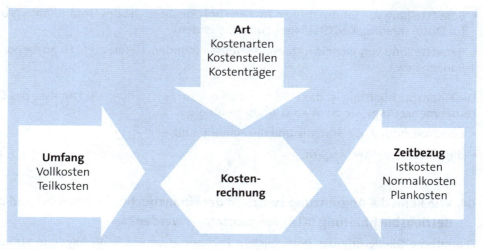

3. **Statistik** (Betriebsdatenerfassung):
   - Auswertung: Verdichtet Daten der Buchhaltung und der KLR und bereitet diese auf (Darstellung erfolgt in Kennzahlen oder Diagrammen).
   - Vergleichsrechnung: Über Vergleiche mit zurückliegenden Perioden (innerbetrieblicher Zeitvergleich) oder im Vergleich mit anderen Betrieben der Branche (Betriebsvergleich) wird die betriebliche Tätigkeit überwacht (Daten für das Controlling) bzw. es werden Grundlagen für zukünftige Entscheidungen geschaffen.
4. **Planungsrechnung** (auch Planungs- und Kontrollrechnung, PuK, Controlling):
   - Soll-Ist-Vergleich: Aus den Ist-Daten der Vergangenheit werden Plan-Daten (Sollwerte) für die Zukunft entwickelt. Diese Plan-Daten haben Zielcharakter. Aus dem Vergleich der Soll-Werte mit den Ist-Werten der aktuellen Periode können im Wege des Soll-Ist-Vergleichs (SiV) Rückschlüsse über die Realisierung der Ziele gewonnen werden, bzw. es können angemessene Korrekturentscheidungen getroffen werden.
   - Vollkostenrechnung: hier werden die gesamten Kosten und deren Verlauf betrachtet.
   - Teilkostenrechnung: hier werden Kosten differenziert betrachtet und daraus z. B. Deckungsbeiträge und die Break-even-Analyse abgeleitet.

03. Welche Aufgaben hat die Finanzbuchhaltung?

Die Hauptaufgaben der Finanzbuchhaltung sind die
- Ermittlung
   - des Vermögens und der Schulden
   - der Veränderungen der Vermögens- und Schuldenwerte
   - des Erfolges (Gewinn oder Verlust).

- Bereitstellung von Informationen für alle Funktionsbereiche des Unternehmens und für Dritte (Kreditgeber, Gläubiger, Finanzbehörden)
- Bereitstellung von Beweismitteln im Streitfall (Kunden, Lieferanten, Finanzbehörde, Banken usw.).

Die Finanzbuchhaltung ist das Hauptinstrument zur Feststellung und Analyse des Unternehmenserfolgs, sie dient als Grundlage für die

- Kostenrechnung, die Statistik und die Planung und
- die Berechnung der Steuern.

04. Wie kann die Abgrenzung zwischen der Finanzbuchhaltung (FiBu) und der Betriebsbuchhaltung (KLR) vorgenommen werden?

Die interne Gliederung des betrieblichen Rechnungswesens kann folgende Struktur haben (exemplarisches Beispiel):

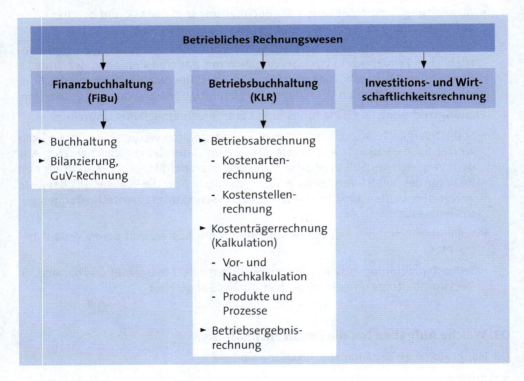

Dabei haben die einzelnen Funktionsbereiche folgende Aufgaben:

- Die Finanzbuchhaltung erfasst zahlenmäßig als langfristige Gesamtabrechnung die gesamte Unternehmenstätigkeit unter Zugrundelegung der Zahlungsvorgänge. Sie ist in Deutschland nach den Gesetzesvorschriften der Abgabenordnung sowie des Handelsgesetzbuches zu führen. Europaweit bzw. international sind in Unternehmen Vorschriften wie IFRS (International Financial Reporting Standards) bzw. IAS (International Accounting Standards) anzuwenden.

  Das Ziel der Finanzbuchhaltung ist die Erfolgsermittlung durch Gegenüberstellung von Aufwand und Ertrag, bzw. die Gegenüberstellung von Vermögensherkunft und Vermögensverwendung.

- Bilanzierung ist die ordnungsgemäße Gegenüberstellung aller Vermögensteile und Schulden einer Unternehmung.

- Gewinn- und Verlustrechnung (GuV) ist die Gegenüberstellung aller Aufwendungen und Erträge zum Zweck der Erfolgsermittlung.

- Die Betriebsbuchhaltung (KLR) ist eine (kurzfristige) Abrechnung, die den eigentlichen betrieblichen Leistungsprozess zahlenmäßig erfassen will. Ihr Ziel ist (stark vereinfacht) die Feststellung, wer im Betrieb welche Kosten in welcher Höhe wofür verursacht (hat).

- Die Betriebsabrechnung hat die Aufgabe, mittels Betriebsabrechnungsbogen (BAB), die Kosten nach Gruppen getrennt zu sammeln (Kostenartenrechnung) und diese auf die Kostenstellen zu verteilen (Kostenstellenrechnung) und den Kostenträgern zuzurechnen.

- Mit der Kalkulation versucht man, Produkten oder Leistungen ihre Kosten verursachungsgerecht zuzuordnen, um damit eine Grundlage für ihren Wert oder ihren Preis zu erhalten.

- Die Betriebsergebnisrechnung ist eine kurzfristige Erfolgsrechnung, die die angefallenen Kosten und Leistungen einer Periode gegenüberstellt.

- Mit der Investitionsrechnung versucht man, die Erfolgsträchtigkeit von Investitionsobjekten zu ermitteln. Sie vergleichen die Kosten und Leistungen oder Aus- und Einzahlungen, die durch ein Investitionsobjekt verursacht werden.

- Wirtschaftlichkeitsrechnungen sind mit den Investitionsrechnungen eng verwandt; sie dienen insbesondere dem Vergleich der Rentabilität von Verfahren und Projekten.

MERKE

> Die Finanzbuchhaltung (Fibu) bildet den Rechnungskreis I (RK I) und ermittelt das Gesamtergebnis.
>
> Die Kosten- und Leistungsrechnung (KLR) bildet den Rechnungskreis II (RK II). Sie erfasst alle Kosten und Leistungen einer Rechnungsperiode und zeigt das Betriebsergebnis.

05. Wie lauten die Grundsätze ordnungsgemäßer Buchführung (GoB)?

Die Grundsätze ordnungsgemäßer Buchführung (GoB) sind gem. § 238 f. HGB und § 145 f. AO:

- Materielle Ordnungsmäßigkeit
  - Alle Buchungen und Aufzeichnungen müssen vollständig, richtig, zeitgerecht/zeitnah und geordnet erfolgen. Keine fiktiven Konten, kein Weglassen von Geschäftsvorfällen, keine falsche zeitliche Erfassung von Belegen.
  - Ein sachverständiger Dritter muss sich innerhalb einer angemessenen Zeit ohne große Schwierigkeiten in der Buchführung des Betriebes zurechtfinden.
  - Die Geschäftsvorfälle müssen sich in Entstehung und Abwicklung verfolgen lassen. Belegprinzip/Belegzwang: Keine Buchung ohne Beleg und kein Beleg ohne Buchung (Fremd-, Eigen-, Notbelege). Jeder Geschäftsvorfall wird einzeln erfasst.
  - Zwischen den Geschäftsvorgängen und ihrer Erfassung muss ein zeitlicher Zusammenhang bestehen.
  - Kasseneinnahmen und Kassenausgaben sind täglich festzuhalten; die Kassen sind täglich abzustimmen.
- Formelle Ordnungsmäßigkeit
  - Die Bücher sind im Inland zu führen und aufzubewahren.
  - Die Bücher sind in einer lebenden Sprache zu führen.
  - Der Jahresabschluss ist in deutscher Sprache und in Euro aufzustellen (§ 244 HGB).
  - Es dürfen keine leeren Zwischenräume gelassen werden.
  - Bei Verwendung von Abkürzungen, Buchstaben oder Symbolen muss deren Bedeutung eindeutig sein. Ggf. ist eine Abkürzungsliste zu führen.
  - Eintragungen dürfen nicht so verändert werden, dass man den ursprünglichen Inhalt nicht mehr erkennen kann. Korrekturen nur durch Stornobuchungen (kein Radieren oder Überschreiben), namentliche Kennzeichnung der Änderungen.
  - Belege müssen gekennzeichnet und geordnet aufbewahrt werden. Es muss eine fortlaufende eindeutige Belegnummerierung erfolgen. Von abgesandten Handelsbriefen muss der Kaufmann Kopien anfertigen und diese aufbewahren.
- Aufbewahrungsfristen nach § 147 AO i. V. m. § 257 HGB
  - 10 Jahre: Handelsbücher, Inventare, Bilanzen, GuV-Rechnungen, Buchungsbelege wie Kassenbelege, Ausgangs- und Eingangsrechnungen
  - 6 Jahre: Handelsbriefe, wie Angebote zu Geschäftsvorfällen
  - Fristbeginn ist der 01.01. des Kalenderjahres, das dem Jahr der Belegentstehung folgt.
- EDV-gestützte Systeme.

  Für EDV-Systeme gelten die Grundsätze ordnungsmäßiger DV-gestützter Buchführungssysteme (GoBS). Vorgeschrieben sind hierin: Beschreibung der Software, der jederzeitige und sichere Zugriff und der Schutz vor unbefugtem Zugriff.

Um Belege zu Geschäftsvorfällen ordnungsmäßig zu bearbeiten und auch aufzubewahren, sind verschiedene Arbeitsschritte zu erledigen:

a) Vorbereitung: Ordnen, prüfen, vorkontieren: Die Belege müssen überprüft werden, ob sie sachlich und rechnerisch stimmen. Es muss geprüft werden, ob noch andere Belege den Geschäftsvorfall betreffen und welcher Beleg als Buchungsbeleg gelten soll.

b) Buchen: Prüfen, ob sich Belege für Sammelbuchungen zusammenfassen lassen.

c) Ablage: Die Belege sind fortlaufend, eindeutig zu nummerieren. Jeder zu buchende Beleg wird mit einem Kontierungsstempel versehen.

d) Aufbewahrung: Die Belege sind geordnet aufzubewahren, damit sie zielsicher zu finden sind.

Verstöße gegen die Buchführungspflicht und -vorschriften werden je nach Schwere mit Geldbußen und Freiheitsstrafen geahndet. Außerdem ist die Finanzbehörde bei Verstößen berechtigt, eine Schätzung der Besteuerungsgrundlagen (Umsatz, Gewinn) vorzunehmen.

06. Welche Grundsätze zur ordnungsmäßigen Führung und Aufbewahrung von Büchern, Aufzeichnungen und Unterlagen in elektronischer Form sowie zum Datenzugriff (GoBD) gelten?

Cloud-Server als Speichermedium
Als Speichermedium sind auch Cloud-Systeme genannt sowie die Bearbeitung und Ablage im „virtuellen" Speicher rechtlich geregelt. Nach § 146 Abs. 2a AO zu ist zu beachten, dass die Aufbewahrung der Buchführungsunterlagen im Ausland einer separaten, antragsgebundenen Genehmigung bedarf („Cloud"-Server-Standort).

Scannen per Smartphone
Zulässig ist das Scannen/Fotografieren von Belegen mittels Smartphone, dies kann zu Erleichterungen bei der **Abrechnung von Reisekosten** führen. Die Erleichterung gilt auch für die Belegerfassung im Ausland, wenn die Belege im Ausland entstanden bzw. empfangen worden sind. Die Vorgabe, wonach Bücher und Aufzeichnungen in Deutschland zu führen und aufzubewahren sind (§ 146 Abs. 2 AO) steht dem nicht entgegen.

Ersetzendes Scannen und Buchführung im Ausland
Papierdokumente können gescannt und gespeichert werden (= ersetzendes Scannen). Im Anschluss dürfen die Papierdokumente unter den Voraussetzungen der Tzn 136 ff. GoBD vernichtet werden. Sofern eine Verlagerung der Buchführung ins Ausland genehmigt worden ist, kann die Digitalisierung der papierenen Ursprungsbelege auch am Ort der elektronischen Buchführung (d. h. im Ausland) erfolgen, wenn dieses ersetzende Scannen zeitnah nach dem Verbringen der Belege dorthin durchgeführt wird.

Konvertieren und Aufbewahren

Werden Unterlagen von einem Dateiformat in ein anderes (z. B. doc in pdf) konvertiert, müssen beide Versionen miteinander verknüpft und beide aufbewahrt werden. Künftig muss nur die neue Version aufbewahrt werden, wenn

- bei der Konvertierung keine bildliche oder inhaltliche Veränderung vorgenommen wird,
- bei der Konvertierung keine aufbewahrungspflichtigen Informationen verloren gehen,
- der Umwandlungsvorgang dokumentiert wird (Verfahrensdokumentation) und
- die maschinelle Auswertung nicht beeinträchtigt wird.[1]

07. Was sind die gesetzlichen Grundlagen der Buchführung?

Gesetzliche Grundlagen der Buchführung sind u. a.:

- **Handelsrecht:**
  - HGB: Handelsgesetzbuch
  - AktG: Aktiengesetz
  - GmbHG: Gesetz über Gesellschaft mit beschränkter Haftung
  - GenG: Genossenschaftsgesetz
- **Steuerrecht:**
  - AO: Abgabenordnung
  - EStG, EStR, EStDV: Einkommensteuergesetz, -richtlinien und -durchführungsverordnungen
  - UStG, UStR, UStDV: Umsatzsteuergesetz, -richtlinien und -durchführungsverordnungen
  - KStG, KStR, KStDV: Körperschaftsteuergesetz, -richtlinien und -durchführungsverordnungen
- **Sonstige Bestimmungen:**
  - GoB: Grundsätze ordnungsgemäßer Buchhaltung (GoBS, GoBD)
  - Kontenrahmen nach:
    - Pflege-Buchführungsverordnung (PBV)
    - Krankenhausbuchführungsverordnung (KHBV)
    - Industriekontenrahmen (IKR)
    - Gemeinschaftskontenrahmen (GKR)
    - Standard- bzw. Spezialkontenrahmen (SKR)

---

[1] Quelle: vgl. Grundsätze zur ordnungsmäßigen Führung und Aufbewahrung von Büchern, Aufzeichnungen und Unterlagen in elektronischer Form sowie zum Datenzugriff (GoBD), BMF vom 14. November 2014, § 146 a AO i. d. F vom 29.12.2016

- Richtlinien der Oberfinanzdirektion (OFD)
- AfA-Tabellen (Abschreibungstabellen, AfA = Absetzung für Abnutzung)
- Deutsche Rechnungslegungsstandards (DRSC)
- Internationale Rechnungslegungsstandards (z. B. IFRS, IAS).

08. Welche gesetzlichen Grundlagen der Buchführungspflicht werden unterschieden?

Es wird die Buchführungspflicht nach Handelsrecht und Steuerrecht unterschieden. Die handelsrechtlichen Vorschriften über die Rechnungslegung, die Buchführung und den Jahresabschluss enthält das Handelsgesetzbuch (HGB) in seinem dritten Buch (Handelsbücher). Rechtsformspezifische Vorschriften sind im Aktiengesetz, im GmbH-Gesetz und im Genossenschaftsgesetz geregelt. Weitere Regelungen finden sich in den Verordnungen für Vereine, Pflegeeinrichtungen, Krankenhäusern, Ärzte usw.

3. Buch Handelsgesetzbuch (HGB):

1. Abschnitt – gilt für alle Kaufleute:
- § 238 Buchführungspflicht
- § 240 Pflicht zur Aufstellung des Inventars
- § 242 Pflicht zur Aufstellung des Jahresabschlusses
- §§ 252 ff. Bewertungsgrundsätze und -vorschriften
- § 257 Aufbewahrungsfristen.

2. Abschnitt – ergänzende Vorschriften für Kapitalgesellschaften:
- § 266 Gliederung der Bilanz
- § 275 Gliederung der GuV-Rechnung
- §§ 284 ff. Anhang und Erläuterungen zu Bilanz
- § 289 Lagebericht
- § 325 Offenlegung.

3. Abschnitt – ergänzende Vorschriften für eingetragene Genossenschaften:
- § 336 Pflicht zur Aufstellung des Jahresabschlusses und des Lageberichts
- §§ 337, 338 Vorschriften zur Bilanz und zum Anhang
- § 339 Vorschriften zur Offenlegung.

Steuerrecht:

- Die Abgabenordnung (AO) enthält Vorschriften zur Steuerpflicht und zur Ordnungsmäßigkeit der Buchführung.
- Das Einkommensteuergesetz (EStG) enthält Vorschriften zur Besteuerung natürlicher Personen.
- Das Körperschaftsteuergesetz (KStG) enthält Vorschriften zur Besteuerung juristischer Personen.
- Das Umsatzsteuergesetz (UStG) enthält Vorschriften zur Ermittlung der Umsatzsteuer.

09. Welche deutschen Rechnungslegungsstandards gibt es?

Die Internationalisierung und Harmonisierung der Rechnungslegung und Prüfung in Deutschland basiert auf folgenden Gesetzen:

- Bilanzrichtlinien-Gesetz (BiRiLiG) von 1985
- Gesetz zur Verbesserung der Wettbewerbsfähigkeit deutscher Konzerne an Kapitalmärkten und zur Erleichterung der Aufnahme von Gesellschafterdarlehen (KapAEG) von 1998
- Gesetz zur Kontrolle und Transparenz im Unternehmensbereich (KonTraG) von 1998
- Bilanzrechtsmodernisierungsgesetz (BilMoG) von 2009
- Bilanzrichtlinie-Umsetzungsgesetz (BilRUG) von 2015.

Seit 1998 ist das Deutsche Rechnungslegungs Standards Committee e. V. (DRSC) als Gremium anerkannt. Es verabschiedete Standards für die Konzernrechnungslegung.

10. Welche internationalen Rechnungslegungsstandards gibt es?

- **IAS/IFRS:**
    - IAS: International Accounting Standards
    - IFRS: International Financial Reporting Standards
- **US-GAAP:**
    - US-Generally Accepted Accounting Principles.

4.1 Vorbereiten und Koordinieren von Jahresabschlussarbeiten

4.1.1 Jahresabschluss im betrieblichen Prozess einordnen

01. Wer ist verpflichtet Bücher zu führen?

Nach § 238 Abs. 1 HGB ist jeder Kaufmann verpflichtet Bücher zu führen. Nach § 1 HGB ist derjenige Kaufmann, der ein Handelsgewerbe betreibt. Kennzeichen für ein handelsrechtliches Gewerbe sind:

- eine selbstständige Tätigkeit
- eine entgeltliche Tätigkeit (Gewinnerzielungsabsicht)
- eine auf eine Vielzahl von Geschäften gerichtete (planmäßig und auf Dauer ausgerichtet)
- nach außen in Erscheinung tretende Tätigkeit
- auf wirtschaftlichem Gebiet (kein Freiberufler i. S. § 18 EStG; § 6 GewO).

Gewerbliche Unternehmer sowie Land- und Forstwirte sind lt. § 141 AO verpflichtet Bücher zu führen und aufgrund jährlicher Bestandsaufnahmen Abschlüsse zu erstellen, wenn sie eine der folgenden Feststellungen erfüllen:

1. Umsätze einschließlich der steuerfreien Umsätze, ausgenommen die Umsätze nach § 4 Nr. 8 bis 10 des Umsatzsteuergesetzes, von mehr als 600.000 € im Kalenderjahr oder
2. selbstbewirtschaftete land- und forstwirtschaftliche Flächen mit einem Wirtschaftswert von mehr als 25.000 € oder
3. einen Gewinn aus Gewerbebetrieb von mehr als 60.000 € im Wirtschaftsjahr oder
4. einen Gewinn aus Land- und Forstwirtschaft von mehr als 60.000 € im Kalenderjahr.

Man spricht hier von originärer Buchführungspflicht. Die genannten Wertgrenzen unterliegen häufigen Anpassungen.

Hinweis: Gemäß § 241a HGB sind Einzelkaufleute, die an den Abschlussstichtagen von zwei aufeinander folgenden Geschäftsjahren nicht mehr als 600.000 € Umsatzerlöse und 60.000 € Jahresüberschuss aufweisen, nicht verpflichtet, Bücher zu führen.

Während Einzelkaufleute und Personengesellschaften den Jahresabschluss nach § 242 HGB aufstellen, werden Kapitalgesellschaften und Personengesellschaften ohne natürliche Person als Vollhafter verpflichtet, einen erweiterten Jahresabschluss zu erstellen.

Krankenhäuser sind nach der Krankenhausbuchführungsverordnung KHBV und Pflegeeinrichtungen nach der Pflege-Buchführungsverordnung (PBV) verpflichtet Bücher zu führen. Nach §§ 1 und 9 der PBV und §§ 1 und 9 der KHBV sind Befreiungen möglich.

Freiberufler (z. B. Rechtsanwälte, Steuerberater und Ärzte; vgl. § 18 EStG) sind generell nicht buchführungspflichtig. Dieser Personenkreis kann auch bei Überschreiten der oben genannten Grenzen eine Gewinnermittlung nach der Einnahmen-Überschussrechnung vornehmen. Als Freiberufler sind Ärzte nicht zur doppelten Buchführung verpflichtet, es besteht jedoch die Möglichkeit dies freiwillig zu tun.

02. Was beinhaltet der Jahresabschluss?

Der Jahresabschluss nach § 242 HGB beinhaltet die Bilanz und die Gewinn- und Verlustrechnung.

Der erweiterte Jahresabschluss nach § 264 i. V. m. § 264a HGB umfasst die Bilanz, die Gewinn- und Verlustrechnung (GuV), den Anhang und einen Lagebericht.

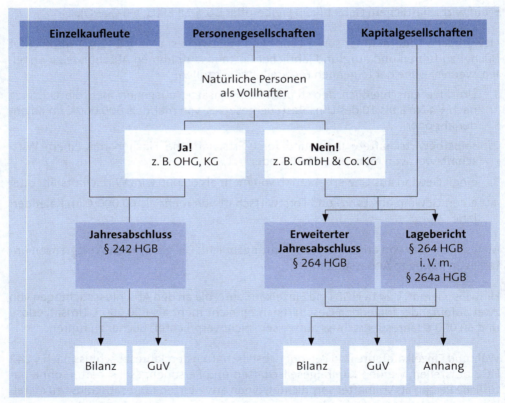

Quelle: *Krause/Krause 2014*

Nach § 297 HGB besteht ein Konzernabschluss aus der Konzernbilanz, der Konzern-Gewinn- und Verlustrechnung, dem Konzernanhang, der Kapitalflussrechnung und dem Eigenkapitalspiegel. Er kann um eine Segmentberichterstattung erweitert werden.

03. Wie werden die allgemeinen Inhalte eines Jahresabschlusses beschrieben?

Der Jahresabschluss umfasst im Allgemeinen folgende Teile:

- Bilanz (gem. § 266 HGB):

    Die Bilanz ist die Kurzfassung des Inventars in Kontenform. Hier werden Vermögen, Schulden und Eigenkapital einander gegenübergestellt.

    Auf der Aktivseite (links) steht das Vermögen, aufgeteilt in Anlagevermögen und Umlaufvermögen, hier wird die Kapitalverwendung bzw. Investition dargestellt, die Reihenfolgen der Posten ist von der Liquidationsfähigkeit abhängig, liquides Vermögen wird unten positioniert.

    Auf der Passivseite (rechts) steht das Kapital Eigenkapital und Fremdkapital (Schulden), hier wird die Kapitalherkunft bzw. Finanzierung dargestellt, die Reihenfolge der Posten ist von der Fristigkeit abhängig, langfristiges Kapital wird oben positioniert.

    Die Bilanz wird immer für einen Zeitpunkt erstellt, z. B. zum 31.12. des Jahres.

- GuV-Rechnung (gem. § 275 HGB):

    In der GuV werden die Erträge den Aufwendungen eines Geschäftsjahres gegenübergestellt. Erträge mehren das Eigenkapital, Aufwendungen mindern das Eigenkapital. Es werden somit die erfolgswirksamen Wertbewegungen des Geschäftsjahres dargestellt.

    Die GuV ist immer eine zeitraumbezogene Darstellung, 01.01. bis 31.12. des Jahres.

- Anhang (gem. § 284 HGB):

    Im Anhang finden sich Ergänzungen und Erläuterungen zur Bilanz und GuV; dies sind u. a. die angewandten Bilanzierungs-und Bewertungsmethoden bzw. deren Abweichungen, in der Bilanz ausgewiesenen Verbindlichkeiten nach Fristigkeiten, Fremdkapitalzinsen, Aufgliederung der Umsatzerlöse, Bezüge von Geschäftsführung, Aufsichtsrat und Beirat sowie die Nennung deren Mitglieder.

- Lagebericht (gem. § 289 HGB):

    Im Anhang werden u. a. der Geschäftsverlauf dargestellt (z. B. Investitionen, Kosten- und Umsatzentwicklung, Kapazitätsauslastung) und die Lage der Gesellschaft (z. B. Marktstellung, Auftragsbestand, Aussagen über Rentabilität, Liquidität, Finanzierung).

    Der Lagebericht soll auch das Risikomanagement des Unternehmens darstellen, insbesondere Preis-, Ausfall- und Liquiditätsrisiken. Es muss ein den tatsächlichen Verhältnissen entsprechendes Bild vermittelt werden.

04. Welche Grundsätze sind bei der Aufstellung eines Jahresabschlusses zu beachten?

Folgende Grundsätze sind bei der Aufstellung eines Jahresabschlusses zu beachten:

- Grundsatz der **Bilanzidentität** (§ 252 Abs. 1 Nr. 1 HGB): Alle Bilanzpositionen einer Schlussbilanz müssen mit ihren Wertansätzen in die Eröffnungsbilanz des nächsten Wirtschaftsjahres unverändert übernommen werden.
- Grundsatz der Unternehmensfortführung oder **Going-Concern-Prinzip** (§ 252 Abs. 1 Nr. 2 HGB): Es ist bei der Bewertung der Vermögensgegenstände und Schulden von der Fortführung der Unternehmenstätigkeit auszugehen, solange dem keine tatsächlichen oder rechtlichen Gegebenheiten entgegenstehen.
- Grundsatz der **Einzelbewertung** (§ 252 Abs. 1 Nr. 3 HGB): Die in der Bilanz ausgewiesenen Vermögensgegenstände und Schulden müssen grundsätzlich einzeln bewertet werden. Ist aus praktischen Gründen eine Einzelbewertung nicht möglich, darf bei der Bilanzierung von Erleichterungen Gebrauch gemacht werden, die bei der Inventur (gem. § 240 Abs. 3 und 4 HGB) zugelassen sind.
- Grundsatz der **Vorsicht** (§ 252 Abs. 1 Nr. 4 HGB): Die Vermögensgegenstände und Schulden sind vorsichtig zu bewerten: Hier ist der Ansatz auf der Aktivseite eher niedriger und auf der Passivseite eher höher. Nicht realisierte Gewinne dürfen nicht ausgewiesen werden (**Realisationsprinzip**). Nicht realisierte Verluste sind jedoch zu berücksichtigen (**Imparitätsprinzip**).
- Grundsatz der **Periodenabgrenzung** (§ 252 Abs. 1 Nr. 5 HGB): Aufwendungen und Erträge sind dem Geschäftsjahr zuzuordnen, in dem sie verursacht wurden. Gemeint sind Aktive- und Passive Rechnungsabgrenzung (ARA, PRA) und Rückstellungen, z. B. für Pensionen.
- Grundsatz der **Bewertungsstetigkeit** (§ 252 Abs. 1 Nr. 6 HGB): Es darf zwischen den verschiedenen Bewertungsmöglichkeiten, die der Gesetzgeber zulässt, nicht willkürlich gewechselt werden.

05. Was bedeutet die Maßgeblichkeit der Handelsbilanz für die Steuerbilanz?

- Die Handelsbilanz wird unter der Beachtung handelsrechtlicher Vorschriften erstellt.
- Für die Erstellung der Steuerbilanz gelten die steuerrechtlichen Vorschriften.
- Die Wertansätze der Handelsbilanz sind grundsätzlich maßgebend für die Steuerbilanz.

Dieser Maßgeblichkeitsgrundsatz (gem. § 5 EStG) erstreckt sich sowohl auf die Bilanzierung als auch auf die Bewertung. Die Tabelle zeigt anhand von Beispielen, dass – handelsrechtliche Aktivierungswahlrechte in der Steuerbilanz zu Aktivierungsgeboten, – handelsrechtliche Passivierungswahlrechte jedoch zu steuerlichen Passivierungsverboten führen.

Beispiele	Handelsbilanz (nach BilMoG)	Steuerbilanz
entgeltlich erworbener Geschäfts- und Firmenwert	Aktivierungs**gebot**	Aktivierungs**gebot**
nicht entgeltlich erworbene immaterielle Vermögensgegenstände des Anlagevermögens	Aktivierungs**wahlrecht**	Aktivierungs**verbot**
Nachholen unterlassener Reparaturen innerhalb von drei Monaten im folgenden Geschäftsjahr	Passivierungs**gebot**	Passivierungs**gebot**
andere als im § 249 HGB aufgeführte Rückstellungen	Passivierungs**verbot**	Passivierungs**verbot**

Handels- und Steuerbilanz können übereinstimmen. In diesem Falle spricht man von der Einheitsbilanz.

06. Welche Wertansätze gelten für das Anlage- und Umlaufvermögen bei Wertminderung?

- **Anlagevermögen:** Die Anschaffungs- und Herstellungskosten (AHK) (§ 255 HGB) bilden hier die Obergrenze. Bei einer voraussichtlich dauerhaften Wertminderung besteht nach Handelsrecht Abschreibungspflicht auf einen niedrigen, beizulegenden Wert. Ausnahme für Finanzanlagen; hier gilt auch ein Wahlrecht bei vorübergehender Wertminderung.

- **Umlaufvermögen:** Die Anschaffungs- und Herstellungskosten (AHK) bilden hier die Obergrenze. Bei einer vorübergehenden Wertminderung besteht nach Handelsrecht die Abschreibungspflicht auf einen niedrigen, beizulegenden Wert (Niederstwertprinzip).

Nach dem Steuerrecht besteht in beiden Fällen ein Wahlrecht zur Abschreibung auf den Teilwert.

07. Wann ist eine Wertaufholung möglich?

Hierfür müssen drei Kriterien gleichzeitig erfüllt sein:
1. Bei einem Vermögensgegenstand wurden in früheren Perioden eine außerplanmäßige Abschreibungen vorgenommen.
2. Die Gründe für die Wertminderung sind entfallen.
3. Der Wegfall der Gründe für die Abschreibung ist bekannt.

In diesen Fällen muss der Wert bis maximal zu den ursprünglichen Anschaffungs- oder Herstellkosten (AHK) heraufgesetzt werden. Die Wertaufholungspflicht gilt nicht für den Firmenwert.

08. Wie werden die Anschaffungskosten nach Handels- und Steuerrecht ermittelt?

Laut § 255 Abs. 1 HGB gehören zu den Anschaffungskosten sämtliche Aufwendungen, die geleistet werden, um einen Vermögensgegenstand zu erwerben und ihn in einen betriebsbereiten Zustand zu versetzen:

	Anschaffungspreis
+	Anschaffungsnebenkosten (Frachten, Provisionen, Versicherungen, Montage)
-	Anschaffungspreisminderungen (Skonti, Rabatte, Boni, Preisnachlässe)
+/-	Nachträgliche Anschaffungskosten
=	**Anschaffungskosten**

Der steuerliche Anschaffungskostenbegriff stimmt mit dem handelsrechtlichen überein. Die anrechenbare Vorsteuer gehört bei vorsteuerabzugsberechtigten Steuerpflichtigen nicht zu den Anschaffungskosten, da die Umsatzsteuer (USt) ein „durchlaufender" Posten ist.

 MERKE

Einrichtungen des Gesundheits- und Sozialwesen (näheres bestimmen §§ 51 ff. AO, § 4 Nr. 16 UStG und UStR) bestimmen die AHK brutto, das bedeutet hier wird die USt zu den AHK gerechnet. Hier wird auch vom Bruttowert abgeschrieben.

Beispiel

Kauf einer Spülmaschine netto

		5.000,00 €
+	Fracht	250,00 €
-	Skonto 2 %	100,00 €
+	Einbau + Installation	1.500,00 €
		6.650,00 €
+	USt 19%	1.263,50 €
=	AHK	7.913,50 €

Afa über 10 Jahre = 791,35 p. a.

09. Welche Wertansätze gelten für die Herstellungskosten nach Handels- und Steuerrecht?

Die Bewertung der Herstellungskosten wird bei allen selbst hergestellten aktivierungspflichtigen Vermögensgegenständen verlangt. Bei der Bewertung gibt es für das Handels- und Steuerrecht unterschiedliche Ansatzgrenzen, die in der Übersicht dargestellt sind:

Kostenart:		Bewertung nach	
		Handelsbilanz	Steuerbilanz
+	Fertigungseinzelkosten	Pflicht	Pflicht
+	Sondereinzelkosten der Fertigung		
Materialgemeinkosten		Pflicht → Untergrenze	Pflicht → Untergrenze
+	Fertigungsgemeinkosten		
+	Werteverzehr des Anlagevermögens		
Allgemeine Verwaltungskosten		Wahlrecht → Obergrenze	
+	Aufwendungen für soziale Einrichtungen		
+	Freiwillige soziale Leistungen		
+	Aufwendungen für die betriebliche Altervorsorge		
+	Fremdkapitalzinsen: Nur, wenn für die Finanzierung dieses Vermögensgegenstandes verwendet und nur für den Zeitraum der Herstellung (§ 255 Abs. 3 HGB).		
Vertriebskosten		Verbot	

Die Kalkulation der Leistungen der Krankenhäuser ist in den Kalkulationshandbüchern des Instituts für das Entgeltsystem im Krankenhaus (InEK) festgelegt.

10. Was versteht man unter dem Prinzip der Einzelbewertung und welche Ausnahmen gibt es?

Nach § 240 Abs. 1 HGB muss jeder Vermögensgegenstand und jede Verbindlichkeit einzeln bewertet werden.

Auch im Steuerrecht wird die Einzelbewertung im § 6 Abs. 1 des EStG ausdrücklich verlangt. Das bedeutet, dass nicht mehrere Wirtschaftsgüter eines Unternehmens zusammengefasst werden dürfen. Weiterhin wird im § 246 Abs. 2 HGB ein Verrechnungsverbot festgeschrieben, wonach die Posten der Aktivseite nicht mit der Passivseite verrechnet werden dürfen, z. B. Forderungen mit Verbindlichkeiten bei einem Lieferanten.

Das bisher geltende handelsrechtliche Saldierungsverbot erhält durch die Ergänzung des § 246 Abs. 2 HGB eine Aufweichung. Vermögensgegenstände, die ausschließlich der Erfüllung von Schulden dienen, sollen mit diesen Schulden verrechnet werden.

Der allgemeine Bewertungsmaßstab sind die Anschaffungs- oder Herstellungskosten, wobei durch das BilMoG für zu Handelszwecken erworbene Finanzinstrumente (z. B. Aktien, Schuldverschreibungen, Optionsscheine, Swaps) mit ihrem Verkehrswert anzusetzen sind.

Da die Einzelbewertung in den Unternehmen oft zu erheblichem organisatorischen Aufwand führen kann (z. B. schwankende Einkaufspreise), sind bestimmte Vereinfachungsmethoden in der Bewertung für diese Fälle zulässig. Das sind die Gruppen oder Sammelbewertung, die Festwertbewertung, die Durchschnittsbewertung und die Bewertung nach der Verbrauchsfolge.

11. Wann wird nach dem Börsen- oder Marktpreis, dem beizulegenden Wert und dem steuerlichen Teilwert bewertet?

- **Börsen- oder Marktpreis** für die Bewertung der Vermögensgegenstände des Umlaufvermögens, wenn der Preis am Bilanzstichtag auch tatsächlich festgestellt worden und niedriger als die Anschaffungs- und Herstellungskosten (AHK) ist.
- **Beizulegender Wert** für die Bewertung der Vermögensgegenstände des Anlage- und Umlaufvermögens, wenn für die Bewertung der Beschaffungsmarkt maßgeblich (Wiederbeschaffungswert) und dieser Wert niedriger als die AHK ist.
- **Steuerlicher Teilwert**: Im Steuerrecht ist eine abweichende Bewertung nur auf den niedrigeren Teilwert möglich. Nach § 6 Abs. 1 Nr. 1 Satz 3 EStG handelt es sich um den Wert, den ein Erwerber eines ganzen Betriebes im Rahmen des Gesamtkaufpreises für das einzelne Wirtschaftsgut bei Fortführung des Betriebes ansetzen würde. Wichtig: der Teilwert kann nur geschätzt werden und er kommt auch bei der Bewertung von Einlagen und Entnahmen infrage.

12. Wie werden die abnutzbaren Wirtschaftsgüter des Anlagevermögens grundsätzlich nach Handels- und Steuerrecht bewertet?

Die folgende Übersicht zeigt die Bewertung von Betriebsvermögen nach Handels- und Steuerrecht:

Handelsrecht (§ 253 Abs. 1 HGB)	Steuerrecht (§ 6 Abs. 1 Nr. 1 EStG)
Anschaffungs- und Herstellungskosten (AHK) vermindert um Anschaffungspreisminderungen	Anschaffungs- und Herstellungskosten (AHK) oder der an deren Stelle tretende Wert (Teilwert) vermindert um Anschaffungspreisminderungen
Abschreibung (AfA) gem. Tabelle	Abschreibungen (AfA) ggf. erhöhte Abschreibungen ggf. Sonderabschreibungen ggf. Abzüge nach § 6b EStG

Für Unternehmen, die nach IFRS bilanzieren (kapitalmarktorientierte Konzernmutterunternehmen, z. B. Rhön Klinikum AG), wird durch IFRS 16 die Leasing-Bilanzierung verändert. Das Nutzungsrecht ist ab 2019 zu aktivieren und abzuschreiben.

 INFO

Degressive AfA (nur 2009/2010)
§ 7 Abs. 2 EStG nur für bewegliche Wirtschaftsgüter

Verteilung der Anschaffungs- oder Herstellungskosten in fallenden Jahresbeträgen durch den Ansatz eines unveränderten Prozentsatzes vom jeweiligen Buchwert, wobei dieser **das 2,5-Fache der linearen AfA und 25 %** nicht übersteigen darf. Ein Wechsel von der degressiven zur linearen AfA kann erfolgen – umgekehrt nicht.

$$\text{Abschreibungsbetrag} = \frac{\text{Buchwert} \cdot \text{Abschreibungssatz}}{100}$$

13. Welche Methoden der planmäßigen Abschreibung werden unterschieden?

Grundsätzliche Voraussetzungen für die Abschreibungen von abnutzbaren Wirtschaftsgütern des Anlagevermögens:

- sie müssen der Abnutzung unterliegen
- sie müssen der Erzielung von Einkünften dienen
- ihre Nutzungsdauer beträgt mehr als ein Jahr.

Da der Gesetzgeber inzwischen mehrfach die zulässigen AfA-Methoden geändert hat, wird nachfolgend ein Überblick über den derzeit gültigen Stand gegeben:

AfA-Methoden	
Lineare AfA	
Ausnahmen: Abschreibung über die Nutzungsdauer ▸ Leistungs-AfA	
Ausnahmen: GWG	
▸ AK bis 800 € Wahlrecht:	1. Sofortabschreibung (AK bis 250 €)
	2. Einstellung in GWG-Pool
	3. Abschreibung über die Laufzeit
▸ AK von 800 € bis 1.000 € Wahlrecht:	1. Einstellung in GWG-Pool
	2. Abschreibung über die Laufzeit

Achtung: Das Wahlrecht über Poolbildung oder Sofortabschreibung bzw. Abschreibung über die Laufzeit darf innerhalb eines Jahres nur einheitlich ausgeübt werden. Alle Wert Netto!

Methoden der planmäßigen Abschreibung		
lineare AfA § 7 Abs. 1 EStG	Gleichmäßige Verteilung der Anschaffungs- oder Herstellungskosten nach der betriebsgewöhnlichen Nutzungsdauer (ND).	$\text{Abschreibungsbetrag} = \dfrac{\text{Anschaffungswert}}{\text{Nutzungsdauer}}$
Leistungs-AfA § 7 Abs. 1 Satz 5 EStG nur für bewegliche Wirtschaftsgüter	Absetzung für außergewöhnliche technische oder wirtschaftliche Abnutzung nach Leistung. **Beispiel:** Maschinen oder Fuhrpark	$\text{Abschreibungsbetrag} = \dfrac{\text{Anschaffungskosten} \cdot \text{Ist-Leistung/a.}}{\text{Soll-Gesamtleistung}}$

MERKE

Im Wege des Pflegesatzrechtes und für die Entgeltkalkulation unter Berücksichtigung der in § 5 KHBV vorgeschriebenen Buchungsweise ist für Krankenhäuser (und andere Einrichtungen des Gesundheits- und Sozialwesens) die einschichtige lineare Abschreibung aus praktischen Gründen geboten.

14. Wie werden die finanzbuchhalterische bzw. die kostenrechnerische Abschreibung für ein Kfz ermittelt?

Beispiel

Kfz eines ambulanten Pflegedienstes. Die betriebliche Nutzung ist geringer als durch die amtliche AfA-Tabelle vorgesehen. Beide Werte sind zu ermitteln, der amtliche (2.518,33 €) ist für die bilanzielle AfA, der kalkulatorische (4.333,33 €) für interne Kalkulationen (Kostenträgerrechnung) anzusetzen. Unternehmen im Gesundheitswesen sind im Allgemeinen nicht vorsteuerabzugsberechtigt, daher gehört die USt zu den AHK.

Listenpreis	12.500,00 €	Nutzungsdauer laut AfA-Tabelle Finanzamt		6 Jahre
Extra	2.500,00 €	Nutzungsdauer laut Kostenrechnung, betriebliche Kalkulation		3 Jahre
Preis inkl. Umsatzsteuer	**15.000,00 €**	Restwert nach 3 Jahren, betriebliche Kalkulation	5.000,00 €	
Zulassung	110,00 €	Kalkulatorische neue AHK in 3 Jahren	18.000,00 €	
AHK	**15.110,00 €**			
		jährliche Abschreibungen für **Finanzbuchhaltung**		
		AHK : ND = AfA p. a.		
		15.110,00 : 6 =	2.518,33 €	
		jährliche Abschreibung für **Kostenrechnung**		
		AHK + erhöhte Ersatzbeschaffung - Restwert = AfA p. a.		
		(15.110,00 + (18.000,00 - 15.110,00) - 5.000,00) : 3	4.333,33 €	

15. Wer legt die Nutzungsdauer für die einzelnen Wirtschaftsgüter fest?

Das Handelsrecht schreibt planmäßige Abschreibungen vor. Der Plan muss die Anschaffungs- und Herstellungskosten auf die Geschäftsjahre verteilen, in denen die Wirtschaftsgüter voraussichtlich genutzt werden können (§ 253 Abs. 3 Satz 2 HGB). Für den entgeltlich erworbenen Geschäfts- und Firmenwert beispielsweise gilt nach BilMoG eine Nutzungsdauer von fünf Jahren. Entscheidet sich der Unternehmer für eine andere Nutzungsdauer hat er dies im Anhang zu erläutern (§ 285 Nr. 13 HGB).

Im Steuerrecht sind die lineare, die degressive Abschreibung, die Leistungsabschreibung und Sonderabschreibungen zulässig. Für den entgeltlich erworbenen Geschäfts- und Firmenwert gilt dort eine Nutzungsdauer von 15 Jahren (§ 7 Abs.1 Satz 3 EStG) – es entsteht eine abweichende Abschreibungssituation für Handels- und Steuerbilanz.

Für Gebäude und selbstständige Gebäudeteile (unbewegliche Wirtschaftsgüter) ist in dem Sinne keine Nutzungsdauer vorgeschrieben, sondern es gelten hierfür gesetzliche Abschreibungssätze (gem. § 7 Abs. 4 und 5 EStG).

Ansonsten gelten die vom Bundesminister für Finanzen ausgegebenen allgemeinen amtlichen AfA-Tabellen. Sie sind nach verschiedenen Wirtschaftszweigen gegliedert und geben Anhaltspunkte für die Schätzung der Nutzungsdauer der einzelnen Wirtschaftsgüter. Für Betriebe des Sozial- und Gesundheitswesen gibt es die AfA-Tabelle Gesundheitswesen.

Die AfA-Tabelle „Gesundheitswesen" gilt für alle folgenden Wirtschaftszweige:

- Arztpraxen (ohne Zahn- und Tierarztpraxen)
- Zahnarztpraxen
- Heilpraktikerpraxen
- sonstige selbstständige Tätigkeiten im Gesundheitswesen
- Krankenhäuser
- sonstige Einrichtungen des Gesundheitswesens
- Tierarztpraxen
- sonstiges freiberufliches Veterinärwesen
- Anstalten und Einrichtungen des Veterinärwesens.

Auszug aus der AfA-Tabelle Gesundheitswesen:

Anlagegüter	Nutzungsdauer in Jahren	Linearer AfA-Satz v. H.
Analysegeräte	5	20
Augenspiegel	10	10
Behandlungseinheiten		
Augenarzt	10	10

Anlagegüter	Nutzungsdauer in Jahren	Linearer AfA-Satz v. H.
HNO	10	10
Intensivüberwachung	8	12
Zahnarzt	10	10
Betten	15	7
Cardiotokographen (CTG)	5	20
Computertomographen	8	12
Dialysegeräte (künstliche Niere)	8	12
Doppler-Sonographiegeräte	5	20
Drainagegeräte	5	20
Dunkelkammereinrichtungen	10	10
EKG	8	12
Elektrotherapiegeräte	8	12
EMG-Geräte	8	12
Endoskope	5	20
Gassterilisatoren	8	12
Gehgestelle	10	10
Handapplanationstonometer	8	12
Heißluftapparate	10	10
Heißluftsterilisatoren	8	12
Infusionsgeräte	5	20
Inhalationsgeräte	8	12
Instrumentenschränke	12	8
Intensivbetten	8	12
Kaltlicht	5	20
Kernspintomographen	8	12
Krankentransportwagen	10	10
Lithotripter	8	12
Mikroskope (elektronisch)	10	10
Mikroskope (mechanisch)	15	7
Mobiliar (sonstiges)	15	7
Nachttische	10	10
Narkosegeräte	5	20
Nierenlithotripter	8	12
Notfallbehandlungssatz (mit Sauerstoff)	5	20
Notfallkoffer	5	20
Nuklear-Therapiegeräte	8	12

Anlagegüter	Nutzungsdauer in Jahren	Linearer AfA-Satz v. H.
OP-Leuchten	10	10
OP-Tische	10	10
Photometer	5	20
Positronen-Emissions-Computer-Tomographen	8	12
Praxiseinrichtungen	10	10
Prüfgeräte für mesopischen Sehbereich	8	12
Refraktometer	5	20
Reizstromgeräte	8	12
Röntgenbildbetrachter	10	10
Röntgengeräte	8	12
Sehtestgeräte	8	12
Sonographiegeräte	5	20
Spaltlampen	6	17
Spektralanalysegeräte	8	12
Tonaudiometer	8	12
Tonometer	8	12
Überwachungseinheiten (Intensivüberwachung)	8	12
Ultraschalldoppler	5	20
Urodynamischer und Uroflow-Messplatz	10	10
UV-Bestrahlungsgeräte	8	12
Wärmetherapiegeräte	8	12
Zentrifugen	8	12

Quelle: BStBl 1995 I S. 84

16. Welche Möglichkeiten bietet der Investitionsabzugsbetrag?

Der Investitionsabzugsbetrag (Ansparabschreibung) stellt eine Abschreibungsmöglichkeit für kleine und mittlere Unternehmen (KMU) dar. Es wird dadurch eine Steuerstundung und Liquiditätshilfe erreicht. Nachfolgend die wichtigsten Punkte, welche zu beachten sind (siehe: Unternehmenssteuerreform; gültig seit Jahresabschluss 2011; § 7g EStG):

- Für Bilanzierende darf das Betriebsvermögen nicht höher als 235.000 € sein.
- Der Gewinn nach Einnahmen-Überschussrechnung darf nicht höher als 100.000 € sein.
- Der Rücklagenhöchstbetrag/Investitionsabzugsbetrag beträgt maximal 40 % oder 200.000 €.

- Die Sonderabschreibungen betragen maximal 20 % der um den Abzugsbetrag verminderten Anschaffungskosten.
- Begünstigte Wirtschaftsgüter sind neue oder gebrauchte, bewegliche und abnutzbare Wirtschaftsgüter, die zu mindestens 90 % betrieblich genutzt werden und für mindestens zwei Jahre im Unternehmen verbleiben.
- Für die Investitionsbeschreibung ist die Benennung der Funktion des Wirtschaftsgutes ausreichend.
- Die Angabe der Höhe der geplanten Investition ist zwingend; eine Angabe zum Anschaffungsjahr ist nicht erforderlich. Die Investition muss jedoch innerhalb von drei Jahren erfolgen.

Wenn die geplante Investition unterbleibt, ist eine Auflösung des Abzugsbetrages mit rückwirkender Gewinnerhöhung im Jahr der Bildung mit Steuerverzinsung nach § 233a AO erforderlich. Sonderregelungen für Existenzgründer entfallen.

4.1.2 Prozess der Inventarisierung sicherstellen

01. Wer ist wann zur Inventur verpflichtet?

Nach § 240 HGB ist jeder Kaufmann verpflichtet, das Vermögen und die Schulden seines Unternehmens festzustellen, dies hat

- bei Gründung oder Übernahme
- am Schluss eines jeden Geschäftsjahres
- sowie bei Auflösung oder Veräußerung des Unternehmens zu erfolgen.

Die körperliche Erfassung aller Vermögens- und Schuldbestände wird als Inventur bezeichnet. Das Ergebnis der Erfassung ist das Inventar. Dies ist ein detailliertes Bestandsverzeichnis aller Vermögensteile und Schulden nach Art, Menge und Wert in Listenform.

Unabhängig von einer Kaufmannseigenschaft, sind

- Krankenhäuser nach § 3 KHBV verpflichtet eine Inventur gemäß HGB durchzuführen und
- Pflegeeinrichtungen nach § 3 PBV verpflichtet eine Inventur gemäß HGB durchzuführen.

Die Verantwortung zur Planung, Durchführung und Dokumentation der Inventur hat der Geschäftsführer, der das Inventar auch eigenhändig unterschreiben muss.

02. Welche Arten der Inventur sind zu unterscheiden?

- **Körperliche Inventur:** Hier werden körperliche Vermögensgegenstände mengenmäßig erfasst und anschließend in Euro nach ihrem Buch- bzw. Zeitwert bewertet (z. B. technische Anlagen, Betriebs- und Geschäftsausstattung, Maschinen, Fahrzeuge).
- **Buchinventur:** Dies ist die Erfassung von Vermögensgegenständen aufgrund buchhalterischer Aufzeichnungen und Belege, wie z. B.: Forderungen, Verbindlichkeiten sowie Bankguthaben. Die zu erfassenden Belege sind z. B. Kontoauszüge, Saldenbestätigung durch Kunden oder Lieferanten, Versicherungspolicen, Eingangs- und Ausgangsrechnungen usw. Hier wird die Bewertung nach bestimmten Regelungen durchgeführt und eine Sortierung nach Fristen vorgenommen.

03. Welche Inventurvereinfachungsverfahren sind zulässig?

- **Stichtagsinventur** (§ 240 HGB): Mengenmäßige Bestandsaufnahme, die zeitnah zum Abschlusstag in einer Frist zehn Tage vor oder nach dem Abschlussstichtag erfolgen muss (meist der 31.12.). Zu- und Abgänge zwischen Aufnahmetag und Abschlussstichtag werden wert- und mengenmäßig auf den Abschlussstichtag hochgerechnet.
- **Stichprobeninventur** (§ 241 Abs. 1 HGB): Hier wird mithilfe statistischer Methoden der Bestand bestimmt, der Sicherheitsgrad sollte 95 % und die Schätzfehler nicht größer als 1 % sein.
- **Verlegte (Stichtags-) Inventur** (§ 241 Abs. 3 Nr. 1 HGB): Die körperliche Bestandsaufnahme erfolgt hier innerhalb der letzten drei Monate vor oder den ersten beiden Monaten nach dem Abschlussstichtag. Hierbei erfolgt die Bestandsaufnahme zunächst mengenmäßig, danach erfolgt eine wertmäßige Hochrechnung der Bestände auf den Abschlussstichtag.
- **Permanente Inventur** (§ 241 Abs. 3 Nr. 2 HGB): Diese macht den Einsatz eines Warenwirtschaftssystems notwendig und bedeutet eine laufende Inventur anhand einer Lagerkartei. Es entfällt hier die körperliche Bestandsaufnahme zum Abschlussstichtag. Voraussetzung ist jedoch, dass jeder Artikel mindestens einmal erfasst wird und somit eine körperliche Bestandsaufnahme zur Überprüfung der Lagerkartei erfolgt ist. Menge und Wert werden zum Stichtag kalkuliert.
- **Festwertinventur** (§ 240 Abs. 3 HGB): Vermögensgegenstände des Sachanlagevermögens können, wenn sie regelmäßig ersetzt werden und ihr Gesamtwert für das Unternehmen von nachrangiger Bedeutung ist, mit einer gleichbleibenden Menge und einem gleichbleibenden Wert angesetzt werden, sofern ihr Bestand in seiner Größe, seinem Wert und seiner Zusammensetzung nur geringen Veränderungen unterliegt. Jedoch ist in der Regel alle drei Jahre eine körperliche Bestandsaufnahme durchzuführen. Dies eignet sich z. B. bei Geschirr- oder Flachwäsche.
- **Gruppenbewertung** (§ 240 Abs. 4 HGB): Gleichartige Vermögensgegenstände können zu einer Gruppe zusammengefasst werden und mit dem gewogenen Durchschnittswert angesetzt werden. Dies eignet sich z. B. für Büroausstattung oder Schulausstattung für Kindertagesstätten oder Lagerwaren.

04. Wie wird eine Inventur organisiert und durchgeführt?

Zum Zeitpunkt der Erfassung der Gegenstände durch eine körperliche Inventur sollten folgende Vorbereitungen getroffen werden:

- Planung der Inventur: Erstellung eines Zeit-, Sach- und Personalplans. Ausdruck der Zähllisten in der Buchhaltung auf Basis des Anlagenverzeichnisses sowie der Materialwirtschaft. Diese können wie folgt aussehen:

Zähler:		Unterschrift:			Datum: 31.12.2018	
Schreiber:		Unterschrift:			Blatt Nr:	
Zählbereich:						
lfd. Nr.	Gegenstand	Inventar Nummer	Menge	Standort/ Raum	GwG	Information
1	Desktop-PC	36121	1	GF 002	nein	-
2	Espressomaschine	38497	1	GF 003	nein	-
...						

- Bildung von Zweierteams: Eine Person zählt bzw. erfasst körperlich und die andere Person dokumentiert auf den Zähllisten. Das Personal aus der Buchhaltung und der Warenwirtschaft sollten bei der Inventur nicht mitwirken, um Manipulationen ggf. zu verhindern.

- Zählpunkte auf den Gegenständen anbringen: Jeder erfasste Gegenstand wird mit einem Zählpunkt markiert, um die Erfassung sichtbar zu machen. Beispiel: rot für 2016, blau für 2017 usw.

- Abgabe an die Buchhaltung: Die fertigen Zähllisten werden in die Buchhaltung gegeben und dort weiterverarbeitet. Dort wird jeder Gegenstand bewertet und dann in das Inventar übernommen. Ersichtliche Differenzen zwischen Buch- und Zählbeständen werden kontrolliert und ggf. wird zu- oder abgeschrieben, um eine Übereinstimmung zu erzielen.

- Das Ergebnis nach Erfassung aller Zähllisten ist das Inventar zum Ende des laufenden Geschäftsjahres.

- Die Belege der Inventur, die Inventuranweisungen und das Inventar sind geordnet und vollständig zu archivieren und zehn Jahre aufzubewahren.

4.1.3 Vermögen und Schulden ermitteln

01. Wie unterscheidet sich das Vermögen?

Vermögen sind alle Gegenstände, Bestände und Rechte (Aktiva), die dem Unternehmen dienen, in die investiert wird. Das Vermögen teilt sich in Anlagevermögen und Umlaufvermögen:

- **Anlagevermögen** sind die Wirtschaftsgüter, welche langfristig im Unternehmen verbleiben und im Produktionsprozess gebraucht jedoch nicht verbraucht werden. Beispiele: Grundstücke, Gebäude, Patente, Kfz, OP-Tische, Computer, Software.

▶ **Umlaufvermögen** sind alle Vermögensteile, die durch den Produktionsprozess verändert bzw. verbraucht werden. Beispiele: Lebensmittel, Vorräte medizinischer Bedarf, Büromaterial, Forderungen, Kassen- und Bankbestand.

02. Wie kann der Kreislauf des Umlaufvermögens dargestellt werden?

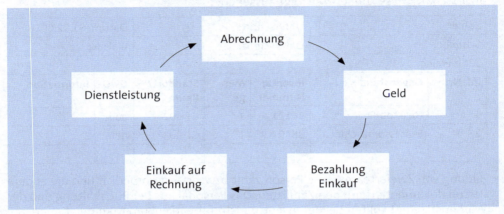

03. Wie unterscheiden sich Schulden?

Schulden sind Verbindlichkeiten zur Finanzierung des Unternehmens, seine Passiva. Hierzu werden die Verbindlichkeiten gegenüber Kreditinstituten (langfristige und kurzfristige Darlehen) und die Verbindlichkeiten aus Lieferungen und Leistungen gerechnet.

Das Eigenkapital sind die Schulden des Unternehmens an den Unternehmer bzw. Eigentümer des Unternehmens. Das Eigenkapital ist eine rechnerische Größe, welche sich wie folgt ergibt:

> Eigenkapital (EK) = Vermögen (Aktiva) - Schulden (FK)

04. Wann ist ein Wirtschaftsgut geringwertig und wie wird es dann abgeschrieben?

Voraussetzungen für das Vorliegen eines geringwertigen Wirtschaftsgutes (GWG): Ein geringwertiges Wirtschaftsgut muss selbstständig nutzbar, beweglich und abnutzbar sein.

Die Anschaffungs- und Herstellungskosten (vermindert um die Vorsteuer) betragen zwischen 250,00 € und 1.000,00 € für Anschaffungen ab dem Jahr 2018.

Liegen die Voraussetzungen vor, wird nach § 6 Abs. 2a EStG jährlich ein Sammelposten (Pool) eingerichtet. Dieser Sammelposten wird einheitlich über fünf Jahre abgeschrieben. Falls ein Wirtschaftsgut ausscheidet, wird dieser Sammelposten nicht wertberichtigt. Der Sammelposten muss daher für jedes Jahr neu angelegt und abgeschrieben werden.

Seit 2018 gilt nach dem Wachstumsbeschleunigungsgesetz folgende Regelung: Bei Anschaffungskosten bis zu 250,00 € netto erfolgt eine Sofortabschreibung oder Abschreibung über die gewöhnliche Nutzungsdauer.

Bei Anschaffungskosten von 250,01 zu 800,00 € netto: Sofortabschreibung oder Abschreibung über die gewöhnliche Nutzungsdauer oder Abschreibung im Sammelposten über fünf Jahre.

Bei Anschaffungskosten von 800,01 bis 1.000,00 € netto: Abschreibung im Sammelposten über fünf Jahre oder Abschreibung über gewöhnliche Nutzungsdauer.

Bei Anschaffungskosten über 1.000,00 € netto liegt kein GWG vor, demnach ist die Abschreibung über die gewöhnliche Nutzungsdauer bzw. nach AfA-Tabelle erforderlich.

Für Einrichtungen des Gesundheits- und Sozialwesen, die nicht vorsteuerabzugsberechtigt sind, wird die Einordnung nach dem Nettobetrag der AHK vorgenommen, die Abschreibung selbst wird jedoch vom Bruttobetrag der AHK vorgenommen.

Beispiel

Die Buchungssätze für die Abschreibungen können wie folgt lauten:

Abschreibung auf Sachanlagen an Anlagevermögen

Abschreibung auf Sachanlagen an Sammelposten 2015.

05. Was beinhaltet das Imparitätsprinzip?

Das Imparitätsprinzip entspricht dem Grundsatz der Vorsicht (Gläubigerschutz), danach sind bei der Bewertung alle drohenden Risiken und Verluste, die bis zum Abschlussstichtag bekannt sind, zu berücksichtigen. Nicht realisierte, zukünftige Gewinne werden jedoch nicht ausgewiesen. Das Imparitätsprinzip wird durch die Bewertungsvorschriften im HGB (§§ 252 ff.) ergänzt.

06. Nach welchem Prinzip wird das Anlagevermögen bewertet?

Für Wirtschaftsgüter des Anlagevermögens gilt das gemilderte Niederstwertprinzip. Das bedeutet, dass für die Wirtschaftsgüter des Anlagevermögens, die einer dauernden Wertminderung unterliegen, der niedrigere Wert in der Bilanz auszuweisen ist (§ 253 Abs. 3 HGB).

Bei Finanzanlagen können außerplanmäßige Abschreibungen auch bei voraussichtlich nicht dauernder Wertminderung vorgenommen werden.

Grundstücke werden mit ihren Anschaffungskosten bewertet und nicht abgeschrieben, da sie aller Voraussicht nach keiner Wertminderung unterliegen.

07. Nach welchen Methoden kann das Anlagevermögen bewertet werden?

Das Anlagevermögen wird nach den in den AfA-Tabellen festgelegten Sätzen abgeschrieben und der Restbuchwert wird in die Bilanz aufgenommen.

> Restbuchwert = AHK - AfA

Gegenstände des Anlagevermögens verbleiben mit einem Erinnerungswert von 1 € in der Bilanz, bis sie das Unternehmen verlassen.

08. Nach welchem Prinzip wird das Umlaufvermögen bewertet?

Für das Umlaufvermögen gilt grundsätzlich das strenge Niederstwertprinzip. Nach § 253 Abs. 4 HGB sind Börsen- oder Marktpreise, oder wenn diese nicht festzustellen sind, der beizulegende Wert anzusetzen, wenn diese am Abschlussstichtag unter die Anschaffungs- oder Herstellungskosten gesunken sind. Dieser Pflichtansatz gilt wegen der Maßgeblichkeit auch für die Steuerbilanz.

09. Nach welchen Methoden kann das Umlaufvermögen bewertet werden?

In vielen Unternehmen ist eine Einzelbewertung nicht möglich. Für diese Fälle sind bestimmte Verfahren der Bewertungsvereinfachung zugelassen:

Verfahren	Voraussetzungen	Gesetzliche Grundlagen
Gruppen- oder Sammelbewertung	Gleichartige Vermögensgegenstände des Vorratsvermögens sowie andere gleichartige oder annähernd bewegliche Vermögensgegenstände.	§ 240 Abs. 4 HGB § 256 Satz 2 HGB R 6.8 EStR
Festbewertung	Sachanlagevermögen sowie Roh-, Hilfs-, Betriebsstoffe, deren Bestand keinen oder nur sehr geringen Schwankungen unterliegen, die regelmäßig ersetzt werden und im Gesamtwert für das Unternehmen von nachrangiger Bedeutung sind.	§ 240 Abs. 3 HGB § 256 Satz 2 HGB R 5.4 EStR/ H 6.4 EStH
Durchschnittsbewertung	Gleichartige Vermögensgegenstände des Vorratsvermögens sowie andere gleichartige oder annähernd gleichwertige bewegliche Vermögensgegenstände, bei denen sich die Anschaffungs- oder Herstellungskosten nicht einwandfrei feststellen lassen.	§ 240 Abs. 2 HGB § 256 Satz 2 HGB R 6.8 EStR
Verbrauchsfolgeverfahren	Hier wird unterstellt, dass bei gleichartigen Vermögensgegenständen des Vorratsvermögens, die zuerst oder die zuletzt angeschafften oder hergestellten Vermögensgegenstände zuerst verbraucht oder veräußert werden: ▸ Lifo-Verfahren ▸ Fifo-Verfahren. Diese Verbrauchsfolgen sind nur anwendbar, wenn sie den Grundsätzen ordnungsgemäßer Buchführung entsprechen und eine EDV gestützte Materialwirtschaft erfolgt.	

10. Was bedeuten das Beibehaltungswahlrecht und das Wertaufholungsgebot?

▸ Liegt der Wert eines Wirtschaftsgutes am Ende des laufenden Geschäftsjahres über dem des Vorjahres, so besteht nach § 253 Abs. 5 HGB die Pflicht, auf den höheren Wert zuzuschreiben.

▸ Ein niedrigerer Wertansatz eines entgeltlich erworbenen Geschäfts- oder Firmenwertes ist allerdings beizubehalten.

▸ Im Steuerrecht (vgl. § 6 Abs. 1 Nr. 2 EStG) darf der niedrigere Teilwert beibehalten werden.

11. Welche zeitlichen Abgrenzungen werden unterschieden?

Damit Forderungen und Verbindlichkeiten sowie Aufwendungen und Erträge periodengerecht den Jahresabschlüssen zugeordnet werden, werden folgende Abgrenzungen unterschieden:

- Aktive Rechnungsabgrenzung für Aufwand
- Passive Rechnungsabgrenzung für Ertrag
- Sonstige Forderungen
- Sonstige Verbindlichkeiten
- Rückstellungen (Urlaub, Überstunden, latente Steuern etc.)

12. Was ist aktive Rechnungsabgrenzung und wie wird sie gebucht?

Nach den Bewertungsvorschriften im Handelsrecht § 252 Abs. 1 Nr. 5 HGB sind Aufwendungen unabhängig vom Zeitpunkt der Auszahlung im Jahresabschluss periodengerecht zu berücksichtigen.

Aufwendungen (z. B. Mieten, Zinsen, Versicherungen, Kfz-Steuer, Abonnements), die im laufenden Jahr ausgezahlt, aber ganz oder zum Teil in das folgende oder spätere Wirtschaftsjahr als Aufwand fallen, werden bilanziell abgegrenzt und als aktiver Rechnungsabgrenzungsposten eingestellt.

Beispiel

Die Kfz-Versicherung in Höhe von 1.200 € für ein Jahr wird am 01.09. des laufenden Jahres bezahlt:

Buchungen am 01.09. des laufenden Jahres:
Kfz-Versicherung (Aufwand) 1.200 € an Bank 1.200 €

Aktive Rechnungsabgrenzung zum Jahresabschluss am 31.12. des laufenden Jahres:
ARA 800 € an Kfz-Versicherung (Aufwand) 800 €

Die Auflösung des Abgrenzungspostens erfolgt am 01.01. des Folgejahres:
Kfz-Versicherung (Aufwand) 800 € an ARA 800 €

13. Was ist passive Rechnungsabgrenzung und wie wird sie gebucht?

Nach den Bewertungsvorschriften im Handelsrecht § 252 Abs. 1 Nr. 5 HGB sind Erträge unabhängig vom Zeitpunkt der Einzahlung im Jahresabschluss periodengerecht zu berücksichtigen.

Erträge (z. B. aus Pacht, Zinsen), die im laufenden Jahr eingezahlt, aber ganz oder zum Teil in das folgende oder spätere Wirtschaftsjahr als Ertrag fallen, werden bilanziell abgegrenzt und als passive Rechnungsabgrenzungsposten eingestellt.

Beispiel

Die Pacht in Höhe von 600 € für ein Halbjahr wird am 01.10. des laufenden Jahres bezahlt:

Buchungen am 01.10. des laufenden Jahres:
Bank 600 € an Pachterträge 600 €

Passive Rechnungsabgrenzung zum Jahresabschluss am 31.12. des laufenden Jahres:
Pachterträge 300 € an PRA 300 €

Die Auflösung des Abgrenzungspostens erfolgt am 01.01. des Folgejahres:
PRA 300 € an Pachterträge 300 €

14. Was sind sonstige Forderungen und wie werden sie gebucht?

Sonstige Forderungen entstehen, wenn Erträge, die das alte Jahr betreffen, erst im neuen Jahr gezahlt werden. Hier verlangt der Gesetzgeber nach § 252 Abs. 1 Ziff. 5 HGB, dass die Erträge, die das abgelaufene Geschäftsjahr betreffen, am Bilanzstichtag erfasst werden.

Erträge (z. B. Pacht, Zinsen), die im folgenden Jahr ausgezahlt, aber ins alte Wirtschaftsjahr als Ertrag fallen, werden bilanziell abgegrenzt und als sonstige Forderung gebucht.

Beispiel

Die Pacht in Höhe von 600 € für den Dezember des alten Jahres und Januar des neuen Jahres wird nachträglich am 10.01. des neuen Jahres bezahlt:

Buchungen am 31.12. des alten Jahres:
Sonstige Forderungen 300 € an Pachterträge 300 €

Die Auflösung der sonstigen Forderungen erfolgt am 10.01. des neuen Jahres:
Bank 600 € an Pachterträge 300 € und sonstige Forderungen 300 €

15. Was sind sonstige Verbindlichkeiten und wie werden sie gebucht?

Sonstige Verbindlichkeiten entstehen, wenn Aufwendungen, die das alte Jahr betreffen, erst im neuen Jahr gezahlt werden. Hier verlangt der Gesetzgeber nach § 252 Abs. 1 Ziff. 5 HGB, dass der Aufwand, der das abgelaufene Geschäftsjahr betrifft, am Bilanzstichtag erfasst wird.

Aufwendungen (z. B. Überstundenzuschläge, Zulagen), die im folgenden Jahr ausgezahlt, aber in das alte Wirtschaftsjahr als Aufwand fallen, werden bilanziell abgegrenzt und als sonstige Verbindlichkeiten gebucht.

Beispiel

Die Überstundenzuschläge in Höhe von 5.000 € für den Dezember des alten Jahres werden am 25.01. des neuen Jahres mit Auszahlung der Januar-Gehälter ausgezahlt:

Buchungen am 31.12. des alten Jahres:
Personalaufwand, Überstunden 5.000 € an Sonstige Verbindlichkeiten 5.000 €

Die Auflösung der sonstigen Verbindlichkeiten erfolgt am 20.01. des neuen Jahres:
Löhne und Gehälter 47.000 € und Sonstige Verbindlichkeiten 5.000 € an Bank 52.000 €.

16. Was sind Rückstellungen und wie werden sie gebucht?

Rückstellungen nach § 249 HGB werden gebildet, um ungewisse Verbindlichkeiten und drohende Verluste als Aufwendungen (z. B. nicht durchgeführte Instandhaltungen sofern diese innerhalb von drei Monaten im neuen Jahr beendet werden) periodengerecht zuzuordnen, die dem Grunde nach bekannt sind, deren Höhe und genaue Fälligkeit jedoch noch unbekannt sind. Rückstellungen sind Schulden und werden dem Fremdkapital des Unternehmens in der Bilanz zugeordnet.

Die Höhe der Rückstellungen ist nach den Grundsätzen ordnungsmäßiger Bilanzierung zu ermitteln bzw. zu schätzen. Der so ermittelte Betrag wird auf das entsprechende Aufwandskonto und dem Konto Rückstellungen gebucht. Der Aufwand wird in der Periode gebucht, in der dieser entsteht. Rückstellungen sind Fremdkapital.

Beispiel

Eine begonnene Instandhaltung konnte im Dezember des alten Jahres nicht mehr beendet werden und wird auf das neue Jahr verschoben. Die Kosten gemäß Kostenvoranschlag betragen 5.600 €.

Buchungen am 31.12. des alten Jahres:
Instandhaltung und Instandsetzung 5.600 € an Sonstige Rückstellungen 5.600 €

1. Möglichkeit im neuen Jahr, die tatsächlichen Kosten der Instandhaltung übersteigen die Rückstellung um 2.200 €.

   Buchung am 15.02. des neuen Jahres:
   Sonstige Rückstellungen 5.600 € und Periodenfremde Aufwendungen 2.200 € an Bank 7.800 €

2. Möglichkeit im neuen Jahr, die tatsächlichen Kosten der Instandhaltung unterschreiten die Rückstellung um 200 €.

   Buchung am 15.02. des neuen Jahres:
   Sonstige Rückstellungen 5.600 € an Bank 5.400 € und Erträge aus der Auflösung von Rückstellungen 200 €

Andere Aufwandsrückstellungen sind nach dem BilMoG nicht erlaubt.

Die Bewertung der Rückstellung regelt sich nach § 6 EStG.

17. Welche handelsrechtlichen und steuerlichen Vorschriften gelten für die Einstellung eines aktiven Rechnungsabgrenzungspostens?

Die handelsrechtliche Verpflichtung ergibt sich aus § 250 Abs. 1 Satz 1 HGB, die steuerrechtliche aus § 5 Abs. 5 Satz 1 Nr. 1 EStG.

Eine Ausnahme ist im Handelsrecht im § 250 Abs. 3 dargestellt: Für ein Damnum/Agio (Aufgeld) bzw. Disagio (Abgeld) gibt es ein Wahlrecht, d. h. es darf für diese Finanzierungskosten ein Aktivposten eingestellt werden.

Im Steuerrecht gilt dieses Wahlrecht nicht. Hier muss abgegrenzt werden.

18. In welchen Büchern werden die Verwahrgelder gebucht?

Pflegeheime führen für alle Pflegeheimbewohner im Nebenbuch Verwahrgeldkonten, auf denen die Barbeträge bzw. Verwahrgelder gebucht werden. Die einzelnen Verwahrgeldkonten werden im Hauptbuch zum Konto Verwahrgelder zusammengeführt.

Das Konto Verwahrgelder ist ein Passivkonto und bildet die Verbindlichkeiten des Pflegeheimes gegenüber den Pflegeheimbewohnern ab. Auf der Aktivseite der Bilanz ist ein Konto Verwahrgeldkasse zur führen, welches die Summe der Verwahrgelder aller Bewohner darstellt. Die Buchung im Aktiv und Passiv führt dazu, dass die Verwahrgelder keine Auswirkung auf das Eigenkapital der Einrichtung haben, also neutral verwaltet werden.

S	Aktivkonto Verwahrgeldkasse	H	S	Passivkonto Verwahrgelder	H
	5.000				5.000

19. Wie wird ein Bedarf an Barbetrag in einer Pflegeeinrichtung ermittelt?
Beispiel

Der Bewohner einer stationären Pflegeeinrichtung mit Pflegestufe III hat eine Rente von 450 € die, gemäß Formular R985 „Angaben zum Zahlungsweg", vom Rentenversicherungsträger direkt an die Einrichtung übergeleitet wird.

Leistung der Einrichtung/ Kostendeckung	Gesamtbetrag in €	Anteil der Pflegekasse in €	Anteil des Bewohners[1] in €	Anteil der Sozialhilfeträger in €	Rentenüberleitung in €
Pflegesatz Pflegegrad 4, vollstationär	2.144,61	1.775,00	369,61		
Unterkunft + Verpflegung	669,24			669,24	
Investition + Instandhaltung	365,04		365,04		
Zwischensumme	**3.178,89**	**1.775,00**	**734,65**	**669,24**	
Rente			-450,00		450,00
Pflegewohngeld			-284,65	284,65	
Grundsicherung			0,00	0,00	
Barbetrag			-114,48	114,48	
Gesamt	**3.315,78**	**1.775,00**	**-114,48**	**1.068,37**	**450,00**
		Rechnung	Guthaben Auszahlung	Rechnung	Verrechnung

Der Eigenanteil des Bewohners wird durch seine Rente, das beantragte und genehmigte Pflegewohngeld und die beantragte und genehmigte Grundsicherung (gem. § 1 SGB XII) gedeckt. Nach Verrechnung der Rente, dem Pflegewohngeld, der Grundsicherung und dem Barbetrag bleibt dem Bewohner im Jahr 2019 ein Guthaben von 114,48 € als Barbetrag zur Verfügung. Dieser ermittelt sich nach § 27b SGB XII aus 27 % des Regelsatzes eines Haushaltsvorstandes, dieser beträgt seit 01.01.2019: 424 €. Der Grundbarbetrag ist hier somit 114,48 €. Der Regelsatz wird jährlich angepasst.

---

[1] Alle Bewohner zahlen nur noch einen einrichtungseinheitlichen Eigenanteil.

20. Wie werden Forderungen berichtigt bzw. pauschale Wertberichtigungen gebucht?

Forderungen sind jeweils einzeln zu bewerten und zu berichtigen. Es verbleibt für die Gesamtheit der Forderungen ein allgemeines Kreditrisiko, dass diese nicht oder nur teilweise gezahlt werden. Dieses Risiko von Forderungsausfällen kann durch eine Pauschalwertberichtigung (PWB) buchhalterisch berücksichtigt werden. Ein Beispiel kann dies verdeutlichen:

Beispiel

Gebuchte Forderungsausfälle der letzten drei Jahre: 75.000 € insgesamt. Die Umsätze (Gesamtforderungen) der letzten drei Jahre betrugen: 3.480.000 €. Dies ergibt rechnerisch ein pauschales Risiko von Forderungsausfällen von 2,15 % = 75.000 € : 3.480.000 € • 100.

Die PWB Buchungen erfolgen durch pauschale Abschreibungen auf die Summe der Forderungen in der Bilanz und werden nicht auf Personenkonten vorgenommen.

Forderungen an Selbstzahler am 31.12.2019: 1.250.000 €
Kalkulatorisches Ausfallrisiko zzgl. Zinsverlust: 3 % = 37.500 €

Buchungssatz der PWB am 31.12.2019

Abschreibung auf Forderungen an Forderungen a.L.L. 37.500 €

Am 31.12.2019 betragen die Forderungen an Selbstzahler: 1.600.000 €.

darauf eine 3 % PWB: 48.000 €
abzgl. gebuchte PWB 2014: 37.500 €
Veränderung der PWB in 2015: +10.500 €

Buchung der Erhöhung der PWB am 31.12.2017

Abschreibung auf Forderungen an Forderungen a.L.L. 10.500 €

Im Jahr 2020 ist die Summe der Forderungen an Selbstzahler auf 1.400.000 € zurückgegangen.

darauf eine 3 % PWB: 32.000 €
abzgl. gebuchte PWB 2019: 48.000 € (= 37.500 + 10.500)
Veränderung der PWB in 2020: -16.000 €

Buchung der Herabsetzung der PWB in 2020

Forderungen a.L.L. an Erträge aus der Auflösung von Wertberichtigungen auf Forderungen 16.000 €

Die PWB werden in einer Nebenbuchhaltung bzw. Sonderperioden durchgeführt.

21. Was sind latente Steuern?

Die Buchung von latenten Steuern beruht auf der zeitlich begrenzten Differenz des Gewinnausweises in der Handels- und Steuerbilanz. Dies entspricht dem bilanzorientierten „temporary concept". Ist die Differenz zeitlich unbegrenzt, wird keine Steuerabgrenzung vorgenommen.

Die Art der Steuerabgrenzung kann aus folgendem Schema abgelesen werden:

	Aktive latente Steuern	Passive latente Steuern
Ansatz bei Konsolidierungsmaßnahmen im Konzern	Pflicht	Pflicht
Ansatz im Jahresabschluss HB II	Wahlrecht	Pflicht
Ausweis als	aktive latente Steuern	passive latente Steuern
Buchung im Folgejahr	Steueraufwand an aktive latente Steuern	passive latente Steuern an Steueraufwand
Buchung im Jahr der Entstehung	aktive latente Steuern an Steueraufwand	Steueraufwand an passive latente Steuern
Gewinnausweis in	Handelsbilanz kleiner als Steuerbilanz	Handelsbilanz größer als Steuerbilanz
im Anhang	gesonderte Erläuterung	gesonderte Erläuterung
Zeitbezug	vorübergehend	vorübergehend
Beispiele:	Nichtaktivierung des Disagio nach § 250 Abs. 3 HGB	Ansatz von selbsterstellten immateriellen Vermögensgegenständen
	Berücksichtigung von zukünftigen Preis- und Kostensteigerungen in der Handelsbilanz	Übertragung von stillen Reserven auf Ersatzwirtschaftsgüter, dadurch ein niedriger Ansatz in der Steuerbilanz
	Verlustvorträge, sofern eine Verrechnung in den nächsten 5 Jahren erwartet wird, § 274 Abs. 1 Satz 4 HGB	

	Aktive latente Steuern	Passive latente Steuern
	Abzinsung von Rückstellungen nach Handelsrecht bei einem Marktzins unter 5,5 % p. a.	

Hierbei lässt sich folgende Fallunterscheidung vornehmen:

	Passive latente Steuern	Aktive latente Steuern
Verbindlichkeiten/ Rückstellungen	HB < StB Ansatz in StB aber nicht in HB	HB > StB Ansatz in HB aber nicht in StB
Vermögensgegenstände	HB > StB Ansatz in HB aber nicht in StB	HB < StB Ansatz in StB aber nicht in HB

22. Welche Aufgaben hat die Interne Revision?

Die Interne Revision soll die Einhaltung der GoB, aller internen Anweisungen und die Einhaltung der entsprechenden Normen kontrollieren, dokumentieren und Verstöße dem Management berichten. Die interne Revision ist meist als Stabsstelle organisiert. Im Sinne von § 91 Abs. 2 AktG hat der Vorstand einer AG eine Interne Revision einzurichten.

Grundsätzlich soll die Interne Revision folgenden Prinzipien folgen:

- Organisatorische Unabhängigkeit: z. B. direkt dem Vorstand zugeordnet
- Prozessunabhängigkeit z. B. nicht in Phasen eines betreffende Geschäftsvorfalls eingebunden
- Individuelle Unabhängigkeit und Objektivität der Revisionsmitarbeiter: z. B. durch das Vieraugenprinzip
- Informationsrecht: z. B. durch Zugriffsrechte auf EDV-Anwendungen
- Vertraulichkeit bei schutzwürdigen Interessen: z. B. durch Daten-, Informanten- und Mitarbeiterschutz.

4.1.4 Bilanzschema darstellen

01. Welche Kontenrahmen sind für Einrichtungen des Gesundheits- und Sozialwesens maßgeblich?

Für Krankenhäuser ist er in der Verordnung über die Rechnungs- und Buchführungspflichten von Krankenhäusern (Krankenhaus-Buchführungsverordnung – KHBV), zuletzt geändert am 21.12.2016, in der Anlage 4 beschrieben. Der DATEV-Kontenrahmen SKR 99 beschreibt folgende Kontenklassen:

0: Anlagevermögenskonten

1: Umlaufvermögenskonten

2: Eigenkapitalkonten/Fremdkapitalkonten

3: Fremdkapitalkonten

4: Betriebliche Erträge

5: Andere Erträge

6: Aufwendungen

7: Weitere Aufwendungen

8: Vortrags- und statistische Konten

9: Statistische Konten.

Für Pflegeeinrichtungen ist er in der Verordnung über die Rechnungs- und Buchführungspflichten der Pflegeeinrichtungen (Pflege-Buchführungsverordnung – PBV), zuletzt geändert am 21.12.2016, in der Anlage 4 beschrieben. Der DATEV-Kontenrahmen SKR 45 beschreibt folgende Kontenklassen:

0: Anlagevermögenskonten

1: Umlaufvermögenskonten

2: Eigenkapitalkonten

3: Fremdkapitalkonten

4: Betriebliche Erträge

5: Andere Erträge

6: Aufwendungen

7: Weitere Aufwendungen

8: Weitere Erträge und Aufwendungen, Vortragskonten

9: Statistische Konten.

Zahnärzte, die die doppelte Buchführung durchführen, können den DATEV-Kontenrahmen SKR 80 nutzen, dieser beschreibt folgende Kontenklassen:

0: Anlagekonten

1: Finanz- und Privatkonten

2: Abgrenzungskonten

3: Einkaufs- und Bestandskonten

4: Betriebliche Aufwendungen

7: Bestände

8: Erlöskonten

9: Vortrags- und Abschlusskonten.

Ärzte, die die doppelte Buchführung durchführen, können den DATEV Kontenrahmen SKR 81 nutzen, dieser beschreibt folgende Kontenklassen:

0: Anlagekonten

1: Finanz- und Privatkonten

2: Abgrenzungskonten

3: Einkaufs- und Bestandskonten

4: Betriebliche Aufwendungen

8: Erlöskonten

9: Vortrags- und Abschlusskonten.

Vereine, Stiftungen und gGmbH, die die doppelte Buchführung durchführen, können den DATEV Kontenrahmen SKR 49 nutzen, dieser beschreibt folgende Kontenklassen:

0: Bestandskonten Aktiva

1: Bestandskonten Passiva

2: Erfolgskonten für ideellen Bereich

3: Erfolgskonten für ertragsteuerneutrale Posten

4: Erfolgskonten für Vermögensverwaltung

5: Erfolgskonten für ertragsteuerfreie Zweckbetriebe Sport

6: Erfolgskonten für andere ertragsteuerfreie Zweckbetriebe

7: Erfolgskonten für ertragsteuerpflichtige Geschäftsbetriebe Sport

8: Erfolgskonten für andere ertragsteuerpflichtige Geschäftsbetriebe

9: Statistik- und Vortragskonten.

Vereine, Kindertagesstätten, Freiberufler wie Ärzte usw., die keine doppelte Buchführung durchführen, ermitteln ihren Gewinn nach der Einnahmeüberschussrechnung (EÜR).

02. Wie ist der Kontenrahmen nach Pflege-Buchführungsverordnung (PBV) gegliedert?

Der Kontenrahmen entspricht den Gliederungsvorschriften des § 3 Abs. 2 PBV. Der Kontenrahmen nach PBV ist für alle ambulanten und stationären bzw. teilstationären Pflegeeinrichtungen, die einen Versorgungsvertrag haben, maßgeblich.

Kontenrahmen nach PBV			
Aktiva	Anlage-vermögen	Klasse 0	immaterielle Vermögensgegenstände und Sachanlagen Finanzanlagen
	Umlauf-vermögen	Klasse 1	Umlaufvermögen und aktive Rechnungs-abgrenzung
Passiva		Klasse 2	Eigenkapital, Sonderposten und Rückstellungen
		Klasse 3	Verbindlichkeiten und passive Rechnungs-abgrenzung
Erträge		Klasse 4	betriebliche Erträge
		Klasse 5	andere Erträge
Aufwendungen		Klasse 6	betriebliche Aufwendungen
		Klasse 7	Weitere Aufwendungen
Ergebnisrechnungen		Klasse 8	Eröffnungs- und Abschlusskonten
Kosten- und Leistungsrechnung		Klasse 9	Kostenstellen

03. Welche Vorteile hat die Anwendung des Kontenrahmens nach PBV?

Der Kontenrahmen nach PBV bietet den Einrichtungen eine einheitliche Grundstruktur für die Gliederung und Bezeichnung der Konten. Damit wird die buchhalterische Erfassung der Geschäftsvorgänge vereinfacht und vereinheitlicht. Zeitvergleiche und Betriebsvergleiche sowie die Prüfung der Kontierung sind leichter möglich.

Der Kontenrahmen ist unterteilt in zehn Kontenklassen (1. Stelle der Nummer), in zehn Kontengruppen (2. Stelle der Nummer) und in zehn Kontenuntergruppen (3./4. Stelle der Nummer). Die Konten (bis zu 12 Stellen) können vom Unternehmen, je nach den betrieblichen Erfordernissen, individuell benannt werden. Der betriebliche Kontenplan muss den Vorgaben der Pflege-Buchführungsverordnung (PBV) entsprechen.

04. Was ist ein Kontenplan?

Der Kontenplan wird aus dem Kontenrahmen abgeleitet und ist auf die Belange des betreffenden Unternehmens speziell ausgerichtet: Er enthält die Grundstruktur des Kontenrahmens, führt jedoch nur die Konten, die das betreffende Unternehmen benötigt und spezifiziert die Bezeichnung in der Kontenunterart.

Beispiel

Kontenklasse	6	Betriebliche Aufwendungen	Kontenrahmen
Kontengruppe	60	Löhne und Gehälter	
Kontenuntergruppe	601	Löhne und Gehälter Leitung Pflegedienst (PDL)	Kontenplan
Konten	6010	Löhne und Gehälter PDL	
	6110	Gesetzliche Sozialabgaben auf Löhne und Gehälter PDL	
	6500	Lebensmittel	

Innerhalb der Kontenklasse 6 (Betriebliche Aufwendungen), der Kontengruppe 60 (Löhne und Gehälter) und der Kontenart 601 (Löhne und Gehälter Leitung Pflegedienst, PDL) enthält der Kontenplan des Unternehmens die Konten (6010, 6110, 6500).

Analog wird der Betrieb bei der Bildung seiner Bankkonten verfahren: Je nachdem, welche Bankverbindungen existieren, werden in der Kontengruppe 12 Konten angelegt:

1260 Sparkasse …
1261 Volksbank …
1262 Deutsche Bank …

05. Wie wird eine Einnahmeüberschussrechnung (EÜR) durchgeführt?

Steuerpflichtige, die keine doppelte Buchführung durchführen müssen, ermitteln ihren Gewinn nach der EÜR gemäß § 4 Abs. 3. EStG.

Das amtliche Formular EÜR 2018 hat u. a. folgende Positionen und Angaben in Euro:

Betriebseinnahmen:

- Betriebseinnahmen als umsatzsteuerlicher Kleinunternehmer
- davon aus Umsätzen, die in § 19 Abs. 3 Nr. 1 und 2 UStG bezeichnet sind
- umsatzsteuerpflichtige Betriebseinnahmen
- umsatzsteuerfreie, nicht umsatzsteuerbare Betriebseinnahmen sowie Betriebseinnahmen für die der Leistungsempfänger die Umsatzsteuer nach §13b UStG schuldet

- vereinnahmte Umsatzsteuer sowie Umsatzsteuer auf unentgeltliche Wertabgaben
- vom Finanzamt erstattete und ggf. verrechnete Umsatzsteuer
- Veräußerung oder Entnahme von Anlagevermögen
- private Kfz-Nutzung
- sonstige Sach-, Nutzungs- und Leistungsentnahmen
- Auflösung von Rücklagen und Ausgleichsposten.

= Summe Betriebseinnahmen.

Betriebsausgaben:
- Betriebsausgabenpauschale nach § 3 Nr. 26, 26a und/oder 26b EStG
- Waren, Rohstoffe und Hilfsstoffe einschließlich der Nebenkosten
- bezogene Fremdleistungen
- Ausgaben für eigenes Personal (z. B. Gehälter, Löhne und Versicherungsbeiträge).

Absetzung für Abnutzung (AfA):
- AfA auf unbewegliche Wirtschaftsgüter (ohne AfA für das häusliche Arbeitszimmer)
- AfA auf immaterielle Wirtschaftsgüter (z. B. erworbene Firmen-, Geschäfts- oder Praxiswerte)
- AfA auf bewegliche Wirtschaftsgüter (z. B. Maschinen, Kfz)
- Sonderabschreibungen nach § 7g EStG
- Herabsetzungsbeträge nach § 7g Abs.2 EStG
- Aufwendungen für geringwertige Wirtschaftsgüter (GWG) nach § 6 Abs.2 EStG
- Auflösung Sammelposten nach § 6 Abs. 2a EStG
- Restbuchwert der ausgeschiedenen Anlagegüter.

Raumkosten und sonstige Grundstücksaufwendungen (ohne häusliches Arbeitszimmer):
- Miete/Pacht für Geschäftsräume und betrieblich genutzte Grundstücke
- Miete/Aufwendungen für doppelte Haushaltsführung
- sonstige Aufwendungen für betrieblich genutzte Grundstücke (ohne Schuldzinsen und AfA).

Sonstige unbeschränkt abziehbare Betriebsausgaben:
- Aufwendung für Telekommunikation (z. B. Telefon, Internet)
- Fortbildungskosten (ohne Reisekosten)
- Rechts- und Steuerberatung, Buchführung
- Miete/Leasing bewegliche Wirtschaftsgüter (ohne Kfz)

4. Steuern von betriebswirtschaftlichen Prozessen und Ressourcen | 4.1 Jahresabschlussarbeiten

- Beiträge, Abgaben, Gebühren und Versicherungen (ohne Gebäude und Kfz)
- Werbekosten
- Schuldzinsen zur Finanzierung von AHK von Wirtschaftsgütern des Anlagevermögens
- übrige Schuldzinsen
- gezahlte Vorsteuerbeträge
- an das Finanzamt gezahlte und ggf. verrechnete Umsatzsteuer
- Rücklagen, stille Reserven und/oder Ausgleichsposten
- übrige unbeschränkt abziehbare Betriebsausgaben.

Beschränkt abziehbare Betriebsausgaben und Gewerbesteuer, jeweils unterteilt in: nicht abziehbar und abziehbar:

- Geschenke
- Bewirtungsaufwendungen
- Verpflegungsmehraufwendungen
- Aufwendungen für ein häusliches Arbeitszimmer (einschl. AfA und Schuldzinsen)
- sonstige beschränkt abziehbare Betriebsausgaben
- Gewerbesteuer.

Kraftfahrzeugkosten und andere Fahrkosten:

- Leasingkosten
- Steuer, Versicherung, Maut
- sonstige tatsächliche Fahrtkosten ohne AfA und Zinsen (z. B. Reparaturen, Wartung, Treibstoff)
- Fahrtkosten für nicht zum Betriebsvermögen gehörende Fahrzeuge
- Kfz-Kosten zwischen Wohnung und Betriebsstätte; Familienheimfahrten
- mindestens abziehbare Kfz-Kosten zwischen Wohnung und Betriebsstätte; Familienheimfahrten.

= Summe Betriebsausgaben

Ermittlung des Gewinns:
- Summe der Betriebseinnahmen
- abzüglich Summe der Betriebsausgaben
- zuzüglich
  - Hinzurechnung der Investitionsabzugsbeträge nach § 7g Abs. 2 EStG (Vorjahre)
  - Gewinnzuschlag nach § 6b Abs. 7 und 10 EStG
- abzüglich Investitionsabzugsbeträge nach § 7g Abs. 1 EStG

- Hinzurechnungen und Abrechnungen bei Wechsel der Gewinnermittlungsart
- Ergebnisanteile aus Beteiligungen an Personengesellschaften.

= Korrigierter Gewinn/Verlust
- bereits berücksichtigte Beträge für die das Teileinkünfteverfahren bzw. § 8b KStG gilt
- steuerpflichtiger Gewinn/Verlust vor Anwendung des § 4 Abs. 4a EStG
- Hinzurechnungsbetrag nach § 4 Abs. 4a EStG.

= steuerpflichtiger Gewinn/Verlust

Ergänzende Angaben:
Rücklagen, stille Reserven
- Rücklagen nach § 6c i. V. m. § 6b EStG, R 6.6 EStR
- Übertrag von stillen Reserven nach § 6c i. V. m. § 6b EStG, R 6.6 EStR
- Ausgleichsposten nach § 4g EStG.

Zusätzliche Angaben bei Einzelunternehmen:

Entnahmen und Einlagen:
- Entnahmen einschließlich Sach-, Leistungs- und Nutzungsentnahmen
- Einlagen einschließlich Sach-, Leistungs- und Nutzungseinlagen.

Das Formular EÜR wird jährlich neu aufgelegt.

06. Was ist bei der EÜR zu beachten?

Auch umsatzsteuerliche Kleinunternehmer (Betriebseinnahmen unterhalb von 17.500 € pro Jahr), haben die EÜR elektronisch, auf dem amtlichen Vordruck (ELSTER) zu übermitteln.

Die Besonderheit der EÜR ist, das Zuflussprinzip: dies bedeutet, dass nur die Einnahmen bzw. Ausgaben zu berücksichtigen sind, welche in dem Wirtschaftsjahr eingenommen bzw. ausgezahlt wurden. Bestandsveränderungen bleiben unberücksichtigt. Dadurch erfolgt keine periodengerechte Gewinnermittlung, dies ist der wesentliche Unterschied zum Betriebsvermögensvergleich (Gewinnermittlung nach § 4 Abs. 1, § 5 Abs. 1 EStG).

Das Ausfüllen der Anlage EÜR ist aufgrund der Belegdokumentation und steuerrechtlichen Inhalte nicht einfach und sehr zeitintensiv. Da die betrieblichen Steuererklärungen seit 2012 nur noch elektronisch eingereicht werden dürfen, ist die Nutzung einer Buchhaltungssoftware angezeigt.

07. Was ist eine Bilanz?

Die Bilanz ist die zu einem bestimmten Zeitpunkt zusammengefasste Gegenüberstellung der Vermögensteile (Aktiva) und der Kapitalien (Passiva) einer Unternehmung. Die linke Seite der Bilanz (Aktiv- oder Vermögensseite) zeigt, aus welchen Teilen sich das Vermögen zusammensetzt. Die rechte Seite (Passiv-, Kapital- oder Schuldenseite) zeigt, aus welchen Quellen die Mittel zur Anschaffung der Vermögenswerte stammen.

Die allgemeine Gliederungsform der Bilanz ist in § 266 HGB verbindlich festgelegt:

AKTIVSEITE	PASSIVSEITE

A. Anlagevermögen
I. Immaterielle Vermögensgegenstände
   z. B. Konzessionen, Patente, Lizenzen
II. Sachanlagen
   z. B. Grundstücke, Gebäude, Maschinen, Betriebs- und Geschäftsausstattung
III. Finanzanlagen
   z. B. Anteile an verbundenen Unternehmen, Beteiligungen, Wertpapiere des AV
	A. Eigenkapital
	I. Gezeichnetes Kapital
	II. Kapitalrücklage
	III. Gewinnrücklagen
	   z. B. gesetzliche, satzungsmäßige, andere Gewinnrücklagen
	IV. Gewinn-/Verlustvortrag
	V. Jahresüberschuss/Jahresfehlbetrag

B. Umlaufvermögen
I. Vorräte
   z. B. Roh-, Hilfs- und Betriebsstoffe, Halb- und Fertigfabrikate, Waren
II. Forderungen
III. Wertpapiere
IV. Zahlungsmittel
   z. B. Schecks, Kassenbestand, Bankguthaben
	B. Rückstellungen
	z. B. Pensionsrückstellungen sonstige Rückstellungen, Steuerrückstellungen
	
	C. Verbindlichkeiten
	z. B. Anleihen, Bankverbindlichkeiten, Verbindlichkeiten aus Lieferungen und Leistungen, sonstige Verbindlichkeiten

C. Rechnungsabgrenzungsposten	
D. Aktive latente Steuern	**D. Rechnungsabgrenzungsposten**
E. Aktiver Unterschiedsbetrag aus der Vermögensverrechnung	**E. Passive latente Steuern**

Bilanzsumme
   Mittelverwendung
   Investition
	Bilanzsumme
	   Mittelherkunft
	   Finanzierung

MERKE

Das Eigenkapital errechnet sich als rechnerische Größe aus Vermögen minus Schulden.

Das Eigenkapital ist eine Schuld des Unternehmens gegenüber dem Eigentümer des Unternehmens.

 MERKE

Die Summe der Aktiva ist immer gleich der Summe der Passiva, dies ist die Bilanzsumme.

Die allgemeine Gliederungsform der Bilanz nach Anlage 1 der KHBV ist abweichend:

AKTIVSEITE	PASSIVSEITE

A. Anlagevermögen
  I. Immaterielle Vermögensgegenstände
     z. B. Konzessionen, Patente, Lizenzen
  II. Sachanlagen
     z. B. Grundstücke, Gebäude, Technische Anlagen, Einrichtung und Ausstattung
  III. Finanzanlagen
     z. B. Anteile an verbundenen Unternehmen, Beteiligungen, Wertpapiere des AV
	A. Eigenkapital
	  1. Gezeichnetes Kapital
	  2. Kapitalrücklage
	  3. Gewinnrücklagen
	     z. B. gesetzliche, satzungsmäßige, andere Gewinnrücklagen
	  4. Gewinn-/Verlustvortrag
	  5. Jahresüberschuss/Jahresfehlbetrag

B. Umlaufvermögen
  I. Vorräte
     z. B. Roh-, Hilfs- und Betriebsstoffe, Halb- und Fertigfabrikate, Waren, Anzahlungen
  II. Forderungen
     z. B. Forderungen aus Lieferungen und Leistungen, Forderungen nach dem Krankenhausfinanzierungsgesetz, sonstige Forderungen
  III. Wertpapiere
  IV. Zahlungsmittel
     z. B. Schecks, Kassenbestand, Bankguthaben
	B. Sonderposten aus Zuwendungen zur Finanzierung des Sachanlagevermögens:
	  1. Sonderposten aus Fördermitteln nach dem KHG
	  2. Sonderposten aus Zuweisungen und Zuschüssen der öffentlichen Hand
	  3. Sonderposten aus Zuwendungen Dritter

C. Ausgleichsposten nach dem Krankenhausfinanzierungsgesetz z. B. aus Darlehensförderung, aus Eigenmittelförderung	**C. Rückstellungen** z. B. Pensionsrückstellungen sonstige Rückstellungen, Steuerrückstellungen
D. Rechnungsabgrenzungsposten	**D. Verbindlichkeiten** z. B. Anleihen, Bankverbindlichkeiten, Verbindlichkeiten aus Lieferungen und Leistungen, sonstige Verbindlichkeiten
E. Aktive latente Steuern	
F. Aktiver Unterschiedsbetrag aus der Vermögensverrechnung	**E. Ausgleichsposten aus Darlehensförderung**
G. Nicht durch Eigenkapital gedeckter Fehlbetrag	**F. Rechnungsabgrenzungsposten** **G. Passive latente Steuern**
Bilanzsumme	**Bilanzsumme**

08. Aus welchen Gründen ist eine Krankenhaus-Buchführungsverordnung (KHBV) und Pflege-Buchführungsverordnung (PBV) notwendig?

Krankenhäuser und Pflegeeinrichtungen unterliegen der Pflicht zur kaufmännischen Buchführung. Die Besonderheit der Krankenhaus- und Pflegebuchführung resultiert aus der dualen Finanzierung der Krankenhäuser nach § 4 KHG und der Pflegeeinrichtungen nach den Landespflegegesetzen. Die aktivierten Fördermittel müssen in der Bilanz durch passive Sonderposten neutralisiert werden.

Die Buchung von Sonderposten ist eine Spezialität der KHBV und PBV. Die KHBV (§ 5 Abs. 3 KHBV) und PBV (§ 5 Abs. 2 PBV) schreiben die Buchungen vor. Die KHBV und PBV dienen auch der bundesweiten Vergleichbarkeit der Einrichtung sowie der einheitlichen Datenvorgabe für Kalkulation und Vorbereitung von Pflegesatzverhandlungen[1] sowie Beantragung öffentlicher Einzelförderung sowie Fördermittel für die Gesundheitsbetriebe.

Die übrige Buchführung entspricht prinzipiell jenen in Industrie- oder Dienstleistungsbetrieben.

09. Wie sind die Haftungsverhältnisse in der Bilanz nach Handelsrecht darzustellen?

Die Grundsätze ordnungsgemäßer Buchführung und die Aufstellungsgrundsätze der Bilanz umfassen auch die Rechnungslegung der Haftungsverhältnisse. Nach Handelsrecht sind folgende Haftungsverhältnisse zu vermerken:

Verbindlichkeiten

- aus der Begebung und Übertragung von Wechseln
- aus Bürgschaften
- Wechsel- und Scheckbürgschaften
- aus Gewährleistungsverträgen sowie Haftungsverhältnisse aus der Bestellung von Sicherheiten für fremde Verbindlichkeiten.

Der § 251 HGB lässt zur Angabe der Haftungsverhältnisse ein Wahlrecht zu: Danach kann die Angabe in der Bilanz (auf der Passivseite) oder im Anhang erfolgen.

---

[1] siehe auch: *H. Christophers*, Pflegesatzverhandlungen – die Grundlagen, Hannover 2019.

10. Welche vier Arten der Bestandsveränderung sind in einer Bilanz möglich?

- **Aktivtausch:** Beim Aktivtausch sind nur Aktivkonten beteiligt. Bei einer Barabhebung vom Bankkonto und Einzahlung in die Kasse, nimmt das Bankkonto ab und das Kassenkonto um den entsprechenden Betrag zu.

  Buchungssatz: Kasse (+) an Bank (-)

- **Passivtausch:** Ein Passivtausch erfasst nur Schulden. Die Bilanzsumme bleibt unverändert. Bei der Umwandlung von Verbindlichkeiten aus Lieferung und Leistungen in ein Darlehen nimmt das Konto kurzfristige Verbindlichkeiten ab und das Konto Darlehen um den Betrag zu.

  Buchungssatz: V. a. L. L (-) an Darlehensschulden (+)

- **Bilanzverlängerung** oder **Aktiv-Passiv-Mehrung:** Die Bilanzsumme auf der Aktiv- und auf der Passivseite erhöht sich um den gleichen Betrag. Beim Kauf von Rohstoffen auf Rechnung nimmt das Konto Rohstoffe als Aktivkonto im Soll zu und das Konto Verbindlichkeiten als Passivkonto im Haben zu.

  Buchungssatz: Rohstoffe (+) an V. a. L. L (+)

- **Bilanzverkürzung** oder **Aktiv-Passiv-Minderung:** Die Bilanzsumme vermindert sich auf der Aktiv- und auf der Passivseite um den gleichen Betrag. Bei Bezahlung einer Rechnung per Banküberweisung nimmt das Bankkonto als Aktivkonto ab und das Konto Verbindlichkeiten aus Lieferungen und Leistungen auf der Passivseite ebenso.

  Buchungssatz: V. a. L. L (-) an Bank (-)

 MERKE

> plus und minus auf der Aktivseite = Aktivtausch
> plus und minus auf der Passivseite = Passivtausch
> plus auf der Aktiv- und plus Passivseite = Aktiv-Passivmehrung
> minus auf der Aktiv- und minus Passivseite = Aktiv-Passivminderung

Keiner dieser Geschäftsvorfälle ist erfolgswirksam.

 MERKE

> Links in den Konten werden die Wertzugänge und rechts die Wertabgänge gebucht.
>
> Aktiva mehren sich links. Aktiva mindern sich rechts.
> Passiva mindern sich links. Passiva mehren sich rechts.
>
> Jeder Geschäftsvorfall betrifft immer mindestens zwei Konten bzw. Bilanzpositionen, daher auch doppelte Buchführung.

11. Welche Konten werden aus der Bilanz abgeleitet?

Die Positionen der Bilanz werden als aktive (links) und passive (rechts) Bestandskonten geführt, diese werden auch Sachkonten genannt. Die Sachkonten werden im sogenannten Hauptbuch, in T-Konten geführt.

Im **Hauptbuch** werden die anfallenden Geschäftsfälle nach sachlichen Gesichtspunkten gebucht. So erfasst z. B. das Konto „Forderungen aus Lieferungen und Leistungen" alle Ausgangsrechnungen und im Konto „Verbindlichkeiten aus Lieferungen und Leistungen" alle Eingangsrechnungen.

Um die Übersicht zu bewahren, werden für jeden Kunden (auch Schuldner oder Debitoren) und Lieferanten (auch Gläubiger oder Kreditoren) einzelne Unterkonten, sogenannte Personenkonten, angelegt.

Die **Personenkonten** werden in Nebenbüchern geführt. Dies bedeutet, dass nicht direkt in der Bilanz gebucht wird, sondern dort nur die Summe der Buchungen für Debitoren und Kreditoren als Verbindlichkeiten bzw. Forderungen aus Lieferungen und Leistungen dargestellt wird. Die Debitorenbuchhaltung ist für die Forderungen an die Kunden und die Kreditorenbuchhaltung für die Verbindlichkeiten gegenüber den Lieferanten zuständig.

Bei den **Sachkonten** unterscheidet man folgende T-Konten:

Das Eröffnungsbestandskonto ist aus der Bilanz abgeleitet. Die links auf der Aktivseite der Bilanz befindlichen Bestände werden rechts auf der Habenseite des Eröffnungsbestandskontos eingetragen bzw. gebucht.

S	Eröffnungsbilanzkonto	H
AB Passivkonten		AB Aktivkonten
	Summe = Summe	

S	Aktivkonto	H
AB		- Minderung
+ Mehrung		SB
	Summe = Summe	

S	Passivkonten	H
- Minderung		AB
SB		+ Mehrung
	Summe = Summe	

S	Schlussbilanzkonto	H
SB Aktivkonto		SB Passivkonto
	Summe = Summe	

AB = Anfangsbestand, SB = Schlussbestand

Die Verbindung der Konten findet über den allgemeinen Buchungssatz

> SOLL an HABEN

statt. Die Anfangsbestände der Sachkonten werden aus dem Eröffnungsbestandskonto übertragen. Die Schlussbestände werden im Schlussbestandskonto zusammengeführt.

12. Mit welchen Konten wird der Erfolg des Unternehmens ermittelt?

Es gibt erfolgswirksame Geschäftsvorfälle, bei denen neben der Umschichtung der Vermögens- und/oder Schuldenstruktur auch eine betragsmäßige Änderung des Eigenkapitals des Unternehmens eintritt.

Ein Aufwand vermindert das Eigenkapital und muss daher im Soll gebucht werden.

Beispiele

- Lohnzahlung:

> Löhne und Gehälter an Bank

- Kauf von Büromaterial auf Rechnung:

> Aufwand Büromaterial an Verbindlichkeiten aus Lieferung und Leistung

- Zinszahlung:

> Zinsaufwand an Bank

Ein Ertrag vermehrt das Eigenkapital und muss daher im Haben gebucht werden.

Beispiele

- Verkauf von Waren, bar:

> Kasse an Erträge aus Warenverkauf

- Lieferung auf Rechnung:

> Forderungen aus Lieferung und Leistung an Erträge aus Lieferung und Leistung

- Zinsertrag:

Bank an Zinsertrag

Erfolgskonten sind als Unterkonten des Eigenkapitalkontos angelegt.

Aufwandskonten werden wie Aktivkonten behandelt. Ertragskonten werden wie Passivkonten behandelt.

Bei den Erfolgskonten unterscheidet man folgende T-Konten:

Erfolgskonten haben keinen Anfangsbestand, weil sie nur für einen Zeitraum bebucht werden. Zum Ende der Periode werden die Erfolgskonten über das GUV-Konto im Eigenkapital abgeschlossen.

S	Aufwandskonto	H		S	Ertragskonto	H
Kein AB!		- Minderung		- Minderung		Kein AB!
+ Mehrung		SB		SB		+ Mehrung
	Summe = Summe				Summe = Summe	

AB = Anfangsbestand, SB = Schlussbestand

Die Schlussbestände der jeweiligen Aufwands- und Ertragskonten werden in das GuV-Konto übertragen.

Buchungssatz für den Schlussbestand Aufwandskonto:

GuV an Aufwandskonto

Buchungssatz für den Schlussbestand Ertragskonto:

Ertragskonto an GuV

S	GuV-Konto	H
SB Aufwandskonten		SB Ertragskonten
Gewinn (= Aufwand < Ertrag)		Verlust
		(= Aufwand > Ertrag)
	Summe = Summe	

Der Gewinn oder Verlust aus dem GuV Konto wird in das Eigenkapital übertragen.

Buchungssatz für Gewinn:

GuV an Eigenkapital

Buchungssatz für Verlust:

Eigenkapital an GuV

S	Eigenkapitalkonto	H
SB		AB
Verlust		Gewinn
	Summe = Summe	

Die Verbindung der Konten findet immer über den Buchungssatz SOLL an HABEN statt.

13. Wie werden Geschäftsvorfälle dokumentiert?

Im **Hauptbuch** werden die Geschäftsvorfälle nach sachlichen Gesichtspunkten in die T-Konten gebucht. Als Vorbereitung dieser Buchung dient der Beleg. Der Beleg dokumentiert den Geschäftsvorfall. Ein Geschäftsvorfall ist jede Veränderung von Vermögens- oder Schuldbeständen im Unternehmen.

Zur Buchung der Geschäftsvorfälle im Hauptbuch werden die Belege vorkontiert und das Ergebnis im Grundbuch (oder Tagebuch oder Journal) nach den GoB fixiert.

Das **Grundbuch** hat folgenden Aufbau: Der Buchungssatz nennt die Konten, auf denen zu buchen ist. Erst das Konto, auf dem im Soll gebucht wird, danach das Konto, auf dem im Haben gebucht wird. Die Konten werden mit dem Wort „an" verknüpft. Der Wert der Soll-Buchung ist gleich dem Wert der Haben-Buchung.

Beispiele

Beispiel 1 (ohne USt):
Kauf von Vorräten auf Rechnung, Beleg ist die Eingangsrechnung des Lieferanten.

Grundbuch (Tagebuch, Journal)

Datum	Beleg-nummer	Buchungssatz Konto	Soll in € (Lastschrift)	Haben in € (Gutschrift)
09.04.2019	ER 901	Vorräte	1.000	
		an V. a. L. L		1.000

Wird ein Geschäftsvorfall nur auf zwei Konten gebucht, ist das ein einfacher Buchungssatz. Wird durch einen Geschäftsvorfall auf mehr als zwei Konten gebucht, so spricht man von einem zusammengesetzten Buchungssatz. Entweder wird das SOLL oder das HABEN gesplittet, daher auch Splitbuchung.

Beispiel 2 (ohne USt):
Kauf eines Kfz zum Preise von 47.000 €. Die Bezahlung erfolgt per Scheck über 40.000 € der Rest durch Barzahlung 7.000 €, Beleg ist die Eingangsrechnung des Autohauses mit Quittung über Barzahlung.

Grundbuch (Tagebuch, Journal)

Datum	Beleg-nummer	Buchungssatz Konto	Soll in € (Lastschrift)	Haben in € (Gutschrift)
09.04.2019	ER 902	Kfz/Fuhrpark	47.000	
		an Bank		40.000
		an Kasse		7.000

Hier liegt ein Habensplitting vor. Wie zu erkennen ist, sind die Buchungen im Soll und im Haben in allen Fällen ausgeglichen.

Es wird ohne USt.-Ausweisung (Brutto) gebucht, da Unternehmen im Gesundheits- und Sozialwesen im Allgemeinen nicht vorsteuerabzugsberechtigt sind.

14. Welche Kontenarten gibt es?

▶ **Bestandskonten**, die langfristig geführt werden und in der Bilanz die Vermögen und Schulden in Aktivkonten und Passivkonten gegenüberstellen. Beispiele: Bank, Fuhrpark, Kasse, Grundstücke, Eigenkapital, Verbindlichkeiten.

▶ **Erfolgskonten**, die unterjährig geführt werden und in der Gewinn- und Verlustrechnung die Aufwendungen und Erträge in Aufwands- und Ertragskonten gegenüberstellen. Beispiele: Mietaufwand, Personalaufwand, Energiekosten, Erträge aus Dienstleistungen.

15. Wie gelangt man von der Eröffnungsbilanz zur Schlussbilanz?

Zu Beginn des Jahres werden aus der Eröffnungsbilanz alle Aktiv- und Passivkonten eröffnet. Für jede Bilanzposition gibt es ein oder mehrere Konten. Die Geschäftsvorfälle des laufenden Geschäftsjahres verändern die Bestände sowohl dieser Konten als auch die der entsprechenden Aufwands- und Ertragskonten. Am Ende eines jeden Monats bzw. am Jahresende werden alle Aufwands- und Ertragskonten über das Gewinn- und Verlustkonto abgeschlossen, dieses über das Eigenkapitalkonto und alle Aktiv- und Passivkonten über die Schlussbilanz.

Das Eröffnungsbilanzkonto ergibt sich also aus der Bilanz zum 31.12. des Vorjahres.

Schema für den Kreislauf der Buchführung:

1. Schritt: Durchführung einer Inventur
2. Schritt: Erstellung des Inventars
3. Schritt: Erstellung der Bilanz
4. Schritt: Umwandlung der Bilanz in ein Eröffnungsbilanzkonto
5. Schritt: Auflösung des Eröffnungsbilanzkontos in Konten im Hauptbuch; jede Position erhält ein Konto:

S	Eröffnungsbilanzkonto	H
AB Passivkonten		AB Aktivkonten
	Summe = Summe	

Bei den Aktivkonten (= linke Seite der Bilanz) steht der Anfangsbestand im Soll,
+ Zunahmen im Soll
- Abnahmen im Haben.

Bei den Passivkonten (rechte Seite der Bilanz) steht der Anfangsbestand im Haben,
- Abgänge im Soll
+ Zugänge im Haben.

S	Aktivkonto	H	S	Passivkonto	H
AB		- Minderung	- Minderung		AB
+ Mehrung		SB	SB		+ Mehrung

6. Schritt: Buchen der Geschäftsfälle (hier ohne USt).

Beispiel

Finanzbuchhaltung eines Sanitätshauses:

1. Kauf von Rollstühlen/Waren in bar: 5.000 €
2. Kunde bezahlt eine offene Rechnung in bar: 20.000 €
3. Bezahlung einer offenen Eingangsrechnung per Überweisung: 4.000 €

Die o. g. Geschäftsvorfälle werden wie folgt im Grundbuch (Tagebuch, Journal) dokumentiert:

Datum	Beleg-nummer	Buchungssatz Konto	Soll in € (Lastschrift)	Haben in € (Gutschrift)
09.04.2019	101	Waren	5.000	
		an Kasse		5.000
09.04.2019	102	Kasse	20.000	
		an Forderungen		20.000
09.04.2019	103	Verbindlichkeiten	4.000	
		an Bank		4.000

Nach der Inventur und der Erstellung des Inventars wurde folgende Bilanz erstellt:

AKTIVA	Bilanz zum 31.12.2018		PASSIVA
	Euro		Euro
Grundstücke und Gebäude	318.000	Eigenkapital	62.000
Einrichtung und Ausstattung	131.000	Verbindlichkeiten gegenüber	
Fahrzeuge	134.000	Kreditinstitut	580.000
Waren	95.000	Verbindlichkeiten aus	
Forderungen aus		Lieferung und Leistung	75.000
Lieferung und Leistung	68.000	Sonstige Verbindlichkeiten	55.000
Kasse	7.000		
Bank	19.000		
Bilanzsumme	772.000	Bilanzsumme	772.000

Die Bilanz wird am 01.01.2019 in ein Eröffnungsbestandskonto umgewandelt, dies wird im Hauptbuch geführt und dient zur Buchung der Anfangsbestände auf die Bestandskonten:

S	Eröffnungsbestandskonto		H
Eigenkapital	62.000	Grundstücke und Gebäude	318.000
Verbindlichkeiten		Einrichtung und Ausstattung	131.000
gegenüber Kreditinstitut	580.000	Fahrzeuge	134.000
Verbindlichkeiten aus		Waren	95.000
Lieferung und Leistung	75.000	Forderungen aus Lieferung	
Sonstige Verbindlichkeiten	55.000	und Leistung	68.000
		Kasse	7.000
		Bank	19.000
	772.000		772.000

Die Konten werden immer durch SOLL an HABEN verbunden. Die auf der Sollseite des EBK stehenden Anfangsbestände der Passivkonten werden also auf die Habenseite des jeweiligen Passivkontos als Anfangsbestand gebucht. Für die Aktivkonten gilt die Habenbestände des EBK in das SOLL der Aktivkonten als Anfangsbestand. Die Buchungssätze für die Eröffnung der Konten lauten:

EBK an Passivkonten

Aktivkonten an EBK

Bestandskontenkreis

	Aktivkonto Grundstücke und Gebäude			Passivkonto Eigenkapital	
S		H	S		H
AB	318.000			AB	62.000

	Aktivkonto Einrichtung und Ausstattung			Passivkonto Verbindl. gegenü. Kreditinstitut	
S		H	S		H
AB	131.000			AB	580.000

	Aktivkonto Fahrzeuge			Passivkonto Verbindlichkeiten aus L. und L.	
S		H	S		H
AB	134.000			AB	75.000

	Aktivkonto Waren			Passivkonto Sonstige Verbindlichkeiten	
S		H	S		H
AB	95.000			AB	55.000

	Aktivkonto Forderungen aus L. und L.	
S		H
AB	68.000	

	Aktivkonto Kasse	
S		H
AB	7.000	

	Aktivkonto Bank	
S		H
AB	19.000	

4. Steuern von betriebswirtschaftlichen Prozessen und Ressourcen | 4.1 Jahresabschlussarbeiten

Überträgt man die o. g. Geschäftsvorfälle auf die entsprechenden Konten, so ergibt sich folgendes Bild (es werden nur die Konten dargestellt, auf denen sich Veränderungen ergeben haben):

	Aktivkonto Waren			Passivkonto Verbindl. aus Lieferung und Leistung	
S		H	S		H
AB	95.000		103/4.000	AB	75.000
	101/5.000				

	Aktivkonto Forderungen aus L. und L.	
S		H
AB	68.000	102/20.000

	Aktivkonto Kasse	
S		H
AB	7.000	101/5.000
	102/20.000	

	Aktivkonto Bank	
S		H
AB	19.000	103/4.000

6. Schritt: Abschluss der Konten (dargestellt am Beispiel des Kontos Kasse):
6.1 Addition der wertmäßig größeren Seite (hier Soll: 27.000):

	Aktivkonto Kasse	
S		H
AB	7.000	101/5.000
	102/20.000	
	27.000	

6.2 Übertragung der Summe (= 27.000) auf die wertmäßig kleinere Seite:

	Aktivkonto Kasse	
S		H
AB	7.000	101/5.000
	102/20.000	
	27.000	27.000

6.3 Ermittlung des Saldos auf der wertmäßig schwächeren Seite; der Saldo ist gleich der Schlussbestand (SB) und wird in das Schlussbestandskonto gebucht:

	Aktivkonto Kasse	
S		H
AB	7.000	101/5.000
	102/20.000	SB 22.000
	27.000	27.000

Als Formel wird:

> AB (7.000) + Mehrung (20.000) - Minderung (5.000) = SB (22.000)

gerechnet.

Der Schlussbestand der Aktivkonten steht im HABEN und wird im Schlussbestandskonto im SOLL gebucht:

> SBK an Aktivkonten

Der Schlussbestand der Passivkonten steht im SOLL und wird im Schlussbestandskonto im HABEN gebucht:

> Passivkonto an SBK

ACHTUNG

Das Konto Bank ist ein **Wechselkonto** als Aktivkonto steht der Schlussbestand im Allgemeinen im Soll. Wird das Konto jedoch z. B. durch einen Dispositionskredit überzogen steht der Schlussbestand nun im Haben. Das Konto Bank ist dann passiv.

7. Schritt: Durchführen einer Inventur, Erfassung der Saldenbestätigungen der Kunden und Lieferanten.
8. Schritt: Differenzen aus körperlichen Bestandsaufnahme und Buchbestand buchen (Abschreibungen/Zuschreibungen auf die jeweiligen Bestände).
9. Schritt: Erstellung des Schlussbestandskontos
Nach Abschluss aller Konten wird das Schlussbestandskonto erstellt, indem die Schlussbestände der Sollkonten auf der Aktivseite und die Schlussbestände der Passivkonten auf der Habenseite übertragen werden.

10. Schritt: Erstellung der Schlussbilanz
Nach Abschluss aller Konten wird die Schlussbilanz erstellt, indem die Schlussbestände der Sollseite des Schlussbestandskontos auf der Aktivseite und die Schlussbestände der Habenseite des Schlussbestandskontos auf die Passivseite der Bilanz nach dem Bilanzschema zusammengefasst übertragen werden.

Generell gibt es nur eine Bilanz zum Stichtag, diese wird aus den Schlussbeständen des Vorjahres gebildet und beinhaltet somit die Anfangsbestände der neuen Rechnungsperiode. Die Finanzbuchhaltung beginnt mit dem Eröffnungsbestandskonto und endet mit der Erstellung des Schlussbestandskonto.

Das folgende Schaubild stellt den Kreislauf der Buchhaltung dar:

Inventur zum 31.12.2018
wird zum
Inventar zum 31.12.2018
ergibt die
Schlussbilanz zum 31.12.2018
ist gleich der
Eröffnungsbilanz zum 01.01.2019

Aktiva	Bilanz 31.12.16	Passiva
Anlagevermögen Umlaufvermögen		Eigenkapital Fremdkapital
	Bilanzsumme = Bilanzsumme	

Hauptbuch zum 01.01.2019

Soll	Eröffnungsbestandskonto (EBK)	Haben
AB Eigenkapital AB Fremdkapital		AB Anlagevermögen AB Umlaufvermögen
	Bilanzsumme = Bilanzsumme	

Bestandskonten

S	Aktivkonto Anlagevermögen	H
AB		Minderung
Mehrung		SB
	Summe = Summe	

S	Passivkonto Eigenkapital	H
Minderung		AB
SB		Gewinn (GuV)
	Summe = Summe	

S	Aktivkonto Umlaufvermögen	H
AB		Minderung
Mehrung		SB
	Summe = Summe	

S	Passivkonto Fremdkapital	H
Minderung		AB
SB		Mehrung
	Summe = Summe	

Schlussbestände der Bestandskonten
in das

Soll	Schlussbestandskonto (SBK)	Haben
SB Anlagevermögen		SB Eigenkapital
SB Umlaufvermögen		SB Fremdkapital
	Bilanzsumme = Bilanzsumme	

Inventur zum 31.12.2019
wird zum
Inventar zum 31.12.2019
ergibt die
Schlussbilanz zum 31.12.2019
die ist gleich der
Eröffnungsbilanz zum 01.01.2020

Aktiva	Bilanz 31.12.19	Passiva
Anlagevermögen		Eigenkapital
Umlaufvermögen		Fremdkapital
	Bilanzsumme = Bilanzsumme	

AB = Anfangsbestand, SB = Schlussbestand

16. Was ist ein Privatkonto?

Das Privatkonto ist ein Unterkonto des Kontos Eigenkapital.

Hier werden bei Einzelunternehmern und Personengesellschaften die Privateinlagen und Privatentnahmen des Unternehmers gebucht. Es wird am Jahresende direkt über das Bestandskonto Eigenkapital im Hauptbuch abgeschlossen.

Das Privatkonto dient der Abgrenzung von betrieblich veranlassten Geschäftsvorfällen und privaten Entnahmen, da diese nicht erfolgswirksam werden dürfen; dies ist insbesondere bei der Ermittlung der Steuern wichtig.

Folgende Geschäftsvorfälle sind privater Natur:
- Privateinlagen: dies sind Geldmittel oder z. B. überlassene Vermögensgegenstände
- Privatentnahmen: dies sind Entnahmen von Barmitteln oder Sachgegenständen (z. B. Nutzung des Firmen-Pkw, Privatgespräche über das Firmentelefon).

17. Wie wird auf dem Konto Privat gebucht?

Das Konto Privat hat keinen Anfangsbestand, da es über das Konto Eigenkapital abgeschlossen wird. Privatentnahmen werden im Soll gebucht, da sich dadurch die Ansprüche des Unternehmers dem Unternehmen gegenüber mindern, Privateinlagen werden im Haben gebucht.

 INFO

> Privatentnahmen von Waren sind wie ein Warenverkauf zu behandeln, d. h. sie unterliegen ggf. der Umsatzsteuerpflicht. Die Habenbuchung wäre auf dem Konto Umsatzerlöse möglich, besser ist jedoch eine Habenbuchung auf dem Konto Eigenverbrauch.

Soll	Konto Privat	Haben
Privatentnahmen EK-Mehrung	Privateinlagen	
	Bilanzsumme = Bilanzsumme	

Der Einzelunternehmer entnimmt vom Warenlager Elastikbinden im Wert von 20 € netto zzgl. 19 % USt für den Eigenbedarf.

Buchungssatz:

Privatkonto 23,80 €	an	Erlöse aus Privatentnahmen 20,00 € und Umsatzsteuer 3,80 €

18. Wie muss der Gewinn des Unternehmens bei Privatentnahme und -einlagen korrigiert werden?

Die korrigierte Erfolgsermittlung erfolgt so, dass privat veranlasste Vorgänge das Ergebnis der Unternehmung nicht beeinflussen, dafür muss bei der Gewinn- bzw. Verlustermittlung wie folgt gerechnet werden:

	Eigenkapital am Ende des Geschäftsjahres
−	Eigenkapital am Ende des Vorjahres
−	Privateinlagen
+	Privatentnahmen
=	**korrigierter Jahreserfolg**

Der Gewinn ist beim Privatkonto also der Unterschied zwischen dem Eigenkapital am Schluss des Geschäftsjahres und dem Eigenkapital am Schluss des vorangegangenen Geschäftsjahres, zuzüglich der Privatentnahmen und abzüglich der Einlagen. Privatentnahmen sind ein vorweggenommener Gewinn.

19. Wie werden Sonderposten im Krankenhaus gebucht?

Beispiel

Ein hamburgisches Krankenhaus beantragt für die Erweiterung der technischen Anlagen des Krankenhauses öffentliche Fördermittel (FöMi) und erhält eine Zusage über 500.000 €. Der gestellte Antrag beschreibt idealerweise das zweckgebundene Objekt und enthält als Anlagen Baupläne, Kostenvoranschläge, Investitionspläne usw.

Der Geschäftsvorfall wird insgesamt wie folgend kontiert: Der Antrag selbst ist kein Geschäftsvorfall, der Bewilligungsbescheid der Behörde ist wie eine Ausgangsrechnung zu buchen, das hamburgische Krankenhaus hat nun Forderungen an die auszahlende Behörde.

Buchung bei Bewilligung:

Forderungen nach dem KHG an Erträge nach dem KHG 500.000 €

Forderungen sind erfolgswirksam, daher sind sie gem. § 5 KHBV zu neutralisieren. Forderungen können durch Verbindlichkeiten in der Bilanz und Erträge durch Aufwendungen in der GuV neutralisiert werden.

Buchung der Neutralisierung der Forderungen und des Ertrags:

Zuführung von Fördermitteln nach KHG zu Sonderposten oder Verbindlichkeiten	an	Verbindlichkeiten nach dem KHG 500.000 €

Die Fördermittel sind, solange diese nicht investiert worden sind, Verbindlichkeiten gegenüber der Behörde und sind den Sonderposten zuzuführen. Nach dem Bescheid überweist die Behörde das Geld. Solange die Fördermittel nicht investiert sind, hat die Behörde z. B. bei Insolvenz des Krankenhauses einen bevorrechtigten Rechtsanspruch auf die bewilligten Fördermittel.

Buchung der Einzahlung:

> Guthaben bei Kreditinstituten an Forderungen nach dem KHG 500.000 €

Diese Buchung ist ein Aktivtausch und somit erfolgsneutral. Die Forderungen werden erfüllt und die Bankbestände mehren sich.

Nachdem dem Krankenhaus nun die Liquidität für die Maßnahme zur Verfügung steht, investiert es die Fördermittel und einen Teil Eigenmittel.

Buchung bei der Investition:

> Technische Anlagen in Betriebsbauten an Guthaben bei Kreditinstituten 750.000 €

Da das Geld der Behörde (die Fördermittel) ausgegeben ist, kann der Betrag auch nicht in bar zurückgezahlt werden. Die Ansprüche der Behörde auf die geförderten Investitionen werden nun durch die Zuführung zu Sonderposten dokumentiert.

Buchung der Zuführung zu Sonderposten:

> Verbindlichkeiten nach dem Krankenhausgesetz an Sonderposten aus Fördermitteln nach dem KHG 500.000 €

Die Verbindlichkeiten gegenüber der Behörde sinken um 500.000 €, weil diese zweckgebunden investiert wurden. Die Sonderposten zeigen an, in welcher Höhe Fördermittel im Unternehmen gebunden sind.

Das Konto „Sonderposten aus Fördermitteln nach dem KHG" ist ein passives Bestandskonto. Dieses Konto zeigt an, wie viele Fördermittel im Anlagevermögen des Krankenhauses gebunden sind. Sonderposten sind dem Eigenkapital zuzuordnen, da sie zeitlich wie das gezeichnete Kapital im Unternehmen gebunden und darauf keine Zinsen zu zahlen sind. In der Bilanz stehen die Sonderposten unter dem Posten Eigenkapital. Sie werden in der Bilanzanalyse dem Eigenkapital zugerechnet.

Die geförderten und teilweise mit Eigenmitteln finanzierten technischen Anlagen sind gemäß AfA-Tabelle über zehn Jahre abzuschreiben. Hierbei ist darauf zu achten, dass nur der Teil der AfA erfolgswirksam wird, der auf Eigenmittel basiert, der Rest ist zu neutralisieren.

Buchung der jährlichen Abschreibung:

> Abschreibung auf Sachanlagen an Technische Anlagen in Betriebsbauten 75.000 €

Nach dem obigen Buchungssatz sind die gesamten AfA erfolgswirksam, der auf Fördermittel beruhende Teil ist zu neutralisieren.

Neutralisierung der FöMi-bedingten AfA:

> Sonderposten aus Fördermitteln nach dem KHG 50.000 € an Erträge aus der Auflösung von Sonderposten nach dem Krankenhausgesetz

Die Erträge neutralisieren die AfA in der GuV und die Minderung des passiven Sonderpostens gleicht die Minderung der aktiven technischen Anlagen in der Bilanz aus.

20. Welche Besonderheiten sind in der Pflege-Buchführungsverordnung (PBV) berücksichtigt?

Verwahrgelder, die die Pflegeheime für die Bewohner verwalten, sind eine Besonderheit. Hinzu kommt die öffentliche Investitionsfinanzierung, welche analog der Fördermittel (FöMi) im Krankenhaus gebucht werden. Für beide Bereiche finden sich in der Pflege-Buchführungsverordnung (PBV) Regelungen.

4.1.5 Gewinn- und Verlustrechnung darstellen

01. Welchen Inhalt hat die Gewinn- und Verlustrechnung einer Kapitalgesellschaft?

Die GuV-Rechnung ist im Gegensatz zur Bilanz eine Zeitraumrechnung, die für Kapitalgesellschaften in § 275 Abs. 2 HGB gesetzlich vorgeschrieben ist. Sie zeigt, wie der Unternehmenserfolg zustande gekommen ist (Gegenüberstellung von Aufwendungen und Erträgen).

02. Mit welchen Konten wird der Erfolg des Unternehmens ermittelt?

Erfolgskonten sind Unterkonten des Kontos Eigenkapital. Erfolgskonten haben keinen Anfangsbestand, da sie für jeden Zeitraum über das GuV-Konto abgeschlossen werden. Sie verändern sich in gleicher Weise wie das Eigenkapitalkonto. Aufwendungen vermindern das Eigenkapital (Buchung im Soll). Erträge vermehren das Eigenkapital (Buchung im Haben).

4. Steuern von betriebswirtschaftlichen Prozessen und Ressourcen | 4.1 Jahresabschlussarbeiten

Es gibt erfolgswirksame Geschäftsvorfälle, bei denen neben der Umschichtung der Vermögens- und/oder Schuldenstruktur auch eine betragsmäßige Änderung des Eigenkapitals des Unternehmens eintritt.

Ein Aufwand vermindert das Eigenkapital und muss daher im Soll gebucht werden.

Beispiele

- Lohnzahlung:

    Löhne und Gehälter an Bank

- Kauf Büromaterial auf Rechnung:

    Aufwand Büromaterial an Verbindlichkeiten aus Lieferung und Leistung

- Zinszahlung:

    Zinsaufwand an Bank

Ein Ertrag vermehrt das Eigenkapital und muss daher im Haben gebucht werden.

Beispiele

- Verkauf von Waren, bar:

    Kasse an Erträge aus Warenverkauf

- Rechnung für eine Dienstleistung an Kunden:

    Forderungen aus Lieferung und Leistung an Erträge aus Lieferung und Leistung

- Lieferung von Waren auf Rechnung:

    Forderungen aus Lieferung und Leistung an Erträge aus Lieferung und Leistung

- Zinsertrag:

    Bank an Zinsertrag

Erfolgskonten sind als Unterkonten des Eigenkapitalkontos angelegt. Aufwandskonten werden wie Aktivkonten behandelt. Ertragskonten werden wie Passivkonten behandelt.

Bei den Erfolgskonten unterscheidet man folgende T-Konten in Hauptbuch:

Erfolgskonten haben keinen Anfangsbestand, weil sie nur für einen Zeitraum geführt werden. Zum Ende der Periode werden die Erfolgskonten über das GUV-Konto im Eigenkapital abgeschlossen.

S	Aufwandskonto	H		S	Ertragskonto	H
Kein AB		- Minderung		- Minderung		Kein AB
+ Mehrung		SB		SB		+ Mehrung
	Summe = Summe				Summe = Summe	

03. Wie erfolgt der Abschluss der Erfolgskonten über das Gewinn- und Verlustkonto (GuV)?

Aufwandskonten mehren sich, wie Aktivkonten, auf der Sollseite. Eine Minderung auf der Habenseite findet im Allgemeinen nur bei Stornierungen statt. Der Schlussbestand steht somit im Haben.

Ertragskonten mehren sich, wie Passivkonten, auf der Habenseite. Eine Minderung auf der Sollseite findet im Allgemeinen nur bei Stornierungen statt. Der Schlussbestand steht somit im Soll.

Nach dem Soll-an-Haben-Prinzip werden die Schlussbestände der Ertragskonten demnach im Soll des GuV-Kontos und die Schlussbestände der Aufwandskonten im Haben des GuV-Kontos gebucht.

Ist die Summe der Erträge höher als die Aufwendungen, steht der Schlussbestand des GuV-Kontos im Soll und wird nach dem o. g. Prinzip in das Haben des Eigenkapitalkontos gebucht und führt dort zu einer Mehrung.

04. Wie saldiert man Konten?

Differenz aus Soll und Habenseite ergibt Verlust oder Gewinn. Grundsätzlich wird der der Saldo nach folgendem Schema errechnet:

> Anfangsbestand + Mehrung - Minderung = Schlussbestand = Saldo

Der Saldo ist die Differenz der Summe auf der Soll- und der Habenseite eines Kontos und wird als Schlussbestand in die Bilanz oder das GuV-Konto übertragen.

Folgende Grafik kann dies veranschaulichen:

Erfolgskonten

S	Aufwandskonto		H
0		Minderung	
Mehrung			SB
	Summe = Summe		

S	Ertragskonto		H
Minderung			0
SB			Mehrung
	Summe = Summe		

Die Schlussbestände der jeweiligen Aufwands- und Ertragskonten werden in das GuV-Konto übertragen.

Soll	Gewinn und Verlust Konto GUV	Haben
SB Aufwandskonten Gewinn (EK)		SB Erfolgskonten
	Bilanzsumme = Summe	

Der Gewinn aus dem GuV Konto wird in das Eigenkapital übertragen.

Buchungssatz:

GuV	an	EK

Soll	Eigenkapitalkonto	Haben
SB		AB Gewinn
	Bilanzsumme = Summe	

Die Verbindung der Konten findet immer über den Buchungssatz Soll an Haben statt.

05. Wie ist die GuV-Rechnung einer Kapitalgesellschaft für den Jahresabschluss gegliedert?

Die Gliederung kann nach dem Gesamt- oder dem Umsatzkostenverfahren vorgenommen werden.

Die Gliederung der GuV nach dem Gesamtkostenverfahren ist nach § 275 Abs. 2 HGB vorgegeben:

1.		Umsatzerlöse
2.	+/-	Bestandsveränderungen
3.	+	andere aktivierte Eigenleistungen
4.	+	sonstige betriebliche Erträge
5.	-	Materialaufwand
6.	-	Personalaufwand
7.	-	Abschreibungen
8.	-	sonstige betriebliche Aufwendungen
9.	+/-	Erträge/Verluste aus Beteiligungen
10.	+	Erträge aus anderem Finanzanlagevermögen
11.	+	sonstige Zinserträge
12.	-	Abschreibungen auf Finanzanlagen und Wertpapiere des Umlaufvermögens
13.	-	Zinsen und ähnliche Aufwendungen
14.	-	Steuern vom Einkommen und vom Ertrag
15.	=	Ergebnis nach Steuern
16.	-	sonstige Steuern
17.	=	Jahresüberschuss/Jahresfehlbetrag

Das GuV Gliederungsschema für das Umsatzkostenverfahren ist in § 275 Abs. 3 HGB festgelegt:

1. Umsatzerlöse
2. - Herstellungskosten der zur Erzielung der Umsatzerlöse erbrachten Leistungen
3. = Bruttoergebnis vom Umsatz
4. - Vertriebskosten
5. - allgemeine Verwaltungskosten
6. + sonstige betriebliche Erträge
7. - sonstige betriebliche Aufwendungen
8. + Erträge aus Beteiligungen, davon aus verbundenen Unternehmen
9. + Erträge aus anderen Wertpapieren und Ausleihungen des Finanzanlagevermögens, davon aus verbundenen Unternehmen
10. + sonstige Zinsen und ähnliche Erträge, davon aus verbunden Unternehmen
11. - Abschreibungen auf Finanzanlagen und auf Wertpapiere des Umlaufvermögens
12. - Zinsen und ähnliche Aufwendungen, davon an verbundene Unternehmen
13. - Steuern vom Einkommen und vom Ertrag
14. = Ergebnis nach Steuern
15. - sonstige Steuern
16. = Jahresüberschuss/Jahresfehlbetrag

Umsatz- und Gesamtkostenverfahren kommen zum gleichen Ergebnis, die Verfahren folgen nur verschiedenen Wegen.

06. Wie unterscheiden sich Gesamt- und Umsatzkostenverfahren?

Für das Gesamtkostenverfahren (GKV) ist die Gegenüberstellung der gesamten Kosten und Erlöse kennzeichnend, korrigiert um die Bestandsveränderungen. Beim Umsatzkostenverfahren (UKV) werden den Erlösen nur die Kosten der umgesetzten Produkte gegenübergestellt. In erster Linie besteht der Unterschied also im formalen Ausweis der Bestandserhöhungen und Bestandsminderungen beim Umsatzkostenverfahren.

Das Umsatzkostenverfahren und das Gesamtkostenverfahren unterscheiden sich im Ausweis der Kosten. Das GKV gliedert die Kosten nach primären Kostenarten (Materialkosten, Personalkosten, Abschreibungen, sonstige Kosten), während das UKV eine sekundäre Gliederung vornimmt, d. h. nach Kostenstellen bzw. Funktionsbereichen (F+E-Kosten, Verwaltungskosten, Vertriebskosten). Dies lässt die Kostenintensität der jeweiligen betrieblichen Bereiche besser erkennen.

Ein weiterer wesentlicher Unterschied zwischen Umsatzkostenverfahren und Gesamtkostenverfahren besteht in der Art der Darstellung des Ergebnisses: Das Umsatzkostenverfahren ist eine Nettorechnung, die sich nur auf die abgesetzten Mengeneinheiten konzentriert (absatzorientiert), während das Gesamtkostenverfahren eine Bruttorechnung darstellt, bei der neben den abgesetzten Mengen auch die geschaffenen Bestände als Leistungen des Unternehmens beachtet werden (leistungsorientiert).

07. Wie werden Erlösausgleiche im Krankenhaus berechnet und gebucht?

Grundsätzlich kommt es zwischen dem nach Formular E1 KHEntgG „Aufstellung der Fallpauschalen für das Krankenhaus" geplanten und den in der Realität erbrachten Leistungen (DRG, Fallzahl ...) zu Abweichungen. Zum einen wird gem. § 4 Abs. 3 KHEntgG ein Mengenausgleich und zum anderen nach § 15 Abs. 3 KHEntgG ein Zahlausgleich (verspäteter Budgetabschluss) berechnet.

Diese Berechnungen sind komplex und können nur mittels einer ausgebauten Finanzbuchhaltung und einer differenzierten Kostenrechnung sowie eines aktuellen Controllings durchgeführt werden.

Die Deutsche Krankenhausgesellschaft veröffentlicht regelmäßig Hinweise zu den Budget- und Entgeltverhandlungen der Krankenhäuser.

Die Erlösrechnung befasst sich mit dem Ausgleich der in der Budgetverhandlung vereinbarten Gesamterlöse nach Formular B1 „Erlösbudget nach § 4 KHEntgG ab dem Kalenderjahr 2005" des Krankenhauses. Minderererlöse und Mehrerlöse gegenüber dem externen Budget werden ausgeglichen. In der GuV werden die Ausgleichsbeträge zu den Erlösen aus Krankenhausleistungen gebucht.

§ 5 Abs. 4 KHEntgG sieht vor, dass die Erlösausgleiche der Vorjahre über Zu- und Abschläge mit den im laufenden Geschäftsjahr berechneten Pflegesätzen verrechnet werden.

In der Bilanz aktivierte Ausgleichsforderungen nach KHEntgG für das Vorjahr werden durch die Erlöse von Ausgleichszuschlägen im laufenden Geschäftsjahr vermindert, hierfür sind differenzierte Konten einzurichten.

08. Welche Steuern sind u. a. bei der Gewinnermittlung zu berücksichtigen?

- Abgeltungsteuer
- Gewerbesteuer
- Grunderwerbsteuer
- Grundsteuer
- Körperschaftsteuer
- Umsatzsteuer.

09. Wie ist die Abgeltungsteuer zu berücksichtigen?

Seit Veranlagungszeitraum 2009 gilt eine Abgeltungsteuer für Erträge aus Kapitalanlagen im Privatvermögen. Das bedeutet, dass alle Kapitalerträge mit einem einheitlichen Steuersatz von 25 % besteuert werden. Hinzu werden noch 5,5 % Solidaritätszuschlag und ggf. 8 bzw. 9 % Kirchensteuer, somit bis zu 28,75 %, erhoben. Die Abrechnung erfolgt über die jeweiligen Kreditinstitute.

10. Wie wird die Gewerbesteuer ermittelt?

Die Gewerbesteuer ist eine bundeseinheitlich geregelte Steuer für Gewerbetreibende. Die Gewerbesteuer fließt den Gemeinden zu und stellt für diese die wichtigste Einnahmequelle dar. Der Gewerbesteuer unterliegt der Gewerbebetrieb. Steuerschuldner ist der Unternehmer (gem. § 6 GewStG).

Die Berechnung der Gewerbesteuer richtet sich nach der Unternehmensform (Rechtsform). So wird Einzelunternehmen und Personengesellschaften (z. B. GbR, OHG, KG) als Ausgleich dafür, dass z. B. Unternehmerlohn (Gesellschafter-Geschäftsführer-Gehalt) nicht als Betriebsausgabe abgezogen werden darf, ein Freibetrag von 24.500 € gewährt.

Berechnung der Gewerbesteuer seit 2008:

1. Einzelunternehmen und Personengesellschaften

	Gewinn aus dem Gewerbebetrieb	
+	Hinzurechnungen	insbesondere Finanzierungsaufwendungen, z. B. alle gezahlten Zinsen sowie die pauschalierten Finanzierungs- bzw. Zinsanteile von gezahlten Mieten, Pachten, Leasingraten und Lizenzen – nach Abzug eines Freibetrages von 100.000 € – zu 25 %; Berechnung s. 3.
=	Summe	
-	Kürzungen	z. B. 1,2 % des Einheitswerts des zum Betriebsvermögen des Unternehmens gehörenden Grundbesitzes
=	Gewerbeertrag	auf 100 € abgerundet
-	24.500,00 €	Freibetrag für Einzelunternehmen und Personengesellschaften
=	gekürzter Gewerbeertrag	
•	3,5 %	Steuermesszahl
=	Steuermessbetrag	
•	Gewerbesteuer-Hebesatz der Gemeinde	Beispiel: In den Gemeinden, die im Bezirk der IHK Frankfurt liegen, variiert der Gewerbesteuer-Hebesatz zwischen 280 % und 460 %.
=	Gewerbesteuer[1]	

---

[1] Bei Einzelunternehmen und Personengesellschaften wird die Gewerbesteuer pauschaliert (mit dem 3,8-Fachen des Steuermessbetrages) mit der Einkommensteuer verrechnet. Dies bewirkt, dass die Gewerbesteuer in der Regel bis zu einem Gewerbesteuerhebesatz von ca. 380 % keine zusätzliche Belastung mehr darstellt.

4. Steuern von betriebswirtschaftlichen Prozessen und Ressourcen | 4.1 Jahresabschlussarbeiten

2. **Kapitalgesellschaften**

	Gewinn aus dem Gewerbebetrieb	
+	Hinzurechnungen	insbesondere Finanzierungsaufwendungen, z. B. alle gezahlten Zinsen sowie die pauschalierten Finanzierungs- bzw. Zinsanteile von gezahlten Mieten, Pachten, Leasingraten und Lizenzen – nach Abzug eines Freibetrages von 100.000 € – zu 25 %; Berechnung s. 3.
=	Summe	
–	Kürzungen	z. B. 1,2 % des Einheitswerts des zum Betriebsvermögen des Unternehmens gehörenden Grundbesitzes
=	Gewerbeertrag	
•	3,5 %	Steuermesszahl
=	Steuermessbetrag	
•	Gewerbesteuer-Hebesatz der Gemeinde	Beispiel: In den Gemeinden, die im Bezirk der IHK Frankfurt liegen, variiert der Gewerbesteuer-Hebesatz zwischen 280 % und 460 %.
=	Gewerbesteuer	

3. **Ermittlung der Finanzierungsaufwendungen**
Finanzierungsaufwendungen, die dem Gewinn hinzugerechnet werden müssen:

	100 % Zinsen
+	100 % Renten und dauernde Lasten
+	100 % Gewinnanteile des typisch stillen Gesellschafters
+	50 % Mieten, Pachten, Leasingraten von Immobilien (seit 2010)
+	20 % Mieten, Pachten, Leasingraten von beweglichen Wirtschaftsgütern
+	25 % Lizenzen, Konzessionen
=	Summe Finanzierungsaufwendungen
–	100.000 € Freibetrag
=	Finanzierungsaufwendungen nach Freibetrag
•	25 %
=	Hinzurechnung zum Gewinn aus Gewerbebetrieb

Quelle: http://www.frankfurt-main.ihk.de/recht/steuerrecht/gewerbe_grund/berechnung/

11. Was ist im steuerlichen Sinne ein Gewerbebetrieb?

Eine selbstständige nachhaltige Betätigung, die mit Gewinnabsicht unternommen wird und sich als Beteiligung am allgemeinen wirtschaftlichen Verkehr darstellt, ist ein Gewerbebetrieb, wenn die Betätigung weder als Ausübung von Land- und Forstwirtschaft noch als Ausübung eines freien Berufs noch als eine andere selbstständige Arbeit noch als Vermögensverwaltung im Sinne des Einkommensteuerrechts anzusehen ist.

Die Gewinnabsicht (das Streben nach Gewinn) braucht nicht der Hauptzweck der Betätigung zu sein. Ein Gewerbebetrieb liegt, wenn seine Voraussetzungen im Übrigen gegeben sind, auch dann vor, wenn das Streben nach Gewinn nur ein Nebenzweck ist.

12. Wer ist gewerbesteuerpflichtig und wann beginnt die Gewerbesteuerpflicht?

Steuergegenstand ist der Gewerbebetrieb als Objekt. Ist dieses Objekt existent, beginnt die sachliche Steuerpflicht. Je nach der Rechtsform der Unternehmung sind zu unterscheiden (Abschn. 21 GewStR):

1. Bei Einzelgewerbetreibenden und bei Personengesellschaften i. S. des § 2 Abs. 2 Nr. 1 GewStG beginnt die Steuerpflicht in dem Zeitpunkt, in dem die maßgebliche Tätigkeit aufgenommen wird. Vorbereitungshandlungen (z. B. Anmietung eines Geschäftslokals, Errichtung eines Fabrikgebäudes) begründen die Gewerbesteuerpflicht noch nicht. Die Eintragung ins Handelsregister ist hier ohne Bedeutung.
2. Bei Gewerbetreibenden kraft Rechtsform (gem. § 2 Abs. 2 Nr. 2 GewStG) beginnt die Steuerpflicht, bei Kapitalgesellschaften mit der Eintragung ins Handelsregister, bei Erwerbs- und Wirtschaftsgenossenschaften mit der Eintragung in das Genossenschaftsregister, bei Versicherungsvereinen auf Gegenseitigkeit mit der aufsichtsbehördlichen Erlaubnis zum Geschäftsbetrieb.

13. Wie wird die Gewerbesteuer buchhalterisch berücksichtigt?

Die Gewerbesteuer ist seit 2008 gem. § 4 Abs. 5b EStG nicht mehr als Betriebsausgabe abzugsfähig. Sie ist außerhalb der Steuerbilanz bei der Ermittlung des zu versteuernden Einkommens wieder hinzuzurechnen. Steuerliche Nebenleistungen, wie z. B. Zinsen, Säumnis- und Verspätungszuschläge sind ebenfalls als nichtabzugsfähige Betriebsausgaben zu erfassen.

Gewerbesteuererstattungen sind keine Betriebseinnahmen mehr. Ausnahmen bestehen bei Erstattungen bzw. Nachzahlungen aus Vorjahren. Dann gelten die Nachzahlungen als Betriebsausgaben bzw. die Erstattungen als Betriebseinnahmen.

14. Wie ist die Grunderwerbsteuer zu berücksichtigen?

Grunderwerbsteuer fällt an beim Erwerb von unbebauten Grundstücken, bebauten Grundstücken, Gebäuden, Gebäudeteilen und Rechten an Grundstücken und Gebäuden (gem. § 1 Abs.1 GrEStG), soweit sie sich im Inland befinden.

Die Grunderwerbsteuer entsteht mit Verwirklichung eines rechtskräftigen Erwerbsvorgangs (gem. § 14 GrEStG i. V. m. § 38 AO) und ist grundsätzlich einen Monat nach Bekanntgabe des Steuerbescheids fällig.

Bemessungsgrundlage der Grunderwerbsteuer ist der Wert der Gegenleistung (u. a. Kaufpreis, Übernahme von Belastungen, Gewährung von Wohn-/Nutzungsrechten).

Den Steuersatz für Erwerbsvorgänge dürfen die Bundesländer selbst festlegen (Art. 105 Abs. 2a GG).

15. Wie ist die Grundsteuer zu berücksichtigen?

Die Grundsteuer besteuert als Realsteuer (Objektsteuer) den Grundbesitz nach einem proportionalen Tarif. Sie fließt wie die Gewerbesteuer den Gemeinden zu.

Steuerschuldner (Steuersubjekt) ist in der Regel der Eigentümer des Grundstücks (gem. § 10 GrStG). Das Steuerobjekt ist laut § 2 GrStG der Grundbesitz, welcher sich aus den land- und forstwirtschaftlichen, betrieblichen sowie ggf. privaten Grundstücken zusammensetzt. Die Bemessungsgrundlage ist laut § 13 GrStG der Einheitswert nach den Vorschriften des Bewertungsgesetzes.

Steuerbefreit sind laut §§ 3 - 8 GrStG insbesondere Grundstücke, die öffentlichen und gemeinnützigen Zwecken dienen. Außerdem werden nach den Wohnbaugesetzen für neugeschaffenen Wohnraum unter bestimmten Voraussetzungen Steuervergünstigungen während der ersten 10 Jahre gewährt.

Bei der Berechnung der Grundsteuer ist von einem Steuermessbetrag auszugehen, der durch Anwendung eines Tausendersatzes (Steuermesszahl) auf den Einheitswert ermittelt wird (gem. § 13 GrStG).

Grundsteuer, Berechnungsbeispiel:

Einheitswert	mal Steuermesszahl	= Steuermessbetrag	mal Hebesatz	= Jahresbetrag
52.100 €	· 3,5 v. T.	= 182,35 €	· 381,00 v. H.	694,75 €

Für 2019 ist eine Reform der Grundsteuer geplant.

16. Wie ist die Körperschaftsteuer zu berücksichtigen?

Die Körperschaftsteuer ist die Einkommensteuer der Kapitalgesellschaften (GmbH, AG). Zusätzlich zur Körperschaftsteuer zahlen auch die Kapitalgesellschaften einen Solidaritätszuschlag.

Der Körperschaftsteuersatz beträgt 15 % (gem. § 23 KStG). Dies gilt unabhängig davon, ob der Gewinn ausgeschüttet oder einbehalten wird. Ebenso wird wie bei der Einkommensteuer 5,5 % Solidaritätszuschlag erhoben. Somit beträgt die gesamte Steuerlast der Körperschaftssteuer 15,825 %.

Voraussetzung für die unbeschränkte Steuerpflicht ist, dass die in § 1 Abs. 1 KStG aufgeführten Körperschaften ihre Geschäftsleitung oder ihren Sitz im Inland haben.

Unbeschränkt steuerpflichtige Körperschaften sind z. B.:

- juristische Personen des privaten Rechts: AG und GmbH, eingetragene Vereine (e. V.) (gem. § 1 Abs. 1 Nr. 1 - 6 KStG)
- nicht rechtsfähige Vereine, Stiftungen und Anstalten (gem. § 1 Abs. 1 Nr. 5 KStG)
- Betriebe gewerblicher Art von juristischen Personen des öffentlichen Rechts (gem. § 1 Abs. 1 Nr. 6 KStG).

Befreit von der Körperschaftsteuer sind z. B.:

- Berufsverbände ohne öffentlich-rechtlichen Charakter (gem. § 5 Abs. 1 Nr. 5 KStG),
- politische Parteien im Sinne des § 1 des Parteiengesetzes und ihrer Gebietsverbände (gem. § 5 Abs. 1 Nr. 7 KStG)
- gemeinnützige Körperschaften (gem. § 5 Abs. 1 Nr. 9 KStG).

Das sind Körperschaften, die nach Satzung und nach tatsächlicher Geschäftsführung ausschließlich und unmittelbar gemeinnützigen, mildtätigen oder kirchlichen Zwecken dienen. Die §§ 51 bis 68 der Abgabenordnung (AO) regeln die Gemeinnützigkeit. Voraussetzung für die unbeschränkte Steuerpflicht ist, dass die in § 1 Abs. 1 KStG aufgeführten Körperschaften ihre Geschäftsleitung oder ihren Sitz im Inland haben.

17. Welcher Besteuerungsgrundlage unterliegt die Körperschaftsteuer?

Die Körperschaftsteuer bemisst sich nach dem zu versteuernden Einkommen (gem. § 7 Abs.1 KStG). Was als Einkommen gilt und wie es zu ermitteln ist, bestimmt sich nach § 8 Abs. 1 KStG, nach den Vorschriften des EStG und den Einzelvorschriften des KStG.

Zur Ermittlung des zu versteuernden Einkommens ist das Einkommen um bestimmte Beträge zu erhöhen (z.B. Gewinnzuführungen aufgrund von Organschaftsverträgen) oder zu vermindern (z.B. um Freibeträge für kleinere Körperschaften, Erwerbs- und Wirtschaftsgenossenschaften sowie Vereine, die Land- und Forstwirtschaft betreiben; vgl. §§ 9 - 10 KStG, Abziehbare Aufwendungen und Nichtabziehbare Aufwendungen).

18. Wie wird das körperschaftsteuerpflichtige Einkommen einer GmbH ermittelt?

	Gewinn/Verlust lt. Steuerbilanz
+	Hinzurechnungen von verdeckten Gewinnausschüttungen (gem. § 8 Abs. 3 Satz 2 KStG)
+	nicht abziehbare Aufwendungen nach § 10 KStG
=	Gesamtbetrag der Zuwendungen
-	steuerfreie Einnahmen
=	steuerlicher Gewinn
-	abzugsfähige Zuwendungen
=	Gesamtbetrag der Einkünfte
-	Verlustabzug nach § 10d EStG
=	Einkommen
-	Freibetrag für bestimmte Körperschaften (gem. § 24 KStG)
=	zu versteuerndes Einkommen

19. Wie ist die Umsatzsteuer zu berücksichtigen?

Die Umsatzsteuer (Mehrwertsteuer) ist eine Steuer auf den Umsatz von Gütern und Leistungen. Sie erfasst jedoch nicht den gesamten Bruttoumsatz jeder Produktionsstufe, sondern immer nur den Bestandteil des Verkaufserlöses eines Produkts, der noch nicht auf der Vorstufe der Produktion besteuert worden ist, d. h. der Umsatzsteuer (Mehrwertsteuer) unterliegt nur die Wertschöpfung jeder Produktions- oder Dienstleistungsstufe der einzelnen Unternehmung.

Der Unternehmer kann von seiner in Rechnung gestellten Umsatzsteuer die Vorsteuer auf bezogene Güter und Dienstleistungen abziehen. Auf diese Weise wird nur die Wertschöpfung auf der einzelnen Wirtschaftsstufe besteuert.

ACHTUNG

> Die Umsätze von vielen Betrieben des Gesundheits- und Sozialwesens sind gem. § 4 Nr. 14 UStG steuerbefreit.

20. Was ist Gegenstand der Umsatzsteuer?

Das Umsatzsteuergesetz bietet keine Definition des Umsatzbegriffs; vielmehr werden in § 1 UStG die Tatbestandsmerkmale aufgezählt, die das Gesetz unter „Umsatz" versteht (= steuerbare Umsätze). Danach sind steuerbare Umsätze:

► Arbeit gegen Entgelt, die ein Unternehmer im Rahmen seines Unternehmens ausführt (gem. § 1 Abs. 1 Nr. 1 UStG)

- Lieferungen und sonstige Leistungen, die unentgeltlich durch einen Unternehmer erbracht werden und denen entgeltliche Lieferungen gemäß § 3 Abs. 1b UStG und § 3 Abs. 9a UStG gleichgestellt sind.

21. Was versteht man unter einem Kleinunternehmer?

Ein Kleinunternehmer (gem. § 19 UStG) ist faktisch von der Umsatzsteuer befreit. Er hat grundsätzlich an das Finanzamt keine Umsatzsteuer abzuführen und darf in seinen Rechnungen keine Umsatzsteuer ausweisen. Gleichzeitig ist der Abzug von Vorsteuerbeträgen ausgeschlossen. Als Kleinunternehmer gilt jeder Unternehmer dessen Gesamtumsatz im vorangegangenen Kalenderjahr 17.500 € nicht überstiegen hat und im laufenden Kalenderjahr voraussichtlich 50.000 € nicht übersteigen wird. Ein Verzicht auf die Behandlung als Kleinunternehmer kann auf Antrag erfolgen.

22. Welche Steuersätze gibt es bei der Umsatzsteuer?

Grundsätzlich gibt es in Deutschland drei Umsatzsteuersätze, seit 2007 liegen diese bei:

- 19 % als allgemeiner Steuersatz gem. § 12 Abs. 1 UStG
- 7 % als ermäßigter Steuersatz, gilt für bestimmte Gegenstände, die in Anlage 2 des UStG näher bezeichnet sind (z. B. lebende Tiere, Gemüse, Körperersatzstücke, Bücher, Zeitschriften; Hotelübernachtungen); § 12 Abs. 2 UStG
- 0 % für Umsätze nach § 4 UStG.

23. Wie berechnet man die Umsatzsteuerzahllast?

Bei der Errechnung der Umsatzsteuer geht man von der Summe der Umsätze aus. Sie werden um die umsatzsteuerfreien Umsätze gemindert. Die Traglast ist zu mindern um die Umsatzsteuervorauszahlungen sowie die abziehbare Vorsteuer. Im Ergebnis erhält man die sog. Zahllast.

Grundsätzlich gilt die sog. Soll-Besteuerung. Hier entsteht die Umsatzsteuerpflicht schon mit der Erbringung der Lieferung oder Leistung und nicht erst im Zeitpunkt der Rechnungsstellung oder des Zahlungseinganges.

Wenn der Gesamtumsatz eines Betriebes 500.000 € nicht übersteigt, kann ein Antrag auf die sog. Ist-Besteuerung gestellt werden (gem. § 20 UStG). Dann wird die Umsatzsteuer erst nach der Einnahme der umsatzsteuerpflichtigen Forderungen mit dem Finanzamt abgerechnet.

Beispiel

Berechnung der Umsatzsteuerzahllast

Umsätze mit 7 % USt	5.000 €	
Umsätze mit 19 % USt	50.000 €	
Umsätze des Monats		55.000 €
vereinnahmte Umsatzsteuer 7 %	350 €	
vereinnahmte Umsatzsteuer 19 %	9.500 €	
Umsatzsteuer gesamt (Traglast)		9.850 €
- USt-Vorauszahlungen des Monats		7.500 €
- verausgabte Vorsteuer 7 %		875 €
- verausgabte Vorsteuer 19 %		4.750 €
= **Umsatzsteuerschuld** (hier = Erstattungsanspruch)		**- 3.275 €**

24. Welche Pflichten haben das Finanzamt und der Steuerpflichtige?

 RECHTSGRUNDLAGEN

Das Finanzamt gemäß:

- § 88 AO: Untersuchungspflicht
- § 89 AO: Beratungs- und Auskunftspflicht
- § 91 AO: Anhörungspflicht.

Der Steuerpflichtige gemäß:

- § 90 AO: Mitwirkungspflicht
- § 93 AO: Auskunftspflicht
- § 149 AO: Abgabepflicht.

4.1.6 Anhang aufbereiten

01. Welche gesetzlichen Pflichten zur Aufstellung eines erweiterten Jahresabschlusses bestehen?

Gemäß § 264 Abs. 1 HGB hat der Jahresabschluss einer Kapitalgesellschaft zusätzlich einen Anhang und einen Lagebericht zu enthalten, diese bilden eine Einheit mit der Bilanz und der Gewinn- und Verlustrechnung. Der Anhang soll die Bilanz durch das Wahlrecht, bestimmte Positionen im Anhang zu erklären, entlasten und ein falsches Bild, welches durch die Zahlen entstehen könnte, durch weitere Erläuterungen im Anhang korrigieren.

Die wesentlichen Vorschriften für den Anhang finden sich in den §§ 284 - 288 HGB. Es werden Erläuterungen zu einzelnen Bilanz- und GuV-Positionen gefordert sowie Angaben zu den gewählten Bewertungs- und Bilanzierungsmethoden und Begründungen bei Änderung dieser Methoden.

Es müssen weitere Pflichtangaben gemacht werden, die in § 285 HGB dargelegt sind. Im Allgemeinen unterscheidet man vier Formen der Angaben im Anhang.

02. Welche Arten von Angaben werden unterschieden?

- **Pflichtangaben:** Diese Angaben müssen in jedem Jahresabschluss gemacht werden. Dazu gehören Erläuterungen, Darstellungen, Ausweise, Begründungen und Aufgliederungen.
- **Wahlpflichtangaben:** Dies sind Angaben, die im Anhang oder direkt in der Bilanz bzw. GuV gemacht werden können. Trotzdem müssen sie gemacht werden.
- **Zusätzliche Angaben:** Hierunter versteht man Angaben, die sicherstellen, dass im Jahresabschluss ein zutreffendes Bild über die Vermögens-, Finanz- und Ertragslage gemacht wird.
- **Freiwillige Angaben:** Freiwillige Angaben sind zusätzliche Informationen, die im Anhang gemacht werden können.

Die Angaben müssen den Grundsätzen der ordnungsmäßigen Buchführung entsprechen, d. h. wahrheitsgemäß, klar und übersichtlich gegliedert sein. Hat sich ein Unternehmen für ein Gliederungsschema des Anhangs entschieden, muss dieses Schema gemäß der Stetigkeitsforderung zukünftig beibehalten werden.

03. Welche Angaben sind zu machen?

Nach § 284 HGB sind u. a. folgende Angaben zu machen:
- Es sind die Angaben zu machen, bei denen eine weitere Erläuterung im Anhang vorgeschrieben ist oder welche bei Ausübung eines Wahlrechtes nicht in der Bilanz oder in der GuV auftauchen.
- Die im Jahresabschluss angewandten Bewertungs- und Bilanzierungsgrundsätze müssen genannt werden.
- Es müssen die Änderungen von Methoden (z. B. Bewertungen, Abschreibungen) angegeben und deren Einfluss auf die Vermögens-, Finanz- und Ertragslage des Unternehmens erläutert werden.
- Es muss angegeben werden, wenn zu den Herstellungskosten auch die Zinsen für Fremdkapital gerechnet wurden.
- Es müssen die Umrechnungsgrundlagen für fremde Währungen angegeben werden.

Nach § 285 HGB sind u. a. folgende sonstige Angaben zu machen:
- Die Verbindlichkeiten müssen in Gesamtbeträgen ausgewiesen werden sowie Teilbeträge, die mehr als fünf Jahre Restlaufzeit haben.
- Es muss die Belastung durch die Einkommens- und die Ertragssteuer angegeben werden.
- Wenn das Umsatzkostenverfahren angewandt wird, dann müssen der Material- und der Personalaufwand nach dem Gesamtkostenverfahren nochmals gegliedert werden.
- Die Mitglieder der Geschäftsführung, des Aufsichtsrates oder des Beirates sind in Gruppen einzuteilen und die Gesamtbezüge und Ansprüche, die sie geltend machen können, anzugeben.
- Für diese Personengruppen gewährte Vorschüsse und Kredite müssen inkl. Zinsen angegeben werden sowie die zurückgezahlten Beträge und die Haftungsverhältnisse, die für diese Personen eingegangen wurden.
- Es sind alle Mitglieder dieser Personengruppen mit ihrem vollständigen Namen und ihrem Beruf aufzulisten. Zusätzlich müssen die besonderen Positionen, die diese im jeweiligen Gremium einnehmen, genannt werden.
- Der Name, der Sitz, das Eigenkapital, das Ergebnis des letzten Jahres sowie die Höhe der Anteile am Kapital der Unternehmen, an denen Anteile gehalten werden, müssen angegeben werden.
- Der Name, der Sitz und die Rechtsform des Unternehmens, deren uneingeschränkt haftender Gesellschafter die Gesellschaft ist, müssen angegeben werden.
- Rückstellungen, die sehr hoch ausgefallen sind, müssen erläutert werden.
- Der Name und der Sitz des Mutterunternehmens, welches den Konzernabschluss aufstellt, müssen enthalten sein.

Weitere Angaben sind im § 285 HGB zu finden.

Kleine Kapitalgesellschaften im Sinne von § 264a HGB müssen bestimmte Angaben, laut § 288 HGB nicht machen. Mittelgroße Kapitalgesellschaften sind nicht verpflichtet nach § 288 HGB die Untergliederung der Umsatzerlöse nach Regionen durchzuführen.

04. Was ist der Lagebericht?

Die §§ 289 und 289a HGB regeln die Grundsätze für einen Lagebericht.

Der Lagebericht soll auf

1. Vorgänge von besonderer Bedeutung, die nach dem Schluss des Geschäftsjahrs eingetreten sind
2. a) die Risikomanagementziele und -methoden der Gesellschaft einschließlich ihrer Methoden zur Absicherung aller wichtigen Arten von Transaktionen, die im Rahmen der Bilanzierung von Sicherungsgeschäften erfasst werden, sowie
   b) die Preisänderungs-, Ausfall- und Liquiditätsrisiken sowie die Risiken aus Zahlungsstromschwankungen, denen die Gesellschaft ausgesetzt ist, jeweils in Bezug auf die Verwendung von Finanzinstrumenten durch die Gesellschaft und sofern dies für die Beurteilung der Lage oder der voraussichtlichen Entwicklung von Belang ist;
3. den Bereich Forschung und Entwicklung
4. bestehende Zweigniederlassungen der Gesellschaft
5. die Grundzüge des Vergütungssystems der Gesellschaft für die in § 285 Nr. 9 genannten Gesamtbezügen, soweit es sich um eine börsennotierte Aktiengesellschaft handelt

eingehen.

Große Kapitalgesellschaften müssen auch über nichtfinanzielle Bereiche, wie Informationen über Umwelt- und Arbeitnehmerbelange, soweit sie für das Verständnis des Geschäftsverlaufs oder der Lage von Bedeutung sind, berichten.

05. Wie ist der Lagebericht gegliedert?

Nach dem HGB ist keine besondere Gliederung vorgeschrieben. Die Empfehlungen des Instituts der Wirtschaftsprüfer (IDW) nach den DRS (Deutsche Rechnungslegungsstandards) 15 sehen wie folgt aus:

1. Beschreibung des Geschäfts, seines Verlaufs und der Rahmenbedingungen
2. Darstellung der Vermögens-, Finanz- und Ertragslage
3. sonstige wichtige Angaben
4. Nachtragsbericht
5. Chancen- und Risikenbericht
6. Prognosebericht.

06. Welchen Inhalt haben die Angaben zum Geschäft, seines Verlaufs, der Rahmenbedingungen und der Vermögens-, Finanz- und Ertragslage?

Hier wird die organisatorische und rechtliche Struktur der Organisation beschrieben. Die Beschreibung des Geschäftsverlaufs der vergangenen Geschäftsjahre umfasst die Darstellung von volkswirtschaftlichen Größen (Finanzkrise, Demografie, Konjunktur...) und branchenspezifische Entwicklungen (Budgetrecht, DRG, SGB...), die Einfluss auf die Geschäfte hatten.

Ein Krankenhaus kann z. B. folgende Aspekte darstellen:

- Bewertung der Umsatzentwicklung durch die Geschäftsführung
- Darstellung der Umsatzentwicklung von DRG-Entgelten, Wahlleistungen. Darstellung der Entwicklung von Fallzahlen, Belegungstagen, Nutzungsgrad, Angaben zum Case-Mix
- Erläuterungen zur Budgetverhandlung wie: Budgethöhe, Basisfallwert, Ausgleichsbudget für Vorjahre, Case-Mix nach E1, Zahlbasisfallwert, Sicherstellungszuschlag
- Erläuterungen zur Kostenentwicklung, Materialkosten: med. Bedarf, Wasser, Energie, Brennstoffe, Personalkosten: Tarifentwicklung
- Erläuterungen zu Investitionen und Instandhaltungen, hier Fördermittel: Einzel- und Pauschalförderung
- Erläuterungen zum Personal: Vollkräfte, Fachkraftquote, Outsourcing: Wäscherei, Küche, Technik
- Erläuterungen zu Stand und Veränderungen Vermögens- und Finanzlage: Kapitalstruktur, Liquidität, Cashflow
- Erläuterungen der Ertragslage: Im Zeitreihenvergleich oder Spartenvergleich (Krankenhaus, Pflegeheim, Rehabilitation, ambulante Pflege), hier werden auch EBITDA, EBIT und EBT sowie Rentabilitätskennzahlen dargestellt.

07. Wie werden EBITDA, EBIT und EBT unterschieden?

Die Abgrenzung kann folgendermaßen durchgeführt werden:

Betriebsgewinn	
+ außerordentliche Aufwendungen	
- außerordentliche Erträge	
= EAT	Earnings After Taxes
+ Steueraufwand	= Taxes
- Steuerertrag	
= EBT	Earnings Before Taxes
+ Zinsaufwand	= Interest
- Zinsertrag	
= EBIT	Earnings Before Interest and Taxes
+ Abschreibung Firmenwert	= Amortization
- Zuschreibung Firmenwert	
+ Abschreibung auf Anlagevermögen	= Depreciation
- Zuschreibungen auf Anlagevermögen	
= EBITDA	Earnings Before Interest, Taxes, Depreciation and Amortization

Earnings Before Interest, Taxes, Depreciation and Amortization bedeutet übersetzt: Gewinn vor Zinsen, Steuern, Abschreibung auf Sachanlagen und Abschreibung auf den Firmenwert.

08. Welchen Inhalt haben die sonstigen Angaben?

Für eine Universitätsklinik kann hier z. B. auf den Bereich Forschung und Entwicklung eingegangen werden:

- Richtung und Schwerpunkte der Forschung und Entwicklungstätigkeiten
- Organisation des F&E-Bereiches
- Fördermittel: Drittmittel nach Art und Höhe
- Darstellung von Forschungsergebnissen
- auch Angaben zu Zweigniederlassungen, soweit diese rechtlich unselbstständig sind.

09. Welchen Inhalt hat der Nachtragsbericht?

Hier werden alle Informationen verarbeitet, welche nach Ende des Geschäftsjahres und während der Erstellung des Jahresabschlusses bekannt worden sind und die Auswirkungen auf künftige Geschäftsjahre haben:

- Abschluss/Beginn von (TVÖD)-Tarifverhandlungen
- Abschluss von Budgetverhandlungen
- Änderung von Steuergesetzen
- Änderungen der Fallpauschalen-Verordnung und DRG-Relativgewichte
- Änderungen des Basiszinssatzes
- Gerichtsverfahren, Bußgeldverfahren, Strafzahlungen
- Grundlohnsummenveränderungen
- Teilnahme an der Integrierten Versorgung, Gründung von Medizinischen Versorgungszentren oder andere wichtige Organisationsänderungen
- Veränderungen im Krankenhausbedarfsplan
- Veränderungen im Landeskrankenhausplan
- Vergütungsverhandlungen.

10. Welchen Inhalt hat der Chancen- und Risikenbericht?

Das HGB fordert die Darstellungen der Chancen und Risiken in § 289 Abs. 1 Satz und zur Entwicklung der Unternehmens und in Abs. 2 Nr. 2 zu Finanzinstrumenten.

Das Unternehmen sollte seine Risikofelder darstellen: operative/strategische Risiken, Beschaffungs-, Produktions-, Absatzrisiken, personale und juristische Risiken.

Liegen keine Risiken vor, kann es hier heißen: „Als der Jahresabschluss aufgestellt wurde, waren keine, das Unternehmen in seinem Bestand gefährdende Risiken erkennbar."

11. Welchen Inhalt hat der Prognosebericht?

Hier sollte ein Ausblick auf das operative Geschäft der nächsten zwei Perioden gegeben werden z. B.:

- erwartete Entwicklung der Gewinne, Mengenentwicklung (Fallzahlen, Belegungstage etc.), Leistungen (Entgelte, DRG, IGeL etc.) Personal- und Sachkosten
- geplante bauliche Maßnahmen, Strukturveränderungen und Rechtsgeschäfte
- Entwicklung von Budgetverhandlungen.

Die Prognosen sollten der kaufmännischen Vorsicht entsprechend vollständig und richtig sein.

12. Was beinhaltet eine Kapitalflussrechnung?

Die Kapitalflussrechnung oder Cashflow-Rechnung ist Bestandteil des Konzernabschlusses nach dem HGB (gem. § 297 Abs. 1 HGB). Kapitalmarktorientierte Kapitalgesellschaften, die nicht zur Aufstellung eines Konzernabschlusses verpflichtet sind, haben den Jahresabschluss zusätzlich um eine Kapitalflussrechnung zu erweitern (gem. § 264 Abs. 1 Satz 2 HGB).

Im Allgemeinen werden die Zahlungsströme in die drei Stufen des Cashflows unterschieden:

- Cashflow aus operativer Tätigkeit (operative cashflow)
- Cashflow aus Investitionstätigkeit (investive cashflow)
- Cashflow aus Finanzierungstätigkeit (finance cashflow).

Gemäß den Empfehlungen des Deutschen Standardisierungsrats (DRS 2) ist eine indirekte Kapitalflussrechnung wie folgt aufgebaut:

1.	Periodenergebnis vor außerordentlichen Posten
2.	± Abschreibungen/Zuschreibungen auf das Anlagevermögen
3.	± Zunahme/Abnahme der Rückstellungen
4.	± sonstige zahlungsunwirksame Aufwendungen/Erträge
5.	± Verlust/Gewinn aus dem Abgang von Anlagevermögen
6.	± Abnahme/Zunahme der Vorräte, Forderungen aus Lieferungen und Leistungen sowie anderer Aktiva, die nicht der Investitions- oder Finanzierungstätigkeit zuzuordnen sind
7.	± Zunahme/Abnahme der Verbindlichkeiten aus Lieferungen und Leistungen sowie anderer Passiva, die nicht der Investitions- oder Finanzierungstätigkeit zuzuordnen sind
8.	± Ein- und Auszahlungen aus außerordentlichen Positionen
9.	= Cashflow aus laufender Geschäftstätigkeit (operative cashflow)
10.	+ Einzahlungen aus Abgängen des Sachanlagevermögens
11.	- Auszahlungen für Investitionen in das Sachanlagevermögen
12.	+ Einzahlungen aus Abgängen des immateriellen Anlagevermögens
13.	- Auszahlungen für Investitionen in das immaterielle Anlagevermögen
14.	+ Einzahlungen aus Abgängen des Finanzanlagevermögens
15.	- Auszahlungen für Investitionen in das Finanzanlagevermögen
16.	+ Einzahlungen aus dem Verkauf von konsolidierten Unternehmen und sonstigen Geschäftseinheiten
17.	- Auszahlungen aus dem Erwerb von konsolidierten Unternehmen und sonstigen Geschäftseinheiten
18.	+ Einzahlungen aufgrund von Finanzmittelanlagen im Rahmen der kurzfristigen Finanzdisposition
19.	- Auszahlungen aufgrund von Finanzmittelanlagen im Rahmen der kurzfristigen Finanzdisposition
20.	= Cashflow aus der Investitionstätigkeit (investive cashflow)
21.	Einzahlungen aus Eigenkapitalzuführungen
22.	- Auszahlungen an Unternehmenseigner und Minderheitsgesellschafter
23.	+ Einzahlungen aus der Begebung von Anleihen und der Aufnahme von Krediten
24.	- Auszahlungen aus der Tilgung von Anleihen und der Rückführung von Krediten
25.	= Cashflow aus der Finanzierungstätigkeit (finance cashflow)
26.	Zahlungswirksame Veränderungen des Finanzmittelfonds (Summe aus 9., 20. und 25.)
27.	± Wechselkurs-, konsolidierungskreis- und bewertungsbedingte Änderungen des Finanzmittelfonds
28.	+ Finanzmittelfonds am Anfang der Periode
29.	= Finanzmittelfonds am Ende der Periode

13. Was zeigen der Eigenkapitalspiegel und die Eigenkapitalveränderungsrechnung?

Nach § 266 gliedert sich das Eigenkapital in der Bilanz in folgende Positionen:
- Gezeichnetes Kapital
- Kapitalrücklage
  - Gewinnrücklagen
  - gesetzliche Rücklagen
  - Rücklagen für eigene Anteile
  - satzungsmäßige Rücklagen
  - andere Gewinnrücklagen
- Gewinnvortrag/Verlustvortrag
- Jahresüberschuss/Jahresfehlbetrag.

Die Gesamtsumme der o. g. Positionen ist das Eigenkapital. Werden vom Vermögen die Schulden abgezogen, ergibt sich das Eigenkapital rechnerisch.

In der Eigenkapitalveränderungsrechnung sind die Auswirkungen der Änderungen von Bilanzierungs- und Bewertungsmethoden, von Kapitaltransaktionen mit Anteilseignern sowie die Ausschüttungen an Anteilseigner, die Entwicklung der Gewinnrücklagen und Überleitung der einzelnen Eigenkapitalposten sowie des Jahresüberschusses darzustellen. Zu jeder Position sind auch die entsprechenden Vorjahreswerte anzugeben.

14. Was ist ein Anlagenspiegel?

Der Anlagenspiegel stellt die Entwicklung der Wirtschaftsgüter eines Unternehmens über mehrere Jahre hinweg dar. Der Aufbau des Anlagenspiegels ist in § 268 HGB geregelt. Folgende Angaben sind zu machen: die gesamten Anschaffungs- bzw. Herstellungskosten, die Zugänge, die Abgänge, Umbuchungen und Zuschreibungen des jeweiligen Geschäftsjahres, die Angaben zu den Abschreibungen des jeweiligen Geschäftsjahres, sowie dem Buchwert des Vorjahres und dem Buchwert des laufenden Geschäftsjahres nach der Abschreibung. Somit ergibt sich folgende Darstellung in tabellarischer Form, welche 10 Spalten umfasst:

Spalte 1	2	3	4	5
Positionen des Anlagevermögens	Anschaffungs-Herstellkosten	Zugänge	Abgänge	Umbuchungen
Bezeichnung	Bestand 01.01.19 €	im lfd. Jahr €	im lfd. Jahr €	im lfd. Jahr €
Computer	25.000	3.000	100	0

Spalte 6	7	8	9	10
Zuschreibungen	kumulierte Abschreibungen der Vorjahre	Abschreibungen im lfd. Jahr	Restbuchwert im Vorjahr	Restbuchwert im lfd. Jahr
im lfd. Jahr €	€	€	31.12.17 €	31.12.18 €
0	12.500	2.800	12.500	12.600

Der Anlagenspiegel ist von Kapitalgesellschaften zu erstellen. Personengesellschaften und Einzelunternehmen sind von dieser Regelung ausgenommen, ebenso kleine Kapitalgesellschaften. Der Anlagenspiegel, auch Anlagengitter genannt, stellt zusätzlich zur Gewinn- und Verlustrechnung und der Bilanz eine weitere Quelle der Kapitalflussrechnung dar.

Mithilfe des Anlagegitters können Analysten, Finanzämter, Banken und der Unternehmer eine Übersicht über die Entwicklung des Anlagevermögens zu erhalten. Es können Rückschlüsse auf Alter und Zustand von Maschinen gezogen werden. Das Anlagengitter kann als Entscheidungsgrundlage für zukünftige Investitionen dienen.

15. Was ist der Verbindlichkeitenspiegel?

Der Verbindlichkeitenspiegel ist eine von Kapitalgesellschaften im Anhang ausgewiesene Übersicht über die gesamten Verbindlichkeiten nach Art, Höhe, Restlaufzeiten sowie Art und Umfang der Sicherheiten zur Erfüllung ihrer Ausweispflichten gemäß § 268 V HGB (Vermerk der Restlaufzeiten bis ein Jahr in der Bilanz) und § 285 Nr.1 HGB (Angabepflicht von Verbindlichkeiten mit einer Restlaufzeit über fünf Jahre sowie Umfang, Art und Form der Sicherheiten im Anhang).

Verbindlichkeitenspiegel in €						
Art der Verbindlichkeit	Summe	davon mit einer Restlaufzeit			gesicherte Beträge	Art der Sicherheit
		von < 1 Jahr	von 1 bis 5 Jahren	mehr als 5 Jahre		
1. Verbindlichkeiten gegenüber Kreditinstituten	2.500.000	90.000	440.000	2.000.000	2.000.000	Hypothek
2. Verbindlichkeiten aus Lieferung und Leistung	175.000					
3. Verbindlichkeiten gegenüber verbundenen Unternehmen	1.000					
4. sonstige Verbindlichkeiten	7.000					
Summe	2.683.000	90.000	440.000	2.000.000	2.000.000	

16. Was beinhaltet die Segmentberichterstattung?

Die Segmentberichterstattung soll durch Aufschlüsselung ausgewählter Konzernabschlussdaten nach Geschäftssegmenten und geografischen Segmenten zusätzliche Detailinformation über

- die Geschäftsbereiche und deren wirtschaftliches Umfeld,
- Risiken und Chancen der Segmente und des gesamten Unternehmens sowie
- zukünftige Kapitalflüsse der Segmente und gesamten Unternehmens

liefern.

Die Segmentberichterstattung ist auf Konzern- und Einzelabschlüsse von Unternehmen und deren Müttern anzuwenden, welche Schuld- oder Eigenkapitalinstrumente (gemeint sind hier Derivate nach IAS 32 und 39) an einem öffentlichen Kapitalmarkt handeln oder handeln wollen.

Ein Mutterunternehmen, das einen organisierten Markt im Sinne des § 2 Abs. 5 WpHG durch von ihm oder einem seiner Tochterunternehmen ausgegebenen Wertpapiere im Sinne des § 2 II 1 WpHG in Anspruch nimmt oder die Zulassung beantragt hat, hat den Konzernabschluss um eine Kapitalflussrechnung und einen Eigenkapitalspiegel zu erweitern. Ferner kann er um eine Segmentberichterstattung erweitert werden (gem. § 297 I HGB). Kapitalmarktorientierte Unternehmen, die nicht zur Aufstellung eines Konzernabschlusses verpflichtet sind, können den Jahresabschluss um eine Segmentberichterstattung gemäß § 264 I Satz 2 HGB erweitern.

Nach den internationalen Rechnungslegungsvorschriften US-GAAP und International Financial Reporting Standards (IFRS) ist die Segmentberichterstattung Bestandteil der Rechnungslegung.

IFRS 8 benennt eine Berichtspflicht bei Überschreitung folgender Schwellenwerte, die jährlich neu ermittelt werden müssen:

- Segmenterlöse (externe und interne) ≥ 10 % der Gesamterlöse (extern und intern) aller operativen Segmente
- Segmentergebnis ≥ 10 % des größeren Betrags aus Summe der „Gewinnsegmente" und „Verlustsegmente"
- Segmentvermögen ≥ 10 % des Gesamtvermögens aller operativen Segmente
- die berichtspflichtigen operativen Segmente müssen mindestens 75 % der konsolidierten externen Segmenterlöse betragen.

Beispiel

Eine Segmentinformation eines „Gesundheits-Konzerns" mit freiwilligen Angaben:

je Segment in T€	Außen-umsätze	Innen-umsätze	AfA	Ergebnis	Investition	Vermögen
Pflegeheime	15.000	2.250	1.200	550	1.500	37.500
Krankenhäuser	12.500	1.125	1.000	150	1.250	31.250
Rehakliniken	10.000	1.170	800	580	1.000	25.000
Pflegedienste	1.250	750	100	75	125	3.125
sonstige Segmente	150	2.500	12	150	15	375
Summe operativer Segmente	**38.900**	**7.795**	**3.112**	**1.505**	**3.890**	**97.250**
Storno der Saldierung von unverzinslichen Verbindlichkeiten						1.250
Konsolidierung		-7.795		-650		-5.000
zentrale Finanzabteilung			50	5	250	500
Konzernleitung	500		100	-500	80	900
abweichende Bilanzierungs-methoden				12		
Wertminderung nach IAS 36				-25		
Konzernwerte	**39.400**	**0**	**3.262**	**347**	**4.220**	**94.900**

Weitere Segmentangaben können sein:
- Angaben, um das Geschäft zu verstehen
- Darstellungen zu Ergebniskomponenten
- Informationen zu Vermögen und Schulden
- Überleitungsrechnungen zu Konzernwerten.

17. Welche Publizitätspflichten sind zu beachten?

Die Publizitätspflicht ist in §§ 325 f. HGB geregelt. Die gesetzlichen Vertreter von Kapitalgesellschaften haben für diese den Jahresabschluss beim Betreiber des Bundesanzeigers elektronisch einzureichen. Er ist unverzüglich nach seiner Vorlage an die Gesellschafter, jedoch spätestens vor Ablauf des zwölften Monats des dem Abschlussstichtag nachfolgenden Geschäftsjahrs, mit dem Bestätigungsvermerk oder dem Vermerk über dessen Versagung einzureichen. Gleichzeitig sind der Lagebericht, der Bericht des Aufsichtsrats, die nach § 161 des Aktiengesetzes vorgeschriebene Erklärung und, soweit sich dies aus dem eingereichten Jahresabschluss nicht ergibt, der Vorschlag für die Verwendung des Ergebnisses und der Beschluss über seine Verwendung unter Angabe des Jahresüberschusses oder Jahresfehlbetrags elektronisch einzureichen. Angaben über die Ergebnisverwendung brauchen von Gesellschaften mit beschränkter Haftung nicht gemacht zu werden, wenn sich anhand dieser Angaben die Gewinnanteile von natürlichen Personen feststellen lassen, die Gesellschafter sind. Werden zur Wahrung der Frist nach Satz 2 oder Absatz 4 Satz 1 der Jahresabschluss und der Lagebericht ohne die anderen Unterlagen eingereicht, sind der Bericht und der Vorschlag nach ihrem Vorliegen, die Beschlüsse nach der Beschlussfassung und der Vermerk nach der Erteilung unverzüglich einzureichen.

Kleine Kapitalgesellschaften (Größen gem. § 267 HGB) brauchen lediglich den Jahresabschluss und den Anhang elektronisch einzureichen (§ 326 HGB).

Für mittelgroße Kapitalgesellschaften sind Erleichterungen bei der Offenlegung in § 327 HGB geregelt. Der Betreiber des elektronischen Bundesanzeigers prüft, ob die einzureichenden Unterlagen fristgemäß und vollständig eingereicht worden sind (§ 329 HGB).

4.2 Erläutern von Finanzierungssystemen im Gesundheits- und Sozialwesen

4.2.1 Finanzierung des Gesundheitswesens

4.2.1.1 Finanzierung verschiedener Gesundheitssysteme in der EU unterscheiden

01. Welche rechtliche Grundlage für die EU-Gesundheitspolitik gibt es?

Das Gesundheitswesen ist nationalstaatliche Aufgabe in der Europäischen Union. Es gibt kein zusammenhängendes Gesundheitssystem in Europa, aber Empfehlungen und Richtlinien zur Leistungsgewährung und Erstattung an EU-Bürger bei Inanspruchnahme innerhalb der EU-Staaten.

Rechtsgrundlage für die Gestaltung europäischer Gesundheitspolitik ist seit Inkrafttreten des Vertrags von Lissabon Artikel 168 AEUV (Vertrag über die Arbeitsweise der Europäischen Union). Ziel der EU-Gesundheitspolitik ist auch künftig die Sicherstellung eines hohen Gesundheitsschutzniveaus bei allen Maßnahmen der Union. Erstmals wird dabei neben der „körperlichen" auch die „geistige Gesundheit" ausdrücklich erwähnt.

02. Wie sind die Gesundheitssysteme in den EU Mitgliedsländern finanziert?

Es gibt eine (grobe) Unterteilung in zwei Modelle:
- beitragsfinanziertes System, das sogenannte Bismarck-Modell
- steuerfinanziertes System, das sogenannte Beveridge-Modell.

03. Wie unterscheiden sich diese Modelle und in welchen Ländern werden sie angewendet?

Bismarck-Modell: Beitragsfinanziertes System, z. B. gesetzliche Krankenversicherung: In diesem Sozialversicherungssystem sind u. a. das Arbeitsverhältnis und der Familienstand des Beitragszahlers ausschlaggebend für die zu zahlenden Beiträge. Die Leistungen, die von allen aus dem System in Anspruch genommen werden, unterliegen Standards. Es werden Verträge mit Leistungserbringern geschlossen.

Leistungen des Gesundheitssystems können grundsätzlich frei ausgewählt werden (freie Arztwahl, freie Krankenkassenwahl) oder sind an Bedingungen, die für alle gleich sind, geknüpft und Zuzahlungen sind möglich. Dieses Modell wird in Mitteleuropa z. B. in Deutschland, Belgien, Frankreich und Tschechien angewendet.

Beveridge-Modell: überwiegend steuerfinanziertes System: Staaten finanzieren ein Gesundheitssystem, das sie häufig auch allein aufrechterhalten. Der Leistungsempfänger nimmt Leistungen, die festgelegt sind, von staatlich finanzierten Leistungserbringern ohne Wahlmöglichkeit in Anspruch. Dieses System dient der Mindest-Grundabsicherung.

Es wird in Nordeuropa (Großbritannien, Irland, Norwegen, Schweden, Finnland, Dänemark) sowie in Südeuropa (Griechenland, Spanien, Portugal, Italien) angewendet.

Die EU-Mitgliedsländer gestalten diese Modelle mittlerweile als Mischform aus. So findet man auch Elemente aus dem einen oder anderen Modell in den Ländern vor.

Beispielsweise gibt es in steuerfinanzierten Gesundheitssystemen auch private Krankenversicherungen, die als Versicherer eine Aufstockung der Leistungen aus dem System zulassen.

04. Wie unterscheiden sich die Finanzierungsstrukturen der Europäischen Gesundheitssysteme?

Siehe Tabellen auf ›› Seite 565 und 566.

Tabelle 1a: Datentableau zu den Finanzierungsstrukturen der europäischen Gesundheitssysteme

Merkmal/ Kennzahl	Jahr	Belgien	Dänemark	Deutschland	Finnland	Frankreich	Griechenland	Irland	Italien
Art des Finanzierungssystems und Kreis der Versicherten	2004[A]	Obligatorisches Sozialversicherungssystem für Arbeitnehmer und gleichgestellte Gruppen	Öffentliches Gesundheitssystem nach Wohnsitzprinzip	Obligatorisches Sozialversicherungssystem für Arbeitnehmer und gleichgestellte Gruppen	Öffentliches Gesundheitssystem nach Wohnsitzprinzip	Obligatorisches Sozialversicherungssystem für Arbeitnehmer und gleichgestellte Gruppen	Obligatorisches Sozialversicherungssystem für Arbeitnehmer und gleichgestellte Gruppen	Öffentliches Gesundheitssystem nach Wohnsitzprinzip	Öffentliches Gesundheitssystem nach Wohnsitzprinzip
Finanzierungsmodalitäten der Gesundheitsleistungen (Anmerkung: Beitragfinanziert bedeutet hier jeweils einkommens- bzw. bruttolohnbezogene Finanzierungsanteile)	2004[A]	Sach- und Geldleistungen beitragsfinanziert (Globalbeitrag)	Sachleistungen steuerfinanziert, Geldleistungen beitragsfinanziert	Sach- und Geldleistungen steuerfinanziert, Geldleistungen beitragsfinanziert	Sachleistungen steuerfinanziert, Geldleistungen beitragsfinanziert	Sach- und Geldleistungen beitragsfinanziert	Sach- und Geldleistungen beitragsfinanziert, Jährlicher Staatszuschuss zur Sozialversicherung	Sachleistungen steuerfinanziert, Geldleistungen beitragsfinanziert (Globalbeitrag)	Sach- und Geldleistungen als beitragsfinanziert definiert. Staatlicher Steuertransfer bedeutender als Beiträge
Berücksichtigung Pflegeleistungen	2004[A]	Eigenständiges Sicherungssystem nur in Teilregionen	Steuerfinanziert	Eigenes Sicherungssystem	Kein eigenständiges Sicherungssystem	Kein eigenständiges Sicherungssystem	Kein eigenständiges Sicherungssystem	Pflegegeld im Globalbeitrag, ansonsten steuerfinanziert	Kein eigenständiges Sicherungssystem
Finanzierungsbeteiligung des Arbeitgebers	2004[A]	Hohe, über Arbeitnehmerbeteiligung liegende Arbeitgeberbeteiligung (integriert in Globalbeitrag)	Keine Arbeitgeberbeteiligung	Hohe, nahezu paritätische Arbeitgeberbeteiligung	Niedrige Arbeitgeberbeteiligung	Hohe, über Arbeitnehmerbeteiligung liegende Arbeitgeberbeteiligung	Mittlere, über Arbeitnehmerbeteiligung liegende Arbeitgeberbeteiligung	Niedrige Arbeitgeberbeteiligung (integriert in Globalbeitrag)	Niedrige Arbeitgeberbeteiligung ohne Arbeitnehmerbeteiligung
Bevölkerung	2002[B]	10.333.000	5.376.000	82.489.000	5.201.000	59.486.000	10.604.000	3.932.000	57.994.000
Bruttoinlandprodukt (BIP) in Mio. $ PPP	2002[B]								
Insgesamt		285.726	157.126	2.131.717	138.419	1.671.213	201.906	128.063	1.482.857
Pro Kopf		27.651,8	29.227,3	25.842,4	26.613,9	28.094,2	19.040,6	32.569,4	25.569,1
Anteil der Bevölkerung über 65 Jahre	2002[B]	17,0%	14,8%	17,3%	15,2%	16,3%	18,1%	11,1%	18,6%
Arbeitslosenquote	2002[B]	7,3%	4,6%	8,6%	9,1%	8,8%	10,0%	4,4%	9,0%
Ausgaben für Gesundheit in % des BIP	2002[B]	9,1%	8,8%	10,9%	7,3%	9,7%	9,5%	7,3%	8,5%
Pro Kopf - Gesundheitsausgaben (in US $ PPP)	2002[B]	2.515	2.580	2.817	1.943	2.736	1.814	2.367	2.166
Anteil der öffentlichen Ausgaben an Gesundheitsausgaben	2000[C]								
Insgesamt		72,1%	82,5%	75,0%	75,1%	75,8%	56,1%	73,3%	73,4%
GKV		k.A.	0%	68,7%	15,4%	73,3%	k.A.	0,9%	0,1%
Sonstige öffentliche Ausgaben		k.A.	82,5%	6,3%	59,7%	2,5%	k.A.	72,4%	73,3%
Anteil der privaten Ausgaben an Gesundheitsausgaben	2000[C]								
Insgesamt		27,9%	17,5%	25%	24,9%	24,2%	43,9%	26,7%	26,6%
PKV		k.A.	1,6%	12,6%	2,6%	12,7%	k.A.	7,6%	0,9%
Haushalte		k.A.	15,9%	10,5%	20,4%	10,4%	k.A.	13,5%	22,6%
Anteil der Gesundheitsausgaben für die Bereiche	2000[C]								
Stationär		35,4% (1997)	54,3%	36,6%	39,9%	42,3%	k.A.	k.A.	41,2%
Ambulant		34,8% (1997)	24,8%	20,7%	30,3%	22,8%	k.A.	k.A.	30,2%
Medikamente		16,5% (1997)	8,7%	13,6%	15,5%	20,4%	14,2%	10,6%	22,2%
Anteil des Selbstkostenbeitrags am Haushaltskonsum	2000[C]	k.A.	2,8%	2,0%	2,9%	1,8%	k.A.	1,9%	3,1%
Anteil der mit bestehendem Gesundheitssystem zufriedenen Bürger[3]	1999[D]	77%	75,8%	49,9%	74,3%	78,2%	18,6%	47,7%	26,3%

[A] Europäische Kommission 2004, [B] OECD HEALTH DATA 2004 1st ed., [C] OECD HEALTH DATA 2003 3rd ed., [D] Europäische Kommission Eurobarometer 2001.

Tabelle 1b: Datentableau zu den Finanzierungsstrukturen der europäischen Gesundheitssysteme

Merkmal/ Kennzahl	Jahr	Luxemburg	Niederlande	Österreich	Portugal	Schweden	Spanien	Vereinigtes Königreich	Schweiz
Art des Finanzierungssystems und Kreis der Versicherten	2004[A]	Obligatorisches Sozialversicherungssystem für Arbeitnehmer und gleichgestellte Gruppen	Obligatorisches Sozialversicherungssystem für Arbeitnehmer und gleichgestellte Gruppen	Obligatorisches Sozialversicherungssystem für Arbeitnehmer und gleichgestellte Gruppen	Öffentliches Gesundheitssystem nach Wohnsitzprinzip	Öffentliches Gesundheitssystem nach Wohnsitzprinzip	Öffentliches Gesundheitssystem für Arbeitnehmer und Gleichgestellte	Öffentliches Gesundheitssystem nach Wohnsitzprinzip	Pflichtversicherung für alle Personen nach Wohnsitzprinzip
Finanzierungsmodalitäten der Gesundheitsleistungen	2004[A]	Sach- und Geldleistungen beitragsfinanziert; hoher Staatszuschuss	Sach- und Geldleistungen beitragsfinanziert	Sach- und Geldleistungen beitragsfinanziert. Zusätzlich hoher staatlicher Steuertransfer	Sachleistungen steuerfinanziert, Geldleistungen beitragsfinanziert (Globalbeitrag)	Sachleistungen steuerfinanziert, Geldleistungen beitragsfinanziert (Globalbeitrag)	Sachleistungen steuerfinanziert, Geldleistungen beitragsfinanziert (Globalbeitrag)	Sachleistungen steuerfinanziert, Geldleistungen beitragsfinanziert (Globalbeitrag)	Sach- und Geldleistungen werden durch Kopfpauschalen finanziert
Berücksichtigung Pflegeleistungen	2004[A]	Sonderbeitrag der Versicherten	Kein eigenständiges Sicherungssystem	Steuerfinanziert	Im Globalbeitrag enthalten	Kein eigenständiges Sicherungssystem	Kein eigenständiges Sicherungssystem	Kein eigenständiges Sicherungssystem	Kein eigenständiges Sicherungssystem
Finanzierungsbeteiligung des Arbeitgebers	2004[A]	Hohe, paritätische Arbeitgeberbeteiligung	Hohe, paritätische Arbeitgeberbeteiligung, die aber nicht alle Sicherungsbereiche umfasst	Hohe, nahezu paritätische Arbeitgeberbeteiligung	Niedrige Arbeitgeberbeteiligung (integriert in Globalbeitrag)	Niedrige Arbeitgeberbeteiligung	Niedrige Arbeitgeberbeteiligung (integriert in Globalbeitrag)	Niedrige Arbeitgeberbeteiligung (integriert in Globalbeitrag)	Keine Arbeitgeberbeteiligung
Bevölkerung	2002[B]	446.000	16.149.000	8.053.000	10.368.000	8.925.000	41.874.000	59.232.000	7.290.000
Bruttoinlandprodukt (BIP) in Mio. $ PPP	2002[B]								
Insgesamt		21.956	468.052	232.269	190.525	243.254	904.166	1.656.041	223.972
Pro Kopf		49.228,7	28.983,3	28.842,5	18.376,3	27.255,4	21.592,5	27.958,6	30.723,2
Anteil der Bevölkerung über 65 Jahre	2002[B]	13,9%	13,7%	15,5%	16,6%	17,2%	16,9%	15,9%	15,5%
Arbeitslosenquote	2002[B]	2,8%	2,7%	4,3%	5,1%	4,6%	11,3%	5,1%	3,2%
Ausgaben für Gesundheit in % des BIP	2002[B]	6,2%	9,1%	7,7%	9,3%	9,2%	7,6%	7,7%	11,2%
Pro Kopf - Gesundheitsausgaben (in US $ PPP)	2002[B]	3.065	2.643	2.220	1.702	2.517	1.646	2.160	3.445
Anteil der öffentlichen Ausgaben an Gesundheitsausgaben	2000[C]								
Insgesamt		87,8%	63,4%	69,4%	68,5%	85%	71,7%	80,9%	55,6%
GKV		72,7%	59,4%	40,2%	k.A.	k.A.	6,9%	k.A.	40,4%
Sonstige öffentliche Ausgaben		15,1%	4,0%	29,2%	k.A.	k.A.	64,8%	k.A.	15,2%
Anteil der privaten Ausgaben an Gesundheitsausgaben	2000[C]								
Insgesamt		10,5%	36,6%	30,6%	31,5%	15%	28,3%	19,1%	44,4%
PKV		1,6%	15,2%	7,2%	k.A.	k.A.	3,9%	k.A.	10,5%
Haushalte		7,7%	9,0%	18,8%	k.A.	k.A.	23,5%	k.A.	32,9%
Anteil der Gesundheitsausgaben für die Bereiche	2000[C]								
Stationär		40,7%	44,6%	38%	k.A.	k.A.	41,8%	k.A.	46,8%
Ambulant		27,8%	17,7%	31,7%	k.A.	k.A.	26,3%	k.A.	27,8%
Medikamente		12,1%	10,1%	14,9%	22,8% (1998)	13,9%	k.A.	15,8% (1997)	10,7%
Anteil des Selbstkostenbeitrags am Haushaltskonsum	2000[C]	1,1%	1,6%	2,7%	k.A.	k.A.	3,0%	k.A.	6,1%
Anteil der mit bestehendem Gesundheitssystem zufriedenen Bürger[3]	1999[D]	71,6%	73,2%	83,4%	24,1%	58,7%	47,6%	55,7%	wurde nicht erhoben

[A] Europäische Kommission 2004, [B] OECD HEALTH DATA 2004 1st ed., [C] OECD HEALTH DATA 2003 3rd ed., [D] Europäische Kommission Eurobarometer 2001.

Quelle: Studie der Hans-Böckler-Stiftung, *Döring/Dudenhöffer/Herdt 2005*

05. Wie werden die Mittel in Gesundheitssystemen verteilt?

Dies geschieht im Wesentlichen über Budgets, für die ein Leistungsrahmen bzw. eine bestimmte Leistung und mit einer Gruppe von Leistungserbringern (z. B. Krankenhäuser, caritative Verbände) verhandelt oder festgesetzt werden.

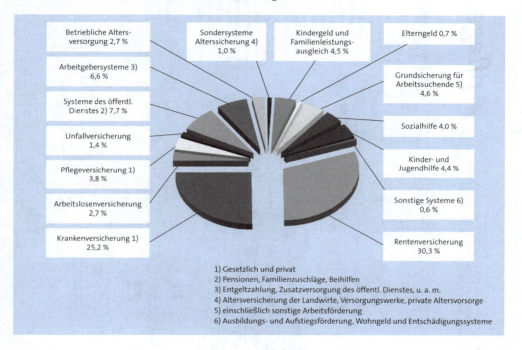

Hauptergebnisse 2017
Sozialleistungen insgesamt: 965,5 Mrd. €
(Sozialleistungen in v. H. des Bruttoinlandsproduktes) 29,6 %

Das Gesamtsozialbudget für die Sozialversicherung enthält die Aufteilung nach Sicherungszweigen, Instituten, Leistungen und Funktionen. Siehe Grafik des Bundesministeriums für Arbeit und Soziales aus dem Sozialbudget 2017 für Deutschland.

Beispiele

Budgetierung
Vermittlungsbudget aus der Arbeitslosenversicherung, regelt den Höchstbetrag, den ein Personaldienstleister für die Vermittlung eines Arbeitsuchenden in den ersten Arbeitsmarkt erhält.

Persönliches Budget aus der Rehabilitation, regelt, welche Mittel und Hilfen für einen behinderten Menschen zur Verfügung stehen, um eine Teilhabe am gesellschaftlichen Leben zu ermöglichen.

06. Wie wird die Verteilung der Mittel durch das 1. Pflegestärkungsgesetz (PSG I) und das 2. Pflegestärkungsgesetz (PSG II) verändert?

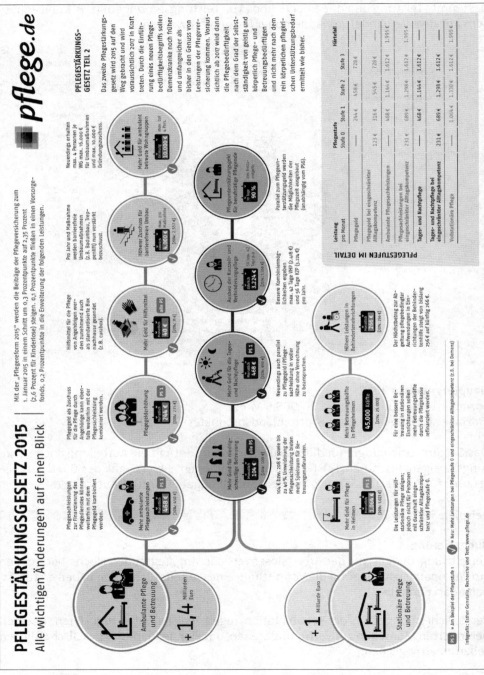

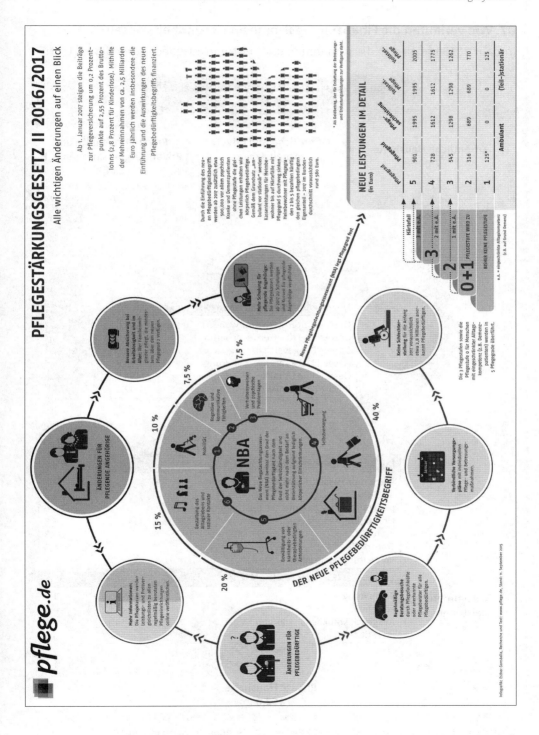

07. Wie verlaufen die Finanzierungströme im Gesundheitswesen?

Im Jahr 2015 haben sich die Einnahmen und Leistungsausgaben wie folgt verteilt:

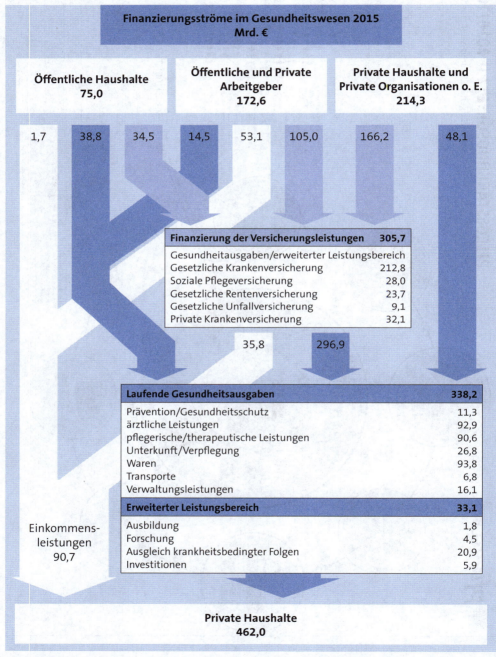

Quelle: Statistisches Bundesamt, Fachserie 12 Reihe 7.1.1, Gesundheit, Wiesbaden 2017

4.2.1.2 Finanzierung unter Berücksichtigung der Sektoren in Deutschland erläutern

01. Wie lassen sich Sozialleistungen in Deutschland gruppieren?

Soziale Hilfe	Bekämpfung von Notlagen zur Sicherung des Existenzminimums	► Sozialhilfe
Soziale Förderung	Entfaltungshilfen zur Verbesserung der sozialen Chancengleichheit	► Ausbildungs- und Berufsförderung ► Kinder- und Jugendhilfe
Soziale Vorsorge	Versicherungsschutz bei kalkulierbarem Risiko	► gesetzliche Krankenversicherung ► soziale Pflegeversicherung ► gesetzliche Unfallversicherung ► gesetzliche Rentenversicherung ► Arbeitslosenversicherung
Soziale Entschädigung	Schadenausgleich aus öffentlichen Mitteln für Gesundheitsschäden bei besonderer Verantwortung der Allgemeinheit	► Kriegsfolgeentschädigung ► Wehrdienstschäden

02. Was sind die gesetzlichen Grundlagen des Gesundheits- und Sozialsystems?

 RECHTSGRUNDLAGEN

- Sozialgesetzbuch Erstes Buch – Allgemeiner Teil
- Sozialgesetzbuch Zweites Buch – Grundsicherung für Arbeitsuchende
- Sozialgesetzbuch Drittes Buch – Arbeitsförderung
- Sozialgesetzbuch Viertes Buch – Gemeinsame Vorschriften für die Sozialversicherung
- Sozialgesetzbuch Fünftes Buch – Gesetzliche Krankenversicherung
- Sozialgesetzbuch Sechstes Buch – Gesetzliche Rentenversicherung
- Sozialgesetzbuch Siebtes Buch – Gesetzliche Unfallversicherung
- Sozialgesetzbuch Achtes Buch – Kinder- und Jugendhilfe
- Sozialgesetzbuch Neuntes Buch – Rehabilitation und Teilhabe behinderter Menschen

- Sozialgesetzbuch Zehntes Buch – Sozialverwaltungsverfahren und Sozialdatenschutz
- Sozialgesetzbuch Elftes Buch – Soziale Pflegeversicherung
- Sozialgesetzbuch Zwölftes Buch – Sozialhilfe.

Daneben gibt es Rechte und Verordnungen auf Bundes-, Landes- und kommunaler Ebene, die den Betrieb und die Führung eines Gesundheits- und Sozialbetriebes regeln.

03. Welchen Grundprinzipien folgt das soziale Sicherungssystem in Deutschland?

Das **Versicherungsprinzip** ist die gegenseitige Absicherung von gleichartig Bedrohten durch Risikoausgleich und wird über Versicherungsbeiträge finanziert. Grundsätzlich besteht z. B. in der Sozialversicherung Versicherungs- und Beitragspflicht für alle Arbeitnehmer mit paritätischer Beteiligung der Arbeitgeber an den Beiträgen. Die Sozialversicherung ist in Eigenverwaltung der Versicherungsträger durch Körperschaften öffentlichen Rechts gewährleistet und es gibt grundsätzlich gleiche Pflichtleistungen für alle Mitglieder. Beiträge, die gezahlt werden, sind einkommensabhängig und die Leistungen sind Dienst- und Sachleistungen, z. B. Krankenhausbehandlung, Pflege, Arzneien, Hilfsmittel sowie Geldleistungen für Lohnersatz (wie Lohnfortzahlung, Krankengeld, Unfallrente, Altersrente).

Das **Versorgungsprinzip**, ist die Ausstattung von Berufsgruppen oder Menschen, die besonderen Anspruch oder einen besonderen Status haben.

- Hierzu zählt der öffentliche Dienst, z. B. die Versorgung der Beamten, Berufssoldaten, Polizei, Richter, einschließlich Kostenübernahme bei Krankheit nach Beihilfevorschriften, bzw. als freie Heilfürsorge der Soldaten, Altersversorgung (Ruhegehälter), Hinterbliebenenversorgung und Versorgung der Unfallopfer bei Dienstunfällen.
- Die soziale Entschädigung für Opfer, z. B. Kriegsopferversorgung und Wehrdienstbeschädigung nach dem Bundesversorgungsgesetz, Entschädigung für Opfer von Straftaten nach dem Opferentschädigungsgesetz, Entschädigung bei Impfschäden nach dem Bundesseuchengesetz, Entschädigung für Zivildienstbeschädigte nach dem Zivildienstgesetz.
- Die Versorgung mit Sozialleistungen zum Ausgleich besonderer Belastungen oder Förderung von Chancengleichheit gemäß z. B. Schwerbehindertengesetz, Mutterschutzgesetz, Wohngeld, BAföG.

Das **Fürsorgeprinzip** entspricht der Sozialhilfe für besondere Bevölkerungsgruppen, die unter dem Motto „Hilfe zur Selbsthilfe" soziale Notlagen abwenden soll. Die Sozialhilfe tritt nur ein, wenn alle anderen Leistungen aus dem Sozialversicherungssystem ausgeschöpft sind (Subsidiarität).

Mittlerweile besteht ein Rechtsanspruch für betroffene Personen und zwar: für Hilfe zum Lebensunterhalt, Hilfe in besonderen Lebenslagen, Beratung Behinderter oder ihrer Sorgeberechtigten sowie Hilfe bei Beschaffung und Erhaltung einer Wohnung.

04. Welchen Grundprinzipien folgt die Sozialversicherung?

Prinzip der

- Äquivalenz
- Beitragsfinanzierung
- Freizügigkeit
- Selbstverwaltung
- Solidarität
- Versicherungspflicht.

05. Welche fünf Säulen der gesetzlichen Sozialversicherung werden unterschieden?

- Arbeitslosenversicherung gem. SGB III
- Krankenversicherung gem. SGB V
- Pflegeversicherung gem. SGB XI
- Rentenversicherung gem. SGB VI
- Unfallversicherung gem. SGB VII.

06. Welche Trägergruppen sind an der Finanzierung des Gesundheits- und Sozialwesens beteiligt?

- **Öffentlich-rechtliche Träger:** Körperschaften des öffentlichen Rechts mit entsprechendem Auftrag, z. B. eine Stadt oder Gemeinde
- **Frei-gemeinnützige Träger:** freie oder kirchliche Wohlfahrtspflege, Stiftungen, Vereine
- **Private Träger:** Rechtsformen aus der Privatwirtschaft, deren Absicht Gewinnerzielung ist.

Diese Trägergruppen können Beteiligte einer Finanzierung sein, die monistisch, dual oder trial ist.

07. Wie teilen sich die Gesundheitsausgaben auf die Ausgabenträger auf?

Die Gesundheitsausgaben der verschiedenen Ausgabenträger zeigt die folgende Tabelle:

Gesundheitsausgaben in Deutschland in Mio. €				
Merkmal	2014	2015	2016	2017[1]
Ausgabenträger insgesamt	327.577	343.153	356.537	374.160
öffentliche Haushalte	15.015	15.467	16.391	16.152
gesetzliche Krankenversicherung	190.746	198.907	207.181	212.369
soziale Pflegeversicherung	25.291	27.806	29.445	39.504
gesetzliche Rentenversicherung	4.364	4.440	4.527	4.625
gesetzliche Unfallversicherung	5.213	5.366	5.577	5.812
private Krankenversicherung[2]	29.084	30.536	31.016	31.634
Arbeitgeber	13.822	14.474	15.015	15.614
private Haushalte/private Organisationen ohne Erwerbszweck	44.043	46.516	47.384	48.450

08. Welche Beiträge zahlen Versicherte 2019 in der Sozialversicherung grundsätzlich?

Arbeitslosenversicherung	2,50 % Arbeitnehmer: 1,25 % Arbeitgeber: 1,25 %
Insolvenzgeldumlage Umlagepflichtig sind grundsätzlich alle Arbeitgeber.	0,06 %
Krankenversicherung Der durchschnittliche Zusatzbeitrag im Jahr 2019: 0,9 %	Allgemeiner Beitragssatz 14,00 % Arbeitnehmer: 7,00 % Arbeitgeber: 7,00 %
Pflegeversicherung	3,05 % Arbeitnehmer: 1,525 % Arbeitgeber: 1,525 %
Beitragszuschlag für Kinderlose in der Pflegeversicherung (kinderlose Versicherte, die das 23. Lebensjahr vollendet haben) Den Beitragszuschlag trägt der Arbeitnehmer allein. Beitragssatz Arbeitnehmer mit Beitragszuschlag (außer Sachsen): 1,275 % + 0,25 % = 1,525 %	0,25 %
Rentenversicherung	18,60 % Arbeitnehmer: 9,30 % Arbeitgeber: 9,30 %

---

[1] prognostizierte Werte
[2] einschließlich privater Pflege-Pflichtversicherung

Umlagen U1 und U2 Für alle Betriebe gilt seit dem 01.01.2006 die Pflicht zur Teilnahme am Umlageverfahren U2 (Mutterschaftsaufwendungen). Für Betriebe mit bis zu 30 Arbeitnehmern gibt es zusätzlich die Pflicht zur Teilnahme am Umlageverfahren U1 (Lohnfortzahlung im Krankheitsfall). Es handelt sich hierbei um die Entgeltfortzahlungsversicherung. Pflichtversicherung für den Arbeitgeber. Die Höhe der Umlagesätze wird immer noch in der Satzung der jeweiligen Krankenkasse festgelegt.	verschieden nach Satzung der Krankenkasse
Unfallversicherung Die Beiträge zur gesetzlichen Unfallversicherung hat der Arbeitgeber allein aufzubringen und an die zuständige Berufsgenossenschaft abzuführen.	Die Beiträge sind abhängig von den Gefahrklassen, die für den Betrieb gelten.

Die Sozialversicherungsbeiträge werden mit dem jeweiligen Prozentsatz nur bis zur Höhe der geltenden Beitragsbemessungsgrenze erhoben. In der nachfolgenden Tabelle sind die derzeit gültigen Grenzen genannt:

2019 Beträge in €	Renten- und Arbeitslosenversicherung		Kranken- und Pflegeversicherung
örtliche Gültigkeit	Alte Länder und Berlin West	Neue Länder und Berlin Ost	Alte und neue Länder (einheitliche Grenze)
Jahr	80.400	73.800	54.450
Monat	6.700	6.150	4.537,50

09. Wer zahlt in den Gesundheitsfonds?

Aus den Einnahmen des Gesundheitsfonds werden die Ausgaben der GKV bestritten. Die folgende Grafik stellt die Einzahler und die Aufteilung der Mittel dar.

Quelle: vdek

10. Wie sieht die Einnahmesituation für den Gesundheitsfonds aus?

Der Beitragssatz für den Gesundheitsfonds beträgt seit dem Jahr 2015 14,6 %. Davon zahlen Arbeitnehmer und Arbeitgeber je 7,3 %. Weiterhin werden Einnahmen aus der Rentenversicherung, der Bundesagentur für Arbeit, der Künstlersozialkasse, der Minijobzentrale sowie Steuern eingezahlt. Die sogenannte Liquiditätsreserve ist für Schwankungen innerhalb des Fonds eingeplant.

Der Bundeszuschuss für versicherungsfremde Leistungen und Sozialausgleich ist ab 2017 mit jährlich 14,5 Mrd. € geplant.

Dazu kommen Zusatzbeiträge, die einkommensunabhängig ausschließlich von den Mitgliedern der GKV getragen werden. Diese Zusatzbeiträge können seit 01.07.2014 erhoben werden.

11. Welche gesetzliche Einnahmestruktur gibt es für den Gesundheitsfonds ab 2019?

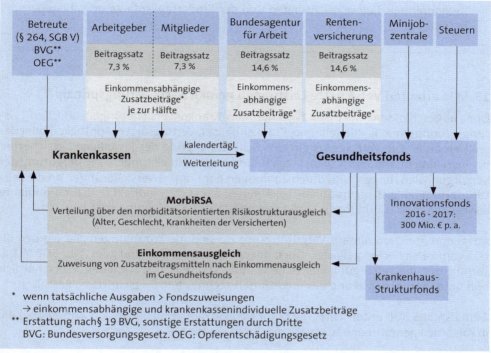

GKV Gesundheitsfonds – Grundsätzliche Funktionsweise ab 01.01.2019; Quelle: in Anlehnung an *vdek_presse*

12. Welche Vorteile hat die Gemeinnützigkeit von Leistungserbringern?

RECHTSGRUNDLAGEN

§ 52 Abs. 1 Abgabenordnung (AO) besagt, dass eine Körperschaft gemeinnützige Zwecke verfolgt, wenn ihre Tätigkeit darauf gerichtet ist, die Allgemeinheit auf materiellem, geistigem oder sittlichem Gebiet selbstlos zu fördern. Die Anerkennung der Gemeinnützigkeit erfolgt durch Bescheid eines Finanzamtes.

Gemäß § 5 Abs. 9 des Körperschaftsteuergesetzes (KStG) sind gemeinnützige Körperschaften von der Körperschaftssteuer befreit. Dies gilt im Besonderen für Unternehmen des Gesundheits- und Sozialwesens.

Unternehmen im Gesundheits- und Sozialwesen sind darüber hinaus gewerbesteuerbefreit nach § 3 Nr. 20 Gewerbesteuergesetz (GewStG).

Weiterhin sind z. B. gem. § 4 Nr. 14 UStG Ärzte, Krankenhäuser, Hospize, Rehabilitationseinrichtungen, Physiotherapeuten, Hebammen und gem. § 4 Nr. 16 Einrichtungen zur Betreuung und Pflege sowie gem. § 4 Nr. 25 Leistungen der Jugendhilfe in Tageseinrichtungen und der Kindertagespflege umsatzsteuerbefreit.

13. Wie erhalten Versicherte Leistungen gemäß Sachleistungsprinzip?

Über abgeschlossene Verträge zwischen den Krankenversicherungen und den Leistungserbringern, z. B. Pflegeheime, Krankenhäuser, Vertragsärzte, Apotheken oder deren Verbände. Die Verträge regeln exakt die Versorgung der jeweiligen Versicherten bei Inanspruchnahme von Dienst-, Sach- und/oder Geldleistungen. Die Vergütung der Versorgungsleistungen wird durch Zahlungen der Krankenversicherungen an die Leistungserbringer (z. B. für stationäre Leistungen) direkt oder indirekt (z. B. für ambulante Leistungen) durch Zahlungen an die Kassenärztliche Vereinigung (KV) erbracht.

Ausgenommen von diesem Vergütungsprinzip sind die Zuzahlungen. Sie werden direkt vom Versicherten geleistet. Die Krankenversicherungen sind gem. § 12 SGB V u. a. verpflichtet, die Versorgung ausreichend, notwendig und zweckmäßig, wirtschaftlich und unter Berücksichtigung des medizinisch-technischen Fortschritts zu gestalten.

Gemäß § 305 SGB unterrichtet die Krankenkasse den Versicherten auf Antrag über die in Anspruch genommene Leistung und deren Kosten.

14. Wie unterscheidet sich die finanzielle Abwicklung im Sachleistungsprinzip der gesetzlichen Krankenversicherungen zu dem Kostenerstattungsprinzip der privaten Krankenversicherung?

In der gesetzlichen Krankenversicherung herrscht das Sachleistungsprinzip vor. Versicherte zahlen ihre Beiträge an die Krankenkasse, welche die Beiträge an die Kassenärztliche Vereinigung (KV) mittels Kopfpauschalen weiterleitet. Sobald der Versicherte eine ärztliche Leistung als Patient in Anspruch nimmt, werden die Leistungen dem behandelnden Arzt von der KV per EBM/Kopfpauschale erstattet.

In der privaten Krankenversicherung (PKV) gilt das Kostenerstattungsprinzip. Der Versicherte lässt sich privatärztlich behandeln und erhält eine Rechnung vom behandelnden Arzt gemäß der GOÄ. Diese Rechnung reicht der Versicherte bei seiner privaten Krankenversicherung ein und erhält je nach Versicherungsvertrag seine Kostenerstattung.

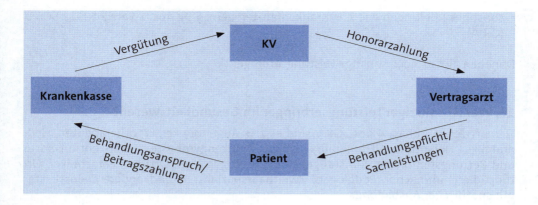

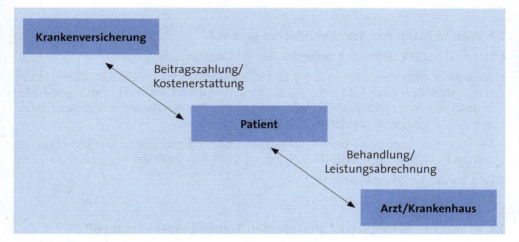

15. Welche Leistungserbringer gibt es im Gesundheitswesen?

Aus dem stationären Sektor sind das die

- Krankenhäuser gem. § 107 Abs. 1 SGB V
- Vorsorge- und Rehabilitationskliniken gem. § 107 Abs. 2 SGB V bzw. SGB IX
- stationäre Pflegeeinrichtungen gem. § 71 Abs. 2 SGB XI.

Aus dem ambulanten Sektor sind das die

- ambulanten Pflegedienste gem. § 71 Abs. 1 SGB XI
- niedergelassenen Ärzte, Zahnärzte und Psychotherapeuten und Medizinische Versorgungszentren (MVZ) § 72 SGB V
- ambulante medizinische Rehabilitation § 27 SGB V
- ambulantes Operieren/stationsersetzende Leistungen gem. § 115b SGB V

- sonstiges Leistungen wie z. B. Krankenfahrten gem. § 92 Abs. 1 Satz 2 Nr. 12 SGB V (G-BA).

Daneben gibt es noch sonstige Leistungserbinger.

16. Wer ist sonstiger Leistungserbringer im Gesundheitswesen?

Gemäß der §§ in Kap. 4 des SGB V sind es z. B. Augenoptiker, Ergotherapeuten, Heilpraktiker, Hebammen, Hörgeräteakustiker, Krankengymnasten, Krankentransporte und Rettungsfahrdienst, Kunstaugeninstitute, Logopäden, Orthopädietechniker, Orthopädieschuhmacher, Podologen, Zweithaarspezialisten und andere Dienstleister mit spezifischer Ausbildung.

17. Welche Arten von Krankenhäusern gibt es?

§ 107 Abs. 1 SGB V definiert Krankenhäuser, dies können sein:

- Zugelassene Krankenhäuser nach § 108 SGB V sind: Hochschulkliniken, die im Hochschulverzeichnis nach § 4 HSchulBG aufgenommen sind, Plankrankenhäuser, die im Bedarfsplan nach § 99 SGB V aufgenommen sind, Krankenhäuser mit abgeschlossenem Versorgungsvertrag nach § 109 SGB V
- Sonstige Krankenhäuser sind: Psychiatrische oder neurologische Kliniken (zugelassen nach Landesrecht), Tageskliniken gem. § 39 SGB V. Nachtkliniken gem. § 39 SGB V
- und Bundeswehrkrankenhäuser.

18. In welche Versorgungsstufen werden Krankenhäuser eingeteilt?

Abhängig vom Landesrecht werden Krankenhäuser in

- Grundversorgung,
- Regelversorgung,
- Schwerpunktversorgung und
- Maximalversorgung.

eingeteilt.

Fachkrankenhäuser (Suchtkliniken oder andere Spezialgebiete) werden keiner Versorgungsstufe zugeordnet.

19. Welche Arten von Vorsorge- und Rehabilitationskliniken gibt es?

Grundsätzlich wird in medizinischer Rehabilitation z. B. gem. § 107 Abs. 2 SGV sowie i. V. m. § 26 SGB IX, sozialer Rehabilitation gem. §§ 55 ff. SGB IX und berufliche Rehabilitation gem. §§ 33 ff. SGB IX unterschieden.

20. Welche Arten von stationären Pflegeeinrichtungen gibt es?

Vollstationäre Pflegeeinrichtungen (Pflegeheime) nach § 71 Abs. 2 SGB XI, Teilstationäre Pflegeeinrichtungen nach § 71 Abs. 2 SGB XI, Hospize nach § 39a SGB V.

21. Wie unterscheiden sich die Leistungserbringer im ambulanten Sektor?

- Ambulante Pflegedienste gem. § 71 Abs. 1 SGB XI sind selbstständig wirtschaftende Einrichtungen, die Pflegebedürftige in ihrer häuslichen Umgebung pflegen.
- Niedergelassene Ärzte, Zahnärzte und Psychotherapeuten sind Ärzte, die durch Zulassung zur Kassenärztlichen/Kassenzahnärztlichen Versorgung tätig sind.
- Medizinische Versorgungszentren (MVZ) § 72 SGB V sind fachübergreifende Einrichtungen mit Ärzten aus unterschiedlicher Profession.
- Ambulante medizinische Rehabilitation § 27 SGB V wird von Physiotherapeuten, med. Bademeistern, Masseuren, Ergotherapeuten in wohnortnahen Rehabilitationszentren durchgeführt.
- Ambulantes Operieren/stationsersetzende Leistungen gem. § 115b SGB V werden in den Ambulanzen der Krankenhäuser erbracht.

22. Wie könnten die Krankenhauskosten im monistischen System finanziert werden?

Sowohl Betriebskosten als auch Investitionskosten würden ausschließlich von den Krankenkassen finanziert werden.

23. Welche Folgen hätte ein monistisches System?

Die Rückkehr zur Monistik brächte den Ländern eine Ersparnis, würde bei den Krankenkassen aber zu einer deutlichen Ausgabensteigerung führen, welche durch Beitragsanhebung ausgeglichen werden müsste. Die Länder müssten ihre Planungshoheit einschränken und könnten somit die Sicherstellung der Krankenhausversorgung nicht mehr gewährleisten.

24. Wie werden die Krankenhauskosten in Deutschland finanziert?

MERKE

Nach § 4 KHG wird die Finanzierung über zwei unterschiedliche Finanzierungswege gesichert, daher auch duale Finanzierung genannt:

Investitionskosten	Betriebskosten (Personal- und Sachkosten)
▸ Investitionsförderung für Plankrankenhäuser aus den Haushalten der Länder	In Form von Benutzerentgelten ▸ gesetzliche und private Krankenversicherung ▸ Zusatzversicherung Krankenhaus ▸ Selbstzahler

25. Wie werden die Investitionskosten finanziert?

In § 9 KHG ist festgelegt, welche Investitionen durch das Land gefördert werden können. Es wird zwischen Einzel- und Pauschalförderung unterschieden:

Einzelförderung

- Errichtung von Krankenhäusern einschließlich der Anlagegüter
- Wiederbeschaffung Anlagegüter mit einer Nutzungsdauer von mehr als drei Jahren
- Anlaufkosten und Umstellungskosten sowie Erwerb, Erschließung, Miete und Pacht von Grundstücken, soweit ohne die Förderung die Aufnahme oder Fortführung des Krankenhausbetriebes gefährdet wäre
- Erleichterung der Schließung von Krankenhäusern oder Umwandlung in Pflegeeinrichtungen.

Die Förderung setzt eine Bewilligung des Antrages durch das Bundesland voraus.

Pauschalförderung

- Wiederbeschaffung kurzfristiger Anlagegüter
- kleine bauliche Maßnahmen.

Es werden jährlich feste Pauschalbeträge gezahlt, mit denen das Krankenhaus im Rahmen der Zweckbindung frei wirtschaften kann.

Förderungsumfang: Berücksichtigung von Versorgungsstufen, Planbetten oder Fallzahlen, Case-Mix.

Aufgrund der Haushaltslage der Länder, die mit einer verzögerten Förderpraxis einhergeht, ist es in den Krankenhäusern zu einem Investitionsstau gekommen.

26. Wird bei Bettenabbau in Krankenhäusern die Förderung reduziert?

Wenn der Bettenabbau mit den Landesverbänden der Krankenkassen und der Ersatzkassen vereinbart worden ist und die von Grenzen des Abbaus, die in der Krankenhausplanung vorgegeben sind nicht übersteigt, wird die Förderung nicht reduziert.

27. Was versteht man unter Investitionspauschalen?

Da die Länder ihren Förderverpflichtungen nicht oder nicht in ausreichendem Maße nachkommen, wurde nach § 10 KHG im Rahmen des Krankenhausfinanzierungsreformgesetzes (KHRG) die Einführung leistungsorientierter Investitionspauschalen beschlossen. Die Investitionsförderung soll durch Zuschläge zu den DRGs erfolgen.

Damit entfällt das Antrags- und Bewilligungsverfahren. Die Krankenhäuser kritisieren an diesem Förderungskonzept, dass in den einzelnen Häusern der Sanierungsstand zu unterschiedlich sei. Deshalb würde die Anwendung von diesem Verfahren zu einer ungerechten Mittelverteilung führen.

Für Krankenhäuser gelten seit 2012, für psychiatrische und psychosomatische Einrichtungen seit 2014 leistungsorientierte Investitionspauschalen.

Die Länder haben nach wie vor die Möglichkeit, zwischen den leistungsorientierten Investitionspauschalen und dem bisherigen Verfahren zu wählen. Die Investitionsbewertungsrelationen (iBR) werden jährlich neu festgelegt.

28. Wie werden Patienten im Fallpauschalensystem einer DRG zugeordnet?

Medizinisch ähnliche Fälle mit einem vergleichbaren Ressourcenaufwand bilden kostenhomogene Gruppen.

Für die Zuordnung der Patienten müssen folgende Kriterien berücksichtigt werden:
- Alter
- Geschlecht
- Geburtsgewicht in Gramm
- Beatmungszeit
- Hauptdiagnose nach ICD
- Nebendiagnosen nach ICD
- Prozeduren nach OPS/ICPM
- Verweildauer
- Entlassungsart.

Per Grouper werden aus diesen Kriterien:
- nicht zuordnungsbare Fälle (Fehler-DRG)
- abrechenbare DRGs (Diagnosis Related Groups = diagnosebezogene Fallgruppen).

Bei Überschreitungen der oberen Grenzverweildauer (OGVD) kommt es zu Zuschlägen und bei Unterschreitung der unteren Grenzverweildauer (UGVD) kommt es zu Abschlägen. Am ökonomisch sinnvollsten ist die mittlere Verweildauer (MVD). Die Grundlage für die Codierung sind die Eintragungen in die Patientenakte.

Das australische System wurde überarbeitet und den deutschen Gegebenheiten angepasst. Es ist ein lernendes System, welches sich immer weiter verzweigt. Von anfangs 600 DRGs sind es 2019 mittlerweile 1.318. In diesem System werden auch Fehler-DRGs berücksichtigt.

Für psychiatrische und psychosomatische Einrichtungen gilt seit 2015 das pauschalierte Entgeltsystem PEPP, welches ähnlich dem DRG-System funktioniert.

29. Wie wird die Vergütung einer DRG ermittelt?

Jeder DRG ist im Fallpauschalenkatalog ein Relativgewicht zugeordnet. Das Relativgewicht beschreibt die durchschnittliche Kostenintensität der DRG zu den anderen DRGs. Somit ist eine mit 2,0 bewertete DRG doppelt so kostenaufwendig, wie eine DRG, die mit 1,0 bewertet wurde.

> Basisfallwert • Relativgewicht = DRG-Erlös

Mit dem DRG-Erlös sind die allgemeinen Krankenhausleistungen abgegolten. Die Regeln für die Vergütung sind in der Fallpauschalenvereinbarung (FPV) zwischen dem GKV-Spitzenverband und der DKG für alle Krankenhäuser verbindlich festgelegt. Wahlleistungen sind gesondert zu vergüten.

30. Was versteht man unter einem Basisfallwert?

Der Basisfallwert ist keine reine rechnerische Größe, sondern das Ergebnis von Verhandlungen zwischen den Krankenhäusern und den Krankenkassen. Er stellt den Geldwert dar, den die Krankenhäuser für einen durchschnittlichen Leistungsfall erhalten.

Mit Beginn der Konvergenzphase 2005 bis 2008 wurde ein krankenindividueller Basisfallwert zur Berechnung zugrunde gelegt. Diese Basisfallwerte wurden dann in Jahresschritten einem Landesbasisfallwert angepasst. Dieser ist seit 2009 für alle Krankenhäuser eines Bundeslandes verbindlich. 2019 ist ein bundeseinheitlicher Basisfallwert von 3.544,97 € festgelegt worden. Die Krankenhäuser sollen innerhalb von fünf Jahren an diesen herangeführt werden. So sollen sich Krankenhäuser möglichst innerhalb der vorgegebenen Korridorgrenzen aufhalten.

+ 2,5 %	das entspricht 3.544,97 €	3.633,30 €	obere Korridorgrenze
- 1,02 %	das entspricht	3.508,81 €	untere Korridorgrenze

4. Steuern von betriebswirtschaftlichen Prozessen und Ressourcen | 4.2 Finanzierungssysteme

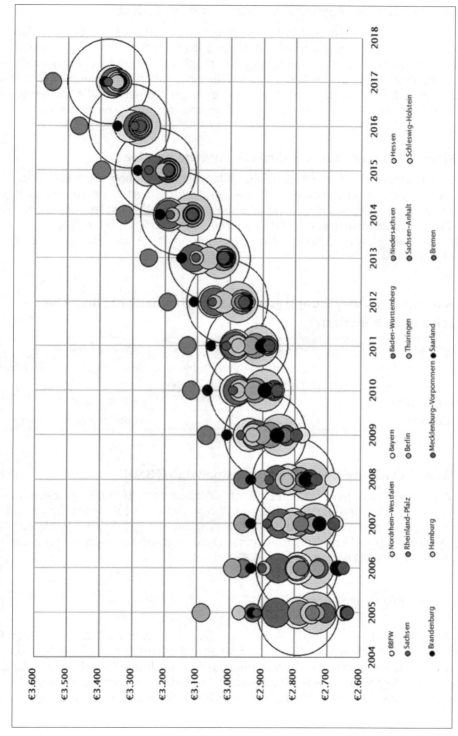

Entwicklung des Bundesbasisfallwertes 2004 bis 2018, GKV Spitzenverband

Quelle: https://www.gkv-spitzenverband.de/krankenversicherung/krankenhaeuser/budgetverhandlungen/bundesbasisfallwert/bundesbasisfallwert.jsp, 19.01.2019

31. Welches Ziel verfolgen Krankenhäuser mit Up-Coding?

Die Codierung eines möglichst hohen Ressourcenverbrauchs, welcher nicht den Tatsachen entspricht, um einen möglichst hohen DRG-Erlös für den Fall zu erzielen. Dies wird beispielsweise über die Codierung von möglichst vielen Nebendiagnosen versucht. Seit Einführung des DRG-Systems hat die Einzelfallprüfung durch den Medizinischen Dienst der Krankenkassen (MDK) deutlich zugenommen. Für die Krankenkassen war es erforderlich, verstärkt Personal zur Abrechnungsprüfung einzustellen.

32. Können Krankenhäuser zusätzliche Entgelte erzielen?

Für Leistungen, die nicht durch den DRG-Fallpauschalenkatalog abgedeckt sind, können die Krankenhäuser bundeseinheitliche Zusatzentgelte nach einem Zusatzentgeltkatalog erhalten oder sie können krankenhausindividuelle Zusatzentgelte vereinbaren. Zu neuen Untersuchungs- und Behandlungsmethoden, die im DRG noch nicht sachgerecht abgebildet werden können, sind gesonderte Vereinbarungen, die zeitlich zu befristen sind, zu treffen.

33. Nach welchen Vergütungssystemen werden ambulante ärztliche Leistungen honoriert?

Versicherung	GKV	PKV/Selbstzahler
Vergütungssystem	Einheitlicher Bewertungsmaßstab (EBM)	Gebührenordnung für Ärzte (GOÄ)
Rechtsgrundlage	SGB V	Rechtsverordnung
Ermessensspielräume	nein	ja, durch Steigerungssätze

34. Was ist der Einheitliche Bewertungsmaßstab (EBM)?

Der Bewertungsausschuss für den EBM, gebildet aus Vertretern der Spitzenverbände der Krankenkassen und Vertretern der KBV, beschließt auf Bundesebene gem. § 87 SGB V den EBM. Der EBM bestimmt die abrechnungsfähigen Leistungen in der GKV und ihr wertmäßiges Verhältnis zueinander. Dazu wird ein Orientierungspunktwert in Euro festgelegt. 2019 beträgt dieser 10,8226 Cent.

> Punktzahl • Punktwert = Vergütung

Der Bewertungsausschuss legt jährlich Indikatoren zur Messung der regionalen Besonderheiten hinsichtlich der Kosten und Versorgungsstruktur fest. Insbesondere die Abweichung der regionalen von der bundesdurchschnittlichen Fallzahlentwicklung ist zu berücksichtigen. Nach diesen Bundesvorgaben haben die Kassenärztlichen Vereinigungen und Krankenkassen die regionalen Gebührenordnungen umzusetzen.

35. Wie gliedern sich die vertragsärztlichen Leistungen nach dem EBM?

arztgruppenübergreifende Leistungen	Diese Leistungen können von jedem Vertragsarzt erbracht und abgerechnet werden, z. B. Notdienst, Einführung einer Magenverweilsonde, Legen eines transurethralen Dauerkatheters.
arztgruppenspezifische Leistungen	Diese Leistungen können nur von Ärzten der entsprechenden Arztgruppe abgerechnet werden. So dürfen urologische Leistungen nur von einem Urologen und augenärztliche Leistungen nur von einem Augenarzt abgerechnet werden.
arztgruppenübergreifende spezielle Leistungen	Die Abrechnung dieser Leistungen ist nur möglich, wenn eine besondere Fachkunde sowie eine entsprechende apparative Ausstattung nachgewiesen werden, beispielsweise ein CT.

Die Abrechnung der ambulanten ärztlichen Leistungen gliedert sich in einen hausärztlichen und in einen fachärztlichen Teil.

Der fachärztliche Teil gliedert sich nach den einzelnen Facharztgruppen:
- EBM für Hausärzte
- EBM für Anästhesisten
- EBM für Augenärzte.

Vergütungsstruktur der Hausärzte

Versichertenpauschalen	Für den gesamten Abrechnungszeitraum erbrachte Leistungen einschließlich Betreuungs-, Koordinations-, Dokumentationsleistungen.
Zuschläge	Für die Betreuung multimorbider Patienten.
Einzelleistungen/ Leistungskomplexe	Die besonders förderungswürdig sind, wie beispielsweise geriatrisches Basisassessment.
Qualitätszuschläge	Für die in besonderen Behandlungsfällen geleistete Qualität, wie beispielsweise bei einem Langzeit-EKG.

Beispiel

Abrechnungsbeispiel nach EBM 2019:

Ein 19- bis 54-jähriger Patient mit einer leichten Erkältung, kurze Krankschreibung und Arztgespräch:

03000 : 122 Pkt = 13,20 €
Versichertenpauschale, einmal je Behandlungsfall

03040 : 144 Pkt = 15,58 €
Vorhaltepauschale, zur Erfüllung von Aufgaben der hausärztlichen Grundversorgung und Erhalt der notwendigen Strukturen, einmal je Behandlungsfall

03230 : 90 Pkt = 9,74 €
problemorientiertes Gespräch max. 10 Minuten (zu den therapeutischen, familiären, sozialen oder beruflichen Auswirkungen der Erkrankung und deren Bewältigung)

Gesamtvergütung = 38,52 €

Vergütungsstruktur der Fachärzte

Grundpauschale	Üblicherweise bei jedem Behandlungsfall erbrachte Leistung.
arztgruppenspezifische Zusatzpauschale	Vergütung des besonderen Leistungsaufwandes, der sich aus bestimmten Behandlungsfällen ergibt.
diagnosebezogene Pauschalen	Vergütet die Behandlung von Patienten mit erheblichem Therapieaufwand und überproportionalen Kosten.
arztgruppenübergreifende spezifische Pauschalen	Vergütet für die fallbezogene Zusammenarbeit von Ärzten verschiedener Fachrichtungen.
Einzelleistungen/ Leistungskomplexe	Werden aufgrund von medizinischen Besonderheiten nur vergütet, wenn auch erforderlich.

Die Verteilung der Vergütung erfolgt aus der morbiditätsbedingten Gesamtvergütung.

36. Wie berechnet sich die morbiditätsbedingte Gesamtvergütung?

Die Krankenkassen zahlen an die KVen eine Gesamtvergütung. Diese Gesamtvergütung dient der Abdeckung aller vertragsärztlichen Leistungen und aller damit verbundenen Kosten.

Die KVen sind nach § 75 SGB V durch die Zahlung zur Sicherstellung der ambulanten Versorgung verpflichtet (Sicherstellungsauftrag). Die Höhe der Gesamtvergütung wird in den Gesamtverträgen festgelegt. Die Berechnung erfolgt kassenspezifisch.

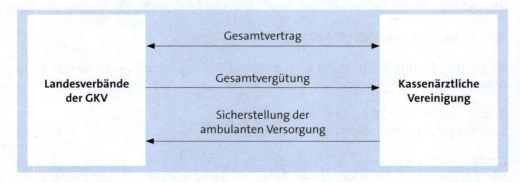

Die morbiditätsbedingte Gesamtvergütung berechnet sich wie folgt:

> Morbiditätsbedingter Behandlungsbedarf • Anzahl der Versicherten • regionaler Punktwert = morbiditätsbedingte Gesamtvergütung

Der Behandlungsbedarf wird anhand eines vergangenen Abrechnungszeitraumes ermittelt. Zukünftig wird die Morbidität in einem Versichertenklassifikationssystem abgebildet werden. Dort erfolgt eine Zuordnung nach Alter, Geschlecht und Diagnosen. Kommt es zu einem unvorhersehbaren Anstieg der Erkrankung der Bevölkerung (z. B. durch Seuchen) können diese Leistungen erhöht werden.

Das Morbiditätsrisiko geht vom Vertragsarzt auf die Krankenkasse über. Die Vergütungen sollen im Bundesvergleich aneinander angenähert werden und stärker dem Behandlungsbedarf entsprechen. Die morbiditätsbedingte Gesamtvergütung bildet nach Abzug der extrabudgetären Leistung die Grundlage zur Berechnung der Regelleistungsvolumina und qualifikationsgebundene Zusatzvolumen.

37. Was sind Regelleistungsvolumen und qualifikationsgebundene Zusatzvolumen?

Zur Verhinderung einer Mengenausdehnung wurden die Regelleistungsvolumina (RLV) nach § 87b SGB V eingeführt. Jedem Arzt wird pro Quartal ein Regelleistungsvolumen zugewiesen. Die KV teilt den einzelnen Praxen die Höhe ihrer Volumina im Voraus mit. Berechnungsgrundlage ist die morbiditätsbedingte Gesamtvergütung des Vorjahres.

Berechnung des Regelleistungsvolumens des Arztes:

> Fallzahl des Arztes • Fallwert der Arztgruppe • Gewichtungsfaktor Alter = Regelleistungsvolumen

- Fallzahl: Behandlungsfälle im Vorjahresquartal
- Fallwert: Vergütungsvolumen der Arztgruppe: Fallzahl der Arztgruppe
- Gewichtungsfaktor Alter: berücksichtigt den unterschiedlichen Behandlungsaufwand in den verschiedenen Altersklassen.

2010 wurden qualifikationsgebundene Zusatzvolumen (QZV) eingeführt. Jeder Arztgruppe steht ein Verteilungsvolumen zu, aus dem die unterschiedlichen Zusatzvolumen für die vorgeschriebenen Leistungen gebildet werden. Diese sind beispielsweise für:

Hausärzte:

- QZV 1: Allergologie
- QZV 2: Phlebologie
- QZV 3: Teilradiologie

Fachärzte für Chirurgie:

- QZV 1: Akupunktur
- QZV 2: spezielle Schmerztherapie
- QZV 3: Sonographie

Berechnung des qualifikationsgebundenen Zusatzvolumens

Da die QZVs nur für einen KV-Bezirk gelten und die Berechnungssystematik in Bezug auf die Fallwerte sehr stark differiert, sind diese auch nicht bundesweit vergleichbar.

QZV 1 = Fallwert • Fallzahl

Zusammen bilden beide Volumina die Vergütungsobergrenze. Sie können auch gegeneinander verrechnet werden. So kann ein nicht ausgeschöpftes Regelleistungsvolumen mit qualifikationsgebundenen Leistungen aufgefüllt werden.

Fallzahl in %	Abstaffelung um
> 200	75 %
> 170 - 200	50 %
> 150 - 170	25 %
100 - 150	QZV
	RLV

→ Vergütungsobergrenze

Wird die Vergütungsobergrenze überschritten, so werden die darüberliegenden Leistungen mit abgestaffelten Preisen vergütet.

38. Was sind Extrabudgetäre Leistungen?

Extrabudgetäre Leistungen sind außerhalb der morbiditätsbedingten Gesamtvergütung zu honorieren und für sie sind gesonderte Verträge zwischen KV und Krankenkassen abzuschließen. Ihre Vergütung richtet sich nach den Vertragsinhalten.

Beispiele

- Früherkennungsuntersuchungen
- Leistungen, die in unterversorgten Gebieten erbracht werden
- Strahlentherapie
- Impfungen
- ambulante Operationen
- Besuche in Pflegeheimen SGB XI
- Aufwand für Dokumentation und Schulung in Disease-Management-Programmen.

Verträge zwischen Krankenkassen und Leistungserbringern unter Ausschluss der KV:

- besondere Versorgung
- hausarztzentrierte Versorgung.

Individuelle Gesundheitsleistungen (IGeL) müssen privat bezahlt werden.

39. Was ist die GOÄ (Gebührenordnung für Ärzte)?

Die GOÄ ist die bundesweit gültige Abrechnungsgrundlage für privatärztlich erbrachte Leistungen. Sie legt Mindest- und Höchstsätze fest und ist regelmäßig an den Stand der medizinischen Wissenschaft anzupassen. Auch hier gilt für die einzelnen Gebührenpositionen:

Honorar = Punktzahl • Punktwert

Regelsätze:

Art der Leistungen	Mindestsatz	Schwellenwert	Höchstsatz
persönliche ärztliche Leistungen	1,0	2,3	3,5 bis x Abdingung
medizinisch-technische Leistungen	1,0	1,8	2,5
Laborleistung	1,0	1,15	1,3

Eine Überschreitung des Schwellenwertes ist durch den behandelnden Arzt zu begründen.

40. Wie ist die private Krankenversicherung organisiert?

2018 haben insgesamt 41 Versicherungsunternehmen private Krankenversicherungen angeboten. Hier waren die 42 größten Unternehmen im Verband der privaten Krankenversicherungen zusammengeschlossen. 2019 waren ca. 10,6 % der Bevölkerung privat krankenversichert. Die Bundesanstalt für Finanzdienstleistungsaufsicht (BaFin) führt die Aufsicht über die privaten Krankenversicherungen.

41. Wie werden die Beiträge der PKV erhoben?

Die Beitragsberechnung erfolgt nach dem Äquivalenzprinzip. Der Beitrag wird nach dem individuellen Risiko für den gesamten Lebenszyklus kalkuliert. Maßgeblich sind:

- Lebensalter bei Eintritt in die PKV
- Gesundheitszustand bei Antragstellung
- Art und Umfang der vertraglichen Leistung
- Selbstbehalt gemäß Vertrag.

Auch für Familienmitglieder werden individuelle Beiträge erhoben. Eine Familienversicherung gibt es nicht. PKV-versicherte Arbeitnehmer haben Anspruch auf einen Beitragszuschuss durch den Arbeitgeber in Höhe von 50 % des allgemeinen Beitragssatzes der GKV.

Der Höchstzuschuss zur PKV für 2019 beträgt: 352,00 € monatlich (alle Bundesländer). Das sind 7,30 % von 4.537,50 €, der für 2019 gültigen Beitragsbemessungsgrenze. 7,30 % ist der Arbeitgeberanteil des für 2019 festgelegten allgemeinen einheitlichen GKV-Beitragssatzes (14,6 %).

42. Wie sollen Beitragssatzsteigerungen in der PKV vermieden werden?

Um eine Beitragserhöhung für älter und eventuell auch kränker werdende Versicherte zu vermeiden, werden in der PKV Altersrückstellungen gebildet. Sie sollen die im Alter auftretende Morbidität ausgleichen.

Dazu werden die Beiträge der jüngeren Versicherten höher angesetzt als es zur Deckung der Leistungsausgaben eigentlich nötig gewesen wäre. Wird die Versicherung gewechselt, so können die Versicherten ihre Altersrückstellungen nur im Umfang des Basistarifes mitnehmen.

43. In welcher Form werden die Leistungen von der PKV gewährt?

In der privaten Krankenversicherung gilt das Prinzip der Kostenerstattung. Die Versicherten sind direkte Vertragspartner der Leistungserbringer. Sie erhalten für die erbrachte Leistung eine Rechnung, für deren Begleichung sie verantwortlich sind. Die private Krankenkasse erstattet dann den Rechnungsbetrag.

Die Höhe der Kostenerstattung ist abhängig vom Versicherungstarif. Aufgrund der hohen Kosten der Krankenhausversorgung sind einige PKV-Unternehmen dazu übergegangen eine Direktabrechnung mit den Krankenhäusern vorzunehmen. Die privaten Krankenkassen schließen keine Versorgungsverträge mit den Leistungserbringern. Deshalb können sie weder die Versorgung noch die Kosten steuern.

44. Besteht in der PKV Versicherungspflicht?

Es besteht Versicherungspflicht. Eine Aufnahme in den Basistarif kann nicht verweigert werden (Kontaktierungszwang). Die Leistungen des Basistarifs entsprechen dem GKV-Leistungskatalog. Die privaten Krankenversicherungen müssen dort alle Menschen aufnehmen, welche die gesetzlichen Voraussetzungen zur Aufnahme in die PKV erfüllen und beantragen.

45. Wie ist die private Kranken- und Pflegeversicherung organisiert?

Nach § 110 SGB XI sind den privaten Pflegeversicherungen Regeln vorgegeben, um die Belange der Versicherten zu wahren. Private Lebensversicherer oder private Krankenversicherungen bieten Pflegeversicherungsverträge an. Die private Pflegeversicherung bildet zusammen mit der sozialen Pflegeversicherung die gesetzliche Pflegeversicherung.

46. Wie werden die Beiträge zur privaten Pflegeversicherung (PPV) erhoben?

- Kein Ausschluss von Vorerkrankungen
- geschlechtsneutrale Prämien
- kein Ausschluss bei Pflegebedürftigkeit
- die Prämienhöhe darf den Höchstbetrag der sozialen Pflegversicherung nicht überschreiten (bei Neuzugängen gilt für die Dauer von fünf Jahren keine Beitragsbegrenzung).

Eine beitragsfreie Mitversicherung von Kindern bis max. zum 25. Lebensjahr ist möglich. Die privaten Pflegekassen müssen einen Risikoausgleich vornehmen.

47. Wann werden Leistungen von der PPV gewährt?

Die privaten Krankenversicherungen haben einen eigenen Dienst zur Begutachtung aufgebaut. Es sind die gleichen Maßstäbe wie in der sozialen Pflegeversicherung hinsichtlich der Feststellung der Pflegebedürftigkeit und der Zuordnung zu einer Pflegestufe anzuwenden. Die Leistungen der privaten Pflegeversicherung müssen denen der sozialen Pflegeversicherung gleichwertig sein. Es gilt das Kostenerstattungsprinzip.

48. Besteht Versicherungspflicht in der PPV?

Wer Mitglied in einer privaten Krankenversicherung ist, muss auch eine private Pflegeversicherung abschließen. Es darf niemand aufgrund von Vorerkrankungen oder bereits bestehender Pflegebedürftigkeit ausgeschlossen werden. Es gibt keine Befreiungsmöglichkeiten von der Versicherungspflicht.

49. Was versteht man unter Berufsunfähigkeit?

Personen, die ihren zuletzt ausgeübten Beruf aufgrund von gesundheitlichen Beeinträchtigungen voraussichtlich auf Dauer nicht mehr ausführen können, gelten als berufsunfähig. Seit 2001 ist Berufsunfähigkeit Teil der privaten Risikoabsicherung.

50. Was versteht man unter Individuellen Gesundheitsleistungen (IGeL)?

Individuelle Gesundheitsleistungen (IGeL), sind nicht im Leistungskatalog der GKV enthalten, diese muss der Patient selbst bezahlen. Dazu gehören beispielsweise ästhetische Medizin, Reisemedizin und labordiagnostische Wunschleistungen. Die Preise, die für die jeweilige Leistung in Rechnung gestellt werden, können zwischen den einzelnen Leistungserbringern variieren. Der Arzt darf die Preise jedoch nicht willkürlich festlegen. Sie richten sich nach der GOÄ.

Sind entsprechende Leistungen jedoch medizinisch notwendig, so sind sie keine IGeL.

51. Was muss bei der Abrechnung von IGeL berücksichtigt werden?

- Aufklärung über die voraussichtliche Höhe der Kosten.
- Erklärung des Patienten, dass die Behandlung auf eigenen Wunsch erfolgt.
- Information durch den Vertragsarzt, dass keine Kostenübernahme durch die gesetzliche Krankenkasse möglich ist.
- Risikoaufklärung des Patienten durch den Vertragsarzt.

4.2.1.3 Kosten und Leistungen des Gesundheitswesens unter Berücksichtigung der Sektoren in Deutschland analysieren

01. Welche Verträge liegen diesen Abrechnungssystemen zugrunde?

Leistungserbringer im Gesundheits- und Sozialwesen sind grundsätzlich in ein Kollektivvertragssystem oder Einzelvertragssystem eingebunden. Die Ebenen der Verträge/Beteiligten und Vergütung sind in der folgenden Grafik dargestellt.

Das Kollektivvertragssystem

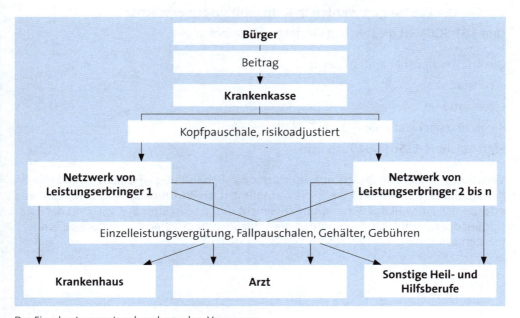

Das Einzelvertragssystem bzw. besondere Versorgung

02. Wie werden Leistungen aus diesem System für Versicherte genehmigt?

Im Sozialgesetzbuch I, das die Verwaltungsgrundlagen enthält, regelt § 16 SGB I die allgemeine Beantragung von Leistungen aus dem Sozialversicherungssystem. Hier wird festgelegt, dass ggf. Leistungen ab Antragsdatum zu genehmigen sind und wer für die Bearbeitung des Antrags zuständig ist.

In den folgenden Paragrafen des SGB I ist der Leistungsumfang aus dem System genannt:

- § 21: Leistungen der gesetzlichen Krankenversicherung
- § 21a: Leistungen der sozialen Pflegeversicherung
- § 22: Leistungen der gesetzlichen Unfallversicherung
- § 23: Leistungen der gesetzlichen Rentenversicherung
- § 24: Versorgungsleistungen bei Gesundheitsschäden
- § 25: Kindergeld, Kinderzuschlag, Leistungen für Bildung und Teilhabe, Elterngeld und Betreuungsgeld
- § 26: Wohngeld
- § 27: Leistungen der Kinder- und Jugendhilfe
- § 28: Leistungen der Sozialhilfe
- § 29: Leistungen zur Rehabilitation und Teilhabe behinderter Menschen.

03. Welche Leistungen werden in Krankenhäusern erbracht?

Laut § 39 SGB V ist die Leistung wie folgt beschrieben:

Die Krankenhausbehandlung wird

- vollstationär,
- teilstationär,
- vor- und nachstationär (§ 115a SGB V) sowie
- ambulant (§ 115b SGB V) erbracht.

Versicherte haben Anspruch auf vollstationäre Behandlung in einem zugelassenen Krankenhaus (§ 108 SGB V), wenn die Aufnahme nach Prüfung durch das Krankenhaus erforderlich ist, weil das Behandlungsziel nicht durch teilstationäre, vor- und nachstationäre oder ambulante Behandlung einschließlich häuslicher Krankenpflege erreicht werden kann.

Die Krankenhausbehandlung umfasst im Rahmen des Versorgungsauftrags des Krankenhauses alle Leistungen, die im Einzelfall nach Art und Schwere der Krankheit für die medizinische Versorgung der Versicherten im Krankenhaus notwendig sind, insbesondere ärztliche Behandlung (§ 28 Abs. 1 SGB V), Krankenpflege, Versorgung mit Arznei-, Heil- und Hilfsmitteln, Unterkunft und Verpflegung; die akutstationäre Behandlung umfasst auch die im Einzelfall erforderlichen und zum frühestmöglichen Zeitpunkt einsetzenden Leistungen zur Frührehabilitation.

Die Krankenhausbehandlung umfasst auch ein Entlassungsmanagement zur Lösung von Problemen beim Übergang in die Versorgung nach der Krankenhausbehandlung. Das Entlassungsmanagement und eine dazu erforderliche Übermittlung von Daten darf nur mit Einwilligung und nach vorheriger Information des Versicherten erfolgen.

04. Wie werden vollstationäre Krankenhausleistungen vergütet?

Die Vergütung der allgemeinen Krankenhausleistung ist nach § 2 und § 7 des Krankenhausentgeltgesetz (KHEntgG) geregelt.

Vollstationäre Leistungen werden nach dem DRG-System vergütet. DRG bedeutet Diagnose Related Groups und meint diagnosebezogene Abrechnung der Leistungen.

Für 2019 existieren 1.318 DRG-Fallpauschalen und 214 Zusatzengelte (laut Fallpauschalenkatalog der InEK, der jährlich überarbeitet wird) zur Abbildung des stationären Leistungsgeschehens im Krankenhaus.

Jeder DRG ist im Fallpauschalenkatalog ein Relativgewicht zugeordnet, welches den Ressourcenverbrauch in das Verhältnis zu anderen DRGs (Äquivalenzziffernrechnung) darstellt.

Es wird nach einem Katalog für Hauptabteilungen und Belegärztlichen Leistungen unterschieden.

05. Wie wird der DRG-Erlös eines Krankenhauses ermittelt?

Der DRG-Erlös ermittelt sich für das Krankenhaus wie folgt:

> Basisfallwert • Relativgewicht = DRG-Erlös

Der Basisfallwert wird als Bundesbasisfallwert festgelegt und beträgt 2019 3.544,97 €.

Mit dem DRG-Erlös sind die allgemeinen Krankenhausleistungen abgegolten.

Bei Überschreitungen der oberen Grenzverweildauer (OGVD) kommt es zu Zuschlägen und bei Unterschreitung der unteren Grenzverweildauer (UGVD) kommt es zu Abschlägen.

Im Fallpauschalenkatalog wird hierbei zwischen Haupt- und Belegabteilungen unterschieden. In Belegabteilungen können z. B. niedergelassene Ärzte als Belegärzte ihre Patienten operieren. Das Krankenhaus berechnet hier Unterkunft und Verpflegung im Rahmen der belegärztlichen DRG. Der Belegarzt rechnet seine ärztlichen Leistungen gesondert mit dem Patienten (PKV) bzw. seiner Krankenkasse (GKV) ab.

Ökonomisch am sinnvollsten ist die Entlassung des Patienten um die mittlere Verweildauer (MVD) herum, soweit dies medizinisch möglich ist. Grundlage für die Codierung sind die Eintragungen in die Patientenakte.

06. Wie ermitteln sich Zu- und Abschläge zu den DRGs?

Es zählen zu den Belegungstagen der Aufnahmetag zur voll- oder teilstationären Behandlung sowie jeder weitere Tag des Krankenhausaufenthalts. Verlegungs- oder Entlassungstag werden nicht mitgezählt (vgl. § 1 Abs. 7 FPV 2019).

Gemäß § 1 Abs. 2 Fallpauschalenvereinbarung 2019 ist die Formel für die zusätzlich abrechenbaren Tage:

	Belegungstage insgesamt (tatsächliche Verweildauer nach § 1 Abs. 7 FPV 2019) + 1
-	erster Tag mit zusätzlichem Entgelt bei oberer Grenzverweildauer (Spalte 9)
=	**zusätzlich abrechenbare Belegungstage**

Der Erlös für den Zuschlag ermittelt sich wie folgt:

Erlös = Anzahl Zuschlagstage • Relativgewicht Zuschlagstage (Spalte 10) • Basisfallwert

Die Zahl der Abschlagstage ist wie folgt zu ermitteln:

	Erster Tag mit Abschlag bei UGVD (Spalte 7) + 1
-	Belegungstage insgesamt (tatsächliche Verweildauer nach § 1 Abs. 7 FPV 2019)
=	**Zahl der Abschlagstage (vgl. § 1 Abs. 3 FPV 2019)**

Die Abschlagssumme ermittelt sich wie folgt:

> Abschlagssumme = Anzahl Abschlagstage • Relativgewicht Abschlagstage (Spalte 8) • Basisfallwert

07. Wie wird eine DRG ermittelt?

Die Zuweisung zu einer DRG erfolgt über verschiedene Parameter. Die wichtigsten sind hierbei die Hauptdiagnose sowie gegebenenfalls durchgeführte Prozeduren (Operationen, aufwendige diagnostische oder therapeutische Leistungen). Eventuell vorhandene Nebendiagnosen können zudem die Schweregradeinstufung beeinflussen.

Für die Festlegung der Diagnosen beziehungsweise Prozeduren stehen Kataloge mit ca. 13.600 Diagnosen (ICD-10-GM Version 2019) und ca. 31.700 Prozeduren (OPS Version 2019) zur Verfügung. Neben den bisher genannten können auch andere Faktoren Auswirkung auf die DRG haben.

Für die Zuordnung der Patienten zu einer DRG werden im Grouper (= EDV-Programm) folgende Faktoren berücksichtigt:

- Hauptdiagnose (ICD 10)
- Nebendiagnosen (ICD 10)
- Prozeduren (ICPM, OPS-301 SGB V)
- Verweildauer
- Entlassungsgrund
- Alter
- Geschlecht
- ggf. Geburtsgewicht
- ggf. Beatmungszeit.

Für Leistungen, die nicht durch den DRG-Fallpauschalenkatalog abgedeckt sind, können die Krankenhäuser bundeseinheitliche Zusatzentgelte nach einem Zusatzentgeltkatalog erhalten oder sie können krankenhausindividuelle Zusatzentgelte vereinbaren.

Die Anlagen 2 und 5 des Fallpauschalenkatalogs enthalten die bundeseinheitlichen Zusatzentgelte nach § 5 Abs. 1 FPV 2019. In Anlage 4 in Verbindung mit Anlage 6 werden die Zusatzentgelte nach § 5 Abs. 2 FPV 2019 genannt, für die krankenhausindividuelle Zusatzentgelte zu vereinbaren sind. Grundsätzlich dürfen ein oder mehrere Zusatzentgelte neben einer DRG-Fallpauschale abgerechnet werden.

Für neue Untersuchungs- und Behandlungsmethoden, die im DRG noch nicht sachgerecht abgebildet werden können, sind gesonderte, zeitlich befristete Vereinbarungen zu treffen.

08. Wie werden teilstationäre Leistungen in Krankenhäusern erbracht?

Teilstationäre Leistungen, wie z. B. Dialyse oder Infusionstherapie werden für jedes Krankenhaus individuell vereinbart und mit tagesbezogenen teilstationären Fallpauschalen oder mit Entgelten, die nach § 6 Abs. 1 Satz 1 KHEntGG vereinbart worden sind, abgerechnet.

Die Entgelte für teilstationäre Leistungen werden aus den Entgelten für vollstationäre Leistungen abgeleitet.

Teilstationäre Leistungen können z. B. sein:

- Dialyse
- Infusionstherapie
- Chemotherapie.

09. Welche Leistungen werden in Vorsorge- und Rehabilitationskliniken erbracht?

Ambulante Vorsorgeleistungen und stationäre Vorsorgeleistungen, wie z. B. Prävention für Erwerbstätige gem. § 23 Abs. 2 und 4 SGB V.

Ambulante Rehabilitationsleistungen und stationäre Rehabilitationsleistungen, wie z. B. Prävention für nicht Erwerbstätige gem. § 40, Abs. 1 und 2 SGB V sowie §§ 9 ff. SGB VI. Dies umfasst auch Anschlussbehandlungen nach stationären Krankenhausaufenthalten.

10. Welche Leistungen werden in stationären Pflegeeinrichtungen erbracht?

Leistungen der Tages- und Nachtpflege gem. § 41 SGB XI, Leistungen der Kurzzeitpflege mit einem bestimmten Umfang pro Jahr (vier, längstens acht Wochen) gem. § 42 SGB XI sowie Leistungen der vollstationären Pflege gem. § 43 SGB XI.

Beispielhaft ist hier die Abrechnung von vollstationären Leistungen inklusive Auslagen dargestellt:

Gesamtabrechnung für einen Monat			
Pflegesatz	Pflegegrad III	1. - 30. d. Monats	1.660,79 €
Unterkunft		1. - 30. d. Monats	136,89 €
Verpflegung		1. - 30. d. Monats	376,30 €
Investitionskosten		1. - 30. d. Monats	381,47 €
			2.555,45 €
	abzgl. Anteil Pflegekasse Pflegegrad III		- 1.262,00 €
	Anteil Selbstzahler für vollstationären Heimaufenthalt		= 1.293,45 €
	+ Reinigungsgebühren Wäsche		18,00 €
	+ Rezeptgebühren		8,20 €
	+ Rezeptgebühren		5,00 €
	+ Toilettenartikel		13,55 €
	+ verausl. Barbetrag		200,00 €
	Anteil Selbstbezahler im Monat für alle Leistungen einschließlich Auslagen		= 1.538,20 €
Berechnung an die Pflegekasse			
von § 43b SGB XI		erhöhter Betreuungsbedarf	104,40 €
Anteil Pflegekasse Pflegegrad III		entsprechend § 43 SGB XI	1.262,00 €
			1.366,40 €

11. Wie sieht beispielhaft die Abrechnung von Leistungen der Kurzzeitpflege mit Beteiligung der Pflegekasse und des Sozialhilfeträgers für einen Sozialhilfeempfänger aus?

4 Tage	Pflegesatz	Kurzzeitpflege Pflegegrad 3	61,17	244,68 €
4 Tage	Unterkunft und Verpflegung		16,87	67,48 €
4 Tage	Investitionskosten		12,54	50,16 €
				362,32 €
		Anteil Pflegekasse Pflegesatz		244,68 €
		Anteil Sozialhilfeträger für Unterkunft/Verpflegung und Investitionskosten		117,64 €
		Pflegekunde		- €

12. Welche Leistungen werden durch ambulante Pflegedienste erbracht?

Leistungen der häuslichen Pflege umfassen u. a.:

- Pflegesachleistungen, wie z. B. häusliche Pflege, Grundpflege und häusliche Versorgung gem. § 36 SGB XI
- Häusliche Pflege bei Verhinderung und Vertretung gem. § 39 SGB XI
- Pflegeberatung § 7a SGB XI
- Beratungseinsatz für Pflegegeldbezieher gem. § 37, Abs. 3 SGB XI
- Fortbildung für Laienpfleger § 45 SGB XI
- Häusliche Krankenpflege § 37 SGB XI
- Ambulant betreute Wohngruppen § 38a SGB XI.

13. Welche Leistungen werden von niedergelassenen Ärzten, Zahnärzten und Psychotherapeuten und Medizinischen Versorgungszentren (MVZ) erbracht?

Ärztliche und zahnärztliche Behandlung § 28 SGB V umfasst ausreichende und zweckmäßige Tätigkeit eines Arztes zur Verhütung, Früherkennung und Behandlung von Krankheiten nach den Regeln der ärztlichen Kunst. Dies gilt gleichermaßen für Zahnärzte und Psychotherapeuten sowie die Zusammenschlüsse in Medizinischen Versorgungszentren nach § 95 SGB V.

Die Ärzte haben ebenfalls einen Sicherstellungsauftrag für Notdienste gem. § 75 SGB V.

14. Welche Leistungen werden von ambulant-medizinischen Rehabilitationszentren erbracht?

Eine Kombination aus

- ärztlicher Versorgung
- Früherkennung
- Arznei, Heil- und Hilfsmittel
- Psychotherapie
- Belastungserprobung
- Arbeitstherapie zur Teilhabe.

Gemäß § 6 SGB IX können die Träger der Leistung „zur Teilhabe" GKV, Rentenversicherung, EAP, Berufsgenossenschaft, BA, gesetzliche Unfallversicherung, Kriegsopferversorgung oder -fürsorge, öffentliche Jugendhilfe und Träger der Sozialhilfe sein.

15. Welche Leistungen werden in Ambulanzen erbracht?

Krankenhausambulanzen und Hochschulambulanzen bieten die

- ambulante spezialfachärztliche Versorgung (§ 116b SGB V)
- ambulante Versorgung durch Krankenhäuser bei Unterversorgung (§ 116a SGB V)
- ambulante Operationen bzw. stationsersetzende Leistungen nach AOP-Katalog (§ 115b SGB V).

16. Welche Leistungen werden außerdem im Gesundheitswesen erbracht?

Beispiele für weitere Leistungen sind

- geriatrische Stationen (§ 92 Abs. 1 Nr. 8 SGB V)
- Krankenfahrten (§ 92 Abs. 1 Nr. 12 SGB V)
- Krankentransportleistungen und Rettungsfahrten (§ 133 SGB V).

17. Was sind Investitionskosten?

Investitionskosten sind Betriebsausgaben, die dem Neubau, Umbau oder dem Erweiterungsbau der Betriebsgebäude dienen. Dazu gehören auch die Beschaffung der langfristigen nutzbaren Betriebs- und Geschäftsausstattung. Im Allgemeinen wird die Beschaffung von Grundstücken im Gesundheits- und Sozialwesen durch den Betreiber der Einrichtung finanziert und somit nicht gefördert.

18. Was sind Fördermöglichkeiten für Investitionskosten?

Die Beschaffung und Verwendung von Fördermitteln findet im Gesundheits- und Sozialwesen über Einzel- und Pauschalförderung und pro Leistungseinheit statt. Eine Besonderheit ist hier die Gründung von Unternehmen mit Fördermöglichkeit über KfW (Kreditanstalt für Wiederaufbau).

19. Was sind Betriebskosten?

Darunter sind grundsätzlich die Betriebsausgaben eines Unternehmens im Gesundheits- und Sozialwesen zu verstehen, welche notwendig sind, um den Betriebszweck zu erfüllen.

20. Welche Abrechnungssysteme gibt es, die die Betriebskosten der Unternehmen im Gesundheits- und Sozialwesen refinanzieren?

- **KHG** regelt die pflegesatzfähigen Kosten, die für die Berechnung der Pflegesätze oder DRG angesetzt werden dürfen.
- **EBM** nach Kostendämpfungsgesetz für die Kassenärztliche Abrechnung GKV-Versicherter.
- **BEMA** Bewertungsmaßstab zahnärztlicher Leistungen ist für die GKV-Versicherten.
- **GOÄ** für die Abrechnung der ambulant erbrachten ärztlichen Leistungen bei PKV-Versicherten.
- **GOZ** ist die Abrechnung der zahnärztlichen Leistungen für die PKV-Versicherten.
- **DKG-NT** Deutsche Krankenhausgesellschaft Normaltarif ist für die Liquidation für die Abrechnung ärztlicher Leistungen gegenüber Krankenhäusern.
- **§ 74a SGB VIII** regelt die Finanzierung von Tageseinrichtungen für Kinder und das KIBEG (im Allgemeinen Landesvorschrift, z. B. Hamburg) regelt auf kommunaler Ebene die Vergütung von Kindertagesstätten.
- **G-BA** (Gemeinsamer Bundesausschuss) legt die Arznei-, Heil- und Hilfsmittel per Hilfsmittelkatalog für GKV und PKV fest, nach dem die Kosten/Leistungen ermittelt werden. Die Versicherten benötigen eine Verordnung von Ärzten.
- **Pflegesatzverhandlungen** gem. § 85 SGB XI legen die Grundlagen der vollstationären Pflege sowie § 89 SGB XI legen die Grundlagen für die ambulanten Pflegekosten fest.

MERKE

Einrichtung	Finanzierung der Betriebskosten	Finanzierung der Investitionskosten
Pflegeheim	Pflegesätze nach Pflegegraden, Pflegesatz Unterkunft, Pflegesatz Verpflegung	Umlage der Investitionsaufwendungen auf Bewohner
Krankenhaus	DRG	Einzel- und Pauschalförderung
Pflegedienst	Leistungen in den Leistungskomplexen, Wegegeld	Umlage der Investitionsaufwendungen auf Pflegekunden
Kindergarten	Elternbeitrag Zuschüsse Gemeinde	Fördermittel der Kommunen
Psychiatrische Fachklinik	PEP	Einzel- und Pauschalförderung
Arztpraxis	Kopfpauschale, IGeL, GOÄ, GOZ	Gewinn, ggf. Zuschüsse für Landärzte
Rehakliniken	Entgelte	Einzel- und Pauschalförderung
Sanitätshäuser	Erträge	Gewinn

4.2.2 Finanzierung des Sozialwesens

4.2.2.1 Systeme des Sozialwesens vergleichen

01. Welche beitragsfinanzierten Systeme gibt es?
- Arbeitslosenversicherung SGB III
- Rentenversicherung SGB VI
- Unfallversicherung SGB VII
- Krankenversicherung SGB V
- Pflegeversicherung SGB XI.

02. Welche steuerfinanzierten Systeme gibt es?
- Kinder- und Jugendhilfe gem. Kinder- und Jugendhilfegesetz nach SGB VIII
- Sozialpädagogische Familienhilfe nach § 31 SGB VIII
- Beratungsstellen mit spez. Auftrag gem. SGB VIII
- Sozialhilfe gem. SGB XII
- Altenhilfe nach § 71 SGB XII.

03. Was ist Gemeinwesenarbeit?
Selbstfinanzierte soziale Arbeit von Bürgerinitiativen, Projekte für Jugendarbeit oder ehrenamtliche Tätigkeiten in Quartieren, die dem Grundsatz der Selbsthilfe von Betroffenen folgen.

04. Welche steuerrechtlichen und versicherungstechnischen Grundlagen gibt es für das Ehrenamt?
- Steuerliche Förderung von ehrenamtlich Tätigen durch steuerfreie Aufwandsentschädigung, z. B. § 3 Nr. 26 EStG.
- Der Gesetzgeber versichert ehrenamtlich Tätige über die Gesetzliche Unfallversicherung gem. § 2 SGB VII.
- Ehrenamtsfreibetrag gem. § 3 Nr. 26a EStG für Vereinsvorstände.

05. Wer ist Träger im Sozialwesen?
Öffentlich-rechtliche Träger, z. B.:
- Berufsgenossenschaften
- Sozialbehörden
- Körperschaften öffentlichen Rechts wie KV und RV.

Frei-gemeinnützige Träger, z. B.:
- Religionsgemeinschaften
- Träger der Wohlfahrtspflege wie der Paritätische Wohlfahrtsverband.

Private Träger, z. B.:
- Unternehmen in Eigenregie.

4.2.2.2 Finanzierung unter Berücksichtigung der Fürsorge- und Versorgungsbereiche in Deutschland unterscheiden

01. Welchen Stellenwert besitzt das Sozialstaatsprinzip in Deutschland?

Es hat einen das Gemeinwesen prägenden Grundsatz. Dies ist in Art. 20 und Art. 28 des Grundgesetzes verankert. Demnach sollen soziale Gerechtigkeit und soziale Sicherheit im demokratischen Rechtsstaat hergestellt werden.

Das Sozialwesen ist die soziale Praxis innerhalb des Sozialstaats Deutschland.

02. Welche Aufgaben hat der Sozialstaat?

Der Staat hat das Recht und die Pflicht tätig zu werden für:
- **Soziale Sicherheit:** Existenzielle Risiken wie Krankheiten, Alter und Unfall werden durch die Sozialversicherungssysteme ausgeglichen.
- **Sozialen Ausgleich:** Leistungen werden zur Wahrung von Chancengleichheit bei Ausbildung, Beruf und Vermögen verteilt.
- **Daseinsvorsorge:** Wasser, Strom, Abfall und Abwasserentsorgungs- sowie Rettungs- und Gesundheitswesen werden flächendeckend angemessen bereitgestellt.
- **Soziale und kulturelle Einrichtungen:** Schulen und Sporteinrichtungen werden bereitgestellt.

03. Wie gliedert sich das Sozialrecht?
- **Soziale Vorsorge** meint hier grundsätzlich die Sozialversicherung sowie die Beamtenversorgung
- **Soziale Entschädigung** gemäß Kriegsopferfürsorge und Opferentschädigung wie z. B. Infektions- bzw. Behandlungsschäden, Kraftfahrzeughilfeverordnung zur Teilhabe behinderter Menschen am Arbeitsleben
- **Soziale Hilfe und Förderung** in besonderen Hilfs- und Fördersystemen wie auszugsweise diese Leistungen: Hilfe zum Lebensunterhalt, Grundsicherung im Alter und bei Erwerbsminderung, Wohngeld, Hilfen zur Gesundheit, Eingliederungshilfen für Menschen mit Behinderung, Hilfe zur Pflege, Hilfe zur Überwindung besonderer sozialer Schwierigkeiten u. v. a. m.

04. Wie wird soziale Arbeit gefördert?

- Pauschal durch die Restkostenübernahme der Kommunen wie z. B. bei Vereinen in Sport und Kultur oder Volkshochschulen (VHS)
- Projektförderung für soziale Projekte wie Sport, Behinderte, Mittagstische, Hausaufgabenbetreuung durch Organisationen wie Aktion Mensch oder Stiftungen, Rotary und Lions Club
- Förderung von Netzwerkarbeit auf Gruppenebene (Jugendförderung)
- Einzelförderung, bedeutet die Förderung einer einzelnen bedürftigen Person auf Antrag (Individualorientierung)
- Europäischer Sozialfonds (ESF) fördert Bildung im Hinblick auf soziale Integration und Beschäftigung.

05. Welche Leistungen stellt der Europäische Sozialfonds (ESF) zur Verfügung?

Die ESF-Maßnahmen der Mitgliedstaaten sind gemäß der einschlägigen Verordnungen auf die Europa-2020-Strategie, die nationalen Ziele dieser Strategie (Nationales Reformprogramm) und die länderspezifischen Empfehlungen des Rates nach Artikel 148 AEUV auszurichten. Die ESF-Förderung muss thematisch konzentriert werden, wobei mindestens 20 % der insgesamt in jedem Mitgliedstaat zur Verfügung stehenden ESF-Mittel für das thematische Ziel „Förderung der sozialen Inklusion und Bekämpfung der Armut und jeglicher Diskriminierung" nach Art. 9 Abs. 1 Nr. 9 der Verordnung (EU) Nr. 1303/2013 bereitgestellt werden sollen.

Schwerpunktmäßig wird der ESF in der neuen Förderperiode einen Beitrag zur Sicherung des Fachkräftebedarfs leisten sowie die soziale Inklusion fördern und Armut bekämpfen. Weitere Schwerpunkte bilden die Förderungen von Selbstständigkeit, die Vereinbarkeit von Berufs- und Privatleben sowie die Verbesserung des Bildungsniveaus und lebenslanges Lernen.

Die thematischen Ziele und ihre Investitionsprioritäten:

Ziel A: Förderung nachhaltiger und hochwertiger Beschäftigung und Unterstützung der Mobilität der Arbeitskräfte

- Selbstständigkeit, Unternehmergeist und Gründung von Unternehmen, einschließlich von innovativen Kleinstunternehmen sowie innovativen kleinen und mittleren Unternehmen
- Gleichstellung von Frauen und Männern auf allen Gebieten, einschließlich des Zugangs zur Beschäftigung und des beruflichen Aufstiegs, Vereinbarkeit von Berufs- und Privatleben und die Förderung des Grundsatzes des gleichen Entgelts für gleiche Arbeit
- Anpassung der Arbeitskräfte, Unternehmen und Unternehmer an den Wandel.

Ziel B: Förderung der sozialen Inklusion und Bekämpfung von Armut und jeglicher Diskriminierung

- Aktive Inklusion, nicht zuletzt durch die Förderung der Chancengleichheit und aktiver Beteiligung und Verbesserung der Beschäftigungsfähigkeit.

Ziel C: Investitionen in Bildung, Ausbildung und Berufsbildung für Kompetenzen und lebenslanges Lernen

- Förderung des gleichen Zugangs zum lebenslangen Lernen für alle Altersgruppen im formalen, nicht formalen und informalen Rahmen, Steigerung des Wissens sowie der Fähigkeiten und Kompetenzen der Arbeitskräfte sowie die Förderung flexibler Bildungswege unter anderem durch Berufsberatung und die Bestätigung erworbener Kompetenzen
- Verbesserung der Arbeitsmarktrelevanz der Systeme der allgemeinen und beruflichen Bildung, Erleichterung des Übergangs von der Bildung zur Beschäftigung und Stärkung der Systeme der beruflichen Bildung und Weiterbildung und deren Qualität, unter anderem durch Mechanismen für die Antizipation des Qualifikationsbedarfs, die Erstellung von Lehrplänen sowie die Einrichtung und Entwicklung beruflicher Bildungssysteme, darunter duale Bildungssysteme und Ausbildungswege.

Hauptzielgruppen sind

- benachteiligte junge Menschen, insbesondere auch ohne Schul- und Berufsabschluss
- Langzeitarbeitslose
- Frauen und Erwerbstätige, insbesondere solche mit geringer Qualifikation oder geringen Einkommen sowie
- Personen mit Migrationshintergrund, v. a. in schwierigen Lebenslagen (z. B. Flüchtlinge).

Für Frauen und Migranten/innen werden spezifische Fördermaßnahmen vorgehalten. Ein Hauptschwerpunkt liegt schließlich im Bereich der Kleinst-, kleinen und mittleren Unternehmen, indem Existenzgründer/innen und Unternehmer/innen im Zusammenhang mit Wettbewerbsfähigkeit, Bestandssicherung und Nachhaltigkeit sowie Fachkräftesicherung unterstützt werden.[1]

---

[1] Quelle: www.esf.de

4.3 Durchführen von Kosten- und Leistungsrechnung

4.3.1 Kosten aus der Gewinn- und Verlustrechnung ermitteln

01. Was sind Ziele der Kosten- und Leistungsrechnung (KLR)?

- Die Erfassung der Kosten bezüglich der Kostenarten, der Kostenstellen und der Kostenträger.
- Die Planung der Kosten zur Ermittlung der Selbstkosten für eine prospektive Pflegesatzverhandlung bzw. Preiskalkulation.
- Die Kontrolle und Analyse der Kosten als Grundlage für das Controlling.
- Die Aufbereitung der Kosten zur Budgetierung und Kennzahlenanalyse.
- Vorbereitung von Preis-, Produkt- und Programmentscheidungen.
- Erstellen von Leistungs- und Verwendungsnachweisen.

02. Was sind Aufwendungen und Erträge?

Eine Aufgabe der Kosten- und Leistungsrechnung (KLR) ist die Erfassung aller Aufwendungen und Erträge, die mit der Tätigkeit des Betriebes in engem Zusammenhang stehen.

In engem Zusammenhang mit der Tätigkeit eines Betriebes stehen alle Aufwendungen und Erträge, die im Rahmen der betrieblichen Grundfunktionen Beschaffung, Produktion und Absatz entstehen.

Nur die in der GuV gebuchten Aufwendungen, welche gewöhnlich, periodengerecht und betriebsbedingt sind, werden als Zweckaufwand und somit als Grundkosten bezeichnet.

Nur die in der GuV gebuchten Erträge, welche gewöhnlich, periodengerecht und betriebsbedingt sind, werden als Zweckertrag und somit als Grundleistung bezeichnet.

Aufwendungen, die nicht betrieblich sind (z. B. Gerichtskosten, Vorstandsgehälter bei einem Konzern, Spenden an Parteien), die periodenfremd sind (nicht in das Geschäftsjahr gehörend, Steuernachzahlungen) und die außerordentlich sind (z. B. Aufwand für nicht versicherten Brandschaden, Diebstahl, Abfindungen) werden als neutraler Aufwand bezeichnet.

Erträge, die nicht betrieblich sind (z. B. Zinserträge, Steuererstattungen), die periodenfremd sind (Eingang abgeschriebener Forderungen) und die außerordentlich sind (z. B. Erstattung für versicherten Brandschaden und Diebstahl) werden als neutraler Ertrag bezeichnet.

03. Was sind kalkulatorische Kosten?

Kalkulatorische Kosten sind Kosten, die nicht (Zusatzkosten) oder in anderer Höhe (Anderskosten) in der Finanzbuchhaltung gebucht sind.

Kalkulatorische Kosten sind im Allgemeinen:

- kalkulatorische Mieten (für Räume, die unentgeltlich betrieblich genutzt werden, jedoch vermietet werden könnten)
- kalkulatorische Abschreibungen (wenn Vermögen über andere Zeiträume genutzt wird als in der AfA-Tabelle vorgesehen, z. B: der Kleinwagen in der ambulanten Pflege: Nutzung nach Tabelle sechs Jahre, Nutzungszeitraum im Betrieb zwei Jahre, daher sind die kalkulatorischen Abschreibungen dreimal höher als die in der Finanzbuchhaltung)
- kalkulatorische Zinsen (um eine marktgerechte Verzinsung des betriebsnotwendigen Kapitals zu ermöglichen)
- kalkulatorische Wagnisse (um Risiken, die nicht versicherbar sind abzudecken: Diebstahl, Branchenrisiken, Gewährleistungen). Für ein Wagnis kann folgende kalkulatorische Basis gewählt werden (siehe Aufgabe 04.).

04. Was sind Wagnisse?

Wagnis	Beispiele	kalkulatorische Basis
Anlagenwagnis	Ausfälle von Maschine aufgrund vorzeitiger Abnutzung, vorzeitiger Überalterung	Anschaffungskosten
Beständewagnis	Senkung des Marktpreises, Überalterung, Schwund, Verderb	Bezugskosten
Entwicklungswagnis	Fehlentwicklungen in der Forschung	Entwicklungskosten
Fertigungswagnis	Mehrkosten durch Ausschuss, Wiederaufnahmen, Behandlungsfehler	Herstellkosten
Vertriebswagnis	Forderungsausfälle	Umsatz zu Kosten der Vorperiode
Gewährleistungswagnis	Behandlungsfehler, Zusatzleistungen, Ersatzlieferungen	
allgemeine Berechnung	$\text{Zuschlagssatz} = \dfrac{\text{Wagnisrisiko}}{\text{Bezugsbasis} \cdot 100}$	

Bei Personengesellschaften wird der kalkulatorische Unternehmerlohn (dieser sollte der Vergütung angestellter Geschäftsführer in der Branche entsprechen) in Ansatz gebracht.

05. Wie kann Aufwand von Kosten unterschieden werden?

Folgende Grafik stellt den Sachverhalt zwischen Aufwand und Kosten dar:

Aufwand gemäß GuV						
betriebsneutraler Aufwand			betrieblicher Zweckaufwand			
betriebs-fremd	außer-ordentlich	perioden-fremd	Verrechnung als Kosten	anderer Wertansatz in der FiBu und in der KoRe		nicht in der FiBu enthalten, zusätz-lich in KoRe enthalten
			betriebliche Grundkosten	Anderskosten		Zusatzkosten
				kalkulatorische Kosten		
			Kosten der Kostenrechnung Betriebskosten			

Kalkulatorische Leistungen umfassen als Oberbegriff Zusatzleistungen und Andersleistungen. Zusatzleistungen sind Leistungen, denen kein Ertrag gegenübersteht, wie z. B. Patente oder Eigenherstellung. Andersleistungen sind Leistungen, denen Erträge in anderer Höhe gegenüberstehen. Dies kann z. B. bei der Bewertung von unfertigen Leistungen sein, die kostenrechnerisch und bilanziell verschieden bewertet werden.

06. Welche Grundbegriffe hat die Kosten- und Leistungsrechnung?

Wertzugänge	Strömungsgröße bzw. -ebene	Wertabgänge
Einzahlung	**Kasse** Veränderung der Zahlungsmittel, Kassen oder Bankbestand	Auszahlung
Einnahme	**Bilanz** Veränderungen von Forderungen oder Verbindlichkeiten	Ausgabe
Ertrag	**GuV** Veränderungen in der GuV für das **gesamte** Unternehmen	Aufwand
Leistung	Kostenrechnung und Kalkulation auf der **Betriebsebene**	Kosten

07. Welche Verfahren der Kostenrechnung gibt es?

Grundsätzlich wird die Kostenrechnung in die Kostenarten, die Kostenstellen und die Kostenträgerrechnung unterschieden.

- Die Kostenartenrechnung (KoA) beantwortet die Frage: Welche Kosten sind entstanden?
- Die Kostenstellenrechnung (KoSt) beantwortet die Frage: Wo sind die Kosten entstanden?
- Die Kostenträgerrechnung (KoTr) beantwortet die Frage: Wofür sind die Kosten entstanden?

08. Was sind Einzel- und Gemeinkosten?

Die Kosten werden den Kostenstellen und Kostenträgern zunächst als Einzelkosten zugerechnet. Einzelkosten oder direkte Kosten können einer Kostenstelle oder einem Kostenträger direkt und ohne Aufteilung zugeordnet werden, da sie durch diese direkt verursacht worden sind.

Gemeinkosten werden auf die Kostenstellen und Kostenträger verteilt. Die Schlüsselung der Gemeinkosten wird über eine Bezugsgröße durchgeführt. Die Bezugsgröße ist ein Mengen- oder Wertschlüssel oder folgt dem Prinzip der Kostenverursachung oder Tragfähigkeit.

Bezugsgröße für Kostenverrechnungen kann z. B. sein:

- Tonnen an Wäsche je Station für die Kosten der Wäscherei
- Anzahl geschriebener Seiten je Arzt für das Sekretariat
- Anzahl der Beköstigungstage je Station für die Küche
- Personalkostensumme je Fachabteilung für die Personalverwaltung.

Kostenverursachung bedeutet z. B. „wer bestellt, der trägt die Kosten". Tragfähigkeit bedeutet: Fachabteilungen mit höherem Deckungsbeitrag wird ein höherer Anteil an Kosten zugerechnet.

KoA	KoSt	KoTr
Kostenarten-Einzelkosten	Kostenstellen-Einzelkosten	Kostenträger-Einzelkosten
werden als Gemeinkosten → auf die KoSt verrechnet	werden als Gemeinkosten → auf die KoTr verrechnet	
Welche?	Wo?	Wofür?
Gemäß Abgrenzung Aufwand in der GuV	Diese werden aus dem Organigramm abgeleitet	Das sind die Produkte/Marktleistungen, welche den Kunden in Rechnung gestellt werden

09. Welche Aufgaben hat die Kostenartenrechnung?

Die zentrale Aufgabe der Kostenartenrechnung ist es, alle in einer Periode angefallenen Kosten zu erfassen und systematisch zu ordnen. Sie stellt damit die Kostenarten für die unterschiedlichen Zwecke der Kostenrechnung zur Verfügung (z. B. Vor- und Nachkalkulation, Kostenkontrolle, Betriebsergebnis).

Daraus ergeben sich folgende Einzelaufgaben:
- Erfassung aller Kosten einer Periode nach Art und Höhe
- Gliederung und Zurechnung in Einzel-, Gemeinkosten, ggf. Sondereinzelkosten
- Aufteilung in fixe und variable Kosten in Abhängigkeit von der Beschäftigung
- Bereitstellen von Informationen für betriebliche Entscheidungsprozesse
- Zuordnung der Kosten auf Kostenstellen und Kostenträger.

10. Welche Prinzipien der Kostenerfassung sind zu beachten?

Aktualität	Die Kosten müssen möglichst zeitnah erfasst werden.
Deckungsgleichheit	Die betrieblichen Kosten und die der KLR erfassten Kosten müssen sich decken.
Eindeutigkeit	Die Festlegung der Kostenarten muss so erfolgen, dass eine eindeutige Zuordnung möglich ist.
Genauigkeit	Die Kosten müssen möglichst genau erfasst werden.
Periodenbezogenheit	Die Kosten müssen sich auf die Rechnungsperiode beziehen.
Stetigkeit	Die gewählten Prinzipien der Kostenerfassung sollen beibehalten werden, damit eine stetige Vergleichbarkeit der Kosten über mehrere Perioden möglich wird.
Vollständigkeit	Es sind alle Kosten zu erfassen.
Wirtschaftlichkeit	Der Informationsgewinn muss in einem angemessenen Verhältnis zu den, durch die Erfassung entstehenden Kosten, stehen. Die Transaktionskosten sind gering zu halten.
Zweckorientierung	Dieses Prinzip hat eine übergeordnete Bedeutung und besagt, dass jedes System einer KLR und damit auch der Kostenerfassung zweckbestimmt ist: Es sind die Kosten genauer zu erfassen, welche eine besondere Bedeutung für Planungs- und Entscheidungsprobleme haben. Dies sind die relevanten Kosten. **Beispiel:** In vielen Betrieben des Gesundheits- und Sozialwesens machen die Personalkosten 80 % der Kosten aus, da Dienstleistungen erbracht werden.

11. Wie können Kostenarten differenziert werden?

Sichtweise	Unterscheidung
Art der Kosten	▸ Personalkosten ▸ Sachkosten ▸ Kapitalkosten
Betriebliche Funktion	▸ OP-Kosten ▸ Kosten des Röntgens ▸ Laborkosten ▸ Kosten der Pflege ▸ Wäschereikosten ▸ Marketingkosten ▸ Beschaffungskosten ▸ Lagerhaltungskosten
Verrechnung der Kosten	▸ Einzelkosten ▸ Gemeinkosten ▸ Sondereinzelkosten
Kostenerfassung	▸ Primärkosten ▸ Sekundärkosten ▸ kalkulatorische Kosten
Veränderung der Kosten bei Veränderung Beschäftigung	▸ fixe Kosten ▸ variable Kosten
Pflegesatzfähigkeit	▸ Kosten der allgemeinen Krankenhausleistung ▸ nicht pflegesatzfähige Kosten

12. Wie werden Einzel- und Gemeinkosten unterschieden?

Einzelkosten können einer Kostenstelle (Fachabteilung, Labor, OP etc.) oder einem Kostenträger (Pflegestufe, DRG, Zusatzleistung etc.) direkt zugerechnet werden.

▸ Fertigungsmaterial, z. B.: Abdecktücher im OP über Materialschein, Spielzeug für Kita-Gruppe 1 über Rechnung oder Materialschein

▸ Fertigungslöhne, z. B.: MTRA im Röntgen, MTA im Labor, Stationsleitung für Dementengruppe

▸ Sondereinzelkosten, z. B.: Herzschrittmacher für DRG 321Z, Schlittenprothese für DRG I44B.

Gemeinkosten fallen für mehrere Kostenstellen oder Kostenträger an und können daher nicht direkt zugerechnet werden. Man erfasst die Gemeinkosten zunächst als Kostenart auf bestimmten Konten der Finanzbuchhaltung. Anschließend werden die Gemeinkosten über geeignete Verteilungsschlüssel auf die Hauptkostenstellen umgelegt (vgl. Betriebsabrechnungsbogen; BAB) und später den Kostenträgern prozentual zugeordnet.

Beispiel

für die Nebenkostenstelle Radiologie in einem Krankenhaus: Da die Ärzte sowohl im OP, in der radiologischen Ambulanz, auf der Station Radiologie, am CT, MRT und Röntgen arbeiten, sind die Nettoarbeitszeiten entsprechend zu verrechnen. Verrechnungsgröße könnten die erbrachten DKG-NT Punktwerte sein.

Kostenstellen Nr.	Name	Einzelkosten	Gemeinkosten
957000	Radiologie	Schreibkraft Radiologie, Büromaterial, Verwaltungsbedarf	Chefarzt Radiologie, Oberärzte/Ärzte Radiologie, Reinigung, Umlage Management, Umlage Wasser, Energie, Brennstoff
957005	CT	MTRA für CT Strom für CT wenn Einzelzähler, Abschreibungen für CT	Reinigung, Anteilige Kosten KoSt 957000
957010	MRT	MTRA für MRT Strom für MRT Abschreibung MRT	Reinigung, Anteilige Kosten KoSt 957000
920005	Röntgen	MTRA RÖ Strom für RÖ Abschreibung Röntgenanlage	Reinigung, Anteilige Kosten KoSt 957000
921000	Strahlentherapie	MTRA Gesundheitspfleger Funktionspfleger Abschreibung	Reinigung, Anteilige Kosten KoSt 957000

13. Wie werden fixe und variable Kosten unterschieden?

Fixe Kosten sind unabhängig vom Beschäftigungsgrad, das bedeutet, sie fallen auch an, wenn nichts produziert oder keine Dienstleistung erbracht wird. Sie sind in einer bestimmten Abrechnungsperiode konstant (z. B. Personalkosten, Kosten für die Miete einer Lagerhalle). Die gesamten fixen Kosten (K_f) sind immer gleich hoch.

Bei steigender Beschäftigung führt dies zu einem Sinken der fixen Kosten pro Stück ($k_f = K_f : x$), dies nennt man auch Fixkostendegression (oder Gesetz der Massenproduktion oder auch Economy of scale = Skaleneffekt). Die fixen Kosten verteilen sich auf mehr Produkte und sind somit je zusätzlichem Produkt für alle Produkte anteilig geringer.

Variable Kosten sind abhängig vom Beschäftigungsgrad. Mit zunehmender Produktion erhöht sich die Summe der variablen Kosten (K_v). Auf das einzelne Stück betrachtet, sind die variablen Stückkosten (k_v) immer gleich.

Der Beschäftigungsgrad ist die realisierte Beschäftigung im Verhältnis zur Kapazitätsgrenze. Die Kapazitätsgrenze ist die maximale Produktionsmenge unter der gegebenen Situation.

Mischkosten sind solche Kosten, die fixe und variable Bestandteile haben (z. B. bei Kommunikationskosten: Grundgebühr und Gesprächseinheiten nach Verbrauch; bei Stromkosten: Zählerpreis und Nutzungskosten). Für die Aufteilung der Mischkosten in fixe und variable Bestandteile kann ein Variator genutzt werden. Dieser gibt an, wie hoch der Anteil der variablen Kosten an den Mischkosten ist. Ist für die Stromkosten der Variator 85, so sind 15 % fixe Kosten, 85 % variable Kosten.

Die Abbildung auf der nächsten Seite zeigt schematisch den Verlauf der fixen und variablen Kosten bei Veränderungen der Beschäftigung.

Sprungfixe Kosten fallen nach Überschreiten einer Kapazitätsgrenze an. Dies kann z. B. für eine Arztpraxis bedeuten, dass bei Nutzung eines zweiten Behandlungsraumes eine zweite Medizinische Fachangestellte beschäftigt werden muss. Sind die Grenzkosten (= Kosten für eine zusätzliche Einheit) für die zweite Kraft bei Beschäftigungsrückgang nicht abbaubar und ihre Arbeitskraft wird nun nicht genutzt, nennt man dies Kostenremanenz oder auch verbleibende Kosten.

Beispiel

x = Stück	$K = K_f + K_v$ gesamte Kosten	$k = K : x$ Durchschnittskosten	$K_f =$ gesamte fixe Kosten	$k_f = K_f : x$ stückfixe Kosten	$K_v = k_v \cdot x$ gesamte variable Kosten	$k_v =$ stückvariable Kosten	$k' = Kx2 - Kx1$ Grenzkosten
0	20		20		0		
1	25	25,00	20	20,00	5	5	5
2	30	15,00	20	10,00	10	5	5
3	35	11,67	20	6,67	15	5	5
4	40	10,00	20	5,00	20	5	5
5	45	9,00	20	4,00	25	5	5

4. Steuern von betriebswirtschaftlichen Prozessen und Ressourcen | 4.3 Kosten- und Leistungsrechnung

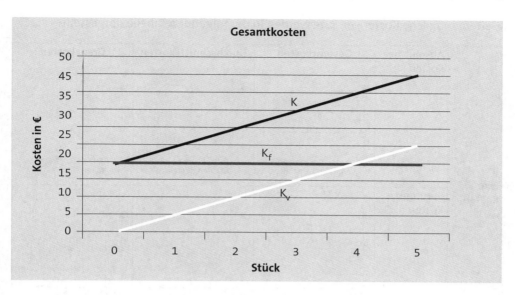

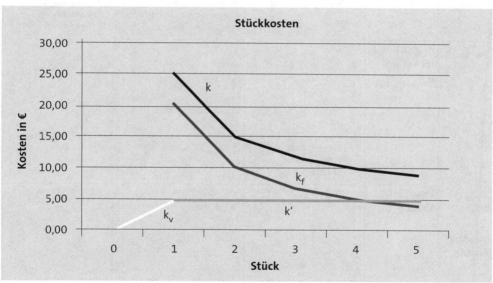

Weitere mögliche Kostenverläufe werden in der folgenden Tabelle dargestellt:

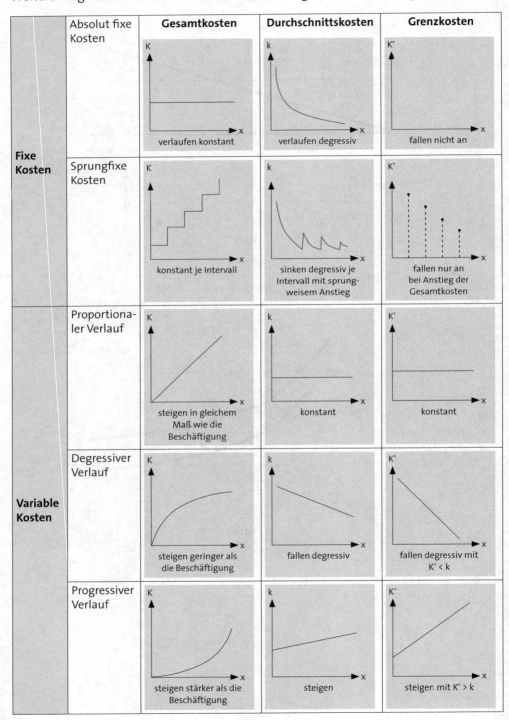

Grundsätzlich werden hier Systeme der Vollkostenrechnung und der Teilkostenrechnung unterschieden. Bei der Vollkostenrechnung werden sämtliche Kosten als eine Größe erfasst. Bei der Teilkostenrechnung werden die Kosten nach ihrem Verhalten oder Herkunft unterschieden.

14. Wie werden primäre und sekundäre Kosten verrechnet?

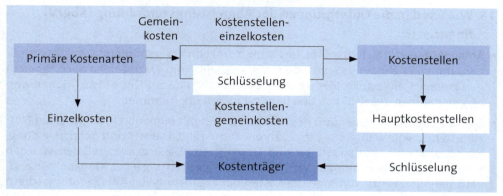

15. Welche Kosten sind pflegesatzfähig?

Im § 2 Nr. 5 KHG wird häufig der Begriff der „pflegesatzfähigen Kosten" abgegrenzt. Pflegesatzfähig sind die Kosten, die in Zusammenhang mit der Erstellung der allgemeinen Krankenhausleistungen anfallen. In der Systematik des KHG wird nicht zwischen „Aufwendungen" und „Kosten" unterschieden. In der Praxis können Aufwendungen unter bestimmten Voraussetzungen auch dann pflegesatzfähig sein, wenn sie keine Kosten darstellen.

16. Wie werden die Investitionskosten von den pflegesatzfähigen Kosten abgegrenzt?

Die Verordnung über die Abgrenzung der im Pflegesatz nicht zu berücksichtigenden Investitionskosten von den pflegesatzfähigen Kosten der Krankenhäuser (Abgrenzungsverordnung – AbgrV) definiert die Finanzierung der Gütergruppen im Rahmen der dualen Zuständigkeit zwischen Bundesland und Krankenversicherer.

Als pflegesatzfähige Kosten versteht man die Kosten, die von den Kostenträgern, also den gesetzlichen Krankenkassen, den privaten Krankenversicherungen und den Selbstzahlern finanziert werden. Den Krankenhäusern werden diese Kosten über die Pflegesätze vergütet. Pflegesätze sind die Entgelte der Benutzer oder ihrer Kostenträger für stationäre und teilstationäre Leistungen des Krankenhauses, also die DRG, Sonderentgelte, Tagessätze etc.

17. Was wird in der Abgrenzungsverordnung (AbgrV) definiert?

Die Abgrenzungsverordnung definiert die Gütergruppen, die zur Leistungserbringung eines Krankenhauses eingesetzt werden und ordnet den Gütergruppen die jeweilige Finanzierung im Rahmen der dualen Zuständigkeit zwischen Bundesländern und Kostenträgern zu.

18. Wie werden die Gütergruppen der Abgrenzungsverordnung (AbgrV) finanziert?

- **Anlagegüter:** Wirtschaftsgüter des zum Krankenhaus gehörenden Anlagevermögens mit einer Nutzungsdauer von mehr als drei Jahren. Dazu zählen auch Fahrzeuge, Lampen, Gehgestelle, Bücher und Projektionswände etc. Diese Investitionen werden im Rahmen des KHG von den Bundesländern übernommen.

- **Gebrauchsgüter:** Anlagegüter des Krankenhauses mit einer durchschnittlichen Nutzungsdauer von weniger als drei Jahren. Dazu zählt Dienst- und Schutzkleidung, Narkosemasken, Spezialkatheter und Geschirr etc. Diese Kosten werden von den Bundesländern übernommen, wenn sie zur Erstausstattung eines Krankenhausneubaus gehören. Hinzu kommen die Kosten der Ergänzung von Anlagegütern, sofern diese wesentlich über die übliche Anpassung an die technische und medizinische Entwicklung hinausgehen. In allen anderen Fällen müssen diese Kosten aus den laufenden Einnahmen der Krankenhäuser finanziert werden.

- **Verbrauchsgüter:** Wirtschaftsgüter, die durch den einmaligen Gebrauch aufgezehrt bzw. unverwendbar werden. Dazu zählen Spritzen, Medikamente und Verbände etc. Hinzu kommen die wiederbeschafften, abnutzbaren beweglichen Anlagegüter, die zu einer selbstständigen Nutzung fähig sind und deren Anschaffungs- und Herstellungskosten weniger als 150 € betragen. Verbrauchsgüter werden aus den laufenden Einnahmen der Krankenhäuser finanziert.

- **Kosten der Instandhaltung:** Instandhaltungskosten dienen der Erhaltung und Wiederherstellung von Anlagegütern, wenn das Anlagegut nicht wesentlich in seiner Substanz, seinem Wesen und Nutzungsdauer verändert wird. Dazu zählen bauliche Einheiten wie Dach und Fassade, Gebäudeteile wie Fenster und Fliesen, betriebstechnische Anlagen und Einbauten wie Heizungsanlagen und Sanitärinstallationen sowie Außenanlagen wie Grünanlagen und Straßenbefestigungen. Instandhaltungskosten werden aus den laufenden Einnahmen der Krankenhäuser finanziert.

19. Welche Güter finden sich in den Gütergruppen der Abgrenzungsverordnung (AbgrV)?

Art	Beispiel
Gebrauchsgüter gem. Verzeichnis 1 AbgrV	▸ Blutdruckmessgeräte ▸ Stethoskope
Anlagegüter gem. Verzeichnis 2 AbgrV	▸ OP-Ausstattung ▸ Diagnosegeräte ▸ Betten
Verbrauchsgüter gem. § 2 Nr. 3 AbgrV	▸ Medikamente ▸ Einwegspritzen ▸ Pflaster und Verbände ▸ Mullbinden
Instandhaltung gem. § 4 AbgrV	▸ Renovierung der Notaufnahme ▸ Dachreparaturen am Klinikum ▸ Instandhaltung der Fahrstühle

4.3.2 Kosten den Kostenstellen zuordnen

01. Was sind Kostenstellen?

Kostenstellen (KoSt) sind organisatorische Einheiten, die mehrere Stellen umfassen können. Im Allgemeinen werden Kostenstellen nach folgenden Kriterien bestimmt:

Verrichtungen, die unter einer einheitlichen Verantwortung (Organisation), in einer abgegrenzten Räumlichkeit eine gleichartige Leistung (Funktion) erbringen und denen Kosten verursachungsgerecht zugerechnet werden können, werden zu einer Kostenstelle zusammengefasst.

Beispiel

Kostenstellen im Krankenhaus:

Merkmale ⟶ Kostenstelle ↓	nach **Funktionen**	nach **räumlichen Merkmalen**	nach **organisatorischen Merkmalen**	nach **Zurechnungsmöglichkeit der Einzelkosten**	nach **Verantwortung**
962005 ITS CHI	Intensivstation	Keller	Chirurgie	Material, Personal	CA CHI
922005 Labor	Labor	Keller	Labor Med. Institution	Material, Personal	CA INN

02. Wie werden Kostenstellen unterschieden?

Hauptkostenstellen erbringen die Hauptleistungen, die als Endprodukte in Rechnung gestellt werden können. Nebenkostenstellen erstellen Nebenprodukte.

Die Leistungen der Haupt- und Nebenkostenstellen werden als Endkostenstellen nicht weiter verrechnet. Anders die Leistungen der Vorkostenstellen. Deren Leistungen werden den Endkostenstellen zugerechnet, da Vorkostenstellen keine absatzfähigen Produkte oder Dienstleistungen erstellen.

Kostenstellen			
Vorkostenstellen		Endkostenstellen	
allgemeine Hilfskostenstellen	bereichsbezogene Hilfskostenstellen	Nebenkostenstellen	Hauptkostenstellen
z. B.: Personalabteilung, Hauswirtschaft, Rechnungswesen, Küche	z. B.: PDL, Oberarzt Chirurgie, OP, Sterilisation	z. B.: Ambulanz der Gynäkologie, Beratung	z. B.: Station Chirurgie, Station HNO
werden verursachungsgerecht auf die Haupt- und Nebenkostenstellen verrechnet →		+ Kostenanteil Vorkostenstellen	+ Kostenanteil Vorkostenstellen
		Gesamtkosten der Endkostenstelle	Gesamtkosten der Endkostenstelle

Für die Kalkulation in Krankenhäusern ist die Abgrenzung der pflegesatzfähigen von den nicht pflegesatzfähigen Kosten relevant:

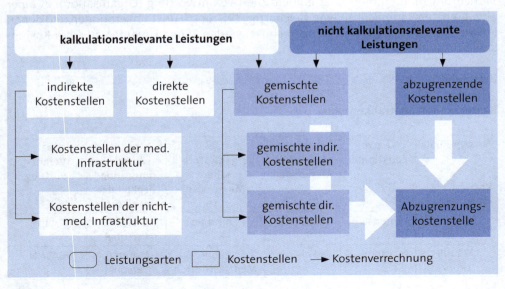

Die nicht pflegesatzfähigen Kosten sind abzugrenzen.

03. Welche Vorgaben gibt es für die Kostenstellen?

Die Anlage 5 (s. Seite 626) der KHBV und die Anlage 5 der PBV schreiben die Bezeichnung und Nummerierung der Kostenstellen für Krankenhäuser und Pflegeeinrichtungen vor. Im IKR und GKR sind die Kontenklassen 5 und 6 für Kostenstellen vorgesehen.

In der folgenden Tabelle ist die Gliederung für Krankenhäuser dargestellt:

Kostenstellenrahmen für die Kosten- und Leistungsrechnung
90 Gemeinsame Kostenstellen
900 Gebäude einschließlich Grundstück und Außenanlagen 901 Leitung und Verwaltung des Krankenhauses 902 Werkstätten 903 Nebenbetriebe 904 Personaleinrichtungen (für den Betrieb des Krankenhauses unerlässlich) 905 Aus-, Fort- und Weiterbildung 906 Sozialdienst, Patientenbetreuung 907 frei 908 frei 909 frei
91 Versorgungseinrichtungen
910 Speisenversorgung 911 Wäscheversorgung 912 Zentraler Reinigungsdienst 913 Versorgung mit Energie, Wasser, Brennstoffen 914 Innerbetriebliche Transporte 915 frei 916 frei 917 Apotheke/Arzneimittelausgabestelle (ohne Herstellung) 918 Zentrale Sterilisation 919 frei
92 Medizinische Institutionen
920 Röntgendiagnostik und -therapie 921 Nukleardiagnostik und -therapie 922 Laboratorien 923 Funktionsdiagnostik 924 Sonstige diagnostische Einrichtungen 925 Anästhesie, OP-Einrichtungen und Kreißzimmer 926 Physikalische Therapie 927 Sonstige therapeutische Einrichtungen 928 Pathologie 929 Ambulanzen

Kostenstellenrahmen für die Kosten- und Leistungsrechnung
93 - 95 Pflegefachbereiche – Normalpflege
930 Allgemeine Kostenstelle
931 Allgemeine Innere Medizin
932 Geriatrie
933 Kardiologie
934 Allgemeine Nephrologie
935 Hämodialyse/künstliche Niere (alternativ 962)
936 Gastroenterologie
937 Pädiatrie
938 Kinderkardiologie
939 Infektion
940 Lungen- und Bronchialheilkunde
941 Allgemeine Chirurgie
942 Unfallchirurgie
943 Kinderchirurgie
944 Endoprothetik
945 Gefäßchirurgie
946 Handchirurgie
947 Plastische Chirurgie
948 Thoraxchirurgie
949 Herzchirurgie
950 Urologie
951 Orthopädie
952 Neurochirurgie
953 Gynäkologie
954 HNO und Augen
955 Neurologie
956 Psychiatrie
957 Radiologie
958 Dermatologie und Venerologie
959 Zahn- und Kieferheilkunde, Mund- und Kieferchirurgie
96 Pflegefachbereiche – abweichende Pflegeintensität
960 Allgemeine Kostenstelle
961 Intensivüberwachung
962 Intensivbehandlung
963 frei
964 Intensivmedizin
965 Minimalpflege
966 Nachsorge
967 Halbstationäre Leistungen – Tageskliniken
968 Halbstationäre Leistungen – Nachtkliniken
969 Chronisch- und Langzeitkranke

97 Sonstige Einrichtungen
970 Personaleinrichtungen (für den Betrieb des Krankenhauses nicht unerlässlich) 971 Ausbildung 972 Forschung und Lehre 973 - 979 frei
Kostenstellenrahmen für die Kosten- und Leistungsrechnung
98 Ausgliederungen
980 Ambulanzen 981 Hilfs- und Nebenbetriebe 982 - 989 frei 99 frei

4. Steuern von betriebswirtschaftlichen Prozessen und Ressourcen | 4.3 Kosten- und Leistungsrechnung

Anlage 5

		Personalkosten ärztlicher Dienst	Personalkosten Pflegedienst	Personalkosten med.-techn. Dienst/ Funktionsdienst	Sachkosten Arzneimittel		Sachkosten Implantate/ Transplantate	Sachkosten übriger medizinischer Bedarf			Personal- und Sachkosten med. Infrastruktur	Personal- und Sachkosten nicht med. Infrastruktur
		1	2	3	4a	4b	5	6a	6b	6c	7	8
Normalstation	1	Pflegetage	PPR-Minuten	Pflegetage	PPR-Minuten	Ist-Verbrauch Einzelkostenzuordnung	nicht relevant	PPR-Minuten	Ist-Verbrauch Einzelkostenzuordnung	Ist-Verbrauch Einzelkostenzuordnung	Pflegetage	Pflegetage
Intensivstation	2	Gewichtete Intensivstunden	Gewichtete Intensivstunden	Gewichtete Intensivstunden	Gewichtete Intensivstunden	Ist-Verbrauch Einzelkostenzuordnung	Ist-Verbrauch Einzelkostenzuordnung	Gewichtete Intensivstunden	Ist-Verbrauch Einzelkostenzuordnung	Ist-Verbrauch Einzelkostenzuordnung	Intensivstunden	Intensivstunden
Dialyseabteilung	3	Gewichtete Dialysen	Gewichtete Dialysen	Gewichtete Dialysen	Gewichtete Dialysen	Ist-Verbrauch Einzelkostenzuordnung	nicht relevant	Gewichtete Dialysen	Ist-Verbrauch Einzelkostenzuordnung	Ist-Verbrauch Einzelkostenzuordnung	Gewichtete Dialysen	Gewichtete Dialysen
OP-Bereich	4	Schnitt-Naht-Zeit mit GZF und Rüstzeit	nicht relevant	Schnitt-Naht-Zeit/HLM-Zeit mit GZF und Rüstzeit	Schnitt-Naht-Zeit mit Rüstzeit	Ist-Verbrauch Einzelkostenzuordnung	Ist-Verbrauch Einzelkostenzuordnung	Schnitt-Naht-Zeit mit Rüstzeit	Ist-Verbrauch Einzelkostenzuordnung	Ist-Verbrauch Einzelkostenzuordnung	Schnitt-Naht-Zeit mit Rüstzeit	Schnitt-Naht-Zeit mit Rüstzeit
Anästhesie	5	Anästhesiologiezeit und GZF	nicht relevant	Anästhesiologiezeit	Anästhesiologiezeit	Ist-Verbrauch Einzelkostenzuordnung	nicht relevant	Anästhesiologiezeit	Ist-Verbrauch Einzelkostenzuordnung	Ist-Verbrauch Einzelkostenzuordnung	Anästhesiologiezeit	Anästhesiologiezeit
Kreißsaal	6	Aufenthaltszeit Patientin im Kreißsaal	nicht relevant	Aufenthaltszeit Patientin im Kreißsaal	Aufenthaltszeit Patientin im Kreißsaal	Ist-Verbrauch Einzelkostenzuordnung	nicht relevant	Aufenthaltszeit Patientin im Kreißsaal	Ist-Verbrauch Einzelkostenzuordnung	Ist-Verbrauch Einzelkostenzuordnung	Aufenthaltszeit Patientin im Kreißsaal	Aufenthaltszeit Patientin im Kreißsaal
Kardiologische Diagnostik/ Therapie	7	1. Eingriffszeit 2. Punkte lt. Leistungskatalog	nicht relevant	1. Eingriffszeit 2. Punkte lt. Leistungskatalog	1. Eingriffszeit 2. Punkte lt. Leistungskatalog	Ist-Verbrauch Einzelkostenzuordnung	Ist-Verbrauch Einzelkostenzuordnung	1. Eingriffszeit 2. Punkte lt. Leistungskatalog	Ist-Verbrauch Einzelkostenzuordnung	Ist-Verbrauch Einzelkostenzuordnung	1. Eingriffszeit 2. Punkte lt. Leistungskatalog	1. Eingriffszeit 2. Punkte lt. Leistungskatalog
Endoskopische Diagnostik/ Therapie	8	1. Eingriffszeit	nicht relevant	1. Eingriffszeit	1. Eingriffszeit	Ist-Verbrauch Einzelkostenzuordnung	Ist-Verbrauch Einzelkostenzuordnung	1. Eingriffszeit	Ist-Verbrauch Einzelkostenzuordnung	Ist-Verbrauch Einzelkostenzuordnung	1. Eingriffszeit	1. Eingriffszeit
Radiologie	9	Punkte lt. Leistungskatalog	nicht relevant	Punkte lt. Leistungskatalog	Punkte lt. Leistungskatalog	Ist-Verbrauch Einzelkostenzuordnung	Ist-Verbrauch Einzelkostenzuordnung	Punkte lt. Leistungskatalog	Ist-Verbrauch Einzelkostenzuordnung	Ist-Verbrauch Einzelkostenzuordnung	Punkte lt. Leistungskatalog	Punkte lt. Leistungskatalog
Laboratorien	10	Punkte lt. Leistungskatalog	nicht relevant	Punkte lt. Leistungskatalog	Punkte lt. Leistungskatalog	Ist-Verbrauch Einzelkostenzuordnung	Ist-Verbrauch Einzelkostenzuordnung	Punkte lt. Leistungskatalog	Ist-Verbrauch Einzelkostenzuordnung	Ist-Verbrauch Einzelkostenzuordnung	Punkte lt. Leistungskatalog	Punkte lt. Leistungskatalog
Diagnostische Bereiche	11	1. Behandlungszeit 2. Punkte lt. Leistungskatalog	1. Behandlungszeit 2. Punkte lt. Leistungskatalog	1. Behandlungszeit 2. Punkte lt. Leistungskatalog	1. Behandlungszeit 2. Punkte lt. Leistungskatalog	Ist-Verbrauch Einzelkostenzuordnung	nicht relevant	1. Behandlungszeit 2. Punkte lt. Leistungskatalog	Ist-Verbrauch Einzelkostenzuordnung	nicht relevant	1. Behandlungszeit 2. Punkte lt. Leistungskatalog	1. Behandlungszeit 2. Punkte lt. Leistungskatalog
Therapeutische Verfahren	12	1. Behandlungszeit 2. Punkte lt. Leistungskatalog	1. Behandlungszeit 2. Punkte lt. Leistungskatalog	1. Behandlungszeit 2. Punkte lt. Leistungskatalog	1. Behandlungszeit 2. Punkte lt. Leistungskatalog	Ist-Verbrauch Einzelkostenzuordnung	nicht relevant	1. Behandlungszeit 2. Punkte lt. Leistungskatalog	Ist-Verbrauch Einzelkostenzuordnung	nicht relevant	1. Behandlungszeit 2. Punkte lt. Leistungskatalog	1. Behandlungszeit 2. Punkte lt. Leistungskatalog
Patientenaufnahme	13	2. Punkte lt. Leistungskatalog	2. Punkte lt. Leistungskatalog	2. Punkte lt. Leistungskatalog	2. Punkte lt. Leistungskatalog	Ist-Verbrauch Einzelkostenzuordnung	nicht relevant	2. Punkte lt. Leistungskatalog	Ist-Verbrauch Einzelkostenzuordnung	nicht relevant	2. Punkte lt. Leistungskatalog	2. Punkte lt. Leistungskatalog

Quelle: DKG, Kalkulationshandbuch, V4, Seite 252, Düsseldorf, 10-2016

04. Wie werden Kosten den Kostenstellen zugeordnet?

Die Zuordnung der Kosten auf die Kostenstellen sollte, wenn immer möglich, als Einzelkosten erfolgen. Hierfür wird jeder Beleg für sich genommen und danach kontrolliert, welcher Kostenstelle er ohne Teilung zugeordnet werden kann.

05. Welche Aufgabe hat der Betriebsabrechnungsbogen (BAB)?

Der BAB ist eine tabellarische Form der Kostenstellenrechnung. Er wird monatlich oder jährlich erstellt. In den Zeilen sind die Kostenarten und in den Spalten die Kostenstellen dargestellt. Die Kostenarten werden auf die Kostenstellen verteilt. Links stehen die Hilfskostenstellen, welche auf die Nebenkosten und Hauptkostenstellen verrechnet werden.

Im BAB werden zuerst alle Kosten als Einzelkosten den Kostenstellen zugeordnet. Danach werden die Kosten der vorgelagerten Kostenstellen als Gemeinkosten, nach Belegen oder nach geeigneten Verteilungsschlüsseln, auf die nachgeordneten Kostenstellen verrechnet.

Anschließend erfolgt die Berechnung der Zuschlagssätze als Grundlage für die Kostenträgerstück- bzw. Kostenträgerzeitrechnung.

06. Wie ist der Betriebsabrechnungsbogen (BAB) als Hilfsmittel der Kostenstellenrechnung aufgebaut?

Die inhaltlichen und rechnerischen Zusammenhänge werden anhand eines vereinfachten BAB dargestellt (die im BAB eingezeichneten Pfeile verdeutlichen die Berechnung des Zahlenmaterials):

Beispiel

Einfache Verrechnung der Vorkostenstellen auf die Hauptkostenstellen:

Vorkostenstellen:
- Küche: 1.740.000 €
- Verwaltung: 369.500 €

Hauptkostenstellen:
- Innere: 3.420.200 €
- Chirurgie: 2.689.800 €
- Gynäkologie: 1.500.000 €

1. Die Kosten der Vorkostenstelle Küche sollen nach dem Schlüssel „Beköstigungstage (BT)" auf die Hauptkostenstellen verteilt werden.
   - Innere: 11.600 BT
   - Chirurgie: 7.400 BT
   - Gynäkologie: 11.000 BT
2. Die Kosten der Vorkostenstelle Verwaltung sollen nach dem Schlüssel „Anzahl Mitarbeiter" auf die Hauptkostenstellen verteilt werden.
   - Innere: 93 Mitarbeiter
   - Chirurgie: 85 Mitarbeiter
   - Gynäkologie: 72 Mitarbeiter
3. Durch Division wird ein Verrechnungspreis (Kostenträger) errechnet. In diesem Fall sind dies die Kosten je Berechnungstag je Fachabteilung.

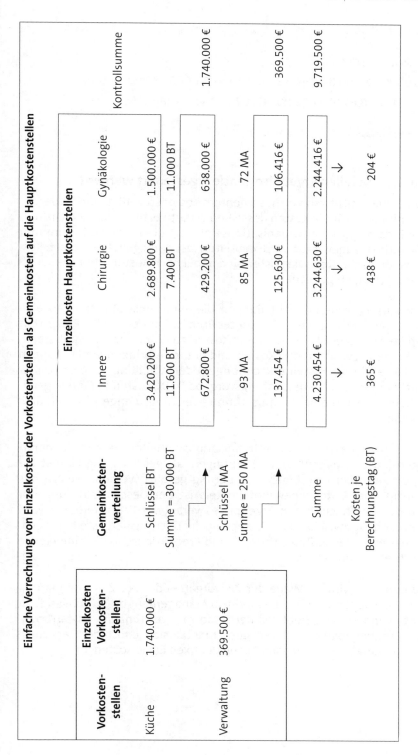

Beispiel

Berechnung Schlüsselung der BT:

a) 30.0000 BT = 100 %, 11.600 BT INN = 38,66666 % (11.600 : 30.000 • 100)

b) 1.740.000 € = 100 %, 38,67 % = 672.800 € (1.740.000 • 0,3866666)

07. Wie können Kostenstellen ergebnisorientiert gesteuert werden?

Zur Verantwortung eines Leitungsbereiches (mehrere Kostenstellen) gehört in der Regel, dass der Stelleninhaber für die Kosten desselben verantwortlich zeichnet. Oftmals ist dies so geregelt, dass z. B. einer Organisationseinheit (Abteilung) ein bestimmter Kostenrahmen (= Budget) zugewiesen wird; die Leitung ist dann gehalten, diesen Kostenrahmen nicht zu überschreiten. Die Kosten sind dabei nach Kostenarten (Personalkosten, Sachkosten, Umlagen) gegliedert.

Die Unternehmensleitung steuert die Abteilungen, die keine Erlöse am Markt erzielen (Reinigung, Verwaltung), nach dem sog. Costcenter-Prinzip. Das Costcenter-Prinzip hat erhebliche Nachteile: Es besteht kein Anreiz, die Kosten zu unterschreiten; außerdem geht der Zusammenhang zwischen den Kosten und den zu erbringenden Leistungen (z. B. gereinigte Flächen in m², erstellte Rechnungen) der Abteilung verloren. Daher wird das Costcenter immer auch eine Leistungsvorgabe (z. B.: Kosten in Euro je gereinigten m²) benötigen. Es kann eine dann bestimmte Leistungsmenge zu minimalen Kosten erstellt werden.

Um diese Nachteile zu vermeiden, werden Organisationseinheiten, welche die marktfähigen Leistungen (Kostenträger/Produkte) erbringen, als geschlossene Einheit zusammengefasst, die nur über eine Ergebnissteuerung geführt werden. Dies ist das „Profit-Center-Prinzip". Der Leiter eines Profitcenters ist der Geschäftsführung nur noch hinsichtlich des erwirtschafteten Ergebnisses verantwortlich. Hierdurch wird wieder ein Zusammenhang zwischen den Kosten und der Leistung hergestellt. Ein echtes Profit-Center hat eine eigene Beschaffungs- und Produktions- sowie eine eigene Verkaufs- bzw. Vertriebsorganisation.

Das angestrebte Ergebnis wird im Wege der Zielvorgabe oder der Zielvereinbarung (dieses Instrument ist verankert im Führungsprinzip Management by Objectives) festgeschrieben. Der Gewinn, sprich „Profit", ist der Saldo von „Leistungen - Kosten" bzw. „Umsatz - Kosten". Als Zielgröße eines Profit-Center bieten sich jedoch der Deckungsbeitrag (Erlöse minus variable kosten) nach Abzug der fixen Einzelkosten an.

4.3.3 Kalkulation von Kostenträgern durchführen

01. Was sind die vier Elemente der Kalkulation?

- Kostenrechnung
- Leistungsrechnung
- Erlösrechnung
- Ergebnisrechnung.

02. Wie wird die Kostenrechnung durchgeführt?

Kosten können als der bewertete sachzielbezogene Güterverbrauch einer Abrechnungsperiode definiert werden. Die Kostenrechnung wird in die folgenden Hauptrechnungen gegliedert:

- Kostenartenrechnung
- Kostenstellenrechnung
- Kostenträgerrechnung
- Kostenlenkung (Planung und Kontrolle).

Die Anlage 4 der Krankenhaus-Buchführungsverordnung (KHBV) gibt die Mindestanforderungen an den Kontenplan von Krankenhäusern vor.

Für eine Kostenträgerrechnung im Rahmen des DRG-Systems empfiehlt sich eine detaillierte Kostenartenrechnung, damit in der Kostenträgerrechnung diese Kostenarten als Einzelkosten direkt den jeweiligen Fällen zugeordnet werden.

Die Grundlage der Kostenstellenrechnung für Krankenhäuser bildet die Anlage 5 der KHBV.

Jede Kostenstelle mit bereichsbezogener Lenkungsfunktion sollte einen selbstständigen Verantwortungsbereich darstellen, damit eine eindeutige Beziehung zwischen Kostenstelle, Leistungen und Kosten hergestellt und eine eindeutige Zuordnung der Kosten möglich wird.

Die verursachungsgerechte Verteilung der Kosten ist sowohl auf der Grundlage gemessener Leistungen über die innerbetriebliche Leistungsverrechnung als auch ohne Leistungsmessung im Umlageverfahren möglich.

Für alle Arten von Unternehmen gilt, dass Kostenträger betriebliche Leistungen sind, die einen Güter- oder Leistungsverzehr ausgelöst haben. Dies können Absatzleistungen oder innerbetriebliche Leistungen sein. Als Kostenträger im Krankenhaus wird aus Sicht der Kostenrechnung die Leistung verstanden, durch die die Kosten verursacht werden, dies ist die DRG. Für einen Zahnarzt ist es das Implantat, für den ambulanten Pflegedienst der einzelne Leistungskomplex.

Dieser Zusammenhang ist nicht mit den Kostenträgern der Sozialversicherung zu verwechseln.

Die Kostenträgerrechnung dient der Ermittlung von Angebotspreisen und der Bestimmung von Preisuntergrenzen. Dadurch wird die Steuerung des Leistungsprogramms ermöglicht. Hinzu kommt, dass zwischenbetriebliche Vergleiche ermöglicht werden, die Fragen zur Wirtschaftlichkeit oder zur Entscheidung zwischen Eigen- und Fremdfertigung beantwortet.

Die Kostenträgerstückrechnung ist eine einzelleistungsbezogene Rechnung, die die Zurechnung der Kosten auf die einzelnen Kostenträger vornimmt, um die Herstellungs- und Selbstkosten für die jeweilige Leistungseinheit zu berechnen. Dazu müssen die Kosten ermittelt werden, die bei der Herstellung und Verwertung einer Mengeneinheit eines Kostenträgers entstehen, damit diese mit den erzielbaren oder vorgegebenen Preisen verglichen werden können.

MERKE

Die folgenden Hauptverfahren können im Gesundheits- und Sozialwesen unterschieden werden:
- Divisionskalkulation
- Äquivalenzziffernrechnung
- Zuschlagskalkulation
- Handelskalkulation.

Im Gesundheitswesen ist die detaillierteste Kostenrechnung in den Krankenhäusern wiederzufinden. Im vollstationären bzw. ambulanten Sektor gibt es keine derartig ausgeprägte Praxis der KLR. Deshalb dient im Folgenden der Krankenhausbereich als Beispiel.

Im Rahmen der DRG-Kalkulation des Instituts für Entgeltsysteme im Krankenhaus (InEK) werden die fallbezogenen Behandlungskosten für die DRGs ermittelt, indem die Kosten- und Leistungsdaten systematisch aufbereitet werden. Hierfür wurde das DRG-Kalkulationshandbuch entwickelt. Bei der Kalkulation sind Abgrenzungstatbestände hinsichtlich nicht pflegesatzfähiger Kosten zu beachten.

Die Kostenträgerzeitrechnung stellt auf die Kosten einer Rechnungsperiode ab. Die kurzfristige Erfolgsrechnung (Betriebsergebnisrechnung) wird ermöglicht, wenn die Erlöse der verschiedenen Kostenträger den Kosten gegenübergestellt werden. Die Gegenüberstellung ermittelt nicht nur den Betriebserfolg, sondern auch seine Zusammensetzung, gegliedert nach Produktgruppen, Bereichen und Erfolgsquellen etc.

Mit dem Gesamtkostenverfahren auf Vollkostenbasis und dem Umsatzkostenverfahren auf Teilkostenbasis existieren zwei Varianten der kurzfristigen Erfolgsrechnung. Das Gesamtkostenverfahren verrechnet alle Kosten einer Periode und berücksichtigt die Bestandsveränderungen der Zwischen- und Endprodukte. Das Umsatzkostenverfahren verrechnet hingegen die Kosten der abgesetzten Produkte. Der Betriebserfolg wird auf Basis der Differenz zwischen den Erlösen und Selbstkosten der in einer Abrechnungsperiode abgesetzten Leistungen ermittelt.

Die Kostenlenkung beinhaltet die Kostenplanung und die Kostenkontrolle. Ein Plankostenrechnungssystem umfasst die Vorausrechnung (Plankostenermittlung), die Nachrechnung (Ist-Kostenrechnung) und die Abweichungsanalyse. Es existieren folgende Konzepte zur Kostenplanung:

- Ableitung aus Vergangenheitswerten
- Schätzung durch Kostenplaner
- Ableitung aus externen Richtwerten
- Planung auf Grundlage analytischer Studien und Berechnungen.

Die Kostenkontrolle wertet die angefallenen Kosten aus. Das Ziel ist die Ermittlung derjenigen Kostenanteile, die aufgrund unwirtschaftlicher Aktivitäten innerhalb einer Kostenstelle aufgetreten sind. Diese Kosten sind vom Kostenstellenleiter zu verantworten. Es werden dabei echte bzw. unwirtschaftlichkeitsbedingte Kostenabweichungen und Verbrauchsabweichungen unterschieden.

Die Kostenkontrolle kann durchgeführt werden als:

- Zeitvergleich
- Soll-Ist-Vergleich (SIV, Ergebniskontrolle)
- Betriebsvergleich.

03. Wie wird die Leistungsrechnung durchgeführt?

Aufgabe der Leistungsrechnung ist die Ermittlung der sachzielbezogenen und bewerteten Leistungen. Sachzielbezogene Leistungen sind beispielsweise Krankenhausleistungen, die durch ein Entgelt vergütet werden. Erträge, die nicht sachzielbezogen erwirtschaftet wurden, dürfen nicht in die KLR-Rechnung eingehen.

Der Leistungsbegriff umfasst eine mengenmäßige und eine wertmäßige Komponente. Der Mengenbegriff beschreibt die Leistungen als Kombination der Produktionsfaktoren, während der Wertbegriff auf das Ergebnis der Leistung und folglich den Erlös abstellt.

Die Leistung der Krankenhäuser besteht in der Verbesserung des Gesundheitszustandes der Patienten. Diese Primärleistungen sind jedoch nicht quantifizierbar, sodass die Leistung im Krankenhaus anhand der Zahl der Sekundärleistungen als Ergebnis der Betriebsmittelkombination gemessen wird. Zu den Sekundärleistungen zählen die diagnostischen, therapeutischen und pflegerischen Leistungen sowie die Versorgungsleistungen.

Die Leistungsrechnung erfasst als Informationsinstrument die bewerteten Güter und Dienstleistungen, die zur Erreichung des Betriebszwecks zu erstellen bzw. zu planen sind. Die Leistungserfassung sollte in der Regel am Ort des Verbrauchs erfolgen. Dabei dienen die betrieblichen Leistungen als Gegenstück zu den Kosten. Auf dieser Grundlage erhält das Leistungsgeschehen die notwendige Transparenz, die wegen des nicht direkt monetär quantifizierbaren Outputs benötigt wird.

Die Leistungen müssen den Kostenstellen eindeutig zurechenbar sein, damit die Kostenverantwortlichen eindeutige Entscheidungen treffen können. Bei komplexen Abläufen ist die Deckungsgleichheit von Kosten und Leistungen oftmals nur kostenträgerorientiert möglich, wie bei interdisziplinär belegten Krankenstationen mit unterschiedlichen Krankheitsbildern (Leistungen). Eine Alternative besteht darin, die Krankenstationen nach Prozesstiefe zu definieren, bzw. nach der Pflegeintensität der Patienten zu strukturieren wie beispielweise bei Low-Care-Stationen.

04. Wie wird die Erlösrechnung durchgeführt?

Die Erlösrechnung erfasst und strukturiert alle durch die Erstellung und Verwertung von Leistungen zufließenden Werte. Entsprechend der Kostenrechnung lässt sich die Erlösrechnung untergliedern:

- Erlösartenrechnung
- Erlösstellenrechnung
- Erlösträgerrechnung.

Die Erlösartenrechnung unterscheidet spezifische Merkmale der Erlöse. Die Erlösarten entstehen durch die Differenzierung der Produkte und Dienstleistungen, die in Rechnung gestellt werden.

Die Erlösstellenrechnung untergliedert sich in außer- und innerbetriebliche Rechnungen. Außerbetriebliche Erlösstellen rechnen die Erlöse den Erlösquellen oder Erlösträgern zu. Entsprechend den Kostenstellen sind den Erlösstellen einheitliche Verantwortungsbereiche mit homogenen Absatzbereichen zugeordnet. Die innerbetriebliche Erlösstellenrechnung erlaubt die Analyse von Teilbereichen des Gesundheitsunternehmens.

Die Erlösträgerrechnung rechnet dem Gesundheitsunternehmen zufließende Erlöse den Kalkulationsobjekten zu, für die sich diese direkt als Einzelerlöse erfassen lassen. Die Erlösstellenrechnung offenbart, welchen Unternehmensbereichen die erzielten Erlöse zugeordnet werden können.

05. Wie wird Ergebnisrechnung durchgeführt?

Das Rechnungswesen unterscheidet das extern orientierte Jahresergebnis und das interne Ergebnis. Das externe Ergebnis zeigt den unternehmerischen Gesamterfolg als Überschuss der Erträge über die Aufwendungen, während das interne Ergebnis betriebliche Erlöse und Kosten gegenüberstellt, um den unmittelbar aus der Leistungserstellung resultierenden Betriebserfolg darzustellen.

Die Zusammenführung der Daten im Rahmen der KLR kann höchst unterschiedlich erfolgen. Die Qualität der Daten aus der Kosten- und Erlösrechnung bestimmt die Genauigkeit des Erfolgsausweises der Ergebnisrechnung.

06. Was ist das Ziel der Kalkulation?

Die Kalkulation verfolgt primär zwei Ziele, die sich ergänzen: Einerseits sind die Unternehmensprozesse in Kosten-, Leistungs-, Erlös- und Ergebnisgrößen abzubilden, andererseits hat die Kalkulation die Aufgabe, die Planrealisation sowie Entscheidungs- und Verhaltensprozesse zu lenken. Damit erfüllt die Kalkulationsrechnung die betriebsinternen Funktionen der Dokumentation, der Information, der Steuerung und Regelung sowie der Lenkung und Entscheidungsorientierung.

07. Welche Aufgaben hat die Kalkulation in Unternehmen der Gesundheits- und Sozialwirtschaft?

Die Anforderungen an die Kalkulation ergeben sich z. B. aus der Krankenhaus-Buchführungsverordnung (KHBV). Gemäß § 8 KHBV hat jedes Krankenhaus eine aus der Buchführung herzuleitende Kosten- und Leistungsrechnung zu führen, die die folgenden Aufgaben erfüllen muss:

- Informationsgrundlage zur betriebsinternen Steuerung/Preisgestaltung
- beurteilen der Wirtschaftlichkeit und Leistungsfähigkeit
- Kosten- und Leistungsstruktur ermitteln.

Auch für Pflegeeinrichtungen ist nach § 7 PBV eine Kosten- und Leistungsrechnung in diesem Umfang vorgeschrieben.

08. Was sind die krankenhausspezifischen Ziele der Kalkulation?

Ziele sind:

- Planung des Leistungsspektrums nach Fachabteilungen und deren Spezialität
- Planung des Leistungsprogramms nach Art, Menge und Qualität
- Kostenplanung auf der Grundlage der Leistungsplanung
- Abstimmung des externen Budgets mit dem internen Budget sowie Prüfung der Realisierbarkeit.

Der Bedarf an Krankenhausleistungen muss ermittelt werden, um die notwendigen Ressourcen bereitstellen zu können. Das gelingt nur mit einer umfassenden Leistungserfassung und -dokumentation. Eine vollständige Kostenplanung kann erst anschließend erfolgen, zumal die geplanten Leistungen die Auslastung bestimmen, die wiederum die Kosten bestimmt. Die interne Leistungsplanung bildet die Grundlage für die prospektive Budgetverhandlung mit den Kostenträgern.

09. Wie können Wirtschaftlichkeit und Leistungsfähigkeit beurteilt werden?

In Anlehnung an das ökonomische Prinzip kann Wirtschaftlichkeit im Gesundheits- und Sozialwesen definiert werden als: Die Erreichung der medizinisch notwendigen und zweckmäßigen Leistungen mit dem geringstmöglichen Mitteleinsatz.

Um die Wirtschaftlichkeit beurteilen zu können, müssen Leistungen und Kosten quantifiziert werden. Die Teilbereiche, Leistungen und Produkte im Krankenhaus können dann nach dem Maßstab der Wirtschaftlichkeit beurteilt werden. Daher hat die KLR entsprechend viele Teilinformationen zur Verfügung zu stellen.

Im Rahmen interner und externer Betriebsvergleiche (Benchmarking) werden Kostentreiber aufgespürt, Abläufe optimiert und Leistungsschwerpunkte gesetzt, um die Leistungserstellungsprozesse zu optimieren und systematisch zu verbessern.

Die Leistungsfähigkeit der Krankenhäuser zeigt sich in den Primär- und Sekundärleistungen bzw. der Behandlung der Patienten und den Leistungen der Diagnostik, Therapie, Pflege und Versorgung. Sie ist gekoppelt mit der Forderung nach wirtschaftlicher Leistungserbringung und der Beschränkung auf die medizinisch notwendigen und zweckmäßigen Leistungen.

Dargestellt werden die Leistungen z. B. über die Fallpauschalen des DRG-Systems, die Pflegesätze nach der Bundespflegesatzverordnung, durch die vor- und nachstationären Entgeltformen sowie anhand der Gebührenziffern der Gebührenordnung für Ärzte (GOÄ) und des Einheitlichen Bewertungsmaßstabs (EBM) oder anderen Gebühren für Kinderbetreuung o. Ä.

10. Wie kann die Kosten- und Leistungsstruktur ermittelt werden?

Das Krankenhausfinanzierungsgesetz schreibt die Finanzierung der Investitionskosten und der Betriebskosten der Krankenhäuser über das Budget und die Pflegesätze sowie durch die Vergütung für die vor- und nachstationäre Behandlung und das ambulante Operieren zwingend vor.

Anhand der Leistungs- und Kalkulationsaufstellung (LKA) und der Aufstellung der Entgelte und Budgetermittlung (AEB) müssen die Krankenhäuser die Kosten und Leistungen für den jeweils folgenden Budgetzeitraum genau ermitteln und planen. Die LKA richtet sich dabei nach den Vorschriften der Bundespflegesatzverordnung (BpflV), während die AEB den Vorschriften des Krankenhausentgeltgesetzes (KHEntgG) folgt.

Das ermittelte bzw. geplante Budget vereinbaren die Krankenhäuser auf Landesebene anschließend mit den Verhandlungspartnern der Krankenversicherungen und -verbänden.

11. Was besagt die flexible Budgetierung?

Die Budgetierung nach §§ 3 und 4 BpflV enthält finanzielle Ausgleichsmechanismen bis 2016 und danach. Ab 2017 sind bei Mehrerlösen von bis zu 5 % sind 85 % der Erlöse und bei Mehrerlösen über 5 % sind 90 % der Erlöse von den Krankenhäusern zu erstatten. Mindererlöse werden den Krankenhäusern ab 2017 zu 50 % ausgeglichen.

Die flexible Budgetierung im Rahmen der Mehr- oder Minderleistungen führt zu finanziellen Verlusten. Daher ist es aus Sicht der Krankenhäuser erforderlich, die jeweiligen Haushaltsjahre nach Plan abzuschließen, d. h. es sollte das vereinbarte Budget erlöswirksam realisiert werden.

12. Wie werden Krankenhaus-Budgets festgelegt?

Die Höhe der Pflegesätze wird auf Grundlage der Budgets festgesetzt. Die einzelnen Krankenhäuser und die Krankenkassen handeln die Budgets aus, die in der Regel ein Jahr im Voraus festgelegt werden. Das Budget errechnet sich nach folgender Formel:

$$\text{Budget} = \frac{\text{Pflegesatz} \cdot \text{geschätzte Fallzahl} \cdot \text{geschätzte durchschnittliche Verweildauer}}{\text{geschätzte Krankenhaustage (Belegung)}}$$

13. Welchem Zweck dient die externe Budgetierung?

Das externe Budget ist der Entgeltbetrag, der einem Krankenhaus als Ergebnis der Budgetvereinbarung für eine Periode (in der Regel ein Kalenderjahr) zur Verfügung steht. Sie dient daher der Finanzierung eines Krankenhauses. Die Budgetverhandlungen und das resultierende externe Budget stehen für den wirtschaftlichen Erfolg eines Krankenhauses.

Die Aufgabe des Krankenhauscontrollings ist es, die notwendigen Informationen für die externe Budgetierung bereitzustellen, um das Management mit harten Fakten in der Budgetverhandlung mit den Krankenkassen zu unterstützen. Während des Jahres ist auf die Einhaltung des Budgets zu achten.

14. Welche Informationen werden für die Budgetverhandlungen im Krankenhaus benötigt?

Die Budgetverhandlungen werden primär auf Grundlage der Leistungsdaten eines Krankenhauses geführt. Hinzu kommt, dass für die noch nicht vereinbarten DRG-Fallpauschalen im Budget die Selbstkosten der Leistungen nachzuweisen sind. Krankenkassen verlangen von den Krankenhäusern häufig den Nachweis eines wirtschaftlichen Handelns, der mithilfe von Kostenanalysen geführt werden kann.

Bestandteil und Grundlage der Verhandlungen mit Krankenhäusern, die nach DRGs abrechnen, ist die Aufstellung der Entgelte und Budgetberechnung (AEB). Diese finden sich in den Anlagen zum Krankenhausentgeltgesetz (KHEntgG) mit folgenden Formularen:

- E1: Aufstellung der Fallpauschalen für das Krankenhaus
- E2: Aufstellung der Zusatzentgelte für das Krankenhaus
- E3: Aufstellung der nach § 6 KHEntgG krankenhausindividuell verhandelten Entgelte
- E3.1: Aufstellung der fallbezogenen Entgelte
- E3.2: Aufstellung der Zusatzentgelte
- E3.3: Aufstellung der tagesbezogenen Entgelte
- B1: Erlösbudget und Basisfallwert nach § 4 KHEntgG ab dem Kalenderjahr 2005.

Die AEB-Informationen dienen der Aufstellung der Art und Menge der Leistungen eines Krankenhauses. Sie sind zudem die Grundlage für die Ermittlung des Krankenhausbudgets.

Es hat sich gezeigt, dass das ursprüngliche gesetzliche Formular E1 für die Berechnung eines krankenhausindividuellen Preises nicht geeignet war. Der AOK-Bundesverband entwickelte deshalb ein erweitertes E1plus-Formular, mit dem ein Basisfallwert transparent errechnet werden kann.

Das Formular E1plus dient der Erfassung von Krankenhausleistungen für die Budgetverhandlungen. Es wird jährlich an den neuen Fallpauschalenkatalog angepasst und den Krankenhäusern und Krankenkassen zur Vorbereitung der Budgetverhandlungen zur Verfügung gestellt.

15. Welche Aufgaben übernimmt das Krankenhauscontrolling zwischen den Budgetverhandlungen im Rahmen der externen Budgetierung?

Das Krankenhauscontrolling überwacht die Einhaltung der Budgetvorgaben und unterstützt die Entscheidungsträger, bei der Erreichung der dem Budget zugrunde liegenden Sachziele.

Die Budgetüberwachung und Erlössteuerung erfordert den permanenten Vergleich von Kosten und Erlösen. Die Erlöse ergeben sich aus der Multiplikation des Case-Mix mit dem jeweiligen Landesbasisfallwert. Der Landesbasisfallwert ist extern vorgegeben, sodass der Case-Mix und die Kosten als Steuerungsgrößen verbleiben. Die Instrumente hierzu stellt die interne Budgetierung.

16. Welche Varianten der Kalkulationsrechnung gibt es?

- Ist-Kostenrechnung
- Normalkostenrechnung
- Plankostenrechnung
- Standardkostenrechnung.

17. Was ist Ist-Kostenrechnung?

Die Ist-Kostenrechnung erfasst und verrechnet die tatsächlich angefallenen Kosten. Hauptziel ist die Nachkalkulation, in der die erfassten Ist-Kosten der jeweiligen Abrechnungsperiode vollständig auf die Kostenträger verrechnet werden. So wird geklärt, wie viel die jeweiligen Produktionseinheiten effektiv gekostet haben. Die Nachkalkulation erfordert genaue Kalkulationssätze, die der DRG-Kalkulationsmethodik nach dem InEK-Handbuch entsprechen.

> Angefallene Kosten der Periode = Ist-Kosten der Periode

18. Was ist Normalkostenrechnung?

Die Normalkostenrechnung ersetzt die schwankenden Ist-Kosten durch Durchschnittswerte. Dabei werden den Bezugsgrößen Kosten zugerechnet, die bei normalen Verhältnissen entstehen würden.

Der Vorteil ist, dass eingetretene oder prognostizierte Veränderungen der Kostenstruktur, z. B. Lohn- und Gehaltssteigerungen, berücksichtigt werden können. Je größer die Korrekturen sind, desto mehr nähert sich die Normalkostenrechnung der Plankostenrechnung an.

> Durchschnittliche Kosten der letzten drei Perioden = Normalkosten der Periode

19. Was ist Plankostenrechnung?

Kennzeichen der Plankostenrechnung ist die differenzierte Vorausplanung der Gesamtkosten eines Unternehmens für eine bestimmte Planungsperiode nach Kostenarten, Kostenstellen und Kostenträgern.

Plankosten sind die vor Beginn einer Abrechnungsperiode auf der Grundlage der Kapazitäts- und Leistungsplanung unter Berücksichtigung des Wirtschaftlichkeitsprinzips angesetzten Kosten. Die Plankosten sind von den Prognose-, Vorgabe- und Budgetkosten abzugrenzen.

Prognosekosten sind die im Voraus geschätzten, anfallenden Kosten. Bei der aktiven Beeinflussung des künftigen Kostengeschehens werden die Plankosten zu Vorgabekosten. Der Budgetkostenansatz verfolgt die weitere Untergliederung und Dezentralisierung der Kostenvorgaben. Es existieren verschiedene Plankostenrechnungsvarianten:

- Prognosekostenrechnung
- Standardkostenrechnung
- starre und flexible Plankostenrechnung.

20. Was ist Prognosekostenrechnung?

Die Prognosekostenrechnung schätzt die für eine Planperiode zu erwartenden Ist-Kosten voraus. Das Ziel besteht darin, über die zu erwartenden Kosten einer Planperiode zu informieren. Bei Gegenüberstellung der geplanten Ist-Kosten mit den geplanten Ist-Erlösen wird die Prognose des zukünftigen Erfolgs einer Planperiode möglich. Die Prognoseerfolgsrechnung wird dann zu einem Instrument zur Planung des späteren Unternehmensprozesses auf den Führungsebenen des jeweiligen Unternehmens.

21. Was ist Standardkostenrechnung?

Besitzen die Plankosten einen Budget-, Norm-, Richt- oder Vorgabecharakter, wird diese Rechnungsform als Standardkostenrechnung bezeichnet. Die Standardkostenrechnung dient als Instrument der Mitarbeitersteuerung.

Die geplanten Kosten werden als Standard vorgegeben, an dem die Planrealisation bzw. das Mitarbeiterverhalten gemessen wird. Äußere Kosteneinflüsse durch beispielsweise Festpreise müssen ausgeschaltet werden.

22. Was sind starre und flexible Plankostenrechnung?

Die Plankostenrechnung lässt sich in die starre und die flexible Plankostenrechnung untergliedern. Beide Varianten greifen hauptsächlich auf den Beschäftigungsgrad als einzige Kosteneinflussgröße zurück. Bei der starren Plankostenrechnung werden die Plankosten für eine bestimmte Planbeschäftigung einer Planperiode konstant gehalten, unabhängig davon, ob sich wesentliche Plandaten ändern.

Der Vorteil der starren Plankostenrechnung ist, dass durch die Planung sämtlicher Kostenarten die notwendigen Voraussetzungen für die Durchführung laufender Kostenkontrollen und die mittelfristigen Aufgaben der Kostenrechnung geschaffen werden. Die Aussagefähigkeit wird jedoch eingeschränkt, da die Abhängigkeit der Kosten vom Beschäftigungsgrad nicht berücksichtigt wird.

Den Nachteil der starren Plankostenrechnung gleicht die flexible Plankostenrechnung aus, indem die Plankosten in fixe und variable Bestandteile aufgespalten werden. Die Plan-Kosten werden in Form von Soll-Kosten für die jeweilige Ist-Beschäftigung bestimmt. Dabei werden den Kostenstellen keine festen Beträge mehr vorgegeben, sondern Kostenfunktionen, die aufzeigen sollen, wie sich die Kosten einer Kostenstelle in Abhängigkeit von der Beschäftigung verhalten.

Die flexible Plankostenrechnung kann auf Teil- oder Vollkostenbasis durchgeführt werden. Hauptziel der flexiblen Plankostenrechnung ist die intensive Wirtschaftlichkeitskontrolle.

23. Wie kann eine Abweichungsanalyse in der flexiblen Plankostenrechnung durchgeführt werden?

Die Ermittlung der Plankosten erfolgt durch Divisionskalkulation.

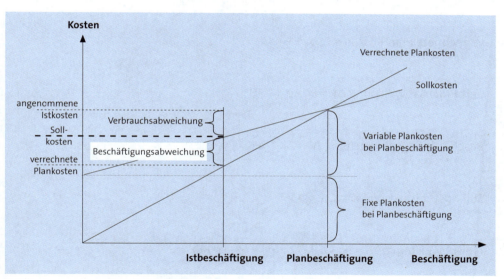

Quelle: www.kostenrechnung-info.de/flexible_plankostenrechnung.html

Die Verbrauchsabweichung wird durch die Differenz zwischen den Soll-Kosten (SK) bei Planbeschäftigung (x_p) und den Soll-Kosten bei Ist-Beschäftigung (x_i) ermittelt.

Die Beschäftigungsabweichung wird durch die Differenz zwischen Soll-Kosten bei Ist-Beschäftigung und den Plan-Kosten (PK) bei Ist-Beschäftigung ermittelt.

Verbrauchsabweichung plus Beschäftigungsabweichung ist die Gesamtabweichung.

$$\text{Plankostenverrechnungssatz PKVs} = \frac{PK}{x_p}$$

$$\text{Soll-Kosten} = \frac{PK_v \cdot x_i}{x_p} + K_{fp}$$

verrechnete Plan-Kosten = $PKV_s \cdot x_i$

Verbrauchsabweichung $\Delta x = (x_i \cdot p_p) - SK$

Beschäftigungsabweichung $\Delta b = SK_i - vPK_i$

Soll-Kostenfunktion $SK = K_f + k_v \cdot x$

Preisabweichung $\Delta p = (x_i \cdot p_p) - (x_i \cdot p_i) = (p_p - p_i) \cdot x_i$

24. Wie kann eine Kostenvergleichsrechnung durchgeführt werden?

Die Kostenvergleichsrechnung dient der Entscheidung zwischen zwei oder mehreren Objekten. Dies kann am Beispiel für die Kosten von zwei Kopierern dargestellt werden.

Beispiel

	Haulett	Myokera
AHK	10.000,00 €	8.000,00 €
AfA	7 Jahre	
Fixe Kosten (AfA)	1.428,57 €	1.142,86 €
Wartung je 100.000 Kopien	250,00 €	300,00 €
Toner je 10.000 Kopien	125,00 €	150,00 €
Variable Kosten je Kopie	0,05 €	0,05 €
Kostenfunktion $K = K_f + k_v \cdot x$	K = 1.428,27 + (250x : 100.000 + 125x : 10.000)	K = 1.142,86 + (300x : 100.000 + 150x : 10.000)
	K = 1.428,27 + (0,0025x + 0,0125x)	K = 1.142,86 + (0,003x + 0,015x)
	K = 1.428,27 + 0,015x	K = 1.142,86 + 0,018x

$$1.428,27 + 0,015x = 1.142,86 + 0,018x$$
$$1.428,27 - 1.142,86 = 0,018x - 0,015x$$
$$285,41 = 0,003x$$
$$285,41 : 0,003 = x = 95.137$$

Bei 95.137 Seiten Druckvolumen p. a. sind die Kosten beider Drucker gleich. Ab 95.138 Seiten ist der Haulett günstiger. Bei weniger als 95.136 ist der Myokera günstiger. Die Berechnung hat ihre Basis in der Break-even-Berechnung. Die Entscheidung der Beschaffung ist demnach von der richtigen Schätzung des Druckvolumens p. a. abhängig.

25. Welche vollstationären Vergütungsformen gelten im Krankenhaus?

Die allgemeinen Krankenhausleistungen werden mit Pflegesätzen oder mit DRG-Fallpauschalen abgerechnet. § 17b KHG schreibt seit 2004 vor, dass die Vergütung mithilfe eines durchgängigen, leistungsorientierten und pauschalierten Vergütungssystems zu erfolgen hat, den DRG: „Diagnosis related groups". Daneben werden vor- oder nachstationäre Leistungen nach § 115a SGB V sowie Zusatzentgelte abgerechnet.

26. Wie wird eine DRG Kalkulation durchgeführt?

Die folgende Grafik zeigt das Schema der externen DRG-Entgelt-Kalkulation gemäß InEK und den Bezug auf die einzelnen Kapitel des Kalkulationshandbuchs, Version 4:

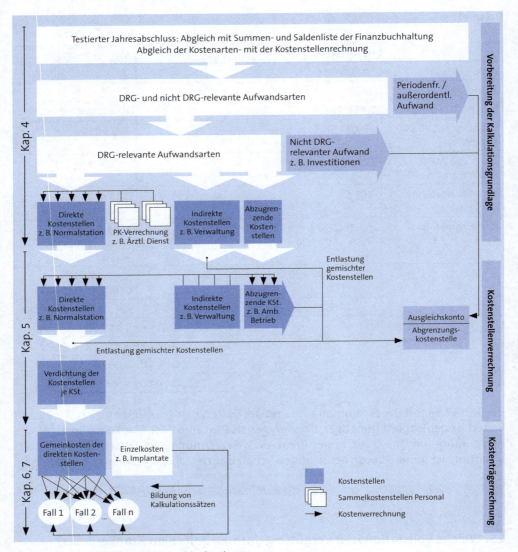

Quelle: DKG Handbuch, S. 234, Düsseldorf 10/ 2016

27. Was sind die sieben zentralen Kalkulationsschritte einer DRG?

1. Aufbereitung der für die Kalkulation benötigten Daten (fallbezogene Daten, Kostendaten, IBLV-Verrechnungsschlüssel)
2. Personalkostenverrechnung
3. Ermittlung der DRG-relevanten Leistungen
4. Ermittlung der DRG-relevanten Kosten:
5. Arbeiten im Rahmen der Kostenartenrechnung
6. Ermittlung der DRG-relevanten Kosten:
7. Arbeiten im Rahmen der Kostenstellenrechnung
8. Kostenstellenverrechnung
9. Durchführung der Kostenträgerrechnung (Einzelkosten und Gemeinkosten).

Dieses Kalkulationsschema kann intern zur Steuerung der Kosten und Nachkalkulation der Erlöse genutzt werden.

4.3.4 Leistungsrechnung durchführen

01. Wie können Leistungen erfasst werden?

Die Erfassung der betrieblichen Leistungen kann unterschiedlich erfolgen. Im Folgenden sind die Kosten- und Leistungsdaten für die Kostenträgerrechnung eines Krankenhauses dargestellt (>> siehe S. 646).

Die zu erfassenden Betriebsdaten für weitere Bereiche eines Krankenhauses können wie folgt aussehen:

Leistungen bzw. Bezugsgröße	Datenquelle	leistende Kostenstelle
Beköstigungstage	Anzahl Essen	Küche
kg Wäsche	Leistungsstatistik	Wäscherei
Belegungstage je DRG	Mitternachtsstatistik, Belegungsstatistik	Aufnahme
PPR Minuten je DRG	PPR Statistik	Pflegedienstleitung
Medikamente je DRG	Materialentnahmescheine	Zentralapotheke
Verwaltungsbedarf je Fall	Materialentnahmescheine	Verwaltung
Anzahl der Prozeduren je OPS/ICPM	OP-Dokumentation	OP
OP Minuten je DRG	OP-Dokumentation	OP Leitung
Schnitt-Naht-Zeiten	OP-Dokumentation	OP
Personal je OP	OP-Dokumentation	OP
Einleitungs-Ausleitungszeiten	Anästhesie-Protokoll	Anästhesie
Material	OP-Dokumentation	OP
Anästhesie Minuten je DRG	Anästhesie-Protokoll	OP
Punkte je DRG	Labor	Labor
Punkte je DRG	Ambulanz	Ambulanz
Punkte je DRG	Röntgen	Röntgen
Fallzahl	Verwaltungsprogramm	Patientenaufnahme

Bei der Ausgliederung der nicht kalkulationsrelevanten Aufwendungen ist wie folgt vorzugehen:

1. Anhand der Leistungsstatistik sind die Zahl aller Leistungen der Kostenstelle und die Zahl der für Dritte erbrachten Leistungen zu ermitteln.
2. Die Leistungszahlen sind ggf. mit Gewichtungsfaktoren zu gewichten.
3. Die je gewichteter Leistung anfallenden Kosten werden ermittelt.
4. Die Kosten je gewichteter Leistung werden mit der Zahl der für Dritte erbrachten Leistungen multipliziert. Das Produkt stellt den Ausgliederungsbetrag dar.

Anlage 5		Personalkosten ärztlicher Dienst (1)	Personalkosten Pflegedienst (2)	Personalkosten med.-techn. Dienst/Funktionsdienst (3)	Sachkosten Arzneimittel (4a)	Sachkosten Arzneimittel (4b)	Sachkosten Implantate/Transplantate (5)	Sachkosten übriger medizinischer Bedarf (6a)	Sachkosten übriger medizinischer Bedarf (6b)	Personal- und Sachkosten med. Infrastruktur (7)	Personal- und Sachkosten nicht med. Infrastruktur (8)
Normalstation	1	Pflegetage	PPR-Minuten	Pflegetage	PPR-Minuten	Ist-Verbrauch Einzelkostenzuordnung	nicht relevant	PPR-Minuten	Ist-Verbrauch Einzelkostenzuordnung	Pflegetage	Pflegetage
Intensivstation	2	Gewichtete Intensivstunden	Gewichtete Intensivstunden	Gewichtete Intensivstunden	Gewichtete Intensivstunden	Ist-Verbrauch Einzelkostenzuordnung	Ist-Verbrauch Einzelkostenzuordnung	Gewichtete Intensivstunden	Ist-Verbrauch Einzelkostenzuordnung	Intensivstunden	Intensivstunden
Dialyseabteilung	3	Gewichtete Dialysen	Gewichtete Dialysen	Gewichtete Dialysen	Gewichtete Dialysen	Ist-Verbrauch Einzelkostenzuordnung	nicht relevant	Gewichtete Dialysen	Ist-Verbrauch Einzelkostenzuordnung	Gewichtete Dialysen	Gewichtete Dialysen
OP-Bereich	4	Schnitt-Naht-Zeit mit GZF und Rüstzeit	nicht relevant	Schnitt-Naht-Zeit/HLM-Zeit mit GZF und Rüstzeit	Schnitt-Naht-Zeit mit Rüstzeit	Ist-Verbrauch Einzelkostenzuordnung	Ist-Verbrauch Einzelkostenzuordnung	Schnitt-Naht-Zeit mit Rüstzeit	Ist-Verbrauch Einzelkostenzuordnung	Schnitt-Naht-Zeit mit Rüstzeit	Schnitt-Naht-Zeit mit Rüstzeit
Anästhesie	5	Anästhesiologiezeit und GZF	nicht relevant	Anästhesiologiezeit	Anästhesiologiezeit	Ist-Verbrauch Einzelkostenzuordnung	nicht relevant	Anästhesiologiezeit	Ist-Verbrauch Einzelkostenzuordnung	Anästhesiologiezeit	Anästhesiologiezeit
Kreißsaal	6	Aufenthaltszeit Patientin im Kreißsaal	nicht relevant	Aufenthaltszeit Patientin im Kreißsaal	Aufenthaltszeit Patientin im Kreißsaal	Ist-Verbrauch Einzelkostenzuordnung	nicht relevant	Aufenthaltszeit Patientin im Kreißsaal	Ist-Verbrauch Einzelkostenzuordnung	Aufenthaltszeit Patientin im Kreißsaal	Aufenthaltszeit Patientin im Kreißsaal
Kardiologische Diagnostik/Therapie	7	1. Eingriffszeit / 2. Punkte lt. Leistungskatalog	1. Eingriffszeit / 2. Punkte lt. Leistungskatalog	1. Eingriffszeit / 2. Punkte lt. Leistungskatalog	1. Eingriffszeit / 2. Punkte lt. Leistungskatalog	Ist-Verbrauch Einzelkostenzuordnung	Ist-Verbrauch Einzelkostenzuordnung	1. Eingriffszeit / 2. Punkte lt. Leistungskatalog	Ist-Verbrauch Einzelkostenzuordnung	1. Eingriffszeit / 2. Punkte lt. Leistungskatalog	1. Eingriffszeit / 2. Punkte lt. Leistungskatalog
Endoskopische Diagnostik/Therapie	8	1. Eingriffszeit / 2. Punkte lt. Leistungskatalog	nicht relevant	1. Eingriffszeit / 2. Punkte lt. Leistungskatalog	1. Eingriffszeit / 2. Punkte lt. Leistungskatalog	Ist-Verbrauch Einzelkostenzuordnung	Ist-Verbrauch Einzelkostenzuordnung	1. Eingriffszeit / 2. Punkte lt. Leistungskatalog	Ist-Verbrauch Einzelkostenzuordnung	1. Eingriffszeit / 2. Punkte lt. Leistungskatalog	1. Eingriffszeit / 2. Punkte lt. Leistungskatalog
Radiologie	9	Punkte lt. Leistungskatalog	nicht relevant	Punkte lt. Leistungskatalog	Punkte lt. Leistungskatalog	Ist-Verbrauch Einzelkostenzuordnung	Ist-Verbrauch Einzelkostenzuordnung	Punkte lt. Leistungskatalog	Ist-Verbrauch Einzelkostenzuordnung	Punkte lt. Leistungskatalog	Punkte lt. Leistungskatalog
Laboratorien	10	Punkte lt. Leistungskatalog	nicht relevant	Punkte lt. Leistungskatalog	Punkte lt. Leistungskatalog	Ist-Verbrauch Einzelkostenzuordnung	Ist-Verbrauch Einzelkostenzuordnung	Punkte lt. Leistungskatalog	Ist-Verbrauch Einzelkostenzuordnung	Punkte lt. Leistungskatalog	Punkte lt. Leistungskatalog
Übrige diagnost. und therapeut. Bereiche	11	1. Eingriffszeit / 2. Punkte lt. Leistungskatalog	1. Eingriffszeit / 2. Punkte lt. Leistungskatalog	1. Eingriffszeit / 2. Punkte lt. Leistungskatalog	1. Eingriffszeit / 2. Punkte lt. Leistungskatalog	Ist-Verbrauch Einzelkostenzuordnung	Ist-Verbrauch Einzelkostenzuordnung	1. Eingriffszeit / 2. Punkte lt. Leistungskatalog		1. Eingriffszeit / 2. Punkte lt. Leistungskatalog	1. Eingriffszeit / 2. Punkte lt. Leistungskatalog

Quelle: DKG, Handbuch zur Kalkulation von Fallkosten, V4, Seite 252, Düsseldorf, 2016

02. Wie ermittelt sich das Erlösbudget eines Krankenhauses?

Die Erlösbudget der psychiatrischen und psychosomatischen Krankenhäuser nach § 3 Bundespflegesatzverordnung (BpflV) wird von 2013 bis 2018 für das Krankenhaus individuell berechnet. Es werden ein Gesamtbetrag und ein Basisentgeltwert berechnet.

Der § 3 BpflV enthält finanzielle Ausgleichsmechanismen, so werden die Mehr- oder Mindererlöse wie folgt ausgeglichen:

1. Mindererlöse werden für die Jahre 2013 bis 2016 zu 95 % und ab dem Jahr 2017 zu 50 % ausgeglichen.
2. Mehrerlöse, die infolge einer veränderten Kodierung von Diagnosen und Prozeduren entstehen, werden vollständig ausgeglichen.
3. Sonstige Mehrerlöse werden für die Jahre 2013 bis 2016 zu 65 % ausgeglichen, ab dem Jahr 2017 werden sonstige Mehrerlöse bis zur Höhe von 5 % des veränderten Gesamtbetrags nach Abs. 2 Satz 5 zu 85 % und darüber hinaus zu 90 % ausgeglichen.

Die Ausgleiche im Rahmen der Mehr- oder Minderleistungen führen ggf. zu finanziellen Verlusten. Daher ist es aus Sicht der Krankenhäuser erforderlich, die vereinbarten Mengen auf den Punkt zu treffen.

Das Budget errechnet sich nach dem Formular B1 der BpflV. Das Formular E1plus der BpflV, die Aufstellung der mit Bewertungsrelationen bewerteten Entgelte für das Krankenhaus, erfasst die vereinbarten DRG Leistungen nach Art und Menge.

03. Wie kann ein Krankenhaus seine Leistungen und Erlöse planen?

Im Rahmen der Erlösplanung eines Krankenhauses sind externe und interne Faktoren maßgeblich. Die Erlöse aus Krankenhausleistungen setzen sich aus zwei externen Faktoren zusammen: Die relevanten Größen sind der künftige Bundesbasisfallwert sowie die im Fallpauschalenkatalog hinterlegten Relativgewichte. Durch Multiplikation mit den entsprechenden Mengen an DRG errechnet sich das Erlösbudget des Krankenhauses.

Weitere Größen sind der Case-Mix (CM = Summe aller Relativgewichte aller DRG) und der Case-Mixindex (CMI = CM geteilt durch die Fallzahl). Die Relativgewichte unterliegen einer jährlichen Nachkalkulation durch das InEK, um pro DRG einen möglichst aktuellen durchschnittlichen Ressourcenaufwand ermitteln zu können.

Danach ergeben sich folgende Formeln:

$$CM = \sum_{n}^{(x=1)} \text{Relativgewicht DRG}_x$$

$$\text{Erlösbudget} = CM \cdot \text{Bundesbasisfallwert}$$

$$CMI = \frac{CM}{\text{Fallzahl}}$$

$$\text{Fallzahl} = \frac{(\text{Aufnahmen} + \text{Entlassungen})}{2}$$

Neben den externen Vorgaben beeinflussen auch interne Faktoren die Planung der Krankenhauserlöse. Die Mengen und die Struktur der DRG-Fallzahlen sind der bedeutendsten Planungsbereich. Diese wird im Formular E1 abgebildet.

Darüber hinaus beeinflussen auch die Erträge aus Wahlleistungen die Krankenhausplanerlöse. Sie sind nicht Bestandteil des vereinbarten Budgets und können neben den DRGs erlöst werden. Es gibt zwei Gruppen von Wahlleistungen: Erlöse aus wahlärztlichen sowie aus sonstigen nichtärztlichen Leistungen.

Des Weiteren erzielt das Krankenhaus Erlöse im Bereich der ambulanten Notfallversorgung und in den zugelassenen Ambulanzen.

04. Wie können Leistungen budgetiert werden?

In der folgenden Tabelle ist das Leistungsbudget der Fachabteilung Innere eines Krankenhauses der Regelversorgung mit 20 Betten, dessen Auslastung mit 93 % geplant wird, kurzgefasst dargestellt:

		Budget 2019	Budget 01 - 06	Ist 01 - 06	Abweichung	
					absolut	relativ
Fälle	Fallzahl	9.789	4.895	4.658	- 237	- 4,83%
DRG	Case-Mix	8.125	4.063	4.107	45	1,10%
	Case-Mix-Index	0,83	0,83	0,89	0,06	7,23%

Die relativen Abweichungen können in Gesprächen des Controlling mit dem Chefarzt genutzt werden, um entsprechende Maßnahmen durchzuführen z. B.:

- Fallzahlsteigerung durch Marketing
- Überprüfung der Codierung zur Verbesserung des Case-Mix.

Die Grundlage der Planung ist das externe Budget, die vereinbarte DRG-Leistung nach Formular E1 Plus.

05. Wie können Erträge und Leistungen differenziert werden?

Erlöse gemäß GuV						
betriebsneutrale Erlöse			betriebliche Erlöse			
betriebs-fremd	außerord-entlich	perioden-fremd	Umsatzerlöse	in der Fibu anders berücksichtigt		nicht in der FiBu enthalten
			Erlöse aus der gewöhnlichen Geschäftstätigkeit	Andersleistung	Zusatzleistung	
				kalkulatorische Leistungen		
			Betriebliche Leistungen			

Andersleistungen stehen Umsätze in andere Höhe gegenüber, dies sind z. B.: kostenrechnerisch und bilanziell unterschiedlich bewertete Bestandsveränderungen bei unfertigen Leistungen.

Zusatzleistungen stehen keine Umsatzerlöse gegenüber.

Beispiele

- aktivierte Eigenleistungen
- entwickelte Patente
- „vergelt's Gott-Leistungen"
- unentgeltliche Leistungen.

06. Wie können Leistungen innerbetrieblich verrechnet werden?

Die Leistungen und Kosten der Vorkostenstellen Labor, Röntgen, Küche, Hauswirtschaft etc. können mittels der Bezugsgrößen auf die Hauptkostenstellen verrechnet werden.

Vorkostenstelle	Bezugsgröße z. B.
Hauswirtschaft	m² der Kostenstelle
Küche	Normessen
Labor	DGK-NT-Punkte
Röntgen	GOÄ-Punkte

Auf Basis der Bezugsgröße und den Kosten wird ein Verrechnungssatz für jede Vorkostenstelle und ihre Leistungen gebildet.

$$\text{Verrechnungssatz} = \frac{\text{Kosten}}{\sum \text{Bezugsgröße}}$$

Dieser Verrechnungssatz kann als Plan-Kostensatz für eine prospektive oder als Ist-Kostensatz für eine retrograde Leistungsverrechnung berechnet werden.

Die Leistungsverrechnung kann einseitig einfach durchgeführt werden, wenn es nur eine abgebende und eine empfangende Kostenstelle gibt.

Sind es zwei oder mehr empfangende Kostenstellen, so werden die Leistungen der abgebenden Kostenstelle nach der Inanspruchnahme auf die „bestellenden" Kostenstellen verrechnet. Hierfür ist eine differenzierte und ggf. automatisierte Leistungserfassung nötig, welches z. B. über ein Materialwirtschaftssystem abgebildet werden kann.

Bei Vorkostenstellen, welche für mehrere Kostenstellen Leistungen erbringen und auch noch untereinander Leistungen austauschen, helfen nur mathematische bzw. automatische Methoden bei der Leistungsverrechnung.

4.3.5 Preise ermitteln

01. Was sind Kostenpreise?

Preise, die sich an den Kosten orientieren, haben einen grundlegenden Fehler: wenn das Unternehmen weiß, dass es seine Kosten immer auf die Kunden überwälzen kann, muss es sich nicht anstrengen, wirtschaftlicher zu produzieren.

Kostenpreise führen zu mangelndem Kostenbewusstsein, zu Verschwendung, zur Missachtung von Kundenwünschen und zu geringer Innovation. Wer als Betrieb seine Kosten auf die Bevölkerung in Form von Gebühren überwälzen kann, wird wenig tun, um besser oder billiger zu werden. Der Bürger zahlt sowieso immer. Dies ist z. B. bei allen Unternehmen, die keine oder sehr wenig Konkurrenz haben so, z. B. Krankenhäuser bis 1993, Behörden, Wasserwerke, Bundesbahn, Stadtwerke, früher die Bundespost.

Innovations- und Rationalisierungsdruck kommt hier nur von außen, wenn z. B. Steuereinnahmen wegbrechen oder der Haushalt eines Landes schrumpft, bzw. die Pensionslasten den Haushalt erdrücken.

Bei Kostenpreisen ist eine Kostendeckung vorgesehen. Ein Gewinn ist dann nicht geplant, $G = 0$. Gewinn kann, wie bei einer Vollkostenrechnung, nur durch eine Mengenausweitung über die kalkulierte Menge hinaus realisiert werden.

02. Was sind Marktpreise?

In einer funktionierenden Marktwirtschaft werden die Preise durch den Wettbewerb von Angebot und Nachfrage bestimmt. Es ist der Wettbewerb, der die Unternehmen auffordert, ihre Preise anzupassen. Wer seine Kosten nicht niedriger als den vom Wettbewerber gesetzten Preis hat, hat auf dem freien Markt keine Überlebenschance. Verkauft Sanitätshaus A seine Rolatoren zum Preis X, setzt es damit für alle Wettbewerber den Maßstab. Ist Sanitätshaus B teurer, wird es auf seinen Waren sitzenbleiben. Ist es billiger, werden die Kunden dort für hohe Umsätze sorgen.

Diese freie Preisgestaltung und der Markt funktionieren jedoch nur theoretisch einwandfrei, da keine vollständige Transparenz für Anbieter und Kunden herrscht.

Marktpreise enthalten entsprechende kalkulatorische Gewinne. Grundsätzlich wird ein Gewinn angestrebt.

03. Was ist ein administrierter Preis?

Gerade im Gesundheits- und Sozialwesen herrschen staatliche Preisvorgaben vor. So ist das DRG-Entgelt ein staatlich festgelegtes Entgelt. Auch die Vergütung der Krankenkassen (Kopfpauschale) an die Kassenärztliche Vereinigung (KV) und die Beiträge zur Gesetzlichen Krankenversicherung (GKV) sind administrierte Preise. Ebenso die Gebührenordnungen für Ärzte und Zahnärzte (GOÄ, GOZ) und der DKG-NT (Deutsche Krankenhausgesellschaft Normaltarif) sowie die Gebühren für z. B. Kinderbetreuung in den Kindertagesstätten. Als Beispiel können hier auch die Festpreise aus dem Arznei-, Heil- und Hilfsmittelkatalog des G-BA dienen.

Administrierte Preise können einen Leistungs- und Qualitätswettbewerb auslösen. Die Anbieter können sich nur auf der Kostenseite verbessern, da alle Leistungserbringer den gleichen Preis für eine allgemein festgelegte Leistung erhalten. Hier sind im Betrieb Prozessinnovation und Kostenreduktion bei gleicher oder besserer Qualität im Bezug zur Konkurrenz anzustreben. Eine Gewinnerzielung ist hier nur durch eine Mengenausweitung und Kostenrationalisierung möglich.

Grundsätzlich gehören zu den administrierten Preisen auch die Vergütungsvereinbarungen nach § 89 SGB XI, welche die Entgelte (Preise) für ambulante Leistungen von Pflegediensten festlegen. Ebenso zählt die Vergütung ambulanter Krankenhausleistungen nach § 120 SGB V hierzu.

04. Wie kann eine Preiskalkulation für eine Kindertagesstätte durchgeführt werden?

Die Geschäftsleitung denkt über die Einrichtung eines Betriebskindergartens für die Gesundheitszentrum GmbH nach. Der Kindergarten könnte als Personalbindungsmaßnahme auch den Mitarbeitern mit Kindern einen attraktiveren Arbeitsplatz bieten.

▶ **Kalkulationsgrundlagen**

Die Bedarfsanalyse hat einen geschätzten Bedarf von ca. 20 Kindern, von Mitarbeitern und 20 Kindern aus unserem Stadtteil ergeben (Kindergartengruppe für 3 - 7 Jahre).

Der Kindergarten (Elementargruppe) könnte in Räumen eingerichtet werden, die zurzeit nicht mehr genutzt werden: 3 Räume mit 20 m², 50 m² und 60 m². Weiterhin stehen zwei Toiletten/Bäder (2 x 15 m²) sowie ein Lagerraum mit 20 m² und eine 30 m² große Küche zur Verfügung. Um den Kindern genügend Spielraum zu geben, kann ein Gartenanteil von 500 m² genutzt werden. Diese Räume könnten auf dem freien Markt für 2.000 € kalt pro Monat vermietet werden.

Die Flächen sind nach Mindestbauverordnung für das Betreiben eines Kindergartens zulässig.

Die Räume müssten noch gestaltet und kindgerecht eingerichtet werden. Die Einrichtung ist von Montag bis Freitag, in der Zeit von 06:30 - 17:30 Uhr, an durchschnittlich 220 Tagen geöffnet. Dienstbeginn (Vorbereitung) ist 06:00 Uhr und Dienstende 18:00 Uhr (Nachbereitung).

Jeder belegte Platz wird durch die Kommune mit 868,28 € im Monat gefördert.

▶ **Personalbedarf** (VK = Vollkraft)
- 1,0 VK Kindergartenleitung
- 3,3 VK Erzieher

- 3,3 VK Sozialpädagogische Assistenten
- 1,0 VK Reinigung
- 0,2 VK Heilpädagoge

▶ **Personalvergütung** (je 1,0 VK mit 40 Std. Wochenarbeitszeit).
Bezahlung und Eingruppierung nach TVÖD Sozial- und Erziehungsdienst 2019

Kindergartenleitung	TVÖD Entgeltgruppe S 13 Erfahrungsstufe 3
Vollstellen Erzieher	TVÖD Entgeltgruppe S 8a Erfahrungsstufe 3
Soz. Päd. Assistent	TVÖD Entgeltgruppe S 3 Erfahrungsstufe 2
Reinigung	TVÖD Entgeltgruppe 2 Erfahrungsstufe 2 TVÖD VKA 2019
Heilpädagoge	TVÖD Entgeltgruppe S 9 Erfahrungsstufe 3

Der Arbeitgeberanteil an der Sozialversicherung beträgt 25 % der monatlichen Bruttogehälter.

Für Jahressonderzahlungen (Weihnachts-, Urlaubsgeld) werden 80 % der monatlichen Bruttogehälter angesetzt.

Sachkosten	in €
Telefon-Flatrate pro Monat	30,00
Reinigungsmittel je m² und Jahr	2,00
Schutzkleidung je Vollkraft und Jahr	10,00
Müllabfuhr pro Monat	338,47
Desinfektionsmittel je Kind und Jahr	10,00
Lebensmitteleinsatz Pauschale je Kind und Tag	4,50
Frischwasser 100 l pro Kind und Tag, Preis je m³	2,00
Abwasser 100 l pro Kind und Tag, Preis je m³	4,00
Betriebs- und Diensthaftpflicht für alle Mitarbeiter pro Jahr	2.000,00
Fachliteratur und Fortbildung je VK	500,00
Strom 2.000 Kw/h pro Kind und Jahr, Preis pro Kw/h	0,10
Pädagogischer Bedarf pro Kind und Monat	10,00
Bezogene Leistungen (Wartung der Heizung, Spielgeräte, Med. Geräte usw.) pro Jahr	850,00
Heizung, Kosten je m²	7,00
Sachkosten	**in €**
Verbrauchsmaterial pro Monat (Papier, Toner, Bleistift, Bürobedarf, Verwaltungsbedarf usw.)	480,00
Versicherungen (Glasbruch und Hausrat) pro Jahr	500,00
Abschreibung (AfA) für Einrichtung und Ausstattung (Stühle, Tische, Regale, Geschirr, Besteck, Schränke, Spielzeug, Kfz, PC)	4.000,00

Bei der AfA erfolgt ein durchschnittlicher Ansatz von sieben Jahren, da die Einrichtungsgegenstände im Schnitt solange halten und dann eine Ersatzbeschaffung erfolgt.

Kalkulatorische Kosten sind bei den Berechnungen nicht zu berücksichtigen.

▸ **Kalkulation:**

Sachkosten
Kinder: 40 an 220 Tagen
Mitarbeiter: 8,8 Vollkräfte
Insgesamt: 48,8 Personen und 210 m² Fläche

Lebensmittel	
5,00 € je Kind und Tag	**44.000,00 €**
WEB	
Wasser	
je Kind 100 Liter pro Tag Wäsche, Körperpflege usw.	5.280,00 €
Energie	
je Kind 2.000 kwh p. a.; Licht, Kochen, Waschen	10.400,00 €
Brennstoff	
je m² á 7 € pro Jahr; Heizung, Warmwasser	1.470,00 €
Summe	**17.150,00 €**
Pädagogisches Material	**4.800,00 €**
bezogene Leistungen	**850,00 €**
Verwaltungsbedarf	
Fachlit., Fort- und Weiterbildung	4.400,00 €
Papier, Stifte, Toner usw.	5.760,00 €
Telefon	360,00 €
Summe	**10.520,00 €**
Wirtschaftsbedarf	
Reinigungsmaterial je m² p. a. 2 €	420,00 €
Desinfektionsmaterial je Kind 10 € M p. a.	400,00 €
Schutzkleidung je VK 10 € p. a.	88,00 €
Summe	**908,00 €**
Steuer/Abgaben/Versicherung	
Betriebs-/Dienst-Haftpflicht	2.000,00 €
Glasbruch	500,00 €
Müllabfuhr; 338,47 € monatlich	4.061,64 €
Summe	**6.561,64 €**
EuA AfA-Pauschale	4.000,00 €
Summe	**88.789,64 €**

Kalkulation der Personalkosten:

Personal	Entgeltgruppe VKA	Entgelt in € pro Monat	Anzahl Monate	Brutto-entgelt p.a. je VK	Arbeitge-beranteil Sozialver-sicherung	Personal-kosten p.a. je VK	VK	Personal-kosten p.a. gesamt	durchschn. Personal-kosten pro Monat gesamt
Leitung	TVÖD S 13/3	3.771,57 €	12,80	48.276,10 €	12.069,02 €	60.345,12 €	1,0	60.345,12 €	5.028,76 €
Erzieher	TVÖD S 8a/3	3.216,36 €	12,80	41.169,41 €	10.292,35 €	51.461,76 €	3,3	169.823,81 €	14.151,98 €
SozPäd Ass.	TVÖD S 3/2	2.631,05 €	12,80	33.677,44 €	8.419,36 €	42.096,80 €	3,3	138.919,44 €	11.576,62 €
Heilpädagoge	TVÖD S 9/3	3.317,55 €	12,80	42.464,64 €	10.616,16 €	53.080,80 €	0,2	10.616,16 €	884,68 €
Reinigung	TVÖD VKA 2/2	2.316,97 €	12,80	29.657,22 €	7.414,30 €	37.071,52 €	1,0	37.071,52 €	3.089,29 €
Summe							8,8	416.776,05 €	34.731,34 €

Bei der Kalkulation ist es nicht nötig, nach Teilzeitstellen zu differenzieren. Wenn sich drei Mitarbeiter eine Vollkraftstelle teilen, so sind diese drei Köpfe rechnerisch eine Vollkraft.

- **Ermittlung der Gesamtkosten:**

Kostenart	Kosten p. a.		FK / VK
Personalkosten			
Leitung	60.345,12 €		fix
Erzieher	169.823,81 €		fix
SozPäd Ass.	138.919,44 €		fix
Heilpädagoge	10.616,16 €		fix
Raumpflege	37.071,52 €		fix
Summe	416.776,05 €	868,28 € gefördert	
Sach- und Investitionskosten			
Lebensmittel	44.000,00 €		var
WEB	17.150,00 €		var
Päd. Material	4.800,00 €		var
bezogene Leistungen	850,00 €		var
Verwaltungsbedarf	10.520,00 €		var
Wirtschaftsbedarf	908,00 €		var
Steuer / Abgaben / Vers	6.561,64 €		fix
EuA AfA-Pauschale	4.000,00 €		fix
Summe	88.789,64 €	184,98 € nicht gefördert	
Gesamtkosten	505.565,69 €		

Kalkulation der Entgelte:

Durch einfache Division der gesamten Vollkosten durch die Anzahl der Belegungsmonate (40 Kinder • 12 Monate = 480) errechnen sich die Kosten pro Kind und Monat unter Vollkosten.

Die Division der Gesamtkosten durch die Berechnungstage (220 Tage • 40 Kinder) ergibt den Tagessatz, dieser geteilt durch 12 Stunden ergibt den Stundensatz bei 12-stündiger Betreuung.

	Kosten pro Monat	Aufschlag	Preis	Förderung durch die Stadt	Anteil Eltern
Monatssatz je Kind	1.053,26 €	10 %	1.158,59 €	868,28 €	290,30 €
Berechnungstage 100 %	8800				
Tagessatz je Kind	34,63 €	10 %	38,09 €		
Stundensatz je Kind	2,89 €	10 %	3,17 €		

Der Preis wird durch den 10 %-Aufschlag auf die Kosten ermittelt.

05. Welche weiteren Informationen können mithilfe der Kalkulation gewonnen werden?

Der Geschäftsleitung können weitere Zahlen für eine bessere Entscheidungsgrundlage geliefert werden:

1. Ermitteln der Break-even-Belegung.
Die Break-even-Belegung ist bei der Menge an Kindern pro Monat, bei der der Gewinn gleich null ist. Dies wird mittels Gleichsetzung der Kosten und der Erlösfunktion errechnet.

Kosten = Erlöse, Gewinn = 0 $p =$ - €

Erlöse = Preis p • Menge x $K =$ 505.565,69 €

505.565,69 € = 1.158,59 € • 12 Mon. • X
X = 505.565,69 € : 1.158,59 € : 12 Mon.
X = 36,36   rechnerisch
X = 37   effektiv Kinder pro Monat
40 = 100 %, 37 = 93 %

Bei 37 Kindern pro Monat oder 93 % Auslastung ist die Gewinnschwelle erreicht.

2. Ermitteln des Gewinns bei Vollbelegung.
Bei Vollbelegung wird ein Gewinn in Höhe des Gewinnzuschlages von 10 % erwirtschaftet.

G = Erlöse - Kosten
G = p • X - K

G = (1.158,59 € • 12 Mon. • 40 Kinder) - 505.565,69 €
G = 505.565,69 €

Der Gewinn beträgt 48.074,24 €, wenn die Kita ganzjährig vollbelegt ist.

3. Ermitteln der variablen Kosten je Kind und Öffnungstag bei Vollbelegung.
Wenn die Fixkosten 60 % der Gesamtkosten bei Vollbelegung betragen.

Die Stückvariablenkosten, d. h. die variablen Kosten je Kind und Tag errechnen sich wie folgt:

$K = K_f + K_v$

$k_v = K_v : X$
$100\ \% = 60\ \% + 40\ \%$
$K_v = 505.565{,}69\ € \cdot 40\ \%$
$K_v = 202.226{,}28\ €$
$k_v = K_v : 40\ \text{Kinder} : 220\ \text{Öffnungstage}$
$k_v = 22{,}98\ €$ variable Kosten je Kind und Tag

Die variablen Kosten je Kind und Tag betragen 21,85 €.

4. Deckungsbeitrag bei einer Belegung von 80 %.
Da die fixen Kosten in der Planperiode unveränderlich sind, müssen diese durch den Deckungsbeitrag gedeckt werden.

$$DB = E - K_v$$
$$DB = p \cdot X - k_v \cdot X$$

$DB = 1.158{,}59\ € \cdot (40 \cdot 12 \cdot 80\ \%) - (22{,}98\ € \cdot 40 \cdot 220 \cdot 80\ \%)$
$DB = 161.781{,}02\ €$

Der Fixkosten-Deckungsbeitrag bei 80 % Belegung beträgt 161.781,02 €.

5. Ermitteln des Gewinns bei 80 % Belegung.
Da der Fixkosten-Deckungsbeitrag kleiner als die fixen Kosten ist, entsteht ein Verlust in Höhe der Differenz.

$$G = DB - K_f \quad \text{oder} \quad G = E - K$$

$DB = 161.781{,}02\ €$ bei 80 %iger Auslastung

$K_f = 505.565{,}69\ € \cdot 60\ \% = 303.339{,}41\ €$

Gewinn (Verlust) bei 80 % Belegung : - 465.120,43 €, da DB < K_f

Auf Basis dieser Kalkulation kann die Geschäftsführung unter Berücksichtigung ihrer individuellen Risikoneigung und ihrer Planung für die Zukunft eine Entscheidung für oder gegen die Einrichtung der Kita treffen.

06. Wie können die Gebühren einer Kommune für ihren Rettungsdienst kalkuliert werden?

Am Beispiel der Gebührenrechnung für die Inanspruchnahme des Rettungsdienstes für das Jahr 2018 nach der SITZUNGSVORLAGE DER STADT NETTETAL Nr. 1465/2014-20 vom 25.01.2018.

4. Steuern von betriebswirtschaftlichen Prozessen und Ressourcen | 4.3 Kosten- und Leistungsrechnung

Die prospektive Kalkulation basiert auf einer kaufmännischen Buchhaltung nach der Doppik.

Beispiel

KOSTEN UND ERLÖSE

		HHAnsatz	Abweichung HHAnsatz	Anteil KTW	Gebühren-relevant
41611009	SoPo-Auflösung aus Zuwendungen des Landes	100		15	85
Zuwendungen und allgemeine Umlagen		**100**	**0**	**15**	**85**
44010000	Ersatz Schadensfälle	5.000		742	4.258
Privatrechtliche Leistungsentgelte		**5.000**	**0**	**742**	**4.258**
44820000	Kostenerstattungen, -umlagen von Gemeinden / GV	454.665		454.665	0
44880000	Erstattung Ausbildungskosten	5.160		766	4.394
Kostenerstattungen und -umlagen		**459.825**	**0**	**455.431**	**4.394**
	Kalkulatorische Zinsen für Sonderposten		40	6	34
Gesamterlöse		**464.925**	**40**	**456.194**	**8.771**
50110000	Bezüge Beamte	9.000		1.336	7.664
50120000	Vergütungen tariflich Beschäftigte	1.623.289		240.926	1.382.363
50190000	Vergütungen sonstige Beschäftigte (Aushilfen)	50.000		7.421	42.579
50220000	Versorgungskassenbeiträge tariflich Beschäftigte	129.863		19.274	110.589
50320000	Sozialversicherungsbeiträge tariflich Beschäftigte	324.658		48.185	276.473
50390000	Sozialversicherungsbeiträge sonstige Beschäftigte	0		0	0
Personalkosten		**2.136.810**	**0**	**317.142**	**1.819.668**
52320000	Kostenerstattung Kreisleitstelle	319.000		0	319.000
52350000	Kostenerstattung Krankenhaus (Notarzt)	339.800		0	339.800
52416100	Inventarversicherung Gebäude	126		19	107
52417000	Nebenkosten NetteBetrieb	20.328		3.017	17.311
52510000	Haltung von Fahrzeugen	65.000		11.777	53.223
52550000	Unterhaltung des sonstigen beweglichen Vermögens	16.000		2.375	13.625
52810000	Sonstige Sachleistungen	53.000		7.866	45.134
52910000	Aufwendungen für sonst. Dienstleistungen	1.500		223	1.277
52912000	Dienstleistungen des NetteBetriebes	6.378		947	5.431
Sach- und Dienstleistungen		**821.132**	**0**	**26.223**	**794.909**
54121000	Aufwendungen für Fortbildungen	1.388		206	1.182
54121200	Fortbildung MA Rettungsdienst	11.500		1.707	9.793
54122000	Dienstreisekosten	837		124	713
54123000	Kosten der Dienst- und Schutzbekleidung	25.000		3.710	21.290
54220000	Mieten und Pachten (Leihfahrzeuge)	3.000		0	3.000
54220000	Mieten und Pachten (Dienstplanverfahren)	5.400		801	4.599
54221000	Mieten NetteBetrieb (RW Lobberich + Kaldenkirchen)	60.840		9.030	51.810
54290000	Sonst. Aufw. Inanspr.Rechte und Dienste	1.200		178	1.022
54310000	Geschäftsaufwendungen	3.000		445	2.555
54413000	Allgemeine Versicherungen	9.373		1.391	7.982
54413100	Kfz-Versicherungen	22.300		3.600	18.700
Sonstige Kosten		**143.838**		**21.193**	**122.645**
57116009	Abschreibungen auf Fahrzeuge	98.000		28.500	69.500
57117009	Abschreibungen auf Betriebs- und Geschäftsausstattung	7.300		1.083	6.217
57111009	Abschreibungen auf immatr. Vermögensgegenstände	950		141	809
57115009	Abschreibungen auf Maschinen und techn. Gerät	250		37	213
57118009	Abschreibungen auf geringwertige Wirtschaftsgüter	12.000		1.781	10.219
57312000	Abschreibungen auf Forderungen	18.000		0	18.000
Bilanzielle Abschreibungen		**136.500**	**0**	**31.543**	**104.957**
Kalkulatorische Zinsen			**27.900**	**7.248**	**20.652**
92000001	Gemeinkostenpauschale	320.522		47.571	272.951
96500001	Pensions- und Beihilferückstellungen	4.511		670	3.841
96500004	Beihilfezahlungen Rheinische VK	805		119	685
96500005	Unfallversicherung Unfallkasse NRW	6.178		917	5.261
96520001	IT Leistungen KRZN	6.646		986	5.659
96520002	Sachkosten Büroarbeitsplätze	17.390		2.581	14.809
Kosten der internen Leistungsverrechnung		**356.051**	**0**	**52.845**	**303.207**
Gesamtkosten		**3.594.331**	**27.900**	**456.194**	**3.166.038**

GEBÜHRENBEDARF

Gebührenrelevante Gesamtkosten	3.166.037,70 €	
Gebührenrelevante Gesamterlöse	-8.771,29 €	
Fehlbeträge aus Vorjahren	0,00 €	
Überschüsse aus Vorjahren	-54.553 €	(1/2 aus der Nachkalulation 2015)
Überschüsse aus Vorjahren	-80.648 €	(1/3 aus der Nachkalulation 2016)
Gebührenbedarf gesamt	**3.022.065,41 €**	

Der Gebührenbedarf ist auf die unterschiedlichen Einsatzfahrzeugtypen aufzuteilen.
Hierbei werden sämtliche Kosten nach Systemstunden (gem. Anlage, Tabelle Nr. 2) verrechnet.
Zuvor sind jedoch die Kosten für den Notarzteinsatz sowie die Desinfektion in Abzug zu bringen.

1. Bedarf Notarzt-Einsätze

Kostenerstattung Krankenhaus
inkl. Versicherung   **339.800,00 €**

2. Bedarf Notarzteinsatzfahrzeug (NEF) und Rettungstransportwagen (RTW)

	NEF	RTW	∑
Personalkosten	363.933,58 €	1.455.734,30 €	1.819.667,88 €
Fahrzeugkosten	14.384,60 €	57.538,40 €	71.923,00 €
Kreisleitstelle	63.800,00 €	255.200,00 €	319.000,00 €
Medizinisches Verbrauchsmaterial	9.026,76 €	36.107,06 €	45.133,82 €
Übrige Sach- und Dienstleistungen	75.510,46 €	302.041,85 €	377.552,31 €
Sonstige Kosten	20.788,93 €	83.155,74 €	103.944,67 €
Bilanzielle Abschreibungen	20.991,48 €	83.965,94 €	104.957,42 €
Kalkulatorische Zinsen	4.130,35 €	16.521,41 €	20.651,76 €
Kosten int. Leistungsverrechnung	60.641,37 €	242.565,47 €	303.206,84 €
Gebührenrelevante Gesamtkosten	**633.207,53 €**	**2.532.830,17 €**	**3.166.037,70 €**
Gebührenrelevante Gesamterlöse	-1.754,26 €	-7.017,03 €	-8.771,29 €
Fehlbeträge/ Überschüsse aus Vorjahren	-27.040,20 €	-108.160,80 €	-135.201,00 €
Gebührenbedarf gesamt	**604.413,07 €**	**2.417.652,34 €**	**3.022.065,41 €**
Bedarf Einsatz Notarzt	-67.960,00 €	-271.840,00 €	-339.800,00 €
Gebührenbedarf NEF/RTW	**536.453,07 €**	**2.145.812,34 €**	**2.682.265,41 €**

GEBÜHRENERMITTLUNG

Auf Grundlage der duchschnittlichen Einsätze (vgl. Anlage 4) ermitteln sich die Gebühren für die Inanspruchnahme des Rettungsdienstes wie folgt:

Tarifart	Bedarf	Fahrtaufkommen			Gebühr
		Gesamt	Nicht abrechenbare Einsätze	abrechenbare Einsätze	
Einsatz Notarzt (NA)	339.800,00 €	1.615	64	1.551	219,08 €
Notarzteinsatzfahrzeug (NEF)	536.453,07 €	1.615	64	1.551	345,88 €
Rettungstransportwagen (RTW)	2.145.812,34 €	5.028	246	4.782	448,73 €
Gesamt:	3.022.065,41 €				

GEBÜHRENEINNAHMEN

Einsatzanlass	Gebührenschuldner	Aufkommen	Einnahmen
Brandeinsatzbegleitfahrten RTW	Feuerwehr	56	25.128,88 €
Brandeinsatzbegleitfahrten NEF, NA	Feuerwehr	8	4.519,68 €
			29.648,56 €
Todesfeststellung RTW	Hinterbliebene	65	29.167,45 €
Dispofehler RTW	Träger	32	14.359,36 €
Dispofehler NEF, NA	Träger	17	9.604,32 €
			23.963,68 €
Böswillige Alarmierung RTW	Verursacher	3	1.346,19 €
Böswillige Alarmierung NEF, NA	Verursacher	0	0,00 €
			1.346,19 €
Abrechenbare Einsätze RTW	Patient	4.626	2.075.824,98 €
Abrechenbare Einsätze NEF	Patient	1.526	527.812,88 €
Abrechenbare Einsätze Notarzt	Patient	1.526	334.316,08 €
			2.937.953,94 €

ZUSCHUSS / ÜBERSCHUSS

Gebührenbedarf	3.022.065,41 €
Gebühreneinnahmen	-2.968.467,58 €
Trägeranteil und Brandschutz	-53.612,24 €
Zuschussbedarf	**-14,41 €**

Die Abweichung ist auf Rundungen zurückzuführen.

07. Wie wird das Entgelt für eine DRG-Fallpauschale berechnet?

Angenommen der krankenhausspezifische Basisfallwert beträgt 3.350 € und es wird die DRG-Fallpauschale C06Z mit dem Relativgewicht 0,875 abgerechnet. (Siehe hierzu den Auszug aus dem Fallpauschalenkatalog 2019.)

DRG	Partition	Bezeichnung	Bewertungsrelation bei Hauptabteilung
1	2	3	4
C06Z	O	Komplexe Eingriffe bei Glaukom	0,875

Das DRG-Entgelt für diese Leistung des Krankenhauses wird wie folgt berechnet:

> Preis der DRG-Fallpauschale in Euro =
> Bewertungsrelation der DRG in Punkten • Basisfallwert in Euro

Für dieses Beispiel:

Abrechenbares Entgelt: 3.350 € = 0,875 Punkte • 2.931,25 €

Dies gilt nur, solange die VD > UGVD und < OGVD ist.

08. Was ist der Bundesbasisfallwert?

Die Selbstverwaltungspartner auf Bundesebene vereinbaren jährlich den Bundesbasisfallwert (BBFW). Unter Berücksichtigung der Veränderungsrate der Grundlohnsumme werden für den Bundesbasisfallwert und die obere und untere Korridorgrenze für die Angleichung der Landesbasisfallwerte an den Bundesbasisfallwert jährlich neu errechnet:

Mit der Berechnung des BBFW und des Basisfallwertkorridors ist das Institut für das Entgeltsystem im Krankenhaus (InEK) beauftragt.

Grundlage der Berechnung sind die bis zum 31. Juli eines jeden Jahres von der jeweiligen Landeskrankenhausgesellschaft zur Verfügung gestellten Ergebnisparameter des aktuell gültigen Landesbasisfallwerts. Diese Parameter sind:

- der Landesbasisfallwert
- das Ausgabenvolumen
- die Summe der effektiven Bewertungsrelationen.

Das Berechnungsergebnis bietet die Basis für die Vereinbarung auf Bundesebene, wobei das Vereinbarungsergebnis wiederum um die maßgebliche Veränderungsrate nach § 71 SGB V (Grundlohnsumme) zu erhöhen ist.

Die Basisfallwerte bilden die Grundlage für die Vergütung der Krankenhausleistungen.

09. Was sind die kurzfristigen und langfristigen Preisuntergrenzen (PUG)?

Alles Wirtschaften im Betrieb dient der Überlebenssicherung und der Gewinnerzielung. Ist ein Unternehmen gezwungen, seine Preise zu senken, um den Absatz zu fördern, gibt es zum einen eine kurzfristige Preisuntergrenze, bei der dem Unternehmen Verluste in der Höhe der fixen Kosten entstehen. Dies kommt kostenrechnerisch einer Betriebsstillegung gleich. Der Preis wäre dann gleich den variablen Stückkosten.

> kurzfristige PUG : $p = k_v$

Die kurzfristige PUG führt jedoch langfristig in die Insolvenz, da sich die Verluste anhäufen. Für einzelne Produkte kann dies jedoch eine Entscheidung sein, wenn diese für die gesamte Produktpalette von Nutzen oder eine Pflichtleistung sind.

Bei der langfristigen Preisuntergrenze entspricht der Preis den Stückkosten. Das Unternehmen erzielt also keinen Gewinn.

> langfristige PUG : $p = k$

Wenn das Unternehmen über längere Zeit jedoch keine Gewinne realisiert, lebt es von der Substanz, es verdient seine Abschreibungen nicht und kann nicht investieren.

Grundsätzlich sollte über alle Produkte hinweg im gesamten Unternehmen ein positiver Gesamtdeckungsbeitrag erwirtschaftet werden.

Aus betriebswirtschaftlicher Sicht sollte ein Unternehmen ein Produkt von Markt nehmen, wenn dessen Deckungsbeitrag negativ ist.

10. Welches Kalkulationsverfahren findet im Handel Anwendung?

Im Handel, z. B. in Sanitätshäusern oder bei Pharmahändlern, wird in erster Linie das Zuschlagsverfahren angewendet. Ausgangsbasis ist der Listeneinkaufspreis der Ware. Abzuziehen sind Rabatte und Skonti, hinzuzurechnen sind die Bezugskosten, wie Verpackung, Fracht und Rollgelder.

Die Handelskalkulation kann auf drei Wegen genutzt werden:

Als erstes die Vorwärtskalkulation (= progressive Kalkulation). Diese geht vom Listeneinkaufspreis aus und ermittelt den Netto- bzw. Bruttoverkaufspreis, der den Kunden in Rechnung gestellt werden soll.

Zweitens die Rückwärtskalkulation (= retrograde Kalkulation). Diese errechnet vom gegebenen Verkaufspreis (= Marktpreis) aus und stellt fest, zu welchem Preis die Ware eingekauft werden muss, um die gewünschten Gewinne bzw. Bruttoverkaufspreise zu erzielen.

Drittens die Differenzkalkulation. Diese geht von einem gegebenen Verkaufspreis (= Marktpreis) und einem gegebenen Listeneinkaufspreis aus und ermittelt in einer Gegenrechnung, welcher Gewinn unter den geplanten Bedingungen noch zu realisieren ist.

Für die Handelskalkulation gilt folgendes Schema:

			Vorwärts-kalkulation	Rückwärts-kalkulation	Differenz-kalkulation
	Listeneinkaufspreis (netto)	▲ LEP		▲	
-	Lieferer-Rabatt (in % vom LEP)				
=	Zieleinkaufspreis	▲ ZEP			
-	Lieferer-Rabatt (in % vom ZEP)				
=	Bareinkaufspreis	BEP			
+	Bezugskosten (netto)	▲			
=	Bezugspreis (Einstandspreis)	BP			
+	Handlungskosten (in % vom BP)				
=	Selbstkostenpreis	▲ SKP		▼	
+	Gewinn (in % vom SKP)				☐
=	Barverkaufspreis	BVP			▲
+	Kundenskonto (in % vom ZVP)				
=	Zielverkaufspreis	▼ ZVP			
+	Kunden-Rabatt (in % vom NettoVP)				
=	Nettoverkaufspreis	▼▲ NettoVP			
+	Umsatzsteuer (in % vom NettoVP)				
=	Bruttoverkaufspreis	BruttoVP	▼		

11. Welches Kalkulationsverfahren kann in der Produktion angewandt werden?

Bei produzierenden Unternehmen des Gesundheits- und Sozialwesens kann die Zuschlagskalkulation eingesetzt werden. Hierfür werden die Gemeinkosten nach Bereichen getrennt erfasst und durch Zuschlagssätze in der Kostenkalkulation verrechnet. Gemeinkosten sind immer solche Kosten, die nicht nur für eine Produktart entstehen.

Im Labor wären Reinigungsmittel Materialgemeinkosten für die Defektur oder Rezeptur.

Die Abschreibungen für die Pillenpresse wären Fertigungsgemeinkosten für Defektur oder Rezeptur. Die PTA, die nur die Pillenproduktion tätigt, zählt auch zu den Fertigungsgemeinkosten.

Bereich	Gemeinkosten	Zuschlagsbasis
Produktion/ Fertigung	Materialgemeinkosten (MGK)	Materialeinzelkosten (MEK)
	Fertigungsgemeinkosten (FGK)	Fertigungseinzelkosten (FEK)
Verwaltung	Verwaltungsgemeinkosten (VwGK)	Herstellkosten des Umsatzes (HKU)
Vertrieb	Vertriebsgemeinkosten (VtGK)	

Die Zuschlagssätze werden nun folgendermaßen ermittelt:

Materialgemeinkostenzuschlag

$$MKGZ = \frac{MGK}{MEK} \cdot 100$$

Fertigungsgemeinkostenzuschlag

$$FKGZ = \frac{FGK}{FEK} \cdot 100$$

Verwaltungsgemeinkostenzuschlag

$$VwKGZ = \frac{VwGK}{HKU} \cdot 100$$

Vertriebsgemeinkostenzuschlag

$$VtGKZ = \frac{VtGK}{HKU} \cdot 100$$

Gemein-kostenarten	Zahlen der Buchhaltung in €	Verteilungs-schlüssel	Kostenstellen			
			I	II	III	IV
			Material	Fertigung	Ver-waltung	Vertrieb
Hilfsstoffe	18.398	Materialent-nahmescheine	1.850	16.350	0	198
Hilfslöhne	41.730	Lohnlisten	14.150	26.580	520	480
AfA	63.460	Anlagendatei	6.210	43.450	6.380	7.420
...	...	...	...	...	...	...
usw.	...	...	...	...	...	...
Summe	245.396	aufgeschlüsselt:	23.903	142.700	60.610	18.183
			MGK	FGK	VwGK	VtGK
		Zuschlags-grundlage:	MEK	FEK	HKU	HKU
			217.300	170.000	363.660	363.660
		Zuschlagssätze:	11,00 %	83,94 %	16,67 %	5,00 %

	MEK	217.300
+	MGK	23.903
+	FEK	170.000
+	FGK	142.700
-	BV	- 190.243
=	HKU	**363.660**

Dabei gilt für die Ermittlung der Herstellkosten des Umsatzes und der Preiskalkulation folgendes Schema:

```
   Materialeinzelkosten (MEK)
 + Materialgemeinkostenzuschlag (MEK • MEKZ)
 = Materialkosten (MK)
 + Fertigungseinzelkosten (FEK)
 + Fertigungsgemeinkosten (FEK • FEKZ)
 = Fertigungskosten (FK)
 = Herstellkosten der Erzeugung (HKE = MK+ FK)
 - Bestandsveränderungen (+ Minderbestand/- Mehrbestand)
 = Herstellkosten des Umsatzes (HKU)
 + Verwaltungsgemeinkosten (HKU • VwKZ)
 + Vertriebsgemeinkosten (HKU • VwKZ)
 = Selbstkosten (SK)
 + Gewinnaufschlag (GA = SK • GA in % (von Hundert))
 = Barverkaufspreis
 + Vertreterprovision (VP, absolut oder als % -Aufschlag)
 + Skonto (in Hundert vom ZVP)
 = Zielverkaufspreis (ZVP) (100 % Basis für Skonto, Rückwärtsrechnung!)
 + Rabatt (in Hundert! vom LVP)
 = Listenverkaufspreis (LVP) (100 % Basis für Rabatt, Rückwärtsrechnung!)
 + Umsatzsteuer (UST = LVP • USt in % (von Hundert!)
 = Bruttoverkaufspreis
```

Sind keine Bestandsveränderungen zu berücksichtigen – sind also alle in der Periode hergestellten Erzeugnisse verkauft worden – so gilt: HKE = HKU.

Beispiel

Ermittlung der Zuschlagssätze

Ermittlung der Zuschlagssätze					
Zahlen der KLR	Material	Fertigung	Verwaltung	Vertrieb	
Gemeinkosten	23.903	142.700	60.610	18.183	
Einzelkosten	217.300	170.000	-	-	
Herstellkosten der Erzeugung					553.903
Bestandsveränderungen					-190.243
Herstellkosten d. Umsatzes					363.660
Zuschlagsbasis	217.300	170.000	363.660	363.660	
Zuschlagssätze	23.903 : 217.300 • 100 **11,00 %**	142.700 : 170.000 • 100 **83,94 %**	60.610 : 363.660 • 100 **16,67 %**	18.183 : 363.660 • 100 **5,00 %**	

12. Was sind Preisminderungen?

Bei den Preisen des Handels und der Produktion sind Rabatte, Skonti und Boni einkalkuliert.

- **Rabatt** ist eine Preisminderung, die z. B. aufgrund von Mengen, Jahreszeiten (Schlussverkauf) oder persönlichen Gründen gewährt wird.
- **Naturalrabatt** ist eine Besonderheit. Wenn ein Krankenhaus z. B. 1.000 Infusionslösungen pro Auftrag bestellt, werden 50 Infusionslösungen also natural 5 % Rabatt dazugelegt. Hierdurch vermindert sich rechnerisch der Einkaufspreis pro Stück.
- **Skonto** oder Barzahlungsrabatt wird gewährt, wenn der Kunde seine Verbindlichkeiten (Rechnung) vor der Fälligkeit ausgleicht. Die Skonto-Bedingung kann z. B. „Zahlung innerhalb von 10 Tagen mit 2 % Skonto, sonst netto innerhalb von 30 Tagen" sein.

Der Kunde hat nun zu entscheiden, ob er innerhalb von 10 Tagen, also 20 Tage vor Fälligkeit, oder innerhalb von 30 Tagen zahlt. Die 2 % Skonto für 20 Tage (30 Tage - 10 Tage) entsprechen auf Jahressicht einer Verzinsung von 36,5 % p. a. Der Skonto-Abzug lohnt für den Kunden immer, solange die Zinsen für den Dispositionskredit nicht höher als die Skontozinsen p. a. sind und die Forderungen und Verbindlichkeiten regelmäßig für Liquidität sorgen.

▶ **Bonus** wird Kunden in der Regel bei der Abnahme von bestimmten Jahresmengen gewährt. Beispiel: 10 % Bonus, wenn eine Menge von 1.000 Stück p. a. überschritten wird.

Allen Anschaffungspreisminderungen ist gemein, dass sie von den zu aktivierenden Anschaffungs- und Herstellungskosten gem. § 255 HGB abgesetzt werden müssen.

13. Wie wird Skonto gebucht?

Die Anschaffungspreisminderung durch Skonto wird erst bei der Zahlung der Verbindlichkeiten realisiert. Daher sind entsprechende Buchungen vorzunehmen.

Beispiel

Verkauf von 10 Rollatoren durch ein Sanitätshaus für 600 € zzgl. USt. am 01.06.2017 an ein Krankenhaus. Zahlung am 10.06.2017 mit 3 % Skonto.

Buchungen Rechnungseingang bei nicht vorsteuerabzugsberechtigtem Krankenhaus am 01.06.2017:

Medizingeräte 714 €	an	Verbindlichkeiten 714 €

Buchung Zahlung am 10.06.2017 mit Skonto:

Verbindlichkeiten 714 €	an	Bank 692,58 € und Skontoertrag 21,42 €

Die 21,42 € Skontoertrag beinhalten einerseits eine Minderung der AHK für die Waren und anderseits eine Minderung der Vorsteuer, beides muss bei vorsteuerabzugsberechtigten Unternehmen ausgeglichen werden:

Buchung Ausgleich des Skontoertrags

Skontoertrag 21,42 €	an	Waren 18 € und Vorsteuer 3,42 €

Die Vorsteuerkorrektur gilt nur für umsatzsteuerpflichtige Betriebe, also z. B. nicht für die nach der Abgabenordnung befreiten Krankenhäuser (gem. § 67 AO) oder Pflegeeinrichtungen (gem. § 66 AO).

14. Wann sind Rechnungen/Geldschulden zu zahlen?

Generell gem. § 286 Abs. 3 BGB gilt: „Der Schuldner einer Entgeltforderung kommt spätestens in Verzug, wenn er nicht innerhalb von 30 Tagen nach Fälligkeit und Zugang einer Rechnung oder gleichwertigen Zahlungsaufstellung leistet...".

Es ist grundsätzlich keine Mahnung mehr notwendig, wenn die Fälligkeit nach dem Kalender bestimmt ist. 30 Tage nach Fälligkeit können sofort Verzugszinsen nach § 288 BGB gefordert werden.

Im Allgemeinen hat sich die kaufmännische Gepflogenheit erhalten, Mahnungen zu verschicken und so langfristige Geschäftsbeziehungen zu pflegen.

15. Wie können Stundensätze für einen ambulanten Pflegedienst nach dem Pflegeneuausrichtungsgesetz (PNG) kalkuliert werden?

Basis für die Kalkulation nach *Siessegger* ist die Ermittlung der Einsatzzeiten bzw. C-Zeiten für eine Pflegekraft. Diese werden aus den Daten des Vorjahres ermittelt.

A ist die Bruttojahresarbeitszeit auf Basis einer Vollkraft mit 40 Wochenstunden in 49,5 Wochen (52 Wochen zu 5 Tagen abzgl. Wochenfeiertage) gleich 1.980 Stunden p. a.

B wird berechnet in dem von der Bruttozeit die Abwesenheit aufgrund von Krankheit und Urlaub abgezogen wird, dies ist die NJAZ (Nettojahresarbeitszeit) von 1.548 Stunden je Vollkraft p. a.

C ist die Zeit, die die Pflegekräfte für die Kunden brutto aufwenden können. Werden die Koordinations- und Organisationszeiten für Planung und Dokumentation abgezogen, so bleiben 1.468 Stunden als Einsatzzeit.

D ist das Zeitkontingent, das durchschnittlich je Pflegekraft für die tatsächliche Pflege am Kunden aufgewendet werden kann. Dies wird ermittelt, indem von der C-Zeit noch die Fahr- und Wegezeiten abgesetzt werden, so bleiben als Nettopflegezeit 947 Stunden oder 61 % der NJAZ.

Zusammensetzung der Jahresarbeitsstunden
in einem ambulanten Pflegedienst
Beispielzahlen, pro Jahr

		Differenzierung nach Qualifikationen			
		Examinierte Pflege-fachkräfte	Pflege-fachkräfte	sonstige Mitarbeiter	Mischkalkulation
A	= Normale vereinbarte (Jahres-)Arbeitszeit	19.694 Std.	6.372 Std.	3.131 Std.	29.197 Std.
	- Urlaub und Krankheit	3.939 Std.	1.274 Std.	626 Std.	5.839 Std.
B	= Anwesenheitszeit	15.755 Std.	5.098 Std.	2.505 Std.	23.358 Std.
	- Koordinations- und Organisationszeiten	1.260 Std.	306 Std.	150 Std.	1.717 Std.
C	= Einsatzzeit	14.495 Std.	4.792 Std.	2.355 Std.	21.641 Std.
	- Fahrtzeiten bzw. Wegezeiten	6.617 Std.	714 Std.	351 Std.	7.682 Std.
D	= Reine Nettopflegezeit für die Kunden	7.878 Std.	4.078 Std.	2.004 Std.	13.960 Std.

Umrechnung auf eine Vollzeitstelle
(mit den Stunden der Mischkalkulation)
ausgehend von 1.980 Std. pro Jahr

A	= Normale vereinbarte (Jahres-)Arbeitszeit	1.980 Std.
	- Urlaub und Krankheit	396 Std.
B	= Anwesenheitszeit	1.584 Std.
	- Koordinations- und Organisationszeiten	116 Std.
C	= Einsatzzeit	1.468 Std.
	- Fahrtzeiten bzw. Wegezeiten	521 Std.
D	= Reine Nettopflegezeit für die Kunden	947 Std.

Quelle: Siesegger, Version 4 vom 04.11.2012

Die C-Zeit wird nun für weitere Kalkulationen verwendet, wenn den Kunden die Fahr- und Wegezeiten nicht extra in Rechnung gestellt werden, also ohne Hausbesuchspauschale.

Overheadkosten sind jene Gemeinkosten, die nicht direkt der Pflege zugeordnet werden können also z. B. Kosten der Geschäftsführung, Werbung und Repräsentation, Personal- und Rechnungswesen, IT-Infrastruktur.

Kalkulationsmodell für alle Einsatzstunden (C)
= Grundlage für Vergütungsverhandlungen zur Berechnung der Preise für neue Stundensätze (ohne Hausbesuchspauschale)
differenziert für verschiedene Mitarbeitergruppen

Pos.	Kostenpositionen	Kalkulation der Kosten in Euro	Einsatzstunden (= Pflegezeit + Fahrtzeit) in Std.	Kosten je Einsatz-Stunde in Euro/Std.
1.	**Personalkosten der Mitarbeiter in der Pflege**			
1.1.	Examinierte Pflegefachkräfte (mit mind. 3-jähriger Ausbildung)	434.844 €	14.495 Std.	30,00 €
1.2.	Pflegekräfte (mit mind. 1-jähriger Ausbildung)	95.835 €	4.792 Std.	20,00 €
1.3.	Sonstige Mitarbeiter (in Pflege und/oder Hauswirtschaft)	40.027 €	2.355 Std.	17,00 €
1.4.				
1.5.				
1.6.	Summe der Personalkosten Pflege (1.1. bis 1.5.)	570.705 €	21.641 Std.	26,37 €
2.	**Overhead-Kosten für die Leitung und Verwaltung des Pflegedienstes**			
2.1.	Personalkosten Leitung des Pflegedienstes	67.087 €	21.641 Std.	3,10 €
2.2.	Personalkosten Regie (Verwaltung, Geschäftsführung usw.)	84.400 €	21.641 Std.	3,90 €
2.3.	Summe der gesamten Regie- und Verwaltungskosten (2.1. bis 2.2.)	151.487 €	21.641 Std.	7,00 €
3.	**Overhead-Sachkosten**			
3.1.	... andere Sachkosten ohne Investitionen (gem. § 82 Abs. 2 SGB XI)	56.267 €	21.641 Std.	2,60 €
3.2.	... Investitionskosten (gem. § 82 Abs. 2 SGB XI, aber für alle Leistungsbereiche)	116.862 €	21.641 Std.	5,40 €
3.3.	Summe der gesamten Sachkosten (3.1. bis 3.2.)	173.128 €	21.641 Std.	8,00 €
3.4.	**Addition eines gewünschten Zuschlags** ... als kalkulatorischer Gewinn, kalkulatorische Zinsen, kalkulatorische Miete, usw.			
	Kalkulatorische „Kosten"/Gewinn	43.282 €	21.641 Std.	2,00 €
4.	**Ermittlung indirekter Kostenanteile für Overhead und kalkulatorische Kosten** Gesamtzuschlag zu den Kosten in der Pflege (= 2.2. + 3.3. + 3.4.)			
	„Overhead"kosten	367.898 €	21.641 Std.	17,00 €
5.	**Ermittlung der Gesamtkosten** ... nicht relevant für die Ermittlung differenzierter Kosten (= 1.5. + 2.3. + 3.3. + 3.4.)			
		938.603 €	21.641 Std.	43,37 €

Quelle: *Siesegger, Version 4 vom 04.11.2012*

Die Investitionskosten werden im Rahmen der dualen Finanzierung der Pflegeversicherung nicht über die Pflegesätze bzw. Stundensätze nach dem PNG finanziert. Die Investitionskosten nach § 82 Abs. 2 SGB XI müssen gesondert ausgewiesen und finanziert werden. Sie gehören nicht in die Stundensätze! Selbstzahler zahlen sie jedoch über Pflegesätze für private Leistungen nach SGB V oder SGB XII.

Berechnung der Stundensätze
Daraus ergeben sich folgende Berechnungen: Die Kosten einer **Einsatz-Stunde (C)**

	PNG ↓	
	für Leistungen im SGB XI, z. B. **Stundensätze** im Rahmen der neuen Kalkulation zum PNG	für Privatzahler, SGB V und SGB XII
a) für Examinierte Pflegefachkräfte (mit mind. 3-jähriger Ausbildung)		
= Pflegepersonalkosten	30,00 €	30,00 €
+ Overhead-Personalkosten	7,00 €	7,00 €
+ Sachkosten ohne Investitionskostenanteil	2,60 €	2,60 €
+ Investitionskosten gem. § 82 Abs. 2 SGB XI	XXXXXX	5,40 €
+ „kalkulatorische" Kosten	2,00 €	2,00 €
= Gesamtkosten pro Einsatz-Stunde (C)	**41,60 €**	**47,00 €**
b) für Pflegekräfte (mit mind. 1-jähriger Ausbildung)		
= Pflegepersonalkosten	20,00 €	20,00 €
+ Overhead-Personalkosten	7,00 €	7,00 €
+ Sachkosten ohne Investitionskostenanteil	2,60 €	2,60 €
+ Investitionskosten gem. § 82 Abs. 2 SGB XI	XXXXXX	5,40 €
+ „kalkulatorische" Kosten	2,00 €	2,00 €
= Gesamtkosten pro Einsatz-Stunde (C)	**31,60 €**	**37,00 €**
c) für Sonstige Mitarbeiter (in Pflege und/oder Hauswirtschaft)		
= Pflegepersonalkosten	17,00 €	17,00 €
+ Overhead-Personalkosten	7,00 €	7,00 €
+ Sachkosten ohne Investitionskostenanteil	2,60 €	2,60 €
+ Investitionskosten gem. § 82 Abs. 2 SGB XI	XXXXXX	5,40 €
+ „kalkulatorische" Kosten	2,00 €	2,00 €
= Gesamtkosten pro Einsatz-Stunde (C)	**28,60 €**	**34,00 €**
###		
f) Kosten im Durchschnitt		
= Pflegepersonalkosten	26,37 €	26,37 €
+ Overhead-Personalkosten	7,00 €	7,00 €
+ Sachkosten ohne Investitionskostenanteil	2,60 €	2,60 €
+ Investitionskosten gem. § 82 Abs. 2 SGB XI	XXXXXX	5,40 €
+ „kalkulatorische" Kosten	2,00 €	2,00 €
= Gesamtkosten pro Einsatz-Stunde (C)	**37,97 €**	**43,37 €**

Quelle: *Siesegger, Version 4 vom 04.11.2012*

Anmerkung: Rautezeichen in der Tabelle bedeuten Auslassung d) und e).

Die Durchschnittskosten für eine Einsatzstunde von 37,97 € sind der Festpreis für eine Einsatzstunde, der in der Pflegesatzverhandlung festgelegt werden sollte. Das bedeutet, für eine Einsatzminute sind dies 37,97 € durch 60 Minuten gleich 62,28 Cent die Minute.

Dauerte ein Hausbesuch im Durchschnitt des letzten Kalkulationszeitraums 8,2 Minuten, so wird für die Hausbesuchspauschale ein Preis von 8,5 Minuten mal 62,28 Cent gleich 5,29 € ermittelt. Dies ist sowohl ein Festpreis als auch eine Preisuntergrenze.

4.4 Einsatz von Controllinginstrumenten

4.4.1 Controlling als ein Managementinstrument einordnen

01. Was ist Controlling?

Der Begriff Controlling stammt aus dem Angloamerikanischen („to control" = steuern) und bedeutet so viel wie „Unternehmenssteuerung". Controlling ist also weitgehender als der deutsche Begriff Kontrolle. Zum Controlling gehört, über all das zu informieren, was zur Zielerreichung und Steuerung des Unternehmens wesentlich ist.

Controlling wird heute als Prozess begriffen: Unternehmenssteuerung ist nur dann möglich, wenn klare Ziele existieren. Zielfestlegungen sind nur dann sinnvoll, wenn Abweichungsanalysen (Soll-Ist-Vergleiche) erfolgen. Die aus der Kontrolle ggf. resultierenden Abweichungen müssen die Grundlage für entsprechende Korrekturmaßnahmen sein.

Die Aufgaben des Controlling sind im Wesentlichen:

- Sicherstellung von Planung, Information und Kontrolle der Ziele
- Koordination der Führungssysteme
- Aufbau- und Ablauforganisation der Führungssysteme
- Sicherstellung der Datenerfassung.

Controlling als Instrument der Unternehmenssteuerung ist damit ein Regelkreis mit den untereinander vernetzten Elementen der Planung, Durchführung, Kontrolle und Steuerung. Dies entspricht folgendem PDCA Zyklus:

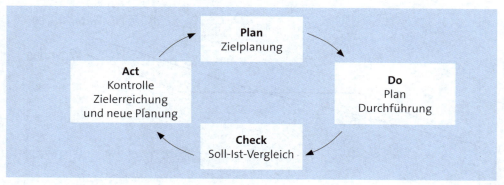

Grundmuster des Controlling

02. Welche Entscheidungsunterstützung kann das Krankenhauscontrolling geben?

Betriebswirtschaftlich optimal ist eine Verweildauer bis zu einem Zeitpunkt, an dem die Differenz aus Kosten und Erlösen maximal ist. Um eine Aussage über die Verweildauer treffen zu können, ist die Kenntnis der individuellen Plankostenkurven eines Krankenhauses bezüglich einer relevanten DRG notwendig.

Zu ihrer Berechnung muss das Krankenhauscontrolling die Kostenstruktur und die Reagibilität auf Auslastungsschwankungen kennen. Die Kostenstruktur zeigt das Verhältnis von fixen und variablen Kosten, während die Reagibilität den Kostenverlauf kennzeichnet.

Die folgende Abbildung zeigt beispielhaft die Plankosten des InEK und eines fiktiven Krankenhauses. Die Strecke A – A zeigt die Verweildauer, an dem das Krankenhaus den größtmöglichen Gewinn unter Berücksichtigung der individuellen Plankosten erwirtschaftet. Die Strecke B – B markiert die Verweildauer, an dem der größtmögliche Gewinn unter Berücksichtigung der Plankostenkurve des InEK erwirtschaftet wird.

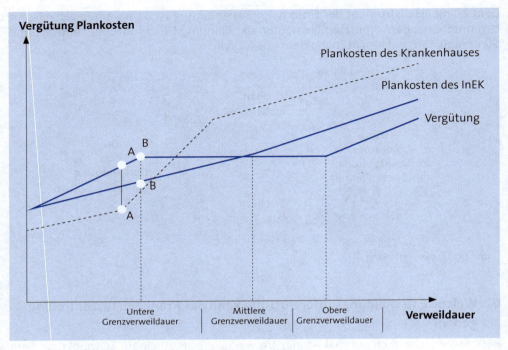

Vergütung und Plankosten in Abhängigkeit von der Verweildauer

Es ist unwahrscheinlich, dass bei jeder DRG eine Fallzahl vorhanden ist, die mehrheitlich über dem Break-even-Point (Schnittpunkt der Kurve der Vergütung und der Plankostenkurve des InEK) liegt. In der Realität werden die Fallzahlen sowohl in der Gewinnzone als auch im Verlustbereich liegen. Die verlustbringenden DRGs erhalten dabei Subventionen von den gewinnbringenden DRGs. Es kommt darauf an, dass am Ende über alle DRG ein Deckungsbeitrag entsteht, der zu einem Betriebsgewinn führt.

03. Wie kann Controlling organisiert werden?

In kleineren Unternehmen mit Einlinienorganisation wird das Controlling im Allgemeinen als Stabsstelle integriert.

Größere Unternehmen organisieren das Controlling innerhalb des Rechnungswesens als Sachgebiet oder Hauptsachgebiet.

Große Unternehmen bilden eine eigene Abteilung für das Controlling, welche direkt der Geschäftsführung berichtet.

Sind Unternehmen nach Sparten oder in Matrixorganisation aufgebaut, so werden meist auf allen Ebenen Controllingbereiche integriert.

04. Was ist der Unterschied von Management und Controlling?

Das Controlling ist im engeren Sinne ein Ergebnis, welches durch Zusammenarbeit zwischen dem Controller und dem Manager passiert. Das Controlling liefert Informationen und Entscheidungsvorlagen ohne für deren Umsetzung operativ verantwortlich zu sein. Das Management entscheidet sich für die Handlungsalternativen und setzt die Ziele, deren Erreichung durch das Controlling sichergestellt werden soll.

Die folgende Grafik erklärt dieses Zusammenwirken:

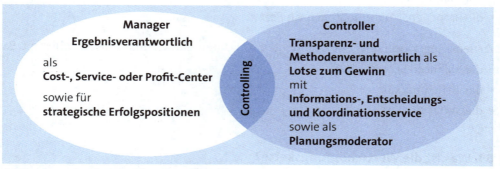

Quelle: *Internationaler Controller Verein e. V., 2004*

Der Controller möchte das Unternehmen auf den richtigen Weg zu Wachstum, Entwicklung und Gewinn bringen.

4.4.2 Strategische Controllinginstrumente berücksichtigen

01. Was sind die Aufgaben und Grundlagen des strategischen Controlling?

Die langfristige und nachhaltige Sicherung der Existenz des Unternehmens in der Zukunft sowie die Erschließung von zukünftigen Erfolgspotenzialen unter Einbeziehung der Umwelt auf der Basis qualitativer Informationen in einem offenen Zeithorizont und bei ungenauer Problemstellung.

02. Welche Instrumente kann das strategische Controlling einsetzen?

Das strategische Controlling stützt sich auf die Unternehmensanalyse, die Umfeldanalyse und integrative Analyse von Unternehmen und Umfeld.

Zur den Instrumenten der Unternehmensanalyse, zur Ermittlung der Stärken und Schwächen des Unternehmens zählen z. B.:

- die Wertschöpfungskettenanalyse
- das Boston-Portfolio
- das McKinsey-Portfolio

- die Ansoff-Matrix
- der Produktlebenszyklus
- die Erfahrungskurve
- die Bilanzanalyse.

Zu den Instrumenten der Umfeldanalyse, um Markt und Wettbewerb des Unternehmens zu analysieren, gehören z. B.:
- die Marktanalyse
- die Branchenstrukturanalyse nach *Porter*.

Zu den integrativen Analyseinstrumenten von Unternehmen und Umwelt gehören z. B.:
- die Balanced Scorecard
- das Benchmarking
- die SWOT-Analyse.

03. Was ist die Wertschöpfungskette?

Porter geht davon aus, dass die Wertschöpfung durch die Gesamtheit der betrieblichen Unternehmensfunktionen geschaffen wird, sodass eine Analyse aller Aktivitäten in einem Unternehmen notwendig ist. Es werden dabei primäre und unterstützende Aktivitäten unterschieden.

Die Aktivitäten sind die Summe aller anfallenden Tätigkeiten, sodass eine prozessorientierte Betrachtung erfolgen muss. Die Wertschöpfungskette ist eine grob strukturierte Darstellung des Unternehmens. Wertschöpfend sind die Prozesse im Unternehmen, die einen Mehrwert schaffen. Ein Mehrwert entsteht durch die Kombination der Fähigkeiten des Personals und der materiellen Ressourcen. Die Differenz zwischen den Kosten der Aktivitäten und den erzielbaren Marktpreisen ergibt die Gewinnspanne.

Die Wertschöpfungsketten im Gesundheits- und Sozialwesen werden im Sinn einer Industrie 4.0 immer weiter mit den Lieferanten und Leistungsempfängern bzw. Kostenträgern verknüpft werden:
- **Vernetzung** durch unternehmensübergreifende Kommunikation und Information, z. B. durch Gesundheitskarte, automatisierte Bestellung von Produkten, Abrechnung, Notruf und RTW-Einsatz
- **Digitalisierung** durch Einsatz von Scannern, GPS, Barcodes und RFID, z. B. bei Implantaten und Medizinprodukten und Medikamenten, Zeiterfassungssysteme in Pflegezimmern, Wegstreckensteuerung in der ambulanten Pflege, Nutzung der Desinfektionsmittelspender im Krankenkenhaus, Verbrauchsmessung, elektronische Patienten- und Behandlungs-Akten, elektronische Buchführung

- **Informationssammlung** durch den Einsatz von Sensoren, z. B. in Pflegebetten: Gewicht, Temperatur, Feuchtigkeit, Lageänderung, Zeiten aufstehen und hinlegen oder Sensormatten vor dem Bett, im OP zur Narkosebemessung
- **Strukturierte Analyse** der Daten im Sinne von BigData, z. B. Vital-Daten und Sensordaten auswerten, Vorhersagen von eintretenden Risiken, Vorhersage von Verbräuchen, Nutzung der Händedesinfektion nach Anzahl und Personalart und deren zeitliche Korrelation mit nosokomialen Infektionen, digitale Personaleinsatzplanung.

Somit wird der Geld- und Güterstrom in der Wertschöpfungskette durch einen gleichzeitigen Strom von Information und Daten ergänzt, welcher eine zeitnähere Steuerung zulässt.

04. Wozu dient die Analyse der Wertschöpfungskette im Gesundheitswesen?

Die Analyse der Wertkette soll zur Identifikation von Wettbewerbsvorteilen führen. Die Wettbewerbsvorteile sind für ein Gesundheitsunternehmen insbesondere dann nachhaltig, wenn der wahrgenommene Patientennutzen kontinuierlich erhöht wird.

Daher kann die Wertschöpfungskette die Quellen des Patientennutzens anzeigen, die direkt von den Marketingaktivitäten abhängen. Das Marketing hat die Aufgabe, die Faktoren des medizinischen Leistungserstellungsprozesses herauszufinden, die den wahrgenommenen Patientennutzen steigern.

Der größte Nutzen für die Patienten besteht in der Heilung und Genesung, aber daneben existieren weitere Einflussfaktoren, wie beispielsweise exklusive Serviceleistungen oder das Ambiente einer Klinik.

05. Wie kann die Wertschöpfungskette eines Krankenhauses bzw. einer Kindertagesstätte aussehen?

Die Wertschöpfungskette von Porter muss den spezifischen Anforderungen eines Gesundheitsbetriebes angepasst werden. Die Darstellungen zeigen die Wertketten eines Krankenhauses und einer Kindertagesstätte.

Im Krankenhaus richten sich die primären Prozesse nach dem medizinischen Behandlungsverlauf der Patienten, dem Clinical Pathway. Die weiteren Prozesse haben unterstützenden Charakter.

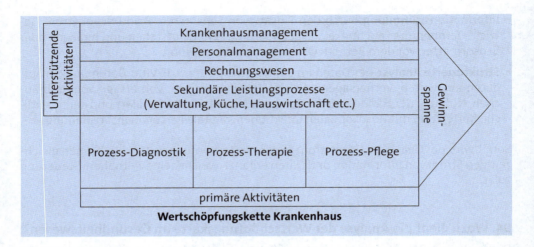

Wertschöpfungskette Krankenhaus

In der Kindertagesstätte stehen z. B. die Betreuung, die Förderung und die Kommunikation mit den Stakeholdern im Fokus der Leistungserbringung. Die unterstützenden Prozesse sind vergleichbar mit denen im Krankenhaus.

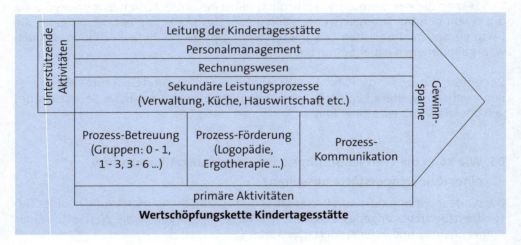

Wertschöpfungskette Kindertagesstätte

06. Wie unterstützt die BCG-Matrix das Controlling strategischer Einheiten und von Produkten?

Die BCG (Boston Consulting Group)-Matrix ist eine Marktwachstum-Marktanteil-Matrix die strategische Geschäftseinheiten oder auch Produkte in ein Koordinatensystem setzt.

Dabei muss beachtet werden, dass die BCG-Matrix die Ansätze der „Erfahrungskurve" und des „Produktlebenszyklus" in ihrem Konzept vereinigt.

- Auf der Y-Achse wird das Marktwachstum (MW) des relevanten Marktes in Prozent abgetragen – mit der Skalierung „niedrig/hoch". Ein Wert von 10 % und mehr wird als „hoch" angesehen.
- Die X-Achse erfasst den relativen Marktanteil (RMA) der Strategischen Geschäftseinheiten (SGEs) im Verhältnis zum größten Wettbewerber – mit der Skalierung „hoch/niedrig".

$$\text{relativer Marktanteil} = \frac{\text{eigener Marktanteil}}{\text{Umsatz der SGE des stärksten Mitbewerbers}}$$

Es entsteht so eine Vier-Felder-Matrix, die vier Typen von SGEs ausweist: Milchkühe, Fragezeichen, Stars und Arme Hunde oder aus dem Englischen: Cashcows, Question Marks, Stars und Poor Dogs (>> vgl. Abb. auf Seite 670).

Beachten Sie, dass in der Literatur die Achsen sowie die Skalierung zum Teil in unterschiedlicher Anordnung dargestellt werden, sodass sich daraus eine veränderte Positionierung der SGE-Typen ergibt. Die Angaben zum Marktwachstum und Marktanteil sind Ist-Werte der Vergangenheit oder Plan-Werte für die Zukunft.

Auf der Basis einer sorgfältigen Analyse werden die SGEs des Unternehmens in der Vier-Felder-Matrix positioniert; dabei symbolisiert die Größe des Kreises den Umsatz oder Deckungsbeitrag der betreffenden SGE und zeigt ihre Bedeutung für das Unternehmen. In der nachfolgenden Grafik sind sechs SGEs beispielhaft dargestellt.

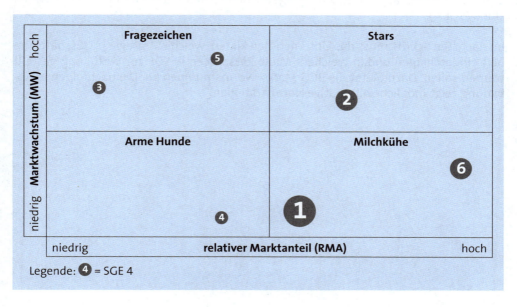

Aus den Erkenntnissen der Erfahrungskurve sowie der Stückkostendegression und den Phasen des Produktlebenszyklusses können für den Aufwand, Ertrag, Cashflow und Deckungsbeitrag je Feld im Portfolio folgende grobe Aussagen abgeleitet werden:

Marktwachstum (MW)	Fragezeichen Ertrag gering Aufwand hoch Cashflow negativ DB niedrig	Stars Ertrag hoch Aufwand hoch Cashflow positiv DB hoch
	Arme Hunde Ertrag gering Aufwand gering Cashflow niedrig DB 0 oder negativ	Milchkühe Ertrag sehr hoch Aufwand geringer Cashflow hoch DB sehr hoch
	niedrig relativer Marktanteil (RMA) hoch	

(MW: niedrig ↔ hoch)

Nachdem das Unternehmen aufgrund sorgfältiger Analyse seine SGEs in der Vier-Felder-Matrix positioniert hat, ist zu untersuchen, ob das Portfolio ausgeglichen ist. Im vorliegenden Fall kann das bejaht werden: Das Unternehmen hat zwei Milchkühe (SGE 1 und 6), einen Star (SGE 2), zwei Fragezeichen (SGE 3 und 5) und nur einen armen Hund (SGE 4).

Im nächsten Schritt muss das Unternehmen klären, welche Strategie je Geschäftseinheit eingeschlagen und in welchem Maße Ressourcen je SGE zur Verfügung gestellt werden sollen. Dazu bietet die BCG-Matrix Normstrategien an. Die nachfolgende Abbildung zeigt mögliche alternative Normstrategien:

MERKE

(Produkte und SGE ist hier synonym zu verstehen.)

Fragezeichen (Question Marks)	Sterne (Stars)
SGE 3, 4	SGE 2
Selektionsstrategie	**Investitionsstrategie**
Hop oder Top Erfolgsversprechende Produkte zu Stars ausbauen Nicht erfolgsversprechende Produkte eliminieren	Stars zu Cashcows ausbauen Wettbewerbsvorteile ausbauen
Arme Hunde (Poor Dogs)	Milchkühe (Cashcows)
SGE 5	SGE 1, 6
Desinvestitionsstrategie	**Abschöpfungsstrategie**
Keine weitere Investition Kapazitäten umwidmen Bei Stückdeckungsbeitrag ($db = p - k_v$) kleiner 0 eliminieren	Sicherung der Marktposition Neue Produkte finanzieren Solange $p > k$

07. Welche Probleme sind mit den Normstrategien der BCG-Matrix verbunden?

Bei der Erstellung einer BCG-Matrix sind insbesondere die folgenden Aspekte zu berücksichtigen:

- Es wird nur die grobe Richtung der Normstrategien empfohlen. Zudem wird nur festgelegt, in welche strategischen Einheiten die finanziellen Mittel fließen, nicht jedoch in welche Strukturelemente und Prozesse.

- Es wird empfohlen, strategische Einheiten zu erhalten, die einen hohen Cashflow bzw. Deckungsbeitrag erwirtschaften und solche abzubauen, die nicht rentabel sind. Öffentliche Versorgungsaufträge können einem entsprechenden Vorgehen entgegenstehen, sodass „Poor Dogs" nicht abgebaut werden dürfen.

- Eine Abgrenzung zwischen medizinischen Fachgebieten und strategischen Einheiten ist wegen der bestehenden Interdependenzen oftmals nicht möglich, da z. B. Abhängigkeiten zwischen der Orthopädie und Pädiatrie bzw. der Inneren Medizin und der Herzchirurgie bestehen. Die Zusammenhänge generieren Synergien, sodass der Abbau einzelner Einheiten die Wachstumspotenziale schrumpfen lässt.

- Ressourcenorientierte Ausgangspunkte werden nicht berücksichtigt, weil Fähigkeiten, Kompetenzen und Kapazitäten nicht im Zusammenhang analysiert werden.
- Es werden zeitliche Effekte nicht berücksichtigt und es werden ausschließlich vergangenheitsorientierte Informationen betrachtet. Die dynamische Entwicklung der Märkte hat aber eine hohe Bedeutung.
- Das Portfoliodenken befördert Egoismen, die von einzelnen Ressorts und Abteilungen geprägt werden, sodass ein effizientes Prozessmanagement erschwert wird.
- Die Logik der BCG-Matrix unterstellt, dass strategische Einheiten, die einen hohen relativen Marktanteil mit einem hohen Marktwachstum verbinden, regelmäßig eine hohe Profitabilität aufweisen, die einen hohen Cashflow generieren und andere Einheiten damit subventionieren können.
- Dieser Zusammenhang ist nicht zwingend gegeben, zumal die Stückkosten bei zunehmendem Marktanteil nicht fallen, sodass strategische Einheiten mit hohem Marktanteil unprofitabel sein können. Beispielsweise könnte dieser Zusammenhang für Abteilungen gelten, die insbesondere ältere Menschen pflegen. Hinzu kommt, dass die Erstattungen der Kostenträger oftmals nicht kostendeckend sind, sodass aus einer Positionierung mit einem hohen Marktanteil finanzielle Probleme entstehen und die Aussagen der BCG-Matrix keine Gültigkeit mehr besitzen.
- Das DRG-System bedingt konstante Preise unabhängig von Auftragsvolumen und Kosten. Daher profitieren die angebotenen Leistungen nicht von einem hohen Marktanteil, weil die Fixkostendegression infolge des höheren Auftragsvolumens rückläufig sind und die mengeninduzierten Skaleneffekte zurückgehen. Zudem werden DRGs bei besonders risikoreichen Patienten keine Kostendeckung erzielen, sodass Poor Dogs subventioniert werden müssen.

08. Was ist Benchmarking?

Benchmarking ist ein kontinuierlicher und systematischer Vergleich der eigenen Effizienz in Produktivität, Qualität und Prozessablauf mit den Unternehmen und Organisationen, die Spitzenleistungen repräsentieren (Konkurrenten und Nicht-Konkurrenten).

09. Welche Formen des Benchmarking gibt es?

- Internes Benchmarking ist vor allem zum Einstieg empfohlen, da hierbei Befürchtungen vor dem Instrument genommen werden. Es werden damit meist innerbetriebliche Prozesse in Konzernen analysiert und optimiert.
- Beim externen/wettbewerbsorientierten Benchmarking werden die internen Prozesse, Produkte und Beziehungen mit denen von gleichartigen Wettbewerbern verglichen.
- Funktionales Benchmarking: Hier wird der Vergleich mit einem Benchmarking-Partner durchgeführt, der auf einem anderen Sektor als das eigene Unternehmen tätig ist (Beispiel: ein Krankenhaus vergleicht seine Patientenaufnahme mit der Rezeption eines Hotels).
- Beim System-Benchmarking wird ein Vergleich über das gesamte Unternehmen hinweg durchgeführt.

10. In welchen Phasen wird der Benchmarking-Prozess durchgeführt?

1.	Für Benchmarking entscheiden
2.	Gegenstände des Benchmarking bestimmen: betrieblicher Funktionsbereich mit seinen „Produkten" (physische Produkte, Aufträge, Berichte)
3.	Beurteilungsgrößen festlegen: Prozesse, qualitative oder quantitative Kennzahlen/Indikatoren
4.	Vergleichsunternehmen festlegen: Konkurrenten und Nicht-Konkurrenten
5.	Informationsquellen bestimmen: Primär- (z. B. Betriebsbesichtigungen) oder Sekundärinformationen (z. B. Jahresabschluss, Tagungsbände, externe Datenbanken)
6.	Datenmaterial sichten und analysieren
7.	Leistungslücken erkennen: Kosten- und Qualitätsunterschiede in Bezug auf das Vergleichsunternehmen
8.	Leistungslücken analysieren
9.	Maßnahmen auswählen und festlegen
10.	Maßnahmen umsetzen
11.	Maßnahmenerfolg kontrollieren

11. Was ist Inhalt der Ansoff-Matrix?

Die Ansoff- oder Produkt-Markt-Matrix betrachtet vier mögliche Produkt-Markt-Kombinationen und gibt darauf aufbauend für jeden Quadranten eine Strategie vor:

	bestehende Produkte	neue Produkte
bestehende Märkte	Marktdurchdringung	Produktentwicklung
neue Märkte	Marktentwicklung	Diversifikation

- **Strategie der Markt-Durchdringung:** Das Unternehmen will in einem bestehenden Markt mit bestehenden Produkten wachsen. Dies kann nur durch die Erhöhung des Absatzes bei bestehenden Kunden oder neuen Kunden durch geeignete Maßnahmen geschehen. Da bestehende Ressourcen und Kompetenzen genutzt werden, birgt diese Strategie ein geringes Risiko. Probleme liegen in der Marktbegrenzung.
- **Strategie der Produkt-Entwicklung:** Hier will das Unternehmen, mit neuen Produkten (Innovationen) oder durch die Entwicklung zusätzlicher Produktvarianten den Umsatz und Marktanteil erhöhen. Dies ist für Unternehmen vorteilhaft, wenn deren Stärken sich auf einen spezifischen Kundenkreis beziehen und nicht auf spezifische Produkte. Die Entwicklung von neuen Produkten und neuen Kompetenzen ist risikoreicher als die Markt-Durchdringung.
- **Strategie der Markt-Entwicklung:** Das Unternehmen versucht, Absatzmärkte für bereits bestehende Produkte durch Erschließung neuer Marktsegmente oder neuer geografischer Regionen (regional, national, international) zu vergrößern. Diese Strategie ist für Unternehmen, die ihre Kompetenzen und Ressourcen auf ein spezifisches Produkt ausgerichtet haben, empfehlenswert. Das Risiko dieser Strategie ist durch die Entwicklung neuer Märkte in unbekannten Regionen höher.
- **Strategie der Diversifikation:** Die Produkt-Markt-Diversifikation ist die risikoreichste der vier betrachteten Wachstumsstrategien. Sie erfordert die Entwicklung neuer Produkte in neuen Märkten. Der Return on Investment kann höher als bei den anderen Strategien sein. Der Einstieg in einen neuen Markt mit neuen Produkten kann zur Reduktion des allgemeinen Geschäftsrisikos durch die Entwicklung neuer Standbeine dienen.

Probleme der Ansoff-Strategien entstehen in schrumpfenden Märkten, außerdem werden die Stärken und Schwächen des Unternehmens und der Wettbewerbssituation nicht berücksichtigt.

12. Welche Aussagen enthält das Konzept des Produktlebenszyklus?

Die Lebensdauer vieler Produkte lässt sich grundsätzlich in fünf aufeinander folgende Phasen unterteilen:

0. Entwicklungsphase:
Vor der Einführung liegt die Phase der Produktentwicklung. In dieser Phase der Forschung und Entwicklung kann es immer noch sein, das das Produkt den „frühen Tod" stirbt und gar nicht zur Einführung kommt. Hier entstehen ggf. nur Kosten, denen keine zukünftigen Erlöse gegenüberstehen.

1. Einführungsphase:
Das Produkt wird am Markt eingeführt und muss mit geeigneten Strategien gefördert werden. Strategie: Werbung, PR, Verkaufsförderung, Sponsoring, Preistaktik usw., damit das Produkt bekannt wird und der Kunde kauft.

2. Wachstumsphase:
Nach erfolgreicher Markteinführung steigt der Umsatz überproportional und der Gewinn hat steigende Tendenz. Strategie: Preis- und Konditionenpolitik gewinnen an Bedeutung, um sich von „Nachahmern" zu differenzieren.

3. Reifephase:
Das Produkt hat sich am Markt etabliert. Die Reifephase sollte möglichst lange andauern, da sie sehr profitabel ist. Strategien: der Erhaltung und Produktdiversifikation, Relaunch.

4. Sättigungsphase:
Die Marktnachfrage ist weitgehend befriedigt. Der Umsatz stagniert und ist ggf. rückläufig; die Gewinnsituation reduziert sich.

5. Degeneration:
Der Umsatz geht deutlich zurück. Ab einem bestimmten Zeitpunkt erwirtschaftet das Unternehmen Verlust. Strategie: Das Produkt erst vom Markt nehmen, wenn der Deckungsbeitrag negativ wird oder der Absatz unter den Break-even-Point sinkt.

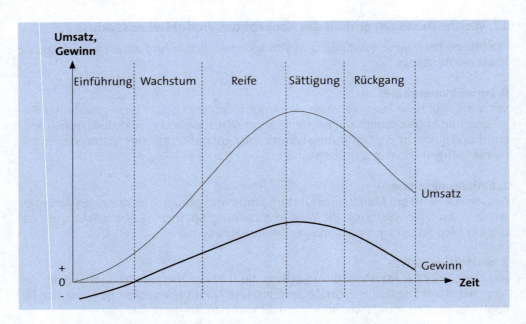

Phasen des Produktlebenszyklus und seine Merkmale					
	Einführung	Wachstum	Reife	Sättigung	Rückgang
Umsatz	gering, steigend	schnell ansteigend	schwach steigend bis konstant; Spitzenabsatz		rückläufig
Gewinn	negativ	steigend	hoch, konstant, dann fallend		stark rückläufig
Preispolitik	kunden-/nutzenorientiert	Differenzierung, Service	konstanter Marktpreis; ggf. leicht unterhalb der Konkurrenz		Preissenkung bis -verfall
Wettbewerber	keine bis wenige	Zunahme der Wettbewerber	konstant bis rückläufig		rückläufig
Werbung	bei Absatzmittlern bekannt machen	beim Verbraucher bekannt machen	Produktunterschiede/-vorteile herausstellen		Erhaltungswerbung bis rückläufig

13. Was ist die Erfahrungskurve?

Das Konzept der Erfahrungskurve basiert auf dem Prinzip: „Je öfter ich etwas getan habe, desto einfacher bzw. günstiger wird es in der Zukunft." Betriebswirtschaftlich geht man davon aus, dass mit der Verdoppelung der kumulierten Ausbringungsmenge die Kosten um 20 - 30 % sinken. Im Folgenden ein Beispiel bei einer Lernkurve von 80 %.

Periode	Menge je Periode	kumulierte Menge	Kosten je Stück
1	15	15	1.000,00 €
2	15	**30**	**800,00 €**
3	15	45	702,10 €
4	15	**60**	**640,00 €**
5	15	75	595,64 €
6	15	90	561,68 €
7	15	105	534,49 €
8	15	**120**	**512,00 €**
9	15	135	492,95 €
10	15	150	476,51 €

Die Kostenreduktion ermittelt sich nach einer Exponentialfunktion wie folgt:

$$K_n = K_0 \cdot n^{((\ln\% - \text{Lernrate}) : \ln 2)}$$

als Beispiel für das zweite Jahr:
$K_2 = 1000 \cdot 2 \wedge (\ln 0{,}8 : \ln 2) = 811{,}67$
$K_2 = 1000 \cdot 2 \wedge (-0{,}22314 : 0{,}69314)$
$K_2 = 1000 \cdot 2 \wedge -0{,}32193$
$K_2 = 1000 \cdot 0{,}8$
$K_2 = 800$

ln = natürlicher Logarithmus

Grafisch sieht die Lernkurve der Kosten für das o. g. Beispiel wie folgt aus:

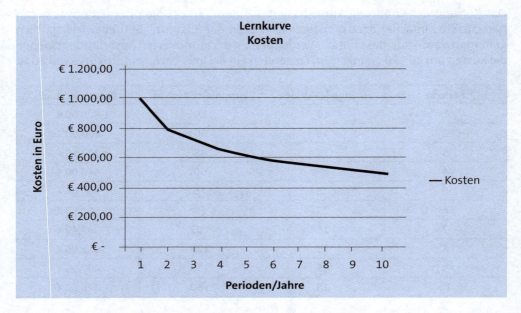

Dies wären dann z. B. der zu erwartende Kosten- oder auch Zeitverlauf, wenn eine DRG von einem OP-Team oder eine Beratungsleistung von einer Person wie z. B. Elterngespräch der Kita regelmäßig durchgeführt wird.

14. Wie ist die Wettbewerbsvorteil-Marktattraktivitäts-Matrix (Strategic Business Planning Grid, SBPG bzw. McKinsey-Portfolio) aufgebaut?

Die Matrix wird in neun Felder eingeteilt. Auf x- und y-Achse werden die Dimensionen relativer Wettbewerbsvorteil und Marktattraktivität abgetragen. In den neun sich ergebenden Sektoren, die in stark, mittel und schwach differenziert sind, werden die strategischen Geschäftseinheiten in verschiedene Positionen eingetragen, aus denen sich neun Gruppen des Portfolios mit unterschiedlichen Normstrategien ableiten.

Die resultierenden Normstrategien sind in der Grafik abgebildet. Die Neun-Felder-Matrix verdichtet interne und externe Daten. Aus den Bewertungskriterien wählt das Management diejenigen aus, die es für die individuelle Erstellung des Portfolio als wichtig erachtet.

Die **Marktattraktivität** kann sich aus den folgenden Kriterien zusammensetzen:
- Der Patienten- bzw. Versicherten-Mix spiegelt das Verhältnis von gesetzlich zu privat versicherten Patienten und Selbstzahlern wider und übernimmt einen wichtigen Part bei der Marktattraktivität.
- Der Grad der Deregulierung des Marktes gibt Hinweise zur Attraktivität. Grundsätzlich ist ein wenig regulierter Gesundheitsmarkt attraktiver als ein regulierter Markt.

- Die Wettbewerbsintensität setzt sich aus den Faktoren Rivalitätsgrad, Markteintritt potenzieller Wettbewerber, Kundenmacht, Zulieferermacht, Einweisermacht sowie der Macht der Krankenkassen und Medien zusammen.
- Die Marktgröße und das Marktwachstum haben eine hohe Bedeutung, zumal größere Märkte mit größerem Wachstum deutlich attraktiver sind als kleine und langsam wachsende Märkte.
- Der Marktlebenszyklus und die Marktstabilität werden häufig berücksichtigt, weil nichtzyklische und stabile Märkte leichter bearbeitet werden können, wobei solche Märkte allerdings viele Konkurrenten anziehen.
- Die Skalen- und Erfahrungskurveneffekte bewirken sinkende Stückkosten bei steigenden Fallzahlen. Daher sind diejenigen Märkte attraktiver, in denen der Faktor Arbeit eine untergeordnete Rolle übernimmt.

Die **Wettbewerbsvorteile** können sich aus den folgenden Kriterien zusammensetzen:

- Die relative Qualität gibt Auskunft über die Potenzial- und Strukturqualität im Vergleich zu den Wettbewerbern. Die Ausgestaltung findet sich in der technisch-medizinischen Ausstattung, in den Räumlichkeiten und deren Ambiente, im medizinischen Personal und den Hygienestandards wieder. Aus einem höheren Quotienten ergibt sich ein Wettbewerbsvorteil.
- Die Positionierung und das Image generieren einen Wettbewerbsvorteil, wenn zwischen beiden eine große Übereinstimmung besteht. Beispielsweise besitzt ein negatives Image eine hohe Bedeutung für eine hoch spezialisierte Abteilung, sodass die negativen Auswirkungen in den medizinischen Bereich reichen.
- Das Effizienzniveau verdeutlicht, dass prozessorientierte strategische Einheiten einen größeren Wettbewerbsvorteil besitzen als beispielsweise funktional ausgerichtete Einheiten.
- Die Markterfahrung führt aufgrund besserer Kenntnis der Zielgruppen gegenüber den Wettbewerbern zu einem deutlichen Wettbewerbsvorteil.

Marktattraktivität		Relative Wettbewerbsvorteile		
		niedrig	mittel	hoch
	hoch	Offensiv/Expansion	Wachstum durch Investition	Investition und Wachstum verteidigen
	mittel	Begrenzte Expansion/ Abschöpfen	?	Wachstum durch Gewinn
	gering	Desinvestition	Abschöpfen/Abwarten	Defensiv/Verlagern

Mit dem Marktanteils-Wettbewerbsvorteils-Portfolio sind die folgenden Probleme verbunden:

- Eine vollständige Erfassung aller relevanten Marktfaktoren ist nicht möglich, sodass der Vollständigkeitsanspruch nicht eingelöst werden kann.
- Die relevanten Marktfaktoren müssen unabhängig voneinander sein, damit eine einzelne Bewertung erfolgen kann.
- Es existieren keine einheitlichen Richtlinien für die Bewertung und bei der Gewichtung der Faktoren, sodass eine objektive Bewertung bei der Ermittlung der Koordinatenwerte nicht möglich ist. Die Zusammenfassung der Koordinatenwerte ist zudem fragwürdig, zumal sich die gemessenen Dimensionen additiv aus den einzelnen Faktoren zusammensetzen müssten. Diese Voraussetzung ist in der Realität nur selten gegeben.

15. Was ist eine Branchenstrukturanalyse?

Die Analyse der Branchenstruktur und ihrer Attraktivität beruht auf der Bewertung folgender fünf Komponenten, den sogenannten „Five Forces" von *Porter*:

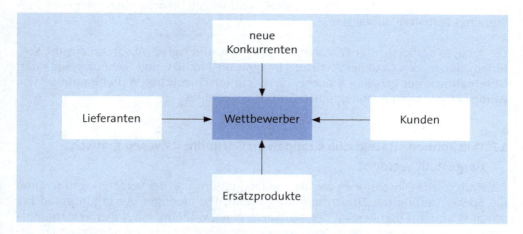

- **Lieferanten:** Die Verhandlungsmacht der Lieferanten bestimmt, wie sehr diese ihre Interessen gegenüber dem Unternehmen durchsetzen können. Eine hohe Verhandlungsmacht der Lieferanten führt dazu, dass diese höhere Preise verlangen oder schlechtere Qualität zum gleichen Preis liefern wollen. Dies wirkt negativ auf die Gewinnmöglichkeiten des Unternehmens. Eine Branche ist attraktiv, wenn die Macht der Lieferanten gering ist.
- **Kunden:** Die Verhandlungsmacht der Kunden bestimmt, wie sehr diese ihre Interessen durchsetzen können. Eine hohe Verhandlungsmacht der Kunden führt dazu, dass diese niedrigere Preise oder bessere Qualität zum gleichen Preis verlangen. Dies wirkt negativ auf die Gewinnmöglichkeiten des Unternehmens. Eine Branche ist attraktiv, wenn die Kunden wenig Verhandlungsmacht haben.
- **Wettbewerber:** Bedrohung durch neue Wettbewerber mittels Preisdruck. Das Verhältnis von Angebot zu Nachfrage wird ungünstiger. Wettbewerber bieten ihre Leistungen zu niedrigeren Preise an. Markteintrittsbarrieren schützen vor Wettbewerb. Hohe Barrieren sind für vorhandenen Wettbewerber ein Schutz vor neuen Mitbewerbern, sie erhöhen die Branchenattraktivität.
- **Ersatzprodukte:** Die Bedrohung durch Ersatzprodukte. Ersatzprodukte erfüllen ähnliche Kundenbedürfnisse, werden von den Kunden aber anders wahrgenommen, sprechen andere Kundengruppen an oder werden in anderen Regionen vertrieben. Ihre Existenz ist negativ für die Attraktivität einer Branche, da Kunden zum Ersatz wechseln können.
- **Wettbewerber:** Faktor fünf ist die Wettbewerbsintensität der Branche. Eine hohe Wettbewerbsintensität zeigt sich als Preis- oder Leistungswettbewerb. Beide Formen sind negativ für die Gewinnmöglichkeiten des Unternehmens und wirken negativ auf die Marktattraktivität.

16. Erläutern Sie das Konzept zur Analyse der strategischen Gruppen.

Um den von der Branchenstruktur bestimmten Handlungsrahmen der direkten Wettbewerber identifizieren zu können, werden die Unternehmen zu strategischen Gruppen zusammengefasst, die innerhalb einer bestimmten Branche ein homogenes strategisches Verhalten aufweisen.

Die Analyse berücksichtigt Faktoren wie Spezialisierungsgrad, Absatzkanalwahl, Kostenpositionen, den Grad der vertikalen Integration, Produkt- und Technologiequalität. Unternehmen der gleichen Branche, die ein unterschiedliches Verhalten aufweisen, werden einer anderen strategischen Gruppe zugeordnet.

17. Wie können strategische Gruppen im Gesundheitswesen grafisch dargestellt werden?

Als strategische Dimensionen werden der Integrationsgrad der Versorgungsstufen und die Spezialisierung der Einrichtung ausgewählt. Ein niedriger Versorgungsgrad beschränkt sich auf den Bereich der Akutversorgung, während ein hoher Versorgungsgrad alle Versorgungsstufen miteinander verkettet. Mittlere Versorgungsgrade verzahnen die Gesundheitsdienstleister mit vor- und nachgelagerten Gesundheitsanbietern.

Die Spezialisierung bezieht sich auf die angebotenen Leistungen. Hohe medizinische Spezialisierungsgrade bedingen ein hohes medizinisches Know-how in Anamnese, Diagnostik und Therapie sowie einen exklusiven Patientenservice.

- **Grundversorger:** Grundversorger verfügen über kein spezielles medizinisches Knowhow oder patientenorientierte Services, zumal kein Leistungsprogramm über die Grundversorgung hinaus angeboten wird. Zu den strategischen Zielen zählt die Kostenführerschaft, die durch ein Kostenmanagement erreicht wird. Eine hohe Auslastung der Kapazitäten ist für diese strategische Gruppe besonders wichtig.

- **Versorger mit gemischtem Angebot:** Neben der Grundversorgung werden auch Spezialleistungen angeboten, sodass sowohl die Grundversorger als auch die medizinischen Spezialisten zu den direkten Wettbewerbern zählen. Die Vorhaltung von Ressourcen und nicht optimale Kostenstrukturen bedingen eine ungünstige Positionierung, die zu unterdurchschnittlichen Leistungen führen kann. Die Krankenhausplanung und das Selbstkostendeckungsprinzip schützen vor einem zu starken Wettbewerb.

- **Medizinische Spezialisten:** Im Bereich der Diagnostik und Therapie weisen die Gesundheitsdienstleister ein hoch entwickeltes Innovationsverhalten und eine Fokussierung auf medizinische Spezialgebiete im Vergleich zu den Wettbewerbern auf.

Die Technik und das medizinische Know-how zählen zu den wichtigsten Ressourcen. Eine marktbeherrschende Wettbewerbsposition innerhalb einer Region bietet hohe Wachstumschancen. Darüber hinaus können sich Medizincluster bilden, wenn verschiedene Gesundheitsunternehmen aus den Bereichen Medizintechnik, Biotechnik, Unternehmensberatung und Rehabilitation zusammenarbeiten. Die Clusterbildung schafft innovative Gesundheitsnetzwerke, die Verbundeffekte generieren, die zu Kostensenkungen und Mehrwertsteigerungen für die beteiligten Unternehmen führen.

- **Dienstleistungsspezialisten:** Der Wettbewerbsvorteil wird durch die Bereitstellung von überdurchschnittlichen Hotel- und Serviceleistungen generiert.
- **Versorger mit vorgelagerter Integration:** Konzentration auf Kooperationen mit niedergelassenen Ärzten, Gemeinschaftspraxen und medizinischen Grundversorgern. Das strategische Ziel ist die geregelte Zuweisung von Patienten und folglich die Auslastung der Kapazitäten.
- **Versorger mit nachgelagerter Integration:** Kooperationen mit Rehabilitationseinrichtungen und Einrichtungen zur Versorgung chronisch erkrankter Patienten (Disease Management).

  Diese strategischen Ziele verfolgen oftmals Gesundheitsdienstleister, die einen hohen Anteil geriatrischer Patienten aufweisen. Dadurch verkürzt sich die Verweildauer und die Kosten sinken. Zudem wird eine günstigere Verhandlungsposition gegenüber den Krankenkassen erreicht
- **Vollständig integrierte Versorger:** Die ambulante und stationäre Versorgung ist vollständig integriert. Daneben werden auch Versicherungsleistungen angeboten. Wettbewerbsvorteile generieren sich aus geregelten Patientenzuweisungen, der Schnittstellenoptimierung mit vor- und nachgelagerten Gesundheitsdienstleistern sowie durch die Senkung der Verweildauern.

Grafisch kann der Zusammenhang wie folgt dargestellt werden:

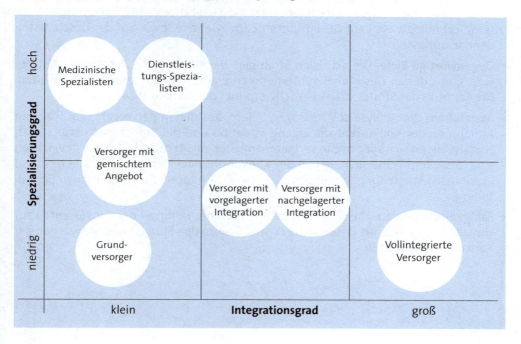

Die gruppenspezifischen Ressourcen und Fähigkeiten stellen Mobilitätsbarrieren zwischen den Gruppen dar. Kernfähigkeiten wie dauerhaftes Wissen und Erfahrungen, können von Wettbewerbern nur schwer imitiert werden. Im Gesundheitswesen sind das z. B. herzchirurgische Operationsverfahren, innovative Methoden der Intensivpflege oder exklusive Serviceprozesse für die Patienten.

Randgruppen, bei denen ein Wechsel in eine andere strategische Gruppe bevorsteht, können durch die Analyse der strategischen Gruppen identifiziert werden. So werden zukünftige Konkurrenten erkannt. Durch die strategischen Trends der jeweiligen Gruppen kann die Wettbewerbsintensität innerhalb und zwischen den Gruppen prognostiziert werden. Durch die Gruppenzugehörigkeit kann auf wahrscheinliche Reaktionsmuster der Konkurrenten in Bezug auf Marketingmaßnahmen geschlossen werden.

18. Wie werden die von *Porter* formulierten vier Kriterien der Konkurrenzanalyse beschrieben?

- **Zukünftige Ziele**: Aus dem Vergleich der Ziele des Konkurrenten mit der Wettbewerbsposition ergeben sich Aussagen, ob der Konkurrent mit den erzielten Ergebnissen zufrieden ist. Dies erlaubt Schlussfolgerungen, ob zukünftig mit einer Intensivierung der strategischen Umsetzung zu rechnen ist, sodass mögliche Strategiewechsel frühzeitig wahrgenommen werden können, um Maßnahmen zuvorzukommen oder abzufedern. Die Analyse sollte finanzielle und qualitative Ziele (Marketing, Investition, Technologie etc.) auf Gesamtunternehmensebene sowie auf der Geschäftsfeldebene umfassen.

- **Gegenwärtige Ziele**: Die aktuellen Strategien beeinflussen die Regeln des Wettbewerbs, aus denen Gesundheitsunternehmen eigene Handlungsoptionen ableiten. Die Kenntnis der Strategien ist ein Schwerpunkt der Konkurrenzanalyse.

- **Annahmen**: Die Analyse soll Aussagen liefern, aus denen hervorgeht, auf welchen Annahmen der Konkurrent die eigene Situation und die Branchenstruktur stützt. Hieraus lassen sich spezifische Verhaltensmuster ableiten, die historisch gewachsen sind, bzw. Verpflichtungen, denen der Konkurrent nachkommt. Aus tradierten und irrationalen Vorstellungen ergeben sich oftmals Chancen zur strategischen Gestaltung.

- **Fähigkeiten**: Erfolgreiche Strategien hängen von der Fähigkeit der Konkurrenten zur Umsetzung ab. Hieraus lassen sich Erkenntnisse zu den Stärken und Schwächen der Konkurrenten ableiten.

19. Wie können die Ziele einer SWOT-Analyse beschrieben werden?

Die SWOT-Analyse hat das Ziel, die internen Stärken und Schwächen den externen Chancen und Risiken gegenüberzustellen. Dazu werden in einer Matrix die Stärken und Schwächen sowie die Chancen und Risiken der regionalen Umwelt eingetragen.

Die Situationsanalyse ist die komprimierte Zusammenfassung der aktuellen Situation, die die Ergebnisse der internen und externen Faktoren, der Marktsegmentierung und der Zielgruppenanalyse berücksichtigt.

Der Vorteil der SWOT-Analyse resultiert aus der übersichtlichen und integrierenden Darstellungsform, sodass die Entwicklung von Strategieoptionen einfach und direkt miteinander verknüpft werden kann. Nachteilig ist, dass keine Wahlkriterien zur Verfügung stehen, die entsprechend gewichtet sind. Daher fungiert die SWOT-Analyse eher als verdichtete Präsentation der Einzelanalysen. Abhängigkeiten und Wechselwirkungen können zu Trivialitäten oder Widersprüchen führen.

Die exemplarische Matrix einer SWOT-Analyse eines Unternehmens im Gesundheitswesen kann wie folgt aussehen:

Beispiel

Stärken	Chancen
▶ innovatives Qualitätsmanagementkonzept	▶ geringe Wettbewerbsintensität
▶ Einsatz von OP-Robotern	▶ wenige Substitutionsanbieter
Schwächen	**Risiken**
▶ fehlende Führungskompetenzen	▶ kein ausgebildetes Personal in der Region
▶ fehlendes Marketingkonzept	▶ Überalterung der Bevölkerung

20. Wie kann ein Konzept zur Integration der verschiedenen Analysemodelle, aus dem die Stärken und Schwächen sowie die Chancen und Risiken als Ergebnis hervorgehen, grafisch dargestellt werden?

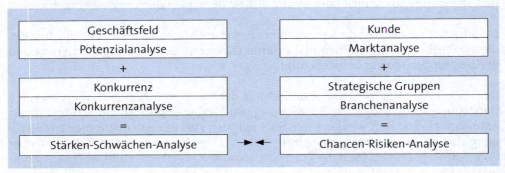

System zur strategischen Situationsanalyse

21. Was ist das Ziel einer Positionierung?

Das Ziel besteht darin, Produkte oder Dienstleistungen derart zu positionieren, dass bei den Nachfragern die kaufverhaltensrelevanten Eigenschaften aktiviert werden. Die Positionierung dient zusätzlich zur Darstellung der Struktur eines bestimmten Marktes, um die Anzahl und die Eigenschaften konkurrierender Produkte zu erfassen.

Die Erfassung der Marktstruktur zeigt die Anzahl und den Grad der wahrgenommenen Austauschbarkeit verschiedener Produkte. Damit verbunden sind die unterschiedlichen Ausprägungen der Wettbewerbsintensität. Hinzu kommt, dass die Positionierung die Marktlücken aufdecken kann.

22. Wie kann der Planungsprozess der Positionierung erläutert werden?

▶ Bestimmung der relevanten Positionierungsobjekte: Zu Positionierungsobjekten zählen konkurrierende Produkte und Marken, die die Konsumenten zur Befriedigung eines bestimmten Bedarfes erwerben.
▶ Ermittlung relevanter Bewertungsdimensionen: Die Bewertungsdimensionen berücksichtigen die relevanten Eigenschaften, die den Kaufentscheidungsprozess der Konsumenten beeinflussen. Faktoren können beispielsweise Preis, Qualität und Service sein.

23. Welche Phasen der betriebswirtschaftlichen Krisen nach Basel II gibt es?

▶ **Strategische Krise**: Entsteht durch mangelhaftes Produktmarketing, unzulängliches Marktkonzept, falsche Einschätzung von technologischen Entwicklungen oder unzulängliche Managementqualifikationen.

- **Produkt- und Absatzkrise**: Entsteht, wenn Produkte nicht die Anforderungen der Nachfrager erfüllen, eine falsche Preispolitik verfolgt wird sowie vermehrt Konkurrenzprodukte in den Wettbewerb einsteigen und das Wettbewerbsverhalten aggressiv wird. Anreizsysteme im Vertrieb für die Produkte werden nicht gesetzt.
- **Erfolgskrise**: Entsteht, wenn beispielsweise Qualitätsdefizite entstehen und in der Presse publik gemacht werden oder Lieferanten Preiserhöhungen vornehmen, die an den Abnehmer nicht weitergegeben werden können. Überkapazitäten können durch Absatzrückgang nicht abgebaut werden.
- **Liquiditätskrise**: Kann entstehen, wenn es hohe Forderungsausfälle gibt, die Lieferanten die Zahlungs- und Lieferkonditionen verschärfen sowie die Nachfragerseite sich durch schlechte Zahlungsmoral auszeichnet.
- **Akute Gefährdung eines Unternehmens**: Entsteht durch Überschuldung und Insolvenz. Ursachen von Insolvenz ergeben sich aus einer niedrigen Eigenkapitalquote, Fehlentscheidungen von Management und Unternehmensinhabern, autoritäre Führungsstrukturen und daraus resultierende geringe Mitarbeitermotivation, Fehlende Aus- und Weiterbildung der Mitarbeiter.

4.4.3 Operative Controllinginstrumente einsetzen

01. Was sind die Aufgaben und Grundlagen des operativen Controlling?

Die gewinnorientierte Steuerung und Planung des Unternehmens mittels operativer Größen in einem kurzen bis mittelfristigen Zeitraum.

02. Welche Instrumente kann das operative Controlling einsetzen?

- Einstufige Deckungsbeitragsrechnung
- Mehrstufige Deckungsbeitragsrechnung
- Einzelkostenrechnung
- Analyse der BWA
- Target Costing
- ABC-Analyse
- XYZ-Analyse
- Berichtswesen.

Sowie die Systeme der Kostenarten-, Kostenstellen- und Kostenträgerrechnung mit den Bestandteilen der Vor- und Nachkalkulation und den damit zusammenhängenden Kalkulationsverfahren.

03. Wie kann die einstufige Deckungsbeitragsrechnung erläutert werden?

Die einstufige Deckungsbeitragsrechnung ist eine Teilkostenrechnung und verrechnet die Fixkosten en bloc. Der Stückdeckungsbeitrag (db) ergibt sich aus dem Preis (p) abzüglich der variablen Kosten (k_v).

$$db = p - k_v$$

Der gesamte Deckungsbeitrag (DB) ist die Summe der Stückdeckungsbeiträge oder Erlöse abzüglich der gesamten variablen Kosten.

$$DB = E - K_v$$

$$DB = (p \cdot x) - (k_v \cdot x)$$

$$DB = (p - k_v) \cdot x$$

Der Deckungsbeitrag ist der Erlösanteil, der zur Deckung der fixen Kosten bzw. zum Gewinn beiträgt. Deckungsbeiträge können fallweise für einzelne DRGs, Fachabteilungen oder ganze Krankenhäuser ermittelt werden. Die einstufige Deckungsbeitragsrechnung hat die folgenden Ziele:

- Artikel-/Erzeugnisdeckungsbeiträge der Planungsperiode
- Auswahl des Produktionsprogramms bzw. des Produktionsverfahrens
- Bestimmung unterer Preisgrenzen
- Entscheidungsgrundlage zwischen Eigenfertigung oder Fremdbezug
- Gewinnschwellenanalyse
- Kalkulation von Zusatzaufträgen
- kurzfristige Planung und Kontrolle des Periodenerfolgs.

04. Wie kann die mehrstufige Deckungsbeitragsrechnung erläutert werden?

Die mehrstufige Deckungsbeitragsrechnung entwickelt die einstufige Deckungsbeitragsrechnung weiter, indem der Fixkostenblock weiter ausdifferenziert wird. Sie wird auch stufenweise Fixkostendeckungsrechnung genannt.

Der Fixkostenblock wird auf die Ebene der Erzeugnisse, der Erzeugnisgruppen, der Kostenstellen und der Kostenbereiche herunter gebrochen. Die restlichen Fixkosten, die nicht durch Zuordnung verrechnet werden können, zählen zu den unternehmensbezogenen Fixkosten, die von allen Erzeugnisgruppen gemeinsam getragen werden müssen.

Die folgende Abbildung zeigt das mögliche Vorgehen zum Einsatz einer mehrstufigen Deckungsbeitragsrechnung im Gesundheitswesen unter DRG-Bedingungen:

Produkterlöse	Erlöse DRG CHI 1	Erlöse DRG CHI 2	Erlöse DRG GYN	Erlöse DRG INN 1	Erlöse DRG INN 2
minus	-	-	-	-	-
Variable Kosten	k_v DRG	k_v DRG	k_v DRG	k_v DRG	k_v DRG
gleich	=	=	=	=	=
Deckungsbeitrag I	DB I DRG A	DB I DRG B	DB I DRG C	DB I DRG D	DB I DRG E
Fallgruppendeckungsbeitrag	DB 1 CHI		DB 1 GYN	DB 1 INN	
minus	-		-	-	
Fallgruppenfixkosten	Fixkosten CHI		Fixkosten GYN	Fixkosten INN	
=	=		=	=	
DB II	DB II CHI		DB II CHI	DB II INN	
minus	-		-	-	
Bereichsfixe Kosten	Bereichs K_f CHI 1 bis CHI 2		Bereichs K_f	Bereichs K_f INN 1 bis INN 2	
gleich	=		=	=	
DB III	DB III CHI		DB III GYN	DB III INN	
Gesamter DB III	Summe DB III alle Fachabteilungen CHI, GYN, INN				
minus	-				
KH K_f	Krankenhaus fixe Kosten				
gleich	=				
Gewinn	Gewinn des KH				

Der Vorteil der mehrstufigen Deckungsbeitragsrechnung zeigt sich bei der Planung von Profitcentern. Dabei können den Profitcentern über die Deckungsbeitragsrechnung alle verursachten Kosten zugerechnet und steuernde Zieldeckungsbeiträge vorgegeben werden.

Nachteilig ist, dass die Aufspaltung der Fixkosten ohne Schlüsselung auf Zuordnungsobjekte ausgesprochen individuell vorgenommen werden kann und die notwendigen Daten nicht immer in der richtigen Form vorliegen. Zudem sollten nicht zu viele Fixkostenebenen entstehen, damit der Überblick über die Deckungsbeitragsrechnung nicht verloren geht.

05. Wie kann die Deckungsbeitragsrechnung mit relativen Einzelkosten erläutert werden?

Die Deckungsbeitragsrechnung mit relativen Einzelkosten betrachtet sämtliche Kosten als Einzelkosten. Das Entscheidende ist, dass die Kosten auf die richtigen Objekte bezogen, betrachtet werden. Es können Kostenstellen, Maschinen, Abteilungen oder Räume als Bezugsobjekte definiert werden, um alle Kosten und Erlöse mindestens einem Bezugsobjekt zurechnen zu können.

Die Zurechnung kann auch auf Basis des Gesamtunternehmens oder einer Periode erfolgen. Die Grundrechnung kombiniert die Kostenarten-, Kostenstellen- und Kostenträgerrechnung, indem möglichst viele Kostenarten direkt erfasst werden und Kostenstellen und Kostenträger um weitere Bezugsgrößen wie Maschinen oder Räume erweitert werden.

Die Kostenarten werden nach dem Identitätsprinzip zugeordnet, um eine eindeutige Zuordnung zu begründen. Die Hierarchie der Bezugsgrößen ordnet jede Kostenart direkt zu. Hiervon ausgenommen sind die „unechten Gemeinkosten", bei denen die direkte Zuordnung unwirtschaftlich wäre. Zu den „unechten Gemeinkosten" zählt z. B. der Stromverbrauch der Bildschirmarbeitsplätze.

Bei der Deckungsbeitragsrechnung mit relativen Einzelkosten entfällt die Aufspaltung der Kosten in fixe und variable Bestandteile. Die Differenz zwischen den Erlösen und den direkt zugerechneten Kosten ergibt den Deckungsbeitrag. Übrig bleiben die nicht zugerechneten Gemeinkosten bzw. die Einzelkosten der nächsthöheren Hierarchieebenen. Deckungsbeiträge können Fallweise, für einzelne DRGs, Fachabteilungen oder das Gesamtunternehmen ermittelt werden.

Der Vorteil der Deckungsbeitragsrechnung mit relativen Einzelkosten ist die Vermeidung von Schlüsselungs- und Umlagenproblemen. Die Kostenzuordnung auf der jeweils verantwortlichen Ebene ermöglicht die gezielte Kostenlenkung. In der Praxis wird die Rechnung aber selten angewandt, weil die praktische Umsetzung hohe Anforderungen an die Datenverfügbarkeit stellt.

06. Was ist eine BWA?

Eine BWA, die Betriebswirtschaftliche Auswertung ist eine Zusammenfassung der Ist-Daten der Buchhaltung für das Controlling.

BWA 06-2019							
Bezeichnung	06/2019	%-Anteil	01 - 06 -2019	%-Anteil	Soll 01-06	Ist 01-06	Delta in %
Umsatzerlöse							
Sonstige Leistungen							
= Gesamtleistung							
- Materialkosten							
= Rohertrag							
- Personalkosten							
- Sachkosten							
= Betriebsergebnis							
- Zinsaufwand							
+ Zinsertrag							
= Ergebnis vor Steuern							
- Steuern							
= vorläufiges Ergebnis							

Die BWA liefert also einen schnellen Überblick über die finanzielle Lage und Leistung des Unternehmens. Durch das Anfügen von Spalten kann ein Soll-/Ist-Vergleich vorgenommen werden, der zu einer Abweichungsanalyse genutzt werden kann.

07. Was ist Target Costing?

Das Target Costing ist ein Instrument zur Kostenplanung auf der Basis von Kostenplanungs-, Kostenkontroll- und Kostengestaltungsinstrumenten, das zu Beginn der Produkt- und Prozessgestaltung eingesetzt wird, damit die Kostenstrukturen frühzeitig gezielt auf die am Markt erzielbaren Preise abgestimmt werden. Ziele des Target Costing sind:

- ▶ Stärkere Marktorientierung von Beginn der Produktentwicklung an.
- ▶ Unterstützung des produkt- und prozessorientierten Kostenmanagements in den weiteren Phasen des Produktlebenszyklus.

Die Notwendigkeit zur Einführung eines Kostenmanagements in frühen Phasen des Produktlebenszyklus ergibt sich aus der Tatsache, dass häufig der überwiegende Teil der gesamten Produktlebenszykluskosten durch Entscheidungen in frühen Produktlebenszyklusphasen entstanden ist.

Im Mittelpunkt des Target Costing steht die Frage, wie viel ein Produkt kosten darf und nicht, was es kosten wird. Es existieren verschiedene Konzepte des Target Costing:

„Out of Company"	Die Zielkosten werden aus dem Unternehmen heraus bestimmt.
„Out of Standard Costs"	Die Ist-Kosten bestehender Produkte werden zur Ableitung der Zielkosten genutzt.
„Out of Competitor"	Die Zielkosten werden anhand der Kosten der Konkurrenz festgelegt.
„Market into Company"	Reinform des Target Costing, bei der die Zielkosten von empirisch ermittelten Zielpreisen abgeleitet werden.
„Into and out of Company"	Kompromiss zwischen den Konzepten „Market into Company" und „Out of Company".

Das Konzept „Market into Company" soll näher betrachtet werden, zumal es die weiteste Verbreitung gefunden hat. Das Verfahren des Target Costing gliedert sich in drei Phasen:

- Zielkostenermittlung
- Zielkostenspaltung
- Zielkostenrealisierung.

1. Zielkostenermittlung
Der Zielpreis („target price") wird durch Marktforschung bzw. Analysen zu Kundenwünschen und Konkurrenz festgelegt. Der verbindliche Zielgewinn („target margin") wird aus der Umsatzrentabilität abgeleitet. Die vom Markt erlaubten Kosten („allowable costs") ergeben sich aus der Subtraktion des Zielgewinns vom Zielpreis.

Die vom Markt erlaubten Kosten sind den Produktstandardkosten („drifting costs") gegenüberzustellen. Produktstandardkosten sind diejenigen Kosten, die das Produkt bei Nutzung der vorhandenen Produktionstechnologien und -prozesse kosten würde.

2. Zielkostenspaltung
Um Maßnahmen zur Kostengestaltung finden zu können, werden die für das Gesamtprodukt definierten Zielkosten heruntergebrochen. Die Kosten verteilen sich sodann auf Funktionen, Komponenten oder Teile des Produkts. Es ergibt sich folgender Ablauf:

- Ermittlung, Gewichtung und Strukturierung der vom Markt geforderten Leistungsmerkmale oder Funktionen.
- Ermittlung des Beitrags der Produktkomponenten zur Funktionserfüllung bzw. ihrer relativen Bedeutung.
- Vergleich der relativen Bedeutung der Produktkomponenten zu den jeweiligen Kostenanteilen und Ermittlung des Zielkostenindexes als Maß für zu teure bzw. zu billige Komponenten.

3. Zielkostenrealisierung

Der Zielkostenindex und das Zielkostendiagramm geben Informationen über Ansatzpunkte für Verbesserungen der Komponenten und Kostensenkungen, um die angestrebten Zielkosten zu erreichen.

Liegt der relative Kostenanteil einer Produktkomponente deutlich über der relativen Marktbedeutung, ist diese Komponente zu teuer. Liegt der relative Kostenanteil einer Komponente deutlich unter der relativen Marktbedeutung, ist diese Komponente zu billig. Demzufolge berechnet sich der Zielkostenindex als Quotient aus relativem Kostenanteil und relativer Bedeutung. Die grafische Darstellung erfolgt im Zielkostendiagramm. Anhand dieser Informationen können Maßnahmen zur Kostensenkung bzw. Qualitätssteigerung ergriffen werden.

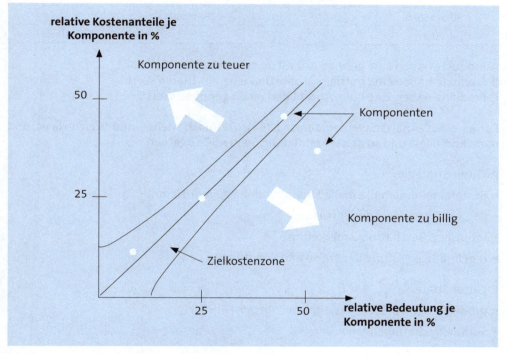

Zielkostenkontrolldiagramm

Um die Zielkostenrealisierung zu unterstützen, stehen Instrumente wie „klinische Behandlungspfade", „Kaizen" oder das „Total Quality Management" (TQM) zur Verfügung. Spezielle Instrumente zur Kostensenkung sind die Nutzwertanalyse, die Prozesskostenrechnung und das Benchmarking.

Die Nutzwertanalyse betrachtet Produkte bzw. die Komponenten als Gesamtheit von Funktionen, um die Frage zu klären, ob diese Produkte oder einzelne Funktionen kostengünstiger zu realisieren sind, als dies im Ausgangsstadium der Fall ist.

Die Prozesskostenrechnung dient der Verbesserung der Kostentransparenz der indirekten Leistungsbereiche. Das Benchmarking vergleicht Produkte, Verfahren und Prozesse eines Unternehmens mit denen des „Best-practice"-Unternehmens.

08. Was ist eine ABC-Analyse?

Die ABC-Analyse bestimmt, welche Artikel im Einkauf oder welche Leistungen im Verkauf besondere Aufmerksamkeit benötigen.

	Mengenanteil z. B.		
Wertanteil z. B.	< 15 %	< 50 % > 15 %	> 50 %
> 80 %	A-Artikel		
< 80 % > 20 %		B-Artikel	
< 20 %			C-Artikel

A-Produkte haben eine geringe Anzahl und einen hohen Wert.
B-Produkte haben eine mittlere Anzahl und einen mittleren Wert.
C-Produkte haben eine hohe Anzahl und einen geringen Wert.

Für eine ABC-Analyse werden zuerst alle Artikel nach Menge und Wert erfasst und dann kumuliert und so den einzelnen Gruppen ABC zugeteilt.

A-Güter-Strategie

- Bestand minimieren, um die Kapitalbindung zu reduzieren
- genaue Disposition der Bestände
- intensives Beschaffungsmarketing
- regelmäßige Prüfung der Preise und Konditionen.

C-Güter-Strategie

- große Mengen bestellen (siehe auch *Andler*-Formel)
- Sammelrechnungen.

Für B-Güter kann die A- oder C-Güter-Strategie verwendet werden.

A-Güter können noch nach ihrem Erfolgsbeitrag und ihrem Beschaffungsrisiko differenziert werden, dies ergibt dann folgendes Bild:

Erfolgsbeitrag +	Schlüssel-material	Strategisches Material
−	Normal-material	Engpass-material

− Beschaffungsrisiko +

09. Was ist eine XYZ-Analyse?

Die XYZ-Analyse unterteilt Güter nach ihrem Verbrauch und dessen Vorhersagefähigkeit:

- X-Güter haben einen konstanten Verbrauch mit hoher Vorhersagefähigkeit.
- Y-Güter unterliegen saisonalem, steigendem oder fallendem Verbrauch bei mittlerer Vorhersagefähigkeit.
- Z-Güter zeigen einen unregelmäßigen Verbrauch bei geringer Vorhersagefähigkeit auf.

10. Welche Konsequenzen können aus der Kombination von ABC- und XYZ-Analyse gezogen werden?

Die Disposition der Artikel sollte nach der ABC-Analyse erfolgen.

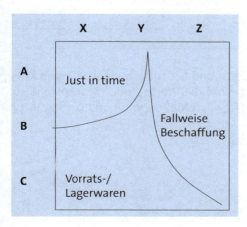

Konstante Bedarfe von A-Artikeln sollten just in time realisiert werden, da sonst eine hohe Kapitalbindung entsteht.

A-Artikel, die unregelmäßige Bedarfe haben, sollten fallweise beschafft werden.

C-Artikel sollten generell Lagerware sein, da hier ein hoher Dispositionsaufwand entsteht. Die Mengen und Bestellzeiten sollten z. B. mittels der Andler-Formel optimiert werden.

11. Wie kann ein Controlling-Bericht aussehen?

Controlling-Bericht					
Kostenstelle Nr.:			Kostenstellenverantwortlicher:		
	Plan 2019	Soll 01-06	Ist 01-06	Absolute Abweichung	Relative Abweichung
Kosten					
Personalkosten					bis 2 % = grün
Sachkosten					
					ab 2 % = gelb
Leistungen					
CM					ab 4 % = rot
CMI					
Gründe für Abweichungen		Maßnahmen und Lösungen	Wer macht was bis wann?		
			Wer	Was	Wann

Das Controlling-Berichtswesen sieht eine Kosten- und Leistungsbudgetierung je Kostenstelle vor. Der Kostenstellenverantwortliche hat die Werte seiner Kostenstelle zu analysieren und selbst bzw. mit dem Controlling nach Maßnahmen und Lösungen zu suchen.

Es kann z. B. vereinbart werden, dass Prozent-Abweichungen bis 3 % durch den Kostenstellenverantwortlichen selbst gesteuert werden, bei mehr als 3 % ist das Controlling zuständig und ab 5 % muss die Geschäftsführung benachrichtigt werden.

Die bei der Abweichungsanalyse festgestellten Differenzen zwischen Plan und Ist werden bewertet. Wichtig ist am Ende eine Entscheidung über Maßnahmen zur Zielerreichung, deren Durchführung und Kontrolle gemäß dem PDCA-Zyklus erfolgt.

4.4.4 Prozesskostenrechnung durchführen
01. Was ist die Prozesskostenrechnung?

Die Prozesskostenrechnung ist ein Kostenrechnungssystem, dass die Gemeinkosten von Vorgängen über Bezugsgrößen verrechnet, die sich an den Vorgangsmengen orientiert. Dadurch werden keine Einzelkosten verrechnet, sondern Folgen von Einzelleistungen, die zusammengefasst einen Prozess bilden. Man nennt die Prozesskostenrechnung darum auch Vorgangskalkulation.

Voraussetzung für die Implementation einer Prozesskostenrechnung ist, dass:
- wiederholende Tätigkeiten als Basis für Prozesse identifiziert und analysiert sind
- in dem Prozess relativ wenig Entscheidungen notwendig sind
- zwischen den Kostentreibern und den durch sie verursachten Kosten ein proportionaler Zusammenhang besteht
- Kostentreiber von den individuellen Produktions- und Verwaltungsgegebenheiten abhängen, sodass sie für das Unternehmen erfasst werden können
- die Daten über Prozesse und Kosten detailliert vorliegen.

Merkmal der Gemeinkostenverrechnung ist, dass keine Kostenstellen oder ermittelbaren wertmäßigen Bezugsgrößen berücksichtigt werden, sondern die Prozesse und deren Anzahl. Die folgenden Ziele stehen im Mittelpunkt der Prozesskostenrechnung:
- Transparenz im Gemeinkostenbereich durch Abbildung der Unternehmensprozesse
- Planung und Steuerung der Programm- und Preispolitik, Entscheidungen über Eigen- und Fremdfertigung
- Soll-Ist-Vergleiche zur Kontrolle der Wirtschaftlichkeit.

Die Einführung einer Prozesskostenrechnung bedingt die Definition von Prozessen. Prozesse sind die definierte Abfolge von Verrichtungen, die zueinander in Beziehung stehen. Kostenstellenübergreifende Prozesse erfordern die Gestaltung von Teilprozessen, die definiert und ggf. grafisch dargestellt werden.

Für die Ermittlung der Prozesskostensätze sind folgende Schritte notwendig:
- Bestimmung der Prozesse.

Die Prozesse werden mittels Interview und Analyse mit den Kostenstellenverantwortlichen identifiziert.
- Festlegung der Bezugsgrößen.

Die Bezugsgrößen sind für die Verrechnung der Gemeinkosten relevant. Sie können von der Leistungsmenge abhängig (induziert: lmi) oder neutral zur Leistungsmenge (lmn) sein. Die Bezugsgröße sollte folgende Qualität haben:
- einfach ableitbar
- verhältnisgleich zur Kostenverursachung sein
- verhältnisgleich zur Leistungserstellung sein
- eindeutig und klar.

Durch die Bezugsgröße wird sowohl die Kostenverursachung als auch die Leistungserstellung dokumentiert.
- Bildung von Prozesskostensätzen.

Der Prozesskostensatz ermittelt sich durch Divisionskalkulation wie folgt:

$$\text{Prozesskostensatz} = \frac{\text{Prozesskosten}}{\text{Prozessmenge}}$$

Dies wird in der folgenden Grafik von *Jorasz* dargestellt:

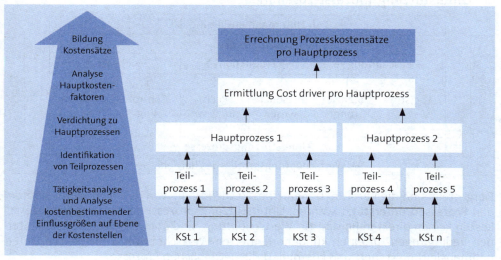

Den Hauptprozess „Material beschaffen" bilden.

Kostenstelle Einkauf	Kostenstelle Warenannahme	Kostenstelle Qualitätsprüfung	Kostenstelle Lager
Teilprozesse:	Teilprozesse:	Teilprozesse:	Teilprozesse:
Material einkaufen	Materiallieferung entgegennehmen	Prüfung für Werkstofftechnik durchführen	Hilf- und Betriebsstoffe lagern
Hilf- und Betriebsstoffe einkaufen			Material lagern
Geräte und Anlagen einkaufen		Eingangsprüfung für Material durchführen	Unfertige Erzeugnisse lagern
Dienstleistungen einkaufen		Chemische Kontrollen durchführen	Fertige Erzeugnisse lagern

Prozessdifferenzierung nach *Jorasz*

In Gesundheitsunternehmen, die stationäre Bereiche unterhalten, bietet es sich an, die Kosten der Leistungserstellungsprozesse heranzuziehen, zumal diese Kosten sich aus einem hohen Fixkostenanteil zusammensetzen.

Die Prozesskostenrechnung schafft durch die Tätigkeitsanalyse und Prozessbildung eine Leistungs- und Kostentransparenz in den Gemeinkostenbereichen, die im Rahmen des DRG-Systems enorm wichtig geworden ist.

02. Wie gehören betriebliche Funktionen und deren Kern- und Unterstützungsprozesse zusammen?

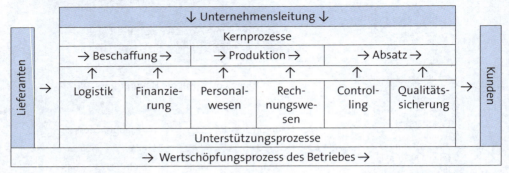

Dargestellt sind die Kernfunktionen eines Betriebes, die von den nichtwertschöpfenden Prozessen unterstützt werden. Unterstützungsprozesse (auch Supportprozesse) leisten keinen direkten Beitrag zur Wertschöpfung, sind aber die erforderlichen internen Bedingungen für einen kundenorientierten Wertschöpfungsprozess. Die Unternehmensleitung steuert und koordiniert die betrieblichen Prozesse.

03. Welche Funktionen sind an einem Fertigungsprozess z. B. in einem Sanitätshaus beteiligt?

Der Prozess der Leistungserstellung ist ein Kernprozess des Sanitätshauses. Je nach Größe und Art der Aufbaustruktur sind daran folgende Stellen/Funktionen eines Sanitätshauses beteiligt, wenn z. B. der Kundenwunsch nach einem Spezialrollstuhl in das Unternehmen gelangt.

- Entwicklung und Konstruktion
- Arbeitsvorbereitung
- Materialwirtschaft und Werkzeuglager
- Fertigung, Montage
- Lager
- Versand/Auslieferung.

Abschließend erhält der Kunde z. B. seinen individuellen Rollstuhl, der als Medizinprodukt nach MPG (Medizinproduktegesetz) auch qualitätsgeprüft wird. Das Sanitätshaus ist somit Hersteller und Inverkehrbringer von Rehaprodukten nach § 5 MPG.

04. Was ist eine Tätigkeitsanalyse?

Die Prozesskostenrechnung ist für wiederholende (repetitive) Tätigkeiten (= Prozesse) mit eigener Entscheidung anwendbar. Damit dies sichergestellt ist, ist eine intensive Tätigkeitsanalyse der betroffenen Kostenbereiche notwendig.

In Analysen mit den zuständigen Kostenstellenverantwortlichen sind die für einen festgelegten Zeitraum durchgeführten Tätigkeiten und die entsprechenden Zeiten zu ermitteln. Diese Tätigkeitsanalyse ist die Grundlage der Prozesskostenrechnung.

Nun lässt sich eine Prozessliste erstellen. Die Prozessliste jeder einzelnen Kostenstelle wird in Teilprozesse gegliedert und diese werden kostenstellenübergreifend zu Hauptprozessen zusammengefasst. Die Hauptprozesse sind die Grundlage für die Prozesskostenkalkulation. Diese Verdichtung erleichtert die Kalkulation.

Exemplarische Prozessübersicht: Aufnahme, Abrechnung von Bewohnern, die vollstationär gepflegt werden.

Teilprozess: Bearbeitung der Aufnahme in der Verwaltung einer Pflegeeinrichtung

(Teil-) Prozessschritte:
1. Vorvertragliche Information
2. ggf. vor Aufnahme Kostenübernahme durch Sozialhilfeträger bzw. Pflegekasse beantragen, durch neuen Bewohner/Betreuer beantragen lassen
3. Ausstellen des Heimvertrages inkl. Entgelte und Zusatzleistungen
4. Vertrag zur Unterschrift an Heimleitung und neuen Bewohner geben
5. Freiheit von Infektionskrankheiten prüfen

6. Erfassung der Stammdaten, Verwaltungsakte anlegen
7. Pflegekasse/Sozialhilfe/Betreuer über Aufnahme informieren
8. Kostenübernahme durch PK mit Pflegestufe, Sozialhilfe erfassen
9. monatlich Abrechnungsdaten einpflegen
10. monatlich Zuzahlungen Selbstzahler bearbeiten
11. monatlich Rechnung über vollstationäre Pflege erstellen
12. monatlich Rechnung an PK, Forderungen/Einzahlung buchen
13. monatlich Rechnung an Selbstzahler, Forderung/Einzahlung buchen
14. monatlich Rechnung an Sozialhilfeträger, Forderungen/Einzahlung buchen.

Für jeden Prozessschritt kann mittels Methoden des REFA-Verbandes ein durchschnittlicher Zeit- und Wertmaßstab ermittelt werden, der zur Ermittlung eines Prozesskostensatzes taugt.

05. Was ist ein Kostentreiber?

Kostentreiber sind die bestimmenden Prozessgrößen, sie werden für alle Teil- und Hauptprozesse als diejenigen Größen identifiziert, welche die Inanspruchnahme der Prozessleistungen am besten beschreibt.

Diese als Kostentreiber („cost driver") bezeichneten Größen stellen die Bezugsgrößen für die Verrechnung der Gemeinkosten dar.

Beispiele

Leistung/Prozess	Kostentreiber
Beratungsgespräche führen	Anzahl Beratungsgespräche
stationäre Aufnahme durchführen	Anzahl Aufnahmen
Angebote erstellen	Anzahl Kreditangebote

Kriterien für einen Kostentreiber:
- einfach aus vorhandenen Informationsquellen abzuleiten.
- Proportionalität zur Ressourcenbeanspruchung.

Problem: Prozesskosten sind größtenteils fixe Gemeinkosten und daher nur langfristig veränderbar.

4.5 Ermitteln, Auswerten und Beurteilen von betrieblichen Kennzahlen

4.5.1 Betriebliche Kennzahlen unter Berücksichtigung der Unternehmensziele entwickeln

01. Wie können Kennzahlen unterschieden werden?

Kennzahlen können zur qualitativen und quantitativen Analyse genutzt werden. Die quantitativen Kennzahlen haben messbare Werte zur Basis, dies sind z. B. Umsatz, Gewinn, Deckungsbeitrag, Anzahl der Mitarbeiter. Die qualitativen Kennzahlen verwenden schwer in Zahlen darstellbare Größen, wie z. B. die Zufriedenheit von Mitarbeitern, Pflegenoten, Umweltschutz.

02. Wie können Kennzahlen und Indikatoren ermittelt werden?

Bilanz sowie GuV sind grundsätzlich die Basis für eine Vielzahl von quantitativen Kennzahlen. Ebenso sind die Kostenrechnung, die Betriebsdatenerfassung der Arbeitszeiterfassung, OP-Systeme, Materialwirtschaftssystem und Belegungsstatistiken Grundlagen für die Bildung von Kennzahlen.

Qualitative Kennzahlen werden z. B. eher über Mitarbeiter- oder Kundenbefragungen mittels statistisch auswertbarer Fragebögen oder z. B. auf Workshops gewonnen.

Indikatoren sind Messgrößen, die Veränderungen anzeigen können, z. B.: Lagerbestände, Kapazitätsauslastung. Aus ihren Veränderungen lassen sich Rückschlüsse auf die Lage im Unternehmen schließen.

Grundsätzlich können Kennzahlen und Indikatoren auch aus dem Leitbild des Unternehmens abgeleitet werden. Das Leitbild eines Senioren- und Pflegeheims könnte die folgenden Inhalte haben, aus denen sich entsprechende Kennzahlen und Indikatoren ableiten lassen:

Leitbild: Unsere Bewohner sollen möglichst ihre körperlichen und geistigen Fähigkeiten behalten und verbessern.

Kennzahlen/Indikator z. B.: Messung und Dokumentation der Fähigkeiten mit Fragebögen und Dokumentation der Veränderung durch die Pflegekräfte oder Ergotherapeuten bei Biografiearbeit, Spaziergängen, Sportgruppen oder Spielen.

Leitbild: Die individuelle Betreuung jedes Bewohners stellen wir durch geplante Pflege mit einer umfassenden Dokumentation sicher.

Kennzahl/Indikator z. B.: Abweichung Soll zu Ist, Pflege in Prozent, Anzahl Dokumentationsfehler.

Leitbild: Aktuelle Fort- und Weiterbildungsmöglichkeiten werden von unseren Mitarbeitern regelmäßig wahrgenommen.

Kennzahlen/Indikator z. B.: Anzahl Weiterbildungsbudget oder -punkte bzw. Weiterbildungstage pro Mitarbeiter und Jahr.

Leitbild: Die Qualität unserer Arbeit zu halten und immer weiter zu verbessern ist uns wichtig.

Kennzahlen/Indikator z. B.: Anzahl Beschwerden, Fachkraftquote, Pflegemängel bei MDK Prüfung, Zufriedenheit der Bewohner in Prozent oder Fluktuation.

03. Wie können anwendungsorientierte Kennzahlen entwickelt werden?

Die Kennzahlen müssen:

- an ein konkretes Unternehmensziel gekoppelt sein, damit nur relevante Kennzahlen definiert werden. Sonst besteht die Gefahr von Fehlsteuerungen.
- spezifischen Zielwerten zugeordnet sein, die sich systematisch aus dem konkreten Unternehmensziel ableiten lassen.
- einen oberen sowie unteren Grenzwert haben, ab dem das Controlling oder Management die Kostenstellenverantwortlichen unterstützt.
- handlungsrelevant sein, sodass ein nachvollziehbarer Zusammenhang zwischen Kennzahl und Leistungen hergestellt werden kann.
- beeinflussbar sein, da sich die Leistungen der Mitarbeiter sonst nicht an den Zielvorgaben messen lassen.
- zeitnah und zuverlässig erhoben werden, weil sonst der Nutzen eingeschränkt wird.

04. Welche Funktionen haben Kennzahlen?

- **Operationalisierungsfunktion** der Kennzahlen wird z. B. durch die Überführung von Inhalten des Leitbildes in Kennzahlen erreicht. Die Kennzahlen können als Basis für Zielvereinbarungen oder Handlungsmöglichkeiten dienen.
- **Informationsfunktion** über die Entwicklung und Lage des Unternehmens durch eine bedarfsgerechte Aufbereitung des Zahlenmaterials. Die Adressaten sind: Tatsächliche und potenzielle Anteilseigner, Arbeitnehmer und deren Vertreterorganisationen (Gewerkschaften, Betriebsräte), Kunden und Lieferanten, Kreditinstitute, Unternehmensleitung.
- **Steuerungsfunktion** über Kennzahlen kann z. B. mittels eines Soll-Ist-Vergleichs die Zielerreichung innerhalb der Periode gesteuert werden, dies sind Informationen für die Budget- und Kostenstellenverantwortlichen.
- **Kontrollfunktion** der operativen und strategischen Steuerung des Unternehmens, z. B. Grad der Zielerreichung in Bezug auf Rentabilität und Erhalt der Liquidität. Hier

sind besonders die Unternehmensleitung bzw. der Unternehmensinhaber und das jeweilige Kontrollorgan (z. B. Aufsichtsrat, Vorstand) angesprochen. Analog gilt dies für Wirtschaftsprüfer, Unternehmens- und Steuerberater.

05. Welche Arten der Kennzahlenanalyse lassen sich unterscheiden?

Die statische Analyse untersucht die Kennzahlen zu einem bestimmten Zeitpunkt t_0. Die dynamische Analyse untersucht die Kennzahlen im Zeitablauf von t_0 bis t_n.

Die Vergleichsanalyse kann statisch oder dynamisch ausgerichtet sein.

Beispiele

- Zeitvergleich
- innerbetrieblicher Vergleich
- zwischenbetrieblicher Vergleich
- Branchenvergleich
- Segmentvergleich
- Soll-Ist-Vergleich.

Die statische Analyse die Kennzahlen hat nur begrenzten Aussagewert. Eine verbesserte Bewertung und Entscheidungsgrundlage gewinnt man, indem Vergleichsanalysen erstellt werden.

Vergleichsanalysen:

- **Zeitvergleich:** Vergleich der Kennzahlen des Unternehmens mit denen der Vorperiode(n). Hier kann z. B. der Gewinn 2018 mit dem Durchschnitt von 2012 bis 2017 verglichen werden.
- **Segmentvergleich:** Von Interesse kann auch die Darstellung und Analyse von Segmenten des Konzerns im Zeitablauf sein. Hier kann z. B. die Entwicklung der Rentabilität im Segment Krankenhaus mit dem Segment Pflegeeinrichtung von 2013 bis 2018 verglichen werden und als Basis für ein Forecast genommen werden.
- **Branchenvergleich:** Vergleich der Kennzahlen des Unternehmens mit den Durchschnittswerten der Branche bzw. mit dem Zahlengerüst des „Branchenprimus". Hier kann z. B. der Auslastungsgrad einer Pflegeeinrichtung mit der durchschnittlichen Auslastung im Einzugsgebiet oder der Region bzw. bei dem stärksten Mitbewerber verglichen werden.

- **Benchmarking:** Ist ein systematischer und kontinuierlicher Prozess des Vergleichens von Produkten, Dienstleistungen und Prozessen im eigenen Unternehmen hinsichtlich des Erreichens festgelegter Ziele oder der Ermittlung von Verbesserungspotenzial. Dies kann auch mit branchenfremden Unternehmen in qualitativer und/oder quantitativer Hinsicht erfolgen. So kann z. B. ein Krankenhaus seine elektive Aufnahme mit der Rezeption eines Viersternehotels vergleichen: Benchmarking des „Check in"-Prozesses.
- **Soll-Ist-Vergleich:** Vergleich der Ist-Werte mit vorgegebenen Soll-Werten, die z. B. aus der Erfahrung, aus der Zielgröße oder aus alternativen Anlagemöglichkeiten abgeleitet werden. Hier kann z. B. die Soll- bzw. Planmenge einer DRG mit der Ist-Menge in der laufenden oder mit der Vorperiode verglichen werden.

06. Welche Kennzahlen können Gegenstand der Betrachtung sein?

Kennzahlen zur Vermögenslage
- Abschreibungsquote
- Anlagenintensität
- Anlagennutzungsgrad
- Arbeitsintensität
- Forderungsintensität
- Investitionsdeckung
- Investitionsquote
- Umlaufintensität
- Umschlagshäufigkeit:
  - der Forderungen
  - des Gesamtvermögens
  - des Sachanlagevermögens
  - des Vorratsvermögens
- Vorratsintensität.

Kennzahlen zur Finanzlage
- Anlagendeckungsgrad und -finanzierungsgrad
- Eigenkapital:
  - Entwicklung
  - Quote
- Liquiditätsrelationen
- Netto Working Capital
- Selbstfinanzierungsgrad
- Verschuldungskoeffizient.

Kennzahlen zur Ertragslage
- Aufwandsstruktur
- Betriebserfolg nach betriebswirtschaftlichen Grundsätzen
- Cashflow
- Produktivität
- Rentabilitäten:
  - Eigenkapitalrentabilität
  - Gesamtkapitalrentabilität
  - Umsatzrentabilität
- Return on Capital Employed
- Social Return on Investment.

Kennzahlen der Qualität
- Anzahl Dekubiti
- Anzahl Wiederaufnahmen
- Infektionsrate
- Komplikationsrate
- Kundenzufriedenheit
- Mitarbeiterzufriedenheit
- Pflegenote
- Sterberate.

Kennzahlen des Personals
- Altersstruktur
- Anzahl Mitarbeiter je Qualifikation
- Ausfallquote je Personalart
- Fachkraftquote
- Fluktuationsquote
- Krankheitstage
- Weiterbildungstage.

Kennzahlen der Prozesse
- Belegungsgrad
- Fehlerquote
- OP-Zeiten
- Verweildauer.

07. Welche gesetzlichen Statistiken sind zu liefern?

Beispiele für gesetzlich vorgegebene statistische Erhebungen im Gesundheits- und Sozialwesen:

Die Krankenhausstatistik beschreibt die strukturelle Situation der Krankenhäuser und Vorsorge- oder Rehabilitationseinrichtungen sowie die Nutzung dieser Einrichtungen durch ihre Patientinnen und Patienten. Sie ist in drei Erhebungsteile untergliedert – Grunddaten, Kostennachweis und Diagnosedaten. Näheres ist in der Krankenhausstatistikverordnung (KHStatV) geregelt.

Strukturerhebung im Dienstleistungsbereich; hier werden die Ergebnisse zu folgenden Merkmalskomplexen erhoben:

Allgemeine Angaben zur Kennzeichnung der Erhebungseinheit
- Wirtschaftlicher Schwerpunkt
- Rechtsform
- Zahl der Niederlassungen.

Tätige Personen sowie Personalaufwand
- Zahl der tätigen Personen nach Stellung im Beruf, Voll- und Teilzeittätigkeit sowie Geschlecht
- Zahl der Beschäftigten nach Vollzeiteinheiten
- Bruttoentgelte
- gesetzliche und übrige Sozialaufwendungen des Arbeitgebers.

Erträge, Vorleistungen sowie Steuern und Subventionen
- Umsätze nach In- und Ausland und sonstige betriebliche Erträge
- Aufwendungen für Waren, Material und Dienstleistungen nach Arten
- Wert der Bestände (Anfangs- und Endbestand) an Waren und Material nach Arten
- Aufwendungen für Mieten, Pachten und Leasing
- Steuern, Abgaben sowie Subventionen.

Investitionen
- Wert der erworbenen Sachanlagen nach Arten
- Wert der selbsterstellten Sachanlagen
- Wert der immateriellen Vermögensgegenstände.

Die Strukturerhebung im Dienstleistungsbereich ist eine jährliche, dezentrale Stichprobenerhebung mit Auskunftspflicht, die bei höchstens 15 % aller Erhebungseinheiten (Auswahlgesamtheit) durchgeführt wird. Erhebungs- und Darstellungseinheiten sind die Unternehmen und Einrichtungen zur Ausübung einer freiberuflichen Tätigkeit, also z. B. auch Ärzte, Zahnärzte, Hebammen. Auf der Grundlage der bei den befragten Stichprobenunternehmen erfassten Merkmalswerte werden durch Hochrechnung entsprechende Totalwerte ermittelt. Rechtsgrundlagen hierfür sind das Dienstleistungsstatistikgesetz (DlStatG) und die Verordnung (EG) Nr. 177/2008.

Die Pflegestatistik wird von den Statistischen Ämtern des Bundes und der Länder alle zwei Jahre durchgeführt. Ziel der Statistik ist es, Daten zum Angebot von und der Nachfrage nach pflegerischer Versorgung zu gewinnen. Es werden daher Daten über die Pflegebedürftigen sowie über die Pflegeheime und ambulanten Dienst einschließlich des Personals erhoben. Näheres regelt die Pflegestatistik-Verordnung (PflegeStatV)

4.5.2 Betriebliche Kennzahlen auswählen

01. Wie können Kennzahlen ausgewählt werden?

Die Jahresabschlussanalyse kann bei der Auswahl erster Kennzahlen helfen. Der Jahresabschluss enthält Informationen und Zahlen über die Entwicklung und Lage des Unternehmens zum Stichtag und des vergangenen Geschäftsjahres, welche bedarfsgerecht aufbereitet werden müssen.

Die Jahresabschlussanalyse liefert Kennzahlen zur Kontrolle und Steuerung des Unternehmens, z. B. bezüglich Rentabilität und Liquidität. Hier gilt Liquidität geht vor Rentabilität.

Kennzahlen können auch die Wertschöpfung darstellen. Dies kann anhand der Kette von Beschaffung, Produktion und Absatz geschehen.

02. Welche Kennzahlen können ausgewählt werden?

Im Folgenden ein kurzer Überblick über ausgewählte Kennzahlen zu den hauptsächlichen Analysegebieten:

Vermögen	Finanzen	Erfolg
► Abschreibungsquote	► Anlagendeckungsgrad	► Betriebserfolg
► Anlagenintensität	► Eigenkapitalentwicklung	► Cashflow
► Anlagennutzungsgrad	► Eigenkapitalquote	► Eigenkapitalrentabilität
► Arbeitsintensität	► Liquidität	► Gesamtkapitalrentabilität
► Forderungsintensität	► Net Working Capital	► Kostenstruktur
► Investitionsdeckung	► Selbstfinanzierungsgrad	► Produktivität
► Investitionsquote	► Verschuldungsgrad	► Return on Capital Employed
► Umlaufintensität		► Social Return on Investment
► Umschlagsintensität		► Umsatzrentabilität
- Gesamtvermögen		
- Anlagevermögen		
- Vorratsvermögen		
- Forderungen		
► Vorratsintensität		

03. Was ist ein wertorientierter Kennzahlenbaum?

Ein wertorientierter Kennzahlenbaum nach Coenenberg resultiert aus der Ermittlung des Übergewinns (EVA = economic value added) welcher in der folgenden Grafik dargestellt wird:

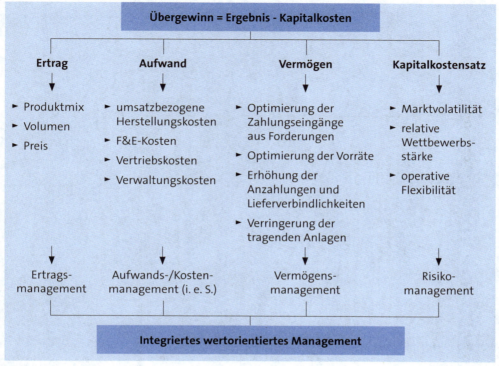

Quelle: Grafik aus *Coenenberg*

Das auf der Folgeseite dargestellte wertorientierte Kennzahlensystem ist als Baum angelegt. So können die Auswirkungen von Entscheidungen umgehend dargestellt und simuliert werden.

Das EVA (Economic Value Added)-Konzept gehört nach *Horvath* „zu den Instrumenten des Wertmanagements". Hier wird der Übergewinn ermittelt:

Übergewinn = (Vermögensrendite - Kapitalkostensatz) • Vermögen

Der EVA ist jedoch nicht nur eine Kennzahl für die finanzielle Leistungsfähigkeit des Unternehmens, sondern auch für dessen Marktwert. Ein positiver EVA heißt demzufolge, dass das Unternehmen in seinen Wert weiter gesteigert werden konnte. Hier kann sowohl die Shareholder- als auch die Stakeholderperspektive berücksichtigt werden.

In dem folgenden Beispiel wird bei der gezeigten Prozessausbeute von 70 % eine Wertsteigerung (hier Wertvernichtung bzw. Verlust) von minus 36,8 Geldeinheiten erwirtschaftet.

Würde die Prozessausbeute nur auf 75 % gesteigert werden können, also um + 7,14 %, so würde eine Wertsteigerung von + 11 Geldeinheiten erreicht werden.

4. Steuern von betriebswirtschaftlichen Prozessen und Ressourcen | 4.5 Betriebliche Kennzahlen

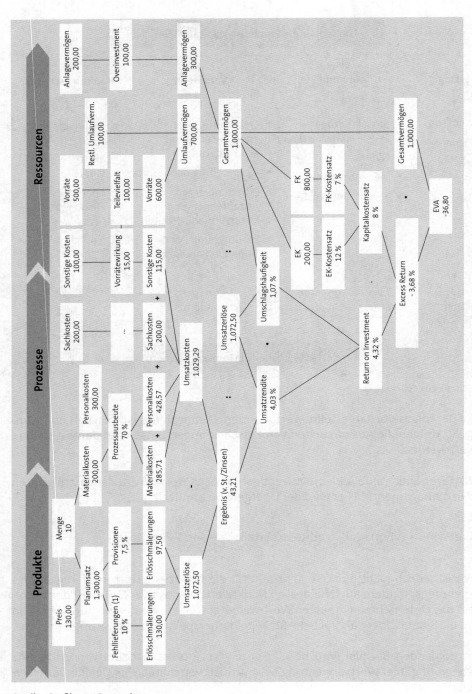

Quelle: Grafik aus *Coenenberg*

04. Was ist eine wertorientierte Balanced Scorecard?

Die Balanced Scorecard ist ein mehrdimensionaler Ansatz, um verschiedene qualitative und quantitative Ziele gleichzeitig nebeneinander zu untersuchen und die gegenseitigen Abhängigkeiten zu analysieren.

Das Grundprinzip hierfür stammt von *Norton* und *Kaplan* und hat folgende Ausprägung:

Die gleichzeitige Sicht auf die Produkte, Prozesse und Ressourcen findet sich auch bei der wertorientierten Balanced Scorecard wieder, welche nun dargestellt wird:

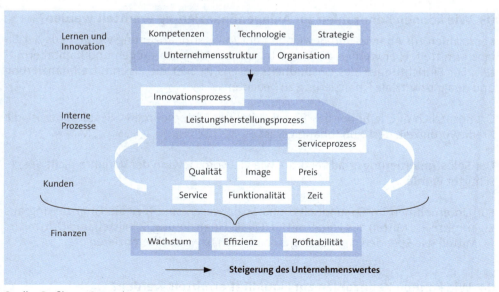

Quelle: Grafik aus *Coenenberg*

Auf Basis der gezeigten Kennzahlensysteme Economic Value Added und Balanced Scorecard können betriebliche Kennzahlen ausgewählt werden.

4.5.3 Betriebliche Kennzahlen ermitteln

01. Wie können Kennzahlen zur Kapitalstruktur ermittelt werden?

Kennzahlen zur Analyse und Bewertung der Kapitalstruktur werden aus der passiven Seite der Bilanz ermittelt. Hier werden die Verhältnisse von Eigen-, Fremd- und Gesamtkapital zueinander ermittelt.

02. Wie können Kennzahlen zur Investitionsanalyse ermittelt werden?

Kennzahlen zur Analyse und Bewertung der Investitionstätigkeit werden aus der Bilanz und GuV ermittelt. Hier werden die Verhältnisse von Vermögen, Bestandsveränderungen, Abschreibungen und Investition ermittelt.

Bei der Investitionsrechnung wird regelmäßig zwischen zwei Alternativen entschieden. Die Alternative mit dem höheren Ertrag ist die bessere. Basis der Entscheidung sind die zukünftigen Ein- und Auszahlungen, welche durch die Investition erwartet werden.

Die statische Investitionsrechnung vergleicht die Kosten für eine Periode und geht davon aus, dass dies auch für die Zukunft gilt.

Die dynamische Investitionsrechnung vergleicht unterschiedliche Zahlungsströme über mehrere Perioden und deren Barwerte.

03. Wie können Kennzahlen zur Anlagenfinanzierung ermittelt werden?

Kennzahlen zur Analyse und Bewertung der Anlagenfinanzierung werden aus der Bilanz ermittelt. Hier werden die Verhältnisse von Anlagevermögen und Kapital ermittelt. Für Einrichtungen des Gesundheitswesens ist hier die Eigenmittelfinanzierung und duale bzw. triale Finanzierung zu beachten.

Grundsätzlich gilt, je höher das Eigenkapital des Unternehmens, desto höher ist die Kreditwürdigkeit, desto unabhängiger ist es.

Der Selbstfinanzierungsgrad zeigt an, wie viel vom Gewinn der Vorjahre nicht ausgeschüttet wurde.

Für Unternehmen im Gesundheits- und Sozialwesen sind hier die Finanzierung aus Eigenmittel (1. Mittel) aus Fördermittel (Duale Finanzierung, 2. Mittel) und Drittmittel (3. Mittel) wie Spenden, Sponsoring zu beachten bzw. zu differenzieren.

04. Wie können Kennzahlen zur Liquidität ermittelt werden?

Kennzahlen zur Analyse und Bewertung der Liquidität, also der Zahlungsfähigkeit, werden aus der Bilanz ermittelt. Hier werden die Verhältnisse von Umlaufvermögen, und kurzfristigem Fremdkapital ermittelt.

Je höher die Liquidität, desto besser ist die Zahlungsfähigkeit. Ist die Liquidität jedoch zu hoch, so hat das Unternehmen ungenutzte Geldbestände, die keine Zinsen erwirtschaften.

Die Liquiditätskennzahlen erklären nicht die Ursache für zu viel oder zu wenig Liquidität. Sie sind nur ein Indikator für weitere Analysen, z. B. hinsichtlich der Kapitalstruktur oder des Mahnwesens.

05. Wie kann der Cashflow ermittelt werden?

Kennzahlen zur Analyse und Bewertung des Cashflows bzw. des Kapitalflusses oder des Finanzierungsüberschusses werden aus der Bilanz und der GuV ermittelt. Hier werden die zahlungsgleichen Größen ermittelt, die Auskunft über die Finanzkraft des Unternehmens geben. Da die Werte jedoch Vergangenheitswerte sind, können sie keine tatsächliche Auskunft über zukünftige Entwicklungen geben. Hier sind weitere Planzahlen erforderlich.

06. Wie können Umschlagskennzahlen ermittelt werden?

Kennzahlen zur Analyse und Bewertung der Umschlagshäufigkeit werden aus der Bilanz und GuV sowie aus der Material- und Personalwirtschaft ermittelt. Hier werden z. B. die Verhältnisse von Vermögensgegenständen von ihrem Verbrauch bis zu ihrem Rückfluss als Geld ermittelt. Ebenso werden hier Mengenveränderungen von Beständen durch Zu- und Abgänge sowie Verbräuche dokumentiert.

Je höher die Umschlagsgeschwindigkeit, desto geringer ist die Kapitalbindung und desto geringer sind die Kapitalkosten.

Ist das Debitorenziel (d. h. die tatsächliche Zeit bis zur Bezahlung) höher als das vereinbarte Kundenzahlungsziel, zahlen die Kunden nicht fristgerecht, kann dies zu Liquiditätsengpässen führen.

Der Umschlag der Verbindlichkeiten und der Forderungen sollte gleich sein, damit sich die Liquidität ausgleicht.

Ein hoher Bestand an Verbindlichkeiten verhindert den Skontoabzug bei Zahlung.

07. Wie können Rentabilitätskennzahlen ermittelt werden?

Die Rentabilität ist eine Wertkennziffer und misst die Ergiebigkeit des Kapitaleinsatzes (oder des Umsatzes) zum Periodenerfolg. Kennzahlen zur Analyse und Bewertung der Rentabilität oder auch Rendite werden aus der Bilanz und der GuV ermittelt. Hier wird die Produktivität des eingesetzten Kapitals ermittelt. Die statische Rentabilität bezieht sich auf Bilanzwerte, die dynamische Rentabilität berücksichtigt Werte aus der GuV.

08. Wie können Produktivitätskennzahlen ermittelt werden?

Die Produktivität ist eine Mengenkennziffer. Sie zeigt die mengenmäßige Ergiebigkeit eines Produktionsfaktors (z. B. Anzahl der Maschinenstunden, Anzahl der Mitarbeiterstunden, Menge des verbrauchten Rohstoffes) zur erzeugten Produktionsmenge (in Stückzahlen, in Einheiten u. Ä.).

Als Einzelwert hat die Produktivität keine Aussagekraft; dies wird erst im Vergleich mit innerbetrieblichen Ergebnissen (z. B. der Vorperiode) oder im zwischenbetrieblichen Vergleich erreicht. Kennzahlen zur Analyse und Bewertung der Produktivität werden aus GuV und Kostenrechnung ermittelt. Hier werden die Verhältnisse von Input und Output ermittelt.

09. Wie können Finanzierungskennzahlen ermittelt werden?

Kennzahlen zur Analyse und Bewertung von Finanzierungen werden aus der Bilanz und GuV sowie mit der Kostenrechnung ermittelt. Hier werden die Zahlungsströme der Einzahlungen und der Auszahlung ermittelt, welche durch die Finanzierung verursacht werden. Auch das Verhältnis von Eigen- und Fremdkapital wird untersucht.

10. Wie können Investitionskennzahlen ermittelt werden?

Kennzahlen zur Analyse und Bewertung von Investitionen werden aus der Bilanz und der GuV sowie mit der Kostenrechnung ermittelt. Hier werden die Zahlungsströme der Auszahlungen und der Einzahlungen ermittelt, welche durch die Investition verursacht werden. Der Barwert der Investition und die Verzinsung des eingesetzten Kapitals werden hier analysiert. Grundsätzlich sind die Investitionen vorzuziehen, welche den höheren Barwert oder die bessere Verzinsung aufweisen.

11. Wie können Kennzahlen der Materialwirtschaft ermittelt werden?

Kennzahlen zur Analyse und Bewertung der Material- und Lagerwirtschaft werden aus der Bilanz und der GuV sowie mit der Kostenrechnung ermittelt. Hier werden die Bestandsentwicklungen, die Kosten der Lagerung sowie die Bestellmengen und -zeitpunkte ermittelt.

Hohe Lagerbestände führen zu einer hohen Kapitalbindung und Lagerkosten. Niedrige Lagerbestände können Engpässe im Betrieb zur Folge haben.

12. Wie können Kennzahlen der Produktion ermittelt werden?

Hier werden Durchlaufzeiten, Auftragszeiten und Belegungszeiten sowie Kapazitäten und für die Gesundheitswirtschaft besonders wichtig Mindestmengen ermittelt, also der wirtschaftliche Umgang mit den Ressourcen. Die Wirtschaftlichkeit ist eine Wertkennziffer. Sie misst die Einhaltung des ökonomischen Prinzips und ist der Quotient aus Leistungen und Kosten oder Ertrag und Aufwand. Kennzahlen zur Analyse und Bewertung der Produktion werden aus der Bilanz und der GuV sowie mithilfe der Kostenrechnung ermittelt.

13. Wie können Marketing- und Vertriebskennzahlen ermittelt werden?

Kennzahlen zur Analyse und Bewertung der Marketing- bzw. Vertriebsaktivitäten werden aus der Bilanz und der GuV sowie statistischen Daten ermittelt. Hier werden die Verhältnisse von Mitteleinsatz und Wirkung von Marketingaktionen ermittelt, auch das Marktwachstum und die Marktanteile sowie deren Entwicklungen werden begutachtet.

14. Wie können Kennzahlen der Personalwirtschaft ermittelt werden?

Kennzahlen zur Analyse und Bewertung der Investitionstätigkeit werden aus der GuV und statistischen Daten ermittelt. Hier werden die Verhältnisse Umsatz, Absatz, Fehlzeiten zu Personalkosten und -menge ermittelt.

15. Woher stammen externe statistische Daten für Auswertungen?

Die Krankenhausstatistikverordnung (KHStatV) schreibt den Krankenhäusern die Abgabe von statistischen Daten hinsichtlich Personal, Material und Produktion vor.

Die Fachverbände (DKG e. V., IHK, DVKC e. V., bpa etc.) und auch Banken bieten branchenspezifische Information an.

Ämter und Behörden liefern auch unentgeltliche Informationen für ihren Zuständigkeitsbereich.

Die Sozialbilanzen der Bundesregierung liefern weitere Informationen über die Entwicklung bestimmter Bereiche der Wirtschaft und der sozialen Entwicklung.

16. Welche Inhalte hat eine Sozialbilanz?

Eine Sozialbilanz soll darstellen, wie ein Unternehmen seine soziale Verantwortung wahrnimmt. Unternehmen des Gesundheits- und Sozialwesens können hier bilanzieren, ob sie die in ihrem Leitbild formulierten Ziele erreicht haben. Sie ergänzt den Jahresabschluss.

Die Kennzahlen des Rechnungswesens, vor allem aus der Bilanz und der GuV, sind Basis der Sozialbilanz. Zudem werden statistische Vergleiche und Kennzahlen aus dem Personalwesen einbezogen. So werden die quantitativen Daten zu sozialen Leistungen des Unternehmens um qualitative Daten und Darstellungen ergänzt.

Folgende Bereiche der Sozialbilanz können u. a. in Unternehmen des Gesundheits- und Sozialwesens bilanziert werden: Personalentwicklung, Qualitätssicherung, Ehrenamtler, Stakeholder sowie die betriebswirtschaftliche Struktur des Unternehmens, die Ziele und die Zielerreichung.

Die Sozialbilanz hat daher eine wirtschaftliche Komponente, indem sie gegenüber den Kunden und Kostenträgern des Unternehmens, den ökonomischen und insbesondere den sozialen Nutzen des Unternehmens für die Stakeholder darstellt. Dies ist auch ein Nutzen im Sinne des Sozial-Marketing.

17. Wie kann eine Sozialbilanz aussehen?

Die Sozialbilanz der Sparkasse-Rhein-Nahe für 2017 hat in ihrem Sozialbericht 2018 folgendes Format:

Sozialbilanz 2017

	31.12.2017	31.12.2016

Strukturelle Förderung in der Region durch Spenden und Sponsoringleistungen
z. B. Stiftung des Landkreises Bad Kreuznach für Kultur und Soziales
    Stiftung Kultur im Landkreis Mainz-Bingen
    Stiftung Haus der Stadtgeschichte in Bad Kreuznach
    Einrichtungen der Schuldnerberatung
    Freilichtmuseum Bad Sobernheim
    Kreuznach Klassik
    Synagoge Meisenheim
    Die Tafeln
    Obdachloseninitiativen, etc.
	1.441.496 €	1.432.900 €

Ausschüttung der Stiftung Jugend der Sparkasse Rhein-Nahe	50.000 €	50.000 €
Ausschüttung der Stiftergemeinschaft der Sparkasse Rhein-Nahe	7.000 €	5.000 €
Ausschüttungen an die Träger für gemeinnützige Zwecke	1.188.000 €	1.188.000 €
Ausschüttung der Stiftung Kultur im Landkreis Mainz-Bingen	46.523 €	40.000 €
Gesamtsumme ausgeschüttete soziale Leistungen	2.733.019 €	2.715.900 €
Wirtschaftsförderung in Form von Aufträgen an regionale Unternehmen inkl. Aufträge von Tochterunternehmen	29.876.417 €	17.508.800 €
Steuerzahlungen Gewerbesteuer	5.143.827 €	5.805.000 €
Körperschafts- sowie Kapitalertragssteuer, anrechenbare Körperschaftssteuer und Solidaritätszuschlag und gewinnabhängige Steuern	5.640.344 €	6.503.000 €
Grundsteuer und sonstige Steuern	110.812 €	111.000 €
Gesamtsumme	**43.504.419 €**	**32.643.700 €**

18. Wie kann der Social Return on Investment (SROI) ermittelt werden[1]?

Erstmals hat eine bundesweite Studie der Katholischen Universität Eichstätt-Ingolstadt (KU) im Jahr 2014 berechnet, welche volkswirtschaftlichen Wirkungen gemeinnützige Werkstätten für behinderte Menschen erzeugen. Die Ergebnisse zeigen: Sozialausgaben sind Investitionen von Steuermitteln, die auf verschiedenen Ebenen sogar Mehrwerte schaffen – sozial und wirtschaftlich.

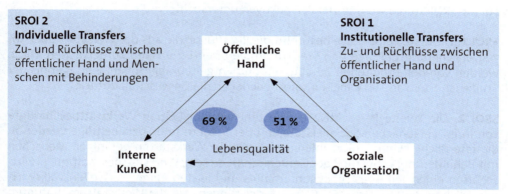

Soziale Dienstleistungen geschehen in einem Dreiecksverhältnis: Der, der für die Leistung bezahlt, ist in der Regel nicht der, dem die Leistungen direkt zugutekommen; © BAG WfbM

„Werkstätten sind wertschöpfend. Unterm Strich steht ein deutliches Plus für die Gesellschaft. Mit 100 € investierten Mitteln erzeugen sie eine Wertschöpfung in Höhe von 108 €", erklärt Bernd Halfar, Professor für Management in sozialen Einrichtungen an der Fakultät für Soziale Arbeit der KU. Halfar hat im Auftrag der Bundesarbeitsgemeinschaft Werkstätten für behinderte Menschen (BAG WfbM) die Daten von bundesweit 26 Werkstätten zum sogenannten **Social Return on Investment (SROI)** ausgewertet.

Social Return on Investment bedeutet, dass man Sozialausgaben der öffentlichen Hand nicht als „versenkte Mittel" betrachtet, sondern als Investitionen. Die SROI-Studie fragt: Welchen Ertrag bekommt die Gesellschaft für ihre Investitionen in Werkstätten zurück? Was die sozialen Investitionen bewirken, stellt die Studie aus vier Perspektiven dar.

Werkstätten und ihre Mitarbeiter führen Steuern und Sozialbeiträge ab, Werkstätten vermeiden an anderer Stelle Kosten für die öffentliche Hand und sie erzeugen direkte und induzierte wirtschaftliche Effekte für die Regionen. Die SROI-Studie hat diese Wirkungen gemessen. In der Summe kommt sie zu dem Ergebnis, dass Werkstätten wertschöpfend sind. Unterm Strich erzeugen sie ein deutliches Plus für die Gesellschaft. Hochgerechnet verschaffen Werkstätten der öffentlichen Hand pro Jahr Einnahmen und Einsparungen in Höhe von etwa 6 Mrd. € im Vergleich zu Investitionen in Höhe von 5,6 Mrd. €. 100 €, die in Werkstattleistungen investiert werden, erzeugen also eine Wertschöpfung von 108 €.

---

[1] Quelle: http://www.rehacare.de/cipp/md_rehacare/custom/pub/content,oid,37048/lang,1/ticket,g_u_e_s_t/~/Studie_berechnet_Sozialbilanz_von_Werkstätten_für_behinderte_Menschen.html

„Die in Werkstätten investierten öffentlichen Mittel werden nicht einfach verbraucht. Die positiven Effekte sind für alle Beteiligten zu spüren", so Halfar. Die Teilhabeangebote der Werkstätten verbinden Sozialleistungen und wirtschaftliche Produktivität zu einem Kreislauf. Damit verbessere das Werkstattangebot die Lebensqualität von behinderten Menschen, die Unterstützung im Arbeitsleben brauchen, und sie fördere die Wohlfahrt der Gesellschaft.

Für die SROI-Studie wurden vier Perspektiven untersucht:

SROI 1: Die erste Perspektive bestimmt die Rückflüsse, die aus der Werkstatt über Sozialversicherungsbeiträge und Steuern an die öffentliche Hand zurückfließen. Diese werden von den erhaltenen Zuschüssen und Entgelten abgezogen. Ein Ergebnis der Studie ist: 51 € von 100 € fließen sofort wieder an die Gesellschaft zurück.

SROI 2: Die zweite Perspektive betrachtet, welchen Beitrag Werkstattbeschäftigte von ihren persönlichen Sozialleistungen über Steuern und Sozialbeiträge wieder an die öffentliche Hand zurückzahlen. Das Ergebnis: Werkstätten befähigen Menschen mit Behinderung, aktiver Teil der Gemeinschaft zu sein. Werkstattbeschäftigte erwirtschaften einen Teil ihres Lebensunterhaltes und leisten einen wertvollen volkswirtschaftlichen Beitrag. Von 100 € Transferleistungen, die die Werkstattbeschäftigten erhalten, zahlen sie im Schnitt 69 € an die öffentlichen Kassen zurück.

SROI 3: Diese Perspektive berechnet, welche Kosten entstehen würden, wenn es das Werkstattangebot nicht gäbe. Zum Vergleich: Ein Werkstattplatz kostet die öffentliche Hand – Steuern und Beiträge abgezogen – im Schnitt rund 10.000 € pro Jahr. Würden die Beschäftigten zu Hause bleiben, entstünden Betreuungskosten von durchschnittlich rund 10.400 € pro Person. Ein Grund dafür ist: Einige Angehörige von Menschen mit Behinderung könnten nur eingeschränkt erwerbsfähig sein. Dadurch würden für den Staat Steuern und Beiträge aus Bruttolöhnen von rund 2 Mrd. €entfallen. Alternativen zur Werkstatt, die weniger Teilhabe für Menschen mit Behinderungen bieten, sind nicht günstiger.

SROI 4: Die vierte Perspektive betrachtet Werkstattunternehmen als Wirtschaftsfaktoren. Werkstätten sind Sozialunternehmen. Sie holen Aufträge in die Region und schaffen Arbeitsplätze. Hochgerechnet generieren Werkstätten direkte Einkommen in Höhe von 3 Mrd. €.

Werkstätten und ihre Beschäftigten kaufen Waren und beziehen Dienstleistungen. Bundesweit bedeutet das eine direkte Nachfrage von rund 2,7 Mrd. €. Da die Mitarbeiter und Beschäftigten einen Teil ihres Einkommens in der Region ausgeben, wird dort die Wirtschaft angekurbelt.

Durch die Tätigkeit von Werkstätten entsteht eine direkte und induzierte Nachfrage in Höhe von insgesamt 6 Mrd. €. Daran hängen wiederum direkte und induzierte Arbeitsplätze in Höhe von rund 7 Mrd. € (Bruttolöhne). Für die öffentliche Hand bedeutet dies Einnahmen in Höhe von knapp 6 Mrd. €.

4.5.4 Betriebliche Kennzahlen auswerten

Die Auswertung der Kennzahlen erfolgt anhand einer fiktiven Bilanz und GuV einer Pflegeeinrichtung. In der Regel werden die Kennzahlen als Prozentzahlen oder absolute Werte dargestellt.

AKTIVA	Bilanz zum ...	PASSIVA
A. Anlagevermögen I. Immaterielle Vermögensgegenstände II. Sachanlagen III. Finanzanlagen **B. Umlaufvermögen** I. Vorräte II. Forderungen III. Wertpapiere IV. Zahlungsmittel Bank Kasse **C. Ausgleichsposten** aus Darlehensförderung **D. Rechnungsabgrenzungsposten** **E. Aktive latente Steuern** **F. Aktiver Unterschiedsbetrag aus der Vermögensverrechnung** **G. Nicht durch Eigenkapital gedeckter Fehlbetrag** Bilanzsumme =		**A. Eigenkapital** 1. Gezeichnetes Kapital 2. Kapitalrücklage 3. Gewinnrücklagen z. B. gesetzliche, satzungsmäßige, andere Gewinnrücklagen 4. Gewinn-/Verlustvortrag 5. Jahresüberschuss/Jahresfehlbetrag **B. Sonderposten** 1. Sonderposten aus Zuweisungen und Zuschüssen der öffentlichen Hand 2. Sonderposten aus Zuwendungen Dritter **C. Rückstellungen** **D. Verbindlichkeiten** Verbindlichkeiten aus Lieferungen und Leistungen, sonstige Verbindlichkeiten **E. Ausgleichsposten aus Darlehensförderung** **F. Rechnungsabgrenzungsposten** **G. Passive latente Steuern** Bilanzsumme

GuV

1. Umsatzerlöse
2. +/- Bestandsveränderungen
3. + andere aktivierte Eigenleistungen
4. + sonstige betriebliche Erträge
5. - Materialaufwand
6. - Personalaufwand
7. - Abschreibungen
8. - sonstige betriebliche Aufwendungen
9. +/- Erträge/Verluste aus Beteiligungen
10. + Erträge aus anderem Finanzanlagevermögen
11. + sonstige Zinserträge
12. - Abschreibungen auf Finanzanlagen und Wertpapiere des Umlaufvermögens
13. - Zinsen und ähnliche Aufwendungen
14. **= Ergebnis der gewöhnlichen Geschäftstätigkeit (EGT)**
15. + außerordentliche Erträge
16. - außerordentliche Aufwendungen
17. **= außerordentliches Ergebnis**
18. - Steuern vom Einkommen und vom Ertrag
19. - sonstige Steuern
20. **= Jahresüberschuss/Jahresfehlbetrag**

01. Welche Kennzahlen zur Kapitalstruktur können ausgewertet werden?

$$\text{Eigenkapitalquote} = \frac{\text{Eigenkapital}}{\text{Gesamtkapital}} \cdot 100$$

$$\text{Fremdkapitalquote} = \frac{\text{Fremdkapital}}{\text{Gesamtkapital}} \cdot 100$$

$$\text{Verschuldungsgrad} = \frac{\text{Fremdkapital}}{\text{Eigenkapital}} \cdot 100$$

$$\text{Selbstfinanzierungquote} = \frac{\text{Gewinnrücklagen}}{\text{Eigenkapital}} \cdot 100$$

02. Welche Kennzahlen zur Investitionsanalyse können ausgewertet werden?

$$\text{Anlageintensität} = \frac{\text{Anlagevermögen}}{\text{Gesamtvermögen}} \cdot 100$$

$$\text{Umlaufintensität} = \frac{\text{Umlaufvermögen}}{\text{Gesamtvermögen}} \cdot 100$$

$$\text{Investitionsquote in Sachanlagen} = \frac{\text{Nettoinvestition des Jahres}}{\text{AB der Sachanlagen}} \cdot 100$$

$$\text{Vorratsintensität} = \frac{\text{Vorräte}}{\text{Gesamtvermögen}} \cdot 100$$

$$\text{Forderungsintensität} = \frac{\text{Forderungen a. L. L.}}{\text{Gesamtvermögen}} \cdot 100$$

03. Welche Kennzahlen zur Anlagenfinanzierung können ausgewertet werden?

$$\text{Anlagendeckungsgrad I} = \frac{\text{Eigenkapital}}{\text{Anlagevermögen}} \cdot 100$$

$$\text{Anlagendeckungsgrad II} = \frac{\text{Eigenkapital + langfr. Fremdkapital}}{\text{Anlagevermögen}} \cdot 100$$

$$\text{Anlagendeckungsgrad III} = \frac{\text{Eigenkapital + langfr. Fremdkapital}}{\text{Anlagevermögen + langfr. Umlaufvermögen}} \cdot 100$$

04. Welche Kennzahlen zur Liquidität können ausgewertet werden?

$$\text{Liquidität I (Barliquidität)} = \frac{\text{Kasse + Bank}}{\text{kurzfristiges Fremdkapital}} \cdot 100$$

$$\text{Liquidität II (Einzugsliquidität)} = \frac{\text{Kasse + Bank + kurzfr. Forderungen}}{\text{kurzfristiges Fremdkapital}} \cdot 100$$

$$\text{Liquidität III (Umsatzliqui.)} = \frac{\text{Kasse + Bank + kurzfr. Forderungen + Vorräte}}{\text{kurzfristiges Fremdkapital}} \cdot 100$$

05. Welche Cashflow-Analysen können ausgewertet werden?

Zur Berechnung des Cashflow » siehe S. 557 f.

$$\text{Entschuldungsgrad} = \frac{\text{Cashflow}}{\text{Fremdkapital}} \cdot 100$$

$$\text{Dynamischer Verschuldungsgrad in Jahren} = \frac{\text{Fremdkapital}}{\text{Cashflow}}$$

06. Welche Umschlagskennzahlen können ausgewertet werden?

$$\text{Eigenkapitalumschlag} = \frac{\text{Umsatzerlöse}}{\text{Eigenkapital}}$$

$$\text{Materialumschlag} = \frac{\text{Materialkosten}}{\varnothing \text{ Materialbestand}}$$

$$\text{Materialumschlagsdauer in Tagen} = \frac{\varnothing \text{ Materialbestand}}{\text{Materialkosten}} \cdot 360$$

$$\text{Umschlaghäufigkeit der F. a. L. L.} = \frac{\text{Umsatz}}{\varnothing \text{ Bestand der F. a. L. L.}}$$

$$\text{Kapitalumschlag} = \frac{\text{Umsatz}}{\text{Gesamtkapital}}$$

$$\text{Debitorenziel} = \frac{360}{\text{Umschlaghäufigkeit der F. a. L. L.}}$$

$$\text{Umschlaghäufigkeit des Eigenkapital} = \frac{\text{Umsatz}}{\text{Eigenkapital}}$$

07. Welche Rentabilitätskennzahlen können ausgewertet werden?

$$\text{Eigenkapitalrentabilität} = \frac{\text{Jahresergebnis}}{\text{Eigenkapital}} \cdot 100$$

$$\text{Gesamtkapitalrentabilität} = \frac{\text{Jahresergebnis} + \text{Fremdkapitalzinsen}}{\text{Gesamtkapital}} \cdot 100$$

$$\text{Umsatzrentabilität} = \frac{\text{Jahresergebnis}}{\text{Umsatz}} \cdot 100$$

$$\text{Selbstfinanzierungsgrad} = \frac{\text{Gewinnrücklagen}}{\text{Eigenkapital}} \cdot 100$$

$$\text{Cashflow-Rate} = \frac{\text{Cashflow}}{\text{Betriebsleistung}} \cdot 100$$

$$\text{ROI (Return on Investment)} = \text{Umsatzrentabilität} \cdot \text{Kapitalumschlag}$$

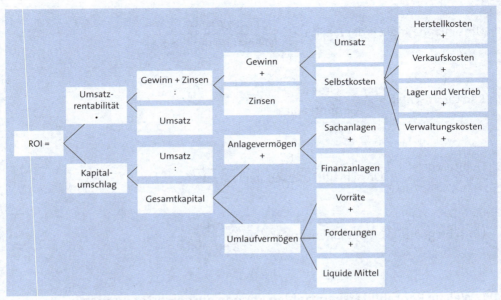
DuPont-Kennzahlensystem – ROI-Baum

Aus dem Kennzahlensystem von DuPont lassen sich Maßnahmen zur Verbesserung des ROI ableiten:

Der ROI steigt, wenn jeweils nur eine „Stellschraube" bedient wird (und die anderen Parameter gleich bleiben!)	
die Umsatzrendite steigt	die Forderungsbestände sinken
der Kapitalumschlag steigt	der Gewinn steigt
der Kapitaleinsatz verringert sich	die Selbstkosten sinken
das Anlagevermögen sinkt	die Vorräte sinken

$$\text{Materialkostenquote} = \frac{\text{Materialkosten}}{\text{Gesamtkostenumsatz}} \cdot 100$$

$$\text{Personalkostenquote} = \frac{\text{Personalkosten}}{\text{Gesamtkostenumsatz}} \cdot 100$$

08. Welche Produktivitätskennzahlen können ausgewertet werden?

$$\text{Produktivität} = \frac{\text{Output Menge}}{\text{Input Menge}} \cdot 100$$

$$\text{Wirtschaftlichkeit} = \frac{\text{Ertrag}}{\text{Aufwand}} \cdot 100$$

$$\text{Arbeitsproduktivität} = \frac{\text{Umsatz}}{\text{Ø Beschäftigte}} \cdot 100$$

$$\text{Zeitproduktivität} = \frac{\text{Umsatz}}{\text{eingesetzte Stunden}} \cdot 100$$

09. Welche Finanzierungskennzahlen können ausgewertet werden?

Einfache Zinsformel:

$$Z = \frac{K \cdot p \cdot t}{100 \cdot 360} \cdot 100$$

Hinweis:

Zinsen (Z) = Kapital (K) · Zinssatz p. a. (p) · Anzahl der Tage (t)

Wenn für Jahr, dann (t) und 360 Tage im Nenner.
Wenn für Monat, dann (m) und 12 Monate im Nenner.

Zinseszinsformel:

$$K_n = K_0 \cdot \left(1 + \frac{p}{100}\right)^n$$

K_n = Kapital zum Ende nach n Jahren, K_0 = Kapital zum Anfang am Zeitpunkt 0

Zinsfaktor:

$$q = \left(1 + \frac{p}{100}\right) \rightarrow q = (1 + i) \rightarrow i = \frac{p}{100}$$

Leverage-Effekt auf Basis der Eigenkapitalrentabilität:

$$EKR = GKR + (GKR - FKz) \cdot \frac{FK}{EK}$$

EK = Eigenkapital
EKR = Eigenkapitalrentabilität
FK = Fremdkapital
FKZ = Fremdkapitalzinsen
GKR = Gesamtkapitalrentabilität

10. Welche Investitionskennzahlen können ausgewertet werden?

Aufzinsungsfaktor:

$$q^n = (1 + i)^n$$

Abzinsungsfaktor:

$$\frac{1}{q^n} = \frac{1}{(1 + i)^n} = \text{Kehrwert vom Aufzinsungsfaktor}$$

Rentenbarwertfaktor:

$$Rbf = \frac{q^n - 1}{q^n \cdot i}$$

Kapitalendwert:

$$K_n = K_0 \cdot q^n$$

Kapitalbarwert:

$$K_0 = \frac{K^n}{q^n}$$

Mehrperiodischer Kapitalbarwert:

$$K_0 = \sum_{0}^{n} \frac{Z_n}{q^n}$$

Z_n = (Einzahlung - Auszahlung) zum Zeitpunkt n

Für eine Reihe von Aus- und Einzahlungen.
Eine Investition beginnt mit einer Auszahlung, auf die Einzahlungen folgen.
Eine Finanzierung beginnt mit einer Einzahlung, auf die Auszahlungen folgen.

Amortisationszeitpunkt:

$$t_a = \frac{AHK - Restwert}{Jahresrückfluss\ durch\ Investition} \cdot 100$$

Armortisationsdauer in Jahren:

$$A_t = \frac{Kapitaleinsatz}{\varnothing\ Gewinn + AfA}$$

Geldbedarf = (Kapitalbindungsdauer - Lieferantenzahlungsziel)
· ⌀ Auszahlungen pro Tag

Interner Zinsfuß (regula falsi):

r = interner Zinsfuß dezimal

$$r = i_1 - C_1 \cdot \frac{i_2 - i_1}{C_2 - C_1}$$

C_1 = Barwert mit Zinssatz i_1, dieser sollte positiv sein

C_2 = Barwert mit Zinssatz i_2, dieser sollte negativ sein

Beispiel

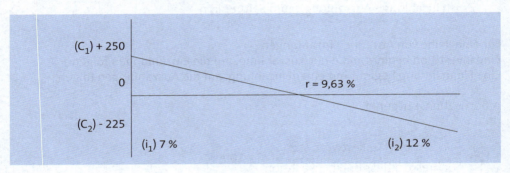

Der Barwert der Zahlungsreihe ist also mit einem Zinssatz r (9,63 %) = 0. Der Zinssatz r, der zwischen i_1 (7 %) und i_2 (12 %) liegt, wird mittels der o. g. linearen Interpolation berechnet.

Kalkulatorische Abschreibungen:

$$\text{Kalk. AfA} = \frac{\text{Anschaffungskosten} - \text{Restwert}}{\text{Nutzungsdauer}}$$

Der Restwert ist die erwartete Einzahlung bei der Verwertung nach der Nutzung.

Kalkulatorische Zinsen:

$$\text{Kalk. Zins} = \frac{\text{Anschaffungskosten} - \text{Restwert}}{2} \cdot \text{Kalk. Zinssatz}$$

Break-even-Menge:

$$BEPm = \frac{K_f}{db} \quad \text{mit} \quad db = p - kv$$

Break-even-Umsatz:

$$BEPu = p \cdot BEPm$$

11. Welche Kennzahlen der Materialwirtschaft können ausgewertet werden?

Diese Formel für eine Periode (Jahr):

$$\varnothing \text{ Lagerbestand} = \frac{\text{Anfangsbestand} + \text{Endbestand}}{2}$$

Diese Formel für Berechnung mit Monatsbeständen:

$$\varnothing \text{ Lagerbestand} = \frac{\text{Anfangsbestand} + 12 \text{ Monatsendbestände}}{13}$$

$$\varnothing \text{ Lagerkostensatz} = \frac{\text{Gesamte Kosten des Lagers}}{\varnothing \text{ Lagerbestand}} \cdot 100$$

$$\text{Lagerzinssatz} = \frac{i \cdot \varnothing \text{ Lagerdauer}}{360} \cdot 100$$

$$\text{Lagerumschlaghäufigkeit} = \frac{\varnothing \text{ Verbrauch pro Jahr}}{\varnothing \text{ Lagerbestand}}$$

$$\text{Lagerdauer} = \frac{360}{\text{Lagerumschlaghäufigkeit}}$$

Optimale Bestellmenge nach *Andler*:

$$x_{opt} = \sqrt{\frac{2 \cdot \text{Bestellkosten fix} \cdot \text{Bedarf}}{\text{Einstandspreis} \cdot \text{Lagerzinssatz}}}$$

Bestellhäufigkeit:

$$n_{opt} = \frac{x_{gesamt}}{x_{opt}}$$

Optimale Losgröße bei Eigenfertigung:

$$K = \text{Rüstkosten} \cdot \frac{\text{Bedarf}}{\text{Kapazität}} + \frac{\text{Kapazität}}{2} \cdot \text{Stückkosten} \cdot \text{Lagerzinssatz}$$

$$x_{opt} = \sqrt{\frac{2 \cdot \text{Rüstkosten} \cdot \text{Bedarf}}{\text{Herstellkosten} \cdot \text{Lagerzinssatz}}}$$

Sicherheitsbestand = ∅ Verbrauch pro Periode · Wiederbeschaffungszeit

oder

Sicherheitsbestand = ∅ Verbrauch pro Tag · (Wiederbeschaffungszeit + Sicherheitstage)

oder

Sicherheitsbestand = Sicherheitsfaktor für Servicegrad · MAD

MAD (mittlere absolute Abweichung, mean absolute deviation):

Die mittlere absolute Abweichung ist das arithmetische Mittel der absoluten Abweichung aller Werte von ihrem Mittelwert.

$$MAD = \frac{1}{n} \sum_{i=1}^{n} |x_i - x_\emptyset|$$

Meldebestand/Bestellbestand = Tagesverbrauch · Lieferzeit + eiserne Reserve

12. Welche Kennzahlen der Produktion können ausgewertet werden?

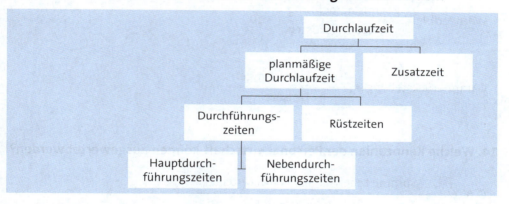

$$\text{Leistungsgrad} = \frac{\text{Istleistung}}{\text{Normalleistung}} \cdot 100$$

$$\text{Zeitgrad} = \frac{\text{Vorgabezeit}}{\text{Istzeit}} \cdot 100$$

$$\text{Arbeitsproduktivität} = \frac{\text{Ausbringungsmenge}}{\text{Istarbeitszeit}}$$

$$\text{Personalbedarf} = \frac{\text{Produktionsmenge}}{\text{Kapazität pro Mitarbeiter}} \cdot 100$$

13. Welche Marketing- und Vertriebskennzahlen können ausgewertet werden?

$$\text{Marktanteil absolut} = \frac{\text{Umsatz}}{\text{Marktvolumen}} \cdot 100$$

$$\text{Marktanteil relativ} = \frac{\text{Marktanteil absolut}}{\text{Marktanteil des Marktführers}} \cdot 100$$

$$\text{Werbeintensität} = \frac{\text{Werbungskosten}}{\text{Umsatz}} \cdot 100$$

$$\text{Werbeerfolg} = \frac{\text{Umsatzmehrung}}{\text{Werbungskosten}} \cdot 100$$

$$\text{Garantierückstellung} = \frac{\text{Garantieleistungen}}{\text{Umsatz}} \cdot 100$$

14. Welche Kennzahlen der Personalwirtschaft können ausgewertet werden?

$$\varnothing \text{ Alter} = \frac{\text{Summe Lebensjahre aller Mitarbeiter}}{\text{Anzahl Mitarbeiter}}$$

$$\varnothing \text{ Betriebszugehörigkeit} = \frac{\text{Summe Jahre im Betrieb aller Mitarbeiter}}{\text{Anzahl Mitarbeiter}}$$

$$\text{Fluktuationsquote} = \frac{\text{Personalabgänge}}{\text{Personalbestand Anfang + Zugänge}}$$

oder

$$\text{Fluktuationsquote} = \frac{\text{ersetzte Personalabgänge}}{\varnothing \text{ Personalbestand}}$$

$$\text{Krankenstand} = \frac{\text{Summe Ausfallzeit durch Krankheit}}{\text{Summe Sollarbeitszeit}} \cdot 100$$

$$\text{Fehlzeitenquote} = \frac{\text{Summe Ausfallzeit}}{\text{Summe Sollarbeitszeit}} \cdot 100$$

$$\text{Ausbildungsquote} = \frac{\text{Anzahl Auszubildende}}{\text{Anzahl Mitarbeiter}} \cdot 100$$

$$\varnothing \text{ Personalkosten} = \frac{\text{Personalaufwand lt. GuV}}{\text{Anzahl Mitarbeiter}}$$

4. Steuern von betriebswirtschaftlichen Prozessen und Ressourcen | 4.5 Betriebliche Kennzahlen

© H. Zingel 2009 — Lexikon für Rechnungswesen und Controlling Version 13 — Seite K-106

Übersicht über grundlegende Verfahren der Kosten- und der Investitionsrechnung

Die einzelnen Rechenverfahren der Kosten- und der Investitionsrechnung gehen ineinander über. In vielen Fällen ist eine konkrete Methode keinem der beiden Bereiche eindeutig zuzuordnen und nicht wenige Rechenverfahren gehören eigentlich beiden Teilbereichen an. Die nachstehende Übersicht zeigt in der Form eines Kontinuums, welcher Rechenverfahren „eher" Kostenrechnung oder „eher" Investitionsrechnung ist:

Sachgebiet	Kostenrechnung im engeren Sinne — Vollkostenrechnung	Teilkostenrechnung		Indifferenzbereich — Verfahren der Kosten- und der Investitionsrechnung			Investitionsrechnung im engeren Sinne — Statische Investitionsrechnung		Dynamische InvestRechng.		
Verfahren	Betriebsabrechnungsbogen (BAB)	Deckungsbeitragsrechnung	Break Even Rechnung	Kostenvergleich; Gewinnvergleich	Kritische Leistung	Rentabilitätsrechnung	Statische Amortisationsrechnung	MAPI-Verfahren	Barwertmethode (Kapitalwert-Methode)	Dynamische Amortisationsrechnung	Internes Zinsfuß Verfahren
Ziel, Zweck	Kalkulation	Selbstkosten (langfristige verkaufspreisuntergrenze) und Angebotspreise	Absolute Verkaufspreisuntergrenze	Gesamtkostendeckende Mindeststückzahl	Kostenvergleich zumindest zweier Anlagen	Paarweise Auswahlentscheidung bei Sachinvestitionen	Statische Rentabilität	Statische Kapitalrückflußzeit	Rentabilität der Ersatzinvestition	Dynamische Kapitalrückflußgröße	Wirkliche Verzinsung der Investition
Eignung, Voraussetzung	Zuschlagssätze bei gegebener Auslastung	Konkrete Kostendaten vorhanden oder schätzbar; kombinierbar mit Break Even- und Kostenvergleichsrechn.	„Bessere" Aussage über Marktteilnahme; liefert zentrale Aussage über Produkteliminierung	Nur auftrags- oder produktweise Rechnung; setzt BAB voraus.	Setzt Auslastung voraus. Gewinnvergleich nur bei Gesamtkostenbetrachtung möglich.	Nur paarweise Betrachtung; schwierig bei sprungfixen Kosten; Sonderfall: „Make or Buy"	Beide Verfahren mehr oder weniger identisch. Ermittelt Maßzahl R für gegebene Betriebszustände. Tritt das Zeitelement und damit die Zinseszinsrechnung hinzu, so entsteht die Barwertmethode bzw. die interne Zinsfußmethode.	Sonderverfahren nur für Ersatzinvestitionen. Legt steuerliche Daten (AfA) zugrunde	Fortsetzung der Barwertmethode, liefert mit R optimal vergleichbaren Ergebniswert	Dynamische Amortisationsrechnung; sehr große Schätzfehler	
Mögliche Vergleiche	Zeit- und Betriebsvergleich	Angebotsvergleich, Produktvergleich, evtl. auch Betriebsvergleich möglich		Anlagenvergleich	nein	Anlagen- und Betriebsvergleich	Nur Vergleich alte/neue Anlage		Anlagenvergleich auch bei unterschiedlicher Investitionsdauer möglich		
Einzelbewertung	Zuschlagssätze	Verkaufspreis muß über Selbstkosten liegen	Deckungsbeitrag größer null	Kapazität muß über Break Even liegen	nein	nein	R muß gleich oder größer Mindestrentabilität sein	Amortisationsdauer muß unter Abschreibungszeit liegen	nein	Barwert (=Kapitalwert) größer als null	Interner Zinsfuß über Mindestrentabilität

Quelle: *Zingel 2009*

info@zingel.de — http://www.zingel.de

Beispiele

- Zeitvergleich
- Branchenvergleich
- Strukturvergleich
- Risikovergleich
- Soll-Ist-Vergleich.

4.5.5 Betriebliche Kennzahlen beurteilen

01. Was ist ein Quicktest?

Um einen ersten, schnellen Eindruck mittels Bilanz und GuV über ein Unternehmen zu bekommen und es zu bewerten, reicht es, vier Kennzahlen miteinander zu verknüpfen:

 MERKE

Kennzahl	Beurteilungsskala in Noten				
	sehr gut (1)	gut (2)	mittel (3)	schlecht (4)	insolvenzgefährdet (5)
Eigenkapitalquote	> 30 %	> 20 %	> 10 %	< 10%	negativ
Schuldentilgungsdauer in Jahren	< 3 Jahre	< 5 Jahre	< 12 Jahre	> 12 Jahre	> 30 Jahre
Zwischennote 1: Finanzielle Stabilität	Mittelwert aus der Note von Eigenkapitalquote und Schuldentilgungsdauer				
Gesamtkapitalrentabilität	> 12 %	> 10 %	> 7 %	< 7 %	negativ
Cashflow-Rate	> 10 %	> 8 %	> 5 %	< 5 %	negativ
Zwischennote 2: Ertragslage	Mittelwert aus der Note von Gesamtkapitalrentabilität und Cashflow-Rate				
Gesamtnote	Mittelwert aus der Note von allen vier Kennzahlen				
Ergebnis:	sehr gut (1)	gut (2)	mittel (3)	schlecht (4)	Insolvenzgefährdet (5)

Die Bewertung erfolgt hier nach dem Schulnotensystem.

02. Wie können Kennzahlen zur Investitionsanalyse beurteilt werden?

Erfolgreiche Unternehmen in den Hauptbranchen haben folgende Anlagenintensität:

Erzeugende Industrie	> 35 %
Handwerkliches Gewerbe	< 25 %
Großhandel	< 15 %
Einzelhandel	< 18 %
Krankenhäuser	> 60 %

03. Wie können Kennzahlen zur Anlagenfinanzierung beurteilt werden?

Erfolgreiche Unternehmen in den Hauptbranchen haben folgende Anlagendeckung:

Erzeugende Industrie	> 130 %
Handwerkliches Gewerbe	> 120 %
Großhandel	> 200 %
Einzelhandel	> 150 %
Krankenhäuser (inkl. FöMi)	> 100 %

04. Wie können Kennzahlen zur Liquidität beurteilt werden?

Die Liquidität 1. Grades ist wegen ihrer Schwankungsstärke und Stichtagsbezogenheit nicht sehr aussagefähig.

Die Liquidität 2. Grades sollte größer als 100 % sein.

Die Liquidität 3. Grades sollte größer als 150 % sein.

05. Wie können Cashflow-Analysen beurteilt werden?

Die Cashflow-Leistungsrate gibt an, wie viel Prozent der Betriebsleistung für Investition, Schuldentilgung und Gewinnausschüttung erwirtschaftet werden.

$$\text{Cashflow Leistungsrate} = \frac{\text{Cashflow}}{\text{Betriebsleistung}} \cdot 100$$

Erfolgreiche Unternehmen in den Hauptbranchen haben folgende Cashflow Leistungsrate:

Erzeugende Industrie	> 9 %
Handwerkliches Gewerbe	> 9 %
Großhandel	> 5 %
Einzelhandel	> 6 %

06. Wie können Umschlagskennzahlen beurteilt werden?

Je höher die Umschlagsgeschwindigkeit, desto geringer ist die Kapitalbindung. Je geringer die Kapitalbindung, desto geringer sind die Kapitalkosten.

07. Wie können Rentabilitätskennzahlen beurteilt werden?

Je höher die Rentabilität, desto besser ist der Gewinn je Euro des eingesetzten Kapitals. Eine Umsatzrendite unter 1 % ist zu hinterfragen.

08. Wie können Produktivitätskennzahlen beurteilt werden?

Produktivität ist das Verhältnis von Input zu Output. Es sollte also mit geringem Input ein möglichst hoher Output erzeugt werden. Ab einer Wirtschaftlichkeit > 1 kann ein Unternehmen als wirtschaftlich bezeichnet werden.

09. Wie können Finanzierungskennzahlen beurteilt werden?

Der Leverage-Effekt auf Basis der Eigenkapitalrendite ist durch die Veränderung des Verschuldungsgrades und der Fremdkapitalzinsen bedingt.

Die Eigenkapitalrendite wird durch die zunehmende Verschuldung „gehebelt", und zwar ist sie solange positiv steigend, wie die Gesamtkapitalrentabilität höher als der Fremdkapitalzinssatz ist.

10. Wie können Investitionskennzahlen beurteilt werden?

Eine Investition ist umso lohnender, je höher der Barwert oder der interne Zinsfuß der Zahlungsreihe ist. Bei einem Kostenvergleich ist die Investition mit den geringeren Kosten die bessere.

11. Wie können Kennzahlen der Materialwirtschaft beurteilt werden?

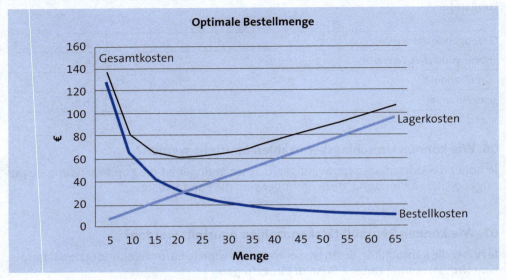

Aus der grafischen Analyse der Daten ist zu erkennen, dass für diese Konstellation der Kosten und Mengen 20 Stück pro Bestellung dreimal im Jahr die optimale Bestellmenge nach der Andler-Formel ergibt.

12. Wie können Kennzahlen der Produktion beurteilt werden?

Die Kapazitätsauslastung sollte im Plan sein und z. B. für Krankenhäuser bei 93 % und Pflegeeinrichtungen bei 95 % liegen. Auch die Verweildauer der einzelnen DRG sollte nahe den von der InEk kalkulierten durchschnittlichen VD liegen.

13. Wie können Marketing- und Vertriebskennzahlen im Unternehmen beurteilt werden?

Potenzialbezogene Kennzahlen:
- Anzahl erzielter Kundenkontakte/Werbekosten
- Kundenzufriedenheit mit der Lieferbereitschaft/Kosten der Vertriebslogistik.

Markterfolgsbezogene Kennzahlen:
- Anteil der neueingeführten Produkte, die sich durchgesetzt haben
- Anzahl der Kundenanfragen pro Auftrag
- Anzahl neu gewonnener Kunden/Kosten der Direktkommunikation
- Anzahl der Kundenbesuche pro Auftrag.

Wirtschaftliche Kennzahlen:
- Gewinn
- Umsatzrendite
- Umsatz aufgrund von Sonderpreisaktionen/Kosten durch die entgangenen Erlöse durch diese Sonderpreisaktionen
- Kundenprofitabilität
- Umsatz aufgrund von Sponsoring-Aktivitäten/Kosten des Sponsorings.

Wichtige Kennzahlen, die Aufschluss über die Effektivität eines Unternehmens geben:

Potenzialbezogene Kennzahlen:
- Kundenzufriedenheit
- Markenimage
- Preisimage
- Bekanntheitsgrad der Marke
- Bekanntheit unseres Leistungsangebots (d. h. wie viel Prozent der Gesamtbevölkerung bzw. unserer Zielgruppe wissen über unser Leistungsangebot Bescheid?)
- Lieferzuverlässigkeit (hier geben Auswertungen eines eigenen Kontrollsystems und von Kundenbeschwerden Aufschluss).

Markterfolgsbezogene Kennzahlen:
- Anzahl der Kundenanfragen
- Anzahl der Kunden insgesamt
- Anzahl der Neukunden innerhalb eines bestimmten Zeitraums
- Anzahl der verlorenen Kunden innerhalb eines bestimmten Zeitraums
- Marktanteil der einzelnen Produkte
- Kundenloyalität
- Marktanteil des gesamten Leistungsangebotes.

Wirtschaftliche Kennzahlen:
- Umsatz
- Umsatz bezogen auf Kunden pro Kundengruppe (gibt darüber Aufschluss, welche Kundengruppen langfristig zu fördern sind und in welche Gruppen weniger investiert werden sollte)
- Umsatz bezogen auf Produkte pro Produktgruppe (siehe oben)
- Umsatz aufgrund von Sonderangeboten
- Umsatz aufgrund von Direktkommunikations-Maßnahmen.

14. Wie können Kennzahlen der Personalwirtschaft beurteilt werden?

- **Anzahl Mitarbeiter:** Diese Kennzahl gibt die Anzahl der Mitarbeiter anhand bestimmter Kriterien an. Häufige Kriterien sind bei Konzernen Regionen (Mitarbeiteranzahl im Bereich Süd : durchschnittliche Mitarbeiteranzahl), Zweigstellen (durchschnittliche Mitarbeiteranzahl : Zweigstelle. Sie wird häufig erstellt, da sie Bestandteil des Lageberichtes nach §§ 267, 289 HGB ist. Mengenmäßige Schwankungen sind zu analysieren; bei gleichbleibenden Tätigkeitsumfang sollte auch die gleiche Personalmenge benötigt werden.
- **Fluktuationsquote:** Sie kann als Indikator für die Mitarbeiterzufriedenheit dienen. Die Fluktuationsquote sollte in Abhängigkeit vom Unternehmen beurteilt werden. Generell sollte eine Fluktuation vorhanden sein, damit der Mitarbeiterstamm nicht mit dem Unternehmen mit altert und es so in eine Demografiefalle gerät.
- **Umsatz je Mitarbeiter:** Zeigt, welche betrieblichen Leistungen je Mitarbeiter geschaffen werden und gilt somit als Indikator für die Mitarbeiterproduktivität.
- **Mehrarbeitsquote:** Diese Kennzahl sollte auf lange Zeit nicht zu hoch sein, da es zu negativen Auswirkungen bei der Personalzufriedenheit kommen kann bzw. zu höheren Krankheitsquoten.
- **Krankenquote:** Diese Kennzahl kann je nach Branche stark unterschiedlich sein. Eine wesentliche Ursache dafür sind Risiken am Arbeitsplatz. Zudem kann sie indirekt als Zufriedenheitsindikator genutzt werden, da zufriedene Mitarbeiter seltener krank sind, bzw. sich seltener krank melden.
- **Fehlzeitenquote:** Hierbei handelt es sich um eine ähnliche Kennzahl, wie die Krankenquote, wobei bei der Fehlzeitenquote die Arbeitszeit als Grundlage genommen wird.
- **Beschäftigungsstruktur:** Diese Kennzahl ermöglicht dabei sehr große Variationen in der Zusammensetzung der einzelnen Kriterien, z. B. Mitarbeiter in der Pflege zu Anzahl Mitarbeiter, Anzahl Männer zu Gesamtzahl Mitarbeiter oder Anzahl Frauen in der Pflege zu Anzahl Mitarbeiter in der Pflege.
- **Kosten für Fortbildung:** Diese Kennzahl kann als Hinweis dafür genutzt werden, wie sehr sich das Unternehmen für die Fort- und Weiterbildung seiner Mitarbeiter einsetzt. Zudem wird diese Kennzahl herangezogen, um die Mitarbeiterzufriedenheit zu messen, da häufig davon ausgegangen wird, dass gut geschulte Mitarbeiter zufriedener und motivierter sind als ungeschulte. Diese These wird unter anderen davon gestützt, dass die Mitarbeiter sich vom Unternehmen bestätigt fühlen.
- **Durchschnittliche Gehälter je Mitarbeiter:** Im Zeitverlauf kann sie zur Darstellung der Entwicklung von Gehältern dienen und ist somit eine wichtige Kennzahl für die Planung. Außerdem dient sie als Benchmarking-Kennzahl im Unternehmensvergleich, um zu überprüfen, wie viel die Mitbewerber zahlen.

15. Was gilt grundsätzlich für Kennzahlen?

 MERKE

Bitte beachten Sie:

- Die Kennzahlen müssen zu den Unternehmenszielen passen.
- Es muss klar sein, wie die Daten erhoben werden (welche Daten und woher, welcher Aufwand) und wie diese dann interpretiert werden.
- Kennzahlen müssen genutzt werden, d. h. als Thema in Besprechungen und um Strategie- und Maßnahmenplanungen durchzuführen.
- Wenige Kennzahlen, die regelmäßig genutzt werden, sind besser als viele.

16. Wie entstehen Entscheidungsalternativen?

Als Entscheidungsalternativen sind mögliche Handlungen zu verstehen, zwischen denen eine Entscheidung zu treffen ist. Grundsätzlich ist auch Nichtstun eine Handlungsoption. Planung bedeutet immer auch mögliche Entscheidungsalternativen zu erkennen, dafür ist eine genaue Analyse und Beurteilung des Entscheidungsproblems notwendig. Kreativitätstechniken, praktische Erfahrung und Checklisten können bei der Identifizierung der Alternativen helfen.

Die Beobachtung von Konkurrenzentscheidungen oder ein externes Beratungsunternehmen können ebenfalls zur Erstellung von alternativen Handlungsoptionen beitragen.

17. Wie können Entscheidungen mit Checklisten gefunden werden?

Alternativen werden gemäß ihrer Ergebnisse bei den Entscheidungskriterien nur mit „gut", „mittel" oder „schlecht" bewertet.

Einteilung der Entscheidungskriterien nach der Wichtigkeit:

- **Mussfaktor:** müssen bei der Alternative vorhanden sein, fehlt dieser, wird die Alternative nicht in die Auswahl kommen
- **Kannfaktoren:** wünschenswerte „Pluspunkte" einer Alternative, wenn sie von dieser erfüllt werden.
- **Sollfaktor:** wenn diese fehlen, wird die gute Alternative abgewertet, sind sie vorhanden, wird eine schlechte Alternative aufgewertet.

Bei der Entscheidungsfindung werden nur solche Alternativen betrachtet, die Muss- und Sollfaktoren aufweisen, gewählt wird diejenige Alternative, die die größte Anzahl an Soll- und Kannfaktoren aufweist.

Beispiel

Kauf eines Gebäudes zur Erweiterung der Fertigung:
- Mussfaktor: Bahnanbindung, getrennte Toiletten
- Kannfaktor: Küche, drei getrennte Toiletten
- Sollfaktor: Kindergarten in der Nähe.

18. Wie werden Unsicherheiten und Risiko bei der Entscheidungsfindung berücksichtigt?

Werden unterschiedliche Entwicklungen in den Rahmenbedingungen unterstellt, liefern die Alternativen je nach unterstelltem Umweltzustand bei einem Entscheidungskriterium unterschiedliche Ergebnisse. Eine Hilfe ist die Anwendung von Entscheidungsregeln unter Unsicherheit:

- **Minimax-Regel:** Für Pessimisten heißt: „Wähle diejenige Alternative, die in der schlechtesten Situation das relativ beste Ergebnis hervorbringt".
- **Maximax-Regel:** Für Optimisten heißt: „Wähle diejenige Alternative, die in der besten Situation das relativ beste Ergebnis hervorbringt".
- **Hurwicz-Regel:** Diese Regel betrachtet nicht alle möglichen Ergebnisse, sondern bewertet die Alternativen anhand eines gewichteten Mittelwerts ihres bestmöglichen und ihres schlechtestmöglichen Ergebnisses. Der Gewichtungsfaktor kann zwischen 0 und 1, für Risikoavers und Risikoaffin liegen. Hier wurde ein Wert von 0,2 für Risikoscheu gewählt. Wahl fällt auf A 2:

Ergebnisse für die **A**lternativen in den möglichen **S**ituationen				Hurwicz Berechnung
S \ A	S 1	S 2	S 3	
A 1	170	50	200	200 · 0,2 + 50 · 0,8 = 80
A 2	90	100	170	170 · 0,2 + 90 · 0,8 = **106**
A 3	70	90	230	230 · 0,2 + 70 · 0,8 = 102

Laplace-Regel: Man nimmt an, dass die Wahrscheinlichkeiten für das Eintreten der möglichen Ergebnisse bei allen Wahlmöglichkeiten gleich sind. Die Wahlmöglichkeit, die dann das beste Ergebnis verspricht, wird ausgewählt, d. h. es wird diejenige Alternative gewählt, deren Erwartungswert maximal ist. Bei der Wahrscheinlichkeit von

$$w = \frac{1}{x} \text{ und } x = 3 \rightarrow w = \frac{1}{3}$$

ist die Berechnung wie folgt:

Ergebnisse für die Alternativen in den möglichen Situationen				Laplace Berechnung
S \ A	S 1	S 2	S 3	
A 1	170	50	200	170 • ⅓ + 50 • ⅓ + 200 • ⅓ = **140**
A 2	90	100	170	90 • ⅓ + 100 • ⅓ + 170 • ⅓ = 120
A 3	70	90	230	70 • ⅓ + 90 • ⅓ + 230 • ⅓ = 130

Savage-Niehans-Regel: Die Beurteilung der Handlungsalternativen basiert bei dieser Regel nicht auf dem unmittelbaren Nutzen der Ergebnisse, sondern auf deren Schadenswerten bzw. Opportunitätsverlusten im Vergleich zum maximal möglichen Gewinn. Man wählt diejenige Alternative, welche den potenziellen Schaden minimiert.

Ergebnisse für die Alternativen in den möglichen Situationen				Savage-Niehans Berechnung			
S \ A	S 1	S 2	S 3	S 1	S 2	S 3	maximaler Nachteil
A 1	170	50	200	170 - 170 = 0	100 - 50 = 50	230 - 200 = 30	**50**
A 2	90	100	170	170 - 90 = 80	100 - 100 = 0	230 - 170 = 60	60
A 3	70	900	230	170 - 70 = 100	100 - 90 = 10	230 - 230 = 0	100

Gesamtübersicht über die Ergebnisse nach den o. g. Entscheidungsregeln:

Ergebnisse für die Alternativen in den möglichen Situationen				angewandte Entscheidungsregel				
S \ A	S 1	S 2	S 3	Minimax	Maximax	Hurwicz	Laplace	Savage-Niehans
A 1	170	50	200	50	200	80	**140**	50
A 2	90	100	170	**90**	170	**106**	120	60
A 3	70	100	230	70	**230**	102	130	100

Egal, welche Regel zur Entscheidungsfindung angewandt wird, ob die Entscheidung die Richtige ist, erkennt man erst nach der Umsetzung, daher führen die Regeln immer nur zu der besten Entscheidung nach der Regel.

Für Entscheidungen unter Risiko und Unsicherheit eignet sich das Bernoulli-Prinzip: Die Berechnung des Risikonutzens wird anhand einer Risikonutzenfunktion, die eine an die Risikoeinstellung des Entscheiders (Risikoscheu, Risikoneutralität, Risikofreude) angepasste Nutzenfunktion in der Bewertung der Ergebnisse der Alternative darstellt.

19. Was ist bei Mehr-Personen-Entscheidungen zu berücksichtigen?

Oftmals werden im Betrieb Entscheidungen von Gremien/Projektgruppen/Vorstand etc. getroffen. Die Qualität dieser Entscheidungen ist durch folgende Bedingungen gekennzeichnet:

- **Informationsaustausch und Kommunikation:** Förderung kreativer Prozesse der Entscheidungsträger, die zu mehreren und verbesserten Entscheidungsalternativen führen.
- **Risky-Shift** (Risikoschub-Phänomen nach *Stoner*): Gruppen neigen zu riskanteren Entscheidungen als Einzelpersonen.
- **Sieben-Köpfe-Regel** (Bain-Studie): Sind mehr als sieben Personen an einer Entscheidung beteiligt, sinkt deren Effektivität um 10 % pro weiterem Kopf.
- **Geschwindigkeit der Entscheidungsfindung:** Aus der Bain-Studie geht auch hervor, dass nur jedes fünfte Unternehmen effektiv entscheidet: „Je schneller Unternehmen die wichtigsten Beschlüsse vorantreiben desto besser, denn zügig handelnde Unternehmen treffen viermal so häufig die besten Entscheidungen und setzen diese auch viermal so häufig planmäßig um wie andere".
- **Präferenzordnung:** Beinhaltet eine Reihenfolge der Alternativen nach ihrem Vorrang.

20. Wie kann die Konkurrenz bei Entscheidungen berücksichtigt werden?

Auch Unternehmen im Gesundheits- und Sozialwesen stehen im Wettbewerb zueinander, weshalb die eigene Entscheidung oft Gegenreaktionen bei den Konkurrenten hervorruft, welche wiederum die eigene Entscheidung beeinflussen.

Hierzu bietet die Spieltheorie ein Lösungskonzept: Bei einem rational handelnden Gegenspieler lassen sich vorab die möglichen Gegenreaktionen auf eine eigene Entscheidung antizipieren. Es ist also diejenige Entscheidung (Strategie) optimal, die unter Berücksichtigung der Konkurrenzreaktion das beste Ergebnis liefert.

Nash-Gleichgewicht: stabile Strategiekombination von der jeder Entscheider für sich annimmt, dass es jetzt seine beste Strategie ist. Das heißt, kein Entscheider revidiert im nächsten Moment seine getroffene strategische Entscheidung.

Gefangenendilemma: Die gewählte Strategiekombination ist für beide nicht optimal, da eine andere Kombination mit höheren Gewinnen für beide existiert. Wenn sich beide Spieler misstrauen, ist keiner bereit, seine Strategie zu ändern, weil er fürchtet, der andere könnte sich opportunistisch verhalten.

21. Was ist Risikomanagement?

Risikomanagement ist die systematische Erfassung, Bewertung und Steuerung der im betrieblichen Transformationsprozess entstehenden Risiken.

Es lassen sich mehrere Risikoarten unterscheiden:

- **Externe Risiken:** ergeben sich aus äußeren Rahmenbedingungen, z. B. Politik, Demografie, Trends.
- **Interne Risiken:** werden durch Entscheidungen im Unternehmen selbst ausgelöst, z. B. Prozesse, Qualifikation, Kosten. Diese sind durch Entscheidungen und Maßnahmen intern in ihrer Eintrittswahrscheinlichkeit und Wertigkeit beeinfluss- und steuerbar.

Strategien im Umgang mit Risiken:

- **Risikovermeidung:** Der Versuch, Risiken überhaupt nicht entstehen lassen, z. B. durch Prozessoptimierung, Behandlungsleitpfade, Qualitätssicherung.
- **Risikoüberwälzung:** Risiko wird auf einen Marktpartner oder eine Versicherung übertragen
- **Risikoakzeptanz:** Risiko wird in Kauf genommen (finanzielle Vorsorge), z. B. durch Garantierückstellungen
- **Risikoverminderung bzw. -beseitigung:** z. B. durch organisatorische Maßnahmen Gefahrenquellen mindern oder abstellen.

22. Wie kann ein Risikobewertungsindex erstellt werden?

Klassifizierung der für das Unternehmen identifizierten Risiken nach ihrem absehbaren Schadensausmaß und nach der Eintrittswahrscheinlichkeit des Schadens. Hierfür kann eine Indexierung nach Clustern erfolgen, was im nächsten Schaubild dargestellt wird:

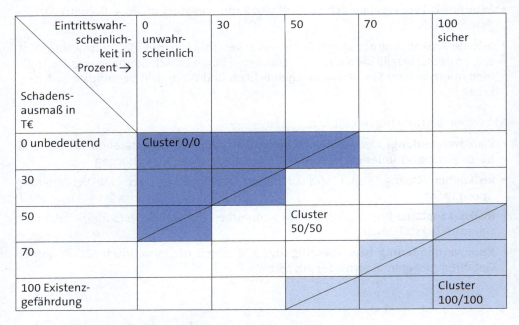

Cluster 0/0 bis 0/30 und 30/0 sind wenig risikoreich.

Cluster 100/100 bis 50/100 und 100/50 sind sehr risikoreich.

4.6 Vorbereiten der Finanz- und Investitionsplanung, Entwickeln und Umsetzen von Finanzierungs- und Investitionskonzepten

4.6.1 Investitionsplan erstellen

01. Welche Güter- und Geldströme sind in einem Unternehmen zu berücksichtigen?

In Unternehmen werden generell zwei entgegengesetzt laufende Ströme unterschieden. Dies sind der Geldstrom und der Güterstrom. Die folgende Abbildung verdeutlicht dieses:

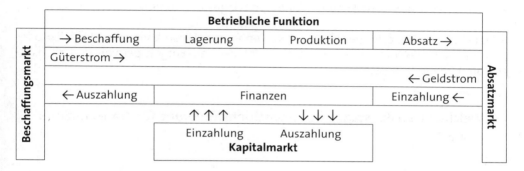

Der Güterstrom geht vom Beschaffungsmarkt (Kreditoren) für Produktionsgüter und -dienstleistungen zum Absatzmarkt für produzierte Güter und Dienstleistungen. Der Geldstrom geht vom Absatzmarkt der Güter und Dienstleistungen (Debitoren) zum Beschaffungsmarkt.

Der Güterstrom entsteht teilweise durch den Gegenwert der Auszahlung für Investitionen und der Geldstrom teilweise durch die Einzahlungen aus Finanzierungen.

02. Wie werden Finanzierung und Investition unterschieden?

Damit der Güterstrom jederzeit gewährleistet werden kann, müssen hierfür Geldmittel im Geldstrom eingesetzt werden. Bei der Finanzierung geht es hierbei um die Geldmittel-Bereitstellung (wo kommt das Geld für die Güter her?), während es sich bei der Investition um die Geldmittel-Verwendung handelt (wofür wird es ausgegeben?).

03. Wer erstellt die Krankenhauspläne und Investitionspläne auf Landesebene?

Die Krankenhausplanung und Investitionspläne der Länder werden von den Sozialministern der Bundesländer aufgestellt. Diese regeln das Angebot und die Entwicklung der Krankenhäuser nach Fachabteilungen und Bettenzahlen für einen z. B. 5-jährigen Planungshorizont.

04. Wie werden die Investitionskosten von den pflegesatzfähigen Kosten im Krankenhaus abgegrenzt?

Die Verordnung über die Abgrenzung der im Pflegesatz nicht zu berücksichtigenden Investitionskosten von den pflegesatzfähigen Kosten der Krankenhäuser (Abgrenzungsverordnung – AbgrV) definiert die Finanzierung der Gütergruppen (Anlage, Gebrauchs- und Verbrauchsgüter) im Rahmen der dualen Zuständigkeit zwischen Bundesland und Krankenversicherer.

Pflegesatzfähige Kosten sind jene Kosten, die von den gesetzlichen (GKV) und privaten (PKV) Krankenversicherungen sowie den Selbstzahlern finanziert werden. Den Krankenhäusern werden diese Kosten über deren Pflegesätze vergütet.

Pflegesätze sind alle Entgelte eines Krankenhauses. Diese können tagesgleich oder pauschal sein: DRG-Entgelte, tagesgleiche Pflegesätze, Entgelt der vor- und nachstationären Behandlung etc.

05. Welche Arten der staatlichen Investitionsförderung für Krankenhäuser gibt es?

Es gibt:
- Einzelförderung gemäß § 9 Abs. 1 und 2 KHG
- Pauschalförderung gemäß § 9 Abs. 3 KHG.

06. Wie wird die Einzelförderung gemäß § 9 Abs. 1 und 2 KHG durchgeführt?

Alle Anlagegüter mit einer Nutzungsdauer von mehr als 15 Jahren fallen unter die Einzelförderung. Um Einzelförderung zu erhalten, müssen die Krankenhäuser einen Antrag beim Bundesland stellen. Ob Krankenhäuser antragsberechtigt sind, hängt davon ab, ob sie im Landeskrankenhausplan bzw. im Investitionsprogramm des jeweiligen Bundeslandes gemäß § 8 KHG aufgenommen sind. Die Investitionsanträge werden von den Landesministerien geprüft und genehmigt.

Die Investition der Fördermittel ist durch einen Verwendungsnachweis zu dokumentieren und buchhalterisch zu neutralisieren.

In der Realität werden Anträge auf Investitionsförderung oftmals abgelehnt, weil die Haushalte der Bundesländer Defizite aufweisen. Daraus ergibt sich eine Abhängigkeit der Krankenhäuser von der Haushaltslage. Hinzu kommt, dass häufig mehrere Jahre vergehen, bis Fördersummen ausgezahlt werden. Sollten Krankenhäuser die Investitionsvorhaben sofort realisieren, müssen Formen der Zwischenfinanzierung gefunden werden.

Folgende Tatbestände werden gefördert:

- Die Errichtung von Krankenhäusern einschließlich der Erstausstattung mit den für den Krankenhausbetrieb notwendigen Anlagegütern.
- Die Wiederbeschaffung von Anlagegütern mit einer durchschnittlichen Nutzungsdauer von mehr als drei Jahren.
- Die Nutzung von Anlagegütern, soweit sie mit Zustimmung der zuständigen Landesbehörde erfolgt.
- Die Anlaufkosten für Umstellungskosten bei innerbetrieblichen Änderungen sowie für Erwerb, Erschließung, Miete und Pacht von Grundstücken, soweit ohne die Förderung die Aufnahme oder die Fortführung des Krankenhausbetriebs gefährdet wäre.
- Die Lasten aus Darlehen, die vor der Aufnahme des Krankenhauses in den Krankenhausplan für förderungsfähige Investitionskosten aufgenommen worden sind.
- Der Ausgleich für die Abnutzung von Anlagegütern, soweit sie mit Eigenmitteln des Krankenhausträgers beschafft worden sind und bei Beginn der Förderung nach dem KHG vorhanden waren.
- Die Erleichterung der Schließung von Krankenhäusern.
- Die Umstellung von Krankenhäusern oder Krankenhausabteilungen auf andere Aufgaben, insbesondere zu ihrer Umwidmung in Pflegeeinrichtungen oder selbstständige, organisatorisch und wirtschaftlich vom Krankenhaus getrennte Pflegeabteilungen.

Grundstücke sind in der Regel durch den Betreiber bzw. Eigentümer des Krankenhauses bereit zu stellen. Diese werden in der Regel weder durch den Staat noch durch die Krankenkassen finanziert oder gefördert.

07. Wie wird die Pauschalförderung gemäß § 9 Abs. 3 KHG durchgeführt?

Alle Krankenhäuser, die im Krankenhausplan eines Bundeslandes aufgenommen sind, erhalten Mittel aus pauschalen Fördermitteln, deren Höhe durch das Formular E1 Plus, der Aufstellung der Fallpauschalen für das Krankenhaus, nachzuweisen ist. Das Formular E1 Plus dient der Erfassung von Krankenhausleistungen für die Budgetverhandlungen. Es wird jährlich an den neuen Fallpauschalenkatalog angepasst und den Krankenhäusern und Krankenkassen zur Vorbereitung der Budgetverhandlungen zur Verfügung gestellt. Die Höhe der Pauschalförderung bemisst sich nach dem Case-Mix des Krankenhauses.

Beispiel

Für Hamburg gilt 2018 nach § 6 Abs. 2 Nr. 1 der Verordnung über die pauschale Förderung der Krankenhäuser (Pauschalförderungsverordnung – PauschVO) ein Satz von 56,00 € je effektiver Bewertungsrelation. Dieser Satz wird jährlich angepasst.

> Summe Pauschalförderung = CMI • Euro Fördermittel

Grundsätzlich sieht die Pauschalförderung vor, kurzfristige Anlagegüter mit einer Nutzungsdauer von 3 - 15 Jahren zu finanzieren. Es ist den Krankenhäusern überlassen, die jährlich festgelegten Pauschalbeträge zu verwenden.

08. Wie wird ein Investitionsbedarf ermittelt?

Der Investitionsbedarf ist ein Teil der betrieblichen Gesamtplanung. Ausgehend von der Absatzplanung (DRGs 2016) kann eine Personal- und Materialbedarfsplanung und eine Produktionsplanung (z. B. OP-Planung für die Periode) durchgeführt werden. Die Produktionsplanung kann z. B. zeigen, dass zusätzliche OP- oder Anästhesie- oder Intensivpflegekapazitäten notwendig werden, damit der Absatzplan erreicht werden kann. Diese Erkenntnis löst einen Investitionsbedarf aus.

Des Weiteren kann eine Investitionsplanung auf Basis des Anlagenspiegels erfolgen. Hier erkennt das Management, wann Geräte oder Bauten abgeschrieben sind und eine Ersatzinvestition notwendig wird. Ersatzinvestitionen sind immer von der Risikoneigung des Managements abhängig, sie können früher, später oder gar nicht durchgeführt werden.

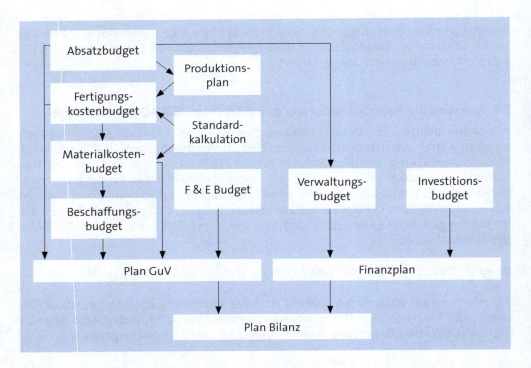

4.6.2 Finanzierungsplan erstellen

01. Welche Finanzierungsformen werden unterschieden?

Man unterscheidet generell zwei Formen der Finanzierung: die Außenfinanzierung und die Innenfinanzierung. Dies wird im nachstehenden Schaubild deutlich:

Arten der Finanzierung						
Außenfinanzierung					Innenfinanzierung	
Beteiligungs-finanzierung (Eigenmittel-finanzierung)	Fremdfinanzierung				Selbstfinanzierung	
	Kredit	Leasing	Factoring	For-faitierung	offen	verdeckt
↓	↓	↓	↓	↓	↓	↓
Bereitstellung von Eigenkapital	Bereitstellung von Fremdkapital	Erwerb von Nutzungsrechten auf Zeit	Verkauf von Forderungen aus Lieferung und Leistung	Verkauf von langfristigen Forderungen	Bildung von Eigenkapital aus Gewinn-Mezzanine	

Bei der Einrichtung und Ausstattung von Anlagegütern handelt es sich jeweils um die Ersteinrichtung und Erstausstattung! Diese werden durch die Einzelförderung gefördert.

Anlagegüter mit einer Nutzungsdauer von 3 - 15 Jahren, die wiederbeschafft werden müssen, werden durch die Pauschalförderung abgedeckt. Ebenso kleine bauliche Maßnahmen (gem. § 9 Abs. 3 KHG). Mit diesen Mitteln kann das Krankenhaus frei wirtschaften.

02. Wie ist Unterteilung und Finanzierung der Wirtschaftsgüter im Krankenhaus zu erläutern?

Die folgende Übersicht stellt die verschiedenen Wirtschaftsgüter und deren Finanzierung im Krankenhaus dar:

Wirtschaftsgut/Investition					Kein Wirtschaftsgut/ Instandhaltung
Anlagegut				Verbrauchsgut	↓
Einrichtung und Ausstattung		Wiederbeschaffung		↓	↓
Grundstück, Erwerb, Erschließung und Finanzierung	Sonstige	betriebsgewöhnliche Nutzungsdauer 3 - 15 Jahre	betriebsgewöhnliche Nutzungsdauer bis 3 Jahre, **Gebrauchsgut**	↓	↓
↓	Einzelförderung, § 9 Abs. 1 KHG	pauschale Förderung, § 9 Abs. 3 KHG	↓	↓	↓
↓	↓	↓	↓	↓	↓
Finanzierung durch Eigenmittel	Finanzierung durch Fördermittel		Finanzierung über Pflegesatz/DRG		
Übernahme durch Krankenhausträger	Übernahme durch Bund/Land; ggf. durch Antragstellung		Übernahme durch Kostenträger/ Selbstzahler; gemäß Versorgungsvertrag etc.		

03. Wie werden Betriebskosten im Krankenhaus finanziert?

Betriebskosten umfassen alle Aufwendungen, die für den Betrieb des Krankenhauses im Rahmen der allgemein medizinisch notwendigen Krankenhausleistungen (Regelleistungen) entstehen. Sie umfassen die Personalkosten, Sachkosten (für Verbrauchsgüter) und Investitionskosten für Anlagegüter mit einer ND < 3 Jahren (sogenannte Gebrauchsgüter).

Diese werden bei Plankrankenhäusern und Krankenhäusern mit Versorgungsvertrag hauptsächlich durch die Pflegesätze, die DRGs, finanziert. Das Krankenhaus rechnet diese mit den Kostenträgern (Krankenkassen) der GKV und PKV ab.

04. Welche Finanzierungsregeln gibt es?

- **Kapitalstrukturregeln** (vertikale Finanzierungsregeln) beziehen sich auf das Verhältnis Eigen- zu Fremdkapital. Zu den Kapitalstrukturregeln zählen Regeln, die eine Mindestrelation zwischen Eigenkapital und Fremdkapital fordern, wie z. B. die goldene Bilanzregel:

$$\text{Goldene Bilanzregel:} \quad \frac{\text{Eigenkapital}}{\text{Anlagevermögen}} \geq 1$$

- **Kapitalbindungsregeln** (horizontale Finanzierungsregeln, Deckungsregeln, Fristigkeitsregeln) beziehen sich auf das Verhältnis zwischen Vermögens- und Kapitalpositionen eines Unternehmens. Die Forderung der silbernen Bilanzregel ist, dass das auf der Passivseite der Bilanz gebundene Kapital nicht früher als das auf der Aktivseite der Bilanz gebundene Kapital freigesetzt wird, also eine Fristenübereinstimmung zwischen Kapital (Passiva) und Vermögen (Aktiva). Dies bedeutet eine Finanzierung von Anlagevermögen (AV) durch Eigenkapital (EK) ggf. zzgl. langfristigem Fremdkapital.

Silberne Bilanzregel: Anlagevermögen = Eigenkapital (+ langfristigem FK)

05. Was ist das betriebsnotwendige Kapital?

Das betriebsnotwendige Kapital kann folgendermaßen ermittelt werden:

```
  Betriebsnotwendiges Anlagevermögen
+ Betriebsnotwendiges Umlaufvermögen
= Betriebsnotwendiges Vermögen
- Abzugskapital
= Betriebsnotwendiges Kapital
```

Das Abzugskapital ist das zinslos zur Verfügung gestellte Kapital wie z. B.:

- Privateinlagen
- Verbindlichkeiten aus Lieferungen und Leistungen
- Anzahlungen von Kunden.

Das betriebsnotwendige Kapital ergibt bei Betriebsgründung den Finanzierungsbedarf an. Im späteren Unternehmensverlauf kann an dieser Größe das Kapital des Unternehmens angepasst werden, z. B. wenn nicht betriebsnotwendige Güter veräußert werden.

06. Wie wird der Zinssatz für eine Finanzierung festgelegt?

Nach BASEL II sind die Banken aufgefordert, Kredite mit einem für den Kunden individuellen und risikoadjustierten Zinssatz zu vergeben. Als Beispiel wird hier die Zinsfindung für das KfW Programm 074 dargestellt:

Konditionenübersicht für Endkreditnehmer
in den Förderprogrammen der KfW Bankengruppe (Stand: 11.01.2019)
— die Festlegung des Zinssatzes erfolgt grundsätzlich bei Zusage durch die KfW —

Unser Service für Sie: Konditionen-Faxabruf unter +49 69 7431 4214

Programm Laufzeit/ tilgungsfreie Anlaufjahre Zinsbindung	KP-Nr.	Anmerkung	\multicolumn{9}{maximaler Zinssatz EKN % Sollzins (Effektivzins) Bei Programmen mit risikogerechtem Zinssystem gelten die Preisklassen}	Auszahlung %	Bereitstellungsprovision p. M. %	Zinssätze gültig ab
			A	B	C	D	E	F	G	H	I			
Finanzierung von Gründungsvorhaben														
ERP-Gründerkredit – Universell KMU 5/1/5	74		1,00 (1,00)	1,40 (1,41)	1,70 (1,71)	2,20 (2,22)	2,80 (2,84)	3,50 (3,56)	4,00 (4,08)	5,10 (5,22)	7,40 (7,66)	100	0,25	01.04.2015
ERP-Gründerkredit – Universell KMU 10/2/10	74		1,00 (1,00)	1,40 (1,41)	1,70 (1,71)	2,20 (2,22)	2,80 (2,84)	3,50 (3,56)	4,00 (4,08)	5,10 (5,22)	7,40 (7,66)	100	0,25	21.11.2018
ERP-Gründerkredit – Universell KMU 20/3/10	74		1,20 (1,21)	1,60 (1,61)	1,90 (1,92)	2,40 (2,43)	3,00 (3,04)	3,70 (3,76)	4,20 (4,28)	5,30 (5,43)	7,60 (7,87)	100	0,25	21.11.2018
ERP-Gründerkredit – Universell KMU 5/1/5	74	beihilfefrei	1,00 (1,00)	1,40 (1,41)	1,70 (1,71)	2,20 (2,22)	2,80 (2,84)	3,50 (3,56)	4,00 (4,08)	5,10 (5,22)	7,40 (7,66)	100	0,25	21.06.2016
ERP-Gründerkredit – Universell KMU 10/2/10	74	beihilfefrei	1,00 (1,00)	1,40 (1,41)	1,70 (1,71)	2,20 (2,22)	2,80 (2,84)	3,50 (3,56)	4,00 (4,08)	5,10 (5,22)	7,40 (7,66)	100	0,25	21.11.2018
ERP-Gründerkredit – Universell KMU 20/3/10	74	beihilfefrei	1,20 (1,21)	1,60 (1,61)	1,90 (1,92)	2,40 (2,43)	3,00 (3,04)	3,70 (3,76)	4,20 (4,28)	5,30 (5,43)	7,60 (7,87)	100	0,25	21.11.2018

Jeder Kreditnehmer wird einer Risiko- bzw. Preisklasse zugeordnet. Die Zuordnung ist zum ersten abhängig von seiner Kreditwürdigkeit, seiner Bonität, die sich in der Ausfallwahrscheinlichkeit des Kredites widerspiegelt (auch Kapitaldienstfähigkeit) und zum zweiten von der Werthaltigkeit der zu beleihenden Vermögensgegenstände.

Bonität

Klasse (KfW)	Bewertung durch die Hausbank			Auswahl
	Bonität	Risiko	1-Jahres-Ausfall-Wahrscheinlichkeit	
1	ausgezeichnet	niedrig	bis 0,1 %	☐
2	sehr gut	↑	> 0,1 % bis < = 0,4 %	☐
3	gut		> 0,4 % bis < = 1,2 %	☒
4	befriediegend		> 1,2 % bis < = 1,8 %	☐
5	noch befriedigend		> 1,8 % bis < = 2,8 %	☐
6	ausreichend		> 2,8 % bis < = 5,5 %	☐
7	noch ausreichend	hoch	> 5,5 % bis < = 10,0 %	☐

Im obigen Beispiel hat der Antragsteller eine durch die Hausbank als „gut" Stufe 3 bewertete Bonität. Die Hausbank bedient sich für die Bemessung der Bonität auch folgender Information: SCHUFA-Auskunft, Lage der Immobilie, Bodenrichtwert, Wertgutachten für Gebäude, Erfahrung des Kreditnehmers für seine Unternehmung, Cashflow des Unternehmens, Markterwartung des Unternehmens.

Besicherung

Klasse (KfW)	Ermittlung durch die Hausbank	Auswahl
	Werthaltige Besicherung	
1	> = 70 %	☒
2	> 40 % und < 70 %	☐
3	< = 40 %	☐

Ergebnis	Preisklasse B

Zusammen mit der werthaltigen Besicherung seines zu beleihenden Vermögens ergibt sich für den Beispielkunden ein Zinssatz der Preisklasse „B", somit hat dieser bei der Bank einen Zins von 1,6 % p. a. bei einer 20-jährigen Kreditlaufzeit mit 10-jähriger Zinsbindung, bei drei tilgungsfreien Jahren zu zahlen.

07. Wie kann ein Finanzierungs- und Tilgungsplan aussehen?

Der Unternehmer ermittelt seinen Kapitalbedarf, um ein Pflegeheim zu bauen, welches an eine Betriebsgesellschaft vermietet werden soll. Die Besitzgesellschaft will er in Form einer Einzelfirma führen.

Die zu kalkulierenden Anschaffungsnebenkosten sind z. B. die Grunderwerbssteuer, Anwalts- und Notargebühren, Grundbuchkosten, Steuerberatungskosten, Beratungs- und Gutachtenkosten.

Kapitalverwendung		Kapitalherkunft	
Anschaffungsnebenkosten	155.750 €	Eigenkapital	400.000 €
Inventar	550.000 €	KfW Kredit 058	500.000 €
Grundstück	450.000 €	KfW Kredit 074	1.755.750 €
Gebäude	1.500.000 €		
Summe	**2.655.750 €**	**Summe**	**2.655.750 €**

Der Kreditbedarf ist, nach Abzug des vorhandenen Eigenkapitals, demnach:

		Unternehmen
Finanzierungsbedarf		2.255.750,00 €
davon	KfW Kredit 058	500.000,00 €
	KfW Kredit 068	1.755.750,00 €

Da die Kredite innerhalb ihrer Laufzeit von 15 bzw. 20 Jahren voll getilgt werden sollen, ergibt sich folgendes Bild für den Finanz- und Tilgungsplan:

Finanz- und Tilgungsplan

Jahr	KfW Kredit 074	KfW Zins	KfW Tilgung	KfW Restbuchwert	KfW Kredit 058	KfW Zins	KfW Tilgung	KfW Restbuchwert	Jahr	Kapitaldienst
		1,60%	5,88%		1. - 3. Jahr	0,65%	12,50%			
					ab 4. Jahr	2,65%	ab 7. Jahr			
2019	1.755.750 €	28.092 €	- €	1.755.750 €	500.000 €	3.250 €	- €	500.000 €	1	63.934 €
2020	1.755.750 €	28.092 €	- €	1.755.750 €	500.000 €	3.250 €	- €	500.000 €	2	63.934 €
2021	1.755.750 €	28.092 €	- €	1.755.750 €	500.000 €	3.250 €	- €	500.000 €	3	63.934 €
2022	1.755.750 €	28.092 €	103.279 €	1.652.471 €	500.000 €	13.250 €	- €	500.000 €	4	177.213 €
2023	1.652.471 €	26.440 €	103.279 €	1.549.191 €	500.000 €	13.250 €	- €	500.000 €	5	173.908 €
2024	1.549.191 €	24.787 €	103.279 €	1.445.912 €	500.000 €	13.250 €	- €	500.000 €	6	170.604 €
2025	1.445.912 €	23.135 €	103.279 €	1.342.632 €	500.000 €	13.250 €	- €	500.000 €	7	167.299 €
2026	1.342.632 €	21.482 €	103.279 €	1.239.353 €	500.000 €	13.250 €	62.500 €	437.500 €	8	226.494 €
2027	1.239.353 €	19.830 €	103.279 €	1.136.074 €	437.500 €	11.594 €	62.500 €	375.000 €	9	220.970 €
2028	1.136.074 €	18.177 €	103.279 €	1.032.794 €	375.000 €	9.938 €	62.500 €	312.500 €	10	215.446 €
2029	1.032.794 €	16.525 €	103.279 €	929.515 €	312.500 €	8.281 €	62.500 €	250.000 €	11	209.923 €
2030	929.515 €	14.872 €	103.279 €	826.235 €	250.000 €	6.625 €	62.500 €	187.500 €	12	204.399 €
2031	826.235 €	13.220 €	103.279 €	722.956 €	187.500 €	4.969 €	62.500 €	125.000 €	13	198.875 €
2032	722.956 €	11.567 €	103.279 €	619.676 €	125.000 €	3.313 €	62.500 €	62.500 €	14	193.352 €
2033	619.676 €	9.915 €	103.279 €	516.397 €	62.500 €	1.656 €	62.500 €	0 €	15	187.828 €
2034	516.397 €	8.262 €	103.279 €	413.118 €					16	119.804 €
2035	413.118 €	6.610 €	103.279 €	309.838 €					17	116.499 €
2036	309.838 €	4.957 €	103.279 €	206.559 €					18	113.194 €
2037	206.559 €	3.305 €	103.279 €	103.279 €					19	109.889 €
2038	103.279 €	1.652 €	103.279 €	0					20	106.584 €

Für die Rentabilität bei der Verpachtung der 70 Betten Einrichtung ergibt sich das folgendes Bild:

Pacht-erlöse	Grund-steuer	Sonstiges	Versicherungen	AfA Gebäude	FK Zinsen gesamt	AfA Ansch. NK	Inventar	Gewinn zu versteuern- des Einkommen	Steuern	Thesaurierter Gewinn p. a. nach Steuern	Jahr
280,00 € je Bett und Monat				3 %		2 %	10 %		30 %		
				1.500.000 €		155.750 €	150.000 €				
235.200 €	8.000 €	2.000 €	5.000 €	60.000 €	31.342 €	3.115 €	15.000 €	110.743 €	33.223 €	77.520 €	2019
235.200 €	8.000 €	2.040 €	5.000 €	60.000 €	31.342 €	3.115 €	15.000 €	110.703 €	33.211 €	77.492 €	2020
235.200 €	8.000 €	2.081 €	5.000 €	60.000 €	31.342 €	3.115 €	15.000 €	110.662 €	33.199 €	77.463 €	2021
235.200 €	8.000 €	2.122 €	5.000 €	60.000 €	41.342 €	3.115 €	15.000 €	100.621 €	30.186 €	70.435 €	2022
235.200 €	8.000 €	2.165 €	5.000 €	60.000 €	39.690 €	3.115 €	15.000 €	102.230 €	30.669 €	71.561 €	2023
235.200 €	8.000 €	2.208 €	5.000 €	60.000 €	38.037 €	3.115 €	15.000 €	103.840 €	31.152 €	72.688 €	2024
235.200 €	8.000 €	2.252 €	5.000 €	60.000 €	36.385 €	3.115 €	15.000 €	105.448 €	31.635 €	73.814 €	2025
235.200 €	8.000 €	2.297 €	5.000 €	60.000 €	34.732 €	3.115 €	15.000 €	107.056 €	32.117 €	74.939 €	2026
235.200 €	8.000 €	2.343 €	5.000 €	60.000 €	31.423 €	3.115 €	15.000 €	110.319 €	33.096 €	77.223 €	2027
235.200 €	8.000 €	2.390 €	5.000 €	60.000 €	28.115 €	3.115 €	15.000 €	113.580 €	34.074 €	79.506 €	2028
235.200 €	8.000 €	2.438 €	5.000 €	60.000 €	24.806 €	3.115 €	0 €	131.841 €	39.552 €	92.289 €	2029
235.200 €	8.000 €	2.487 €	5.000 €	60.000 €	21.497 €	3.115 €	0 €	135.101 €	40.530 €	94.571 €	2030
235.200 €	8.000 €	2.536 €	5.000 €	60.000 €	18.189 €	3.115 €	0 €	138.360 €	41.508 €	96.852 €	2031
235.200 €	8.000 €	2.587 €	5.000 €	60.000 €	14.880 €	3.115 €	0 €	141.618 €	42.485 €	99.133 €	2032
235.200 €	8.000 €	2.639 €	5.000 €	60.000 €	11.571 €	3.115 €	0 €	144.875 €	43.462 €	101.412 €	2033
235.200 €	8.000 €	2.692 €	5.000 €	60.000 €	8.262 €	3.115 €	0 €	148.131 €	44.439 €	103.691 €	2034
235.200 €	8.000 €	2.746 €	5.000 €	60.000 €	6.610 €	3.115 €	0 €	149.729 €	44.919 €	104.810 €	2035
235.200 €	8.000 €	2.800 €	5.000 €	60.000 €	4.957 €	3.115 €	0 €	151.328 €	45.398 €	105.929 €	2036
235.200 €	8.000 €	2.856 €	5.000 €	60.000 €	3.305 €	3.115 €	0 €	152.924 €	45.877 €	107.047 €	2037
235.200 €	8.000 €	2.914 €	5.000 €	60.000 €	1.652 €	3.115 €	0 €	154.519 €	46.356 €	108.163 €	2038

4.6.3 Liquiditätsplan umsetzen

01. Was ist das Ziel eines Liquiditätsplanes?

Das Ziel einer Liquiditätsplanung ist die Ermittlung des voraussichtlichen Liquiditätsbestandes. Der Liquiditätsplan ist dabei als Controlling-Instrument zur rechtzeitigen Risikoeinschätzung zu verstehen. Bei der Erstellung des Liquiditätsplans werden alle Zahlungsflüsse der betreffenden Planungsperiode aufgezeichnet, sodass die Zahlungsfähigkeit stets im Vordergrund steht und Risiken entgegengewirkt werden kann. Zahlungsflüsse sind alle Einzahlungen und Auszahlungen, die die Geldbestände in Kasse und Bank verändern.

02. Wie wird ein Liquiditätsplan erstellt?

Zuerst ist es nötig, den Anfangsbestand an liquiden Mitteln zu ermitteln. Dafür werden zunächst die liquiden Bank- und Kassenbestände addiert.

Der nächste Schritt erfordert die Auflistung der zukünftigen Einzahlungen und Auszahlungen einer Periode.

Saldiert bilden diese den Bestand der liquiden Mittel zum Ende der Periode.

Je nach Situation des Unternehmens kann eine Periode u. a. einen Tag, eine Woche, einen Monat oder ein Jahr umfassen. So würde beispielsweise ein Handelsunternehmen mit hohen täglichen Umsätzen eher eine tägliche Liquiditätsplanung erstellen. Hingegen werden Freiberufler und kleine Einzelunternehmen die Planung wahrscheinlich monatlich oder sogar jährlich durchführen.

Im Gegensatz zur GuV werden hier nur liquiditätswirksame Geldflüsse berücksichtigt. Über die Zeit der Liquiditätsplanung hinaus fällig werdende Forderungen oder Verbindlichkeiten werden wie Abschreibungen und Rückstellungen nicht in die periodengerechte Planung einbezogen.

Schematischer Aufbau einer Liquiditätsplanung:

	Anfangsbestand liquide Mittel (Bank, Kasse)
+	Einzahlungen einer Periode
=	verfügbare Mittel
-	Auszahlungen einer Periode
=	Endbestand liquide Mittel

Welche Positionen werden zum Erstellen eines Liquiditätsplans benötigt?

Einzahlungen	Auszahlungen
Zahlungseingänge auf Forderungen	Zahlungsausgänge aus Verbindlichkeiten
Zinseinzahlungen	Löhne und Gehälter
Einzahlungen aus Anlagenabgang	Steuer
	Sozialversicherungsbeiträge
	Leasingraten
Privateinlagen (Einzelunternehmen)	Privatentnahmen (Einzelunternehmen)
Kreditaufnahme und Einzahlung	Kredittilgung und Auszahlung

Bei einer Besitzgesellschaft, die ihr Gebäude verpachtet, könnte eine Liquiditätsplanung wie folgt aussehen:

In den ersten sieben Jahren wird Liquidität aufgebaut, die ab 2027 abgebaut und 2033 sogar zur Unterdeckung führt. Für 2033 und 2034 ist mit einem Liquiditätsunterschuss zu rechnen ist. Hier stellt sich für den Unternehmer die Frage, ob die Unternehmung auf sicheren Beinen steht und ob er dieses Risiko z. B. durch Eigenmittel, zusätzliche Einnahmen und ggf. Fremdfinanzierung decken kann.

Die Rücklage für Dach und Fach wird für Instandhaltungsmaßnahmen angesammelt, welche die Betriebsgesellschaft nicht trägt.

4. Steuern von betriebswirtschaftlichen Prozessen und Ressourcen | 4.6 Finanzplanung

									Liquidität			
Pachterlöse	Grundsteuer	Sonstiges	Versicherungen	FK Zinsen gesamt	Tilgung gesamt	Steuern	Privatentnahme	liquide Mittel vor D&F p.a.	Rücklage Dach + Fach 0,75 %	freie Liquidität p.a.	kumm. freie Liquidität	Jahr
									1.500.000 €			
235.200 €	8.000 €	2.000 €	5.000 €	31.342 €	0 €	33.223 €	30.000 €	125.635 €	11.250 €	114.385 €	114.385 €	2019
235.200 €	8.000 €	2.040 €	5.000 €	31.342 €	0 €	33.211 €	30.000 €	125.607 €	11.250 €	114.357 €	228.742 €	2020
235.200 €	8.000 €	2.081 €	5.000 €	31.342 €	0 €	33.199 €	30.000 €	125.578 €	11.250 €	114.328 €	343.071 €	2021
235.200 €	8.000 €	2.122 €	5.000 €	41.342 €	103.279 €	30.186 €	30.000 €	15.270 €	11.250 €	4.020 €	347.091 €	2022
235.200 €	8.000 €	2.165 €	5.000 €	39.690 €	103.279 €	30.669 €	30.000 €	16.397 €	11.250 €	5.147 €	352.238 €	2023
235.200 €	8.000 €	2.208 €	5.000 €	38.037 €	103.279 €	31.152 €	30.000 €	17.524 €	11.250 €	6.274 €	358.511 €	2024
235.200 €	8.000 €	2.252 €	5.000 €	36.385 €	103.279 €	31.635 €	30.000 €	18.649 €	11.250 €	7.399 €	365.911 €	2025
235.200 €	8.000 €	2.297 €	5.000 €	34.732 €	165.779 €	32.117 €	30.000 €	-42.725 €	11.250 €	-53.975 €	311.936 €	2026
235.200 €	8.000 €	2.343 €	5.000 €	31.423 €	165.779 €	33.096 €	30.000 €	-40.441 €	11.250 €	-51.691 €	260.244 €	2027
235.200 €	8.000 €	2.390 €	5.000 €	28.115 €	165.779 €	34.074 €	30.000 €	-38.158 €	11.250 €	-49.408 €	210.836 €	2028
235.200 €	8.000 €	2.438 €	5.000 €	24.806 €	165.779 €	39.552 €	30.000 €	-40.376 €	11.250 €	-51.626 €	159.210 €	2029
235.200 €	8.000 €	2.487 €	5.000 €	21.497 €	165.779 €	40.530 €	30.000 €	-38.094 €	11.250 €	-49.344 €	109.866 €	2030
235.200 €	8.000 €	2.536 €	5.000 €	18.189 €	165.779 €	41.508 €	30.000 €	-35.812 €	11.250 €	-47.062 €	62.804 €	2031
235.200 €	8.000 €	2.587 €	5.000 €	14.880 €	165.779 €	42.485 €	30.000 €	-33.532 €	11.250 €	-44.782 €	18.023 €	2032
235.200 €	8.000 €	2.639 €	5.000 €	11.571 €	165.779 €	43.462 €	30.000 €	-31.252 €	11.250 €	-42.502 €	-24.479 €	2033
235.200 €	8.000 €	2.692 €	5.000 €	8.262 €	103.279 €	44.439 €	30.000 €	33.527 €	11.250 €	22.277 €	-2.202 €	2034
235.200 €	8.000 €	2.746 €	5.000 €	6.610 €	103.279 €	44.919 €	30.000 €	34.646 €	11.250 €	23.396 €	21.194 €	2035
235.200 €	8.000 €	2.800 €	5.000 €	4.957 €	103.279 €	45.398 €	30.000 €	35.765 €	11.250 €	24.515 €	45.709 €	2036
235.200 €	8.000 €	2.856 €	5.000 €	3.305 €	103.279 €	45.877 €	30.000 €	36.882 €	11.250 €	25.632 €	71.341 €	2037
235.200 €	8.000 €	2.914 €	5.000 €	1.652 €	103.279 €	46.356 €	30.000 €	37.999 €	11.250 €	26.749 €	98.090 €	2038

03. Welche rechtlichen Grundlagen sind für die Kassenhaltung gültig?

- §§ 146 ff. AO beschreiben die Anforderungen an Kassenführung.
- § 238 HGB und § 141 AO legen fest, wer buchführungspflichtig ist.
- § 147 AO enthält die 10-jährige Aufbewahrungsfrist für Kassenbücher und -belege.
- Die GoBS sind bei Verwendung von elektronischen Kassenbüchern anzuwenden.

Formelle Fehler in der Kassenführung berechtigen das Finanzamt schnell zu Einschätzung von Umsätzen und Steuern.

Bei der Liquiditätssteuerung ist zu prüfen, welche Geld Zu- bzw. Abflüsse regelmäßig, unregelmäßig oder spontan auftreten können.

Liquidität geht vor Rentabilität. Bevor Geldmittel investiert oder angelegt werden, ist für eine ausreichende Liquidität für die Planperiode zu sorgen.

Ein Ansatz ist z. B. die notwendige Liquidität anhand von Durchschnitten der Vorperioden zu planen. In der Vorplanung sind dann die unregelmäßigen Zu- und Abflüsse z. B. monatlich vorzuplanen.

1. Planen, Steuern und Organisieren betrieblicher Prozesse
2. Steuern von Qualitätsmanagementprozessen
3. Gestalten von Schnittstellen und Projekten
4. Steuern und Überwachen betriebswirtschaftlicher Prozesse und Ressourcen
5. **Führen und Entwickeln von Personal**
6. Planen und Durchführen von Marketingmaßnahmen

Prüfungsanforderungen

Im Handlungsbereich „Führen und Entwickeln von Personal" soll die Fähigkeit nachgewiesen werden, den Personaleinsatz zu planen, das Personal auszuwählen und zu beschaffen sowie Personalmaßnahmen umzusetzen. Aus- und Weiterbildung soll geplant, durchgeführt und kontrolliert sowie eine systematische Personalentwicklung und Personalförderung entsprechend den betrieblichen Erfordernissen organisiert werden.

Dabei soll gezeigt werden, dass Mitarbeiter, Auszubildende und Teams im Sinne der Unternehmensziele unter Berücksichtigung rechtlicher Bestimmungen und soziokultureller Hintergründe geführt, angeleitet und motiviert sowie Kommunikationsprozesse gestaltet werden können.

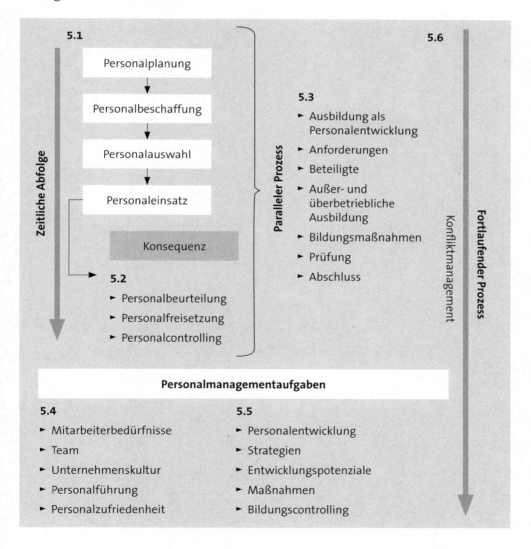

5. Führen und Entwickeln von Personal
5.1 Planen, Beschaffen, Auswählen und Einsetzen von Personal
5.1.1 Ziele der Personalpolitik
01. Welche Arten von Zielen lassen sich benennen?

Ziele sind für jedes Unternehmen überlebenswichtig. Ohne Ziele ließe sich keine Entscheidung messen und kontrollieren. Jede Organisation, auch im Gesundheits- und Sozialwesen, muss sich Ziele setzen. Dabei ist das ökonomische Prinzip entscheidend. Wie jedes andere Unternehmen gilt es entweder das Maximal- oder das Minimalprinzip anzuwenden. Hierbei ist zu beachten, dass es bei der Umsetzung immer zu Missverständnissen kommen kann. Die folgende Tabelle soll den Sachverhalt vereinfacht darstellen:

Prinzip	Mittel	Ziel
Maximalprinzip	gegeben	variabel
Minimalprinzip	variabel	gegeben

Ziele können auch miteinander in Konkurrenz stehen. Im Grunde bedeutet das Probleme bei der Durchsetzung des einen Ziels unter Rücksichtnahme auf ein anderes.

Beispiel

Das Unternehmen möchte Kosten reduzieren, dabei steht die Motivation und das Betriebsklima in Konkurrenz, da sich sehr häufig Maßnahmen der Rationalisierung nur mit Stellenabbau umsetzen lassen. Das bedeutet, dass wirtschaftliche und soziale Ziele in einer Zielkonkurrenz stehen.

02. Was sind wirtschaftliche Ziele?

Wirtschaftliche Ziele orientieren sich am Wirtschaftlichkeitsprinzip und haben vor allem einen ökonomischen Hintergrund:

- Senkung der Personalkosten für das beschäftigte Personal
- Abbau der nicht zwingend benötigten Stellen
- Qualifikationsbezogener Einsatz der Mitarbeiter
- Nutzung der Kenntnisse und Fertigkeiten sowie der Kreativität und Erfahrung der Mitarbeiter
- Steigerung der Mitarbeiterleistung durch Verbesserung des Leistungsprozesses und der Motivation.

03. Wie sind soziale Ziele zu definieren?

Soziale Ziele sind auf die Menschen im Betrieb ausgerichtet und dienen zur Erfüllung ihrer Bedürfnisse und Erwartungen. Sie werden auch humanitäre Ziele genannt und beziehen sich auf das Arbeitsumfeld:

- Gestaltung der Arbeitsaufgabe; abwechslungsreich und dem Mitarbeiter angepasst
- Gestaltung des Arbeitsplatzes; sicher und ergonomisch
- Gestaltung der Arbeitszeit; flexibel und an den menschlichen Rhythmus angepasst
- Gestaltung Personalentlohnung; gerecht und angemessen
- Gestaltung der Personalentwicklung durch Fortbildung, Bildungsurlaub und Aufstiegschancen
- Gestaltung der Personalführung; kooperativ und gerecht
- Schaffung eines guten Betriebsklimas.

04. Was bedeutet Humankapital und warum ist es so wichtig?

Neben den klassischen Produktionsfaktoren Boden und Kapital, steht der dritte Faktor **Arbeit** bei der Personalpolitik im Vordergrund. Jedes Unternehmen ist zur Umsetzung seiner Ziele auf den Faktor „Mensch" angewiesen. Es muss also oberstes Gebot sein, das erforderliche Humankapital

- in der richtigen Menge
- mit der benötigten Qualifikation
- zum richtigen Zeitpunkt
- am richtigen Ort
- unter Berücksichtigung der unternehmenspolitischen Ziele

bereitzustellen.

05. Welche Bedeutung hat der Arbeitsmarkt bei der Personalplanung?

Bei der Personalplanung gilt es immer den Arbeitsmarkt zu beobachten. Es ist heute schon bekannt, dass im Jahr 2030 ca. 500.000 Arbeitsplätze allein in der Pflege fehlen werden, wenn wir nicht schon jetzt entsprechende Maßnahmen veranlassen, um diesem Fachkräftemangel vorzubeugen. Personalplanung ist also die gedankliche Vorwegnahme zukünftiger personeller Maßnahmen. Hierbei ist nicht nur die Politik gefragt, sondern natürlich auch die Unternehmen, bei denen der Mangel an Humankapital auftritt.

06. Welche Zeiträume sind bei der Planung von Personal zu berücksichtigen?

Bei der Planung des Personals sind folgende Zeiträume zu berücksichtigen:

- kurzfristige Personalpolitik = Zeitraum unter einem Jahr
- mittelfristige Personalpolitik = Zeitraum von einem Jahr bis unter vier Jahren
- langfristige Personalpolitik = Zeitraum von mehr als vier Jahren.

07. Welche Planungsebenen können bei der Personalpolitik zum Einsatz kommen?

Bei der Einbindung der Planungsebenen innerhalb der Personalpolitik lassen sich die strategische, taktische, und operative Planung unterscheiden.

Bei der strategischen Ebene geht man von Planungszeiträumen von mehr als fünf Jahren aus. Die Planungsvorgaben sind zielorientiert, mit einer globalen Ausrichtung und Reichweite. Deshalb sind strategische Entscheidungen immer vom Top-Management zu treffen.

Bei operativer Planung werden Zeiträume bis zu einem Jahr anvisiert. Die Planungsvorgabe ist problemorientiert und wird vom mittleren Management ausgeführt. Taktisch bewegt man sich zwischen den beiden anderen Ebenen.

Die kurz- und langfristige Planungsebene sind stark voneinander abhängig. Für die operative Unternehmensführung sind die Ziele und Ergebnisse der strategischen Planung ausschlaggebend.

08. Welche Rolle spielt das Unternehmensleitbild bei der Personalpolitik?

Ausgangspunkt des wirtschaftlichen Handelns in Organisationen ist die Unternehmensphilosophie, die einen wichtigen Einfluss auf die Unternehmenskultur hat. Die Unternehmensphilosophie kann als eine globale Weltanschauung eines Unternehmens angesehen werden.

Das Unternehmensleitbild dient dazu, die in der Unternehmensphilosophie verankerten Werte und Normvorstellungen des oberen Managements in Form von Unternehmensgrundsätzen festzuschreiben und diesen Werten einen Ausdruck zu verleihen. Das Leitbild ist dabei der Handlungsrahmen und die Handlungsperspektive für Entscheidungen auf allen Führungsebenen.

Dabei strebt das Unternehmensleitbild einen vorausschauenden Zustand in der Zukunft an und muss nicht immer der aktuellen Realität entsprechen. Aus der Unternehmensphilosophie werden Kultur, Leitbild und Strategie des Unternehmens abgeleitet. Sie besteht aus den explizit in den Führungsgrundsätzen dokumentierten und aus den implizit verfolgten Grundeinstellungen der Shareholder (Eigentümer) in Bezug auf die Stakeholder (Kunden, Lieferanten, Wettbewerber, Mitarbeiter).

Aus der Unternehmensphilosophie wird z. B. das Gesellschaftsbild, Leitbild und Menschenbild einer Organisation abgeleitet.

Zur Unternehmenskultur gehören nicht nur theoretisch vertretene Wertvorstellungen, sondern all das, was das Klima in einem Unternehmen prägt: Sie ist „*System gemeinsam getragener und gelebter Wertvorstellungen, Überzeugungen, Normen, Annahmen und Fantasien*" *(Rüttinger 1986)* oder, wie *Neuberger/Kompa* formulieren, „*die Summe der Überzeugungen, Regeln und Werte, die das Typische und Einmalige eines Unternehmens ausmachen*" *(Neuberger/Kompa 1986)*.

Unternehmensphilosphie und Unternehmenskultur prägen die Unternehmensidentität (Corporate Identity) und bestimmen letztlich die Unternehmenspolitik. An die Unternehmensidentität ist das betriebliche Erscheinungsbild (Corporate Design), das betriebliche Verhalten (Corporate Behavior) und die betriebliche Kommunikation (Corporate Communication) geknüpft. Die untere Abbildung zeigt die Position und das Menschenbild.

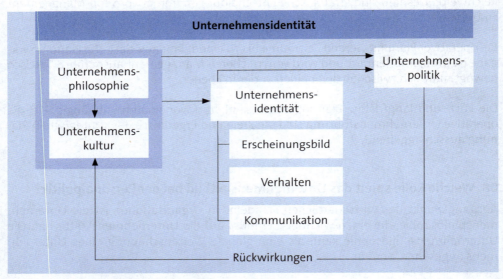

Quelle: http://www.vaillant-bkk.de/content/personal-lexikon

09. Wie wird Corporate Identity definiert?

Corporate Identity ist das Verhalten, Kommunikation und Erscheinungsbild eines Unternehmens nach innen und außen. Eigentlich besteht die Corporate Identity aus vier Ebenen, die aufeinander aufbauen:

1. Corporate Philosophy
2. Corporate Behavior
3. Corporate Communication
4. Corporate Design.

Um von einer Corporate Identity sprechen zu können, muss im ersten Schritt die Unternehmensphilosophie festgelegt werden.

10. Was ist Corporate Philosophy?

Die Unternehmensphilosophie beinhaltet Werte, die für das Unternehmen stehen oder auch für Ziele und Visionen. Der englische Begriff dafür ist dann Corporate Philosophy. Corporate Philosophy, das sogenannte Unternehmensleitbild, kann wie folgt beschrieben werden:

- die Vision des Unternehmens
- Werte, denen gefolgt wird
- spezifische Ziele
- charakteristische Richtlinien oder Regeln, die bestimmen, wie gehandelt wird und worauf sich alle Beteiligten verlassen können.

11. Wie wird Corporate Behavior beschrieben?

In einem nächsten Schritt werden aus der Philosophie Verhaltensmuster des Unternehmens abgeleitet, wie z. B. das Verhalten der Mitarbeiter gegenüber Kunden oder anderen Anbietern, der generelle Umgangston untereinander, aber auch die Abläufe innerhalb des Unternehmens. Diesen Kodex, der für interne wie externe Verhaltensweisen steht, nennt man Corporate Behavior. Corporate Behavior beschreibt also das Verhalten der Mitarbeiter untereinander, gegenüber Kunden, Partnern und der Öffentlichkeit. Vertreten nun alle Mitarbeiter dasselbe Verhalten, führt das nicht nur zu einer besseren Leistungsbereitschaft, sondern auch zu einer besseren Verständigung nach außen.

12. Was bedeutet Corporate Communication?

Um eine Corporate Identity erfolgreich umzusetzen, bedarf es einer stimmigen Corporate Communication. Bestimmte Werte können nur kommuniziert werden, wenn diese vom Unternehmen gleichermaßen nach innen und nach außen getragen werden. Die Mitarbeiter müssen sich mit dem Unternehmen identifizieren können, die nach außen getragene Philosophie muss auch im Unternehmen spürbar sein. Vor allem Vorgesetzte haben die Aufgabe, im Sinne ihrer Philosophie zu handeln, Transparenz zu schaffen und ihren Leitlinien treu zu bleiben. Gelingt all das, ist die Unternehmenskommunikation (Corporate Communication) erfolgreich und das Corporate Behavior ist im Einklang mit der Firmenidentität.

13. Welche Rolle spielen Personalstrukturen innerhalb der Personalpolitik?

Betriebe im Gesundheits- und Sozialwesen stehen heute vor großen Herausforderungen: Eine kleine Zahl von Berufseinsteigern steht z. B. einer wachsenden Zahl pflegebedürftiger Älterer gegenüber. Diesem Fachkräftemangel in der Pflege können die Betriebe nur dann wirkungsvoll entgegenwirken, wenn die erfahrenen Kräfte länger als bisher im Beruf verbleiben. Diese zukünftigen Gegebenheiten sind wichtige Faktoren innerhalb der Personalpolitik. Es bedarf einer sorgfältigen Analyse der Ausgangssituation in den Einrichtungen, unter Berücksichtigung der neuen Leistungsanforderungen und Leistungsbedingungen.

Für die Situationsanalyse gibt es zwei Werkzeuge:
- Eine Altersstrukturanalyse ermöglicht einen Blick auf die aktuelle Personalstruktur und macht mögliche Risikofaktoren hinsichtlich des Personalbestands transparent.
- Eine demografiebezogene Arbeitssituationsanalyse erfasst die Belastungssituation im Unternehmen aus Perspektive der Mitarbeiter.

Einfluss auf das Personalmanagement hat jedoch nicht nur die demografische Entwicklung, sondern auch die Entwicklungen der Organisation. Die Verwaltungen brauchen ein modernes strategisches Personalmanagement. Welche Handlungsfelder bei einem strategischen Personalmanagement von einer Organisation künftig besser bedient werden müssen, zeigt die Abbildung.

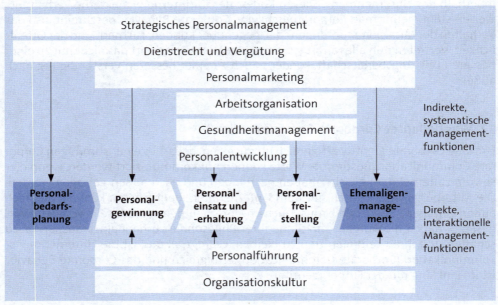

Quelle: *Prognos AG 2008*

5.1.2 Personalbedarfsplanung

01. Was soll mit Personalbedarfsplanung erreicht werden?

Mithilfe der Personalbedarfsplanung wird festgelegt, wie viele Arbeitskräfte mit einer bestimmten Qualifikation zu einem bestimmten Zeitpunkt an einem bestimmten Ort zur Verfügung stehen müssen, um die angestrebten Unternehmensziele zu erreichen.

Eine regelmäßig durchgeführte Personalbedarfsplanung dient dazu sicherzustellen, dass einem Unternehmen gegenwärtig und in Zukunft ausreichend Personal zur Verfügung steht und gleichzeitig Personalüberhänge vermieden werden. Sie ist im Grunde ein Bindeglied zwischen Personal- und Unternehmensplanung. Aus den Ergebnissen einer systematischen Personalbedarfsplanung wird die Grundlage für eine strategische Optimierung der Personalarbeit in den Feldern

- Fachkräfte finden
- Fachkräfte entwickeln und
- Fachkräfte binden

gebildet.

Ziel der Personalbedarfsplanung ist es, den zur Erfüllung der Unternehmensaufgabe erforderlichen Personalbedarf zu ermitteln sowie die zukünftig zu erwartende Über- oder Unterdeckung in

- quantitativer
- qualitativer
- zeitlicher und
- räumlicher Hinsicht

zu bestimmen.

02. Wie wird quantitative Personalplanung definiert?

Die quantitative Personalbedarfsplanung ermittelt die Zahl der benötigten Mitarbeiter/innen und Führungskräfte.

03. Wie wird qualitative Personalplanung definiert?

Die qualitative Personalbedarfsplanung konkretisiert, über welche Qualifikationen das Personal zukünftig verfügen muss.

04. Wie wird der Personalbedarf ermittelt?

Mit folgenden Formeln wird der Personalbedarf berechnet:

> Bruttopersonalbedarf = Einsatzbedarf + Reservebedarf

> Nettopersonalbedarf = Bruttopersonalbedarf - Istbestand

> Ersatzbedarf = voraussichtliche Zugänge - voraussichtliche Abgänge

> Neubedarf = Ersatzbedarf + Zusatzbedarf

05. Wie geht man bei der Berechnung des Personalbedarfs vor?

1. Zunächst muss der Bruttopersonalbedarf (Soll-Personalbedarf) ermittelt werden. Darunter ist der Bedarf zu verstehen, der im Unternehmen benötigt wird, um alle Aufgaben zu erledigen und alle Stellen besetzen zu können. Dieser Bedarf kann aus dem Stellenplan übernommen werden und ist dann durch einfaches Summieren zu berechnen.
2. Im nächsten Schritt wird der Ist-Personalbestand ermittelt, d. h. die Zahl der aktuell im Unternehmen beschäftigten Mitarbeiter.
3. Ein wichtiger Punkt ist die Berücksichtigung der Abgänge, z. B. durch: Ruhestand, Altersteilzeit, Kündigung, Schwangerschaft, Beförderung, Versetzung, Tod.
4. Im letzten Schritt wird die Zahl der Zugänge berücksichtigt. Zugänge entstehen z. B. durch die Rückkehr aus der Elternzeit, längerer Krankheit und Rehabilitation oder geplante Neueinstellungen.
5. Nachdem alle notwendigen Determinanten zur Berechnung des Netto-Personalbedarfs ermittelt wurden, können sie in folgende Formel eingesetzt werden:

> Bruttopersonalbedarf (Soll-Personalbestand) - Ist-Personalbestand
> + Abgänge - Zugänge = Nettopersonalbedarf

06. Welche Verfahren werden bei der Berechnung des Personalbedarfs herangezogen?

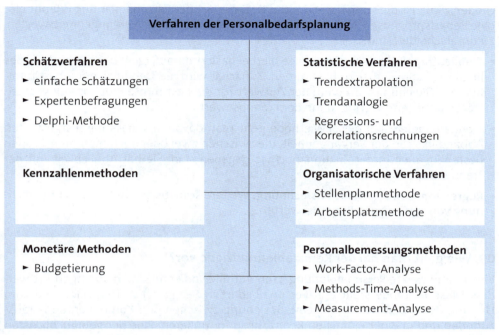

07. Wie werden Schätzmethoden eingesetzt?

Eine weit verbreitete Methode ist die Schätzmethode. Hierbei wird allerdings keine einheitliche und zuverlässige Bezugsgröße gewonnen. Folgende Schätzungsmethoden werden in der Praxis angewandt:

- Einfache Schätzung: Sämtliche betriebliche Stellen werden nach ihrem quantitativen und qualitativen Personalbedarf befragt. Es erfolgt also eine Plausibilitätsprüfung.
- Delphi-Methode: Expertenevaluation mittels Fragebogen (Führungskräfte, Unternehmensberater) mit einer entsprechenden Rückkopplung.

So wird bei der einfachen „Experten-Schätzmethode" von kompetenten Beteiligten einzeln eine Schätzung abgegeben. Die einzelnen Schätzungen werden dann gemeinsam zusammengetragen.

Bei der mehrfachen „Experten-Schätzung" geben die einzelnen Experten ihre Schätzung mit einer entsprechenden Begründung ab. Diese Ergebnisse werden analysiert und es folgt eine zweite Schätzung, welche als Grundlage für die Personalplanung dient.

08. Wie erfolgt die Personalplanung bei statistischen Methoden?

Eine weitere Methode bei der Personalplanung, die zur Gruppe der summarischen Methoden zählt, ist die statistische Methode. Diese Art der Personalplanung erlaubt globale Bedarfsprognosen. Man erstellt die Prognose anhand von Vergangenheitswerten. Zu unterscheiden sind:

- **Trendextrapolation:** Die Grundidee hierbei basiert darauf, die Prognose mithilfe des linearen Trends näher zu bestimmen. Zunächst wird die Trendgleichung bestimmt. In diese Gleichung wird dann der Zeitwert für die bestimmte Prognose eingesetzt. Der so ermittelte Wert ist dann der Prognosewert.
- **Trendanalogien:** Bei dieser Methode geht man davon aus, dass die festgestellten Abhängigkeiten der Vergangenheit, die zwischen zwei oder auch mehreren Größen bestehen, auch in der Zukunft noch so gegeben sind. Sie hat Ähnlichkeit mit der Trendextrapolation.
- **Regressions- und Korrelationsrechnung:** Weitere statistische Methoden zur Berechnung von zukünftigen Prognosewerten.

09. Wie geht man bei der Kennzahlenmethode vor?

Eine relativ exakte Personalplanung kann mithilfe von Kennzahlen durchgeführt werden. Diese Methode stellt den Personalbedarf in Bezug zur Auftragslage und zum Umfang der Arbeit dar. Es gilt eine Beziehung zwischen den Komponenten herauszufinden und in einer einfachen Kennzahl zu formulieren. Eine der gebräuchlichsten Kennzahlen für eine Bedarfsberechnung ist die Produktivität. Die Ergebnisgröße, wie z. B. der Umsatz, wird dabei in eine Beziehung zur Zahl der Beschäftigten oder der Arbeitszeit gesetzt. Durch das Kennzahlverfahren ist es einfach, einen Zusammenhang zwischen der Bezugsgröße und dem Personalbedarf herzustellen.

10. Was bedeuten organisatorische Methoden?

Mithilfe von organisatorischen Methoden wird der Personalbedarf weitestgehend unabhängig von der Arbeitsmenge festgelegt. Die gewünschte Organisationsstruktur oder gesetzliche Bestimmungen stehen im Vordergrund. Beispiele für organisatorische Methoden sind:

- **Stellenplanmethode:** Erstellung eines Stellenplanes
- **Arbeitsplatzmethode:** Stellen mit zwingend erforderlicher Anwesenheit.

11. Wie geht man bei den monetären Methoden vor?

Bei dieser Methode erfolgt die Ermittlung des Personalbedarfs auf der Basis der zur Verfügung stehenden Mittel. Zu nennen sind:

- Budgetierung: Top-Down Vorgehensweise, bei der ein Gesamtbudget auf einzelne Positionen aufgeschlüsselt wird.
- Zero-Base-Budgeting: Sonderform der Budgetierung, die bei jeder Planungsperiode von der Basis Null ausgeht.

12. Was besagt die Personalbemessungsmethode?

Bei der Personalbemessungsmethode erfolgt eine Berechnung der benötigten Arbeitskräfte durch die tatsächliche Arbeitsmenge und den Zeitbedarf pro Arbeitsvorgang.

Der Personalbedarf als **Netto-Personalbedarf** lässt sich daraufhin wie folgt errechnen:

$$\text{Personalbedarf} = \frac{(\text{Arbeitszeit pro Arbeitsgang/-aufgabe} \cdot \text{Vorgangsmenge})}{\text{Arbeitszeit pro Mitarbeiter}}$$

13. Wie wird die Stellenbeschreibung bei der Personalplanung eingesetzt?

„Eine Stellenbeschreibung zu formulieren, die die Anforderungen und Verantwortlichkeiten einer Position klar beschreibt, ist im Wettbewerb um die vielversprechendsten Mitarbeiter wesentlich. Nicht die Länge des Textes ist hier ausschlaggebend. Entscheidend ist es, die Aufgaben so zu beschreiben, dass Kandidaten sich ihre potenzielle Rolle im Unternehmen vorstellen und so entscheiden können, ob sie wirklich zu dieser Stelle passen.

Eine treffende Stellenbeschreibung ist ein hilfreiches Mittel bei der Bewerberselektion, die geeignete Kandidaten ansprechen und auf nicht geeignete Bewerber unattraktiv wirken sollte. Die Stelle sollte so realitätsnah wie möglich beschrieben werden, damit der zukünftige Mitarbeiter später nicht enttäuscht, unter- oder überfordert ist.

Für Unternehmen sollte eine Stellenbeschreibung mehr sein als nur eine Vorlage für die Job-Anzeige. Eine treffend formulierte Beschreibung hat eine Bedeutung über den Einstellungsprozess hinaus. Es ist der erste positive (oder negative) Eindruck den eine Person von einem Unternehmen bekommt."[1]

---

[1] Quelle: http://www.roberthalf.de/recruiting-stellenbeschreibung

Stellenbeschreibungen sind ein wesentlicher Bestandteil der Personalarbeit bzw. der Personalbeschaffung. Die wichtigsten Bestandteile einer Stellenbeschreibung können so zusammengefasst werden:

- *Stellenbezeichnung: Geben Sie genau an, wie die gesuchte Position lautet. Der Titel sollte klar und aussagekräftig sein.*
- *Kernaufgaben: Beschreiben Sie die täglichen Aufgaben und die langfristigen Projekte, die in den Aufgabenbereich der Bewerber fallen.*
- *Weitere Tätigkeiten: Deuten Sie auch gelegentliche Aufgaben, die nicht zum Tagesgeschäft gehören, an.*
- *Personalstrukturen: Erwähnen Sie die Vorgesetzten und alle Mitarbeiter, die den Bewerbern unterstellt sind. Interessant für die Stelle könnten auch Kollegen sein, mit denen die Bewerber bei wichtigen Projekten zusammenarbeiten werden, beispielsweise Mitarbeiter in der IT- oder Einkaufsabteilung.*
- *Qualifikationen und Erfahrungen: Welche Erfahrungen und Bildungsabschlüsse sollten die Bewerber mitbringen? Und welche Nachweise sollten sie erbringen? Führen Sie auch die geforderten Soft-Skills, beispielsweise Teamfähigkeit, oder die notwendigen Fachkenntnisse (z. B. IT, Sprachen) auf.*
- *Erwartungen und Zielvorgaben: Benennen Sie sowohl die kurzfristigen als auch die langfristigen Zielvorgaben für die Position und wodurch sich eine außerordentliche Leistung auszeichnet. Seien Sie dabei so genau wie möglich, um ein klares Bild Ihrer Erwartungen zu zeichnen.*
- *Eigenwerbung Arbeitgeber: Zeigen Sie Interessenten, was Sie als Arbeitgeber besonders attraktiv macht und warum es sich lohnt, für Sie zu arbeiten. Weisen Sie auch auf die Zusatzleistungen hin, beispielsweise eine Betriebsrente oder ein innovatives Programm für die Work-Life-Balance, mit dem sich Ihr Unternehmen von der Konkurrenz abhebt."*[1]

Wenn Stellenbeschreibungen formuliert werden, sollte auch beachtet werden, dass diese als rechtsgültige Dokumente behandelt werden. Berücksichtigt werden unter anderem das Allgemeine Gleichbehandlungsgesetz (AGG), indem Hinweise auf Eigenschaften wie ethnische Herkunft, Alter, Religion und Geschlecht vermieden werden.

14. Wie kann eine Stellenbeschreibung im Gesundheitswesen exemplarisch aussehen?

Stellenbeschreibung		
Stelleninhaber/in	Name:	Vorname:
Stellenbezeichnung	**Fachangestellte Gesundheit (w/m)**	
Abteilung		
Titel/Unterschrift		

---

[1] Quelle: http://www.roberthalf.de/recruiting-stellenbeschreibung

Stellenbeschreibung	
Vorgesetzte/r (erhält Weisungen von)	Leitung Pflegegruppe Arbeitet unter der Verantwortung des Pflegefachpersonals
Mitarbeiter/in (gibt Weisungen an)	Assistenzpersonal, Lernende und Pflegepraktikant/innen im hauswirtschaftlichen, administrativen Bereich der Pflegeabteilung
Stellvertretung aktiv (vertritt)	
Stellvertretung passiv (wird vertreten durch)	
Zielsetzung/ Zweck der Stelle	► Mithilfe bei der Pflege und Begleitung der Bewohner/innen/ Gästen/Patient/innen ► Verantwortung für Sauberkeit und Wohnlichkeit in den Bewohner/innenzimmern und Außenräumen der Abteilung unter Berücksichtigung ökologischer und ökonomischer Faktoren ► Übernahme von administrativen Aufgaben
Allgemeine Weisungen, Richtlinien und Vorschriften	► Arbeitsvertrag ► Personalreglement ► Organisationshandbuch
Leitbild	► Pflegeleitbild ► Heimleitbild
Aufgaben und Verantwortungen	**Pflege und Betreuung/Medizintechnik:** ► Ausführung delegierter Handlungen im Bereich Pflege, Therapien, Medizintechnik. ► Umsetzung des Kundenpfades ► Kennt und integriert die Grundsätze der Kinästhetik in den Pflegealltag **Lebensumfeld- und Alltagsgestaltung:** ► Beratung und Unterstützung bei der Zimmergestaltung ► Berücksichtigt verschiedene Ernährungsgewohnheiten und übernimmt beratende Funktion in Ernährungsfragen ► Verantwortung für Ordnung, Reinigung und Wohnlichkeit in den Bewohner/innenzimmern und Außenräumen **Administration und Logistik:** ► Verantwortung für das gesamte Bestellwesen der Abteilung ► Verantwortung für Reparaturmeldungen und deren Kontrolle ► Bereitstellen von Medikamenten ► Verantwortung für den abteilungsspezifischen Reinigungsplan ► Protokollführung bei Teamsitzungen

Stellenbeschreibung		
	Zusammenarbeit/Umfeld: ▸ unterstützt Pflegeassistenten, Pflegehilfen und Praktikant/innen ▸ mitverantwortlich für die Einführung neuer Mitarbeiter/innen Fachangestellte Gesundheit ▸ aktive Zusammenarbeit im Pflegeteam und interdisziplinär ▸ aktive Beteiligung an Rapporten, Teamsitzungen und Fachgesprächen ▸ Bringpflicht und Holschuld von Informationen ▸ gewährleistet den Informationsfluss gegenüber der Tagesleitung ▸ Organisation und Ausführung der abteilungsspezifischen hauswirtschaftlichen Tätigkeiten bzw. Hotellerieaufgaben ▸ Ansprechperson für Hauswirtschaftsbereich und Küche **Bildung:** ▸ reflektiert ihr eigenes Handeln und lernt daraus ▸ sensibilisiert das Team auf die Themen: Wäsche, Esskultur, Bestellungen etc. ▸ aktive Auseinandersetzung mit der eigenen Fort- und Weiterbildung ▸ nutzt das interne Weiterbildungsangebot und setzt es entsprechend um ▸ mitverantwortlich für die Begleitung und Betreuung von Pflegeassistent/innen, Lernende FaGe ▸ Mitwirken in Projekten	
Kompetenzen	▸ innerhalb der zugeordneten Funktion und Aufgaben alle notwendigen Kompetenzen ▸ in Bezug auf Coaching, Betreuung von Lernenden FaGe und Praktikant/innen: Delegieren und Überwachen von Aufgaben	
Voraussetzungen	Gelernte Krankenschwester, mit Weiterbildung im Pflegebereich ▸ Interesse in einer zukunftsorientierten geriatrischen Institution mitzugestalten	
Beilagen		
Datum	Einstellung	Überarbeitung
Unterschriften		
Leitung Personal	Vorgesetzte/r Nächst höhere/r Vorgesetzte/r	Stelleninhaber/in

Quelle: http://www.oda-gl.ch

15. Was beinhaltet die Stellenplanmethode?

Auf Basis der Stellenbeschreibungen kann ein Stellenplan erstellt werden. Dies kann mithilfe der sogenannten Stellenplanmethode geschehen. Der Stellenplan bildet die Grundlage für den Stellenbesetzungsplan.

Bezugsgröße ist die Organisationsstruktur des Unternehmens. Dabei wird anhand von Stellenplänen, die in die Zukunft fortgeschrieben werden, der künftige Personalbedarf unter Berücksichtigung der geplanten Veränderungen im Unternehmen beziehungsweise der Unternehmensziele ermittelt. Die Methode ist für Betriebe aller Größenordnungen geeignet.

„Die Stellenplanmethode (Arbeitsplatzmethode) wird angewandt, wenn die Stellenbesetzung weitgehend unabhängig von sonstigen betrieblichen Kennzahlen erfolgt (z. B. in der Verwaltung). Die Personalbedarfsrechnung erfolgt mittels eines Stellenplans auf der Grundlage des betrieblichen Organisationsplans mit den verschiedenen Funktionsbereichen und Stellen. Stellenpläne haben in der Regel längerfristige Gültigkeit. Sie enthalten Angaben über die Bezeichnung der Stelle, die Vergütungsgruppe, den Soll-Bestand und Ist-Bestand. Daraus kann der Bedarf abgeleitet werden."[1]

5.1.3 Personalbeschaffung

01. Wie läuft der Prozess der Personalbeschaffung ab?

„Die Personalbeschaffung ... umfasst die Aktivitäten eines Unternehmens, um den Personalbedarf in quantitativer, qualitativer, zeitlicher und räumlicher Hinsicht zu decken ... Ziel der Personalbeschaffung ist es, die passenden Bewerber mit vertretbarem Aufwand zu finden, deren Eignung zu prüfen und beiderseitige Interessen und Vorstellungen zu vergleichen und abzustimmen."[2]

Weitere Aufgabe der Personalbeschaffungsplanung ist es festzulegen, wie der zur Erfüllung der Unternehmensaufgabe ermittelte Netto-Personalbedarf am internen und/oder externen Arbeitsmarkt optimal gedeckt werden kann. Hierzu sind die Entwicklungen auf dem internen und externen Arbeitsmarkt zu beobachten und zu analysieren.

Des Weiteren müssen Grundsatzregelungen (Richtlinien) verabschiedet werden, welche Beschaffungswege genutzt werden sollen und welche organisatorischen und informatorischen Voraussetzungen hierzu entwickelt werden sollen.

---

[1] Quelle: http://www.europa-lehrmittel.de/leseprobe/1247/75859-2.pdf
[2] Quelle: http://www.business-wissen.de/handbuch/personalbeschaffung/personalbeschaffung-als-prozess

02. Welche Methoden der Personalbeschaffung können eingesetzt werden?

Innerhalb der Personalbeschaffung lassen sich folgende Methoden unterscheiden:
- aktive Personalbeschaffung
- passive Personalbeschaffung
- interne Personalbeschaffung
- externe Personalbeschaffung.

Die Übersicht veranschaulicht die Methoden:

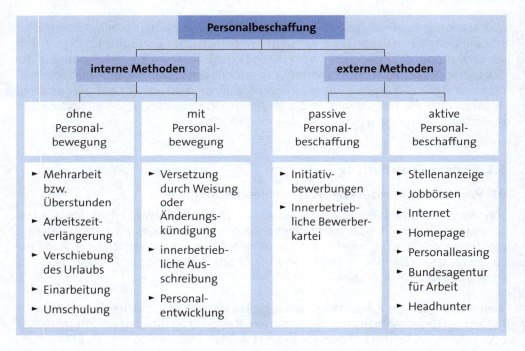

03. Was versteht man unter aktiver- und passiver Personalbeschaffung?

Bei der aktiven Methode wird davon ausgegangen, dass das Unternehmen die potenziellen Bewerber selbst anspricht, also aktiv wird. Bei der passiven Personalbeschaffung geht die Initiative vom Engagement der potenziellen Bewerber aus. Es werden also Reaktionen der Zielgruppe abgewartet.

04. Was fällt unter die interne Personalbeschaffung?

Bei der internen Personalbeschaffung wird eine freie Stelle mit einem Mitarbeiter besetzt, der bereits im Unternehmen arbeitet. Dies kann auf eigenen Wunsch des Mitarbeiters, durch eine betriebliche Stellenausschreibung (Werkzeitschrift, schwarzes Brett, Betriebsversammlung) oder direkter Ansprache des Mitarbeiters erfolgen.

Vorteile der internen Methode sind:
- Steigerung der Motivation der Mitarbeiter
- Mitarbeiter kennt bereits das Unternehmen und die Strukturen
- geringere bzw. keine Personalbeschaffungskosten
- geringere Einarbeitungszeit des Bewerbers
- Arbeitsverhalten und Persönlichkeit des Bewerbers sind bekannt.

Es gibt aber auch Nachteile bei der internen Methode:
- es kann zur Rivalitäten zwischen den Mitarbeitern kommen (schlechter Teamgeist)
- kein Respekt der anderen Mitarbeiter gegenüber dem „Neuen" (gerade wenn es um eine Beförderung geht)
- „Betriebsblindheit" und eingefahrene Abläufe bzw. Strukturen
- die Auswahl ist eingeschränkt
- eventuell sind Fortbildungen notwendig
- ggf. muss der alte, frei gewordene Arbeitsplatz neu besetzt werden.

05. Was bedeutet externe Personalbeschaffung?

Bei der externen Methode wird eine freie Stelle mit einem neuen Mitarbeiter besetzt, der vorher noch nicht im Unternehmen gearbeitet hat. Dies erfolgt durch:
- gezielte Personalwerbung
- Bewerbungsgespräche
- Zeitungsanzeigen
- Internet
- Personalberater
- Bundesagentur für Arbeit
- Headhunter
- Initialbewerbung
- Zeitarbeitsfirmen
- Kontakt zu Hochschulen und anderen Bildungseinrichtungen
- Recruiting-Messen
- Soziale Netzwerke („Social Marketing").

Klare Vorteile der externen Personalbeschaffung sind:
- neue Mitarbeiter bringen eigene Ideen mit
- es kann exakt nach den benötigten Qualifikationen besetzt werden (keine Fortbildung wie bei interner Besetzung nötig)
- deutlich größere Auswahl an geeigneten Bewerbern.

Aber auch hier lassen sich Nachteile nennen:
- Mitarbeiter kennt das Unternehmen nicht und durchläuft lange Einarbeitungszeiten
- Arbeitsverhalten und die Persönlichkeit sind nicht bekannt
- Personalbeschaffungskosten sind höher
- zeitaufwendigere Stellenbesetzung.

06. Was ist laut Betriebsverfassungsgesetz bei der Personalbeschaffung zu beachten?

Das Betriebsverfassungsgesetz enthält zahlreiche Beteiligungsrechte des Betriebsrates. Herzstück ist die Mitbestimmung. Es gibt vier wesentliche Mitbestimmungsgruppen:
- Mitbestimmung in sozialen Angelegenheiten (z. B. Betriebsordnung, Lage der Arbeitszeit und Pausen, Errichtung von Kantinen, Betriebskindergärten, Unterstützungskassen etc., vgl. § 87 BetrVG).
- Mitbestimmung über Arbeitsplätze (z. B. muss der Betriebsrat informiert werden, wenn Umstrukturierungen vorgenommen werden und hat ein Mitbestimmungsrecht, wenn Arbeitnehmer dadurch besonders belastet werden, vgl. §§ 90 und 91, BetrVG).
- Mitwirkung in personellen Angelegenheiten (z. B. Aufstellung von Auswahlrichtlinien, Personalfragebögen, Regelungen über Stellenausschreibung, Mitbestimmung bei Versetzung, Umsetzung, Eingruppierung etc.; vgl. §§ 92 bis 105 BetrVG).
- Mitwirkung in wirtschaftlichen Angelegenheiten (z. B. Betriebsänderung, Sozialplan und Interessenausgleich; vgl. §§ 111 bis 113 BetrVG).

Die Beteiligungs- und Mitbestimmungsrechte des Betriebsrats bei den sog. personellen Einzelmaßnahmen sind in den §§ 99 bis 101 BetrVG geregelt.

Durch die Beteiligung des Betriebsrats sollen einerseits die individuell schutzwürdigen Interessen der Bewerber bzw. der bereits beschäftigten Arbeitnehmer gewahrt werden. Andererseits soll durch die Beteiligung des Betriebsrats die Entwicklung der Personalstruktur kollektivrechtlich ausgewogen werden. Die Beteiligung des Betriebsrats bei Einstellungen regelt § 99 BetrVG. Dies bedeutet, dass der Arbeitgeber Einstellungen nur mit Zustimmung des Betriebsrats oder mit der gerichtlich ersetzten Zustimmung durchführen darf.

Dies gilt für Betriebsräte in Unternehmen mit mehr als 20 wahlberechtigten Arbeitnehmern.

Das Beteiligungsrecht des Betriebsrats nach § 99 Abs. 1 BetrVG dient dazu, dem Betriebsrat als Gegengewicht des Unternehmers Einfluss auf die Entwicklung der sozialen Struktur der Belegschaft geben zu können (vgl. BAG 01.12.1992 1 ABR 30/92). Auf das Vertrags- bzw. Rechtsverhältnis des Beschäftigten zum Arbeitgeber (Betriebsinhaber) kommt es nicht an. Vielmehr ist entscheidend, ob der Beschäftigte dem Weisungs- und Direktionsrecht der im Betrieb Verantwortlichen untersteht.

Eine Einstellung nach § 99 BetrVG liegt vor, wenn Personen im Betrieb (Unternehmen) beschäftigt werden, um mit anderen Arbeitnehmern des Betriebs (Unternehmen) dessen arbeitstechnischen Zweck durch weisungsgebundene Tätigkeiten zu erfüllen, vgl. Schaub ArbRHandbuch (§ 241, RdNr. 11, 15. Auflage, F.K.H.E. § 99 RdNr. 28 ff).

07. Was sind mitbestimmungspflichtige Einstellungen nach § 99 BetrVG?

Als mitbestimmungspflichtige Einstellungen nach § 99 BetrVG sind u. a. anzusehen:

- Unbefristete und befristete Arbeitsverhältnisse, Probearbeitsverhältnisse, Ausbildungsverhältnisse
- freie Mitarbeiter, die die gleiche Arbeit wie andere im Betrieb beschäftigte Arbeitnehmer verrichten (BAG, 15.12.1998 1 ABR 9/98)
- Gestellungsvertrag, DRK-Schwestern
- die Umwandlung eines befristeten Arbeitsverhältnisses in ein unbefristetes oder umgekehrt
- Beschäftigung über eine tarifvertraglich oder individualvertraglich vereinbarte Altersgrenze hinaus
- Beschäftigung während des Erziehungsurlaubs (BAG 28.04.1998 1 ABR 63/97)
- Übernahme eines Auszubildenden in ein Arbeitsverhältnis (BAG 18.07.1978 1 ABR 79/75)
- Übernahme von Leiharbeitnehmern
- Praktikanten, Volontäre, Umschüler, Anlernlinge
- Einstellung im Rahmen eines Eingliederungsvertrages gem. §§ 229 ff. SGB III, wie auch die Übernahme nach erfolgreicher Qualifizierung in ein Arbeitsverhältnis
- die Beschäftigung von Leiharbeitnehmern, siehe auch § 14 Arbeitnehmerüberlassungsgesetz.

Keine Einstellung nach § 99 BetrVG liegt vor, wenn der Arbeitgeber Werk- oder Dienstleistungen einkauft (F.K.H.E. § 99 RdNr. 53, 20. Auflage). Hierbei wird aber immer auf die tatsächliche Vertragsgestaltung und deren Ausübung abzustellen sein.

Bei der Einstellung von leitenden Angestellten gem. § 5 Abs. 3 BetrVG hat der Arbeitgeber den Betriebsrat nach § 105 BetrVG lediglich rechtzeitig zu informieren.

Hat der Arbeitgeber den Betriebsrat zur Einstellung nicht gehört, der Betriebsrat die Zustimmung zur Einstellung nach § 99 Abs. 2 Nr. 1 bis 6 BetrVG verweigert und diese ist nicht durch das Arbeitsgericht ersetzt worden, so darf der Arbeitgeber den Arbeitnehmer nicht beschäftigen. In aller Regel ist aber ein Antrag des Betriebsrats gem. § 101 BetrVG notwendig, um die Verletzung der Mitbestimmung nach § 99 BetrVG zu ahnden.

08. Kann der Betriebsrat seine Zustimmung verweigern?

Der Betriebsrat kann zu einer Maßnahme nach § 99 BetrVG wie

- Einstellung
- Eingruppierung
- Umgruppierung
- Versetzung

seine Zustimmung verweigern, wenn nach § 99 Abs. 2 Ziff. 1 bis 6 BetrVG Gründe vorliegen, die ihn dazu berechtigen.

Bei einer Zustimmungsverweigerung nach § 99 Abs. 2 Ziff. 1 bis 6 BetrVG gelten insofern die gleichen Grundsätze wie bei einem Kündigungswiderspruch nach § 102 Abs. 3 Ziff. 1 bis 5 BetrVG: Eine bloße Wiederholung des Gesetzestextes reicht in aller Regel nicht aus. Der Betriebsrat hat konkrete Gründe darzulegen, die seines Erachtens gegen eine geplante Maßnahme nach § 99 BetrVG sprechen. Vor allem nach § 99 Abs. 2 Nr. 3 und 6 BetrVG sind durch „Tatsachen begründete Besorgnistatbestände" aufzuführen.

Somit ist klar, dass die Zustimmungsverweigerung eindeutig und nachvollziehbar sein muss. Sie hat innerhalb von einer Woche mit Angabe der Gründe schriftlich beim Arbeitgeber einzugehen (§ 99 Abs. 3 BetrVG). Die Wochenfrist beginnt am Tage darauf zu laufen, nachdem die Anhörung dem Betriebsrat (schriftlich) zugegangen ist (§ 187 Abs. 1 BGB).

Gleiches gilt für einen Betriebs- bzw. Personalausschuss, dem diese Aufgaben zur selbstständigen Erledigung übertragen wurden.

09. Welcher Stellenwert kommt der externen Personalbeschaffung zu?

Geeignete Mitarbeiter zu finden, wird bedingt durch die demografische Entwicklung in vielen Bereichen des Gesundheits- und Sozialwesen immer schwieriger.

So ist im Bereich der Pflege bis zum Jahr 2030 davon auszugehen, dass 500.000 Stellen beim Pflegepersonal unbesetzt bleiben. Bereits heute steigen die Stellenanzeigen für Erzieherinnen und Erzieher kontinuierlich. Dort ist der Bedarf bereits angekommen.

In Bezug auf die fehlenden Fachkräfte kommen den Instrumenten der Personalbeschaffung neue und wichtige Funktionen bei der Ansprache der Zielgruppen zu.

10. Welche Inhalte sollte eine Stellenanzeige aufweisen?

Folgende Punkte sollten in einer externen Stellenanzeige auf jeden Fall angesprochen werden:

- kurze Unternehmensbeschreibung
- Bezeichnung der zu besetzenden Stelle (geschlechtsneutral!)
- Arbeitsort
- Besetzungszeitpunkt
- Aufgaben des zukünftigen Mitarbeiters
- vorausgesetzte Qualifikation
- Vorteile einer Mitarbeit im Unternehmen
- geforderte Bewerbungsbestandteile
- Kontaktdaten und Ansprechpartner.

11. Welche rechtlichen Aspekte spielen bei der Stellenausschreibung eine Rolle?

Mit der Stellenausschreibung geht ein Unternehmen an die Öffentlichkeit. Deshalb sollte insbesondere darauf geachtet werden, dass die Stellenausschreibungen in rechtlicher Hinsicht einwandfrei formuliert sind. Sonst könnten Schadenersatzklagen von abgelehnten BewerberInnen auf die Organisation zukommen.

Wichtige Punkte, die bei Stellenausschreibungen und Vorstellungsgesprächen beachtet werden sollten:

- für die freie Stelle wurde eine geschlechtsneutrale Formulierung (w/m) gewählt
- beide Geschlechter sind angesprochen
- in der Berufsbezeichnung wurde die männliche und weibliche Form verwendet oder Überbegriffe gewählt

- keine Altersbegrenzung in der Stellenbeschreibung verwenden
- genaue Formulierung, welche Anforderungen mit der Stellenbesetzung verknüpft sind.

Der gesamte Text ist geschlechtergerecht zu formulieren und nicht nur die Funktion, auch alle mit der Stelle verbundenen Erfordernisse und Aufgaben.

12. Wie wird eine Stellenanzeige gestaltet?

Die Gestaltung der Anzeige sollte unter mehreren Gesichtspunkten erfolgen. Folgende Grundsätze sind zu beachten:

- Anzeigengröße im Verhältnis zu Positionswert und Marktwert
- Logo des Arbeitgebers
- Weißraum hebt Anzeige ab
- Blickfang durch Schlagwort
- Textblock erleichtert die Lesbarkeit
- gute Lesbarkeit
- Superlative vermeiden
- sachlicher Inhalt hat Vorrang
- einheitliches Anzeigenbild über längere Zeit (Corporate Design)
- Platzierung (z. B. rechts oben hebt Aufmerksamkeit).

13. Was bedeutet AIDA in Zusammenhang mit Stellenanzeigen?

„Mit einer Stellenanzeige will das Unternehmen bewirken, dass sich potenzielle BewerberIn um eine freie Stelle bemühen, indem sie die Bewerbungsinitiative ergreifen. Hierfür ist es notwendig, die/den BewerberIn zu motivieren, d. h. „die/der BewerberIn muss rational und emotional angesprochen werden."

Zu diesem Zweck kann das **AIDA-System** *vom Verkaufsmarketing übernommen werden. Laut diesem muss zunächst die*

- **Aufmerksamkeit (A = Attention)** *der/s Bewerberin, Bewerbers gewonnen werden, um sein*
- **Interesse (I = Interest und D = Desire)** *an der Stelle zu wecken. Zudem müssen informative Daten und die Aufforderung zum*
- **Handeln (A = Action)** *in der Anzeige enthalten sein. Auch die Sprachgestaltung ist mitentscheidend. Die Leserin, der Leser möchte persönlich angesprochen werden, mit „Sie" oder „Du". Die erste Kontaktaufnahme mit der Annonce muss sofort die Aufmerksamkeit der LeserInnen erregen; sei es durch eine Schlagzeile oder attraktive äußere Gestaltung. Nur wenn dies erfolgreich geschehen ist, wird die Anzeige überhaupt weiter gelesen. Das konkrete Interesse wird geweckt, indem auf die Wünsche der BewerberIn-*

nen eingegangen wird. Dies könnte z. B. der Wunsch sein, in einer Wachstumsbranche tätig zu sein oder auch die Aussicht auf Promotionsmöglichkeiten. Die/der BewerberIn sollte sich möglichst schon jetzt mit den ausgeschriebenen Stellen identifizieren. Im Dokumentationsteil sollte der/m LeserIn ein möglichst genaues Bild der Stelle und der dafür geforderten Qualifikationen gegeben werden. Diese Informationen werden aus der schon angesprochenen Stellenbeschreibung und dem Anforderungsprofil gewonnen. Ein weiterer wesentlicher Punkt ist die Darstellung des Unternehmens. Ein/e BewerberIn sollte wissen, wo sie/er sich bewirbt und erwartet zudem die Angabe einer/s Ansprechpartners/in."[1]

Zum nächstmöglichen Zeitpunkt ist in der Abteilung Medizincontrolling die Stelle

Klinische Kodierfachkraft

in Vollzeit (38,5 Stunden) zu besetzen.

Als modernes überregionales Traumazentrum mit 487 Betten ist die BG-Unfallklinik für die Akutversorgung von Unfallverletzten – auch bei speziellen Verletzungsformen wie schweren Schädel-Hirn-Traumen, Rückenmarkverletzungen, Barotraumen, Verbrennungen – zuständig. Im Berufsgenossenschaftlichen Heilverfahren führen wir Maßnahmen bis hin zur sozialen und beruflichen Wiedereingliederung durch.

Neben der Unfallchirurgie mit interdisziplinärem Intensivzentrum sind Abteilungen für Hand-, Plastische und Verbrennungschirurgie, Innere Medizin, Neurozentrum, Zentrum für Rückenmarkverletzte, Orthopädie, Radiologie und Urologie etabliert.

Ihr Profil:
- Idelaerweise haben Sie eine Ausbildung zum/r Gesundheits- und Krankenpfleger/in vorzuweisen
- Sie haben an einer Intensivschulung zur Klinischen Kodierfachkraft teilgenommen und verfügen über ein entsprechendes Zertifikat oder haben eine Ausbilung zum/r Medizinischen Dokumentationsassistent/in abgeschlossen
- Sie besitzen sehr gute Kenntnisse in EDV-Anwendungen (Vorzugsweise auch in der Anwendung von SAP) – Teamfähigkeit sowie flexibles Arbeiten ist für sie selbstverständlich

Ihre Aufgaben:
- Kontrolle und Korkrektur der ärztlichen Kenntnisse und Dokumentation
- Fallabschluss zur Rechnungsstellung
- Unterstützung bei und Vorbereitung von MDK-Prüfungen
- Visitenbegleitung

Wir erwarten von Ihnen:
- Dem Aufgabenbereich entsprechende Kenntnisse der DRG-Systematik
- Sicherer Umgang mit den DKR, sowie der ICD-10- und OPS-Klassifikation
- Medizinsiche Vorbildung

Wir bieten eine interessante und abwechslungsreiche Tätigkeit in angenehmem Betriebsklima, fundierte Einarbeitung, Weiterbildung an allen Arbeitsplätzen.

Die Vergütung erfolgt nach TV-KUV. Auf das Arbeitsverhältnis finden die tariflichen Bestimmungen Anwendung. Murnau liegt in reizvoller Umgebung am Staffelsee im oberbayerischen Alpenvorland zwischen München (ca. 65 km) und Garmisch-Partenkirchen (ca. 25 km), bietet vielfältige Möglichkeiten zur Freizeitgestaltung. Grund- und weiterführende Schulen sind am Ort.

Für Rückfragen steht Ihnen Herr D. D. Selter, Ärztlicher Leiter Medizincontrolling, unter der Telefonnummer 08841/48-2931 zur Verfügung.

Ihre Bewerbung richten Sie bitte an die Personalabteilung der BG-Unfallklinik Murnau, Prof.-Küntscher-Str. 8. 82418 Murnau

Stellenanzeige[2]

---

[1] Quelle: http://www.meduni-graz.at/images/content/file/pe/weiterfuhrende_infos_personalmarketing
[2] Quelle: http://www.meduni-graz.at/images/content/file/pe/weiterfuhrende_infos_personalmarketing

14. Welche Medien können bei der Gestaltung einer Stellenanzeige im Internet eingesetzt werden?

Der zunehmende Einsatz des Internets lässt sich auf die geringen Kosten als wichtigen Vorteil zurückführen. Im Vergleich zu den klassischen Printmedien sind diese eher gering, auch wenn das Inserieren einzelner Stellenausschreibungen auf den unterschiedlichen Jobportalen nicht unbedingt „günstig" ist.

„Ein wichtiger Vorteil des Internets sind die geringeren Kosten. Zugegeben – wenn man auf den großen Stellenportalen wie Monster.de oder Stepstone eine Stellenausschreibung inseriert, ist dies auch nicht gerade günstig. Doch sind die Kosten verglichen mit den klassischen Printmedien sehr gering.

Auch mit der Geschwindigkeit des Internets können die Printmedien nicht mithalten. Geschaltete Stellenanzeigen sind sofort online und können direkt von Interessenten abgerufen werden. Dadurch kommt auch eine schnellere Reaktionsgeschwindigkeit zu Stande, da sie sofort ihre Bewerbung einreichen können. Dabei ist das Internet einzigartig flexibel. Unternehmen können jederzeit auf ihre Anzeige zugreifen und sie ändern, erweitern, korrigieren – oder bei Bedarf auch entfernen, wenn Sie genügend Bewerbungen erhalten haben. Zugleich können die Interessenten von überall aus auf die Stellenanzeigen zugreifen, zumal die meisten großen Jobbörsen im Netz inzwischen Apps für Smartphones und Tablet-PCs zur Verfügung stellen."[1]

Bei der Schaltung von Stellenanzeigen über das Internet gibt es mehrere Möglichkeiten:

- Homepage des suchenden Unternehmens
- Onlinestellenmärkte (Stepstone, monster usw.)
- Jobbörse der Bundesagentur für Arbeit
- soziale Netzwerke.

15. Kann man die eigene Homepage als Personalbeschaffungsinstrument nutzen?

„Immer mehr Unternehmen veröffentlichen ihre Stellen auch auf der eigenen Homepage. ... Der Karrierebereich auf der Unternehmenswebsite und Veröffentlichungen auf Stellenportalen sollten nicht als konkurrierend betrachtet werden. Vielmehr ergänzen sich diese zwei Medien perfekt zu einer umfassenden Onlinepräsenz. Stellen, die dringend besetzt werden müssen, sollte man in Jobbörsen ausschreiben, da die Reichweite wesentlich größer ist. Wenn es dem Unternehmen mit der Stellenbesetzung nicht eilt, kann es zunächst allein über die eigene Website versucht werden, denn so wird viel Geld gespart."[2]

---

[1] Quelle: http://www.personal-wissen.de/2287/vorteile-der-personalbeschaffung-im-netz
[2] Quelle: http://www.personal-wissen.de/2287/vorteile-der-personalbeschaffung-im-netz

16. Welche Onlinestellenmärkte können bei der Personalbeschaffung eingesetzt werden?

„Die Möglichkeiten hierfür sind vielfältig. Allgemeine Jobbörsen wie die Jobbörse der Arbeitsagentur, Stepstone, JobScout24 oder monster.de bieten eine branchenübergreifende Suche nach Jobs. Die Suche über mehrere Jobbörsen bieten Jobsuchmaschinen. Daneben gibt es auch Branchenspezialisten wie Onlinemarketing-Jobbörsen. Sie haben sich auf die Personalvermittlung für Mitarbeiter im Onlinemarketing spezialisiert. Und wer freie Mitarbeiter sucht, für den gibt es Freelancer-Portale und Projektbörsen."[1]

Übersicht und Vergleich der bekanntesten Jobbörsen

Jobbörse	Stellenangebote	Reichweite[2]	Preis pro Stellenanzeige	Zeitraum	Zufriedenheit der Nutzer[3]
Meinestadt.de	346.105	75[4]	490 €[5]	28 Tage	1,8
Arbeitsagentur	336.890	82	keine Angaben	keine Angaben	2,2
JobScout24	über 250.000	1.198	ab 395 €[6]	30 Tage	1,9
Gigajob.com	173.880	9.077	Standard ist kostenfrei	30 Tage	1,9
Experteer	über 80.000	1.897	keine Angaben	keine Angaben	2,0
Stepstone	49.304	175	ab 725 €	30 Tage	1,8
Monster.de	32.487	350	ab 645 €	14 Tage	2,0
XING Jobs	8.231	25[7]	ab 395 €[8]	30 Tage	2,0
Kalaydo	7.344	7.602	ab 590 €	42 Tage	1,7
Stellenanzeigen.de	5.654	1.179	ab 450 €	14 Tage	1,9
Jobware	3.875	2.565	ab 995 €	4 Wochen	1,7
FAZjob.net	1.367	5.912	ab 870 €	30 Tage	1,8
Job24	566	151.614	ab 330 €	8 Wochen	2,0

Stand: Januar 2013; Quelle: http://www.onlinemarketing-praxis.de/basisinformationen/onlinemarketing-jobboersen-uebersicht-und-vergleich

---

[1] Quelle: http://www.onlinemarketing-praxis.de/basisinformationen/onlinemarketing-jobboersen-uebersicht-und-vergleich
[2] Reichweite nach Alexa-Traffic-Rang Deutschland - je niedriger der Wert, desto höher ist die Reichweite.
[3] Jobbörsen-Nutzer-Umfrage 2009/Benotung nach dem Schulnotensystem
[4] Rang gilt für meinestadt.de. Ein Rang für die Jobbörse von meinestadt.de wird nicht ermittelt.
[5] auch ab 0,55 € pro Klick buchbar
[6] Preis für eine Stellenanzeige bei careerbuilder.de, jobscout24.de und jobs.de
[7] Rang gilt für XING. Ein Rang für XING Jobs wird nicht ermittelt.
[8] auch ab 0,79 € pro Klick buchbar

5. Führen und Entwickeln von Personal | 5.1 Planen, Beschaffen, Auswählen und Einsetzen von Personal

Es gilt aus einer großen Auswahl von unterschiedlichen Anbietern den für sich geeigneten zu finden. Zur Erleichterung der Suche zeigt folgende Übersicht die gängigen Jobbörsen, Jobsuchmaschinen und Projektbörsen auf:

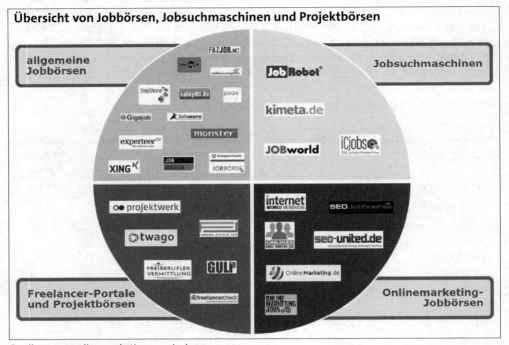

Quelle: www.onlinemarketing-praxis.de

17. Wie kann die Jobbörse der Agentur für Arbeit eingebunden werden?

Eine einfache Möglichkeit das Internet als Instrument der Personalbeschaffung zu nutzen, ist die Seite der Bundesagentur für Arbeit und die dort integrierte Jobbörse. Unter http://jobboerse.arbeitsagentur.de kann gezielt nach Arbeitsstellen und Ausbildungsplätzen in Deutschland und im Ausland gesucht, ein Bewerberprofil erfasst und gepflegt sowie eine komplette Bewerbungsmappe erstellt und sich online beworben werden. Die Abbildung unten zeigt die Hompage der Bundesagentur für Arbeit, Jobbörse

Quelle: www.arbeitsagentur.de

18. Welche Möglichkeiten bestehen, Personalbeschaffung über soziale Netzwerke zu betreiben?

„Neun von zehn offenen Stellen werden von Deutschlands größten Unternehmen auf der Firmenhomepage veröffentlicht. 70 : nutzen Internet-Stellenbörsen, knapp 30 : die Jobbörse der Arbeitsagentur. Printmedien werden nur noch in gut 16 : der Fälle genutzt, etwas mehr zählen die Empfehlungen der eigenen Mitarbeiter. Das hat eine Erhebung von Monster ergeben.

Keine Frage, in sehr kurzer Zeit hat sich der Stellenmarkt in einen Online-Markt gewandelt. Xing ist dabei die meistgenutzte Plattform vor Facebook sowie Twitter und LinkedIn. Das dürfte daran liegen, dass Xing inzwischen einen sehr gut ausgebauten Stellenbereich hat und damit eine ideale Verknüpfung von Stellen- und Bewerberprofilen. Die anderen Kanäle sind hier nicht so gut aufgestellt, eignen sich aber genauso gut für Suche und Branding.

Nicht vergessen werden sollten insbesondere Inhouse-Netzwerke. Suchen und Finden ist hier genauso einfach möglich mit dem Vorteil, dass die Fachkräfte eng in das Firmennetzwerk eingebunden sind und damit eine viel zielgerichtetere Auswahl möglich ist.

Wichtiger und effizienter sind natürlich die großen Netzwerke wie Xing, LinkedIn und Facebook. Sicherlich ist dort viel geboten, allerdings mit einem vergleichsweise hohen Grundrauschen. Nicht unterschätzt werden sollte daher die Vielfalt der kleineren Netzwerke. Oft thematisch oder regional orientiert, lassen sich dort passende Kontakte direkter und persönlicher knüpfen. Die Kombination aus einfachem Kontaktmanagement und spontanem, niedrigschwelligem Austausch von Online-Netzwerken und persönlicherem Offline-Netzwerken ist eine praktische Sache.

Erste Ansatzpunkte für die Recherche nach inhaltlich und/oder regional passenden Netzwerken sind:

- Kompetenznetze Deutschland des Bundesministeriums für Wirtschaft und Technologie mit einem Überblick von hundert thematischen und regionalen Innovationsnetzwerken
- Initiative Netzwerke für Alleinerziehende des Bundesministeriums für Arbeit und Soziales mit bundesweiten lokalen Netzwerken
- Hochschulen und beruflich bildende Schulen der Region und deren Alumni-Vereinigungen
- Industrie- und Handelskammern, Handwerkskammern, Städte und andere regionale Institutionen, oft selbst Netzwerkinitiatoren und in der Regel lokal sehr gut vernetzt.
- networkingscout.de mit einer Suchfunktion für On- und Offline-Netzwerke."[1]

---

[1] Quelle: http://www.mitarbeiterpotenziale-aktiv.de/social-media-personalbeschaffung

5.1.4 Personalauswahl und -entscheidung

01. Wie läuft die Personalauswahl ab und welche Entscheidungen werden dabei getroffen?

Personalauswahl beschränkt sich nicht auf die Analyse von Bewerbungsunterlagen oder die Durchführung unstrukturierter Einstellungsgespräche. In den letzten Jahren sind deutliche Tendenzen zur Professionalisierung der Personalauswahlverfahren zu erkennen. Das Allgemeine Gleichbehandlungsgesetz definiert wichtige Phasen des Auswahlprozesses neu, auch der demografische Wandel veranlasst Betriebe und Organisationen, ihre Praxis der Personalauswahl zu überdenken. Veränderte Altersstrukturen bei den Beschäftigten führen zu neu zu besetzenden Stellen. Fach- und Nachwuchskräfte fehlen teilweise auf dem internen und externen Arbeitsmarkt.

Die Herausforderung der Personalauswahl liegt darin, einen großen Kreis potenzieller Bewerber/innen in geeigneter Weise anzusprechen und mit professionalisierten Verfahren diejenigen auszuwählen, welche die erforderlichen Kompetenzen für eine zu besetzende Stelle aufweisen. Aus diesen Gründen wird bei der Personalauswahl mit sogenannten Anforderungsprofilen gearbeitet, um Zeit, Aufwand und Kosten zu sparen.

02. Welche Gestaltungsmöglichkeiten von Anforderungsprofilen gibt es?

„Um eine genauere Vorstellung der Bewerber zu bekommen, sind Anforderungsprofile, die in einer Stellenausschreibung hinterlegt sind, von Vorteil. So verhindert man, dass die Gruppe der Entscheider völlig unterschiedliche Auffassungen der notwendigen Fähigkeiten und Verhaltensweisen hat. Daher macht es Sinn, sich lieber im Vorfeld eingehend damit zu beschäftigen, um Missverständnisse während des Prozesses zu vermeiden und klar ist, welche Erfahrungen, Kenntnisse, Werte und Verhaltensweisen gefragt sind. Dabei sollte man möglichst realistisch bleiben und sich überlegen, welche Anforderungen wirklich entscheidend und welche optional sind.

Neben harten Fakten wie Gehalt oder Mobilität und den fachlichen Anforderungen sind auch die Anforderungen an die Persönlichkeit Teil des Anforderungsprofils. Welche Eigenschaften sind zwingend in dieser Position und können aus den Aufgaben heraus begründet werden, z. B. Durchsetzungsfähigkeit im Vertrieb? Außerdem sind in der Interaktion mit Führungskräften auch das Rollenverhalten und das Werteverständnis ausschlaggebend für eine gute Zusammenarbeit.

Generell ist die Passung zur Unternehmensstrategie und Unternehmenskultur wichtig, um ein langfristiges Verbleiben der Mitarbeiter/innen im Unternehmen zu ermöglichen. Bewerber, die bisher z. B. eine flexible Arbeitsplatzgestaltung oder Home Office gewohnt waren, haben evtl. Schwierigkeiten mit einem festen Arbeitsplatz am Schreibtisch. Weiterhin sollte man festlegen, welche Persönlichkeit zum Team passt und ob man einen „Schreibtischtäter" sucht oder jemanden, der auch mal die Ärmel hochkrempeln kann."[1]

---

[1] Quelle: http://www.personaler-online.de/typo3/nc/personalthemen/suche-in-artikeln/detailansicht/artikel/anforderungsprofile-unterstuetzen-gezieltere-personalauswahl

03. Welche Auswahlverfahren können bei der Personalentscheidung genutzt werden?

Das Arbeitsverhältnis zwischen Arbeitgeber und Arbeitnehmer wird durch das individuelle Arbeitsrecht geregelt. Stellt ein Arbeitgeber neue Mitarbeiter ein, erfordert das seinerseits einen relativ hohen Arbeitsaufwand, der zumeist in den Personalabteilungen anfällt. Um Zeit, Aufwand und Kosten zu sparen, sind entsprechende Auswahlverfahren zu nutzen.

Grundsätzlich stehen den zuständigen Personen bei der Personalauswahl folgende Möglichkeiten zur Verfügung:

- Bewerbungsunterlagen
- Bewerbungsgespräch/Vorstellungsgespräch
- Gruppendiskussion
- Assessment Center
- Testverfahren
- Schriftgutachten.

04. Welche Unterlagen lassen sich in einer Bewerbungsmappe finden?

„Die üblichen Bewerbungsunterlagen sind: ein Bewerbungsschreiben, ein tabellarischer Lebenslauf, die wichtigsten Schulzeugnisse, Arbeitszeugnisse, die Auflistung besonderer Qualifikationen, Referenzen und natürlich ein gutes Lichtbild.

Die Analyse der Bewerbungsunterlagen erfolgt nach verschiedenen Aspekten. Zuerst werden die Unterlagen auf ihre Vollständigkeit und die äußere Form beurteilt, dann sprachliches Niveau, die Leserlichkeit, Rechtschreibung und formale Gestaltung analysiert. Letztendlich wird der Bezug zur Stellenanzeige, die Begründung und Motivation der Bewerbung und der frühestmögliche Eintrittszeitpunkt bewertet. Danach folgt eine genaue Durchsicht der Unterlagen nach Zeitfolgeanalyse (Wie genau sind die Angaben?) und eine Positionsanalyse (persönliche und fachliche Qualifikationen) durchgeführt.

Ein wichtiger Bestandteil der Bewerbungsunterlagen sind die Arbeitszeugnisse, die auch gründlich durchgesehen und bewertet werden. Eine eher untergeordnete Rolle spielen Referenzen, weil die Bewerber natürlich lediglich positive Referenzpersonen anführen und diese dadurch wenig aussagekräftig sein können.

Ein Lichtbild wird oft grundsätzlich gefordert, ein Urteil über die Person an sich ist dadurch aber nicht möglich und daher ist ein persönlicher Eindruck des Bewerbers unerlässlich. Arbeitsproben sind sinnvoll, wenn es sich um Bewerber beispielsweise für eine schriftstellerische oder künstlerische Tätigkeit handelt.

Eine gute Analysemöglichkeit nach Sichtung aller schriftlichen Unterlagen inklusive eventuellen Fragebogens ist die ABC-Analyse.
- A steht für perfekte Unterlagen; Bewerber, die alle Anforderungen erfüllen.
- B steht für nicht ganz perfekte Unterlagen, das können entweder Bewerber für andere Positionen im Unternehmen oder in Evidenz gehaltene Bewerbungen sein.
- C steht für jene Bewerber, die nicht für die Position infrage kommen, hier kann bereits eine Absage erteilt werden."[1]

05. Wie läuft ein Vorstellungsgespräch ab?

„Kommt es zum Vorstellungsgespräch, wird eine Analyse
- des Ausdruckes
- der Leistung und
- Analyse des Sozialverhaltens vorgenommen.

Damit kann der Arbeitgeber einen persönlichen Eindruck über das Verhalten des Bewerbers bekommen und seine Fähigkeiten erkunden, ebenso können bislang unbeantwortete Fragen direkt beantwortet und die Einstellung sowie die Erwartungen an den neuen Arbeitsplatz erfragt werden. Auch der Bewerber kann sich über alle seine Fragen – wie Karrierechancen oder Gehalt – ausführlich aufklären lassen.

Der Arbeitgeber, bzw. die mit der Personalführung beauftragte Person, muss sich auf die Vorstellungsgespräche gut vorbereiten. Die Atmosphäre sollte möglichst entspannt und in einem ruhigen Raum stattfinden. Wie viele Personen (Mitarbeiter Personalabteilung, Mitarbeiter Fachabteilung etc.) am Gespräch teilnehmen, hängt von der im Unternehmen zu besetzenden Position ab. Bei Führungspositionen kann ein sogenanntes Stressinterview ein gutes Instrument sein. Dabei werden realitätsnah die Kenntnisse im Führungsverhalten getestet."[2]

---

[1] Quelle: http://www.personal-wissen.de/grundlagen-des-personalmanagements/arbeitsrecht/auswahl-verfahren-fur-die-personalauswahl
[2] Quelle: http://www.personal-wissen.de/grundlagen-des-personalmanagements/arbeitsrecht/auswahl-verfahren-fur-die-personalauswahl

Ein Vorstellungsgespräch kann in folgenden Phasen ablaufen:

Phase	Thema	Beispiele
Phase 1:	Begrüßung des Bewerbers	▶ Vorstellung der Gesprächspartner ▶ Begründung der Einladung ▶ Versicherung der Vertraulichkeit
Phase 2:	Besprechung seiner persönlichen Situation	▶ Herkunft ▶ Elternhaus ▶ Familie ▶ Wohnort
Phase 3:	Besprechung seines Bildungsganges	▶ schulischer Werdegang ▶ Weiterbildungsaktivitäten ▶ Weiterbildungspläne
Phase 4:	Besprechung seiner beruflichen Entwicklung	▶ erlernter Beruf ▶ berufliche Veränderungen ▶ berufliche Tätigkeiten ▶ berufliche Pläne
Phase 5:	Information über das Unternehmen	▶ Unternehmensdaten ▶ Unternehmensorganisation ▶ Abteilung ▶ Arbeitsplatz
Phase 6:	Vertragsverhandlung	▶ bisheriges Einkommen ▶ erwartetes Einkommen ▶ sonstige Unternehmensleistungen ▶ Nebentätigkeiten
Phase 7:	Abschluss des Gesprächs	▶ Hinweis auf weitere Zusage ▶ kurzfristige Benachrichtigung ▶ Dank für das Gespräch

Quelle: http://www.teialehrbuch.de/Kostenlose-Kurse/Personalmangement

06. Welche Arten von Vorstellungsgesprächen können durchgeführt werden?

- „Bei der Art des Vorstellungsgesprächs unterscheidet man je nach Strukturierungsgrad zwischen standardisierten, freien und teilstrukturierten Gesprächen und je nach Zahl der Beteiligten zwischen Einzel-, Doppel- und Board-Interviews.

- Standardisierte Vorstellungsgespräche laufen nach einem vorgegebenen Schema ab. Die Inhalte und der Gesprächsverlauf sind im Detail festgelegt. Allen Bewerbern werden dieselben Fragen in derselben Reihenfolge gestellt, was zwar die Auswertung und den Vergleich der Interviews erleichtert. Allerdings kann so nicht auf die besonderen Merkmale der Kandidaten eingegangen werden.

- Bei unstrukturierten oder freien Vorstellungsgesprächen sind die Gesprächsinhalte und der Gesprächsverlauf nicht vorgegeben, sondern völlig offen. Damit entwickelt sich jedes Gespräch anders. Dies führt zu jeweils anderen Themenschwerpunkten, zu Abschweifungen und Zufallsfragen. Die Auswahlentscheidung erfolgt dann letztlich aufgrund von Menschenkenntnis, Intuition oder aufgrund des Eindrucks, dass die „Chemie stimmt". Eine rationale Entscheidung ist so kaum möglich.

- Ein Mittelweg ist das teilstrukturierte Interview. Es gibt einen gewissen Gesprächsrahmen mit Kerninhalten und Stichpunkten, zu denen die Bewerber befragt werden sollen. Dies stellt sicher, dass alle wichtigen Aspekte angesprochen werden. Die Fragen werden jedoch nicht zuvor ausformuliert, sondern entwickeln sich im Laufe des Gesprächs. Auch ihre Reihenfolge kann variieren. Der Informationsgehalt ist deutlich größer als bei standardisierten und freien Vorstellungsgesprächen."[1]

07. Welche arbeitsrechtlichen Aspekte müssen bei einem Vorstellungsgespräch beachtet werden?

Das Arbeitsrecht setzt Grenzen bei bestimmten Fragen, da der Arbeitgeber die Persönlichkeitsrechte der Bewerber wahren muss.

Tabu sind deshalb Fragen nach Familienplanung, Rauchgewohnheiten, sexueller Orientierung, Gewerkschaftszugehörigkeit sowie einer Schwangerschaft, selbst bei befristeten Stellen. In den meisten Arbeitsverhältnissen sind auch Fragen nach einer Partei- und Religionszugehörigkeit sowie politischen Ansichten verboten. Lediglich in sogenannten Tendenzbetrieben wie kirchlichen Einrichtungen oder in Parteien können Fragen hierzu erlaubt sein – aber: auch das nur abhängig von der zu erledigenden Aufgabe.

Grundsätzlich abzuwägen sind Fragen nach Schwerbehinderungen oder nach dem Gesundheitszustand sowie der körperlichen Konstitution. Solche sind nur erlaubt, wenn ein direkter Zusammenhang mit dem Arbeitsplatz besteht. So ist die Frage nach einer HIV-Infektion erlaubt, wenn die künftige Tätigkeit ein Ansteckungsrisiko mit sich bringt (z. B. bei bestimmten Tätigkeiten im Gesundheitswesen).

---

[1] Quelle: http://management-konkret.de/index.php/interview

08. Welche Gruppenauswahlmethoden können bei der Personalentscheidung unterschieden werden?

Oftmals ist es bei der Personalfindung entscheidend, wie sich Bewerber in arbeitsnahen Situationen verhalten. Dabei spielen die bereits abgefragten Faktoren wie Zeugnisse und Lebenslauf eine nachrangige Rolle. Durch Gruppenauswahlmethoden sollen besonders die Sozialkompetenz, das Ausdrucksvermögen sowie Kommunikations- und Leistungsbereitschaft, bzw. Teamfähigkeit in konkreten Situationen getestet werden.

Zu den Gruppenauswahlmethoden zählen:

- Assessment-Center (AC)
- Unternehmensplanspiele
- Gruppendiskussion
- Gruppenübungen.

09. Was ist ein Assessment-Center?

Die wohl wichtigste Methode ist das Assessment-Center, das oft auch Gruppendiskussionen und Gruppenübungen beinhaltet.

Das Assessment-Center (AC) ist eine Kombination von Verhaltens- und Arbeitsproben. Unter teilweise schwierigen Bedingungen müssen die Kandidaten eine Anzahl von Aktivitäten durchlaufen. Die Aufgaben werden teils allein, teils in der Gruppe gelöst. Die Zusammensetzung der Aktivitäten basiert auf abgestimmten Verhaltenskriterien und dem spezifischen Anforderungsniveau einer bestimmten Funktion.

Während des gesamten Testprogramms werden die Teilnehmer systematisch durch ein Team von Beobachtern, den sogenannten Assessoren, beobachtet. Ein Assessment Center dauert in der Regel mindestens einen halben Tag, kann sich aber durchaus über mehrere Tage erstrecken.

Das Assessment-Center soll über die beobachteten Personen weitgehende Einblicke geben in Bezug auf:

- soziales Verhalten
- Konzentrationsfähigkeit
- Fach- und Allgemeinwissen
- Problemlösungskompetenz.

Gesondert betrachtet werden im Assessment-Center folgende Merkmale und Fähigkeiten:

- Führungsfähigkeiten
- Initiative
- Kreativität

- Planung
- Kontrolle
- Flexibilität
- Entscheidungsfähigkeit
- Verhalten in Stress-Situationen
- mündliche und schriftliche Kommunikationsfähigkeit
- interpersonelles Verhaltensrepertoire.

10. Welche Eignungstests werden bei der Personalentscheidung eingesetzt?

„Um bestimmte Persönlichkeitsmerkmale eines Bewerbers messen und mit vorhandenen Ergebnissen der gewünschten Bezugsgruppe vergleichen zu können, wurden sehr spezielle Testverfahren entwickelt.

Grundsätzlich gibt es folgende Testarten:
- *die Leistungs- und Fähigkeitstests*
- *die Intelligenztests sowie*
- *die Persönlichkeits- und Charaktertests.*

Die Testbedingungen sollten für alle Teilnehmer fair sein und unter gleichen Bedingungen stattfinden. Hat ein Test keine zeitliche Beschränkung, wird vordringlich die Qualität der Leistung bewertet. Gibt es zeitliche Begrenzungen während des Tests, lässt dies auch Schlüsse auf das Arbeitstempo der Leistungserstellung zu.

Alle Testverfahren weisen typische wissenschaftliche Kriterien der Güte auf. Das sind vor allem:
- *Die Objektivität: Verschiedene Prüfer sollten zum selben Ergebnis kommen können.*
- *Die Reliabilität: Die Zuverlässigkeit des Ergebnisses muss gegeben sein.*
- *Die Validität: Die Gültigkeit muss größtmöglich beurteilt werden können."*[1]

11. Welche sonstigen Auswahlverfahren können genutzt werden?

Als weitere Möglichkeiten der Personalauswahl kann das Schriftgutachten bzw. die Schriftbildanalyse eingesetzt werden. Mit solchen grafologischen Gutachten soll anhand des Schriftbildes die Eignung des potenziellen Mitarbeiters festgestellt werden. Eine Handschriftanalyse wird heute aber selten vorgenommen und kann auch nur mit vorheriger Zustimmung des Bewerbers durchgeführt werden.

---

[1] Quelle: http://www.personal-wissen.de/grundlagen-des-personalmanagements/arbeitsrecht/auswahlverfahren-fur-die-personalauswahl

5.1.5 Personaleinsatz

01. Wie wird der Personaleinsatz geplant?

Die Personaleinsatzplanung ist grundsätzlich operativ bzw. kurzfristig ausgelegt. Es wird also der Einsatz der jeweiligen Mitarbeiter geplant. Dabei werden die Mitarbeiter einzelnen Stellen zugeordnet.

Das Ziel der Personaleinsatzplanung ist es, dass zu jeder Zeit die richtige Anzahl an richtig qualifizierten Mitarbeitern für jede Stelle vorhanden ist. Das macht eine

- qualitative,
- quantitativ und
- zeitliche

Personaleinsatzplanung erforderlich.

Die Erkenntnisse aus der Personaleinsatzplanung stellen die Grundlage für zahlreiche Personalentscheidungen dar. Auf der Grundlage der Personaleinsatzplanung wird zum Beispiel entschieden, ob Mitarbeiter

- eingestellt
- entlassen
- versetzt
- weitergebildet

werden müssen.

Im Rahmen der qualitativen Personaleinsatzplanung wird der Weiterbildungsbedarf ermittelt. Zu diesem Zweck werden die zukünftigen Anforderungen des Stelleninhabers an eine Stelle mit den Fähigkeiten eines Mitarbeiters verglichen. Der Qualifizierungsbedarf wird dadurch ersichtlich.

„Die Personaleinsatzplanung kann neben kurz-, auch mittel- oder langfristig erfolgen. Eine kurzfristige Personaleinsatzplanung beispielsweise im Rahmen der Erstellung von einem Schichtplan gestaltet sich relativ leicht, da die wichtigsten Einflussfaktoren bekannt sind. Anders hingegen verhält es sich, wenn die Personaleinsatzplanung mittel- oder langfristig erfolgen soll.

Hier ist nämlich nicht bekannt, wie sich die Rahmenbedingungen zukünftig ändern. So ist es zum Beispiel im Bereich der Produktion möglich, dass der Bedarf an Hilfsarbeitern aufgrund eines zusätzlichen Auftrags höher ausfällt. In solchen Situationen ist es wichtig, dass die Unternehmen flexibel auf den veränderten Personalbedarf beispielsweise durch den Einsatz von Leiharbeitern reagieren können."[1]

---

[1] Quelle: http://www.rechnungswesen-verstehen.de/bwl-vwl/bwl/personaleinsatzplanung

02. Welche Grundlagen des Arbeitsrechts gilt es beim Einsatz von Personal zu berücksichtigen?

Das Arbeitsrecht ist das Sonderrecht zur Regelung der Arbeitsbedingungen und der Arbeitsverhältnisse der unselbstständigen Arbeitnehmer. Das Arbeitsrecht beinhaltet u. a. folgende Gesetze und Verordnungen, die auf das Arbeitsleben einwirken:

- Arbeitszeitgesetz
- Arbeitsschutzgesetz
- Arbeitsplatzschutzgesetz
- Arbeitsstättenverordnung
- Bildschirmarbeitsverordnung
- Betriebsverfassungsgesetz
- Bundesurlaubsgesetz
- Entgeltfortzahlungsgesetz
- Mutterschutzgesetz
- Jugendarbeitsschutzgesetz
- Kündigungsschutzgesetz.

03. Was regelt das Individual- und was das kollektive Arbeitsrecht?

Das Arbeitsrecht regelt die Rechtsbeziehungen zwischen einzelnen Arbeitnehmern und einzelnen Arbeitgebern, was als *Individualarbeitsrecht* bezeichnet wird. Darüber hinaus werden Rechtsbeziehungen zwischen den Koalitionen und Vertretungsorganen der Arbeitnehmer und dem Arbeitgeber, also *kollektives Arbeitsrecht*, geregelt.

Im Grunde können innerhalb des Arbeitsrechts drei Ebenen unterschieden werden.

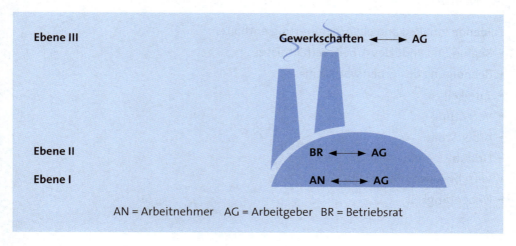

Auf der ersten Ebene stehen sich im Individualarbeitsrecht ein Arbeitnehmer und der Arbeitgeber bei den Vertragsverhandlungen gegenüber. Dort verhandelte Inhalte dürfen nicht negativ für den Arbeitnehmer gegenüber höherrangigen Vorschriften abweichen. Jedoch dürfen solche Inhalte hinzugefügt und vereinbart werden, die für den Arbeitnehmer günstiger sind. Als Beispiel darf der Arbeitgeber dem Mitarbeiter ein höheres Gehalt zahlen, als es beispielsweise im Tarifvertrag vorgesehen ist.

Auf der zweiten Ebene stehen sich der Betriebsrat als Arbeitnehmervertretung und der Arbeitgeber gegenüber. Hier gelten vor allem Regelungen, die das Betriebsverfassungsgesetz und Betriebsvereinbarungen betreffen.

Auf der dritten Ebene, außerhalb des Unternehmens, treffen die Gewerkschaften (AN-Vertreter) und ein Arbeitgeber bzw. die Arbeitgeberverbände gegenüber. Dort werden Vereinbarungen innerhalb des Tarifrechts getroffen (kollektives Arbeitsrecht).

04. Was muss beim Abschluss eines Arbeitsvertrages beachtet werden?

„Der Arbeitsvertrag ist ein gegenseitiger Vertrag, durch den sich der Arbeitnehmer zur Leistung der versprochenen Arbeit und der Arbeitgeber zur Gewährung des vereinbarten Arbeitsentgelts (Arbeitslohn) verpflichtet.

Für den Abschluss des Arbeitsvertrags gilt grundsätzlich das Prinzip der Vertragsfreiheit. Dies beinhaltet die Freiheit zu entscheiden, ob, mit wem, mit welchem Inhalt und in welcher Form der Vertrag geschlossen werden soll.

Der Arbeitsvertrag kann grundsätzlich formlos abgeschlossen werden. Seit Inkrafttreten des Nachweisgesetzes hat aber der Arbeitnehmer einen Anspruch auf schriftliche Dokumentation der für ihn geltenden wesentlichen Arbeitsbedingungen. Ein Formzwang kann aber zum Beispiel durch eine Betriebsvereinbarung oder einen Tarifvertrag festgelegt werden."[1]

Folgende Inhalte kann ein Arbeitsvertrag enthalten:

- Beginn und Ende des Arbeitsverhältnisses
- Beendigung des Arbeitsverhältnisses
- Tätigkeit
- Vergütung
- Arbeitszeit
- Urlaub
- Verschwiegenheitspflicht
- Nebentätigkeit

---

[1] Quelle: http://www.rechtswoerterbuch.de/recht/a/arbeitsvertrag

- Vertragsstrafe
- Verfall-/Ausschlussfristen
- zusätzliche Vereinbarungen
- Vertragsänderungen und Nebenabreden.

05. Welche Arten von Arbeitsverträgen lassen sich unterscheiden?

Der Arbeitsvertrag ist darauf ausgerichtet, dass der Arbeitnehmer entgeltlich, unselbständig und abhängig für den Arbeitgeber tätig ist. Den Arbeitsvertrag gibt es in verschiedenen rechtlichen und tatsächlichen Ausprägungen, u. a. in Abhängigkeit davon, welchen Aufgabenbereich der Arbeitnehmer übernimmt und in welchem Umfang er für den Arbeitgeber tätig ist.

Es wird unter anderem unterschieden zwischen:
- unbefristeten Arbeitsverträgen
- befristeten Arbeitsverträgen
- Teilzeitarbeitsvertrag
- Minijob/450-Euro-Job
- Vertrag mit freien Mitarbeitern
- Praktikantenvertrag
- Probearbeitsverhältnis
- Midijob.

06. Über welchen Zeitraum kann ein Arbeitsvertrag geschlossen werden?

„Arbeitsverträge können unbefristet, befristet oder z. B. nur zur Probe abgeschlossen werden.

Wenn ein Arbeitsverhältnis unbefristet abgeschlossen wird, so gilt das Arbeitsverhältnis so lange bis es z. B. durch eine der Arbeitsvertragsparteien durch Kündigung beendet wird.

Wenn ein Arbeitsverhältnis nur für einen bestimmten Zeitraum bestehen soll, sog. befristetes Arbeitsverhältnis, ist zu unterscheiden, ob es sich um eine Befristung ohne sachlichen Grund handelt oder um eine Befristung mit einem sachlichen Grund.

Befristung ohne sachlichen Grund
Nur bei kalendermäßig befristeten Arbeitsverträgen (es ist ein fester Endtermin des Arbeitsverhältnisses vereinbart – z. B. das Arbeitsverhältnis endet am 31.12.2016 – bzw. bei festem Anfangsdatum des Arbeitsverhältnisses ist zugleich eine feste Laufzeit festgelegt-z. B. Beginn 01.07.2016 – Dauer sechs Monate) können befristete Arbeitsverhältnisse auch ohne Befristungsgrund abgeschlossen werden.

Befristung mit sachlichem Grund
Daneben besteht die Möglichkeit, einen Arbeitsvertrag mit einem Sachgrund zu befristen. Bei Abschluss des Arbeitsvertrages muss dieser Grund der Befristung vorliegen. Das Teilzeit- und Befristungsgesetz (TzBfG) nennt in § 14 acht Befristungsgründe:

1. der betriebliche Bedarf an der Arbeitsleistung besteht nur vorübergehend, (z. B. Aushilfskraft)
2. die Befristung erfolgt im Anschluss an eine Ausbildung oder ein Studium, um den Übergang des Arbeitnehmers in eine Anschlussbeschäftigung zu erleichtern,
3. der Arbeitnehmer wird zur Vertretung eines anderen Arbeitnehmers beschäftigt, (z. B. Schwangerschaftsvertretung)
4. die Eigenart der Arbeitsleistung rechtfertigt die Befristung, (z. B. Schauspielerengagement für ein bestimmtes Stück)
5. die Befristung erfolgt zur Erprobung, (Probearbeitsverhältnis um festzustellen, ob der Arbeitnehmer geeignet ist)
6. in der Person des Arbeitnehmers liegende Gründe rechtfertigen die Befristung (z. B. Arbeitnehmer, der danach zum Studium angemeldet ist)
7. der Arbeitnehmer wird aus Haushaltsmitteln vergütet, die haushaltsrechtlich für eine befristete Beschäftigung bestimmt sind, und er wird entsprechend beschäftigt oder
8. die Befristung beruht auf einem gerichtlichen Vergleich."[1]

07. Welche Pflichten ergeben sich aus dem Arbeitsvertrag für den Arbeitnehmer?

Der Arbeitnehmer hat folgende Hauptpflichten:

- Pflicht zur Erbringung der Arbeitsleistung (diese Pflicht ist im Zweifel höchstpersönlich zu erfüllen).
- Seine Arbeitsleistung grundsätzlich in Vorleistung zu erbringen (die Arbeitsleistung des Arbeitnehmers ist vom Arbeitgeber einklagbar).

Darüber hinaus bestehen folgende Nebenpflichten:

- Treuepflicht
- Verschwiegenheitspflicht
- Wettbewerbsverbote (bzw. Rücksichtnahme).

---

[1] Quelle: http://rechtsanwalt-muenchen.net/der-arbeitsvertrag-teil-3-dauer-des-arbeitsverhaltnisses-unbefristetes-befristetes-arbeitsverhaltnis

08. Welche Pflichten ergeben sich aus dem Arbeitsvertrag für den Arbeitgeber?

Der Arbeitgeber hat als Hauptpflicht:

- dem Arbeitnehmer den Arbeitslohn zu zahlen.

Daneben bestehen als Nebenpflichten:

- allgemeine Fürsorgepflicht
- Beschäftigungspflicht
- Pflicht zum Schutz von Leben und Gesundheit des Arbeitnehmers.

09. Was ist die Personalakte?

„Jeder Betrieb, ob öffentlicher Dienst oder private Unternehmen, führt über seine Beschäftigten Akten, in denen relevante Daten über diese festgehalten werden; sogenannte „Personalakten". Deren Form ist nicht gesetzlich geregelt; dies bedeutet, dass eine Personalakte sowohl als Papiersammlung in einem Ordner, als auch elektronisch angelegt werden kann. Auch die Inhalte einer Personalakte unterliegen keiner gesetzlichen Regelung und dürfen somit vom jeweiligen Arbeitgeber individuell erfasst werden."[1]

10. Welche Grundsätze bezüglich der Personalakte gibt es?

„Für Personalakten gelten folgende Grundsätze:

- Personalakten müssen vollständig sein.
- Der Beschäftigte hat einen Anspruch auf Einsicht in seine Personalakte.
- Der Beschäftigte darf Kopien seiner Personalakte anfertigen.
- Der Zugang zu Personalakten ist nur jenen Mitarbeitern gestattet, welche in der Personalverwaltung die Personalangelegenheiten bearbeiten (LArbG Berlin-Brandenburg, 12.11.2012, TaBV 1318/12).
- Daten aus den Personalakten dürfen ausschließlich zu Personalverwaltungs- oder personalwirtschaftlichen Zwecken verwendet werden.
- Die Personalakten sind so aufzubewahren, dass ausschließlich die Berechtigten Zugang zu ihnen haben.
- Personalakten dürfen grundsätzlich nur an andere Behörden übersandt werden, wenn der betreffende Beschäftigte dazu ausdrücklich seine Zustimmung gibt

Werden Personalakten von mindestens 10 Beschäftigten automatisiert beziehungsweise von mindestens 20 Mitarbeitern in sonstiger Form erfasst, muss gemäß § 4f BDSG seitens des Betriebes ein Datenschutzbeauftragter ernannt werden."[2]

---

[1] Quelle: http://www.juraforum.de/lexikon/personalakte
[2] Quelle: http://www.juraforum.de/lexikon/personalakte

11. Was gehört in eine Personalakte?

„Zu den für den Arbeitgeber relevanten Informationen über seine Beschäftigten zählen:
- amtliche Urkunden in Kopie
- personalbezogene Unterlagen
- sonstige Unterlagen
- Sozialversicherungsunterlagen
- Steuerunterlagen
- Unterlagen, welche für die Höhe des Gehalts von Bedeutung sind
- Vertragsbezogene Unterlagen.

Amtliche Urkunden sind beispielsweise:
- Erlaubnis zum Führen von Flurförderfahrzeugen
- Führerschein
- Pfändungs- und Überweisungsbeschluss
- Scheidungsurteil
- Schwerbehindertenausweis
- Bescheinigung Bundesfreiwilligendienst.

Zu den personalbezogenen Unterlagen können beispielsweise zählen:
- amtliches Führungszeugnis
- Arbeitszeugnisse des Arbeitnehmers in Kopie
- Aufenthaltserlaubnis/Arbeitserlaubnis
- Berufsabschlusszeugnis
- Bewerbungsschreiben
- Lebenslauf
- Passfoto
- Schulabschlusszeugnis
- Studienabschlusszeugnis.

Als sonstige Unterlagen sind all jene Unterlagen anzusehen, die in keine der anderen Kategorien passen:
- Abmahnungen
- Allgemeiner Schriftverkehr mit dem Mitarbeiter
- Atteste der ärztlichen Untersuchungen im Rahmen der Arbeitssicherheit
- Ermahnungen (Missbilligungen)
- Fehlzeiten

- Gesundheitszeugnis (bei bestimmten Tätigkeiten, wie beispielsweise beim Umgang mit Lebensmitteln oder im medizinischen Bereich)
- Personalbogen
- Personalentwicklungsplan
- Urlaubszeiten
- Weiterbildungsnachweise.

Zu den Sozialversicherungsunterlagen zählen:
- Anmeldung zur Krankenkasse
- Nachweis zur Pflegeversicherung
- Nachweise der Krankenkassenbeiträge
- Sozialversicherungsausweis
- Unterlagen zur Zusatzversorgung.

Als Steuerunterlagen werden angesehen:
- Gehaltsbescheinigungen
- Lohnbescheinigungen
- Nachweis über vermögenswirksame Leistungen
- Unterlagen zur Lohnsteuer.

Unterlagen, welche für die Höhe des Gehaltes relevant sind, können sein:
- Antrag auf Kindergeld
- Antrag auf Sozialzuschlag
- Geburtsurkunden der Kinder
- Heiratsurkunde
- Sterbeurkunde des Ehepartners.

Vertragsbezogene Unterlagen können sein:
- Arbeitsvertrag
- Erklärung zu Nebenbeschäftigungen
- Stellenbeschreibung."[1]

---

[1] Quelle: http://www.juraforum.de/lexikon/personalakte

5.2 Durchführen von Personalmaßnahmen

5.2.1 Personalbeurteilung

01. Wie lässt sich Personalbeurteilung definieren?

„Personalbeurteilung ist die planmäßige und systematische Beurteilung von Mitgliedern der Organisation durch Vorgesetzte, häufig in regelmäßigen Zeitabständen (i. d. R. ein Jahr). Bewertet wird die Leistung und/oder das Verhalten und/oder die Persönlichkeit."[1]

02. Welche Dimensionen der Personalbeurteilung lassen sich unterscheiden?

Folgende Dimensionen der Personalbeurteilung lassen sich unterscheiden:

- Abwärtsbeurteilung (Führungskraft beurteilt Mitarbeiter)
- Kollegen- bzw. Seitwärtsbeurteilung
- Selbstbeurteilung
- Vorgesetzten- oder Aufwärtsbeurteilung.

Dabei wird zu einem das Objekt (Was), das Subjekt (Wer) und das Verfahren (Wie) beurteilt.

03. Welche Beurteilungsarten gibt es?

Zu den Arten der Beurteilungen gehören

- Leistungsbeurteilung und
- Potenzialbeurteilung.

Bei der Leistungsbeurteilung wird sich auf das Verhalten und die Leistung bezogen. Sie ist aufgaben- und vergangenheitsorientiert und befasst sich mit den Attributen Qualität, Quantität von Ergebnissen, Planungs-, Führungs- und Arbeitsverhalten.

Die Potenzialbeurteilung beschäftigt sich mit Merkmalen der Persönlichkeit und den Fähigkeiten des zu Beurteilenden. Sie ist personen- und zukunftsorientiert. Dabei weist sie Attribute wie Kooperations- und Urteilsfähigkeit, Überzeugungskraft, Belastbarkeit und emotionale Stabilität auf.

---

[1] Quelle: http://wirtschaftslexikon.gabler.de/Definition/mitarbeiterbeurteilung

04. Welche Beurteilungszeiträume lassen sich unterscheiden?

In den meisten Fällen wird eine Mitarbeiterbeurteilung alle zwölf Monate durchgeführt. Ein längerer Zeitraum ist in der Praxis nicht sinnvoll, weil konkrete Zielvereinbarungen erschwert werden und somit auch die Abweichung von Zielen nicht mehr so leicht feststellbar ist. Außerdem dient das Beurteilungsgespräch vor allem zur Motivation des Mitarbeiters, was bei einem Turnus von mehr als zwölf Monaten nicht mehr so gegeben ist.

05. Zu welchen Anlässen lassen sich Personalbeurteilungen durchführen?

Folgende Anlässe führen zu Beurteilungsgesprächen:
- Mitarbeitergespräch zur Potenzialentwicklung
- Mitarbeitergespräch zur Zielvereinbarung
- Mitarbeitergespräch zur Rückkehr ins Unternehmen
- Konfliktgespräch
- Kritikgespräch.

06. Welche Anforderungen werden an ein Personalbeurteilungssystem gestellt?

Vor einer Beurteilung müssen die zu beobachtenden Inhalte bzw. Kriterien festgelegt werden. Das können sein:
- Arbeitsleistungen
- Verhalten
- Eigenschaften oder Fähigkeiten
- Arbeitsergebnisse.

Grundsätzlich soll mit einer Beurteilung geklärt werden, ob und inwieweit ein Mitarbeiter hinsichtlich seiner Eignung und Leistung den Anforderungen und Erwartungen entspricht, die der Arbeitgeber an ihn stellt.

Ein Beurteilungssystem erfüllt wichtige Aufgaben im Unternehmen:
- Verbesserung der Mitarbeiterführung
- Optimierung des Personaleinsatzes
- Grundlage für leistungsgerechte Entlohnung sowie für die Personalentwicklungsmaßnahmen
- Verbesserung der Unternehmenskommunikation
- Motivation der Mitarbeiter und Mitarbeiterinnen
- Transparenz der Personalarbeit
- Erfolgskontrolle.

Folgende Anforderungen sollten jedes Beurteilungssystem ausweisen:
- Akzeptanz
- Praktikabel
- Objektivität
- Zuverlässigkeit (Reliabilität)
- Gültigkeit (Validität).

07. Welche Inhalte der Personalbeurteilung lassen sich unterscheiden?

Will man eine effektive Beurteilung durchführen, müssen zuvor die zu beobachtenden Inhalte und Kriterien festgelegt werden.

Dabei lassen sich Hauptinhalte unterscheiden:
- Leistung der Arbeit (Qualität bzw. Ergebnis)
- zu beurteilende Eigenschaften der Arbeit (körperlich, geistig, drinnen, draußen)
- Verhalten des Beurteilenden (teamfähig, kommunikativ, kooperativ)
- Potenzial des Beurteilenden (Entwicklungsfähigkeit und -bereitschaft).

08. Welche Ziele sind bei Beurteilungen anzustreben?

„Die Mitarbeiterbeurteilung verfolgt verschiedene Ziele, die sowohl die Mitarbeiter selbst als auch das Unternehmen betreffen. Sie dient also nicht nur der Erhöhung der Mitarbeitermotivation, sie bildet auch die Grundlage für folgende personalpolitischen Entscheidungen:
- *Gehalts- und Lohndifferenzierung*
- *Personalentwicklung (z. B. Ausbildungsbedarf)*
- *Auswahl von Mitarbeitern (Beförderung, Versetzung, Kündigung)*
- *Beratung der Mitarbeiter (Laufbahnplanung)*
- *Förderung der Kommunikation.*

Das Hauptziel des Arbeitgebers ist es, den richtigen Mitarbeiter für den jeweiligen Arbeitsplatz zu finden, um eine optimale Leistungserstellung zu gewährleisten. Ebenso erhält die Unternehmensführung durch eine Beurteilung der Mitarbeiter einen Überblick über das Potenzial seiner Humanressourcen.

Als Mitarbeiter erhält man durch die Beurteilung ein Feedback für die erbrachten Leistungen. Durch diese Rückmeldung über die eigenen Stärken und Schwächen sollte beim Mitarbeiter ein Lernprozess angeregt werden. Im Rahmen des Beurteilungsgespräches hat der Mitarbeiter die Möglichkeit, seine eigene Sicht der Dinge und seine Vorstellungen mit einzubringen sowie eine Stellungnahme zur Beurteilung abzugeben. Dabei werden gemeinsam mit dem Beurteiler Karrierewünsche und -möglichkeiten des Mitarbeiters *besprochen und auch spezifische Fördermaßnahmen festgelegt. Die Festsetzung der Leistungsziele für künftige Perioden bietet dem Mitarbeiter eine wichtige Orientierungshilfe, was von ihm erwartet wird."*[1]

09. Wie läuft ein Beurteilungsprozess ab?

Folgender Ablauf kennzeichnet einen zielorientierten Beurteilungsprozess:

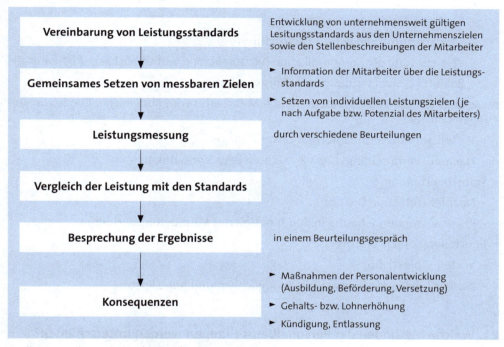

Quelle: www.eibner.mine.nu/matura/BO/Personalbeurteilung

---

[1] Quelle: www.eibner.mine.nu/matura/BO/Personalbeurteilung

10. Welche Formen der Personalbeurteilung lassen sich unterscheiden?

Folgende Formen der Personalbeurteilung können unterschieden werden:

- Mitarbeiterbeurteilung: Klassische Variante, von oben nach unten (Beurteilung durch nächst höheren Vorgesetzten)
- Vorgesetztenbeurteilung: Von unten nach oben (Mitarbeiter beurteilt seinen direkten Vorgesetzten)
  - Ziel:
    - Feedback für den Vorgesetzten
    - Überarbeitung von Führungsstrukturen
    - Verbesserung der Kommunikation (Voraussetzung Vertrauensbasis, Anonymität)
    - Basis für Gehaltsfindung beim Vorgesetzten.
- Gleichgestellten-/Kollegenbeurteilung: Mitarbeiter wird auf gleicher Ebene von Kollegen beurteilt
  - Vorteil: umfangreiche Informationsgrundlage
  - Nachteil: Verfälschung durch Rivalitäten bzw. Sympathien
- Selbstbeurteilung
  - Nachteil: fehlende Distanz
  - Praxisanwendung: häufig in Kombination mit Mitarbeiterbeurteilung
- Beurteilung durch Externe
  - Vorteil: Objektivität
  - Nachteil: fehlende Beobachtungsmöglichkeit und hohe Kosten.

11. Welche Methoden der Personalbeurteilungen werden unterschieden?

Bei der Personalbeurteilung unterscheidet man:

- summarische Methoden
- analytische Methoden.

12. Wie funktioniert die summarische Methode?

Wird der Mitarbeiter „im Ganzen" beurteilt, ohne dass auf einzelne Merkmale eingegangen wird, spricht man von summarischen Methoden der Personalbeurteilung.

Dazu gehören:

- Freie Beschreibung (Merkmale: kaum Vorgaben, großer Gestaltungsspielraum, hohes Maß an Subjektivität)
- Rangfolgemethoden (Merkmale: Ein Mitarbeiter wird pauschal summarisch bewertet, mit anderen verglichen und in eine Rangfolge gebracht).

13. Wie funktioniert die analytische Methode?

Bei der analytischen Methode werden die Mitarbeiter anhand festgelegter Merkmale beurteilt.

Die wichtigsten Verfahren sind:

- **Rangreihenverfahren:** Die Ausprägungen einzelner Merkmale werden mit denen anderer verglichen und in eine Rangreihe gebracht (ähnlich wie beim Rangfolgeverfahren).
- **Einstufungsverfahren:** Es dient dazu, qualitative Merkmale (wie z. B. Arbeitsverhalten) zu erfassen. Dazu werden Skalen definiert und die verschiedenen Merkmale verbal beschrieben).
- **Kennzeichnungsverfahren:** Bei dieser Methode wird auf die Beschreibung und Quantifizierung von Merkmalen verzichtet. Vorgegebene Aussagen (z. B. in Form einer Checkliste) werden durch den Beurteiler gekennzeichnet. Im einfachsten Fall mit „ja" und „nein").
- **Zielsetzungsverfahren:** Zieldefinition innerhalb eines Zielvereinbarungsgesprächs mit anschließender Beurteilung durch Soll-Ist-Vergleich. Der Erfolg liegt in der engen Zusammenarbeit zwischen Mitarbeiter und Vorgesetzten bei der Zielvereinbarung. Klassische Umsetzung: Management by Objectives.

14. Welche Rechte hat der Arbeitnehmer in Bezug auf ein Arbeitszeugnis?

Arbeitnehmer besitzen einen Rechtsanspruch auf ein Arbeitszeugnis (und zwar ab dem Zeitpunkt der Kündigung, damit sie es bei folgenden Bewerbungsgesprächen nutzen können). Im § 109 der Gewerbeordnung heißt es dazu:

RECHTSGRUNDLAGEN

(1) Der Arbeitnehmer hat bei Beendigung eines Arbeitsverhältnisses Anspruch auf ein schriftliches Zeugnis. Das Zeugnis muss mindestens Angaben zu Art und Dauer der Tätigkeit (einfaches Zeugnis) enthalten. Der Arbeitnehmer kann verlangen, dass sich die Angaben darüber hinaus auf Leistung und Verhalten im Arbeitsverhältnis (qualifiziertes Zeugnis) erstrecken.

(2) Das Zeugnis muss klar und verständlich formuliert sein. Es darf keine Merkmale oder Formulierungen enthalten, die den Zweck haben, eine andere als aus der äußeren Form oder aus dem Wortlaut ersichtliche Aussage über den Arbeitnehmer zu treffen.

(3) Die Erteilung des Zeugnisses in elektronischer Form ist ausgeschlossen.

Das Zeugnis muss von einem dazu Berechtigten unterschrieben sein (z. B. durch den direkten Vorgesetzten).

15. Welche Arten von Arbeitszeugnissen werden unterschieden?

Grundsätzlich werden zwei Arten von Zeugnissen unterschieden:

- **einfaches Arbeitszeugnis**

  „Der Arbeitgeber ist grundsätzlich nur dazu verpflichtet, ein einfaches Arbeitszeugnis auszustellen. Das einfache Arbeitszeugnis enthält Angaben zur Person, zu Art und Dauer des Beschäftigungsverhältnisses und – auf Wunsch (des Arbeitnehmers) – die Gründe für das Beschäftigungsende und die entsprechenden Modalitäten. Die ausgeübten Tätigkeiten müssen detailliert aufgegliedert und ganz wertfrei dargestellt werden. Dazu werden Formulierungen im Arbeitszeugnis verwendet, mit deren Hilfe sich der potenzielle Arbeitgeber ein klares Bild von den Fähigkeiten und Arbeitserfahrungen des Bewerbers machen kann."[1]

- **qualifiziertes Arbeitszeugnis**

  „In der Regel schreiben Arbeitgeber ausscheidenden Mitarbeitern ein qualifiziertes Arbeitszeugnis. Hierbei wird das einfache Arbeitszeugnis um die Beschreibung und Beurteilung der erbrachten Leistung und des Verhaltens des Arbeitnehmers erweitert. Was viele nicht wissen: Auf ein qualifiziertes Arbeitszeugnis besteht kein Rechtsanspruch! Der Arbeitnehmer muss explizit darum bitten. Das sollte er jedoch unbedingt tun, denn das qualifizierte Arbeitszeugnis ist mittlerweile der absolute Standard. Das qualifizierte Arbeitszeugnis gibt eine genaue Beschreibung der Tätigkeits-, Leistungs- und Verhaltensbeschreibung ab und spiegelt damit die fachliche und persönliche Entwicklung des Bewerbers in seiner Berufslaufbahn wider. Die Auflistung bisheriger beruflicher Erfolge des Arbeitnehmers im Arbeitszeugnis und die Bewertung seiner verschiedenen Kompetenzen durch den alten Arbeitgeber zeigen dem potenziellen neuen Chef die Stärken und besonderen Fähigkeiten des Bewerbers."[2]

16. Wie werden Beurteilungen in Arbeitszeugnissen ausgedrückt?

„Noten wie in der Schule gibt es in einem Arbeitszeugnis grundsätzlich nicht. Es gibt aber Formulierungen, die man fast wie eine Note (zumindest von Teilaspekten) lesen kann.

Interessanterweise haben sich in der „Zeugnis-Sprache" sogar grammatikalisch falsche Formen wie „vollste Zufriedenheit" eingebürgert. Hier ein paar Beispiele (mit einer Entsprechung in Noten), natürlich muss das ganze Zeugnis stimmig sein, damit am Ende wirklich von einer entsprechenden Note die Rede sein kann.

---

[1] Quelle: http://www.berufsstrategie.de/bewerbung-karriere-soft-skills/arbeitszeugnis
[2] Quelle: http://www.berufsstrategie.de/bewerbung-karriere-soft-skills/arbeitszeugnis

Sehr gut
*Herr J. erledigte alle Aufgaben stets zu unserer vollsten Zufriedenheit.
Wir waren mit seinen Leistungen stets außerordentlich zufrieden.
Die Leistungen haben jederzeit und in jeder Hinsicht unsere volle Anerkennung gefunden.*

Gut
*Frau P. erfüllte ihre Aufgaben zu unserer vollsten Zufriedenheit.
Frau P. erfüllte ihre Aufgaben stets zu unserer vollen Zufriedenheit.*

Befriedigend
*Mit der Arbeit von Herrn K. im Bereich ... waren wir stets zufrieden.
Herr K. erfüllte seine Aufgaben zu unserer vollen Zufriedenheit.*

Ausreichend
Herr S. erfüllte seine Aufgaben zu unserer Zufriedenheit.

Mangelhaft
*Die Mitarbeiterin L. war stets bemüht, ihre Aufgaben zu erfüllen.
Erläuterung: Mit dieser Formulierung wird angedeutet: sie war bemüht, aber hat es nicht geschafft. Noch schlimmer ist nur die folgende Formulierung, auch dort hat sich jemand bemüht.*

Ungenügend
*Kollege X. war nach Kräften bemüht ...
Man sieht schon, dass es auf kleine Nuancen ankommen kann."*[1]

17. Welche Fristen sind bei der Erstellung des Arbeitszeugnisses zu beachten?

„Jeder Angestellte erwirbt mit der Beendigung des Arbeitsverhältnisses das Recht auf ein Arbeitszeugnis. Wünscht er ein (qualifiziertes) Arbeitszeugnis, muss er diesen Wunsch seinem Arbeitgeber vorher mitteilen.

Laut Gesetz konnte ein Arbeitnehmer früher ein Arbeitszeugnis bis zu 30 Jahre nach Beendigung des Beschäftigungsverhältnisses einfordern. Mit dem neuen Schuldrecht, das am 01. Januar 2002 in Kraft trat, ist dieser zeitliche Rahmen im Anspruch auf ein Arbeitszeugnis nun auf drei Jahre begrenzt. Einige tarifrechtliche Ausschlussfristen betragen im Öffentlichen Dienst nur sechs und im Baugewerbe sogar nur zwei Monate.

---

[1] Quelle: http://www.studis-online.de/Karriere/arbeitszeugnis

Das Ausstellungsdatum im Arbeitszeugnis sollte der letzte Tag des Beschäftigungsverhältnisses sein, egal ob es sich dabei um einen Sonn-, Feier- oder Werktag handelt und selbst wenn die tatsächliche Ausstellung schon früher oder erst später erfolgt. Ein frühes oder späteres Ausstellungsdatum auf dem Arbeitszeugnis kann als Indikator für Probleme interpretiert werden. Fordert der Arbeitnehmer erst nach dem Ausscheiden ein Arbeitszeugnis, hat er keinen Anspruch auf eine Rückdatierung."[1]

5.2.2 Personalfreisetzung

01. Was wird unter Personalfreisetzung verstanden?

Die Personalfreisetzung beinhaltet Maßnahmen mit denen personelle Überkapazitäten in qualitativer, quantitativer, zeitlicher und örtlicher Hinsicht vermieden bzw. beseitigt werden sollen. Dies kann mit oder ohne Personalreduktion, z. B. durch innerbetriebliche Versetzung, Arbeitszeitverkürzung und Personalentwicklung erfolgen.

02. Welche Ursachen für Maßnahmen der Personalfreisetzung werden unterschieden?

Ursachen für Maßnahmen der Personalfreisetzung können betriebsinterne und/oder externe Anlässe sein.

Interne Anlässe

- Reorganisationsprozesse
- Mechanisierung
- Rationalisierungsprozesse.

Externe Anlässe

- konjunkturbedingte Veränderungen
- strukturelle Veränderungen.

---

[1] Quelle: http://www.berufsstrategie.de/bewerbung-karriere-soft-skills/arbeitszeugnis

03. Welche Maßnahmen bzw. Instrumente der Personalfreisetzung gibt es?

Maßnahmen zur Personalfreisetzung lassen sich nach Anlass, Ausmaß und zeitlicher Dauer unterteilen. Die folgende Abbildung stellt Maßnahmen der Personalfreisetzung dar:

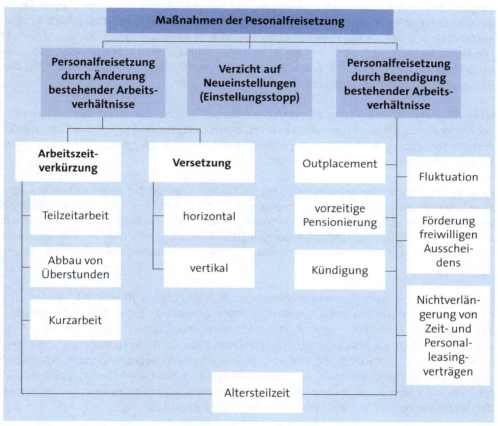

Quelle: http://www.daswirtschaftslexikon.com/abbildungen/1197-personalabbau-freisetzung.gif

„Die Trennung von Mitarbeitern kann mehrere Gründe haben. Diese können in der Person des Mitarbeiters selbst begründet liegen (leistungs- und/oder verhaltensbedingt) oder auch betriebsbedingt (wirtschaftlich und/oder organisatorisch) veranlasst sein.

Bevor es zu einer endgültigen Trennung des Personals in Form einer externen Personalfreisetzung durch eine Kündigung (Kündigungsschutzgesetz) kommt, sollten zunächst alle Möglichkeiten einer internen Personalfreisetzung ausgeschöpft werden. Dazu gehören z. B. der Abbau von Mehrarbeit, das Kündigen von Fremdfirmenaufträgen in Form eines Insourcing, das Vorziehen von Instandhaltungsarbeiten sowie von Qualifizierungsmaßnahmen, das Vorziehen des Jahresurlaubs sowie alle denkbaren Formen einer Reduzierung der regelmäßigen Arbeitszeit (notfalls Anmeldung von Kurzarbeit). Auch ist eine Entlassung auf Zeit möglich, bevor es zu einem tatsächlichen Personalabbau kommt. Hierbei sollte aber auch zunächst der jeweils mögliche Rahmen von vorzeitigen Pensionierungen voll ausgeschöpft werden. Bei allen Personalfreisetzungsmaßnahmen hat der Betriebsrat Mitbestimmungsrechte.

Übersteigt der aktuelle Personalbestand den Bedarf an Arbeitskräften, liegt ein negativer Netto-Personalbedarf und somit ein Personalfreisetzungsbedarf vor. Die Planung der Personalfreisetzung wird in der betriebswirtschaftlichen Literatur nach ihrem (zeitlichen) Planungshorizont in zwei Formen unterschieden.

Antizipative Personalfreisetzungsplanung versucht, Ursachen für einen möglichen Personalüberhang vorherzusehen, zu beeinflussen und damit den Freisetzungsbedarf zu vermeiden oder durch weiche Maßnahmen (Nutzung der natürlichen Fluktuation) zu verringern. Reaktive Freisetzungsplanung liegt vor, wenn bereits ein Personalüberhang besteht und eine vorausschauende Planung und Vermeidung harter Maßnahmen kaum mehr möglich ist.

Personalfreisetzungsmaßnahmen können nach ihrer Härte differenziert werden. Sogenannte sanfte Maßnahmen, die Kündigungen umgehen, lassen sich in kurzfristige Beschäftigungsvariation (z. B. Reduktion von Mehrarbeit, Lagerproduktion oder Ausweitung der Auftragsproduktion), Arbeitszeitvariation (z. B. Verkürzung der betrieblichen Arbeitszeit, Umwandlung von Voll- in Teilzeitarbeitsplätze oder Langzeiturlaub) und Personalbestandsvariation (z. B. Einstellungsstopp oder Aufhebungsverträge) unterscheiden. Dabei führt lediglich die Personalbestandsvariation zu einer Veränderung der Stammbelegschaft, jedoch ohne Aussprache einer Kündigung.

Die Kündigung ist die härteste Personalfreisetzungsmaßnahme. Durch die Aussprache einer einseitigen Willenserklärung kann das Arbeitsverhältnis ordentlich unter Beachtung gesetzlicher Kündigungsfristen oder außerordentlich und somit fristlos beendet werden. Die Kündigung unterliegt zahlreichen gesetzlichen Bestimmungen."[1]

---

[1] Quelle: http://www.wirtschaftslexikon24.com/d/personalfreisetzung/personalfreisetzung.htm

04. Welche Gründe für die Beendigung eines Arbeitsverhältnisses werden unterschieden?

Gründe für die Beendigung eines Arbeitsverhältnisses:
- Kündigung durch den Arbeitgeber oder Arbeitnehmer
- Aufhebungsvertrag
- Ende eines befristeten Arbeitsvertrages
- Tod einer Vertragspartei
- Erreichen der Altersgrenze.

05. Welcher Unterschied besteht zwischen einer ordentlichen und einer außerordentlichen Kündigung?

Ordentliche Kündigung (§§ 620 Abs. 2, 621, 622 BGB)
Die in der Praxis bedeutende Form der Beendigung von Arbeitsverhältnissen ist die ordentliche Kündigung der Vertragsbeziehungen durch Arbeitgeber oder Arbeitnehmer. Hierbei ist zu beachten, dass die Einhaltung von gesetzlichen, tarifvertraglichen oder im Arbeitsvertrag vereinbarten Kündigungsfristen gewährleistet ist.

Außerordentliche Kündigung
Nach § 626 Abs. 1 BGB kann das Arbeitsverhältnis vom Arbeitgeber ohne Einhaltung einer Frist gekündigt werden, wenn für die Beendigung des Arbeitsverhältnisses ein wichtiger Grund vorliegt und eine umfassende Abwägung aller Interessen von Arbeitgeber und Arbeitnehmer ergibt, dass die Fortsetzung des Arbeitsverhältnisses dem Arbeitgeber nicht mehr zumutbar ist.

Die Voraussetzungen für die Wirksamkeit einer außerordentlichen Kündigung durch den Arbeitgeber sind:
- ein wichtiger Grund
- Überwiegen der Interessen des Arbeitgebers an der Beendigung
- Abmahnung.

06. Welche Kündigungsformen können unterschieden werden?

Personenbedingte Kündigung
„Sie ist sozial gerechtfertigt, wenn der Arbeitnehmer im Zeitpunkt der Kündigung und voraussichtlich für die Zeit danach nicht in der Lage ist, die geschuldete Arbeitsleistung zu erbringen. Dabei kommt es nicht darauf an, ob der Beschäftigte dies verschuldet hat."[1]

---

[1] Quelle: http://www.treffpunkt-betriebsrat.de/kuendigungsformen_grundlagen

Verhaltensbedingte Kündigung

„Gerechtfertigt ist eine Kündigung auch bei einem Entlassungsgrund, der im Verhalten des Arbeitnehmers liegt. Der Arbeitgeber kann kündigen, wenn der Beschäftigte arbeitsvertragliche Pflichten verletzt hat. Auch ein außerdienstliches Verhalten des Arbeitnehmers kann ausnahmsweise einen verhaltensbedingten Kündigungsgrund darstellen.

Als verhaltensbedingte Kündigungsgründe kommen dabei nach dem Bundesarbeitsgericht nur solche Umstände in Betracht, die einen verständig denkenden Arbeitgeber zu einer Kündigung veranlassen würden.

- *wiederholtes Zuspätkommen*
- *schlechte Arbeitsleistung*
- *Arbeitsverweigerung*
- *Trunkenheit am Arbeitsplatz*
- *Straftaten zulasten des Arbeitgebers (etwa Diebstahl oder Unterschlagung auch geringwertiger Sachen).*

Anders als bei der personenbedingten Kündigung rechtfertigen Gründe in dem Verhalten des Arbeitnehmers eine Kündigung grundsätzlich nur bei dessen schuldhaftem Verhalten."[1]

Betriebsbedingte Kündigung

„Dringende betriebliche Erfordernisse muss die Geschäftsleitung in der betriebsbedingten Kündigung geltend machen. Die Entlassung ist hier sozial gerechtfertigt, wenn für die Tätigkeit des Betroffenen im Betrieb kein Bedarf mehr besteht. Der Arbeitsmangel muss spätestens am Ende der Kündigungsfrist eintreten. Eine diesbezügliche Prognose des Arbeitgebers darf nicht einfach aus der Luft gegriffen sein, sondern muss auf konkreten, nachvollziehbaren Tatsachen beruhen."[2]

Änderungskündigung

„Wer den Begriff Kündigung hört, denkt zumeist – nicht zu Unrecht – an eine endgültige Beendigung des Arbeitsverhältnisses. Es gibt jedoch auch die in § 2 KSchG geregelte Änderungskündigung. Dabei kündigt der Arbeitgeber das bestehende Arbeitsverhältnis und bietet dem Arbeitnehmer gleichzeitig die Fortsetzung des Arbeitsverhältnisses zu geänderten Bedingungen an. Dieses Angebot muss inhaltlich so bestimmt sein, dass es mit einem einfachen Ja angenommen werden kann."[3]

---

[1] Quelle: http://www.treffpunkt-betriebsrat.de/kuendigungsformen_grundlagen
[2] Quelle: http://www.treffpunkt-betriebsrat.de/kuendigungsformen_grundlagen
[3] Quelle: http://www.treffpunkt-betriebsrat.de/kuendigungsformen_grundlagen

07. Wann ist eine ordentliche Kündigung wirksam?

Eine Kündigung ist nur dann wirksam, wenn sämtliche dazu erforderlichen rechtlichen Bedingungen erfüllt sind. Liegen nicht sämtliche für die Wirksamkeit der Kündigung erforderlichen Voraussetzungen vor, ist die Kündigung unwirksam und entfaltet zunächst keinerlei rechtliche Wirkungen.

Die wichtigsten Voraussetzungen einer wirksamen ordentlichen Kündigung sind:
- ordnungsgemäße Kündigungserklärung
- Einhaltung der Schriftform
- Angabe von Kündigungsgründen (nur wenn individualvertraglich-, kollektiv-rechtlich oder gesetzlich vorgesehen)
- Einhaltung der Kündigungsfrist
- kein rechtzeitiger Widerruf der Kündigung gem. § 130 Abs. 1 Satz 2 BGB
- Zugang der Kündigung beim Arbeitnehmer
- soziale Rechtfertigung der Kündigung
- ordnungsgemäße Anhörung des Betriebsrats.

08. Was versteht man unter einer Kündigungsfrist?

„Möchte ein Arbeitgeber oder ein Arbeitnehmer ein bestehendes Arbeitsverhältnis beenden, so kann er dies nicht willkürlich tun, sondern muss sich an bestimmte Kündigungsfristen halten. Arbeitsrechtlich gesehen handelt es sich bei diesem um einen festgelegten Zeitraum, der zwischen dem Zugang der Kündigung beim Arbeitnehmer und dem tatsächlichen Beendigen des Arbeitsverhältnisses liegt."[1]

09. Welche gesetzlichen Kündigungsfristen bestehen?

Die Regelungen der Kündigungsfristen ergibt sich aus § 622 BGB.

RECHTSGRUNDLAGEN

§ 622: Kündigungsfristen bei Arbeitsverhältnissen
(1) Das Arbeitsverhältnis eines Arbeiters oder eines Angestellten (Arbeitnehmers) kann mit einer Frist von vier Wochen zum Fünfzehnten oder zum Ende eines Kalendermonats gekündigt werden.

---

[1] Quelle: http://www.juraforum.de/lexikon/kuendigungsfrist-arbeitsrecht

(2) Für eine Kündigung durch den Arbeitgeber beträgt die Kündigungsfrist, wenn das Arbeitsverhältnis in dem Betrieb oder Unternehmen

1. zwei Jahre bestanden hat, einen Monat zum Ende eines Kalendermonats,
2. fünf Jahre bestanden hat, zwei Monate zum Ende eines Kalendermonats,
3. acht Jahre bestanden hat, drei Monate zum Ende eines Kalendermonats,
4. zehn Jahre bestanden hat, vier Monate zum Ende eines Kalendermonats,
5. zwölf Jahre bestanden hat, fünf Monate zum Ende eines Kalendermonats,
6. 15 Jahre bestanden hat, sechs Monate zum Ende eines Kalendermonats,
7. 20 Jahre bestanden hat, sieben Monate zum Ende eines Kalendermonats.

Bei der Berechnung der Beschäftigungsdauer werden Zeiten, die vor der Vollendung des 25. Lebensjahrs des Arbeitnehmers liegen, nicht berücksichtigt.

(3) Während einer vereinbarten Probezeit, längstens für die Dauer von sechs Monaten, kann das Arbeitsverhältnis mit einer Frist von zwei Wochen gekündigt werden.

(4) Von den Absätzen 1 bis 3 abweichende Regelungen können durch Tarifvertrag vereinbart werden. Im Geltungsbereich eines solchen Tarifvertrags gelten die abweichenden tarifvertraglichen Bestimmungen zwischen nicht tarifgebundenen Arbeitgebern und Arbeitnehmern, wenn ihre Anwendung zwischen ihnen vereinbart ist.

(5) Einzelvertraglich kann eine kürzere als die in Absatz 1 genannte Kündigungsfrist nur vereinbart werden,

1. wenn ein Arbeitnehmer zur vorübergehenden Aushilfe eingestellt ist; dies gilt nicht, wenn das Arbeitsverhältnis über die Zeit von drei Monaten hinaus fortgesetzt wird;
2. wenn der Arbeitgeber in der Regel nicht mehr als 20 Arbeitnehmer ausschließlich der zu ihrer Berufsbildung Beschäftigten beschäftigt und die Kündigungsfrist vier Wochen nicht unterschreitet.

Bei der Feststellung der Zahl der beschäftigten Arbeitnehmer sind teilzeitbeschäftigte Arbeitnehmer mit einer regelmäßigen wöchentlichen Arbeitszeit von nicht mehr als 20 Stunden mit 0,5 und nicht mehr als 30 Stunden mit 0,75 zu berücksichtigen. Die einzelvertragliche Vereinbarung längerer als der in den Absätzen 1 bis 3 genannten Kündigungsfristen bleibt hiervon unberührt.

(6) Für die Kündigung des Arbeitsverhältnisses durch den Arbeitnehmer darf keine längere Frist vereinbart werden als für die Kündigung durch den Arbeitgeber.

ACHTUNG

Der Europäische Gerichtshof (EuGH) hat mit Urteil vom 19. Januar 2010 (AZ: C-555/07) entschieden, dass die Regelung im BGB zur Nichtberücksichtigung von Beschäftigungszeiten, die vor dem 25. Lebensjahr liegen, wegen Verstoßes gegen das Diskriminierungsverbot aus Gründen des Alters rechtswidrig ist und von den nationalen Gerichten ab sofort nicht mehr angewendet werden darf.

10. Welche Personengruppen fallen unter den besonderen Kündigungsschutz?

Bestimmte Personen bzw. Personengruppen genießen einen besonderen Kündigungsschutz. Darunter fallen Personen:

- mit einer Schwerbehinderung
- die Mutterschutz genießen
- in Elternzeit
- in der Berufsausbildung
- die Betriebsratsmitglieder sind
- in Pflegezeit.

11. Was ist eine Kündigungsschutzklage?

„Bei einer Kündigung erhält der Arbeitnehmer insgesamt drei Wochen Zeit diese durch eine Kündigungsschutzklage beim Arbeitsgericht anzugreifen. Die Frist gilt ab dem Zugang der Kündigung. Erfolgt dies nicht innerhalb dieses Zeitraums, dann gilt die Kündigung als wirksam.

Bei einer Kündigungsschutzklage überprüft das Arbeitsgericht in erster Linie die Wirksamkeit der Kündigung, dies bedeutet, dass die soziale Rechtfertigung gemäß dem Kündigungsschutzgesetz überprüft wird, falls dieses Anwendung findet, was nur unter bestimmten Voraussetzungen der Fall ist. Aber auch weitere Unwirksamkeitsgründe werden überprüft, insbesondere Formmängel, wie zum Beispiel mangelnde Schriftform der Kündigung bei fehlender Unterschrift. Durch die Kündigungsschutzklage soll ein Fortbestehen des Arbeitsverhältnisses eingeklagt werden."[1]

---

[1] Quelle: http://www.kuendigungsschutzrecht.com/kundigungsschutzklage

12. Welche Pflichten entstehen aus einer Kündigung für den Arbeitnehmer?

Der Arbeitnehmer ist nach Zugang der Kündigung bzw. nach Erlangen der Kenntnis, dass er seinen Arbeitsplatz verlieren könnte, verpflichtet, sich umgehend bei der Bundesagentur für Arbeit arbeitslos bzw. vorab arbeitslos zu melden. Geschieht dies nicht, muss der Arbeitnehmer mit Sperrzeiten beim Arbeitslosengeld rechnen.

13. Welche Pflichten entstehen aus einer Kündigung für den Arbeitgeber?

Zu den Pflichten des Arbeitgebers nach Beendigung des Arbeitsverhältnisses zählen:

- Zeugniserteilung
- Freistellung zur Stellensuche: kündigt der Arbeitnehmer ein angemessenes Freizeitverlangen zur Suche eines neuen Beschäftigungsverhältnisses an, muss ihm dies gewährt werden. Der Arbeitnehmer hat seine Anfrage zeitig zu stellen. Über die Lage der zu gewährenden Freizeit bestimmt der Arbeitgeber. Für diese Zeit der Arbeitsuche wird der Arbeitnehmer nicht entlohnt.
- Bescheinigung über die Meldung an die Sozialversicherung
- Aushändigung einer Arbeitsbescheinigung
- Aushändigung einer Urlaubsbescheinigung
- Aushändigung der Lohnsteuerbescheinigung.

5.2.3 Personalcontrolling

01. Was wird unter Personalcontrolling verstanden?

„Unter Personalcontrolling lässt sich die Planung, Steuerung und Kontrolle der Prozesse im Personalmanagement verstehen. Wesentliches Erfolgskriterium ist hierbei der Beitrag zum wirtschaftlichen Erfolg des Unternehmens. Neben Methoden und Verfahren aus dem allgemeinen betriebswirtschaftlichen Controlling werden auch spezielle Methoden und Verfahren für das Personalcontrolling angewandt.

Im Personal-Controlling bemüht man sich zum einen, relevante Kennzahlen im Umgang mit den Human-Ressourcen zu ermitteln und deren Erreichung zu prüfen, zum anderen umfasst Personal-Controlling aber auch die Messung und Beurteilung der Effektivität des Personalmanagements und seiner Prozesse."[1]

---

[1] Quelle: http://www.haufe.de/unternehmensfuehrung/profirma-professional/personal-controlling

02. Warum ist im Personalcontrolling eine Kosten- und Nutzenanalyse notwendig?

Kosten und Nutzen spielen bei der unternehmerischen Planung eine entscheidende Rolle, da jeder privatwirtschaftliche Betrieb nach dem ökonomischen Prinzip der Gewinnmaximierung wirtschaftet. Hierbei sollen betriebswirtschaftliche Daten beschafft, analysiert und aufbereitet werden. Als Hilfsmittel zur Aufbereitung eignen sich Kennzahlen.

Häufig genutzte Kennzahlen im Personalcontrolling sind:

- Krankenquote
- Fluktuationsrate
- Beschäftigungsstruktur
- Altersstruktur der Belegschaft
- Betriebszugehörigkeitsstruktur
- durchschnittliche Anzahl der Überstunden
- durchschnittlicher Personalaufwand pro Kopf
- Gesamtvergütungsentwicklung
- Zufriedenheit der Mitarbeiter/innen mit dem Unternehmen
- Anzahl Bewerber/innen pro Inserat
- durchschnittliche Ausbildungstage pro Mitarbeiter/in
- Durchführungsrate der Mitarbeiterbeurteilungen und -gespräche
- durchschnittliche Ausbildungskosten pro Mitarbeiter/in
- durchschnittliche Vergütung pro Vollzeitäquivalent
- Personalkosten pro Vollzeitäquivalent (HR FTW Investment Factor).

03. Was bedeutet Personalstatistik?

„*Erfassung der beschäftigten Arbeitnehmer*

a) nach Art der Tätigkeit, etwa tätige Inhaber, leitende Angestellte, gelernte, angelernte oder ungelernte Arbeiter, Anlernlinge, Auszubildende und Praktikanten; ggf. unter bes. Kennzeichnung der Spezialarbeiter

b) nach Alters- und Lohngruppen

c) nach Verteilung der Beschäftigten auf die betrieblichen Funktionsbereiche."[1]

---

[1] Quelle: http://wirtschaftslexikon.gabler.de/Definition/betriebswirtschaftliche-statistik/Personalstatistik

04. In welcher Weise wird die Personalstatistik als Instrument beim Personalcontrolling genutzt?

„Statistik wird insbesondere dort relevant, wo es um die Strukturanalyse großer Mengen geht, bei denen im Hinblick auf bestimmte Merkmale Gleichheiten bzw. Unterschiede untersucht werden sollen. Den allgemeinen Einsatzbedingungen der Statistik entsprechend, besteht das Ziel der Personalstatistik vorrangig darin, Strukturspezifika des Personals im Hinblick auf vorab definierte Merkmale herauszuarbeiten.

Als Merkmale kommen dabei sowohl quantitative Merkmale (z. B. Alter, Einkommen) in Betracht als auch qualitative Merkmale (z. B. Qualifikationen, Fertigkeiten, Kenntnisse, Meinungen). Die Merkmale können sich sowohl auf Verhaltensweisen (z. B. Fehlzeiten, Inanspruchnahme von Altersteilzeit) als auch auf unveränderliche, im Zeitablauf stabile Merkmale (z. B. Bildungsgrad, Geschlecht) beziehen."[1]

Das folgende Schaubild gibt einen Überblick über die betriebswirtschaftliche Statistik:

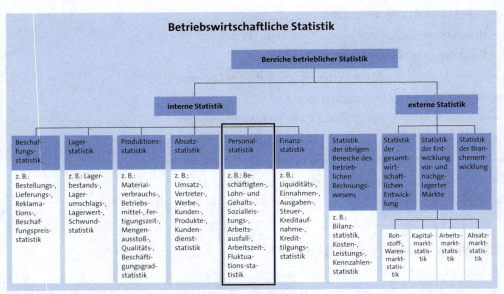

Quelle: http://wirtschaftslexikon.gabler.de/Archiv/56931/betriebswirtschaftliche-statistik-v8.html

---

[1] Quelle: http://www.daswirtschaftslexikon.com/d/personalkennziffern_und_statistik/personalkennziffern_und_statistik

05. Wie werden die Daten und Kennziffern im Personalwesen genutzt?

„Kennziffern haben den Zweck, die Aufmerksamkeit auf besonders wichtige Sachverhalte zu lenken, von denen angenommen wird, dass sie für den Erfolg oder Misserfolg des Unternehmensgeschehens besonders aussagekräftig sind. Sie wurden zunächst für die Steuerung erfolgs- und finanzwirtschaftlicher Sachverhalte entwickelt.

Personalkennziffern führen ... eine Verdichtung von Zahlenmaterial herbei. Ihre Aufgabe ist es, ... über Tatsachen zu informieren und sie einer Bewertung zugänglich zu machen. Sie sollen dabei möglichst einfach und nachvollziehbar sein. Die Bewertungsmaßstäbe für Personalkennziffern werden entweder auf dem Weg interner Vorgaben (Beispiel: Vorgabe eines zu erreichenden Krankenstandes) oder auf dem Wege von Benchmarking durch interne bzw. externe Betriebsvergleiche gewonnen (Beispiel: Erreichung des gleichen Krankenstandes wie Konkurrenzunternehmen).

Besondere Bedeutung erhalten Personalkennziffern in Form von Verhältniszahlen, bei denen zwei oder mehr Größen miteinander in Beziehung gesetzt werden. Bezüglich weiterer Arten von Personalkennziffern lassen sich neben Verhältniszahlen absolute Größen auch in Form von Summen- und Differenzzahlen, Gliederungszahlen, Beziehungszahlen sowie Maß- und Indexzahlen unterscheiden (Hochstädter 1996).

Neuere Entwicklungen sehen die Bildung mehrdimensionaler, das gesamte Unternehmen umgreifender Kennzahlensysteme vor, die neben den traditionell im Vordergrund stehenden erfolgswirtschaftlichen Kennziffern (z. B. Umsatz, Gewinn, Return on Investment, Economic Value Added usw.) auch die personalbezogene Dimension des Unternehmensgeschehens deutlich machen. Beispiele für solche integrativen Konzepte sind die Balanced Scorecard oder der Skandia Navigator. Sie arbeiten mit der Hypothese, dass in den Kennzahlensystemen Ursache-Wirkungsbeziehungen aufgezeigt werden und dass die mit den Kennziffern zum Ausdruck gebrachten personalbezogenen Sachverhalte eine strategisch bedeutsame Rolle für die Unternehmenssteuerung innehaben."[1]

06. Was ist eine Balanced Scorecard?

„Die Balanced Scorecard ist ein Verbindungsglied zwischen Strategiefindung und -umsetzung. In ihrem Konzept werden die traditionellen finanziellen Kennzahlen durch eine Kunden-, eine interne Prozess- und eine Lern- und Entwicklungsperspektive ergänzt."[2]

---

[1] Quelle: http://www.daswirtschaftslexikon.com/d/personalkennziffern_und_statistik/personalkennziffern_und_statistik
[2] Quelle: http://wirtschaftslexikon.gabler.de/Definition/balanced-scorecard.html

07. Welche Bedeutung hat die Balanced Scorecard?

Die Balanced Scorecard soll den strategischen Führungsprozess im Unternehmen unterstützen bzw. als Handlungsrahmen für diesen Prozess dienen. Sie stellt aber nicht nur ein neues Kennzahlensystem dar; als Managementsystem soll sie vielmehr das Bindeglied zwischen der Entwicklung einer Strategie und ihrer Umsetzung sein.

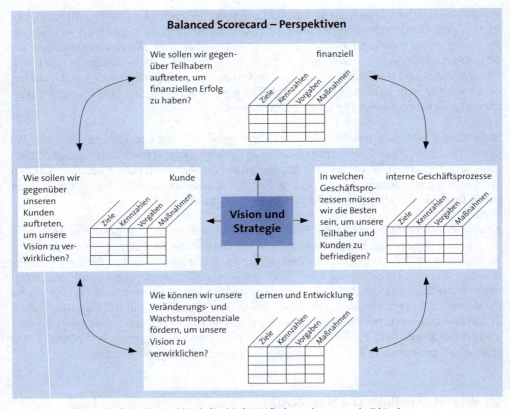

Quelle: http://wirtschaftslexikon.gabler.de/Archiv/1856/balanced-scorecard-v7.html

5.3 Planen und Durchführen der Ausbildung

5.3.1 Ausbildung als Personalentwicklung

01. Warum ist die Ausbildung als Maßnahme der Personalentwicklung so wichtig?

Die Themen Bildung und Ausbildung sind ein Erfolgsfaktor der Zukunft. Vor dem Hintergrund des demografischen Wandels wird der Bedarf an Fachkräften weiter steigen und das vor allem im Bereich Technik, Produktion und Gesundheit.

Seit vielen Jahren ist die Ausbildungsquote in Deutschland konstant und zeigt den Stellenwert in der freien Wirtschaft. Zudem erhalten ausgelernte Arbeitnehmer im Durchschnitt ein 500 € höheres Entgelt als ungelernte Kräfte und die Arbeitslosenquote ist niedriger.

In jedem Unternehmen werden gut qualifizierte Mitarbeiter benötigt. Aus diesem Grund ist die Sicherung des Personalbedarfs sehr wichtig. Nur ein Unternehmen, das über ausreichend qualifizierte Mitarbeiter verfügt, wird zukünftig am Markt bestehen. Deshalb sind Maßnahmen zu ergreifen, um sicherzustellen, dass genügend Fachkräfte im Unternehmen beschäftigt sind. Für den Erhalt der Leistungsfähigkeit muss ein Unternehmen gewährleisten, dass der Personalbedarf gedeckt ist. Damit dies gelingt, bieten sich für Unternehmen verschiedene Möglichkeiten an. Eine davon ist eben die Ausbildung.

02. Welche Gründe sprechen dafür, dass ein Unternehmen ausbildet?

Es gibt gute Gründe für eine Ausbildung junger Menschen im eigenen Unternehmen. Die wichtigsten sind:

- Sicherung des eigenen Fachkräftebedarfs unabhängig vom Angebot des Arbeitsmarktes
- Nutzung des Wettbewerbsvorteils durch eigene betriebliche Ausbildung
- Umsetzung der Personalentwicklungsplanung als langfristige betriebliche Führungsaufgabe
- Mitgestaltung der wirtschaftlichen Zukunft
- Stabilisierung des bewährten dualen Berufsausbildungssystems
- Berücksichtigung des demografischen Wandels der kommenden Jahre

5.3.2 Anforderungen an den Ausbildungsbetrieb

01. Welche Anforderungen werden an den Ausbildungsbetrieb gestellt?

Betriebe, die eine duale Ausbildung anbieten möchten, müssen verschiedene Voraussetzungen erfüllen. Neben den gesetzlichen Vorschriften, die es zu beachten gilt, müssen Ausbildungsbetrieb und Ausbilder geeignet sein. Zu den wichtigsten Gesetzen, die jeder Ausbildungsbetrieb beachten muss, gehören:

- Berufsbildungsgesetz (BBiG)
- Handwerksordnung (HwO)
- Jugendarbeitsschutzgesetz (JArbSchG).

02. Welche Anforderungen stellt das Berufsbildungsgesetz (BBiG)?

Das BBiG regelt die wichtigsten Punkte bei einem Ausbildungsverhältnis. Dabei unterscheidet es zwischen:

- der Eignung der Ausbildungsstätte
- der persönlichen Eignung des Ausbildenden (= der Ausbildungsbetrieb) und
- der persönlichen und fachlichen Eignung des Ausbilders (= die Person, die die Ausbildungsinhalte vermittelt).

03. Welche Anforderungen werden an die Eignung der Ausbildungsstätte gestellt?

Grundsätzlich gilt, dass die Art und die Einrichtung des Ausbildungsbetriebes so beschaffen sein müssen, dass dem Auszubildenden Fertigkeiten, Fähigkeiten und Kenntnisse vermittelt werden können, die für seinen Beruf erforderlich sind. Zudem soll der Auszubildende im Betrieb erste Berufserfahrung erwerben können.

Ob ein Betrieb die erforderlichen Anforderungen für eine Ausbildung erfüllt, stellen die jeweils zuständigen Stellen fest, wie beispielsweise die Industrie- und Handelskammer, die Handwerkskammer, die Landwirtschaftskammer oder die Kammern der freien Berufe.

04. Was wird unter persönlicher und fachlicher Eignung verstanden?

Ist der Ausbildende (Betriebsinhaber, Unternehmer) fachlich nicht geeignet oder bildet er nicht selbst aus, muss ein Ausbilder bestellt werden, will er von der zuständigen Kammer die Ausbildungsberechtigung erhalten. Dieser Ausbilder muss einen Qualifizierungsnachweis nach der Ausbilder-Eignungsverordnung (AEVO) vorlegen.

Die Ausbildereignungsprüfung kann vor der zuständigen Kammer abgelegt werden. Voraussetzung für die Übernahme der Aufgabe als Ausbilder ist unter anderem eine abgeschlossene Ausbildung im gleichen Beruf, in dem ausgebildet werden soll.

05. Was ist im Jugendarbeitsschutzgesetz (JArbSchG) geregelt?

Viele Auszubildende, die eine Ausbildung beginnen, sind noch nicht volljährig. Für sie gilt das Jugendarbeitsschutzgesetz.

Jugendlicher im Sinne dieses Gesetzes ist, wer 15, aber noch nicht 18 Jahre alt ist. Für diesen Personenkreis gelten besondere Rechte, die der Ausbildungsbetrieb beachten muss. So darf die tägliche Arbeitszeit acht Stunden, die Wochenarbeitszeit 40 Stunden nicht überschreiten. An Samstagen dürfen Jugendliche in der Regel nicht bzw. nur in bestimmten Ausnahmefällen beschäftigt werden. Bei einer durchgängigen Arbeitszeit von mehr als viereinhalb Stunden hat der Jugendliche ein Recht auf eine 30-minütige Ruhepause, bei mehr als sechs Stunden 60 Minuten. Der Besuch der Berufsschule wird auf die Arbeitszeit angerechnet.

Jugendliche unter 16 Jahren haben Anspruch auf 30 Werktage Urlaub, bei 16- bis 17-Jährigen gelten 27 Werktage, bei 17- bis 18-Jährigen 25 Werktage. Der Urlaub kann erstmals nach einer Beschäftigung von mehr als sechs Monaten gewährt werden.

Vor Beginn der Ausbildung sowie nach einem Jahr sind ärztliche Untersuchungen des Auszubildenden vorgeschrieben. Ohne Nachweis der ärztlichen Untersuchung darf die zuständige Kammer den Ausbildungsvertrag nicht eintragen.

Darüber hinaus untersagt das Jugendarbeitsschutzgesetz, dass Jugendliche Arbeiten verrichten, die gefährlich sind und die ihre körperlichen Kräfte übersteigen. Akkord- und Fließbandarbeit sind verboten.

5.3.3 Beteiligte und Mitwirkende an der Ausbildung

01. Welche Personengruppen sind an der beruflichen Ausbildung beteiligt, bzw. wirken daran mit?

Als Beteiligte und Mitwirkende an der Ausbildung kommen folgende Personen und Institutionen infrage:
- Auszubildender
- Betrieb (Ausbildender)
- Ausbilder
- Eltern oder Vormund
- Berufsschule
- Arbeitgeberverbände und Gewerkschaften
- Betriebsrat, Jugend- und Auszubildendenvertretung
- Krankenkassen
- Kammern (zuständige Stellen).

02. Welche Aufgaben hat der Ausbilder?

„Als Ausbilder/in für anerkannte Ausbildungsberufe sind Sie für den betrieblichen Teil der Berufsausbildung im jeweiligen anerkannten Ausbildungsberuf nach dem Berufsbildungsgesetz (BBiG) unter Beachtung der rechtlichen, pädagogischen, psychologischen Grundlagen und der fachlichen Erfordernisse zuständig. Sie unterweisen die Auszubildenden in den fachlichen Inhalten des jeweiligen Berufes.

Als Ausbilder/in für anerkannte Ausbildungsberufe setzen Sie die Inhalte von Ausbildungsrahmenplänen in die Praxis um.

Sie wählen die neuen Auszubildenden vor Beginn eines Ausbildungsjahres aus ... Sie überwachen die Einhaltung des betrieblichen Ausbildungsplanes, kontrollieren die Ausbildungsnachweise (Berichtsheft) und unterweisen die Auszubildenden in theoretischen und praktischen Inhalten des jeweiligen Ausbildungsberufes.

Dazu müssen die einzelnen Lernschritte in angemessene Unterrichtssequenzen aufbereitet und in anschaulicher und verständlicher Weise vermittelt werden.

Zudem melden Sie die Auszubildenden zur Zwischen- und Abschlussprüfung vor der zuständigen Stelle an.

Nach Abschluss der Ausbildung beraten Sie die Geschäfts- oder Betriebsleitung in Fragen der Übernahme von Auszubildenden und stellen die Ausbildungszeugnisse aus.

Als Ausbilder/in für anerkannte Ausbildungsberufe haben Sie folgende Aufgaben:

1. *Den betrieblichen Teil der Berufsausbildung nach dem Berufsbildungsgesetz (BBiG) unter Beachtung der rechtlichen, pädagogischen, psychologischen Grundlagen und der fachlichen Erfordernisse durchführen:*
   - *Ausbildungsverträge mit neuen Auszubildenden im Namen des Ausbildungsbetriebes abschließen oder beim Abschluss mitwirken*
   - *betriebliche Ausbildungspläne in Anlehnung an die sachliche und zeitliche Gliederung in Ausbildungsordnungen, gemäß Betriebsverfassungsgesetz und unter Beachtung des Mitbestimmungsrechtes des Betriebsrates (sofern vorhanden) erstellen*
   - *Ausbildung in Anlehnung an die sachliche und zeitliche Gliederung des Ausbildungsrahmenplans konzeptionell gestalten*
   - *betrieblichen Ausbildungsplan und Versetzungsplan für die Auszubildenden erstellen und Einhaltung durch Auszubildende und Abteilungen überwachen*
   - *regelmäßiges Führen der Ausbildungsnachweise (Berichtshefte) durch Auszubildende inhaltlich und formal kontrollieren*
   - *Aus- und Weiterbildung planen und durchführen*
   - *Leistungen und Lernfortschritte der Auszubildenden bewerten*

- Verhalten beurteilen sowie erforderliche Maßnahmen zur Sicherung des Ausbildungserfolges und des Betriebsfriedens konzipieren
- Probleme zwischen Auszubildenden und Mitarbeitern oder Vorgesetzten von Fachabteilungen bereinigen
- Ausbildungsakten führen
- anfallenden Schriftverkehr erledigen
- Auszubildende in theoretischen und praktischen Unterweisungen unterrichten, insbesondere zeitgemäße berufsnotwendige Kenntnisse und aktuelle Fähigkeiten und Fertigkeiten vermitteln und dabei neue Tendenzen, Entwicklungen und Technologien berücksichtigen
- gegebenenfalls praxisergänzenden theoretischen Unterricht erteilen und Auszubildende bei Verständnisproblemen und Lernschwierigkeiten individuell fördern
- neue zielgruppenspezifische Lernprogramme einsetzen und gegebenenfalls entwickeln
- regelmäßigen Berufsschulbesuch der Auszubildenden überwachen
- Auszubildende zu Zwischen- und Abschlussprüfung oder Lehrgängen anmelden
- Ausbildungszeugnisse am Ende der Ausbildung verfassen oder bei ihrer Erstellung mitwirken

2. vor Ausbildungsbeginn neue Auszubildende nach einem Auswahlverfahren einstellen
3. gegebenenfalls in der überbetrieblichen Berufsausbildung in Theorie und Praxis mitwirken
4. gegebenenfalls Auszubildende in persönlichen Problemsituationen oder bei Lernschwierigkeiten beraten
5. gegebenenfalls im Prüfungsausschuss oder Berufsbildungsausschuss einer Industrie- und Handelskammer oder einer Handwerkskammer mitwirken.[1]

---

[1] Quelle: http://www.ihk-bildungsinstitut.de/files/pdf/ProspektAEVO.pdf

5.3.4 Anforderungen an den Ausbilder

01. Welche Anforderungen werden an den Ausbilder gestellt?

Auszubildende sollten nicht nur Fertigkeiten und Kenntnisse erwerben, sondern auch selbstständiges Planen, Durchführen und Kontrollieren lernen, um in der betrieblichen Praxis dem anspruchsvolleren Profil der Fachkräftequalifikation gewachsen zu sein. Es ist daher folgerichtig, dass auch Ausbilder/innen, deren Aufgabe es ist, den Auszubildenden diese Qualifikation zu vermitteln, selbst mit handlungsorientierten Lehrgängen und Prüfungen konfrontiert werden.

Aber nicht nur reines Fachwissen ist gefragt. Ausbilder/innen bewegen sich ständig im Spannungsfeld zwischen den Interessen ihrer Auszubildenden, den Gesetzesvorschriften und den Interessen des Betriebes. Ihre Teamfähigkeit, Kritikfähigkeit, Kommunikationsfähigkeit und Flexibilität sind deshalb Schlüsselqualifikationen, die für den Ausbildungserfolg ebenfalls eine bedeutende Rolle spielen.

02. Welche Neigungen sollte der Ausbilder mitbringen?

Neigung zu/zum

- pädagogisch-anleitender Tätigkeit
- planender und organisierender Tätigkeit
- bewertender und kritisierender Tätigkeit
- Umgang mit Menschen
- Tätigkeiten, die Vorgesetztenfunktion/en einschließt
- mündlichen Vorträgen, öffentlichem Sprechen und Präsentieren
- Umgang mit technischen Geräten, Maschinen und Anlagen.

5.3.5 Anforderungen an die Eignung der Ausbilder

01. Welche Eignungen des Ausbilders sind gefordert?

Folgende Eignungen sind für Ausbilder zwingend notwendig:

- persönliche Eignung
- fachliche Eignung
- Berufs- und arbeitspädagogische Eignung.

02. Was wird unter persönlicher Eignung verstanden?

Ein verantwortlicher Ausbilder im Sinne des Berufsbildungsgesetzes muss persönlich für die Berufsausbildung in seinem Beruf geeignet sein. Die Ausbildenden sowie die Ausbilder dürfen nicht die Ausschlussmerkmale des § 29 BBiG erfüllen. Demnach ist persönlich nicht geeignet, wer

- Kinder und Jugendliche nicht beschäftigen darf oder
- wiederholt oder schwer gegen das Berufsbildungsgesetz oder die aufgrund des Berufsbildungsgesetzes erlassenen Vorschriften und Bestimmungen verstoßen hat.

Persönlich geeignet müssen auch Personen sein, die an der Ausbildung unter der Verantwortung eines Ausbilders mitwirken.

03. Was bedeutet fachliche Eignung?

„Fachlich geeignet ist, wer

- die erforderlichen beruflichen Fertigkeiten und Kenntnisse sowie
- die erforderlichen berufs- und arbeitspädagogischen Kenntnisse besitzt

die für die Vermittlung der Ausbildungsinhalte erforderlich sind.

Für die fachliche Eignung erforderlichen beruflichen Fertigkeiten und Kenntnisse besitzt, wer

- die Abschlussprüfung in einer dem Ausbildungsberuf entsprechenden Fachrichtung bestanden hat,
- eine anerkannte Prüfung an einer Ausbildungsstätte oder vor einer Prüfungsbehörde oder eine Abschlussprüfung an einer staatlichen oder staatlich anerkannten Schule in einer dem Ausbildungsberuf entsprechenden Fachrichtung bestanden hat, oder
- eine Abschlussprüfung an einer Deutschen Hochschule in einer dem Ausbildungsberuf entsprechenden Fachrichtung bestanden hat

und eine angemessene Zeit in seinem Beruf tätig gewesen ist."[1]

04. Wie wird die berufs- und arbeitspädagogische Eignung definiert?

Der Nachweis berufs- und arbeitspädagogischer Kompetenz ist in geeigneter Weise zu führen durch eine erfolgreich abgelegte Ausbildereignungsprüfung gemäß Ausbilder-Eignungsverordnung (AEVO).

---

[1] Quelle: http://www.ihk-berlin.de/aus_und_weiterbildung/Ausbildung/Infos_fuer_Ausbildungsbetriebe/Die_Ausbilder/ausbildungsberechtigung/Eignungsvoraussetzungen_fuer_Ausbilder/813240/Bildungstraeger_Eignung

05. Welche weiteren Eignungen sind erforderlich?

Motivation ist ein Schlüsselbegriff bei allen pädagogischen Anstrengungen. Fehlende Motivation stellt deshalb auch eine der häufigsten Erklärungen für das Scheitern einer Lernbemühung dar. Die Lernpsychologie weiß heute, dass Motiviert-Sein oder Sich-Motivieren-Können nicht allein eine Frage des bewussten Willens ist.

Ein motivierter Jugendlicher hat in der Regel schon als Kind eine Lernhaltung entwickeln können, in der Lernen mit guten Gefühlen verbunden ist. Nichts beflügelt mehr als Erfolg. Das gilt ganz besonders für Kinder und Jugendliche, die noch nicht oft erfolgreich gewesen sind. Dort gilt es als Ausbilder anzusetzen und die Motivation des Auszubildenden zu fördern.

Es gibt zwei Arten der Motivation:
- intrinsische Motivation
- extrinsische Motivation.

06. Was bedeutet intrinsische Motivation?

„Unter einem intrinsischen Motiv versteht man das dem Lernstoff inhaltlich inhärente Motiv sich damit auseinanderzusetzen. Das bedeutet, dass die Beziehung zum Lernstoff den Lernenden motiviert.

Der intrinsisch motivierte Lernende lernt aus Interesse, Freude, Bedürfnis, also angetrieben vom zu lernenden Lernstoff. Erreicht wird das Interesse durch die Anwendung des Erlernten, es hat eine besondere Bedeutung für die persönliche Lebensgestaltung und ist Lösungsmöglichkeit für persönliche Probleme.

Der Aufforderungscharakter ist das wichtigste intrinsische Motiv, es wird vom Gegenstand bewirkt, dass sich der Lernende aufgefordert fühlt, sich mit dem Inhalt zu beschäftigen, auch wenn er keinen Nutzen davon hat. Dieses Motiv kann man sich durch eine ansprechende Gestaltung der Lernumgebung zunutze machen. Weitere intrinsische Motive sind, der Drang etwas zu Vollenden, Neugier oder Wissensdrang."[1]

---

[1] Quelle: http://arbeitsblaetter.stangl-taller.at/MOTIVATION/Lernmotivation.shtml

07. Was wird unter extrinsischer Motivation verstanden?

„Das extrinsische Motiv ist das außenliegende Motiv, das außerhalb der Beziehung des Lernenden zum Lernstoff liegt, aber veranlassend oder verstärkend auf die Lernmotivation einwirkt. Lernende, die extrinsisch motiviert sind, lernen um Noten, Lob oder Prestige zu erlangen. Man kann diese Art des Motivs noch in materielle Motive und soziale Motive aufteilen.

Materielle Motive sind Belohnung und Bestrafung, sie ergeben sich durch Festlegen von Zielen, die den Fähigkeiten des Lernenden entsprechen. Jeder Lernerfolg ist wieder eine materielle Motivation, die zum Weiterlernen motiviert. Wenn jedoch Motivation auch von anderen ausgeht, spricht man von sozialen Motiven, wie z. B. Wettbewerb und Gruppengefühl.

In diesem Fall kann Motivation dadurch entstehen, dass man Problemstellungen gemeinsam mit anderen Lernenden löst. Erwachsene entscheiden selbst, ob und warum sie lernen, ihre Gründe dafür sind sehr vielfältig, sei es aus Unzufriedenheit mit der derzeitigen Situation, Neugier, neue Herausforderungen oder die geistige Fitness zu bewahren. Es ist für den erwachsenen Menschen sehr wichtig aus welchen Gründen er lernt, welche Wünsche und Bedürfnisse dahinter stehen.

Um z. B. Bildungsmotivation zu erreichen, reichen psychologische Bedürfnisse alleine nicht aus. Es gibt eine Reihe von Motiven, die zusammenwirken. Die Motive von Erwachsenen sich weiter zu bilden, sind sehr vielfältig und unterschiedlich."[1]

5.3.6 Außer- und überbetriebliche Ausbildung

01. Was bedeutet außer- und überbetriebliche Ausbildung?

Verfügt ein Ausbildungsbetrieb nur teilweise über die für die Ausbildung benötigten Maschinen, Abteilungen oder Personal, kann er trotzdem ausbilden. Dies wird ihm durch die folgenden Möglichkeiten ermöglicht:

- Ausbildung im Kooperationsbetrieb
- Ausbildung im Verbund.

---

[1] Quelle: http://arbeitsblaetter.stangl-taller.at/MOTIVATION/Lernmotivation.shtml

02. Wie verläuft die Ausbildung in einem Kooperationsbetrieb?

Betriebe, die nicht für eine Vollausbildung zugelassen sind, können – ebenso wie berechtigte Ausbildungsbetriebe – als Kooperationsbetrieb ausbilden. Sie kooperieren dabei im Rahmen der Ausbildung entweder mit einem anderen Unternehmen (vgl. Ausbildung im Verbund) oder mit einem Ausbildungsträger.

Ausbildungsträger können beispielsweise Fachakademien oder -hochschulen, Berufsschulen, Werkstätten oder regionale Ausbildungszentren sein. Sie sind Träger der Ausbildung mit allen daraus resultierenden Rechten und Pflichten und schließen mit dem Auszubildenden den Vertrag ab. Ob ein Unternehmen als Kooperationsbetrieb zugelassen wird, entscheidet die zuständige Kammer.

Das Unternehmen bringt seine betrieblichen Strukturen, seine Betriebsmittel und das Fachpersonal in die Ausbildung mit ein. Der Ausbildungsträger übernimmt die theoretische Ausbildung und die pädagogische Betreuung sowie – in Absprache mit dem Kooperationsbetrieb – die Organisation und Abwicklung des Ausbildungsablaufes. Er steht dem Kooperationsbetrieb während der gesamten Ausbildungszeit in allen Fragen der Ausbildung und bei Problemen beratend und unterstützend zur Seite.

Die Ausbildungskosten übernimmt der Ausbildungsträger. Der Kooperationsbetrieb wird aber mit vertraglich vereinbarten Pauschalbeträgen an der Finanzierung beteiligt.

Als Kooperationsbetrieb auszubilden, ist besonders für Unternehmen interessant, die die Kosten sowie den administrativen und organisatorischen Aufwand einer Vollausbildung nicht aufbringen können bzw. deren Betrieb nicht alle Bereiche eines Ausbildungsberufes abdeckt.

Da bei dieser Ausbildungsform sowohl der Arbeitgeber als auch der Auszubildende durch einen Dritten – den Ausbildungsträger – unterstützt und entlastet werden, eignet sich diese Ausbildungsform auch für spezielle Personengruppen, wie Jugendliche mit Lernschwierigkeiten, Migrationshintergrund oder Behinderung.

03. Wie funktioniert eine Ausbildung im Verbund?

Die Verbundausbildung bietet für Betriebe die Möglichkeit, Erfahrungen und Kompetenzen zu bündeln und Ausbildung finanzierbar zu realisieren.

Bei der Verbundausbildung unterscheidet man vier Organisationsformen:

1. **Leitbetrieb mit Partnerbetrieben:** Ein Leitbetrieb kooperiert mit Partnerbetrieben. Die Gesamtverantwortung für die Ausbildung liegt beim Leitbetrieb, der auch den Ausbildungsvertrag mit dem Auszubildenden abschließt. Einzelne Abschnitte der Ausbildung, für deren Vermittlung der Leitbetrieb die notwendigen Voraussetzungen nicht besitzt, erfolgen in den Partnerbetrieben, mit denen der Leitbetrieb einen Kooperationsvertrag abschließt.

2. **Auftragsausbildung:** Einige Abschnitte der Ausbildung erfolgen gegen Kostenerstattung außerhalb des Stammbetriebes in anderen Betrieben oder Bildungszentren.

3. **Ausbildungsverein:** Ein Ausbildungsverein übernimmt die organisatorischen Aufgaben, während die Mitgliedsunternehmen die Ausbildung durchführen. Die Ausbildungsverträge werden hierbei meist vom Ausbildungsverein abgeschlossen. Eine entsprechend dem Vereinsrecht gestaltete Satzung bildet die Grundlage der Kooperationsbeziehungen zwischen allen Beteiligten des Verbundes. Die im Ausbildungsverein anfallenden Kosten für Geschäftsführung, Ausbildungsvergütungen, Prüfungsgebühren, Ausbildungsmittel u. a. können durch Mitgliedsbeiträge oder durch Spenden aufgebracht werden.

4. **Ausbildungskonsortium:** Mehrere kleine und mittlere Unternehmen stellen jeweils Auszubildende ein und tauschen diese zu vereinbarten Phasen und Ausbildungsabschnitten aus, die der jeweils ausbildende Betrieb nicht selbst durchführen kann (Rotationsprinzip). Diese Ausbildungsabschnitte können auch von beteiligten Bildungswerken übernommen werden.

Die Gesamtverantwortung für die Ausbildung liegt bei allen Verbundmodellen bei einem sogenannten „Stammbetrieb", der den Ausbildungsvertrag mit dem Auszubildenden abschließt und ihn bei der zuständigen Kammer zur Eintragung einreicht.

Die Ausbildung im Verbund wird unter besonderen Voraussetzungen öffentlich gefördert.

04. Was wird unter einer überbetrieblichen Ausbildung verstanden?

Die überbetriebliche Ausbildung ist ein Element des Dualen Systems, das die Ausbildungselemente Betrieb und Berufsschule ergänzt. Sie deckt die Ausbildungsbereiche ab, die von einem einzelnen Betrieb nicht geleistet werden können, weil er beispielsweise nicht über die entsprechenden Betriebsmittel oder das dazu nötige Personal verfügt.

Die überbetriebliche Ausbildung dient der Vertiefung und der Festigung des im Betrieb erworbenen Wissens und Könnens. In Zeiten zunehmender Spezialisierung und verschärfter Wettbewerbssituation soll auch kleinen Unternehmen und solchen, die nur ein bestimmtes Marktsegment abdecken, die Möglichkeit gegeben werden, auszubilden.

Für die Auszubildenden wird so eine breit angelegte und gleichberechtigte Ausbildung gewährleistet, mit der sie den hohen Anforderungen auf dem Arbeitsmarkt gerecht werden können. Diese Form der Ausbildung erfolgt in mehrwöchigen Lehrgängen in überbetrieblichen Werkstätten, die von den Kammern und Innungen eingerichtet werden.

Die überbetriebliche Ausbildung erfüllt drei Funktionen:

1. **Systematisierungsfunktion:** Förderung der Systematisierung und Vereinheitlichung der betrieblichen Ausbildung.
2. **Ergänzungsfunktion:** Ergänzung der betrieblichen Ausbildung bei einer hoch spezialisierten Produktions- und Dienstleistungsstruktur.
3. **Transferfunktion:** Transfer neuer Technologien in die kleinen und mittleren Unternehmen.

Diese Ausbildungsform wird auch als „verlängerte Werkbank" des Betriebes bezeichnet, da sie eine Entlastung und Ergänzung für den Betrieb darstellt. Inhalt, Anzahl und Dauer der Kurse werden von den Tarifvertragsparteien auf Bundesebene festgelegt und dann vom Bundeswirtschaftsminister in verbindlichen Rahmenlehrplänen festgeschrieben. Die Kosten für die Fachlehrgänge trägt der ausbildende Betrieb, sie werden jedoch zuvor durch Zuschüsse von Bund, Ländern und den Kammern abgesenkt.

5.3.7 Ausbildung und betrieblicher Ausbildungsprozess

01. Welche rechtlichen Rahmenbedingungen enthält das Berufsbildungsgesetz?

Die duale Berufsausbildung in Deutschland basiert auf unterschiedlichen Gesetzen und Vereinbarungen.

Die Regelungen für den betrieblichen Teil der dualen Ausbildung gehen auf das Grundgesetz (GG) zurück. Daneben ist auch das Arbeitsrecht zu beachten. Da der Bund von seiner verfassungsrechtlichen Gesetzgebungsbefugnis Gebrauch gemacht hat, regeln Bundesgesetze und -verordnungen die betriebliche Berufsausbildung. Die rechtlichen Rahmenbedingungen sind bundesweit einheitlich im Berufsbildungsgesetz (BBiG) sowie speziell für den Bereich des Handwerks in der Handwerksordnung festgelegt.

Das BBiG enthält detaillierte Bestimmungen zum betrieblichen Berufsausbildungsverhältnis. So sind in den §§ 10 bis 51 BBiG z. B. der verpflichtende Abschluss eines schriftlichen Ausbildungsvertrages, die Pflichten des Ausbildenden und Auszubildenden, der Vergütungsanspruch, Beginn und Ende des Berufsausbildungsverhältnisses ebenso geregelt, wie die an die Betriebe gestellten Bedingungen für die Berechtigung zum Einstellen und Ausbilden, allgemeine Bestimmungen zum Prüfungswesen und die Interessenvertretung des Auszubildenden.

02. Was regeln die Ausbildungsverordnungen?

Die Grundlage für geordnete und bundesweit einheitliche Ausbildungsgänge bilden staatlich anerkannte Ausbildungsordnungen. Sie legen die Ziele, Inhalte und Prüfungsanforderungen für die Ausbildung in Betrieben einheitlich fest und verkörpern hierdurch das Prinzip der formalen Gleichwertigkeit der Ausbildungsabschlüsse. Zudem bilden sie den Ordnungsrahmen für die Berufe.

Ein entsprechendes Berufsbild bzw. Ausbildungsberufsbild ist die zentrale Komponente, auf dem die Inhalte der gesamten Berufsausbildung aufbauen. Es verkörpert das Berufsprinzip, nachdem eine ganzheitliche berufliche Bildung erfolgt, d. h. berufliche, individuelle und gesellschaftliche Aspekte gleichermaßen berücksichtigt werden.

Folgende Sachverhalte sind in einer Ausbildungsordnung mindestens geregelt (§ 5 Abs. 1 BBiG):

- die Bezeichnung des Ausbildungsberufs
- die Ausbildungsdauer, die nicht mehr als drei und nicht weniger als zwei Jahre betragen soll
- das Ausbildungsberufsbild, d. h. die zu vermittelnden Fertigkeiten, Kenntnisse und Fähigkeiten
- der Ausbildungsrahmenplan als Anleitung zur sachlichen und zeitlichen Gliederung und
- die Prüfungsanforderungen.

03. Wie wird die Berufsschule rechtlich in die Ausbildung einbezogen?

Vor dem Hintergrund der landesrechtlichen Zuständigkeiten für das berufliche Schulwesen hat die Kultusministerkonferenz (KMK) zahlreiche Rahmenbedingungen für eine Gesamtordnung des beruflichen Schulwesens geschaffen. Zu nennen sind beispielsweise:

- die Rahmenvereinbarung über die Berufsschule
- die Vereinbarung über den Abschluss der Berufsschule
- die Vereinbarungen über die Ausbildung der Lehrer.

Die KMK erarbeitet die Rahmenlehrpläne für den berufsbezogenen Unterricht in der Berufsschule.

04. Welche Überlegungen muss ein Betrieb anstellen, bevor er ausbildet?

Bevor der Betrieb sich für eine die Ausbildung entscheidet, sollten Überlegungen getroffen werden, welche Qualifikationen an den Arbeitsplätzen und im Betrieb mittelfristig benötigt werden:

- Wird eine Vergrößerung des Dienstleistungsvolumens angestrebt?

- Welchen Qualifikationsbedarf hat der Betrieb, wie viele und welche Fachkräfte werden mittelfristig benötigt (durch Wachsen und Umstrukturierung des Betriebes, durch Fluktuation des Personals)?
- Passt der Ausbildungsberuf z. B. Kaufmann/frau im Gesundheitswesen, Sport- und Fitnesskaufmann/frau oder Veranstaltungskaufmann/frau zu den Qualifikationsanforderungen an den entsprechenden Arbeitsplätzen?
- Will der Betrieb selbst ausbilden oder als Ausbildungsstätte für andere zur Verfügung stehen?
- Wie viele Auszubildende kann der Betrieb ausbilden?
- Kann der Betrieb nach der Ausbildung die Absolventen übernehmen?

Ist vom betrieblichen Qualifikationsbedarf her die Ausbildung unterschiedlicher Ausbildungsberufe möglich, dann sollte der Ausbildungsberuf gewählt werden, der im Betrieb einfacher auszubilden ist oder der die besseren Arbeitsmarktchancen in der Region bietet.

Es ist wünschenswert, die Entscheidung für einen Ausbildungsberuf kooperativ mit allen Beteiligten im Betrieb zu fällen, einschließlich des Betriebs- oder Personalrates.

05. Welche Aufgaben haben Ausbildungsberater?

Die Industrie- und Handelskammern haben die Aufgabe, die Berufsausbildung zu überwachen und die Betriebe zu beraten. Diese Aufgaben werden durch Ausbildungsberater/innen wahrgenommen. Betriebe, die mit der Ausbildung neu beginnen, sollten rechtzeitig den Kontakt mit ihnen suchen, damit die Ausbildung problemlos aufgenommen werden kann. Die Ausbildungsberater/innen können Hilfestellungen geben bei Fragen wie:

- Welche Voraussetzungen müssen Betriebe erfüllen, damit die Ausbildung beginnen kann?
- Mit welchen anderen Betrieben kann in Ausbildungsfragen kooperiert werden?
- Gibt es einen Ausbildungsverbund in der Region, dem sich der Betrieb anschließen kann?
- Wer ist Ansprechpartner für die Berufsschule?
- Gibt es finanzielle Förderung?

Die wichtigste Voraussetzung für eine gute Ausbildung sind qualifizierte Ausbilder und Ausbilderinnen. Fachlich müssen Ausbilder/innen auf dem neuesten Stand sein. Die Ausbildungsordnung muss interpretiert, Ausbildung geplant und durchgeführt werden, der Auszubildende muss bis zur erfolgreichen Abschlussprüfung begleitet werden. Auszubildende erwarten Auskunft und Rat bei fachlichen Problemen, bei der Prüfungsvorbereitung und bei der Suche nach einer beruflichen Tätigkeit im Anschluss an die Ausbildung. Sie brauchen aber auch Hilfestellung bei schulischen Problemen, bei Auseinandersetzungen im Betrieb und bei persönlichen Konflikten.

06. Welche Probleme können während der Ausbildung auftreten?

Die Gründe für das Auftreten von Problemen können sehr unterschiedlich sein:

Betriebliche Gründe
- Konflikte mit dem Ausbilder, Vorgesetzten oder Chef
- mangelnde Vermittlung der Ausbildungsinhalte
- ungünstige Überstunden- oder Urlaubsregelung
- Ausbildungsfremde Arbeiten
- Konflikte mit Facharbeitern, Mitarbeitern, anderen Auszubildenden
- Über- oder Unterforderung
- schwere körperliche Arbeit.

Persönliche Schwierigkeiten
- gesundheitliche Gründe
- Schwangerschaft
- familiäre Probleme
- Beziehungsprobleme
- finanzielle Probleme
- fehlende Übernahme von Verantwortung
- maßlose Freizeitgestaltung
- Verlust der Kontakte zu den bisherigen Freunden aufgrund der Arbeitszeit.

Probleme in der Berufsschule
- schlechte Leistungen im Fachunterricht
- Schwierigkeiten in den Kernfächern
- Prüfungsangst
- Konflikte mit Berufsschullehrern, Klassenkameraden.

Falsche Vorstellungen vom Wunschberuf und dessen Tätigkeiten
- fehlerhafte Einschätzung von Aufgabenbereich, Arbeitsumfeld, Arbeitsbedingungen
- eingeschränkte Verdienstmöglichkeiten im Anschluss an die Ausbildung
- schlechte Arbeitsmarktaussichten
- eingeschränkte Weiterbildungs- und Aufstiegschancen.

07. Wer ist Ansprechpartner bei Problemen während der Ausbildung?

Ansprechpartner bei Schwierigkeiten können folgende Personen und Institutionen sein:
- Ausbildungsberater der Kammer
- Betriebsrat oder die Jugend- und Auszubildendenvertretung
- Arbeitsagenturen.

Außerdem gibt es das Programm *VerA* des Bundesbildungsministeriums, das Azubis berufserfahrene Experten als Mentoren zur Seite stellt. Das Buchstabenkürzel VerA steht für Verhinderung von Ausbildungsabbrüchen.

Sollten Schwierigkeiten in der Berufsschule bestehen, kann die Agentur für Arbeit ggf. mit einem kostenlosen Stützunterricht (= ausbildungsbegleitende Hilfen) weiterhelfen. In kleinen Gruppen oder im Einzeltraining helfen Fachleute bei schulischen, fachpraktischen oder auch persönlichen Problemen (z. B. mit dem Chef).

Wer sich anonym Ratschläge zu Problemen rund um die Ausbildung holen möchte, ist auf dem Onlineportal Dr. Azubi richtig. Auf der vom DGB eingerichteten Seite können Auszubildende ihre Probleme schildern und bekommen innerhalb von 48 Stunden eine Antwort.

08. Wie wird ein Ausbildungsverhältnis beendet?

Das folgende Schaubild zeigt die Möglichkeiten der Beendigung einer Ausbildung:

09. Was bedeutet „mit Bestehen der Prüfung"?

Der häufigste und zugleich angenehmste Fall der Beendigung eines Berufsausbildungsverhältnisses ist das Bestehen der Abschlussprüfung. Gemäß § 21 Abs. 2 BBiG endet das Berufsausbildungsverhältnis in dem Moment, indem den Auszubildenden mitgeteilt wird, dass die Abschlussprüfung bestanden wurde.

10. Welche Möglichkeiten der Kündigung bestehen?

Wie jedes Vertragsverhältnis kann auch der Berufsausbildungsvertrag mittels Kündigung beendet werden. Zu unterscheiden sind die

- Kündigung während der maximal viermonatigen Probezeit und
- die Kündigung nach der Probezeit.

Während der Probezeit kann das Berufsausbildungsverhältnis jederzeit ohne Einhalten einer Kündigungsfrist gekündigt werden (§ 22 Abs. 1 BBiG).

Nach der Probezeit kann das Berufsausbildungsverhältnis nur gekündigt werden

1. aus einem wichtigen Grund ohne Einhalten einer Kündigungsfrist,
2. von Auszubildenden mit einer Kündigungsfrist von vier Wochen, wenn sie die Berufsausbildung aufgeben oder sich für eine andere Berufstätigkeit ausbilden lassen wollen (§ 22 Abs. 2 BBiG).

Die Kündigung muss schriftlich und in den Fällen des Absatzes 2 unter Angabe der Kündigungsgründe erfolgen.

11. Was bedeutet Beendigung durch Aufhebungsvertrag?

Außer durch Zeitablauf, bestandene Prüfung oder Kündigung kann ein Ausbildungsverhältnis auch mittels Aufhebungsvertrag beendet werden. Vereinfacht ausgedrückt handelt es sich bei einem Aufhebungsvertrag um einen Vertrag, der einen anderen Vertrag (hier den Berufsausbildungsvertrag) beendet.

Im Gegensatz zur Kündigung, die nur von einer Seite ausgeht, wollen beim Aufhebungsvertrag beide Parteien die einvernehmliche Beendigung des Berufsausbildungsverhältnisses. Eine Aufhebung ist zu jedem gegenwärtigen und zukünftigen Zeitpunkt möglich.

Wie bei der Kündigung schreibt § 623 BGB auch für den Aufhebungsvertrag die Schriftform vor. Im Falle von minderjährigen Auszubildenden ist der Aufhebungsvertrag mit dem gesetzlichen Vertreter zu schließen.

12. Wie kann der betriebliche Ausbildungsprozess am Arbeitsplatz beschrieben werden?

Wenn sich ein Unternehmen entschieden hat auszubilden, sind folgende Punkte bezüglich Auswahl und Einrichtung eines Arbeitsplatzes und der Ausbildungsplanung zu klären:

- Prüfen, ob der Ausbildungsrahmenplan an den Arbeitsplätzen des Unternehmens voll abgebildet werden kann.
- Prüfen der Eignung der Arbeitsplätze und des Fachpersonals für die Ausbildung.
- Festlegen von Arbeitsplätzen, Ausbildungszeiten und Verantwortlichkeiten.
- Organisation von Alternativen für die Ausbildung bei Inhalten und Zielen, die nicht am Arbeitsplatz vermittelt werden können.
- Information an alle inhaltlich und formal Beteiligten mit einem detaillierten Plan über den örtlichen, sachlichen und zeitlichen Ausbildungsablauf jedes neuen Auszubildenden.

13. Wie kann die Eignung der Arbeitsplätze überprüft werden?

„Inwieweit sich die Arbeitsplätze im Unternehmen zur Ausbildung eignen, bedarf einer Prüfung, die vielfältige, schwierige Fragen zu beantworten hat:

Können an diesem Arbeitsplatz die im Ausbildungsrahmenplan genannten und vom Unternehmen darüber hinaus verlangten Fertigkeiten, Kenntnisse und Fähigkeiten vermittelt werden?

Kann hier im Sinne des Prozesslernens die angestrebte berufliche Handlungsfähigkeit und die notwendige Berufserfahrung erworben werden?

Besitzen die ausbildenden Fachkräfte die vom Gesetz verlangten fachlichen und persönlichen Voraussetzungen für eine qualifizierte Ausbildung?

Sind diese Fachkräfte bereit und in der Lage, die notwendigen zusätzlichen Qualifikationen (Lernfortschrittskontrolle, Führungsgespräche, hilfsweise Beurteilungen) und evtl. auch die Ausbildereignung zu erwerben?"[1]

Hinweis: § 28 Abs. 3 BBiG: Eignung von Ausbildenden, Ausbildern oder Ausbilderinnen

Unter der Verantwortung des Ausbilders oder der Ausbilderin kann bei der Berufsausbildung mitwirken, wer die für die Vermittlung von Ausbildungsinhalten erforderlichen beruflichen Fertigkeiten, Kenntnisse und Fähigkeiten besitzt und persönlich geeignet ist.

---

[1] Quelle: http://www.personalwirtschaft.de/de/html/content/756/Ausbilder-Service---Kompaktwissen---Auswahl-des-Arbeitsplatzes

14. Warum ist es wichtig, einen individuellen Ausbildungsplan zu entwerfen?

Um eine geordnete Ausbildung zu gewährleisten und für unvorhergesehene Ereignisse gewappnet zu sein, sollte für jeden Auszubildenden ein individueller Ausbildungsplan erstellt werden. Dazu kann ein solcher Plan folgende Inhalte aufnehmen:

- Ausbildungszeiten und -orte
- Verantwortlichkeiten
- Zeitpunkten für Berichte
- Lernfortschrittskontrollen und Beurteilungen, die mit den Beteiligten abzustimmen sind.

15. Warum sollten sich Ausbilder Unterstützung sichern?

Manche Fachkräfte, die im Umgang mit Vorgesetzten und Kollegen gut zurechtkommen, haben Schwierigkeiten mit selbstbewussten Auszubildenden. Es kann zu innerbetrieblichen Problemen führen, wenn sich diese Schwierigkeiten erst im Verlauf der Ausbildung herausstellen.

So sollte die Planung der Arbeitsplätze, an denen die Ausbildung im Unternehmen durchgeführt werden soll, mit den jeweiligen Vorgesetzten, den ausbildenden Fachkräften und dem Betriebsrat abgestimmt werden.

16. Welche Alternativen zur Ausbildung am Arbeitsplatz gibt es?

Falls die Arbeitsplätze im Unternehmen den gesamten Ausbildungsgang nicht abdecken, bieten sich je nach Art und Umfang der Ausbildungslücke unterschiedliche Lösungen an:

- Lehrwerkstatt/Lehrbüro/Lehrlabor, wenn das Unternehmen die Ausbildung insgesamt intern durchführen will
- überbetriebliche Ausbildungsstätte, wenn eine solche Einrichtung vom Unternehmen mit getragen wird oder gegen einen Kostenbeitrag genutzt werden kann
- außerbetriebliche Ausbildungsstätte, wenn ein qualitativ ausreichendes Angebot vorhanden ist
- Verbundausbildung, wenn geeignete Partner (Zulieferer, Kunden, Nachbarbetriebe) vorhanden sind.

17. Welche Bedeutung hat das Betriebs- und Lernklima für die Ausbildung?

Eine positive Lernumgebung ist für alle Beteiligten die beste Voraussetzung, um die gemeinsame Zeit der Ausbildung so angenehm wie möglich zu gestalten.

„Idealerweise identifizieren sich die Jugendlichen früh mit ihrem Betrieb und sind dort auch gut orientiert. Hier finden sie oft die gesuchte Anerkennung und Bestätigung und fühlen sich gut aufgenommen. Die von den Jugendlichen gewünschte Identifikation mit dem Betrieb bewirkt, dass – fast „nebenbei" – auch ein positives Lernklima aufgebaut wird... Die Begleiter/innen können diese positiven Bedingungen für das Lernen durch Unterstützung bei praktischen Erfordernissen fördern.

Die Betriebe... sind daran interessiert, dass auftretende oder bestehende Probleme zeitnah gelöst werden... Der Betrieb kann durch die gemeinsame Arbeit und durch die Begleitung in seinem Ausbildungsengagement gestärkt werden. So lassen sich die am gemeinsamen Ziel orientierten Anstrengungen gegenseitig stärken. Auf die betriebliche Ausbildung kann begrenzt eingewirkt werden. Neben den Angeboten der fachtheoretischen Begleitung muss von Fall zu Fall (Störungen, Probleme) auch intervenierend eingegriffen werden. Regelmäßig sind alle Seiten, Azubi, Betrieb und Berufsschule, abzufragen und über die getroffenen Vorkehrungen zu informieren. Alle Seiten sind laufend im Blick zu behalten."[1]

18. Warum ist eine Zusammenarbeit mit der Berufsschule zwingend notwendig?

Die Ausbildung wird im „Dualen System" durchgeführt, also an den Lernorten Betrieb und Schule. Daraus ergibt sich zwangsläufig eine Kooperation dieser Lernorte im dualen System.

„Auszubildende werden an den einzelnen Lernorten mit unterschiedlichen Anforderungen und Lernsituationen konfrontiert. Sie entwickeln dabei über Lernprozesse berufliche Handlungskompetenz. Diese Lernprozesse müssen von den beteiligten Ausbildern und Berufsschullehrern initiiert, begleitet und wirksam unterstützt werden. Ausbilder und Lehrer können diese Hilfestellungen dann besser geben, wenn sie entsprechende Informationen und Kenntnisse über den anderen Lernort haben.

Um den zukünftigen Erfordernissen in der beruflichen Bildung zu entsprechen, sollten die bisherigen Ansätze und Vorgehensweisen zur Lernortkooperation weiterentwickelt werden. Anzustreben ist sowohl eine Verbesserung der Organisation der Berufsausbildung an den einzelnen Lernorten, insbesondere zur Optimierung der Anwesenheitszeiten der Auszubildenden im Betrieb, als auch die Sicherung einer Kommunikation zwischen Ausbildern und Berufsschullehrern."[2]

---

[1] Quelle: www.kompetenzen-foerdern.de/praxishandbuch_ausbildung
[2] Quelle: http://www.bibb.de/dokumente/pdf/empfehlung_099-kooperation_der_lernorte

Folgende Punkte können zur gemeinsamen Kooperation beitragen:
- enge Zusammenarbeit der Berufsschullehrer mit den Ausbildern (regelmäßige Treffen, jährlich, halb- oder vierteljährlich). Mögliche Themen: Lerninhalte, Projektarbeiten, Probleme mit den Azubis (Fehlzeiten der Lehrer und Azubis)
- Sprechtage in den Schulen; telefonische Sprechstunden mit den Klassenlehrern
- Festlegung der konkreten Projekte vor Beginn des Schuljahres in Abstimmung zwischen Schule und Betrieb
- Lehrplanabstimmung (Betrieb kann die interne Ausbildung daraufhin abstimmen, Betrieb erhält den Lehrplan von der Schule, Zugriff des Betriebes auf Internetportal)
- IHK als Bindeglied zwischen den dualen Partnern zur Stärkung der Kooperation
- Lehrer sollten in bestimmten Abständen Praktika in Betrieben absolvieren
- stärkere Einbeziehung der Azubis.

19. Welche Bedeutung hat der Ausbildungsplan im Rahmen der betrieblichen Ausbildung?

„Die Ausbildungsordnung enthält in der Anlage den Ausbildungsrahmenplan, der die Grundlage der betrieblichen Ausbildung ist. Dieser Plan ist auf Lernzielebene formuliert, die Mindestanforderungen darstellen, die jedem/jeder Auszubildenden zu vermitteln sind. ...

Die Ausbildungsordnung schreibt vor, dass die sachliche (Lernziele) und die zeitliche Gliederung des Ausbildungsrahmenplanes von allen Betrieben - unabhängig von der Größe, der Rechtsform und Organisation - zu übernehmen sind. Auf dieser Grundlage muss nun der Ausbildende (Betrieb/Unternehmen) für den Auszubildenden einen individuellen betrieblichen Ausbildungsplan schriftlich erstellen.

Mit dem betrieblichen Ausbildungsplan erhält der Betrieb die Möglichkeit, die Lernziele aus dem Ausbildungsrahmenplan auf die betrieblichen Bedingungen hin zu übertragen. Der betriebliche Ausbildungsplan ist Bestandteil des Ausbildungsvertrages und dem/der Auszubildenden mit Beginn des Ausbildungsverhältnisses auszuhändigen."[1]

„Der Ausbildungsplan beschreibt ... den tatsächlichen Ausbildungsablauf innerhalb bzw. außerhalb der Ausbildungsstätte. Er muss den betrieblichen und individuellen Gegebenheiten angepasst sein und Angaben zur sachlichen und zeitlichen Gliederung enthalten. Die Abbildung zeigt eine Übersicht zum betrieblichen Ausbildungsplan.

---

[1] Quelle: http://www.matse-ausbildung.de/fileadmin/documents/pdf-files/Hinweise_zum_betrieblichen_Ausbildungsplan

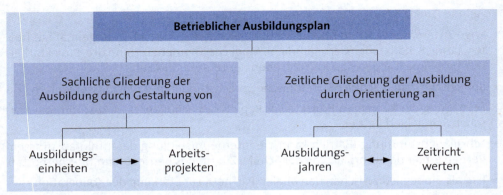

Quelle: http://www.ausbildernetz.de/plus/waehrend/planen_organisieren/planung/ausbildungsplan

Sachliche Gliederung	Zeitliche Gliederung
▶ In der sachlichen Gliederung müssen alle im Ausbildungsrahmenplan aufgeführten Fertigkeiten und Kenntnisse enthalten sein.	▶ Die zeitliche Gliederung sollte auf einen Ausbildungsablauf im Rahmen der vertraglichen Ausbildungszeit ausgerichtet werden.
▶ Die Probezeit muss so gestaltet werden, dass Aussagen über Eignung und Interessen des Auszubildenden möglich sind.	▶ Die zeitliche Gliederung ist nach sachlichen und pädagogischen Gesichtspunkten zu ordnen.
▶ Fertigkeiten und Kenntnisse sollen zu Ausbildungseinheiten zusammengefasst werden, die einzelnen Funktionen oder Abteilungen der Ausbildungsstätte zugeordnet werden können.	▶ Die zeitliche Folge muss die Reihenfolge der Prüfungen berücksichtigen.
▶ Die Ausbildungseinheiten sollen überschaubar sein.	▶ Wird in der Ausbildungsordnung eine zeitliche Folge vorgeschrieben, muss diese eingehalten werden (z. B. in den ersten drei Monaten).
▶ Bei größeren zusammenhängenden Ausbildungsabschnitten sollen, soweit erforderlich, sachlich begründete Unterabschnitte gebildet werden.	▶ Sind für die Vermittlung von Fertigkeiten und Kenntnissen zeitliche Richtwerte vorgegeben, so kann innerhalb dieses Rahmens eine flexible Regelung getroffen werden.
▶ Sowohl für die gesamte Ausbildung als auch für jede Ausbildungseinheit sollten zunächst möglichst grundlegende Kenntnisse und danach spezielle Fertigkeiten und Kenntnisse vermittelt werden.	▶ Jede zeitliche Gliederung soll überschaubare Abschnitte von höchstens sechs Monaten vorsehen und den Urlaub berücksichtigen. Wenn möglich, sind Unterabschnitte anzugeben.
▶ Die sachliche Gliederung muss die Anforderungen in den Zwischen- und Abschlussprüfungen berücksichtigen.	▶ Die Dauer der Ausbildungsabschnitte und ihre zeitliche Folge können variiert werden, soweit Teilziele und Gesamtziel der Ausbildung nicht beeinträchtigt werden.

Sachliche Gliederung	Zeitliche Gliederung
► Sofern einzelne Ausbildungseinheiten über Lehrgänge oder durch Maßnahmen außerhalb der Ausbildungsstätte vermittelt werden, sollte berücksichtigt werden, dass betriebliche und außerbetriebliche Maßnahmen zeitlich ineinander greifen und aufeinander aufbauen.	► Die einzelnen Ausbildungsabschnitte können bei besonderen Leistungen gekürzt, bei besonderen Schwächen unter Beachtung der vertraglichen Ausbildungszeit verlängert werden. ► In begründeten Ausnahmefällen kann in begrenztem Umfang von der Gliederung abgewichen werden. Die Ausbildungsstätte hat die Abweichung mit Begründung festzuhalten.

Quelle: http://www.ausbildernetz.de/plus/waehrend/planen_organisieren/planung/ausbildungsplan

20. Welchen Inhalt hat ein Ausbildungsplan?

Mögliche Inhalte eines Ausbildungsplans können sein:

► Erläuterungen und inhaltliche Umsetzung der Berufsbildpositionen des Ausbildungsrahmenplanes auf die betrieblichen Möglichkeiten. (Der Ausbildungsplan soll sich auf die gesamte Ausbildungszeit erstrecken.)

► Angaben zu jedem Lernplatz im ausbildenden Betrieb und zu anderen Lernorten (wenn z. B. im Rahmen eines Ausbildungsverbundes oder in einer überbetrieblichen Einrichtung ergänzend zum ausbildenden Betrieb ausgebildet wird)

► Angaben darüber, welche der Ausbildungsinhalte zu welchem Zeitpunkt und in welchen Zeiträumen vermittelt werden

► Nennung des verantwortlichen Ausbilders und der ausbildenden Fachkraft

► methodische Hinweise zur Vermittlung, Medien, Materialien usw. (z. B. welche Vermittlungsformen, welches methodische Vorgehen und welche Materialien/Medien eingesetzt werden)

► Abweichungen: Durch die Flexibilitätsklausel bestehen Möglichkeiten, bei der Erstellung des betrieblichen Ausbildungsplans von der sachlichen und zeitlichen Gliederung des Ausbildungsrahmenplans abzuweichen. Solche Besonderheiten können betriebsorganisatorisch aber auch durch die persönlichen Voraussetzungen der Auszubildenden (Verkürzung oder Verlängerung der Ausbildungszeit) bedingt sein. Der Ausbildungsbetrieb kann auch beabsichtigen, zusätzliche Ausbildungsinhalte zu vermitteln.

Ausbildungszeiten: Vor der Aufstellung des betrieblichen Ausbildungsplanes empfiehlt es sich, die für die Ausbildung tatsächlich zur Verfügung stehende Nettozeit zu ermitteln.

Auszug aus einem Ausbildungsplan zur Medizinischen Fachangestellten

– **Zeitliche Gliederung der Ausbildung** –

Fertigkeiten, Kenntnisse und Fähigkeiten, die während der gesamten Ausbildungszeit zu vermitteln sind:

1. berufsbezogene Rechtsvorschriften einhalten
2. zur Vermeidung betriebsbedingter Umweltbelastungen im beruflichen Einwirkungsbereich beitragen, insbesondere
   a) mögliche Umweltbelastungen durch den Ausbildungsbetrieb und seinen Beitrag zum Umweltschutz an Beispielen erklären
   b) für den Ausbildungsbetrieb geltende Regelungen des Umweltschutzes anwenden
   c) Möglichkeiten der wirtschaftlichen und umweltschonenden Energie- und Materialverwendung nutzen
   d) Abfälle vermeiden; Stoffe und Materialien einer umweltschonenden Entsorgung zuführen
3. gebräuchliche medizinische Fachbezeichnungen und Abkürzungen anwenden und erläutern.

1. Ausbildungsabschnitt

In einem Zeitraum von 2 - 4 Monaten sind schwerpunktmäßig zu vermitteln:

1. Bedeutung des Ausbildungsvertrages, insbesondere Abschluss, gegenseitige Rechte und Pflichten, Dauer und Beendigung erklären
2. Inhalte der Ausbildungsordnung und den betrieblichen Ausbildungsplan erläutern
3. die im Ausbildungsbetrieb geltenden Regelungen über Arbeitszeit, Vollmachten und Weisungsbefugnisse beachten
4. wesentliche Bestimmungen der für den Ausbildungsbetrieb geltenden Tarifverträge und arbeitsrechtlichen Vorschriften beschreiben
5. Aufgaben, Struktur und rechtliche Grundlagen des Gesundheitswesens und seiner Einrichtungen sowie dessen Einordnung in das System sozialer Sicherung in Grundzügen erläutern
6. Formen der Zusammenarbeit im Gesundheitswesen an Beispielen aus dem Ausbildungsbetrieb erklären
7. Struktur, Aufgaben und Funktionsbereiche des Ausbildungsbetriebes erläutern
8. Organisation, Abläufe des Ausbildungsbetriebs mit seinen Aufgaben und Zuständigkeiten darstellen; Zusammenwirken der Funktionsbereiche erklären
9. Rechtsform des Ausbildungsbetriebes beschreiben
10. Schweigepflicht als Basis einer vertrauensvollen Arzt-Patienten-Beziehung einhalten
11. Gefahren für Sicherheit und Gesundheit am Arbeitsplatz feststellen sowie Maßnahmen zu deren Vermeidung ergreifen
12. berufsbezogene Arbeitsschutz- und Unfallverhütungsvorschriften anwenden
13. Vorschriften des vorbeugenden Brandschutzes anwenden; Verhaltensweisen bei Bränden beschreiben und Maßnahmen zur Brandbekämpfung ergreifen
14. Kooperationsprozesse mit externen Partnern mit gestalten.

21. Wie erfolgt die Ausbildungsdokumentation?

Die Ausbildungsdokumentationen helfen sowohl Azubis als auch Ausbildern dabei, den Überblick über absolvierte und noch zu absolvierende Themen im Rahmen der Ausbildung zu behalten. Sie ist eine Voraussetzung für die Zulassung zur Abschlussprüfung.

Der schriftliche Ausbildungsnachweis (früher: Berichtsheft) muss vollständig geführt werden. Darin dokumentiert der Auszubildende seine Tätigkeiten sowie die erworbenen Fertigkeiten und Kenntnisse. In diesem Zusammenhang ist es die Aufgabe des

Ausbilders, den Auszubildenden an diese Pflicht zu erinnern und den Ausbildungsnachweis regelmäßig zu kontrollieren. Wird die Zulassung zur Abschlussprüfung aufgrund eines unvollständigen Nachweises verweigert, fällt das auch auf den Ausbilder zurück.

Folgende Regeln zum Führen von Ausbildungsnachweisen wurden von der IHK Köln verfasst:

1. Auszubildende haben während ihrer Ausbildung einen Ausbildungsnachweis zu führen. Hierzu kann das abgedruckte Muster (auf der nächsten Seite) genutzt werden.
2. Das Führen des Ausbildungsnachweises dient folgenden Zielen:
   - Auszubildende und Ausbildende sollen zur Reflexion über die Inhalte und den Verlauf der Ausbildung angehalten werden.
   - Der zeitliche und sachliche Ablauf der Ausbildung im Betrieb und in der Berufsschule soll für die an der Berufsausbildung Beteiligten sowie die zur Überwachung der Berufsausbildung zuständigen Stellen in einfacher Form nachvollziehbar und nachweisbar gemacht werden.
3. Der ordnungsgemäß geführte Ausbildungsnachweis ist gemäß § 43 Abs. 1 Nr. 2 BBiG Zulassungsvoraussetzung zur Abschlussprüfung.
4. Sofern die Ausbildungsordnung oder eine Regelung der zuständigen Stelle vorsieht, dass der Ausbildungsnachweis zur mündlichen Prüfung mitgebracht werden muss, ist er dem Prüfungsausschuss vorzulegen. Der Ausbildungsnachweis wird im Rahmen der Zwischen- und Abschlussprüfungen nicht bewertet.
5. Für das Anfertigen der Ausbildungsnachweise gelten folgende Mindestanforderungen:
   - Die Ausbildungsnachweise sind täglich oder wöchentlich in möglichst einfacher Form (stichwortartige Angaben, ggf. Loseblattsystem, schriftlich oder elektronisch) von Auszubildenden selbstständig zu führen sowie abzuzeichnen. (Umfang: ca. 1 DIN A4-Seite für eine Woche)
   - Jedes Blatt des Ausbildungsnachweises ist mit dem Namen des/der Auszubildenden, dem Ausbildungsjahr und dem Berichtszeitraum zu versehen.
   - Die Ausbildungsnachweise müssen mindestens stichwortartig den Inhalt der betrieblichen Ausbildung wiedergeben. Dabei sind betriebliche Tätigkeiten einerseits sowie Unterweisungen bzw. überbetriebliche Unterweisungen (z. B. im Handwerk), betrieblicher Unterricht und sonstige Schulungen andererseits zu dokumentieren.
   - In die Ausbildungsnachweise müssen darüber hinaus die Themen des Berufsschulunterrichts aufgenommen werden.
   - Die zeitliche Dauer der Tätigkeiten sollte aus dem Ausbildungsnachweis hervorgehen.
6. Ausbildende sollen Auszubildende zum Führen von schriftlichen Ausbildungsnachweisen, soweit solche im Rahmen der Berufsausbildung verlangt werden, anhalten und diese durchsehen (§ 14 Abs. 1 Nr. 4 BBiG).

7. Auszubildenden ist Gelegenheit zu geben, die Ausbildungsnachweise während der Ausbildungszeit im Betrieb zu führen. Die erforderlichen Nachweishefte, Formblätter o. Ä. werden den Auszubildenden kostenlos von den Ausbildenden zur Verfügung gestellt (§ 14 Abs. 1 Nr. 3 BBiG).
8. Ausbildende oder Ausbilder/innen prüfen die Eintragungen in den Ausbildungsnachweisen mindestens monatlich (§ 14 Abs. 1 Nr. 4 BBiG). Sie bestätigen die Richtigkeit und Vollständigkeit der Eintragungen mit Datum und Unterschrift. Elektronisch erstellte Nachweise sind dazu monatlich auszudrucken oder es ist durch eine elektronische Signatur sicherzustellen, dass die Nachweise in den vorgegebenen Zeitabständen erstellt und abgezeichnet wurden.
9. Im Rahmen der Lernortkooperation kann die Berufsschule vom Ausbildungsnachweis Kenntnis nehmen.
10. Bei minderjährigen Auszubildenden soll ein/e gesetzliche/r Vertreter/in in angemessenen Zeitabständen von den Ausbildungsnachweisen Kenntnis erhalten und diese unterschriftlich bestätigen.
11. Arbeitnehmervertretungen können durch Einsichtnahme in den Ausbildungsnachweis Kenntnis vom Ablauf der Ausbildung zum Zwecke ihrer Aufgabenerfüllung (§ 80 Abs. 1 BetrVG) nehmen.

Name des/der Auszubildenden:			
Ausbildungsjahr:		ausbildende Abteilung:	
Ausbildungswoche vom:		bis:	

12. Diese Regelungen können mit Ausnahme der Ziffer 3 für Umschüler entsprechend angewendet werden, soweit die Führung des Ausbildungsnachweises vertraglich vereinbart wird.

Ausbildungsnachweis (täglich)

	Betriebliche Tätigkeiten, Unterweisungen, betrieblicher Unterricht, sonstige Schulungen, Themen des Berufsschulunterrichts	Stunden
Montag		
Dienstag		
Mittwoch		
Donnerstag		
Freitag		
Samstag		

Durch die nachfolgende Unterschrift wird die Richtigkeit und Vollständigkeit der obigen Angaben bestätigt.

Datum, Unterschrift Auszubildende/r

Datum, Unterschrift Ausbildende/r oder Ausbilder/in

5.3.8 Ergänzende individuelle Bildungsmaßnahmen für Auszubildende

01. Welche Vorgehensweise ist bei Lernschwierigkeiten und Verhaltensauffälligkeiten während der Ausbildung sinnvoll?

Lernschwierigkeiten und Verhaltensauffälligkeiten sind oft miteinander verbunden. Für lernschwache Auszubildende ist beim Lösen von Aufgaben die Gefahr des Versagens besonders groß. Um sich davor zu schützen, zeigen sie häufig Desinteresse und Unlust. Daher können neben erkennbaren Leistungsdefiziten auch Verhaltensprobleme ein Hinweis auf Lernschwierigkeiten sein.

Außerdem können Lernschwierigkeiten und Verhaltensauffälligkeiten auch durch das Elternhaus oder den Freundes- und Bekanntenkreis bedingt sein. Dabei kann es sich um Beziehungsprobleme, finanzielle Schwierigkeiten, Suchtprobleme oder mangelnde Integration bei ausländischen Auszubildenden handeln.

Die Gründe für Lernschwierigkeiten finden wir häufig in fehlenden Basisfähigkeiten wie beispielsweise Konzentration, Körperkoordination, Funktionstüchtigkeit oder Koordination der Sinne. Probleme können auch durch Ängste, schlechte Erfahrungen, übermäßiges Verwöhnen oder Vernachlässigung im Elternhaus entstehen.

Um Lernbeeinträchtigungen zu überwinden, muss der Kreislauf von Defiziten, Misserfolgen und gestörtem Selbstbewusstsein durchbrochen werden. Ein guter Ansatzpunkt ist die Steigerung des Selbstwertgefühls.

Dabei achtet man darauf, wie weit die Beeinträchtigungen bereits ausgeprägt sind:

- Wenn erste Leistungsdefizite sichtbar werden, soll abgeklärt werden, wodurch der Auszubildende beim Lernen behindert wird. Dabei sollten Entscheidungen getroffen werden, ob er mit den zur Verfügung stehenden Lernmethoden gefördert werden kann oder ob zusätzliche Hilfe benötigt wird. Es sollten Methoden vermieden werden, mit denen der Auszubildende schon mal gescheitert ist.
- Wenn das Förderangebot als Schikane empfunden und abgelehnt wird, sollte die Beziehung des Ausbilders zu dem Auszubildenden überdacht und der Versuch unternommen werden, ein gegenseitiges Vertrauensverhältnis neu aufzubauen und zu stärken.
- Wenn größere Wissenslücken auftreten und auch Konzentrationsstörungen, Schul- und Versagensangst sowie Stresssymptome hinzukommen, sollte professionelle Hilfe (z. B. Arzt) in die Förderplanung einbezogen werden. Eine gute Beziehung zwischen Ausbilder und Auszubildendem ist in dieser Situation besonders wichtig.
- Wenn die Probleme länger anhalten und auch depressive Stimmungen, Außenseiterverhalten und psychosomatische Beschwerden hinzukommen, liegt ggf. eine psychische Störung vor. Daher sollte auch hier auf professionelle Hilfe zurückgegriffen werden, z. B. einen Psychologen einschalten, der weitere Maßnahmen wie z. B. ein Verhaltenstraining oder eine psychotherapeutische Behandlung vorschlagen kann.

02. Wo können Auszubildende mit Leistungsstörungen Hilfe finden?

Als erste Anlaufstelle sind natürlich die Eltern zu nennen. Daneben kann sich der Auszubildende auch an die zuständige Berufsschullehrer/innen und Ausbilder wenden. Diese können entsprechende Fördermöglichkeiten aufzeigen, z. B. Prüfungsvorbereitungskurse und Nachhilfeangebote an der Berufsschule, im Ausbildungsbetrieb oder bei den Kammern.

Auch die Berufsberatung der Agentur für Arbeit hilft bei Lernschwierigkeiten während der Ausbildung. Dort können unter Umständen ausbildungsbegleitende Hilfe (abH) beantragt und Stütz- und Förderunterricht in Anspruch genommen werden.

03. Welche staatlichen Fördermöglichkeiten können wahrgenommen werden?

Alle Jugendlichen und jungen Erwachsenen unabhängig von ihrer Herkunft sollen eine ihrer Eignung und Neigung entsprechende Ausbildung absolvieren können. Was im Grundgesetz unter der Entfaltung der Persönlichkeit beschrieben wird, setzt sich durch gezielte Fördermöglichkeiten in der Ausbildung um. Dazu zählen Unterstützungsmaßnahmen wie:

- Bundesausbildungsförderungsgesetz (BAföG)
- ausbildungsbegleitende Hilfen (abH)
- Förderung der Aufstiegsfortbildung.

04. Wer wird durch BAföG gefördert?

Eine gute Ausbildung ist heute wichtiger als je zuvor. Das gilt für den Einzelnen wie für die Gesellschaft insgesamt. Wissen und dessen Anwendung sind das größte Potenzial, das in Deutschland vorhanden ist. Das Bundesausbildungsförderungsgesetz (BAföG) ist ein Garant dafür, dass Jugendliche und junge Erwachsene eine ihrer Eignung und Neigung entsprechende Ausbildung absolvieren können – auch unabhängig davon, ob die finanzielle Situation ihrer Familie diese Ausbildung zulässt oder nicht.

Jede Ausbildung bringt finanzielle Belastungen mit sich. Eine qualifizierte Ausbildung soll nicht an fehlenden finanziellen Mitteln scheitern. BAföG gibt es nicht nur für das Studium an Hochschulen, sondern auch für den Besuch anderer weiterführender Bildungsstätten.

Persönliche Voraussetzungen für den Anspruch auf Ausbildungsförderung sind grundsätzlich die deutsche Staatsangehörigkeit oder ein in § 8 BAföG aufgeführter aufenthaltsrechtlicher Status, die allgemeine Eignung für die gewählte Ausbildung und das Nichtüberschreiten der Altersgrenze.

Auszubildende können grundsätzlich nur gefördert werden, wenn sie die Ausbildung, für die sie Förderung beantragen, vor Vollendung des 30. Lebensjahres – bzw. bei Masterstudiengängen vor Vollendung des 35. Lebensjahres – beginnen. Ob Auszubildende, die eine förderungsfähige Ausbildung betreiben und die persönlichen Förderungsvoraussetzungen erfüllen, BAföG erhalten, hängt davon ab, ob ihre finanziellen Mittel und die ihrer etwaigen Ehegatten bzw. eingetragenen Lebenspartner und ihrer Eltern reichen, um ihren Finanzbedarf während der Ausbildung zu decken.

Weitere Informationen sind im Internet unter www.bafoeg.bmbf.de zu finden.

05. Wie erfolgt die Unterstützung durch abH?

Die Berufsausbildung oder die Einstiegsqualifizierung eines lernbeeinträchtigten oder sozial benachteiligten Jugendlichen kann mit unterstützenden Maßnahmen gefördert werden, wenn der Jugendliche wegen in seiner Person liegender Gründe eine Berufsausbildung ohne die Förderung nicht beginnen, fortsetzen oder erfolgreich beenden kann. Rechtsgrundlagen hierzu ergeben sich aus den §§ 240 ff. SGB III.

In ausbildungsbegleitenden Hilfen werden Inhalte vermittelt, die über das betriebs- und ausbildungsübliche Maß hinausgehen. Hierzu gehört der Abbau von Sprach- und Bildungsdefiziten, die Förderung von Fachtheorie und eine sozialpädagogische Begleitung der Jugendlichen.

An mindestens drei Stunden in der Woche erhält der Auszubildende eine persönliche Unterstützung. Dies erfolgt in Form von:

- Nachhilfe in Theorie und Praxis
- Vorbereitung auf Klassenarbeiten und Prüfungen
- Nachhilfe in Deutsch
- Unterstützung bei Alltagsproblemen
- vermittelnde Gespräche mit Ausbildern, Lehrkräften und Eltern.

Ein Bildungsträger mit erfahrenen Ausbildern, Lehrkräften, Sozialpädagogen begleitet die Auszubildenden während der gesamten Zeit. Der Azubi erhält seinen ganz persönlichen Förderplan. Die Termine werden individuell mit den Jugendlichen abgesprochen und finden in der Regel nachmittags oder abends statt.

Für die Auszubildenden und die Ausbildungsbetriebe entstehen keine Kosten. Die Maßnahme zahlt die Arbeitsagentur für Arbeit. Teilnehmen können Jugendliche, die für einen erfolgreichen Ausbildungsabschluss zusätzliche Hilfe benötigen. Unter bestimmten Voraussetzungen kann auch das Praktikum während einer Einstiegsqualifizierung unterstützt werden.

06. Welche weitere Förderungen von Aufstiegsfortbildung sind zu nennen?

Grundlage von Fördermöglichkeiten ergeben sich aus § 1 des Gesetzes zur Förderung der beruflichen Aufstiegsfortbildung (Aufstiegsfortbildungsförderungsgesetz – AFBG). *Ziel der Förderung: Ziel der individuellen Förderung nach diesem Gesetz ist es, Teilnehmerinnen und Teilnehmer an Maßnahmen der beruflichen Aufstiegsfortbildung durch Beiträge zu den Kosten der Maßnahme und zum Lebensunterhalt finanziell zu unterstützen. Leistungen zum Lebensunterhalt werden gewährt, soweit die dafür erforderlichen Mittel anderweitig nicht zur Verfügung stehen.*

Während der Teilnahme an einer Maßnahme wird ein Beitrag zu den Kosten der Lehrveranstaltung (Maßnahmenbeitrag) geleistet. Soweit für denselben Zweck Leistungen aus öffentlichen Mitteln, vom Arbeitgeber oder von Fördereinrichtungen bezogen werden, wird der Maßnahmenbeitrag nach den um diese Leistungen geminderten Kosten bemessen.

Bei Maßnahmen in Vollzeitform wird darüber hinaus ein Beitrag zur Deckung des Unterhaltsbedarfs (Unterhaltsbeitrag) geleistet. Der Unterhaltsbedarf erhöht sich für den Teilnehmer um 52 €, für den jeweiligen Ehegatten oder Lebenspartner um 215 € und für jedes Kind, für das er oder sie einen Anspruch auf Kindergeld nach dem Einkommensteuergesetz oder dem Bundeskindergeldgesetz hat, um 210 €.

Auf den Unterhaltsbedarf sind Einkommen und Vermögen des Antragstellers oder der Antragstellerin und Einkommen des jeweiligen Ehegatten oder Lebenspartners in dieser Reihenfolge anzurechnen. Alleinerziehende, die in einem Haushalt mit Kindern, die das zehnte Lebensjahr noch nicht vollendet haben oder mit behinderten Kindern leben, erhalten bei Voll- und Teilzeitmaßnahmen bis zum Ablauf des Monats, in dem planmäßig der letzte Unterricht abgehalten wird, einen Kinderbetreuungszuschlag in Höhe von 113 € für jeden Monat je Kind. Eine Teilnahme an Maßnahmen in Vollzeitform wird bis zur Dauer von 24 Kalendermonaten, in Teilzeitform bis zur Dauer von 48 Kalendermonaten gefördert (Förderungshöchstdauer).

Weitere Informationen sind unter www.gesetze-im-internet.de/afbg zu finden.

5.3.9 Prüfungsdurchführung

01. Wie erfolgt die Prüfung?

Zum Abschluss der Ausbildung werden die Kenntnisse und Fähigkeiten, die der Auszubildende in der zurückliegenden Zeit erworben hat, abgefragt. Hierbei wird auch geprüft, ob der Ausbildungsbetrieb seinen Pflichten nachgekommen ist und den Jugendlichen praxisgerecht ausgebildet hat.

In den letzten Jahren gab es bei den Prüfungen einige Änderungen. Das Berufsbildungsgesetz und verschiedene Ausbildungsordnungen wurden reformiert. Früher galt in fast allen Berufen, dass die Azubis in der Mitte der Ausbildung die Zwischenprüfung und am Ende der Ausbildung die Abschlussprüfung ablegen mussten. Jetzt legen viele

Azubis – z. B. in Metall- und Elektroberufen sowie den neuen Büroberufen – eine gestreckte Abschlussprüfung in zwei Teilen ab. Die Zwischenprüfung entfällt.

Teil 1 der gestreckten Abschlussprüfung findet nach ungefähr zwei Jahren statt, hier werden die Grundqualifikationen geprüft. In Teil 2 am Ende der Ausbildung werden die Spezialkenntnisse für den jeweiligen Ausbildungsberuf geprüft.

Für alle Ausbildungsberufe gibt es eine Ausbildungsordnung, die auch die Prüfungsanforderungen enthält. Die Ausbildungsordnung regelt, welche Prüfungen der Auszubildende ablegen muss, was geprüft wird, wann die Prüfung bestanden ist und ob bei Nichtbestehen die gesamte Prüfung oder nur einzelne Fächer wiederholt werden müssen.

02. Was beinhaltet die Zwischenprüfung?

Ist in dem Beruf eine Zwischenprüfung vorgesehen, findet sie in der Mitte der Ausbildung statt. Der Ausbilder muss den Auszubildenden bei der zuständigen Stelle, also z. B. bei der Industrie- und Handelskammer oder der Handwerkskammer anmelden. In der Ausbildungsordnung sind die Inhalte der Zwischenprüfung festgelegt. Dabei werden Inhalte aus der praktischen Ausbildung im Betrieb und der bis dahin vermittelte theoretische Stoff aus der Berufsschule abgefragt.

Die Zwischenprüfung muss nicht bestanden werden, um die Ausbildung fortsetzen zu können, aber an den Leistungen in der Zwischenprüfung und den Noten können der Auszubildende und der Ausbilder ablesen, ob das Ausbildungsziel bis zu diesem Zeitpunkt erreicht wurde.

Verlangt die Prüfungsordnung eine „gestreckte" Prüfung, wird die Zwischenprüfung durch den Teil 1 der Abschlussprüfung ersetzt und geht anteilsmäßig in die Endnote ein.

03. Was ist Inhalt der Abschlussprüfung?

Eine Berufsausbildung wird mit der Abschlussprüfung abgeschlossen. Wenn in dem Beruf laut Ausbildungsordnung eine gestreckte Abschlussprüfung vorgesehen ist, besteht sie aus zwei Teilen. Wenn in dem Beruf eine Zwischenprüfung und eine Abschlussprüfung vorgesehen sind, findet die Abschlussprüfung komplett am Ende der Ausbildung statt. Damit an der Abschlussprüfung teilgenommen werden kann, müssen bestimmte Voraussetzungen erfüllt sein.

Die erste Voraussetzung ist die fristgerechte Anmeldung. Der Ausbilder muss den Auszubildenden bei der zuständigen Stelle zur Abschlussprüfung anmelden und die Prüfungsgebühren zahlen.

Die zweite Voraussetzung ist die Teilnahme an der Zwischenprüfung (nicht das Bestehen).

Als weitere Zulassungsvoraussetzung muss ein vollständiger schriftlicher Ausbildungsnachweis vorliegen.

Bei der gestreckten Abschlussprüfung wird über die Zulassung laut § 44 Berufsbildungsgesetz für jeden Teil einzeln entschieden:

- Teil 1 findet nach ca. zwei Jahren statt. Für die Zulassung muss der Azubi die laut Ausbildungsordnung vorgeschriebene Ausbildungszeit zurückgelegt haben. Darüber hinaus gelten dieselben Voraussetzungen wie bei der Zulassung zur Abschlussprüfung am Ende der Ausbildung (außer der Zwischenprüfung).
- Für die Zulassung zu Teil 2 gelten ebenfalls die gleichen Voraussetzungen wie für die Zulassung zur Abschlussprüfung am Ende der Ausbildung. Statt an der Zwischenprüfung muss der Azubi an Teil 1 der Abschlussprüfung teilgenommen haben. Wurde unverschuldet nicht an Teil 1 teilgenommen (z. B. entschuldigtes Fehlen wegen Krankheit), kann der Azubi trotzdem an Teil 2 teilnehmen. In diesem Fall müssen beide Prüfungen zusammen ablegt werden.

5.3.10 Ausbildungsabschluss

01. Wie wird ein Ausbildungsabschluss erreicht?

Bestehen Auszubildende vor Ablauf der Ausbildungszeit die Abschlussprüfung, so endet das Berufsausbildungsverhältnis mit Bekanntgabe des Ergebnisses durch den Prüfungsausschuss unabhängig von der Laufzeit des Ausbildungsvertrags (§ 21 Abs. 2 BBiG)

In den Prüfungen werden keine Noten sondern Punkte vergeben, die Punkte ergeben umgerechnet folgende Notenstufen:

Punkte	Note	Ausdruck
92 - 100	1	sehr gut
81 - 91	2	gut
67 - 80	3	befriedigend
50 - 66	4	ausreichend
30 - 49	5	mangelhaft
0 - 29	6	ungenügend

Wenn der Auszubildende durchgefallen ist, erhält er von der zuständigen Stelle einen schriftlichen Bescheid, aus dem auch hervorgeht, ob er an einer Nachprüfung teilnehmen kann und in welchen Fächern er durchgefallen ist. Oft müssen nur die nicht bestandenen Fächer wiederholt werden.

Die Abschlussprüfung kann im Falle des Nichtbestehens zweimal wiederholt werden. (§ 37 Abs. 1 BBiG). Bestehen Auszubildende die Abschlussprüfung nicht, so verlängert sich das Berufsausbildungsverhältnis auf ihr Verlangen bis zur nächstmöglichen Wiederholungsprüfung, höchstens um ein Jahr (§ 21 Abs. 3 BBiG). Die Ausbildung kann auch verlängert werden, wenn wegen Krankheit nicht an der Prüfung teilgenommen werden konnte.

02. Welche Zeugnisse erhält der Auszubildende nach der Prüfung?

Ein Auszubildender erhält am Ende der Ausbildung drei Zeugnisse:

- Von der Industrie- und Handelskammer über das Bestehen seiner Abschlussprüfung.
- Von der Berufsschule über seine schulischen Leistungen.
- Vom Ausbildungsbetrieb über seine Leistungen während der Ausbildungszeit. Nach Inhalt bzw. Anlass unterscheidet man beim Zeugnis des Ausbildungsbetriebs – wie beim Arbeitszeugnis – zwischen einem einfachen und einem qualifizierten Ausbildungszeugnis sowie einem Zwischenzeugnis.

Ein einfaches Ausbildungszeugnis darf gemäß § 16 BBiG lediglich Angaben enthalten über

- Art der Ausbildung (betriebliche/außerbetriebliche Ausbildung)
- Dauer der Ausbildung (rechtliche, nicht tatsächliche Dauer)
- Ziel der Ausbildung (Angabe des Ausbildungsberufes)
- erworbene berufliche Fertigkeiten, Kenntnisse und Fähigkeiten (Inhalt der Ausbildung).

Ein einfaches Zeugnis ist damit eine reine Ausbildungsbescheinigung ohne Bewertung von Leistung und Verhalten. Bewertungen dürfen auch nicht versteckt in der Tätigkeitsbeschreibung enthalten sein.

Für Bewerbungen ist ein einfaches Ausbildungszeugnis wenig hilfreich, da es meist als Indiz für Unstimmigkeiten mit dem Ausbildungsbetrieb oder schlechte Leistungen angesehen wird. Ein brauchbares Dokument ist nur das qualifizierte Ausbildungszeugnis, das auch Leistung und Verhalten des Auszubildenden bewertet.

Von einem Zwischenzeugnis wird gesprochen, wenn bereits vor Ende der Ausbildung, z. B. für Bewerbungszwecke ein Zeugnis erstellt werden soll. Dem Inhalt nach handelt es sich um ein qualifiziertes Ausbildungszeugnis. Es wird aber nicht in der Vergangenheits-, sondern in der Gegenwartsform geschrieben, da die Ausbildung noch nicht beendet ist.

5.4 Anleiten, Fördern und Motivieren von Mitarbeitern, Auszubildenden und Teams

5.4.1 Hauptamtliche und ehrenamtliche Mitarbeiter und die spezifischen Bedürfnisse

01. Welche Bedeutung hat das Ehrenamt im Sozial- und Gesundheitswesen?

Einer der wichtigsten Gründe für eine ehrenamtliche Tätigkeit ist das Bedürfnis zur gesellschaftlichen Mitgestaltung, das Bewusstsein, wenigstens oder gerade im Kleinen etwas bewirken zu können. Weitere wichtige Motive sind Freude an der Arbeit und die Möglichkeit zu anregenden Kontakten mit anderen Menschen, auch zu Menschen in verschiedenen Alters- und Bevölkerungsgruppen.

Die ehrenamtliche Tätigkeit verhilft zu neuen Erfahrungen, verhilft dazu, eigene Grenzen zu verschieben und vermittelt im besten Falle neue Kompetenzen und Erkenntnisse. Neben dem Nutzen für andere oder das Gemeinwesen macht sie auch immer das eigene Leben reicher.

Das Ehrenamt kann einen angenehmen Ausgleich zur hauptberuflichen Arbeit darstellen, beispielsweise in der bezahlten Tätigkeit vermisste soziale Kontakte bieten.

Viele Unternehmen im Gesundheits- und Sozialwesen wissen um die Bedeutung sozialer Mitarbeiterfähigkeiten und setzen auf eine Unternehmenskultur, in der das lebendige Miteinander – nach innen und nach außen – über den wirtschaftlichen Erfolg mitentscheidet. Daher zahlen sich bei Bewerbungen ehrenamtliche Tätigkeiten oft aus, denn sie sprechen dem Bewerber Schlüsselqualifikationen wie Teamfähigkeit, Kommunikationsstärke oder Motivationsfähigkeit zu. Gerade diese sozialen Kompetenzen werden im Ehrenamt gefördert und vermittelt.

02. Welche Gründe gibt es, ein Ehrenamt auszuüben?

Die Gründe für die Übernahme eines Ehrenamts sind sehr unterschiedlich. Viele Menschen wollen durch ihr Engagement zumindest im Kleinen die Gesellschaft mitgestalten und bringen sich deshalb mit ihrem persönlichen Einsatz ein.

Mögliche Gründe, die Menschen bewegen, ein Ehrenamt auszuüben:
- Bedürfnis zur gesellschaftlichen Mitgestaltung
- Freude an der Arbeit
- Kontakte mit anderen Menschen
- neue Erfahrungen
- eigene Grenzen verschieben
- neue Kompetenzen und Kenntnisse erwerben
- Ausgleich zur hauptberuflichen Arbeit

- soziale Kontakte erwerben und pflegen
- positive Auswirkungen auf die eigene Persönlichkeit.

03. Welche Entwicklungen zwischen der Arbeit von hauptberuflichen und ehrenamtlichen Mitarbeitern lassen sich feststellen?

Betrachtet man die derzeitigen Entwicklungen im sozialen Sektor, so lassen sich für das Verhältnis von ehrenamtlichem sozialen Engagement und hauptamtlichen sozialen Berufstätigkeiten drei bedeutende Tendenzen ableiten. Diese Tendenzen sind auch für die Art und Weise der Anerkennung wichtig, die in ehren- und hauptamtlichen Beschäftigungsfeldern favorisiert werden.

Durch die erste Tendenz wird das Ehrenamt ein Stück weit dem Hauptamt angeglichen. Es wird versucht, freiwilliges Engagement – ähnlich den Prinzipien der Erwerbsarbeit – durch geldwerte oder geldliche Entlohnungen attraktiv zu gestalten und die Ehrenamtlichen langfristig an die Organisation zu binden.

Durch die zweite Tendenz wird das Hauptamt ein Stück weit dem Ehrenamt angeglichen. Diese Tendenz lässt sich am ehesten mit Begriffen wie „Entprofessionalisierung", „Entfachlichung" oder – positiv formuliert – „Stärkung der Zivilgesellschaft" umschreiben. Soziale Verantwortung liegt nicht mehr nur in der Hand weniger Professioneller, sondern wird als eine Gesellschaftsaufgabe verstanden, an der jeder mitwirken soll.

In der dritten Tendenz wird versucht, den ersten beiden Entwicklungen entgegenzuwirken. Im Zuge dieser Gegenwehr spielt die Betonung prägnanter Unterschiede zwischen Ehrenamt und Hauptamt (wieder) eine wichtige Rolle. Über die Hervorhebung scheinbarer Gegensätze (z. B. sinnstiftend vs. erforderlich, freiwillig vs. verpflichtend, nicht-monetäre vs. finanzielle Vergütung, Laie vs. Profi), sollen die Grenzen zwischen beiden Tätigkeiten neu gesteckt und einer Vereinheitlichung Einhalt geboten werden.

04. Welche Probleme können bei der Zusammenarbeit von Ehrenamt und Hauptberuf entstehen?

Die Aufgaben-, Zuständigkeits- und Verantwortungsbereiche zwischen haupt- und ehrenamtlichen bzw. freiwilligen Mitarbeitern müssen deutlich abgegrenzt werden. Dafür bedarf es konkreter Aufgabenbeschreibungen. Die Funktionen von Freiwilligen und Angestellten müssen deutlich unterschieden werden: Angestellte und Hauptamtliche bzw. Freiwillige und Ehrenamtliche haben nicht die gleichen Aufgaben, sondern ergänzen sich. Die Verantwortungsbereiche sollten klar benannt sein.

Tatsächlich sieht es leider häufig anders aus:

- Haupt- und Ehrenamtliche sehen sich als Konkurrenz.
- Hauptamtliche haben Angst vor einem Arbeitsplatzverlust durch zunehmenden Einsatz von Ehrenamtlichen.

- Es gibt Bedenken vor einem Absinken der Qualität der Arbeit durch den Einsatz von Freiwilligen.
- Informations- und Kommunikationswege sind unzureichend, es ist unklar, wer wofür zuständig ist.

05. Wie kann die Zusammenarbeit von hauptberuflichen und ehrenamtlichen Mitarbeitern funktionieren?

„Es geht darum, Kooperation zu ermöglichen – dabei kann es drei Modelle geben:

1. Kooperationsmodell Zusammenarbeit
Dieses Modell wird definiert durch:

- *gemeinsames Projekt*
- *gemeinsames Ziel*
- *Teamstruktur mit mehr oder weniger Hierarchie*
- *klare Absprachen über Aufgaben, Verantwortungsbereiche*
- *Delegation von Hauptamtlichen-Aufgaben an Freiwillige und Ehrenamtliche möglich – dann eventuell Koordinationsfunktion von Hauptamtlichen einrichten.*

2. Kooperationsmodell Eigenständigkeit
Dieses Modell wird definiert durch:

- *eigenes Projekt*
- *eigene Ziele*
- *reines Ehrenamtlichen-Team*
- *eigene Entscheidungsfreiheit/Selbstständigkeit*
- *freie Zeit-, Aufgabeneinteilung*
- *eventuell eigene Finanzbudgets*
- *wichtig: Klären der Rechenschaftspflicht*
- *eventuell Koordination/Supervision durch Hauptamtliche.*

3. Kooperationsmodell Kompensation
Ziel: Kompensation der Arbeit von Hauptamtlichen für einen bestimmten Zeitraum:

- *vorgegebenes Projekt/Projektziel*
- *fachliche Anleitung und Begleitung durch hauptamtliche Koordination*
- *Klärung der Unterschiede/Aufgaben von Haupt- und Ehrenamtlichen*
- *jeweils spezifische Aufgaben und Verantwortungsbereiche*
- *Erstellen von Aufgabenprofilen für Ehrenamtliche."* [1]

---

[1] Quelle: http://www.cbe-mh.de/fileadmin/upload/Ver%C3%B6ffentlichungen/Lernmodule/cbe_mat_kegel.pdf

06. Welcher Zusammenhang besteht zwischen Bedürfnissen, Motivation und Anreizsystemen?

Der Wortbedeutung nach ist ein Motiv ein Beweggrund, Antrieb oder auch ein Leitgedanke. Da jedes Verhalten und jede Tätigkeit – also auch jede Nichttätigkeit – auf Motive zurückzuführen ist, spielen auch die Herausbildung, Formung und Gestaltung dieser Antriebe im Leben eines jeden Individuums eine allumfassende Rolle, da menschliches Verhalten auf Motive zurückführbar und auf Ziele orientiert ist. Die folgende Abbildung stellt den Zusammenhang zwischen Bedürfnissen, Motivation und Anreizsystemen dar.

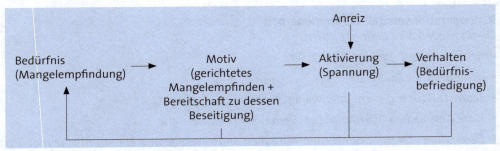

Einfaches Motivationsmodell von *Heckenhausen*

07. Welche Wirkung hat eine extrinsische Motivation?

„Erfolgreiche Führungskräfte wissen, dass der Anspruch, seine Mitarbeiter durch äußere Anreize motivieren zu wollen, kein kluges Unterfangen ist. Sie halten das für ein wenig zielführendes, aber gleichwohl anstrengendes Konzept. Sicher: Ein Kapitän kann die Mannschaft zwingen, indem er mit Sanktionen droht, zum Beispiel mit der Kürzung der Heuer oder gar dem Wurf über Bord. Damit wird er vermutlich sogar Erfolg haben, wenn auch eher nur kurzfristig. Mit Motivation hat dies aber wohl kaum etwas zu tun.

Etwas Anderes ist das Führen über Anreize, die für eine bestimmte Leistung in Aussicht gestellt werden. An erster Stelle stehen hier finanzielle Anreize, etwa durch eine variable Vergütung.

Doch auch solche Prämien führen meist nur zu kurzfristigen Effekten. Anreize, einer der klassischen extrinsischen Motivatoren, eröffnen die Möglichkeit, einen Mitarbeiter kurzfristig zu einer Handlung zu veranlassen, zum Beispiel ein zusätzliches Arbeitspensum zu leisten. Dasselbe Ergebnis lässt sich auch mit der Androhung einer Sanktion erreichen – was gerade in schwierigen Zeiten leicht möglich ist.

Die Erfahrung zeigt, dass die extrinsische Motivation nicht von langer Dauer ist, von der Führungskraft viel Kraft abverlangt – und auf mittlere Frist sogar kontraproduktiv ist. So lässt sich im Zusammenhang mit variabler Vergütung ein „Plateaueffekt" beobachten: Mitarbeiter, die dieses Jahr aufgrund ihrer besonderen Leistung eine Prämie von 2.000 € erhalten haben, werden im nächsten Jahr eine weitere Prämie in Höhe von 1.500 € nicht als motivierenden Anreiz empfinden, sondern eher als „Kürzung ihrer Entlohnung". Anstatt sich über ein zusätzliches Einkommen von 1.500 € zu freuen, haben die Mitarbeiter das Gefühl, ein um 500 € niedrigeres Gesamtgehalt als im Vorjahr zu erhalten – denn die Prämie des Vorjahres wird bereits nicht mehr als zusätzlich, sondern als Bestandteil der üblichen Entlohnung erlebt. Jeder neue Anreiz kann dann nur von diesem Plateau aus gesetzt werden. Ein typisches Beispiel für die Strohfeuerwirkung finanzieller Anreize.

Noch deutlicher wird die paradoxe Wirkung externer Belohnungen, wenn man sich klar macht: Mitarbeiter erhalten hier Prämien für Leistungen, die sie aus freien Stücken tun, also auch ohne die Prämie erbracht hätten. Dies führt am Ende eher zu Demotivation, denn es schwächt die intrinsische Motivation. Belohnung für ein Engagement, das man ohnehin zeigt (zum Beispiel länger arbeiten), lässt einen das eigene Handeln als „korrumpiert" überdenken. Man beginnt, an der ursprünglichen Zweckfreiheit des Handelns zu zweifeln. Oder anders ausgedrückt: Man sieht die längere Arbeit nicht mehr nur um ihrer selbst willen als sinnvoll und notwendig an, sondern betrachtet sie nur als Mittel zum Zweck für das Erlangen der „Überstundenzulage".[1]

08. Wie kann intrinsisch motiviert werden?

„Erfolg versprechender und für den Projektleiter in seiner Rolle als nicht-hierarchische Führungskraft auch angemessener sind die intrinsischen Wege der Mitarbeitermotivation. Hier geht es nicht darum, das Projektteam von außen zu beeinflussen, sondern die bereits „mitgebrachte" Grundmotivation der Mitarbeiter zu nutzen. Dieses Erfolgsmuster basiert auf der Einsicht, dass Menschen bereits aus sich selbst heraus für eine bestimmte Handlung motiviert sind. Anders ausgedrückt: Menschen sind motiviert, sie müssen nicht erst dazu gebracht werden!

Die Wirkung intrinsischer Motivation auf die Leistung ist nicht nur deutlicher, sondern auch stabiler und anhaltender. Für den Teamleiter, der diese Chance nutzen möchte, hat das vor allem eine Konsequenz: Er muss herausfinden, worin die intrinsische Motivation eines Mitarbeiters liegt und ihm dann die dazu passende Aufgabe übertragen.

Vorgesetzte können also nicht „in Mitarbeiter eingreifen" und direkt Bedürfnisse, Wünsche, Motive, Ziele und so weiter ummontieren oder implantieren. So gesehen verändert sich das Bild völlig: Anstatt die allgemeinen souveränen Lenker des Geschehens zu sein, sind Vorgesetzte eine unter vielen Einflussgrößen, die auf Mitarbeiter einwirken.

Mit Blick auf die Frage nach den Quellen der Mitarbeitermotivation spielen für die Praxis vor allem drei Modelle eine Rolle:
- die Zwei-Faktoren-Theorie Herzbergs
- die Maslowsche Bedürfnispyramide und
- die sinnzentrierte Motivation nach Frankl."[2]

---

[1] Quelle: http://www.business-wissen.de/artikel/anreizsysteme-das-strohfeuer-der-extrinsischen-motivation
[2] Quelle: http://www.business-wissen.de/artikel/anreizsysteme-das-strohfeuer-der-extrinsischen-motivation

09. Was besagt die Zwei-Faktoren-Theorie von *Herzberg*?

„Die Theorie von Frederick Herzberg basiert auf einer umfangreichen Studie, bei der Herzberg Mitarbeiter nach Ereignissen befragte, die zu hoher Zufriedenheit oder Unzufriedenheit geführt hatten. Er fand heraus, dass es zwei Arten von Faktoren gibt, die auf die Arbeitsmotivation einwirken. Das sind zum einen die

- **Hygienefaktoren**, deren Fehlen oder unzureichende Ausprägung unzufrieden macht; hierzu zählen Faktoren wie Entlohnung, äußere Arbeitsbedingungen und Führungsstil.

Zum anderen sind es die

- **Motivatoren**, die unmittelbar die Arbeitsmotivation fördern; hierzu gehören Faktoren wie Verantwortungsübernahme, Anerkennung und Leistungsstolz.

Aus seinen Ergebnissen zog Hertzberg die Schussfolgerung: Führungskräfte müssen dafür sorgen, dass die Hygienefaktoren stimmen – und darüber hinaus sollten sie Maßnahmen treffen, die die Motivatoren ansprechen."[1]

10. Welche These stellt *Maslow* mit seiner Bedürfnispyramide auf?

Die Bedürfnispyramide geht auf ein von *Abraham Maslow* (1908 - 1970) bereits 1943 veröffentlichtes Modell zurück. Es teilt die menschlichen Bedürfnisse in fünf Ebenen ein, die von unten nach oben die Stufen der Pyramide bilden:

- physiologische Grundbedürfnisse
- Sicherheit
- soziale Bedürfnisse
- Wertschätzung
- Selbstverwirklichung.

---

[1] Quelle: http://www.business-wissen.de/artikel/anreizsysteme-das-strohfeuer-der-extrinsischen-motivation

Maslows Grundgedanke liegt nun darin, dass ein Mensch danach strebt, in der Pyramide aufzusteigen – wobei immer zuerst die Bedürfnisse der niedrigeren Stufe erfüllt sein müssen, bevor er zur nächsten Stufe aufsteigt.

Bedürfnis-Pyramide nach *Maslow*

11. Was besagt die sinnzentrierte Motivation nach *Frankl*?

„Die von ihm (Viktor Frankl) formulierte Grundidee einer „sinnzentrierten Motivation" ist ebenso einfach wie einleuchtend: Das Erleben von Sinn ist die stärkste Motivation für einen Menschen.

Diese Idee bestärken meine eigenen Beobachtungen. So erlebte ich es, dass Projektleiter bei der Gesellschaft für technische Zusammenarbeit (GTZ) oder beim Deutschen Entwicklungsdienst (DED) deutlich schlechter bezahlt sind als ihre Kollegen in Industrieunternehmen. Zudem arbeiten sie in einem Umfeld, das kaum Maslows Grund- und Sicherheitsbedürfnisse erfüllt, wenn sie zum Beispiel ein Brunnenbauprojekt in einer afrikanischen Steppenlandschaft leiten. Dennoch erfüllen sie ihre Aufgabe hoch motiviert und mit hohem persönlichen Einsatz. Oder ich erlebe in einem Energiekonzern eine Führungskraft, die mit hoher Motivation ein Projekt zur Energieeinsparung und CO_2-Reduzierung vorantreibt und mit seinem Esprit auch das Umfeld ansteckt – weil er von der Idee überzeugt ist: „Fossile Ressourcen sind endlich, wir müssen die Erderwärmung stoppen."

Solche Mitarbeiter erleben Sinn in ihrer Tätigkeit. Sie sind hoch motiviert, handeln aus innerer Überzeugung, arbeiten überdurchschnittlich erfolgreich – und sind weit davon entfernt, in operative Hektik zu fallen. Damit kein Missverständnis entsteht: Bei sinnorientierter Motivation geht es nicht darum, dass ein Mitarbeiter sich die Aufgaben aussucht, die ihm Spaß machen – vielmehr kommt es darauf an, dass er die ihm übertragene Aufgabe als sinnvoll erlebt. Es gibt genug Tätigkeiten, die zwar ungeliebt, aber dennoch notwendig sind, um das Ziel zu erreichen. Beispiele hierfür sind die technische Dokumentation oder der Projektabschlussbericht."[1]

12. Wie sieht ein geeigneter Lösungsansatz zur Motivation aus?

„Motivation entsteht durch Sinn und Zusammenhang – und nicht durch taggenaue Terminpläne. Dahinter steht die Grundthese, dass ein Mitarbeiter grundsätzlich eher intrinsisch motiviert ist und auf das Thema „Sinn" gut ansprechbar ist:

- *Empfindet er eine Aufgabe, die ihm die Führungskräfte anbieten, vor dem Hintergrund seiner Ethik und seiner eigenen Themen als sinnvoll?*
- *Ist es eine Tätigkeit, in der er sich selbst gerne sähe?*

Mit jedem Teammitglied sollten regelmäßige Dialoge geführt werden, statt nur die Punkte auf dem Bogen „Mitarbeitergespräch" abzuhaken, dabei sollten viele Fragen gestellt und gut zugehört werden. Auf diese Weise werden die individuellen Motivatoren und Demotivatoren des Mitarbeiters aufgespürt und festgestellt, welches Rädchen im Gesamtgetriebe für den Mitarbeiter das richtige ist.

Denn es gilt der Grundsatz der Motivation: Andere Menschen sind grundsätzlich nicht Objekte der Beeinflussung oder Marionetten an den Fäden des Motivators, sondern mit Eigensinn und Eigenwillen ausgestattet. Führungskräfte können Mitarbeiter nicht unmittelbar fernsteuern, sondern nur die äußeren Bedingungen gestalten, die von eigenständigen Mitarbeitern wahrgenommen, interpretiert und in ihren Handlungsentwürfen berücksichtigt werden."[2]

Als Grundsatz der Motivation lässt sich vielleicht folgendes Zitat anbringen: *„Wenn Du ein Feuer bei einem Menschen entfachen willst, musst Du selbst brennen"*. Das bedeutet, dass versucht werden soll, als Vorbild zu fungieren und dass man Verhaltensänderungen oder auch Motivation nur durch Vormachen erreicht.

---

[1] Quelle: http://www.business-wissen.de/artikel/anreizsysteme-das-strohfeuer-der-extrinsischen-motivation
[2] Quelle: http://www.business-wissen.de/artikel/anreizsysteme-das-strohfeuer-der-extrinsischen-motivation

5.4.2 Teambildungsprozesse

01. Was bedeutet der Begriff Team?

Ein Team ist eine Gruppe von Menschen, die in einer bestimmten Weise organisiert sind, um ein gemeinsames Ziel zu erreichen. In dieser Definition sind drei wesentliche Elemente der Teamarbeit enthalten:

- **Eine Gruppe von Menschen:** Die Teams bestehen aus Menschen, die eine Vielzahl von unterschiedlichen Merkmalen aufweisen (Erfahrung, Ausbildung, Persönlichkeit, Fähigkeiten etc.).
- **Organisation:** Es gibt mehrere Möglichkeiten, wie sich ein Team, um ein bestimmtes Ziel zu erreichen, organisiert. Die Organisation impliziert eine Art Arbeitsteilung. Dies bedeutet, dass jedes Teammitglied die Vielzahl von Aufgaben nicht unabhängig erledigt, sondern für die gesamten Teamergebnisse verantwortlich ist.
- **Gemeinsames Ziel:** Menschen haben eine Reihe von Bedürfnissen und versuchen, Zielen in allen Bereichen des Lebens – auch bei der Arbeit – gerecht zu werden. Einer der Schlüssel für das reibungslose Funktionieren eines Teams ist, dass die persönlichen Ziele mit den Zielen des Teams in Einklang stehen.

02. Wie können Teambildungsprozesse ablaufen?

Ein Team ist immer mehr als die Summe seiner Mitglieder. Etwas überspitzt formuliert, könnte man sagen: Team ist das, was zwischen den Mitgliedern geschieht. Aus diesem Grund ist es entscheidend, dass sich ein Team von Anfang an Regeln und bestimmte vorgegebene Abläufe halten sollte.

Die Entwicklung eines Teams ist ein längerer Prozess, der verschiedene identifizierbare Phasen durchläuft, die jeweils mit ihren eigenen Schwierigkeiten behaftet sind.

Wenn sich ein Team bildet, durchläuft der daraus resultierende Prozess verschiedene Teambildungsphasen:

- Orientierung (Forming)
- Konfliktphase (Storming)
- Regelphase (Norming)
- Arbeitsphase (Performing).

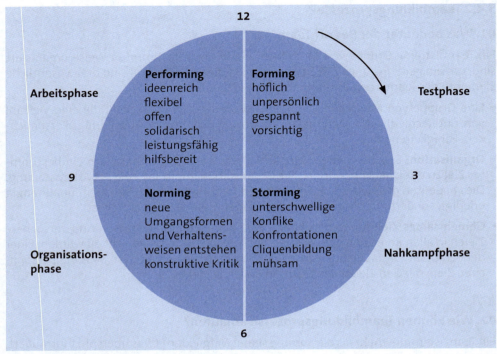

Vier Phasen eines Teambildungsprozesses
Quelle: *VDMA (Hrsg.) 1997*

03. Wie sieht die erste Phase der Teambildung – Orientierung (Forming) – aus?

„In dieser ersten Phase der Teambildung müssen alte Gewohnheiten infrage gestellt und neue Regeln gelernt werden. Erste Bindungen entstehen in einem noch wenig vertrauensvollen Klima. Es wird viel diskutiert und noch wenig geleistet. Die Gefühle schwanken zwischen Euphorie und Misserfolgsbefürchtungen.

Teilweise kann auch eine scheinbare Effektivität vorherrschen, weil sich alle anfangs Mühe geben und sich nicht unbeliebt machen wollen. Dieses Verhalten ist aber nicht von Dauer und wird immer wieder durchbrochen."[1]

---

[1] Quelle: http://www.management-praxis.de/personal/coaching/die-vier-phasen-der-teambildung

Kennzeichen dieser Phase:

- höflich, unpersönlich, gespannt, vorsichtig
- mäßiger Arbeitseifer bei hohen Erwartungen
- Wo ist mein Platz in der Gruppe? Was wird von mir erwartet? Was denken die anderen von mir? Wie ist der Projektleiter?
- vorsichtiges Abtasten der Situation, freundliches Aufeinanderzugehen
- Bedürfnis, sich in die Gruppe einzugliedern und eine bestimmte Position einzunehmen.

04. Wie sieht die zweite Phase der Teambildung – Positionskampf und Rolle (Storming) – aus?

„Die zweite Phase ist möglicherweise die schwierigste für das Team. Es beginnt ein Wettstreit um Anerkennung und um Positionen, ein allgemeines Aufbegehren gegen die gestellten Aufgaben und die zugewiesenen Rollen, das auch Autoritäten infrage stellt. Ungeduld und Uneinigkeit führen zu oft chaotisch wirkenden Aktivitäten. Es besteht die Gefahr, dass Teammitglieder abspringen."[1]

Kennzeichen dieser Phase:

- Unterschwellige Konflikte, Polarisierung und Konfrontation, Cliquen-Bildung, mühsames Vorwärtskommen
- Enttäuschte Erwartungen
- Streit um Ziele, Aufgaben und Aktionspläne
- Gefühle von Frust, Verwirrung und Inkompetenz
- Negative Reaktion gegenüber Leitern und anderen Teilnehmern
- Konkurrenz um Machtpositionen und Aufgaben.

05. Wie sieht die dritte Phase der Teambildung Vertrautheit und Intimität (Norming) aus?

„Wenn der „Sturm vorüber ist, kommt es zu einer deutlichen Beruhigung. Die Teammitglieder haben sich untereinander kennengelernt, akzeptieren ihre Rollen und Normen und sind in der Lage, Konflikte konstruktiv auszutragen.

Ein Zusammengehörigkeitsgefühl entsteht, und die Teilnehmer zeigen verstärktes persönliches und zwischenmenschliches Engagement. Die Produktivität steigt, da die Energie der Einzelnen nicht mehr anderweitig gebunden ist."[2]

---

[1] Quelle: http://www.management-praxis.de/personal/coaching/die-vier-phasen-der-teambildung
[2] Quelle: http://www.management-praxis.de/personal/coaching/die-vier-phasen-der-teambildung

Kennzeichen dieser Phase:
- Entwicklung neuer Umgangsformen, Teamnormen und Verhaltensregeln bilden sich, Konflikte werden abgebaut
- Überwinden von Polarisierungen und Schuldzuweisungen
- Entwicklung von Übereinstimmung, Vertrauen, Hilfsbereitschaft und Respekt
- Entwicklung von Selbstvertrauen und Zuversicht
- offenerer Umgang miteinander und vermehrtes Feedback
- Teilen von Verantwortung und Kontrolle
- Gebrauch einer Teamsprache.

06. Wie sieht die vierte Phase – Differenzierung (Performing) – aus?

„Nach all diesen notwendigen Phasen wird das Team schließlich zu einer effektiv arbeitenden Einheit. Die Mitglieder akzeptieren sich und ihre Rollen und richten ihre Energien gemeinsam auf die Teamziele aus. Jeder hat seinen Platz gefunden; Gruppennormen und -traditionen spielen jetzt eine große Rolle bei der Tätigkeit."[1]

Kennzeichen dieser Phase:
- ideenreich, flexibel, offen, leistungsfähig. Die Energie konzentriert sich auf das Projekt.
- hohe Motivation, im Team mitarbeiten zu können
- kooperatives und eng ineinander verzahntes Arbeiten der Projektgruppe
- „gemeinsam sind wir stark"-Erlebnis
- selbstbewusstes Herangehen an die Aufgabe
- abwechselndes Führen
- Stolz auf erfolgreich gelöste Aufgaben
- hohes Leistungsniveau.

---

[1] Quelle: http://www.management-praxis.de/personal/coaching/die-vier-phasen-der-teambildung

07. In welchen Zeiträumen laufen die vier Phasen ab?

In der Praxis sind die einzelnen Phasen nicht klar voneinander abgegrenzt und gehen ineinander über. Wichtige Aufgabe des Projektleiters ist es, dafür zu sorgen, dass die ersten Phasen, die durch niedrige Produktivität gekennzeichnet sind, zügig bewältigt werden und das Team zum produktiven Arbeiten kommt. Die Performing-Phase sollte die längste der vier Phasen sein.

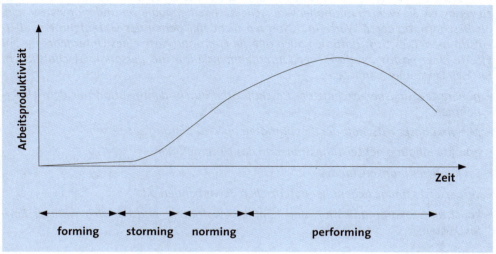

Zeitlicher Ablauf der Teambildungsphasen
Quelle: *VDMA (Hrsg.) 1997*

5.4.3 Unternehmenskultur und Grundsätze

01. Was bedeutet Unternehmenskultur?

Der Kulturbegriff und der Wert von Unternehmenskultur sind nur schwer zu fassen. In Wissenschaft und Unternehmenspraxis ist mittlerweile eine wahre Inflation von Kulturbegriffen und Differenzierungen anzutreffen. Begriffe wie Organisationskultur, Unternehmensklima, mitarbeiterfreundlich, gesundheitsfördernd, innovationsfreundlich, beteiligungsorientiert, familiär, kundenfreundlich gehören u. a. dazu.

Fast jeder hat eine etwas andere Vorstellung von dem, was Kultur bedeutet. Im Kern hat Unternehmenskultur mit gemeinsamen gelebten und akzeptierten Werten, Verhaltensweisen, Praktiken, bzw. Verhaltensnormen zu tun. Sie entwickelt sich über einen sehr langen Zeitraum und kann nur langsam verändert werden, aber sie kann verändert werden. Inwieweit und wie stark Einfluss auf die Unternehmenskultur genommen werden kann, darüber gehen die Meinungen durchaus je nach Verständnis des Kulturbegriffs auseinander.

02. Welche Auswirkungen hat die Unternehmenskultur auf die Personalpolitik?

„In einem sind sich mittlerweile die meisten Experten einig: Unternehmenskultur hat maßgeblichen Einfluss auf den langfristigen Erfolg von Unternehmen. Nähern wir uns dem Thema aus Personalersicht, dann ist dies gar nicht so schwer zu erklären. Fühlen sich die Beschäftigten in Unternehmen wohl, identifizieren sie sich mit den Werten und Normen des Unternehmens, dann werden sie nicht das Bedürfnis haben, das Unternehmen zu verlassen. Sie werden mit hoher Wahrscheinlichkeit engagierter und motivierter sein, als Beschäftigte, deren Werte und Normen nicht mit denen des Unternehmens übereinstimmen. Dies trifft natürlich auch auf die Führungskräfte eines Unternehmens zu! Effekte einer positiv empfundenen Unternehmenskultur aus personalwirtschaftlichem Blickwinkel können somit sein:

- *höhere Leistungsbereitschaft der Beschäftigten durch Identifikation mit dem Unternehmen*
- *Mitwirkungsbereitschaft der Beschäftigten an Veränderungsprozessen*
- *erhöhte Bindung der Leistungsträger an das Unternehmen*
- *Senkung des Krankenstandes*
- *verbessertes Image gegenüber potenziellen Bewerbenden und*
- *konstruktive Kommunikation und Konfliktbewältigung und dadurch weniger Konfliktkosten.*

In der Unternehmenskultur sind also wichtige Ankerpunkte für die allgemeine Arbeitszufriedenheit oder die generelle Leistungsbereitschaft der Mitarbeitenden verankert."[1]

03. Welche Bedeutung haben Führungsgrundsätze?

Häufig geht es in Führungsgrundsätzen um Werte wie Offenheit, Vertrauen, Kommunikation, Kundenorientierung etc. Wichtige Punkte sind dabei Standardisierung und Konformität (dieser Begriff geht zurück auf: *Türk 1982*) im Bereich des Führungsverhaltens.

Führungsgrundsätze sollen in zwei Richtungen wirken. Zum einen dienen sie der imagefördernden Außendarstellung des jeweiligen Unternehmens: „Seht her, hier stellt sich ein modernes, seine Mitarbeiter wertschätzendes Unternehmen dar". In werbewirksamer Form wird die Philosophie der Personalpolitik und der Führung in Schlagworten kommuniziert. Zum anderen sollen Führungsgrundsätze nach innen wirken und ein einheitliches Verhalten der Führungskräfte gegenüber ihren Mitarbeitern erreichen.

---

[1] Quelle: http://www.perwiss.de/thema-unternehmenskultur.html

Üblicherweise „aus der Praxis für die Praxis" entwickelt und formuliert (so Oswald Neuberger), enthalten Führungsgrundsätze überwiegend Aussagen über die grundsätzliche Philosophie des Unternehmens zu den Themen Führung und Umgang mit Mitarbeitern. Sie konzentrieren sich normalerweise auf die organisatorische Beziehung zwischen dem Unternehmen (vertreten durch deren Repräsentanten, den Führungskräften) und den Mitarbeitern.

In diesem Kontext enthalten die meisten Führungsgrundsätze Aussagen zu den folgenden Themenbereichen:

- Zielsetzung
- Delegation
- Information und Kommunikation
- Kooperation und Entscheidung
- Verantwortung
- Beurteilung
- Motivation und Konfliktregelungen.

Da Führungsgrundsätze schon vom Prinzip her nicht geeignet sind, individuell differenziertes, situativ abgestimmtes, also einzelfallbezogenes Führungsverhalten zu beschreiben, werden sie eher allgemein und situationsoffen als „Soll- oder Kann-Regelung" formuliert.

Die Inhalte von Führungsgrundsätzen lassen sich – wenn wir sie einmal analytisch betrachten – dann auch sehr schnell kritisieren. Das betrifft insbesondere die angedeutete systemimmanente Grundproblematik: Die Regeln sind normalerweise so allgemein und vage formuliert, dass sie kaum nutzbare Hinweise auf anzustrebendes Führungsverhalten liefern können.

Sollten sie tatsächlich exakt und eindeutig formuliert sein, produzieren sie lediglich einen starren Handlungsrahmen, der keiner Situation wirklich gerecht wird. Führungssituationen werden eben immer erst durch die Beteiligten aktuell sozial konstruiert.

Führungsgrundsätze Evangelische Krankenhausgemeinschaft Herne

Präambel
In der Krankenhausgemeinschaft wird ein situativ angemessener Führungsstil praktiziert, d. h. die Führungsgrundsätze orientieren sich an den Fähigkeiten der Mitarbeiter und den Erfordernissen der Situation. Die Zuständigkeit der Führungskraft, Entscheidungen zu treffen, bleibt davon unberührt. Die Beachtung und Umsetzung der nachfolgenden Grundsätze ist für alle Führungskräfte verbindlich. Führungskräfte im Sinne dieser Grundsätze sind Dienstvorgesetzte und alle Abteilungsleitungen.

Menschenbild und Wertschätzung
Die Führungskraft ist an das im Leitbild festgeschriebene christliche Menschen- und Weltbild gebunden, das davon ausgeht, dass Gott alles Leben geschaffen hat und ihm Würde und Wert beimisst. Ein wesentlicher Grundsatz dabei ist die Bildung gegenseitigen Vertrauens in das Entscheiden und Handeln des anderen, dies setzt Verlässlichkeit und Berechenbarkeit voraus.

Die Führungskraft drückt ihre Wertschätzung Mitarbeitern gegenüber dadurch aus, dass sie auf deren Gesundheit achtet, Über- und Unterforderung vermeidet, Möglichkeiten zur beruflichen Entfaltung schafft und jegliche Form der Diskriminierung vermeidet.

Loyalität
Die Führungskraft unterstützt die Interessen und Ziele des Unternehmens nach innen und außen und arbeitet konstruktiv an der Entwicklung und Verwirklichung der Unternehmensziele mit.

Transparenz
Die Führungskraft kommuniziert verbindlich und mit dem Ziel der zeitnahen Informationsweitergabe. Eine wichtige Grundlage für eine transparente Kommunikation ist die Begründung getroffener Entscheidungen.

Konfliktfähigkeit
Die Führungskraft setzt sich bei unterschiedlichen Standpunkten immer offen und konstruktiv und in sachlicher Weise mit den Betroffenen auseinander. In Fällen, in denen keine Einigung zwischen den Beteiligten zu Stande kommt, ist die zuständige Führungskraft verpflichtet, sich einzuschalten und eine Entscheidung zu treffen.

Mitarbeitergespräche
Die Führungskraft führt in regelmäßigen Abständen Mitarbeitergespräche. In den Gesprächen werden die Unternehmens- bzw. Abteilungsziele mit den individuellen Zielen des Mitarbeiters abgestimmt. Neben der Qualität der Zusammenarbeit sind Entwicklungsmöglichkeiten und Fortbildungsbedarf anzusprechen. Die Mitarbeitergespräche werden in Form von Zielvereinbarungsgesprächen standardisiert.

Ziele
Die Führungskraft ist für die Zielplanung der Abteilung verantwortlich, legt die Ziele für ihren Bereich in Übereinstimmung mit den von der Geschäftsführung festgelegten Unternehmenszielen fest und überprüft sie in festgelegten Abständen.

Quelle: http://www.evk-herne.de/index.php

04. Welche Anforderungen sollte eine Führungskraft besitzen?

Aus den Managementfunktionen und der Führungsverantwortung ergeben sich notwendige Kompetenzen (Handlungskompetenzen, Schlüsselkompetenzen) von Führungskräften.

Analysiert man die vorhandenen Kriterienkataloge in der Literatur und in der Praxis, werden an die Führungskräfte sehr hohe Anforderungen gestellt. Es wird rasch deutlich, dass in der Realität keine Führungskraft all diesen Anforderungen gerecht werden kann. Niemand ist gleichzeitig visionär, analytisch, ganzheitlich orientiert, sensibel, durchsetzungsfähig, weise, engagiert und aufnahmefähig.

Eine erfolgreiche Führungskraft muss sich angesichts der Vielfalt dieser Anforderungen klar darüber werden, welche Schlüssel-Verhaltensweisen bei ihr verändert werden sollten, sodass daraus ein möglichst großer Ausstrahlungseffekt entsteht. Die Frage, welche Anforderungskriterien dazu gehören, kann jeweils nur im Einzelfall – und unter Einbeziehung der Geführten – beantwortet werden.

Im Grunde werden vier Kompetenzfelder genannt, welche die Führungskraft besitzen sollte.

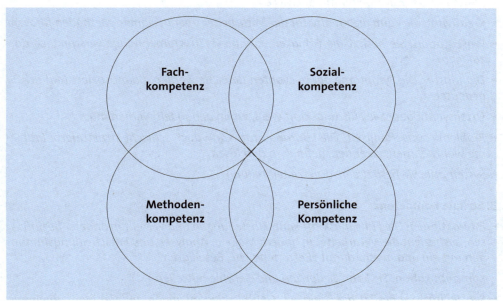

Übersicht vier Anforderungen an eine Führungskraft
Quelle: http://www.teialehrbuch.de/Kostenlose-Kurse/Unternehmensfuehrung/23207-Anforderungsprofile-fuer-Fuehrungskraefte.html

1. Fachliche Kompetenz

„Die Führungskraft benötigt eigene fachliche Erfahrung, um die fachliche Kompetenz der Mitarbeiter und deren Ergebnisse zu beurteilen, sie zielorientiert zu führen sowie die Notwendigkeit des Einsatzes zusätzlicher Experten erkennen zu können.

2. Methodische Kompetenz

- *Lernfähigkeit*: Auf der Grundlage einer entwickelten, individuellen Lerntechnik kann sich die Führungskraft mit hoher Effizienz in einem permanenten Prozess neue Fähigkeiten aneignen. Sie befindet sich damit in einem dauernden Lernprozess, in dem sie aus Erfahrungen lernt.
- *Denkfähigkeit*: Fähigkeit, abstrakt zu denken und Dinge auf den Begriff zu bringen, zu organisieren und unterschiedliche Daten in einen zusammenhängenden Bezugsrahmen zu integrieren; die Führungskraft kann kreative Prinzipien, Werte, Konzepte und Daten aus allen wissenschaftlichen und nichtwissenschaftlichen Bereichen organisieren und integrieren (vernetztes Denken).
- *Interaktionen*: Die Führungskraft beeinflusst die Interaktionen in der Gruppe über eine geeignete Methodik.
- *Steuerung*: Sie gestaltet Prozesse, indem sie die Lernmethodik und Problemlösungsstrategien der Mitarbeiter mit entwickelt.
- *Kreativität*: Sie kann die Kreativität der Mitarbeiter über geeignete Methoden fördern.
- *Präsentation*: Sie besitzt die Fähigkeit, komplexe Zusammenhänge verständlich darzulegen.
- *Diagnostik*: Die Symptome der relevanten Bereiche werden diagnostiziert und richtig gedeutet.
- *Urteilsvermögen*: Die Führungskraft weiß, wann gehandelt werden muss.
- *Problemlösungsfähigkeit*: Die Führungskraft kann auch schlecht strukturierte Probleme wahrnehmen, erkennen, definieren und lösen.
- *Systematik*: Sie besitzt eine gute Zeiteinteilung.

3. Soziale Kompetenz

- *Interaktionen*: Die Führungskraft kann Einstellungen und Verhalten anderer beeinflussen; sie bezieht die Mitarbeiter in hohem Maße in Analysen und Entscheidungsfindungen mit ein und macht damit „Betroffene" zu „Beteiligten".
- *Kommunikation*: Sie kann Gedanken und Gefühle mitteilen.
- *Sensibilität*: Sie besitzt die Fähigkeit, Gefühlsschwankungen anderer wahrzunehmen und ernst zu nehmen.
- *Konfliktfähigkeit*: Sie erkennt Konflikte frühzeitig und ist in der Lage, diese durchzustehen und zu einer Lösung zu führen.
- *Delegation*: Sie kann Aufgaben entsprechend den Fähigkeiten und Entwicklungszielen der Mitarbeiter delegieren.

- *Engagement:* Sie sieht sich selbst als aktiv partizipierendes Mitglied der Organisation, nimmt sich Zeit für die Mitarbeiter, forscht nach ihren Problemen und hat damit den Finger am Puls des Unternehmens.
- *Persönliche Reife:* Die Führungskraft besitzt die Fähigkeit, auf der Grundlage einer ausgeglichenen Persönlichkeit, mit Mitarbeitern und Vorgesetzten konstruktive Beziehungen aufzubauen und zu entwickeln.
- *Soziale Verantwortung:* Sie akzeptiert die soziale Verantwortung eines Managers und demonstriert dabei aktive Führungsqualitäten.

4. Persönliche Kompetenz

- *Wertebewusstsein:* Die Führungskraft besitzt ein kulturgerechtes Wertesystem.
- *Lernwilligkeit:* Die Führungskraft ist sich bewusst, dass ein permanenter Lernprozess die unabdingbare Voraussetzung für ihren Erfolg ist.
- *Feedback:* Sie fordert Rückkoppelung von ihren Mitarbeitern.
- *Förderung:* Sie sieht ihre zentrale Funktion in der Förderung der Mitarbeiter.
- *Akzeptanz:* Die Anerkennung der Persönlichkeit durch Mitarbeiter und Kollegen ist notwendige Voraussetzung, damit die Führungskraft eine Vorbildfunktion ausüben kann.
- *Objektivität:* Die Führungskraft kann mit emotionalen Abstand Aufgaben lösen; sie ist in der Lage, sich in die Metaebene zu versetzen.
- *Selbstkontrolle:* Sie besitzt die Fähigkeit, eigene Impulse und persönliche Belange unter Kontrolle zu halten.
- *Autorität:* Die Führungskraft hat das Gefühl, in eine Führungsrolle hineinzugehören und ist eine „natürliche" Führungspersönlichkeit, die aus einem starken Selbstbewusstsein heraus die volle Verantwortung übernimmt.
- *Aktive Handlungsorientierung:* Sie orientiert sich an Problemen und Bedürfnissen des Unternehmens
- *Offenheit:* Sie besitzt die Fähigkeit, aus dem gewohnten Denken auszubrechen und neue Ideen zu entwickeln und umzusetzen.
- *Sinn für Humor:* Sie nimmt sich selbst nicht zu ernst."[1]

---

[1] Quelle: http://www.teialehrbuch.de/Kostenlose-Kurse/Unternehmensfuehrung/23207-Anforderungsprofile-fuer-Fuehrungskraefte.html

5.4.4 Führungsstile und die Auswirkungen auf die Zufriedenheit

01. Welche Führungsstile lassen sich unterscheiden?

Führungsstile sind so unterschiedlich wie die Menschen, die sie prägen. Aus der Erkenntnis, dass es den optimalen Führungsstil nicht gibt, entwickelten sich verschiedene Führungsstile.

In dem bekanntesten Modell über Führungsstile geht es um das Ausmaß des Entscheidungsspielraums von Vorgesetzten und Mitarbeitern, was gleichzeitig Hauptkritikpunkt ist, denn es beschreibt nur eindimensional die Verhaltensdimension „Grad der Mitentscheidung".

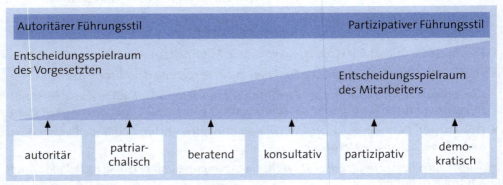

Führungskontinuum nach *Tannenbaum* und *Schmidt*
Quelle: http://www.personaler-online.de/typo3/fuehrung/fuehrungsstil.html

Die Merkmale der einzelnen Führungsstile:

- **Autoritär:** Vorgesetzter entscheidet allein und ordnet an.
- **Patriarchalisch:** Vorgesetzter entscheidet allein, versucht aber die Mitarbeiter von seiner Entscheidung zu überzeugen.
- **Beratend:** Vorgesetzter stellt Entscheidung in Frage und lässt sich beraten, um zu überzeugen, entscheidet danach allein.
- **Konsultativ:** Vorgesetzter informiert Mitarbeiter; bittet Mitarbeiter um Meinungsäußerungen; berücksichtigt die Meinungen, entscheidet allein.
- **Partizipativ:** Gruppe entwickelt Lösungsvorschläge; Gruppe verständigt sich mit dem Vorgesetzten auf den Lösungsbereich; Vorgesetzter entscheidet sich für die von ihm favorisierte Lösung.
- **Demokratisch:** 1. Vorgesetzter erläutert der Gruppe den Entscheidungsspielraum; Gruppe entscheidet innerhalb dieses Entscheidungsspielraums; 2. Gruppe entscheidet nach freiem Ermessen; Vorgesetzter moderiert die Diskussion.

02. Was besagen die Führungsstile nach *Max Weber*?

Bei dem Führungsstil nach *Max Weber* (1864 - 1920) geht es um die Legitimationsgründe von Führung, also warum sich Menschen von einer bestimmten Person führen lassen.

Max Weber unterscheidet verschiedene Ausprägungen:

- **Autokratischer Führungsstil:** Gibt dem Führenden uneingeschränkte Machtfülle und verpflichtet den Untergebenen zu Gehorsam. Die Führungskraft ist Autorität und hat weitgehende Kontrolle (siehe autokratischer Stil).
- **Patriarchalischer Führungsstil:** Zieht seine Legitimation aus der Erfahrung und dem Status des Führenden und beruht auf dessen Güte und Wohlwollen. Auch in diesem Fall genießt der Führende die alleinige Machtfülle, übernimmt eine im großbürgerlichen Sinne väterliche Funktion für seine Untergebenen. Für sie ändert sich im Vergleich zum autoritären Führungsstil nichts. Lediglich ihre Identifikation mit dem Führenden und damit ihre Motivation kann – je nach seiner Persönlichkeit – eine andere sein.
- **Charismatischer Führungsstil:** Er basiert noch stärker als der patriarchalische Führungsstil auf der Ausstrahlung, dem Charisma des Führenden. Dieser ist unumschränkte Leitfigur und Vorbild und übt darüber seine Macht über seine Untergebenen aus. Ist das Charisma des Führenden positiv, kann es in schwierigen Zeiten Ansporn für sie sein. Aber auch hier ist die Beziehung zwischen Führenden und Untergebenen einseitig.
- **Bürokratischer Führungsstil:** Er ist personenunabhängig. Vorschriften, Gesetze, unabänderliche (bürokratische) Strukturen regeln den Arbeitsablauf. Die Mitarbeiter sind nicht der Willkür einer einzelnen Person ausgeliefert, denn die Macht liegt in den Strukturen. Der Vorgesetzte ist es nur auf bestimmte Zeit und austauschbar. Notwendige Veränderungen oder schnelles, flexibles Reagieren in Krisenzeiten durch die meist starren Regelungen sind allerdings so gut wie unmöglich.

03. Wie werden die Führungsstile nach *Kurt Lewin* definiert?

Der Psychologe *Kurt Lewin* (1890 - 1947) untersuchte Führungsstile in Bezug auf ihren Einfluss auf Produktivität und Effizienz. Er teilte sie in drei Gruppen ein:

- **Autoritärer Führungsstil** (entspricht dem autokratischen Führungsstil Webers)
- **Kooperativer bzw. demokratischer Führungsstil**
- **Laissez-faire-Führungsstil.**

Lewin untersuchte übrigens in den Iowa-Studien den Zusammenhang zwischen Führungsstil und Leistung. Eine Teilnehmergruppe wurde sich selbst überlassen, eine andere arbeitete unter den Bedingungen einer autoritären Führung. Ergebnis: Die Gruppe ohne Führung schnitt in Bezug auf Aufgabeninteresse, Teamgeist und Zufriedenheit deutlich schlechter ab. Das bedeutet, dass eine wie auch immer geartete Führung für eine effiziente Leistung und Motivation notwendig ist.

04. Was besagt der autoritäre Führungsstil?

Ein autoritärer Führungsstil zeichnet sich dadurch aus, dass die Führungskraft das Zepter allein in der Hand hält. Mit dem Führungsgedanken, dass alle Fäden an einem Punkt zusammenlaufen, leitet und delegiert hier eine Person alle anderen nach dem Top-Down-Prinzip. Er gibt dem Führenden uneingeschränkte Machtfülle und verpflichtet den Untergebenen zu Gehorsam. Fehlleistungen werden bestraft.

Der Führende fungiert als Autorität ohne Zugang zu seiner Person. Er hat dadurch Kontrolle über alle Vorgänge, kann schnell entscheiden und verändern. Gleichzeitig beschneidet er aber Motivation und Einsatz seiner Untergebenen. Autoritärer Führungsstil bedeutet auch ein höheres Risiko bei Fehlentscheidungen, denn die Entscheidungsgewalt liegt ausschließlich in der Hand einer einzigen Person.

Sowohl der Patriarch als auch der charismatische Vorgesetzte gehören in die Gruppe der autoritären Führungspersönlichkeiten.

Folgende Merkmale kennzeichnen das Wesen dieses Führungsstils:
- alle Informationen bündeln sich bei der Führungskraft
- Regeln und Anweisungen bestimmen die Arbeitsabläufe
- starke Leistungsorientierung in der Führung
- Distanz zwischen der Führungs- und der Mitarbeiterebene
- die Bedürfnisse der Mitarbeiter spielen kaum eine Rolle
- Aufgaben werden ohne Diskussion delegiert
- kein Raum für Eigeninitiative
- Alleinentscheidungsgewalt der Führungsperson.

05. Welche Vor- und Nachteile lassen sich beim autoritären Führungsstil nennen?

Vorteile: Führungskräfte mit der Tendenz zu autoritärer Führung sind in der Regel fachlich äußerst kompetent und ehrgeizig im Erreichen der eigenen und der Unternehmensziele. Von eher passiven oder unsicheren Mitarbeitern wird „milde, väterliche Strenge" positiv wahrgenommen. Durch die dichte Kontrolle werden termingerechte Arbeitsergebnisse erzielt.

Nachteile: Je nach Ausprägung des autoritären Führungsstils kann es bei den Mitarbeitern zu Motivationsverlust kommen. Kaum jemandem ist es angenehm mit einer Person konfrontiert zu sein, die „alles weiß und alles kann", selbst wenn sie sich dabei gönnerhaft verhält.

06. Was wird unter dem kooperativen Führungsstil verstanden?

Ein kooperativer Führungsstil zeichnet sich dadurch aus, dass Führungskraft und Mitarbeiter sowohl in der Entwicklung von Ideen, als auch in der Umsetzung von Projekten eng zusammenarbeiten und sich in ihren Kompetenzen ergänzen. Verantwortlichkeiten und Aufgaben werden nach Konsensfindung aufgeteilt.

Das Delegieren von Verantwortung und die Motivation seiner Mitarbeiter sind wichtige Bestandteile dieses auf Mitbestimmung ausgerichteten Führungsstils. Eigeninitiative wird gefördert, Kreativität freigesetzt. Durch die Verteilung der Verantwortung auf mehrere Personen und deren Kenntnis wichtiger Vorgänge wird der Ausfall eines Verantwortungsträgers besser bewältigt.

Die Aufgabe der Führungskraft ist es, dafür zu sorgen, dass alle „an einem Strang" ziehen und möglichst schnell möglichst gute Ergebnisse erzielen.

Folgende Wesensmerkmale sind charakteristisch:
- Klima offener Kommunikation
- Zulassen von Ideen und Kritik
- Mitsprachemöglichkeit und Entscheidungsteilhabe der Mitarbeiter
- Kultur des gegenseitigen Respekts.

07. Welche Vor- und Nachteile lassen sich beim kooperativen Führungsstil nennen?

Vorteile: Durch die offene Kommunikation sind Verantwortungsbereitschaft und Leistungsbereitschaft sehr hoch. Es entsteht das Gefühl, dass alle „in einem Boot" sitzen. Außerdem können alle Beteiligten in allen Phasen am Erfolg aktiv mitwirken, dies schafft Motivation. Die Führungskraft wird durch die Übernahme von Verantwortlichkeiten entlastet und kann sich anderen Aufgaben zuwenden.

Nachteile: Manchmal kann die Konsensfindung in neu gebildeten Teams viel Zeit in Anspruch nehmen. Auch die Konkurrenz der Mitarbeiter untereinander kann zu Problemen führen.

08. Was bedeutet Laissez-faire-Führungsstil?

Der Laissez-faire-Führungsstil verzichtet weitgehend auf das Eingreifen des Vorgesetzten in die Arbeitsabläufe. Die Mitarbeiter sind keinen Regeln unterworfen, sie entscheiden eigenständig und kontrollieren sich selbst innerhalb des Teams. Damit kann jedes Teammitglied sein Arbeitsumfeld nach seinen Vorlieben gestalten, was die Leistung des Einzelnen erheblich steigern kann.

Folgende Wesensmerkmale kennzeichnen diesen Führungsstil:

- geringe Anteilnahme an den Arbeitsabläufen
- Aussagen und Instruktionen oft unklar
- unpersönlicher Umgang mit den Mitarbeitern
- Mitarbeiter sind sich selbst überlassen.

09. Welche Vor- und Nachteile lassen sich beim Laissez-faire-Führungsstil nennen?

Vorteile: Eigenständiges Arbeiten wird gefördert.

Nachteile: Ohne jegliches Feedback zur eigenen Arbeit nimmt die Motivation schnell ab. Dies führt häufig zum schleichenden Verlust von Eigeninitiative. Es wird nur das Nötigste getan, denn alles was darüber hinaus geht wird nicht „belohnt". Letztlich droht sogar das Burnout-Syndrom bei den Mitarbeitern.

10. Was besagt das Verhaltensgitter nach *Blake* und *Mouton*?

Das Verhaltensgitter ist ein wissenschaftliches Modell, das die Kombinationen von verschiedenen Formen des Führungsverhaltens aufzeigt. Die Differenzierung erfolgt zwischen Aufgaben- und Mitarbeiterorientierung als Hauptdimensionen innerhalb des Führungsprozesses. Beide Dimensionen verwenden *Blake* und *Mouton*, um im Managerial Grid verschiedene Kombinationen zu kennzeichnen (vgl. Abbildung).

Dieser Ansatz ist zweidimensional auf die Aspekte Menschenorientierung und Sachorientierung ausgerichtet. Als Basis für diese Entwicklung dienten die OHIO- Studien, die sich auf Beziehungen und Aufgaben bezogen.

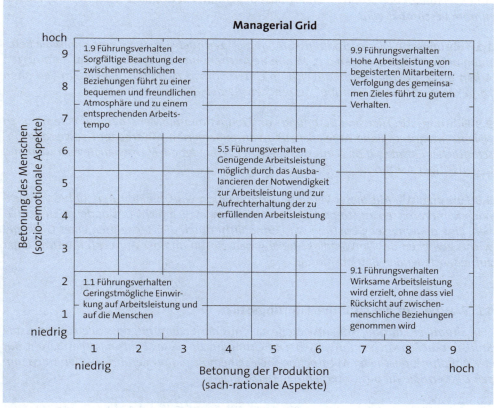

Verhaltensgitter nach *Blake* und *Mouton*
Quelle: http://wirtschaftslexikon.gabler.de/media/331/82919.png

„Durch die Arbeit mit dem Managerial Grid erhält man 81 Kombinationen von Menschen- und Sachorientierung und kann somit eine sehr genaue Analyse des jeweiligen Vorgesetzten durchführen. Es dient selbstverständlich auch der Selbstanalyse und hilft bei der Auswahl geeigneter Instrumente sowie geeigneter Entwicklungsmethoden um Schwächen zu schwächen und Stärken zu stärken.

Blake und Mouton fokussieren vor allem die fünf Extremkombinationen wie im Grid angezeigt:

1,9-Führungsstil: Dieser Führungsstil ist durch eine geringe Betonung der Produktion und eine hohe Betonung des Menschen gekennzeichnet. Die Rücksichtnahme auf die Bedürfnisse der Mitarbeiter nach zufriedenstellenden zwischenmenschlichen Beziehungen bewirkt ein gemächliches und freundliches Betriebsklima und Arbeitstempo.

9,1-Führungsstil: Hier liegt die Betonung der beiden Dimensionen genau umgekehrt. Die Führungskraft konzentriert sich auf eine maximale Produktion und schreibt den Mitarbeitern vor, was und wie sie zu arbeiten haben. Der Betriebserfolg beruht darauf, die Arbeitsbedingungen so einzurichten, dass der Einfluss persönlicher Faktoren auf ein Minimum beschränkt wird.

1,1-Führungsstil: Diese Verhaltenskombination zeichnet sich durch eine minimale Betonung beider Orientierungen aus. Minimale Anstrengung zur Erledigung der geforderten Arbeit genügt gerade noch, um sich im Unternehmen zu halten. Bei diesem Verhalten kann kaum noch von „Führung" gesprochen werden.

9,9-Führungsstil: Hier sind Betonung von Produktion und Menschen auf einem hohen Niveau integriert. Hohe Arbeitsleistung von engagierten Mitarbeitern sowie gemeinschaftlicher Einsatz für das Unternehmensziel verbindet die Menschen in Vertrauen und gegenseitiger Achtung.

5,5-Führungsstil: Mit dieser Verhaltenskombination wird ein Führungsstil beschrieben, nach Kompromissen zu streben und zu versuchen, es sich nicht mit anderen zu verderben. Eine angemessene Leistung wird ermöglicht durch die Herstellung eines Gleichgewichts zwischen der Notwendigkeit, die Arbeit zu tun und der Aufrechterhaltung einer zufriedenstellenden Betriebsmoral."[1]

11. Was besagt der situative Führungsstil?

„Ein situativer Führungsstil entwickelte sich aus der Erkenntnis, dass alle Führungsstile Stärken und Schwächen aufweisen. Das Grundprinzip dieses Führungsstiles beruht auf der Annahme, dass jeder Mitarbeiter nach seinem Reifegrad geführt werden muss, um seine Potenziale für das Unternehmen freizusetzen.

Die Führungskraft führt nicht unreflektiert mit dem ihr eigenen Stil, sondern sie passt ihren jeweiligen Führungsstil weitgehend an den Reifegrad des Mitarbeiters an.

---

[1] Quelle: http://www.personaler-online.de/typo3/fuehrung/fuehrungsstil.html

Daraus ergeben sich folgende Arten der Führung:

- **Reifegrad 1 – Diktieren:** *Geben Sie genaue Anweisungen und überwachen Sie die Leistung.*
- **Reifegrad 2 – Argumentieren:** *Erklären Sie Entscheidungen und geben Sie Gelegenheit für Klärungsfragen.*
- **Reifegrad 3 – Partizipieren:** *Teilen Sie Ideen mit und ermutigen Sie die Mitarbeiter eigene Entscheidungen zu treffen.*
- **Reifegrad 4 – Delegieren:** *Übergeben Sie die Verantwortung zur Entscheidungsfindung und Durchführung.*

Ein situativer Führungsstil bedient sich also je nach Situation einzelner Elemente des kooperativen und/oder autoritären Führungsstils. So kann es durchaus möglich sein, dass ein Mitarbeiter, der in der Projektplanung ein Experte ist, auf diesem Gebiet von seinem Vorgesetzten völlig freie Hand bekommt. Bei einer anderen Aufgabe, die für ihn neu ist, wird er jedoch eine präzise Anleitung und Kontrolle erhalten.

Der große Vorteil des situativen Führungsstils ist, dass die Fähigkeiten der Mitarbeiter je nach Anforderung umfassend genutzt und erweitert werden."[1]

12. Wie sollte mit Fehlern von Mitarbeitern umgegangen werden?

Die meisten Mitarbeiter haben Angst, Fehler zu machen oder – noch schlimmer – bei Fehlern entdeckt zu werden. Das führt leicht dazu, dass Pleiten, Pech und Pannen entweder vertuscht oder schöngeredet werden. Und wenn sie dann doch ans Tageslicht kommen, beginnt die Diskussion, wer denn die Schuld dafür trägt. All dies ist unproduktiv.

Eine gute Führungskraft versucht den Mitarbeitern die Angst vor Fehlern zu nehmen. Dazu gibt es einen ganz einfachen Weg: Es kann eine Belohnung für jeden gefundenen Fehler ausgesetzt werden – egal, ob beim Mitarbeiter selbst, bei einem anderen oder im System der Organisation. Die Belohnung sollte kein tatsächlicher finanzieller Anreiz sein, sondern eher eine sympathische Geste: z. B. der Applaus in der wöchentlichen Besprechung für jeden, der einen Fehler entdeckt hat.

Folgendes Motto kann hierbei hilfreich sein: „Wir haben den Fehler gefunden – und nicht unser Kunde." Das stärkt das Bewusstsein, dass Fehler über kurz oder lang immer vom Kunden gefunden werden – mit allen negativen Konsequenzen.

---

[1] Quelle: http://www.berufsstrategie.de/bewerbung-karriere-soft-skills/fuehrung-situativer-fuehrungsstil.php

Der zweite Schritt ist dann, den Prozess, der zu dem Fehler geführt hat, so zu verbessern, dass der Fehler nicht noch einmal passieren kann. Ein „Zauberwort" für richtige Führung: Mitarbeiter benötigen Checklisten. Führungskräfte besprechen mit ihren Mitarbeitern, wie der Prozess optimiert werden muss. Wichtig dabei, man sollte sich nicht lange mit dem Warum aufhalten, sondern den Fokus der Mitarbeiter auf Lösungen lenken. Also z. B. „wie kann sichergestellt werden, dass dieser Fehler unter keinen Umständen noch einmal passiert?" Aus den Ergebnissen kann dann eine Checkliste entwickelt werden, mit der fortan alle beteiligten Mitarbeiter arbeiten.

Wenn diese Strategie konsequent verfolgt wird, besteht die Gefahr, dass schnell ein unüberschaubarer Berg von Checklisten produziert wird – die selbst wiederum eine Fehlerquelle darstellen, weil kein Mensch mehr überblickt, welche Checkliste es überhaupt gibt und welche noch aktuell ist.

Deshalb sollten regelmäßig sämtliche Checklisten kritisch geprüft werden.

- Ist die Checkliste überhaupt noch nötig? Kann Sie aussortiert werden, weil sich die Umstände geändert haben?
- Können Checklisten zusammengeführt und verkürzt werden, um die Anzahl überschaubar zu halten?
- Sind die schon vor längerer Zeit erstellten Checklisten noch auf dem neuesten Stand? Oder gibt es Umstände, die eine Aktualisierung erfordern?

Wenn trotz eindeutiger Checklisten oder anderer Vorkehrungen sich die gleichen Fehler wiederholen, dann suchen viele Mitarbeiter immer wieder ihr Heil in Ausreden oder im Abwälzen der Schuld auf andere: „Das ist passiert, weil XY krank war." Oder „Das Computersystem war ausgefallen." In diesem Fall kann die Dennoch-Strategie gegen Ausreden genutzt werden. Man kann zu den Mitarbeitern sagen: „Es wird immer wieder passieren, dass jemand krank wird oder ein Computer abstürzt. Wie können wir dennoch sicherstellen, dass dies nicht noch einmal vorkommt?"

5.4.5 Führungstechniken
01. Welche Führungstechniken können eingesetzt werden?

„Personalführung ist die zielorientierte Einflussnahme auf Einstellungen und Handlungsweisen der Mitarbeiter durch die Führungskraft.

Damit ist die Personalführung ein Teil der Unternehmensführung mit dem Ziel, produktive soziale Systeme zu steuern. Führung bezieht sich dabei sowohl auf einzelne Mitarbeiter als auch auf Gruppen sowie deren Interaktionen. Sie ist kein einseitiger Akt, bei dem die Mitarbeiter einem Einfluss ausgesetzt sind. Vielmehr handelt es sich um einen Prozess des Zusammenwirkens zwischen Vorgesetzten und Mitarbeitern. Somit wird Führung - je nach beteiligten Personen und deren inneren und äußeren Umwelt - ganz unterschiedlich wahrgenommen. Der Führungsstil ist dabei ein bestimmtes Verhaltensmuster des Vorgesetzten. Die Möglichkeiten zur Einflussnahme sind vielfältig.

Grundsätzlich kommen zwei Führungsansätze in Frage:

- *Führung durch Strukturen: Im Rahmen des institutsorientierten Managements werden Strukturen im Bereich der Organisation, des Personals und der Informationen gestaltet. Beispiel: Organigramme, Stellenbeschreibungen, Personalentwicklungsprogramme.*
- *Führung durch Menschen: Das Handeln des Vorgesetzten, seine Art, Ziele zu verdeutlichen, Aufgaben zu koordinieren und Mitarbeiter durch Gespräche zu motivieren wird zum zentralen Bestandteil der Führung.*
- *Mit der Definition des Begriffes Führung sind die Personen noch nicht konkretisiert. Auch hier bietet die Literatur eine Vielzahl von Definitionen, die von der Steuerungsfunktion oder von der Hierarchie ausgehen. Grundsätzlich kommen folgende Kriterien zur Beschreibung der Führungsfunktion in Frage:*

Führungsfunktionen		
Menschenführung	**Entscheidungskompetenz**	**Kontrolle**
Diese Funktion ist sicherlich ein zentrales Element der Führung, jedoch nicht jeder, der Menschen führt, ist eine Führungskraft. So wird ein Sachbearbeiter, der einen Auszubildenden überantwortet bekommt, dadurch nicht zur Führungskraft.	Führungskräfte treffen unternehmensrelevante Entscheidungen bis hin zu Personalentscheidungen, z. B. im Bereich des Arbeitseinsatzes.	Führungskräfte kontrollieren die Umsetzung und ziehen aus den Ergebnissen die notwendigen Konsequenzen.

Daraus leitet sich folgende Definition ab:

- *Führungskräfte sind Personen im Unternehmen, welche Mitarbeiter führen, unternehmensrelevante Entscheidungen treffen und deren Umsetzung steuern.*
- *In der Praxis wird der Begriff Führungskräfte oftmals hierarchisch verstanden. Danach sind Führungskräfte durch ihre Position im Unternehmen gekennzeichnet."*[1]

---

[1] Quelle: http://www.teialehrbuch.de

Quelle: http://www.teialehrbuch.de

Zu den bedeutsamsten Führungstechniken zählen:
- Management by Exception
- Management by Delegation
- Management by Objectives
- Management by Systems.

02. Was bedeutet die Führungstechnik Management by Exception?

Bei dieser Führungstechnik können die Mitarbeiter innerhalb eines vorgeschriebenen Rahmens selbstständig Entscheidungen treffen. Alle „normalen" Entscheidungen treffen die jeweils zuständigen Stellen. Die Vorgesetzten entscheiden nur in Ausnahmefällen. Diese Führungstechnik richtet sich auf die Führungsfunktion „Entscheiden" aus.

03. Was bedeutet die Führungstechnik Management by Delegation?

Hierbei werden Handlungsverantwortung und Kompetenzen auf die Mitarbeiter übertragen, sofern es sich nicht um bestimmte Funktionen in der Unternehmensführung beziehungsweise Aufgaben mit entsprechend weitreichenden Konsequenzen handelt. Diese Führungstechnik richtet sich auf die Führungsfunktion „Realisieren" aus.

Führungskräfte können nicht alle Aufgaben selbst erledigen und sollten deshalb die Führungstechnik des Delegierens beherrschen.

Hierbei gibt es weitere Techniken und Prinzipien, die hilfreich sind. Dazu gehören das Paretoprinzip bzw. die 80/20-Regel und die Eisenhower-Methode.

04. Was besagt das Pareto-Prinzip bzw. die 80/20-Regel?

Das Pareto-Prinzip besagt, dass 80 % der Ergebnisse mit 20 % des Aufwands erzielt werden. Daher wird es auch 80/20-Regel genannt. Es leitet sich von dem italienischen Soziologen *Vilfredo Pareto* ab, der im 19. Jahrhundert die Verteilung des Volksvermögens untersuchte und herausfand, dass 80 % des Wohlstands bzw. der Einkommen von 20 % der Bevölkerung erwirtschaftet und in Besitz gehalten wurden.

Das Pareto-Prinzip ist leicht auf andere Bereiche übertragbar und kann vielfach im Arbeitsleben wie auch im Alltag beobachtet werden:

- 20 % der Kunden stehen für 80 % der Umsätze.
- 20 % der Verkäufer realisieren 80 % der Aufträge.
- Mit 20 % des Sortiments erzielen wir 80 % des Umsatzes.
- In 20 % der Zeit erreichen wir 80 % unserer Arbeitsergebnisse.
- 20 % der Kleidung, die sich in unserem Kleiderschrank befindet, tragen wir zu 80 % der Zeit.

Folgende Anwendungsbereiche für die 80/20-Regel bieten sich im Bereich mit Führung und Planung an:

Mitarbeiterplanung und -führung: Wie setze ich meine Personalressourcen am effektivsten ein? Welche Aufgaben übertrage ich welchem Mitarbeiter? Wer sind meine Leistungsträger? Wie kann ich meine Mitarbeiter so fördern, damit sie effektiver arbeiten?

Strategische Planung: Will ich das große Ganze voranbringen und Entwicklungen schnell antreiben? Oder ist ein rundum perfektes Produkt übergeordnetes Ziel? Wie viel Schaden kann entstehen, wenn ich mich in bestimmten Unternehmensbereichen konsequent gemäß der 80/20-Regel verhalte und weniger effektive Bereiche vernachlässige?

05. Was besagt das Eisenhower-Prinzip?

„Das Eisenhower-Prinzip ist eine populäre Methode aus dem Zeit- und Selbstmanagement. Führungskräfte erhalten mithilfe des Tools Hinweise zur Strukturierung des eigenen Tagesablaufs sowie interessante Aussagemöglichkeiten über den eigenen Führungsstil, der sich aus dem individuellen Schwerpunkt der Priorisierung der täglichen Aufgaben ableiten lässt.

Dwight D. Eisenhower (34. Präsident der Vereinigten Staaten) wird eine Arbeitsmethode der Priorisierung zugeschrieben, die sich nach ihm das Eisenhower-Prinzip nennt. Dieses Prinzip organisiert sich um die beiden Dimensionen ‚wichtig' und ‚dringlich':

Wichtige Aufgaben sind von ihren inhaltlichen Konsequenzen her bedeutend. Eine Zuordnung in der Dimension ‚wichtig' setzt eine eigene Zielsetzung voraus, denn nach Eisenhower sind wichtige Tätigkeiten jene, die insbesondere der Erreichung eigener Ziele dienen.

Dringende Aufgaben haben einen zeitlich nahen Erfüllungstermin. Als ‚dringend' sind alle Aufgaben zu interpretieren, die eine unmittelbare Aufmerksamkeit fordern und nicht verschoben werden können.

Trägt man die beiden Dimensionen in einem Diagramm auf, ergeben sich die vier Aufgabentypen:

A: *wichtig und dringend*

B: *nicht dringend, aber wichtig*

C: *nicht wichtig, aber dringend*

D: *nicht dringend und nicht wichtig."* [1]

Wichtigkeit ↑	**B-Aufgabe** **Kompass 20 %** langfristige Ziele Planung und Termine Strategie Effizienz **Ziel: Maximierung**	**A-Aufgabe** **Aktion/Entscheidung 15 %** schnelles Handeln gefragt Krisenmanagement sofort Feuerwehr **Ziel: Reduzierung**
	D-Aufgabe **Papierkorb** unwichtig unrelevant Was bringt es? **Ziel: Auflösung**	**C-Aufgabe** **Tagesgeschäft 65 %** Routineaufgaben Vereinfachen Nein-Sagen Delegieren **Ziel: Minimierung**
	Dringlichkeit →	

Grafik Eisenhower-Methode
Quelle: http://cobetras.info/wp-content/uploads/2011/05/Zielsetzung-der-Führungskraft1.png

---

[1] Quelle: http://www.managerseminare.de/Datenbanken_Tools/Das-Eisenhower-Prinzip

06. Was bedeutet die Führungstechnik Management by Objectives?

Bei dieser Führungstechnik werden die Mitarbeiter auf der Basis von Zielen tätig, die zwischen ihnen und den Vorgesetzten vereinbart wurden oder die ein Vorgesetzter vorgegeben hat. Die Ziele sollten nach der SMART-Formel aufgestellt und formuliert werden.

Die SMART-Formel ist eine Denk- und Arbeitshilfe, die das Formulieren von Zielen erleichtert.

- S steht für **spezifisch** (genau, exakt, präzise)
- M für **messbar**
- A für **attraktiv, akzeptiert**
- R für **realistisch** (z. B. in Bezug auf Zeit, Kosten, Arbeitsaufwand)
- T für **terminiert**.

07. Was bedeutet die Führungstechnik Management by Systems?

Führung erfolgt durch Systemsteuerung. Das heißt, dass alle betrieblichen Abläufe im Sinne von Regelkreisen gelenkt werden. Die Führungskraft wirkt dabei als Regler auf eine bestimmte Regelstrecke (das Problem, das es zu beeinflussen gilt) ein.

08. Welche weiteren Führungstechniken gibt es?

Weitere Führungstechniken sind z. B.:

- Arbeitstechniken
- Kreativitätstechniken
- Informationstechniken
- Analysetechniken
- Kommunikationstechniken.

5.4.6 Führungsinstrumente

01. Was sind Führungsinstrumente?

Führungsinstrumente sind Methoden, die eine Führungskraft einsetzen kann, um die Führung der Mitarbeiter überhaupt erst zu ermöglichen, aber auch zu erleichtern. Die folgende Übersicht veranschaulicht die Dimensionen der Führung und Führungsinstrumente.

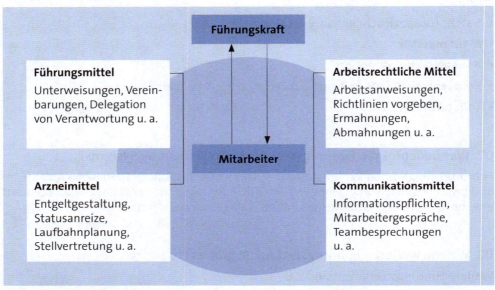

Quelle: DAA Aufstiegsfortbildung, Personalfachkauffrau/Personalfachkaufmann

02. Wie kann das Mitarbeitergespräch als Führungsinstrument eingesetzt werden?

Das Instrument für eine systematische Zielvereinbarung und die Evaluation der Erreichung ist das Mitarbeitergespräch.

- Gespräche mit Mitarbeitern sind das wichtigste und effektivste Führungsmittel überhaupt.
- Das strukturierte Mitarbeitergespräch ist Pflichtteil jeder Kommunikationsstrategie.
- Am Anfang jeder Potenzialerkennung muss das Mitarbeitergespräch stehen.

Ein Mitarbeitergespräch ist ein geplantes und vorbereitetes ein- bis zweistündiges Gespräch

- zwischen Mitarbeitern und unmittelbaren Vorgesetzten
- unabhängig vom Tagesgeschäft
- nach vereinbarten Regeln

- entlang eines Gesprächsleitfadens
- dessen gemeinsam getroffenen Vereinbarungen am Ende schriftlich festgehalten werden.

Es beinhaltet folgende Elemente:
- Rückblick auf das vergangene Jahr (Ziele und deren Umsetzung)
- Rückblick auf die Zusammenarbeit zwischen Führungskraft und Mitarbeiter
- Vereinbarung von Schwerpunkten und daraus abgeleiteten Zielen für das nächste Jahr
- Entwicklungsmaßnahmen für die Mitarbeiter.

Das Mitarbeitergespräch ist ein wesentlicher Grundbaustein der Personalentwicklung:
- Mitarbeitergespräche verbessern die Zusammenarbeit zwischen Mitarbeitern und Führungskräften.
- Mitarbeitergespräche kommunizieren die Arbeitserfahrungen von Führungskräften und Mitarbeitern und machen sie transparent.
- Die Ziele für die Arbeit werden gemeinsam verbindlich vereinbart und ausgewertet.
- Mitarbeitergespräche beseitigen Arbeitshindernisse.
- Mitarbeitergespräche fördern die Entwicklung von Mitarbeitern und erhöhen dadurch insgesamt die Arbeitszufriedenheit.

03. Welchen Nutzen hat das Mitarbeitergespräch für Vorgesetzte und Mitarbeiter?

Nutzen Mitarbeiter
Die Mitarbeiter
- wirken aktiv an der Planung künftiger Aufgaben mit.
- gewinnen durch eine gemeinsame Zielvereinbarung Klarheit über ihre künftigen Aufgaben und Arbeitsschwerpunkte und erkennen deutlicher ihren Beitrag am Gesamterfolg ihrer Abteilung bzw. Einrichtung.
- erhalten einen größeren Handlungsspielraum und entwickeln mehr Eigeninitiative.
- bekommen direkte Rückmeldungen seitens der Führungskräfte. Dadurch wird ihre Arbeit wertgeschätzt.
- überprüfen regelmäßig, ob sie entsprechend ihren Fähigkeiten optimal eingesetzt sind und wie Defizite durch Entwicklungsmaßnahmen beseitigt werden können.
- haben die berufliche Weiterentwicklung kontinuierlich im Blick.

Nutzen Führungskräfte
- Die einzelnen Mitarbeiter rücken stärker ins Bewusstsein der Führungskräfte und ihr Beitrag für die Abteilung bzw. das Unternehmen wird besser sichtbar.

- Die Planung für das kommende Jahr wird stärker an die Potenziale der Mitarbeiter gekoppelt.
- Der offene Dialog fördert die Kooperation und das gegenseitige Verständnis bei der Lösung von Aufgaben und Problemen.
- Das Mitarbeitergespräch hilft den Führungskräften, Mitarbeiter besser wahrzunehmen und einzuschätzen.
- Vereinbarte Maßnahmen geraten nicht in Vergessenheit.
- Führungskräfte erhalten Rückmeldungen seitens der Mitarbeiter.

04. Welche Grundregeln bestehen für eine effektive Gesprächsführung?

Für das Mitarbeitergespräch ist neben einer guten Strukturierung die Beachtung bestimmter Grundregeln notwendig.

„Wichtige Regeln sind:
1. *Gesprächsvorbereitung (Mein Ziel, meine Einstellung, mein Gefühl zum anderen, meine Fallen, meine Stärken?)*
2. *dem Anderen respektvoll gegenübertreten*
3. *Kontakt herstellen (Blickkontakt, Körperausdruck beobachten und auf Kongruenz achten)*
4. *Erwartungen klären (Worum geht es? Was wollen wir voneinander?)*
5. *Informationen zum Thema einholen (Nicht werten, öffnende Fragen stellen, statt Alternativen vorzugeben, Informationsflut stoppen, strukturieren und auswählen lassen)*
6. *im Hier und Jetzt arbeiten (Keine „alten Kamellen" durchkauen)*
7. *„Ich" statt „man" und „wir" verwenden*
8. *Wichtige Gesprächsinhalte paraphrasieren. (Als Paraphrasierung wird in der Kommunikationstheorie die sachliche Wiederholung einer empfangenen Botschaft mit eigenen Worten verstanden.)*
9. *Körperausdruck und Gefühlsinhalte beachten*
10. *Interpretationen deutlich machen (sparsam anwenden, kennzeichnen, anbieten)*
11. *Authentisch und selektiv miteinander reden. (Nicht alles, was wahr ist, muss ich sagen; aber alles was ich sage, muss wahr sein.)*
12. *50 :-Regel beachten (Mindestens 50 : der Energie zur Problemlösung müssen beim Gesprächspartner liegen.)*
13. *Bilanz ziehen (Was haben wir geklärt und was ist offen geblieben? Welche Fragen sind neu entstanden? Welche nächsten Schritte stehen an? Feedback.)*".[1]

---

[1] Quelle: Gührs, Manfred/Nowak, Claus: *Das konstruktive Gespräch. Ein Leitfaden für Beratung, Unterricht und Mitarbeiterführung mit Konzepten der Transaktionsanalyse*, Meezen 2002

05. Wie kann ein Workshop als Führungsinstrument eingesetzt werden?

Ein Workshop ist ein personalwirtschaftliches Instrument, mit dem die Teilnehmer Lösungsansätze für ein bestimmtes Thema erarbeiten. Die Gruppe wird dabei von einem Leiter oder Moderator unterstützt. Ziele eines Workshops können das Lösen von Problemen, das Treffen von Entscheidungen oder die Stärkung des Zusammenhalts der Teilnehmer sein.

Ein Workshop wird für einen Zeitraum von einem halben bis zu zwei Tagen geplant. Dadurch soll gewährleistet werden, dass ein Thema in aller Ruhe besprochen werden kann und die Lösungswege und weiteren Aktivitäten diskutiert werden können.

Der Ablauf eines Workshops lässt sich in vier verschiedene Phasen unterteilen:
- Vorbereitung
- Diskussion
- Entscheidung
- Nachbereitung.

06. Wie kann Mentoring als Führungsinstrument eingesetzt werden?

Bei der Führung von Mitarbeitern und der daraus resultierenden Strategie der Personalentwicklung kann sich die Führungskraft professionelle Hilfe durch einen Mentor holen.

Mentoring ist daher ein Führungsinstrument, bei der eine erfahrene Person (Mentor/in), ihr fachliches Wissen und ihre Erfahrungen an eine unerfahrene Personen (Mentee) weitergibt.

Ziel ist die Unterstützung bei der beruflichen und persönlichen Entwicklung.

Formal zielt Mentoring auf die Förderung außerhalb des üblichen Vorgesetzten-Untergebenen-Verhältnisses ab. Inhaltlich geht es darum, informelle Regeln zu vermitteln, in bestehende Netzwerke einzuführen, praktische Tipps zu geben und langfristig die Karriere zu fördern. Es geht darum, Erfahrungen und Wissen weiterzugeben, dabei aber nicht auszuschließen, dass im Prozess stets neue Erfahrungen, neues Wissen, neue Sicherheiten hinzu erworben werden.

Unternehmen können mit einem nachhaltigen Mentoringkonzept ihre Chancen vergrößern, trotz eines zu erwartenden knappen Angebots an potenziellen Führungskräften einen Pool zukunftsorientierter Talente zu gewinnen. Das alte, eindimensionale, auf Kontinuität ausgerichtete Lebenslaufbild ist überholt. Geistiges Kapital wird durch Erfahrene weitergegeben, die ein Potenzial an Lebenserfahrung und sozialer Intelligenz besitzen.

07. Welche Anreizmodelle können als Führungsinstrument eingesetzt werden?

Erfolgreiche und nachhaltige Führungsarbeit ist nicht nur der gezielte Einsatz der richtigen Führungsinstrumente, sondern auch eine Frage der inneren Haltung, wie eine Führungskraft auf Mitarbeiter und Kollegen zugeht und welche Form des professionellen Miteinanders gewählt wird. Weiterhin ist jedes Individuum im beruflichen Kontext immer nur ein Teil eines mehr oder weniger gut funktionierenden Systems. Dieses System wirkt auf Menschen und Menschen haben Wirkungen auf das System. Dabei spielen Anreizmodelle eine wesentliche Rolle.

Das folgende Schaubild gibt eine Übersicht über gängige Anreizmodelle:

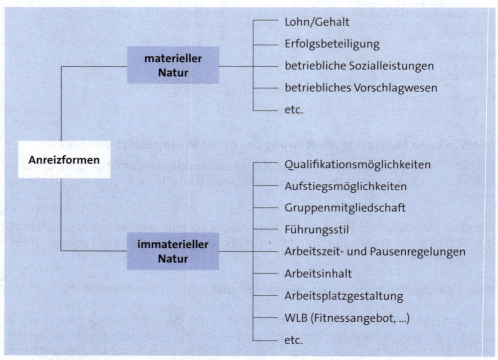

Quelle: *MASTERARBEIT Nachhaltige Mitarbeiterbindung mit Anreizsystemen, Weber/Wangle*

08. Wie lässt sich das Cafeteria-Modell als Anreizsystem nutzen?

Mitarbeiterbindung ist heute ein zentrales Thema in den Unternehmen. Zufriedene Mitarbeiter steigern die Wertschöpfung im Betrieb, gleichzeitig verringern sich Kosten durch geringere Fluktuation.

Das Cafeteria-Modell funktioniert folgendermaßen: Der Mitarbeiter kann ganz nach seinen individuellen Bedürfnissen zwischen verschiedenen Angeboten auswählen. So kann er zum Beispiel direkte Leistungen wie Versicherungen, Pensionspläne, Arbeitgeberdarlehen oder auch Sachleistungen wie Firmenfahrzeuge, Kinderbetreuung, Sportprogramme, zusätzliche Urlaubstage in Anspruch nehmen. Die Mitarbeiter verfügen über ein „Wahlbudget", mit dem sie zwischen den Angeboten auswählen können. Diese Systeme sind zeitlich flexibel, da je nach Lebenssituation unterschiedliche Angebote bereitstehen.

Cafeteria-Systeme fördern somit die Motivation der einzelnen Arbeitnehmer und binden den Mitarbeiter längerfristig an das Unternehmen. Für den Arbeitgeber haben diese Systeme den Vorteil, dass er auf dem Arbeitsmarkt als „attraktives" Unternehmen gilt und so interessant für qualifiziertes Personal ist.

09. Wie kann die Balanced Scorecard als Führungsinstrument genutzt werden?

„Die Balanced Scorecard soll ... den strategischen Führungsprozess im Unternehmen unterstützen bzw. als Handlungsrahmen für diesen Prozess dienen. Ihr aktuell durchschlagender Erfolg in der Unternehmenspraxis zeigt sowohl den hohen Bedarf einer Ergänzung monetärer Steuerungsgrößen als auch die erkannte Dringlichkeit, Strategien besser mit dem operativen Geschäft zu verzahnen. Für ersteren Aspekt bilden die vorgeschlagenen vier Perspektiven der Balanced Scorecard einen tragfähigen Ansatz, da sie letztlich die gesamte Wertschöpfungskette abbilden."[1]

5.4.7 Führung von Teams

01. Was ist beim Führen von Teams zu beachten?

Die Erreichung einer dauerhaft hohen Motivation der Mitarbeiter hängt sehr stark von der Art der Mitarbeiterführung ab. Nicht nur die entsprechende Ausbildung der Führungskraft ist hier ausschlaggebend, sondern vielmehr deren menschliche Eignung. Gutes Einfühlungsvermögen und ein hohes Maß an Kommunikationsgeschick sind deshalb unabdingbare Voraussetzung für ein erfolgreiches Führen von Mitarbeitern.

02. Wie wird der Begriff Team definiert?

Ein Team ist eine Gruppe von Personen, die gemeinsam eine Aufgabe erledigen sollen. Oft besteht innerhalb des Teams keine formelle Hierarchie. Grundidee der Arbeit im Team ist das Zusammenwirken ergänzender Fähigkeiten und Fertigkeiten der Team-

---

[1] Quelle: http://wirtschaftslexikon.gabler.de/Definition/balanced-scorecard.html

mitglieder, um ein Ergebnis zu erreichen, das für jedes einzelne Teammitglied allein nicht leistbar gewesen wäre.

03. Welche Voraussetzungen müssen für eine effiziente Teamarbeit vorliegen?

Damit Teams effizient und erfolgreich arbeiten, bedarf es vor allem einer kompetenten Führung. Sie beginnt mit der richtigen Zusammenstellung des Teams. Die Teammitglieder müssen zueinander passen, in menschlicher wie in fachlicher Hinsicht. Die Kunst ist es, das Team so zusammenzustellen, dass die Mitglieder komplementäre Kompetenzen haben. Von der Persönlichkeit her sollten die Teammitglieder aber nicht zu sehr verschieden sein. Sonst gibt es zu häufig Anlässe für Konflikte.

Wie der einzelne Mitarbeiter braucht auch das Team ein klar definiertes, herausforderndes Ziel. Dieses sollte gemeinsam erarbeitet werden, damit sich jeder mit diesem Ziel identifizieren kann. Wichtig: Alle Teammitglieder müssen hinter diesen Zielen stehen und sie aktiv verfolgen. Sonst teilt sich die Gruppe in Aktive und Mitläufer auf. Die Gefahr: Die Gruppe zerfällt, die erzielten Ergebnisse bleiben hinter dem tatsächlichen Potenzial des Teams zurück.

Regeln für erfolgreiche Teamarbeit:
- Je früher unterstützende Maßnahmen zur Teamentwicklung ergriffen werden, umso effizienter sind sie.
- Teams müssen den gemeinsamen Erfolg in den Mittelpunkt rücken. Eine klare Arbeitsteilung ist dennoch notwendig.
- Die Teamarbeit muss ein koordiniertes Zusammenwirken sein.
- Die Teamführung und Entscheidungsverfahren müssen eindeutig geregelt sein.
- Teamrelevante Themen müssen gemeinsam erarbeitet werden.
- Überlassen Sie das Team nicht sich selbst.
- Geben Sie dem Team Zeit, um zu einer leistungsfähigen Einheit zusammenzuwachsen.
- Achten Sie darauf, dass die Mitarbeiter ein klares Rollenverständnis entwickeln.
- Achten Sie auf eine gute Kommunikation untereinander und wechselseitige Abstimmung.
- Verhindern Sie, dass Einzelinteressen wichtiger genommen werden als die Teaminteressen.
- Beziehen Sie die Teammitglieder ein, wenn neue Mitarbeiter ins Team aufgenommen werden sollten.
- Sorgen Sie dafür, dass die Vergütung auch die Teamleistung berücksichtigt.[1]

---

[1] Quelle: *Wegele, Rosenheim*

04. Welche unterschiedlichen Rollen sind in Gruppen erkennbar?

„Gruppenstrukturen, lassen sich anhand von verschiedenartigen Beziehungen zwischen den Gruppenmitgliedern abbilden, etwa anhand von Sympathie- und Ablehnungsbeziehungen (Soziometrie), Kommunikationsbeziehungen (wer spricht wie oft zu wem?), Status- bzw. Machtbeziehungen (wer übt in welchem Maße Einfluss auf wen aus, Macht) und Rollen. Gruppenstrukturen wirken sich auf das Empfinden, Denken und Verhalten der Gruppenmitglieder aus und unterliegen Veränderungen, die durch das Verhalten der Gruppenmitglieder geprägt werden. Deshalb ist eine Abgrenzung der Gruppenstruktur vom Gruppenprozess (als dynamischem Ereignis) nicht sinnvoll (Gruppe)."[1]

In der Regel kristallisieren sich innerhalb kurzer Zeit in Gruppen verschiedene Positionen heraus, die von den einzelnen Gruppenmitgliedern eingenommen werden und unterschiedlich ausgefüllt werden. Mit den meisten Rollen identifizieren sich einzelne Gruppenmitglieder bewusst oder unbewusst. Die Position bezieht sich auf einen „sozialen Ort" in einer sozialen Struktur, der bestimmte Rechte und Privilegien einräumt, aber auch bestimmte Pflichten mit sich bringt.

Der Status bezeichnet den Platz, den ein Individuum in einem sozialen System einnimmt und an den bestimmte Rollenerwartungen geknüpft werden. Der formelle Status ergibt sich aus der Hierarchie und ist oft mit Statussymbolen verbunden. Der informelle Status bildet sich ungeplant in der Gruppe heraus (z. B. Status des „Außenseiters").

- Der **Gruppenführer** hat die Funktion, die Gruppe zusammenzuhalten, bestimmt und koordiniert die Gruppenziele. In Gruppen, in denen es keinen offiziellen Gruppenleiter gibt, wetteifern meist der Beliebteste und der Normentreuste (Tüchtigste) um diese Position. Beide Rollen sind laut *George C. Homans* unvereinbar.

- Der **Beliebte** wird von allen gemocht und verkörpert die emotionale Seite der Gruppenbedürfnisse. Da er die „Strenge" der angesetzten Gruppenmaßstäbe nicht verkörpert, ist er als Gruppenführer ungeeignet. Seine Anweisungen werden lapidar hingenommen und meist ungenügend ausgeführt. Er bleibt meist erfolglos bei der Zielerreichung und wird dadurch unbeliebter.

- Der **Tüchtige** verkörpert die normativen Ziele der Gruppe. Damit kann er nicht der Beliebteste sein: *„Es recht zu machen jedermann, ist die Kunst, die keiner kann."*

- Der **Mitläufer** orientiert sich am Gruppenleiter. Mitläufer sind diejenigen, die sich vom Gruppenführer lenken und leiten lassen, ohne sich dabei übermäßig benachteiligt zu fühlen.

- Der **Opponent** hat als starkes Mitglied Leitungsqualitäten und dadurch eine besondere Beziehung zum Gruppenführer, ist jedoch nicht zum Führer gemacht worden und macht diesem (unter)bewusst seine Position streitig. Er ist oft auch dafür verantwortlich, dass soziale Konflikte akut werden. Meist richten sich die dabei entstehenden Aggressionen gegen schwächere Mitglieder. Im Kleinen spielt er die Rolle der „Gegenelite".

---

[1] Quelle: http://www.wissenschaft-online.de/abo/lexikon/psycho

- Der **Sündenbock** ist im Allgemeinen das schwächste Gruppenmitglied, er wird meist dafür verantwortlich gemacht, wenn die Gruppe ein Ziel nicht erreicht hat und die genaue Ursache dessen zu nennen einer sozialen Zensur unterliegt.
- Der **Außenseiter** kann durchaus eine Beraterfunktion übernehmen. Meist jedoch kommt er über die Funktion des „Klassenkaspers" nicht hinaus.

05. Welche Konflikte können in einem Team auftreten?

In einem Team können vier verschiedene Arten von Konflikten auftreten.

06. Was sind Sachkonflikte?

Bei Sachkonflikten geht es um Meinungsverschiedenheiten, die auf unterschiedliche Kenntnisse, Erfahrungen, Vorlieben und Sichtweisen in der Sache zurückgehen.

Für eine Problemstellung, bzw. ein Ziel, sind mehrere Lösungen denkbar, man kann sich aber auf keine Lösung einigen.

Beispiel

- Welche Ziele werden mit welcher Priorität angestrebt?
- Welcher Qualitätsmaßstab soll gelten?

Was der eine für die optimale Vorgehensweise hält, erscheint dem Kollegen als falsch. In diesem Konfliktfall streiten sich die Beteiligten über die richtige Methode oder über den richtigen Weg zum Projektziel.

Beispiel

- Schätzungen über den Zeitaufwand für Arbeiten
- Welches Phasenkonzept oder Vorgehensmodell soll gelten?
- Welches ist die beste Methode für die anstehende Aufgabe?
- Welche Ressourcen stehen zur Verfügung?
- Wie ist bei Pannen und Problemen zu verfahren?

Sachkonflikte können sich aus zunächst harmlosen Meinungsverschiedenheiten ganz allmählich zu einem Konflikt mit zunehmend emotionaler Bedeutung entwickeln („Aufschaukeln"). Möglich ist aber auch, dass eine Partei sachliche Argumente vorbringt, aber bewusst auf die emotionale Ebene der anderen Partei zielt.

07. Wie soll man mit Sachkonflikten umgehen?

Im Konfliktfall sollen die Beteiligten ihre Argumente sachlich austauschen und die Sache gründlich ausdiskutieren. Da sich die Richtigkeit der persönlichen Einschätzung nur schwer objektiv beweisen lässt, kann es dazu kommen, dass keine Einigung erzielt wird. In diesem Fall muss der Projektleiter oder eine höhere Instanz eine Entscheidung herbeiführen.

08. Was sind Kompetenzkonflikte?

Ursachen für diese Konflikte sind persönliche Interessen, der Kampf um Macht- und Einfluss oder um Karriereziele. Es geht um Themen wie:

- Wer darf was entscheiden?
- Wer ist wofür verantwortlich?
- Wer verhandelt mit welcher Kompetenz mit welchen externen Partnern?
- Wer darf welche Unterlagen einsehen?
- Wer verteidigt welchen Status oder welche Vorrechte?

Die Folge sind ständige Auseinandersetzungen, die die Arbeit stören. Die Zusammenarbeit im Team klappt nicht. Informationen werden nicht weitergegeben, Zuständigkeiten sind nur unzureichend geklärt und geben Anlass zu Missverständnissen. Es kommt es zu Doppelarbeiten, andere Aufgaben werden gar nicht erledigt. Daraus resultieren Stress, Ärger und Motivationsverlust.

09. Wie kann man Kompetenzkonflikten vorbeugen?

Die Rechte und Pflichten des Projektleiters und der Teammitglieder müssen eindeutig festgelegt werden, am besten schriftlich. Voraussetzung dazu ist ein klarer Projektauftrag und eine professionelle Projektplanung. Aufgaben- und Kompetenzverteilung wird vor Projektbeginn festgelegt, etwa im Rahmen eines Start-up-Workshops.

Aufgetretene Konflikte sollten vom Projektleiter gemeinsam mit dem Team angegangen werden. Fragen, die zu besprechen sind:
- Wo treten häufig unnötigerweise Konflikte auf?
- Was sollten wir anders regeln?
- Was könnte uns helfen, in Zukunft besser zusammenzuarbeiten?

10. Was sind Verteilungskonflikte?

Bei Verteilungskonflikten geht es um die als ungerecht empfundene Verteilung von Aufgaben, Ressourcen oder Vergünstigungen.
- Teammitglieder haben Sorge, zu kurz zu kommen.
- Die Arbeitsverteilung wird als ungerecht empfunden.
- Ein Mitarbeiter fühlt sich überlastet und so gegenüber anderen Teammitgliedern benachteiligt.
- Die Verteilung von Ressourcen wird von Teammitgliedern als ungerecht empfunden.
- Es geht darum, wer bekommt was und wie viel?

11. Wie kann man Verteilungskonflikten vorbeugen?

Der Projektleiter versucht eine gerechte Lösung zu finden und eventuellen Konflikten vorzubeugen, indem er auf eine faire Verteilung der Aufgaben und Ressourcen achtet.

12. Wie äußern sich Beziehungskonflikte?

Ursachen für Beziehungskonflikte sind Antipathie und persönliche Vorurteile zwischen den Teammitgliedern. Verschiedene Temperamente, Arbeitsstile oder Verhaltensweisen können dazu beitragen. Beziehungskonflikte sind äußerlich erkennbar durch Umgangston und Wortwahl. Sie gehen meist mit starken Emotionen einher und sind für die Beteiligten sehr belastend. Es geht um Fragen wie:
- Wer mag wen nicht?
- Wer will wen besiegen?
- Wer hat mit wem noch eine Rechnung offen?

13. Wie kann man Beziehungskonflikten vorbeugen?

Um Beziehungskonflikte im Projektteam muss sich vorrangig der Projektleiter kümmern. Manchmal reicht ein Appell an mehr Toleranz. Manchmal ist ein Kritikgespräch mit den Betroffenen notwendig. In manchen Fällen hilft auch eine räumliche Trennung der Beteiligten.

Bei Konflikten ist es wichtig, die Sach- und die Beziehungsebene zu trennen. Wenn die Partner bei einem Konflikt erkennen, dass sich dieser nicht primär auf der Sachebene, sondern auf der Beziehungsebene abspielt, ist die Chance für eine Lösung gegeben. Man wird versuchen müssen, den Konflikt auf dieser Ebene – in Kooperation mit anderen – zu bewältigen.

Watzlawick u. a. geben hier die Empfehlung, entweder beim Wechseln des Konfliktes von der Sach- auf die Beziehungsebene auszusteigen, oder aber wenigstens diesen Wechsel klar zu markieren und zu konstatieren: Wir verlassen jetzt die Sachebene, wir werden jetzt persönlich."

14. Welche weiteren Arten von Konflikten kann man unterscheiden?

Offene Konflikte: Der Konflikt ist offen ausgebrochen und wird nun mit den verschiedenen Techniken und steigender Eskalationsstufe ausgetragen. Ziel jeder Seite ist es, sich in diesem Konflikt gegenüber dem Gegner durchzusetzen. Der Projektleiter sollte besänftigend auf die Beteiligten einwirken, ein offenes Gespräch initiieren und Kompromisslösungen gemeinsam entwickeln.

Latente Konflikte: Die Beteiligten spüren Unbehagen und Unmut, aber noch ist der Konflikt nicht klar erkennbar. Die Interessengegensätze wurden noch nicht offen benannt und angesprochen. Ein Tropfen kann das Fass zum Überlaufen bringen. Der Projektleiter sollte die Atmosphäre beobachten und auf ein Konfliktpotenzial hindeutende Zeichen ernst nehmen. Er sollte versuchen, den Konflikt vorbeugend zu entschärfen.

Verschobene Konflikte: Es besteht ein Konflikt, dieser wird aber nicht offen angesprochen, sondern es wird auf einen Nebenschauplatz ausgewichen. Diese Konflikte sind dem Beobachter, häufig sogar den Beteiligten, nicht recht klar. Für den Projektleiter ist sehr viel Aufmerksamkeit und eine gute Beobachtungsgabe erforderlich, um den eigentlichen Kern des Konflikts zu erkennen. Nur so kann er gelöst werden. Ein offenes Gespräch in ruhiger Atmosphäre kann möglicherweise Abhilfe schaffen.

15. Welche beruflichen Handlungskompetenzen sollte eine Führungskraft besitzen?

Fachliches und berufstheoretisches Wissen allein sind heute nicht mehr ausreichend, um Mitarbeiter und Führungskräfte sinnvoll auf ihre berufliche Zukunft vorzubereiten. Um die ständigen Veränderungen bewältigen zu können, sind fachübergreifende Qualifikationen erforderlich, die eine Adaption vorhandenen Wissens an neue Anforderungen ermöglichen.

Neben dem nötigen Fachwissen werden Selbstständigkeit im Denken und Handeln sowie die Bereitschaft und Fähigkeit zur Kooperation, Kommunikation und Teamfähigkeit gefordert. Die rein fachlichen Qualifikationen können nur dann erfolgreich eingesetzt werden, wenn sie von weiteren extrafunktionalen Qualifikationen begleitet werden. Da diese den Schlüssel zu lebenslangem Lernen und damit zu beruflichem und privatem Erfolg darstellen, werden sie als Schlüsselqualifikationen bezeichnet. Daraus lassen sich verschiedene Kompetenzen der Führungskraft beschreiben:

Fachkompetenz
Ein ausgeprägtes fachliches Know-how mit Erfahrungshintergrund zur Nutzung für aktuelle und neue Aufgaben und Problemlösungen.

Soziale Kompetenz
Sensibilität und Wertschätzung für andere Menschen. Diese Kompetenz äußert sich besonders im sachlichen und fairen Verhalten bei Konflikten. Es ist die Fähigkeit, sich in andere Personen hineinzuversetzen, sich auf sie einzustellen und die Bereitschaft, andere Menschen so zu akzeptieren, wie sie sind. Die Fähigkeit, mit anderen Menschen konstruktiv zusammenzuarbeiten, Aufgaben gemeinsam anzugehen und zu bewältigen.

Methodenkompetenz
Die Fähigkeit, verschiedene situations- und personengerechte Methoden anzuwenden, um ein Ziel effektiv zu erreichen.

Persönlichkeitskompetenz
Menschen mit hoher Persönlichkeitskompetenz können mit Veränderungen umgehen und ruhen in sich selbst. Sie schöpfen Kraft und Ansporn aus dem Erfolg der eigenen Anstrengungen, aus den Aufgaben, denen sie sich stellen, aber auch aus ihrem Privatleben, das den Ausgleich zur beruflichen Anspannung bildet. Die Persönlichkeitskompetenz wirkt sich auf alle Fähigkeitsbereiche aus.

5.4.8 Personalzufriedenheit

01. Wie kann hohe Personalzufriedenheit erreicht werden?

Die Zeiten haben sich gewandelt. In der Ära der Industrialisierung wurden revolutionäre Maschinen entwickelt, der Mensch hatte sich anzupassen. Eine Weile lang ging das gut. Doch heute, in der globalisierten und sich schnell ändernden Arbeitswelt, funktioniert dies nicht mehr.

Für ein Unternehmen ist der größte Erfolgsfaktor nicht mehr die Maschine, sondern der Mensch. Moderne Personalpolitik setzt auf gegenseitigen Respekt, fördert Mitarbeiter und motiviert sie. Das stärkt das Image des Unternehmens und wirkt sich direkt auf den Unternehmenserfolg und die Personalzufriedenheit aus.

02. Womit befasst sich die Arbeits- und Organisationspsychologie?

Die Arbeits- und Organisationspsychologie befasst sich mit psychologischen Fragen in der Arbeitswelt. Es werden Beschreibungen und Erklärungen des arbeitsbezogenen Erlebens und Verhaltens von Personen in Organisationen behandelt und wissenschaftlich untersucht. Der Übergang von der Arbeits- zur Organisationspsychologie ist grundsätzlich fließend. Früher wurden die beiden Bereiche in dem Begriff Betriebspsychologie zusammengefasst.

Die Arbeitspsychologie beschäftigt sich mit der Analyse, der Bewertung und der Gestaltung von Arbeitstätigkeiten. Ziel ist es, Arbeit so zu gestalten, dass die Gesundheit und Leistungsfähigkeit der Beschäftigten erhalten sowie Lern- und Entwicklungsmöglichkeiten gefördert werden.

Der Arbeitsbegriff ist bewusst weit gefasst: Auch Beziehungen zwischen Organisation und Umwelt, Arbeit und Freizeit sowie Arbeitslosigkeit zählen zum Untersuchungsgegenstand.

Ziel der Arbeitspsychologen ist es,

- menschliche Arbeit in Organisationen angenehmer und effizienter zu gestalten
- die Arbeitsprozesse besser den körperlichen und psychischen Gegebenheiten und Kapazitäten des Menschen anzupassen
- Aufgaben und Arbeitsabläufe sinnvoll zu gestalten
- wirtschaftliche Leistungen zu verbessern.

Aus Sicht der Arbeitspsychologie ist der Taylorismus, der die Arbeit in kleinste Teile zerstückelte und zu einer erhöhten Produktion führte, für viele Mitarbeiter ein Problem. Aufgrund der Monotonie im Job fühlen sie sich wertlos und sehen keinen Sinn in ihrer Arbeit. Ihre Leistung sinkt und Kosten, z. B. wegen gesundheitlicher Schäden oder hoher Fluktuation sind die Folge. Neue Formen der Arbeitsorganisationen versuchen diese Probleme zu beseitigen. Mit

- Job Rotation,
- Job Enlargement,
- Job Enrichment und
- teilautonomen Gruppen

kann ein Unternehmen die Arbeitsmotivation der Angestellten verbessern.

03. Was versteht man unter Job Rotation?

Job Rotation ist im Prinzip ein Kreislauf mit mehreren Stationen in einem Unternehmen. Jede Station steht für einen bestimmten Job, z. B. Marketing, Administration, Vertrieb etc. Die Mitarbeiter wechseln nach einiger Zeit die Stationen und lernen so die verschiedenen Arbeitsbereiche kennen. Die Belegschaft rotiert sozusagen im Job. Der große Vorteil für Unternehmen ist, dass sie bei Krankheitsfällen schnell und kostengünstig intern Stellen besetzen können. Allerdings müssen die Mitarbeiter auch in der Lage sein, sämtliche Aufgaben zu übernehmen und dies auch wollen. Ansonsten hat die Firma erneut mit unzufriedenen Mitarbeitern zu kämpfen.

04. Was ist der Inhalt von Job Enlargement?

Beim Job Enlargement wird das Tätigkeitsfeld erweitert. Der Mitarbeiter erhält zusätzliche Aufgaben, die sich zumeist an seine bisherige Tätigkeit anschließen oder vorgelagert sind. Das Unternehmen passt die zeitlichen Vorgaben an das erweiterte Aufgabenfeld an. Ähnlich wie bei der Job Rotation kann der Mitarbeiter mehrere Tätigkeiten ausüben.

05. Was ist die Kernaussage bei Job Enrichment?

Job Enrichment fügt verschiedenartige Arbeitselemente zu einer Handlungseinheit zusammen. Ein Arbeiter könnte etwa ein Produkt planen, es erstellen und anschließend testen. Der Mitarbeiter erledigt beim Job Enrichment Kopf- und Handarbeit zugleich und führt nicht stumpfe Arbeitsschritte aus. Er hat größere Möglichkeiten, sich zu entfalten und sich direkt einzubringen. Die Zufriedenheit steigt allerdings nur bei denjenigen, die dies auch wollen. Manche Mitarbeiter bevorzugen strikt reglementierte Aufgaben und scheuen die eigene Verantwortung. Daher muss ein Unternehmen seine Mitarbeiter genau kennen, bevor es ein umfassendes Job-Enrichment-Programm starten kann.

06. Was sind teilautonome Gruppen?

Teilautonome Gruppen erledigen in größeren Teams komplexe und ganzheitliche Aufgaben, die eine einzelne Person nicht schaffen könnte. Innerhalb der Einheit bilden sich Hierarchien aus und die Mitglieder teilen die Aufgaben untereinander auf. Daher bedarf es kommunikativer und teamfähiger Mitarbeiter, die in kleinen Gruppen effektiv arbeiten. Die Mitarbeiter sehen die Arbeit als sinnvoll an und sind oftmals stolz auf ihr Produkt. Insbesondere, wenn Unternehmen Qualität fördern wollen, bietet sich eine teilautonome Gruppe an.

07. Mit welchen Inhalten befasst sich die Organisationspsychologie?

„Die Organisationspsychologie befasst sich mit Bedingungen, Abläufen und Konsequenzen des Handelns von Menschen in Organisationen, mit Fragen betrieblicher und institutioneller Zusammenarbeit. Die Organisationspsychologie ist somit ein Teilgebiet der angewandten Psychologie, in der man sich mit der Wechselwirkung von Individuen und Organisation befasst. Untersuchungsgegenstand der Organisationspsychologie ist das Erleben, Verhalten und Handeln des Menschen in (betrieblichen) Organisationen. In der betrieblichen Praxis beschäftigt sich die Organisationspsychologie etwa mit den Bereichen Gruppenarbeit, Vorgesetztenverhalten oder Unternehmenskommunikation."[1]

Die Organisationspsychologie ist also ein Wissenschaftszweig der Psychologie und befasst sich mit dem Verhalten von Menschen in der Arbeitswelt. Dabei sind Manager und Mitarbeiter in Unternehmen der Industrie, des Handwerks, ebenso gemeint wie in Krankenhäuser, Hochschulen usw.

5.5 Beurteilen von Personalentwicklungspotenzialen sowie Festlegen und Evaluieren von Personalentwicklungszielen

5.5.1 Ziele der Personalentwicklung hinsichtlich der Unternehmensziele

01. Welche Ziele verfolgt die Personalentwicklung?

„Personalentwicklung ist der Prozess der Förderung, Bildung und Unterstützung der Mitarbeiter zur Erreichung der Organisationsziele.

Sie setzt in der Phase der ersten Kontaktaufnahme im Rekrutierungsprozess ein und endet mit dem Ausscheiden des Individuums aus der Organisation."[2]

„Zielsetzung der Personalentwicklung ist es, zwischen den Zielen des Unternehmens und den Bedürfnissen des Mitarbeiters zu vermitteln. Dies geschieht in Form ausgehandelter Kompromisse.

---

[1] Quelle: http://lexikon.stangl.eu/4329/organisationspsychologie/
[2] Quelle: *Krämer 2007*

Voraussetzung für eine erfolgreiche Realisierung von Personalentwicklungsmaßnahmen ist, dass unterschiedliche Zielkategorien der Personalentwicklung klar getrennt werden sowie Klarheit bei den Beteiligten über die zu erreichenden Zielsetzungen besteht.

Die organisationsbezogene Zielsetzung der Personalentwicklung besteht darin, durch Vermittlung entsprechender Qualifikationen Bedarfslücken zu decken und den bestmöglichen Einsatz der Mitarbeiter im Unternehmen sicherzustellen. Aus der Konzeption der Lernenden Organisation leitet sich darüber hinaus die Zielsetzung ab, neue Problemlösungs- und Handlungskompetenzen zu schaffen, indem die organisationale Wissensbasis entsprechend verändert wird. Die Wissensbasis umfasst dabei sämtliche Wissensbestandteile, über die die Organisation zur Lösung ihrer vielfältigen Aufgaben verfügt. Hierbei handelt es sich sowohl um individuelle als auch um kollektive Wissensbestandteile (z. B. Fähigkeiten, Fertigkeiten, Erfahrungen, Routinen, Werthaltungen). Die Mitarbeiter erhalten damit die Möglichkeit, kontinuierlich zu lernen, um dazu beizutragen, dass die Unternehmung sich laufend selbst transformiert.

Unter den individuellen Mitarbeiterzielen werden die Erwartungen, Interessen und Forderungen, die der einzelne Mitarbeiter im Hinblick auf das Personalentwicklungssystem einer Organisation anstrebt, zusammengefasst. Aus Mitarbeitersicht soll die Personalentwicklung dazu beitragen, die Erwartungen und Bedürfnisse hinsichtlich der Möglichkeiten auf Entfaltung der eigenen Persönlichkeit und der beruflichen Weiterentwicklung zu befriedigen."[1]

02. Welche Aufgabe hat die Personalstrukturanalyse innerhalb der Personalentwicklung?

Die im Rahmen der Personalstrukturanalyse erhobenen Daten sollen sowohl quantitative als auch qualitative Aussagen ermöglichen. Ausgangsbasis sind bestimmte Altersklassen, die differenziert nach Alter, Geschlecht, Migrationshintergrund und Arbeitszeitvolumen in Beziehung gesetzt werden zu Organisationseinheiten, aktuellen und zukünftigen Aufgabenfeldern, Berufsgruppen, beruflichen Abschlüssen und Qualifikationen sowie Hierarchieebenen.

---

[1] Quelle: http://www.teialehrbuch.de/Kostenlose-Kurse/Personalmangement/32473-Ziele-der-Personalentwicklung.html

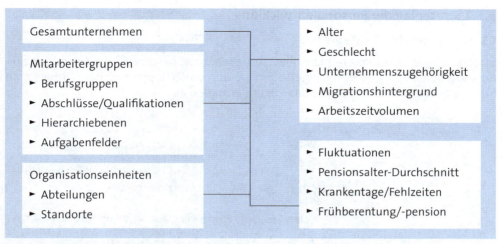

Beziehung von Mitarbeitern
Quelle: www.geko-consulting.com

03. Was versteht man unter Kompetenzmanagement?

Kompetenzmanagement geht als Kernaufgabe wissensorientierter Unternehmensführung über das traditionelle Verständnis von Aus- und Weiterbildung hinaus, indem Lernen, Selbstorganisation, Nutzung und Vermarktung der Kompetenzen integriert werden. Kompetenzmanagement hat die Aufgabe, Kompetenzen zu beschreiben, transparent zu machen sowie den Transfer, die Nutzung und Entwicklung der Kompetenzen, orientiert an den persönlichen Zielen des Mitarbeiters sowie den Zielen der Unternehmung, sicherzustellen.

Dieses Konzept verbindet die Ebene des Mitarbeiters mit der des Unternehmens. Es umfasst alle Maßnahmen, Methoden und Werkzeuge zur anwendungsorientierten und unternehmensindividuellen Identifikation, dem Transfer sowie der Entwicklung von Mitarbeiterkompetenzen, mit dem Ziel, nachhaltig die wirtschaftliche Handlungskraft der gesamten Organisation zu erhöhen.

5.5.2 Strategien der Personalentwicklung

01. Was bedeutet Strategie?

Strategie ist im Grunde ein planvolles Vorgehen, bzw. beschreibt die Grundprinzipien, nach denen Entscheidungen getroffen werden um Ziele zu erreichen. Ordnet man Strategien hierarchisch an, sieht das folgendermaßen aus

02. Was versteht man unter Human-Resource-Management?

Als Human Resource bezeichnet man die Ressourcen, die ein Unternehmen durch seine Mitarbeiter an Wissen, Fähigkeiten und Motivation hat. Um diese Ressourcen kümmert sich in Unternehmen das Human-Resource-Management und konzentriert sich dabei auf alle Aktivitäten im Unternehmen, die mit dem Personal im Zusammenhang stehen. Synonym für Human Resource wird oftmals auch die Begriff Human Capital oder auch umgangssprachlich Manpower verwendet.

03. Welche Bestandteile des Humankapitals lassen sich definieren?

Wesentliche Bestandteile des betrieblichen Humankapitals sind:

- das **individuelle** (mitarbeiterbezogene) **Humankapital**. Darunter fallen die Fähigkeiten, Fertigkeiten und das Knowhow der Mitarbeiter, ihre Ausbildung, Erfahrung, Motivation, Innovationsfähigkeit, Leistungsbereitschaft etc.
- das **dynamische Humankapital**. Darunter fallen alle Möglichkeiten zur Beschaffung, Entwicklung, Einsatz und Freisetzung der Arbeitnehmer. Im Wesentlichen sind damit das betriebliche Personalwesen und die von ihm gesteuerten Personalprozesse gemeint.

- das **strukturelle Humankapital**. Darunter fallen die Personalstrukturen, also der Aufbau und die Organisation des Personalwesens sowie die unternehmensbezogene Mitarbeiterstruktur, untergliedert nach Qualifikationen, Alter, Geschlecht etc.

Die Planung, Steuerung, Kontrolle und Kommunikation (Humankapital-Reporting) des betrieblichen Human Capital ist Gegenstand des Humankapital-Managements (*Human Capital Management* – HCM). Das HCM ist eine Erweiterung des betrieblichen Personalmanagements (*Human Resource Management* – HRM). Zielsetzung des HCM ist eine positive Veränderung der Wertschöpfung und des Unternehmenswertes. Ein weiterer Schwerpunkt des HCM liegt in der Messung und Bewertung des betrieblichen Humankapitals.

Die Philosophie des Human Capital geht davon aus, dass das wertsteigernde Wissen im Unternehmen aktiv beeinflusst und gesteigert werden kann. Dies geschieht auf zweierlei Weise: Einerseits beim einzelnen Mitarbeiter, dessen Know-how und Fähigkeiten, die für die von ihm durchzuführenden Tätigkeiten wichtig sind, fortlaufend erhöht werden sollen. Andererseits beim Unternehmen, das angeregt werden soll, mehr des vorhandenen und zu entwickelnden Mitarbeiterwissens zu nutzen, um damit den Erfolg des Unternehmens zu steigern und langfristig zu sichern.

04. Was ist eine lernende Organisation?

Eine lernende Organisation zeichnet sich dadurch aus, dass ihre Akteure häufig, bewusst und gemeinsam über ihr Selbstkonzept, ihr Handeln und die dadurch erzielten Ergebnisse nachdenken. Dabei entwickeln sie Ideen für Veränderungen und setzen diese in Strukturen, Prozessen und Maßnahmen um. Die Fähigkeit, Veränderungsbedarf zu erkennen und die Kompetenz zur Strategieverwirklichung gehen also Hand in Hand.

Ziel einer lernenden Organisation ist eine kontinuierliche Organisationsentwicklung. Das Unternehmen erweitert damit ständig seine Fähigkeit, die eigene Zukunft schöpferisch zu gestalten und sich veränderten Marktbedingungen anzupassen.

Der Schlüssel zum Lernen einer Organisation ist das Lernen und Weiterbilden des einzelnen Akteurs. Wichtig zu wissen ist, dass der Lernfortschritt eines Einzelnen je nach Gestaltung der Rahmenbedingungen einen völlig abweichenden Lernfortschritt für die Organisation bedeutet.

Individuelles Lernen führt zu einer konkreten Verhaltensänderung oder einer Erweiterung des Verhaltensrepertoires des Akteurs. Damit beeinflusst er immer das vorherrschende Weltbild der Organisation beziehungsweise die Weltbilder seiner Kollegen. Diese bekommen Lernimpulse, in der Summe ergibt sich gegebenenfalls ein gewaltiger Lernfortschritt für die Organisation.

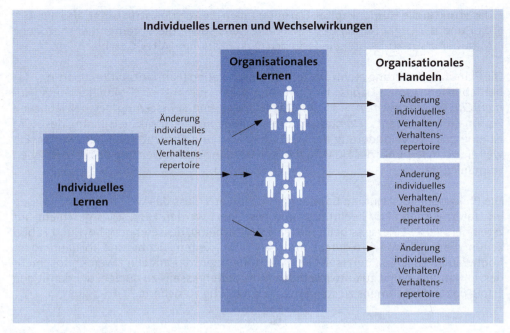

Quelle: http://4managers.de/management/themen/lernende-organisation/

05. Welche Schlüsselqualifikationen sollte man bei der Personalentwicklung fördern?

„Die Erwartungen an die Kompetenzen neuer und bestehender Mitarbeiter haben sich gehörig verändert. Oft tritt das notwendige Fachwissen in den Hintergrund, wenn es um Anforderungsprofile oder Weiterbildungsmaßnahmen geht.

Ein Grund dafür dürfte sein, dass es vielen Bewerbern und Mitarbeitern gerade an diesen sogenannten Schlüsselqualifikationen fehlt. Während sie bei der Ausbildung oder im Studium das relevante Fachwissen vermittelt bekommen, spielen dort strukturiertes Arbeiten, Fremdsprachen, Kommunikationskompetenzen oder Teamfähigkeit keine oder nur eine untergeordnete Rolle. Aber mit der Einführung von Teamarbeit, mit mehr Kundenorientierung, immer neuen Arbeitsmitteln und zunehmender Internationalisierung haben die Unternehmen erkannt, dass das Fachwissen allein nicht mehr ausreicht.

Eine Schlüsselqualifikation ist eine Kompetenz (Fähigkeit, Fertigkeit, Denkmethode und Wissensbestand), die über die fachliche Kompetenz hinausgeht. Sie sollen zum Handeln befähigen. Die Schlüsselqualifikationen werden unterteilt in

- *Methodenkompetenz*
- *Sozialkompetenz*
- *Selbstkompetenz und*
- *Handlungskompetenz.*

Sie helfen bei der Lösung von Problemen und beim Erwerb von Kompetenzen in möglichst vielen Aufgabenbereichen.

Meist werden Schlüsselqualifikationen und Schlüsselkompetenzen synonym verwendet. Einige Autoren unterscheiden aber explizit Wissen, Qualifikationen, Fertigkeiten als operative Kompetenzen von strategischen Kompetenzen.

Im Zusammenhang mit diesen Schlüsselqualifikationen wird auch oft der Begriff der emotionalen Intelligenz verwendet. Damit werden alle Fähigkeiten zusammengefasst, die helfen, mit eigenen und mit fremden Gefühlen umzugehen; das betrifft die Wahrnehmung, die Verwendung, das Verstehen und den Umgang mit Emotionen. Das Modell der emotionalen Intelligenz ist vor allem durch Daniel Goleman bekannt geworden. Er fasst damit die folgenden Kompetenzen zusammen:

- *Selbstbewusstheit: Fähigkeit eines Menschen, seine Stimmungen, Gefühle und Bedürfnisse zu akzeptieren und zu verstehen, und die Fähigkeit, deren Wirkung auf andere einzuschätzen;*
- *Selbstmotivation: Begeisterungsfähigkeit für die Arbeit, sich selbst unabhängig von finanziellen Anreizen oder Status motivieren zu können;*
- *Selbststeuerung: planvolles und zielgerichtetes Handeln in Bezug auf Zeit und Ressourcen;*
- *Empathie: Fähigkeit, emotionale Befindlichkeiten anderer Menschen zu verstehen und angemessen darauf zu reagieren;*
- *soziale Kompetenz: Fähigkeit, Kontakte zu knüpfen und tragfähige Beziehungen aufzubauen, gutes Beziehungsmanagement und Netzwerkpflege."*[1]

06. Welche Maßnahmen können Organisationen im Rahmen einer Personalentwicklungsstrategie anstreben?

Der Aufbau einer Personalentwicklungsstrategie lässt sich in folgenden Schritten darstellen:

- Unternehmensstrategie/-ziele
- Personalpolitik (Gesamtkonzept)
- Personalentwicklungskonzept
- individuell orientierte Bedarfsermittlung
- Ableitung und Planung einzelner Personalentwicklungsmaßnahmen
- konkrete Zielvereinbarungen mit dem jeweiligen Mitarbeiter
- Durchführung der Maßnahmen
- Evaluierung und Lernerfolgskontrolle.

---

[1] Quelle: http://www.business-wissen.de/handbuch/schluesselqualifikation

Personalentwicklung ist eine Querschnittaufgabe, an deren Gestaltung und Realisierung die Mitarbeiterinnen, deren Vorgesetzte, die Personalabteilung, Gleichstellungsbeauftragte, Personalvertretung und Schwerbehindertenvertretung beteiligt sind.

Personalentwicklung in ihrem umfassenden Sinn ist eine nicht delegierbare Führungsaufgabe. Bei der Beratung der Mitarbeiter in Bezug auf die Gestaltung ihres Berufslebens kommt den Vorgesetzten deshalb eine Schlüsselrolle zu.

Die Personalabteilung hat eine besondere und herausgehobene Verantwortung für alle personalwirtschaftlichen Fragestellungen. Diesem Anspruch muss durch Offenheit, Transparenz und Dialogbereitschaft Rechnung getragen werden. Bei der Personalentwicklung unterstützt die Personalabteilung alle Mitarbeiter/innen, stellt die Instrumente der Personalentwicklung (Mitarbeitergespräch, Teamentwicklung, Beurteilung, Leistungsanreize, Fortbildung) zur Verfügung und begleitet sowohl die Mitarbeiter als auch die Vorgesetzten bei der Umsetzung. Sie steuert die Personalentwicklung, ihre Aufgabenvielfalt und ihre sich verändernden Schwerpunkte.

Gemeinsam mit ihren Vorgesetzten sind alle Beschäftigten aufgerufen, ihrerseits Chancen zur eigenen beruflichen Entwicklung zu nutzen und ihren Werdegang im Dialog mit den Personalfachleuten zu gestalten. Personalentwicklung darf nicht in erster Linie als Dienstleistungsangebot verstanden werden, sondern erfordert vor allem von jedem Einzelnen Engagement, Eigeninitiative und Offenheit für Veränderungen.

Anforderungsprofile beschreiben die Anforderungen des Arbeitsplatzes und sind daher Grundlage für alle Maßnahmen der Personalentwicklung, wenn es darum geht, „die richtige Frau und den richtigen Mann an die richtige Stelle" zu bringen. Sie beschreiben, welche fachlichen Qualifikationen auf dem Arbeitsplatz erforderlich sind und über welche Kompetenzen die Mitarbeiter verfügen müssen, um als geeignete Stelleninhaber infrage zu kommen.

In der Regel wurden Anforderungsprofile bisher nur bei aktuellen Stellenausschreibungen festgelegt. Im Rahmen der Personalentwicklung wird angestrebt, grundsätzlich für alle Arbeitsplätze im Zusammenwirken von Vorgesetzten, Personalabteilung und ggf. Stelleninhabern Anforderungsprofile zu formulieren. Der Kompatibilität zwischen den auf dem Arbeitsplatz erforderlichen und den entsprechenden Beurteilungskriterien zu Fach-, Methoden-, Sozial- und ggf. Führungskompetenz kommt dabei besondere Bedeutung zu. Die auf diese Weise erreichte Beobachtbar- und Bewertbarkeit erleichtert nicht nur im konkreten Auswahlverfahren, sondern bei der gesamten Personalentwicklung den Abgleich des Anforderungsprofils des Arbeitsplatzes mit den im Beurteilungsverfahren ermittelten persönlichen Profilen der Mitarbeiter.

5.5.3 Entwicklungspotenziale der Mitarbeiter

01. Wie können Entwicklungspotenziale der Mitarbeiter erkannt werden?

„Für eine Potenzialeinschätzung gilt es, alle Leistungen und Fähigkeiten zu bestimmen, die ein Mitarbeiter in Zukunft erbringen kann. Der Beurteilung liegen dabei immer nur Vermutungen über Potenziale des Mitarbeiters zu Grunde.

Eine sehr ausgereifte Methode der Potenzialeinschätzung ist das verhaltens- oder tätigkeitsorientierte Assessment-Center-Verfahren. Je nach Leistung und Potenzial werden die Mitarbeiter in eine von vier Kategorien eingestuft. Das Hauptaugenmerk liegt dabei auf den als am leistungsstärksten angesehenen Mitarbeitern. Jede Potenzialeinschätzung muss in der Folge auch zu einer Potenzialeinstufung führen. Dies wiederum löst Bildungsaktivitäten aus, um erkannte Defizite abzubauen.

Eine weitere, kostengünstige Möglichkeit, Entwicklungspotenzial aufzudecken, stellt die Übertragung von Sonder- oder Projektaufgaben dar. Hier sollte der Vorgesetzte während der Aufgaben- oder Projektbearbeitung in engem Kontakt mit seinem Mitarbeiter stehen und die erzielten Erfolge oder erlebten Schwierigkeiten genau analysieren.

Dabei ist Personalentwicklungsplanung eine absolute Daueraufgabe für Personaler. Sie ist nie ganz abgeschlossen – schließlich sind Unternehmen vor überraschenden Kündigungen auch in hohen Führungspositionen nie gefeit. Die vorausschauende Planung ist von Jahr zu Jahr wieder aufzunehmen, der voraussichtliche Qualifikationsbedarf ändert sich ständig. Entsprechend sind die Anforderungen an künftige Stelleninhaber und die Perspektiven der Mitarbeiter ständig an die aktuelle Entwicklung des Unternehmens anzupassen.

Ein Unternehmen, das jederzeit einen Überblick über die vorhandenen Qualifikationen und Zukunftserfordernisse hat, kann auch auf unvorhersehbare Veränderungen am Markt flexibler reagieren. Dazu kommt, dass eine vorausschauende Planung langfristig wohl auch aus finanzieller Sicht günstiger ist als wenn ständige Abhängigkeit vom externen Arbeitsmarkt besteht."[1]

02. Was sind Potenzialeinschätzungen und Potenzialbewertungen?

Die Potenzialeinschätzung gilt zu Recht als eines der anspruchsvollsten Führungsinstrumente, zumal die Führungskraft vor der schwierigen Aufgabe steht, das Potenzial ihrer Mitarbeiter valide einzuschätzen und nachvollziehbar zu begründen. Ziel ist es, aus dem Einschätzungsergebnis konkrete und v. a. anforderungsgerechte Handlungsempfehlungen für das Talent Management im Sinne der mitarbeiterspezifischen Karriere- oder Personalentwicklung abzuleiten.

---

[1] Quelle: http://www.haufe.de/personal/hr-management/entwicklungspotenzial-der-mitarbeiter-aufdecken

Es geht insbesondere um die Analyse der Stärken und Entwicklungsfelder eines Mitarbeiters, die aus der reinen Arbeitssituation heraus nicht sofort identifizierbar sind, und damit die Ableitung eines persönlichen Kompetenzprofils. Die Herausforderung besteht somit darin, nicht die aktuelle Leistung eines Funktionsinhabers sondern sein Potenzial für die Übernahme weiterführender Aufgaben und Funktionen zu beurteilen.

Die Ergebnisse der Potenzialeinschätzung („Matching") stellen die Basis für ein erfolgreiches Talentmanagement dar:

- Identifikation von Potenzialträgern
- objektiver Überblick über Stärken und Entwicklungsfelder der Mitarbeiter
- Entscheidungsbasis für Laufbahnentwicklung und zukünftige Funktionsbesetzungen
- gezielte, effektive und kostenbewusste Planung von Personalentwicklungs-Maßnahmen
- strukturiertes Feedback über das persönliche Kompetenzprofil
- Benchmarks und „Wettbewerbsanalysen" der unternehmensspezifischen Potenzialsituation.

Wie eine Potenzialeinschätzung erfolgen kann, zeigt die folgende Tabelle.

	Verhaltensmerkmale, die auf Potenzial schließen lassen	1. Fremdeinschätzung (Vorgesetzte/r)	2. Selbsteinschätzung (Mitarbeiter/in)
1.	**Führungsanspruch:** Übernimmt aktiv die Führungsrolle, will Einfluss auf das Umfeld nehmen, stellt klare Fragen, sucht Lösungen und handelt lösungsorientiert, ist entscheidungsfreudig, übernimmt Verantwortung, ermöglicht Mitwirkung.		
2.	**Orientierungsfähigkeit:** Ist Veränderungen gegenüber aufgeschlossen, denkt voraus, legt adäquate Wege der Zielerreichung fest, verfolgt sie umsichtig, erkennt Kursabweichungen, bewältigt Turbulenzen, erholt sich rasch von Rückschlägen.		
3.	**Einsatz fürs Ganze:** Denkt bei der Planung stets an größere Zusammenhänge, an übergreifende Prozesse und Kunden der Verwaltung; achtet auf das Image der Verwaltung, nicht nur der eigenen Dienststelle, des Teams oder der eigenen Person.		
4.	**Leistungsbereitschaft:** Orientiert sich an hohen Standards; zeigt Einsatz und Bereitschaft zu Sonderleistungen; findet auch unter ungünstigen Bedingungen gute Lösungen; achtet stets auf Effizienz und Nachhaltigkeit.		

Verhaltensmerkmale, die auf Potenzial schließen lassen	1. Fremdeinschätzung (Vorgesetzte/r)	2. Selbsteinschätzung (Mitarbeiter/in)
5. **Selbstkompetenz:** Kann eigenes Handeln und Ergebnisse reflektieren, gestaltet seine Rolle umfeldgerecht; kann Fremdurteile konstruktiv nutzen, kommt mit divergierenden Ansprüchen klar, entwickelt eigene Potenziale weiter.		
6. **Fähigkeit zur Verwaltungsführung:** Erkennt Trends im Umfeld, definiert Ziele und Umsetzungsstrategien, setzt Managementinstrumente und Ressourcen zielorientiert ein, überprüft Effekte, behält den Überblick über Geschäfte in allen Phasen.		
7. **Fähigkeit zur Prozessbeherrschung:** Kann Prozesse darlegen, analysieren und steuern; überblickt den weiteren Kontext; sieht Systemabhängigkeiten, Synergien und Einsparungen; stellt geeignete Strukturen für effektive Arbeitsabläufe sicher.		
8. **Fähigkeit zum Projektmanagement:** kann Projekte unter Einsatz von Managementmethoden und Techniken steuern und zielgerichtet abwickeln; kennt kritische Erfolgsfaktoren; wendet den POSAT-Standard bedarfsgerecht an.		
9. **Führungsfähigkeit in Politik & Verwaltung:** Erkennt Trends, Akteure und Interessen in der Verwaltung; pflegt und nutzt sein Netzwerk; führt Dossiers durch politische Gremien; bezieht Hierarchiestufen und Anspruchsgruppen ein.		
10. **Kommunikationsfähigkeit:** Kommt leicht in Kontakt zu anderen, kann andere Optiken verstehen, seinen Standpunkt klar und adressatengerecht ausdrücken; formuliert Kritik konstruktiv und angemessen; trifft klare Regelungen, findet Akzeptanz.		
11. **Fähigkeit zur Konfliktbearbeitung:** Nimmt Konflikte wahr und spricht sie an, analysiert Ebenen und Motive, bezieht alle Konfliktparteien und ihre Perspektiven mit ein; verhandelt lösungsorientiert und pragmatisch und setzt Lösungen durch.		
12. **Fähigkeit zur Personalführung:** Erkennt Personalbedarf und rekrutiert passende Mitarbeitende; baut Teams auf, klärt Rollen und Funktionen; ordnet Spielräume, Aufgaben und Kompetenzen stufengerecht zu; führt mit Zielen und überprüft sie.		

Verhaltensmerkmale, die auf Potenzial schließen lassen		1. Fremdeinschätzung (Vorgesetzte/r)	2. Selbsteinschätzung (Mitarbeiter/in)
13.	**Fähigkeit zur Personalentwicklung:** Plant Entwicklungsschritte zusammen mit den Mitarbeitenden; erkennt Potenziale in ihrer Diversität; unterstützt Laufbahnschritte – auch über die aktuelle Funktion hinaus; gibt hilfreiche Feedbacks.		
14.	**Fähigkeit zur Motivation:** Lebt Leistungskultur vor und führt Teams zu guten Leistungen; schafft ein motivierendes Klima; zeigt Wertschätzung für Mitarbeitende und vereinbart mit ihnen realisierbare Ziele; fördert die Lernkultur der Einheit.		

5.5.4 Personalentwicklungsmaßnahmen

5.5.4.1 Fort- und Weiterbildungsmaßnahmen

01. Wie können Fort- und Weiterbildungsmaßnahmen in der Personalentwicklung aussehen?

„Fort- und Weiterbildung ist als Teil der Personalqualifizierung eine der Aufgaben der Personalentwicklung. Grundsätzlich kann zwischen folgenden Gruppen von Personalentwicklungsmaßnahmen unterschieden werden:

- *Personalentwicklung* **into the job:** *Hier sind alle Maßnahmen zuzuordnen, die dem Erlernen einer neuen Funktion und der Hinführung zu einer neuen Tätigkeit dienen.*
- *Personalentwicklung* **on the job:** *Diese Gruppe umfasst solche Bildungsmaßnahmen, die direkt am Arbeitsplatz durchgeführt werden.*
- *Personalentwicklung* **along the job:** *Dabei handelt es sich um laufbahnbegleitende Qualifizierungsmaßnahmen.*
- *Personalentwicklung* **near the job:** *Unter diesem Begriff subsumiert man sämtliche arbeitsplatznahen Bildungsaktivitäten.*
- *Personalentwicklung* **off the job:** *Zu diesem Maßnahmenbündel gehören externe Weiterbildungsveranstaltungen, Inhouse-Qualifizierungen und Corporate Universities.*
- *Personalentwicklung* **out of the job:** *Diese Aktivitäten stellen die Beschäftigungsfähigkeit von ausscheidenden Mitarbeitern sicher. Auch Ruhestandsregelungen fallen unter diese Gruppe.*"[1]

---

[1] Vgl. *Scholz, a.a.O.;* siehe dazu auch: *Oechsler 2000*

02. Wie kann die berufliche Weiterbildung strukturiert werden?

Zur Weiterbildung gehören Umschulungen und Fachwirtekurse ebenso wie ein Sprachunterricht, das Nachholen von Schulabschlüssen oder freizeitorientierte Bildungsangebote. Weiterbildung ist die Fortsetzung jeder Art des Lernens nach Abschluss der Ausbildungsphase.

Unter dem Oberbegriff der Weiterbildung lassen sich drei Bereiche von Bildungsangeboten zusammenfassen:

- **Allgemeine und politische Weiterbildung:** Die allgemeine Weiterbildung umfasst alle Weiterbildungsangebote, die nicht direkt berufsbezogen sind.
- **Berufliche Weiterbildung:** Die berufliche Weiterbildung ist das klassische Feld für Kurse zur Vertiefung oder Ergänzung beruflicher Kenntnisse. Was früher als Fortbildung bezeichnet wurde, wird im Sozialgesetzbuch III heute Weiterbildung genannt. Dies wird in der Praxis auch noch unterschieden in Umschulung, Aufstiegsfortbildung und Anpassungsfortbildung.
- **Weiterbildung an Hochschulen.**

Oftmals wird auch der Begriff der beruflichen Fortbildung verwendet. Darunter fallen Maßnahmen zur Feststellung, Erhaltung, Erweiterung oder Anpassung der beruflichen Kenntnisse und Fertigkeiten für Erwachsene, die über eine abgeschlossene Berufsausbildung oder eine angemessene Berufserfahrung verfügen.

Die Fortbildung umfasst alle Maßnahmen der Personalentwicklung zur Verbesserung der Mitarbeiterqualifikation, die auf der Ausbildung aufbauen. Sie wird auch als Weiterbildung bezeichnet. Arten der Fortbildung sind:

- **Erhaltungsfortbildung**, mit der fehlende Kenntnisse und Fertigkeiten ausgeglichen werden sollen, die durch die unterbrochene Ausübung des Berufes entstanden sind.
- **Erweiterungsfortbildung**, mit welcher der Erwerb zusätzlicher über die gegenwärtige Arbeitsaufgabe hinausgehender beruflicher Kenntnisse und Fertigkeiten angestrebt wird.
- **Anpassungsfortbildung**, die der Angleichung an veränderte Arbeitsbedingungen dient, als Training on the job oder als Training off the job. Sie sind oft durch den technischen Fortschritt bedingt.
- **Aufstiegsfortbildung**, die der Förderung der Karriere und damit dem Aufstieg in der Unternehmenshierarchie dient.

03. Welche Motive der Fort- und Weiterbildung lassen sich nennen?

Jede Art von Weiterbildung bringt mehr als „nur" Sachwissen. Mit allem, was man lernt, wird auch die Persönlichkeit entwickelt – und das in vielfacher Hinsicht.

Folgende Motive können Anlass für eine Fort- und Weiterbildung sein:

- Erschließung neuer Berufsfelder, z. B. durch einen Wechsel in eine Branche mit besseren Perspektiven und somit neuen beruflichen Möglichkeiten
- Ausgleich von Defiziten zur Sicherung des Arbeitsplatzes
- persönliche Weiterentwicklung und Karriereplanung
- Dokumentation von Kenntnissen und Fähigkeiten
- Überbrückung von Zeiten der Arbeitslosigkeit, um die Chancen auf einen Arbeitsplatz zu erhöhen.

04. Welche rechtlichen Rahmenbedingungen wurden für den Bereich der Fort- und Weiterbildung geschaffen?

Die allgemeine Weiterbildung wird durch die Erwachsenenbildungsgesetze der Länder, die berufliche nach dem Arbeitsförderungsgesetz (AFG) geregelt.

Die AFG-Maßnahmen zielen auf die Vermeidung von Arbeitslosigkeit, indem der Übergang in eine andere Tätigkeit ermöglicht bzw. die berufliche Mobilität verbessert wird, sowie auf die Wiedereingliederung von Arbeitslosen in das Berufsleben. Für den Bereich der beruflichen Fortbildung ist in § 53 BBiG geregelt, dass Fortbildungsordnungen erstellt werden können, die Inhalte und Prüfungen in anerkannten Fortbildungsberufen regeln.

In der betrieblichen Weiterbildung räumt das Betriebsverfassungsrecht den Betriebsräten in den §§ 96 bis 98 BetrVG weitreichende Handlungsmöglichkeiten ein. Nach § 96 BetrVG werden Arbeitgeber und Betriebsrat zur Förderung der Berufsbildung der Arbeitnehmer verpflichtet. § 97 BetrVG räumt ein Beratungsrecht gegenüber dem Arbeitgeber hinsichtlich Errichtung und Ausstattung betrieblicher Bildungseinrichtungen, Einführung betrieblicher Fortbildungsmaßnahmen sowie der Teilnahme an externen Bildungsmaßnahmen ein. Die Maßnahmendurchführung unterliegt erzwingbarer Mitbestimmung in Form der Mitentscheidung gemäß § 98 Abs. 1 BetrVG.

§ 98 Abs. 3 BetrVG gewährt dem Betriebsrat ein Vorschlagsrecht bei der Auswahl der Mitarbeiter(gruppen), die an vom Arbeitgeber durchgeführten oder geförderten Bildungsmaßnahmen teilnehmen sollen. Unter bestimmten Voraussetzungen hat der Betriebsrat dabei ein Mitbestimmungsrecht, ggf. entscheidet nach § 98 Abs. 4 die Einigungsstelle.

Auch in Tarifverträge werden zunehmend Maßnahmen zur Qualifizierung und Nachwuchsförderung aufgenommen.

5.5.4.2 Laufbahnplanung

01. Wie kann eine Laufbahnplanung erfolgen?

Im Rahmen der Karriere- und Laufbahnplanung werden mit jedem einzelnen Mitarbeiter mögliche Entwicklungsschritte im Unternehmen besprochen. Zuerst werden die Kompetenzen, Fähigkeiten und Fertigkeiten des Mitarbeiters ermittelt. Danach werden mögliche Karrierewege identifiziert. Gemeinsam erarbeiten Mitarbeiter und Unternehmen einen individuellen Entwicklungsplan mit verschiedenen Zwischenzielen und legen die nötigen und passenden Weiterbildungsmaßnahmen fest, die der Mitarbeiter dafür benötigt. Wichtigstes Instrument bei der Laufbahnplanung ist das Personalentwicklungsgespräch bzw. Karriereplanungsgespräch.

02. Welches Ziel haben Personalentwicklungsgespräche?

Personalentwicklungsgespräche haben das Ziel, die Arbeitszufriedenheit, die Zusammenarbeit und das Ergebnis der Arbeit zu besprechen und weiter zu entwickeln. Sie tragen dazu bei, die Fähigkeiten von Mitarbeiterinnen und Mitarbeitern zu erkennen, zu fördern und zu erhalten. Alle Gespräche sollten sorgsam und akribisch vorbereitet und durchgeführt werden.

03. Welchen Ablauf sollte ein Personalentwicklungsgespräch aufweisen?

Das Personalentwicklungsgespräch hat mehrere Schwerpunkte. Es ist sinnvoll, diese in einer bestimmten Reihenfolge zu besprechen. Zum Abschluss werden die vereinbarten Ziele und Maßnahmen dokumentiert.

Gesprächsverlauf:

1. Was ist der gegenwärtige Stand?
   Arbeitsbedingungen, Arbeitsumfeld und gegenseitige Rückmeldung zur Zusammenarbeit
2. Was ist gewesen?
   Rückblick auf die vereinbarten Ziele und Personalentwicklungsmaßnahmen
3. Was wird angestrebt?
   Ziele für die kommenden 12 Monate
4. Was ist dafür nötig?
   Erläuterung möglicher Personalentwicklungsmaßnahmen
5. Dokumentation
   Die vereinbarten Ziele und Personalentwicklungsmaßnahmen werden dokumentiert.

5.5.5 Bildungscontrolling

01. Was bedeutet Bildungscontrolling?

Die Strategie einer Unternehmung und die daraus resultierenden Anforderungen an die Personalentwicklung, die sich in operationalisierten Zielsetzungen konkretisieren, stellen den Ausgangspunkt jeglicher Maßnahmen des Bildungscontrollings dar (vgl. *Thom 1992*). Bildungscontrolling muss sich an den übergeordneten Zielen orientieren. Damit soll keinesfalls eine einseitig unternehmungsorientierte Perspektive eingenommen werden. Es kann auch um mitarbeiterorientierte Ziele (z. B. Förderung der Arbeitsmarktfähigkeit) gehen.

02. Was erfassen die zeitpunktbezogenen Instrumente des Bildungscontrolling?

Die zeitpunktbezogenen Instrumente des Bildungscontrolling erfassen die Leistungsbeiträge personalwirtschaftlicher Maßnahmen und machen die eingesetzten Ressourcen transparent. Da sich die Messung der erzielten Wirkungen (Output) als sehr schwierig erweist, dominieren in der betrieblichen Praxis häufig inputorientierte Ansätze.

- **Kostenstrukturanalyse**
  Im Sinne des Kostencontrolling geht es hier darum, die Höhe, die Struktur und die Entwicklung der direkten und indirekten Kosten von Bildungsmaßnahmen zu analysieren und zu überwachen. Die hierfür notwendigen Informationen lassen sich aus dem betrieblichen Rechnungswesen und dem Personalinformationssystem gewinnen. Die Kostenanalyse erarbeitet Grundlagen für Make-or-Buy-Entscheidungen oder dient als Basis für die Investitionsplanung.

- **Budgetierung**
  In der Budgetierung werden Plangrößen für einzelne Aktivitätsfelder definiert. Diese dienen später in Soll-Ist-Vergleichen zur Identifikation von Abweichungen zwischen tatsächlichen und geplanten Kosten. Obwohl die Probleme eines budgetorientierten Controllings (z. B. Fortschreibung von Budgets) hinlänglich bekannt sind, ist dieses Instrument in der Praxis sehr verbreitet.

- **Kennzahlensysteme**
  Die Vielzahl der personalwirtschaftlichen Informationen kann mithilfe von Kennzahlen aufbereitet und strukturiert werden (vgl. *Schulte 1989* und *1995*). Mit der „Balanced Scorecard" haben *Kaplan/Norton* einen Ansatz vorgelegt, der den Aufbau ausgewogener Kennzahlensysteme fördert.

03. Worauf fokussieren die prozessorientierten Instrumente des Bildungscontrolling?

Die prozessorientierten Instrumente fokussieren auf die Art und Weise die personalwirtschaftliche Leistungserstellung. Sie machen Ansatzpunkte für eine kontinuierliche Prozessverbesserung sichtbar.

- **Personalaudit**
  Im Zentrum dieses Konzeptes steht die Analyse und Bewertung der Ergebnisse und vor allem der Prozesse des Personalmanagements. Dies kann mithilfe von Checklisten oder im Rahmen einer Beratung durch interne und/oder externe Experten erfolgen. Die Ziele des Audits bestehen darin, Verbesserungspotenziale im Bildungsprozess zu identifizieren.

- **Vorgangsanalyse**
  Dieses Instrument zerlegt den Bildungsprozess in Teilschritte, zeigt Verbindungen zwischen diesen Teilschritten auf und ordnet ihnen Zeitbedarf und Kosten zu (vgl. *Scholz 1994*). Die Vorgangsanalyse erlaubt Aussagen über die Vollständigkeit eines Prozesses, über die logisch-zeitliche Abfolge seiner Einzelaktivitäten und über Abhängigkeiten zwischen Prozessschritten sowie deren grundsätzliche Notwendigkeit. Darüber hinaus lassen sich die Verteilung des Zeitbedarfs und der Kosten detailliert analysieren.

- **Prozessorientiertes Benchmarking**
  Auch dieses Verfahren setzt bei den Kernprozessen einer Unternehmung an. Die Grundidee besteht darin, die eigenen Prozesse und Aktivitäten mit denjenigen anderer Unternehmungen zu vergleichen und dadurch Verbesserungspotenziale aufzuspüren. Dieser Vergleich kann auch Unternehmungen aus anderen Branchen umfassen und orientiert sich idealerweise an den besten einer Vergleichsgruppe (Best Practice).

5.6 Anwenden des Konfliktmanagements

5.6.1 Konflikte und Ursachen

01. Worin liegen die Ursachen von Konflikten?

Arbeitnehmer und Arbeitgeber verfolgen im Unternehmen unterschiedliche Interessen. Während das Management über Führungsstile die Arbeitskräfte zu motivieren sucht, sind auf Arbeitnehmerseite Mitbestimmung und Lohngestaltung wichtige Kriterien.

„Konflikte zwischen Menschen und in einer Gruppe treten immer dann auf, wenn zwei unterschiedliche, nicht vereinbare Handlungstendenzen aufeinander treffen. Diese können verschiedene Ursachen haben:

- *die Menschen sind unterschiedlich*
- *die Toleranzschwellen der Menschen sind verschiedenartig*
- *Hierarchien schaffen zwischenmenschliche Barrieren*

- *Handlungsroutinen verhindern flexible Lösungen*
- *Prestige und Anerkennung bestimmen menschliche Handlungsweisen*
- *Mängel in der Organisation schaffen Reibungen*
- *Veränderungen lösen Widerstände aus.*

Diese Konflikte können ihre Ursache somit in inneren Konflikten der beteiligten Personen, in interpersonellen oder in intergruppalen Schwierigkeiten haben. Teilweise treten diese Konflikte offen, manchmal versteckt oder auf der Inhalts- bzw. Beziehungsebene auf. Die Erfahrungen zeigen, dass Anordnungen, Befehle, Ratschläge und Vorwürfe nicht zur Konfliktlösung beitragen, da sie ein eher feindseliges Gesprächsklima schaffen und persönliche Widerstände provozieren."[1]

Die Auslöser von Konflikten können vielfältig sein. Generell kann zwischen subjektiven und objektiven Faktoren unterschieden werden:

02. Was sind objektive Konfliktursachen?

Konfliktursachen haben in der Regel eine objektive und eine subjektive Komponente. Objektive Konfliktursachen können durch folgende Faktoren entstehen:

- Strukturen und Prozesse
- Normen und Regeln
- Mittel und Ressourcen
- Aufgaben und Arbeitsabläufe.

03. Was sind subjektive Konfliktursachen?

Subjektive Konfliktursachen können durch folgende Faktoren entstehen:

- persönliche Merkmale
- Einstellungen und Motive
- Verhaltensweisen.

---

[1] Quelle: http://www.teialehrbuch.de/Kostenlose-Kurse/Unternehmensfuehrung/23235-Konfliktmanagement.htm

04. Welche Arten von Konflikten werden unterschieden?

Folgende Arten von Konflikten und deren Ursache lassen sich unterscheiden:

Konfliktkarten	Ursachen
innerer Konflikt	Eine Person muss sich zwischen mindestens zwei Zielen entscheiden, die ihr gleichermaßen erstrebenswert erscheinen, sich jedoch nicht gleichzeitig realisieren lassen.
sozialer Konflikt	Zwischenmenschliche Konflikte, in die zwei Personen oder kleine Gruppen (z. B. eine Familie oder Freundeskreis) verwickelt sind.
Interessenkonflikt	Mindestens zwei Parteien haben Interesse an einer Sache, die allerdings nur für eine Person zu erreichen ist (Konkurrenz).
Wertekonflikt	Wenn Menschen grundsätzlich andere Wertvorstellungen, ein anderes Weltbild usw. haben (Religion, Ideologie, Ethik).
Rollenkonflikt	Im Berufs- und Alltagsleben werden einer Person Aufgaben, Zuständigkeiten, Erwartungen, Rechte und Pflichten auferlegt.
Beziehungskonflikt	Der Konflikt resultiert aus unterschiedlichen Gefühlen zwischen Menschen, aus Missverständnissen in der zwischenmenschlichen Kommunikation, in Beziehungen (Vorurteile).

05. Welche Konfliktmerkmale lassen sich feststellen?

Neben den Anzeichen im Vorstadium von Konflikten (Konfliktanzeichen zur Frühwarnung) lassen sich bereits ausgebrochene Konflikte anhand einiger charakteristischer Merkmale erkennen. So sind Konflikte fast immer emotional und gefühlsbeladen und dies gilt umso stärker, je höher die Betroffenheit, der Leidensdruck und die Kontroversen der Konfliktparteien sind.

Die Emotionalität von Konflikten lässt sich bei den Beteiligten dann an Angespanntheit, Gereiztheit oder auch indirekt ausgedrückter Angst ablesen.

Konflikte sind typischerweise störend, d. h. sie unterbrechen den normalen Handlungsablauf, behindern die Abwicklung definierter Prozesse und verzögern oder verhindern die Erzielung gewünschter Resultate. Dies gilt für Einzelpersonen, für Teams, für ganze Abteilungen und letztlich sogar zwischen Unternehmen und Institutionen.

Konflikte haben den unvermeidbaren Drang zur Eskalation, wenn sie nicht rechtzeitig behandelt, sprich in irgendeiner Form gelöst werden. Hier geht es um das berühmte „überlaufende Fass". In der Regel nimmt die Intensität von Konflikten nie von allein ab, es sei denn Rahmenbedingungen verschieben sich durch externe Faktoren. In den meisten Fällen steigt neben der Intensität des Konflikts dessen Emotionalität und der Kreis der Betroffenen wächst, weil die Konfliktparteien nach und nach Verbündete suchen und Koalitionen schmieden.

Konflikte erzeugen mit zunehmender Eskalation Druck, genauer Leidens- und Handlungsdruck. Aufgrund ihrer zunehmend störenden und hemmenden Wirkung wird die Notwendigkeit zu reagieren immer größer, spätestens wenn das Ausmaß der Eskalation die Beteiligten und deren organisatorischen Rahmen im Sinne ihrer normalen Aktivitäten handlungsunfähig macht.

06. Auf welche Hinweiszeichen von Konflikten sollte geachtet werden?

Häufig können Sie vorhandene Schwierigkeiten oder schwelgende Konflikte bereits an der Art erkennen, wie Mitarbeiter miteinander umgehen. Solche Konfliktsignale können sich folgendermaßen äußern:

- Die Begrüßung ist weniger herzlich als früher.
- Die Mitarbeiter nehmen sich weniger Zeit für einen kleinen Plausch mit Kollegen.
- Der Umgangston ist förmlicher geworden.
- Der Informationsfluss im Team stockt.
- Die Mitarbeiter beteiligen sich weniger bei Besprechungen.
- Mitarbeiter vermeiden Blickkontakt und wenden sich ab.
- Anregungen zur gemeinsamen Arbeit sind selten geworden.
- Die Zunahme von Reibereien und eine zunehmend resignative Stimmung sind deutliche Konfliktsignale, die zeigen, wo sich ein Konflikt anbahnt.

Reibungsverluste zeigen sich in folgenden Punkten:

- Diskussionen um Lösungen oder um Maßnahmen enden immer öfter ohne konkrete Ergebnisse.
- Die Mitarbeitern versteifen sich darauf, wer Recht hat und wer Unrecht.
- Der Ton bei Auseinandersetzungen wird schärfer.
- Es fallen abschätzige Bemerkungen.

Resignation zeigt sich unter anderem in folgendem Verhalten:

- Es wird nur das getan, was getan werden muss. Eigeninitiative spielt kaum noch eine Rolle.
- Das Interesse für alles, was nicht die eigentliche Arbeit betrifft, schwindet.
- In Gruppentreffen sind viele Mitarbeiter auffällig still, beteiligen sich nicht, wirken genervt.

Weitere Warnsignale (nach *Neuberger*) können sein:

- Ablehnung, Widerstand, Auflehnung: Ständiges Widersprechen, zu allen Vorschlägen nein sagen, etwas anderes tun, als das, was verlangt wurde
- Aggression, Vergeltungsmaßnahmen: Dominieren; absichtlich missverstehen; Fehler verursachen, einen auflaufen lassen, sarkastische oder zynische Einwürfe.

- Fixierung: Sturheit; Uneinsichtigkeit; pedantischer Perfektionismus, buchstabengetreue, schematische Ausführung von Anweisungen
- Fluchtverhalten: Illusionäre Ideen vorbringen, sich Anforderungen und Kritik nicht stellen, Unpünktlichkeit, Fehlen, Vergesslichkeit.
- Verschiebung und Projektion: Fehler anderen in die Schuhe schieben, Ärger an Kleinigkeiten auslassen, auf Nebensächlichkeiten unangemessen reagieren
- Resignation: Desinteresse, Wortkargheit Fügsamkeit
- Regression: Rückfall auf infantile Verhaltensweisen, maßlose Forderungen; sich zum Clown aufspielen.
- Soziale Absicherung: Sich hinter anderen verstecken, sich Rückversicherung gegen Misserfolge geben lassen.

5.6.2 Chancen und Risiken von Konflikten

01. Welche Chancen gehen von Konflikten aus?

Konflikte in einer Gruppe sind etwas Natürliches. Es geht also nicht darum, Konflikte zu vermeiden, zu unterdrücken oder zu überbrücken, sondern sie offen anzusprechen und gemeinsam zu versuchen, Lösungen zu entwickeln. Langfristig wirksame Konfliktlösungen sind möglich.

Konflikte haben in sich immer zwei potenzielle Entwicklungsmöglichkeiten. Wird der Konflikt nicht gelöst oder transformiert, so kann dies zu großen Lebenskrisen und Leid führen. Wird der Konflikt jedoch gelöst, so bedeutet dies zumeist die Entdeckung neuer Fähigkeiten und ungeahnter Ressourcen.

Konflikte

- zeigen Probleme auf und helfen, Problembewusstsein zu entwickeln
- zeigen Grenzen auf und helfen, Grenzverletzungen zu klären
- sind Wurzeln für Veränderungen
- führen zu Selbsterkenntnis
- verhindern Stagnation
- bewirken Konfliktbereitschaft, da sie den nötigen Druck hierfür erzeugen
- führen zur Reflexion und einer differenzierten Sicht der Probleme
- zeigen kreative Potenziale und vielseitige Lösungsmöglichkeiten auf
- vertiefen das Wissen und die Zuversicht auf weitere erfolgreiche Problemlösungen
- schaffen Erleichterung und Entlastung
- offene Konfliktaustragung verhindert zumeist Konflikteskalation und Mobbing
- gelöste Konflikte festigen den Gruppenzusammenhalt
- stärken das Selbstbewusstsein und die Selbstachtung.

02. Welche Risiken gehen von Konflikten aus?

Werden Konflikte nicht erkannt, schwelen sie entweder weiter und sorgen für ein dauerhaft verringertes Leistungsniveau oder sie eskalieren. Daraus folgt, dass die wesentlichen psychosozialen Risiken mit

- hohen emotionalen Anforderungen,
- Mobbing am Arbeitsplatz,
- Arbeitsplatzunsicherheit sowie
- einer unzureichenden Vereinbarkeit von Beruf und Privatleben

verbunden sind.

Studien deuten darauf hin, dass zwischen 50 % - 60 % aller Fehlzeiten auf den durch diese Risikofaktoren ausgelösten arbeitsbedingten Stress zurückzuführen sind.

03. Welche Indikatoren für Konfliktpotenziale lassen sich nennen?

Indikatoren für hohe Belastungen und Konfliktpotenziale in der Organisation können sein:

1. **Hohe Fehlzeiten und Fluktuation**
   - auffällige Fehlzeiten und Erkrankungshäufigkeiten
   - hohe Fluktuation.
2. **Mangelhafte Arbeitsbeziehungen**
   - Verschlechterung des Betriebsklimas
   - Häufung von Konflikten, Häufung von cholerischen Ausfällen und verbalen Entgleisungen.
3. **Gestörtes Miteinander**
   - demotivierte Mitarbeiter
   - wenig Kreativität und Engagement
   - geringe Identifikation
   - defizitäre Kooperation und Kommunikation
   - Konkurrenz statt Zusammenarbeit
   - geringes Interesse der Mitarbeiter an sozialen betrieblichen Aktivitäten
   - Häufung von Beschwerden
   - Häufung von Arbeitsgerichtsprozessen.
4. **Mangelhafte Arbeitsprozesse/Arbeitsergebnisse**
   - häufiges Auftreten von Störungen
   - häufige Fehlhandlungen
   - hohe Nachbearbeitungszeiten

- mangelhafte Arbeitsleistungen
- innere Kündigung
- häufige Beschwerden von Kunden.

04. Worin liegt die Gefahr für einen Burnout?

Die Auslöser für das Burnout-Syndrom können von Mensch zu Mensch unterschiedlich sein, jeder reagiert anders auf Belastungen. Meist sind an der Entstehung eines Burnouts aber mehrere Faktoren beteiligt, die zum einen die Persönlichkeit und zum anderen die Umwelt betreffen.

Manche Menschen kommen selbst mit extrem schwierigen Situationen gut zurecht, während andere schon mäßigem Stress kaum gewachsen sind. Diese sind besonders anfällig für das seelische Ausbrennen.

Es gibt aber auch Situationen, die objektiv so belastend und ausweglos sind, dass nur wenige Menschen sie ohne „Ausbrennen" überstehen. Das bezeichnen Experten auch als „Wareout", „Zermürbung" oder „passives Burnout".

Grundsätzlich scheint es zwei Typen von Menschen zu geben, die ein erhöhtes Burnout-Risiko haben. Dies sind zum einen Menschen mit einem schwachen Selbstbewusstsein, die infolgedessen überempfindlich oder besonders liebebedürftig sind. Zum anderen findet man unter den Burnout-Kandidaten aber auch dynamische, sehr zielstrebige, ehrgeizige Menschen, die sehr viel Idealismus oder Engagement zeigen.

Ein Burnout kann auch entstehen, wenn Menschen ihrem eigenen Selbstbild nicht gerecht werden können. Das ist z. B. dann der Fall, wenn sie das Gefühl haben, dass ihnen die erfolgreiche Ausübung einer einzigen Rolle nicht gelingt (z. B. als aufopferungsvoller Krankenpfleger oder als erfolgreiche Heimleiterin). Nicht selten entstehen so Zweifel am Sinn des eigenen Handelns. Gründe dafür können unter anderem unrealistisch hoch gesteckte Ziele sein, die nicht oder nur unter unverhältnismäßigem Energieeinsatz zu erreichen sind.

Viele Menschen mit einem Burnout haben zudem Schwierigkeiten, persönliche Schwäche und Hilflosigkeit einzugestehen. Ihnen fällt es oft auch nicht leicht, nein zu sagen – entweder zu anderen oder zum eigenen „inneren Antreiber", der ehrgeizige Menschen zu Perfektion und Höchstleistung anspornt.

Viele Burnout-Prozesse starten, wenn sich die Lebenssituation grundsätzlich ändert. Das kann der Studienanfang, Berufseinstieg, Jobwechsel oder ein neuer Vorgesetzter sein. In solchen Phasen wird das eigene Selbstbild manchmal empfindlich erschüttert, Erwartungen werden enttäuscht oder gar Lebensziele zerstört.

Umgekehrt kann aber auch das Ausbleiben einer erhofften Veränderung zu Frustration und Burnout führen, beispielsweise wenn der ersehnte Job an einen anderen Bewerber vergeben wird oder die Beförderung ausbleibt.

Äußere Faktoren, die das Burnout-Risiko erhöhen, sind außerdem oft Arbeitsüberlastung, ein Mangel an Kontrolle oder fehlende Anerkennung. Dabei spielt es selten eine Rolle, ob die Belastung aus dem privaten oder beruflichen Umfeld kommt. Ungerechte Behandlung, mangelnde Gerechtigkeit, ungelöste Konflikte mit Mitmenschen oder fehlende Unterstützung können in allen Lebenslagen vorkommen und einen Menschen zum Rande der Verzweiflung und sogar in einen Burnout treiben.

05. Was versteht man unter Mobbing?

Als Mobbing im arbeitsrechtlichen Verständnis wird das systematische und kontinuierliche Anfeinden, Ausgrenzen, Schikanieren oder Diskriminieren von Kollegen/innen untereinander oder durch Vorgesetzte bezeichnet. Eine offene und faire Auseinandersetzung wird dabei vermieden und der angegriffenen Person, die sich unterlegen und diskriminiert fühlt, wird eine gerechte Behandlung nicht zugebilligt.

Mit den abwertenden und verletzenden Handlungen wird häufig der soziale Ausschluss aus der Organisationseinheit und der Ausstoß aus dem Beschäftigungsverhältnis oder der Organisationseinheit erreicht.

Mobbinghandlungen sind Verhaltensweisen, die darauf gerichtet sind:
- die Kommunikation einzuschränken oder zu verbieten
- den sozialen Kontakt unmöglich zu machen
- das persönliche Ansehen zu schädigen
- die Leistungen zu verschlechtern und/oder
- die physische und psychische Gesundheit zu gefährden.

06. Welche Faktoren begünstigen Mobbing?

Neben der Persönlichkeitsstruktur der Beteiligten wie z. B. Antipathie, Neid, Eifersucht, Frust, Rache, Angst um den Arbeitsplatz oder um den Verlust einer beruflichen Position, begünstigen folgende Faktoren die Entstehung von Mobbing in Unternehmen:
- wenig transparente Betriebsabläufe
- stark hierarchische Organisationsstrukturen
- Mängel im internen Informationssystem
- Mängel in der Personalpolitik
- Defizite im Führungsverhalten (hinsichtlich der Mitarbeiterführung, der Motivation, der Kommunikation, der Kooperation oder des Konfliktmanagements)
- unzureichende Abgrenzung von Kompetenz- und Aufgabenbereichen
- unzureichende Streit- und Konfliktkultur
- andauernde Reorganisationsmaßnahmen
- großer Konkurrenz- und Leistungsdruck.

5.6.3 Maßnahmen des Konfliktmanagements

01. Welche Maßnahmen können im Konfliktmanagement angewendet werden?

Bestehende Konflikte sind je nach Art des Konflikts, des zeitlichen Verlaufs und der Anzahl der Beteiligten unterschiedlich weit eskaliert. Entsprechend dem Eskalationsgrad können verschiedene Methoden der Konfliktregulierung angewandt werden:

- Gespräche
- Moderation
- Mediation
- Supervision/Coaching.

02. Wie kann ein Gespräch der Konfliktbewältigung dienen?

Häufig ist es schwierig, in einem Gespräch Konflikte zu klären, jemandem eine Bitte abzuschlagen, eine unzureichende Leistung zu kritisieren. Es gibt einige Eckpunkte für solche Unterredungen:

- Neugierig sein auf die Sicht des Anderen.
- Formulieren von unterschiedlichen Standpunkte mit „und" statt mit „aber".
- Prüfung eigener, innerer Konflikte und Gefühle und diese so genau wie möglich ausdrücken.
- Dem Gesprächspartner Sicherheit geben, und Kritik immer ganz konkret anhand von Beispielen formulieren, damit er sich nicht als Person angegriffen fühlt.

Ein solches Gespräch könnte wie folgt ablaufen:

Beispiel

Kontaktphase
„Es ist in Konfliktgesprächen sinnvoll, eine nicht-aggressive Atmosphäre zu erzeugen. Dies ist in der Regel eine sachliche Atmosphäre, mehr ist zumeist nicht zu erreichen. Man sollte daher das Gespräch so früh wie möglich, aber auch so spät wie nötig führen.

Aufmerksamkeitsphase
Die Aufmerksamkeit wird auf den Konflikt gelenkt, die Vorgeschichte kurz noch einmal dargestellt. Des Weiteren sollte man den Verlauf des Gespräches, das man nun umsetzen möchte, kurz darstellen.

Unterredung
Hier sind nun unterschiedliche Themenpunkte abzuarbeiten:

- Zunächst einmal müssen alle Parteien ihr Einverständnis erklären, dass sie bereit sind, an einer Konfliktlösung mitzuarbeiten. Wenn auch nur eine der Parteien nicht bereit ist, kann das Gespräch bereits beendet werden bzw. in eine andere Gesprächsform übergehen (z. B. in ein Führungsgespräch).
- Nun sollten alle beteiligten Parteien nacheinander ihre eigene Sicht der Dinge darstellen. Eine Diskussion ist an dieser Stelle nicht nur nicht zulässig, sondern sogar schädlich, da sie in der Regel nur als Einstieg in ein normales Konflikthandeln (Streitgespräch) mündet. Jetzt müssen die Gemeinsamkeiten der Positionen (Worin sind wir uns einig?) sowie die Differenzen (Worin sind wir uns uneinig? Welches sind unsere Knackpunkte?) herausgearbeitet werden. Diese Uneinigkeiten stellen nun die Folgethemen dar und werden der Reihe nach abgearbeitet.
- Zur ersten Uneinigkeit (zum ersten Konfliktthema) werden nun folgende Schritte abgearbeitet:
  - Welche Lösungen fallen uns ein, um diese Uneinigkeit zu beseitigen?
  - Welche der Lösungen sind machbar?
  - Welche der Lösungen, die machbar sind, würden wir akzeptieren?
  - Entscheidung für eine oder mehrere der machbaren und akzeptablen Lösungen
  - Vereinbarung, wann über das Gelingen oder Misslingen der Umsetzung wieder gesprochen werden soll (Evaluation).
- Zur zweiten Uneinigkeit (zum ersten Konfliktthema) werden nun folgende Schritte abgearbeitet:
  - Welche Lösungen fallen uns ein, um diese Uneinigkeit zu beseitigen?
  - Welche der Lösungen sind machbar?
  - Welche der Lösungen, die machbar sind, würden wir akzeptieren?
  - Entscheidung für eine oder mehrere der machbaren und akzeptablen Lösungen
  - Vereinbarung, wann über das Gelingen oder Misslingen der Umsetzung wieder gesprochen werden soll (Evaluation)
  - ... (diese Schritte arbeitet man so lange ab, bis alle Konfliktthemen bearbeitet wurden).

Beschluss
Hier nun werden alle getroffenen Vereinbarungen (Lösungen, auf die man sich geeinigt hat plus der Evaluationsvereinbarungen) noch einmal wiederholt und auf Akzeptanz seitens der Parteien geprüft."[1]

---

[1] Quelle: http://arbeitsblaetter.stangl-taller.at/KOMMUNIKATION/Konfliktmanagement.shtml

03. Wie verläuft eine Konfliktdiagnose als Maßnahme des Konfliktmanagements?

Jede Konfliktdiagnose setzt zunächst die Anerkennung des Konflikts als solchen durch die Beteiligten voraus. Diese räumen ein, dass der Konflikt besteht. Wesentliche Punkte, auf die in jeder Konfliktdiagnose eingegangen werden sollte sind:

- Konfliktgegenstand
- Konfliktparteien
- Konfliktverlauf
- Positionen und Beziehungen der Parteien
- Vorgehensweise.

1. Der Streitgegenstand
Um welche Streitfragen geht es den Konfliktparteien eigentlich?

2. Der Konfliktverlauf
Wie ist es dazu gekommen? Was spielt sich gegenwärtig ab? Lässt sich das soziale Klima (Interaktionen) zwischen den Konfliktparteien eher als heiß oder kalt umschreiben?

3. Die Parteien des Konflikts
Wer streitet eigentlich mit wem? Wie weit ist die Konfliktarena ausgedehnt? Ist der Konflikt noch auf Individuen untereinander begrenzt oder hat er bereits weitere Kreise gezogen und Gruppen oder größere soziale Gebilde erfasst?

4. Die Positionen und Beziehungen der Parteien
Wie stehen die Parteien zueinander? Wie gehen sie mit den gegenseitigen Beziehungen eigentlich um? Welche Zwänge schafft die Organisation? Wie gestalten die Parteien informell die gegenseitigen Beziehungen? Akzeptieren die Parteien den gemeinsamen Gesamtrahmen oder lehnen sie ihn ab? Bejahen sie im wesentlichen die bestehenden Positionen (die eigene und die der Gegenpartei) innerhalb des Gesamtrahmens und die gegebenen Beziehungen, oder wollen sie diese mithilfe des Konfliktes gerade verändern?

5. Die Grundeinstellung zum Konflikt
Worauf wollen die Konfliktparteien eigentlich hinaus? Warum und wozu begeben sie sich in den Konflikt? Was wollen sie damit gewinnen? Was setzen sie dafür ein? Wie sehen sie grundsätzlich Konflikte?

04. Wie wird eine kooperative Konfliktbewältigung betrieben?

Das Modell der kooperativen Konfliktbewältigung soll dabei helfen, einen zwischenmenschlichen Konflikt so in den Griff zu bekommen, dass die beteiligten Personen wieder handlungsfähig werden. Im Mittelpunkt dieses Modells stehen nur unmittelbar am Konflikt Beteiligte.

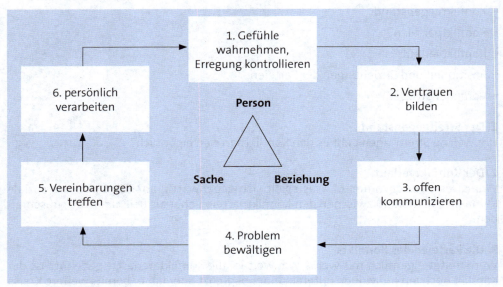

Sechs Phasen kooperativer Konfliktbewältigung[1]

„Hinter diesem 6-Phasen-Modell kooperativer Konfliktbewältigung stehen folgende Annahmen:

- Konflikt und Konfliktbewältigung setzen kognitive (erkenntnismäßige) und emotionale (gefühlsmäßige) Prozesse in Gang. Die gedanklichen Bemühungen sind aber nur dann konstruktiv und erfolgreich, wenn sie in ein gefühlsmäßig akzeptables Klima eingebettet sind. Da Konflikte meist belasten und emotional aufwühlen, erscheint es unerlässlich, von den Emotionen auszugehen und die Konfliktbewältigung auch emotional abzuschließen.
- Konflikte und ihre Bewältigung spielen sich meist sowohl in einer Person als auch zwischen Personen ab. Das Phasenmodell verdeutlicht diesen Zusammenhang und ermöglicht so, Konflikte wirklich zu bewältigen statt sie von einer Ebene auf die andere zu verschieben."[2]

---

[1] Quelle: http://www.ganztag-blk.de/ganztags-box/cms/upload/koop_intern/pdf/M14_Strategien_der_Konfliktbewltigung.pdf

[2] Quelle: http://www.ganztag-blk.de/ganztags-box/cms/upload/koop_intern/pdf/M14_Strategien_der_Konfliktbewaeltigung.pdf

05. Welche Konfliktlösungsstrategien können ergriffen werden?

„Jeder Mensch verhält sich individuell – auch in Konfliktsituationen. Dennoch folgen Konfliktpartner in der Regel einer grundsätzlichen Strategie. Das jeweilige Verhaltenskonzept wird häufig unbewusst angewandt. Eine erfolgreiche Konfliktlösung kann jedoch nur durch eine bewusste Vorgehensweise erreicht werden.

Der erste Schritt zur Konfliktlösung liegt hierbei im frühzeitigen Erkennen und Einordnen. Handelt es sich um einen Sachkonflikt oder einen Gefühlskonflikt, um Angst vor Machtverlust oder unterschiedliche Ziele (Konfliktebenen)? Die Strategie muss dem Konfliktfeld angepasst werden. In die Strategie miteinbezogen werden sollte der Faktor Zeit. Je länger ein Konflikt währt, desto größere Kreise zieht er und die tatsächlichen Ursachen werden durch verschiedenste Auswirkungen überlagert. Zur Konfliktlösung wird eine konkrete Strategie benötigt. Nachfolgend sind zwei Strategien beschrieben:

1. Die Vermeidungsstrategie – *Strategien zur Konfliktlösung/Konfliktbewältigung*
Die Vermeidungsstrategie wird häufig – unbewusst oder bewusst – von Personen angewandt, die sich unterlegen fühlen. Eine offene Auseinandersetzung wird vermieden, die eigene konträre Meinung nicht vorgebracht. Oftmals verhindert die Vermeidungsstrategie sogar, dass ein Konflikt überhaupt als solcher wahrgenommen wird. Die Äußerung des eigenen Unbehagens findet dann nur hinter vorgehaltener Hand statt. Die Vermeidungsstrategie birgt selten Vorteile, denn die Person entzieht sich dem Konflikt – eine Konfliktlösung findet nicht statt. Dies führt in jeder Variante zum Gefühl der Niederlage und dem Verlust der Souveränität:

- *Unwilliges Nachgeben („Ich habe zwar Recht, aber das interessiert ja keinen.")*
- *Kündigen („Vielleicht schätzen die meine Meinung woanders mehr.").*

2. Die Pokerstrategie – *Strategien zur Konfliktlösung/Konfliktbewältigung*
In der Pokerstrategie taktiert einer der Konfliktpartner, um den Sieg in der Auseinandersetzung davon zu tragen. Handelt es sich um einen Dreieckskonflikt kann die dritte Person versuchen, sich mittels der Pokerstrategie persönliche Vorteile zu verschaffen. Die Konfliktursachen werden nicht untersucht. Stattdessen dient der Konflikt als Vehikel um Hierarchien zu festigen oder zu verändern. Diese Strategie wird häufig von Personen in Machtpositionen angewandt. Sie führt jedoch zwangsläufig zu einem gestörten Klima im weiteren Arbeitsverhältnis.

- *Herabstufen („Der Neue hat keine Ahnung, das sieht man ja hier ganz genau.")*
- *Hierarchien nutzen („Was der in nächster Zeit vorschlägt, das wird erst mal schön außer Acht gelassen.")*
- *Konflikte schüren („Ich habe gehört, der will deinen Job.")*
- *Konflikte ausnutzen („Die beiden Streithähne sind zu konstruktiver Arbeit ja gar nicht mehr fähig.")."*[1]

---

[1] Quelle: www.berufsstrategien.de/Bewerbung-karrier-soft-skills/konflikte-konfliktloesung-konfliktbewaeltigung.php

06. Wie kann eine Moderation bei der Konfliktbewältigung helfen?

Unter Konfliktmoderation versteht man ein flexibles Verfahren der Kombination mehrerer Elemente der Konfliktbearbeitung. In moderierten Gesprächen werden Regeln und Schritte der lösungsorientierten Bearbeitung des konfliktträchtigen Anlasses verabredet. Diese Methode ist sinnvoll, um mit den Beteiligten zu klären, welcher Weg zur Lösung des Konflikts möglich ist. Rahmenbedingungen und Methoden der Konfliktlösung werden abgeklärt.

07. Was bedeutet Mediation?

Mediation ist Vermittlung in Konflikten. Mediatorinnen und Mediatoren unterstützen Streit- und Konfliktparteien dabei, Lösungen zu finden, die von beiden Seiten als Gewinn gesehen werden können.

Mediation ist für alle Beteiligten freiwillig, vertraulich, persönlich und allparteilich, d. h. alle Beteiligten unterstützend – eine hervorragende Alternative zur gerichtlichen Auseinandersetzung. Am Ende des Prozesses steht eine Vereinbarung zwischen den Konfliktparteien. Mit Mediation gehen sie aufeinander zu und gewinnen Handlungsfähigkeit. Durch Selbstbestimmung und Eigenverantwortung erreichen sie Sicherheit und Klärung in Konflikten.

08. Was kennzeichnet die Mediation?

Folgende Punkte kennzeichnen eine Mediation:

- **Eigenverantwortung und Autonomie**
  „Die Konfliktparteien besitzen selbst die größte Kompetenz, ihren Streit zu lösen. Sie erarbeiten in eigener Verantwortung eine für sie maßgeschneiderte Lösung. Der Mediator hat keine eigenen Entscheidungskompetenzen. Er unterstützt den Kommunikationsprozess und ist für die Art und Weise des Vorgehens im Verlaufe der Streitbeilegung verantwortlich. Er leitet die Parteien an, schnelle, flexible und auch kostengünstige Regelungen zu finden, von denen alle Seiten profitieren.

- **Offenheit und Informiertheit**
  Da die Mediation die Eigenverantwortung der Konfliktpartner in den Mittelpunkt stellt, ist es wichtig, dass die Medianden alle Tatsachen offen legen, die für die Lösung des Konflikts in der Mediation erheblich sind. Der Mediator achtet darauf, dass sich die Konfliktpartner zu allen Detailfragen des zu lösenden Konflikts informieren, indem sie ggf. den Rat eines Fachmanns einholen.

- **Neutralität und Allparteilichkeit**
  Der Mediator setzt sich für die Interessen aller Konfliktpartner ein, er ist nicht nur neutral, sondern allparteilich. Er begibt sich nicht auf die Seite eines Konfliktpartners, sondern nimmt die Sichtweisen der Konfliktpartner gleichwertig und gleichmäßig wahr.

- **Freiwilligkeit**
Die Mediation ist ein freiwilliges Verfahren. Jede Seite kann sie zu jedem Zeitpunkt ohne Begründung abbrechen.
- **Vertraulichkeit**
Weil die Mediation ein freiwilliges Verfahren ist, das auch jederzeit von einer Seite beendet werden kann, benötigen die Konfliktparteien Vertrauensschutz. Fakten, die die Medianten im Verlaufe der Mediation offen gelegt haben, dürfen daher nicht Dritten offenbart noch in einem gerichtlichen Verfahren gegen einen der an der Mediation Beteiligten verwendet werden. Mediatoren aus bestimmten Berufsgruppen, wie Rechtsanwälte und Psychologen, sind schon von Gesetzes wegen zur Verschwiegenheit verpflichtet. Die Konfliktpartner selbst vereinbaren zu Beginn einer Mediation vertraglich, die Vertraulichkeit zu wahren und nur gemeinsam den Mediator von seiner Schweigepflicht zu entbinden."[1]

09. In welchen Phasen läuft Mediation ab?

„Das Mediationsverfahren unterliegt keinen gesetzlichen Regeln oder Formzwängen. Die Centrale für Mediation hat jedoch eine Verfahrensordnung erlassen, die Grundsätze zur ordentlichen Durchführung eines Mediationsverfahrens aufstellt.

Das Mediationsverfahren verläuft grundsätzlich in fünf Phasen:
- **1. Phase: Mediationsvereinbarung**
In dieser Phase erläutert der Mediator den Konfliktpartnern im Einzelnen die Grundlagen der Mediation. Er informiert sie über den Ablauf des Mediationsverfahrens und vereinbart mit ihnen, welche Verfahrensregeln im Einzelnen gelten sollen. Der Mediator prüft außerdem, ob sich das Verfahren für die Beteiligten überhaupt eignet. Im Erstgespräch wird auch die Frage der Honorierung des Mediators besprochen.
- **2. Phase: Klärung der Konfliktfelder und der Themensammlung**
In dieser Phase wird geklärt, worüber zwischen den Parteien Uneinigkeit und worüber Einigkeit besteht. In einer Bestandsaufnahme werden dabei die klärungsbedürftigen Themen beider Seiten gesammelt. Mit Unterstützung des Mediators wird festgelegt, welche Tatsachen offen zu legen und welche Informationen beizubringen sind.
- **3. Phase: Bearbeitung der Konfliktfelder**
In dieser Phase spielt das Unterscheiden von Positionen und Interessen eine große Rolle. Der Mediation liegt der Gedanke zugrunde, dass es keine objektive Wahrheit gibt, sondern dass jeder Mensch seine eigene (subjektive) interessenbestimmte Wirklichkeit hat, die es zu erkennen und zu verstehen gilt. Das Aufdecken dieser Interessen mithilfe der Erkenntnisse der Kommunikationswissenschaft und bestimmter Fragetechniken fördert das wechselseitige Verständnis und die Akzeptanz der unterschiedlichen Sichtweisen. Das versetzt die Konfliktpartner in die Lage, zukunftsorientierte, wertschöpfende Optionen zu entwickeln.

---

[1] Quelle: http://www.centrale-fuer-mediation.de/was_ist_mediation.htm

- **4. Phase: Einigung**
  Sind die Interessen genau herausgearbeitet, ist die Kreativität der Konfliktpartner gefordert. Mittels der Technik des Brainstormings und anderer Kreativitätstechniken werden Lösungsoptionen entwickelt. Anschließend werden die Optionen auf ihre Realisierbarkeit hin überprüft und die Vor- und Nachteile abgewogen. Hier zeigt sich der entscheidende Vorteil der Mediation: Die Abkehr vom Positionendenken hin zu zukunftsorientierten Interessen eröffnet Einigungsalternativen, die vorher gar nicht denkbar waren. Der zu verteilende Kuchen wird vergrößert. Die Parteien können das antagonistische Prinzip des Rechts, in der ein Anspruch entweder besteht oder nicht besteht, überwinden und zu sog. Win-win-Lösungen gelangen. Das Einigungsergebnis wird am Ende dieser Phase mithilfe des Mediators zusammengefasst.

- **5. Phase: Gestaltung und Abschlussvereinbarung**
  Die Konfliktpartner beraten, soweit noch nicht geschehen, mit ihren Anwälten das erzielte Ergebnis und überprüfen, ob es gegenüber der Alternative einer Nichteinigung mit der Konsequenz einer gerichtlichen Auseinandersetzung Bestand hat. Die Vereinbarung wird abschließend entweder vom Mediator, wenn dieser Anwalt ist, sonst durch den von den Medianden zu Rate gezogenen Anwalt in die Form eines schriftlichen Vertrages gegossen und gegebenenfalls notariell beurkundet. Sofern es die Konfliktpartner wünschen, kann die Vollstreckbarkeit des Vertrages durch die notarielle Beurkundung, die Gestaltung als Anwaltsvergleich (§ 796 a ZPO) sichergestellt werden. Die Abschlussvereinbarung bietet damit hinsichtlich ihrer Durchsetzbarkeit die gleiche Sicherheit wie ein gerichtliches Urteil. Damit ist die Mediation abgeschlossen."[1]

10. Was ist eine Supervision?

Die Supervision kann direkt zur Konfliktbearbeitung leicht eskalierter Fälle eingesetzt werden. Sie wird von einem in der Methode gemäß den Richtlinien der Deutschen Gesellschaft für Supervision (DGSv) ausgebildeten Supervisor geleitet.

Supervision soll Einzelne, Gruppen oder Teams zu individueller und sozialer Selbstreflexion anregen mit dem Ziel, das berufliche und methodische Handeln zu überprüfen und zu optimieren. Außerdem dient sie der Reflexion und Begleitung der Konfliktberater/innen zu den von ihnen begleiteten Konfliktbearbeitungsprozessen.

Supervision ist ein Beratungsformat, das zur Sicherung und Verbesserung der Qualität beruflicher Arbeit eingesetzt wird. In der Supervision werden Fragen, Problemfelder, Konflikte und Fallbeispiele aus dem beruflichen Alltag thematisiert. Dabei werden die berufliche Rolle und das konkrete Handeln der Betroffenen in Beziehung gesetzt zu den Aufgabenstellungen und Strukturen der Organisation und zu der Gestaltung der Arbeitsbeziehungen mit Kunden oder Klienten.

---

[1] Quelle: http://www.centrale-fuer-mediation.de/mediationsverfahren.htm

11. Welche Formen der Supervisionsformen können unterschieden werden?

Es gibt verschiedene Formen der Supervision:
- Einzelsupervision
- Gruppensupervision
- Teamsupervision
- Leitungssupervision.

Konzeptsupervision richtet sich an Einzelne, Gruppen oder Subsysteme von Organisationen, die Leitlinien oder Konzepte für ihre Arbeit entwerfen bzw. bestehende Konzepte überprüfen und weiterentwickeln wollen.

12. Was wird unter Einzelsupervisionen verstanden?

Einzelpersonen begeben sich in Supervision, um ihre berufliche Rolle zu reflektieren, den Umgang mit Kunden und Kollegen zu verbessern, eine berufliche Krise zu meistern, Entscheidungen vorzubereiten, die Balance zwischen persönlicher und beruflicher Sphäre neu auszuloten oder um sich in einer neu übernommenen Position unterstützen zu lassen.

13. Was sind Gruppensupervisionen?

Bei der Gruppensupervision treffen sich verschiedene Personen. Sie arbeiten entweder in gleichen, ähnlichen oder unterschiedlichen beruflichen Rollen und Funktionen. Die Gruppenmitglieder sind nicht gemeinsam in einem institutionellen Rahmen tätig.

14. Was versteht man unter Teamsupervisionen?

Die Beratung und Begleitung von Teams, Projekt- oder Arbeitsgruppen, die an einer gemeinsamen Aufgabe in einer Organisation arbeiten, ist eine häufig angewandte Form der Supervision. Hier geht es z. B. um das Verständnis der Arbeitsprobleme, um die Verbesserung unzureichender Kooperation, um die Auseinandersetzung mit Leitungsfragen oder um die Entwicklung neuer Strukturen und Konzepte.

Für das Gelingen solcher Supervisionen, ist es erforderlich, dass die Leitung mit einbezogen und die Organisationswirklichkeit in den Blick genommen wird. Sobald Supervision in Organisationen stattfindet, werden Führungspersonen in die supervisorische Arbeit einbezogen.

15. Was ist eine Leitungssupervision?

Leitungssupervision ist eine auf die Ausgestaltung einer Führungsrolle bezogene Beratung. Häufig wird Leitungssupervision als Einzelsupervision oder als Coaching von Führungskräften durchgeführt. Führungskräfte können auch in Gruppensupervision voneinander profitieren. Die Entwicklung von Leitungsidentität vor dem Hintergrund der beruflichen Biografie und aktuelle Fragen zur Führungsrolle stehen im Mittelpunkt.

16. Wie kann eine Überwindung von Widerständen gegen Veränderung erreicht werden?

Widerstand ist eines der häufigsten Phänomene mit denen sich Führungskräfte auseinandersetzen müssen. Dabei steigen Widerstände gegen Projektarbeit und Projektinhalte oft proportional zur Komplexität der jeweiligen Projekte an. Viele technisch und methodisch versierte Projektleiter stehen diesem Problem oft hilflos gegenüber und sehen sich nicht oder nur eingeschränkt in der Lage, diese Widerstände zu überwinden, geschweige denn im Sinne der Projektzielerreichung nutzbar zu machen.

„Die Gestaltpsychologie definiert Widerstand als eine Reaktion auf externe Stimulation um Selbstbestimmung des Systems aufrecht zu erhalten. Die Reaktanz-Theorie beschreibt Widerstand in diesem Zusammenhang als Reaktion auf wahrgenommene Freiheitseinengung mit dem Ziel, die eigene Handlungsfreiheit wieder herzustellen. Die Intensität des Widerstandes hängt demzufolge von vier wesentlichen Determinanten ab:

- *die subjektive Wichtigkeit, die der Widerstand Leistende der Einengung zumisst*
- *der Umfang der wahrgenommenen Einschränkung*
- *der Überzeugung vor der wahrgenommenen Einschränkung ein höheres Maß an Freiheit gehabt zu haben*
- *der persönlichen Bereitschaft Widerstand zu leisten.*

Im Projekt- und Changemanagement tritt Widerstand oft sehr differenziert auf und ist auch nicht immer leicht erkennbar. Deshalb sollen in der Folge zunächst die verschiedenen Erscheinungsformen von Widerstand aufgezeigt werden."[1]

---

[1] Quelle: http://www.projektmanagementhandbuch.de/soft-skills/umgang-mit-widerstand/

17. Welche Formen von Widerstand lassen sich unterscheiden?

Widerstand tritt in den unterschiedlichsten Erscheinungsformen auf. In den meisten Fällen handelt es sich um verdeckten Widerstand, der oft selbst den Widerstand ausübenden Personen nicht bewusst ist. Diese Tatsache macht es in der Praxis schwierig den Widerstand abzubauen, da zunächst erst einmal das Bewusstsein dafür geschaffen werden muss. Dies ist umso schwieriger, da sich in diesem Zusammenhang eine Konfrontation mit den Widerstand ausübenden Personen meist nicht vermeiden lässt. So lassen sich in der Praxis zwei Arten von Widerstand unterscheiden:

- offener Widerstand
- verdeckter Widerstand.

18. Was charakterisiert den offenen Widerstand?

„Offener Widerstand zeichnet sich dadurch aus, dass er von den Widerstand ausübenden Personen bewusst ausgeübt wird und diese damit auch ein Ziel verbinden. Darüber hinaus legen es die Widerstand ausübenden Personen ganz bewusst darauf an, dass ihr Widerstand als solcher wahrgenommen und ihnen auch zugeordnet werden kann. Sie tun dies meist aus einer Position, der sie selber eine relative Machtfülle beimessen. Dieser offene Widerstand hat deshalb den Vorteil, dass er Gegenstand von Verhandlungen und Bearbeitung sein kann, die Karten liegen gewissermaßen auf dem Tisch.

Ausprägungen des offenen Widerstandes können sein:

- *offener Widerspruch*
- *offene Kritik und/oder Beschwerden*
- *offene Interventionen oder Aktivitäten, die sich gegen das geplante Vorhaben richten.*

Üblicherweise liegen diesem offenen Widerstand rationale Ursachen zu Grunde, die sich mit den Betroffenen besprechen lassen und an deren Überwindung alle Beteiligten ein Interesse haben. Diese Form des Widerstandes ist meist konstruktiv, so dass der Umgang mit offenem Widerstand möglich ist. Dadurch kann die Energie, die die Widerstand leistenden Personen in ihren Widerstand investiert haben, im Sinne der Projektzielerreichung kanalisiert werden, oder vereinfacht ausgedrückt: Der Gegenwind wird zu Rückenwind."[1]

---

[1] Quelle: http://www.projektmanagementhandbuch.de/soft-skills/umgang-mit-widerstand/

19. Was charakterisiert den verdeckten Widerstand?

„Wesentlich schwieriger ist der Umgang mit verdecktem oder latentem Widerstand. In diesem Zusammenhang haben die Widerstand ausübenden Personen üblicherweise kein Interesse daran, erkannt zu werden. Aus persönlichen oder taktischen Gründen agieren sie aus dem Verborgenen heraus. Ihre Interessen sind meist destruktiver Natur, das heißt, sie wollen etwas verhindern ohne als die Verursacher erkannt zu werden.

In vielen Fällen ist es paradoxerweise den Widerstand leistenden Personen noch nicht einmal bewusst, dass sie Widerstand leisten. Dadurch wird der Umgang mit dieser Form des Widerstandes zusätzlich erschwert. Wird der verdeckte Widerstand nicht rechtzeitig erkannt, entstehen leicht tickende Zeitbomben, die sich in ihrer Zerstörungskraft mit der Zeit immer weiter aufladen und Veränderungsprozesse, wie auch Projekte scheitern lassen können.

Symptome und Ausprägungen des verdeckten Widerstandes lassen sich in der praktischen Projektarbeit häufig und in vielfachen Ausprägungen beobachten:

- *Lustlosigkeit bei der Arbeit*
- *sich häufende Abwesenheit, die nicht konkret nachvollziehbar ist oder aus vorgeschobenen Gründen bis hin zu steigender Krankheitsquote*
- *sich unwissender stellen als man ist*
- *sich häufende Fragen zu unwichtigen Themen*
- *wiederholtes Infragestellen bereits getroffener Entscheidungen*
- *Ausweichen auf konkrete Aufforderungen etwas zu tun oder zu lassen*
- *zunehmende Rückdelegation bereits angenommener Aufgaben*
- *das Aussitzen von Problemen*
- *hektischer Aktionismus in unwesentlichen Bereichen*
- *das Einfordern von maximaler Einbeziehung von unwesentlichen Stakeholdern*
- *das Schweigen an Stellen an denen Kommunikation angesagt wäre*
- *das Fernbleiben von wichtigen Zusammentreffen bzw. das Entsenden nicht entscheidungsbefugter Vertreter*
- *die Forderung nach perfekten Lösungen*
- *die Forderung, dass andere sich zuerst bewegen*
- *die ausgiebige Betrachtung und Diskussion von Sonderfällen*
- *das grundsätzliche Zustimmen bei gleichzeitiger Anmeldung von Vorbehalten, die später geklärt werden sollen.*

Eindeutig zu diagnostizieren ist verdeckter oder latenter Widerstand nur in besonders ausgeprägten Fällen, da einzelne Symptome durchaus auch andere Ursachen haben können."[1]

---

[1] Quelle: http://www.projektmanagementhandbuch.de/soft-skills/umgang-mit-widerstand/

20. Welche positiven Aspekte von Widerstand gibt es?

„Üblicherweise ist Widerstand im Projekt- und Changemanagement negativ behaftet. Er führt zu Konflikten, Terminverzögerungen und Mehraufwendungen. Dennoch hat Widerstand auch sehr positive Aspekte. Diese zu überdenken verändert alleine oft schon die Haltung zum Widerstand und ist dadurch der Schlüssel zur Überwindung des Widerstandes:

- Widerstände sind ein Zeichen dafür, dass sich etwas verändert.
- Gibt es keinen Widerstand, verändert sich auch nichts.
- Widerstände sind Anknüpfungspunkte für Kommunikation und ermöglichen das Eingehen auf die Betroffenen, Widerstand enthält immer eine Botschaft.
- Das Auftreten von Widerständen zeigt, dass Sie sich der Wahrheit nähern.
- Widerstände bieten die Möglichkeit, vom Betroffenen zu lernen.
- Widerstände machen Positionen deutlich, die die Beteiligten eingenommen haben.
- Widerstände können ein Zeichen dafür sein, dass das Veränderungstempo zu hoch ist.
- Widerstände bieten die Möglichkeiten, das eigene Verhalten zu reflektieren.
- Unterschwellige Widerstände lassen auf die blinden Flecken der Beteiligten schließen.
- Widerstände geben Hinweise auf weitere, bisher unerkannte Probleme.
- Widerstände sind oft mit viel latenter Energie verbunden, die sich bestenfalls bei Überwindung des Widerstandes im Sinne der Projektzielerreichung kanalisieren lässt.

Gäbe es keine Widerstände, würde das möglicherweise bedeuten, dass sich nichts wirklich verändert und dass niemand Angst hat, irgendetwas zu verlieren. Das ist zwar grundsätzlich immer anzustreben, in der Praxis aber ausgesprochen selten."[1]

21. Wie kann mit Widerständen umgegangen werden?

Eine der wesentlichen Erfahrungen im praktischen Umgang mit Widerständen ist, dass die Ignoranz oder Nichtbeachtung zu Blockaden führt. Dies soll nicht zwangsläufig bedeuten, dass Widerstände immer im Sinne der Widerständler zu handhaben sind. Eine völlige Ignoranz führt aber meistens auch nicht weiter. Vielmehr kommt es darauf an, auf geäußerte oder latent vorhandene Widerstände eine Antwort zu geben und für klare Verhältnisse zu sorgen, auch wenn die Klarheit nicht immer im Sinne der Widerstand leistenden Personen ist.

Eine weitere praktische Erfahrung lehrt, dass es oft wesentlich leichter ist, mit dem Widerstand zu gehen, statt gegen ihn anzukämpfen. Die Energie des Widerstandes wird so für das Ziel kanalisiert statt gegen es gerichtet zu werden. Außerdem wird so das Signal gesetzt, das Vorbehalte und Ängste ernst genommen werden.

---

[1] Quelle: http://www.projektmanagementhandbuch.de/soft-skills/umgang-mit-widerstand/

22. Welche präventiven Maßnahmen gegen Widerstand lassen sich nennen?

Die einfachste Form im Umgang mit Widerstand ist es, ihn gar nicht erst aufkommen zu lassen. Dazu bieten sich verschiedene präventive Maßnahmen an. Neuerungen werden besser aufgenommen, wenn

- Vorteile erkennbar sind
- Neues leicht anpassbar an vorhandene Systeme ist
- die Einfachheit des Neuen sichtbar wird
- eine schrittweise Einführung die Möglichkeit des Ausprobierens bietet
- eine Übertragbarkeit von bekannten Funktionen gegeben ist
- die Umkehrbarkeit des Neuen aufgezeigt wird
- der Nutzen die Kosten übersteigt
- negative Folgen und Risiken begrenzt sind
- Unzufriedenheit mit der bestehenden Situation genutzt wird
- konkrete und attraktive Zielvorstellungen formuliert werden
- Erfolgserlebnisse ermöglicht werden.[1]

23. Welche Formen von Gruppen lassen sich unterscheiden?

Man kann grundsätzlich zwei Formen von Gruppen unterscheiden:

- **Formelle Gruppe**
  Das Ziel bzw. Zweck der Gruppe ist von außen vorgegeben. Die Gruppe existiert auch unabhängig von einzelnen Mitgliedern und erfüllt einen offiziellen Auftrag, z. B. ein Stationsteam, das Kranke pflegt.

- **Informelle Gruppe**
  Die Gruppe gründet sich auf Sympathiebeziehungen der Mitglieder untereinander, ihr Zweck ist die Befriedigung gemeinsamer Interessen ohne offiziellen Auftrag.

---

[1] In Anlehnung an www.projektmanagementhandbuch.de/soft-skills/umgang-mit-widerstand/

24. Welche Phasen lassen sich beim Gruppenbildungsprozess unterscheiden?

Gruppen durchlaufen von der Entstehung bis zur Auflösung fünf charakteristische Entwicklungsstadien.

1. Orientierungsphase
Die Gruppe versucht, sich untereinander abzutasten, es besteht Unsicherheit und Zurückhaltung.

2. Positionskampf und Kontrolle
Die Rollen innerhalb der Gruppe werden verteilt, die Rangordnung festgelegt.

3. Vertrautheit und Intimität
Es besteht Übereinstimmung innerhalb der Gruppe, ein Gefühl der Sicherheit entsteht.

4. Differenzierung
Die maximale Arbeitsfähigkeit der Gruppe ist erreicht, Individualität wird toleriert.

5. Trennung und Ablösung
Es wird der Versuch unternommen, die Existenz der Gruppe zu verlängern.

25. Welche Gruppenstrukturen gibt es?

Mitglieder einer Gruppe wechseln im Lauf des Gruppengeschehens ihre Rollen und Funktionen. Langfristig bildet sich in der Wechselwirkung zwischen:

- Aufgabenfunktion, im Hinblick auf das Gruppenziel
- Aufbau- und Erhaltungsfunktionen, im Hinblick auf die sozial-emotionalen Bedürfnisse und den
- Leitungs- und Führungsfunktionen, im Hinblick auf die Rangordnung
- der Struktur der Gruppe heraus.

Diese Struktur entscheidet letztlich über die Möglichkeiten zur Aufnahme und Art sozialer Kontakte, über Aufgabenlösung und das Klima innerhalb der Gruppe. Dies hat einen deutlichen Einfluss auf Leistung und Zufriedenheit der Gruppenmitglieder.

5.6.4 Präventive Konfliktarbeit

01. Welche Bedeutung hat eine präventive Konfliktarbeit?

Wenn Konflikte am Arbeitsplatz eskalieren, gibt es nur Verlierer. Mitarbeiter werden aufgrund des erheblichen Drucks krank, Unternehmen und Organisationen werden finanziell belastet und verlieren Arbeitskraft. Gesundheit am Arbeitsplatz ist daher zu einem bedeuteten Wettbewerbsfaktor geworden. Dabei geht es um die Vermeidung von Krankheiten.

Eine erfolgreiche Prävention von Konflikteskalationen und Mobbing setzt an den zentralen betrieblichen Gestaltungsbereichen an:

- Personalauswahl, Stellenbesetzung und Einarbeitung neuer Mitarbeiter
- Arbeitsorganisation und Organisationsentwicklung
- Führung
- Organisationskultur und Betriebsklima.

Dieses Ziel lässt sich erreichen durch:

- Vermeiden von Strukturen und Situationen, die Mobbing und Konflikteskalationen begünstigen
- Optimieren der betrieblichen Rahmenbedingungen
- Schaffen eines angenehmen und motivierenden Betriebsklimas.

02. Welche Instrumente können zur präventiven Konfliktarbeit eingesetzt werden?

Wenn klassische Instrumente zur Prävention von Konflikten und Mobbing in eine unternehmerische Strategie eingebettet sind, die die Prävention als Querschnittsaufgabe begreift, erfüllen sie eine wichtige Funktion. Es gibt verschiedene Instrumente. Sie sind von unterschiedlicher Reichweite und je nach betriebsspezifischen Rahmenbedingungen sinnvoll anwendbar:

- Aufklärung durch Informationen (z. B. Broschüren, Informationsblätter, Plakate)
- Sensibilisierung durch Qualifizierungsmaßnahmen und Trainings (z. B. zu Konfliktmanagement, gesundem Führen, Mobbing)
- Erhebung eines Stimmungsbilds durch Checklisten
- Durchführen einer Mitarbeiterbefragung
- Durchführen von Gesundheitszirkeln, Meister- oder Führungskräftezirkeln
- Installieren eines Patenschaftsmodells
- Einrichtung eines klaren Beschwerdeweges
- Ernennen eines Konflikt-/Mobbingberaters
- Einrichtung einer Konfliktkommission
- Abschluss von Betriebsvereinbarungen.

03. Welche Beispiele für Konfliktpotenziale und entsprechende Präventionsmaßnahmen lassen sich anführen?

In der folgenden Tabelle sind Beispiele für Konfliktpotenziale und entsprechende Präventionsmaßnahmen im betrieblichen Alltag von Führungskräften dargestellt.

Gestaltungsbereich	Konfliktpotenzial	Präventionsmaßnahmen
Personalakquisition: Auswahl von Führungskräften	Fachliche Kriterien dominieren die Auswahl von Führungskräften	Führungs- bzw. soziale Kompetenz bei Einstellung stärker berücksichtigen
Stellenbesetzung: innerbetrieblicher Aufstieg	Die „alten" Kollegen/-innen haben ein Akzeptanzproblem gegenüber der neuen Chefin/ dem neuen Chef	Einzelgespräch führen und Entscheidung begründen
Einarbeitung neuer Mitarbeiter/innen	Neue Mitarbeiter „stören" bisherige Routine der Arbeitsgruppe	Einarbeitungsplan erstellen
Personalentwicklung: Beurteilungssystem	Unklarheiten über Erwartungen: Mitarbeiter befürchten Bevorzugungen bzw. Nichtberücksichtung der eigenen Kompetenzen	Beurteilungssystem transparent gestalten Emotionale Auswirkungen von Personalentscheidungen beachten
Arbeitsorganisation und Organisationsentwicklung: Phasen der Reorgansation	Unruhe und Verunsicherung: Angst vor neuen Aufgaben, Versetzung in ein anderes Team oder Verlust des Arbeitsplatzes	Neue Arbeits- und Organisationsstruktur beteiligungsorientiert entwickeln Veränderte Betriebsabläufe rechtzeitig kommunizieren Ausreichend neue Arbeitsmittel für alle bereitstellen Qualifizierungen durchführen Zeit für die Einarbeitung lassen
Führung	Fehlende Wertschätzung und fehlender Respekt	Loben Präsenz zeigen Mit kleinen „Gesten" Interesse verdeutlichen
Organisationskultur und Betriebsklima	Unklare Werte und Normen	Entwickeln von Leitbildern und Unternehmens- bzw. Führungsgrundsätzen

04. Wie können Konzepte einer präventiven Konfliktarbeit aussehen?

Wie und welche Präventionsaktivitäten ergriffen werden, ist von Unternehmen zu Unternehmen unterschiedlich. Aber für alle Unternehmen gilt: Am Anfang steht die Aufklärung der Führungsspitze. Sie muss so gut informiert sein, dass sie sich überzeugend gegen massive Konflikte und Mobbing positionieren kann.

Es ist sinnvoll, die Präventionsaktivitäten in einem Konzept zu systematisieren. Die folgende Übersicht zeigt exemplarisch, wie eine solche Strategie aussehen kann:

Strategiekonzept Prävention, ein Beispiel für mittlere Unternehmen

Nr.	Was?	Wer?	Form? Dauer?
1.	Erstinformation der Führungsspitze durch Vortrag eines Experten/einer Expertin	Geschäftsführung	
2.	Gesundheitszirkel der Führungskräfte	Vertreter/-in der Geschäftsführung, Abteilungsleiter/innen, Meister/-innen, Vorarbeiter/-innen	Meetings 8 Termine á 1,5 Std.
3.	Erstinformation der Mitarbeiter/innen durch Vortrag	Alle Mitarbeiter/innen	Bei der Personalversammlung
4.	Workshop zur Entwicklung eines Strategie-Konzeptes für die Prävention von Konflikteskalationen und Mobbing	Interessierte aus der Geschäftsführung, dem Kreis der Führungskräfte, PR/BR und interessierte Mitarbeiter/-innen	Workshop 6 Std.
5.	In-House-Veranstaltungen zur Qualifizierung	Alle Führungskräfte und PR/BR	2 Tage
6.	Workshop zur Verzahnung	Personalabteilung	Tagesveranstaltung
7.	Workshop zur Verankerung von Prävention im Alltagshandeln von Führungskräften	Führungskräfte	Tagesveranstaltung
8.	Workshop zur Einführung eines „kontinuierlichen Verbesserungsprozesses" in der Arbeitsorganisation	Führungskräfte und interessierte Mitarbeiter/-innen	Tagesveranstaltung
9.	Durchführung eines Gesundheitszirkels	Interessierte Mitarbeiter/-innen	Meetings 8 Termine á 1,5 Std.
10.	Bestimmung eines Konfliktbeauftragten	Führungsspitze und Abteilungsleiter/-innen	

Nr.	Was?	Wer?	Form? Dauer?
11.	Besuch einer externen Veranstaltung zur Qualifizierung	Konfliktbeauftragte/-r	Mehrtägige Veranstaltungen
12.	Festlegen des Vorgehens im Falle von Bechwerden	Interessierte aus der Geschäftsführung, dem Kreis der Führungskräfte, PR/BR und die/der Konfliktbeauftragte/-r	Meetings 1 - 3 Termine á 1,5 Std.
13.	Seminar zum Thema Konflikte und Mobbing im Betrieb – Diskussion des „Beschwerdeweges"	Alle Mitarbeiter/-innen	Tagesveranstaltung
14.	Ggf. Überarbeitung des „Beschwerdeweges"	Interessierte aus der Geschäftsführung, dem Kreis der Führungskräfte, PR/BR und die/der Konfliktbeauftragte/-r	Meeting 1 Termin á 1,5 Std.
15.	Workshop zur Evaluation der bisherigen und nachhaltigen Verankerung	Führungskräfte aller Ebenen, PR/BR, die/der Konfliktbeauftragte/-r, interessierte Mitarbeiter/-innen	Tagesveranstaltung

1. Planen, Steuern und Organisieren betrieblicher Prozesse
2. Steuern von Qualitätsmanagementprozessen
3. Gestalten von Schnittstellen und Projekten
4. Steuern und Überwachen betriebswirtschaftlicher Prozesse und Ressourcen
5. Führen und Entwickeln von Personal
6. **Planen und Durchführen von Marketingmaßnahmen**

Prüfungsanforderungen

Im Handlungsbereich „Planen und Durchführen von Marketingmaßnahmen" soll die Fähigkeit nachgewiesen werden, unter Berücksichtigung der Marktsituation im Dienstleistungssektor Gesundheit und Soziales sowie der rechtlichen Rahmenbedingungen Marketingkonzepte zu planen, zu entwickeln und zu realisieren. Marketingziele und -maßnahmen sind auch zur Mittelbeschaffung umzusetzen und zu kontrollieren. Dabei sollen Marktinformationen gewonnen und bewertet werden.

Nachfolgend sind die Zusammenhänge zwischen den Qualifikationsschwerpunkten Kapitel 6 dargestellt:

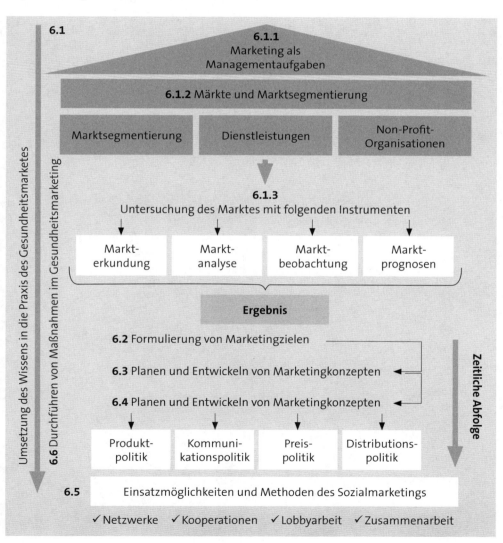

6. Planen und Durchführen von Marketingmaßnahmen
6.1 Durchführen von Marktanalysen

01. Was bedeutet eigentlich Marketing und warum wird dieses Thema im Bereich des Sozial- und Gesundheitswesens immer wichtiger?

Im Grunde sollte es doch ganz einfach sein. Man nimmt ein gutes Produkt oder Dienstleistung und werbe dafür. Damit müssten doch potenzielle Kunden zu überzeugen sein – oder etwa nicht?

Betrachten wir uns die historische Entwicklung, wird der Begriff Marketing in Deutschland seit den 1960er Jahren eingesetzt. Sehr häufig wird aber umgangssprachlich immer noch von „Werbung" und „Absatz" gesprochen. Natürlich müssen Unternehmen umfangreiche Aktivitäten entwickeln, um ihre Dienstleistungen und Produkte an die Zielgruppe heranzutragen, am Markt zu platzieren, den Bekanntheitsgrad zu steigern und natürlich zu verkaufen. Diese Aktivitäten aber rein auf Werbung zu beziehen, wird dem, was Marketing beinhaltet in keiner Weise gerecht.

Eine klassische Definition des Marketing nach *Meffert* lautet: *„Marketing bedeutet Planung, Koordination und Kontrolle aller auf die aktuellen und potenziellen Märkte ausgerichteten Unternehmensaktivitäten. Durch eine dauerhafte Befriedigung der Kundenbedürfnisse sollen die Unternehmensziele verwirklicht werden."*

Kotler definiert: *„Marketing ist ein Prozess im Wirtschafts- und Sozialgefüge, durch den Einzelpersonen und Gruppen ihre Bedürfnisse und Wünsche befriedigen, indem sie Produkte und andere Dinge von Wert erstellen, anbieten und miteinander austauschen."*

Betrachten wir nun auch die Seite der Nachfrager und potenziellen Kunden, werden auch diese immer anspruchsvoller und können zunehmend aus einer Vielzahl von Mitbewerbern auswählen. Gerade die klassischen Märkte unterliegen einem Wandel; und zwar vom Verkäufermarkt zum Käufermarkt. Marketing dabei nur auf den Punkt Werbung zu fokussieren reicht bei weitem nicht aus. Das Marketing übernimmt im Unternehmen eine Schlüsselposition.

Marketing betreiben nicht nur Unternehmen, sondern auch Einzelpersonen. Ein Beispiel dafür ist ein potenzieller Käufer, der sich über das Angebot an den Produkten, für die er sich interessiert, informiert. Auch Non-Profit Organisationen mit nicht-erwerbswirtschaftlichen Zielen können nach dieser Definition Marketing betreiben.

02. Worin liegt die Besonderheit des Marketing im Gesundheits- und Sozialwesen?

Die Auffassung, dass Marketing nicht nur auf Unternehmen beschränkt ist, sondern dass durchaus auch Einzelpersonen oder Gruppen der Gesellschaft sich des Marketinginstrumentariums bedienen, leuchtet ein.

Dabei stellen das Gesundheits- und Sozialwesen eine Besonderheit dar: Anders als z. B. in der Industrie, werden keine klassischen Güter, sondern überwiegend Dienstleistungen angeboten. Zudem besteht kein rein klassisches Anbieter-Nachfrager Modell, sondern es kommen oftmals dritte Instanzen (Kostenträger, Sponsoren, Spender, Angehörige, sonstige öffentliche Geldquellen usw.) hinzu (>> siehe auch *Kapitel 1*).

Unabhängig von Branche und Tätigkeitsfeld ist es für Anbieter heutzutage ein Muss, Marketinginstrumente einzusetzen. Im Vordergrund steht immer mehr der Nutzen eines Produktes bzw. einer Dienstleistung, also ein „Gesamtpaket" oder „full services".

Begriffe wie Anbieter und Nachfrager stehen nicht mehr an erster Stelle und werden durch neue Begriffe wie Nutzen, Service, Corporate Identity, Corporate Design und Corporate Behavior ersetzt.

Zusätzlich zu den klassischen Anforderungen im Sozial- und Gesundheitswesen wächst der Anspruch, in sozialorientierten Institutionen Kosten einzusparen und den Fokus auf ein leistungsorientiertes Wirtschaften zu legen. Dieser damit entstandene Wettbewerb trägt dazu bei, dass ein Umdenken hin zu notwendigen Marketingmaßnahmen entstanden ist. Eine soziale Einrichtung wird heutzutage von den Patienten und Angehörigen immer mehr nach ihrer Außendarstellung (Image) bewertet.

In den letzten Jahren wurde deutlich, dass Marketing auch für soziale Einrichtungen eine wesentliche Rolle einnimmt. Dies ist zum einen auf die immer knapper werdenden öffentlichen Mittel, aber auch auf die steigende Anzahl gewerblicher Anbieter in diesem Sektor zurückzuführen.

Nur wer seinen Markt und den Wettbewerb genau kennt, kann sein Unternehmen optimal positionieren. Dabei stellt die Analyse den Ausgangspunkt dar, um Marketing überhaupt betreiben zu können.

03. Was ist eine Marktanalyse?

Die Marktanalyse ist eine systematische Untersuchung eines Marktes hinsichtlich der Kunden und Wettbewerber. Sie ist vorrangig eine im Rahmen der strategischen Planung eingesetzte Analyse der herrschenden Marktsituation.

Sie dient den Unternehmen und sozialen Einrichtungen als Basis für gegenwärtige-und zukunftsbezogene Entscheidungen. Durch Marktanalysen werden Umsatzschätzungen, geplante Verkaufsmaßnahmen und erwartete Gewinne nachvollziehbar und überprüfbar.

Die Marktanalyse kann sich sowohl auf Gesamtmärkte als auch auf einzelne Marktsegmente beziehen und wird insbesondere herangezogen, um die Attraktivität der von einzelnen strategischen Geschäftseinheiten bearbeiteten Teilmärkte zu beurteilen (Marktattraktivität).

Eine Marktanalyse hat möglichst Informationen bereitzustellen über:

- das Marktpotenzial und das Marktvolumen
- das bisherige und erwartete Marktwachstum
- aktuelle und erwartete Marktanteile der einzelnen Anbieter
- die Kundenstruktur
- die Stabilität des Marktverhaltens von Anbietern und Nachfragern
- die hauptsächlich eingesetzten Instrumente des Marketing-Mix und ihre Wirkungen
- die Anfälligkeit des Marktes gegenüber externen Einflüssen wie Konjunktur, Änderung rechtlicher Rahmenbedingungen oder gesellschaftlicher Wertewandel.

Die Marktanalyse ist ein Teilgebiet der Marktforschung. Sie ist auf einen Zeitpunkt bezogen, arbeitet mit Bestandsmassen und gibt Auskunft über die Struktur eines Marktes. Sie zeigt daher nur Tatsachen auf.

04. Welcher Zusammenhang besteht zwischen Marketing, Marktanalyse und Kundennutzen?

Heute reicht es nicht mehr aus, Produkte und Dienstleistungen „nur" anzubieten. Es gilt einen Kundennutzen zu schaffen und damit den Kunden langfristig zu binden. Der Kunde muss sich mit der erbrachten Leistung identifizieren. Nur wer den Kunden versteht, kann zielgerechte Dienstleistungen anbieten. *Martin Luthers* Ausdruck „Dem Volk aufs Maul schauen", drückt bereits die Kernaussage der Marktanalyse aus.

Auch wenn das Sozial- und Gesundheitswesen dominiert wird von Non-Profit-Organisationen, steht das ökonomische Prinzip der Gewinn- und Nutzenmaximierung immer mehr im Vordergrund. Ziel hierbei ist es, eine Maximierung des wirtschaftlichen Erfolges anzustreben.

05. Welche Einflussgrößen werden bei der Marktanalyse berücksichtigt?

Analysen werden von ihrer Anzahl und Umfang her betrachtet immer größer. Das lässt sich auf die Veränderungen und Branchenkräfte, die auf die Organisationen einwirken, zurückführen.

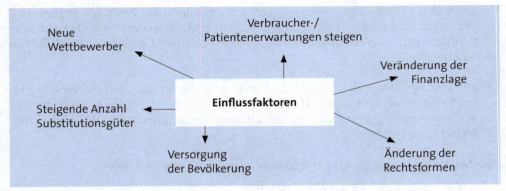

Einflussfaktoren auf Unternehmen

Diese Einflussfaktoren müssen frühzeitig erkannt, zeitnah festgehalten und beobachtet werden. Wie sich solche „Triebkräfte" auswirken, stellt nachfolgende Abbildung dar.

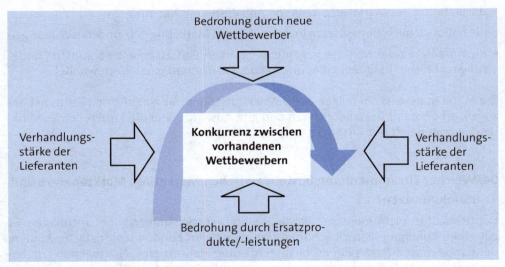

Konkurrenzverhalten zwischen Wettbewerbern

Es ist für ein Unternehmen wichtig, diese Triebkräfte zu kennen und ihre Erkenntnisse daraus zu ziehen. Die Analyse der Wettbewerbskräfte kann dann für den Bereich der Unternehmensplanung eingesetzt werden.

Man betrachtet sich also auf der internen und externen Ebene. Von innen heraus sollen Stärken erkannt und Schwächen abgebaut werden. Wie beim Benchmarking (Vergleich mit dem Besten der Branche), sollen Ressourcen aufgezeigt und Abläufe optimiert werden.

Von außen betrachtet, befasst sich die Organisation mit ihrer Zielgruppe, dem Image, also der Außendarstellung und natürlich mit den Marktbedingungen und dem Wettbewerb.

06. Welche Daten werden bei der Marktanalyse berücksichtigt?

Zur Marktanalyse können entweder interne Marktdaten (z. B. Verkaufszahlen, Produktionskosten) oder externe Marktdaten (z. B. makroökonomische Trends) verwendet werden. Nach Art der Sachverhalte werden diese auch in demoskopische (Meinungen) und ökoskopische Daten (Fakten) unterschieden.

Befasst man sich mit Marktanalyse, ist diese oftmals nicht nur gegenwartsbezogen, sondern soll vor allem Daten für zukünftige Ereignisse liefern. Dadurch lassen sich Prognosen über zukünftige Gegebenheiten darstellen:

- Welche Trends sind am Markt erkennbar?
- Gibt es gesetzliche Änderungen?
- Wie wird sich der Markt entwickeln?
- Wer sind meine Kunden von morgen?
- Welche Veränderung durchlebt das eigene Unternehmen?

Es wird zu einer zentralen Managementaufgabe, den Markt zu segmentieren, ihn also überschaubarer zu machen, ihn abzugrenzen, aufzuschlüsseln. Ist dieser dann zerteilt, müssen Kennziffern ermittelt werden, um den Aussagewert und die Prognose zu festigen.

6.1.1 Marketing als Managementaufgaben

01. Was wird unter Marketingmanagement verstanden?

Marketingmanagement bedeutet eine Konzeption der Unternehmenssteuerung, wonach betriebliche Aktivitäten so auf Märkte auszurichten sind, dass die Unternehmensziele durch *„eine dauerhafte Befriedigung der Kundenbedürfnisse" (Meffert 1986)* sowie durch Wettbewerbsvorteile verwirklicht und langfristige Erfolgspotenziale gesichert werden. Dabei werden die Phasen der Analyse, Prognose, Zielfestlegung, Strategieentwicklung, Detailplanung, Realisation und Kontrolle unterschieden. Damit ist Marketingmanagement im Wesentlichen *„als Ausdruck eines marktorientierten unternehmerischen Denkstils"* zu verstehen *(Nieschlag/Dichtl/Hörschgen 1991).* Diese grundsätzliche Denkhaltung erfordert, um wirksam werden zu können, bestimmte Maßnahmen zur Umsetzung im komplexen betrieblichen Zusammenhang. Es obliegt dem Marketingmanagement, aus der manchmal sogenannten „Marketing-Philosophie" entsprechende Strukturierungsbedingungen, Arbeitsschritte und Handlungsweisen abzuleiten und damit – wie es programmatisch genannt worden ist – zu einer Realisierung des Marketing beizutragen *(Belz 1986).*

02. Welche Hilfsmittel gibt es für das Marketingmanagement?

Es gibt viele unterschiedliche Hilfsmittel für den Marketingmanagement-Prozess, dazu zählen:

- Marktsegmentierung
- Markenmanagement
- PR
- Logistik
- Direktmarketing
- Verkaufsförderung und Werbung.

03. Welche Schlussfolgerungen ergeben sich aus dem Angebot- und Nachfrageschema?

Der in der Literatur zu findende klassische Markt definiert sich über Nachfrage und Angebot. Hierbei treffen diese beiden unabhängig von Dritten aufeinander, wie das Schaubild zeigt.

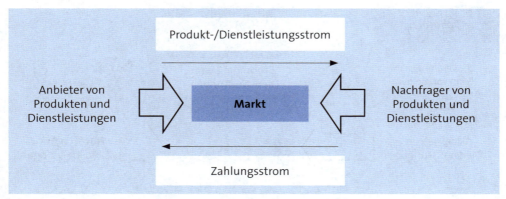

Angebot und Nachfrage

Beim Gesundheitsmarkt kommt die Besonderheit hinzu, dass oftmals ein Dritter (ein Kostenträger) auftritt. Diesem kommt eine nicht unwichtige Rolle, als „Zwischenhändler" zu.

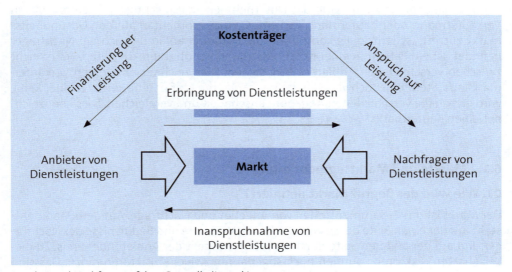

Angebot und Nachfrage auf dem Gesundheitsmarkt

Oftmals reichen die durch den Kostenträger finanzierten Leistungen nicht aus, um die entstandenen Kosten zu decken. Somit würde ein Teil der Kosten des Anbieters nicht gedeckt. Da meistens ein begrenztes Budget zur Verfügung steht, sind die Anbieter auf Dritte, also „Sponsoren" angewiesen. Diese Zuwender treten meist als Spender auf, üben aber trotz der „freiwilligen" Leistung eine gewisse Mitsprache aus.

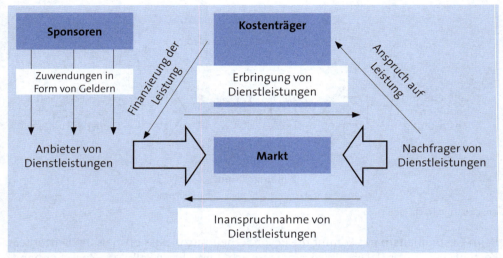

Angebot und Nachfrage mit Sponsoren

Für das Management und damit das Unternehmen ist es wichtig zu erkennen, ob ein Verkäufermarkt oder Käufermarkt vorliegt. Ob dies momentan auf den Gesundheitsmarkt zutrifft, ist strittig. Es kommt auf die Situation an, in der sich ein Nachfrager befindet. Ist ein Patient in einer Notsituation und benötigt direkte Hilfe, wird er nicht zwischen verschiedenen Anbietern vergleichen. Dies zeichnet eher einen Verkäufermarkt aus. Steht er jedoch vor einer länger geplanten Maßnahme, wie z. B. einer Reha, wird er sich die verschiedenen Angebote anschauen und vergleichen. Dies kennzeichnet einen Käufermarkt.

6.1.2 Märkte und Marktsegmentierung

01. Wie wird der Begriff Markt definiert?

Der Markt ist das Zusammentreffen von Angebot und Nachfrage. Auf dem Markt entsteht auf der einen Seite durch entsprechende Wünsche und Bedürfnisse der Nachfrager und auf der anderen Seite durch den Kostenaspekt der Anbieter der Preis. Zu diesen „harten" Faktoren kommen noch sogenannte „weiche" Faktoren hinzu. Das sind z. B. psychologische Aspekte, die Nachfrage und Angebot beeinflussen.

02. Von welchen Faktoren wird die Nachfrage bestimmt?

Die Nachfrager haben ein individuelles Empfinden, was ihnen ein Produkt oder eine Dienstleistung „wert" ist. Das bedeutet, jeder Mensch empfindet einen Preis gerecht oder überteuert. Was bin ich also bereit zu bezahlen? Dies hängt von verschiedenen Faktoren ab, wie Alter, Bildungsstand, Einstellung, Erziehung, sozialer Stand, Beruf und andere mehr. Oftmals steht auch der Nutzen, den wir Verbraucher mit dem Produkt oder der Dienstleistung verbinden, im Vordergrund.

03. Welche Bestimmungsgrößen beeinflussen das Angebot?

Auf der Angebotsseite spielen psychologische Aspekte auch eine Rolle. Es gibt einen sogenannten „Grenzwert" eines Produktes (Gn). Dies soll anhand der folgenden Grafik erläutert werden.

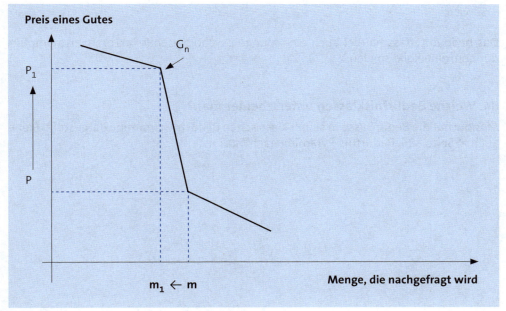

Preis-Absatzfunktion auf einem unvollkommenen Markt

Nehmen wir an, der Anbieter erhöht den Preis drastisch von P auf P_1. So sehen wir, dass die nachgefragte Menge aber nur in geringem Maße zurückgeht. Woran liegt das?

Man spricht hierbei von einem monopolistischen Bereich, den der Anbieter nutzt. Obwohl er nur einer unter vielen ist, kann er bis zu dem im Schaubild bezeichneten Punkt G_n (Grenznutzen) seine Preise beliebig erhöhen, ohne dass die nachgefragte Menge drastisch zurückgeht. Dies liegt am Verhalten bzw. der Einstellung der Nachfrager. Da wir uns auf einem unvollkommenen Markt bewegen, haben die Verbraucher z. B. Präferenzen, die sie veranlassen, dem Gut einen höheren Wert beizumessen. Es sind also Faktoren aus dem Bereich „Soft-Skills" (weiche Faktoren). Weitere mögliche Faktoren können sein:

- Standort (günstige Verkehrslage)
- Qualität
- freundliche Mitarbeiter (persönliche Präferenzen)
- Ambiente
- Öffnungszeiten
- Service.

Das bedeutet, dass hierbei auch eine Menge psychologischer Faktoren, also Empfindungen, eine Rolle spielen.

04. Welche Bedürfnisklassen unterscheidet man?

Maslow hat die Bedürfnisse in seiner klassischen Bedürfnispyramide dargestellt. Siehe auch >> Seite 885, Bedürfnis-Pyramide nach *Maslow*.

05. Welchen Zusammenhang gibt es zwischen Bedürfnissen, Bedarf und Nachfrage?

Das folgende Schaubild zeigt den Zusammenhang zwischen Bedürfnissen, Bedarf und Nachfrage.

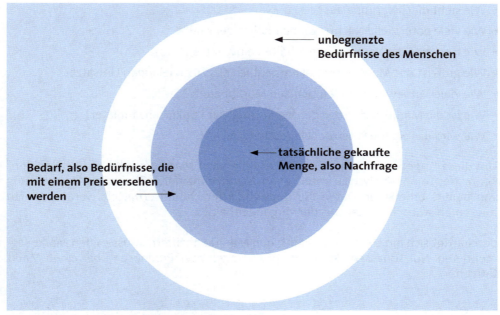

Zusammenhang zwischen Bedürfnissen, Bedarf, Nachfrage

Jeder Mensch hat eine unbegrenzte Anzahl von Bedürfnissen. Diese Bedürfnisse werden von der Angebotsseite mit Kaufkraft, also einem Preis, versehen. Daraus resultiert der Bedarf. Wenn der Nachfrager ein Produkt konsumieren will, fragt er dieses nach. Somit entsteht ein Marktpotenzial, das die Angebotsseite nutzen kann, um potenzielle Kunden anzusprechen, die ihre Bedürfnisse aufgrund der zur Verfügung stehenden Mittel befriedigen wollen.

06. Warum werden Märkte abgegrenzt?

Um das Marktpotenzial nutzen zu können, ist es eine zentrale Aufgabe des Managements, den Markt abzugrenzen. Dazu muss man sich mit den Gegebenheiten des Marktes auseinandersetzen. Nur durch eine Abgrenzung können z. B. folgende Fragen beantwortet werden:

- Wie sieht die Zielgruppe aus?
- Wie viele potenzielle Nachfrager beinhaltet der Markt?
- Wie lässt sich das Verbraucherverhalten einschätzen?
- Wie groß ist das Marktpotenzial hinsichtlich des zu erzielenden Umsatzes?
- Wie viele Mitbewerber teilen sich den Markt bereits?
- Wie ist die Marktmacht bzw. der Marktanteil der Konkurrenzanbieter?
- Wie wird das eigene Potenzial eingeschätzt?

Um diese Fragen zu klären ist es unabdingbar, den Markt mithilfe von Kennzahlen/Kennziffern einer Analyse zu unterziehen. Marktkennziffern können über Auswertung von bereits erhobenen Daten (Sekundärmarktforschung) ermittelt werden. Hierzu nutzt man statische Daten aus der Vergangenheit.

Beschäftigt sich ein Unternehmen mit den Marktkennziffern, muss es den Markt segmentieren. Nur so lassen sich konkrete Aussagen bzw. Prognosen über einen Markt tätigen.

Aufteilung eines Marktes

07. Was versteht man unter dem Begriff Marktkapazität?

Der Begriff Marktkapazität bezeichnet das technisch denkbare Aufnahmevermögen eines Marktes für ein Produkt oder eine Dienstleistung ohne Berücksichtigung der Kaufkraft, das heißt zum Preis von Null, in einem abgegrenzten, definierten Markt und in einer bestimmten Zeitperiode.

> Marktkapazität = Gesamtmarkt

Die Marktkapazität errechnet sich aus der Zahl der Bedarfsträger (Menschen, Haushalte, Betriebe usw.) multipliziert mit der maximalen Verbrauchs- oder Verwendungsintensität der Bedarfsträger.

> Marktkapazität = Bedarfsträger • maximale Verbrauchsintensität

08. Was bedeutet Marktpotenzial?

Als Marktpotenzial bezeichnet man die denkbare Aufnahmefähigkeit eines Marktes unter optimalen Absatzanstrengungen für ein Produkt oder eine Dienstleistung in einem abgegrenzten, definierten Markt und in einer bestimmten Zeitperiode unter Berücksichtigung der Kaufkraft.

> Marktpotenzial = Käuferkraft

Das Marktpotential ist somit identisch mit der gesamten (befriedigten und unbefriedigten) Nachfrage.

$$\text{Marktpotenzial} = \frac{\text{Bedarfsträger} \cdot \text{Verbrauchsintensität} \cdot \text{Kaufkraft}}{100}$$

09. Wie wird das Marktvolumen definiert?

Das Marktvolumen ist die effektive oder effektiv zu erwartende Absatzmenge aller Anbieter eines Produktes oder einer Dienstleistung in einem abgegrenzten, definierten Markt während einer bestimmten Zeitperiode.

$$\text{Marktvolumen} = \frac{\text{Umsatz}}{\text{Absatz}}$$

Im Gegensatz zum Marktpotenzial gibt das Marktvolumen die tatsächliche Umsatz- oder Absatzgröße an. (Umsatz = Wert, z. B. in Euro; Absatz = Menge).

$$\text{Marktvolumen} = \text{Anzahl Anbieter} \cdot \text{durchschnittlich verkaufte Menge}$$

10. Was bedeutet Marktanteil?

Der Marktanteil des eigenen Unternehmens – in Prozenten des Marktvolumens ausgedrückt – ist die tatsächlich abgesetzte Menge eines Produkts oder einer Dienstleistung in einem abgegrenzten, definierten Markt während einer bestimmten Zeitperiode.

$$\text{Marktanteil} = \text{effektiver Anteil des Unternehmens}$$

Das Marktvolumen teilen sich – außer bei einem Monopol – alle Anbieter. Jenen Teil des Marktvolumens, den ein einzelnes Unternehmen erreicht, bezeichnet man als Marktanteil.

$$\text{Marktanteil} = \frac{\text{Verkaufte Menge oder Umsatz} \cdot 100}{\text{Marktvolumen}}$$

11. Was bedeutet Marktsättigung?

Unter dem Begriff Marktsättigung versteht man das Verhältnis Marktvolumen zum Marktpotenzial in einem abgegrenzten, definierten Markt während einer bestimmten Zeitperiode. Diese Kennziffer gibt Aufschluss darüber welche Wachstumschancen ein Markt mit sich bringt. Je höher der Sättigungsgrad, desto umkämpfter wird der Markt selber sein.[1]

$$\text{Sättigungsgrad in \%} = \frac{\text{Marktvolumen} \cdot 100}{\text{Marktpotenzial}}$$

6.1.2.1 Marktsegmentierung

01. Was versteht man unter Marktsegmentierung?

„Unter Marktsegmentierung versteht man die Unterteilung eines Gesamtmarktes in voneinander klar abgrenzbare, in sich aber homogene Kundengruppen. Diese identifizierbaren großen Kundengruppen werden als Marktsegmente bezeichnet. Käufer unterscheiden sich in vielerlei Hinsicht, z. B. in ihren Bedürfnissen, Erwartungen, Lebensumständen, Ressourcen und Kaufgewohnheiten. Anhand jedes dieser Kriterien lässt sich ein Markt segmentieren, das heißt, in abgrenzbare Kundengruppen unterteilen. Es gibt mehrere Methoden der Marktsegmentierung. Das Resultat der Marktsegmentierung sind Käufergruppen, die spezielle Produkte bzw. einen speziellen Marketing-Mix erfordern."[2]

02. Was wird unter strategischen Geschäftseinheiten verstanden?

Unter einer strategischen Geschäftseinheit oder einem Geschäftsfeld versteht man einen möglichst isolierten Ausschnitt aus einem gesamten Betätigungsfeld eines Unternehmens. Also die Unterteilung der Aufgabenfelder aus der Marktperspektive. Dazu stellt sich das Unternehmen die Frage: *Was möchte ich bearbeiten?* Dies kann z. B. eine Produktgruppe sein, die entweder einen ähnlichen Erstellungsprozess aufweist oder auf eine ganz bestimmte Zielgruppe ausgerichtet angeboten wird.

---

[1] Antworten 8 bis 11: in Anlehnung an *BWL Wissen, BWL-Institut Basel*
[2] Quelle: http://www.wirtschaftslexikon24.com/d/marktsegmentierung

Zum Beispiel teilen sich bei Google die strategischen Geschäftseinheiten in vier große Bereiche:

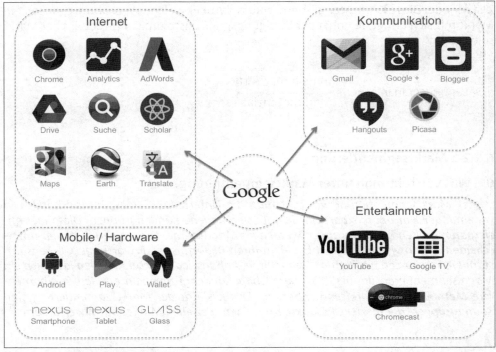

Quelle: *http://www.philipp-trautmann.de*

Eine Rehabilitationsklinik hat z. B. für ihre Patienten einen großen Wellnessbereich und zwei gastronomische Einrichtungen geschaffen. Sie kann folgende Geschäftsfelder definieren:

- stationäre Rehabilitation
- ambulante Therapie
- Gastronomie
- Wellness-Tagesgäste.

6.1.2.2 Dienstleistungen

01. Wie wird der Begriff Dienstleistung definiert?

Eine Dienstleistung ist als ein immaterielles Gut anzusehen, in dessen Mittelpunkt eine Leistung steht, welche von einer natürlichen oder juristischen Person zur Bedarfsdeckung erbracht wird. Damit ist eine Dienstleistung abzugrenzen von der „Ware", bei der die Produktion beziehungsweise der materielle Wert eines Guts im Vordergrund steht.

Typisch für Dienstleistungen ist, dass Produktion und Verbrauch zeitlich zusammenfallen. Das Spektrum an Dienstleistungen ist groß: Taxifahrten, Friseurbesuche, Hilfe im Haushalt, gewerblicher Winterdienst etc. zählen alle als derartige immaterielle Güter.

02. Welche Arten der Dienstleistungen lassen sich unterscheiden?

Dienstleistungen können in vier verschiedene Arten unterteilt werden:
- originäre Dienstleistungen
- personenbezogene Dienstleistungen
- produktbegleitende Dienstleitungen
- sachbezogene Dienstleistungen.

03. Welche Besonderheiten weisen Dienstleistungen auf?

„Besonderheiten im Dienstleistungsmarketing ergeben sich aus den spezifischen Merkmalen von Dienstleistungen:
- *Immaterialität*
- *Nichtlagerfähigkeit und*
- *Kundenbeteiligung bei der Erstellung.*

Vor allem die Nichtlagerfähigkeit und die enge Einbindung des Kunden stellen die zentralen Probleme des Dienstleistungsmarketings dar. Diese erzeugen vor allem durch die Bereithaltung hoher personeller Kapazitäten für Spitzenbelastungen große Kosten, die bei Nichtbeanspruchung dieser Ressourcen unwiederbringlich verloren gehen."[1]

---

[1] Quelle: http://www.wirtschaftslexikon24.com/d/dienstleistungsmarketing

6.1.2.3 Non-Profit-Organisationen

01. Was sind Non-Profit-Organisationen?

Eine **Non-Profit-Organisation**, kurz (NPO), ist eine Organisation, die nicht privatwirtschaftlich arbeitet, sondern Ziele im allgemeinen Interesse verfolgt.

Non-Profit-Organisationen haben in der Regel soziale Ziele, wobei unter sozial auch Sport, Bildung, Kultur, Forschung und Freizeitgestaltung fällt. So gut wie alle Vereine sind NPOs.

02. Welche Kennzeichen einer Non-Profit-Organisation gibt es?

Folgende Kennzeichen sind für Non-Profit-Organisationen typisch:

- gehört keiner Privatperson
- eigenständig verwaltet (nicht im Besitz einer Firma oder einer Familie)
- führt erwirtschaftete Gelder einem sozialen Zweck zu
- führt gespendete Gelder einem sozialen Zweck zu
- hat in der Regel den Status der Gemeinnützigkeit
- kann auch eine Behörde sein
- kann also unabhängig oder staatlich gesteuert sein.

Non-Profit-Organisation meint nicht, dass die Organisation keinen Gewinn erwirtschaftet. Im Gegenteil: Die Organisation ist darum bemüht, möglichst viele Gelder für einen bestimmten Zweck zur Verfügung zu stellen. Dafür müssen Gelder erwirtschaftet oder gesammelt werden (Fundraising).

6.1.3 Untersuchung des Marktes

01. Was sind Marktuntersuchungen?

Marktuntersuchungen sind eine wirkungsvolle Maßnahme, um den Verkauf zu steigern, Kosten zu senken und die Qualität der Produkte und der Dienstleistungen eines Unternehmens zu erhöhen. Eine sorgfältig durchgeführte Marktbefragung schafft eine gute Grundlage dafür, in Zukunft verschiedene Kundenbedürfnisse zufriedenstellen zu können. Sie sind wesentliche Grundlagen im Marketing und dienen damit der Beschaffung von Informationen für die Beurteilung des Marktes.

Das folgende Schaubild soll die Begriffe im Bereich der Marktuntersuchung veranschaulichen:

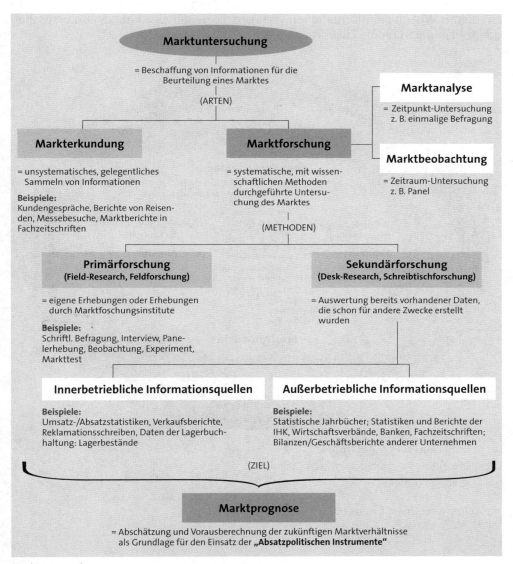

Marktuntersuchung
Quelle: *Böing*, www.nboeing.de

Ohne Voraussicht und angemessenes Prognosemanagement besteht für die meisten Organisationen ein hohes Marktrisiko. Zukünftige Entscheidungen werden maßgeblich bereits in der Gegenwart entschieden. Mittlerweile können Unternehmen über ein breites Wissen an Informationen verfügen. Diese gilt es zu nutzen und entscheidende Planungen für die Zukunft zu treffen.

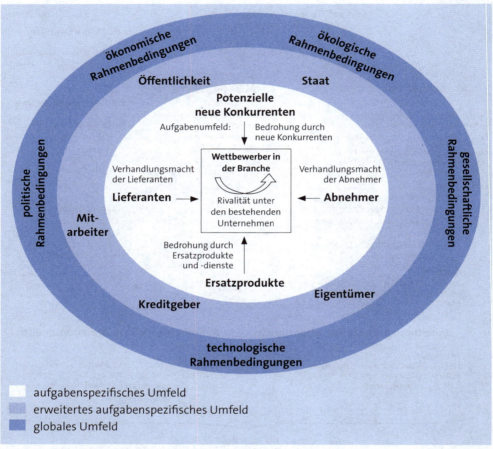

Marktorientiertes Umweltmanagement
Quelle: *Meffert/Kirchgeorg 1993*

6.1.3.1 Markterkundungen

01. Was sind Markterkundungen?

Bei der Markterkundung holt man Informationen unsystematisch ein. Es ist also eine qualitative Messmethode. Bei der Konkurrenzanalyse z. B. wird Markterkundung betrieben, indem man Informationen zu Unternehmen einholt und sie entsprechend als Konkurrenz charakterisiert. Es ist wichtig, den Markt zu kennen, und somit seine Konkurrenz und auch seine Kunden. Eine Markterkundung muss regelmäßig erfolgen.

Markterkundungen erfolgen z. B. durch Beobachtung, Gespräche mit Kunden/Patienten oder Analyse von Marktberichten in Fachzeitschriften. Auf Grundlage der gewonnenen Erkenntnisse kann sich das Unternehmen besser positionieren, auf neue Konkurrenz und neue Kundenwünsche eingehen. Die Markterkundung ist ein wichtiges Instrument des Marketing und trägt zum erwünschten Erfolg bei.

Instrumente der Markterkundung sind u. a.:
- ABC-Analyse
- Benchmarking
- Konkurrenzanalyse
- Kosten-Nutzen-Analyse.

Gerade im Sozial- und Gesundheitswesen sind die persönlichen Gespräche zur Gewinnung von Informationen besonders wichtig. Die Zielgruppen haben besonders hohe Ansprüche.

6.1.3.2 Methoden der Marktforschung

01. Was versteht man unter Marktforschung und welche Methoden stehen ihr zur Verfügung?

Marktforschung wird für Unternehmen, insbesondere für klein- und mittelständische Betriebe des Sozial- und Gesundheitswesens immer bedeutender, denn aufgrund der durch Marktforschung erhobenen Daten sind sie in der Lage, Probleme auf Absatzmärkten und Änderungen in den Kunden- bzw. Patientenbedürfnisse frühzeitig zu erkennen.

In Zeiten sich schnell verändernder Märkte und eines steigenden Wettbewerbsdrucks müssen Unternehmen in der Lage sein, sichere Entscheidungen zu treffen. Diese müssen auf verlässlichen Informationen beruhen – also auf Erkenntnissen der Marktforschung.

Marktforschung bezeichnet im Allgemeinen die systematische Beobachtung und Analyse von Marktzuständen, Marktentwicklungen sowie die Evaluierung von Marktinteressen. Diese Art der Informationsgewinnung kann sich sowohl auf einzelne Produkte und Dienstleistungen, aber auch auf ganze Wirtschaftszweige beziehen.

Daraus lassen sich der Stellenwert und die Bedeutung der Marktforschung ableiten:
- zukünftige Marktchancen erkennen und wahrnehmen
- Chance/Risiken-Management verbessern
- Marktentwicklungen erkennen
- zukünftige Strategien festlegen
- Stärken/Schwächen-Analyse betreiben.

Die Notwendigkeit der Marktforschung ergibt sich durch den hohen Wettbewerbsdruck auf dem Absatzmarkt. Oftmals ist das Angebot größer als die Nachfrage.

Unterteilung des Begriffs Marktforschung

02. Welche Methoden lassen sich bei der Marktforschung unterscheiden?

Zu den wichtigsten Methoden der Marktforschung zählen die Primärforschung und die Sekundärforschung. Während die Primärforschung (Field Research) ihre Erkenntnisse aus dem direkten Kontakt mit den Marktteilnehmern gewinnt, stützt sich die Sekundärforschung auf bereits vorhandene Daten (Desk Research).

03. Was beinhaltet die Primärforschung?

Primärforschung ist eine erstmalige und direkte Datenerhebung. Sie wird hauptsächlich von Großunternehmen und Instituten durchgeführt. Dazu stehen diverse Methoden der Informationsbeschaffung zur Verfügung. Unterteilt werden diese in qualitative und quantitative Methoden der Marktforschung.

Die qualitativen Methoden der Primärforschung basieren auf der Befragung relativ kleiner Gruppen von etwa zehn bis 20 Personen. Hierzu zählen:

- Interviews
- Gruppendiskussionen (Fokusgruppen)
- Beobachtungen
- Workshops.

Bei der quantitativen Primärforschung werden größere Personengruppen befragt, wobei meist standardisierte Fragebögen zum Einsatz kommen. Anschließend werden die Ergebnisse statistisch ausgewertet. Beispiele hierfür sind:

- repräsentative Befragungen
- Telefonumfragen
- Testlabors.

Umfragen unter 2.000 und mehr Personen zählen zwar zur quantitativen Primärforschung, können aber wichtige Hinweise auf aktuelle Verbrauchermeinungen geben.

Während mehrere tausend Befragungen notwendig sind, um ein repräsentatives Bild der gesamten Bevölkerung zu erhalten, kann für Unternehmen bereits ein kleinerer Personenkreis ausreichen, um eine repräsentative Kundenmeinung zu erhalten.

04. Welche weiteren Arten der Primärforschung gibt es?

Die Primärforschung kann nicht nur nach qualitativen und quantitativen Gesichtspunkten beurteilt werden. Es werden auch die folgenden Arten der Marktforschung unterschieden:

- Demoskopische Marktforschung (Befragung von Verbrauchern) und ökoskopische Marktforschung (Erkenntnisse aus Markttatsachen)
- Persönliche Befragung (face-to-face) etwa zu Hause (in home), auf der Straße (in street) oder in Teststudios (in hall)
- Nicht persönliche Befragungen – Telefoninterview, schriftliche Befragung und Online-Umfrage
- Verbraucherpanel – Dokumentation des Einkaufsverhaltens tausender Verbraucher (besonders im Konsumgüterbereich)
- Experimente.

05. Was sind typische Einsatzfelder von Primär- und Sekundärforschung?

Merkmale und Beispiele typischer Einsatzfelder sind:

Primärforschung Gewinnung neuer, originärer Daten (field research)	Sekundärforschung Auswertung bereits vorhandener Daten (desk research)
Informationsbeschaffung ► durch schriftliche und telefonische Anfragen bei Herstellern ► durch Messebesuche ► durch Lieferantenbefragung ► durch Einkaufsreisen.	Informationsbeschaffung ► durch Statistiken aller Art ► durch Geschäftsberichte ► durch Fachzeitschriften ► durch Internet.

Quelle: *Koch 2004*

Beide Erhebungsmethoden können jeweils sowohl Daten aus internen als auch aus externen Quellen nutzen.

06. Welche Vor- und Nachteile ergeben sich bei der Primär- und Sekundärforschung?

Die verschiedenen Informationsquellen sind für den Marktforscher mit unterschiedlichen Problemen, Vor- und Nachteilen verbunden. Die Aussagefähigkeit der einzelnen Quellen kann stark variieren. Allgemein der Primär- und Sekundärforschung zugeordnete Vor- und Nachteile sind:

Primärforschung	Sekundärforschung
Vorteile:	**Vorteile:**
► Erhalt von authentischen Daten für eine konkrete Fragestellung ► Aktualität ► Exklusivität ► problemorientierte, genaue und entscheidungsrelevante Daten.	► relativ einfach und schnell zu beschaffende Informationen ► in der Regel relativ kostengünstig ► zum Teil einzige verfügbare Datenquelle (z. B. Bevölkerungsstatistik) ► besonders breites Potenzial an Informationsfeldern im Internet.

Primärforschung	Sekundärforschung
Nachteile:	**Nachteile:**
► Zeitaufwand ► Kostenaufwand ► eigenes Know-how und personelle Kapazität erforderlich ► häufig nur durch externe Berater möglich.	► nicht immer verfügbar ► wenig individuell/spezifisch ► teilweise mangelnde Aktualität ► ungeeignete Gliederungssystematik (Detaillierungsgrad) ► keine Exklusivität aufgrund allgemeiner Verfügbarkeit ► Vergleichbarkeitsprobleme bei Informationen aus unterschiedlichen Quellen.

Quelle: *Koch 2004*

Grundsätzlich gilt das Prinzip, Sekundärinformationen immer als erstes zu prüfen und zu nutzen. Sie stellen die Basisinformationen dar, die die Einarbeitung in die Problemstellung erleichtern und zur Ökonomisierung der Marktforschung beitragen.

Der Einsatz von Primärforschung in der Marktforschung kann alle gängigen Erhebungsverfahren umfassen, das heißt:

► Befragung (mündlich, schriftlich, telefonisch, online)
► Beobachtung
► Panel-/Tracking-Forschung
► Experiment und Test.

07. Was ist ein Panel?

Die Panelerhebung stellt eine Sonderform der Befragung dar. Dabei wird eine fortlaufende Befragung eines gleichen Personenkreises zu einer gleichen Thematik (Marktbeobachtung) durchgeführt. Dies kann z. B. in Form eines „Testmarktes" erfolgen. In Haßloch, einer Gemeinde in Rheinland-Pfalz, lassen Konzerne neue Artikel testen. Somit entscheiden die Bürger mit ihrem Einkauf, ob es die Waren später in ganz Deutschland gibt. Haßloch ist somit ein Testmarkt. Seit 1986 werden dort neu entwickelte Produkte auf ihre Marktchancen erprobt. Der Ort ist repräsentativ für Deutschland: Alter, Haushaltsgröße, Zahl der Kinder, Singles, Senioren, Ausländer, Kaufkraft – alles nahe am nationalen Durchschnitt.

08. Welche Formen von Panels werden unterschieden?

Hierbei werden verschiedene Formen unterschieden:

- **Haushaltspanel:** Bestimmte Haushalte führen über die durchgeführten Einkäufe (Zahl der gekauften Produkte, Markennamen, Hersteller, wo gekauft?) Buch und übermitteln die Daten in regelmäßigen Abständen dem Marktforschungsinstitut (z. B. GfK Nürnberg). Dadurch werden wertvolle Daten und Informationen über Käufergewohnheiten erhoben.
- **Einzelhandelspanel:** Bestimmte Einzelhandelsbetriebe geben Informationen über ihre Verkäufe (z. B. Nielsen-Einzelhandelspanel). Hierbei werden Informationen über die Entwicklung der eigenen Produkte oder Dienstleistungen gegenüber Konkurrenzprodukten gewonnen.

09. Nennen Sie zwei Probleme von Panelerhebungen.

Gefahren von Panelerhebungen können sein:

- **Panelsterblichkeit:** Ausscheiden der einmal gewonnenen Teilnehmer im Laufe der Zeit.
- **Paneleffekt:** Aufgrund der ständigen Beobachtung des eigenen Konsumverhaltens ändert sich dieses bewusst oder unbewusst und führt zu falschen Informationen.

10. Wie wird Sekundärforschung definiert?

Bei der Sekundärforschung benutzt man Erkenntnisse aus bereits erfassten Daten.

Sie dient der Verarbeitung und Interpretation bestehender Daten. Als Quellen dienen z. B.:

- Statistiken
- Reklamationen
- Preislisten
- Geschäftsberichte
- Werbematerial der Konkurrenz
- Jahrbücher
- Datenbanken
- Bücher
- Zeitschriften
- Webseiten.

Durch die Verarbeitung des Datenmaterials können Antworten zu mehreren Fragen gefunden und die entsprechenden Schlüsse gezogen werden.

11. Wozu dient die Sekundärforschung?

Durch die Sekundärforschung kann der Bedarf an weiterer Primärforschung ermittelt werden. Außerdem hilft sie, bereits gewonnene Erkenntnisse zu festigen oder zu verwerfen, weil z. B. ein Trendwechsel stattgefunden hat.

12. Welche Vor- und Nachteile der Sekundärforschung gibt es?

„Im Vergleich zur Primärforschung ist die Sekundärforschung sehr kostengünstig bei gleichzeitig geringem Zeitaufwand. Dabei wird allerdings häufig auf veraltetes Material zurückgegriffen, das zudem vielen weiteren Unternehmen zur Verfügung steht. Die Sekundärforschung kann zwar dem Erkenntnisgewinn dienen, führt aber nur selten zu Wettbewerbsvorteilen. Da lediglich die Ergebnisse zur Verfügung stehen, kann es außerdem zu Beurteilungsfehlern kommen" (Koch 2004).

Die Frage, wie die Organisation der Datenbeschaffung gelöst wird, ist betriebsindividuell und kapazitätsabhängig, aber auch in Abhängigkeit vom jeweiligen Informationsgegenstand zu entscheiden.

13. Stellen Sie Vor- und Nachteile der Eigen- bzw. Fremdmarktforschung gegenüber.

Eigenmarktforschung und Fremdmarktforschung (Auftragsforschung) haben jeweils spezifische Vor- und Nachteile, die es zu prüfen gilt:

Eigenforschung	Fremdforschung
Vorteile:	**Vorteile:**
▸ mit Problematik vertraut	▸ größere Objektivität/keine Betriebsblindheit
▸ in der Regel geringere Kosten	▸ Experteneinsatz
▸ Datenschutz eher gewährleistet	▸ Fachkenntnisse im Hinblick auf alle Erhebungsmöglichkeiten
▸ bessere Koordination und Kontrolle.	▸ schnelle Durchführung.
Nachteile:	**Nachteile:**
▸ eigene Erhebungen oft nicht möglich	▸ höhere Kosten
▸ Subjektivität/Betriebsblindheit	▸ Problem Branchenkenntnisse
▸ Fehlen von eigenen Experten	▸ Einarbeitungsaufwand
▸ interne Kommunikationsprobleme	▸ mögliche Kommunikationsprobleme
▸ personelle Engpässe.	▸ Indiskretionsprobleme.

Quelle: *Koch 2004*

14. Welche psychologischen Faktoren bestimmen das Nachfrageverhalten?

Psychologische Faktoren bestimmen oftmals das Nachfrageverhalten. Motive äußern sich in unterschiedlichen Einstellungen. Folgende Einflussfaktoren werden unterschieden:

persönlich	=	Alter, Geschlecht, Einstellung usw.
sozial	=	Status, Familie, Gruppenzugehörigkeit usw.
kulturelle	=	Gesellschaft, Status usw.
psychologische	=	Wahrnehmung, Erwartungen, Erlebnisse usw.

Psychologische Aspekte beeinflussen öfter als man denkt die eigene Kaufentscheidung. Dabei spielen persönliche, zeitliche und räumliche Präferenzen (Vorlieben) der Kunden eine Rolle. Eine Bäckerei, die besonders verkehrsgünstig liegt, wird z. B. trotz teurer Produkte bevorzugt frequentiert (räumlich) oder weil die Ware dort besonders gut schmeckt (persönlich).

Beispiel

Eine wissenschaftliche Studie befasste sich mit psychologischen Faktoren, die die Kaufentscheidung beeinflussen: In einem Freizeitpark wurden drei Gruppen zu ihrer Kaufentscheidung getestet.

Nach einer Achterbahnfahrt wurden den drei Gruppen Fotos angeboten, die während der Fahrt aufgenommen wurden. Gruppe A zum regulären Preis, Gruppe B zum ermäßigten Preis und Gruppe C zum Preis von „zahlen Sie, was Sie möchten".

Erstaunlich waren die Ergebnisse; die meisten Verkäufe verzeichnete nicht Gruppe C sondern Gruppe B. Und auch auf dem zweiten Platz befand sich nicht Gruppe C sondern A.

Was also hat die Gruppe C auf den dritten Platz „verbannt"?

Folgende Erklärungen konnten hierbei analysiert werden: Bei Gruppe C spielte die psychologische Einstellung eine wesentliche Rolle. Alle Gruppenmitglieder konnten den Preis, den sie ja frei und selbstständig festlegen konnten, nicht objektiv einschätzen. Das heißt, keiner konnte sich einen „fairen" Preis vorstellen. Bevor also vor den anderen Gruppenmitgliedern „zu wenig" bezahlt wurde und somit das eigene Ansehen gefährdet war, hat man sich lieber zum Konsumverzicht entschieden.

Aus diesen Erkenntnissen haben auch Organisationen im Sozial- und Gesundheitswesen gelernt. Wurde früher zu Spenden in freiwilliger Höhe aufgerufen, werden heute gezielt Spendenhöhen im Vorfeld festgelegt. Pro SMS oder Anruf z. B. werden 5,00 € gespendet. Somit ist dem Spender die Entscheidung über die Höhe abgenommen und er kann selbst entscheiden, wie oft er anruft.

6.1.3.3 Marktanalyse
01. Beschreiben Sie die Marktanalyse.

„Der Begriff Marktanalyse definiert die einmalige Beobachtung von wichtigen Merkmalen eines Marktes zur Feststellung der Marktstruktur zu einem gegebenen Zeitpunkt mit seinen Gegebenheiten. Von besonderem Interesse zur Einschätzung der Marktchancen und der relativen Marktbedeutung ist die Entwicklung des Marktpotenzials und des Marktvolumens. Unter dem Begriff Marktanalyse versteht man die Erhebung von Informationen über Marktanteile, Zielgruppen, Marktsegmente und Marktpotenziale. Einige Beispiele dazu:

- *Marktanteile und (potenzielles) Marktvolumen*
- *Kaufkraft und Kaufinteresse*
- *Vom Markt erwartete Produkte und Angebote*
- *Mittel- und langfristige Marktentwicklungen*
- *Marktpotenziale und Produktchancen.*"[1]

Es gibt unterschiedliche Analysen:
- SWOT-Analyse
- Produktlebenszyklus
- Portfolioanalyse
- Wettbewerberanalyse
- Positionierungsanalyse.

02. Was ist eine SWOT-Analyse?

Die SWOT-Analyse ist ein einfaches Werkzeug zur Untersuchung und Standortbestimmung einer gesamten Organisation, aber auch einzelner Prozesse, Produkte, Teams oder anderer Betrachtungsobjekte und zur Entwicklung von Lösungsalternativen. Innerhalb der Organisationsuntersuchung kann sie während der Analysephase und der Konzeptionsphase zum Einsatz kommen. Die SWOT-Analyse wird meist dann angewandt, wenn die strategischen Aspekte der Organisationsentwicklung im Mittelpunkt des Interesses stehen. Die SWOT-Analyse ist ebenfalls ein geeignetes Werkzeug, wenn es um die Evaluierung eines Organisationsprojektes geht.

---
[1] Quelle: www.marketinglexikon.ch

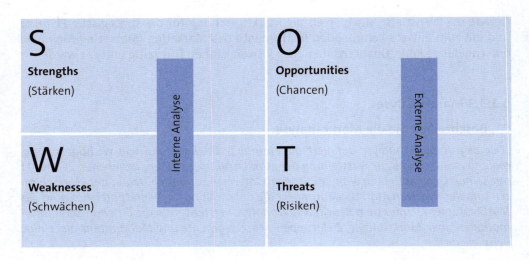

03. Wie läuft eine SWOT-Analyse ab?

Die SWOT-Analyse kann einzeln oder als Gruppenarbeit (Workshop) durchgeführt werden, wobei die Vorteile gruppendynamischer Prozesse genutzt werden sollten.

Ein geeignetes Hilfsmittel für einen SWOT-Analyse-Workshop ist die SWOT-Matrix, die im Kern Fragen darstellt, die darauf abzielen, ein Bild der gegenwärtigen Organisation mit ihren Entwicklungsmöglichkeiten zu entwerfen.

Stärken	Schwächen
▶ Auf welche Ursachen sind vergangene Erfolge zurückzuführen? ▶ Welche Synergiepotenziale liegen vor, die mit neuen Strategien besser genutzt werden können?	▶ Welche Schwachpunkte gilt es künftig zu vermeiden? ▶ Welche Dienstleistung ist besonders schwach?
Chancen	**Risiken**
▶ Welche Möglichkeiten stehen offen? ▶ Welche Trends gilt es zu verfolgen?	▶ Welche Schwierigkeiten hinsichtlich der gesamtgesellschaftlichen Situation liegen vor? ▶ Was machen eventuell vorhandene Wettbewerber? ▶ Ändern sich die Vorschriften für Arbeit, Produkte oder Dienstleistungen? ▶ Bedroht ein Technologie- oder Politikwechsel die Stellung?

Fragestellung für SWOT-Analyse

Jede Betrachtungsdimension sollte als eigenständige Moderationstafel vorbereitet werden. Die teilnehmenden Personen schreiben ihre Gedanken zu den einzelnen Dimensionen auf Moderationskarten. Diese werden im Anschluss eingesammelt und den Dimensionen zugeordnet. Als Hilfestellung für die Ermittlung der Stärken/Schwächen, beziehungsweise Chancen/Risiken können folgende Kriterien dienen:

Stärken/Schwächen – interner Blickwinkel	Chancen/Risiken – externer Blickwinkel
▸ Erfolge der Organisation	▸ Kundenstruktur/Zahl potenzieller Kunden
▸ eventuell Marktanteile	▸ Wettbewerberstruktur/Zahl der potenziellen Wettbewerber
▸ Entwicklung der Kundenzahlen	
▸ Entwicklung des Personalbestandes	▸ Entwicklung der Haushaltslage
▸ Dienstleistungsqualität	▸ Demografische Entwicklung
▸ Durchlaufzeiten	▸ Kundenanforderungen/Kundenwünsche
▸ Öffentlichkeitsarbeit	▸ Strategien/Aktivitäten der Wettbewerber
▸ Online-Kommunikation	▸ Stabilität der Wettbewerbsstruktur
▸ Corporate Identity/Corporate Design	▸ Änderung rechtlicher Rahmenbedingungen
▸ Image	▸ Wirtschaftslage/Arbeitsmarkt
▸ Wirtschaftlichkeit, Effizienz der Aufgabenerfüllung	▸ …
▸ Qualifikation/Erfahrung der Beschäftigten	
▸ Motivation (Betriebsklima; Einsatzfreude)	
▸ Altersstruktur der Beschäftigten	
▸ Führungsstil	
▸ Fluktuation	
▸ Organisationsstruktur (Organigramme, …)	
▸ Instrumente der Planung	
▸ Kontroll- und Steuerungsinstrumente	
▸ Stand der Bürokommunikation	
▸ Grad der Verknüpfung der Information/ Entwicklungstand Wissensmanagement	
▸ Leistungsfähigkeit des Controlling	
▸ …	

Mögliche Kriterien zur Durchführung der SWOT-Analyse

„Die Auswertung der SWOT-Analyse erfolgt durch die Wiederholung der einzelnen Inhalte durch die moderierende Person und die Diskussion in der Gruppe. Es sollen dabei Strategien und Lösungswege entwickelt werden, die die Stärken der Organisation nutzen und weiter ausbauen, die Schwächen beseitigen und auf diesem Weg die Zukunftschancen, die sich bieten, nutzen."[1]

Im zweiten Schritt werden dann durch Kombination der Stärken und Schwächen einerseits mit den Chancen und Risiken andererseits insgesamt vier Gruppen möglicher strategischer Stoßrichtungen gebildet:

1. **Stärken und Chancen (S/O-Strategien):** Identifikation der Marktchancen, die mit den Stärken des Unternehmens gut verfolgt und genutzt werden können, um die Wettbewerbsposition weiter zu verbessern.
2. **Stärken und Bedrohungen (S/T-Strategien):** Einsatz der vorhandenen eigenen Stärken, um externe Bedrohungen zu neutralisieren oder zumindest zu minimieren.
3. **Schwächen und Chancen (W/O-Strategien):** Definition von Maßnahmen, um Schwächen zu eliminieren, die der Nutzung neuer Möglichkeiten entgegenstehen
4. **Schwächen und Bedrohungen (W/T-Strategien):** Entwicklung einer Verteidigungsstrategie, um vorhandene Schwächen nicht zum Ziel von Bedrohungen werden zu lassen.

04. Wie verläuft ein Produktlebenszyklus?

Die Lebenszyklusanalyse setzt sich mit den unterschiedlichen Phasen eines Lebenszyklus auseinander, wobei die Bezugsobjekte der Analyse einzelne Produkte, Produktgruppen, Märkte oder Technologien sein können. Auf der Basis der identifizierten Lebenszyklen ist es möglich, die Position der betrachteten Bezugsobjekte zu bestimmen und strategische Maßnahmen abzuleiten.

In der Literatur werden unterschiedliche Phasenmodelle vertreten. Am häufigsten werden hierbei fünf Phasen unterschieden:

- Einführung
- Wachstum
- Reife
- Sättigung
- Degeneration.

---

[1] Quelle: Bundesministerium für Inneres und SWOT-Analyse bspw. *Bruhn 2010*

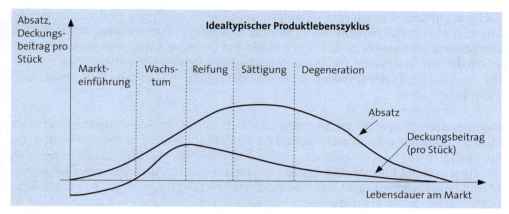

Produktlebenszyklus
Quelle: www.wirtschaftslexikon24.com/d/produktlebenszyklus/produktlebenszyklus

Der Produktlebenszyklus wird idealtypisch in fünf Phasen unterteilt. Grundlage der Phaseneinteilung ist die Veränderung des Umsatzes bzw. des Absatzes im Zeitablauf. Idealtypisch wird der abgebildete ertragsgesetzliche (glockenförmige) Kurvenverlauf unterstellt.

Einführungsphase: Der Lebenszyklus beginnt mit der Markteinführung eines Produktes. Das Produkt ist für den Markt noch neu. Die Intensität des Marktwiderstandes hängt ebenso wie die Länge dieser ersten Phase vor allem vom Innovationsgrad des Produktes ab. Aus diesem Grund lassen sich zu Beginn nur geringe Umsätze erzielen. Dem niedrigen Umsatz stehen jedoch hohe Kosten gegenüber, die für die Produktion und den Aufbau der Vertriebsnetze anfallen. Zudem sind bei der Markteinführung normalerweise intensive Kommunikationsmaßnahmen notwendig (Werbung, Verkaufsförderungsmaßnahmen etc.) und die Kosten für den Innovationsprozess sind noch zu decken. Es kann meist noch kein Gewinn realisiert werden. Die Marketingaktivitäten sollten sich in dieser Phase darauf konzentrieren, Bekanntheit und Akzeptanz für das neue Produkt zu erlangen.

Wachstumsphase: Kennzeichen der Wachstumsphase ist ein überdurchschnittlicher Umsatzzuwachs. Da sich zudem Kostendegressionen realisieren lassen (vor allem durch höhere Ausbringungsmengen) nimmt auch der Gewinn deutlich zu. Der erzielbare Gewinn lockt gleichzeitig zunehmend Konkurrenten an. Entsprechend sollten die Marketingmaßnahmen vor allem auf die Schaffung klarer Präferenzen ausgerichtet sein, um so eine klare Vorzugsstellung für das eigene Angebot aufzubauen.

Reifephase: Der Umsatz steigt absolut an. Grenzumsatz sowie Gewinn sind jedoch aufgrund des zunehmenden Wettbewerbs rückläufig. Während der Reifephase sind die Anzahl der Wettbewerber und damit die Konkurrenz maximal. Ziel der Unternehmen muss es in dieser Phase sein, den eigenen Marktanteil zu verteidigen. Die operativen Maßnahmen zielen insbesondere auf den Aufbau einer Produkt- bzw. Markentreue ab. Zudem kann versucht werden, sich durch Produktdifferenzierungen (Einführung zusätzlicher Varianten) von den Erzeugnissen anderer Wettbewerber abzuheben.

Sättigungsphase: Der Umsatz ist aufgrund von Marktsättigung und zunehmenden Preiskämpfen nach dem Höhepunkt absolut rückläufig (negativer Grenzumsatz). Auch der Gewinn geht weiter zurück und erreicht am Ende der Sättigungsphase teilweise schon die Verlustschwelle. Die Marketingaktivitäten richten sich entweder darauf, den PLZ zu verlängern oder sie zielen zumindest darauf ab, den Umsatz- bzw. Absatzrückgang aufzuhalten.

Degenerationsphase: Die letzte Phase ist durch weiter sinkende Umsätze und stark steigende Kosten gekennzeichnet, sodass schließlich Verluste realisiert werden. Da ein Revival in der Degenerationsphase nur selten gelingt, steht für das Unternehmen die Entscheidung über die Elimination des Produktes an. Durch „lebensverlängernde Maßnahmen" wird versucht, das Produkt/Dienstleistung noch einige Zeit am Markt zu positionieren. In der Regel steht bei einer solchen Entscheidung ein Nachfolgeprodukt meist schon in der Pipeline.

Beispiel

Ein klassisches Beispiel für den Produktlebenszyklus ist die Absatzentwicklung des VW Käfer. Am 03. Juli 1935 rollt der erste VW als Prototyp unter der Leitung von Konstrukteur Ferdinand Porsche vom Band. Erst 1945 ging der VW in Wolfsburg in Serie. Zuerst wird dieser für die britischen Besatzer, dann auch für Privatpersonen hergestellt. Das Interesse am VW stetig, sodass VW regelmäßig seine eigenen Produktionsrekorde brach. Auch im Ausland interessierten sich immer mehr Menschen für den VW Käfer, sodass er 1947 in die Niederlande und ab 1950 auch in die USA geliefert wurde. Im Jahre 1953 wird der VW Käfer bereits in 80 Ländern weltweit angeboten. Durch die Massenfertigung und die damit einhergehende fixe Degressionen usw. konnte der Preis gesenkt werden.

Am 05. August 1955 läuft der millionste Käfer vom Band. In den kommenden Jahren ist der VW Käfer von einigen Produktüberarbeitungen geprägt. So wurde z. B. das „Brezelfenster" durch ein einteiliges ovales Fenster ersetzt. 1667 läuft der zehnmillionste Käfer vom Band. VW produziert den VW Käfer zu diesem Zeitpunkt in fünf Werken in Deutschland: Wolfsburg, Hannover, Kassel, Braunschweig und Emden. In den 70er-Jahren war der Käfer immer noch ein Exportschlager. In Deutschland allerdings ging der Absatz und damit der Umsatz zurück. Dies lag nicht zuletzt am Markteintritt von Wettbewerbern mit moderneren Automobilen.

Im Juli 1974 wurde die Produktion des Modells in Wolfsburg, später auch in Emden, eingestellt. Irgendwann wurde nur noch im Ausland produziert, besonders in dem Werk Puebla in Mexiko. Bis 1985 werden aus Puebla VW Käfer nach Deutschland importiert. In Mexiko wurde der VW Käfer ein Verkaufshit. Der allerletzte VW Käfer lief dort am 30.06.2003 vom Band.

Quelle: *Prof. Dr. Michael Bernecker, Deutsches Marketing Institut*

„Es ist stets im Hinterkopf zu behalten, dass die realen Umsatzentwicklungen häufig nicht mit den theoretisch geforderten Phasen des Lebenszyklus-Modells übereinstimmen. Umgekehrt sind die Merkmale der realen Lebenszyklen zu unterschiedlich ausgeprägt, als dass sie von allgemeinem Nutzen sein könnten.

Die Dauer einzelner Phasen kann nicht prognostiziert werden. Dennoch ergeben sich zwei wesentliche Folgerungen aus dem Konzept des Produktlebenszyklus:

- *Produkte oder Geschäftsfelder, die in Zukunft die Rentabilität des Unternehmens garantieren sollen, müssen frühzeitig entwickelt und auf den Markt gebracht werden.*
- *Eine starke Marktposition kann ein Unternehmen am ehesten in einer frühen Phase der Marktentwicklung erreichen.*

Außerdem bietet der Produktlebenszyklus, wie kaum ein anderes Instrument, die Möglichkeit, Modifikationen des Nachfrageverhaltens und des Wettbewerbs im Zeitablauf zu erkennen, um gegebenenfalls notwendige Entscheidungen treffen zu können."[1]

05. Was ist eine Portfolioanalyse?

Die Portfolioanalyse ist eine Technik, mit der Unternehmensstrategien formuliert und auf ihre Zweckmäßigkeit überprüft werden können (wichtig für Change Management). Dazu werden die Geschäftseinheiten bestimmt und nach den gewünschten Attributen (relativer Marktanteil, Marktwachstum etc.), die im Portfolio die Grenzen vorgeben, bewertet. Umwelt- und Unternehmensanalyse sind dafür die Grundlagen. Die Umweltanalyse stellt eine Chancen-Risiken-Analyse dar, arbeitet also mit externen Informationen, die kaum zu beeinflussen sind. Dagegen wird die Unternehmensanalyse zur Beurteilung von Stärken und Schwächen des eigenen Unternehmens eingesetzt.

Im letzten Schritt werden die Geschäftseinheiten in die Portfoliomatrix anhand der berechneten oder geschätzten Werte eingetragen. Zur besseren Verdeutlichung der Wichtigkeit der einzelnen Geschäftseinheiten sollten sie in Abhängigkeit des Umsatzes oder Investitionssumme unterschiedlich groß im Portfolio eingezeichnet werden.

Das Unternehmen kann mithilfe der Portfolioanalyse notwendige Strategien und Stoßrichtungen für die Geschäftseinheiten bestimmen, die sich aus der Verteilung der Geschäftseinheiten in den Feldern des Portfolios ableiten. Für Geschäftseinheiten mit ablaufender Daseinsberechtigung sollte ein Liquidierungsplan erstellt werden.

Es gibt viele verschiedene Portfolioanalysen. Die beiden wichtigsten Portfolios sind das Marktanteils- und Marktwachstums-Portfolio (Vier-Felder-Matrix) der Boston Consulting Group und das Marktattraktivitäts- und Wettbewerbsstärken-Portfolio (Neun-Felder-Matrix) nach *McKinsey*.

---

[1] Quelle: http://4managers.de/management/themen/produktlebenszyklus

06. Wie wird die Marktanteils- und Marktwachstums-Analyse der Boston Consulting Group durchgeführt?

Die entstandene Verteilung der Einheiten im Portfolio stellt die gegenwärtige und zukünftig zu erwartende Situation dar, weil das Portfolio von einem typischen Lebenszyklus ausgeht. In der Realität kann der Lebenszyklus atypisch verlaufen, daher sollte diese Prämisse mit Vorsicht betrachtet werden.

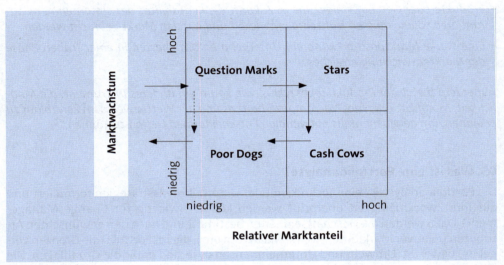

Portfolioanalyse
Quelle: vgl. *Baum/Coenenberg/Günther 2007*

Die Achsenbezeichnungen

„Der relative Marktanteil berechnet sich aus dem eigenen absoluten Marktanteil im Verhältnis zum absoluten Marktanteil des stärksten Konkurrenten. Der absolute Marktanteil ergibt sich aus dem Verhältnis der verkauften Stückzahlen eines Unternehmens zur Gesamtverkaufsmenge des Marktes oder aus dem Verhältnis des Umsatzes des Produktes zum gesamten Marktumsatz. Die Umsatzmethode kann durch unterschiedliche Konkurrenzpreise verzerrt werden. Ein relativer Marktanteil von mehr als 1,0 bedeutet Marktführerschaft des eigenen Unternehmens.

$$\text{relativer Marktanteil} = \frac{\text{absoluter Marktanteil des Ausgangsunternehmens}}{\text{absoluter Marktanteil des stärksten Konkurrenten}}$$

Geschäftseinheiten mit einem sehr hohen relativen Marktanteil sind besonders erstrebenswert, da sie einen besonders hohen Cashflow zur Folge haben. Dieser wird oft zur Finanzierung von anderen Geschäftseinheiten genutzt.

Das Marktwachstum repräsentiert die Umwelt und die Höhe des gesamten Marktwachstums gibt das minimale Soll-Wachstum vor, wenn das Unternehmen seine Marktanteile und somit die Wettbewerbsposition behalten möchte. Marktwachstum ermöglicht Kostensenkungen, aufgrund von höheren Produktionsmengen.

Die Felder
Die Produkte, die in Wachstumsmärkten integriert sind, aber nur einen geringen relativen Marktanteil besitzen, werden in das „Question Marks"-Feld eingetragen. Sie befinden sich in der Einführungs- und Wachstumsphase des Produktlebenszykluses. Um mit den Marktführern mithalten zu können und sich weiter zu entwickeln, sind stetige Investitionen erforderlich. Wenn keine Erfolgsaussichten erkennbar sind, wird die Produkteinführung gestoppt. Wenn der Markteintritt zu spät erfolgt, kann es passieren, dass das Produkt gleich zu einem „Poor Dog" wird.

Produkte, die erfolgreich aus ihrer Wachstumsphase hervorgehen, werden zu „Stars". Sie sind gekennzeichnet durch einen dominanten Marktanteil und einem hohen Marktwachstum mit einem positiven Cashflow.

Wenn die Wachstumsrate des Produkts unter 10 : im Jahr sinkt, wandern die „Star"-Produkte in die Reife- und Sättigungsphase und werden damit zu „Cashcow"-Produkten. Sie zeichnen sich dadurch aus, dass sie noch Marktführer bzw. hoch positioniert sind und einen hohen Cashflow einbringen, der für vielversprechende Geschäftseinheiten genutzt werden kann.

„Poor Dogs" sind die Produkte, die nur noch einen geringen relativen Marktanteil in einem nur noch langsam wachsenden oder sogar stagnierenden Markt aufweisen. Sie erbringen keinen angemessenen Cashflow mehr und sind somit in ihrer Degenerationsphase angelangt. In diese Produkte wird nicht mehr investiert. Sie sind in dieser Phase die Auslaufprodukte des Unternehmens.

Die Strategien
Es lassen sich aus dem Portfolio vier Normstrategien ableiten, allerdings sollten diese an das gegebene Konzept des Unternehmens angepasst werden.

Die **Investitionsstrategie** eignet sich sehr gut für die „Question Marks". Sie können durch die Investitionen ihre Marktpositionen verbessern und werden „Stars". Wenn die Strategie nicht greift, sollte so schnell wie möglich desinvestiert werden, damit Mittel frei werden, die für andere Produkte und Märkte noch benötigt werden.

Die **Wachstumsstrategie** empfiehlt die gewonnene Marktposition auszubauen und den Markt gegen Konkurrenten abzuschotten sowie die Marktführerschaft zu verteidigen. Ein weiteres Ziel ist es die relativen Kostenvorteile zu erhalten.

Die **Abschöpfungsstrategie** empfiehlt die Einnahmenüberschüsse, die das Produkt erwirtschaftet, anderen Geschäftseinheiten zuzuführen und zu versuchen den Marktanteil zu erhalten. Es sollten allerdings keine Anstrengungen mehr unternommen werden, um den Marktanteil weiter auszubauen. Spätestens in dieser Phase sollte der Abstoß des Produktes bzw. Geschäftseinheit geplant werden und eine Strategie nach dem Produktabwurf geplant werden.

Die **Desinvestitionsstrategie** empfiehlt sich dann, wenn die Märkte nur langsam wachsen oder stagnieren und der Cashflow weiter sinkt. Der Abstoß des Produktes sollte so schnell wie möglich durchgeführt werden, damit Ressourcen für neue/andere Produkte frei werden.

Vorteile
- Unterschiedliche Unternehmen können sich durch das Portfolio im gleichen Maßstab messen
- Strategien sind ablesbar
- durch die Veranschaulichung der Matrix ergibt sich ein hoher Kommunikationswert.

Nachteile
- Es fehlt die Komplexität, dadurch können wichtige Faktoren verloren gehen
- Abhängigkeiten und Verbundeffekte werden nicht berücksichtigt
- Allgemeine Normstrategien sind für spezielle Probleme nicht anwendbar."[1]

07. Was ist eine Wettbewerberanalyse?

Bei der Wettbewerbsanalyse werden alle relevanten Faktoren identifiziert und analysiert, die einen Einfluss auf den Zielmarkt haben könnten. Folgende Faktoren sollten berücksichtigt bzw. untersucht werden:

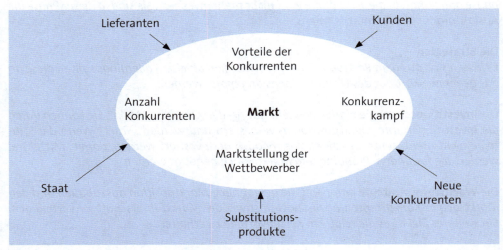

Faktoren mit Einfluss auf die Wettbewerbs- und Konkurrenzanalyse
Quelle: www.Für-Gründer.de und www.mein-startup.de, Konkurrenzanalyse

---

[1] Vgl. Baum/Coenenberg/Günther 2007

- **Der Staat als Regulierer**
  Der Staat kann einen wesentlichen Einfluss auf den Wettbewerb ausüben, indem er z. B. die Preise reguliert und/oder Zulassungen vergibt. Bestandteil der Wettbewerbsanalyse sollte dementsprechend auch die Prüfung genehmigungspflichtiger Vorhaben sein.
- **Die Verhandlungsmacht der Lieferanten**
  Die Verhandlungsposition der Lieferanten in dem Zielmarkt soll dargestellt werden. In einigen Branchen sind Lieferanten stark an ihre Abnehmer gebunden (z. B. vertraglich), woraus sich Schwierigkeiten für das Unternehmen aufgrund einer starken Verhandlungsposition der Lieferanten ergeben könnten.
- **Die Verhandlungsmacht der Kunden**
  Die Kunden können einen großen Einfluss auf die Preisbildung haben. Eine Wettbewerbsanalyse sollte dementsprechend die Verhandlungsmacht der Zielkunden beschreiben. Die Verhandlungsmacht der Kunden ist ggf. auch für die Konkurrenzanalyse wichtig, insbesondere wenn eine starke Kundenbindung besteht.
- **Alternativen: Gibt es Substitutionsprodukte?**
  Die Trends in dem Markt wurden bereits unter Marktpotenzial analysiert. Trotzdem sollte man sich im Rahmen der Wettbewerbsanalyse überlegen, ob das Produkt eventuell durch ein neues Angebot abgelöst werden könnte (Substitution).
- **Wie hoch sind mögliche Markteintrittsbarrieren?**
  In einer kompletten Wettbewerbsanalyse (inklusive Konkurrenzanalyse) sollten die Markteintrittsbarrieren Erwähnung finden, da so aufgezeigt werden kann, welche Hindernisse (und ggf. weitere Konkurrenten) beim Markteintritt überwunden werden müssen.

08. Welchen Zusammenhang gibt es zwischen der Wettbewerber- und der Konkurrenzanalyse?

Der letzte und meist wichtigste Faktor der Wettbewerbsanalyse ist die Konkurrenzanalyse. Grundsätzlich geht es bei der Konkurrenzanalyse darum, die Mittwettbewerber besser kennenzulernen und einschätzen zu können. Eine gute Konkurrenzanalyse gibt dabei nicht nur Auskunft über Anzahl und jeweilige Marktanteile der Konkurrenten, sondern zeigt auch die Stärken und Schwächen der Wettbewerber auf. Die Konkurrenzanalyse ist unter anderem auch für mögliche Investoren wichtig, die aufgrund der Konkurrenzanalyse die Erfolgswahrscheinlichkeit eines Unternehmens besser einschätzen können.

Um eine gute Übersicht zur Wettbewerbssituation zu erlangen, kann man eine Konkurrenzanalyse schrittweise angehen. Dabei können folgende Fragen beantwortet werden:

1. **Wer sind Ihre Konkurrenten?**
   Bei der Konkurrenzanalyse werden zuerst die relevanten Konkurrenten bestimmt. Wichtig zu wissen ist dabei nicht nur, WER als Mitbewerber auftritt, sondern auch WO diese aktiv sind.

2. **Welche Marktanteile haben die größten, direkten Konkurrenten?**
   Eine vollständige Konkurrenzanalyse beziffert die gesamte Anzahl der direkten Mitbewerber und enthält Angaben zu den Marktanteilen der Konkurrenten. Ziel ist es dabei, die besonders einflussreichen Mitbewerber zu bestimmen.
3. **Was sind Stärken und Schwächen der Konkurrenten?**
   Schlussendlich sollte eine Konkurrenzanalyse auch Auskunft darüber geben, wo Wettbewerber Stärken und Schwächen aufweisen. Stärken können dabei unüberwindbare Markteintrittsbarrieren bedeuten, wohingegen Schwächen der Mitbewerber ausgenutzt werden können.

09. Welche Informationsquellen lassen sich bei der Wettbewerberanalyse nutzen?

„Daten, Zahlen und Fakten für eine Wettbewerbsanalyse und Konkurrenzanalyse müssen selbst beschafft werden. Folgende Informationsquellen kann man dabei nutzen:

- *Internet*
- *Stiftung Warentest:* Unter Umständen hat die Stiftung Warentest einen Testbericht verfasst, der für eine Wettbewerbsanalyse und/oder Konkurrenzanalyse nutzbar ist.
- *Bundesanzeiger und Unternehmensregister:* Ein Blick ins Unternehmensregister gibt Auskunft über finanzielle Daten der Konkurrenten. Profile von Konkurrenten und weitere Informationen für die Konkurrenzanalyse findet man bei Genios oder Firmextra.
- *Gelbe Seiten oder das Örtliche:* Eine komplette Wettbewerbsanalyse (inkl. Konkurrenzanalyse) macht auch Angaben zu der Anzahl der Konkurrenten. Beide Portale können genutzt werden, um zu prüfen, wie viele Konkurrenten es in der unmittelbaren Nähe gibt (standortbezogene Konkurrenzanalyse).
- *Direkte Konkurrenzanalyse:* Wenn man Wettbewerber schon kennt, werden Erkundigungen direkt vor Ort eingeholt. Dabei wird das Sortiment bzw. Angebot zum Zwecke der Konkurrenzanalyse geprüft."[1]

10. Was wird bei einer Positionierungsanalyse durchgeführt?

„Die Positionierungsanalyse ist ein Instrument zur weiteren Segmentierung von Märkten und zur Unterstützung markenstrategischer Überlegungen. Sie orientiert sich an den von Konsumenten subjektiv wahrgenommenen Leistungsmerkmalen eines Produkts, wobei davon ausgegangen wird, dass Konsumenten Produkte anhand der für sie wichtigsten Kaufentscheidungskriterien wahrnehmen und beurteilen. Die Kaufwahrscheinlichkeit steigt, je geringer die Distanz der für die Kaufentscheidung wichtigsten Produkteigenschaften vom Idealprodukt ist. Mit dieser Analyse können Informationen für die Entwicklung von Produktinnovationen, Produktvariationen und für Produktdifferenzierungen gewonnen werden."[2]

---

[1] Quelle: www.Für-Gründer.de und www.mein-startup.de, Konkurrenzanalyse
[2] Quelle: http://www.wirtschaftslexikon24.com/e/positionierungsanalyse

Die Positionierungsanalyse dient dem Ziel, die konkurrierenden Marken auf möglichst wenigen – aber auf allen wettbewerbsrelevanten und voneinander unabhängigen – Imagedimensionen abzubilden.

Jede Abbildung einer komplexen Positionierung in Dimensionen der Zielgruppen ist eine modellhafte Vereinfachung der Realität. Zu Beginn der Positionierungsanalyse muss die Ist-Position der positionierenden Marke im Umfeld der Wettbewerbsmarken dargestellt und fixiert werden.

Nach *Trommsdorff* wird dabei folgende Vorgehensweise empfohlen:
1. *„Bestimmung des relevanten Marktes und somit Bestimmung der relevanten Wettbewerbsmarken*
2. *Bestimmung der Dimensionen des Positionierungsmodells*
3. *Messung der Imagedimensionen."*[1]

11. Wie wird Benchmarking definiert?
Exkurs Benchmarking
„Unter Benchmarking wird ein kontinuierlicher Prozess verstanden, bei dem Produkte und Dienstleistungen (ferner alle möglichen Objekte), der eigenen Unternehmung mit denen des stärksten Mitbewerbers, gemessen und miteinander verglichen werden. Insbesondere wird dieser Prozess mit weltweit führenden Unternehmen durchgeführt.[2]

Benchmarking ist also keineswegs eine einmalige Wettbewerbsanalyse bzw. Stärken-Schwächen-Analyse mit anschließendem Vergleich. Solche Verfahren besitzen zumeist einen hohen Kostenfaktor, wenn anschließend die Ergebnisse nicht implementiert werden. Vielmehr ist Benchmarking ein kontinuierliches Verbesserungssystem, das direkt in die Unternehmung implementiert wird. Mit ihm verfügt das Management über ein Instrument, mit dem die Unternehmensziele und -aktivitäten im ständigen Vergleich an die veränderten Kundenbedürfnisse angepasst werden können.[3]

Benchmarking ist heutzutage wichtiger als je zuvor, denn von Tag zu Tag verschärfen sich diverse Marktbedingungen. Mithilfe von Benchmarking können Unternehmungen wettbewerbs- und überlebensfähig bleiben.[4]

Der Prozess des Benchmarkings kann in sieben Schritten dargestellt werden:
1. *Stärken-Schwächen-Analyse der eigenen Unternehmung*
2. *Analyse des dringendsten Handlungsbedarfs und der besten Chancen*
3. *Ermittlung des Best-Practice-Unternehmens*

---
[1] Vgl. *Trommsdorff et al. 1999*
[2] Vgl. *Jahns 2003*
[3] Vgl. *Kempf 1995*
[4] Vgl. *Töpfer 1997*

4. *Warum ist diese Unternehmung so gut? Wie war dies möglich?*
5. *Was kann die eigene Unternehmung daraus lernen? Was kann man kopieren?*
6. *Zielabstimmung und Umsetzung*
7. *Erfolgsmessung und Soll-Ist-Vergleich à Prozesswiederholung (Punkt 1)*[1]

Es kann in drei Arten des Benchmarking unterschieden werden:

1. *Beim Schatten-Benchmarking – Vergleich mit der direkten Konkurrenz ohne dass sie es weiß – kann eine vergleichsweise einfache Projizierung auf die eigene Unternehmung vorgenommen werden, da bereits ähnliche Technologien, Betriebsmittel und Arbeitsprozesse verwendet werden. Die Schwierigkeit gestaltet sich hier jedoch in der erschwerten Informationsbeschaffung.*
2. *Beim funktionalen Benchmarking, also mit Unternehmungen, die in einem bestimmten Objekt (z. B. Prozesse) aber anderer Branche als Weltklasse anerkannt sind, kann der Anwender innovative Praktiken entdecken, da sich der Zugang zu diesen einfach gestaltet. Schwierig ist letztlich der Transfer in eine andere Umgebung.*
3. *Beim internen Benchmarking, also mit verschieden Abteilungen/Standorten, sind die relevanten Daten leicht erhältlich. Jedoch fehlt hier der Blick über den Tellerrand hinaus und innovative Entdeckungen sind selten. Zudem kann sich ein Konkurrenzkampf zwischen den Abteilungen entwickeln.*[2]

Benchmarking ist in allen Bereichen anzuwenden; sowohl in der Produktion[3] *als auch bei Dienstleistern.*"[4]

6.1.3.4 Marktbeobachtung

01. Was ist eine Marktbeobachtung?

Durch die Marktbeobachtung wird die Analyse kontinuierlich um neue Marktinformationen erweitert. Markt- und Konkurrenzbeobachtungen dienen auch unabhängig von einer vorherigen Markt- und Wettbewerbsanalyse dazu, die Strategieabteilung, Marketingabteilung oder die Geschäftsführung kontinuierlich bei der strategischen Unternehmensplanung durch aktuelle Informationen zu unterstützen.

Um seine Wettbewerbsfähigkeit zu halten, ist es notwendig, die Märkte kontinuierlich zu beobachten und eine fortlaufende Markt- und Wettbewerbsbeobachtung durchzuführen.

---

[1] Vgl. *Kairies 2002*
[2] Vgl. *Jahns 2003*
[3] Vgl. *Töpfer 1997*
[4] Vgl. *Töpfer 1997*

Die Marktbeobachtung ist auf einen Zeitraum bezogen, arbeitet mit Bewegungsmassen und gibt Auskunft über die Entwicklung eines Marktes. Sie zeigt daher auch Ursachen auf. Der Marktbeobachtung kommt im Rahmen von Früherkennungs- und Frühwarnsystemen im Rahmen des strategischen Controllings ein besonderer Stellenwert zu.

| Marktanalysen | Marktbeobachtung | Auswertung | Entscheidung |

Zusammenhang Analyse und Beobachtung

Als Instrumente der Marktbeobachtung werden oftmals Panels verwendet.

Das in den 20er und 30er Jahren des vorigen Jahrhunderts in den USA entwickelte Panel spielt in der Markt-forschung eine besondere Rolle. Die Erhebung der Primärdaten kann sowohl mittels Befragung als auch durch Beobachtung erfolgen. Es kann sogar als Experiment angelegt werden (als spezielle Variante des „before-after-Designs") (vgl. *Hüttner 1997*).

„Unter Panelerhebungen versteht man Untersuchungen, die bei einem bestimmten, gleich bleibenden Kreis von Untersuchungseinheiten, z. B. Personen, Haushalte, Handelsgeschäfte, Unternehmen, in regelmäßigen zeitlichen Abständen wiederholt zum gleichen Untersuchungsgegenstand vorgenommen werden." (vgl. *Pepels 2000*).

Preißner/Engel bezeichnen das Panel auch als Sonderfall der Befragung. Man erhält meistens Daten über die Marktentwicklung sowohl der eigenen als auch der konkurrierenden Produkte. Daher gehören für sie Panelumfragen im Bereich der Konsumgüter/Markenartikel zu den wichtigsten Informationsquellen für das Marketing (vgl. *Preißner/Engel 1999*).

Das Ziel von Panelerhebungen ist die Erforschung von Markt- bzw. Verhaltensänderungen im Zeitablauf, sowie die Kausal-Analyse, warum und wie es zu diesen Änderungen kam. Außerdem bilden sie die Basis für Analysen von Erst- und Wiederkaufsdaten, Markenloyalität, Parallelverwendung und Käuferwanderungen. Je besser die Repräsentanz und Genauigkeit der Datenerhebung ist, desto genauer sind Reliabilität und Validität der Ergebnisse und somit die Schlüsse auf die Gesamtheit (vgl. *Weis/Steinmetz 1998*).

Panelstudien können auch als Frühwarnsystem eingesetzt werden, mit deren Hilfe auf Datenänderungen frühzeitig reagiert werden kann. Panelerhebungen werden meistens von großen Markforschungsinstituten durchgeführt, da die organisatorischen Maßnahmen meist erheblich sind und ein hoher Kostenaufwand entsteht (vgl. *Pepels 2001*).

Ein klassisches Panel ist der Ort Haßloch in der Vorderpfalz. Die Bevölkerungsstruktur dort kann auf ganz Deutschland übertragen werden. Das bedeutet, in Haßloch ist das Verhältnis von Alt zu Jung, von Mann zu Frau, die Einkommensstruktur und die Kaufkraft, usw. genauso, wie in Gesamtdeutschland. Somit können Datenerhebungen vor Ort günstiger und mit weniger Aufwand durchgeführt werden. Die erhobenen Daten können dann als Aussage für das gesamte Bundesgebiet verwendet werden.

 MERKE

> Die Marktbeobachtung ist auf einen Zeitraum bezogen und erhebt wichtige Daten für weitere Planungen der Organisation. Sie wird sehr häufig in Form von Panels durchgeführt. Gegensatz zur Marktbeobachtung ist die Marktanalyse, da die Analyse immer zeitpunktbezogen ist.

6.1.3.5 Marktprognosen

01. Was beinhalten Marktprognosen?

Unter einer Prognose ist eine Vorhersage des Eintretens eines oder mehrerer Ereignisse in der Zukunft zu verstehen, die als Wahrscheinlichkeitsaussage

- auf Beobachtungen in der Vergangenheit und
- auf einer Theorie zur Gesetzmäßigkeit der weiteren Entwicklung (zum Gegenstand der Prognose)

beruht.

Marktprognosen sind demzufolge Wahrscheinlichkeitsaussagen zur zukünftigen Marktentwicklung hinsichtlich Marktwachstum, Preisentwicklung u. a.

02. Wie kann eine Marktprognose für das Sozial- und Gesundheitswesen aussehen?

Exkurs
Marktprognosen für das Sozial- und Gesundheitswesen
„In den nächsten zehn Jahren werden der Medizintechnik- und der Pharmamarkt kleinteiliger und innovative Blockbusterprodukte seltener. Neben den Markt für innovative Produkte tritt ein großer Gut-Genug-Sektor für medizinisch bewährte und nach Kosten-Nutzenaspekten entwickelte Produkte. Beschleunigt wird diese Entwicklung durch den weltweit zunehmenden Sparzwang der öffentlichen Hand und ihrer Gesundheitssysteme. Das sind Ergebnisse der aktuellen weltweiten Studie „The end of Healthcare... as we know it?" der Unternehmensberatung Bain & Company.

Die darin aufgezeigten Trends wirken sich enorm auf Pharmaunternehmen und Medizintechnikhersteller aus, sie müssen ihr Geschäftsmodell komplett überdenken. Wer künftig noch als klassischer Innovator agieren will, braucht ein ausgefeiltes Risikomanagement, um die gestiegenen F&E-Risiken kontrollieren zu können. Die meisten Unternehmen werden sich zu Gesundheitskonglomeraten diversifizieren, sich als Gut-Genug-Hersteller auf eine Markt- und kostenorientierte Produktion konzentrieren oder attraktive Nischen erschließen, so die Berater.

Die Marktprognose lautet: Auch 2020 sorgt der medizinische Fortschritt für die Entdeckung von differenzierteren Krankheitsbildern sowie immer neuer Diagnosemöglichkeiten und Behandlungsmethoden. Das zunehmend bessere Verständnis der molekularen Ebene pathologischer Geschehnisse ermöglicht eine „personalisierte Medizin", die individuelle Dispositionen besser beurteilen und für die Heilung nutzen kann.

Bereits heute erkennbare Trends lassen darauf schließen, wie der Gesundheitsmarkt 2020 aussehen wird:

Der engagierte Patient
Im Gesundheitsmarkt 2020 steht der Patient als Kunde sehr viel stärker im Mittelpunkt. Selbstzahlende, informiert entscheidende Patienten werden von der Ausnahme zur Regel. Die Patientenkommunikation und -segmentierung wird zu einem der kritischen Erfolgsfaktoren für Dienstleister und Produzenten auf allen Ebenen des Gesundheitsmarkts.

Die Datenrevolution
Die elektronische Vernetzung wird das Gesundheitswesen revolutionieren. Real-Life-Patientendaten und universeller Remote-Zugriff machen das System transparenter und eröffnen neue Möglichkeiten der Prozessoptimierung.

Standardisierte Online-Behandlungsleitlinien verändern die Arbeit von Ärzten und Kliniken grundlegend. Im Jahr 2020 werden Online-Inhalte in Form von Studien, Empfehlungen, Protokollen, Leitfäden und Erstattungsrichtlinien bestimmen, welche Diagnosen, Therapien und Medikamente verordnet werden.

Die integrierte Behandlung
Im Gesundheitsmarkt 2020 werden die Ineffizienzen des heutigen Systems adressiert – durch die Bildung von Netzwerken auf der Behandlungsebene und die Einführung ergebnisorientierter Vergütungssysteme. Arztpraxen, Kliniken und vielleicht auch Versicherer schließen sich zu Health Maintenance-, Accountable Care-Organisationen oder Gesundheitszentren zusammen. Die entstehenden Organisationen werden neue Nachfragemuster schaffen, die rechtzeitig erkannt und bedient werden müssen.

Die gesundheitsökonomische Innovation
In der kommenden Dekade werden Kosten-Nutzen-Erwägungen zentral sein. Innovative, medizinisch differenzierte Medikamente und Medizintechnik werden auch in der Zukunft gute Preise erzielen. Bahnbrechende Innovationen werden allerdings kleinteiliger – sie werden häufig auf Patientensegmente zugeschnitten sein. Gleichzeitig hält die Kosteninnovation Einzug und Gut-Genug-Produkte drängen auf den Markt. Pharma- und Medizintechnikfirmen müssen jetzt festlegen, in welchem Bereich des Innovationsspektrums und in welchen Marktsegmenten sie künftig aktiv sein wollen, und müssen ihre Organisation und Fähigkeiten dementsprechend ausrichten und aufbauen.

Umfassende Veränderungen bedeuten natürlich auch eine Verschiebung der zu erzielenden Profit Pools. Der hohe Kostendruck sorgt dafür, dass die Margen praktisch aller beteiligten Branchensegmente im Durchschnitt zurückgehen. Dabei wird es Gewinner und Verlierer geben. Unter den Gewinnern werden die Akteure sein, die jetzt Geschäftsmodelle pilotieren, um sich optimal auf den Wandel vorzubereiten und ihn mitgestalten."[1]

6.2 Formulierung von Marketingzielen

01. Was sind Marketingziele?

Der Bereich Marketing stellt in der Unternehmensführung einen wichtigen Kernbereich dar. Der heutige transparente Käufermarkt erfordert sehr umfassende Vorgehensweisen. Bevor es im Marketing nennenswerte Erfolge geben kann, müssen zunächst die Unternehmensziele geklärt werden. Anschließend kann ein Marketingkonzept entwickelt werden. Dieses umfasst die Marketingziele, die Marketingstrategien, die operative Umsetzung der Strategien und die Erfolgskontrolle.

Marketingziele leiten sich also aus den Unternehmenszielen ab und bestimmen den angestrebten Zustand, der durch den Marketing-Mix (Einsatz absatzpolitischer Instrumente) erreicht werden soll. Vorab erfolgt immer eine Analyse des Ist-Zustandes.

---

[1] Quelle: BVMed-Newsletter 35/11

02. Wie können Marketingziele unterteilt werden?

Marketingziele können in quantitative und qualitative Ziele unterteilt werden.

Quantitative Marketingziele sind:
- Gewinnziele
- Umsatzziele
- Kostenziele
- Marktanteilsziele (auch Marktführerschaft)
- Wachstumsziele.

Qualitative Marketingziele sind:
- Image und Bekanntheitsgrad
- Qualität
- Corporate Identity
- Kundenbindung
- Zuverlässigkeit
- Vertrauen.

Zudem kann man verschiedene Arten von Marketingzielen unterscheiden:
- taktische Marketingziele
- strategische Marketingziele
- ökologische und ökonomische Marketingziele
- psychologische Marketingziele.

Die Art der Marketingziele ist jeweils abhängig von der Ausrichtung (eigenes Unternehmen, Kunden, Zielmarkt, Konkurrenz etc.) und den angestrebten Ergebnissen und Zuständen, die durch Strategien und Maßnahmen kurz- oder langfristig erreicht werden sollen.

Marketingziele sind in Hinblick auf ihre Ausrichtung (Definition der Zielgruppe), die Inhalte (Marktdurchdringung), ihrer Fristigkeit und ihres Zielerreichungsgrades (Kundengewinnung, Umsatzsteigerung etc.) genau zu definieren und zu kontrollieren.

Strategische Marketingziele können u. a. sein:
- bessere Beherrschung des vorhandenen Absatzmarktes und Absatzerhöhung
- Erschließung neuer Märkte, Marktlücken finden, neue Zielgruppen erreichen
- Imageverbesserung, Erhöhung des Bekanntheitsgrades.

In Zusammenhang mit der Markterschließung werden die Markentreue und die Produktverwendung bei bestehenden Kunden erhöht (z. B. durch ein besseres Image und Zweitverkäufe). Es werden bisherige Nicht-Kunden gewonnen sowie Kunden des Wettbewerbs. Im Zuge der Marktgewinnung können neue Absatzgebiete erschlossen und Verwendungsbereiche gefunden werden. Daneben kann sich ein Unternehmen durch das Marketing direkt an neue Zielgruppen wenden.

6.2.1 Unternehmensgrundsätze und -ziele

01. Welche Unternehmensgrundsätze und -ziele werden unterschieden?

Unternehmensziele sind Ziele, die sich auf das ganze Unternehmen beziehen. Sie sind direkt mit dem Leitbild des Unternehmens verknüpft und drücken sich in zu erreichenden Vorgaben für die untergeordneten Funktionsbereiche aus. Es bestehen hierbei Zielhierarchien. Es gibt übergeordnete Ziele, wie Missionen, Slogans, Visionen, die durch untergeordnete Ziele erreicht werden sollen.

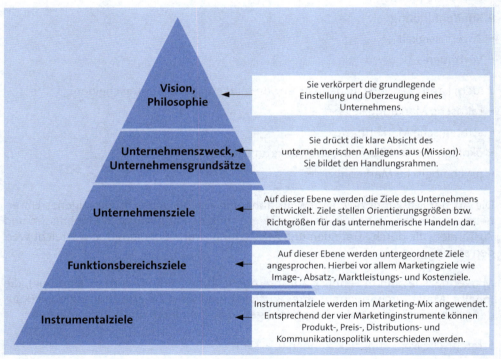

Zielhierachien

02. Wie könnten Unternehmensgrundsätze in der Praxis aussehen?
Beispiel

Unternehmensgrundsätze (Auszug) der SHG-Kliniken Völklingen

Wir sind ein Dienstleistungsunternehmen
Wir definieren uns als ein Unternehmen, das sich durch ein persönliches und verantwortungsbewusstes Verhältnis zu den Patienten und Rehabilitanden auszeichnet, zugleich aber auch wirtschaftlich denkt und handelt. Wir wollen, dass wir in unserer Region als leistungsstarke Klinikgruppe anerkannt werden.

Unser Unternehmensleitsatz lautet: Geborgenheit durch Kompetenz und Freundlichkeit
Das heißt: Im Mittelpunkt all unserer Bemühungen stehen unsere Patienten und Rehabilitanden. Wir sind Dienstleister, sie sind unsere „Kunden". Fachkompetente Maßnahmen und menschliche Zuwendung richten sich aus an den Problemen und Bedürfnissen unserer Patienten und Rehabilitanden. **Engagierte MitarbeiterInnen sind unser größtes Kapital.**

Engagierte, verantwortungsbewusste und zum mitmenschlichen Umgang fähige und gewillte MitarbeiterInnen sind die Grundlage für unseren Unternehmenserfolg. Wir achten unsere MitarbeiterInnen und sind uns unserer sozialen Verpflichtung bewusst.

Fachkompetenz ist unverzichtbar
Ausbildung, Weiterbildung und Fortbildung haben einen hohen Stellenwert und sind ständige Aufgabe des Trägers. Fachkompetenz immer wieder aufzufrischen ist die selbstverständliche Aufgabe der Mitarbeiter/innen.

Es kommt auf jeden an.

Wir praktizieren eine kooperative Führung.

Wir sind verlässlicher Partner.

Wir sind gut – aber wir wollen noch besser werden.

Wir stellen uns dem Gebot der Wirtschaftlichkeit.

Unternehmensgrundsätze wollen gelebt sein.

6.2.2 Marketingziele

01. Was beinhaltet der Begriff Marketingziele?

Erfolgreiches Marketing braucht Ziele. Nur so kann gewährleistet werden, dass Marketing die allgemeinen Unternehmensziele stützt und auch eine Erfolgskontrolle wird erst durch die Definition eines Zielzustandes möglich. Um sinnvolle und realistische Ziele setzen zu können, bedarf es einer gründlichen Vorbereitung.

02. Was besagt die SMART-Formel?

Für die Definition von Zielen hat sich die sogenannte SMART-Regel bewährt. Wie viele der handlichen Akronyme kommt sie aus den USA, SMART steht dabei für:

Specific = spezifisch
Measurable = messbar
Achievable = aktuell
Relevant = realistisch
Timely = terminiert

Vielleicht hat zu dem Siegeszug der Kurzformel auch beigetragen, dass smart im Englischen für so positiv besetzte Wörter wie geschickt, gewieft, elegant, pfiffig oder tüchtig steht – und wer möchte das nicht sein? Wie also können Ziele smart formuliert werden?

Spezifisch
Oft ist es verlockend, sich nicht allzu sehr festzulegen, Ziele nicht zu genau zu formulieren. Schließlich erspart man sich damit unter Umständen lästige Reflexionsprozesse darüber, warum ein Ziel nicht realisiert werden konnte. Man kann sich mit Scheinerfolgen selbst beruhigen – irgendwas davon wird schon werden. Ein Ziel aber ist kein vager Wunsch: Ein Ziel ist konkret, eindeutig und präzise – also ohne Interpretationsspielraum – formuliert. Beispiele dafür sind:

▶ Erhöhen des Umsatzes durch Stammkunden auf 50 %

▶ Verbesserung unserer Beziehung zu den Anrainern

▶ Ausbau der Kernkompetenz im Bereich.

Formulieren Sie die Ziele positiv, also nicht „Ich will weniger Stress haben", sondern „Ich werde mich körperlich fit fühlen". Negative Bilder sind der Zielerreichung nicht förderlich. Schaffen Sie sich ein Bild von dem angenehmen Zustand nach Erreichen der Ziele.

Messbar

Sie müssen anschließend überprüfen können, ob das Ziel erreicht wurde. Oft ist ein Ziel längerfristig angelegt, dann ist es notwendig, Meilensteine einzuplanen, das große Ziel in kleinere Teilziele zu zerlegen. Damit

- halten Sie sich selbst und Ihre Kollegen bei der Stange.
- können Sie frühzeitig Abweichungen vom Plan feststellen und rechtzeitig eine Kurskorrektur vornehmen.

Nur wenn Ziele spezifisch formuliert sind, werden Sie messbare Parameter definieren können. Wie können Sie sonst feststellen, dass Sie das Ziel erreicht haben oder ihm zumindest über die Meilensteine einen deutlichen Schritt näher gekommen sind?

Handelt es sich um quantitative Ziele, fällt es oft leichter. Bei qualitativen Zielen werden Sie gefordert: Wann wissen Sie, dass sich die Beziehungen zu den Anrainern verbessert haben oder dass die Kernkompetenz ausgebaut wurde?

Akzeptiert, aktionsorientiert

Besonders, wenn Sie im Team arbeiten, ist der Aspekt der Akzeptanz wesentlich. Es genügt nicht, dass Sie mit der Zielerreichung positive Bilder verbinden, das Ziel muss auch unter den anderen Teammitgliedern bzw. unter den Mitarbeiter/innen akzeptiert sein, darf also ihren persönlichen Ziel- und Wertevorstellungen nicht widersprechen.

Das A fragt uns auch nach unserem Aktionsplan. Was ist zu tun, um das Ziel zu erreichen? Auch hier: Achten Sie dabei auf eine positive Formulierung. Es geht nicht darum, was Sie nicht tun oder vermeiden sollen, sondern welche aktiven Schritte Sie dem Ziel näher bringen, z. B. ein Tag der offenen Tür und der Einbau einer Schallschutzwand für eine bessere Beziehung mit den Anrainern. Qualifizierung und das schrittweise akquirieren bestimmter Aufträge beispielsweise zum Aufbau einer Kernkompetenz.

Realistisch

Sie können sich durchaus hohe Ziele stecken, wir sollten uns sogar Ziele stecken, die uns fordern – allerdings nicht überfordern. Sie müssen also erreichbar sein, sonst ist der Frust vorprogrammiert. Ein Ziel ist auch nur dann realistisch, wenn es mit den verfügbaren Ressourcen realisiert werden kann. Ohne einen Aktionsplan können wir nicht beurteilen, ob das Ziel realistisch definiert ist.

Terminierbar

Zu Zielen gehören klare Zeitangaben hinsichtlich Dauer und Zwischenterminen. Bis wann ist welches Teilziel erreicht?

Ziele SMART zu definieren hilft, rechtzeitig Abweichungen festzustellen und unterstützt bei einer strukturierten Reflexion von Fehlentwicklungen. Das schrittweise Zerlegen in Aktionsschritte und Meilensteine erleichtert das Herausfiltern jener Schritte, die nicht zum gewünschten Erfolg geführt haben und schützt vor Überforderung.

6.3 Planen und Entwickeln von Marketingkonzepten

6.3.1 Situationsanalyse

01. Was ist eine Situationsanalyse?

Die Situationsanalyse ist Voraussetzung für alle Marketingentscheidungen. Sie analysiert die internen und externen Rahmenbedingungen, die im Hinblick auf die jeweilige Entscheidungsfindung von Bedeutung sind. Interne Rahmenbedingungen betreffen das Unternehmen selbst, externe den Markt (Mikro-Umwelt) und das Umfeld der Unternehmung (Makro-Umwelt). Im Ergebnis wird die Ist-Situation des Unternehmens abgebildet.

Die Ermittlung der gegenwärtigen Situation reicht jedoch nicht aus, da Marketingentscheidungen in die Zukunft gerichtet sind. Daher ist eine Prognose der wichtigsten Rahmenbedingungen, also der zukünftigen Situation des Unternehmens, nötig.

Die Erreichung einer konkreten Zielsetzung und die Entwicklung von Strategien und Maßnahmen sind ohne die genaue Kenntnis der internen und externen Faktoren und ihrer Wirkungsweisen kaum möglich. Welche Faktoren dem Management wichtig erscheinen, hängt vom Unternehmen und der jeweiligen Entscheidungssituation ab. Zu beachten ist jedoch, dass auch die zugrunde liegenden Daten einem ständigen Wandel unterliegen, der antizipiert werden muss, wenn die Strategie erfolgreich weitergeführt werden soll.

Gegenstandsbereiche der Situationsanalyse
Quelle: *Hörschgen et al. 1993*

Vor der Strategie zum Marketing sollte man sich über die Stellung des Unternehmens Klarheit verschaffen.

Folgende Fragen sollten gestellt werden:
- Wo liegen die Stärken und Schwächen des Unternehmens?
- Wie ist die Marktattraktivität zu bestimmen?
- Lässt sich der Markt abgrenzen?
- Welche Ziele können erreicht werden?

Wie bereits in vorherigen Kapiteln erwähnt, werden dabei Instrumente wie SWOT-Analyse und Portfolio-Analyse genutzt. Diese werden verknüpft bzw. vernetzt, um eine aktuelle Aussage über die Situation der Organisation zu geben und eine sinnvolle und genaue Planung für die Zukunft zu ermöglichen.

02. Inwiefern kann eine Kundenanalyse hilfreich sein?

Wer Produkte und Dienstleistungen erfolgreich verkaufen will, muss seine Kunden möglichst gut kennen. Eine wichtige Aufgabe des Marketing ist es, Informationen über bestehende und über potenzielle Kunden zusammenzutragen und dem Unternehmen zur Verfügung zu stellen. Diese Informationen helfen dabei:

- die eigenen Produkte und Dienstleistungen zu verbessern
- neue Produkte und Dienstleistungen zu entwickeln und erfolgreich anzubieten
- den Kundenservice und interne Prozesse zu verbessern oder
- neue Kunden und Zielgruppen sowie neue Märkte zu entdecken und zu erschließen.

Damit sind auch die Ziele der Kundenanalyse verknüpft. Grundsätzlich geht es darum, dass Sie Ihre Kunden besser kennenlernen und erkennen, wie Sie deren Anforderungen, Bedarfe, Bedürfnisse oder Wünsche erfüllen, sodass Ihre Kunden zufrieden sind, Ihnen verbunden bleiben und Sie vielleicht sogar weiterempfehlen.

Konkrete Ziele können sein:
- eigene Stärken und Schwächen aus Sicht des Kunden erkennen
- Mängel am eigenen Angebot in Erfahrung bringen, bevor die Kunden daraus ihre negativen Konsequenzen ziehen
- die Kundenorientierung bei den eigenen Mitarbeitern verbessern
- dem Kunden zeigen, dass er dem Unternehmen am Herzen liegt
- Maßnahmen identifizieren, mit denen Kunden zum Kaufen angeregt werden können.

MERKE

Kundenanalysen sind das systematische Zusammentragen von Informationen über bestehende und potenzielle Kunden (Zielgruppen). Im Allgemeinen werden dabei vor allem einzelne Kunden, ihre Situation, ihre Merkmale, ihre Anforderungen, Wünsche und Einstellungen analysiert. Wenn nicht der einzelne Kunde im Mittelpunkt der Analysen steht, sondern allgemein der relevante, aber anonyme Markt, spricht man auch von Marktanalysen.[1]

Die Informationen werden anhand konkreter Fragestellungen erhoben. Sie müssen systematisiert werden, damit sie alle Abteilungen im Unternehmen einfach und jederzeit nutzen können. Sie müssen auch so aufbereitet werden, dass sich daraus konkrete Maßnahmen – etwa zur Strategieentwicklung oder Verkaufsförderung – ableiten lassen. Dazu wird beispielsweise der sogenannte Kundenwert ermittelt.

Mit den Informationen aus der Kundenanalyse sollten Antworten auf folgende Fragen möglich sein:

- Warum oder unter welchen Bedingungen kauft der Kunde bei meinem Unternehmen?
- Welche Anforderungen, Bedarfe, Bedürfnisse, Wünsche oder Kaufmotive haben unsere Kunden? Wie sieht das optimale Produkt- und Dienstleistungssortiment aus?
- Wie können wir unsere Kunden stärker an uns binden?
- Wie sieht das Profil meiner umsatzstärksten Kunden aus?
- Welchen Kunden müssen wir welche Aufmerksamkeit zukommen lassen? Welches sind die wichtigen, welches die weniger wichtigen Kunden?
- Wie müssen wir die unterschiedlichen Kunden behandeln? Welche Unterschiede können wir dabei machen?
- Wie können wir uns gegenüber unseren Kunden im Vergleich zum Wettbewerb besser positionieren?
- Welche anderen Kunden wären für uns interessant? Wo sind potenzielle Neukunden, die unseren bestehenden Kunden ähneln?
- Wie können wir diese potenziellen Kunden für uns gewinnen?
- Wie kann die Zielgruppenansprache optimiert werden?
- Wie können Marketingbudgets effektiver eingesetzt werden?

---

[1] Quelle: www.business-wissen.de

03. Warum werden Kundengruppen gebildet?

„Theoretisch könnte jeder einzelne Kunde befragt werden. Praktisch ist das kaum möglich. Deshalb werden Kundengruppen gebildet. Zunächst ist zu unterscheiden:

- Der **Privatkunde**, Konsument oder Endverbraucher (Stichwort Business to Consumer, B-to-C); ein einzelnes Individuum, Teil eines privaten Haushalts mit anderen Haushaltsmitgliedern; in vielen Fällen anonym, wobei auch für Privatkunden immer mehr individuelle Daten zusammengetragen werden und sich so ein spezifisches Bild des einzelnen Kunden ergibt.
- Der **Geschäftskunde**, (Stichwort Business to Business, B-to-B); ein Unternehmen, in dem eventuell mehrere Personen über den Kauf entscheiden (Buying Center); oft sind diese Personen bekannt.

Begrifflich und methodisch lassen sich außerdem die bestehenden Kunden von den „Noch-nicht-Kunden" oder potenziellen Kunden unterscheiden. Sie werden beide auch unter dem Begriff der Zielgruppe gefasst. Letztlich sind das die Kunden, denen das Unternehmen seine Produkte und Dienstleistungen verkaufen möchte."[1]

Aus einer sinnvollen und akribisch durchgeführten Situationsanalyse können dann spezifische Ziele formuliert werden.

6.3.2 Marketingziele

01. In welcher Beziehung stehen Marketingziele zueinander?

Ziele stehen in unterschiedlicher Beziehung zueinander, besitzen also eine Zielbeziehung. Man kann sie in drei Gruppen unterteilen:

- **Komplementäre Zielbeziehung**
  Das Verfolgen eines Zieles fördert das Erreichen eines anderen Zieles.
- **Neutrale (indifferente) Zielbeziehung**
  Das Verfolgen eines Zieles hat keine Auswirkungen auf das Erreichen eines anderen Zieles.
- **Konfliktäre Zielbeziehung**
  Das Verfolgen eines Zieles behindert das Erreichen eines anderen Zieles.

---

[1] Quelle: www.business-wissen.de

6.3.3 Marketingmaßnahmen

6.3.3.1 Strategien

01. Was versteht man unter Strategien?

Beschäftigt man sich mit Marketingmaßnahmen, sind vorher Strategien zu entwickeln.

Marketingstrategien sind Grundsatzentscheidungen zur Erreichung aufgestellter Marketingziele. Die Aufgabe von Marketingstrategien besteht in der Festlegung eines Orientierungsrahmens für die zielgerechte Ausrichtung und Kanalisierung von operativen Marketingmaßnahmen. Marketingstrategien bestimmen damit die langfristige marktorientierte Ausrichtung des Unternehmens.

Die Planung und Koordination von Marketingstrategien ist eine wesentliche Aufgabe des Marketing-Management. Grundlage für die Strategieformulierung sind eine umfassende Analyse und Prognose der internen und externen Ist-Situation sowie klare Marketingziele. Generell kann man im Marketing zwischen Basis- und Instrumentalstrategien unterscheiden.

02. Welche Strategiegrundsätze lassen sich unterscheiden?

Es gibt grundsätzlich vier unterschiedliche Strategien im Marketing:

- **Marktdurchdringung**
  Mehr Erfolg der derzeitigen Produkte bzw. Dienstleistungen auf den gegenwärtigen Märkten.
- **Marktentwicklung**
  Erschließen neuer Märkte für die derzeitigen Produkte bzw. Dienstleistungen.
- **Produkt- bzw. Dienstleistungsentwicklung**
  Neue Angebote auf den gegenwärtigen Märkten.
- **Diversifikation**
  Ausbrechen aus angestammten Betätigungsfeldern, Entwicklung neuer Produkte bzw. Dienstleistungen für neue Märkte.

03. Welche Strategie-Ausrichtungen lassen sich benennen?

„Eine Marketing-Strategie kann sich ausrichten auf:

die Positionierung eines Unternehmens über den Nutzen des Produkts bzw. der Dienstleistung (z. B.: Problem-Lösung, technischer Nutzen, Qualitäts-Nutzen, ästhetischer Nutzen, Image-Nutzen, Umwelt-Nutzen, Gesundheits-Nutzen, Erlebnis-Nutzen, Mode-Trend, Marktnische etc.)

- die Positionierung des Unternehmens über die Ansprache einer bestimmten Kundengruppe (z. B. Jugendliche, Senioren)

- die Positionierung des Unternehmens in Abgrenzung zur Konkurrenz (z. B.: als preisgünstigster Anbieter eines bestimmten Angebots)
- die Positionierung des Unternehmens über den Preis des Angebots (z. B.: höherer oder niedrigerer Preis)
- den Vertrieb des Angebots (z. B.: Wir erschließen zusätzliche Kunden über neue oder zusätzliche Vertriebspartner bzw. Vertriebswege)
- die Positionierung des Unternehmens über Ihre Unternehmenskommunikation (z. B.: Wir verknüpfen mit unserem Angebot ein besonders emotionales Empfinden).

Achtung: Es gibt viele denkbare Marketing-Strategien. Wichtig ist, aus der Bestandsaufnahme die richtigen Schlüsse zu ziehen. Dafür sind eine genaue Datenanalyse vor allem zu Kunden und Konkurrenz sowie Kreativität bei der daraus folgenden Planung gefragt."[1]

04. Wie werden Strategien kombiniert?

Es ist dringend notwendig, eine Kombination von möglichen Formen von Strategien als Option zu nutzen. Solche Kombinationen bezeichnet man als Strategieprofil.

Folgende Formen von strategischen Instrumenten sind möglich:

- Marktfeldstrategie
- Wettbewerbsvorteilsstrategie
- Kundenstrategie
- Verhaltensstrategie
- Marketingstrategie.

05. Was sind Marktfelder und warum werden sie gebildet?

Die zentrale Ausgangsfrage des strategischen Marketing ist die Festlegung des zu bearbeitenden Marktfeldes, d. h., welche Angebote werden für welche Kundengruppen bereitgestellt?

Im ersten Schritt ist dazu der Tätigkeitsbereich des Unternehmens in Anlehnung an die im Unternehmenszweck (Business-Mission) und im Unternehmensleitbild festgelegten Ziele grundsätzlich einzugrenzen. Gerade Großunternehmen sind vielfach in unterschiedlichen Geschäftsfeldern mit differierenden strategischen Anforderungen tätig. Für den langfristigen Erfolg haben keinesfalls alle Bereiche die gleiche Bedeutung. Häufig verweist die Portfolio-Analyse auf eine unausgewogene Geschäftsfeldzusammenstellung, etwa weil neue, zukunftsträchtige Geschäftsbereiche fehlen.

---

[1] Quelle: Bundesministerium für Wirtschaft und Technologie

06. Was besagt die Produkt-Markt-Matrix nach Ansoff?

Anhaltspunkte für neue Wachstumspfade kann dann die Produkt-Markt-Matrix nach *Ansoff* bieten. Die Produkt-Markt-Kombinationen werden auch als Marktfelder bezeichnet, die entsprechenden Strategiepfade als Marktfeldstrategien. Das Unternehmen hat nun die Wahl, die Marktfeldstrategien alternativ, gleichzeitig oder in einer bestimmten Abfolge zu entwickeln.

Produkt/Leistung \ Markt	gegenwärtig	neu
gegenwärtig	Marktdurchdringung (1)	Produktentwicklung (3)
neu	Marktentwicklung (2)	Diversifikation (4)

Produkt-Markt-Matrix nach *Ansoff*

Die Strategie der Marktdurchdringung (1) knüpft an Potenziale der bestehenden Produkte und der bereits bearbeiteten Märkte an und versucht, diese z. B. durch eine Intensivierung des Marketings besser auszuschöpfen. Folgende Möglichkeiten sind zu unterscheiden:

- Gewinnung neuer Kunden, die bisher bei der Konkurrenz gekauft haben, u. a. durch Preisreduktionen oder durch Verkaufsförderungsaktivitäten.
- Ausschöpfung des Marktsegments durch Gewinnung von Nichtverwendern.
- Erhöhung der Kauffrequenz bei den vorhandenen Abnehmern, z. B. durch Stimulierung von Mehrverbrauch und/oder durch Beschleunigung der Ersatznachfrage etwa mittels geringerer Haltbarkeit.

Bei der Strategie der Marktentwicklung (2) versucht das Unternehmen, für die vorhandenen Produkte neue Märkte zu erschließen. Auch hier lassen sich mehrere Ansatzpunkte unterscheiden:

- Erschließung neuer Absatzmärkte durch regionale, nationale oder internationale Marktausdehnung.
- Gewinnung neuer Marktsegmente in angestammten Marktgebieten, bspw. durch eine Bedarfsweckung bei Kindern oder Jugendlichen (z. B. Kosmetika für Kinder).

Die Strategie der Produktentwicklung (3) bezieht sich auf die vorhandenen Märkte/Marktsegmente, für die neue Angebote kreiert werden:

- Produktvariationen oder -differenzierungen sind mehr oder minder geringfügige Veränderungen vorhandener Erzeugnisse.
- Produktinnovationen sind als Weiter- oder Neuentwicklungen ein wichtiges Instrument der Kundenbindung im dynamischen Wettbewerb.

Die Diversifikationsstrategie (4) schließlich ist gekennzeichnet durch die Ausweitung der Unternehmensaktivitäten auf neue Produkte/Tätigkeitsfelder und neue Märkte. Häufig verspricht man sich von der Verteilung der Aktivitäten eine Risikostreuung. In der Literatur werden dabei folgende Diversifikationsformen unterschieden:

- Die horizontale Diversifikation kennzeichnet die Erweiterung des Angebots um Erzeugnisse/Leistungen, die noch in einem sachlichen Zusammenhang zum gegenwärtigen Leistungsspektrum stehen. Hierunter fallen etwa Programmerweiterungen oder die Ausweitung des Angebots um zusätzliche Dienstleistungen.
- Bei der vertikalen Diversifikation gliedert sich das Unternehmen vor- oder nachgelagerte Stufen der Wertschöpfungskette an (Vorwärts- oder Rückwärtsintegration).
- Die laterale bzw. konzentrische Diversifikation bezeichnet den Vorstoß in völlig neue Produkt- und Marktgebiete, die keinen Zusammenhang zu den bisherigen Geschäftsfeldern aufweisen.

07. Wie sieht die Umsetzung einer Marktstrategie und Produktpolitik in der Praxis aus?

Beispiel

Marktstrategie und Produktpolitik im Krankenhaus

„Einen starken Einfluss auf die Gestaltung der Leistungsstruktur und somit auf die Produktpolitik hat die strategische Marktausrichtung des Krankenhauses. So können sowohl gegenwärtige, als auch neue Märkte durch gegenwärtige oder neue Produkte bearbeitet werden.

Im ersten Fall geht die Überlegung dahin, ob das Krankenhaus mit seinem aktuellen Leistungsprogramm zusätzliche Anteile am Markt gewinnen kann. Diese Ausrichtung nennt sich Marktdurchdringungsstrategie, da die Klinik versucht, den Markt zu durchringen, indem sie neue Kunden gewinnt und die Kundenbindung verstärkt, um so die Leistungszahlen zu erhöhen und gezielt das Patientengut zu seinen Schwerpunkten passend „akquiriert".

Bei dieser Strategie spielt die besondere Kundenstruktur eines Krankenhauses eine große Rolle. Jedes „normale" Unternehmen hat meist nur einen Nachfrager für dasselbe Produkt und die Nachfrage ist in der Regel „freiwillig". Es kann sich entscheiden, ob es den Kunden anregt, mehr von seinem Produkt zu konsumieren, oder ob es Kunden von der Konkurrenz abwirbt. Hinsichtlich des Patienten als Kunden kommt für ein Krankenhaus nur die letztere Möglichkeit in Betracht, sofern nicht das Leistungsangebot erweitert wird. Richtet jedoch die Klinik ihr Augenmerk auf den zuweisenden Arzt als Kunden, der indirekt dieselbe Leistung für seinen Patienten nachfragt, sind beide Alternativen möglich. Einerseits lässt sich die Kundenbindung ausbauen und somit die Nachfrage des Arztes steigern, andererseits können Ärzte als Zuweiser gewonnen werden, die bisher nicht eingewiesen haben.

Bei der Marktdurchdringungsstrategie bleibend, gibt es als dritte Alternative für das Krankenhaus die Möglichkeit, sowohl den Patienten, als auch den Zuweiser davon zu überzeugen, eine bestimmte Leistung nachzufragen, die sie bisher noch nie nachgefragt haben. Hier handelt es sich aber um einen besonderen Fall, da es sich dabei nur um ganz bestimmte Produkte, wie schönheitschirurgische Eingriffe oder Geburtshilfe, handeln kann. Gerade unter den zzt. vorherrschenden gesundheitspolitischen Bedingungen sollten sich Krankenhäuser auch neuen Wegen öffnen und über neue Märkte und neue Leistungen nachdenken.

Im Rahmen der sogenannten Marktentwicklungsstrategie blickt das Krankenhaus auf neue Märkte, um sie mit seinen Leistungen zu bedienen. Entweder spricht das Krankenhaus neben den bisherigen Zielgruppen in seinem Einzugsgebiet neue Abnehmer an, oder es sucht sich aus geografischer Sicht neue Kunden. Das würde bedeuten, dass die Klinik ihr Einzugsgebiet erweitert. Die Krankenhausplanung der Länder lässt hier allerdings kaum eine Ausweitung zu. Dennoch ergeben sich aus Kooperationen mit anderen Einrichtungen des Gesundheitswesens auch hier neue Wege. Zum Beispiel ist ein zunehmender überregionaler Zusammenschluss verschiedener Krankenhäuser und Praxen schon keine Besonderheit mehr. Auch für Patienten, die wegen einer Behandlung aus dem Ausland nach Deutschland kommen, könnten freie Kapazitäten eingesetzt werden.

Bei der Produktentwicklung für den gegenwärtigen Markt (Strategie der Produktentwicklung) kann es sich um Kernleistungen oder Sekundärleistungen aus dem medizinisch-pflegerischen oder nicht-medizinischen Bereich handeln. Bei den Kernleistungen geht das Krankenhaus noch einen Schritt weiter, indem es sich mit neuen oder modifizierten Leistungen auch auf neue Märkte wagt und seine Möglichkeiten sucht. Hier können sich bei zunehmendem Wettbewerb auf dem alten Markt Chancen bieten, die häufig nur nicht überdacht werden, da der gewisse Mut fehlt, sich von den klassischen Krankenhausstrukturen zu trennen.

Warum soll eine Klinik mit ihrem Fachwissen zum Beispiel nicht verstärkt beratend tätig sein, fachübergreifende Spezialleistungen und dem Trend entsprechend Fitness und Wellness-Angebote liefern? Oder sie bietet für ausländische Patienten ein individuelles Therapiekonzept. Nicht nur Veränderungen in der Leistungsstruktur selber, sondern auch die Form ihrer Erstellung fallen unter produktpolitische Entscheidungen. Hier spielen die Begriffe der Kundenorientierung und Qualität eine große Rolle, da der Anbieter und der Kunde am Leistungserstellungsprozess direkt oder indirekt beteiligt sind. Der Anbieter in Form der Mitarbeiter des Krankenhauses hat einen ganz konkreten Einfluss auf die Erstellung und das Ergebnis der Leistung.

Eine Kernleistung setzt sich dabei meistens aus vielen Teilschritten zusammen. An jedem dieser Schritte ist der Kunde beteiligt. Folglich spielt es für den Kunden eine große Rolle, in welcher Reihenfolge und zu welcher Zeit diese Teilschritte an ihm ausgeführt werden. Im Hinblick darauf, dass der Patient nicht ein breites Angebot von Standardleistungen, sondern individuell auf seine speziellen Bedürfnisse hin betreut werden möchte, muss er zumindest den Eindruck bekommen, persönlich betreut zu werden. Und das lässt sich durch die Rücksichtnahme auf den Patientenwunsch bei der Gestaltung und Durchführung der Leistung berücksichtigen.

Nicht alle Leistungen, die in einem oder durch ein Krankenhaus erbracht werden, müssen in Eigenregie erstellt werden. Zu viele Dienstleistungsbereiche werden immer noch von den Häusern selber abgedeckt, obwohl sie von ihnen nicht optimal erbracht werden können. Im nicht-medizinischen Bereich ist Outsourcing schon gang und gäbe (z. B. Küche, Reinigung, etc.). Es könnte also auch im medizinischen Rahmen für bestimmte Bereiche sinnvoll sein, auf Fremderstellung oder auf eine Mischform aus Eigen- und Fremderstellung zurückzugreifen. Letzteres kann durch unterschiedliche Kooperationsformen gewährleistet werden. Von der ambulanten Anlaufpraxis im Krankenhaus bis hin zur integrierten Wertschöpfungskette vom Hausarzt über das Krankenhaus bis zur Rehabilitation."[1]

08. Was besagt die Wettbewerbsvorteilsstrategie?

Michael H. Porter entwickelte in den 1980er Jahren ein bekanntes Schema, das die Wettbewerbskräfte einer Branche visualisiert. Je nach Branchenanalyse dieser fünf Kräfte soll eine von drei vorgeschlagenen Strategien (Kostenführerschaft, Differenzierung, Nischenstrategie) verfolgt werden. In reifen Branchen soll die Kostenführerschaft, in schrumpfenden Branchen die Nischenstrategie und in weltweiten Branchen die Differenzierung angewandt werden.

- Die **Kostenführerschafts-Strategie** soll durch Ausnutzung von Rationalisierungspotenzialen und Kostendegressionseffekten eine einmalige Position im Markt bezüglich der günstigsten Kosten ermöglichen. Bei der Strategie werden möglichst minimale Produktions- und Distributionskosten angestrebt. Damit soll ein niedriger Preis und ein großer Marktanteil erreicht werden. Discounter verfolgen beispielsweise die Strategie der Kostenführerschaft.

- Die **Differenzierung** besagt, dass etwas Einzigartiges i. S. einer Qualitätsführerschaft anzustreben ist, um sich vom Konkurrenten abzugrenzen. Die Strategie ist das genaue Gegenteil zu Strategie der Kostenführerschaft. Statt einem geringen Preis steht hier eine überlegene Produktleistung im Mittelpunkt. So wird beispielsweise eine Führerschaft in Service, Qualität oder Design angestrebt.

- Durch die **Nischenstrategie** soll sich das Unternehmen auf Kunden, Produkte oder bestimmte Regionen konzentrieren und die Marktnische besetzen. Bei der Strategie konzentriert sich das Unternehmen auf kleine, klar eingegrenzte Marktsegmente, die für Großunternehmen oft zu klein und damit uninteressant sind. Innerhalb dieser Nischen strebt das Unternehmen dank Spezialisierung dann die Kostenführerschaft oder Differenzierung an.

---

[1] Quelle: www.groefke-bauer.de

09. Was ist eine Kundenstrategie?

„Der Kunde ist König": Dies ist der Kernsatz für alle Unternehmer, die ein Produkt oder eine Dienstleistung „an den Mann" oder „an die Frau" bringen wollen und sich auf dem Markt bewähren müssen. Denn: Es reicht nicht aus, dass Sie selbst von der Qualität Ihres Angebots fest überzeugt sind. Ihr Angebot muss sich immer und in erster Linie an den Wünschen und Bedürfnissen Ihrer Kunden orientieren. Nach dem Motto: „Der Köder muss dem Fisch schmecken, nicht dem Angler". Das bedeutet: Jedes Unternehmen benötigt unbedingt Informationen über seine Kundschaft, auch über seine potenziellen Kunden."[1]

10. Welche Rolle spielen Kundenwünsche bei der Umsetzung von Strategien?

Ein Kunde wird sich nur dann für Ihr Produkt bzw. für Ihre Dienstleistung entscheiden, wenn Sie ihm einen Nutzen versprechen. Einen solchen Nutzen können Sie ihm aber nur dann anbieten, wenn Sie sich an den Wünschen und Bedürfnissen des Kunden orientieren. Um diese Wünsche und Bedürfnisse berücksichtigen zu können, benötigen Sie genaue Informationen über Ihre derzeitige und Ihre gewünschte zukünftige Kundschaft.

11. Welche Kundeneigenschaften sind wichtig?

Bei der Konzeption von Produkten oder Dienstleistungen ist auf folgende Kundenmerkmale zu achten:

- Alter
- Einkommen
- Standort
- Privat
- Geschäftskunden
- Kaufverhalten.

Je nach Eigenschaft kommen unterschiedliche Marketingentscheidungen infrage: z. B. die besonders einfache technische Handhabe eines Produkts, ein modernes Design, eine edle Verpackung, dauerhaft hohe oder niedrige Preise, Niedrigpreis-Aktionen oder Preisnachlässe, ein spezieller Vertrieb oder eine emotionale Art der Ansprache in der Werbung.

---

[1] Quelle: Bundesministerium für Wirtschaft und Technologie

12. Inwieweit spielt die Kundenzahl (Marktanteil) eine Rolle?

„Je mehr Kunden Sie (in Ihrem lokalen, regionalen oder überregionalen) Markt haben, desto besser. Für das Marketing ist es wichtig zu wissen, wie viele Kunden es im Markt insgesamt gibt, wie viele man davon derzeit erreicht und wie viele man zukünftig erreichen will (bzw. erreichen muss). Der Marktanteil ist der Prozentanteil, den Sie mit Ihren Verkäufen am Gesamtverkauf haben: für ein bestimmtes Angebot in einem fest umrissenen Markt. Wie hoch die Gesamtverkäufe sind (z. B. im letzten Jahr, in den vergangenen fünf Jahren), lässt sich genau aus Daten recherchieren, die von unterschiedlichen Institutionen ermittelt worden sind."[1]

13. Welche Verhaltensstrategien sind zu berücksichtigen?

Hier geht es um die Frage, wie sich das Unternehmen gegenüber Wettbewerbern, Kunden und Absatzmittlern verhalten wird. Zur Nutzung der Verhaltensstrategie lassen sich folgende Möglichkeiten gegenüber dem Konkurrenten nennen:

- Konkurrenz ignorieren
- Konkurrenz mit Marketinginstrumenten „bekämpfen"
- Konkurrenz ausweichen
- von der Konkurrenz deutlich absetzen
- Konkurrenz imitieren
- mit der Konkurrenz kooperieren.

14. Mit welchen Instrumenten lässt sich eine Marketingstrategie umsetzen?

Marketinginstrumente werden unter dem bekannten Begriff des Marketing-Mix zusammengefasst. Der Marketing-Mix bezeichnet die Kombination verschiedener Marketinginstrumente, die ein Unternehmen zur Erreichung seiner angestrebten Marketingziele bei bestimmten Kundengruppen auf den relevanten Teilmärkten einsetzt.

Die klassischen Instrumente des Marketing-Mix werden nach *McCarthy* als die sogenannten „4Ps" bezeichnet und in folgende Instrumentalbereiche eingeteilt:

- **P**roduct (Produktpolitik)
- **P**rice (Preispolitik)
- **P**romotion (Kommunikationspolitik)
- **P**lace (Distributionspolitik).

---

[1] Quelle: Bundesministerium für Wirtschaft und Technologie

15. Was wird unter Produktpolitik verstanden?

Die Produktpolitik umfasst sämtliche Entscheidungen, die mit der Gestaltung des Leistungsprogramms eines Unternehmens zusammenhängen und dessen Leistungsangebot (Sach- und Dienstleistungen) bestimmen. In diesem Zusammenhang wird auch von der „Leistungspolitik" gesprochen.

Die klassische Marketinglehre unterscheidet den engen, den erweiterten sowie den weiten Produktbegriff. Im engeren Sinne bezeichnet das Produkt lediglich das physische Kaufobjekt. Der erweiterte Produktbegriff schließt zusätzlich Dienstleistungen mit ein, die direkt mit diesem Objekt verbunden sind. Bei einem weiten Produktverständnis werden materielle Sachleistungen und immaterielle Dienstleistungen unter dem Produktbegriff zusammengefasst.

Innerhalb des Marketing-Mix nimmt die Produktpolitik eine besondere Stellung ein, da die Entwicklung neuer Produkte (Produktinnovation) bzw. die Veränderung (Produktdifferenzierung bzw. Produktvariation) oder Entfernung vorhandener Produkte vom Markt (Produktelimination) die Grundlage unternehmerischen Erfolgs bildet. Das zentrale Anliegen der Produktpolitik ist die Befriedigung der Kundenbedürfnisse durch eine auf den Kundennutzen abgestimmte Produktpalette, um so Wettbewerbsvorteile gegenüber der Konkurrenz erzielen zu können.

Dabei müssen sich alle produktpolitischen Entscheidungen an zuvor festgelegten Zielen orientieren, um effektiv zu sein. Die Zielsetzungen der Produktpolitik sind in die Zielhierarchie des Unternehmens einzubinden, d. h. sie sollen zur Erreichung übergeordneter Gesamtunternehmensziele beitragen.

Folgende Entscheidungsfelder werden in der Produktpolitik betrachtet:
- Produktgestaltung
- Servicegestaltung
- Sortimentsgestaltung.

16. Was besagt die Produktgestaltung?

Im Rahmen der Produktgestaltung geht es darum, den Kundennutzen des Produkts durch Maßnahmen im Hinblick auf die Markenbezeichnung (Branding), Produktbeschaffenheit, -qualität, -design, -verpackung usw. sicherzustellen.

17. Welche Rolle spielt die Servicegestaltung?

Neben der Gestaltung des Produktes kommt der Gestaltung produktbegleitender Serviceleistungen eine wachsende Bedeutung zu, da Kunden vermehrt nicht nur einzelne Produkte, sondern komplette Problemlösungen fordern. Serviceleistungen können dabei sowohl vor dem Kaufprozess (Beratung, Bestellservice, Finanzierungsangebot etc.) als auch danach auftreten (Reparatur, Wartung, Umtausch etc.). Sie zielen darauf ab, den Kundennutzen durch zusätzliche Leistungsmerkmale zu steigern.

18. Womit beschäftigt sich die Sortimentsgestaltung?

Die Sortimentsgestaltung beschäftigt sich mit der art- und mengenmäßigen Zusammenstellung des Produktangebots am Markt. Generell können Produktsortimente strukturell nach Breite und Tiefe differenziert werden. Die Sortimentsbreite gibt Auskunft über die Anzahl angebotener Produktlinien, während die Sortimentstiefe sich auf die Anzahl der Produktvarianten innerhalb einer Produktlinie bezieht.

19. Was bedeutet Preispolitik?

Bei der Preispolitik wird der Preis als die Anzahl von Geldeinheiten definiert, die ein Käufer beim Erwerb einer Mengeneinheit eines Produktes mit einer bestimmten festgelegten Qualität zu entrichten hat. Bei einem Kaufprozess ergibt sich der Preis P durch:

$$P = \frac{Entgelt}{Menge}$$

Der Preisgestaltung wird im Rahmen des Marketing-Mix deshalb eine besondere Bedeutung zugesprochen, da diese, im Vergleich zu den anderen drei Instrumenten, die Gegenleistung des Kunden darstellt. Seine Kaufentscheidung für ein Produkt wird bestimmt durch die subjektiv wahrgenommene Leistung und die vom Anbieter gebotene Qualität des Produkts sowie den dafür zu zahlenden Preis. Demnach wird unter Einbezug der Konkurrenzprodukte jeweils das Produkt bevorzugt, welches für den Kunden den größten subjektiv wahrgenommen Nettonutzen (Nutzen/Preis = positiv) erzielt.

Hierbei umfasst die Festsetzung des Preises alle von den Zielen des Anbieters gesteuerte Aktivitäten zur Suche, Auswahl und Durchsetzung von Preis-Leistungs-Relationen am Markt und damit verbundenen Problemlösungen für den Kunden.

Preispolitische Entscheidungen finden wie bei den anderen Marketinginstrumenten im Rahmen der durch die marktorientierte Unternehmungs- und Geschäftsplanung getroffenen Strategien statt.

Kuß/Kleinaltenkamp unterscheiden drei mögliche Ausrichtungen von Preisstrategien zur Bestimmung von Preisen für eine Marktleistung auf verschiedenen Teilmärkten im Zeitablauf:

- dauerhafte Festlegung des Preisniveaus (Hochpreis- vs. Niedrigpreis-Strategien)
- Preisgestaltung bei neuen Produkten (Abschöpfungs- bzw. Skimming- vs. Penetrations-Preisstrategien)
- Preisdifferenzierung und -variation (unterschiedliche Preise für verschiedene Teilmärkte).

Ein weiteres Instrument der Preisstrategie ist die Konditionengestaltung. Sie gilt als Sonderfall der Preisdifferenzierung im Teilbereich der Preisgestaltung und ermöglicht die Steuerung des Verhaltens von Marktpartnern durch die Differenzierung von sogenannten Normal- und Listenpreisen. Typische Konditionen sind beispielsweise:

- Rabatte (Preisnachlässe, sofern bestimmte Bedingungen wie Mindestmengen erfüllt sind)
- Boni (z. B. Rückvergütung am Jahresende aufgrund der im gesamten Jahr getätigten Umsätze)
- Skonti (z. B. 3 % bei Bar- und Sofortzahlungen)
- spezielle Lieferungsbedingungen (z. B. Aufteilung der Transport- und Versicherungskosten)
- spezielle Zahlungsbedingungen (z. B. Finanzierungs- und Leasingangebote).

20. Welche Rolle spielt die Kommunikation innerhalb des Marketing-Mix?

Unter Kommunikation wird allgemein die Übermittlung von Informationen und Bedeutungsinhalten zum Zweck der Steuerung von Meinungen, Einstellungen, Erwartungen und Verhaltensweisen bestimmter Adressaten gemäß spezifischer Zielsetzungen verstanden. Die Kommunikation richtet sich primär an potenzielle Kunden, kann jedoch auch Marktpartner, Mitarbeiter und andere Personen, die den Absatzmarkt beeinflussen, adressieren. Im Rahmen des Einsatzes von Kommunikationsmaßnahmen wird folgenden Aspekten eine besondere Beachtung geschenkt:

- Wer (Organisation, Unternehmen)
- sagt was (Kommunikationsbotschaft)
- unter welchen Bedingungen (situative Gegebenheiten)
- über welche Kanäle (Medien, Kommunikationsträger)
- zu wem (Zielpersonen, Kommunikationsempfänger)
- in welchem Gebiet (Einzugsgebiet)
- mit welchen Kosten (Kommunikationsaufwand)
- und mit welchen Konsequenzen (Kommunikationserfolg)?

Unternehmen versuchen mithilfe von Kommunikationsstrategien den Austausch von Informationen und Meinungen mit dem Kunden anzuregen und schließlich ihr Kaufverhalten zu beeinflussen. Ein Modell, das diesen erhofften Wirkungszusammenhang darstellt, ist die AIDA-Formel (Attention – Interest – Desire – Action) von *Lewis*. Da jedoch kein unmittelbarer Zusammenhang zwischen Botschaften und Verhaltenstendenzen nachweisbar ist und Phänomene des Kaufverhaltens wie Impulskäufe nur unzureichend erklärt werden, gilt das Modell mittlerweile als überholt. Inzwischen richten Werbetreibende die Zielsetzungen der Kommunikation an den Auswirkungen auf psychologische Größen der Kunden aus. In diesem Zusammenhang wird zwischen kognitiven, affektiven und konativen Zielsetzungen unterschieden.

21. Was bedeutet Distribution?

Die Distribution umfasst im Marketing-Mix alle Entscheidungen und Aktivitäten eines Unternehmens, die dazu dienen, ein Produkt oder eine Dienstleistung dem Kunden verfügbar zu machen.

Ein Teilbereich ist die akquisitorische Distribution, verantwortlich für die Gestaltung der Vertriebsstrategie und des Vertriebsprozesses. Darunter fällt u. a. die Bewertung und Auswahl geeigneter Distributionswege (Selektion), die Gewinnung und Führung der Absatzmittler (Akquisition und Stimulierung) sowie die Steuerung der Distributionswege hinsichtlich der eigenen Ziele (Koordination).

Der zweite Teilbereich der Distribution, die physische bzw. logistische Distribution, beschäftigt sich mit der Organisation der Logistik, des Transports, der Lagerung sowie mit Aktivitäten der Auftragsabwicklung und der Auslieferung.

Ein wichtiges Merkmal der Distribution ist ihre langfristige Planung, da Vertriebsentscheidungen nur sehr schwer wieder rückgängig gemacht werden können. Daher ist das grundlegende Ziel des Unternehmens, alle Marketinginstrumente über den gesamten Distributionsweg hinweg unter relativ geringen Ressourcenaufwand zu kontrollieren.

Oftmals wird dem Punkt Distribution im Bereich des Sozial- und Gesundheitswesen wenig Aufmerksamkeit beigemessen. Dies rührt daher, dass sehr häufig mit Distribution der Begriff Logistik gleichgesetzt wird. Und Logistik spielt beim Sozial- und Gesundheitsressort eine nachrangige Rolle.

Dehnt man den Begriff Distribution aber aus und bezieht sich nicht allein auf die Logistik, merkt man schnell, dass sich dahinter weit mehr versteckt. Es sind häufig logistische Entscheidungen zu treffen, z. B.:

- Dienstleistungen stationär oder ambulant
- Geburtshäuser oder Hausgeburt
- Blutspende und Organspende
- Massenimpfungen.

Auf welchen Wegen bzw. auf welche Weise gelangt das Produkt bzw. Dienstleistung zum Kunden? Man sieht also, dass Distribution doch zu einem wichtigen Element im Sozial- und Gesundheitswesen geworden ist.

22. Warum ist ein Marketing-Mix das zentrale Element im Marketing?

Ein gelungener Marketing-Mix muss die zentrale Aufgabe einer Marketingplanung sein: Es ist das optimale Zusammenspiel der Instrumente der Produkt-, Preis-, Distributions- und Kommunikationspolitik sowie der Personal-, Prozess- und Ausstattungspolitik, die den Erfolg bringen.

Durch eine gelungene Kombination ergeben sich Synergieeffekte, sodass ein gesetztes Ziel bestmöglich erreicht werden kann.

Die Entwicklung von Dienstleistungen gewinnt in Deutschland zunehmend an Bedeutung. Innerhalb der letzten fünfzig Jahre hat sich der Anteil des tertiären Sektors an der nationalen Wertschöpfung nahezu verdoppelt. Inzwischen sind über 70 % der Erwerbstätigen in Deutschland im Dienstleistungsbereich aktiv.

Vor diesem Hintergrund wuchs in den letzten Jahren auch das Bedürfnis nach einer möglichen Standardisierung und der professionellen Positionierung von Leistungsangeboten. Im Rahmen dessen dient der Marketing-Mix dazu, Strategien der Vermarktung von Dienstleistungen umsetzen zu können und so wesentlich zur Erreichung von Erlöszielen beizutragen.

Um eine wettbewerbsfähige Dienstleistung anbieten zu können, ist es notwendig Markt- und Kundenaspekte bereits frühzeitig in den Entwicklungsprozess mit einzubeziehen. Wichtig ist hierbei, dass der Marketing-Mix parallel zur Entwicklung der Produkt-, Prozess- und Ressourcenmodelle erstellt werden sollte und nicht erst im Anschluss daran. Die Herausforderung besteht darin, dass alle Maßnahmen so auf die neue Dienstleistung abzustimmen sind, dass am Ende eine größtmögliche Gesamtwirkung entsteht.

23. Existieren Unterschiede in der Vermarktung von Sachgütern und Dienstleistungen?

Zwischen der Vermarktung von Dienstleistungen und der von Sachgütern bestehen einige Unterschiede. Diese sind vor allem auf die besonderen Charakteristika zurückzuführen, die Dienstleistungen kennzeichnen:

1. Ein Anbieter von Dienstleistungen muss stets dazu fähig sein, sein Leistungsangebot permanent bereitzustellen.
2. Zur Erstellung von Dienstleistungen bedarf es der Integration eines Kunden (externer Faktor).
3. Dienstleistungen sind grundsätzlich immateriell und damit weder lager- noch transportfähig.

Diese Merkmale bieten sowohl Möglichkeiten, stellen aber auch Herausforderungen für die erfolgreiche Gestaltung des Marketing-Mixes dar.

6.3.3.2 Maßnahmen

01. Welche Erweiterungen des Marketing-Mix gibt es für den Dienstleistungssektor?

„Grundsätzlich ist die Einteilung der Marketinginstrumente in die 4Ps aus dem Konsumgütermarketing auch im Dienstleistungsmarketing möglich. Um die Besonderheiten von Dienstleistungen hervorzuheben, wird vor allem in der angloamerikanischen Literatur eine Erweiterung des Marketing-Mix um folgende Bereiche diskutiert.

- **Personalpolitik** *(personnel)*
- **Ausstattungspolitik** *(physical facilities)*
- **Prozesspolitik** *(process management)*.

Der Marketing-Mix stellt sich dann wie folgt dar:

1. **Product (Produktgestaltung)**
   - Wie müssen die Produkte/die Leistungen des Unternehmens aussehen, um den Bedürfnissen der Kunden gerecht zu werden?
   - Der Produktpolitik werden Aspekte zugewiesen wie Qualität, Stil, Markenname, Verpackung, Größe, Service oder Garantien.
2. **Price (Preisgestaltung)**
   - Wie muss der Preis des Produkts/der Leistung bestimmt sein, damit er vom Kunden akzeptiert wird?
   - Zur Preisgestaltung gehören u. a. die Bestimmung von Preisen, Rabatte/Mengenzuschläge oder Zahlungs- und Kreditbedingungen.

3. **Place (Distribution)**
   - Wie kommt das Produkt möglichst einfach, schnell und kostengünstig zum Kunden?
   - Absatzkanäle, Absatzmittler, Standorte, Lagerhaltung und Transportmöglichkeiten spielen in der Distributionspolitik eine Rolle.
4. **Promotion (Kommunikation)**
   - Wie kann das Unternehmen/der Hersteller die Kunden auf das Produkt aufmerksam machen bzw. vom Kauf überzeugen?
   - Werbung, persönlicher Verkauf, Verkaufsförderung und Public Relations sind Schlagworte der Kommunikationspolitik.
5. **Personell (Personalpolitik)**
   - Was sind die Kapazitäts- und Qualifizierungsbedürfnisse des Personals (Quantität, Qualität, Schulungsbedürfnisse, Incentiveprogramme usw.)?
6. **Process Management**
   - Was sind die kundenorientierten Geschäftsprozesse und wie sind sie gestaltet (Wer macht was, wann, wie und womit)?
7. **Physical Facilities (Ausstattungspolitik)**
   - Welche physikalische Ausstattung sollte vorhanden sein (z. B. Art des Gebäudes, Kundenlounge, Rezeption usw.)?"[1]

---

[1] Quelle: www.4managers.de

Die folgende Abbildung zeigt einen beispielhaften Marketing-Mix von Dienstleistungsunternehmen, der neben den klassischen Instrumentalbereichen zusätzlich auch die Personalpolitik umfasst.

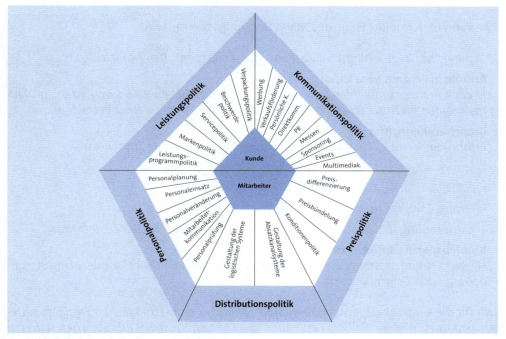

Quelle: Freie Universität Berlin und *Meffert/Bruhn 2009*

6.3.4 Marketingbudget

01. Was wird unter Marketingbudget verstanden?

Wie bereits im >> *Kapitel 6.1* beschrieben, kommt dem Budget im Gesundheitswesen eine besondere Bedeutung zu. Anders als auf dem freien Markt, wo der Preis ausgehandelt wird und durch Angebot und Nachfrage zustande kommt, wird das Budget vom Anbieter und dem übergeordneten Kostenträger „verhandelt". So kann es sein, dass z. B. ein Krankenhaus sich mit einem niedrigeren Budget abfinden muss.

Das bedeutet einschneidende Änderungen in der Planung der Organisation. Kostenträger, also Abteilungen, erhalten nicht das geplante Budget, sondern müssen sich mit einer Unterfinanzierung ihrer Kosten arrangieren.

Immer wird zu Beginn eines jeden Planungsjahres die Frage über die Höhe des Budgets gestellt. Allerdings entspricht das Ergebnis nur in wenigen Fällen dem, was der Zielerreichung für das Unternehmen dient.

Auf die gestellte Frage kann es keine allgemein gültige Antwort geben, schließlich sind branchenspezifische Gegebenheiten zu berücksichtigen. Ganz wesentlich jedoch hängen die Marketingaufwendungen jeweils von den zu erreichenden Unternehmenszielen Jahr für Jahr ab.

Wie kann man nun die Höhe des Marketingbudgets ermitteln?

„Als mögliche Orientierungspunkte dienen folgende möglichen Ansätze:

- **Anteile in Prozent vom Umsatz**
  Je nach Branche empfehlen Experten einen Anteil zwischen 2 - 8 :. Im Einzelnen sollte man seinen spezifischen Markt unter Analyse seiner Wettbewerber betrachten.

- **Branchen-Kennziffer**
  Erfahrungswerte aus den USA zeigen beispielsweise folgende Standards:
  - *Industrie B-to-B: 1 : vom Umsatz*
  - *Einzelhandel: 4 - 10 : vom Netto-Umsatz*
  - *Health Care: bis zu 20 : vom Netto-Umsatz*
  - *Konsumgüter: bis zu 50 : des projektierten Umsatz bei Produktneueinführung*

- **Kundenspezifische Kennziffern**
  Hierbei werden messbare Ziele festgelegt, wie Anzahl von neuen Kunden, Umsatzsteigerung nach Zielgruppen, etc.

Um für die vorgesehenen Marketingaufwendungen den bestmöglichen Erfolg zu erzielen, bedarf es in jedem Fall der Festlegung von Kennziffern, die es erlauben den späteren Erfolg zu messen. Anhand der quantitativen Unternehmens- bzw. Vertriebsziele können dann diejenigen Marketingmaßnahmen ausgewählt werden, die zum Erfolg den optimalen Beitrag leisten werden."[1]

6.3.5 Marketingcontrolling

01. Wie wird Marketingcontrolling definiert?

„Die Funktion des Marketingcontrolling besteht darin, die Effektivität und Effizienz einer marktorientierten Unternehmensführung sicherzustellen. Effektivität bezeichnet im weiteren Sinne die Wirksamkeit und somit den Output der Leistungserstellung: Werden vorgegebene Ziele erreicht? Effektivität im engeren Sinne definiert den Wirksamkeitsgrad: Liegt die Zielerreichung über einem vorab formulierten Zielniveau? Effizienz bezeichnet den Grad der Wirtschaftlichkeit: Eine Maßnahme ist effizient, wenn es zu einem Output/Input-Verhältnis einer Maßnahme keine andere Maßnahme gibt, die ein besseres Verhältnis erzielt."[2]

---

[1] Quelle: hmc Market Consulting
[2] Quelle: hmc Market Consulting

Im folgenden Schaubild werden die Aufgaben des Marketingcontrolling dargestellt:

Quelle: Gabler Wirtschaftslexikon, www.wirtschaftslexikon.gabler.de

02. Welche Instrumente zählen zum Marketingcontrolling?

Zu den wichtigsten Instrumenten des Marketingcontrolling gehören

- die Kostenvergleichsrechnung
- die Deckungsbeitragsrechnung
- die Deckungsbeitragsflussrechnung die Erlösabweichungsanalyse.

03. Was ist die Kostenvergleichsrechnung?

Mit der Kostenvergleichsrechnung sollen die jeweiligen Kosten der einzelnen Marketingbereiche systematisch erfasst, aufbereitet und verglichen werden. Es handelt sich um ein sehr einfaches Instrument, bei dem bewusst darauf verzichtet wird, in die Analyse auch die Erlöse einfließen zu lassen.

04. Welche Rolle spielt die Deckungsbeitragsrechnung?

Mit der Deckungsbeitragsrechnung steht dem Marketingcontrolling ein sehr wichtiges Instrument zur Verfügung, mit dessen Hilfe sich hinsichtlich produkt- und preispolitischer Maßnahmen fundierte Entscheidungen treffen lassen. Für die Zwecke des Marketingcontrolling muss die Deckungsbeitragsrechnung an allen wichtigen Bezugsobjekten (Produkten, Sparten, Aufträgen, Kunden, Regionen) ausgerichtet werden. Durch die Ermittlung von objektbezogenen Deckungsbeiträgen können diejenigen Produkte, Kunden, Märkte etc. herausgefunden werden, deren Absatz weiter forciert werden sollte.

05. Was will man mit der Deckungsbeitragsflussrechnung erreichen?

Die hohe Aussagekraft der Deckungsbeitragsrechnung für preis- und produktpolitische Entscheidungen ist unbestritten. Einen noch weitergehenden Einblick in das Zustandekommen des betrieblichen Erfolges ermöglicht jedoch die Deckungsbeitragsflussrechnung, bei der es sich um eine dynamisierte Deckungsbeitragsrechnung handelt.

Mit diesem Instrument kann der Controller die Veränderungen der Deckungsbeiträge im Zeitablauf in Abhängigkeit von den Einflussgrößen „Preis", „Menge" und „Mix (Struktur)" angeben. Hierzu wird die aus den unterschiedlichen Effekten resultierende Größe „Deckungsbeitrag" in die Komponenten „Preiseffekt", „Mengeneffekt" und „Mixeffekt (Struktureffekt)" differenziert.

06. Was ist die Erlösabweichungsanalyse?

Mithilfe der Erlösabweichungsanalyse ist es im Gegensatz zur Deckungsbeitrags-flussrechnung darüber hinaus möglich, die Ursachen von Erlösabweichungen zu analysieren und in ihrer quantitativen Bedeutung aufzuzeigen. Hierdurch wird das Marketing-Management mit Informationen versorgt, die über den Output der Marketingaktivitäten hinausgehen, gleichzeitig über die Marketingeffizienz selbst informieren und damit auf den Zusammenhang zwischen Marketing-Intensität und Erlösziel abstellen.

6.4 Einführung und Umsetzung von Marketing-, Sponsoring- und Fundraisingmaßnahmen

01. Wie werden Marketingmaßnahmen implementiert und umgesetzt?

„Als Marketingimplementierung wird die Umsetzungsphase des Marketingmanagement-Prozesses bezeichnet, wobei Implementierung den Prozess bezeichnet, durch den Marketingpläne in aktionsfähige Aufgaben umgewandelt werden und durch den die zur Zielerreichung des Planes benötigte Durchführung gewährleistet wird. Dabei kann zwischen Durchsetzung und Umsetzung der Marketingkonzepte unterschieden werden. Im Rahmen der Durchsetzung (auch personelle Durchsetzung) wird Akzeptanz für die Strategie bei den betroffenen Unternehmensmitgliedern geschaffen. Umsetzung (auch sachorientierte Umsetzung) bedeutet, dass das globale Strategievorhaben konkretisiert wird und die Unternehmenspotenziale (Unternehmensstruktur, -kultur und -systeme) angepasst werden. Dabei ist es wichtig, dass beide Bereiche mit gleicher Intensität verfolgt werden. Es zeigt sich nämlich, dass die Ursachen für einen unzureichenden Strategieerfolg häufig nicht auf ungenügende Strategiekonzepte, sondern auf Mängel bei der Implementierung zurückzuführen sind. Ganz zentral sind im Rahmen der Marketingimplementierung personelle Fragen und Fragen der Marketingorganisation."[1] Dies geschieht sehr häufig unter Berücksichtigung von Corporate Identity und integrierter Kommunikation.

---

[1] Quelle: www.wirtschaftslexikon24.com

02. Was ist Corporate Identity?

Das Corporate Identity-Konzept stellt zum einen ein Kommunikationskonzept dar und ist zum anderen ein zentraler Bestandteil der strategischen Unternehmensführung und -planung.

„Das Corporate Identity-Konzept kann als ein strategisches Konzept zur Positionierung der Identität oder auch eines klar strukturierten, einheitlichen Selbstverständnisses eines Unternehmens, sowohl im eigenen Unternehmen als auch in der Unternehmensumwelt, gesehen werden. Die strategische Verknüpfung eines solchen Konzepts liegt darin, dass im Rahmen einer Positionierung dieses Selbstverständnisses und Selbstbildes auch eine Reihe zentraler strategischer Elemente wie Technologieorientierung, Produkt-/Marktfelder, strategische Grundorientierungen, Beziehung zu Mitarbeitern, Abnehmern, Lieferanten und Konkurrenten, verhaltenssteuernde Normen etc. geklärt werden müssen.

Über die Entwicklung eines deutlichen „Wir-Bewusstseins" soll das Corporate Identity-Konzept nach innen eine Unternehmenskultur als Netzwerk von gelebten Verhaltensmustern und Normen etablieren und sicherstellen, dass die Vielzahl der Entscheidungsbeteiligten auf der Basis eines einheitlichen Unternehmensbildes bzw. Firmenimages und Unternehmensleitbildes entscheidet und handelt. Dadurch wird eine wesentlich höhere Kompatibilität und Synergie der Unternehmensaktivitäten ermöglicht sowie über die Identifikation mit dem Unternehmen und deren Politik erhebliches Motivationspotenzial freigesetzt (vgl. auch Behavioral Branding). Nach außen geht es darum, dass die durch verbales und nonverbales Verhalten gesendeten Signale mit dem erarbeiteten Konzept übereinstimmen und so bei den verschiedenen Adressatenkreisen wie Öffentlichkeit, Kunden, Presse, Kapitalgeber, Lieferanten, potenzielle Arbeitnehmer etc., den Aufbau eines Firmenimages ermöglichen, die mit dem Corporate Identity-Konzept übereinstimmen; man kann hier von Image-Fit sprechen.

Das Corporate Identity-Konzept ist in diesem Sinn nicht nur ein Kommunikationskonzept, sondern ein zentraler Bestandteil der strategischen Unternehmensführung und -planung und eine wesentliche Erfolgsvoraussetzung zu einer kontinuierlichen und strategiekonformen Umsetzung strategischer Konzepte ins operative Geschäft. Die Geschlossenheit und Konsistenz der Strategieumsetzung, der Strategie-Fit ist dabei eine der Stoßrichtungen von Corporate Identity-Konzepten."[1]

03. Welche Elemente werden bei der Corporate Identity unterschieden?

Bei der Corporate Identity werden

- Corporate Behavior,
- Corporate Communication und
- Corporate Design

unterschieden.

---

[1] Quelle: Gabler Wirtschaftslexikon, www.wirtschaftslexikon.gabler.de

04. Was ist Corporate Behavior?

Corporate Behavior ist das *„Verhalten eines Unternehmens nach innen (Mitarbeiter) und außen (Kunden, Öffentlichkeit etc.), Teil der Corporate Identity. Zu unterscheiden sind drei Verhaltensbereiche:*

- *Instrumentales Unternehmensverhalten, z. B. Preispolitik, Führungsstil;*
- *Personenverhalten: Verhalten, der im Unternehmen tätigen Personen untereinander sowie das Verhalten dieser Personen zu Außenstehenden;*
- *Medienverhalten des Unternehmens, abhängig von der politischen und ethischen Grundhaltung des Unternehmens, evtl. auch von gesetzlichen Restriktionen; es umfasst alle Formen der Kommunikationspolitik, z. B. Stil der Öffentlichkeitsarbeit, Verhältnis zu Journalisten, Werbestil, Auswahl der Werbemedien."*[1]

05. Was versteht man unter Corporate Communication?

Corporate Communication lässt sich mit Unternehmenskommunikation übersetzen. Sie umfasst die Kommunikation nach außen und nach innen, z. B. Pressemitteilungen, Mitarbeiterzeitungen, Autorenbeiträge, Newsletter, Inter- und Intranet oder Hauptversammlungen. Bei all diesen Gelegenheiten wird kommuniziert. Hierbei verfolgt ein Unternehmen eine sogenannte Kommunikationsstrategie. Diese soll sicherstellen, dass Mitarbeiter und Öffentlichkeit das „richtige" Bild vom Unternehmen bekommen.

06. Was ist Corporate Design?

Ein Corporate Design (CD) ist die einheitliche Gestaltung aller Kommunikationsmittel und Produkte eines Unternehmens bzw. einer Organisation. Mit dem Corporate Design soll in der Öffentlichkeit ein wiedererkennbares, die Selbsteinschätzung vermittelndes Erscheinungsbild geprägt werden.

Dazu gehört alles, was das visuelle Erscheinen eines Unternehmens ausmacht: Firmenzeichen, Geschäftspapiere, Werbemittel in gedruckter und in digitaler Form, Verpackung, Klänge oder auch Architektur. Ein komplettes grafisches Erscheinungsbild braucht mehr als ein Symbol. Dazu gehört Typografie, Farbe, Formate und Bilder.

Das Corporate Design entsteht nicht aus Zufall oder Zeitgeschmack, sondern ist Teil einer Gesamtstrategie. So spiegelt das Corporate Design das Selbstverständnis (Corporate Identity) und die Handlungsleitlinien eines Unternehmens wider. Die hohe Kunst des Corporate Design liegt darin, eine Gestaltung zu entwickeln, die, obwohl sie wiedererkennbar, prägnant und vertraut wirkt, gleichzeitig auch immer wieder frisch und modern ist.

---

[1] Quelle: http://wirtschaftslexikon.gabler.de/Definition/corporate-behavior

07. Wie wichtig sind Internet, Homepage und E-Mail im Sozial- und Gesundheitswesen?

Immer mehr Menschen nutzen das Internet, um zu recherchieren und ihren individuellen Informationsbedarf zu befriedigen. Zugleich werden immer mehr Informationen im Internet zur Verfügung gestellt. Auch im Bereich Gesundheit lässt sich ein erheblicher Zuwachs an Internet-Angeboten feststellen. Marktanalysen, Qualitätssicherung und Erfolgskontrolle durch Evaluationen sind wichtige Maßnahmen im Entwicklungsprozess von Internet-Auftritten. Internet-Auftritte sollen Informationen zu den Zielgruppen transportieren.

Web-Auftritte im Gesundheitsbereich können die unterschiedlichsten Ziele verfolgen: Staatliche Einrichtungen betreiben Aufklärung; private Initiativen wie Patientenorganisationen und Selbsthilfegruppen wollen die Vernetzung von Betroffenen fördern, und Privatpersonen möchten mit der Veröffentlichung eigener Erfahrungen und Erkenntnisse anderen helfen. Interessierte aus der Wissenschaft möchten aktuelle Ergebnisse austauschen, Apotheken wollen auf ihr Angebot aufmerksam machen und teilweise ihre Produkte auch online verkaufen. Arztpraxen stellen für einen Besuch in der Praxis vor- bzw. nachbereitende Informationen zur Verfügung, Krankenkassen wollen neue Mitglieder gewinnen. Die Pharmaindustrie stellt ihre Produkte vor und bietet Informationen für Ärzte und Ärztinnen. Verbände wollen Öffentlichkeitsarbeit betreiben, Verlage wollen für den Verkauf von medizinischen Büchern und Zeitschriften werben oder Fachleuten Hintergrundinformationen zu ihren Publikationen anbieten.

All diese Ziele werden über die Instrumente Internet, Homepage und E-Mail erreicht.

08. Welche Einschränkungen für Marketing bestehen im Gesundheitswesen?

Einschränkungen im Marketing oder konkret bei Instrumenten des Marketing-Mix bestehen vor allem bei der Werbung im Gesundheitswesen. Dort gibt es zahlreiche Gesetze, die Werbung einschränken. Besonders zu nennen sind das Gesetz gegen unlauteren Wettbewerb (UWG), das Gesetz gegen Wettbewerbsbeschränkungen (GWB), das Telemediengesetz (TMG), das Markengesetz (MarkenG), verschiedene Verbraucherschutzvorschriften, das Heilmittelwerbegesetz (HWG), die (Muster-)Berufsordnung der Ärzte (MBO-Ä), Rahmenverträge mit Kostenträgern und die Dienstleistungsrichtlinien der EU. Auf einige dieser Gesetze wird in den folgenden Kapiteln noch vertieft eingegangen.

6.4.1 Handlungsmöglichkeiten der Produkt- und Dienstleistungspolitik

01. Wie sehen die Handlungsmöglichkeiten im Rahmen der Produktpolitik im Gesundheitswesen aus?

Produktpolitik ist gleichzusetzen mit Dienstleistungspolitik und diese wiederrum mit Leistungspolitik.

Ein zentrales Element in unserer Wettbewerbsgesellschaft ist es, dass langfristig ein Erfolg ohne eine gute Produktpolitik nicht möglich ist. Ein Problemfeld, das sich hierbei ergibt ist die Tatsache, dass ein Produkt aus zahlreichen verbundenen Qualitätsdimensionen besteht. (Produkt = Bündel von nutzenrelevanten Eigenschaften). Die verschiedenen Dimensionen sollen bei der Gestaltung der Produkte so umgesetzt werden, dass der Kunde ihnen eine hohe Priorität zumisst.

Grundlage der Produktpolitik ist die Kernleistung (z. B. medizinisch-pflegerische Leistung einer Klinik). Dazu kommen verschiedene Wahlleistungen (z. B. Chefarztbehandlung, Telefon, Fernseher, Einbettzimmer, Internet, Wahlessen, Begleitperson), die die Kernleistung abrunden bzw. ergänzen. Betrachtet man nur die Kernleistungen, dann sind in der Regel ihre Preise festgelegt und für den Nachfrager irrelevant (Versicherungsschutz). Folge: Im Bereich der Kernleistung entscheidet allein die wahrgenommene Leistung über die Nachfrage, nicht das Preis-Leistungsverhältnis.

Ziel sollte es sein, dass eine Zusammenstellung der Gesamtleistung dem Kunden bei gegebenen Gesamtkosten der Leistungserstellung einen maximalen Nutzen gewährleistet. Das gestaltet sich bei Kernleistungen im Krankenhaus in der Regel als schwierig, da diese klar definiert sind. Eine Abgrenzung zu Konkurrenten kann nur über subjektive Qualität erfolgen.

Bei den Wahlleistungen kann man von einer nutzenmaximalen Zusammenstellung der Wahlleistungspakete ausgehen. Dies umfasst alle Dienstleistungen, die der Kunde erhält, um die Kernleistung gut nutzen zu können. Dazu ist eine reibungslose Zusammenarbeit mit vor- und nachgelagerten Bereichen (Datenaustausch, zeitnahe Information der niedergelassenen Ärzte) notwendig, also eine Vor- und Nachbetreuung von Patienten z. B. bei der Überleitung zu einer Reha. Ziel hierbei ist, dass der Patient die medizinisch-pflegerische Leistung des stationären Aufenthaltes in einen Outcome der Heilung oder Linderung umsetzen kann. So wird letztendlich der Erfolg des gesamten Behandlungsprozesses (inklusive ambulanter Bereich, Reha usw.) gesichert.

02. Wo liegen mögliche Probleme im Prozessablauf der Produktpolitik?

Das folgende Beispiel veranschaulicht den Prozessablauf und dessen Probleme.

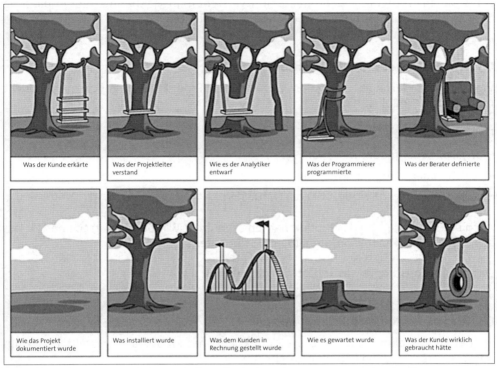

Quelle: www.buena-la-vista.de/buenalog/2012/02/08/projektmanagement-mal-anders/

6.4.1.1 Produktprogramm

01. Was versteht man unter dem Produktportfolio?

Der Begriff Produktportfolio bezeichnet Gesamtheit der verschiedenen Produkte eines Unternehmens. Das Wort Portfolio bezeichnet allgemein eine Sammlung von Objekten eines bestimmten Typs. Im übertragenen Sinne kann es auch eine Sammlung von Methoden, Verfahren oder Handlungsoptionen bedeuten.

02. Was bedeutet Produkttiefe und -breite?

Der Begriff Produktbreite oder auch Angebotsbreite, sagt aus, wie viel verschiedenartige Produkte angeboten werden.

Der Begriff Produkttiefe hingegen zeigt, wie das Sortiment an verschiedenartigen Produkten gestaltet ist, wie groß also die Auswahl unter den verschiedenartigen Produkten ist.

6.4.1.2 Produktpolitische Maßnahmen

01. Was sind produktpolitische Maßnahmen?

Unter den Instrumenten der Produktpolitik versteht man Maßnahmen zur Anpassung des Produktionsprogrammes an die Marktgegebenheiten.

02. Was bedeutet Produktvariation?

Werden Veränderungen an schon vorhandenen Produkten vorgenommen, spricht man von der Produktvariation.

Dabei können diese Änderungen:

- physikalischer (neues Material)
- funktionaler (neue Handhabung)
- ästhetischer (Form, Farbe, Stil etc.) Natur sein.

Auch eine Veränderung des Produktnamens, um ihn z. B. moderner erscheinen zu lassen, zählt zu der Produktvariation (Beatle statt Käfer).

Das Produktionsprogramm ändert sich dabei nicht.

03. Was bedeutet Produktelimination?

Bei der Produktelimination wird die Produktion eines Produkts eingestellt. Dies kann aus u. a. verschiedenen Gründen geschehen:

- Produkt ist veraltet
- geringe Umsätze
- neue gesetzliche Regelungen
- Produkt passt nicht mehr in die Unternehmensstrategie
- Produkt gefährdet das Image des Unternehmens.

Das Produktprogramm wird dadurch kleiner.

04. Was versteht man unter Produktinnovation?

Die Produktinnovation beschreibt die Entwicklung und Einführung neuer Produkte. Dabei ist zwischen der Produktdiversifikation und der Produktdifferenzierung zu unterscheiden.

05. Unterscheiden Sie Produktdifferenzierung und Produktdiversifikation.

Gibt es neue Varianten oder Ausführungen eines Produktes, um z. B. unterschiedliche Zielgruppen anzusprechen, spricht man von der Produktdifferenzierung. Das Produktionsprogramm wird tiefer.

Produktdiversifikation bedeutet, dass eine neue Produktlinie eingeführt wird. Das Produktionsprogramm wird breiter. Man unterscheidet zwischen der horizontalen, vertikalen und lateralen Diversifikation.

Die horizontale Diversifikation beschreibt die Einführung von Produkten der gleichen Fertigungsstufe (artverwandte Produkte).

Werden Produkte einer vor- und/oder nachgelagerten Fertigungsstufe in das Angebot aufgenommen, spricht man von einer vertikalen Diversifikation.

Die laterale Diversifikation tritt ein, wenn Produkte, die in keinem Zusammenhang mit dem bisherigen Produktprogramm stehen eingeführt werden (artfremde Produkte).

6.4.1.3 Leistungspolitik bei Dienstleistern

01. Wie sieht Leistungspolitik bei Dienstleistern aus?

„Dienstleistungen unterscheiden sich in ihren Eigenschaften wesentlich von Sachgütern: Sie bedürfen einer permanenten Leistungsfähigkeit des Anbieters sowie der Einbindung des Kunden in die Erstellung der Leistung und sind zumindest teilweise immateriell. Daraus ergeben sich besondere Herausforderungen an die Vermarktung von Dienstleistungen, die durch das Dienstleistungsmarketing adressiert werden. Unter Dienstleistungsmarketing werden die Analyse, Planung, Implementierung und Kontrolle sämtlicher Aktivitäten eines Dienstleistungsunternehmens verstanden, die einer Ausrichtung des Leistungsprogramms und der Geschäftsbeziehung am Kundennutzen dienen. Die in der Literatur vorherrschenden Definitionen von Dienstleistungen lassen sich anhand von drei Dimensionen festmachen:

- *Potenzialdimension: Dienstleistungen werden als die durch Menschen oder Maschinen geschaffenen Potenziale bzw. Fähigkeiten eines Dienstleistungsanbieters angesehen, spezifische Leistungen zu erbringen.*
- *Prozessdimension: Hierbei wird die Dienstleistung als eine Tätigkeit mit materieller oder immaterieller Wirkung interpretiert, die der Bedarfsdeckung Dritter dient und durch eine Synchronisation von Produktion und Absatz (Uno-Actu-Prinzip) gekennzeichnet ist.*
- *Ergebnisdimension: Dienstleistungen werden als immaterielles Ergebnis eines Prozesses der Dienstleistungserbringung verstanden.*

Eine umfassende Definition des Dienstleistungsbegriffs resultiert aus der Zusammenführung dieser drei Dimensionen. Demnach sind Dienstleistungen selbstständige, marktfähige Leistungen, die mit der Bereitstellung (z. B. Versicherungsleistungen) und/oder dem

Einsatz von Leistungsfähigkeiten (z. B. Friseurleistungen) verbunden sind (Potenzialorientierung). Externe Faktoren, d. h. solche, die nicht im Einflussbereich des Dienstleisters liegen, werden im Rahmen des Erstellungsprozesses mit den internen Faktoren (z. B. Personal, Ausstattung, Geschäftsräume) kombiniert (Prozessorientierung). Die Faktorenkombination des Dienstleistungsanbieters wird mit dem Ziel eingesetzt, an den externen Faktoren, an Menschen (v. a. Kunden) und deren Objekten (z. B. Auto des Kunden), nutzenstiftende Wirkungen (z. B. Inspektion beim Auto) zu erzielen (Ergebnisorientierung). Dienstleistungen weisen gegenüber Sachleistungen drei zentrale Besonderheiten auf.

- *Leistungsfähigkeit des Dienstleistungsanbieters: Zur Erstellung einer Dienstleistung sind spezifische menschliche (z. B. Knowhow oder körperliche Fähigkeiten) oder automatische Leistungsfähigkeiten (z. B. Funktion einer Autowaschanlage) erforderlich.*

- *Integration des externen Faktors: Eine Dienstleistung lässt sich nur bei Anwesenheit des Kunden oder seiner Verfügungsobjekte erstellen. Allerdings können aufgrund der Vielfältigkeit der Dienstleistungen die Art und die Intensität dieses interaktiven Geschehens zwischen Dienstleistungsanbieter und Konsument durchaus stark variieren (z. B. Teilnahme an einer Schulung versus Fast-Food-Imbiss).*

- *Immaterialität: Eine Dienstleistung ist generell nicht stofflich, nicht körperlich, folglich materiell nicht erfassbar. Aus dem Merkmal der Immaterialität ergeben sich zwei sogenannte akzessorische Besonderheiten, die Nichtlagerfähigkeit und die Nichttransportfähigkeit von Dienstleistungen."*[1]

6.4.1.4 Markenpolitik

01. Was ist Markenpolitik?

Die heute auf dem Markt angebotenen Produkte unterscheiden sich hinsichtlich qualitativer bzw. technischer Merkmale oft kaum mehr. Die Marke eines Produktes wird zur wichtigsten Profilierungsmöglichkeit für die Anbieter, wodurch die Markenpolitik immer mehr an Bedeutung gewinnt. Mit einem Markenprodukt verbindet man heute nicht nur Qualität, sondern ein Erlebnis, ein Lebensgefühl. Und das ist es letztlich, was den Kunden zum Kauf eines bestimmten Markenproduktes bewegt. Die Markenpolitik umfasst alle Maßnahmen zur Entwicklung und Führung einer Marke.

Produkt = Objekt zur Befriedigung des Sachanspruches (Grundnutzen); meist austauschbar; veraltet oft relativ schnell.

Marke = immateriell, vermittelt ein Erlebnis, Lebensgefühl oder Wertesystem (Zusatznutzen), welches nicht einfach ersetzt werden kann, z. B. Gefühl von Freiheit und Männlichkeit von Marlboro Country; besteht bei guter Pflege oft sehr lange Zeit.

---

[1] Quelle: Gabler Wirtschaftslexikon, www.wirtschaftslexikon.gabler.de

02. Mit welchen Strategien kann man Markenpolitik betreiben?

Bei Neueinführung erfolgt eine Benennung des Produkts mit einem neu entwickelten Markennamen. Der Vorteil der daraus resultiert ist, dass der Name genau auf die Zielgruppe und das Produkt zugeschnitten werden kann. Ein Nachteil sind die hohen Kosten für Entwicklung und Bekanntmachung der Marke.

Auch der Markenname und die Markenelemente sind wichtige Bestandteile einer Markenstrategie. Ein Markenname kann z. B. eine Wortmarke (Persil), eine Buchstabenzeichen (AEG), eine Zahlenkombination (4711) oder Kombination daraus (Ernte 23) sein. Die Marke soll das Produkt beschreiben, die Zielgruppe ansprechen und einen unverwechselbaren, merkfähigen und innovativen Charakter haben. Zudem muss sie juristisch schutzfähig sein, was auch für alle weiteren Markenelemente gilt: Logos, Charaktere (Clementine von Ariel), Slogans, Jingles und Verpackungen.

Rechtsgrundlagen für den Markenschutz in Deutschland ist das Markengesetz, innerhalb der EU die Gemeinschaftsmarkenverordnung

Markenschutz kann als Register-, Benutzungs- oder Notorietätsmarke (notorisch = allgemein bekannt) erlangt werden. Schutzhindernisse können u. a. mangelnde Unterscheidungskraft, „Bereitsvorhandensein" oder Sittenwidrigkeit sein.

03. Was versteht man unter der Markentransferstrategie?

Zur Bekanntmachung einer Marke kann man die sogenannte Markentransferstrategie nutzen. Hierbei wird eine am Markt etablierte Marke auf ein Neuprodukt übertragen bzw. ausgedehnt. Der Vorteil ist ein schneller und günstiger Aufbau eines Markenimages. Ein Nachteil besteht in der Gefahr, die Marke zu verwässern oder das Markenimage zu schädigen.

Die Positionierung einer Marke ist abhängig vom emotionalen und kognitiven Involvement der Käufer.

		Kognitives Involvement	
		hoch	niedrig
Emotionales Involvement	hoch	**Merkmale:** ▶ Bedürfnisse aktuell vorhanden und nicht trivial ▶ hohes Informationsinteresse **gemischte Positionierung**	**Merkmale:** ▶ Bedürfnisse aktuell vorhanden und nicht trivial ▶ geringes Informationsinteresse, da Produkteigenschaften bekannt **erlebnisorientierte Positionierung**
	niedrig	**Merkmale:** ▶ Bedürfnisse sind trivial ▶ hohes Informationsinteresse **sachorientierte Positionierung**	**Merkmale:** ▶ Bedürfnisse sind trivial ▶ geringes Informationsinteresse, da Produkteigenschaften bekannt **Förderung der Markenbekanntheit (Aktualität)**

Positionierung einer Marke
Quelle: *Esch 1999*

6.4.2 Handlungsmöglichkeiten der Kommunikationspolitik

01. Was wird unter Kommunikationspolitik verstanden?

Das Ziel der Kommunikationspolitik ist es, Informationen über das Unternehmen allgemein und über dessen Produkte, aktuellen und potenziellen Kunden sowie der an dem Unternehmen interessierten Öffentlichkeit zu vermitteln.

Unter Kommunikation versteht man die Übermittlung von Informationen zur Steuerung von Meinungen, Einstellungen, Erwartungen und Verhaltensweisen. Um eine erfolgreiche Kommunikation betreiben zu können, müssen folgende Punkte geklärt werden:

▶ **Kommunikationssubjekt**
  Mit wem wollen wir kommunizieren?

▶ **Kommunikationsobjekt**
  Was wollen wir mitteilen?

▶ **Kommunikationsprozess**
  Wie soll die Kommunikation gestaltet werden?

02. Unterscheiden Sie zwischen direkter und indirekter Kommunikation.

Bei der direkten Kommunikation übermittelt das Unternehmen in direkter Beziehung zum Konsumenten die Kommunikationsbotschaft, bei der indirekten Kommunikation sind verschiedene Elemente zwischengeschaltet. Der Vorteil der indirekten Kommunikation liegt darin, dass der Transmitter, das zwischenschaltete Element, welches in direkter Beziehung zum Unternehmen und dem Konsumenten steht, den ökonomischen Aspekt aus der Botschaft des Unternehmens filtert und somit die Glaubwürdigkeit der Kommunikationsbotschaft beim Konsumenten erhöht wird.

Der Kommunikationspolitik wird eine Sonderstellung im Marketing-Mix zugeschrieben. Da sämtliche Elemente im Marketing kommunikative Wirkungen entfalten können, gilt die Kommunikation als Bindeglied zwischen allen Instrumenten des Marketing-Mix. Ein „guter Preis" kommuniziert beispielsweise auch einen Nutzen für den Konsumenten.

03. Welche Instrumente werden innerhalb der Kommunikationspolitik unterschieden?

Im Marketing stehen folgende klassischen Instrumente der Kommunikationspolitik zur Verfügung:

- Werbung
- Verkaufsförderung (Sales Promotion)
- Öffentlichkeitsarbeit (Public Relations, PR)
- persönlicher Verkauf.

Darüber hinaus ergeben sich aus der Entwicklung der Kommunikationstechnologien und der ständig wachsenden gesellschaftlichen Bedeutung dieser Techniken neue kommunikationspolitische Instrumente:

- das Event, als Möglichkeit, die Marketingziele interaktiv zu kommunizieren
- das Sponsoring, die Förderung von einzelnen Personen, Institutionen oder Veranstaltungen über die das Unternehmen auf sich und seine Leistungen aufmerksam machen kann
- das Produkt Placement, die Platzierung von Produkten des Unternehmens in Informations- und Unterhaltungsmedien außerhalb der Werbung (redaktioneller Teil eines Printmediums, Fernsehfilme u. Ä.).

04. Zwischen welchen Strategien wird bei der Kommunikationspolitik gewählt?

Bei der Kommunikationspolitik kann grundsätzlich zwischen der Push-Strategie und der Pull-Strategie gewählt werden.

05. Wie wird bei der Push-Strategie vorgegangen?

Bei der Push-Strategie versucht der Hersteller bei der Kommunikation sein Produkt durch die Vertriebskanäle zu drücken (to push (engl.) = drücken, schieben). Vom Produzenten zum Großhändler, vom Großhändler zum Einzelhändler und vom Einzelhändler zum Verbraucher versucht jede Stufe, das Produkt der anderen anzupreisen und es positiv darzustellen.

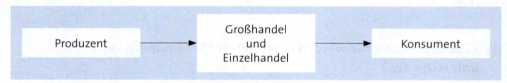

Push-Strategie
Quelle: *Marketing-Marktplatz Redaktion 2004*

06. Wie wird bei der Pull-Strategie vorgegangen?

Bei der Pull-Strategie wird der Konsument so weit „manipuliert", dass er von sich aus Informationen zum gewünschten Produkt oder Hersteller am Markt sucht. Wenn diese Strategie aufgeht, verlangt der Konsument das Produkt von alleine und es muss viel weniger Geld in Werbung investiert werden.

Pull-Strategie
Quelle: *Marketing-Marktplatz Redaktion 2004*

Vor allem bei Markenprodukten und den neuesten technologischen Produkten wird nach dieser Strategie vorgegangen. Der Produzent muss quasi nur noch produzieren, die Nachfrage hingegen kommt fast von alleine. Der Konsument wird sozusagen vom Produkt angezogen (to pull (engl.) = ziehen).

07. Wie wird Unternehmenskommunikation definiert?

„Findet ein Kommunikationsprozess zwischen einem Unternehmen und seinen Interessengruppen - wie z. B. Kunden, Lieferanten, Händlern, Mitarbeitern oder der Öffentlichkeit - statt, spricht man von Unternehmenskommunikation. Über die Kommunikationspolitik gestaltet das Unternehmen demnach seine Beziehungen zu allen relevanten Gruppen. Dabei konzentriert man sich auf die Beziehung von Unternehmen zu ihren Kunden - und entsprechend auf die Kunden gerichtete Unternehmenskommunikation, auch Marketingkommunikation genannt. Neben den Kunden kommuniziert das Unternehmen aber auch mit anderen Gruppen. Insbesondere bei der Behandlung der Öffentlichkeitsarbeit wird auf diese Kommunikationsbeziehungen eingegangen."[1]

08. Welche Besonderheiten sind bei der Kommunikationspolitik innerhalb des Dienstleistungssektors zu nennen?

Besonderheiten innerhalb der Kommunikationspolitik gibt es im Dienstleistungssektor.

„Aufgrund der Immaterialität einer Dienstleistung stehen Mitarbeiter eines Dienstleistungsunternehmens häufig stellvertretend für das Produkt. Ihr Auftreten und ihre Erscheinung, ihre Motivation und ihre Fähigkeiten beeinflussen die Bereitstellung des Leistungspotenzials, die Qualität der Leistung und letztendlich den Erfolg einer Dienstleistung. Zudem führt die Integration eines externen Faktors zu einer gesteigerten Kommunikation zwischen Mitarbeitern und Kunden.

Diese Gründe verdeutlichen die Wichtigkeit der Mitarbeiter im Dienstleistungssektor deshalb wird die Personalpolitik (personnel) als fünftes „P" in den Marketing-Mix eines Dienstleistungsbetriebes aufgenommen."[2]

09. Was bedeutet Beschwerdemanagement?

„Beschwerdemanagement umfasst die Planung, Durchführung und Kontrolle aller Maßnahmen, die ein Unternehmen im Zusammenhang mit Kundenbeschwerden ergreift. Auf einer spezielleren Ebene lassen sich kundenbeziehungsrelevante und qualitätsrelevante Teilziele unterscheiden. Zu den wichtigsten kundenbeziehungsrelevanten Teilzielen gehören die Stabilisierung gefährdeter Kundenbeziehungen, die Förderung eines kundenorientierten Unternehmensimages und die Schaffung zusätzlicher werblicher Effekte mittels positiver Beeinflussung der Mundkommunikation. Wesentliche qualitätsrelevante Teilziele liegen in der Nutzung von Beschwerdeinformationen zur Verbesserung der Produktqualität und der Vermeidung von Fehlerkosten externer Art (z. B. Garantie- und Haftungskosten) sowie interner Art (z. B. Kosten für Nachbesserungen). Die Gewichtung der Teilziele ist unternehmensindividuell im Rahmen einer strategischen Planung für den Funktionsbereich Beschwerdemanagement vorzunehmen."[3]

---

[1] Quelle: http://www.teialehrbuch.de/Kostenlose-Kurse/Marketing
[2] Quelle: http://www.ademaco.de/Dienstleistungsmarketing
[3] Quelle: http://wirtschaftslexikon.gabler.de/Definition/beschwerdemanagement.html

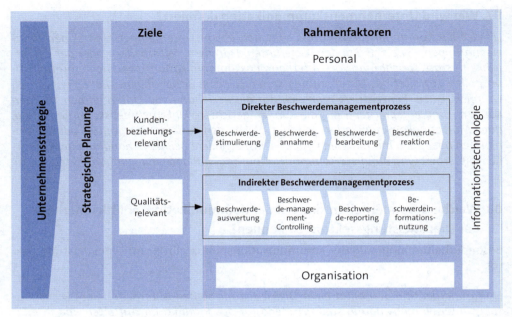

Ziele, Aufgaben und Rahmenfaktoren des Beschwerdemanagement
Quelle: http://wirtschaftslexikon.gabler.de/Definition/beschwerdemanagement.html

6.4.2.1 Werbung

01. Was ist Werbung?

Werbung will über eine gezielte Werbebotschaft potenzielle Käufer eines Produktes oder einer Produktgruppe zum Kaufen veranlassen. Dazu werden spezielle Werbemittel eingesetzt, wie z. B.: Werbespots, Anzeigen, Plakate.

Der Begriff „Werbung" bezeichnet also Maßnahmen, die einen Menschen dazu veranlassen sollen, bestimmte Leistungen zu kaufen, zu buchen oder zu bestellen. Für die Übermittlung dieser Werbemittel stehen Werbeträger wie Fernsehen und Rundfunk für Werbespots, Webseiten, Zeitungen, Zeitschriften für Anzeigen, Plakatwände und Litfaßsäulen für Plakate zur Verfügung.

02. Welche Aufgaben erfüllt die Werbung?

Werbung erfüllt eine Vielzahl von Aufgaben:

- zu informieren, über das Produkt bzw. die Produktgruppe
- das Vertrauen der Abnehmer zu gewinnen, durch den Aufbau eines Produkt- oder Markenimages
- den Nutzen des Produktes für den Nachfrager herauszustellen
- die vorhandenen Bedürfnisse auf das eigene Produkt bzw. die Produktgruppe zu lenken
- neue Bedürfnisse zu wecken, z. B. durch Nutzung von Trends.

03. Wo liegen die Grenzen der Werbung?

Bei der Ausführung und Umsetzung von Werbung gilt es gesetzliche Rahmenbedingungen zu beachten. Vor allem im Gesundheitswesen sind einige Gesetze zu nennen, die Werbung „einschränkt". Die wichtigsten sind:

- Gesetz gegen den unlauteren Wettbewerb (UWG)
- Heilmittelwerbegesetz (HWG)
- (Muster-)Berufsordnung der Ärzte.

04. Was beinhaltet das Gesetz gegen den unlauteren Wettbewerb (UWG)?

„Um Verbraucher, Mitbewerber und weitere Marktteilnehmer zu schützen, unterliegen Hersteller und Händler gesetzlichen Regelungen. Verstöße gegen diese Gesetze werden künftig stärker sanktioniert und können zu Unterlassungs- und Schadensersatzklagen führen.

Die folgenden Punkte geben lediglich einen ersten Einblick. Detailliertere Informationen sind den Internetseiten der IHK oder der Zentrale zur Bekämpfung unlauteren Wettbewerbs e. V. zu entnehmen:

- *Irreführende Werbung ist unzulässig. Demnach müssen Angaben über Preisnachlässe wahr sein und auch Mondpreiswerbung wird untersagt.*
- *Unsachliche Einflussnahme auf den Kunden mittels Täuschung, Nötigung, etc. ist untersagt.*
- *Der Anlass für Preisnachlässe muss bekannt gegeben werden.*
- *Lockvogelwerbung ist verboten. Die beworbenen Angebote müssen einige Tage vorrätig sein, z. B. im Fall der Discounter zwei Tage.*
- *Vergleichende Werbung ist jetzt unter Einschränkungen erlaubt.*

- *Die Preisabgabenverordnung gegenüber dem Endverbraucher wurde geändert. Der Endpreis muss inklusive Umsatzsteuer und sonstiger Preisbestandteile angegeben werden. Einige Änderungen ergeben sich in Bezug auf Sonderveranstaltungen. Diese sind mit Einschränkungen erlaubt. Auch einige Beschränkungen beim Räumungsverkauf wurden aufgehoben. Zusätzlich werden Verbraucher zukünftig durch das Verbot unzumutbarer Belästigung geschützt."*[1]

05. Was besagt das Heilmittelwerbegesetz (HWG)?

Durch das Heilmittelwerbegesetz (HWG) wird die Werbung eingeschränkt. Am 26.10.2012 traten die im Rahmen der 16. AMG-Novelle beschlossenen Änderungen des Gesetzes in Kraft.

„Laut der Gesetzesbegründung (BT-Drs 17/9341, S. 69 ff.) dient die HWG-Novelle im Wesentlichen der Anpassung an Unionsrecht. Im Wege einer richtlinienkonformen Auslegung wurden viele dieser Änderungen in der Praxis durch die Gerichte bereits angewendet. Die HWG-Novelle bringt aber nicht nur die angekündigten Klarstellungen und Erleichterungen, sondern wirft auch eine Vielzahl von neuen Fragen und Auslegungsproblemen auf, die es – vorbehaltlich der Klärung durch die Gerichte – bei Werbemaßnahmen künftig zu beachten gilt. Leitender Gedanke der besonderen Werbeeinschränkungen außerhalb von Fachkreisen ist der sogenannte Verbraucherschutz. Zu begrüßen ist, dass unsinnige und gängelnde Einschränkungen im HWG, wie bspw. das Verbot nicht allgemein verständlicher Begriffe, weggefallen sind. Allerdings wird der Gesundheitsbereich immer weniger als allgemein zu schützender Bereich, sondern als ein gewöhnlicher Markt unter Märkten betrachtet. Die weitreichende Liberalisierung fördert auch die Kommerzialisierung. Gewisse Erleichterungen für angsterzeugende Werbung verschieben den Fokus von ethischen Maximen immer mehr zur geregelten Profitorientierung."[2]

06. Welche Inhalte sind lt. HWG innerhalb von Werbung unzulässig?

Das Heilmittelwerbegesetz betrifft medizinische Dienstleistungen und Produkte im gesamten Gesundheitsbereich.

Unzulässig sind nach HWG insbesondere:

- **Heilungsversprechen.** Also formulieren Sie nicht: „Heilung durch ...", „wird geheilt mit...", sondern: „kann behandelt werden mit ..." oder evtl.: „gibt eine Chance auf Heilung".
- **Werbung für „Fernbehandlung".** Das bedeutet Werbung für Behandlungen, die nicht auf eigener Wahrnehmung und Anschauung beruhen. Fernbehandlung – etwa per Telefon oder Skype – ist auch ohne Werbung wegen der Sorgfaltspflicht des Behandlers rechtlich riskant.

---

[1] Quelle: http://www.economics.phil.uni-erlangen.de/lehre/bwl-archiv
[2] Quelle: http://www.oppenhoff.eu/aktuelles/newsletter/article/hwg-novelle-bringt-einschraenkungen-im-anwendungsbereich-die-liberalisierung-der-oeffentlichkeitswerbung-bleibt-fraglich

- **Täuschende, unwahre oder irreführende Werbung.** Das steht so schon im UWG, ist im HWG aber ausführlicher gefasst. Relevant ist hier vor allem § 3 Abs. 1 HWG: Eine Irreführung liegt insbesondere dann vor, wenn Arzneimitteln, Medizinprodukten, Verfahren, Behandlungen, Gegenständen oder anderen Mitteln eine therapeutische Wirksamkeit oder Wirkungen beigelegt werden, die sie nicht haben.

  Diese Passage ist allerdings recht interpretationsoffen und nicht sehr klar. Denn unterschiedliche Forschungsansätze können zu durchaus unterschiedlichen Bewertungen ein- und desselben Therapieverfahrens führen, gleich ob nun die Wirksamkeit von Homöopathie-Behandlungen, Blutdrucksenkern oder Hüftgelenksprothesen beurteilt werden sollen. Dies betrifft nicht alleine die nach HWG § 3 Abs. 2 ohnehin verbotenen Heilungsversprechen, sondern generell jede Aussage zu Wirksamkeit.

Außerhalb von Fachkreisen ist die Werbung mit folgenden Mitteln unzulässig:
- Krankengeschichten, wenn diese missbräuchlich, abstoßend oder irreführend sind oder geeignet sind, zu falschen Selbstdiagnosen zu verleiten. In früheren HWG-Fassungen war die Werbung mit Krankengeschichten generell untersagt. Trotz der Liberalisierung sollte mit Krankengeschichten sensibel umgegangen werden.
- Bilder von pathologisch veränderten Körper(teile)n, aber jetzt nur noch, wenn die Abbildungen „missbräuchlich, abstoßend oder irreführend" wirken.
- Vorher-Nachher-Bilder sind jetzt nur noch in der Werbung für invasive Schönheitsbehandlungen verboten.
- Abgabe von Arzneimustern, Proben oder Gutscheine dafür sowie Preisausschreiben.
- Werbevorträge, die mit dem Anbieten oder Entgegennehmen von Anschriften verbunden sind.
- Werbung mit Dank- oder Empfehlungsschreiben oder Hinweise auf solche, nur noch, wenn diese missbräuchlich, abstoßend oder irreführend verwendet werden oder wenn die Nennung berühmter Personen zum Arzneimittelkonsum verleiten soll.
- Neu ist das Verbot von Werbung, die nahelegt, dass die Nicht-Anwendung eines Verfahrens oder Heilmittels die „normale" Gesundheit beeinträchtigen würde.
- Werbung, die sich auf Erkennung oder Behandlung bezieht von:
  A. Krankheiten und Leiden beim Menschen
     1. Nach dem Infektionsschutzgesetz meldepflichtige Krankheiten oder durch meldepflichtige Krankheitserreger verursachte Infektionen
     2. bösartige Neubildungen
     3. Suchtkrankheiten, ausgenommen Nikotinabhängigkeit
     4. krankhafte Komplikationen der Schwangerschaft, der Entbindung und des Wochenbetts.
  B. Krankheiten und Leiden beim Tier.

07. Welche Einschränkungen finden sich in Musterberufsordnung der Ärzte MBO-Ä?

Weitere Einschränkung der Werbung im Sozial- und Gesundheitswesen bestehen im Zusammenhang mit der (Muster-)Berufsordnung der Ärzte (MBO-Ä).

Die auf der Grundlage der Kammer- und Heilberufsgesetze beschlossene Berufsordnung stellt die Überzeugung der Ärzteschaft zum Verhalten von Ärztinnen und Ärzten gegenüber den Patientinnen und Patienten, den Kolleginnen und Kollegen, den anderen Partnerinnen und Partnern im Gesundheitswesen sowie zum Verhalten in der Öffentlichkeit dar. Mit der Festlegung von Berufspflichten der Ärztinnen und Ärzte dient die Berufsordnung zugleich dem Ziel,

- das Vertrauen zwischen Ärztinnen und Ärzten und Patientinnen und Patienten zu erhalten und zu fördern
- die Qualität der ärztlichen Tätigkeit im Interesse der Gesundheit der Bevölkerung sicherzustellen
- die Freiheit und das Ansehen des Arztberufes zu wahren
- berufswürdiges Verhalten zu fördern und berufsunwürdiges Verhalten zu verhindern.

Ein Auszug aus der MBO-Ä zeigt die wesentlichen Inhalte im Zusammenhang mit der Kommunikationspolitik:

 RECHTSGRUNDLAGEN

§ 27 Erlaubte Information und berufswidrige Werbung
(1) Zweck der nachstehenden Vorschriften der Berufsordnung ist die Gewährleistung des Patientenschutzes durch sachgerechte und angemessene Information und die Vermeidung einer dem Selbstverständnis der Ärztin oder des Arztes zuwiderlaufenden Kommerzialisierung des Arztberufs.

(2) Auf dieser Grundlage sind Ärztinnen und Ärzte sachliche berufsbezogene Informationen gestattet.

(3) Berufswidrige Werbung ist Ärztinnen und Ärzten untersagt. Berufswidrig ist insbesondere eine anpreisende, irreführende oder vergleichende Werbung. Ärztinnen und Ärzte dürfen eine solche Werbung durch andere weder veranlassen noch dulden. Eine Werbung für eigene oder fremde gewerbliche Tätigkeiten oder Produkte im Zusammenhang mit der ärztlichen Tätigkeit ist unzulässig. Werbeverbote aufgrund anderer gesetzlicher Bestimmungen bleiben unberührt.

(4) Ärztinnen und Ärzte können:
nach der Weiterbildungsordnung erworbene Bezeichnungen,
nach sonstigen öffentlich-rechtlichen Vorschriften erworbene Qualifikationen,
als solche gekennzeichnete Tätigkeitsschwerpunkte und
organisatorische Hinweise

ankündigen.

Die nach Nr. 1 erworbenen Bezeichnungen dürfen nur in der nach der Weiterbildungsordnung zulässigen Form geführt werden. Ein Hinweis auf die verleihende Ärztekammer ist zulässig.

Andere Qualifikationen und Tätigkeitsschwerpunkte dürfen nur angekündigt werden, wenn diese Angaben nicht mit solchen nach geregeltem Weiterbildungsrecht erworbenen Qualifikationen verwechselt werden können.

(5) Die Angaben nach Absatz 4 Nr. 1 bis 3 sind nur zulässig, wenn die Ärztin oder der Arzt die umfassten Tätigkeiten nicht nur gelegentlich ausübt.

(6) Ärztinnen und Ärzte haben der Ärztekammer auf deren Verlangen die zur Prüfung der Voraussetzungen der Ankündigung erforderlichen Unterlagen vorzulegen. Die Ärztekammer ist befugt, ergänzende Auskünfte zu verlangen.

§ 31 Unerlaubte Zuweisung
(1) Ärztinnen und Ärzten ist es nicht gestattet, für die Zuweisung von Patientinnen und Patienten oder Untersuchungsmaterial oder für die Verordnung oder den Bezug von Arznei- oder Hilfsmitteln oder Medizinprodukten ein Entgelt oder andere Vorteile zu fordern, sich oder Dritten versprechen oder gewähren zu lassen oder selbst zu versprechen oder zu gewähren.

(2) Sie dürfen ihren Patientinnen und Patienten nicht ohne hinreichenden Grund bestimmte Ärztinnen oder Ärzten, Apotheken, Heil- und Hilfsmittelerbringer oder sonstige Anbieter gesundheitlicher Leistungen empfehlen oder an diese verweisen.

§ 32 Unerlaubte Zuwendungen
(1) Ärztinnen und Ärzten ist es nicht gestattet, von Patientinnen und Patienten oder Anderen Geschenke oder andere Vorteile für sich oder Dritte zu fordern oder sich oder Dritten versprechen zu lassen oder anzunehmen, wenn hierdurch der Eindruck erweckt wird, dass die Unabhängigkeit der ärztlichen Entscheidung beeinflusst wird. Eine Beeinflussung ist dann nicht berufswidrig, wenn sie einer wirtschaftlichen Behandlungs- oder Verordnungsweise auf sozialrechtlicher Grundlage dient und der Ärztin oder dem Arzt die Möglichkeit erhalten bleibt, aus medizinischen Gründen eine andere als die mit finanziellen Anreizen verbundene Entscheidung zu treffen.

(2) Die Annahme von geldwerten Vorteilen in angemessener Höhe ist nicht berufswidrig, sofern diese ausschließlich für berufsbezogene Fortbildung verwendet werden. Der für die Teilnahme an einer wissenschaftlichen Fortbildungsveranstaltung gewährte Vorteil ist unangemessen, wenn er über die notwendigen Reisekosten und Tagungsgebühren hinausgeht.

(3) Die Annahme von Beiträgen Dritter zur Durchführung von Veranstaltungen (Sponsoring) ist ausschließlich für die Finanzierung des wissenschaftlichen Programms ärztlicher Fortbildungsveranstaltungen und nur in angemessenem Umfang erlaubt. Das Sponsoring, dessen Bedingungen und Umfang sind bei der Ankündigung und Durchführung der Veranstaltung offen zu legen.

08. Was bedeutet Werbeerfolg?

Werbung unterliegt stets dem Zwang, einen bestimmten Erfolg zu erzielen. Der Grad, in dem dieses Ziel erreicht wurde, bestimmt den Erfolg. Leider ist dieser nicht immer genau messbar. Welche Maßnahme oder welcher Aspekt einer Kampagne die ausschlaggebende Rolle gespielt haben, um ein Produkt zu verkaufen, ein positives Image zu erzielen oder sonstige Ziele zu verwirklichen, lässt sich in den wenigsten Fällen direkt messen.

Grundsätzlich unterscheidet man Werbewirkung von Werbeerfolg. Ersteres bezeichnet die Aufnahme der Werbung bei den Konsumenten und beurteilt deren Güte in Bezug auf den Zweck, während der Werbeerfolg die konkrete Veränderung misst, beispielsweise einen Imagegewinn oder höhere Verkaufszahlen. Bei der Werbeplanung spielen mehrere Faktoren eine Rolle und beeinflussen Art und Umfang. Je nach Zielsetzung des Werbenden können jeweils andere Werbemedien den gewünschten Erfolg bringen.

Jede Planung und Realisation von werblichen Maßnahmen ist mit Kosten verbunden, bzw. führt zu Konsequenzen, die die Gewinn- und Verlustrechnung eines Unternehmens berühren und damit dessen wirtschaftliche Existenz. Obwohl Werbekosten periodengerecht bei Entstehung in den Unternehmenserfolg eingehen, gelten für sie jedoch in der Regel aufgrund ihres Charakters investitionsgleiche Beurteilungskriterien.

Anders als z. B. bei Anlageinvestitionen ist die Beurteilung des Werbeerfolges jedoch schwieriger. Durch Marktforschung und Pre-Test in Testmärkten oder experimentellen Studien wird versucht, die Werbewirkung und zum Teil sogar den Werbeerfolg zu prognostizieren und gegebenenfalls noch Änderungen des Werbekonzeptes durchzuführen.

09. In welche Punkte wird ein Werbeprogramm unterteilt?

Die Planung des Werbeprogramms kann in fünf Punkte (5 M-Programm) unterteilt werden:

1. Mission = Werbeziele oder auch Grundauftrag der Werbung
2. Money = Werbebudget
3. Message = Werbebotschaft
4. Media = Werbeträger oder Medienbelegung (Mediaselektion)
5. Measurement = Werbewirkungskontrolle und Werbeerfolg in Bezug auf die Ziele.

10. Was sind Werbeziele?

„Unter Werbezielen versteht man das, was durch Werbung erreicht werden soll. Je nach Art der Werbung sind sie verschieden. Sie können beispielsweise darauf gerichtet sein, mit Einführungswerbung ein Produkt am Markt zu platzieren, mit Stabilisierungswerbung den Marktanteil zu halten oder mit Expansionswerbung neue Absatzmärkte zu erschließen.

Ökonomische Werbeziele sind auf messbare Steigerung von Umsatz, Gewinn oder Marktanteil abgestellt, kommunikative Werbeziele versuchen Bekanntheit oder *Image eines Produkts oder eines Unternehmens zu fördern*."[1]

Die Ableitung der Werbeziele als erster Schritt eines Werbeprogrammes folgt aus den bereits getroffenen Zielgruppen-, Positionierungs- und Marketing-Mix-Entscheidungen des Managements.

Die Werbezielvorgabe definiert beispielsweise:

1. Zielgruppe = Diabetiker in Deutschland
2. Kommunikative Aufgabe = z. B. Zielgruppe soll die Vorteile einer Insulinpumpe erkennen und bestehende Therapien umstellen.
3. Vorgegebenes Aufgabenerfüllungsniveau = z. B. Erhöhung der Pumpennutzer um 25 %
4. Planperiode = z. B. ein Jahr.

---

[1] Quelle: www.steuerlinks.de/marketing/lexikon/werbeziele

11. Was wird unter Werbebotschaft verstanden?

Unter der Werbebotschaft versteht man den wichtigsten Nutzen bzw. das Besondere des Produkts oder die Information/Botschaft über das Unternehmen, das der Zielgruppe vermittelt werden soll. Dabei spielen der Nutzen für den Kunden (Consumer Benefit), das Produktversprechen (Reason why) und der Grundton der Werbung (Tonality), also die Eigenschaften, die dem Produkt in der Werbung zugesprochen werden, eine wichtige Rolle.

Die Werbebotschaft kann z. B. auf folgenden Wegen vermittelt werden:
- einen Vorher-Nachher-Vergleich
- eine paradoxe oder widersprüchliche Aussage
- eine Verkehrung des Nutzens ins Gegenteil
- witzig, übertrieben oder provokant
- durch Verwendung eines Bildes.

„Die Werbebotschaft ist die Aussage der Werbung. Sie muss die Marketingziele berücksichtigen, den Hauptnutzen der Leistung herausstellen und exklusiv formuliert sein. Die Werbebotschaften werden durch die Werbeelemente Sprache, Ton und Bild zu Werbemitteln gestaltet.

Zwischen Werbebotschaft und Werbeobjekt besteht immer ein direkter Bezug. Jedoch bestehen Freiheitsgrade hinsichtlich der Prägnanz oder der Heraushebung des Objektbezuges. Man kann z. B. Kernaussagen und Randaussagen zu einem Werbeobjekt unterscheiden. Der Objektbezug kann zwingend oder nur angedeutet sein. Angedeutete Objektbezüge sind vor allem dann möglich, wenn bei den Umworbenen bereits verfestigte Vorstellungen über ein Werbeobjekt bestehen.

Werbebotschaften können sich auch auf gesellschaftliche Werte und Normen (Norm, soziale) beziehen. So deutet die Herausstellung des Familiendenkens oder der Naturverbundenheit auf einen solchen Bezug hin.

Ein weiterer interessanter Gegenstand für Werbebotschaften sind Leitbilder (Leitbildmarketing) als individuelle Orientierungshilfen in Wertesystemen. Oft stehen Leitbilder stellvertretend für Werte und Normen."[1]

---

[1] Quelle: www.wirtschaftslexikon24.com/d/werbebotschaft/

12. Was unterscheidet Werbemittel und Werbeträger?

Unternehmen, die sich für den Einsatz bestimmter Werbemittel entscheiden, müssen, um diese zu ihren Kunden zu transportieren, Werbeträger überlegen. Beide Komponenten sind – richtig miteinander kombiniert – Bestandteil einer erfolgreichen Werbestrategie.

Ein Werbemittel ist ein Element, wie z. B. eine Anzeige, ein Plakat oder ein Hörfunkspot, über das eine Werbebotschaft kommuniziert wird. Als Transportmittel dient der Werbeträger, wie z. B. Zeitung, Litfaßsäule oder Radio. Werbemittel und Werbeträger können aber auch identisch sein, wie z. B. im Falle eines Schaufensters.

13. Nennen Sie wichtige Werbemittel.

Werbemittel sind jene Mittel, die die Werbeinformationen enthalten.

Beispiele

Werbemittel:
- Fernsehspots und Werbefilme
- Rundfunkspots
- Prospekte und Flyer
- Anzeigen
- Werbebriefe
- Plakate
- Kataloge
- Werbegeschenke
- Tragetaschen.

14. Was sind Werbeträger?

Die Werbeträger vermitteln die Werbebotschaft und stellen somit ein Instrument der Informationsübermittlung dar.

Beispiele

Werbeträger:

- Funk und Fernsehen
- Tageszeitungen, Wochenzeitungen und Anzeigenblätter
- Publikums- und Fachzeitschriften
- Werbung im Internet
- Werbung in Adressbüchern
- Briefwerbung.

15. Wie werden Werbemittel und Werbeträger ausgewählt?

Bei der Planung der Werbestrategie sollten zunächst die geeigneten Werbemittel festgelegt werden und danach die passenden Werbeträger. In einem zusätzlichen Teilschritt ist zu überlegen, ob nicht andere Werbeträger bei einer Wahl anderer Werbemittel günstiger hinsichtlich ihrer Wirkung und Kosten sein könnten.

Beeinflusst wird die Auswahl vor allem

- vom Werbeziel
- von der Zielgruppe
- von der Höhe des Werbeetats (je weniger Geld, desto geringer der Einsatz von Werbemitteln)
- vom Image („the medium is the message"), also auch der Werbeträger muss imagegerecht sein
- von der Werbung der Mitbewerber
- von der Aufmerksamkeitswirkung bei der Zielgruppe.

Wenn mehrere Werbemittel gleichzeitig eingesetzt werden, müssen diese in ihrer Grundaussage aufeinander abgestimmt sein. Dabei gibt zunächst das Mittel den Ton an, das die größte Reichweite hat. Danach folgen alle anderen in der Ablaufkette.

Es erscheint grundsätzlich besser, mit einem bestimmten Werbeetat wenige Werbemittel zu finanzieren, als mit zu vielen zu streuen, denn die Chance, jeweils neue potenzielle Käufer zu erreichen, nimmt erfahrungsgemäß mit der Anzahl der eingesetzten Werbemittel ab. Das heißt, dass man mit den letzten Werbemitteln genau die gleichen Verbraucher erreicht wie mit den ersten, also keine Neuen.

16. Welcher Stellenwert kommt dem Flyer als Werbemittel im Gesundheitswesen zu?

Ein besonderes Augenmerk kommt dem Flyer als Werbemittel zu. Klein, flexibel, punktgenau: Flyer sind aus der breiten Palette der Werbemittel nicht wegzudenken. Sie sind ein charmanter und preiswerter Weg, um das Image des eigenen Unternehmens zu pflegen, sich in Erinnerung zu rufen oder den Umsatz anzukurbeln. Auf einem – mehr oder weniger kunstvoll – gefalteten Blatt lassen sich Botschaften treffsicher formulieren und zielgenau verbreiten.

17. Welche Vorteile haben Flyer?

Die Vorteile von Flyern sind:

- **Flexibel**
  Flyer eignen sich für viele verschiedene Organisationen und Anbieter: Unternehmen, Freiberufler, Ämter, Verbände in diversen Branchen. Ebenso können Flyer-Aktion zu den unterschiedlichsten Anlässen durchgeführt werden, zum Beispiel zum Vermarkten eines neuen Produktes, zur Eröffnung einer neuen Praxis, zur Ankündigung eines Sonderverkaufs etc.

- **Handlich**
  Zu den größten Stärken eines Flyers zählt sein kleines Format. Der Leser kann ihn problemlos einstecken, abheften, weiterreichen. Und ist dabei unabhängig von Internet und Strom.

- **Vielseitig**
  Flyer sind einfach zu verteilen – per Post, im persönlichen Gespräch, in Läden und Praxen oder in Briefkästen. Außerdem können sie Produkten ebenso leicht beiliegen wie Katalogen, Imagebroschüren oder Mailings. Nicht zu vergessen die Verwendung als leave behind, z. B. bei persönlichen Gesprächen auf Fachmessen.

- **Preiswert**
  Flyer sind preiswerter als Broschüren, Plakatwerbung oder Anzeigen. Das heißt natürlich nicht, dass bei Konzeption, Grafik und Bildmaterial gespart werden soll. Flyer können leicht an das Corporate Design angepasst werden.

- **Informativ**
  Natürlich kann ein Flyer nicht so ausführlich über ein Unternehmen informieren wie eine Webseite oder eine Broschüre. Aber er kann mehr verkaufsfördernde Infos transportieren als eine Anzeige oder ein Plakat. Der Flyer lädt den Leser ein, mehr über das Angebot zu erfahren – sei es durch einen Besuch in Ihrem Geschäft oder das Anfordern eines Kataloges.

- **Schnell produzierbar**
  Vom Konzept bis zum Druck dauert es meist nur wenige Wochen. Mit einem Flyer kann also z. B. schnell auf den Launch eines neuen Produktes oder einer neuen Dienstleistung reagiert werden. Oder auf einen Messebesuch, der noch rasch eingeschoben werden soll.

- **Aktivierend**
  Ein Flyer enthält meist wenig Text und viele Bilder. Der Text ist leicht verständlich, informiert in wenigen, aber treffenden Worten über das Wesentliche und fordert den Leser zum Handeln auf, zum Beispiel zum Vereinbaren eines Beratungstermins. Diese handlungsfördernde Wirkung wird verstärkt, wenn der Leser den Flyer als Gutschein verwenden kann oder wenn eine praktische Antwortkarte in den Flyer integriert wird.
- **Messbar**
  Wenn der Flyer mit einem Gutschein-Code für einen Online-Shop oder einer Antwortkarte versehen wird, kann man leicht feststellen, wie viel Neugeschäft bzw. Anfragen der Flyer gebracht hat.
- **Rasch wirksam**
  Flyer können – abhängig von der Branche – ein schnelles Handeln des Lesers bewirken. Verglichen mit Marketinginstrumenten wie PR-Artikeln kann mit einer raschen Reaktion gerechnet werden – vorausgesetzt, man versieht den Flyer mit einer deutlichen Handlungsaufforderung, idealerweise ergänzt durch eine Rabatt-Marke oder Ähnliches.
- **Treffsicher**
  Mit Flyern kann die Zielgruppe ohne größere Streuverluste erreicht werden – sofern die Zielgruppe eng genug definiert wurde. Gleichzeitig wirken sich die unvermeidlichen Streuverluste nicht allzu negativ auf das Budget aus – schließlich lassen sich Flyer relativ preiswert herstellen.

18. Was ist Mediaplanung und wie läuft diese ab?

„Unter Mediaplanung versteht man den gesamten Planungsprozess zur gezielten Nutzung von Medien. Medien sind Tageszeitungen, Zeitungen, Zeitschriften, Hörfunk, Fernsehen etc. Die Mediaplanung ist eingebettet in den Kommunikations-Mix eines Unternehmens. Sie befasst sich mit der Zusammenstellung der Medien und der Werbeträger, die für die Erreichung der Kommunikations- und der übergeordneten Marketingziele geeignet sind.

Ziel ist es, den für ein definiertes Budget optimalen Media-Mix festzulegen, mit dem eine optimale Wirkung bei der Zielgruppe erreicht wird und Streuverluste möglichst vermieden werden. Streuverluste meint Kontakte mit Personen, die nicht der definierten Zielgruppe angehören oder überflüssige Mehrfachansprache innerhalb der Zielgruppe.

Mediaplanung befasst sich konkret mit folgenden Fragen: Wie hoch ist das Budget, wie hoch soll oder darf es sein, in welcher Höhe wird es benötig? Wie lautet die Werbebotschaft? Wer ist die Zielgruppe, die erreicht werden soll? Welche Werbemittel (Text, Bild, etc.) sollen eingesetzt werden? Wo, also in welchen Medien soll geworben werden? Wann und wo soll geworben werden - Wann bezieht sich auf den Zeitraum und wo bezieht sich hier auf die geografische Definition des Raumes, in dem die Werbung erscheinen soll. In welcher Art soll geworben werden?"[1]

---

[1] Quelle: http://www.eyedee-media.com/marketing/glossar/m/mediaplanung.html

6.4.2.2 Öffentlichkeitsarbeit

01. Was wird unter Öffentlichkeitsarbeit verstanden?

Presse- und Öffentlichkeitsarbeit, oft auch PR (Public Relations) genannt, dient der Pflege der Beziehung (relation) eines Unternehmens oder einer Institution zur Öffentlichkeit (public). Ziel von PR ist es, eine positive öffentliche Meinung zu schaffen. Vereinfacht dargestellt funktioniert das nach dem Prinzip: „Tue Gutes und rede darüber".

Presse- und Öffentlichkeitsarbeit ist wenig spezifisch. Gegenstand sind nicht einzelne Produkte oder Dienstleistungen, sondern das Unternehmen selbst. Kernzielgruppe von PR sind die Medien. In Pressemitteilungen und Pressekonferenzen informieren Unternehmen die Medienvertreter über neueste Entwicklungen und besondere Aktionen im Unternehmen. PR richtet sich aber nicht nur an Journalisten. Auch Geschäftspartner und die eigenen Mitarbeiter sind Ziel der Öffentlichkeitsarbeit. Schließlich tragen sie einen Großteil zur öffentlichen Meinung über ein Unternehmen bei. Zusätzlich zur bestehenden Kommunikation werden Geschäftspartner durch Messen oder Geschäftsberichte informiert, Mitarbeiter durch Intranet oder interne Rundschreiben.

Auch Werbung trägt zum Bild eines Unternehmens in der Öffentlichkeit bei. In einem umfassenden Marketingkonzept sollten Werbung und PR deshalb stets aufeinander abgestimmt sein, wobei die Öffentlichkeitsarbeit den „roten Faden" darstellt, an dem sich die verschiedenen Werbekampagnen orientieren.

02. Was ist Krisen-PR?

Ein Sonderfall der Öffentlichkeitsarbeit ist die Krisen-PR. Sie liefert gezielte Informationen auch in schlechten Zeiten. Gerät ein Unternehmen in negative Schlagzeilen, ist gezieltes Informieren und Handeln notwendig. Durch Verschlossenheit wird die Situation oftmals noch schlimmer. Ein Aussitzen funktioniert in den wenigstens Fällen, da die Öffentlichkeit ein Interesse an Aufklärung hat.

Beispiele

Beispiel 1
PR im Gesundheitswesen:
Der fortschreitende Konkurrenzdruck im Gesundheitswesen erfordert erhöhte kommunikative Anstrengungen für Krankenhäuser und Pflegeeinrichtungen sowohl innerhalb der Institutionen als auch in der Außendarstellung. Bis vor wenigen Jahren war Presse- und Öffentlichkeitsarbeit im Krankenhaus meist Krisen-PR – gab es einen Fehler im medizinischen Bereich, scheuchte dies die Medien auf. Je spektakulärer der Fall, umso weitreichender die Berichterstattung. Im Anschluss hatte es das Krankenhaus häufig schwer, das Vertrauen der Patienten wieder zu gewinnen.

Heute steht die Öffentlichkeitsarbeit von Krankenhäusern unter ganz anderen Vorzeichen: Immer mehr Kliniken erkennen, dass sie die Öffentlichkeit professionell auf ihre

Leistungen und ihre Alleinstellungsmerkmale aufmerksam machen müssen, wenn sie im Gesundheitsmarkt Bestand haben wollen. Die Gründe hierfür sind vielfältig:

- verschärfter Wettbewerb
- Profilierung von Kernleistungen
- Forderung nach mehr Service und Dienstleistung

und das alles bei kleiner werdenden Budgets. Zudem wächst das öffentliche Interesse und das der Medien an der Institution Krankenhaus. Besonders das Informationsbedürfnis von Patienten und überweisenden Ärzten ist in den letzten Jahren gestiegen. Darauf reagieren viele große Krankenhäuser längst mit einer professionellen Öffentlichkeitsarbeit und entsprechenden Planstellen.

Interne und externe Öffentlichkeitsarbeit als PR-Instrument. Ziel einer guten PR-Arbeit ist, über die Ansprache möglicher Patienten und Angehöriger hinaus auch die Information des eigenen Personals gekoppelt mit der Motivation, es durch gute Presse über den Arbeitgeber zu binden. Weitere wichtige Bezugsgruppen für Imagetransfer und Meinungsbildung sind die einweisenden Ärzte und Pflegedienste. Je genauer niedergelassene Ärzte über die Leistungen der Klinik im Bilde sind, desto besser können sie ihre Patienten informieren. Ebenfalls von entscheidender Bedeutung für die Auslastung eines Krankenhauses sind gute Kontakte zu Krankenkassen, Selbsthilfegruppen und kommunalen Gremien. Die für eine nachhaltige Kommunikation relevanten Bezugsgruppen in einem und um ein Krankenhaus herum, bilden ein weit verzweigtes Kommunikationsnetz, welches es adäquat anzusprechen gilt. Aufgabe der Öffentlichkeitsarbeit ist es, durch verschiedene kommunikationspolitische Maßnahmen das Bild einer Organisation in der Öffentlichkeit zu verbessern. Hierbei erfüllt die Öffentlichkeitsarbeit grundsätzlich drei Aufgaben:

1. Herstellung von Transparenz
Gerade im Non-Profit-Bereich ist es nötig, Überzeugungen, Leistungen und Sinn kompetent nach außen zu tragen. Dies wird möglich, indem der Öffentlichkeit – Presse, Mandatsträgern, usw., aber auch Mitarbeitern und Kunden Einblick in die laufende Arbeit wie in geplante Entwicklungen gewährt wird. Insbesondere der Gesundheitsbereich ist hier gefordert, seine Ziele, Methoden und Erfolge – aber auch Misserfolge transparent darzustellen.

2. Aufbau und Pflege von Vertrauen
Aufmerksamkeit in der Öffentlichkeit wird dann erreicht, wenn Aktivitäten ungewöhnlich sind oder besonders dargestellt werden. In der Kommunikation mit der Öffentlichkeit werden einerseits wichtige Inhalte kognitiv vermittelt, andererseits sollen die Angesprochenen auch emotional angesprochen werden, da Vertrauen in erster Linie eine emotionale Komponente besitzt. Regelmäßige Informationen an die Öffentlichkeit bewirken ebenfalls eine Steigerung des Vertrauens und steigern die langfristigen Wirkungen.

3. Steigerung des Ansehens

Auch Krankenhäuser, Altenheime und Kindergärten werden mittlerweile nur noch dann als fachkompetent angesehen, wenn sie an einem eigenen Profil arbeiten und dieses entsprechend darstellen. Dadurch wird einer Organisation Professionalität zugeschrieben – auch in Krisenfällen kann dadurch einer schnellen negativen Publicity entgegengewirkt werden. Eine professionelle Öffentlichkeitsarbeit steigert das Ansehen einer Organisation alleine schon durch ihre regelmäßige Berichterstattung, ansprechendes Fotomaterial und die emotionale Ansprache ihrer Bezugsgruppen.

Öffentlichkeitsarbeit kann in unterschiedlichen Formen geschehen. So kann ein Bericht in einer Tageszeitung erscheinen, ein Fest mit Eltern oder Angehörigen ausgerichtet werden oder eine Ausstellung zu einem bestimmten Thema gemacht werden. Folgende Instrumente werden regelmäßig eingesetzt:

a) Persönliche Kommunikation
- Gespräche (z.B. mit Journalisten)
- Veranstaltungen: Events, Expertenrunden, Informations- und Diskussionsveranstaltungen, Betriebsbesichtigungen, Tage der offenen Tür, Aktionen, Ausstellungen und Kongresse.

b) Medial vermittelte Kommunikation
- Printmedien: Broschüren, Magazine, Presseinformationen, Anzeigen, Mitarbeiterzeitung, Patientenzeitung
- Onlinemedien: E-Mail, Internet, CD-ROM, Videofilme, DVD, Videokonferenzen
- Sonstige Medien: Info-Tafeln, Info-Wände, Plakate.

Jedes Instrument verfügt über eine einzigartige Kombination von Eigenschaften, die es von anderen Instrumenten unterscheidet. So ermöglicht ein Event etwa ein einzigartiges Erlebnis und den persönlichen Austausch der Teilnehmer."

Weitere Infos und ausführlicher Bericht unter http://www.poecksteiner.cc/pdf/oeffentlichkeitsarbeit.pdf; *Dr. Markus Pöckenstein.*

Beispiel 2

Am besten lässt sich PR anhand eines Praxis-Beispiels erklären:

Einführung der Überleitungspflege in einem Krankenhaus

Folgender PR-Plan wurde hierzu entwickelt:

Öffentlichkeitsarbeit intern:
- Teilnahme an der Primärärztesitzung
- Information der Abteilungsschwestern
- Teilnahme an einer Dienstbesprechung jeder bettenführenden Abteilung.

Öffentlichkeitsarbeit extern:
- Zeitungsartikel für KH-Zeitungen und die Regionalzeitungen im Bezirk verfassen
- Rundschreiben für alle Hausärzte des Bezirks verfassen und versenden
- Informationsblatt für Patienten (Folder) und Visitenkarten drucken lassen
- Sozialatlas mit wichtigen Adressen sozialer Dienstleistungen und Einrichtungen
- Kontaktaufnahme mit extramuralen Bereichen.

Öffentlichkeitsarbeit ist ein langfristiges Kommunikationsvorhaben, das entsprechend geplant werden muss. Für viele Projekte und Vorhaben ist deswegen ein exakter PR-Plan nötig. Dieser umfasst zumindest:
- Medien
- Inhalt und Zuständigkeit
- Gestaltung
- Produktion
- Versand
- Termine und Kontrolle.

Auch im Gesundheitsbereich hat mittlerweile ein Wettbewerb um Kunden wie Gelder begonnen – eine professionelle Darstellung der Leistungen wird zunehmend zur Selbstverständlichkeit. Aus- und Weiterbildungen zu diesem Thema nehmen ebenfalls zu, sodass zukünftig immer mehr Organisationen auf eine professionell durchgeführte Öffentlichkeitsarbeit bauen können. Öffentlichkeitsarbeit darf auch im Krankenhaus keinesfalls aus falscher Scham unterbleiben – die Bezugsgruppen wie Patienten und Angehörige, Politik oder Lieferanten wollen fundierte Informationen über den aktuellen Standard oder neue Entwicklungen. Eine fundierte Öffentlichkeitsarbeit sichert dies."[1]

---

[1] Quelle: http://www.poecksteiner.cc/pdf/oeffentlichkeitsarbeit.pdf; Dr. Markus Pöckenstein

6.4.2.3 Persönlicher Verkauf

01. Wie stellt sich ein persönlicher Verkauf dar?

„Der persönliche Verkauf ist ein interaktiver Prozess, in dem Verkäufer über ein Angebot informieren, um den Käufer zu einem Kaufvertragsabschluss zu veranlassen. Wesentlich ist, dass der Verkäufer von der Qualität seiner angebotenen Leistung überzeugt ist, denn nur dann ist er in der Lage, ein für den Käufer überzeugendes Verkaufsgespräch zu führen.

Für persönliche Verkaufsverhandlungen ist die Beachtung folgender Regeln sinnvoll:
- *positives Verhältnis zum Produkt zeigen*
- *sich ausreichende Sachkenntnis der Produkte aneignen*
- *Verständnis für Kundenanliegen demonstrieren und diese ernst nehmen*
- *Kaufmotive der Kunden analysieren und auf diese eingehen*
- *Kunden aktivieren, z. B. durch Einsatz von Verkaufsmaterialien, Videos etc.*
- *Kunden bestätigen*
- *Kundeneinwände positiv behandeln.*

Ist der Kauf zu Stande gekommen, hat der Verkäufer beim Käufer gegen sogenannte Nachkaufdissonanzen vorzubeugen, d. h. eventuell bestehende Zweifel an der Richtigkeit des Kaufes, die sich erst im Nachhinein einstellen können, müssen ausgeräumt werden. Dies kann beispielsweise durch Anrufe oder Briefe nach einem Kauf erreicht werden."[1]

6.4.2.4 Verkaufsförderung

01. Was bezeichnet man als Verkaufsförderung?

Verkaufsförderung oder auch Sales Promotion oder Absatzförderung bezeichnet Instrumente der Kommunikationspolitik, durch zeitlich begrenzte Aktionen, die zum Ziel haben, bei nachgelagerten Vertriebsstufen oder Endabnehmern von Produkten und Dienstleistungen durch zusätzliche Anreize Absatzsteigerungen zu bewirken.

02. Welche Arten der Verkaufsförderung lassen sich unterscheiden?

Je nach Markttyp und Zielgruppe bzw. Marktsegmenten lassen sich unterscheiden:
- Handelspromotion
- Verkaufspromotion (eigenes Verkaufspersonal oder/und das der Absatzmittler)
- Verbraucherpromotion.

---

[1] Quelle: http://www.teialehrbuch.de/Kostenlose-Kurse/Marketing/15324-Persoenlicher-Verkauf.html

03. Was wird unter handelsorientierten Verkaufsförderungsmaßnahmen verstanden?

Unter handels- oder absatzmittlerorientierten Verkaufsförderungsmaßnahmen versteht man:

- Konferenzen mit Absatzmittlern (Händlerkonferenzen)
- Messen, Verkaufsausstellungen, Musterschau-Veranstaltungen u. Ä.
- Beratungsangebot für Wiederverkäufer
- Laden- und Dekorationshilfen
- Gemeinschaftswerbung (kooperative Werbung)
- Entwicklung und Umsetzung von Merchandising-Systemen (Merchandising)
- Erweiterung oder Verbesserung der Bestell- und Beschaffungsmöglichkeiten für Absatzmittler
- Aktionsangebote mit Werbe- und Verpackungsmaterial
- kostenlose Produkte (Naturalrabatte)
- zeitlich begrenzte Kaufnachlässe usw.

04. Was sind verkaufspersonalorientierte Verkaufsförderungsmaßnahmen?

Verkaufspersonalorientierte Verkaufsförderungsmaßnahmen *können sein*:

- Schulung des Verkaufspersonal der Hersteller oder Absatzmittler
- Verkaufswettbewerbe
- Bonus- und Prämiensystem für besondere Verkaufsleistungen
- permanente Information über wesentliche Vorgänge in relevanten Märkten.

05. Was wird unter an den Endnachfrager gerichteten Maßnahmen verstanden?

Konsumentenorientierte Verkaufsförderungsmaßnahmen:

- kostenlose Proben
- Gutscheine
- Rückerstattungsangebot
- Sonderpreisangebot usw.

An gewerbliche Verbraucher gerichtete Verkaufsförderungsmaßnahmen:

- Produktdemonstration bei Interessenten vor Ort
- Erweiterung/Verbesserung der Bestell- und Beschaffungsmöglichkeiten für gewerbliche Ge- und Verbraucher usw.

6.4.2.5 Direktmarketing

01. Was versteht man unter Direktmarketing?

"Direktmarketing umfasst alle marktgerichteten Aktivitäten, die sich einstufiger (direkter) Kommunikation und/oder des Direktvertriebs bzw. des Versandhandels bedienen, um Zielgruppen in individueller Einzelansprache gezielt zu erreichen, und umfasst ferner solche Aktivitäten, die sich mehrstufiger Kommunikation bedienen, um einen direkten, individuellen Kontakt herzustellen. Direct Marketing wird fälschlicherweise häufig mit Dialogmarketing bzw. One-to-One-Marketing gleichgesetzt (vergleichbar, aber mit anderem Schwerpunkt, d.h. die Form der Kommunikation wird auch dort medial vermittelt, aber personenbezogen).

Die häufigste Anwendung von Direct-Marketing kann in folgenden Branchen festgestellt werden:

- *konventionelle Einsatzbereiche: Produktions- und Investitionsgüterindustrie (einschließlich Pharmaindustrie), Versandhandel, Verlage.*
- *vergleichsweise neuere Einsatzbereiche: Einzelhandel, Finanzdienstleistungen, Touristik, Konsumgüterindustrie einschließlich Kfz-Industrie, Institutionen, Behörden und Vereine.*

Wie bereits festgestellt, eignen sich Methoden und Instrumente des Direct-Marketing aufgrund der Dialogfähigkeit und aufgrund der relativ unbeschränkten Gestaltungsbreite u. a. für die Vermarktung erklärungsbedürftiger Produkte. Auf eine inzwischen marktübliche Unterscheidung sei hingewiesen. Man geht heute von zwei unterschiedlichen Märkten im Direct-Marketing aus, die sich nicht nur durch die Zielgruppen, sondern auch durch die angewandten Methoden erheblich unterscheiden: Consumer-Markt und Business-to-Business-Markt.

Grundlage der Unterschiede sind im Wesentlichen die Merkmale der Zielgruppen, v.a. die kaufverhaltensbezogenen Merkmale. Während bei der Vermarktung an Endverbraucher Individualinformationen von Einzelpersonen bzw. Haushaltsmitgliedern entscheidend sind, sind beim Verkauf an Handel und Industrie ergänzende Kriterien über das jeweilige Unternehmen relevant. Viele Einsatzbeispiele bezeugen, dass bei bestimmten Voraussetzungen (i. d. R. abgrenzbare homogene Zielgruppen, z. B. Facharzt) kein anderer Medienbereich die gleiche Aufgabe so effizient lösen kann. Der Synergismuseffekt beim Einsatz der Medien des Direct Marketing als Vor-/Nachschalt- oder Begleitmaßnahme zum Einsatz von Massenkommunikaitonsmedien ist ein weiterer Vorteil (flankierender Medieneinsatz).

Die Selektionsmöglichkeiten, der relativ hohe Aufmerksamkeitswert und der Responsecharakter haben die diesbezüglichen Medien des Direct Marketing bei vielen Unternehmen jedoch zu unverzichtbaren Informationsquellen und Direktverkaufsinstrumenten werden lassen. Gerade in Bezug auf die Wirtschaftlichkeit sind die Vorzüge Testfähigkeit und eindeutige Erfolgskontrolle als wichtigste Merkmale des Direct Marketing zu nennen. Aufgrund dieser Eigenschaften bietet sich z. B. durch Einsatz von Direct Mail über

Stichproben die Chance der gezielten Optimierung in Bezug auf fünf Einflussfaktoren des Erfolges der direkten Marketingkommunikation (Testfaktoren):

- Angebot (Produkt/Dienstleistung)
- Konditionen, Preis, Zahlungsarten
- Zielgruppen
- Werbemittel wie z. B. Größe, Anzahl der Teile, Farbigkeit, Gewicht, Gestaltungsmerkmale wie Text, Grafik, Fotos etc., Textlänge und Personalisierung
- Streuzeitpunkt wie z. B. Jahreszeiten, Fest- und Feiertage, Wetterlagen, politische und konjunkturelle Bedingungen, Saisons- und Jahreswechsel. Die exakte Wiederholbarkeit der exakt gleichen Situation zum Testzeitpunkt ist nicht gegeben, daher ist dieser Testfaktor nur eingeschränkt zulässig."[1]

6.4.2.6 Fundraising

01. Was ist Fundraising?

Fundraising kommt aus dem Amerikanischen und bedeutet übersetzt „das Aufbringen von Geldmitteln". In den Vereinigten Staaten gehört das Geben und Schenken seit langer Zeit zur kulturellen Praxis und hat eine herausragende Bedeutung.

In Deutschland ist der Begriff Fundraising in der breiten Bevölkerung weitgehend unbekannt. Es wird mit Spendenwerbung, Spendenmarketing und Sponsoring gleichgesetzt.

02. Was bedeutet Spenden?

„Spenden bedeutet die freiwillige und unentgeltliche Hergabe von Geld, Sachen oder auch Dienstleistungen an Dritte, ohne dafür eine Gegenleistung zu erhalten. Spendenmarketing ist das gezielte Bemühen einer Nonprofit-Organisation um Geld-, Sach- oder Dienstleistungsspenden, also um freiwillige und unentgeltliche Gaben, ohne dafür eine Gegenleistung erbringen zu müssen."[2]

In Deutschland gibt es für Fundraising keine allgemein anerkannte Definition, sondern unterschiedliche Sichtweisen. Diese lassen sich in drei Kategorien einteilen: Beschaffungs-, Transaktions- und Interaktionsorientierung.

---

[1] Quelle: http://wirtschaftslexikon.gabler.de/Definition/direct-marketing
[2] Quelle: *Haibach 2003*

Folgendes Schaubild stellt nochmal die besondere Stellung des „Spenders" innerhalb des Marktes dar.

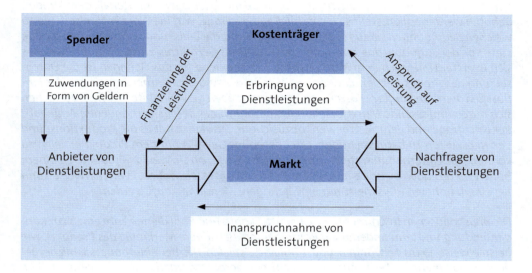

6.4.3 Handlungsmöglichkeiten der Kontrahierungspolitik

01. Welche Handlungsmöglichkeiten der Kontrahierungspolitik werden unterschieden?

Zur Übersicht die Einordnung der Kontrahierungspolitik innerhalb des Marketing-Mix:

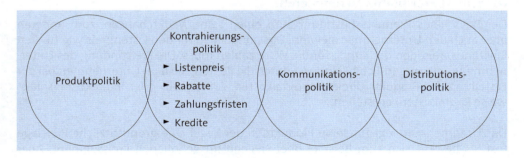

„Unter der Preis- und Kontrahierungspolitik, auch Konditionenpolitik genannt, fallen alle vertraglichen Konditionen in Zusammenhang mit dem vom Unternehmen angebotenen Produkt oder der dargebotenen Dienstleistung. Preispolitische Instrumente zur Steuerung und Regelung des Preises sind in der Kontrahierungspolitik unter anderem Entscheidungen über Rabatte, Boni, ausgehandelte Kredite sowie Lieferungs- und Zahlungsbedingungen. In der Preispolitik umfassen diese Instrumente alle Entscheidungen, die Einfluss auf die Preishöhe sowie die Art und Weise der Preisfestlegung und -durchsetzung haben. In letzter Zeit hat sich zudem der Begriff Preismanagement eingebürgert, mit dem das Element jedoch aus dem Marketing herausgenommen wird.

Die Preis- und Kontrahierungspolitik stellt die zweite Säule der vier Ps des Marketing-Mix dar und gliedert sich direkt an die vorangestellte Marketing-Werkzeug Produktpolitik. Ist sich der Unternehmer einig, welche Produkte, ob materiell oder immateriell, dem Kunden geboten werden sollen, stellt sich anschließend die Frage, was die Ware kosten soll und zu welchen Bedingungen sie zu kaufen ist. Hierbei steht die Preis- und Kontrahierungspolitik stets vor der Aufgabe, das optimale Preis-Leistungs-Verhältnis zu bestimmen, welches sich in erster Linie nach dem Markt richtet. Entscheidend für das Gelingen ist die Durchsetzung des Preises bei den Kunden, wobei sich der Anbieter immer im Dreieck der Einflussfaktoren von Käufern, Kosten und Konkurrenz bewegt. Viele Unternehmen versuchen sich durch umfassende Marktforschungen bezüglich des bereits vorhandenen Angebots, der Nachfrage und dem Wettbewerb abzusichern. Zusätzlich gilt es die Produktions- und Vertriebskosten zu berücksichtigen, um überhaupt Gewinn mit dem Produkt erzielen zu können. Für Unternehmen stellt sich hierbei die Frage, ob sie wenige Produkte zu einem höheren Preis oder mehrere günstigere Produkte absetzen wollen. Typischerweise kann bei einem höheren Preis meist nur eine geringere Menge verkauft werden.

Die preispolitischen Instrumente, wie Rabatt, Skonto und Boni dienen zum einen zur Kundenbindung und zum anderen zur Preisregelung. Besondere Merkmale des Produkts, wie beispielsweise Extra-Leistungen und Ähnliches, spielen hierbei eine hauptsächliche Bedeutung: Je mehr die Leistungen der Nachfrage gerecht werden und je stärker sich diese Leistungen von der Konkurrenz abheben, desto größer ist im Allgemeinen der Spielraum zwischen Preisobergrenze und Preisuntergrenze. Dementsprechend verringert sich auch die Notwendigkeit der aufgezählten Kundenbindungs-Instrumente."[1]

6.4.3.1 Preispolitik
01. Wie ist Preispolitik zu definieren?

Der Preis eines Produkts bestimmt zum einen seine Marktchancen, zum anderen aber auch den Unternehmensgewinn. Das gilt ebenso für den Listenpreis wie für den Einstandspreis, den der Kunde für die Ware zahlen muss. Die Preisfindung des Unternehmens wird wesentlich beeinflusst durch die Kosten, die dem Unternehmen bei der Erstellung des Produkts direkt (Materialkosten, Arbeitszeit) oder indirekt (beispielsweise Raumkosten) entstehen.

Das Unternehmen legt für seine Produkte in der Regel eine grundsätzliche Preislage fest, es bewegt sich zum Beispiel überwiegend im gehobenen Preissegment. Aber auch die aktuelle Stellung des Produktes bei den Nachfragern beeinflusst den Preis.

So spielt die Produktlebenszyklus-Phase des Produkts eine wesentliche Rolle.

---

[1] Quelle: http://www.business-on.de/koeln-bonn/kundenbindung-und-gewinn-durch-effiziente-preisregelung

02. Was versteht man unter Penetrationsstrategie?

Die Einführung eines neues Produktes kann erfolgreich durch die Penetrationsstrategie unterstützt werden: Verhältnismäßig niedrige Preise ermöglichen die schnelle Durchdringung des Marktes. Gleichzeitig wird die Konkurrenz durch die abschreckende Wirkung des Preises auf Distanz gehalten. Hat die Strategie ihr Ziel erreicht, werden die Preise nach und nach erhöht.

Die optimale Wirkung erreicht die Penetrationsstrategie wenn:
- die Preisspanne für das Produkt sehr groß eingeschätzt wird
- das Produkt vom Abnehmer nicht als Imageträger gesehen wird
- die hohe Stückzahl den geringen Gewinn durch das einzelne Stück ausgleichen kann.

03. Wie geht man bei der Skimmingstrategie vor?

Die Skimmingstrategie ist das Gegenstück der Penetrationsstrategie. Das Produkt wird zur Einführung in einer kleinen Stückzahl zu einem verhältnismäßig hohen Preis angeboten. Der hohe Stückgewinn trägt dazu bei, die Entwicklungskosten für das Produkt durch die Abschöpfung des Marktes schnell zu amortisieren. Hat die Strategie ihr Ziel erreicht, senkt man den Preis nach und nach.

Erfolg verspricht die Skimmingstrategie bei:
- Produkten mit hohem Imagewert, für den Abnehmer spielt der Preis (fast) keine Rolle
- Produkten, die verhältnismäßig schnell veralten, also an Imagewert verlieren
- Produkten, für die es keine Vergleichspreise gibt.

Wesentlich mehr Spielraum bei der Preisgestaltung hat das Marketingmanagement dagegen in der Wachstums- und Reifephase. Die Ergebnisse der Marktforschung informieren über die Preiserwartung des Abnehmers. In seinen Augen kann ein Preis nicht nur zu hoch, sondern auch zu niedrig sein.

Letzteres gilt insbesondere für Markenartikel mit „teurem" Image und Luxusgüter. Zudem setzt eine erfolgreiche Preisgestaltung detaillierte Kenntnisse der Preispolitik der Mitbewerber und eine ständige Anpassung an deren Preisentscheidungen voraus. Gesetzliche Regelungen grenzen den Preisgestaltungsfreiraum des Unternehmens weiter ein. Es gibt für viele Branchen Regelungen wie z. B. Höchstpreise, die den Preis grundsätzlich oder zeitlich befristet beeinflussen können.

04. Welchen Einfluss haben die einzelnen Marktformen in der Preistheorie?

Der Einfluss der Nachfrage- und Konkurrenzsituation wird in der Preistheorie aus der jeweiligen Marktform – Polypol, Oligopol oder Monopol – abgeleitet.

Im **Polypol** stehen sich Anbieter und Nachfrager in jeweils großer Zahl gegenüber. Die Preise entwickeln sich frei aus dem Verhältnis von Angebot und Nachfrage. Bei steigenden Preisen wird auf gleiche Produkte der Konkurrenz oder auf Ersatzprodukte (Substitutionsgüter) zurückgegriffen.

Im Falle eines **Angebotsoligopols** stehen wenige Anbieter vielen Nachfragern gegenüber. Der Preis wird im Wesentlichen von den Anbietern bestimmt, der Abnehmer hat nur bedingt eine Chance, den Preis zu beeinflussen. Das stärkste Unternehmen setzt sich als „Preisführer" durch, die Konkurrenz passt sich an, sie betreibt daher nur eine passive Preispolitik.

Beim **Angebotsmonopol** steht ein Anbieter vielen Nachfragern gegenüber. Der Preis wird allein vom Anbieter bestimmt. Wird er zu hoch, ist damit zu rechnen, dass die Nachfrager auf Ersatzgüter zurückgreifen.

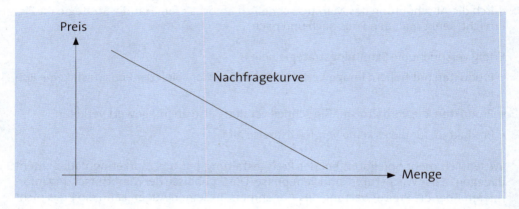

Trotz der Alleinstellung des Angebotsmonopolisten kann er seine Preise nicht beliebig hoch ansetzen. Möchte er möglichst viele Nachfrager an sich binden, kann er das sowohl mit der Preispolitik als auch mit der Produktpolitik schaffen.

Im Rahmen der Preispolitik kann er sein Produkt oder seine Dienstleistung verschiedenen Käufergruppen zu unterschiedlichen Preisen anbieten (Preisdifferenzierung), z. B. Seniorenrabatt, Studentenermäßigungen, spezielle Preise für Gruppen oder Tages- bzw. Jahreszeiten. So gelingt es ihm, unterschiedliche Preise zu realisieren ohne eine bestimmte Käuferschicht („Normalzahler") zu verärgern.

05. Welche Rolle spielt die Elastizität?

Entscheidend bei der Preisfindung ist auch die Preiselastizität. Sie signalisiert das Verhältnis von Mengenänderung zu einer entsprechenden Preisänderung.

$$\text{Preiselastizität} = \frac{\text{relative Mengenänderung}}{\text{relative Preisänderung}}$$

Grafisch betrachtet stellt die Preiselastizität die Steilheit der Nachfragekurve da:

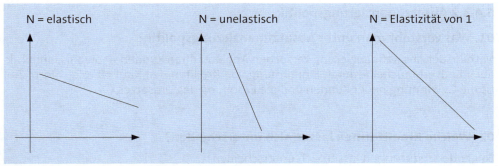

Preiselastizitäten, N steht für die Nachfragekurve

„Es gibt verschiedene Faktoren, die für unterschiedliche Elastizitäten sorgen.

Ein Faktor ist die Art des jeweiligen Gutes. Ist es lebensnotwendig, wie zum Beispiel Wasser, dann wird die Nachfrage sehr unelastisch sein. Ist es hingegen ein Luxusgut, kann auch leicht darauf verzichtet werden. Damit verbunden ist auch die Möglichkeit, ein Gut durch ein anderes zu ersetzen. Ist dies sehr einfach möglich, erhöht dies die Elastizität. Sind keine Ersatzprodukte vorhanden, schränkt das natürlich die Elastizität ein.

Die Definition des Gutes oder eines Marktes ... hat ebenfalls Einfluss auf die Elastizität. Betrachten wir den gesamten Automarkt, dürfte sie eher gering sein, denn ein Auto lässt sich nicht so leicht durch andere Transportmittel wie Bus und Bahn ersetzen. Schauen wir aber nur auf eine einzelne Automarke, sind Konsumenten schon sehr viel flexibler.

Der letzte wichtige Einflussfaktor ist die Zeit. Kurzfristig sind Autofahrer an Benzin und Diesel gebunden. Steigt der Preis stark an ... sind sie gezwungen, die hohen Preise zu zahlen, um mobil zu bleiben. Vergeht aber nun einige Zeit werden Autofahrer auf Gas oder auch Strom umsteigen. Langfristig ist die Nachfrage flexibler und damit elastischer."[1]

---

[1] Quelle: www.wiwiweb.de/mikrooekonomik/grundlagen/elastizi/einelas.html

"In der Praxis muss das Marketingmanagement:

- *die grundsätzliche Preislage bestimmen, in der operiert werden soll*
- *Preise für Produkte festlegen, die neu in das Leistungsprogramm aufgenommen werden*
- *die Preise für Produkte der Marktsituation anpassen*
- *Preisdifferenzierungen für seine Leistungen vornehmen*
- *die Preise für die einzelnen Abnehmergruppen variieren."*[1]

6.4.3.2 Absatzfinanzierungspolitik

01. Was versteht man unter Absatzfinanzierungspolitik?

Mithilfe der Absatzfinanzierung versuchen Anbieter ihren Kunden – sowohl Handel als auch Endverbraucher – durch Einräumung von Krediten den Kauf zu erleichtern. Ziel ist die Gewinnung neuer Kunden und die Erhöhung des Umsatzes.

02. Welche Kreditformen lassen sich unterscheiden?

Folgende Kreditformen lassen sich unterscheiden

- Lieferantenkredit bzw. Skonto
- Ratenkredit für Endverbraucher (Teilzahlungsgeschäft)
- Leasing
- Factoring.

03. Was ist ein Lieferantenkredit?

Ein Lieferantenkredit entsteht dadurch, dass der Lieferant bzw. Dienstleister im Gesundheitswesen dem Kunden ein Zahlungsziel einräumt, z. B. „14 Tage 2 % Skonto, 30 Tage netto".

Durch die Inanspruchnahme des Zahlungsziels über die Skontofrist hinaus, entstehen Kosten in Höhe des entgangenen Skontos. Der Lieferantenkredit ist daher in der Regel sehr teuer.

Die in der Zahlungszielvereinbarung implizit enthaltene Zinsbelastung (die Kosten des Lieferantenkredits) ergibt sich aus dem Skontosatz sowie der Skontofrist. Der Zinssatz ist in der Regel außerordentlich hoch, sodass Kunden die Skontofrist regelmäßig einhalten sollten.

---

[1] Quelle: www.rechnungswesen-verstehen.de/bwl-vwl/marketing/preispolitik

Beispiel

Ein Unternehmen erhält am 1. Juni eine Lieferung im Wert von netto 100.000,00 €, die auf dasselbe Datum ausgestellte Rechnung lautet über 119.000,00 € (inkl. 19 % Umsatzsteuer). Als Zahlungsbedingung ist angegeben: Bei Zahlung des Rechnungsbetrags innerhalb von 14 Tagen (*Skontofrist*) 2 % Skonto (*Skontosatz*), bei Zahlung innerhalb von 30 Tagen netto ohne Abzug.

Zinsaufwendungen entstehen, sofern das Skonto nicht in Anspruch genommen wird, d. h. sofern die Zahlung erst zwischen dem 15. und dem 30. Tag nach Rechnungsstellung erfolgt. Der Zinssatz errechnet sich nach folgender Formel:

$$\frac{\text{Skontosatz} \cdot 360 \text{ Tage}}{\text{Zahlungsziel in Tagen} - \text{Skontofrist in Tagen}}$$

$$\frac{2\% \cdot 360 \text{ Tage}}{30 \text{ Tage} - 14 \text{ Tage}} = 45\%$$

Zahlt das Unternehmen innerhalb der Skontofrist, muss es lediglich 116.620,00 € (119.000,00 € · 0,98) überweisen. Zahlt es erst danach – in der Regel dann erst am Ende der Fälligkeit, d. h. nach 30 Tagen, – sind 119.000,00 € zu leisten. Die Differenz in Höhe von 2.380,00 € Euro stellt die Kosten des Verzichts auf die Skontonutzung dar. Bei einem Skontosatz von 3 % beträgt der Zinssatz im Beispiel bereits 67,5 %.

Der Vorteil eines Lieferantenkredits ist, dass er meist ohne Kreditwürdigkeitsprüfung und ohne Stellung von Sicherheiten gewährt wird (Ausnahme: Eigentumsvorbehalt). Nachteil sind die hohen Kosten.

6.4.3.3 Konditionenpolitik

01. Was sind die Voraussetzungen für eine differenzierte Konditionenpolitik?

Die Konditionenpolitik umfasst alle vertraglichen Regelungen über Rabatte, Lieferungsbedingungen, Zahlungsbedingungen und Garantieverpflichtungen. Ihr Ziel ist es, einen zusätzlichen Kaufanreiz zu schaffen.

Als Voraussetzungen für den erfolgreichen Einsatz der Konditionenpolitik gelten *(Diller 2000)*:
- *„Der Gesamtmarkt muss sich zumindest in zwei Teilmärkte segmentieren lassen.*
- *Zwischen den Teilmärkten darf keine Arbitrage möglich sein.*

- Die Konkurrenzsituation auf den einzelnen Teilmärkten muss die Durchsetzung modifizierter Preise erlauben.
- Die durch die Konditionenpolitik erreichte Preisdifferenzierung sollte nicht zu einer wahrnehmbaren Diskriminierung der Marktpartner führen."[1]

6.4.3.4 Kontrahierungspolitik im Dienstleistungsbereich

01. Wie stellt sich die Kontrahierungspolitik im Dienstleistungsbereich dar?

Dienstleistungen sind immaterielle Güter. Dadurch ist die Festlegung eines optimalen Preises sowohl für Anbieter als auch Nachfrager schwierig. Gefordert sind Konzepte, bei denen der Preis der Serviceleistung dem Nutzen aus Kundensicht entspricht.

Der Kunde ist oft kaum in der Lage nachzuvollziehen, ob der Preis angemessen ist oder nicht. Dies führt zu Zweifeln und Misstrauen gegenüber dem Anbieter. So ergab eine Studie aus dem Bankensektor, dass 49 % der Kunden die Bankgebühren als unangemessen hoch ansehen. Im Rahmen einer landesweiten Befragung in den USA kam man zu dem Ergebnis, dass fast zwei Drittel eine stärkere staatliche Aufsicht von Autoversicherern forderten, um faire Preise zu gewährleisten. Aber auch bei den Dienstleistern ist die Unsicherheit groß. Häufig wissen die Unternehmen gar nicht, was sie selbst die Serviceleistung kostet und wie viel der Kunde bereit ist zu zahlen.

Offensichtlich brauchen Serviceanbieter neue Methoden der Preisgestaltung. Hauptursache ist die Tatsache, dass die Besonderheiten von Dienstleistungen ignoriert werden. Die besonderen Anforderungen ergeben sich aus der

- Immaterialität
- Nichtlagerbarkeit
- Nichtübertragbarkeit von einer Person auf eine andere
- Spezifika der Kosten.

6.4.3.5 Preispolitik im Gesundheitswesen

01. Wie lässt sich Preispolitik im Gesundheitswesen definieren?

„Im Gesundheitswesen finden unterschiedliche Preissysteme Anwendung: Zur Vergütung von Krankenhausleistungen werden mittlerweile überwiegend DRG-basierte Fallpauschalen verwendet, die die Vergütung über tagesgleiche Pflegesätze abgelöst haben. Im Bereich der ambulanten ärztlichen Versorgung gilt der Einheitliche Bewertungsmaßstab (EBM), bei dem die Leistungen mit einer bestimmten Punktzahl bewertet werden. Die tatsächlichen Preise ergeben sich jedoch erst durch die Festlegung des Wertes eines Punktes. Im Bereich der privatärztlichen Tätigkeit findet die Gebührenordnung für Ärzte (GOÄ) Anwendung."[2]

---

[1] Quelle: http://www.daswirtschaftslexikon.com/d/konditionenpolitik
[2] Quelle: http://www.wirtschaftslexikon.co/d/preissystem/

Da in der Regel der freie Austausch von Angebot und Nachfrage eingeschränkt ist und eine dritte Instanz den Preis festlegt, ist es schwierig von preispolitischen Maßnahmen zu sprechen. Dem Anbieter von Dienstleistungen bleibt im Grunde nur eine geschickte Verhandlungsstrategie mit den Kostenträgern, um sein Budget zu rechtfertigen.

6.4.4 Handlungsmöglichkeiten der Distributionspolitik

01. Welche Handlungsmöglichkeiten gibt es in der Distributionspolitik?

Unter Distributionspolitik versteht man die Steuerung aller Vertriebsaktivitäten. Aufgabe hierbei ist die Steuerung der Güter- und Dienstleistungsflüsse von der Entstehung bis hin zum Endabnehmer. Es wird sich also mit der Aufgabe beschäftigen, wie das Produkt oder die Dienstleistung zum Patienten gelangt. Distributionspolitische Entscheidungen sind von vielen Erfolgsfaktoren abhängig:

- Erklärungsbedürftigkeit der Leistungen
- Lager- und Transportfähigkeit der Dienstleistung bzw. der Produkte
- Anzahl und geografische Verteilung der Zielgruppe
- Bedarfshäufigkeit der Dienstleistungen von Seiten der Abnehmer
- Gewohnheiten der Kunden in Bezug auf Häufigkeit der Inanspruchnahme der Produkte
- Informationsinteresse und Inanspruchnahme von Informationsquellen
- Anzahl der Mitbewerber
- Vertriebsstruktur und -wege der Mitbewerber.

Zu diesen „externen" Faktoren kommen noch „interne", also unternehmensabhängige Faktoren hinzu. Ein wichtiger Faktor ist das Budget für distributionspolitische Maßnahmen. Es lassen sich generell der direkte und indirekte Vertrieb unterscheiden.

02. Unterscheiden Sie direkten und indirekten Vertrieb.

Zum direkten Vertrieb zählen Online-Verkauf der Produkte und Dienstleistungen, eigene Verkaufsniederlassungen bzw. Filialen und der Verkauf über angestellte Außendienstmitarbeiter bzw. Reisende.

Indirekte Möglichkeiten der Distribution sind der Verkauf über selbstständige Handelsvertreter, selbstständige Absatzmittler, Vertrieb über den Handel, Vertrieb auf Kommission und Franchising.

6.4.4.1 Franchising

01. Was ist Franchising?

Ein Franchisesystem ist eine spezielle Form eines Absatz- und Vertriebssystems. Es ist in der Regel so organisiert, dass ein Franchisegeber eine Geschäftsidee entwickelt und möglicherweise in einem Pilotbetrieb testet.

Das Unternehmensmodell wird dann von Franchisenehmern oder Franchisepartnern, rechtlich selbstständigen Unternehmenseinheiten, am Markt ausgerollt. Dabei treten die Franchisenehmer nach außen einheitlich auf.

Der Franchisegeber übernimmt für alle Partner zentralisierbare Aufgaben, etwa Marketing, Einkauf und einen Teil der Verwaltung. Er sorgt für die Einhaltung einheitlicher Qualitätsstandards. Für diese Dienstleistungen zahlen Franchisenehmer eine Nutzungsgebühr an die Zentrale.

02. Gibt es Franchising auch im Gesundheitswesen?

Der Begriff Franchise ist im Gesundheitswesen zwar noch fremd und wird eher mit McDonald's oder anderen gewerblichen Unternehmen assoziiert. Grundsätzlich ist Franchise aber für alle Branchen von Bedeutung. Denn im Kern geht es bei Franchise darum, dass ein Franchisegeber ein fertig entwickeltes und erprobtes Unternehmensmodell an einen Franchisenehmer überlässt, der dafür eine Nutzungsgebühr an den Franchisegeber zahlt.

So manches Ärztenetz oder manche Teilgemeinschaftspraxis macht bereits vor, wie sich solche Unternehmensmodelle auch im Gesundheitsbereich erfolgreich nutzen lassen. Der Franchisenehmer verliert hierbei nicht seine Selbstständigkeit. Er bleibt eigenverantwortlicher Unternehmer, der im Rahmen des vorgegebenen Franchisesystems in eigener Verantwortung agiert.

Die Idee der Übertragung dieser Prinzipien in das Gesundheitswesen ist nicht neu. So gibt es im Bereich der Zahnmedizin, der Physiotherapie, der Pflegedienste und in der Humanmedizin bereits eine Reihe funktionierender Franchisesysteme. Die Prinzipien des Franchising kommen auch in vielen anderen Konstruktionen, die offiziell nicht als Franchisesysteme bezeichnet werden, zum Tragen.

Größere Zusammenschlüsse von Ärzten, wie z. B. Netze, Kooperationsgemeinschaften, Teilgemeinschaftspraxen oder überörtliche Berufsausübungsgemeinschaften, funktionieren weitestgehend bereits nach diesen Mustern. Die beteiligten Ärzte gliedern z. B. Verwaltung, Abrechnung, Marketing, Terminvergabe und Materialeinkauf an eine gemeinsame Servicegesellschaft aus und konzentrieren sich auf die eigentliche medizinische Tätigkeit.

Die Leistungserbringung wird dabei zwischen den beteiligten Ärzten standardisiert und aufeinander abgestimmt. Eine solche Abstimmung ist immer dann notwendig, wenn mehrere Kollegen in einen Behandlungsprozess bei einem Patienten eingebunden sind. Aber auch eine zentrale Patientensteuerung über ein gemeinsames Marketing erfordert eine einheitliche, standardisierte Behandlungsqualität. Diese Standardisierung von Behandlungspfaden kann im einfachsten Fall durch eine verbindliche Festlegung auf gegebenenfalls angepasste Behandlungsleitlinien erfolgen.

Die beschriebene Vorgehensweise entspricht im Ergebnis in vielen Punkten dem Franchisesystem.

Während im typischen Franchisesystem ein Franchisegeber ein System für viele Franchisenehmer vorgibt, wird in den oben angesprochenen Fällen der kooperativen Leistungserbringung von den beteiligten Ärzten ein gemeinsames System entwickelt, das dann von einer gemeinsamen Servicegesellschaft gesteuert wird. Es erfolgt quasi ein Franchising „von unten nach oben".

Zurzeit stehen auch zahlreiche gewerbliche Investoren „in den Startlöchern", um Franchisesysteme im Gesundheitswesen zu etablieren. Dabei geht es in der Regel darum, für Heilberufler Infrastruktur, Verwaltung und Organisation zur Verfügung zu stellen. Ein gewerblicher Franchisegeber stellt in diesen Fällen Praxisräume und Praxiseinrichtung, sorgt für die Einstellung der Medizinischen Fachangestellten, erledigt den Materialeinkauf, erstellt die Abrechnungen und sorgt für Praxis-Marketing und Patientensteuerung. Da diese Modelle bundesweit ausgerollt werden, sind einheitliche Behandlungs- und Qualitätsnormen einzuhalten. Dies erfolgt durch ein gemeinsames Qualitätsmanagementsystem (QMS), eine abgestimmte und vorgeschriebene Fortbildung und die Definition von verbindlichen Behandlungsleitlinien.

Selbstverständlich darf dabei die eigenverantwortliche Tätigkeit des Leistungserbringers, also des Arztes, nicht eingeschränkt werden, um die notwendige Freiberuflichkeit zu erhalten.

Diese Modelle (Franchisesysteme) bieten – unabhängig davon, ob sie auch offiziell so bezeichnet werden – erhebliche wirtschaftliche Vorteile und sichern aus Patientensicht eine festgelegte (Mindest-)Behandlungsqualität.

Sie dürften daher sowohl für Ärzte und Investoren als auch für die Kostenträger interessant sein, sodass mit einer Zunahme solcher Modelle in der Praxis zu rechnen ist.

„Insbesondere dann, wenn Franchisesysteme von Ärzten für Ärzte entwickelt werden, bieten diese Gestaltungen für die Beteiligten eine deutlich verbesserte Wettbewerbsposition, etwa gegenüber Klinikketten, sodass ein Franchisesystem im Gesundheitswesen letztlich nicht zu einer Gefährdung, sondern zu einer Stärkung der Freiberuflichkeit des Arztes führen kann."[1]

---

[1] Quelle: http://www.aerztezeitung.de/praxis_wirtschaft/praxisfuehrung/article/808388/franchise-option-aerzte; Fachbericht von Steuerberater Dr. Jürgen Karsten und Steuerberater Marc Müller

03. Welche Möglichkeiten können bei einem Franchisesystem im Gesundheitswesen genutzt werden?

Folgende Möglichkeiten könnten bei einem Franchisesystem im Gesundheitswesen umgesetzt werden:

- ambulante Pflegedienste
- Rund-um-die-Uhr-Betreuung von Senioren
- Konzepten zur Gewichtsreduktion und Gewichtsregulierung
- Durchführung von Präventionskursen
- Eröffnung von Fitnessstudios
- Dienstleistungen im Gesundheits- und Medical-Beautymarkt
- Kompletteinrichtung von Senioren- und Pflegeheimen
- Tagespflege
- Arztpraxen und Kliniken.

6.4.4.2 Distributionspolitik im Sozial- und Gesundheitswesen

01. Wie stellt sich Distributionspolitik im Sozial- und Gesundheitswesen dar?

„Im Bereich der Distributionspolitik gelten für medizinische Leistungen ebenfalls besondere Bedingungen. Aufgrund der Nichttransportfähigkeit stehen Erreichbarkeit und der Zugang des Patienten zur Leistung im Fokus der Distributionspolitik medizinischer Dienstleister. In diesem Zusammenhang sind Standortentscheidungen von besonderem Interesse" (Oehme/Oehme 2001).

„Daneben gewinnt das Angebot mobiler Dienste an Relevanz. Als Distributoren nehmen insbesondere bei Krankenhäusern zuweisende Ärzte einen hohen Stellenwert ein. Im Rahmen eines Zuweisermarketing sind Kontakte zu einweisenden Ärzten aufzubauen und zu pflegen" (Ennker/Pietrowski 2008).

„Jüngste Entwicklungen zeugen zudem von einer Zunahme an Filialsystemen und Franchise-Konzepten. Eine bislang wenig verbreitete Form der Distribution besteht hingegen im Online-Vertrieb medizinischer Leistungen. Die Telemedizin ermöglicht es unter Zuhilfenahme moderner Informations- und Kommunikationstechnologien u. a., Diagnose- und Beratungsleistungen online zu erstellen" (Trill 2009).

6.4.5 Handlungsmöglichkeiten der Servicepolitik

01. Was versteht man unter Servicepolitik?

Unter Service bzw. Servicepolitik versteht man mit dem Produkt verbundene Dienstleistungen, die der Hersteller vor, während oder nach dem Kauf eines Produkts erbringt. Vor allem bei größeren technischen Geräten und Systemen bietet man dem Kunden Komplettlösungen, welche Reparatur- und Wartungsleistungen einschließen. Diese Leistungen können entweder gegen gesonderte Bezahlung angeboten werden, oder bereits in den Verkaufspreis einkalkuliert sein und dann unentgeltlich erfolgen.

Service spielt in jeder Phase des Kaufs eine Rolle. Jede dieser Phasen: Vorkauf-, Kauf- und Nachkaufphase, bietet dem Unternehmer andere Möglichkeiten, Service am Kunden zu leisten und damit zu einer höheren Kundenbindung beizutragen.

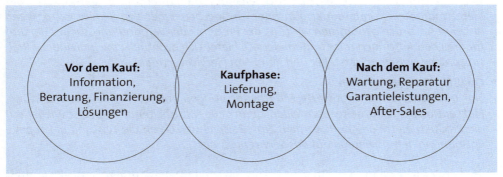

Zeitliche Abfolge von Serviceleistungen

02. Welche Eigenschaften charakterisieren den Service?

„Folgende Eigenschaften charakterisieren den Service bzw. Dienstleistungen und müssen bei der Gestaltung berücksichtigt werden:

- Service ist nicht lagerfähig, soll aber kurzfristig verfügbar sein.
- Hier bietet sich eine flexible Gestaltung der Arbeitszeiten des Servicepersonals an, um Nachfrageschwankungen ausgleichen zu können.
- Service ist meist mit Direktkontakt zum Kunden verbunden.
- Die Mitarbeiter müssen speziell für den Umgang mit den Kunden geschult werden.
- Wünschenswert ist auch, dass der Kunde nicht jedes Mal einen neuen Ansprechpartner vorfindet.
- Service ist immateriell. Serviceleistungen müssen kommuniziert werden, damit der Kunde sich unter diesem etwas vorstellen kann und ihn würdigt. Zertifikate über abgelegte Prüfungen, Kundenempfehlungen, Referenzen und Ähnliches verdeutlichen den Wert der Serviceleistung und erhöhen das Kundenvertrauen.

Das Servicemanagement befasst sich mit Fragen zu:

- **Art und Umfang des Service**
  Bietet man ein Komplettpaket, welches den Service mit einschließt oder wird dieser in Form eines Servicevertrags extra angeboten?

- **Servicequalität**
  Welche Anforderungen müssen die Mitarbeiter zur Abdeckung des Service erfüllen? Hier muss eine schnellstmögliche, qualifizierte Erledigung interner und externer Kundenanfragen angestrebt werden. Eine bloße Rückrufvereinbarung genügt nicht.

- **Servicezeit**
  Variierende Nachfrage erfordert flexibel einsetzbare Mitarbeiter, z. B. Arbeitszeitkonten, Vertrauensarbeitszeit oder Einsatz vom Wohnsitz des Servicemitarbeiters aus.

- **Preis des Service**
  Wie teuer soll der Service sein? Ist er bereits im Produktpreis mit eingerechnet? Oder bietet man das Grundprodukt günstiger an und berechnet den Service extra, wenn dieser in Anspruch genommen wird? Ist der Preis fix oder Verhandlungssache? Bei umfangreichen Aufträgen mit Rundum-Service bietet sich eventuell eine individuelle Preisabsprache zwischen Hersteller und Kunde an (Serviceverträge).

- **Qualifikation/Motivation**
  Nur qualifizierte und motivierte Mitarbeiter bringen entsprechende Serviceleistung. Fluktuation der Mitarbeiter vermeiden, denn neue Mitarbeiter müssen erst wieder auf die Produktpalette geschult werden. Zum Beispiel wirken an die Leistung gekoppelte Entlohnungen motivierend auf das Servicepersonal."[1]

Beim Service ist es ganz entscheidend, dass die Qualität von Anfang an die Erwartungen des Kunden erfüllt, besser noch übertrifft. Da die Dienstleistung gemeinsam mit dem Kunden erbracht wird, stellt dieser Qualitätsmängel auch sofort fest. Sie haben zwar oft die Möglichkeit nachzubessern, aber der Kunde nimmt die erste Fehlleistung ebenfalls wahr.

03. Was ist Servicequalität?

Die Servicequalität umfasst alle Maßnahmen, die ergriffen werden, damit der Kunde sofort vom Service eines Unternehmens überzeugt ist.

---

[1] Quelle: Online Lehrbuch Uni Erlangen, Marketing

04. Welche Aspekte sind bei der Servicequalität wichtig?

Folgende Aspekte sind wichtig:

1. **Servicekultur:** Das Unternehmen muss nach innen und außen eine explizite Servicekultur leben und ausstrahlen. Insbesondere die Führungskräfte müssen mit gutem Beispiel vorangehen und die Servicekultur vorleben.
2. **Servicementalität:** Alle Mitarbeiter des Unternehmens müssen eine Servicementalität haben. Dies gilt insbesondere für die Mitarbeiter mit Kundenkontakt. Die Servicementalität wird auch gefördert, wenn alle Mitarbeiter den nächsten Prozessschritt als Kunden begreifen und entsprechend serviceorientiert handeln.
3. **Servicezuverlässigkeit:** Die Prozesse und Leistungen müssen gemäß den Erwartungen des Kunden ablaufen und funktionieren.
4. **Qualifikation:** Die Mitarbeiter, die den Service erbringen, müssen kompetent sein. Dies gilt in Bezug auf ihr fachliches Know-how sowie in Bezug auf ihren persönlichen Umgang mit den Kunden; der wiederum leitet sich meist von persönlichen Werten, Überzeugungen und Einstellungen ab.
5. **Beschwerden:** Sind eine Quelle zur Verbesserung der eigenen Leistungen.

05. Nennen Sie Dimensionen, die bei der Servicequalität wichtig sind.

Kunden bewerten die Servicequalität anhand einer Vielzahl von Kriterien. Diese lassen sich folgenden Dimensionen zuordnen:

- das erlebbare Umfeld mit den Räumlichkeiten des Dienstleisters, in denen sich der Kunde befindet oder das Erscheinungsbild seiner Mitarbeiter
- Zuverlässigkeit, mit der die versprochenen Leistungen auch tatsächlich erbracht werden
- Reaktionsfähigkeit auf besondere Anforderungen und Wünsche des Kunden, die zeigt, ob sie verstanden werden und wie kompetent und schnell darauf eingegangen wird – etwa mit konkreten Lösungsvorschlägen
- Leistungskompetenz, die sich in der Qualifikation der Mitarbeiter und in den passenden Dienstleistungs-Produkten ausdrückt, die wiederum klar kommuniziert werden
- Einfühlungsvermögen, mit denen die Mitarbeiter des Unternehmens auf die immer spezifische Situation zum Zeitpunkt der Erbringung der Dienstleistung reagieren können.

In den letzten Jahren wurden mehrere Modelle entwickelt, die beschreiben wollen, woraus sich Servicequalität ergibt und wie sie gemessen und gestaltet werden kann.

Das folgende Modell stammt von *Zeithaml, Parasuraman* und *Berry*.

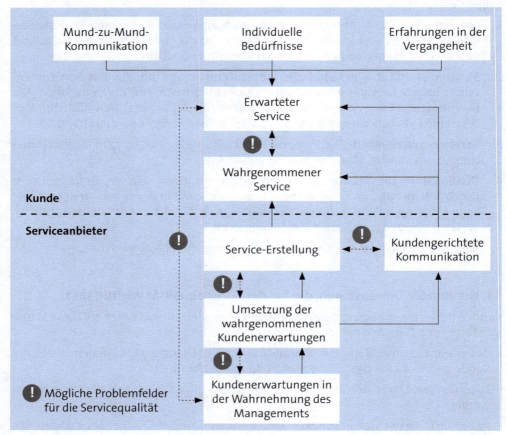

Servicequalität
Quelle: vgl. *Zeithaml/Parasuraman/Berry 1988*

GAP-Modelle sollen hierbei helfen, die Dienstleistungsqualität festzulegen. Mit diesem Modell lassen sich die Problemfelder der Servicequalität, die sogenannten Gaps (Lücken) identifizieren und beschreiben. Damit ergibt sich eine Fülle von Gestaltungsfeldern, um die Servicequalität zu verbessern.

Die Entwickler des Modells haben auf dieser Grundlage auch ein Instrument zur Messung der Servicequalität entwickelt. Sein Name: SERVQUAL. Die fünf Dimensionen werden durch einen Fragebogen mit 44 Einzelfragen bewertet, welche auf den zu messenden Service abgestimmt werden müssen. 22 Fragen dienen der Erfassung der Wahrnehmungskomponente, die restlichen der Erfassung der Erwartungskomponente. Dabei wird eine siebenstufige Likert-Skala benutzt. Die Ausprägungen reichen von „stimme völlig zu" (7) bis „lehne ich völlig ab" (1).

"Das Deutsche Institut für Service-Qualität führt regelmäßig Analysen zur Servicequalität von Unternehmen bzw. Branchen durch, die auf dem Modell von Zeithaml, Berry und Parasuraman aufsetzen. Es verwendet ein umfangreiches Testdesign und prüft Kriterien in fünf Dimensionen. Qualität des Umfeldes: Parkplätze, Erscheinungsbild von Filialen, Internetauftritt etc.

1. *Aktivitätsgrad: Reaktionszeiten bei Versandinitiierungen, telefonische Erreichbarkeit, Wartezeit bis zur Bedienung/ Beratung etc.*
2. *Zuverlässigkeit: Korrekte Datenerfassung, Richtigkeit von Aussagen, Beantwortung von Anfragen etc.*
3. *Kompetenzgrad: Individualität der Beratung, vollständige Beantwortung von Anfragen etc.*
4. *Kommunikationsqualität: Namensansprache, inhaltliche und akustische Verständlichkeit, aktive Gesprächsführung etc.*

Das Beurteilungsverfahren testet die Servicequalität auf drei Ebenen:

1. *Externe Ebene: Bei Mystery-Tests (Beratung/Kauf vor Ort, Mystery-Mails, Mystery-Calls) und Inhaltsanalysen von Serviceleistungen wird das Unternehmen von objektiven Testern aus externer Sicht beurteilt.*
2. *Kunden-Ebene: Kundenbefragungen und Kundenabwanderungsanalysen geben Aufschluss über die Kundenzufriedenheit und Kundenloyalität. Analysiert werden Kundenerwartungen sowie die Erfüllung von Anforderungen.*
3. *Interne Ebene: Durch Mitarbeiterbefragungen und Management-Audits wird die interne Ausrichtung eines Unternehmens auf den Faktor Service geprüft."*[1]

6.4.6 Konzept eines Marketing-Mix

01. Wie könnte ein Konzept für einen Marketing-Mix aussehen?

„Ohne einen konzeptionellen Ansatz ist es unmöglich eine Marketingkampagne erfolgreich zu planen/gestalten, durchzuführen und vor allem sie zu kontrollieren. Die typischen Phasen einer Marketing-Konzeption basieren auf einer umfassenden Analyse der Ausgangslage, sowie der Definition von konkreten und messbaren Ziele!

Phasen eines Marketing Konzeptes

1. *Marketing-Analyse*
2. *Marketing-Ziele*
3. *Marketing Strategie*
4. *Marketing-Mix*
5. *Marketing-Budget*
6. *Umsetzung und Kontrolle.*

---

[1] Quelle: business-wissen.de/handbuch/Servicequalität

Marketing-Analyse
In der ersten Konzeptionsphase ist es von elementarer Bedeutung, die aktuelle bzw. Ist-Situation detailliert zu analysieren. Grund hierfür ist, dass sich alle weiteren Schritte abhängig davon gestalten. Unter die Lupe genommen werden hierbei die Marktsituation, die Zielgruppe, die Konkurrenz und zu guter Letzt die eigene Unternehmenssituation. Online Marketing Kampagnen (z. B. fokussiert auf den Bereich SEO) würden dementsprechend die aktuelle Website-Performance, sowie die relevanten Rankingfaktoren berücksichtigen.

Marketing-Ziele
Erst die konkrete Festlegung von messbaren Zielen machen eine Marketingkonzeption bzw. eine Marketing-Kampagne kontrollier- und steuerbar. Gemessen nach Inhalt, Ausmaß und dem Faktor Zeit (Meilensteine). Wichtig hierbei ist, dass die Ziele hinsichtlich der zuvor abgeschlossenen Analyse in einem realistischen Maßstab definiert werden.

Marketing-Strategie
Auf der Basis der zuvor erfolgten Marketing-Analyse und der (SMART) definierten Marketing Ziele wird eine entsprechende Marketing Strategie festgelegt. Dieser beschreibt im engeren Sinne den Weg zum Ziel. Typische Marketing Strategien sind z. B. die Marktfeldstrategien (Markt-Durchdringung, Markterschließung, Diversifikation, Produktentwicklung, ...), Marktstimulierungs- oder Marktparzellierungsstrategien. Darüber hinaus ist es im Bereich von Produkten eine zentrale Entscheidung, ob eine sogenannte Preis-Mengen-Strategie (Kostenführerschaft) oder Präferenz- bzw. Premium-Strategie (Differenzierung) verfolgt wird.

Marketing-Mix
In der vierten Phase der Marketing-Konzeption werden ihm Rahmen des Marketing- Mix die für die Festlegung der Ziele und der gewählten Strategie geeigneten Instrumente ausgewählt und in Ihrem Umfang definiert. Diese sollen maßgeblich dafür sorgen, dass die definierten Marketingziele erreicht werden. Die verschiedenen Maßnahmen müssen hierbei optimal aufeinander abgestimmt werden:

Im Rahmen der Produktpolitik wird festgelegt, welche Leistungen angeboten werden. Produkt- und/oder Dienstleistungsentwicklung, sowie Namensgebung, Design, Verpackung uvm. Die Preispolitik wiederum befasst sich mit allen Fragestellungen und Indikatoren für die Preisgestaltung des Produktes, sowie die ggf. dazugehörigen Zahlungsbedingungen, Rabatte, Skonti, Boni usw.

Die Distributionspolitik wiederum befasst sich mit der Wahl der geeigneten Absatzwege (Standort, ...) in Abhängigkeit vom Produkt, der Unternehmenssituation und der Zielgruppe. Zu guter Letzt die Kommunikationspolitik, welche sich in erster Linie mit der allg. „Präsentation des Unternehmens" befasst. Hierbei werden Maßnahmen zur Förderung der Absatzzahlen ergriffen, welche sich wiederum in Werbung (Online/Offline), Persönlicher Verkauf, Verkaufsförderung und PR (Public Relations) spalten.

Marketing-Budget
Gemessen wird das Budget individuell an verschiedenen Indikatoren (Finanzielle Mittel des Unternehmens, Konkurrenz, festgelegte Ziele). Diese spiegeln sich durch die verschiedenen Phasen der Marketing-Konzeption wieder, können aber auch in manchen Fällen nach einer zuvor definierten Regel erfolgen, wie zum Beispiel anhand eines bestimmten Prozentsatz des Umsatzes, der für das Marketing bereit gestellt wird.

Umsetzung und Kontrolle
Die Zielerreichung muss während der Durchführung/Implementierung ständig im Blick gehalten und kontrolliert werden. Zeitplanung (Meilensteine), Strategien und Mittel müssen ggf. bei zu starken Abweichungen angepasst werden um (mögliche) weitere Kosten zu reduzieren. Darüber hinaus sollte stets ein Soll-Ist-Vergleich während und nach der Kampagne durchgeführt werden um entsprechende Erfahrungswerte für zukünftige Marketing-Kampagnen ableiten zu können (Fehler reduzieren)."[1]

6.5 Einsetzen von Methoden des Sozialmarketings

6.5.1 Sozialmarketing

01. Was wird unter Sozialmarketing verstanden?

„Sozialmarketing umfasst alle Planungen und Aktionen, die dafür sorgen, dass eine soziale Organisation, ein soziales Angebot, ein neues Verhalten, ein Produkt oder eine soziale Aktion einzelnen Menschen oder der Öffentlichkeit bekannt wird und Erfolg hat.

Dabei greift Sozialmarketing wie im klassischen Marketing in die Produktentwicklung, die Preisgestaltung, die Kommunikation und die Verteilung ein. Erfolgreiches Sozialmarketing sorgt für einen optimalen Austausch zwischen den verschiedenen Handlungsgruppen."[2]

Die Begriffe Sozialmarketing (engl.: Social-Marketing), soziales Marketing oder auch Non-Profit-Marketing bezeichnen in erster Linie ein Marketingkonzept das für die Geschäftstätigkeit nicht primär gewinnorientierter Organisationen (NPO = Non-Profit-Organisationen) angewandt wird. Sozialmarketing bezeichnet also alle Marketingaktivitäten, die von staatlichen, gemeinnützigen oder anderweitig nicht kommerziellen Organisationen, wie z. B. Unternehmen oder Verwaltungseinrichtungen der öffentlichen Hand oder überwiegend sozial orientierten Institutionen wie Krankenhäusern, Sozialstationen, Vereinen oder Pflegeeinrichtungen durchgeführt werden.

---

[1] Quelle: http://marketing-wissen.net/marketing-konzeption
[2] Quelle: http://www.kompass-sozialmanagement.de/die-vier-felder-des-sozialmarketings, Ehrenfried Conta Gromberg; Verlag Dashöfer GmbH

Werden die aus dem gewerblichen Bereich bekannten Grundsätze und Instrumente des Marketing auf nicht erwerbswirtschaftliche Institutionen oder Unternehmen übertragen, spricht man vom klassischen Sozialmarketing. Hauptsächliches Ziel des sozialen Marketings ist nicht der wirtschaftliche Erfolg, sondern die Erreichung überwiegend sozialer Ziele. Diese Ziele können z. B.

- eine Verhaltensänderung im gesundheitlichen Bereich sein (Werbung für die Benutzung von Kondomen)
- auf eine Erhöhung der Spendenbereitschaft in der Bevölkerung zielen (Fundraising)
- die Förderung staatlicher oder halbstaatlicher Bildungs- oder Gesundheitsangebote zum Ziel haben oder
- das soziale Engagement durch Vereins- oder ehrenamtliche Tätigkeiten bewerben.

Im Vordergrund dieser Maßnahmen stehen dabei im Gegensatz zum klassischen Marketing nicht die Absatz- oder Gewinnmaximierung, sondern in allererster Linie soziale Ziele.

Anzumerken ist noch, dass auch in der klassischen, profitorientierten Werbung im erwerbsmäßigen Bereich in den letzten Jahren eine zunehmende Ausrichtung hinsichtlich sozialer Faktoren zu bemerken ist. Nicht nur große Unternehmen setzen mit ihren Marketingmaßnahmen auf Imagepflege und werben mit sozialen Botschaften und bedienen sich somit der Methoden des Sozialmarketings. Im Vordergrund steht hier nicht die kurzfristige Steigerung von Umsatz- oder Gewinnzielen, sondern vielmehr eine langjährige positive Imagepflege und -verbesserung durch die Herausstellung sozialer Unternehmensleistungen. Als Beispiel dazu kann man die Marketingkampagnen von Opel sehen, die seit Jahren mit der Umweltfreundlichkeit ihrer Autos werben. Weitere Beispiele sind z. B. die Kampagnen von E.On bezüglich der Entwicklung von Gezeitenkraftwerken oder die Werbung des Webhosters Strato, der mit der ökologischen Stromversorgung seiner Internetserver Werbung betreibt. Mit dem klassischen Sozialmarketing hat dies aber nur am Rande zu tun, da hier nach wie vor der wirtschaftliche Erfolg durch langfristige Marken- und Imagepflege steht.

6.5.2 Spezifische Methoden des Sozialmarketings

01. Welche spezifischen Methoden des Sozialmarketing gibt es?

Initiativen, Stiftungen, Vereine und andere soziale Organisationen übernehmen immer mehr Aufgaben in Deutschland. Soziale Organisationen werden daher gerne bei uns neben dem Staat und der freien Wirtschaft als „dritte Kraft" in der Gesellschaft bezeichnet. Die sogenannten „Non Profits" wirtschaften mit Geld, brauchen wie jede andere (gemein)wirtschaftlich handelnde Organisation einen operativen Überschuss am Jahresende und müssen Marketing betreiben, um ihre Ziele zu erreichen. Seit ca. 1980 ist im deutschen Sozialmarketing eine zunehmende Professionalisierung zu beobachten. Der Dritte Sektor hat sich in den letzten Jahrzehnten immer weiter differenziert. Damit wird auch das Sozialmarketing komplexer. Unabhängig von der Art der Organisation und dem im Detail unterschiedlich ausgeprägten Marketingstrategien, steht im Kern jedes Sozialmarketing die Steigerung des Erfolges einer Organisation.

Mit der wachsenden Zahl sozialer Organisationen und Angebote wird es für den Erfolg der einzelnen Organisationen immer bedeutender, wie sie sich in der Öffentlichkeit bewegen. Denn die Zeiten, in denen soziale Einrichtungen Vollbelegung hatten, egal wie sie sich verhielten, sind in vielen Bereichen vorbei. Gleiches gilt für das Spendenaufkommen. Wer sich bei wachsender Anzahl von spendensammelnden Organisationen bei einem nahezu gleichbleibenden Spendvolumen nicht bemüht, bekommt weniger ab. Jede Organisation muss sich daher positionieren. Wer es nicht tut, dem drohen sinkende Einnahmen.

„Häufig wird der Start des modernen Sozialmarketing mit der Veröffentlichung des Aufsatzes „Social Marketing: An Approach to Planned Social Change" von Philip Kotler aus dem Jahre 1971 gleichgesetzt. In diesem stellte er die Frage, ob man soziales Verhalten mit Techniken des „normalen" Marketings verändern kann. Die Antwort darauf ist inzwischen klar. Jedes gute soziale Programm das Auswirkung (heute Social Impact genannt) auf z. B. Geburtenkontrolle oder andere Verhaltensthemen haben möchte, muss in der Öffentlichkeit kommuniziert werden. „Normales" (kommerziell getriebenes) Marketing hat Erfahrung mit Kommunikation. Daher ist es mehr als angeraten, immer wieder einen Blick über den Zaun der „kommerziellen Kommunikatoren" zu werfen. Viele Profis im Sozialmarketing starteten in „normalen" Agenturen oder im Journalismus (bis heute ist bei manchem Praktiker eine Engführung auf Public Relations zu beobachten). Der Wissenstransfer zwischen dem Profit- und dem Non-Profit-Lager ist konstant, stetig gewachsen und inzwischen wechselseitig."[1]

6.5.2.1 Bildung und Pflege von Netzwerken und Kooperationen

01. Wie wichtig ist die Bildung und Pflege von Netzwerken und Kooperationen?

„Netzwerke lassen sich verstehen als eine spezifische Kooperation einer Vielzahl von Akteuren, die über einen längeren Zeitraum eine bestimmte Strategie zur Durchsetzung von Zielen verfolgt. Die Zusammenarbeit in einem Netzwerk ist darauf angelegt, einen „Mehrwert" für die einzelnen Akteure zu erzielen. Das heißt, Netzwerke bündeln Kompetenzen und Ressourcen, um gemeinsame Ziele zu erreichen, die ein Partner alleine nicht erreichen könnte. Die Zusammenarbeiten, die die Akteure in einem Netzwerk eingehen, können auf der Basis einer eher lockeren Struktur, aber auch auf der Basis einer vertraglich verfestigten und institutionalisierten Struktur stattfinden (vgl. Minderop/Solzbacher 2007).

---

[1] Quelle: http://www.kompass-sozialmanagement.de/die-vier-felder-des-sozialmarketings, Ehrenfried Conta Gromberg; Verlag Dashöfer GmbH

In jedem Fall aber sind Netzwerke nicht durch eine hierarchische Ordnung gekennzeichnet sondern auf Konsensbildung angewiesen. Dabei bringen wachsende Handlungsverflechtungen gleichzeitig steigende Partizipationsansprüche bei der Bewältigung von komplexen Aufgaben und Anforderungen hervor (Dobischat u. a. 2006). Allerdings ist die Netzwerkbildung kein Selbstläufer, d. h. um bei der Problemlösung erfolgreich zu sein, reicht es nicht aus lediglich ein Netzwerk zu gründen. Entscheidend ist die Zusammensetzung nach spezifischen Kompetenzen, die zur Lösung regionaler Probleme benötigt werden. Folgende Fragen müssen in diesem Zusammenhang geklärt werden: Welcher der Akteure ist Experte für welche Problemstellungen? Eine wesentliche Aufgabe von Netzwerken ist es demnach, den Transfer von Kenntnissen und Kompetenzen zu ermöglichen und zu verbessern. Erfahrungen in Netzwerken zeigen, dass gerade der Austausch personengebundenen Wissens vor Ort für das Gelingen von gemeinsamen Aufgaben und Zielen des Netzwerks von Bedeutung ist. Diese Zusammenarbeit verlangt von den Akteuren eines Netzwerks, dass sie sowohl Methoden der Kooperation, Kommunikation und Verhandlung kompetent anwenden können (vgl. Minderop/Solzbacher 2007).

Dennoch ist die Netzwerkbildung nicht immer das non plus ultra."Vor lauter ‚netzwerken' komme ich kaum noch zum Arbeiten",' solche und ähnliche Aussagen hört man bisweilen von Netzwerkakteuren. Das bedeutet, Netzwerke können zwar bestimmte Potenziale öffnen, bergen aber auch Gefahren. So etwa besteht bspw. die Gefahr einer Überkomplexität, da Netzwerke oft mit Mitgliedern aus unterschiedlichen Arbeitsfeldern besetzt sind (z. B. Schulen, Universitäten, Kindergärten etc.). Gleichzeitig sind Netzwerke immer prinzipiell offen, d. h. es können Mitglieder abwandern, es können aber auch im Verlauf des Arbeitsprozesses neue Mitglieder hinzukommen. Immer wieder kann dies bedeuten, dass sich die Struktur und ggf. auch die Ziele des Netzwerkes ändern. Zudem führt die Freiwilligkeit der Teilnahme dazu, dass Rechte und Pflichten nur schwer ableitbar sind."[1]

6.5.2.2 Lobbyarbeit

01. Was beinhaltet Lobbyarbeit?

Lobbyisten, also Interessenvertreter von Unternehmen, Verbänden oder anderen Gruppierungen, versuchen, argumentativ auf Entscheider einzuwirken und so Meinungen und politische Handlungen zu beeinflussen. Aber es müssen Grenzen berücksichtigt und Regeln beachtet werden. Erfolgreiche Lobbyarbeit will ordentlich durchdacht und durchgeführt sein. Lobbyismus ist ein legitimes Mittel, um für eigene Belange, Inhalte und Ziele zu werben.

---

[1] Quelle: *Prof. Dr. Dr. h.c. Ekkehard Nuissl von Rein, Netzwerkbildung und Regionalentwicklung*

6.5.2.3 Zusammenarbeit mit Kostenträgern, Institutionen und Behörden

01. Wie gestaltet sich die Zusammenarbeit mit Kostenträgern?

Die Zusammenarbeit mit Kostenträgern im Gesundheitswesen kann sich durch folgende Möglichkeiten ergeben:

- Zusammenarbeit mit Kostenträgern beim Vergleich der Wirksamkeit von Arzneimitteln
- Entwicklung eines Preis-Toolkits und von Computermodellen mit Kostenträgern
- Entwicklung von Tools zur Beurteilung von Kosteneffektivität
- Verständnis der Kostenträger für den Wert unserer Produkte und Dienstleistungen.

02. Wie gestaltet sich die Zusammenarbeit mit Beratungs- und Kontrollbehörden bzw. -institutionen?

Der Öffentliche Gesundheitsdienst arbeitet mit den anderen an der gesundheitlichen Versorgung Beteiligten, insbesondere mit den Trägern medizinisch-sozialer Einrichtungen, den Kostenträgern, den Trägern von Hilfeeinrichtungen einschließlich der Einrichtungen für Gewaltopfer, den Selbsthilfegruppen sowie den Einrichtungen der Gesundheitsvorsorge und des Patientenschutzes zusammen. Er wirkt auf eine bedarfsgerechte gegenseitige Information und Koordination ihrer gesundheitlichen Maßnahmen und Leistungen hin.

03. Welche spezifischen Erscheinungsformen der Kooperation gibt es?

Um eine effektive Gesundheitsversorgung zu ermöglichen, ist es erforderlich, berufsübergreifend zusammenzuarbeiten. Aufgrunddessen hat der Begriff der Kooperation in der gesundheitspolitischen Diskussion in den letzten Jahren an Popularität gewonnen. Gemeint ist in der Regel die Zusammenarbeit einzelner oder mehrerer an der Gesundheitsversorgung beteiligter Berufsgruppen, wobei Formen und Ebenen dieser Zusammenarbeit vielschichtig sind. Der stetige Anstieg von Dienstleistungsangeboten im Gesundheitswesen einhergehend mit der Bedeutungsvielfalt der Begriffe Koordination, Kooperation und Vernetzung lassen einen Überblick der Versorgungslandschaft unmöglich erscheinen. Kooperationsformen sind gekennzeichnet durch die Koordination diagnostischer, therapeutischer und pflegerischer Maßnahmen, wobei die zu erbringenden Leistungen in der Regel durch eine übergeordnete Disziplin, z. B. den behandelnden Arzt, festgelegt werden. Im Vergleich dazu setzt das eingliedernde Modell eine Gleichwertigkeit aller Kooperationspartner, einschließlich des Patienten, voraus.

6.6 Durchführen von Maßnahmen im Gesundheitsmarketing

6.6.1 Gesundheitsmarketing

01. Wie definiert sich das Gesundheitsmarketing?

Das Gesundheitsmarketing ist ein relativ neuer Teilbereich des Marketing, der bewährte Marketingmodelle und Kommunikationsstrategien übernimmt. Diese werden den Besonderheiten der Branche angepasst. Das Gesundheitsmarketing umfasst einzelne Teildisziplinen wie das

- Krankenkassenmarketing
- Krankenhausmarketing
- Praxismarketing
- Pharmamarketing.

Gesundheitsmarketing spielt nicht zuletzt aufgrund der steigenden Kosten im Gesundheitswesen und des zunehmenden Wettbewerbsdrucks in diesem Markt eine immer größere Rolle für den Gesundheitssektor. Mit geschickten Gesundheitsmarketing-Maßnahmen versuchen immer mehr Apotheken, Krankenkassen, Kliniken, Pharmaunternehmen und ähnliche Organisationen vor allem gesundheitsbewusste Verbraucher zu überzeugen.

„Gesamtheit an Maßnahmen, mit denen gesundheitsförderliches Verhalten gesteigert und/oder gesundheitspositionierte Produkte und Dienstleistungen entwickelt, bepreist, vertrieben und kommuniziert werden, wobei bei der Entwicklung und Umsetzung dieser Maßnahmen bewusst gesundheitspsychologische Rahmenbedingungen, d. h. die Beweggründe für gesundheitsbewusstes Verhalten, sowie gesundheitsökonomische Rahmenbedingungen, d. h. regulierende Maßnahmen des Staates auf dem Markt für gesundheitsbezogene Produkte und Dienstleistungen, Berücksichtigung finden." (Mai/Hoffmann/Schwarz 2012)

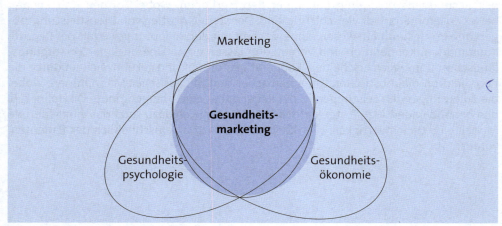

Schnittstelle von Marketing, Gesundheitsökonomie und Gesundheitspsychologie
Quelle: *Mai/Hoffmann/Schwarz 2012*

6.6.2 Spezifische Maßnahmen des Gesundheitsmarketings

6.6.2.1 Bildung und Pflege von Netzwerken

01. Wie wichtig ist die Bildung und Pflege von Netzwerken?

„Am Beispiel des Gesundheitswesens konkretisiert ist ein sogenanntes Gesundheitsnetzwerk eine „Kooperation von Dienstleistern im Gesundheitswesen zur Steigerung der Qualität im Hinblick auf Medizin, Betriebswirtschaft, Zeitmanagement, Gesundheitsmanagement und Patientenzufriedenheit" (Schlicht 2001). Das allgemeine Ziel der Beziehungen im Netzwerk ist stets, „durch eine Abstimmung der komplementären Fähigkeiten der am Netzwerk Beteiligten Synergieeffekte zu erreichen, die den Nutzen aller Beteiligten mehren" (Teller 2002).

Die Bildung und Gestaltung von Netzwerken ist eine komplexe Aufgabe. Unterschiedliche Netzwerkarten zeichnen sich durch ihre Verschiedenartigkeit in Form, Typ und Entwicklungsstadium sowie durch die starke Dynamik und Vielschichtigkeit der Beziehungen der Netzwerkpartner aus. Beispielsweise spielt gegenseitiges Vertrauen in Netzwerken eine besonders große Rolle. Somit erweitern sich nach Sydow (2006) bei der (Unternehmens-) Beratung von Netzwerken die üblichen Aspekte von Planung, Organisation, Kontrolle, des Personaleinsatzes und der Personalführung um beziehungsspezifische

Aufgaben wie Anbahnung, Austausch und Koordination mehrerer Unternehmungen. Schließlich sind es die Beziehungen, von dem das Netzwerk lebt. Insgesamt ist die Gestaltung von vernetzten Unternehmungen immer eine spezifische und individuelle Aufgabe. Aus der aktuellen Forschungsliteratur und anhand von Praxisbeispielen lassen sich aber durchaus allgemeine Handlungsempfehlungen und Prinzipien ableiten."[1]

6.6.2.2 Bildung und Pflege von Kooperationen

01. Wie wichtig ist die Bildung und Pflege von Kooperationen?

Kooperation gilt weithin als Wettbewerbsfaktor. Die Selbstständigkeit der einzelnen Leistungserbringer weicht der Kooperation mit anderen ambulanten und stationären Einrichtungen, sodass auf besondere Stärken und Kenntnisse der Kooperationspartner zurückgegriffen werden kann. Der Wettbewerbsdruck im direkten Umfeld reduziert sich und gemeinsame Marketingmaßnahmen unterstützen Synergieeffekte. Außerdem können Informationsfluss- und Behandlungsabläufe optimiert werden, was Doppeluntersuchungen vermeidet. Die Folge sind Kostensenkungen.

---

[1] Quelle: Netzwerkbildung und -management im Gesundheitswesen, Lehrstuhl für Industrial Sales Engineering, Fakultät für Maschinenbau an der Ruhr-Universität Bochum

Beispiel

Praktisches Beispiel zu Kooperationen:
Der Braunschweiger Pharmagroßhändler Kehr hat über 75.000 Artikel auf Lager. Rund 850 Apotheken werden beliefert – dreimal pro Tag, im Kerngebiet in der Regel innerhalb von zwei Stunden nach Bestellungseingang. Eine logistische Leistung, die indes mit der von anderen Vollsortimentern vergleichbar ist. Wie hebt sich der pharmazeutische Großhandel von Wettbewerbern ab? Großen Wert legt Kehr deshalb auf Kooperationen. So ist Hanns-Heinrich Kehr Geschäftsführer von Pharma Privat. dem bundesweiten Verbund privater Pharmagroßhändler, der vom gemeinsamen Einkauf profitiert, berät inzwischen auch Apotheken: Etwa bei der Erstellung von Online-Shops, durch Schulungen und Verkaufstraining. Nach aktuellen Marktdaten wird die Regal- und Schaufenstergestaltung optimiert. Ein weiterer Baustein zur Kundenbindung ist das Kooperationsmodell A+:

Eine Apotheken-Dachmarke, die von Kehr ins Leben gerufen wurde. Die Dienstleistungen, die heute bundesweit angeboten werden, sowie das Logo, wurden unter Federführung des Braunschweiger Pharmagroßhändlers erarbeitet. Das Spektrum reicht von Indikationsbroschüren über eine Info-Hotline bis hin zu gemeinsamen Aktionswochen und Werbeaktivitäten. „Im Mittelpunkt steht Dienstleistungsmarketing", erläutert Karl-Eberhard Wolff. Ein weiterer Baustein, die E+-Kooperation, kümmere sich um das gezielte Vermarkten eines ausgewählten Produktsortiments. Ständig wird es nach Ertragsgesichtspunkten optimiert. „Apotheken müssen sich heute verstärkt um Beratung und Zusatzverkäufe kümmern. Der Bereich der Erstattung ist unter Druck", so Wolff. Kehr unterstütze dabei auf vielfältige Weise: „Wenn sich die Kunden gut aufgehoben fühlen, dann sehen sie auch eine Zukunft in einem sich verändernden Markt."

„Im Kerngebiet Südostniedersachsen ist Kehr Marktführer. Unser Einzugsgebiet umfasst jedoch auch Apotheken von Minden bis Berlin, von Celle bis in den Südharz. Bis zu 260 Kilometer werden von Braunschweig aus gefahren", berichtet Karl-Eberhard Wolff, Leiter Marketing und Kommunikation. Gute Logistik sei die Voraussetzung für den Erfolg, betont er. Zu festgelegten Zeiten werden die Apotheker angerufen und geben ihre Bestellung auf.[1]

Verständnis von Führungskräften im Gesundheitswesen für die Notwendigkeit zur Kooperation und für die Herausforderungen, denen sie bei der Zusammenarbeit gegenüberstehen, werden in einem neuen Bericht von Quintiles untersucht, der auf einer weltweiten Umfrage unter Führungskräften bei Biopharma, Kostenträgern und Anbietern gründet.

---

[1] Quelle: Fachzeitschrift Marketing Club Braunschweig, Ausgabe 04.2006; weitere Informationen: www.kehr.de

The Collaboration Mandate (Das Kooperationsmandat) ist das erste in einer Reihe von drei Vordenkerpublikationen, die auf unabhängigen Umfragen bei über 300 Führungskräften im Gesundheitswesen in den USA, Italien, Frankreich, Deutschland, Spanien und Großbritannien gründen. Die Reihe erweitert den jährlichen New Health Report von Quintiles, der in den letzten drei Jahren veröffentlicht wurde.

„Die Stakeholder bewegen sich auf ein Funktionieren als System zu, bei dem das Abstimmen von Zielen und das Integrieren von Daten für sie die Wahrscheinlichkeit des Erfolgs erhöhen wird", sagte Dr. John Doyle, P. H., Senior Vice President und leitender Direktor für Consulting bei Quintiles. *„Zwei Drittel der Führungskräfte erwarten, mit Kostenträgern langfristige Vereinbarungen zu treffen, und fast 80 Prozent der Führungskräfte erwarten in den nächsten drei bis fünf Jahren strategische Bündnisse mit Gesundheitssystemen. Dieses Versprechen eines untereinander vernetzten Systems wird die Stakeholder dabei unterstützen, das dreifache Ziel zu erreichen – die Verbesserung des Patientenerlebnisses mit dem Gesundheitswesen, die Verbesserung der Gesundheit auf Bevölkerungsebene und die Senkung der Kosten für die Gesundheitsversorgung."*[1]

Die Erkenntnisse des Collaboration Mandate sind u. a.:

- Kostenträger, Anbieter und Biopharma stimmen darin überein, dass sie sich besser mit anderen Stakeholdern in der Gesundheitsbranche abstimmen müssen – sie haben jedoch bisher wenig Fortschritte auf dieses Ziel hin gemacht. Nur 16 - 19 % der Umfrageteilnehmer sagten, dass sie sich mit anderen Stakeholdern „meist abgestimmt" hätten, während ein Viertel sagen, dass sie sich „nicht sehr" oder „gar nicht" abgestimmt haben.
- Über 70 % aller Stakeholder sind der Ansicht, dass Transparenz bezüglich Datenquellen und beim Weitergeben von Informationen zwischen Gruppen von Stakeholdern für den Erfolg eines interoperablen Gesundheitssystems „sehr wichtig" oder „äußerst wichtig" ist. Ein großer Prozentsatz der Teilnehmer sind jedoch nicht zur Transparenz bereit. US-amerikanische Kostenträger und Anbieter gaben den eigenen Segmenten der Branche die besten Noten – jeweils 54 beziehungsweise 51 % sagten, dass sie „äußerst" oder „sehr" hohe Bereitschaft zur Transparenz hätten, im Vergleich zu 37 % der Biopharmafirmen und nur 18 % der Kostenträger in der EU.
- Über acht von zehn Biopharma-Führungskräften und 99 % der Führungskräfte bei Kostenträgern in den USA sind der Ansicht, dass erhöhte Beteiligung bei den Anbietern und Gesundheitssystemen ihrer Organisation nützen wird.

Daten aus Quintiles' New Health Report 2012 zeigten, dass Kostenträger sowohl in den USA als auch in Großbritannien eine erhöhte Beteiligung in jeder Phase des Verfahrens der Medikamentenentwicklung wünschen. Bei einem allgemeinen Vergleich bisheriger Antworten auf die diesjährige Umfrage gibt es einen klaren Bedarf von Kostenträgern und Anbietern nach effektiverer Interaktion mit der Biopharmabranche bezüglich des Verfahrens der Medikamentenentwicklung.

---

[1] Quelle: http://www.pharma-zeitung.de/fuhrungskrafte-im-gesundheitswesen-sagen-dass-koop, Quintiles' New Health Report 2012

„Transformation hin zu einem systemorientierten, auf Werten ausgerichteten Umfeld ist ein schwieriger, aber notwendiger Schritt bei der Weiterentwicklung der Biopharmabranche", fügte Doyle hinzu. „Es werden clevere Führungskräfte gebraucht werden, die in der Lage sind, in ihren eigenen Organisationen oder Firmen Änderungen der Unternehmenskultur voranzutreiben sowie in der gesamten Branche Unterstützung für ein interoperableres und transparenteres Entwicklungsumfeld zu schaffen. Gewinner werden diejenigen sein, die Vertrauen aufbauen, Anreize abstimmen und gemeinsame Ziele bei der Senkung von Kosten und der Verbesserung der Gesundheit der Patienten haben."[1]

In dem Bericht werden Empfehlungen für die Biopharmabranche ausgesprochen, wie sie ihre Kooperationen dahingehend ausdehnen können, dass sie den Geschäften nützen und die Gesundheit der Patienten verbessern. Zu den Hauptempfehlungen gehören:

- „Diversifizierung von Partnerschaften zum Vorantreiben von Innovationen. Marktführer in der Biopharmabranche müssen nach Möglichkeiten suchen, mit unterschiedlichen Stakeholdern aus dem gesamten Spektrum des Gesundheitswesens zusammenzuarbeiten. Idealerweise werden diese Möglichkeiten die Komfortzonen über die herkömmlichen Wirtschaftspartnerschaften hinaus ausdehnen, und es gibt das Versprechen der Innovation im Austausch für Transparenz und eine Bereitschaft zur gemeinsamen Arbeit zum gegenseitigen Nutzen.
- Gemeinsames Erstellen der Roadmap. Stakeholder müssen bei der Abstimmung von Zielen zusammenarbeiten, um konkurrierende Anreize mit Verfahrenseffizienz zu ersetzen. Wenn die Kooperation ein Ziel hat, dann bewegt sich jeder in die gleiche Richtung, was ein effektiveres Produkt und bessere Ergebnisse zur Folge hat.
- Fördern – und Nutzen – von Feedback. Führungskräfte müssen Ergebnisse und Feedback regelmäßig in der Stakeholder-Community kommunizieren, um Vertrauen aufzubauen und einen Einsatz zum ständigen Lernen zu fördern, der laufende Verbesserungen von Konzepten ermöglicht."[2]

---

[1] Quelle: http://www.pharma-zeitung.de/fuhrungskrafte-im-gesundheitswesen-sagen-dass-koop, Quintiles' New Health Report 2012
[2] Quelle: http://www.pharma-zeitung.de/fuhrungskrafte-im-gesundheitswesen-sagen-dass-koop, Quintiles' New Health Report 2012

6.6.2.3 Lobbyarbeit

01. Wie gestaltet sich Lobbyarbeit?

„Bei dem deutschen Gesundheitsmarkt handelt es sich um einen Markt, der durch ein enormes Wachstum geprägt ist. Dies liegt nicht zuletzt daran, dass der überwiegende Teil der Bevölkerung in der gesetzlichen Krankenversicherung freiwillig- oder pflichtversichert ist. Unsere Gesellschaft wird immer älter und ist deshalb in Zukunft vermehrt auf die Leistungen des Gesundheitswesens angewiesen. Des Weiteren stellt das Gesundheitssystem einen großen Arbeitsmarkt mit vielen Millionen Beschäftigten dar und ist eine ewige Reformbaustelle, die durch einige strukturelle Mängel gekennzeichnet ist. Dies alles sind Ansatzpunkte für mächtige organisierte Gruppen, die im Gesundheitswesen aktiv sind und versuchen ihre Interessen gegenüber dem System und der Politik durchzusetzen. Das Scheitern vieler notwendiger Reformen ist nicht allein auf die knappen finanziellen Mittel zurückzuführen, sondern auch auf die erfolgreichen Eingriffe bestimmter Interessenverbände. Bei der Lobbyarbeit spielt sich vieles im Verborgenen ab und wird deshalb von der Öffentlichkeit nicht immer wahrgenommen, weil es kaum ersichtlich ist, ob es bei der Einflussnahme immer sozial gerecht zugeht."[1]

6.6.2.4 Zusammenarbeit mit Kostenträgern

01. Wie gestaltet sich die Zusammenarbeit mit Kostenträgern?

„Weltweit konzentrieren sich die Kostenträger im Gesundheitswesen darauf, die Lücke zwischen Finanzierung und Behandlungskosten zu überbrücken sowie die häufigen gesetzlichen Änderungen als Folge von Reformen in die Praxis zu integrieren. Die Führungsgremien entsprechender Organisationen – von Krankenversicherungen und Krankenkassen bis zu Rentenversicherungsträgern – müssen sich eine Reihe wichtiger Fragen stellen:

- *Welche Rolle spielen wir als Kostenträger im Gesundheitswesen in den möglichen Szenarien für die Finanzierung und Reform des Gesundheitswesens?*
- *Wie können wir dazu beitragen, dass die medizinische Betreuung auf möglichst kostengünstige Weise und gleichzeitig auf qualitativ höchstem Niveau gewährleistet wird?*
- *Wie können wir interne Prozesse optimieren und von entsprechenden Fortschritten in der IT profitieren? In welchem Umfang spielen Skaleneffekte eine Rolle, und wie können wir die Komplexitätskosten auf ein Minimum senken?*
- *Wie sprechen wir mit einem optimalen Produktportfolio und einer umfassenden Dienstleistungserfahrung, die immer anspruchsvolleren Kunden am besten an? Wie können wir uns auf die veränderte Rolle des Kunden – vom anspruchsvollen Auftraggeber zum stärker eingebundenen und informierten Verbraucher – bei der Auswahl der Krankenversicherung und der medizinischen Leistungen einstellen?*
- *Wie arbeiten wir am besten mit Ärzten, Dienstleistern, Arbeitgebern und anderen Akteuren zusammen?"*[2]

---

[1] Quelle und weitere Erläuterungen: Diplomarbeit aus dem Jahr 2004 im Fachbereich Organisation und Verwaltung, Fachhochschule des Bundes für öffentliche Verwaltung

[2] Quelle: http://www.bcg.de/expertise_impact/industries/gesundheitswesen/competencies.aspx

6.6.2.5 Zusammenarbeit mit Beratungs- und Kontrollbehörden bzw. -institutionen

01. Wie gestaltet sich die Zusammenarbeit mit Beratungs- und Kontrollbehörden bzw. -institutionen?

„Das gesundheitspolitische Umfeld und die Rahmenbedingungen für die Entwicklung, den Absatz und die Erstattung von Arzneimitteln sind im Umbruch. Sie verlangen in zunehmendem Maße die Involvierung verschiedenster Einrichtungen des Gesundheitswesens. Hieraus resultieren gleichzeitig neue bzw. engere Kooperationsbeziehungen zwischen pharmazeutischen Unternehmen und diesen Einrichtungen einschließlich ihrer Mitarbeiter. Dazu zählen neben Ministerien und Behörden verschiedene weitere staatliche Institutionen sowie Einrichtungen der gemeinsamen Selbstverwaltung im Gesundheitswesen und deren Mitarbeiter als Repräsentanten dieser Einrichtungen. Die Zusammenarbeit und der laufende Diskurs zwischen der pharmazeutischen Industrie und den Partnern im Gesundheitswesen sowie deren Mitarbeitern ist zu begrüßen und zu fördern. Denn dies dient sowohl dem erforderlichen Informationsaustausch als auch dem besseren Verständnis der jeweiligen Positionen und damit dem gemeinsamen Ziel aller Partner im Gesundheitswesen an einer optimalen Patientenversorgung. Die Veränderungen des gesundheitspolitischen Umfelds führen zu neuen Rahmenbedingungen für den Absatz von Arzneimitteln. Die zunehmende Involvierung etwa der Krankenkassen und Kassenärztlichen Vereinigungen, des Gemeinsamen Bundesausschusses (G-BA), des Instituts für Qualität und Wirtschaftlichkeit im Gesundheitswesen (IQWiG) und des Spitzenverbands der Gesetzlichen Krankenversicherungen (GKV-Spitzenverband) führt auch zu neuen bzw. engeren Geschäfts- und Kooperationsbeziehungen zwischen der pharmazeutischen Industrie und diesen Institutionen. Dies betrifft etwa Erstattungsfragen bei der Sicherung der für die Erstattungsfähigkeit erforderlichen Daten, Informationen sowie des hierzu erforderlichen Austauschs solcher Daten und Informationen. Schließlich finden auch zunehmend Formen der Zusammenarbeit mit einzelnen Funktionsträgern dieser Organisationen statt, wie z. B. Vortrags- und Beratungstätigkeiten sowie Einladungen und Bewirtungen zu Veranstaltungen von pharmazeutischen Unternehmen."[1]

6.6.3 Spezifische Erscheinungsformen

01. Wie sehen spezifische Erscheinungsformen aus?

„Innerhalb des Gesundheitsbereichs, der sich zunehmend marktwirtschaftlich und kundenorientiert entwickelt, wird das Marketing ein zunehmend wichtigeres Managementkonzept zur Gestaltung und Steuerung der Marktbeziehungen. Auch aufgrund der ständigen Änderungen im Bereich des Gesundheitswesens sehen Dienstleister, wie bspw. Krankenhäuser, Zuweiser, Rehakliniken einem immer stärker werdenden Wettbewerb entgegen. Um hier zu bestehen und die eigene Existenz zu sichern, bedarf es der Entwicklung und Umsetzung einer erfolgreichen Marketingkonzeption.

---

[1] Quelle: Fachbericht FSA-Empfehlungen zur Zusammenarbeit der pharmazeutischen Industrie mit den Partnern im Gesundheitswesen und deren Mitarbeitern

Dabei ist das Gesundheitsmarketing ein Managementkonzept zur Planung, Koordination und Kontrolle der marktbezogenen Aktivitäten. Es wendet erprobte Marketingtechniken in Form einer ganzheitlichen Betrachtung auf das Gesundheitswesen an. In der Medizin steht der Patient als Mitproduzent der medizinischen Leistungen im Mittelpunkt der Austauschbeziehungen. Aufgabe des Marketing ist es daher, die Qualität der Leistungen auf die Bedürfnisse, Erwartungen und Ansprüche der Kunden bzw. Patienten auszurichten. Somit müssen die Gesundheitsanbieter die besonderen Erwartungen, Interessen und Einstellungen der Beteiligten berücksichtigen und die Kontakte zu den Partnern aktiv und bewusst gestalten. Alle Themen, die sich auf das Gut Gesundheit beziehen, finden in der Öffentlichkeit eine hohe Beachtung. Zwar ist Gesundheit ein persönliches Gut, allerdings liegt es nicht nur in individueller, sondern auch in gesellschaftlicher Verantwortung. Das gesundheitliche Versorgungssystem wird von sozialen und ethischen Grundsätzen bestimmt."[1]

Wie bereits zuvor behandelt, darf man auch nicht vergessen, dass Marketing im Gesundheitswesen auch weiterhin bestimmten Einschränkungen unterliegt. HWG und MBO-Ä beschränken einige Maßnahmen aus dem Marketing.

Trotzdem wird das Marketing einen immer größeren Stellenwert innerhalb des Sozial- und Gesundheitswesen einnehmen. Das letzte Jahrzehnt hat für alle Krankenhäuser und Arztpraxen weitreichende demografische, strukturelle und finanzielle Veränderungen mit sich gebracht. Krankenhäuser und Arztpraxen werden sich zukünftig im Wettbewerb um die Gunst der Patienten behaupten müssen. Ein professionelles und effizientes Marketing ist dabei unverzichtbar.

---

[1] Quelle: *„Strategische Marketing - Maßnahmen in der Gesundheitswirtschaft mit Orientierung am Patienten", Robert Renner*

ÜBUNGSTEIL (AUFGABEN UND FÄLLE)

Zugelassene Hilfsmittel für die bundeseinheitliche Prüfung[1]

Alle Handlungsbereiche	► dokumentenechtes Schreibmaterial ► Lineal ► netzunabhängiger, nicht kommunikationsfähiger Taschenrechner.
Handlungsbereich	
Aufgabenstellung 1	► siehe „Alle Handlungsbereiche"

Aufgabenstellung 2	► zusätzlich Gesetzestexte, insbesondere
	  - Grundgesetz l
	  - Bürgerliches Gesetzbuch
	  - Handelsgesetzbuch
	  - Arbeitsgesetze
	  - Sozialgesetzbuch
	► Gesetzessammlungen, in denen diese Gesetze Bestandteil sind
	► zusätzlich IHK-Formelsammlung für Fachwirte.[2]

Für die oben genannten zugelassenen Gesetzestexte gilt:

► für die Frühjahrsprüfung jeweils der Rechtsstand vom 31. Dezember des Vorjahres
► für die Herbstprüfung jeweils der Rechtsstand vom 1. Januar des laufenden Jahres
► es dürfen nur unkommentierte Fassungen verwendet werden; Klebezettel, Lesezeichen, Unterstreichungen und Anmerkungen, soweit es sich ausschließlich um Querverweise auf andere Paragrafen handelt, sind zulässig.

Strukturierung der schriftlichen Prüfung[3][4]

Betriebliche Situationsbeschreibung; abgeleitete Aufgabenstellung 1

Verordnung	Handlungsbereich	Punkte ca.
§ 4 Abs. 1	Planen, Steuern und Organisieren betrieblicher Prozesse	15
§ 4 Abs. 2	Steuern von Qualitätsmanagementprozessen	20
§ 4 Abs. 3	Gestalten von Schnittstellen und Projekten	20

---

[1] Gültig ab der Frühjahrsprüfung 2019.
[2] Diese wird von der IHK zur Verfügung gestellt.
[3] Bei den Angaben in der Übersicht handelt es sich um Richtwerte, von denen in einzelnen Fällen in geringem Umfang abgewichen werden kann.
[4] Die Strukturierung gilt ab der Frühjahrsprüfung 2019.

ÜBUNGSTEIL (AUFGABEN UND FÄLLE)

Verordnung	Handlungsbereich	Punkte ca.
§ 4 Abs. 4	Steuern und Überwachen betriebswirtschaftlicher Prozesse und Ressourcen	15
§ 4 Abs. 5	Führen und Entwickeln von Personal	15
§ 4 Abs. 6	Planen und Durchführen von Marketingmaßnahmen	15
		100

Betriebliche Situationsbeschreibung; abgeleitete Aufgabenstellung 2

Verordnung	Handlungsbereich	Punkte ca.
§ 4 Abs. 1	Planen, Steuern und Organisieren betrieblicher Prozesse	15
§ 4 Abs. 2	Steuern von Qualitätsmanagementprozessen	15
§ 4 Abs. 3	Gestalten von Schnittstellen und Projekten	15
§ 4 Abs. 4	Steuern und Überwachen betriebswirtschaftlicher Prozesse und Ressourcen	25
§ 4 Abs. 5	Führen und Entwickeln von Personal	15
§ 4 Abs. 6	Planen und Durchführen von Marketingmaßnahmen	15
		100

Probeklausur 1 zu Aufgabenstellung 1

Inhaltlich gehören dazu alle Handlungsbereiche des Rahmenplans (DIHK, Dez. 2011).

Erläuterung zum Aufbau der Prüfungsklausuren

Die Aufgaben liegen generell auf der Taxonomiestufe 3 „Anwenden".

Anwenden beschreibt die aus dem **Verstehen der Zusammenhänge** resultierende Fähigkeit zum Transfer und dem sach- und fachgerechten **Handeln in neuen Situationen**.

Die Taxonomiestufe 3 erfordert immer, dass ganze Sätze als Lösung formuliert werden.

Bei Aufgaben, die eine Aufzählung von n-Fakten zur Lösung erfordern, werden nur die n-Fakten gewertet. Alle darüber hinausgehenden Aufzählungen werden gestrichen.

Die folgenden Aufgaben und Lösungen dienen als Prüfungsvorbereitung. Der Zeitrahmen der Klausur beträgt ca. 300 Minuten. Somit entspricht ein erreichter Lösungspunkt einer Bearbeitungszeit von ca. drei Minuten Prüfungszeit bei 100 Punkten.

ÜBUNGSTEIL (AUFGABEN UND FÄLLE)

Beachten Sie im eigenen Interesse bei der Bearbeitung der Prüfung, dass Sie zuerst die Aufgaben bearbeiten, die Sie sicher beantworten können und im Zeitmanagement, dass Sie die Bearbeitung so gestalten, dass die vorgegebene Punktzahl berücksichtigt wird.

Betriebliche Situationsbeschreibung

Aufgrund ihres umfangreichen Erfahrungswissens im Gesundheits- und Sozialwesen sind Sie als Trainee bei der Unternehmensberatung Living-Health-Consult SE (LHC) eingestellt worden. Die LHC hat wiederkehrende Beratungsverträge mit unterschiedlichsten Gesundheits- und Sozialbetrieben. Im Moment ist die LHC vermehrt in Krankenhäusern und Pflegeeinrichtungen tätig, da dies ein Beratungsschwerpunkt ist und im Gesundheitswesen wieder zahlreiche gesetzliche Änderungen und wirtschaftliche Anpassungen für Beratungsbedarf bei den Kunden sorgen.

Konkretisierungen für Aufgabestellung 1

Die LHC hat gerade einen Beratungsvertrag mit einem Krankenhauses abgeschlossen. Sie sind Mitglied der Beratungsteams. Das Krankenhaus möchte sich u. a. zur Kooperation mit einer Arztpraxis für Strahlentherapie umfangreich beraten lassen.

Das Krankenhaus ist zurzeit nur zur Grundversorgung zugelassen. Im Bundesland gibt es die Möglichkeit, einen besonderen Versorgungsvertrag abzuschließen, nachdem die Aufnahme und Abrechnung strahlentherapeutisch zu behandelnder Patienten stattfinden kann.

Der laufende Beratervertrag wurde um die Überprüfung der Kommunikationsstrukturen ergänzt, nachdem LHC im Krankenhaus auf Unstimmigkeiten, Unzufriedenheit und mangelhafte Kommunikation während der Beratung getroffen ist. Ein weiteres Beratungsthema ergibt sich aus der Ausschreibung für einen Entsorgungsdienstleister.

Es hat sich zudem ein Stammkunde der LHC aus der stationären Pflege gemeldet und bittet um Beratung zum Thema Pflegestärkungsgesetz (PSG).

ÜBUNGSTEIL (AUFGABEN UND FÄLLE)

Aufgabe 1:
10 Punkte (RP 1)

Durch die Entscheidung, eine externe Facharztpraxis für die Strahlentherapie einzubinden, verändern sich die Organisationsstrukturen aus Sicht der Leitung im Krankenhaus erstmalig erheblich. Es ist aus Ihrer Sicht notwendig, diesen Veränderungsprozess aktiv mittels Change-Management zu begleiten.

Schildern Sie die Phasen des Veränderungsprozesses, die im Krankenhaus entstehen und gemanagt werden müssen.

Lösung s. Seite 1139

Aufgabe 2:
5 Punkte (RP 1.4.1)

Während einer Sitzung der Unternehmensleitung werden Sie beauftragt, die Ausmaße von Veränderungen in der Tarifstruktur und Anpassungen von Gehältern darzulegen, wenn ein Konzerntarif eingeführt wird.

Stellen Sie fünf Veränderungen bzw. Wirkungen dar.

Lösung s. Seite 1140

Aufgabe 3:
10 Punkte (RP 2.2, 2.3)

Die im Krankenhaus erworbenen Infektionen haben im laufenden Jahr im Vergleich zum Vorjahr um 10 % zugenommen.

a) Erläutern Sie anhand von zwei Kenngrößen, wie Sie feststellen können, ob sich der Infektionsschutz der Mitarbeiter verändert hat. (4 Punkte)

b) Wie können Sie feststellen, ob die Infektionsquote in diesem Krankenhaus auffällig ist oder einem normalen Trend entspricht? (2 Punkte)

c) Welche vier Maßnahmen empfehlen Sie, um schnell eingreifen zu können, wenn sich herausstellt, dass externe Faktoren keinen Einfluss haben? (4 Punkte)

Lösung s. Seite 1141

Aufgabe 4:
10 Punkte (RP 2.1.2)

Entwerfen Sie eine nicht öffentliche Ausschreibung der Entsorgungsdienstleistungen für das Krankenhaus. Gehen Sie insbesondere auf Anforderungen an den Entsorgungsbetrieb, formale Kriterien des Ausschreibungsangebots ein. Folgende Bedarfe liegen

ÜBUNGSTEIL (AUFGABEN UND FÄLLE)

vor. Diese sind Basis für die Ausschreibung und werden den Entsorgungsunternehmen zur Angebotsunterbreitung vorgegeben:

Alle Preise in €												
Behälter	Volumen in cbm	Stk	Miete/Monat	Leerungen/a	Preis/Leerung	to/a Behälter/a	Übernahmeschein je Stk	Preis/to	Handling	Preis/Std.	Preis/cbm	Vergütung Summe/a	Hinweise
LOS A												
150101 Papier/Pappe/Kartonage (B12 1.02)												
Presse	20 cbm		1	25				75 to				
LOS B												
180104 Abfälle, an deren Sammlung und Entsorgung aus infektionspräventiver Sicht keine besonderen Anforderungen gestellt werden (z. B. Wund- und Gipsverbände, Wäsche, Einwegkleidung, Windeln)												
Presse	20 cbm		1	60				346 to				
LOS C												
200307 sperrmüllähnlicher Abfall												
Abroller	36 cbm		1	6				19,63 to				
LOS D												
170405 Eisen und Stahl												
Absetzer	10 cbm		1	4				7,69 to				

a = Jahr, cbm = Kubikmeter, Stk = Stück, to = Tonne (1000 Kilogramm)

Lösung s. Seite 1141

Aufgabe 5:
20 Punkte (RP 3)

Während ihrer Recherche im Krankenhaus haben Sie diverse Kommunikationsstörungen wahrgenommen. Der Beratervertrag wird erweitert um die Überprüfung und Konzeptionierung von Informationsstrukturen. Eine erste Befragung der Mitarbeiter und Krankenhausleitung ergab unbefriedigende und falsche Informationsflüsse zwischen allen Berufsgruppen im Krankenhaus.

a) Stellen Sie je zwei mögliche Kommunikationsstörungen zwischen:
   1. Pflegekraft und Patient
   2. Arzt und Pflegekraft
   3. Unternehmensleitung und Chefarzt dar. (6 Punkte)
b) Unterbreiten Sie für jedes unter 5a) genannte Paar einen Vorschlag zur Verbesserung der Kommunikation für eines Ihrer o. g. Beispiele. (6 Punkte)
c) Zwischen zwei Oberärzten kommt es regelmäßig zu heftigen Auseinandersetzungen hinsichtlich der einzusetzenden OP-Techniken. Die Ärzte wiegeln die OP-Teams gegeneinander auf. Dies stört den Betriebsfrieden.

Stellen Sie dar, auf welcher Konfliktstufe (nach *Glasl*) sich die beiden Ärzte befinden. Schlagen Sie eine Konfliktlösungsstrategie für diesen akuten Fall vor und schildern Sie die mögliche Entwicklung des Konflikts, wenn die Strategie nicht aufgeht. (8 Punkte)

Lösung s. Seite 1143

Aufgabe 6:
15 Punkte (RP 4.3)

In der Röntgenabteilung der Krankenhaus GmbH entstehen Personalkosten in Höhe von 200.000 € für 7.500 Arbeitsstunden. Die Anschaffungskosten der Röntgengeräte beträgt 2,5 Mio. €, welche über 5 Jahre linear abgeschrieben werden. Jährlich fallen Wartungskosten in Höhe von 175.000 € an. Die variablen Kosten je Leistungspunkt betragen 0,0185 €/Punkt.

Das Röntgen erbringt jährlich Leistungen von 7,5 Mio. Punkten mit diesem Gerät.

a) Berechnen Sie nachvollziehbar die jährlichen Kosten für die Röntgenabteilung und die Kosten je Punkt. (6 Punkte)

b) Das Krankenhaus bekommt von einem Facharzt die Anfrage, zusätzliche Röntgenleistungen in Höhe von 750.000 Punkten zu erstellen. Hierfür würden 300 Überstunden anfallen. Welche mit einem Zuschlag von 25 % je Arbeitsstunde vergütet würden. Berechnen Sie nachvollziehbar die zusätzlichen Kosten je weiteren Punkt. (6 Punkte)

c) Welchen Preis hat der externe Facharzt zu zahlen, wenn Sie 10 % Gewinnaufschlag kalkulieren. (3 Punkte)

Lösung s. Seite 1144

Aufgabe 7:
10 Punkte (RP 5)

Durch die Umsetzung des PSG muss der Stammkunde von LHC, die Pflegeeinrichtung, Änderungen in den Arbeitsabläufen und bei der Arbeitszeit vornehmen. Hiervon können die Mitarbeiter mit ihren unterschiedlichen Arbeitsverträgen oder Rechten als Arbeitnehmer betroffen sein.

Typische Situationen in der Umsetzungsphase des PSG könnten sein, dass die PDL eine Doppelschicht anordnet bzw. einen Nachmittagseinsatz einer Teilzeitkraft erfragt und vieles andere mehr.

Prüfen Sie anhand von zwei selbstgewählten Änderungen die Informationspflicht des Arbeitsgebers bzw. die Rechte der Mitarbeiter und verweisen Sie auf die gesetzlichen Grundlagen dieser Rechte und Pflichte.

Lösung s. Seite 1145

ÜBUNGSTEIL (AUFGABEN UND FÄLLE)

Aufgabe 8:
5 Punkte (RP 5.4)

Das Krankenhaus führt Mitarbeitergespräche durch. Während der letzten Gespräche wurden bei vielen Mitarbeitern, Tendenzen bemerkt, dass diese innerlich kündigen. Im Laufe der letzten drei Befragungen ist der Motivationsindex um 10 Punkte gesunken.

Sie werden damit beauftragt Gegenmaßnahmen vorzustellen.

a) Erläutern Sie drei klassische Gründe, die bei Mitarbeitern Motivation behindern. (3 Punkte)
b) Entwickeln Sie zwei Maßnahmen, die die Motivation fördern. (2 Punkte)

Lösung s. Seite 1148

Aufgabe 9:
10 Punkte (RP 6.1.1)

Die Unternehmensleitung plant die Überarbeitung der Homepages des Krankenhauses. Der Internetauftritt der angeschlossenen Apotheke wird zukünftig als Web-Shop konzipiert. In diesem Zusammenhang muss geklärt werden, welche Werbeaktivitäten zulässig sind.

Erläutern Sie die Risiken und Chancen dieser Werbemöglichkeit.

Lösung s. Seite 1149

Aufgabe 10:
5 Punkte (RP 6)

Das Krankenhaus möchte seine Marketingaktivitäten hinsichtlich der Leistungserweiterung Strahlentherapie zielgruppengerecht einsetzen und erwartet eine Analyse über die abgeschlossenen Beraterverträge mit LHC durch Sie.

Stellen Sie dar, welche Zielgruppen durch den neuen Schwerpunkt bzw. durch den Kooperationspartner angesprochen werden.

Lösung s. Seite 1149

ÜBUNGSTEIL (AUFGABEN UND FÄLLE)

Probeklausur 1 zu Aufgabenstellung 2

Inhaltlich gehören dazu alle Handlungsbereiche des Rahmenplans (DIHK, Dez. 2011).

Erläuterung zum Aufbau der Prüfungsklausuren

Die Aufgaben liegen generell auf der Taxonomiestufe 3 „Anwenden".

Anwenden beschreibt die aus dem **Verstehen der Zusammenhänge** resultierende Fähigkeit zum Transfer und dem sach- und fachgerechten **Handeln in neuen Situationen**.

Die Taxonomiestufe 3 erfordert immer, dass mehrere ganze Sätze als Lösung formuliert werden.

Bei Aufgaben, die eine Aufzählung von n-Fakten zur Lösung erfordern, werden nur die n-Fakten gewertet. Alle darüber hinausgehenden Aufzählungen werden gestrichen.

Die folgenden Aufgaben und Lösungen dienen als Prüfungsvorbereitung. Der Zeitrahmen der Klausur beträgt ca. 300 Minuten. Somit entspricht ein erreichter Lösungspunkt einer Bearbeitungszeit von ca. drei Minuten Prüfungszeit bei 100 Punkten.

Beachten Sie im eigenen Interesse bei der Bearbeitung der Prüfung, dass Sie zuerst die Aufgaben bearbeiten, die Sie sicher beantworten können und im Zeitmanagement, dass sie die Bearbeitung so gestalten, dass die vorgegebene Punktzahl berücksichtigt wird.

ÜBUNGSTEIL (AUFGABEN UND FÄLLE)

Betriebliche Situationsbeschreibung

Aufgrund ihres umfangreichen Erfahrungswissens im Gesundheits- und Sozialwesen sind Sie als Trainee bei der Unternehmensberatung Living-Health-Consult SE (LHC) eingestellt worden. Die LHC hat wiederkehrende Beratungsverträge mit unterschiedlichsten Gesundheits- und Sozialbetrieben. Im Moment ist die LHC vermehrt in Krankenhäusern und Pflegeeinrichtungen tätig, da dies ein Beratungsschwerpunkt ist und im Gesundheitswesen wieder zahlreiche gesetzliche Änderungen und wirtschaftliche Anpassungen für Beratungsbedarf bei den Kunden sorgen.

Konkretisierungen für Aufgabenstellung 2

Die LHC hat gerade einen Beratungsvertrag mit einem Krankenhaus abgeschlossen. Sie sind Mitglied der Beratungsteams. Das Krankenhaus möchte sich u. a. zur Kooperation mit einer Arztpraxis für Strahlentherapie umfangreich beraten lassen. Das Krankenhaus ist zurzeit nur zur Grundversorgung zugelassen. Im Bundesland gibt es die Möglichkeit, einen besonderen Versorgungsvertrag abzuschließen, nachdem die Aufnahme und Abrechnung strahlentherapeutisch zu behandelnder Patienten stattfinden kann.

Im Krankenhaus ist im operativen Controlling der Qualitätskennzahl „Anzahl der nosokomialen Infektion" eine Steigerung gegenüber dem Vorjahr aufgefallen. Eine Ursachenanalyse im Fachbereich ergibt, dass Schulungsbedarfe beim klinischen Personal notwendig sind. Ziel ist es, durch Schulungen die Infektionsrate zu senken. Schulungen sind jedoch im Tagesgeschäft regelmäßig schlecht einzubinden.

Es wird die Investitionsentscheidung für ein Laborgerät geprüft.

Die derzeitige Umsetzung des Pflegestärkungsgesetzes (PSG) beschäftigt eine Pflegeeinrichtung. Sie benötigt konkret Hilfe im Controlling und erteilt einen Beratungsauftrag an LHC.

ÜBUNGSTEIL (AUFGABEN UND FÄLLE)

Aufgabe 1:
15 Punkte (RP 1.3.2)

Nachdem im Krankenhaus eine Noro-Virus-Welle überstanden wurde, ist in der Unternehmensleitung die Frage diskutiert worden, wie man sich noch besser auf diese kritischen Situationen vorbereiten kann.

Sie erhalten den Auftrag, einen Katalog zur Verbesserung des Risikomanagements zu erarbeiten.

Lösung s. Seite 1150

Aufgabe 2:
15 Punkte (RP 2.2.3)

Regelmäßig kommt es zu meldepflichtigen Erkrankungen im Krankenhaus. Damit es zu einer einheitlichen Vorgehensweise kommt, soll der Workflow am Beispiel des Noro-Virus vereinheitlicht werden.

Sie erhalten den Auftrag eine Prozessbeschreibung für die einheitliche Bearbeitung und Meldung eines Ausbruchs von Noro-Viren zu erstellen.

Lösung s. Seite 1150

Aufgabe 3:
15 Punkte (RP 3)

Die Krankenhaus-Leitung befürwortet aufgrund Ihrer Ausarbeitung und Empfehlung die Kooperation mit einer Facharztpraxis für Radiologie. Auf dieser Basis soll ein Rohkonzept zur Bildung von Schnittstellen und die zu erwartenden Auswirkungen auf den Krankenhausbetrieb erstellt werden.

a) Stellen Sie hierfür aufgrund der Abrechnungsproblematik die möglichen Prozessschritte dar. (5 Punkte)

b) Erläutern Sie, wie die Abrechnung zwischen Krankenhaus und Facharztpraxis hinsichtlich der Vergütung der Strahlentherapie erfolgen kann. (5 Punkte)

c) Erläutern Sie, welche grundsätzlichen Sicherheitsrichtlinien beim Austausch von personenspezifischen Daten zwischen Krankenhaus und Facharztpraxis zu beachten sind. (5 Punkte)

Lösung s. Seite 1152

ÜBUNGSTEIL (AUFGABEN UND FÄLLE)

Aufgabe 4:
5 Punkte (RP 4)

Während einer Hygieneschulung in einer Pflegeeinrichtung, die die LHC berät, wurde festgestellt, dass im Fall einer Infektion mit Noro-Viren künftig viruzide Desinfektionsmittel für die Personalhygiene und Sauerstoffabspalter für die Flachendesinfektion vorgehalten werden müssen. Atemschutzmasken mit erhöhtem Standard (FFP2) müssen ebenfalls in ausreichender Menge vorhanden sein. Während eines zurückliegenden Ausbruchs wurden günstigere Mittel und Artikel verwendet. Durch die neuen Erkenntnisse und neue rechtliche Vorgaben erhöhen sich die Aufwendungen für medizinisches Verbrauchsmaterial wesentlich.

Erläutern Sie, wie Sie sicherstellen können, dass die zusätzlichen Kosten refinanziert werden.

Lösung s. Seite 1153

Aufgabe 5:
10 Punkte (RP 4,5)

Die Kalkulation der Schulungskosten ist für die Personalabteilung zur Verrechnung der erbrachten internen Leistungen auf die einzelnen Fachabteilungen wichtig. Erstellen Sie ein Kalkulationsschema und kalkulieren Sie nach diesem Schema eine 60-minütige Schulung für eine Gruppe von 10 Gesundheitspflegern (m/w) durch eine interne Hygienefachkraft (m/w) anhand selbstgewählter, wirklichkeitsnaher Werte.

Berechnen Sie die zu verrechnenden Kosten je geschultem Mitarbeiter.

Lösung s. Seite 1153

Aufgabe 6:
10 Punkte (RP 4.2)

Im Krankenhaus soll ein neues Laborgerat frei finanziert angeschafft werden. Die Anschaffungskosten betragen 30.000 €. Die betriebsübliche Nutzungsdauer liegt bei sechs Jahren. Es wird mit jährlichen Einzahlungsüberschüssen von 4.000 € gerechnet. Der Kalkulationszinsfuß beträgt 4 %. Die Entscheidung für eine Investition wird nur gefällt, wenn der Kapitalwert positiv ist.

a) Ermitteln Sie rechnerisch nachvollziehbar den Barwert der Investition. (6 Punkte)

b) Ebenfalls möglich wäre es, das Laborgerät über eine Einzelfördermaßnahme zu beschaffen. Stellen Sie die rechtlichen Hintergründe der Einzelförderung dar. (4 Punkte)

Lösung s. Seite 1154

ÜBUNGSTEIL (AUFGABEN UND FÄLLE)

Aufgabe 7:
10 Punkte (RP 5)

Im Zuge der Bearbeitung des Themas Hygieneschulung stellen Sie fest, dass die Mitarbeiter fortbildungsmüde sind und nur geringe Zeitvakanzen für Hygieneschulungen genutzt werden können. Es werden nicht alle Mitarbeiter durch die Schulung erreicht.

a) Erläutern Sie, wie die Schulungen für Mitarbeiter so gestaltet werden können, dass Mitarbeiter diese wahrnehmen und sie mit dem Arbeitsalltag vereinbar sind. (4 Punkte)

b) Erläutern Sie, wie Sie die Wirkung der durchgeführten Schulung ermitteln können. (3 Punkte)

c) Erläutern Sie, wie Sie Mitarbeiter dauernd und in kurzen Schulungseinheiten über neue rechtliche oder betriebliche Änderungen informieren können. (3 Punkte)

Lösung s. Seite 1154

Aufgabe 8:
5 Punkte (RP 5.1)

Für die zu beratende Pflegeeinrichtung wird es seit Jahren schwieriger, ausreichend Pflegepersonal zu finden. Auf einer Sitzung der Unternehmensleitung wurde beschlossen, dass die Personalgewinnung strategisch neu ausgerichtet werden soll.

a) Formulieren Sie zwei strategische Ziele zum Personalmarketing. (2 Punkte)

b) Beschreiben Sie für die Pflegeeinrichtung drei Maßnahmen des Personalmarketing, die besonders die Berufsgruppe anspricht. (3 Punkte)

Lösung s. Seite 1155

ÜBUNGSTEIL (AUFGABEN UND FÄLLE)

Aufgabe 9:
15 Punkte (RP 6.4, 3.3)

Dem Krankenhaus steht im nächsten Geschäftsjahr ein Verlust bevor. Die Klinikleitung mochte sich dem Instrument des Fundraising bedienen. Zur Finanzierung der Cafeteria sollen 100.000 € über Fundraising eingenommen werden. Sie haben die Aufgabe, für dieses Projekt, ein Fundraising-Konzept zu erstellen. Die Klinikleitung gibt Ihnen fünf Themengebiete zur Bearbeitung mit auf den Weg:

- Ist-Analyse
- Zielplanung
- Strategieplanung
- Maßnahmen erarbeiten
- Controlling-Maßnahmen.

Entwickeln Sie für jeden der fünf Punkte ein konkretes Vorgehen.

Lösung s. Seite 1155

Probeklausur 2 zu Aufgabenstellung 1

Inhaltlich gehören dazu alle Handlungsbereiche des Rahmenplans (DIHK, Dez. 2011).

Erläuterung zum Aufbau der Prüfungsklausuren

Die Aufgaben liegen generell auf der Taxonomiestufe 3 „Anwenden".

Anwenden beschreibt die aus dem **Verstehen der Zusammenhänge** resultierende Fähigkeit zum Transfer und dem sach- und fachgerechten **Handeln in neuen Situationen**.

Die Taxonomiestufe 3 erfordert immer, dass mehrere ganze Sätze als Lösung formuliert werden.

Bei Aufgaben, die eine Aufzählung von n-Fakten zur Lösung erfordern, werden nur die n-Fakten gewertet. Alle darüberhinausgehenden Aufzählungen werden gestrichen.

Die folgenden Aufgaben und Lösungen dienen als Prüfungsvorbereitung. Der Zeitrahmen der Klausur beträgt ca. 300 Minuten. Somit entspricht ein erreichter Lösungspunkt einer Bearbeitungszeit von ca. 3 Minuten Prüfungszeit.

Beachten Sie im eigenen Interesse bei der Bearbeitung der Prüfung, dass Sie zuerst die Aufgaben bearbeiten, die Sie sicher beantworten können und im Zeitmanagement, dass Sie die Bearbeitung so gestalten, dass die vorgegebene Punktzahl berücksichtigt wird.

Betriebliche Situationsbeschreibung

Das Organigramm stellt die zentrale Konzernstruktur der Gesundheitsholding Wupperberg (GWB) AG dar. Die GWB ist in eine Matrixorganisation überführt worden und beschäftigt sich nach der Neuorganisation mit dem Problem der Zentralisation, d. h. Probleme sind in den zentralen Organisationeinheiten, bevor die beteiligten Unternehmen eine operative Umsetzung vornehmen können.

Sie sind in das Trainee-Programm der GWB AG aufgenommen worden und durchlaufen alle zentralen Bereiche. Sie werden mit aktuellen Problemstellungen der GWB konfrontiert.

ÜBUNGSTEIL (AUFGABEN UND FÄLLE)

	Konzernorganisationstruktur (Organigramm) Gesundheitsholding Wupperberg (GWB) AG				
	Zentrale Organisationseinheiten				
beteiligte Unternehmen	Rechnungs-wesen	Personal	Einkauf	QM	Technik
Krankenhaus Wupperberg gGmbH	*	*	*	*	*
Medizinisches Versorgungszentrum Wupperberg gGmbH	*	*	*	*	*
Rehaklinik Wupperberg gGmbH	*	*	*	*	*
Sanitätshaus Wupperberg gGmbH	*	*	*	*	*
Apotheke Wupperberg gGmbH	*	*	*	*	*
Pflegeheim Wupperberg gGmbH	*	*	*	*	*
Kindertagestätte Wupperberg gGmbH	*	*	*	*	*

Konkretisierungen für Aufgabenstellung 1

Als Trainee der GWB AG wirken Sie am Umwelt- und Qualitätsmanagement mit. Von Ihnen werden Informationen zur Projektorganisation erwartet. Ein Managementsystem im Controlling wird vorbereitet und installiert. Sie wirken außerdem an Investitionsentscheidungen in den Gesellschaften mit und sind in der Berechnung des Personalbedarfs beteiligt.

Aufgabe 1:
2 Punkte (RP 1.4.1)

Der Geschäftsführer eines Wohlfahrtsverbandes hat in einem Interview einer Verbandszeitschrift geäußert, dass Gesundheits- und Sozialunternehmen keine Gewinne erwirtschaften dürften.

Nehmen Sie Stellung zu dieser Aussage und verschriftlichen Sie zwei Aussagen für die nächste Sitzung in der Unternehmensleitung.

Lösung s. Seite 1157

ÜBUNGSTEIL (AUFGABEN UND FÄLLE)

Aufgabe 2:
13 Punkte (RP 1.4)

Um dem zu erwartenden Verlust der Krankenhaus Wupperberg gGmbH im nächsten Geschäftsjahr besser entgegenwirken zu können, will die Krankenhausleitung ihr Controlling verbessern und die operativen und strategischen Controlling-Instrumente ausbauen. Sie stellen der Klinikleitung hierfür aktuelle Controlling-Trends, Maßnahmen und Instrumente dar.

a) Erstellen Sie zunächst eine Tischvorlage, welche der Krankenhausleitung fünf wichtige Funktionen des Controlling erläutert. (10 Punkte)

b) Die Krankenhausleitung möchte zukünftige Fehlentwicklungen frühzeitig erkennen und daher ein Instrument, wie BSC (Balanced Scorecard) einsetzen. Stellen Sie anhand eines der vier Bereiche (Kunden, Finanzen, Potenzial, Prozesse) beispielhaft dar, wie dieses Instrument wirksam eingesetzt werden kann. (3 Punkte)

Lösung s. Seite 1157

Aufgabe 3:
20 Punkte (RP 2.1.2)

Die Wupperberg gGmbH möchte ehrenamtlich Tätige Personen gewinnen.

a) Stellen Sie vier Bereiche und Tätigkeiten in den o. genannten Konzerntöchtern dar, die für ehrenamtliche Einsätze geeignet sind. (8 Punkte)

b) Erläutern Sie fünf Qualitätskriterien für die gemeinsame Arbeit von Angestellten und Ehrenamtlichen Mitarbeitern. (12 Punkte)

Lösung s. Seite 1158

Aufgabe 4:
20 Punkte (RP 3)

Zwischenzeitlich fand im Krankenhaus eine Aufsichtsratssitzung statt und die Entscheidung, mit einer Facharztpraxis eine Kooperation einzugehen, wurde getroffen.

Sie werden beauftragt, einen Projektablaufplan auszuarbeiten und ein Kompetenzprofil zu erstellen.

a) Stellen Sie einen möglichen Projektablauf für dieses Projekt dar. (12 Punkte)

b) Parallel wird im Krankenhaus nach einem geeigneten Projektleiter unter den Mitarbeitern gesucht. Nur ist nicht klar, welche Anforderungen an die Projektleiter im Allgemeinen gestellt werden. Erstellen Sie ein Kompetenzprofil für einen Leiter dieses Projektes. (8 Punkte)

Lösung s. Seite 1159

ÜBUNGSTEIL (AUFGABEN UND FÄLLE)

Aufgabe 5:
20 Punkte (RP 4)

Die Apotheke Wupperberg gGmbH benötigt Unterstützung bei einer Investitionsentscheidung. Aufgrund des allgemeinen Trends und um Fahrverbote zu umgehen, geht die Überlegung dahin, Elektroautos und benzinbetriebene Fahrzeuge für den Fuhrpark anzuschaffen.

Vergleichen Sie die Kosten der beiden Fahrzeug rechnerisch nachvollziehbar und empfehlen Sie ein Fahrzeug zur Beschaffung. Folgende Werte sind Ihnen gegeben:

1 Pkw (Benzin) und 1 Elektroauto. Der Nutzungszeitraum beträgt für beide Fahrzeuge 8 Jahre, Fahrleistung 8.000 km p. a., der Restwert für beide Fahrzeuge liegt bei 25 % nach 8 Jahren Nutzung.

Modell	Molf 1,0 TSI	eMolf
Verbrauch	5,5 l/100 km	18,2 kw/h auf 100 km
Preis	21.350 €	34.900 €
Kfz-Steuer	E6, 28 €	0 € für 10 Jahre
Haftpflichtversicherung	Typ 17, 603 €	Typ 17, 603 €
Vollkasko	Typ 20, 711 €	Typ 21, 745 €
Stromkosten	-	28,81 Cent/kWh
Benzinkosten	1l/1,30 €	-
Wartung und Reparatur p. a.	462,5 €	300 €
Verbesserung durch E-Prämie?		4.000 € für reine batteriebetriebene Fahrzeuge

Lösung s. Seite 1160

Aufgabe 6:
20 Punkte (RP 3)

Die Anhaltszahlen der Pflegeeinrichtung hinsichtlich der Personalschlüssel je Pflegestufe werden in der nächsten Pflegesatzverhandlung angepasst. Zurzeit gelten folgende Nettopersonalschlüssel:

Pflegegrad	Personalschlüssel
1	1 : 13,000
2	1 : 4,000
3	1 : 3,0384
4	1 : 2,381
5	1 : 2,00

ÜBUNGSTEIL (AUFGABEN UND FÄLLE)

Es gelten in einem Bundesland entsprechende Mindestpersonalschlüssel:

Nach der neuen Pflegesatzverhandlung gelten folgende Nettopersonalschlüssel:

Pflegegrad	Personalschlüssel
1	1 : 11,620
2	1 : 6,239
3	1 : 3,040
4	1 : 1,981
5	1 : 1,713

Langfristig wird mit folgender Belegung in der 100 Betteneinrichtung gerechnet:

Pflegegrad	Bewohner
1	1
2	17
3	37
4	26
5	17
Summe	98

a) Ermitteln Sie den neuen Personalbedarf.
b) Analysieren Sie, welche Auswirkungen diese Situation hat. Gehen Sie dabei auf folgende Aspekte ein:

Pflegeteams, Bewohner, Kosten, Einarbeitung, Personalbeschaffung intern/extern, Qualitätsmanagement.

Lösung s. Seite 1161

Aufgabe 7:

6 Punkte (RP 6.1, 6.5)

Die Wupperberg gGmbH hat in seiner Unternehmensumwelt mit unterschiedlichsten Stakeholdern zu tun. Als Trainee werden Sie zu einer Veranstaltung für die neuen Auszubildenden in der Unternehmensfamilie eingeladen und gebeten, folgende Beziehung zu erläutern:

- Pflegeheim zu Sozialhilfeträgern
- Krankenhaus zu Patient.

Lösung s. Seite 1161

ÜBUNGSTEIL (AUFGABEN UND FÄLLE)

Aufgabe 8:
10 Punkte (RP 6.4.2)

Das Marketing möchte im Schützenverein der Stadt Wupperberg für das Krankenhaus mit dem Slogan „... das beste Krankenhaus der Stadt" werben.

Bewerten Sie diese Idee.

Lösung s. Seite 1162

ÜBUNGSTEIL (AUFGABEN UND FÄLLE)

Probeklausur 2 zu Aufgabenstellung 2

Inhaltlich gehören dazu alle Handlungsbereiche des Rahmenplans (DIHK, Dez. 2011).

Erläuterung zum Aufbau der Prüfungsklausuren

Die Aufgaben liegen generell auf der Taxonomiestufe 3 „Anwenden".

Anwenden beschreibt die aus dem **Verstehen der Zusammenhänge** resultierende Fähigkeit zum Transfer und dem sach- und fachgerechten **Handeln in neuen Situationen**.

Die Taxonomiestufe 3 erfordert immer, dass mehrere ganze Sätze als Lösung formuliert werden.

Bei Aufgaben, die eine Aufzählung von n-Fakten zur Lösung erfordern, werden nur die n-Fakten gewertet. Alle darüberhinausgehenden Aufzählungen werden gestrichen.

Die folgenden Aufgaben und Lösungen dienen als Prüfungsvorbereitung. Der Zeitrahmen der Klausur beträgt ca. 300 Minuten. Somit entspricht ein erreichter Lösungspunkt einer Bearbeitungszeit von ca. 3 Minuten Prüfungszeit.

Beachten Sie im eigenen Interesse bei der Bearbeitung der Prüfung, dass Sie zuerst die Aufgaben bearbeiten, die Sie sicher beantworten können und im Zeitmanagement, dass Sie die Bearbeitung so gestalten, dass die vorgegebene Punktzahl berücksichtigt wird.

Betriebliche Situationsbeschreibung

Das Organigramm stellt die zentrale Konzernstruktur der Gesundheitsholding Wupperberg (GWB) AG dar. Die GWB ist in eine Matrixorganisation überführt worden und beschäftigt sich nach der Neuorganisation mit dem Problem der Zentralisation, d. h. Probleme sind in den zentralen Organisationeinheiten, bevor die beteiligten Unternehmen eine operative Umsetzung vornehmen können.

Sie sind in das Trainee-Programm der GWB AG aufgenommen worden und durchlaufen alle zentralen Bereiche. Sie werden mit aktuellen Problemstellungen der GWB konfrontiert.

ÜBUNGSTEIL (AUFGABEN UND FÄLLE)

beteiligte Unternehmen	Konzernorganisationstruktur (Organigramm) Gesundheitsholding Wupperberg (GWB) AG				
	Zentrale Organisationseinheiten				
	Rechnungswesen	Personal	Einkauf	QM	Technik
Krankenhaus Wupperberg gGmbH	*	*	*	*	*
Medizinisches Versorgungszentrum Wupperberg gGmbH	*	*	*	*	*
Rehaklinik Wupperberg gGmbH	*	*	*	*	*
Sanitätshaus Wupperberg gGmbH	*	*	*	*	*
Apotheke Wupperberg gGmbH	*	*	*	*	*
Pflegeheim Wupperberg gGmbH	*	*	*	*	*
Kindertagestätte Wupperberg gGmbH	*	*	*	*	*

Konkretisierungen für Aufgabenstellung 2

Als Trainee der GWB AG wirken Sie am Umwelt- und Qualitätsmanagement mit. Die Stellenbeschreibungen aller Mitarbeiter, die als Sachbearbeiter in der Verwaltung der Betriebe eingesetzt sind, werden standardisiert. Auch die Inventurverfahren werden im Konzern vereinheitlicht. Daneben beschäftigt sich die Personalabteilung mit dem Dauerthema Fachkräftemangel und sucht innovative Lösungen.

Aufgabe 1:

15 Punkte (RP 1.1.4, 1.2.2, 1.3.2, 1.4.3)

Im GWB Konzern gelten für jedes Unternehmen unterschiedliche Tarife. Die Tarife werden zu einem Konzerntarif vereinheitlicht.

a) Stellen Sie mögliche Schritte zur Vereinheitlichung der Tarife zu einem Konzerntarif sowie mögliche Partizipation von Mitarbeitervertretungen dar.
b) Berücksichtigen Sie auch die die Auswirkungen auf die betrieblichen Vereinbarungen.

Lösung s. Seite 1163

ÜBUNGSTEIL (AUFGABEN UND FÄLLE)

Aufgabe 2:
10 Punkte (RP 2.1, 2.3)

Die Kindertagesstätte Wupperberg gGmbH soll ein Qualitätsmanagementsystem einführen. Entwickeln Sie einen Ablaufplan, der folgende Themenbereiche in der notwendigen Reihenfolge, enthält. (2 Punkte je Phase)

- Auftaktphase
- Organisationsstruktur
- Bestandsaufnahme
- Qualitätsmanagementhandbuch
- Wirksamkeitsprüfung.

Lösung s. Seite 1164

Aufgabe 3:
5 Punkte (RP 2.1)

Nach Einführung eines QMS DIN ISO und nachdem das Pflegeheim Wupperberg gGmbH auditiert wurde, soll eine erste Managementbewertung durchgeführt werden.

Schlagen Sie fünf Bereiche vor und beschreiben Sie diese anhand eines Beispiels. (1 Punkt je Bereich)

Lösung s. Seite 1165

Aufgabe 4:
15 Punkte (RP 4)

In der Pflegeheim Wupperberg gGmbH soll ein Marketingprojekt aufgelegt werden. Ihre Aufgabe ist es, die Projektgruppe zu leiten. Aus vorangegangen Schulungen wissen Sie, dass Projekte in verschiedenen Phasen ablaufen:

- Forming (Orientierung)
- Storming (Konfrontation)
- Norming (Kooperation)
- Performing (Leistung)
- Adjourning (Auflösung).

Sie überlegen, welcher Führungsstil für welche Phase hilfreich ist.

Stellen Sie für jede Phase den Führungsstil vor und erläutern Sie, wie Sie diesen Führungsstil mit Leben füllen können. Gehen Sie jeweils darauf ein, wie mögliche Konflikte in den einzelnen Phasen des Projektes gelöst werden können.

Lösung s. Seite 1166

ÜBUNGSTEIL (AUFGABEN UND FÄLLE)

Aufgabe 5:
25 Punkte (RP4.1, 4.5)

Die GWB AG hat für die Bilanzerstellung der Pflegeheim Wupperberg gGmbH zum Ende des Geschäftsjahres folgende Daten vorliegen:

- Abschreibungen   83.000 €
- Bezogene Leistungen   175.000 €
- Eigenkapital zu Beginn des Geschäftsjahres   23.800 €
- Einrichtung und Ausstattung   131.000 €
- Erlöse aus Umsätzen   2.750.000 €
- Fahrzeuge   134.000 €
- Forderungen aus Lieferung und Leistung   68.000 €
- Grundstücke und Gebäude   318.000 €
- Kasse   7.000 €
- Bank   19.000 €
- Materialaufwand   580.000 €
- Mitarbeiter   73
- Personalaufwand   1.850.000 €
- Sonstige Verbindlichkeiten   55.000 €
- Verbindlichkeiten aus Lieferung und Leistung   75.000 €
- Verbindlichkeiten gegenüber Kreditinstitut   580.000 €
- Waren   95.000 €
- Zinsen   23.800 €

a) Ermitteln Sie den Gewinn oder Verlust zum 31.12. d. J. (5 Punkte)
b) Erstellen Sie die Bilanz zum 31.12. d. J. (5 Punkte)
c) Werten Sie die Bilanz und GUV anhand der folgenden Kennzahlen nachvollziehbar aus und bewerten Sie die Ergebnisse. (15 Punkte)
   1. Personalkennzahl
   2. Rentabilitätskennzahl
   3. Liquiditätskennzahl 2. und 3. Grades
   4. Kapitalkennzahl.

Lösung s. Seite 1168

ÜBUNGSTEIL (AUFGABEN UND FÄLLE)

Aufgabe 6:
10 Punkte (RP 5.1)

Die Stellenbeschreibungen der GWB AG sollen unter Qualitätsgesichtspunkten vereinheitlicht werden. Sie werden beauftragt, eine Stellenbeschreibung für die Sachbearbeiter im Kundenservice zu erstellen.

Erstellen Sie einen Entwurf dieser Stellenbeschreibung für den Leiter des zentralen Personalmanagements.

Lösung s. Seite 1170

Aufgabe 7:
15 Punkte (RP 6.1)

Die Kindertagesstätte Wupperberg gGmbH überlegt als Personalmarketingmaßnahme den Ausbau einer Betreuungsgruppe für Betriebsangehörige. Hierfür soll innerhalb der MA der Unternehmensfamilie eine Marktanalyse durchgeführt werden.

Die Konzernleitung möchte außerdem eine Stärken-Schwächen-Analyse.

a) Entwickeln Sie einen Fragebogen über die Akzeptanz in der Mitarbeiterschaft. (10 Punkte)

b) Stellen Sie dar, welche Chancen und Risiken diese Maßnahme birgt. (5 Punkte)

Lösung s. Seite 1171

Aufgabe 8:
5 Punkte (RP 5.6.4)

Die zentrale Personalabteilung hat für das Dauerthema Fachkräftemangel eine neue Lösung erkannt und will verstärkt auf langfristige Praktika bzw. langfristige Förderung für jugendliche Migranten zur Personalbeschaffung setzen.

a) Mit welchen Problemen können die Ausbilder/Praxisanleiter in den Betrieben bei Beschäftigung von Migranten rechnen?

b) Welche Mittel können Sie zur Konfliktprävention einsetzen?

c) Welche Vorteile bietet diese Art der Personalbeschaffung?

Lösung s. Seite 1171

Lösung zu Probeklausur 1 Aufgabenstellung 1

Lösung zu Aufgabe 1:

Beispielsweise nach *Kotter*, der ein Acht-Punkte-Programm zur Gestaltung von Veränderungsprozessen formuliert hat:

1. strategische Bedeutung des Veränderungsvorhabens klarstellen
2. Führungskoalition bilden
3. Systemkenntnis
4. Systembau
5. strategische Einbindung der Führungskräfte und Mitarbeiter
6. kurzfristige Erfolge schaffen und kommunizieren
7. Erfolge konsolidieren und den Prozess lebendig halten
8. Fortschritte kulturell verankern.

Im Folgenden werden diese Veränderungsprozesse allgemein ausformuliert:

1. Strategische Bedeutung des Veränderungsvorhabens klarstellen. Die Unternehmensleitung muss von der Notwendigkeit der Veränderung überzeugt sein. Nur wenn die Führungskräfte die strategische Bedeutung für Überleben und Gewinn erkennen, können auch die Mitarbeiter überzeugt werden. Der Wille zur Veränderung muss zum Bekenntnis für Veränderung werden.
2. Führungskoalition bilden. Strategische Veränderungen benötigen neue Strukturen und Prozesse der Entscheidungsfindung. Da weder die Unternehmensleitung noch die Mitarbeiter alle notwendigen Informationen haben, um den Veränderungsprozess zu gestalten, müssen alle zusammenarbeiten. Ohne Unterstützung der Unternehmensleitung ist jeder Veränderungsprozess zum Scheitern verurteilt.
3. Systemkenntnis. Dies ist das Wissen um das Verhalten und die Ziele der Führungskräfte und Mitarbeiter, die Kenntnis der betrieblichen Regeln und ungeschriebenen Gesetze im Unternehmen, ein Bild von den Werten der Führungskräfte und Mitarbeiter, vor allem aber die Kenntnis eventueller Widersprüche zwischen:
    - der strategischen Ausrichtung des Unternehmens (z. B. maximale Kundenorientierung, Qualitätsführerschaft)
    - dem Führungsverhalten (double-bind)
    - der Informationspolitik (selektive Information)
    - den betrieblichen Regeln und ungeschriebenen Gesetzen im Unternehmen.
4. Systembau. Es ist ein System von absichernden Maßnahmen zur Unterstützung der Veränderung aufzubauen. Die Bereitstellung zeitlicher und finanzieller Ressourcen sowie die vorausschauende Gestaltung betrieblicher und beruflicher Anreize für die Führungskräfte und Mitarbeiter sind wichtig. Nichts torpediert einen Veränderungsprozess mehr, als das Verhalten von Führungskräften, das nicht kongruent mit ihren Worten ist.

LÖSUNGEN

5. **Strategische Einbindung der Führungskräfte und Mitarbeiter.** Veränderungsprozesse gelingen nur gemeinsam. Die Ideen und Bedürfnisse der Führungskräfte und Mitarbeiter und ggf. der Lieferanten und Kunden sind in den Veränderungsprozess einzubeziehen. Die Machbarkeit sowie die interne und externe Stimmigkeit des Vorhabens sind zentrale Voraussetzung für einen erfolgreichen Veränderungsprozess. Wenn Leitungskräfte Hindernisse für Veränderungen nicht beseitigen, werden die Mitarbeiter demotiviert und der Veränderungsprozess beendet.

6. **Kurzfristige Erfolge schaffen und kommunizieren.** Kurzfristige Erfolge signalisieren, dass die Projektbeteiligten auf dem richtigen Weg sind und liefern konkrete Daten für eine Feinabstimmung der Vision und der Veränderungsstrategien. Bleiben kurzfristige Erfolge aus, besteht die Gefahr, dass die Projektbeteiligten Zweifel am Sinn des Vorhabens oder der Angemessenheit des Vorgehens bekommen und in den Widerstand gehen.

7. **Erfolge sichern und den Prozess lebendig halten.** Der Veränderungsprozess sollte kontinuierlich mit neuen Veränderungsimpulsen lebendig gehalten werden. Das bedeutet, dass die Projektverantwortlichen kurzfristige Erfolge dazu nutzen, weitere Entwicklungsprojekte, die für das Gesamtvorhaben von Bedeutung sind, in Angriff zu nehmen und zunehmend mehr Beschäftigte in Teilprojekte einbinden. Dabei muss sich das Management darauf konzentrieren, die Transparenz des Gesamtvorhabens sicherzustellen und die Bedeutung der Teilprojekte angemessen zu kommunizieren. Der Veränderungsprozess ist erst zu Ende, wenn die gewünschten Veränderungen eingetreten sind. Vorher ist der Prozess nicht als beendet zu erklären.

8. **Fortschritte kulturell verankern.** Veränderungen sind nur dann von Dauer, wenn sie alle Geschäftsprozesse, Geschäftsbeziehungen und Kreisläufe im Unternehmen durchdringen. Bis neue Verhaltensweisen in den betrieblichen Regeln, den ungeschriebenen Gesetzen, den betrieblichen Normen und den betrieblichen Werthaltungen der Beschäftigten verankert sind, stellen sie einen „Fremdkörper" dar, der zeitliche und psychologische Reibungsverluste verursacht.

Siehe auch ›› *Kapitel 1.8.2.1/04*.

Lösung zu Aufgabe 2:

- Ein Tarif wird durch die Tarifparteien vereinbart. Gerechte Gehälter entstehen durch Angebot und Nachfrage am Arbeitsmarkt.
- Mitarbeiter evtl. höher qualifizieren.
- Das Lohnniveau steigt für alle.
- Ohne Wirtschaftswachstum wird ein Ansteigen der Gehälter nicht Ziel, sondern Gleichmacherei.
- Mit Wirtschaftswachstum wird ein Ansteigen der Gehälter erwartet und u. U. für die Unternehmen eine deutliche Erhöhung der Personalkosten bringen. Egal, wie jemand qualifiziert ist, vom Wirtschaftswachstum profitieren in der Regel alle. Dies

bedeutet im Fall eines Rückgangs oder der Stagnation der Wirtschaft jedoch, dass auch Einkommenseinbußen möglich sind.
- Der Mindestlohn für die Pflege und andere Mitarbeiter kann dazu führen, dass eher besser Qualifizierte eingestellt werden.

Lösung zu Aufgabe 3:

a) Veränderung der begleitenden Kennzahlen: Handschuhverbrauch, Handreinigungs- und Handdesinfektionsmittelverbrauch, Altersstruktur der Patienten hat sich erhöht – dadurch erhöhte Infektionsgefahr, Verbrauchszahlen der Artikel kontrollieren.

b) Benchmarking in Qualitätsberichten anderer Krankenhäuser, z. B. mithilfe des Zeitreihenvergleichs, Übersicht in der Influenza-Karte des Robert Koch-Instituts, Entwicklung der Kennzahl „Infektion" beobachten.

Begleitende Kennzahlen entwickeln: z. B. den Handschuhverbrauch im Jahr, je Fachabteilung auch pro Monat. Das ist eine einfache Möglichkeit, um die Nutzung und Prävention zu kontrollieren. Fallen die Verbräuche? Können Maßnahmen ergriffen werden?

Begleitende Kennzahlen entwickeln: z. B. Handreinigungs- und Handdesinfektionsmittelverbrauch im Jahr. Dies ist eine einfache Möglichkeit, um die Nutzung und Prävention zu kontrollieren. Fallen die Verbräuche? Können Maßnahmen ergriffen werden?

Benchmarking in Qualitätsberichten anderer Krankenhäuser. Wie ist die Entwicklung der Infektionsrate in vergleichbaren Krankenhäusern? Weicht unsere Rate stark ab? Können Maßnahmen ergriffen werden?

c) Infektionsherd lokalisieren, persönliche Schutzmaßnahmen einleiten, Screening auf den Stationen durchführen, den Erregerstamm identifizieren und isolieren, Patienten isolieren, Desinfektionsmaßnahmen durchführen, Hygieneplan überarbeiten, Hygieneschulung überarbeiten und Mitarbeiter nachschulen, Evaluation der Maßnahmen.

Lösung zu Aufgabe 4:

Die hervorgehobenen Stichworte sollten enthalten oder beschrieben sein.

Sehr geehrter Herr xxx,

Wir führen eine **nicht öffentliche Ausschreibung** für das nachfolgende Projekt durch: Entsorgung von Abfällen

Krankenhaus Wupperberg gGmbH
Musterstr. 1
30303 Wupperberg

LÖSUNGEN

Die **Leistungen** sind in Lose geteilt. **Beginn der Leistungen** ist voraussichtlich der 01.07.2019.

Die **Laufzeit** der jeweiligen Vereinbarung soll 1 Jahr betragen.

Voraussetzungen:

1. **Entsorgungsfachbetrieb** (aktuelles Zertifikat), Einsatz aller Standardsysteme, Absetzcontainer, Abrollcontainer, Presscontainer und Umleercontainer sind verfügbar.
2. Zustand der eingesetzten Systeme: optisch und technisch einwandfrei, gültige Prüfplakette.
3. Einsendung Ihres Ausschreibungsangebots in der angegebenen **Frist**.
4. Wir gehen davon aus, dass Sie alle Informationen, die Sie im Zuge dieser Anfrage (nicht öffentliche Ausschreibung) erhalten, absolut **vertraulich** behandeln.

Bei gleichen Voraussetzungen entscheidet der Preis.

Alle anfallenden verwertbaren Abfälle können durch den übernehmenden Entsorgungsbetrieb frei vermarktet werden. Für die nicht infektiösen Krankenhausabfälle muss der **Nachweis der Verwertung** erbracht werden.

Sie erhalten als Anlage die **Preisblätter für die zu vergebenden Lose**. Tragen Sie dort bitte Ihre **Preise (netto) für Entsorgung bzw. Verwertung, Behältermiete und Fracht je Einheit** ein. Lose, auf die Sie nicht bieten, bleiben unberücksichtigt.

Vergütungspreise sind mit Minuszeichen zu versehen, Handlingkosten für Papier Pappe und Karton sowie Altmetall sind separat auszuweisen. (Basis PPK Euwid B12 (1.02). Basis Altmetall BDSV). Die Daten basieren auf dem Kalenderjahr 2018 und sind als Anhaltspunkt zu sehen. Eine **Mengengarantie** ist daraus nicht abzuleiten.

Versehen Sie Ihre Angaben mit Datum, Stempel und **Unterschrift**. **Bitte senden Sie uns die Unterlagen** per Mail und zusätzlich per Post zu.

Letzter **Abgabetermin** ist Mittwoch der 30.04.2019. **Später eingehende Angebote können nicht berücksichtigt werden.**

Für Fragen steht Ihnen Frau Berg gerne zur Verfügung.

Mit freundlichen Grüßen
Krankenhaus Wupperberg gGmbH

Lösung zu Aufgabe 5:

a) **Pflegekraft und Patient**

Sachebene	Beziehungsebene
Die Medikamenteneinnahme wird vom Patienten verweigert.	▶ Mangelnde Zuwendung für den Patienten im Pflegeprozess. ▶ Wenig Zeit für Kommunikation.
Appell ▶ Der Patient fordert Betreuung. ▶ Pflegekraft fordert Compliance vom Patienten.	**Selbstoffenbarung** ▶ Patient fühlt sich allein gelassen und will Hilfestellung. ▶ Pflegekraft sieht keinen Hilfebedarf und ist in Zeitnot und steht unter Stress.

Arzt und Pflegekraft

Sachebene	Beziehungsebene
Arzt weist Pflegekraft an, ärztliche Tätigkeiten durchzuführen.	▶ Keine Transparenz der Aufgabenverteilung auf der Station. ▶ Hierarchiekonflikt Pflegekraft/Arzt.
Appell ▶ Arzt fordert die Durchführung der Anweisung. ▶ Pflegekraft sieht sich nicht als kompetent genug.	**Selbstoffenbarung** ▶ Pflegekraft fühlt sich ausgenutzt und gezwungen. ▶ Arzt will sich durchsetzen.

Unternehmensleitung und Chefarzt

Sachebene	Beziehungsebene
Dem Chefarzt werden per Zielvereinbarung messbare Ziele durch die Unternehmensleitung vorgegeben.	▶ Chefarzt möchte realistischere Ziele verhandeln. ▶ Unternehmensleitung will sich durchsetzen.
Appell ▶ Unternehmensleitung fordert Einhaltung der Ziele. ▶ Chefarzt fordert Verhandlungen.	**Selbstoffenbarung** ▶ Chefarzt sieht Ziele zu hoch gesteckt und fühlt sich überfordert. ▶ Unternehmensleitung will, dass die Ziele akzeptiert werden.

b) Mögliche neue Strukturen (Prozessbegleitung, Moderation, Coaching und Schulungen zum Thema Kommunikation, Weitergabe von Informationen, Newsletter über Patientencompliance etc.)

    ▶ Pflegekraft und Patient: Besseres Zeitmanagement im Pflegeprozess und Transparenz zur Notwendigkeit der Compliance durch den Patienten schaffen.

- Arzt und Pflegekraft: Abgrenzung und Klarstellung der Aufgabenverteilung. Besprechung in Teamsitzung ist erforderlich.
- Unternehmensleitung und Chefarzt: Prüfung des Führungsstils und Einführung eines MbO und Zielfindung im Gegenstromverfahren.

c) Die beiden Ärzte befinden sich auf Eskalationsstufe 5/6 nach *Glasl*: Gesichtsverlust, Drohstrategien.

Zuerst sollte Coaching und/oder Mediation versucht werden. Wenn diese Aktion nicht hilft, den Konflikt zu bereinigen, ist ein Machteingriff der Klinikleitung notwendig, was bis zur Entlassung einer der Ärzte führen kann.

Siehe auch >> *Kapitel 3.2.4/04*.

Lösung zu Aufgabe 6:

a) Personalkosten   200.000 €
   Abschreibungen   500.000 €
   Wartung   175.000 €
   Summe Fixkosten   875.000 €
   Variable Kosten   7,5 Mio. • 0,185 € = 138.750 €
   Gesamtkosten = 875.000 + 138.750 = 1.013.750 €

$$\text{Stückkosten} = \frac{1.013.750 \text{ €}}{7.500.000 \text{ Punkte}} = \frac{0,1352 \text{ €}}{\text{Punkt}}$$

b) $\frac{200.000 \text{ €}}{7.500 \text{ h}} = 26,6667$ € je Stunde

Zzgl. Zuschlag von 25 % = 33,3334 € je Stunde

300 h • 33,3334 € = 10.000,002 € für Überstunden

$\frac{10.000,002 \text{ €}}{750.000 \text{ Punkte}} = 0,01333$ €/Punkt

0,01333 € + 0,0185 = 0,03183 € Gesamtkosten

c) 0,03183 • 1,1 = 0,035 € je Punkt als Preis für den Facharzt

LÖSUNGEN

Lösung zu Aufgabe 7:

Anordnung von Doppelschicht	**Arbeitszeitgesetz**
	§ 3 Arbeitszeit der Arbeitnehmer
	Die werktägliche Arbeitszeit der Arbeitnehmer darf acht Stunden nicht überschreiten. Sie kann auf bis zu zehn Stunden nur verlängert werden, wenn innerhalb von sechs Kalendermonaten oder innerhalb von 24 Wochen im Durchschnitt acht Stunden werktäglich nicht überschritten werden.
	
	§ 4 Ruhepausen
	Die Arbeit ist durch im Voraus feststehende Ruhepausen von mindestens 30 Minuten bei einer Arbeitszeit von mehr als sechs bis zu neun Stunden und 45 Minuten bei einer Arbeitszeit von mehr als neun Stunden insgesamt zu unterbrechen. Die Ruhepausen nach Satz 1 können in Zeitabschnitte von jeweils mindestens 15 Minuten aufgeteilt werden. Länger als sechs Stunden hintereinander dürfen Arbeitnehmer nicht ohne Ruhepause beschäftigt werden.
	
	§ 14 [...]
	(2) 1 Von den §§ 3 - 5, 6 Abs. 2, §§ 7, 11 Abs. 1 - 3 und § 12 darf ferner abgewichen werden,
	   1. wenn eine verhältnismäßig geringe Zahl von Arbeitnehmern vorübergehend mit Arbeiten beschäftigt wird, deren Nichterledigung das Ergebnis der Arbeiten gefährden oder einen unverhältnismäßigen Schaden zur Folge haben würden,
	   2. bei Forschung und Lehre, bei unaufschiebbaren Vor- und Abschlussarbeiten sowie bei unaufschiebbaren Arbeiten zur Behandlung, Pflege und Betreuung von Personen oder zur Behandlung und Pflege von Tieren an einzelnen Tagen, wenn dem Arbeitgeber andere Vorkehrungen nicht zugemutet werden können

Veränderung des Aufgabengebiets	**BGB ... Dienstvertrag des AN** Gemäß § 106 GewO können Arbeitgeber ▸ Inhalt, Ort und Zeit der Arbeitsleistung sowie ▸ Fragen der Ordnung und des Verhaltens im Betrieb nach billigem Ermessen bestimmen, soweit sie nicht durch Arbeitsvertrag, Betriebsvereinbarung, Tarifvertrag oder gesetzliche Vorschriften festgelegt sind.

LÖSUNGEN

Überstunden Anordnung	**Zuschläge aus Tarifvertrag bzw. Betriebsvereinbarung** Nicht einseitig ändern können Sie hingegen: Die Lage der Arbeitszeit, wenn diese vertraglich vereinbart ist. Das gilt etwa bei einer Teilzeitkraft, der Sie die Arbeitszeit aus Rücksicht auf ihre Kinder zugesagt haben, selbst dann noch, wenn die Kinder inzwischen erwachsen sind (BAG, 17.07.2007, 9 AZR 819/06), den Arbeitsumfang, etwa eine Verkürzung der Arbeitszeit wegen schlechter Auftragslage oder auch Überstunden. Es kann aber sein, dass in Ihrem Tarif- oder Arbeitsvertrag oder in einer Betriebsvereinbarung die Möglichkeit für Ihren Arbeitgeber vorgesehen ist, Überstunden anzuordnen. **Tarifvertrag** Tarifverträge enthalten oft Regelungen darüber, wann und wie viele Überstunden der Arbeitgeber von Ihnen verlangen darf (zum Beispiel in §§ 7 Abs. 7 und 8 Tarifvertrag für den öffentlichen Dienst (TVöD)). Danach liegen Überstunden dann vor, wenn die Mehrarbeit nicht bis zum Ende der folgenden Woche durch Freizeit ausgeglichen wird. Die Bezahlung richtet sich nach der persönlichen Besoldung, ist allerdings in der Höhe begrenzt. Selbst wenn Sie in der Besoldungsgruppe 5 sind, erhalten Sie Ihre Überstunden so bezahlt als ob Sie in Stufe 4 wären. Zusätzlich gibt es einen Überstundenzuschlag. **Betriebsvereinbarung** Gibt es in Ihrer Firma einen Betriebsrat, kann dieser mit dem Arbeitgeber eine Vereinbarung zum Thema Überstunden schließen (§ 87 Abs. 1 Nr. 3 BetrVG). Darin kann geregelt sein, unter welchen Bedingungen Ihr Chef Mehrarbeit anordnen darf. Ohne die Zustimmung des Betriebsrates sind Ihrem Vorgesetzten die Hände gebunden. **Arbeitsvertrag** Auch Ihr Arbeitsvertrag kann eine Überstundenklausel enthalten. Sie ist aber nur dann wirksam, wenn Sie als Arbeitnehmer wissen, was auf Sie zukommen kann. Dazu muss festgelegt sein, wie viele Extra-Stunden Ihr Arbeitgeber im Höchstfall anordnen darf. Wenn Sie freiwillig abends zwei Stunden länger machen, können Sie dafür nicht Ihren Chef zur Rechenschaft ziehen. Etwas anderes ist es, wenn der Boss anordnet, dass Sie mehr arbeiten müssen und Sie dadurch die Grenzen des Arbeitszeitgesetzes überschreiten.

LÖSUNGEN

Überstunden Anordnung	**Gesetzlich zulässige Anzahl** Die tägliche Arbeitszeit darf acht Stunden nicht überschreiten (§ 3 ArbZG). Ihr Arbeitgeber darf sie allerdings auf bis zu zehn Stunden verlängern, wenn er innerhalb der nächsten sechs Monate einen Freizeitausgleich schafft und Sie auch mal früher gehen können. Das bedeutet: Im Durchschnitt dürfen die acht Stunden nicht überschritten werden. Die Ruhepausen sind dabei nicht mitzurechnen. Machen Sie also zum Beispiel jeden Mittag eine Stunde Pause, müssen Sie von 9:00 Uhr morgens bis 18:00 Uhr abends im Betrieb bleiben. Hat Ihr Arbeitgeber ein Zeiterfassungssystem, werden die Ruhezeiten meist automatisch abgezogen – egal, ob Sie in der Kantine waren oder das Pausenbrot vor dem Computer gegessen haben. In einem Tarifvertrag kann die Arbeitszeit auch über zehn Stunden hinaus verlängert werden, wenn entweder ein Teil Ihrer Arbeitszeit nicht wirklich Arbeit, sondern Arbeitsbereitschaft ist oder die Regelung auf höchstens 60 Tage im Jahr beschränkt ist. Das betrifft vor allem Arbeitnehmer, die eine Rufbereitschaft anbieten müssen, wie zum Beispiel angestellte Ärzte oder Feuerwehrleute. **Samstagsarbeit** Samstag ist auch ein Werktag. Ihr Arbeitgeber kann grundsätzlich verlangen, dass Sie auch am Samstag arbeiten, es sei denn, das ist in Ihrem Arbeitsvertrag ausgeschlossen. Müssen Sie am Samstag arbeiten, bedeutet das nicht notwendig, dass Sie Überstunden leisten. Gewährt Ihnen Ihr Arbeitgeber einen Zeitausgleich an anderen Wochentagen, liegen Ihre Arbeitsstunden nur an einem anderen Tag. Findet kein Zeitausgleich statt, entstehen Überstunden. **Sonntagsarbeit** An Sonn- und Feiertagen dürfen Arbeitnehmer grundsätzlich nicht beschäftigt werden. Im Arbeitszeitgesetz sind allerdings verschiedene Ausnahmen vorgesehen, zum Beispiel bei Not- und Rettungsdiensten, der Feuerwehr oder in Krankenhäusern (§ 10 ArbZG).
Unterschreitung oder Neuordnung Ruhezeiten	**Arbeitszeitgesetz, Arbeitsvertrag** **§ 5 Ruhezeit** (1) Die Arbeitnehmer müssen nach Beendigung der täglichen Arbeitszeit eine ununterbrochene Ruhezeit von mindestens elf Stunden haben. (2) Die Dauer der Ruhezeit des Absatzes 1 kann in Krankenhäusern und anderen Einrichtungen zur Behandlung, Pflege und Betreuung von Personen, in Gaststätten und anderen Einrichtungen zur Bewirtung und Beherbergung, in Verkehrsbetrieben, beim Rundfunk sowie in der Landwirtschaft und in der Tierhaltung um bis zu eine Stunde verkürzt werden, wenn jede Verkürzung der Ruhezeit innerhalb eines Kalendermonats oder innerhalb von vier Wochen durch Verlängerung einer anderen Ruhezeit auf mindestens zwölf Stunden ausgeglichen wird. (3) Abweichend von Absatz 1 können in Krankenhäusern und anderen Einrichtungen zur Behandlung, Pflege und Betreuung von Personen Kürzungen der Ruhezeit durch Inanspruchnahmen während der Rufbereitschaft, die nicht mehr als die Hälfte der Ruhezeit betragen, zu anderen Zeiten ausgeglichen werden.

Einsatz an Feiertagen	**Arbeitszeitgesetz: Sonn- und Feiertagsregelung** Arbeitnehmer, die an Sonn- und Feiertagen arbeiten, haben keinen gesetzlichen Anspruch auf einen Zuschlag zur Arbeitsvergütung. Leistet der Arbeitnehmer allerdings Nachtarbeit, und dies ggf. auch an Sonn- oder Feiertagen, hat der Arbeitgeber für die während der Nachtzeit geleisteten Arbeitsstunden eine angemessene Zeit bezahlter freier Tage oder einen angemessenen finanziellen Ausgleich (Zuschlag) zu gewähren, soweit keine tarifvertraglichen Ausgleichsregelungen bestehen (§ 6 Abs. 5 ArbZG). Für die an Sonn- oder Feiertagen (tagsüber) geleistete Arbeit ist hingegen gem. § 11 Abs. 3 ArbZG ein Ersatzruhetag zu gewähren.

Außergewöhnliche Fälle	**Arbeitszeitgesetz**
	§ 14 ArbZG, Außergewöhnliche Fälle
	(1) Von den §§ 3 - 5, 6 Abs. 2, §§ 7, 9 - 11 darf abgewichen werden bei vorübergehenden Arbeiten in Notfällen und in außergewöhnlichen Fällen, die unabhängig vom Willen der Betroffenen eintreten und deren Folgen nicht auf andere Weise zu beseitigen sind, besonders wenn Rohstoffe oder Lebensmittel zu verderben oder Arbeitsergebnisse zu misslingen drohen.
	
	(2) Von den §§ 3 - 5, 6 Abs. 2, §§ 7, 11 Abs. 1 - 3 und § 12 darf ferner abgewichen werden,
	  1. wenn eine verhältnismäßig geringe Zahl von Arbeitnehmern vorübergehend mit Arbeiten beschäftigt wird, deren Nichterledigung das Ergebnis der Arbeiten gefährden oder einen unverhältnismäßigen Schaden zur Folge haben würden,
	  2. bei Forschung und Lehre, bei unaufschiebbaren Vor- und Abschlussarbeiten sowie bei unaufschiebbaren Arbeiten zur Behandlung, Pflege und Betreuung von Personen oder zur Behandlung und Pflege von Tieren an einzelnen Tagen,
	wenn dem Arbeitgeber andere Vorkehrungen nicht zugemutet werden können.
	
	(3) Wird von den Befugnissen nach Absatz 1 oder 2 Gebrauch gemacht, darf die Arbeitszeit 48 Stunden wöchentlich im Durchschnitt von sechs Kalendermonaten oder 24 Wochen nicht überschreiten.

Lösung zu Aufgabe 8:

a) Die Mitarbeiter fühlen sich bei Entscheidungen, die die Strukturen betreffen, nicht eingebunden. Aus einem Team wird z. B. ein Mitarbeiter zum Teamleiter ernannt ohne die anderen Mitarbeiter am Prozess zu beteiligen. Verbesserungsvorschläge werden abgefragt, aber nichts passiert. Zum Beispiel verlaufen Vorschläge für Veränderung von Arbeitszeitmodellen im Sande.

b) Echte Delegation von Verantwortung, z. B. der Küchenleiter im Pflegeheim erhält ein Budget und kann eigenverantwortlich innerhalb des Rahmens agieren und Lebensmittel beschaffen. Einbeziehung und Mitwirkung bei der Personalbeschaffung. Zum Beispiel werden Mitarbeiter aus einem Team an der Personalauswahl ihres zukünftigen Kollegen beteiligt.

Lösung zu Aufgabe 9:

Die hervorgehobenen Stichworte sollten enthalten oder beschrieben sein.

Die SWOT-Analyse hat das Ziel, die **internen Stärken und Schwächen** den **externen Chancen und Risiken** gegenüberzustellen.

Die Situationsanalyse ist die komprimierte Zusammenfassung der aktuellen Situation, die die Ergebnisse der internen und externen Faktoren, der Marktsegmentierung und der Zielgruppenanalyse berücksichtigt.

Der **Vorteil der SWOT**-Analyse resultiert aus der übersichtlichen und integrierenden Darstellungsform, sodass die Entwicklung von Strategieoptionen einfach und direkt miteinander verknüpft werden kann. **Nachteil der SWOT**-Analyse ist, dass keine Wahlkriterien zur Verfügung stehen, die entsprechend gewichtet sind. Daher fungiert die SWOT-Analyse eher als verdichtete Präsentation der Einzelanalysen. Abhängigkeiten und Wechselwirkungen können zu Trivialitäten oder Widersprüchen führen.

Die exemplarische Matrix einer SWOT-Analyse für den Internetauftritt eines Gesundheitsunternehmens kann wie folgt aussehen:

Stärken:	Chancen:
▸ gutes Layout	▸ gute Position bei Suchmaschinen
▸ schöne Fotos	▸ wenige Substitutionsanbieter
▸ gute Produktinformationen	▸ Kundenbindung
	▸ Barrierefreiheit
	▸ Cross-Selling
Schwächen:	**Risiken:**
▸ geringe Besucherzahlen	▸ Abmahnung wegen Fehlern im Impressum
▸ geringes Ranking bei Suchmaschinen	▸ Abmahnung wg. Wettbewerbsverstoß
▸ Angst der Kunden wegen Datenschutz	▸ Lücken bei der Sicherheit des Servers
	▸ Preisverfall durch „Lockangebote"

Lösung zu Aufgabe 10:

Eine Strahlentherapie ist nur in Verbindung mit onkologischer Behandlung/ internistischer Aufnahme im Krankenhaus erforderlich. Als Krankenhaus der Grund- und Regelversorgung ist es nicht möglich, sich einseitig zu spezialisieren. Eine Schwerpunktbildung ist nach Krankenhaus-Abteilung möglich. Eine Kundenanalyse/Zielgruppenanalyse kann z. B. nach Behandlungsrichtung vorgenommen werden.

Siehe auch ≫ *Kapitel 6.3.1*

LÖSUNGEN

Lösung zu Probeklausur 1 Aufgabenstellung 2

Lösung zu Aufgabe 1:

Die hervorgehobenen Stichworte sollten in dem Katalog enthalten oder beschrieben und erläutert sein.

- Überarbeitung des **Pflegestandards** zum Infektionsschutz
- **Präventive Maßnahmen** erarbeiten/Risikomanagement überarbeiten = Notfallbox
- **Infektionsschutzgesetz** beachten und Vorgehen daraufhin überprüfen = Gesetzliche Bestimmungen: Infektionsschutzgesetz, 2 x Durchfall = **Meldung an Gesundheitsamt**, Stuhlproben
- **Gesundheitsamt:** enger Kontakt notwendig, neueste Erkenntnisse über Materialien zusammentragen, Ausbreitung durch Quarantäne verhindern, (Küche: **Beschäftigungsverbot**) oder Unterstützung durch Schulungen für Mitarbeiter
- **Ausgleichszahlung** vom Gesundheitsamt.

Lösung zu Aufgabe 2:

Die hervorgehobenen Stichworte sollten enthalten oder beschrieben sein.

Hygienemaßnahmen bei Gastroenteritis-Ausbrüchen durch Noro-Viren. Noro-Viren verursachen bei Erwachsenen bis zu 50 %, bei Kindern etwa 30 % aller nichtbakteriellen, akuten Gastroenteritiden. Nach einer Inkubationszeit von wenigen Tagen kommt es zu einer akuten Gastroenteritis mit heftigem Brechdurchfall, Bauchschmerzen, Kopf- und Muskelschmerzen, aber nur geringem Fieber. Die Krankheitsdauer beträgt in der Regel 1 bis 3 Tage, bei Kindern evtl. länger. Bei Menschen mit reduziertem Allgemeinzustand oder Immunschwäche sind in allen Altersgruppen Todesfälle berichtet worden. 2007 ereigneten sich knapp 80 % aller gemeldeten Ausbrüche in Krankenhäusern (39 %) und Pflegeheimen (38 %) Die Problematik von Noro-Virus-Ausbrüchen liegt in der explosionsartigen Ausbreitung unter Patienten ebenso wie unter dem medizinischen Personal. Stationsschließungen bis hin zu Aufnahmestopps aufgrund der hohen Ausfallrate unter dem Personal führen zu erheblichen Versorgungsengpässen und wirtschaftlichen Einbußen. Infektionsquellen sind Stuhl und Erbrochenes sowie Viren in der Luft. Ansteckungsfähigkeit besteht während der akuten Erkrankung und mindestens 48 Stunden danach, wobei geringe Virusmengen bis zu 2 Wochen nach der Erkrankung, evtl. auch länger, ausgeschieden werden können

Die **Übertragung** erfolgt fäkal-oral als Schmierinfektion, meist über die Hände. Daneben spielen kontaminierte Lebensmittel und kontaminiertes Trinkwasser eine Rolle, möglicherweise auch Tröpfchen, wie sie bei heftigem Erbrechen freigesetzt werden.

Der Erreger ist in der Umwelt stabil und kann in angetrocknetem Zustand über drei Wochen lang infektionstüchtig bleiben, sodass auch die Übertragung durch angetrocknete Viren an Gebrauchsgegenständen und Medizinprodukten von Bedeutung ist. Die Infektion wird durch minimale Virusmengen (vermutlich 10 bis 100 Viruspartikel) übertragen.

LÖSUNGEN

Untersuchungsmaterial, Diagnostik, Meldepflicht: Als Untersuchungsmaterial dient Stuhl, evtl. auch Erbrochenes. Nach dem ersten positiven Nachweis erfolgt die Diagnose anhand der klinischen Symptome, weitere molekularbiologische Einzelnachweise sind nicht mehr erforderlich. In Deutschland besteht **Meldepflicht** bei Krankheitsverdacht und Erkrankung (§ 6 IfSG: akute Gastroenteritis) im Falle zweier oder mehrerer gleichartiger Erkrankungen bei wahrscheinlichem oder vermutetem epidemiologischen Zusammenhang; meldepflichtig (§ 42 IfSG) ist darüber hinaus jede Erkrankung bei Beschäftigten im Lebensmittelbereich (z. B. Küchen in Krankenhäusern, Pflegeheimen, Kindertagesstätten).

Hygienemaßnahmen: Erkrankte Personen müssen **isoliert** werden und Zugang zu einer eigenen Toilette/Toilettenstuhl haben. Infolge des Epidemieverlaufs ist eine Kohortenisolierung sinnvoll. Die **Isolierung** darf frühestens 48 Stunden nach Abklingen der klinischen Symptomatik aufgehoben werden. Da die Virusausscheidung in der Regel noch 14 - 16 Tage nach Sistieren der Symptome anhalten kann, ist für diese Zeitspanne eine viruzide Händedesinfektion nach jedem Toilettengang durchzuführen. Auch die Desinfektion des WC-Bereiches muss für diesen Zeitraum weiter durchgeführt werden. Bei Kontakt mit dem Patienten oder seinen Ausscheidungen müssen raumbezogene, flüssigkeitsdichte **Schutzkittel** getragen werden. Bei Kontakt mit infektiösem Material und potenziell kontaminierten Gegenständen und Flächen sind **Einmalhandschuhe** zu verwenden. Nach Kontakt mit infektiösem Material und potenziell kontaminierten Gegenständen, nach Ausziehen der Einmalhandschuhe sowie vor Verlassen des Zimmers ist eine **hygienische Händedesinfektion** mit einem viruziden Einreibepräparat erforderlich.

Aufgrund aktueller Untersuchungen mit dem murinen Norovirus wird von einer deutlichen Überlegenheit ethanolischer Händedesinfektionsmittel (Ethanolgehalt ≥ 60 % v/v) im Vergleich zu Händedesinfektionsmitteln auf der Basis von 1-Propanol oder 2-Propanol ausgegangen. Grundsätzlich sind, insbesondere auch bezüglich der Einwirkzeit, die jeweiligen Herstellerangaben zu beachten. Bei akutem Erbrechen und bei der Beseitigung von Erbrochenem ist weiterhin eine **Gesichtsmaske** (Mund-Nasen-Schutz) zu tragen. **Handschuhe, Kittel und Maske sind nach einmaliger Verwendung zu entsorgen.**

Die **Entsorgung** erfolgt als „infektiöser Abfall" (deklarationspflichtig) in geschlossenen Behältern, die im Patientenzimmer bereit stehen und vor dem Abtransport äußerlich wischdesinfiziert (viruzide Mittel) werden. Leib- und Bettwäsche sowie mit Stuhl kontaminierte Wäsche wird nach dem Doppelsack-Prinzip (zum Transport sauberen Sack über den kontaminierten Sack ziehen) als **Infektionswäsche** entsorgt. Steckbecken (Leibschüsseln) und Urinflaschen werden im Reinigungs-Desinfektions-Gerät für menschliche Ausscheidungen (=„Steckbeckenspülgerät") gereinigt und thermisch desinfiziert. **Essgeschirr** ist in üblicher, hygienisch einwandfreier Weise aufzubereiten.

Im Krankenzimmer bzw. auf Station erfolgt eine tägliche Wischdesinfektion aller patientennahen Kontaktflächen (einschließlich Türgriffe!) und des Fußbodens mit einem (gegen Caliciviren) wirksamen **Flächendesinfektionsmittel** und des Fußbodens mit einem viruziden Flächendesinfektionsmittel. Um eine Weiterverbreitung aus der Isoliereinheit zu verhindern, ist die mindestens **tägliche Desinfektion** aller patientennahen Flächen und aller weiteren Flächen mit Handkontakt des Patienten und des Personals sowie des Fußbodens mit einem noroviruziden Präparat zu gewährleisten. Nach Entlassung ist eine **Schlussdesinfektion** durchzuführen. Das betrifft nicht nur die Isolierreinheit, sondern auch den WC-Bereich und die Spüle.

Die Bereitstellung von dezentralen **„Notfalldepots"** mit Informations-, Isolier-, und Desinfektionsmaterial hat sich bei der zügigen Beherrschung von Ausbrüchen als außerordentlich nützlich erwiesen. Nach Entlassung des/der Patienten erfolgt eine Schlussdesinfektion (Scheuer-Wisch-Desinfektion) unter Einbeziehung des Sanitärbereichs (Toilette, evtl. unreiner Arbeitsraum). Offen gelagerte, sterile Medizinprodukte (Spritzen, Kanülen, Verbandmaterial etc.) und Verbrauchsartikel (Toilettenpapier, Einmalhandtücher) müssen entsorgt werden.

Besucher: Besuche sind soweit wie möglich einzuschränken. Besucher müssen die analogen **Schutzmaßnahmen** wie das Personal einhalten. Besucher melden sich vor Betreten des Zimmers beim Stationspersonal, von dem sie in der Durchführung der Isoliermaßnahmen, vor allem in der korrekten Ausführung der Händedesinfektion und der Verwendung des Isolierkittels, unterwiesen werden.

Erkrankte Mitarbeiter: Eine Freistellung erfolgt auch bei geringen gastrointestinalen Beschwerden. Die Beschäftigung darf frühestens nach 2 Tagen Symptomfreiheit wieder aufgenommen werden. Sofern die Ausbruchssituation dies erzwingt, kann infiziertes Personal (z. B. bei mildem Verlauf oder im Anschluss an eine akute Erkrankung) infizierte Patienten versorgen (Personalkohortierung). Mitarbeiter der Küche werden vom Gesundheitsamt mit **Beschäftigungsverbot** belegt und wieder freigegeben. Es kann eine Erstattung der Entgelte für Mitarbeiter mit Beschäftigungsverbot beantragt werden.

Lösung zu Aufgabe 3:

a) Die Lösung ist hier, mindestens fünf logisch aufeinander aufbauende Prozessschritte darzustellen, z. B.:

1. Aufnahme in das Krankenhaus
2. internistische Anamnese, Diagnostik und Therapie
3. Bedarf an strahlentherapeutischer Behandlungsprozessen wird festgestellt
4. Überleitung zur Strahlentherapie in Facharztpraxis
5. zurück in das Krankenhaus ggf. IST-Behandlung
6. Daten und Diagnostik von Facharztpraxis zum Krankenhaus leiten
7. weitere internistische/onkologische Diagnostik und Therapie im Krankenhaus
8. Entlassung aus dem Krankenhaus und Abrechnung mittels DRG durch das Krankenhaus
9. Facharztpraxis erstellt Leistungsabrechnung
10. KH rechnet mit Facharztpraxis ab.

b) Eine innerbetriebliche Leistungsverrechnung ist nicht möglich, daher sind Vergütungsregelungen zu treffen.

Es kann die GOÄ bzw. der EBM durch die Arztpraxis für die Abrechnung der erbrachten Leistung als Grundlage genommen werden.

Die Facharztpraxis rechnet mit dem Krankenhaus jenen Anteil ab, den das INEK für die Strahlentherapie in die entsprechende DRG einkalkuliert hat. Das Krankenhaus rechnet z. B. die DRG G15Z ab.

c) Das Krankenhausinformationssystem (KIS), die Einwilligung des Patienten zur Erhebung, Verarbeitung, Speicherung oder Weitergabe der Daten im Krankenhaus bzw. an externe Stellen gemäß Bundesdatenschutzgesetz, DSGVO:

- z. B. § 301 SGB V; Weiterleitung der Daten zur Kostenübernahmeanfrage an die zuständige Krankenkasse
- z. B. § 284 ff. SGB V. Die Weiterleitung von Sozialdaten des Patienten, Weiterleitung von Daten des Patienten z. B. an das Krebsregister.

Lösung zu Aufgabe 4:

Die Kosten der Vergangenheit können heute nicht an die Bewohner weitergegeben werden. Nur in einer neuen Pflegesatzverhandlung können die zukünftigen, kalkulierten Kosten berücksichtigt werden.

Eine neue prospektive Kalkulation ist also erforderlich, um die Kosten mit der nächsten Pflegesatzverhandlung in der Zukunft erstattet zu bekommen.

Aufwendungen für Lohn der Mitarbeiter in der Küche/Pflege kann unter bestimmten Voraussetzungen über das Gesundheitsamt erstattet werden.

Lösung zu Aufgabe 5:

	Kostenart	Wert	Menge	Gesamt
Vorbereitung Dozent	1 Fachkraft	50 €/h	1	50 €
Material	Kopien	0,05 €	1.000	50 €
Durchführung	10 MA	30 €/h	10	300 €
Durchführung Dozent	1 Fachkraft	50 €/h	1	50 €
Nachbearbeitung Dozent	1 Fachkraft	50 €/h	1	50 €
EDV-Nutzung	AfA	10 €	pauschal	10 €
Catering	Kaffee (Kanne)	5 €	3	15 €
Catering	½ Brötchen	0,5 €	22	11 €
Raumnutzung	Miete	50 €	pauschal	50 €
Reinigung	Reinigung	50 €	pauschal	50 €
			Summe	636 €
			je Mitarbeiter	63,60 €

LÖSUNGEN

Wichtig ist die mehrstufige Darstellung von fünf Positionen wie: Vorbereitung, Durchführung, Nachbereitung, Catering, Material. Die angenommenen Werte sollten plausibel sein. Wichtiger Bestandteil der Kalkulation sind die Personalkosten inkl. Arbeitgeberkosten (Personalnebenkosten).

Lösung zu Aufgabe 6:

a)
$$\text{Barwert} = -30.000\ \text{€} + \frac{1{,}04^6 - 1}{0{,}04 \cdot 1{,}04^6} \cdot 4.000\ \text{€} = -9.031{,}45\ \text{€}$$

Die Investition sollte unter diesen Bedingungen nicht getätigt werden.

b) Einzelförderung wird auf Antrag bei den zuständigen Landesbehörden gewährt. Die durch Einzelförderung erhaltenen Fördermittel sind in der Bilanz zu neutralisieren. Da die Summe der Fördermittel regelmäßig begrenzt ist, wird nicht jeder Antrag genehmigt. Für jeden Antrag ist ein entsprechendes Antragswerk zu erstellen und ein Verwendungsnachweis zu führen.

Lösung zu Aufgabe 7:

a) Rahmenbedingungen schaffen: Teamarbeit gestalten und mithilfe von Personalentwicklung Multiplikatoren finden. Für strukturierte Schulungsangebote sorgen, z. B. Fortbildungsflatrate.

b) Die Evaluation mittels Hygienebegehung, die Verbrauchszahlen der Artikel kontrollieren.

c) Geeignete Schulungsmöglichkeiten sind:
   - Durchführung von Kurzunterweisungen während der Dienstübergaben
   - Fünf-Minuten-Unterweisungen zu einem Thema
   - Kontrolle der Teilnahme anhand von Teilnehmerlisten
   - CBT (computer based training) oder WBT (web based training) einführen über das EDV-System im Haus oder per Mail erhalten die Mitarbeiter kurze Schulungseinheiten auf einer Internetplattform wie z. B. LeManSys zugewiesen, die sie bearbeiten müssen.

Lösung zu Aufgabe 8:
a) Rekrutierung von qualifizierten und motivierten Mitarbeitern gewährleisten. Förderung von internen Karrierewegen auf horizontaler und vertikaler Ebene. Das Unternehmen strebt das Image „Guter Arbeitgeber in der Region" an.
b) Persönliche Ansprache von möglichen potenziellen Arbeitnehmern über soziale Netzwerke wie Facebook oder Twitter.

Direkter Kontakt zu Pflegeschulen und Hochschulen zwecks Messen, Praktika und Vorstellung des Arbeitgebers auf einem Girls- und Boysday.

Werbung mit Wunscharbeitszeit und Lebensarbeitszeitkonto.

Hochwertige Fortbildung über pflegerelevante Themen hinaus, um die persönliche Entwicklung zu unterstützen.

Lösung zu Aufgabe 9:
Ist-Analyse
Zu Beginn sollte z. B. die Erfassung aller bisherigen Sponsoren und Geldgeber/Spender stehen. Außerdem eine Darstellung der bisherigen Beiträge der Sponsoren und Spender (zweckgebunden, anlassbezogen o. A.) und eine Analyse der Sponsoren und Spender in dem Bereich Cafeteria/Krankenhaus-Sponsoring. Weiterhin wäre eine Analyse der Spender und Sponsoren im regionalen Umfeld und die Erfassung von Kontakten zu Fördermöglichkeiten (Gerichte, Lottogesellschaften o. A.) von Nutzen.

Zielplanung
Da Ziele generell nach der SMART-Regel entwickelt werden, kann das übergeordnete Ziel lauten:

„100.000 € zum Ausbau der Krankenhaus-Cafeteria bis zum XX.XX.20XX über Fundraising zu akquirieren".

Abgeleitete operative Ziele können sein:

„Bis zum XX.XX.20XX fünf Sponsoren mit je 10.000 € zu akquirieren und bis XX.XX.20XX 100 Spender mit 500 € Beteiligung zu finden."

Strategieplanung
Die Strategie zur Fundraising-finanzierten Krankenhaus-Cafeteria lautet: „Finanzierung über Spender und Sponsoren, Einbindung der Mitarbeiter in das Projekt, Fundraising-Instrumente nutzen, wie Spendenball, Galaabend, Crowdfunding o. A.

Maßnahmen erarbeiten
- Projektgruppe mit Strategieworkshop starten
- Kontakte zu Sponsoren herstellen
- Presse informieren
- Spendenball planen

LÖSUNGEN

- Meilensteine festlegen
- Projektdokumentation durchführen
- Projektabschluss, Danksagung, Einweihung Cafeteria.

Controlling-Maßnahmen
Das Projektcontrolling (Maßgabe: KVP, PDCA) plant die Termine und das Spendenaufkommen in seinem Zeitablauf, dokumentiert die Fundraising-Maßnahmen und die Termineinhaltung. Ebenso wird der Einsatz/Aufwand der Mitarbeiter und der Medieneinsatz dokumentiert sowie die Soll/Ist-Abweichung analysiert. Dazu gehört auch Meilensteine zu setzen und die Zielerreichung zu dokumentieren sowie eine Abweichungsanalyse und die Steuerungsmaßnahmen durchzuführen. Außerdem werden Maßnahmen entwickelt, um die Einhaltung des Projektplans zu sichern.

Lösung zu Probeklausur 2 Aufgabenstellung 1

Lösung zu Aufgabe 1:
Die hervorgehobenen Stichworte sollten enthalten oder beschrieben sein.

Eine Wiedereinführung des Kostendeckungsprinzips würde Innovationen verhindern und Qualitätssteigerung hemmen.

Gewinne sind notwendig, auch für **Non-Profit-Unternehmen**, da diese **Investitionen finanzieren** müssen **Abschreibungen** müssen **refinanziert** werden.

Lösung zu Aufgabe 2:
a) Generelle Funktionen des Controlling sind:
- Planung
- Steuerung
- Kontrolle
- Abweichungsanalyse
- Entscheidungsvorbereitung
- Beratung.

Beispielhafte Erläuterung fur die Abweichungsanalyse. (je Erläuterung 2 Punkte)

Im Rahmen eines Soll/Ist-Vergleichs analysiert das Controlling die effektive und relative Abweichung zwischen Soll = Planwerten und den angefallenen Ist-Werten. Daraus kann sich eine Ampelfunktion ergeben, bei z. B. relativer Abweichung von 2 % = grün. Der Kostenverantwortliche kümmert sich um diese geringe Abweichung selbst.

2 - 5 % = gelb. Das Controlling berät gemeinsam mit dem Kostenstellenverantwortlichen über diese Abweichung und erarbeitet Maßnahmen.

\> 5 % = rot. Die Geschäftsleitung wird informiert und entscheidet über Maßnahmen.

b) Einsatz des BSC

Stichwort: Kunden, Finanzen, Potenzial und Prozesse.

Hier z. B. Potenzial = Mitarbeiter. Ziel ist es, zufriedene Mitarbeiter zu beschäftigen, Kennzahl wäre hier z. B. der Zufriedenheitsindex, Vorgabe 8,0 auf einer Skala von 0 - 10. Maßnahmen: Mitarbeiterbefragung zur Verbesserung der Zufriedenheit.

LÖSUNGEN

Lösung zu Aufgabe 3:

a) Bereiche können sein:
- Krankenhaus
- Hier kann ehrenamtlich unterstützt werden als Wegweiser für Besucher und Patienten, Ehrenamtliche stehen für Gespräche zur Verfügung, gehen oder mit den Patienten spazieren und lesen, spielen oder singen.
- Pflegeheim
- Hier kann ehrenamtlich unterstützt werden als Vorleser, bei kreativen Aktionen wie basteln und malen, Hilfe/Begleitung bei Behörden und Schriftverkehr.
- Kindertagesstätte
- Hier kann ehrenamtlich unterstützt werden als Begleitung bei Ausflügen, Täglichen Aktionen wie kochen, basteln und spielen.
- Rehaklinik
- Hier kann ehrenamtlich unterstützt werden als Alltagsbegleiter z. B. Kennenlernen der Einrichtung und Abläufe, Hilfestellung bei Terminwahrnehmung der Patienten, Unterstützung in kreativen Aktionen.

b) Erläutern Sie sechs Qualitätskriterien für die gemeinsame Arbeit von Angestellten und Ehrenamtlichen Mitarbeitern.

Die hauptamtlichen und ehrenamtlichen Tätigkeitsfelder müssen definiert und voneinander abgegrenzt werden. Ehrenamtliche in Gesundheitsbetrieben arbeiten z. B. als: AWO-Tafelbetreuer, Geschichtenerzähler, Grüne Damen, Alltagsbegleiter oder soziale Betreuung nach § 43b SGB XI usw.

Zuständigkeits- und Entscheidungskompetenzen: Bei sich überschneidenden Tätigkeitsfeldern müssen die Zuständigkeits- und Entscheidungskompetenzen transparent und deutlich abgegrenzt sein.

Partner: Hauptamtlich und ehrenamtlich Tätige sind Partner in ihren Tätigkeitsfeldern und ergänzen sich.

Konkurrenz: Hauptamtlich und ehrenamtlich Tätige stehen in keiner Konkurrenz. Innerhalb der gewählten ehrenamtlichen Tätigkeit besteht keine Möglichkeit, hauptamtliche Tätigkeiten durchzuführen.

Begleitung: Professionelle Begleitung durch hauptamtlich Tätige darf nicht als hierarchisches Regulativ eingesetzt und vermittelt werden. Die professionelle Begleitung bietet methodische Instrumente zur Begleitung der ehrenamtlich Tätigen.

Rahmenbedingungen: Die professionelle Begleitung im Ehrenamt bietet neben den gesetzlichen und institutionellen Rahmenbedingungen auch Schutz. Hauptamtlich Tätige bieten den Ehrenamtlern ihre Hilfe und Unterstützung an.

Fachliches Wissen: Ehrenamtlich Tätige besitzen durch den individuellen Bezug zu ihrer Tätigkeit Kompetenzen, Selbstverantwortungs- und Entscheidungsmöglichkeiten, die über fachliches Wissen hinausgehen.

LÖSUNGEN

Lösung zu Aufgabe 4:
Beispiel

	Monat 1	Monat 2	Monat 3	Monat 4	Monat 5	Monat 6	Monat 7
AP A1	Rechte/Verträge prüfen und abschließen						
AP A2		Investitionsplanung durchführen					
AP A3		Finanzierung sicherstellen	Meilenstein 1				
AP B1		Prozesse intern definieren	Prozesse extern definieren	Interne Kommunikation fördern			
AP B2			Ablauforganisation prüfen	...			
AP B3					Meilenstein 2		
AP C1		Ressourcen bereitstellen	EDV-Anbindung prüfen und herstellen				
AP C2					Mitarbeiter einweisen und -schulung durchführen	Meilenstein 3	
AP C3						Marketing gestalten	Projektende

AP = Arbeitspaket

LÖSUNGEN

Wichtig sind die Darstellung einer Zeitachse, von mindestens zwei AP und zwei Meilensteinen.

Siehe auch >> *Kapitel 3.3.4/02.*

Lösung zu Aufgabe 5:

Modell	Molf 1,0 TSI	eMolf
Fixe Kosten		
AfA p. a	2.001,56 €	3.271,88 €
Kfz-Steuer	28,00 €	0,00 €
Haftpflichtversicherung	603,00 €	603,00 €
Vollkasko	711,00 €	745,00 €
Wartung und Reparatur p. a.	462,50 €	300,00 €
Summe FK	**3.806,06 €**	**4.919,88 €**
Variable Kosten		
Energie/100 km	7,15 €	5,24 €
Kostenformel	= 3.806,06 • 7,15/100 • x	= 4.919,88 • 5,24/100 • x

Kostenvergleichsrechnung
3.806,06 • 7,15/100 • x = 4.919,88 • 5,24/100 • x
3.806,06 • 0,0715x = 4.919,88 • 0,0524x | -0,0524x
3.806,06 • 0,0191x = 4.919,88 | -3.806,06
0,0191x = 1113,82 | /0,0191
x = 58.315,18 km pro Jahr

Der eMolf ist ab einer jährlichen Laufleistung von 58.316 km günstiger.

Wird die Förderung vom 4.000 € auf die 8 Jahre verteilt, so sinkt die AfA um 500 € p. a.

3.806,06 • 7,15/100 • x = 4.419,88 • 5,24/100 • x
3.806,06 • 0,0715x = 4.419,88 • 0,0524x | -0,0524x
3.806,06 • 0,0191x = 4.419,88 | -3.806,06
0,0191x = 613,82 | /0,0191
x = 32.137,17 km pro Jahr

Durch die Inanspruchnahme der Fördermittel wird der eMolf ab 32.138 km p. a. günstiger.

In beiden Fällen ist ein wirtschaftlicher Einsatz des Elektroautos nicht gegeben. Aus betriebswirtschaftlicher Sicht wird empfohlen, den Pkw mit Benzinmotor zu beschaffen.

Aus Marketing- oder Umweltgesichtspunkten kann die Anschaffung von Elektro-Pkws förderlich sein. Eine offensichtliche, ökologische Ausrichtung des Unternehmens mit einem E-Fahrzeug fördert das Image/Ansehen.

Lösung zu Aufgabe 6:

a)

Pflegegrad	Anzahl Bewohner	Personal-schlüssel Alt	Personal Soll / Alt	Personal-schlüssel Neu	Personal Soll/ Neu	Differenz absolut
1	1	1 : 13,000	0,077	1 : 11,620	0,086	0,009
2	17	1 : 4,000	4,250	1 : 6,239	2,725	-1,525
3	37	1 : 3,0384	12,178	1 : 3,040	12,171	-0,007
4	26	1 : 2,381	10,920	1 : 1,981	13,125	2,205
5	17	1 : 2,00	8,500	1 : 1,713	9,924	1,424
Summe	98		35,925		38,031	2,106

Es werden bei gleichbleibender Belegung ca. 2,1 zusätzliche Vollkräftestellen (VK) benötigt. Die Fachkraftquote ist bei der Einstellung zu berücksichtigen.

b) Diese neu einzustellenden Mitarbeiter sind auszuwählen und einzuarbeiten. Dies kann zu Störungen in den Teams führen. Die hausindividuellen Pflegestandards sind zu schulen. Auch die Bewohner, die jetzt mehr Pflegeleistungen beziehen, müssen sich auf die neuen Pflegekräfte einstellen. Wenn der Ausfall von durchschnittlich 20 % als Erfahrungswert zusätzlich berücksichtigt wird, so sind tatsächlich 2,5 VK zu beschaffen. Falls die Auslastung auf 95 % steigt, sind weitere Vollkräftestellen nötig. Es können jedoch nur die per Pflegesatzverhandlung vereinbarten Personalkosten verausgabt werden.

Bei der jetzigen Lage am Arbeitsmarkt ist ein gutes Personalmarketing notwendig.

Die neuen Pflegekräfte verlangen ggf. höhere Gehälter. Durch die Einstellung von geringfügig Beschäftigten (Minijobber) kann eine höhere Kopfzahl erreicht werden, was zu einer flexibleren Personalplanung bei kurzfristigen Belegungsschwankungen führen kann.

Interne Personalbeschaffung: Über Ausbildung können möglicherweise Pflegehelfer oder examinierte Pflegekräfte im Rahmen der Personalentwicklung weitergebildet werden.

Lösung zu Aufgabe 7:

Pflegeeinrichtung zu Sozialhilfeträger: Der Sozialhilfeträger entscheidet über die Zulassung einer Pflegeeinrichtung, genehmigt die Entgelte der Pflegeeinrichtung und ist für die Überprüfung der Pflegeeinrichtung zuständig. Das Pflegeheim verhandelt Investitionskosten und prospektive Entgelte mit dem Sozialhilfeträger.

LÖSUNGEN

Krankenhaus zu Patient: Die Behandlung eines (GKV)-Patienten erfolgt nach dem Sachleistungsprinzip. Dieser erhält alle medizinisch notwendigen Maßnahmen einschließlich Unterkunft und Verpflegung. Die Behandlung eines (PKV)-Patienten erfolgt nach dem Geldleistungsprinzip. Dieser erhält alle Leistungen gemäß Vertrag mit der PKV.

Lösung zu Aufgabe 8:

Die hervorgehobenen Stichworte sollten enthalten oder beschrieben sein.

Die Öffentlichkeitsarbeit eines Krankenhauses muss sich an den einschlägigen **gesetzlichen Bestimmungen** orientieren:

Einhaltung der ärztlichen Schweigepflicht

- **Heilmittelwerbegesetz**
- ärztliches Standesrecht
- **Gesetz gegen den unlauteren Wettbewerb (UGW)**
- Presserecht.

Krankenhäuser dürfen sich nicht mit anderen Krankenhäusern vergleichen (§ 4 UGW). Es ist untersagt, die Spezialisierung auf bestimmte Operationstechniken und Therapieangebote werbemäßig hervorzuheben. Eine Ausnahme gilt nur bei der Unterrichtung von Fachpublikum.

Krankenhauser dürfen den niedergelassenen Haus- oder Fachärzten entsprechende Informationen zukommen lassen. Dazu gehören auch spezielle Informationsbroschüren, die an die betreffenden Haus- und Fachärzte verschickt werden.

Im Internet kann hierauf ebenfalls hingewiesen werden, wobei den Fachärzten ein separater Bereich angeboten werden sollte, der durch ein entsprechendes Passwort geschützt ist.

Es ist den Krankenhäusern untersagt, schriftliche Danksagungen von Patienten für eine erfolgreiche Behandlung zu veröffentlichen.

Oberster Grundsatz für die Werbung ist ein seriöses Auftreten. Dabei dürfen eigene Leistungen nicht in übertriebenen positiven Beschreibungen dargestellt werden. Formulierungen wie

- das beste Haus der Stadt
- die sicherste Behandlung
- bester Service

sind verboten.

Somit kann die Idee nicht unterstützt werden, es ist ein anderer Slogan zu wählen.

Lösung zu Probeklausur 2 Aufgabenstellung 2

Lösung zu Aufgabe 1:
Die hervorgehobenen Stichworte sollten enthalten oder beschrieben sein.

a) **Tarifverträge**

Die von der Verfassung (Art. 9 Abs. 3 GG) garantierte Tarifautonomie, **Tarifvertragsgesetz** (TVG) und Betriebsverfassungsgesetz (BetrVG) geben den Tarifvertragsparteien nicht nur das Recht, sondern beinhalten auch die Erwartung, dass die Arbeitsbedingungen und damit auch die betriebliche Altersvorsorge durch Tarifvertrag umfassend und abschließend geregelt werden.

Es ist mindestens ein Konzern-**Manteltarifvertrag**, Konzern-**Entgelttarifvertrag** und ein Konzern-Überleitungstarifvertrag zwischen Unternehmensleitung und Gewerkschaft als Tarifpartei zu vereinbaren.

Die Vorgehensweise könnte wie folgt sein:

1. Betriebsrate und Konzernbetriebsrat **informieren**
2. Mitarbeiter informieren
3. alle **Betriebsvereinbarungen** in allen beteiligten Unternehmen prüfen und ggf. kündigen
4. alle Tarif- bzw. Mantel- und Rahmen**tarifverträge** aller beteiligten Unternehmen **kündigen**
5. Verhandlungen mit den Tarifparteien (Unternehmensleitung, Gewerkschaften, Mitarbeitervertretungen) aufnehmen und neuen **Konzerntarif verhandeln**
6. neue **Konzernbetriebsvereinbarungen** mit dem Konzernbetriebsrat **verhandeln**.

b) Bei der Gestaltung von Betriebsvereinbarungen (BV) ist besonderes Augenmerk auf Tarifverträge (TV) zu legen. Sie haben als höherrangige Rechtsnormen immer Vorrang vor Betriebsvereinbarungen. Der Massstab ist hierfür die in Artikel 9 Abs. 3 Grundgesetz garantierte **Tarifautonomie**. Diese weist den **Gewerkschaften und Arbeitgeberverbänden** die gesellschaftliche Aufgabe zu, die grundlegenden Arbeits- und Wirtschaftsbedingungen für Arbeitnehmer und Arbeitgeber auszuhandeln.

Doch auch Betriebsvereinbarungen, die Beschäftigte insgesamt oder nur bei einzelnen Arbeitsbedingungen besserstellen, können Tarifverträge praktisch aushöhlen, wenn sie häufig oder gar flächendeckend zur Anwendung kommen.

Deshalb dürfen Betriebsvereinbarungen nicht von Tarifvertragen abweichen: weder zulasten noch zugunsten der Arbeitnehmer und Arbeitnehmerinnen.

Geregelt ist der **Vorrang der Tarifverträge** in § 77 Abs. 3 **Betriebsverfassungsgesetz** (BetrVG) sowie ergänzend im Einleitungssatz von § 87 BetrVG. Diese beiden Vorschriften bilden die Dreh- und Angelpunkte zwischen Betriebsvereinbarung und

Tarifvertrag. Der Abschluss einer BV ist nach § 77 Abs. 3 BetrVG sogar dann gesperrt, wenn sie Gegenstände betrifft, die bereits üblicherweise von Tarifverträgen geregelt werden. Für alle und vor allem für die Beschäftigten eines betroffenen Betriebs heißt das: **Eine Betriebsvereinbarung, die gegen einen Tarifvertrag oder die Tarifüblichkeit verstößt, ist unwirksam.**

Lösung zu Aufgabe 2:

1. Auftaktphase	Ziele festlegen, z. B.:
Unternehmenspolitisch	▶ Ziele des Qualitätsmanagement festlegen
Qualitätspolitisch	▶ Qualitätspolitik definieren
Zielsetzung des QM-Systems	▶ Ziele des QM, z. B. Zertifizierung festlegen
2. Organisationsstruktur	Projekt organisieren, z. B.:
Projektvorbereitung	▶ Auswahl Teilnehmer
	▶ Projektleiter festlegen
	▶ Ressourcen planen
	▶ QM-System, QMB usw. festlegen
	▶ Auswahl des Zertifizierers
	▶ Meilensteine festlegen
3. Bestandsaufnahme	Ist-Zustand erfassen, z. B.:
Projektstart	▶ Qualitätsplanung
	▶ Funktionen
	▶ Dokumentation (Handbuch, Prozesse, Arbeitsanweisungen)
Projektdurchführung	▶ Instrumente und Verfahren zur Qualitätssicherung und -analyse
	▶ Kennzahlendefinition
	▶ Analyse des Ist-Zustandes
	▶ Definition des Soll-Zustandes
	▶ Instrumente zur Qualitätslenkung und -verbesserung festlegen
	▶ Schulungen für Mitarbeiter planen
4. Qualitätsmanagementhandbuch	Erstellen und schulen, z. B.:
Beginn der Umsetzung	▶ Schulung durchführen
	▶ interne Audits durchführen
	▶ Erprobung einleiten
	▶ Korrekturen und Anpassungen planen
Umsetzung	▶ Zertifizierungsaudits planen und durchführen
	▶ Korrekturen und Anpassungen durchführen

5. Wirksamkeitsprüfung	Controlling und KVP durchführen, z. B.:
Nutzung	▸ QM-System leben
	▸ KVP einleiten
	▸ Qualitätscontrolling durchführen
	▸ laufend interne Audits begleiten
	▸ Management-Review durchführen
	▸ Überwachungs- und Rezertifizierungsaudits durchführen
	▸ Anschlussprojekte zur Qualitätsverbesserung beginnen

Lösung zu Aufgabe 3:
Beschreibung der Bereiche:

Bewohnerbefragung
Alle zwei Jahre findet eine Bewohnerbefragung statt. Die Befragung wird ausgewertet und mit dem Heimbeirat und der Geschäftsführung ausgewertet und besprochen.

Beispiel

Die Bewohner sprechen sich in einer Befragung für ein offenes Kaffeebuffet aus und der Wunsch wurde umgesetzt.

Beschwerdemanagement auswerten
Das Beschwerdemanagement ist in der Verwaltung angesiedelt. Es wurden Formulare entwickelt und ein Kummerkasten aufgehängt. Die Beschwerden werden statistisch ausgewertet.

Beispiel

Es gab lange keinen Eingang von Beschwerden im Kummerkasten. Es wurde festgestellt, dass der Kummerkasten falsch platziert war. Nach Auswahl eines anderen Standortes gingen wieder regelmäßig Anmerkungen der Bewohner und Mitarbeiter ein.

Mitarbeiterbefragung
Alle zwei Jahre findet eine Befragung der Mitarbeiter zu verschiedenen Themen statt.

Beispiel

Als Ergebnis wurde moniert, dass kein Raucherraum explizit ausgewiesen war. Dafür wurde ein Pavillon aufgestellt, der nun die Raucher beherbergt.

LÖSUNGEN

Hygienebegehung
Das HACCP-Konzept sieht vor, dass die Tiefkühltruhen regelmäßig kontrolliert werden.

Beispiel

Während der letzten Hygienebegehung wurde erkannt, dass durch externe Thermometer eine Öffnung der Truhen nicht mehr notwendig ist. Diese wurden beschafft und montiert.

Pflegestandards
Für die Dekubitusprophylaxe existiert ein Expertenstandard. Dieser ist dem Pflegepersonal persönlich ausgehändigt worden.

Beispiel

Bei einer Pflegevisite durch die PDL wurde festgestellt, dass die Pflegekräfte die Dekubitusprophylaxe nicht vollständig durchführen. Die Mitarbeiter werden im Rahmen eines „Fresh-ups" erneut zu dem Thema geschult.

Lösung zu Aufgabe 4:
Zu Beginn steht die Gründungsphase, auf die eine Konfliktphase folgt, welche wiederum in eine Regelphase und dann in die Arbeitsphase übergeht, an deren Ende das Team aufgelöst wird.

Gründungsphase (Forming)
Die Gründungsphase eines Teams ist durch höfliches gegenseitiges Kennenlernen geprägt. Der Leiter führt das Team an und die Teammitglieder lernen sich untereinander kennen. Die Teamstruktur ist noch von Unsicherheit geprägt, da alles neu ist. Jedes Mitglied wird testen, ob sein Verhalten akzeptiert wird. Hier geht es um die Aufgaben des Teams, die verschiedenen Charaktere müssen durch die Leitung zusammengeführt werden.

Als geeigneter Führungsstil wäre hier z. B. der autoritäre Führungsstil zu nennen.

Umsetzung: In der Gründungsphase ist das Kennenlernen, das Aufstellen von Regeln und die Rollenverteilung sowie die Themenbesprechung eher durch einen autoritären Führungsstil klar zu regeln. Eine Diskussion auf Sachebene hilft den Teammitgliedern schnell arbeitsfähig zu werden.

Konfliktphase (Storming)
In der Konfliktphase geht es um die individuellen Ziele und um Teamziele. Jedes Mitglied hat auch persönliche Ziele, dies kann zu Konflikten führen. Hier geht es um Mei-

nungen und Gefühle, die Leitung muss in dieser Phase das gemeinsame Ziel aufzeigen und vermitteln, damit eine gemeinsame Basis der Zusammenarbeit entwickelt werden kann.

Auch hier empfiehlt sich der autoritäre Führungsstil.

Umsetzung: Der autoritäre Führungsstil hilft, die gesetzten Ziele der Gründungsphase in der Konfliktphase durchzusetzen. Konflikteskalationen auf der emotionalen Ebene können durch einen autoritären Stil vorsichtig auf die sachliche Ebene zurückgeführt werden.

Regelphase (Norming)
Die Regelphase führt zu neuen Kommunikations- und Arbeitsformen. Der Austausch zwischen den Teammitgliedern funktioniert. Alle Mitglieder akzeptieren die Team-Spielregeln und sind auch innerlich dem gefundenen Teamziel verpflichtet. Hier geht es um Zusammenarbeit. Erst jetzt kann die Leitung einzelne Aufgaben verteilen.

In dieser Phase wäre z. B. der kooperative Führungsstil geeignet.

Umsetzung: Hier hilft der FS die in der Konfrontationsphase gefundenen Kompromisse einzuhalten und ermöglicht eine wirksame Teamarbeit.

Arbeitsphase (Performing)
In der Arbeitsphase geht es um die Arbeitsorientierung und Flexibilität. Das Team handelt zielgerichtet und ist offen zueinander. Es geht um die Durchführung der Teamaufgaben, die Leitung hat nun die Steuerung zur Zielerreichung als Aufgabe.

Empfehlenswert wäre ebenfalls der kooperative Führungsstil.

Umsetzung: Dieser Führungsstil ermöglicht in der Arbeitsphase die Entfaltung der Teammitglieder hinsichtlich der Zielerreichung und die Einbindung aller Teammitglieder mit ihren unterschiedlichen Rollen.

Auflösungsphase (Adjourning)
Die Auflösungsphase spielt bei der Teamarbeit eine große psychologische Rolle. Das Team wird aufgelöst, weil die Arbeit geschafft ist. Alle Mitglieder verabschieden sich voneinander und vor allem von den Rollen, die sie im Team gespielt haben. Sie müssen aber auch außerhalb des Teams weiter zusammenarbeiten. Hier geht es um das formelle Ende des Teams. Die Leitung hat hier eine bedeutsame Rolle, damit die Mitglieder auch für eine zukünftige Teamarbeit empfänglich sind.

Hier würde sich der partizipative Führungsstil anbieten.

Umsetzung: Die Teammitglieder, einschließlich Leitung, finden ein Auflösungsritual und der Teamleiter fördert die Entscheidungsfindung.

LÖSUNGEN

Lösung zu Aufgabe 5:

a)

Erlöse aus Umsätze	2.750.000 €
Personalaufwand	- 1.850.000 €
Materialaufwand	- 580.000 €
Bezogene Leistungen	- 175.000 €
Abschreibungen	- 83.000 €
Zinsen	- 23.800 €
Gewinn	38.200 €

b)

AKTIVA	Bilanz zum 31.12. des Jahres in Euro		PASSIVA
	Euro		Euro
Grundstücke und Gebäude	318.000	Eigenkapital	62.000
Einrichtung und Ausstattung	131.000	Verbindlichkeiten	
Fahrzeuge	134.000	gegenüber Kreditinstitut	580.000
Waren	95.000	Verbindlichkeiten aus	
Forderungen aus Lieferung und Leistung	68.000	Lieferung und Leistung	75.000
		Sonstige Verbindlichkeiten	55.000
Kasse	7.000		
Bank	19.000		
Bilanzsumme	772.000	Bilanzsumme	772.000

c) **1. Personalkennzahl:**

$$\text{Umsatz je Mitarbeiter} = \frac{2.750.000\ \text{€}}{73\ \text{Mitarbeiter}} = 37.671\ \text{€/VK}$$

$$\text{Kosten je Mitarbeiter} = \frac{1.850.000\ \text{€}}{73\ \text{Mitarbeiter}} = 25.342\ \text{€/VK}$$

Die Kosten der Mitarbeiter liegen ca. bei 68 % der Gesamtkosten und somit im üblichen Rahmen.

VK = Vollkraft

2. **Rentabilitätskennzahl**, z. B.:

$$\text{Umsatzrentabilität} = \frac{38.200}{2.750.000} \cdot 100 = 1{,}39\,\%$$

$$\text{Gesamtkapitalrentabilität} = \frac{38.200 + 23.800}{772.000} \cdot 100 = 8{,}03\,\%$$

Eine Umsatzrentabilität von über 1 % ist für eine Pflegeeinrichtung ausreichend. Eine Gesamtkapitalrentabilität von 8 % ist ausreichend, um Kredite zu refinanzieren.

3. **Liquiditätskennzahl**, z. B.:

$$\text{Liquidität 2. Grad} = \frac{7.000 + 19.000 + 68.000}{75.000 + 55.000} \cdot 100 = 72{,}30\,\%$$

$$\text{Liquidität 3. Grad} = \frac{7.000 + 19.000 + 68.000 + 95.000}{75.000 + 55.000} \cdot 100 = 145{,}38\,\%$$

Die Liquidität 2. und 3. Grades sollte höher liegen.

Gewöhnlich liegt die Liquidität 2. Grades bei 100 %, das Cash-Management sollte verbessert werden.

Die Liquidität 3. Grades ist gut. Mehr als 150 % deuten auf zu große Warenlager hin.

4. **Kapitalkennzahl**, z. B.:

$$\text{Eigenkapitalquote} = \frac{62.000}{772.000} \cdot 100 = 8{,}03\,\%$$

$$\text{Anlagendeckungsgrad I} = \frac{62.000}{318.000} \cdot 100 = 19{,}50\,\%$$

LÖSUNGEN

$$\text{Anlagendeckungsgrad II} = \frac{62.000 + 580.000}{318.000} \cdot 100 = 201,89\,\%$$

Die Eigenkapitalquote sollte mittelfristig auf 20 % gehoben werden. Ein Anlagendeckungsgrad I von 19,5 % ist zu gering. Die goldene Bilanzregel wird bei Anlagendeckungsgrad II eingehalten.

Lösung zu Aufgabe 6:
Die hervorgehobenen Stichworte sollten enthalten oder beschrieben sein.

Stellenbeschreibungen – auch Aufgabenbeschreibungen genannt – sind seit jeher wesentlicher Bestandteil der Aufbau- und Ablauforganisation. Die wichtigsten Bestandteile der Stellenbeschreibung sollten für die Erfüllung der Aufgabe und Einordnung in die Organisation sein:

Stellenbezeichnung/Planstelle: Sachbearbeiter Kundenservice

Kernaufgaben z. B.: Kundenanfragen annehmen, dokumentieren und bearbeiten, Kunden informieren, Verträge vorbereiten, Statistiken erstellen, Abrechnungen durchführen, offene Posten bearbeiten

weitere Tätigkeiten z. B.: Telefonate führen, Projektarbeit, Ablage durchfuhren, Inventur durchführen

Unterordnung z. B.: Vorgesetzter ist die Leitung Kundenservice, Mitarbeiter keine, Zusammenarbeit Kollegen im Service-Team

Vertretung z. B.: Vertretung von Kollegen und durch KollegenSUNGEN

Kommunikation z. B.: mit Stationen, Pflegedienstleitung, Berichte an Zentrale

Bevollmächtigungen innerhalb der Hierarchie: Handlungsvollmacht, i. A.

Qualifikationen und Erfahrungen z. B.: Abgeschlossene IHK-Ausbildung als Kauffrau für Büromanagement oder gleichwertig gem. Europäischem Qualifikationsrahmen Niveaustufe 4, min. 2 Jahre einschlägige Berufserfahrung, erweiterte Kenntnisse in MS Office und Finanzbuchhaltungs-Programm, gutes Deutsch in Wort und Schrift

Erwartungen und Zielvorgaben z. B.: auch unter Stress nicht die Ziele aus den Augen verlieren, eigenständige Arbeitsplanung, Wochenendarbeit, Schichtdienst, weniger als 2 Minuten Wartezeit am Telefon.

LÖSUNGEN

Lösung zu Aufgabe 7:

a)

FRAGEBOGEN FÜR MITARBEITER ZUR ERÖFFNUNG EINER BETRIEBSKINDERGARTENGRUPPPE

Haben Sie Kinder? JA/NEIN

Wenn Ja: Haben Sie Kinder im Alter von 1 - 3, 3 - 5, 6 - 7 oder älter?

Wenn Ja: Würden Sie die Kinder in einem Betriebskindergarten betreuen lassen?

Wenn Ja: Welche Ihrer Kinder kommen infrage?

Wie viele Stunden würden Sie Ihre Kinder betreuen lassen?

Ab wann sollte die Betreuung Ihrer Kinder beginnen?

Wann sollte die Betreuung Ihrer Kinder enden?

Wäre eine Arbeitszeitumgestaltung für die Nutzung Ihres Betreuungsaufwands nötig?

Wenn Ja: Wie sollte Ihr Arbeitszeitmodell aussehen?

Schichtänderung/Anpassung Anfangsarbeitszeiten

Vielen Dank für Ihre Unterstützung

b) Chancen ergeben sich hier z. B. durch Mitarbeiterbindung, Entlastung der Mitarbeiter, Imagepflege als familienfreundlicher Arbeitgeber, Synergieeffekte durch bessere Auslastung der Kapazität sowie Nachwuchsförderung.

Der Ausbau einer Betreuungsgruppe ist natürlich auch mit Risiken verbunden: Mitarbeiter fühlen sich zu sehr eingebunden in den Betrieb und erleben keine Trennung von privatem und beruflichem Umfeld mehr. Verdrängung von externen Eltern/Kindern, Arbeitszeitmodell passt nicht zur Betreuungszeit, Unzufriedenheit über Leistungsangebot.

Lösung zu Aufgabe 8:

a) Konflikte durch Mischung ethnischer Gruppen (Sprache, Religion, Mentalität, Tradition etc.), Ausbildungsinhalte im Herkunftsland anders, Anerkennung von Berufen, Sprachbarrieren, Hemmungen im persönlichen Bereich durch Religion

b) Im Unternehmen die Mitarbeiter informieren, Werbung für Begleiter/Mentoren, Vorfeldmaßnahmen in der Berufsschule, durch Betreuer, Eltern, Tests für Beruf und Eignung durchführen, gezielte Nachhilfe in Ausbildungsinhalten, Sprachschule, interne Fortbildung, Kooperation mit Arbeitsamt und ggf. Sozialbehörde

c) Personalbindung der langfristig im Unternehmen entwickelten Persönlichkeiten:

- gelebte Integration und Forderung von Integration im wirtschaftlichen Zusammenhang
- Existenzbildung

LÖSUNGEN

- Fördermöglichkeit von staatlicher Seite/Subventionen über Arbeitsmarktinitiativen der Bundesagentur für Arbeit, Jobcenter
- Eingliederungshilfen
- Imagepflege für das Unternehmen/Konzern
- evtl. neue Kundengruppen mit Migrationshintergrund.

QUELLENNACHWEIS

Adams, H. W., Gerichtsfeste Organisation auf Basis von Integrierten Management Systemen, hrsg. von Dr. Adams Management Gesellschaft GmbH, Duisburg 1996

Aktiengesetz (AktG), Aktiengesetz vom 6. September 1965 (BGBl. I S. 1089), zuletzt geändert durch Artikel 1 des Gesetzes vom 22.12.2015

Aretz/Hansen, Erfolgreiches Management von Diversity. Die multikulturelle Organisation als Strategie zur Verbesserung einer nachhaltigen Wettbewerbsfähigkeit, in: Zeitschrift für Personalforschung, S. 12 - 36, 17. Jg., Heft 1, 2003

Asklepios, Geschäftsbericht 2011, Königstein-Falkenstein 2011

Avenarius, H., Public Relations, 3. Auflage, Darmstadt 2008

Backes-Gellner/Wolff, Personalmanagement, in: Die Prinzipal-Agenten-Theorie in der Betriebswirtschaftslehre, S. 395 - 437, hrsg. von Jost, J.-P., Stuttgart 2001

Badelt/Meyer/Simsa, Handbuch der Nonprofit Organisation, 5. Auflage, Stuttgart 2013

Bain & Company, Results 03_2010, München

Baller, G., Was vielen gefallen soll, muss von vielen gestaltet werden, in: Das Krankenhaus, S. 743 - 747, Jg. 8.2010

Bandemer/Kleinschmidt/Stricker, Gesundheitswirtschaft in Rheinland-Pfalz, hrsg. von Ministerium für Arbeit, Soziales, Gesundheit, Familie und Frauen und Ministerium für Wirtschaft, Verkehr, Landwirtschaft und Weinbau, Mainz 2008

Bannwart, H., Organisation und Veränderungsmanagement im KMU, in: Facility Services, S. 14 - 15, Jg. 05.2011

Barmenia, Gute Gründe für die Private Krankenversicherung, Wuppertal 2012

Beckmann, M., Corporate Social Responsibility und Corporate Citizenship, Halle 2007

Bertelsmann Lexikoninstitut, Bertelsmann Universallexikon, Gütersloh 2002

Boeckh/Huster/Benz, Sozialpolitik in Deutschland, Wiesbaden 2011

Breyer/Clever, Ökonomische Theorie der Politik, Hagen 2003

Bruhn, M., Qualitätsmanagement für Dienstleistungen, 8. Auflage, Heidelberg 2011

Bundesministerium für Arbeit und Soziales, Referat Information, Sozialbericht, Publikation, Redaktion, Bonn 2009

Bundesministerium für Arbeit und Soziales (BMAS), Soziale Sicherung im Überblick 2016, Bonn 2016

Bundesministerium für Bildung und Forschung, Verordnung über die Prüfung zum anerkannten Fortbildungsabschluss Geprüfter Fachwirt im Gesundheits- und Sozialwesen und Geprüfte Fachwirtin im Gesundheits- und Sozialwesen vom 21. Juli 2011, Bundesgesetzblatt Jahrgang 2011, Teil I, Nr. 42, ausgegeben zu Bonn am 4. August 2011

Bundesministerium für Gesundheit (BMG), Die Pflegestärkungsgesetze, Berlin, Mai 2016

Bundesministerium für Wirtschaft und Energie (2017), GründerZeiten 11, Rechtsformen, veröffentlicht Juni 2017 unter URL: www.bmwi.de

Bundesministerium für Wirtschaft und Technologie, Rechtsformen, Bonn 2010

Bundeswahlgesetz (BWahlG), Bundeswahlgesetz in der Fassung vom 23. Juli 1993 (BGBl. I S. 1288, 1594), zuletzt geändert durch Artikel 2 des Gesetzes vom 10. Juli 2018 (BGBl. I S. 1116)

QUELLENNACHWEIS

Bundeswahlleiter (2017a), Bundestagswahl 2017, Ergebnisse der Wahl zum 19. Deutschen Bundestag, veröffentlicht unter URL: https://bundeswahlleiter.de/dam/jcr/e2023a6b-6535-4ec4-af93-29b4af9a056c/btw17_ergebnisse_flyer.pdf

Bundeswahlleiter (2017b), Ergebnisse früherer Bundestagswahlen, veröffentlicht unter URL: https://bundeswahlleiter.de/dam/jcr/397735e3-0585-46f6-a0b5-2c60c5b83de6/btw_ab49_gesamt.pdf

Bürgerliches Gesetzbuch, Ausgabe 2015

Burkhardt/Friedl/Schmidt, Jahresabschlüsse der Krankenhäuser, 3. Auflage, Frankfurt am Main 2010

Busse/Schreyögg/Stargardt, Management im Gesundheitswesen, 3. Auflage, Berlin/Heidelberg 2013

Coenenberg/Fischer/Günther, Kostenrechnung und Kostenanalyse, 8. Auflage, Stuttgart 2012

Conrad, H.-J., Wirtschaftliche Steuerung von Krankenhäusern, Kulmbach 2010

Christophers, H., Pflegesatzverhandlungen – die Grundlagen, Hannover 2019

Das Krankenhaus, verschiedene Hefte, W. Kohlhammer GmbH Stuttgart

Datenreport (2018), Ein Sozialbericht für die Bundesrepublik Deutschland, Hrsg: Statistisches Bundesamt (Destatis), Wissenschaftszentrum Berlin für Sozialforschung (WZB) in Zusammenarbeit mit Das Sozio-oekonomische Panel (SOEP) am Deutschen Institut für Wirtschaftsforschung (DIW Berlin), Bonn 2018.

DeGEval – Gesellschaft für Evaluation e. V. (Hrsg.), Standards für Evaluation, 4. Auflage, Mainz 2008

Der Paritätische, Fortschreibung der Regelsätze zum 1. Januar 2016, Berlin 2015

DIHK Verlag, Geprüfter Fachwirt im Gesundheits- und Sozialwesen/Geprüfte Fachwirtin im Gesundheits- und Sozialwesen, Berlin 2012

DKG, Kalkulation von Behandlungslisten (Fallpauschalen) – Handbuch zur Anwendung in Krankenhäusern, Version 4, Düsseldorf 2016

Duden, Politik und Wirtschaft, Mannheim 2012

Duden, Wie Wirtschaft funktioniert, Mannheim 2012

Ertl-Wagner/Steinbrucker/Wagner, Qualitätsmanagement und Zertifizierung, Heidelberg 2012

Finanztest, Tarifwechsel ohne Reue (private Krankenversicherung), in: Finanztest, S. 70 - 73, Jg. 3. 2013

Finanztest, Tarifwechsel zahlt sich aus (private Krankenversicherung), in: Finanztest, S. 64 - 67, Jg. 3. 2012

Fließ, S., Dienstleistungsmanagement – Management von Dienstleistungsprozessen, Hagen 2010/2011

Frey/Osterloh/Benz, Grenzen variabler Leistungslöhne: Die Rolle intrinsischer Motivation, in: Die Prinzipal-Agenten-Theorie in der Betriebswirtschaftslehre, S. 561 - 592, hrsg. von Jost, J.-P., Stuttgart 2001

Fricke, U., Präsentationsmaterial der hospitalia consult gmbh, Oberursel

Füermann/Dammasch, Prozessmanagement, München 2012

Führich, E., Wirtschaftsprivatrecht, 12. Auflage, München 2014

QUELLENNACHWEIS

GmbH-Gesetz (GmbHG), Gesetz betreffend die Gesellschaften mit beschränkter Haftung vom 20.04.1892 (BGBL III 4123-1), zuletzt geändert durch Artikel 8 des Gesetzes vom 10.05.2016 (BGBl. I S. 1142)

Gomez/Probst, Die Praxis des ganzheitlichen Problemlösens, 3. Auflage, Bern 1999

Greiling/Mormann/Westerfeld, Klinische Pfade steuern, Kulmbach 2003

Grethler, A., Fachkunde für Kaufleute im Gesundheitswesen, 2. Auflage, Stuttgart 2011

Greving, J., Politik und Sozialkunde, 3. Auflage, Mannheim 2011

Grossmann/Scala, Gesundheit durch Projekte fördern, 5. Auflage, Weinheim 2011

Haeske-Seeberg, H., Handbuch Qualitätsmanagement im Krankenhaus, 2. Auflage, Stuttgart 2007

Handelsgesetzbuch (HGB), Handelsgesetzbuch vom 10.05.1897 (BGBl III, 4100-1), zuletzt geändert durch Artikel 4 des Gesetzes vom 31.03.2016 (BGBl. I S. 519)

Heinrich, D., Customer Relationship Management im Krankenhaus, 1. Auflage, Wiesbaden 2011

Henze/Kehres, Buchführung und Jahresabschluss in Krankenhäusern, 3. Auflage, Stuttgart 2007

Herbst, D. G., Public Relations, 2. Auflage, Berlin 2004

Hering/Vincenti, Unternehmensgründung und Unternehmensnachfolge, Hagen 2010

Hering/Zeiner, Controlling für alle Unternehmensbereiche, 3. Auflage, Stuttgart 1995

IHK Saarland (2016), Gesellschaftsrecht-GR35, Die Unternehmergesellschaft (UG) (haftungsbeschränkt), veröffentlicht Oktober 2016 unter URL: www.saarland.ihk.de

Jorasz, W., Kosten- und Leistungsrechnung, 5. Auflage, Stuttgart 2009

Keun/Prott, Einführung in die Krankenhauskostenrechnung, 7. Auflage, Wiesbaden 2008

Kieser, H.-P., Variable Vergütung im Vertrieb, Wiesbaden 2012

Kolb, T., Grundlagen der Krankenhausfinanzierung, Kulmbach 2011

Konrad-Adenauer-Stiftung, Soziale Gesundheitswirtschaft 101/2009, Köln 2009

Kostka, C., Coaching, 3. Auflage, München 2007

Kostka/Mönch, Change Management, 4. Auflage, München 2009

Kotter, J. P., Leading Change, München 2013

Kralicek, P., MBA Pocket-Guide, Wien 2001

Krankenhausentgeltgesetz (KHEntgG), Gesetz über die Entgelte für voll- und teilstationäre Krankenhausleistungen vom 23. April 2002 (BGBl. I S. 1412, 1422), zuletzt geändert durch Artikel 8 des Gesetzes vom 10.12.2015 (BGBl. I S. 2229)

Krankenhausfinanzierungsgesetz (KHG), Krankenhausfinanzierungsgesetz in der Fassung der Bekanntmachung vom 10. April 1991 (BGBl. I S. 886), zuletzt geändert durch Artikel 8 vom 10.12.2015 (BGBL I S. 2229)

Kröger, J., Buchführung für Kaufleute im Gesundheitswesen: Einführung in die doppelte Buchführung unter Berücksichtigung der Pflege-Buchführungsverordnung (PBV) und der Krankenhaus-Buchführungsverordnung (KHBV), 2. Auflage, Norderstedt 2009

KZV BW, Schriftenreihe Zahnarzt und Haftung, Heft 1, Kassenzahnärztliche Vereinigung Baden-Württemberg

Landesärztekammer Baden-Württemberg, Merkblatt Partnerschaftsgesellschaft/Medizinische Kooperationsgemeinschaft, Stand: Februar 2011

QUELLENNACHWEIS

Linn/Sobolewski, So arbeitet der Deutsche Bundestag, Rheinbreitbach 2013

Litke/Kunow/Schulz-Wimmer, Projektmanagement, 2. Auflage, Freiburg 2012

Löcherbach, P., Einsatz der Methode Case Management in Deutschland: Übersicht zur Praxis im Sozial- und Gesundheitswesen, in: Porz, F. (u. a.) (Hrsg.) Neue Wege in der Nachsorge und Palliativversorgung, S. 20 - 33, Augsburg 2003

Malik, F., Führen – Leisten – Leben, Frankfurt 2006

Malik, F., Management, Frankfurt 2007

Marburger, H., SGB I Allgemeiner Teil des Sozialgesetzbuches, Regensburg 2013a

Marburger, H., SGB X Verwaltungsverfahren und Datenschutz, Regensburg 2013b

Merten, M., Integrierte Versorgung Depression: Gemeinsam für den Patienten, in: Deutsches Ärzteblatt, S. 17, Ausgabe Januar 2005

Noetzel, J., Einrichtungsübergreifende Fallsteuerung durch Casemanagement, in: KU Gesundheitsmanagement, S. 38 - 43, Jg. 6.2011

Nöllke, C., Präsentieren, 4. Auflage, München 2006

North, K., Wissensorientierte Unternehmensführung, 3. Auflage, Wiesbaden 2002

Österreichisches Controllerinstitut, Komplexität erfolgreich steuern, Wien 2006

Oyen/Löhe, Lehrbuch der Sozialmedizin für Sozialarbeit, Sozial- und Heilpädagogik, Hrsg. Schwarzer, W., Dortmund 1996

Partnerschaftsgesetz (PartGG), Partnerschaftsgesellschaftsgesetz vom 25. Juli 1994 (BGBl. I S. 1744), zuletzt geändert durch Artikel 7 des Gesetzes vom 22.12.2015 (BGBl. I S. 2563)

Penter/Siefert, Kompendium Krankenhaus-Rechnungswesen, 3. Auflage, Kulmbach 2018

PKV (2014), Sozialtarife der PKV, Berlin 2014

Probst/Raub/Romhardt, Wissen managen, 4. Auflage, Wiesbaden 2003

Reiss, H.-C., Steuerung von Sozial- und Gesundheitsunternehmen, Baden-Baden 2010

Riebel, P., Einzel- und Deckungsbeitragsrechnung, 7. Auflage, Wiesbaden 1994

Rosenthal/Wagner, Organisationsentwicklung und Projektmanagement im Gesundheitswesen, Heidelberg 2004

Rüegg-Stürm/Tuckermann/Bucher/Merz/von Arx, Management komplexer Wertschöpfungsprozesse im Gesundheitswesen: Vernetzung beginnt in der Organisation, in: Vernetzung im Gesundheitswesen, S. 181 ff., hrsg. von Amelung/Sydow/Windeler, Stuttgart 2009

Schubert, H.-J., Management von Gesundheits- und Sozialeinrichtungen, Neuwied 2003

Schulz von Thun/Ruppel/Stratmann, Miteinander reden: Kommunikationspsychologie für Führungskräfte, 13. Auflage, Reinbek 2003

Schwarzenbart, U., Diversity Management, Global Diversity Office Daimler, 2007

Seidel/Stauss, Beschwerdemanagement, 4. Auflage, München 2007

Siebenbrock, H., Grundlagen der Organisationsgestaltung und -entwicklung, Altenberge 2014

Sozialgesetzbuch II, Grundsicherung für Arbeitssuchende vom 24. Dezember 2003 (Artikel 1 des Gesetzes vom 24. Dezember 2003, BGBl. I S. 2954), zuletzt geändert am 24.06.2015 (BGBl. I S. 974)

Sozialgesetzbuch III, Arbeitsförderung vom 24. März 1997 (Artikel 1 des Gesetzes vom 24. März 1997, BGBl. I S. 1594), zuletzt geändert am 8.07.2016 (BGBl. I S. 1594)

QUELLENNACHWEIS

Sozialgesetzbuch IV, Gemeinsame Vorschriften für die Sozialversicherung vom 12. November 2009 (BGBl. I S. 3710, 3973; 2011 I S. 363), zuletzt geändert durch Artikel 4 des Gesetzes vom 23. Dezember 2014 (BGBl. I S. 2462)

Sozialgesetzbuch V, Gesetzliche Krankenversicherung vom 20. Dezember 1988 (Artikel 1 des Gesetzes vom 20. Dezember 1988, BGBl. I S. 2477), zuletzt geändert durch Artikel 5 des Gesetzes vom 23. Dezember 2014 (BGBl. I S. 2462)

Sozialgesetzbuch VI, Gesetzliche Rentenversicherung vom 18. Dezember 1989 (Artikel 1 des Gesetzes vom 18. Dezember 1989, BGBl. I S. 2261, 1990 I S. 1337), in der Fassung vom 19. Februar 2002 (BGBl. I S. 754, 1404, 3384), zuletzt geändert durch Artikel 3 des Gesetzes vom 11. Dezember 2018 (BGBl. I S. 2387).

Sozialgesetzbuch XI, Soziale Pflegeversicherung vom 26. Mai 1994 (Artikel 1 des Gesetzes vom 26. Mai 1994, BGBl. I S. 1014), zuletzt geändert durch Artikel 8 des Gesetzes vom 23. Dezember 2014 (BGBl. I S. 2462)

Sozialgesetzbuch XI, Soziale Pflegeversicherung vom 26.05.1994 (Artikel 1 des Gesetzes vom 26. Mai 1994, BGBl. I S. 1014, 1015), zuletzt geändert am 17. Dezember 2018 (BGBl. I S. 2587).

Sozialpolitik, Hrsg. Stiftung Jugend und Bildung in Zusammenarbeit mit dem Bundesministerium für Arbeit und Soziales, Wiesbaden 2013/2014

Sprenger, R. K., Radikal führen, Frankfurt 2012

Steiger, R., Beziehungsstörungen im Berufsalltag, 3. Auflage, Zürich 2002

Steinle/Daum, Controlling, 4. Auflage, Stuttgart 2007

Thierau/Wottawa, Lehrbuch Evaluation, 3. Auflage, Bern 2003

Toth/Genz, Wer sich nicht wehrt, hat schon verloren!, in: Das Krankenhaus, S. 593 - 600, Jg. 6.2013

Ueberschaer, N., Mit Teamarbeit zum Erfolg, 2. Auflage, Leipzig 2000

Unternehmensberater, veröffentlicht unter URL: http://www.unternehmensberater.at/lexikon/veraenderungsmanagement

Vahs, D., Organsisation, 8. Auflage, Stuttgart 2012

Vanini, U., Risikomanagement, Stuttgart 2012

Vester, F., Die Kunst, vernetzt zu denken, München 2012

von Troschke/Stößel, Grundwissen Gesundheitsökonomie, Gesundheitssystem, Öffentliche Gesundheitspflege, 2. Auflage, Bern 2012

Wagner/Grawert, Sozialleistungsmanagement, München 1993

Weber/Schäffer, Balanced Scorecard & Controlling, 3. Auflage, Wiesbaden 2000

Weibler, J., Integrale Führung, Hagen 2009

Weise, A., Change Management, zhaw 2010

Weitz/Eckstein, VWL Grundwissen, 4. Auflage, Planegg bei München 2015

Wöhe/Döring, Einführung in die Allgemeine Betriebswirtschaftslehre, 26. Auflage, München 2016

Zapp/Funke/Schnieder, Interne Budgetierung auf der Grundlage der Pflegeversicherung, Wanne-Eickel 2000

Zeichhardt/Voss, Integrierte Gesundheitsversorgung, in: Vernetzung im Gesundheitswesen, S. 237 ff., hrsg. von Amelung/Sydow/Windeler, Stuttgart 2009

QUELLENNACHWEIS

Internetquellen

Amt für Veröffentlichungen, So funktioniert die Europäische Union, veröffentlicht unter URL: https://europa.eu/european-union/documents-publications.de

AOK-Bundesverband, Lexikon, veröffentlicht unter URL: http://www.aok-bv.de/lexikon/s/index_00117.html

Arbeitskreis „Europäische Normung und Qualitätssicherung", Aktuelle normierte Managementsysteme, hrsg. Bayerisches Staatsministerium für Wirtschaft, Infrastruktur, Verkehr und Technologie, 2011, veröffentlicht unter URL: www.stmwivt.bayern.de

Berger, J., Soziale Marktwirtschaft, 2012, elektronisch veröffentlicht unter URL: http://www.bpb.de/politik/grundfragen/deutsche-verhaeltnisse-eine-sozialkunde/138633/soziale-marktwirtschaft

Bundesanzeiger, Die Reform der Pflegeversicherung, veröffentlicht unter URL: https://www.bundesanzeiger-verlag.de/betreuung/aktuelles/die-reform-der-pflegeversicherung-20162017-das-psg-ii.html

Bundesbank.de, IWF, veröffentlicht unter URL: bundesbank.de/Navigation/DE/Aufgaben/Finanz_und_Waehrungssystem/Internationale Zusammenarbeit/IWF/iwf.html

Bundesministerium für Arbeit und Soziales, Soziale Sicherung, 2009, elektronisch veröffentlicht unter URL: http://www.bmas.de/DE/Themen/Soziale-Sicherung/erklaerung-soziale-sicherung.html

Bundesministerium für Arbeit und Soziales (BMAS), Soziale Sicherung, 2013, elektronisch veröffentlicht unter der URL: http://www.bmas.de/SharedDocs/Downloads/DE/PDF-Publikationen/sozialbericht-2013.pdf?__blob=publicationFile

Bundesministerium für Gesundheit, Aufgaben, veröffentlicht unter URL: http://www.bmg.bund.de/ministerium/aufgaben-und-organisation/aufgaben.html

Bundesministerium für Gesundheit (2018a), Gesundheitswirtschaft als Jobmotor, 18.04.2018, veröffentlicht unter URL: https://www.bundesgesundheitsministerium.de/themen/gesundheitswesen/gesundheitswirtschaft/gesundheitswirtschaft-als-jobmotor.html

Bundesministerium für Gesundheit (2018b), Leistungen der Pflegeversicherung, 11.12.2018, veröffentlicht unter URL: https://www.bundesgesundheitsministerium.de/themen/pflege.html

Bundesministerium für Gesundheit, Die Pflegeversicherung, veröffentlicht unter URL: http://www.bundesgesundheitsministerium.de/themen/pflege/online-ratgeber-pflege/die-pflegeversicherung.html

Bundesversicherungsamt, Aufbau und Aufgaben Bundesversicherungsamt, elektronisch veröffentlicht unter URL: http://www.bundesversicherungsamt.de/service/publikationen/kurzdarstellung.html

Bundeszentrale für politische Bildung, Veröffentlichungen im Internet unter www.bpb.de

Deutsches Rotes Kreuz, DRK-Verbandsstruktur, elektronisch veröffentlicht unter URL: http://www.drk.de/ueber-uns/drk-verbandsstruktur/vg-bund.html

Deutsche Sozialversicherung Europavertretung, Deutsche Sozialversicherung, elektronisch veröffentlicht im Auftrag der Spitzenverbände der Deutschen Sozialversicherung unter URL: http://www.deutsche-sozialversicherung.de/index.html

DESTATIS (2018), Gesundheitsausgaben pro Tag überschreiten Milliardengrenze, 15.02.2018, veröffentlicht unter URL: https://www.destatis.de/DE/PresseService/Presse/Pressemitteilungen/2018/02/PD18_050_23611.html;jsessionid=8C33051246048EB9463A5FBBD7103FDC.InternetLive2

QUELLENNACHWEIS

dqr (2015), Deutscher Qualitätsrahmen, veröffentlicht unter URL: http://www.dqr.de/content/2323.php (Stand: 15.08.2015, Bundesministerium für Bildung und Forschung)

Duden, Wirtschaft von A bis Z: Grundlagenwissen für Schule und Studium, Beruf und Alltag, Mannheim 2013, elektronisch veröffentlicht unter URL: http://www.bpb.de/nachschlagen/lexika/lexikon-der-wirtschaft/

Europa.eu, So funktioniert die Europäische Union, veröffentlicht unter URL: http://bookshop.europa.eu/de/bundles/indblik-i-eu-politik-cbsciep2OwkgkAAAE.xjhtLxJz/

Europa.eu, Gerichtshof der Europäischen Union (EuGH), veröffentlicht unter URL: http://europa.eu/european-union/about-eu/institutions-bodies/court-justice.de

Finanztest, Private Krankenversicherung, elektronisch veröffentlicht unter URL: http://www.test.de/thema/private-krankenversicherung/

Gabler Wirtschaftslexikon, Hrsg. Springer Gabler Verlag, veröffentlicht unter URL: http://wirtschaftslexikon.gabler.de/Archiv/2871/ordnungspolitik-v10.html

Gemeinsamer Bundesausschuss (G-BA), Institution und Aufgaben, elektronisch veröffentlicht unter URL: http://www.g-ba.de/

Gerlinger/Burkhardt, Das Gesundheitswesen in Deutschland: Ein Überblick, 2012a, elektronisch veröffentlicht unter URL: http://www.bpb.de/politik/innenpolitik/gesundheitspolitik/72547/einfuehrung-gesundheitswesen-ueberblick?p=all

Gerlinger/Burkhardt, Die wichtigsten Akteure im deutschen Gesundheitswesen. Teil 1: Staat und Politik, 2012b, elektronisch veröffentlicht unter URL: http://www.bpb.de/politik/innenpolitik/gesundheitspolitik/72565/staat-und-politik

Gerlinger/Burkhardt, Die wichtigsten Akteure im deutschen Gesundheitswesen. Teil 2: Verbände und Körperschaften der gemeinsamen Selbstverwaltung, 2012c, elektronisch veröffentlicht unter URL: http://www.bpb.de/politik/innenpolitik/gesundheitspolitik/72575/verbaende- und-koerperschaften

Gerlinger/Burkhardt, Die wichtigsten Akteure im deutschen Gesundheitswesen. Teil 3: Institutionen und Interessenvertretungen, 2012d, elektronisch veröffentlicht unter URL: http://www.bpb.de/politik/innenpolitik/gesundheitspolitik/72588/institutionen-und-interessenvertretungen

GKV-Spitzenverband, Informationen über Kranken- und Pflegeversicherung, veröffentlicht unter URL: http://www.gkv-spitzenverband.de/gkv_spitzenverband/wir_ueber_uns/wir_ueber_uns.jsp

GKV-Spitzenverband, Pflegeversicherung, veröffentlicht unter URL: http://www.gkv-spitzenverband.de/pflegeversicherung_grundprinzipien/grundprinzipien.jsp

IKK (2016): Pressekonferenz IKK e.V., 19. April 2016, Grafik II, Anteil der Gesamtausgaben für Prävention an den Leistungsausgaben der GKV ohne Schutzimpfungen, veröffentlicht unter https://www.ikke.v.de > Morbi-RSA-2016.

Medizinischer Dienst der Krankenversicherung (MDK), Pflegebedürftigkeitsbegriff, veröffentlicht unter URL: http://mdk.de/Fragen_und_Antworten_neuer_Pflegebeduerftigkeitsbegriff.htm

Merx, A., Diversity Management. Einführung in das Konzept DiM, 2009, elektronisch veröffentlicht unter URL: www.pro-diversity.de/publikationen

Ministerium für Arbeit, Soziales, Gesundheit, Familie und Frauen, Landeskrankenhausplan 2010 Rheinland-Pfalz, Mainz 2010, elektronisch veröffentlicht unter URL: http://www.msagd.rlp.de/gesundheit/krankenhauswesen/landeskrankenhausplan-2010.html

QUELLENNACHWEIS

Müller, F., (2013), Der Behandlungsvertrag – §§ 630a ff. BGB (RÜ 5/2013, elektronisch veröffentlicht unter URL: http://www.alpmann-schmidt.deg-ba.de/

Pfister, U., Subsidiaritätsprinzip, Universität Münster 2004, elektronisch veröffentlicht unter URL: http://www.uni-muenster.de/Geschichte/SWG-Online/sozialstaat/glossar_subsidiar.htm

Pflegeversicherung-Tarif, Leistungen der gesetzlichen Pflegeversicherung, veröffentlicht unter URL: http://www.pflegeversicherung-tarif.de/pflegeversicherung/leistungen-gesetzliche-pflegeversicherung

PKV (2018): Die private Krankenversicherung, veröffentlicht unter URL: www.pkv.de

Regelbedarfsstufen-Fortschreibungsverordnung 2018 (RBSFV 2018), Verordnung zur Bestimmung des für die Fortschreibung der Regelbedarfsstufen nach den §§ 28a und 134 SGB XII maßgeblichen Prozentsatzes sowie zur Ergänzung der Anlage zu § 28 des SGB XII für das Jahr 2018.

Regionales Informationszentrum der Vereinten Nationen für Westeuropa (HNRIC), Die UNO im Überblick, veröffentlicht unter URL: http://www.unric.org/html/german/pdf/Die_UNO_im_Ueberblick.pdf

Reintjes/Reiche/Wenk-Lang, Das Gesundheitssystem: Der Markt und/oder staatliche Steuerung, veröffentlicht unter URL: http://www.med.uni-magdeburg.de/jkmg/wp-content/uploads/2013/03/JKM_Band-27_Kapitel05_Reintjes_Reiche_Wenk-Lang.pdf

Scheller, H., Fiscal Governance und Demokratie in Krisenzeiten, veröffentlicht 2012 unter URL: http://www.bpb.de/apuz/126014/fiscal-governance-und-demokratie-in-krisenzeiten?p=all

Schlösser, H.-J., Aufgaben und Grenzen von Markt und Staat, 2007b veröffentlicht unter URL: http://www.bpb.de/izpb/8455/aufgaben-und-grenzen-von-markt-und-staat?p=all

Schlösser, H.-J., Staatliche Handlungsfelder in einer Marktwirtschaft, 2007a veröffentlicht unter URL: http://www.bpb.de/izpb/8487/staatliche-handlungsfelder-in-einer-marktwirtschaft

Schmid, J., Der Sozialstaat in der Bundesrepublik: Recht und Organisation, 2012 elektronisch veröffentlicht unter URL: http://www.bpb.de/politik/grundfragen/deutsche-verhaeltnisse-eine-sozialkunde/138799/der-sozialstaat-in-der-bundesrepublik-recht-und-organisation

Schubert/Klein, Das Politiklexikon, Bonn, Dietz 2011, veröffentlicht unter URL: http://www.bpb.de/nachschlagen/lexika/politiklexikon

Sozialbericht (2009), Hrsg: Bundesministerium für Arbeit und Soziales, Referat Information, Publikation, Redaktion, Bonn 2009.

Sozialbericht (2013), Bundesministerium für Arbeit und Soziales (Hrsg.), Datenstand Mai 2013, veröffentlicht unter URL: http://www.bmas.de/DE/Service/Medien/Publikationen/A101-13-sozialbericht-2013.html

Sozialbericht (2017), Hrsg: Bundesministerium für Arbeit und Soziales, Referat Information, Monitoring, Bürgerservice, Bibliothek, Stand Juli 2017, Bonn 2017.

Sozialbudget (2015), Bundesministerium für Arbeit und Soziales (Hrsg.), Datenstand Mai 2016, veröffentlicht unter URL: http://www.bmas.de/DE/Service/Medien/Publikationen/a230-15-sozialbudget-2015.html

Sozialgesetzbuch, SGB I-SGB XII, veröffentlicht unter URL: http://www.sozialgesetzbuch-sgb.de/

Sturm, R., Zusammenarbeit im deutschen Föderalismus, 2013 elektronisch veröffentlicht unter URL: http://www.bpb.de/izpb/159339/zusammenarbeit-im-deutschen-foederalismus

TheFreeDictionary.com, Großwörterbuch Deutsch als Fremdsprache, Farlex, Inc. and partners, 2009

QUELLENNACHWEIS

WHO, Verfassung der Weltgesundheitsorganisation vom 22. Juli 1946 (von der Bundesversammlung genehmigt am 19. Dezember 1946), Stand: 25. Juni 2009, veröffentlicht im Internet unter URL: http://www.admin.ch/opc/de/classified-compilation/19460131/200906250000/0.810.1.pdf

Internetseiten

www.4managers.de

www.aerztezeitung.de

www.alpmann-schmidt.de

www.bcg.de

www.berufsstrategien.de

www.bgw-online.de

www.bibb.de

www.bookboon.com

www.bpa.de

www.bundesgesundheitsministerium.de

www.business-on.de

www.business-wissen.de

www.buzer.de

www.centrale-fuer-mediation.de

www.das-unternehmerhandbuch.de

www.daswirtschaftslexikon.com

www.dkgev.de

www.dki.de

www.g-ba.de

www.gefaehrdung.de

www.gesetze-im-internet.de

www.gkv.spitzenverband.de

www.ihk-bildungsinstitut.de

www.kfw.de

www.kompass-sozialmanagement.de

www.kompetenzen-foerdern.de

www.kuendigungsschutzrecht.com

www.management-konkret.de

www.management-praxis.de

www.managerseminare.de

www.marketinglexikon.ch

www.marketing-wissen.net

QUELLENNACHWEIS

www.mein-startup.de

www.mitarbeiterpotenziale-aktiv.de

www.nboenig.de

www.onlinemarketing-praxis.de

www.personaler-online.de

www.personalwirtschaft.de

www.personal-wissen.de

www.perwiss.de

www.pharma-zeitung.de

www.pkv.de

www.projektmanagementhandbuch.de

www.psyga.info.de

www.rechnungswesen-portal.de

www.rechnungswesen-verstehen.de

www.rechtsanwalt-muenchen.net

www.rechtswoerterbuch.de

www.rki.de

www.steuerlinks.de

www.studis-online.de

www.teialehrbuch.de

www.treffpunkt-betriebsrat.de

www.wirtschaftslexikon24.com

www.wirtschaftslexikon.gabler.de

www.wiwiweb.de

www.worldbank.org

STICHWORTVERZEICHNIS

6-3-5 Methode	337
9000er Normenfamilie	283

A

ABC-Analyse	386, 706
Abgeltungsteuer	542
Abgrenzung	
-, zeitliche	500
Abgrenzungsverordnung	620
Ablauforganisation	321 f., 325
-, Aufgaben	322
-, Fehler	325
-, Ziele	321
Abrechnung	601
-, Sozialhilfeträger	601
-, vollstationäre Leistungen	601
Abrechnungssystem	595
-, Verträge	595
Absatzkrise	699
Abschöpfungsstrategie	683
Abschreibung	488 f.
-, finanzbuchhalterische	489
-, kalkulatorische	742
-, kostenrechnerische	489
-, planmäßige	488
Abweichungen	642
-, Gründe	708
Abweichungsanalyse	641
Abzinsungsfaktor	740
Abzugskapital	767
Adjourning	330
Akkreditierung	252
ALPEN-Methode	387
Altersrückstellungen	592
Amortisationszeitpunkt	741
Analyseinstrumente	
-, integrative	678
Anderskosten	611
Änderungskündigung	836
Angebot	983
-, Bestimmungsgrößen	983
Angebot- und Nachfrageschema	981
Anhang	481
Anlagegut	620, 766
Anlageintensität	735
Anlagendeckungsgrad I	735
Anlagendeckungsgrad II	735
Anlagendeckungsgrad III	735
Anlagenspiegel	559
Anlagevermögen	495, 511
Anschaffungskosten	484
Anschaffungspreisminderung	669
Ansoff-Matrix	686
Anspruchsgruppe	273
Appelleben	436
AQUA-Institut (Institut für angewandte Qualitätsförderung und Forschung im Gesundheitswesen)	246, 362
Arbeit	607
-, soziale	607
Arbeitsgruppe	328 f.
-, Nachteile	329
-, Vorteile	328
Arbeitsphase	433
Arbeitsplan	350
Arbeitsproduktivität	739
Arbeitsrecht	817
-, Individual-	817
-, kollektives	817
Arbeitsschutz	301
Arbeitsschutzmanagement	249
Arbeits- und Gesundheitsschutzmanagementsystem	301
Arbeitsvertrag	818
-, Arten	819
-, Pflichten	820 f.
Arbeitszeugnis	829
-, Arten	830
-, Rechte	829
Arme Hunde	682
Armortisationsdauer	741
Arzneimittelgesetz	264
ASCA	302
Assessment-Center	814
Audit	252, 360
-, externes	361
-, internes	361
-, Regeln	360
Auditbericht	360
Auditor	
-, interner	254
-, zertifizierer/externer	254
Aufbauorganisation	321, 324
-, Kriterien	321
-, QM	324
Aufbewahrung	475
Aufbewahrungsfristen	474
Auflösungsphase	433
Aufsichtsbehörden im Gesundheits- und Sozialwesen	142

STICHWORTVERZEICHNIS

Aufstellung der Entgelte und Budget-
berechnung (AEB) 638
Aufwand 522, 537, 611
-, außerordentlicher 611
-, betriebsfremder 611
-, betriebsneutraler 611
-, periodenfremder 611
Aufwendungen 511, 609
Aufzinsungsfaktor 740
Ausbildung 853
-, außerbetriebliche 853
-, Kooperationsbetrieb 854
-, Probleme 859
-, überbetriebliche 853, 855
-, Verbund 854
Ausbildungsberater 858
Ausbildungsdokumentation 869
Ausbildungsnachweis 870
Ausbildungsplan 865, 867
-, betrieblicher 866
-, Inhalt 867
Ausbildungsverhältnis 860
-, Beendigung 860
Ausbildungsverordnung 857
Ausgabe 611
Auswahlverfahren
-, sonstige 815
Auswertung 703
-, betriebswirtschaftliche 703
-, BWA 703
Auszahlung 611, 774
AZPIOKS 389

B

Balanced Scorecard 725, 843
-, Beispiel 209
-, Definition 207
-, finanzielle Perspektive 207
-, Kundenperspektive 208
-, Lern- und Entwicklungsperspektive 208
-, unternehmensinterne Prozess-
perspektive 207
Barbetrag 505
Basel II 698
Basisfallwert 584
BCG-Matrix 680
Bedürfnispyramide 884, 984
Bedürfnisse, Bedarf und Nachfrage
-, Zusammenhang 985
Beendigung eines Arbeitsverhältnisses 835

Behandlungsprozess 412
Beitragsbemessungsgrenze 575
Belegerfassung 475
BEM 304
Benchmarking 354, 684, 1015
-, Formen 685
-, Phasen 685
Bernoulli-Prinzip 757
Berufsgenossenschaft 303
Berufsunfähigkeit 594
Beschäftigungsabweichung 642
Beschäftigungsstruktur 754
Beschwerdemanagement 1061
Bestandskonto 525
Bestellmenge
-, optimale 744
Betäubungsmittelgesetz 264
Betriebliches Vorschlagswesen 353
Betriebliches Wiedereingliederungs-
management 304
Betriebliche Ziele 152
-, Anspruchsgruppen 153
-, Aufbau von Zielsystemen 158
-, Beispiel der Unternehmensziele 159
-, Besonderheiten von Zielen 154
-, Grundsätze zur Bildung von Ziel-
systemen 158
-, Klassifizierung von Zielen 155
-, mögliches Konfliktpotenzial 154
-, ökonomische, soziale und
ökologische Ziele 154
-, Optimierung betrieblicher Ziele 166
-, umsetzen 162
-, Ziele auf Unternehmensebene 157
-, Zielsysteme 158
Betriebsabrechnungsbogen 627
Betriebsausgaben 513
Betriebseinnahmen 512
Betriebskosten 603f., 611, 766
-, Finanzierung 604
Betriebsrat 800
Betriebsverfassungsgesetz 798
Betriebsvergleich 636
Betriebsvermögen 487
-, Bewertung 487
Beurteilungsart 824
Beurteilungsfehler 439
-, Halo-Effekt 439
-, Milde-Effekt 439
-, Primacy-Effekt 439
-, Tendenz zur Mitte 439

STICHWORTVERZEICHNIS

-, Vorurteile/Stereotype	439
Beurteilungsprozess	827
Beveridge Modell	564
Beziehungsebene	436
Beziehungskonflikt	922
Bezugsgröße	612, 646, 709
Bilanz	481, 516
-, Aktivseite	516
-, Bestandsveränderung	520
-, Gliederungsform	516
-, Haftungsverhältnisse	519
-, Konto	521
-, Passivseite	516
Bildungscontrolling	942
Bismarck Modell	564
Bonität	768 f.
-, Bemessung	769
-, Kreditwürdigkeit	768
Bonus	669
Bottom-Up-Verfahren	428
Brainstorming	337
Branchenstrukturanalyse	693
Break-even	643, 658
Break-even-Menge	743
Break-even-Point	676
Break-even-Umsatz	743
Buchführung	470, 476 f.
-, gesetzliche Grundlagen	476
-, Pflicht	477
Buchführungspflicht	479
Buchhaltung	531
-, Kreislauf	531
Buchungssatz	506, 523
Budgetierung	
-, externe	637
-, flexible	637
Budgetverhandlungen	637
Bundesärztekammer	245
Bundesbasisfallwert	649, 663
Bundesdatenschutzgesetz	417
-, Anwendungsbereich	417
-, Zweck	417
Bundeszahnärztekammer	245
Bürgerbeteiligung	58
-, Beiräte	61
-, Bereich	58
-, Bürgerbegehren	61
-, Bürgerentscheid	61
-, bürgerliche Eigeninitiative	61
-, Direktwahl	61
-, Einwohnerantrag	61
-, Einwohnerversammlung	61
-, Fragestunde	61
-, Funktionsweise	59
-, sachkundige Bürger	61
-, Selbstverwaltung	58
-, Träger der Selbstverwaltung	58
-, Volksbegehren	60
-, Volksentscheid	60
-, Volksinitiative	60
-, Wahlen	60
Burnout	949

C

Cafeteria-Modell	917
Case-Mix (CM)	648
Case-Mixindex (CMI)	648
Cashflow	557, 727
-, Analyse	736
-, Finanzierungstätigkeit	557
-, Investitionstätigkeit	557
-, operative Tätigkeit	557
Cashflow-Rate	737
Cashflow-Rechnung	557
Chancen	697
Change Management	227
Compliance-Management	367
Controlling	
-, Aufgaben	674
-, Begriff	674
-, Bericht	708
-, operatives	699
-, organisiertes	676
-, strategisches	677
Controllinginstrument	677
Controllingprozess	166
Corporate Behavior	785, 1050
Corporate Communication	785, 1050
Corporate Design	1050
Corporate Identity	784, 1049
Corporate Philosophy	785
Costcenter	630
Cost driver	711, 714
Critical Incident	375
Critical Incident Reporting (CIR)	353

D

Datenaustausch	425
-, §§ 301 und 302 SGB V	425
Datenschutz	415, 421 f.

STICHWORTVERZEICHNIS

-, Bestandteile	421
-, organisatorisch	416
-, Phasen	422
-, politisch	415
-, rechtlich	415
-, technisch	416
Datenschutzgrundverordnung	420
Datensicherheit	415, 423
-, technische Verfahren	423
Debitorenziel	737
DeBono-Methode	338
Deckungsbeitrag	659, 700
Deckungsbeitragsrechnung	1047
-, einstufige	700
-, mehrstufige	700
Deeskalation	438
DEGEMED	319
-, zertifiziert	319
Delegation	390 f.
-, Führungskraft	390
-, Mitarbeiter	391
-, Pflicht	390 f.
-, Tätigkeit	391
Delegationsauftrag	391
Deming, William Edwards	293
deQus	320
Desinvestitionsstrategie	683
Deutsche Krankenhausgesellschaft	245
Dienstleistung	991
-, Arten	991
Differenzkalkulation	665
Digitalisierung	475, 678
DIN 77800	294
DIN EN 15224	295
DIN EN ISO	284, 287
-, Bausteine	284
-, Grundlage	287
-, Grundsätze	284
-, Hauptkriterien	287
-, Prozessmodell	289
Direktmarketing	1081
Disease-Management-Programme (DMP)	407
Distribution	1041
Distributionspolitik	1091, 1094
-, Sozial- und Gesundheitswesen	1094
Diversity Management	
-, Bedeutung	190
-, Begriff	190
-, Dimensionen	191
DRG	406, 598 f.
-, Abschlag	598
-, Grouper	599
-, Zuschlag	598
DRG-Erlös	584
Dritter Sektor	66
Ducker, Peter F.	385
Durchschnittsbewertung	499
Durchschnittskosten	618, 674

E

Ebene	
-, normative	350
-, operative	350
-, strategische	350
EBIT	555
EBITDA	555
EBT	555
Economic Value Added	725
EDIFACT	424
Effektivität	753
EFQM	277
-, Bewertung	280
-, Grundgedanke	280
-, Grundkonzept	278
-, Grundstruktur	279
-, Kriterien	279
-, Nachteile	283
-, Prinzip	279
-, Vorteile	283
Ehrenamt	605, 879 f.
-, Gründe	879
-, Probleme	880
-, Sozial- und Gesundheitswesen	879
Eigen- bzw. Fremdmarktforschung	1001
Eigenkapitalquote	734
Eigenkapitalrentabilität	737
Eigenkapitalspiegel	559
Eigenkapitalumschlag	736
Eignung	846
-, fachliche	846
-, persönliche	846
Eignungstest	815
Einheitlicher Bewertungsmaßstab	586
Einkommensleistung	50
Einnahme	611
Einnahmeüberschussrechnung	
-, EÜR	512
Einstellung	
-, mitbestimmungspflichtige	799
Einzahlung	611, 774

STICHWORTVERZEICHNIS

Einzelbewertung	485, 499
Einzelförderung	582, 762
Einzelkosten	612, 614
-, relative	702
Eisenhower-Prinzip	386, 909
Elastizität	1087
EMAS	306
Endkostenstellen	622
EN ISO	283
Entlohnungssystem	163
-, Anreizwirkung	163
-, Art und Höhe der Entlohnung	165
-, Ausprägungen	164
-, Bemessungsgrundlage	164
-, Fixgehalt	163
-, funktionale Beziehung	165
-, Provision	163
-, variable Entlohnung	164
-, Zielprämie	163
-, Zielvereinbarung	163
Entscheidungen	758
-, Checklisten	755
Entscheidungsalternative	755
Entscheidungsfindung	757
Entschuldungsgrad	736
EPA	316 f.
-, zertifiziert	317
Erfahrungskurve	689
Erfolg	536
Erfolgskonto	523, 525, 538
Erfolgskrise	699
Ergebnisevaluation	463
Ergebnisqualität	246, 258 f., 300
Ergebnisrechnung	635
Erlös	650
-, außerordentlicher	650
-, betrieblicher	650
-, betriebsfremder	650
-, betriebsneutraler	650
-, periodenfremder	650
Erlösausgleich	542
Erlösbudget	648
Erlösplanung	648
Erlösrechnung	634
Ermittlung	
-, Zuschlagssätze	668
Eröffnungsbilanz	526
Ersetzendes Scannen	475
Ertrag	511, 522, 537, 609, 611
-, neutralisieren	536
Erwartungstheorie	343
Eskalationsstufen	437
Europäische Sozialfonds (ESF)	607
Evaluation	166

F

Fachkompetenz	924
Factoring	765
Fallmanagement	408
Fallpauschalenkatalog	584
Fallpauschalensystem	583
Fallzahl	649
Fehler	374
-, im Umgang mit komplexen Systemen	169
-, Menschen	374
Fehlermanagement	353, 374
Fehlzeitenquote	747
Fertigungsgemeinkosten	666
Fertigungsgemeinkostenzuschlag	666
Fertigungsprozess	712
Festbewertung	499
Festpreis	674
Festwertinventur	494
Finanzbuchhaltung	471 f.
-, Abgrenzung	472
-, Aufgaben	471
Finanzierung	
-, duale	519, 582
Finanzierungsformen	765
Finanzierungskennzahlen	728, 739, 751
Finanzierungsplan	765
Finanzierungsregel	767
Finanzierungströme im Gesundheitswesen	570
Fixkosten-Deckungsbeitrag	659
Fixkostendegression	616
Fluktuationsquote	746
Fördermittel	534
Forderungen	
-, sonstige	502
Forderungsintensität	735
Forfaitierung	765
Formen von Gruppen	964
Forming	329
Fortbildungspflicht	270
Fragetechnik	338
Fragezeichen	682
Franchising	1092
Fremdkapitalquote	734
Früherkennungstreppe	366

STICHWORTVERZEICHNIS

Führung
-, Definition 176
-, Führungsaufgaben 175
-, Führungsprozess 176
-, Führungsqualität 176
-, gruppenbezogene 177
-, lernorientierte 177
-, motivierende 177
-, vertrauensvolle 176
Führungsfunktion 907
Führungsgrundsatz 892
Führungsinstrument 912
-, Anreizmodelle 916
Führungskraft
-, Anforderungen 895
-, Werkzeuge 389
Führungsstil 898, 904
-, autoritärer 900
-, kooperativer 901
-, Laissez-faire 902
-, situativer 904
Führungstechnik 906, 908, 911
-, Management by Delegation 908
-, Management by Exception 908
-, Management by Objectives 911
-, Management by Systems 911
Fundraising 1082
Fünf Säulen 573
Fürsorgeprinzip 572
Fusion 405

G

Garantie 263
Garantierückstellung 746
Gebrauchsgut 620, 766
Gefahrstandspflicht 381
Gefangenendilemma 758
Gegenstromverfahren 428
Geldstrom 761
Gemeinkosten 612
-, unechte 702
Gemeinnützigkeit 577
Gemeinsamer Bundesausschuss 270
Gemeinwesenarbeit 605
Gesamtabweichung 642
Gesamtkapitalrentabilität 737
Gesamtkosten 618
Gesamtkostenverfahren 540
Gesamtvergütung 588 f.
-, morbiditätsbedingte 589

Geschäftseinheit 989
-, strategische 989
Geschäftsprozess 332, 409 f.
-, externer 332
-, interner 332
-, Kernprozess 332
-, Managementprozess 332
-, Unterstützungsprozess 332
Geschäftsvorfall 522, 524
-, erfolgswirksamer 522
Gesellschaftsordnung 41
Gesetz gegen den unlauteren
    Wettbewerb (UWG) 1063
Gesetzliche Krankenversicherung (GKV) 73
-, Aufgabe 74
-, Bundesversicherungsamt 75
-, Entscheidungsmacht der Ärzte
    und Zahnärzte 75
-, Gesundheitsfonds 75
-, Leistung 74
-, Risikostrukturausgleich 75
-, Sozialgesetzbuch V (SGB V) 73
-, Versicherungspflicht 73
Gesetzliche Unfallversicherung (GUV) 91
-, Aufgaben 91
-, Berufsgenossenschaft 92
-, Finanzierung 91
-, Pflichtversicherung 91
-, Sozialgesetzbuch VII (SGB VII) 92
-, Unfallversicherungsträger 92
-, Versicherungsschutz 91
-, Ziel 91
Gesetz zur strukturellen Weiter-
    entwicklung der Pflegeversicherung
    (Pflege-Weiterentwicklungsgesetz) 245
Gesprächsführung 914
-, effektive 914
Gestaltungsprinzipien des sozialen
    Staatssystems 35
-, Äquivalenzprinzip 36
-, Beitragsfinanzierung der
    Sozialversicherungen 36
-, Freizügigkeit 37
-, Fürsorgeprinzip 36
-, Gestaltungsprinzipien 35
-, Grundprinzipien der Sozialen Sicherung 36
-, Selbstverwaltung 36
-, Solidaritätsprinzip 35
-, Sozialstaatsprinzip 35
-, Subsidiaritätsprinzip 36
-, Territorialität 35

STICHWORTVERZEICHNIS

-, Versicherungsprinzip	36
-, Versorgungsprinzip	36
Gesundheitsfond	576 f.
-, Einnahmestruktur	577
Gesundheitsmarketing	1106
Gesundheitssystem	564, 567
-, beitragsfinanziertes	564
-, europäisches	564
-, Mittel	567
-, steuerfinanziertes	564
Gesundheits- und Sozialpolitik	99
-, Aufgaben	113
-, Bundesstaat	111
-, der EU	111
-, Entwicklungen	116
-, europäische Integration	112
-, Europäische Kommission	114
-, Europäischer Gerichtshof	114
-, Europäischer Rat	114
-, Europäisches Parlament	114
-, Gesetzgebungsverfahren	116
-, Grundausrichtungen	118
-, Grundrechtscharta	119
-, intergouvernemental	111
-, Ministerrat	114
-, Organe	114
-, Staatenbund	111
-, Staatenverbund	111
-, supranational	111
-, Wertegemeinschaft	112
-, Wohlfahrtssystem	118
-, Ziele	117
-, Zusammenwirken	115
Gesundheits- und Sozialwesen	49
-, Bedeutung	55
-, Einordnung	49
-, Entwicklung	49
-, Integration in die Volkswirtschaft	55
-, nach funktionalen Kriterien	52
-, nach institutionellen Kriterien	52
-, Organisation	49
-, Sozialbudget	49
-, wirtschaftlicher Beitrag	52
Gewährleistung	263
Gewaltenteilung	32
-, Exekutive	32
-, Judikative	32
-, Legislative	32
Gewerbesteuer	543
Gewerbesteuerpflicht	545
Gewinnschwelle	658
GKV-Modernisierungsgesetz	245
-, Institut für Qualität und Wirtschaftlichkeit im Gesundheitswesen	245
GKV-Wettbewerbsstärkungsgesetzes (GKV-WSG)	245
GOÄ	591
GoBD	475
Goldene Bilanzregel	767
Grenzkosten	618
Grenzverweildauer	584
-, mittlere	676
-, obere	584, 676
-, untere	584, 676
Grundbuch	524
-, Tagebuch, Journal	524
Grunderwerbsteuer	546
Grundgesetz	32
-, Grundrecht	32
-, Rechte der Staatsorganisation	33
Grundkosten	611
Grundmotiv	344
Grundsatz	482
-, Bewertungsstetigkeit	482
-, Bilanzidentität	482
-, Einzelbewertung	482
-, Periodenabgrenzung	482
-, Unternehmensfortführung	482
-, Vorsicht	482
Grundsätze ordnungsgemäßer Buchführung	474
-, GoB	474
Grundsteuer	546
Gründungsphase	432
Grundversorger	694
Gruppe	
-, strategische	694
Gruppenarbeit	330
Gruppenbewertung	494, 499
Gruppenbildungsprozess	965
Gruppenstruktur	965
Güterstrom	761
GuV	481

H

HACCP-Konzept	265
Haftung	
-, gerichtsfeste Organisation	147
-, Haftungs- und Deliktrecht	145
-, Organisationshaftung	148

STICHWORTVERZEICHNIS

-, Organisationsverschulden	148
-, Straffähigkeit	147
-, strafrechtliche	144
-, zivilrechtliche	144
Handlungskompetenz	924
Hauptbuch	524
Hauptkostenstellen	615
Heilmittelwerbegesetz (HWG)	1064
Herstellkosten	667
Herstellungskosten	485
Hilfsmittelverzeichnis	271
Humankapital	782, 930
Human-Resource-Management	930
Hurwicz-Regel	756
Hygiene	265

I

ILO OSH-Guideline	303
Imparitätsprinzip	497
Indikatoren	715
Individuelle Gesundheitsleistungen	594
-, IGeL	594
Industrie 4.0	678
Infektionsschutzgesetz	265
Informationen	345
Informationsmanagement	222
Informationssammlung	679
Institut für Qualität und Wirtschaftlichkeit im Gesundheitswesen (IQWiG)	268
Integriertes Managementsystem (IMS)	247 f.
-, Struktur	248
Internationale Organisationen	119
-, Deutsches Rote Kreuz e. V.	120
-, Internationale Arbeitsorganisation (IAO)	122
-, Internationaler Währungsfonds (IWF)	123
-, Nichtregierungsorganisationen INGOs	119
-, Regierungsorganisationen IGOs	119
-, UNDP	122
-, UNDRO	122
-, UNFPA	122
-, UNHCR	121
-, UNICEF	121
-, UNO	121
-, Weltbank	123
-, Welthandelsorganisation (WTO)	122
-, WFP	122
-, Zoll- und Handelsabkommen GATT	122
Interner Zinsfuß	742

Inventur	493 ff.
-, Arten	494
-, permanente	494
-, Pflicht	493
-, Planung	495
-, verlegte	494
Inventurvereinfachungsverfahren	494
Investitionsabzugsbetrag	492
Investitionsbedarf	764
Investitionsbewertungsrelationen (iBR)	583
Investitionskennzahlen	728, 740, 751
Investitionskosten	582, 603, 619
-, Fördermöglichkeiten	603
Investitionspauschale	583
Investitionsplan	761
Investitionsquote	735
Investitionsstrategie	683
Ishikawa-Diagramm	353, 375
ISO 14001	307
ISO 31000	295
ISO-Zertifizierung	286
Ist-Kosten	639

J

Jahresabschluss	480, 551
-, freiwillige Angaben	551
-, Inhalt	480
-, Pflichtangaben	551
-, Wahlpflichtangaben	551
-, zusätzliche Angaben	551
Jahreserfolg	534
-, korrigierter	534
Job Enlargement	926
Job Enrichment	926
Job Rotation	926
Jugendarbeitsschutzgesetz (JArbSchG)	847

K

Kaizen	290 f., 353, 705
-, fünf S	291
-, Schirm	292
-, sieben M	291
-, sieben W	292
Kalkulation	631, 644, 657, 664 f.
-, Aufgaben	635
-, Handel	664
-, Produktion	665
-, Ziel	635
Kalkulationsgrundlage	653

STICHWORTVERZEICHNIS

Kapazitätsgrenze	616
Kapital	
-, betriebsnotwendiges	767
Kapitalbarwert	741
-, mehrperiodischer	741
Kapitalbedarf	770
Kapitalbindungsregel	767
Kapitalendwert	740
Kapitalflussrechnung	557
Kapitalherkunft	770
Kapitalstruktur	726
Kapitalstrukturregel	767
Kapitalumschlag	737
Kapitalverwendung	770
Kassenhaltung	776
Kassenzahnärztliche Bundes-vereinigung	245
Katastrophenplan	382
Kennzahlen	251, 715 f., 718, 721, 726, 728 f., 734 ff., 743, 755
-, Anlagenfinanzierung	726, 735, 750
-, auswerten	733
-, beurteilen	749
-, Ertragslage	719
-, Finanzlage	718
-, Funktionen	716
-, grundsätzliche	755
-, Investitionsanalyse	726, 735, 750
-, Kapitalstruktur	734
-, Liquidität	726, 736, 750
-, markterfolgsbezogene	752 f.
-, Materialwirtschaft	728, 743, 752
-, Personal	719
-, Personalwirtschaft	729, 746, 754
-, potenzialbezogene	752 f.
-, Produktion	728, 752
-, Prozesse	719
-, Qualität	719
-, Vermögenslage	718
-, wirtschaftliche	753
Kennzahlenanalyse	717
Kennzahlenbaum	
-, wertorientierter	722
Kennzahlensystem	738
Kernprozess	348, 712
Kleinunternehmer	515, 549
Kommunikation	223, 345 f., 1040, 1059
-, direkte	1059
-, Ebenen	346
-, indirekte	1059
-, Schulz von Thun	346
Kommunikationsformel	429
Kommunikationspolitik	427, 1058
-, Instrumente	1059
-, Strategie	1060
Kommunikationsstörung	436
Kompetenz	402
-, fachliche	896
-, informationelle	402
-, methodische	896
-, persönliche	897
-, soziale	896
Kompetenzkonflikt	921
Komplexität	167
-, Beispiele für komplexe Sachverhalte	187
-, Beispiel IT	185
-, Bewältigung	178
-, Definition	168
-, Diversity Management	189
-, Entstehung	168
-, Fehler	169
-, Handlungsmöglichkeiten	179
-, Herausforderungen	177 f.
-, Instrumentarium	170
-, Maßnahmen zur Komplexitätsbewältigung	188
-, Prozess der Unternehmensführung	185
-, Sensitivitätsmodell nach Prof. Vester	173
-, Umgang	168, 174
-, vernetztes Denken	185
-, Wertkette	171
Konditionenpolitik	1089
-, differenzierte	1089
Konflikt	437, 920
-, Arten	923, 945
-, Ursachen	943
Konfliktarbeit	966
-, präventive	966
Konfliktbewältigung	951
Konfliktlösestrategie	437 f.
Konfliktlösungsstrategie	955
Konfliktmanagement	438, 951
Konfliktphase	433
Konfliktursache	
-, objektive	944
-, subjektive	944
Konkurrenzanalyse	696
Kontenplan	512
Kontenrahmen	509, 511
-, Arzt	510
-, Krankenhäuser	509
-, Pflegebuchführungsverordnung	511

STICHWORTVERZEICHNIS

-, Pflegeeinrichtung 509
-, Vereine, Kindertagesstätten, Freiberufler 510
-, Vereine, Stiftungen und gGmbH 510
-, Zahnarzt 510
Kontinuierlicher Verbesserungsprozess (KVP) 364
Konto
-, Saldo 539
Kontrahierungspolitik 1083, 1090
-, Dienstleistungsbereich 1090
Konvertierung 476
Konzentration 405
Kooperation 404 f., 1105
-, Erscheinungsformen 1105
-, praktisches Beispiel 1108
Kooperationsbeziehung 406
Kooperationsstrategie 404
Körperschaftsteuer 547
Korridorgrenze 584
Korruption 373
Kosten 610 f., 615 f., 619
-, Berechnungstag 629
-, fixe 615
-, kalkulatorische 610
-, pflegesatzfähige 619, 762
-, primäre 619
-, sekundäre 619
-, sprungfixe 616
-, variable 615 f.
Kostenartenrechnung 612 f.
Kostenerfassung 613
Kostenerstattungsprinzip 578
Kostenkontrolle 633
Kostenlenkung 633
Kostenpreis 652
Kostenreduktion 689
Kostenstelle 621, 623
Kostenstellenrechnung 612, 631
Kostenträgerrechnung 612, 632
Kostentreiber 714
Kosten- und Leistungsrechnung 470, 609
Kostenvergleichsrechnung 643
Kostenverursachung 612
KPQM 315
-, Pflichtprozesse 315
Krankenhaus 245, 580, 597
-, Arten 580
-, DRG-Erlös 597
-, Leistungen 600
-, Versorgungsstufen 580
-, vollstationäres 597
-, zugelassenes 245
Krankenhaus-Buchführungsverordnung 519
Krankenhauscontrolling 638, 675
Krankenversicherung 592
-, private 592
KRINKO 379
Krise 383 f., 698
-, Kommunikationsverhalten 383
-, strategische 698
Krisen-PR 1075
KTQ 309
-, ambulant 311
-, Bewertungsverfahren 310
-, Kategorien 310
-, Partner 309
-, Vor- und Nachteile 312
-, Zertifizierungen 309
Kundenanalyse 1027
Kundenstrategie 1036
Kundenzufriedenheit 358
Kündigung 835
-, außerordentliche 835
-, betriebsbedingte 836
-, ordentliche 835
-, personenbedingte 835
-, verhaltensbedingte 836
Kündigungsfrist 837
-, gesetzliche 837
KVP 293, 352, 365
-, Aufgaben der Mitarbeiter 365
-, Instrumente 365

L

Lagebericht 481, 553
Laplace-Regel 756
LASI 303
Lasswell, Harold D. 429
Leasing 765
Leasing-Bilanzierung 487
Leasingraten 543, 774
Lebensmittelhygieneverordnung 265
Leistung 591, 596, 602 f., 611, 651
-, ambulanter Pflegedienst 602
-, Ambulanz 603
-, extrabudgetäre 591
-, Gesundheitswesen 603
-, innerbetriebliche 651
-, Krankenhäuser 596
-, niedergelassener Arzt 602

STICHWORTVERZEICHNIS

-, Pflegeeinrichtung	600
-, Rehabilitationskliniken	600
-, Rehabilitationszentren	602
-, Versicherte	596
-, Vorsorgekliniken	600
Leistungsbegriff	633
Leistungserbringer	424 f., 579 ff.
-, ambulanter Sektor	581
-, häusliche Krankenpflege	425
-, Heilmittel	424
-, Hilfsmittel	425
-, Krankentransportleistungen	425
-, sonstiger	580
Leistungsprozess	680
Leistungsqualität	250
Leistungsrechnung	633
Leistungs- und Kalkulationsaufstellung	636
Lernkurve	689 f.
Lernschwierigkeiten	872
Leverage-Effekt	740
Liquidität I	736
Liquidität II	736
Liquidität III	736
Liquiditätskrise	699
Liquiditätsplan	
-, erstellen	773
-, Ziel	773
Liquiditätsteuerung	776
In Prozent	689
Lobbyarbeit	1104, 1111

M

Management	179
-, Aufgaben	180
-, Effektivität	181
-, Effizienz	181
-, erfolgsorientiertes Handeln	179
-, funktionale Sicht	179
-, Handlungsebenen	179
-, Handlungsmöglichkeiten	182
-, integrierte Managementsysteme	184
-, operative Handlungsmöglichkeiten	183
-, strategische Handlungsmöglichkeiten	182
Managementbewertung	262
-, Vorbereitung	262
-, Ziele	262
Management by Objectives	630
Managementprozess	348, 410
Managementtechnik	220
Mangel	264

-, Rechte	264
Markenpolitik	1056 f.
-, Strategie	1057
Markentransferstrategie	1057
Marketingbudget	1045
Marketingcontrolling	1046
Marketing im Gesundheitswesen	
-, Einschränkungen	1051
Marketingkennzahlen	729, 746, 752
Marketingmanagement	980
-, Hilfsmittel	980
Marketingmaßnahme	1048
Marketing-Mix	1042 f.
-, Dienstleistungssektor	1043
-, Konzept	1099
Marketingstrategie	
-, Instrumente	1037
Marketingziel	1020 f., 1024
-, Beziehung	1029
Markt	982
Marktanalyse	977, 1003
-, Einflussgröße	978
Marktanteil	
-, absoluter	746
-, relativer	682, 746
Marktanteils- und Marktwachstums-Analyse der Boston Consulting Group	1010
Marktattraktivität	690, 692
Marktbeobachtung	1016
Markterkundung	995
Marktfelder	1031
Marktforschung	995 f.
-, Methoden	995 f.
Marktgröße	691
Marktkapazität	987
Marktlebenszyklus	691
Marktpotenzial	987
Marktpreis	652
Marktprognose	1018 f.
Marktsättigung	989
Marktsegmentierung	989
Marktstimulierungsstrategie	252
Marktstrategie	1033
Marktuntersuchung	992
Marktvolumen	988
Marktwachstum	682
Maßgeblichkeit	482
Materialgemeinkosten	665
Materialgemeinkostenzuschlag	666
Materialkostenquote	738

STICHWORTVERZEICHNIS

Materialumschlag	736
Materialumschlagsdauer	736
Matrix-Projektorganisation	460
Maximax-Regel	756
Mediaplanung	1074
Mediation	956
-, Phasen	957
Medizinischer Dienst	246
Medizinischer Dienst der Krankenkasse (MDK)	269
Medizinisches Versorgungszentrum (MVZ)	408
Medizinprodukt	
-, Risiko	368
Medizinproduktegesetz	264
Mentoring	915
Methodenkompetenz	924
Milchkühe	682
Mindmapping	339
Minimax-Regel	756
Mischkosten	616
Mittel	
-, liquide	774
Mittlere absolute Abweichung	745
Mobbing	950
Moderation	956
Moderator	336
Monistik	581
Morphologischer Kasten	340
Motivation	852
-, extrinsische	853
-, intrinsische	852, 883
-, Lösungsansatz	886
-, Quellen	343
Musterberufsordnung der Ärzte MBO-Ä	1066

N

Nachfrage	983
-, Faktoren	983
Nachfrageverhalten	1002
-, psychologische Faktoren	1002
Nachtragsbericht	556
Nash-Gleichgewicht	758
Naturalrabatt	668
Nebenkostenstelle	615
Netzwerk	1103
Neutralisierung	534
Niederstwertprinzip	498
Non-Profit-Organisationen	992

Normalkosten	639
Normative Ebene	247
Norming	329
Normstrategie	683
-, Problem	683
Nutzungsdauer	490
-, Wirtschaftsgüter	490
Nutzwertanalyse	705

O

Obliegenheiten	381
Öffentlichkeitsarbeit	1075
OHRIS	303
Ökonomisches Prinzip	636
Open-Space-Veranstaltung	341
Operative Ebene	247
Optimale Losgröße	744
Ordnungsmäßigkeit	474
-, formelle	474
-, materielle	474
Ordnungspolitische Entscheidungen	61
-, Bedeutung	62
-, Entscheidung durch Gesetz	64
-, ordnungspolitische Maßnahme	63
-, Partei	62
-, politisches System der Bundesrepublik Deutschland	61
-, prozesspolitische Maßnahme	63
-, prozess- und ordnungspolitische Entscheidung	64
Ordnungsrahmen des sozialen Systems der Bundesrepublik Deutschland	38
-, Kammern, Verbände, Organisationen und Unternehmen	38
-, mittelbare Staatsverwaltung	38
-, staatliche Steuerung durch Bund, Ländern und Kommunen	38
Organigramm	400
Organisation	210 f.
-, Ablauforganisation	219
-, Analyse-Synthese-Konzept	214
-, Aufbauorganisation	214
-, Bedeutungen	212
-, Definition	212
-, Effizienzdefizit	211
-, Einfluss des Leistungsprogramms	213
-, Einliniensystem	215 f.
-, Einordnung in den Prozess Unternehmensführung	211

STICHWORTVERZEICHNIS

-, Grundelemente	210
-, institutionelle	212
-, instrumentelle	212
-, Koordinationsleistung	212
-, Leitungssysteme	215
-, lernende	931
-, Matrixorganisation	215, 218
-, Maximumprinzip	213
-, Mehrliniensystem	215 f.
-, Minimumprinzip	213
-, ökonomische Prinzipien	213
-, Optimumprinzip	213
-, Orientierung	213
-, Projektorganisation	219
-, Regelungsinhalte	214
-, Spartenorganisation	215, 217
-, Stabliniensystem	215, 217
-, strukturelle	212
Organisationsentwicklung	224
-, Definition	224
-, dynamische Veränderungen	225
-, Führungsqualitäten	226
-, kontinuierliche Anpassung	225
-, Organisationskulturen	225
-, Personalentwicklung	226
-, Phasen	227
-, Ziel	224, 227
Osborne-Checkliste	342
Overheadkosten	671

P

Panel	999
Panelerhebungen	1017
Pareto-Prinzip	385, 909
Pauschalförderung	582, 763
PDCA-Zyklus	261, 298
Penetrationsstrategie	1085
Performing	329
Personalakte	821
-, Grundsätze	821
Personalbedarf	788
Personalbedarfsplanung	787
Personalbeschaffung	795 f., 808
-, externe	797
-, interne	797
-, Methoden	796
-, soziale Netzwerke	808
Personalbeurteilung	824, 828
-, Formen	828
-, Methoden	828
Personalbeurteilungssystem	825
Personalcontrolling	840
Personaleinsatz	816
Personalentwicklung	927
-, Ausbildung als Maßnahme	845
Personalentwicklungsgespräch	
-, Ablauf	941
Personalfreisetzung	832
-, Maßnahmen	833
Personalkostenquote	738
Personalplanung	787
-, qualitative	787
-, quantitative	787
Personalpolitik	781
-, Ziele	781
Personalstatistik	841
Personenkonto	521
Persönliches Budget	567
Persönlichkeitskompetenz	924
Pflegeberater	408
Pflegestärkungsgesetz	568
Pflegeversicherung	271, 593
-, private	593
Plan	
-, Bilanz	764
-, GuV	764
Plankosten	639 f.
-, flexible	640
-, starre	640
Planung	161
-, operative	161
-, strategische	161
-, taktische	161
Planungsbereiche	452
Planungsrechnung	471
Politikfelder	99
Portfolioanalyse	1009
Portfoliodenken	684
Positionierungsanalyse	1014
Potenzialbewertung	935
Potenzialeinschätzung	935
Präventive Konfliktarbeit	966
-, Instrumente	966
Preis	
-, administrierter	652
Preiskalkulation	653, 667
Preisminderung	668
Preispolitik	1039, 1084, 1090
-, Gesundheitswesen	1090
Preistheorie	1086
-, einzelne Marktformen	1086

STICHWORTVERZEICHNIS

Preisuntergrenze	664
-, langfristige	664
Primärforschung	359, 997
-, Arten	997
-, Einsatzfelder	998
Private Krankenversicherung (PKV)	95
-, Abrechnungsgrundlage	96
-, Beitragssteigerung	97
-, Leistungen	96
-, Standardtarif	97
-, Wechsel	96
-, Ziel	96
Privatentnahme	533
Privatkonto	533
proCum Cert	317 f.
-, zertifiziert	318
Produktbreite	1053
Produktdifferenzierung und Produktdiversifikation	
-, Unterschiede	1055
Produktelimination	1054
Produktgestaltung	1038
Produkthaftung	264
Produktinnovation	1054
Produktivität	739
Produktivitätskennzahlen	728, 751
Produktlebenszyklus	352, 687, 703, 1006
-, Konzept	687
-, Phasen	688
Produkt-Markt-Matrix	1032
Produktpolitik	1033, 1038, 1052
-, Handlungsmöglichkeiten	1052
-, Praxis	1033
Produktpolitische Maßnahme	1054
Produktportfolio	1053
Produkttiefe	1053
Produktvariation	1054
Profitcenter	630, 701
Prognosekosten	640
Projekt	327 f., 440 f., 445 f., 453
-, Definitionsphase	453
-, externes	446
-, internes	446
-, Kriterien	448
-, Nachteile	445
-, Phasen	445
-, Schritte	328
-, Themen	328
-, Vorteile	445
Projektablaufplan	456
Projektabschlussbericht	462
Projektakte	449
Projektampel	461
Projektantrag	447
Projektarbeit	446
Projektcontrolling	461
Projektevaluation	463
Projektgruppe	327, 454, 457
Projektinstanzen	448
Projektmanagement	440, 442
Projektmarketing	450
Projektmitglied	454
Projektorganisation	456
-, reine	458
Projektphase	450
Projekt-Planungs-Quadrat	451
Projektstrukturplan	455
Projektumfeldanalyse	402
Projektvorbereitung	330
Prosument	411
Prozess	192
-, Anspruchsgruppe	194
-, Behandlungspfad	196
-, Benchmarking	198
-, Case Management	198
-, Definition	192
-, Flussdiagramm	200
-, Gestaltung	199
-, Kennzahlen	204
-, Kennzahlensysteme	204
-, Kernprozess	193
-, Managementprozess	192
-, Prozessmodell	195
-, Qualität	194
-, Unterscheidung	192
Prozessevaluation	463
Prozesskostenrechnung	709
Prozesskostensatz	710
Prozessmanagement	327
Prozessoptimierung	202
Prozessqualität	246, 257, 259, 300
Prüfung	875
Public Relation	383
Publizitätspflicht	563
Pull-Strategie	1060
Push-Strategie	1060

Q

QEP	312
QM	322, 357
-, Beauftragter	323

STICHWORTVERZEICHNIS

-, Handbuch	357
-, Lenkungsausschuss	322
-, Steuerkreis	323
-, System	331, 357
Qualität	250, 252, 691
-, im Gesundheitswesen	250
-, Potenzialqualität	691
-, Strukturqualität	691
Qualitätsbeauftragter	254
Qualitätsbericht	260
Qualitätscontrolling	251
Qualitätsdimension	257
Qualitätsinformation	250
Qualitätskonferenz	257
Qualitätskosten	250
Qualitätskriterium	255
Qualitätslenkung	251
Qualitätsmanagement	245, 252, 356
-, Dokumentation	356
-, Qualitätshandbuch	356
-, Vorteile	253
-, Ziel	253
Qualitätsmanagementnorm	249
Qualitätsmanagementsystem	246, 267
Qualitätsmangel	250
Qualitätsorientierung	250
Qualitätsplan	259
Qualitätsplanung	251, 254
Qualitätspolitik	251, 255
Qualitätssicherung	251f., 266, 351
-, Debriefing	352
-, Dokumentation	351
-, Gesetze	266
-, Medical Audit/Peer Review	352
-, Supervision	352
-, Verordnungen	266
Qualitätsverbesserung	251, 297
-, 14 Schritte	297
Qualitätsziele	256, 259
Qualitätszirkel	257, 324, 329, 353
-, Aufgaben	329
Quicktest	749
qu.no	316
-, Auditoren	316
-, zertifiziert	316

R

Rabatt	668
RADAR-Modell	282
Rahmenbedingungen	
-, ökonomische	403
-, organisatorische	404
-, rechtliche	403
-, soziale	403
Rechnungsabgrenzung	
-, aktive	500
-, passive	501
Rechnungslegungsstandard	478
-, deutscher	478
-, internationaler	478
Rechnungswesen	469
-, Aufgaben	469
-, Teilgebiete	469
Regelleistungsvolumen	589
Regelphase	433
Regula falsi	742
Regulation	66
Regulierung	66
Relativgewicht	584
Rentabilitätskennzahlen	727, 737, 751
Rentenbarwertfaktor	740
Return on Investment	737
Revision	
-, interne	508
Risiko	367, 369, 377f., 381, 697
-, Absatzbereich	371
-, Beschaffungsbereich	369
-, Dienstleistungsbereich	369
-, Eintrittswahrscheinlichkeit	378
-, Finanzbereich	372
-, Krankenhaus	377
-, Personalbereich	371
-, Produkt	373
-, Rechnungswesen	372
-, Umgang	759
-, Unternehmen	370
-, Versicherung	381
Risikoanalyse	379
Risikoart	759
Risikobewertungsindex	760
Risikomanagement	257, 379, 759
Risikoprävention	379
Risky-Shift	758
Rolle	434
-, handlungsorientierte	434
-, kommunikationsorientierte	434
-, wissensorientierte	435
Rollenbeitrag	434
Rücklage	774
Rückstellung	503
Rückwärtskalkulation	664

STICHWORTVERZEICHNIS

S

Sachebene	436
Sachkonflikt	920
Sachkonto	521
Sachleistung	50
Sachleistungsprinzip	578
Sachmangel	263
Saldo	539
Sammelbewertung	499
Savage-Niehans-Regel	757
SCC	305
Schadenersatzpflicht	262
Schadenfall	382
Schlussbestand	530
Schlüssel	628
Schnittstelle	400
Schnittstellenmanagement	401
Schnittstellenproblem	401
Schulden	496
Schwächen	697
Segmentberichterstattung	561
Sekundärforschung	358, 1000
Selbstbestimmung	415
-, informationelle	415
Selbstfinanzierungquote	734
Selbstfinanzierungsgrad	737
Selbstmanagement	392
Selbstoffenbarungsebene	436
Selbstorganisation	402
-, dezentrale	402
Selbstverwaltung	
-, Bürgerbeteiligung	58
Selektionsstrategie	683
Servicepolitik	1095
Servicequalität	1096 f.
-, Aspekte	1097
-, Dimensionen	1097
Shareholder	399
-, Management	399
Sicherheitsbestand	744
Sieben-Köpfe-Regel	758
Silberne Bilanzregel	767
Situationsanalyse	1026
Skimmingstrategie	1085
Skonto	668 f.
SMART	256
-, Formel	1024
-, Kriterien	461
Social Return on Investment (SROI)	731
SOLL an HABEN	528
Sonderposten	534
-, Zuführung	535
Sozialbericht	50
Sozialbilanz	729
Sozialbudget	50, 567
Soziale Entschädigung	572, 606
Soziale Hilfe	606
Soziale Kompetenz	924
Soziale Marktwirtschaft	
-, Einordnung Gesundheitswesen	45
-, staatliche Lenkung	46
Sozialer Rechtsstaat	34
-, soziale Gerechtigkeit	34
-, soziale Sicherheit	34
Soziales System in der Bundesrepublik	37
-, föderativer Aufbau der Bundesrepublik Deutschland	37
-, Ordnungsrahmen	37
-, Sozialversicherung	37
Soziale Vorsorge	606
Sozialgeheimnis	418
Sozialgesetzbuch	571
Sozialgesetzbuch der Bundesrepublik Deutschland	
-, Buch	39
-, soziale Rechte	39
Sozialhilfe	92
Sozialleistung	50
Sozialleistungsquote	54
Sozialmarketing	1101 f.
-, Methoden	1102
Sozialpolitik	72, 98
-, Schwerpunkt	98
Sozialrecht	606
Sozialschutzleistung	53
Sozialstaat	606
Sozialstaat „Bundesrepublik Deutschland"	108
-, Bundesrat	109
-, Föderalismus	109
-, Föderalismusreform	110
-, Gesamtstaat	109
-, gleichwertige Lebensbedingungen	109
-, Lebensqualität	108
-, Sicherstellungsaufträge	110
-, Wohlstandsniveau	108
-, Zuständigkeit von Bund, Ländern, Kommunen	109
Sozialstaatsprinzip	72, 606
-, soziale Gerechtigkeit	72
-, soziale Sicherheit	72

STICHWORTVERZEICHNIS

Sozial- und Gesundheitswesen	
-, Stellung der Bürger	56
Sozialversicherung	
-, Beitrag	574
-, Grundprinzipien	573
Sozialwesen	605
-, Träger	605
Spenden	1082
SROI	731
Staat	32
-, Staatsgebiet	32
-, Staatsgewalt	32
-, Staatsvolk	32
Staatswesen	33
-, Aufgaben	33
-, Ziel	34
Stablinienprojektorganisation	459
Stakeholder	399, 402
-, aktiver	402
-, interner	400
-, passiver	402
Stakeholderkonzept	402
Standardkosten	640
Stärken	697
Stars	682
Statistik	471
-, gesetzliche	720
Stellenanzeige	801 f.
-, AIDA	802
Stellenausschreibung	801
Stellenbeschreibung	791 f.
-, Gesundheitswesen	792
Stellenplanmethode	795
Steuer	542
-, latente	507
Steuerung des Gesundheits- und Sozialwesen	66
-, Auswirkungen auf die betrieblichen Prozesse	69
-, Governance-Ansatz	67
-, Preise in einer sozialen Marktwirtschaft	68
-, Steuerungsinstrumente des Staates	66
-, Wechselwirkungen zwischen Staat und Markt	67
Steuerungsinstrumente	
-, Balanced Scorecard	207
-, DuPont	205
-, Kennzahlen	204
-, Kennzahlensysteme	204
Stichprobeninventur	494
Stichtagsinventur	494
Storming	329
Störungsprotokoll	388
Strategie	686, 930, 1030
-, Diversifikation	686
-, kombinierte	1031
-, Markt-Durchdringung	686
-, Markt-Entwicklung	686
-, Produkt-Entwicklung	686
Strategie-Ausrichtung	1030
Strategiegrundsatz	1030
Strategische Ebene	247
Strukturierte Analyse	679
Strukturqualität	246, 257, 259, 299
Stückvariablenkosten	658
Stundensatz	670
Supervision	958
Supportprozesse	348
SWOT-Analyse	697, 1003
System	605
-, beitragsfinanziertes	605
-, steuerfinanziertes	605

T

Target Costing	703
Tätigkeitsanalyse	713
Team	887
Teamarbeit	432
-, effiziente	918
Teambildung	888 f.
-, Forming	888
-, Norming	889
-, Performing	890
-, Storming	889
Teambildungsprozesse	887
Teammitglieder	434
Teamrolle	434
Teamuhr	329, 432
Telemediengesetz (TMG)	423
Top-Down-Verfahren	428
TQM	276, 705
-, Grundprinzipien	276
-, Kernpunkte	277
-, Ziel	276
Trägergruppe	573

U

Umfeldanalyse	678
Umlaufintensität	735
Umlaufvermögen	496, 511

STICHWORTVERZEICHNIS

Umsatzkostenverfahren	541
Umsatzrentabilität	737
Umsatzsteuer	548
-, pflichtig	669
Umsatzsteuerzahllast	549
Umschlaghäufigkeit	737
Umschlagskennzahlen	727, 736, 751
Umwelterklärung	307
Umweltmanagementnorm	249
Umweltmanagementsystem	306
Umweltschutz	
-, betrieblicher	308
Unternehmen	125
-, Abwicklung von Einrichtungen	150
-, Aktiengesellschaft (AG)	139
-, Begriff	125
-, Betriebsübergang	151
-, Einzelunternehmung	130
-, Formen gemeinschaftlicher ärztlicher Berufsausübung	141
-, freiwillige Liquidation	150
-, Gesellschaft bürgerlichen Rechts (GBR)	132
-, Gesellschaft mit beschränkter Haftung (GmbH)	135
-, GmbH & Co. KG	134
-, Handels- und Unternehmensregister	127
-, Insolvenzverfahren	151
-, Körperschaft öffentlichen Rechts	140
-, Partnergesellschaft	131
-, Phasen	126
-, Regelungen für den Betrieb	142
-, Unternehmensformen des öffentlichen Rechts	127
-, Unternehmensformen des Privatrechts	127
-, Unternehmensgründung	126
Unternehmensanalyse	677
Unternehmensführung	211
Unternehmensgrundsatz	1022 f.
-, Praxis	1023
Unternehmenskommunikation	425, 429
-, externe	431
-, interne	429
Unternehmenskultur	461, 891
Unternehmensleitbild	783
Unternehmergesellschaft (haftungsbeschränkt)	137
Unterstützungsprozesse	712
Unterversicherung	381
Up-Coding	586

V

Veränderungsmanagement (Change Management)	227
-, Aufgaben	228
-, Bewertung	238
-, Definition	228
-, Fehler	236
-, Führung	230
-, Gestaltung	230
-, Herausforderung	228
-, Instrumente	238
-, Methoden	232
-, PDCA-Zyklus	238
-, Phasen	229
-, Plan/Ist-Vergleiche	238
-, Qualitätsmanagement	238
-, Steuerung	235
-, Veränderungsplan	231
-, Veränderungsprozess nach Kurt Lewin	233
-, Verhaltensweisen der Belegschaft	237
-, Widerstände	236
Verbindlichkeiten	
-, sonstige	502
Verbindlichkeitenspiegel	560
Verbrauchsabweichung	642
Verbrauchsfolgeverfahren	499
Verbrauchsgut	620, 766
Vergütungsobergrenze	590
Vergütungsstruktur	587 f.
-, Facharzt	588
-, Hausarzt	587
Verkauf	
-, persönlicher	1079
Verkaufsförderung	1079
-, Arten	1079
Verkaufsförderungsmaßnahme	
-, handelsorientierte	1080
-, verkaufspersonalorientierte	1080
Vermittlungsbudget	567
Vermögen	495
Vernetzung	678
Verrechnungsatz	651
Verrechnungspreis	628
Verschuldungsgrad	734
-, dynamischer	736
Versicherungspflicht	593
Versicherungsprinzip	572
Versorgung	407
-, besondere	407
Versorgungsform	410

STICHWORTVERZEICHNIS

-, AP	410
-, DMP	410
-, interdisziplinäre	406
-, IV	410
-, MVZ	410
-, vernetzte	409
Versorgungsprinzip	572
Versorgungsvertrag	269
Verteilungskonflikt	922
Vertrag	262
Vertrieb	
-, direkter	1091
-, indirekter	1091
Vertriebsgemeinkostenzuschlag	666
Vertriebskennzahlen	729, 746, 752
Verwahrgelder	504
Verwaltungsakte	143
Verwaltungsgemeinkostenzuschlag	666
Verwaltungsprozess	411
Verwaltungsverfahren	143
Verwendungsnachweis	762
Visitoren	310
-, Aufgabe	310
Volkswirtschaftslehre	48
-, Fragestellung	48
-, Makroökonomie	48
-, Mikroökonomie	48
-, Wirtschaftskreislauf	48
-, Wirtschaftsobjekt	48
-, Wirtschaftspolitik	48
Vorkostenstellen	622
Vorratsintensität	735
Vorstellungsgespräch	811
-, arbeitsrechtlichen Aspekte	813
-, Arten	813
Vorsteuerkorrektur	669
Vorwärtskalkulation	664

W

Wagnis	610
Wechselkonto	530
Weg	
-, informeller	400
Werbebotschaft	1070
Werbeerfolg	1068
Werbemittel	1071
-, Flyer	1073
Werbeprogramm	1069
Werbeträger	1071 f.
Werbeziel	1069
Werbung	1062
-, Aufgaben	1063
-, Grenzen	1063
Wertansatz	483
-, Anlagevermögen	483
-, Umlaufvermögen	483
Wertaufholung	483
Wertaufholungsgebot	499
Wertberichtigung	
-, pauschale	506
Wertschöpfungskette	678
Wettbewerberanalyse	1012 f.
Wettbewerbsintensität	691
Wettbewerbsvorteil	691 f.
Wettbewerbsvorteil-Marktattraktivitäts-Matrix	690
Wettbewerbsvorteilsstrategie	1035
Widerstand	
-, Aspekte	963
-, offener	961
-, verdeckter	962
Wirtschaftlichkeit	636, 739
Wirtschaftsgut	496
-, geringwertiges	496 f.
Wirtschaftsordnung	40 f.
-, freie Marktwirtschaft	42 f.
-, Merkmale	41
-, soziale Marktwirtschaft	44
-, Unterschied	43
-, Zentralverwaltungswirtschaft	43
Wissen	345
Wissensmanagement	220
Work-Life-Balance	392 f.
-, Maßnahmen	393
Workshop	915

X

XYZ-Analyse	707

Z

Zeitmanagement	385
Zeitproduktivität	739
Zertifikat	364
Zertifizierung	252, 307
-, EMAS	307
Ziel	695 f., 698
-, internationaler Nichtregierungsorganisationen	119
-, wirtschaftliches	781

STICHWORTVERZEICHNIS

Ziel-Dreieck	258
Zielevaluation	463
Zielkosten	
-, Ermittlung	704
-, target price	704
Zielkostenrealisierung	705
Zielkostenspaltung	704
Zinsen	
-, kalkulatorische	742
Zinseszinsformel	739
Zinsfaktor	740
Zinsformel	739
Zusammenarbeit mit Kostenträger	1111
Zusatzentgelt	586
Zusatzkosten	611
Zusatzleistung	650
Zusatzvolumen	590
-, qualifikationsgebundenes	590
Zweckaufwand	611
Zwei Faktoren Theorie	342